Graf

BGH-Rechtsprechung Strafrecht 2012/13

BGH-Rechtsprechung Strafrecht 2012/13

Die wichtigsten Entscheidungen
mit Erläuterungen und Praxishinweisen

von

Dr. Jürgen P. Graf
Richter am Bundesgerichtshof

De Gruyter

ISBN 978-3-11-030274-5
e-ISBN 978-3-11-030280-6

Bibliografische Information der Deutschen Nationalbibliothek

Die Deutsche Nationalbibliothek verzeichnet diese Publikation in der Deutschen Nationalbibliografie; detaillierte bibliografische Daten sind im Internet über http://dnb.d-nb.de abrufbar.

Datenkonvertierung/Satz: WERKSATZ Schmidt & Schulz GmbH, Gräfenhainichen
Druck: Hubert & Co. GmbH & Co. KG, Göttingen

∞ Gedruckt auf säurefreiem Papier

Printed in Germany

www.degruyter.com

Vorwort zur Ausgabe 2012/2013

Die nachstehenden Ausführungen des Vorworts zur Erstausgabe der Rechtsprechungsübersicht des Bundesgerichtshofs für Straf- und Strafprozessrecht des Jahres 2010 gelten unverändert fort:

Noch nie, seit es juristische Veröffentlichungen, Fachzeitschriften und Entscheidungssammlungen gibt, waren die Entscheidungen oberster Bundesgerichte und des Bundesverfassungsgerichts so schnell und umfassend, über die entsprechenden Webseiten der jeweiligen Gerichte[1] *sogar kostenlos, für jedermann zum Abruf verfügbar.*

Gerade aber die Fülle der auf diesem Weg nunmehr ständig und jederzeit abrufbaren Entscheidungen macht es für den Anwender schwierig, die für seine praktische Arbeit und die jeweiligen Interessen wichtigen Erkenntnisse herauszufinden und dann nachzuvollziehen. Selbst wenn man die erforderliche Zeit hierfür aufwenden kann, gestaltet es sich mehr als freudlos, zahlreiche nur durch das Aktenzeichen und das Datum gekennzeichnete Dateien aufzurufen, um dann möglicherweise erst nach mehreren Minuten des Lesens feststellen zu können, ob die Entscheidung für die eigene Arbeit tatsächlich wichtig ist oder eher nicht.

Auch die Aufarbeitung der Rechtsprechung mittels Fachzeitschriften stellt für sich allein keine geeignete Lösung dar. Zum einen werden viele Urteile und Beschlüsse erst mit einem zeitlichen Abstand von bis zu 18 Monaten publiziert, zum anderen sind zahlreiche Entscheidungen gerade nicht in allen Zeitschriften einer Fachrichtung veröffentlicht, so dass der interessierte Praktiker mindestens drei oder mehr Zeitschriften gleichzeitig lesen müsste. Nicht eingerechnet sind dabei Urteile und Beschlüsse, welche überhaupt nicht abgedruckt werden, sondern nur online verfügbar sind.

Aber auch Studenten und Referendare, welche sich zur Vorbereitung für das jeweilige Examen über die aktuellsten Entscheidungen der letzten Monate informieren wollen, stehen vor einem ähnlichen Problem, zumal in dieser Phase meist ohnehin viel zu wenig Zeit zur Verfügung steht, um auch nur annähernd gründlich wenigstens einige Fachzeitschriften durchzusehen. Mit der üblichen Ausbildungsliteratur kommt man nicht weiter; denn für Strafrecht und Strafprozessrecht wird regelmäßig nur eine kleine Besprechungsauswahl aktueller Entscheidungen angeboten, und das meistens mit einer durch die Bearbeitung bedingten erheblichen zeitlichen Verzögerung.

Somit lag es nahe, die wesentlichen Entscheidungen im Strafrecht, Nebenstrafrecht und im Strafprozessrecht von Bundesgerichtshof und Bundesverfassungsgericht für den aktuell zurückliegenden Zeitraum zusammenzustellen und mit erklärenden Anmerkungen hinsichtlich einzelner Entscheidung zu versehen.

Ausgangspunkt für die hiermit vorgelegte neue Zusammenstellung 2012/13 ist das zurückliegende Jahr 2012, wobei einige Entscheidungen zwar noch ein Datum

---

[1] www.bundesverfassungsgericht.de; www.bundesgerichtshof.de.

des Jahres 2011 tragen, dennoch aber erst zum Jahreswechsel oder später veröffentlicht wurden. Insgesamt habe ich mehr als 1.200 Entscheidungen des Bundesgerichtshofes und über 100 Entscheidungen des Bundesverfassungsgerichts gesichtet und darunter etwa 500 Urteile und Beschlüsse ausgewählt, welche mir für die tägliche Praxis und die Fortentwicklung der Rechtsprechung insgesamt als bedeutsam erschienen. Die Entscheidungen, welcher jeder am Straf- und Strafprozessrecht Interessierte unbedingt kennen sollte, wurden zusätzlich als „Topentscheidung" gekennzeichnet; ein „Muss" auch für Examenskandidaten! Wichtige und wegweisende Entscheidungen wurden außerdem in ihrer konkreten Bedeutung für die Praxis erläutert und teilweise auch mit „Praxistipps" oder Hinweisen zur „Praxisbedeutung" versehen.

Um dem Leser ein mühsames Heraussuchen und Nachlesen der zitierten Erkenntnisse zu ersparen, sind wie bereits schon in der Ausgabe 2011 die wesentlichen Ausführungen der Entscheidungen und überwiegend mit den autorisierten Randnummern des Gerichts auszugsweise mitabgedruckt, so dass der Benutzer alle wichtigen Informationen auf einen Blick erhält und die Entscheidungsauszüge zugleich auch zitierfähig sind. Besteht danach zusätzlicher Bedarf, eine Entscheidung in ihrer Gesamtheit zu lesen, sind Datum und Aktenzeichen verzeichnet, so dass eine Recherche über die Webseiten der einzelnen Gerichte (s.o.) ebenso möglich ist wie der Abruf über die verschiedenen Online-Datenbanken der Juristischen Fachverlage oder das Datenbanksystem Juris.

Die systematische Einordnung der Entscheidungen in Tatbestände und Tatbestandsgruppen soll zusätzlich die Möglichkeit geben, sich im Wege einer eigenen Fortbildung in aktuelle Problemfragen bestimmter Tatbestände einzuarbeiten und die daraus resultierenden Lösungen der Rechtsprechung in die tägliche Arbeit als Richter, Staatsanwalt oder Rechtsanwalt einfließen zu lassen. Die überragende Bedeutung solchen Wissens gerade für Strafverteidiger braucht nicht näher dargelegt zu werden, zumal die Unkenntnis höchstrichterlicher Rechtsprechung keine Verhinderung im Sinne des § 44 Satz 1 StPO darstellt![2]

Der Titel dieser Rechtsprechungsübersicht wurde nunmehr angepasst und entsprechend des Jahres der Zusammenstellung als 2012/2013 bezeichnet.

Um schließlich auch konkrete Einzelfragen nach aktuellen Rechtsprechungslösungen überprüfen zu können, sind die abgedruckten Entscheidungen auch über ein umfangreiches Stichwortverzeichnis auffindbar. Ergänzt wird dies durch eine nach Aktenzeichen geordnete Aufstellung der enthaltenen Entscheidungen.

Im Übrigen bitte ich die Nutzer und Leser um Anregungen und Hinweise für künftige Zusammenstellungen, gerade auch hinsichtlich des Umfangs der Darstellungen und Wiedergabe der Entscheidungen, oder auch eventuell vermisster Sachgebiete. In diesem Zusammenhang bedanke ich mich auch für die zahlreichen positiven Besprechungen der letzten beiden Jahre, welche Verbesserungsvorschläge enthalten haben, denen ich gern nachgekommen bin.

Karlsruhe, Januar 2013

Jürgen Graf

---

[2] BGH, Beschluss vom 31.7.2012 – 4 StR 238/12; bereits schon BGH, Urteil v. 1.4.2010 – 4 StR 637/09.

Inhaltsverzeichnis

Abkürzungsverzeichnis

a.A.	anderer Auffassung
a.F.	alte(r) Fassung
a.M.	anderer Meinung
aaO	am angegebenen Ort
abgedr.	abgedruckt
abl.	ablehnend
Alt.	Alternative
Anh.	Anhang
Anm.	Anmerkung
AnwK	AnwaltKommentar
AO	Abgabenordnung
Aufl.	Auflage
b.u.v.	beschlossen und verkündet
BayObLG	Bayerisches Oberstes Landesgericht
BeckOK	Beck'scher Online-Kommentar
Begr.	Begründung
Beschl.	Beschluss
BGBl.	Bundesgesetzblatt
BGH	Bundesgerichtshof
BGHR	Entscheidungen des BGH (systematische Sammlung)
BGHSt	Entscheidungen des BGH in Strafsachen
Bl.	Blatt
BR	Bundesrat
BT	Bundestag
BtM	Betäubungsmittel
BtMG	Betäubungsmittelgesetz
BVerfG	Bundesverfassungsgericht
BVerfGK	Kammerentscheidungen des BVerfG
BVerwG	Bundesverwaltungsgericht
BVerwGE	Entscheidungen des Bundesverwaltungsgerichts
BZRG	Bundeszentralregistergesetz
DBAG	Deutsche Bahn Aktiengesellschaft
ders.	derselbe
DNeuG	Dienstrechtsneuordnungsgesetz
Drucks., Drs.	Drucksache
DStR	Deutsches Steuerrecht (Zeitschrift)
DStZ	Deutsche Steuer-Zeitung
EGMR	Europäischer Gerichtshof für Menschenrechte
EGStGB	Einführungsgesetz zum Strafgesetzbuch
Einl.	Einleitung
EMRK	Europäische Menschenrechtskonvention
entspr.	entsprechend
ESchG	Embryonenschutzgesetz

EuGRZ	Europäische Grundrechte-Zeitschrift
f., ff.	folgende
Fn.	Fußnote
GenDG	Gendiagnostikgesetz
GG	Grundgesetz
ggf(s).	gegebenenfalls
GwG	Geldwäschegesetz
h.L.	herrschende Lehre
h.M.	herrschende Meinung
Halbs.	Halbsatz
i.d.F.	in der Fassung
i.S.d.	im Sinne des/der
i.S.v.	im Sinne von
i.V.m.	in Verbindung mit
jew.	jeweils
JGG	Jugendgerichtsgesetz
JR	Juristische Rundschau (Zeitschrift)
JuS	Juristische Schulung (Zeitschrift)
JZ	JuristenZeitung
KMR	Kommentar zur StPO, begründet von Kleinknecht/Müller/Reitberger
KritJ	Kritische Justiz (Zeitschrift)
Lfg.	Lieferung
LG	Landgericht
lit.	litera (Buchstabe)
LK	Leipziger Kommentar zum StGB
m.N.	mit Nachweisen
m.w.N.	mit weiteren Nachweisen
MDR	Monatsschrift für Deutsches Recht
MedR	Medizinrecht (Zeitschrift)
MMR	Multimedia und Recht
MRK	Menschenrechtskonvention
MschrKrim	Monatsschrift für Kriminologie und Strafrechtsreform
MünchKomm, MüKo	Münchener Kommentar
n.F.	neue(r) Fassung
N/Sch/W	Niemöller/Schlothauer/Wieder (Kommentar zum VerstG)
NJW	Neue Juristische Wochenschrift
Nr.	Nummer
NStZ	Neue Zeitschrift für Strafrecht
NStZ-RR	Neue Zeitschrift für Strafrecht – Rechtsprechungsreport
NVwZ	Neue Zeitschrift für Verwaltungsrecht
OLG	Oberlandesgericht
PID	Präimplantationsdiagnostik
RAbgO	Reichsabgabenordnung

RE	Regierungsentwurf
RG	Reichsgericht
RGSt	Entscheidungen des Reichsgerichts in Strafsachen
Rn., Rdn., Rdnr.	Randnummer
S.	Seite
s.o.	siehe oben
SK-StGB	Systematischer Kommentar zum Strafgesetzbuch
SSW-StGB	Satzger/Schmitt/Widmaier, Strafgesetzbuch, Kommentar
st. Rspr.	ständige Rechtsprechung
StA	Staatsanwaltschaft
StGB	Strafgesetzbuch
StPO	Strafprozessordnung
StraBEG	Gesetz über die strafbefreiende Erklärung
StraFo	Strafverteidiger Forum (Zeitschrift)
StrÄndG	Strafrechtsänderungsgesetz
StRG	Strafrechtsreformgesetz
StV	Strafverteidiger (Zeitschrift)
ThUG	Therapieunterbringungsgesetz
TKG	Telekommunikationsgesetz
Tz.	Textziffer
u.ä.	und ähnliche
UA	Untersuchungsakte
Urt.	Urteil
v.	vom
Var.	Variante
VerstG	Gesetz zur Regelung der Verständigung im Strafverfahren
vgl.	vergleiche
VO	Verordnung
Vorbem.	Vorbemerkung
VStGB	Völkerstrafgesetzbuch
wistra	Zeitschrift für Wirtschafts- und Steuerstrafrecht
WPflG	Wehrpflichtgesetz
z.B.	zum Beispiel
ZDG	Zivildienstgesetz
ZevKR	Zeitschrift für evangelisches Kirchenrecht
ZfL	Zeitschrift für Lebensrecht
ZGR	Zeitschrift für Unternehmens- und Gesellschaftsrecht
ZStW	Zeitschrift für die gesamte Strafrechtswissenschaft

Benutzungshinweis

Die Originalzitate aus den jeweiligen Entscheidungen folgen den einführenden Bemerkungen einer Randnummer jeweils in *Kursivschrift*.

A. StGB – Allgemeiner Teil

I. Grundsätzliches

1. Überblick

Auch in der **neuesten Rechtsprechung** des BGH zum **Allgemeinen Teil** des **StGB** machten Urteile und Beschlüsse zu Fragen der anfänglichen, vorbehaltenen oder nachträglichen Sicherungsverwahrung zusammen mit anderen Rechtsfragen zu sonstigen Maßregeln der Besserung und Sicherung nahezu die Hälfte aller Entscheidungen aus, welche Themen des Allgemeinen Teils des StGB betreffen. Mit veranlasst war diese Entwicklung durch weitere Entscheidungen des EGMR zum Institut der nachträglichen Sicherungsverwahrung sowie das maßgebliche Urteil des Bundesverfassungsgerichts vom 4.5.2011.[3] Ob die Zahl dieser Verfahren demnächst abnimmt, hängt wesentlich davon ab, ob das Reformgesetz vom 6.12.2012 (BGBl. I S. 2425) durch den Bundesgesetzgeber sowie die anstehenden landesgesetzlichen Regelungen zur Umsetzung der Reform auf entsprechende Akzeptanz durch das BVerfG und die Betroffenen selbst stoßen. 1

Zahlreich waren erneut Entscheidungen, welche sich mit **Fragen der Strafzumessung** befassen,[4] wobei zu bemerken ist, dass hierauf sich beziehende Revisionen weitaus erfolgversprechender sein können, als dies allgemein behauptet oder erwartet wird. Insoweit geht es allerdings nur teilweise um gedankliche Fehler der Subsumption, oftmals dagegen um reine Flüchtigkeitsfehler in den Formulierungen der Tatrichter. 2

Zahlreiche Entscheidungen sind – wie auch bereits in den Berichtsjahren 2010 und 2011 – zur Frage ergangen, ob im jeweiligen Einzelfall noch ein **unbeendeter** oder bereits ein **beendeter Versuch** vorlag.[5] Diese Problematik ist nicht nur theoretischer Natur, sondern hat dann erhebliche praktische Auswirkungen, wenn es um die Frage geht, ob ein Täter bspw. durch bloßes Verlassen des Tatorts **wirksam zurückgetreten** ist oder nicht. Insbesondere bei versuchten Tötungshandlungen kann dies entweder eine mehrjährige Freiheitsstrafe bedeuten oder aber nur eine regelmäßig erheblich geringere Strafe wegen eines nach dem Rücktritt dann verbleibenden Körperverletzungsdelikts. 3

Eine größere Zahl von Entscheidungen betraf Einzelfragen zu **Verfalls- und Einziehungsanordnungen.**[6] Auch wenn als Hauptbelastung eines Urteils regelmäßig immer die Höhe einer ausgesprochenen Freiheitsstrafe gesehen wird, sollte zumindest der Verteidiger nicht übersehen, dass die sich aus einer Verfallsanordnung erge- 4

---

[3] BVerfG, Urteil v. 4.5.2011 – 2 BvR 2365/09, 740/10, 2333/08, 1152/10, 571/10, NJW 2011, 1931.

[4] Vgl. auch Rn. 45 ff. m.w.N.

[5] Vgl. hierzu Rn. 19 ff.

[6] Vgl. hierzu Rn. 128 ff.

benden finanziellen Konsequenzen für einen Täter möglicherweise zeitlich erheblich länger andauern und damit belastender für sein weiteres Leben sein können als die mit einer Verbüßung erledigte Freiheitsstrafe!

5 Daneben überwiegen die Entscheidungen zu den „klassischen“ Rechtsfehlern oder Flüchtigkeitsfehlern, die Tatgerichten unterlaufen sind, also etwa

- zum Vorliegen von **Notwehr**lagen,[7]
- zu den Voraussetzungen einer Tatbeteiligung als **Gehilfe** bzw. **Zurechnungsfragen** hinsichtlich **persönlichen Merkmalen** oder überhaupt zur Abgrenzung **von Mittäterschaft und Beihilfe,**
- zu Fragen der **Strafzumessung,** insbesondere dem **Verbot der Doppelverwertung** von Strafzumessungstatsachen und des **Täter-Opfer-Ausgleichs,**[8]
- zur Abgrenzung von **Tateinheit** und **Tatmehrheit,** gerade auch unter Berücksichtigung der „neuen Fortsetzungstat“ im Sinne einer **Bewertungseinheit**[9] und hinsichtlich der speziellen Problematik bei mehreren Tätern mit unterschiedlicher Beteiligung und
- zur anfänglichen sowie nachträglichen Gesamtstrafenbildung.

2. Ausblick

6 Die Durchsicht der Entscheidungen des Berichtsjahres zeigt, dass es – wie auch schon in den vergangenen Jahren – derzeit **keine grundlegenden Probleme** in der Rechtsprechung im Hinblick auf Fragen des Allgemeinen Teils des StGB gibt. Vielmehr ging es vornehmlich darum, **Einzelfragen** weiter zu **klären,** welche vielfach aber auch von dem jeweiligen konkreten Sachverhalt abhingen.

7 Wichtige Entscheidungen grundsätzlicher Natur sind in der nächsten Zeit aus jetziger Sicht nicht zu erwarten.

---

[7] Vgl. hierzu Rn. 39 ff.
[8] Vgl. hierzu Rn. 61 ff.
[9] Vgl. hierzu Rn. 65 ff.

II. Neuere höchstrichterliche Rechtsprechung zu Einzelfragen des StGB Allgemeiner Teil

1. Zuständigkeit – § 9 StGB

Fragen der **Zuständigkeit** werden meist vorab geklärt, so dass sie selten Gegenstand oberstgerichtlicher Rechtsprechung im Revisionsverfahren sind. Im Berichtsjahr gab es deshalb auch nur eine nennenswerte Entscheidung, welche sich (auch) mit Zuständigkeitsfragen befasste. Dabei entschied der 4. Strafsenat, dass bei Ankaufsvereinbarungen und dem anschließenden Transport eines fremden Fahrzeugs nach Belgien, das dort an den Hehler übergeben wurde, gemäß § 9 Abs. 1 StGB ein Tatort auch in Deutschland hinsichtlich des Hehlereitatbestands gegeben sein kann.[10] 8

[24] d) Der Senat weist darauf hin, dass ein Tatort der Hehlerei auch dann in Deutschland liegen könnte, wenn hier vorgenommene Handlungen des Angeklagten das Versuchsstadium erreichten. Hierfür könnte eine verbindliche Vereinbarung über den Ankauf und die Abnahme der vom Vortäter bereits rechtswidrig erlangten (BGH, Urteil vom 7. März 1995 – 1 StR 523/94, StV 1996, 81, 82) Fahrzeuge reichen, wenn sie daraufhin absprachegemäß unmittelbar auf den Weg zu dem vereinbarten Übergabeort gebracht wurden. Hierin kann ein unmittelbares Ansetzen zur Tatbestandsverwirklichung und damit ein Versuch des Ankaufens als Unterfall des Sichverschaffens liegen (vgl. BGH, Urteil vom 7. November 2007 – 5 StR 371/07 Rn. 24, NStZ 2008, 409, 410). Die bloße Vereinbarung mit den Tätern einer vorausgegangenen Vermögensstraftat, die Beute abnehmen zu wollen, erfüllt den Versuchstatbestand jedoch noch nicht (vgl. BGH, Urteil vom 5. Dezember 1990 – 2 StR 287/90, BGHR StGB § 259 Abs. 1 Sichverschaffen 4).

2. Amtsträger – § 11 Abs. 1 Nr. 2 StGB

Niedergelassene **Vertragsärzte** handeln **bei der Wahrnehmung der ihnen übertragenen Aufgaben** weder **als** Amtsträger **im Sinne des § 11 Abs. 1 Nr. 2 Buchst.** c **StGB** noch **als** Beauftragte **der gesetzlichen Krankenkassen** im Sinne des § 299 StGB.[11] 9

[8] Der niedergelassene, für die vertragsärztliche Versorgung zugelassene Arzt handelt bei der Verordnung von Arzneimitteln nicht als ein für die Wahrnehmung von Aufgaben der öffentlichen Verwaltung bestellter Amtsträger im Sinne des § 11 Abs. 1 Nr. 2 Buchst. c StGB.

[9] 1. Allerdings zählen die gesetzlichen Krankenkassen zu den in dieser Vorschrift genannten Einrichtungen …

---

[10] BGH, Beschluss vom 8.3.2012 – 4 StR 629/11.

[11] BGH (Großer Senat in Strafsachen), Beschluss vom 29.3.2012 – GSSt 2/11.

[14] 2. Die Vertragsärzte sind jedoch nicht dazu bestellt, im Auftrag der gesetzlichen Krankenkassen Aufgaben der öffentlichen Verwaltung wahrzunehmen.

[15] a) Zwar steht außer Frage, dass das System der gesetzlichen Krankenversicherung als Ganzes eine aus dem Sozialstaatsgrundsatz des Art. 20 Abs. 1 GG folgende Aufgabe erfüllt, durch deren Wahrnehmung in hohem Maße Interessen nicht allein der einzelnen Versicherten, sondern der Allgemeinheit wahrgenommen werden …

[16] b) Jedoch ist das in den §§ 72 ff. SGB V geregelte System der vertragsärztlichen Versorgung so ausgestaltet, dass der einzelne Vertragsarzt keine Aufgabe öffentlicher Verwaltung wahrnimmt.

[17] Öffentliche Verwaltung im Sinne von § 11 Abs. 1 Nr. 2 Buchst. c StGB ist nicht allein die Gesamtheit der von Hoheitsträgern ausgeübten Eingriffs- und Leistungsverwaltung; vielmehr sind auch Mischformen sowie die Tätigkeit von Privatrechtssubjekten erfasst, wenn diese wie ein „verlängerter Arm" hoheitlicher Gewalt tätig werden (BGH, Urteile vom 19. Dezember 1997 – 2 StR 521/ 97, BGHSt 43, 370, 377; vom 3. März 1999 – 2 StR 437/98, BGHSt 45, 16, 19; vom 15. März 2001 – 5 StR 454/00, BGHSt 46, 310, 312; vom 16. Juli 2004 – 2 StR 486/03, BGHSt 49, 214, 219; vom 2. Dezember 2005 – 5 StR 119/05, BGHSt 50, 299, 303; vom 27. November 2009 – 2 StR 104/09, BGHSt 54, 202, 212; vgl. Fischer, StGB, 59. Aufl., § 11 Rn. 22a m.w.N.). Für die Zuordnung der Tätigkeit von Privaten zum Bereich öffentlicher Verwaltung kommt es darauf an, dass der Ausführende dem Bürger nicht auf der Ebene vertraglicher Gleichordnung mit der grundsätzlichen Möglichkeit individueller Aushandlung des Verhältnisses entgegentritt, sondern quasi als ausführendes Organ hoheitlicher Gewalt. Es fehlt Rechtbeziehungen im Rahmen öffentlicher Verwaltung daher typischerweise ein bestimmendes Element individuell begründeten Vertrauens, der Gleichordnung und der Gestaltungsfreiheit.

[18] Letztlich beruht die Bestimmung des Begriffs der Wahrnehmung von Aufgaben öffentlicher Verwaltung im Sinne von § 11 Abs. 1 Nr. 2 Buchst. c StGB auf einer wertenden Abgrenzung. Dies gilt insbesondere in Bereichen, die nicht zur unmittelbaren staatlichen Verwaltung zählen. Zu prüfen ist jeweils, ob der Tätigkeit der betreffenden Person im Verhältnis zum Bürger der Charakter – wenn auch nur mittelbar – eines hoheitlichen Eingriffs zukommt oder ob das persönliche Verhältnis zwischen den Beteiligten so im Vordergrund steht, dass ein hoheitlicher Charakter der Erfüllung öffentlicher Aufgaben dahinter zurücktritt. Letzteres ist nach Ansicht des Großen Senats im Verhältnis zwischen Vertragsarzt und Patient der Fall.

[19] aa) Die Vertragsärzte üben Ihren Beruf in freiberuflicher Tätigkeit aus (§ 18 Abs. 1 Nr. 1 Satz 2 EStG), auch wenn die Zulassung zur vertragsärztlichen Versorgung zur Teilnahme an dieser Versorgung nicht nur berechtigt, sondern auch verpflichtet (§ 95 Abs. 3 Satz 1 SGB V). Der Vertragsarzt ist nicht Angestellter oder bloßer Funktionsträger einer öffentlichen Behörde; er wird im konkreten Fall nicht aufgrund einer in eine hierarchische Struktur integrierten Dienststellung tätig, sondern aufgrund der individuellen, freien Auswahl der versicherten Person. Er nimmt damit eine im Konzept der gesetzlichen Krankenversicherung vorgesehene, speziell ausgestaltete Zwischenposition ein, die ihn von dem in einem öffentlichen Krankenhaus angestellten Arzt, aber auch von solchen Ärzten unterscheidet, die in einem staatlichen System ambulanter Heilfürsorge nach dem Modell eines Poliklinik-Systems tätig sind.

[20] bb) Das Verhältnis des Versicherten zum Vertragsarzt wird wesentlich bestimmt von Elementen persönlichen Vertrauens und einer der Bestimmung durch die Krankenkassen entzogenen Gestaltungsfreiheit: …

[21] cc) Auch die Regelungen über die Ausstellung einer vertragsärztlichen Verordnung von Arznei-, Heil- oder Hilfsmitteln rechtfertigen nicht die Annahme, der Vertragsarzt handle insoweit in Ausführung öffentlicher Verwaltung. Die Verordnung konkretisiert zwar die gesetzlichen Leistungsansprüche der Versicherten auf Sachleistungen (§ 2 Abs. 2 Satz 1 SGB V); sie ist aber untrennbarer Bestandteil der ärztlichen Behandlung und vollzieht sich innerhalb des personal geprägten Vertrauensverhältnisses zwischen der versicherten Person und dem von ihr gewählten Vertragsarzt; sie ist vom Arzt an seiner aus § 1 BÄO folgenden Verpflichtung auszurichten, ohne dass die gesetzliche Krankenkasse hierauf einwirken könnte (vgl. BSG, Urteil vom 16. Dezember 1993 – 4 RK 5/92, BSGE 73, 271, 282).

[22] c) Dass der Vertragsarzt keine Aufgabe öffentlicher Verwaltung wahrnimmt, entspricht im Übrigen auch der zivilrechtlichen Betrachtungsweise. Der Bundesgerichtshof hat in Zivilsachen mehrfach hervorgehoben, dass – von wenigen Ausnahmen abgesehen – die ärztliche Heilbehandlung ihrem Grundgedanken nach mit der Ausübung eines öffentlichen Amts unvereinbar sei. Zwischen dem Vertragsarzt und dem Patienten kommt ein zivilrechtliches Behandlungsverhältnis zustande. Im Fall der Schlechterfüllung des Behandlungsvertrags haftet der Arzt nicht nach Amtshaftungsgrundsätzen (BGH, Urteil vom 19. Dezember 1960 – III ZR 185/60, VersR 1961, 225, 226; Urteil vom 9. Dezember 1974 – III ZR 131/72, BGHZ 63, 265, 270; Urteil vom 28. Juni 1994 – VI ZR 153/93, BGHZ 126, 297, 301 f.; vgl. auch Geigel, Der Haftpflichtprozess, 26. Aufl., Kap. 14 Rn. 211; Kap. 28 Rn. 130). Dass dieses bürgerlich-rechtliche Rechtsverhältnis von den Vorschriften des Sozialversicherungsrechts überlagert wird, ändert daran nichts.

[23] d) Da es der vertragsärztlichen Tätigkeit in ihrer konkreten Gestalt und Ausprägung somit – unbeschadet des Umstands, dass das Vertragsarztsystem insgesamt eine öffentliche Aufgabe erfüllt – schon am Charakter der Wahrnehmung einer Aufgabe öffentlicher Verwaltung mangelt, kommt es auf die Frage einer formellen oder konkludenten „Bestellung" im Sinne von § 11 Abs. 1 Nr. 2 Buchst. c StGB nicht entscheidend an. Insoweit ist nur ergänzend auszuführen:

[24] Nach der Rechtsprechung des Bundesgerichtshofs setzt eine Bestellung im Sinne der genannten Vorschrift keinen förmlichen Bestellungsakt voraus (BGH, Urteile vom 15. Mai 1997 – 1 StR 233/96, BGHSt 43, 96, 102 f.; vom 9. Juli 2009 – 5 StR 263/08, BGHSt 54, 39, 43). Die Zulassung eines Arztes zur vertragsärztlichen Versorgung (§ 95 SGB V) ist aber schon deshalb keine Bestellung im Sinne von § 11 Abs. 1 Nr. 2 Buchst. c StGB, weil es insoweit an einer der Krankenkasse unmittelbar zurechenbaren Entscheidung fehlt (vgl. § 96 Abs. 1, 2 SGB V). Im Übrigen kann nicht jede Zulassung oder Hinzuziehung zur Erfüllung öffentlicher Aufgaben als Bestellung angesehen werden (vgl. BGH, Urteil vom 21. August 1996 – 2 StR 234/96, BGHSt 42, 230, 232); vielmehr kann der Begriff nur mit Blick auf den Charakter der Aufgabe bestimmt werden, zu deren Erfüllung die Privatperson herangezogen wird.

[25] IV. Der gemäß § 95 SGB V zur vertragsärztlichen Versorgung zugelassene Arzt handelt bei der Verordnung von Medikamenten auch nicht als Beauftragter eines geschäftlichen Betriebes (§ 299 Abs. 1 StGB) …

3. Begehung durch Unterlassen – § 13 StGB

10 Jeder, der Gefahrenquellen schafft, **hat nach allgemeinen Grundsätzen die erforderlichen Vorkehrungen zum Schutz anderer Personen zu treffen. Strafbar ist die** Nichtabwendung einer Gefahr aus der vom Garanten eröffneten Gefahrenquelle dann, wenn eine nahe liegende Möglichkeit begründet wurde, dass Rechtsgüter anderer Personen verletzt werden könnten. Wer eine Flasche mit einem gefährlichen Mittel auf dem Wohnzimmertisch einer Geschädigten abstellt, schafft eine erhebliche Gefahrenquelle, wenn er weiß, dass diese Person davon trinken könnte. Eine Handlungspflicht wurde jedenfalls in dem Augenblick begründet, indem der Garant bemerkt, dass die Geschädigte tatsächlich davon trinkt.[12]

[7] Nach allgemeinen Grundsätzen hat jeder, der Gefahrenquellen schafft, die erforderlichen Vorkehrungen zum Schutz anderer Personen zu treffen (vgl. BGHSt 53, 38, 42). Da eine absolute Sicherung gegen Gefahren nicht erreichbar ist, beschränkt sich die Verkehrssicherungspflicht auf das Ergreifen solcher Maßnahmen, die nach den Gesamtumständen zumutbar sind und die ein umsichtiger Mensch für notwendig hält, um Andere vor Schäden zu bewahren. Strafbar ist die Nichtabwendung einer Gefahr aus der vom Garanten eröffneten Gefahrenquelle dann, wenn eine nahe liegende Möglichkeit begründet wurde, dass Rechtsgüter anderer Personen verletzt werden können. Der Angeklagte hatte durch Abstellen der Flasche mit dem gefährlichen Mittel auf dem Wohnzimmertisch im Zimmer der Geschädigten eine erhebliche Gefahrenquelle geschaffen. Er hatte der Geschädigten früher den Konsum angeboten, weshalb auch die Möglichkeit bestand, dass sie davon trinken würde. Eine Handlungspflicht für den Angeklagten wurde in dem Augenblick begründet, in dem er wahrnahm, dass die Geschädigte tatsächlich davon trank. Da er nach den Feststellungen genau um die rasche Wirkung und die besondere Gefährlichkeit der Einnahme des Mittels durch Menschen wusste und erkannte, dass die Geschädigte eine erhebliche Menge des Mittels getrunken hatte, hätte er nachdem er bemerkt hatte, dass sie die Flüssigkeit nicht sogleich erbrach, unverzüglich den Notarzt rufen müssen. Diese Pflicht hat er schuldhaft nicht erfüllt. Das Unterlassen ist nach den rechtsfehlerfrei getroffenen Feststellungen des Landgerichts für den Tod der Geschädigten im Sinne einer hypothetischen Rettung bei unverzüglichem Herbeirufen des Notarztes ursächlich geworden.

[8] Eine eigenverantwortlich versuchte Selbsttötung der Geschädigten lag nicht vor. Fehlt es an einer ernst gemeinten und freiverantwortlichen Entscheidung des Opfers sich zu töten, dann ist das Nichtverhindern des Todes durch einen Garanten als Totschlag durch Unterlassen zu beurteilen (vgl. Wessels/Hettinger, Strafrecht Besonderer Teil, Bd. 1, 34. Aufl. 2010, Rn. 54). Das Landgericht hat rechtsfehlerfrei angenommen, dem spontanen Trinken des Reinigungsmittels habe kein ernstlicher Selbsttötungsentschluss zu Grunde gelegen. Da die Geschädigte in Anwesenheit des Angeklagten von dem Reinigungsmittel trank, ist davon auszugehen, dass sie dies tat, um auf sich aufmerksam zu machen. Es lag kein freiverantwortlicher Selbsttötungsentschluss zugrunde. Dies wird daraus deutlich, dass sie der Aufforderung des Angeklagten, sich zu erbrechen, Folge leistete.

---

[12] BGH, Urteil vom 31.12.2011 – 2 StR 295/11.

4. Handeln für andere, Handeln als Organ – § 14 StGB

TOPENTSCHEIDUNG ■

An eine **Beauftragung im Sinne des § 14 Abs. 2 Nr. 2 StGB** sind strenge Anforderungen zu stellen, da mit der Beauftragung eine persönliche Normadressatenstellung des Beauftragten begründet wird, die ihm die Erfüllung betriebsbezogener Pflichten überbürdet. Die bloße Einräumung von Leitungsbefugnissen reicht hierfür ebenso wenig aus wie die Einbeziehung in eine unternehmerische Mitverantwortung. Entscheidend ist vielmehr, dass gesetzliche Arbeitgeberpflichten in die eigenverantwortliche Entscheidungsgewalt des Beauftragten übergehen.[13] **11**

[12] 2. Die Zurechnung der Arbeitgeberstellung nach § 266a Abs. 1 und 2 StGB zu Lasten der Angeklagten M.K. hält dagegen revisionsrechtlicher Überprüfung nicht stand, weil die Voraussetzungen des § 14 Abs. 2 Nr. 2 StGB nicht rechtsfehlerfrei begründet wurden.

[13] a) Es bestehen hier schon durchgreifende Bedenken, ob das Landgericht in genügender Form dargestellt hat, dass die Angeklagte ausdrücklich beauftragt wurde. Zwar ist ein solcher Auftrag auch formfrei möglich (vgl. Perron in Schönke/Schröder, StGB, 28. Aufl., § 14 Rn. 34). Er muss jedoch zweifelsfrei erfolgen und ausreichend konkret sein, damit für den Beauftragten das Ausmaß der von ihm zu erfüllenden Pflichten eindeutig erkennbar ist. Hierzu enthält das landgerichtliche Urteil indessen keine Ausführungen. Es beschränkt sich auf die Feststellung, dass eine Beauftragung erfolgt ist. Zu deren näherem Inhalt sowie zu den Umständen dieser Beauftragung verhält es sich nicht. Das Revisionsgericht vermag deswegen nicht zu prüfen, ob die inhaltlichen Voraussetzungen einer Beauftragung zutreffend angenommen wurden.

[14] b) Der Gesamtzusammenhang der Urteilsgründe lässt im Übrigen die Annahme einer Beauftragung im Sinne des § 14 Abs. 2 Nr. 2 StGB fernliegend erscheinen. An ihr Vorliegen sind – wie schon die ansonsten nicht zu rechtfertigende Gleichstellung mit Organen und Betriebsleitern (§ 14 Abs. 2 Nr. 1 StGB) verdeutlicht – strenge Anforderungen zu stellen (vgl. auch Marxen/Böse in Nomos-Kommentar, StGB, 3. Aufl., § 14 Rn. 7 ff.). Mit der Beauftragung wird eine persönliche Normadressatenstellung des Beauftragten begründet, die ihm (strafbewehrt) die Erfüllung betriebsbezogener Pflichten überbürdet. Die bloße Einräumung von Leitungsbefugnissen reicht hierfür ebenso wenig aus wie die Einbeziehung in eine unternehmerische Mitverantwortung (Perron aaO Rn. 35; Marxen/Böse aaO Rn. 60).

[15] Entscheidend ist vielmehr, dass gesetzliche Arbeitgeberpflichten in die eigenverantwortliche Entscheidungsgewalt des Beauftragten übergehen (Bosch in Satzger/Schmitt/Widmaier, StGB, 2009, § 14 Rn. 16). Im Rahmen einer solchen Prüfung kann indiziell auch von Bedeutung sein, ob der Betrieb aufgrund seiner Größe überhaupt eine personelle Aufteilung der Verantwortlichkeitsbereiche erforderlich macht. In diesem Sinne kann auch der Gedanke der Sozialadäquanz der Beauftragung herangezogen werden (vgl. dazu Regierungsentwurf eines Einführungsgesetzes zum Gesetz über Ordnungswidrigkeiten, BT-Drucks. V/1319 S. 65; Perron, aaO, Rn. 36; Fischer, StGB, 59. Aufl., § 14 Rn. 13; Göhler/Gürtler, 16. Aufl., OWiG, § 9 Rn. 32).

---

[13] BGH, Beschluss vom 12.9.2012 – 5 StR 363/12.

Die Regelung des § 14 Abs. 2 Nr. 2 StGB führt nämlich zu einer jedenfalls partiellen Verlagerung strafbewehrter Pflichten vom primär zuständigen Organ auf nachgeordnete Mitarbeiter (vgl. Schünemann in LK, 12. Aufl., § 14 Rn. 68). Deshalb darf auch nicht ohne weiteres von der Übertragung von Leitungsbefugnissen auf die Begründung einer Normadressatenstellung geschlossen werden. Vielmehr ist zu prüfen, ob – wie etwa im Hinblick auf die betriebliche Struktur oder die Vorerfahrungen der handelnden Personen – eine sachliche Notwendigkeit für eine derart weitgehende Aufgabenübertragung bestanden haben könnte. Je weniger eine solche erkennbar ist, umso ferner liegt es, eine Übertragung genuiner Arbeitgeberpflichten anzunehmen. Die sinnvolle Aufgabenabschichtung zwischen Organ und Beauftragtem liegt dem Tatbestand des § 14 Abs. 2 Nr. 2 StGB als Grundidee zugrunde (vgl. BT-Drucks. 10/318 S. 15), weil es für den Beauftragten regelmäßig nur unter dieser Voraussetzung möglich sein wird, im Aufgabenbereich des eigentlichen Organs selbständig zu handeln (vgl. Schünemann, aaO, Rn. 62). Fehlt dem mit solchen Aufgaben Betrauten die eigene Entscheidungsfreiheit, dann handelt er nicht wie ein organschaftlicher Vertreter, sondern allenfalls als dessen Gehilfe.

[16] Im vorliegenden Fall mag zwar die Angeklagte M. K. für den Personalsektor, was Einstellungen, Arbeitsanweisungen und Vereinnahmung des „Tellergeldes" angeht, zuständig gewesen sein, weil ihr der Mitangeklagte insoweit eine Leitungsbefugnis eingeräumt hat. Dies lässt aber noch nicht den Schluss zu, dass sie damit sämtliche mit den Personalangelegenheiten zusammenhängenden betrieblichen Pflichten übernommen hat. Hiergegen spricht entscheidend, dass dem Angeklagten D. K. die „Büroarbeit" vorbehalten blieb. Neben finanziellen Fragen kann die „Büroarbeit" aber im Wesentlichen nur die dem Betrieb gegenüber Behörden obliegenden Aufgaben betroffen haben, wozu im hervorgehobenen Maße auch die Erfüllung der Arbeitgeberpflichten gegenüber den Sozialversicherungsträgern zählt. Nach den Urteilsfeststellungen beschränkte sich die Rolle der Angeklagten M. K. vorrangig auf diejenige einer fachlichen Vorgesetzten gegenüber dem Reinigungspersonal. Dies genügt aber nicht den Anforderungen an eine Beauftragung nach § 14 Abs. 2 Nr. 2 StGB. Dasselbe gilt für den Umstand, dass beide Angeklagte als Eheleute ersichtlich vertrauensvoll zusammengearbeitet haben.

[17] 3. Aus den gleichen Gründen scheidet auch eine Qualifizierung der Angeklagten als „Teilbetriebsleiterin" im Sinne des § 14 Abs. 2 Nr. 1 StGB aus. Da es für diese Zurechnungsvorschrift keiner ausdrücklichen Beauftragung bedarf, sondern sich die Übertragung auch konkludent aus der Betrauung mit der vollständigen oder teilweisen Leitung des Betriebs ergibt (BGH, Urteil vom 4. Juli 1989 – VI ZR 23/89, DB 1989, 2272), können die inhaltlichen Voraussetzungen im Vergleich zur ausdrücklichen Beauftragung im Sinne der Nr. 2 jedenfalls nicht schwächer sein (vgl. auch Radtke in MK, StGB, 2. Aufl., § 14 Rn. 96).

■ PRAXISBEDEUTUNG

Während bis vor einigen Jahren die Ermittlungen wegen Straftaten bei Firmen meist schnell beendet waren, wenn ein möglicherweise für Organisationsdelikte Verantwortlicher, wenn auch auf unterer Stufe, gefunden war, wird heute sicherlich zutreffend auch im höheren Verantwortungsbereich ermittelt, weil letztlich die meisten Mitarbeiter auf Anweisung tätig werden und gerade bei Firmen mit Maschinenparks erforderliche Wartungsarbeiten nicht selten auf „höhere" Anweisung hinausgezögert werden. An Hand der o.a. Abgrenzungskriterien wird es einfacher sein, die Verantwortlichkeiten festzustellen und – bei Nichtvorliegen – ggfs. sich effektiv zu verteidigen.

5. Vorsätzliches und fahrlässiges Handeln – § 15 StGB

Die **Abgrenzung** des **bedingten Tötungsvorsatzes** vom **Körperverletzungsvorsatz** **12**
erfordert bei schwerwiegenden Gewalttaten eine sorgfältige Prüfung unter Berücksichtigung aller Umstände des Einzelfalls. Da die Schuldformen des bedingten Vorsatzes und der bewussten Fahrlässigkeit im Grenzbereich eng einander liegen, müssen bei der Annahme bedingten Vorsatzes beide Elemente der inneren Tatseite, also sowohl das Wissens- als auch das Willenselement, umfassend geprüft und gegebenenfalls durch tatsächliche Feststellungen des Tatrichters belegt werden. Dabei stellt die offensichtliche Gefährlichkeit einer Handlung für den Nachweis einen Umstand von erheblichem Gewicht dar, so dass bei äußerst gefährlichen Gewalthandlungen der subjektive Tatbestand eines Tötungsdelikts sehr nahe liegt.[14]

[7] Die Abgrenzung des bedingten Tötungsvorsatzes vom Körperverletzungsvorsatz erfordert bei schwerwiegenden Gewalttaten eine sorgfältige Prüfung unter Berücksichtigung aller Umstände des Einzelfalls. Bedingt vorsätzliches Handeln setzt voraus, dass der Täter den Eintritt des tatbestandlichen Erfolges als möglich und nicht ganz fern liegend erkennt, ferner, dass er ihn billigt oder sich um des erstrebten Zieles willen mit ihm abfindet. Da die Schuldformen des bedingten Vorsatzes und der bewussten Fahrlässigkeit im Grenzbereich eng beieinander liegen, müssen bei der Annahme bedingten Vorsatzes beide Elemente der inneren Tatseite, also sowohl das Wissens- als auch das Willenselement, umfassend geprüft und gegebenenfalls durch tatsächliche Feststellungen belegt werden. Dabei stellt die offensichtliche Lebensgefährlichkeit einer Handlung für den Nachweis einen Umstand von erheblichem Gewicht dar, sodass bei äußerst gefährlichen Gewalthandlungen der subjektive Tatbestand eines Tötungsdelikts sehr nahe liegt. Gleichwohl bedarf angesichts der hohen Hemmschwelle gegenüber einer Tötung die Frage der Billigung des Todes einer Gesamtschau aller objektiven und subjektiven Tatumstände, in die vor allem auch die psychische Verfassung des Täters bei der Tatbegehung sowie seine Motive mit einzubeziehen sind. Insbesondere bei spontanen, unüberlegt oder in affektiver Erregung ausgeführten Handlungen kann aus der Kenntnis der Gefahr des möglichen Todeseintritts nicht ohne Berücksichtigung der sich aus der Tat und der Persönlichkeit des Täters ergebenden Besonderheiten geschlossen werden, dass das – selbständig neben dem Wissenselement stehende – voluntative Vorsatzelement gegeben ist.

[14] BGH, Urteil vom 16.8.2012 – 3 StR 237/12; vgl. hierzu auch die weiteren Entscheidungen Rn. 174 ff.

6. Schuldunfähigkeit, verminderte Schuldfähigkeit – §§ 20, 21 StGB

■ TOPENTSCHEIDUNG

13 Bei der Beurteilung der Schuldfähigkeit kommt der Blutalkoholkonzentration umso geringere Bedeutung zu, je mehr sonstige aussagekräftige psychodiagnostische Beweisanzeichen zur Verfügung stehen. Es gibt **keinen Rechts- oder Erfahrungssatz**, der es gebietet, ohne Rücksicht auf die im konkreten Fall feststellbaren psychodiagnostischen Kriterien, ab einer bestimmten **Höhe der Blutalkoholinstallation** regelmäßig von zumindest „bei Begehung der Tat“ erheblich verminderter Schuldfähigkeit auszugehen. Für die Beurteilung der Schuldfähigkeit maßgeblich ist eine Gesamtschau aller wesentlichen objektiven und subjektiven Umstände, die sich auf das Erscheinungsbild des Täters vor, während und nach der Tat beziehen.[15]

[21] Es ist prinzipiell unmöglich, „einer bestimmten Blutalkoholkonzentration für jeden Einzelfall gültige psychopathologische, neurologisch-körperliche Symptome oder Verhaltensauffälligkeiten zuzuordnen. Es existiert keine lineare Abhängigkeit der Symptomatik von der Blutalkoholkonzentration. Aus diesen Gründen ist es prinzipiell unmöglich, allein aus der Blutalkoholkonzentration das Ausmaß einer alkoholisierungsbedingten Beeinträchtigung ableiten zu wollen“ (Foerster in Venzlaff/Foerster, Psychiatrische Begutachtung, 5. Aufl. 2009, S. 246; ebenso Nedopil, Forensische Psychiatrie, 3. Aufl. 2007, S. 124 ff.; vgl. auch Schöch in Kröber/Dölling/Leygraf/Sass, Handbuch der Forensischen Psychiatrie, Band 1 S. 111 f.). Es wäre daher auch verfehlt, einem psychodiagnostischen Beweisanzeichen – etwa dem Leistungsverhalten vor, bei oder nach Tatbegehung – von vornherein mit Blick auf eine bestimmte Blutalkoholkonzentration oder mit Blick auf eine zum Erreichen höherer Blutalkoholwerte notwendigerweise bestehende Alkoholgewöhnung eine Aussagekraft zur Beurteilung der Schuldfähigkeit i.S.d. §§ 20, 21 StGB abzusprechen. Zur Problematik der Feststellung einer Blutalkoholkonzentration anhand von Trinkmengenangaben eines Angeklagten verweist der Senat überdies auf die zutreffenden Ausführungen von Wendt und Kröber (in Kröber/Dölling/Leygraf/Sass, Handbuch der Forensischen Psychiatrie, Band 2 S. 245).

[22] (3) Für die Beurteilung der Schuldfähigkeit maßgeblich ist demnach eine Gesamtschau aller wesentlichen objektiven und subjektiven Umstände, die sich auf das Erscheinungsbild des Täters vor, während und nach der Tat beziehen (grundlegend Senatsentscheidung vom 29. April 1997 – 1 StR 511/95, BGHSt 43, 66 ff.; auch BGH, Beschluss vom 5. April 2000 – 3 StR 114/00; BGH, Urteil vom 22. Januar 1997 – 3 StR 516/96). Dabei kann die – regelmäßig deshalb zu bestimmende (vgl. BGH, Beschluss vom 28. März 2012 – 5 StR 49/12; BGH, Beschluss vom 8. Oktober 1997 – 2 StR 478/97) – Blutalkoholkonzentration ein je nach den Umständen des Einzelfalls sogar gewichtiges, aber keinesfalls allein maßgebliches Beweisanzeichen (Indiz) sein (vgl. BGH, Urteil vom 22. Oktober 2004 – 1 StR 248/04; BGH, Urteil vom 6. Juni 2002 – 1 StR 14/02; BGH, Urteil vom 3. Dezember 2002 – 1 StR 378/02; vgl. auch BGH, Urteil vom 11. September 2003 – 4 StR 139/03; BGH, Urteil vom 22. April 1998 – 3 StR 15/98).

[15] BGH, Beschluss vom 29.5.2012 – 1 StR 59/12.

[23] Welcher Beweiswert der Blutalkoholkonzentration (die weniger zur Auswirkung des Alkohols als lediglich zu dessen wirksam aufgenommener Menge aussagt) im Verhältnis zu anderen psychodiagnostischen Beweisanzeichen beizumessen ist, lässt sich nicht schematisch beantworten. Er ist umso geringer, je mehr sonstige aussagekräftige psychodiagnostische Kriterien (Überblick hierzu z.B.: Plate, Psyche, Unrecht und Schuld, 2002, S. 194 ff.; Detter, Strafzumessung, 2009, II. Teil Rn. 83) zur Verfügung stehen. So können die konkreten Umstände des jeweiligen Einzelfalls eine erheblich verminderte Steuerungsfähigkeit bei Tatbegehung auch bei einer Blutalkoholkonzentration schon von unter 2 ‰ begründen (BGH, Beschluss vom 3. Dezember 1999 – 3 StR 481/99), umgekehrt eine solche selbst bei errechneten Maximalwerten von über 3 ‰ auch ausschließen (BGH, Urteil vom 6. Juni 2002 – 1 StR 14/02: 3,54 ‰; vgl. auch Foerster in Venzlaff/Foerster, aaO).

PRAXISBEDEUTUNG ■

Die vorstehende Entscheidung besagt klar und deutlich, dass Tendenzen im Hinblick auf „Retrogefühle“ für die frühere Rechtsprechungsmeinung, wonach bei festen Grenzen einer Alkoholisierung von den Voraussetzungen des § 20 oder § 21 StGB auszugehen seien, keinen Bestand haben. Vielmehr wird es auch in Zukunft im Wesentlichen darauf ankommen, ob die Gesamtschau aller zu berücksichtigenden Umstände auf eine Einschränkung oder gar einen Wegfall der Schuldfähigkeit hindeuten oder nicht. Wenn die Verteidigung eine solche Beurteilung anstrebt, wird auch sie entsprechende Befundtatsachen darlegen oder auf entsprechende Beweiserhebungen antragen müssen.

Demgegenüber bezieht sich die nachstehende Entscheidung in ihrer Begründung auf **14**
die **ältere Rechtsprechung der Jahre bis etwa 1997** und dürfte kaum der inzwischen ständigen aktuellen Rspr des BGH entsprechen, wie auch die vorstehende, zeitlich nachfolgende Entscheidung verdeutlicht: Bei einem Täter, der zur Tatzeit eine **Blutalkoholkonzentration zwischen 2,3 und 2,7 Promille** aufweist, ist die Annahme einer erheblichen Herabsetzung seiner Handlungsfähigkeit regelmäßig in einem hohen Grad wahrscheinlich.[16]

[4] a) Das Landgericht hat eine erheblich verminderte Schuldfähigkeit des Angeklagten verneint, obgleich dieser die Taten in stark alkoholisiertem Zustand begangen hatte (maximale Blutalkoholkonzentration 2,75 ‰, wahrscheinliche Blutalkoholkonzentration von 2,33 ‰, UA S. 30). Zur Begründung führt es im Anschluss an ein mündlich erstattetes Gutachten der Sachverständigen aus, dass „der Grad der Alkoholisierung wenig aussagekräftig sei, da der Angeklagte zum Tatzeitpunkt alkoholgewöhnt gewesen sei. Der Angeklagte habe angegeben, dass er sich angetrunken, aber nicht schwer betrunken gefühlt habe. Sein Erinnerungsvermögen habe sich nicht wesentlich eingeschränkt gezeigt, er habe betont, gewusst zu haben, was er tat.“ Überdies spreche für eine genaue Planung der Tat, dass „der Angeklagte über einen längeren Zeitraum geplant Personen zur Verteidigung um sich geschart habe und den Angreifern letztlich gezielt im Erdgeschoss zuvorgekommen sei.“ Schließ-

---

[16] BGH, Beschluss vom 10.1.2012 – 5 StR 517/11.

lich spreche sein „gezieltes Rückzugsverhalten", in dem er sich freiwillig gestellt und auf Notwehr berufen hat, gegen „eine relevante Beeinträchtigung der Einsichts- oder Steuerungsfähigkeit" (UA S. 30 f.).

[5] b) Diese Begründung hält revisionsgerichtlicher Überprüfung nicht stand. Bei einem Täter, der zur Tatzeit eine Blutalkoholkonzentration zwischen 2,3 und 2,7 ‰ aufwies, ist die Annahme einer erheblichen Herabsetzung seiner Hemmungsfähigkeit regelmäßig in einem hohen Grad wahrscheinlich (vgl. BGH, Urteil vom 6. März 1986 – 4 StR 48/86, BGHSt 34, 29, 31; Beschluss vom 31. Mai 1988 – 3 StR 203/88, BGHR StGB § 21 Blutalkoholkonzentration 13; vgl. Fischer, StGB, 59. Aufl., § 20 Rn. 21 m.w.N.). Eine erheblich verminderte Hemmungsfähigkeit lässt sich bei einer solchen beträchtlichen Alkoholisierung nur ausschließen, wenn gewichtige Anzeichen für den Erhalt einer Hemmungsfähigkeit sprechen (vgl. BGH, Urteil vom 29. April 1997 – 1 StR 511/95, BGHSt 43, 66, 68 ff.; Beschluss vom 26. November 1997 – 2 StR 553/97, NStZ-RR 1998, 107; hierzu ferner Fischer, aaO, Rn. 22 ff.).

15 **Pathologisches Spielen** stellt für sich genommen noch keine die Schuldfähigkeit erheblich einschränkende oder ausschließende krankhafte seelische Störung oder schwere andere seelische Abartigkeit dar. Maßgeblich ist insoweit vielmehr, ob der Betroffene durch seine Spielsucht gravierende Änderungen in seiner Persönlichkeit erfährt, die in ihrem Schweregrad einer krankhaften seelischen Störung gleichwertig sind. Nur wenn die Spielsucht zu schwersten Persönlichkeitsveränderungen führt oder der Täter bei Geldbeschaffungstaten unter starken Entzugserscheinungen gelitten hat, kann ausnahmsweise eine erhebliche Verminderung der Steuerungsfähigkeit anzunehmen sein.[17]

16 Die Fähigkeit, sich entsprechend der vorhandenen Einsicht in das Unrecht des Tuns zu verhalten (§ 20 StGB), ist auf die **Tathandlung bezogen** zu prüfen.[18]

[2] 1. Die Erwägungen, aus denen das Landgericht einen Zustand der Schuldunfähigkeit des Angeklagten zum Zeitpunkt der Tötung seiner Lebensgefährtin ausgeschlossen hat, sind unzureichend. Auf UA. S. 6 hat es zunächst festgestellt, die Einsichts-Fähigkeit des Angeklagten sei erheblich vermindert gewesen. Dies wird im weiteren Verlauf der Urteilsgründe dahin korrigiert, dass durch das vorhandene hirnorganische Psychosyndrom in Verbindung mit der Alkoholisierung zur Tatzeit die Steuerungs-Fähigkeit des Angeklagten erheblich eingeschränkt gewesen sei, da er in einem Zustand der Bewusstseinseinengung durch einen schwerwiegenden Affekt „quasi haften geblieben" sei. Zum Ausschluss einer vollständigen Aufhebung der Steuerungsfähigkeit ist nur ausgeführt: „Dies sei nach Erläuterung des Sachverständigen unschwer daran zu erkennen, dass das Handeln des Angeklagten – vom Holen und Laden der Waffe, dem Hinaufgehen in den ersten Stock bis hin zum Entladen und wieder Wegschließen der Waffe – nur aus gesteuertem Verhalten heraus zu erklären ist" (UA S. 21). Diese Ausführung legt nahe, dass das Landgericht sich ohne eigene Beurteilung einer Ansicht des Sachverständigen angeschlossen hat, die ihrerseits auf einer unzutreffenden und eingeengten Vorstellung vom Inhalt des Begriffs der Steuerungsunfähigkeit beruht.

[3] Die Fähigkeit, sich entsprechend der vorhandenen Einsicht in das Unrecht des Tuns zu verhalten (§ 20 StGB), ist auf die Tathandlung bezogen zu prüfen. Äußeres

[17] BGH, Beschluss vom 9.10.2012 – 2 StR 297/12.
[18] BGH, Beschluss vom 24.7.2012 – 2 StR 82/12.

Verhalten, insbesondere auch der Ablauf von Tatvorbereitung, Tatausführung und Nachtatverhalten, kann zwar indiziell für die innere Fähigkeit des Täters sein, den Tatimpuls mit anderen Gesichtspunkten abzuwägen und sich ihm zu widersetzen. Gerade in Fällen wie dem vorliegenden drängt sich eine solche Indizwirkung aber nicht auf und wäre jedenfalls vom Tatrichter im Einzelnen darzulegen. Denn für das spezifische Zustandsbild eines hirnorganischen Psychosyndroms mit abnormer Reaktion schon auf geringe Mengen von Alkohol, einem charakteristischen „Haften am Affekt" und anschließender Amnesie ist der Umstand, dass der Täter äußerlich ruhig und zielstrebig vorgeht, allenfalls von geringem Indizwert für das tatsächlich gegebene Bild des inneren Hemmungsvermögens. Dass der Angeklagte „gesteuert" seinen Revolver geholt und geladen, das Tatopfer ohne erkennbare emotionale Regung zunächst angeschossen und dann mit einem – von ihm als „Fangschuss" bezeichneten – zweiten Schuss vor zwei Zeugen erschossen und die Waffe danach sorgfältig wieder verwahrt hat, hat in seinem äußeren Ablauf, gerade auch aufgrund dieser sehr ungewöhnlichen Umstände, keinen ohne weiter.

Nicht ausreichend für die Annahme einer **tief greifenden Bewusstseinsstörung** im Sinn des § 20 StGB ist es, wenn das Gericht sich auf die bloße Mitteilung einer nicht näher beschriebenen Zwangserkrankung des Angeklagten beschränkt, diese unter das Merkmal der (schweren) anderen seelischen Abartigkeit einordnet und gleichwohl eine weitgehende Irrelevanz des Defekts für die Schuldfähigkeit annimmt. Vielmehr sind zusätzlich die **Grundlagen**, die an diese Schlussfolgerung anknüpfen, in einer für die revisionsgerichtliche Überprüfung **ausreichenden Weise darzulegen.**[19] **17**

[9] 4. Die Schuldfähigkeitsprüfung des Landgerichts hält rechtlicher Überprüfung nicht stand.

[10] a) Rechtsfehlerhaft beschränkt sich das sachverständig beratene Landgericht auf die bloße Mitteilung einer – überdies nicht näher bestimmten und in ihren Auswirkungen nicht im Einzelnen beschriebenen – Zwangserkrankung des Angeklagten, deren Einordnung unter das Merkmal der (schweren) anderen seelischen Abartigkeit und einer gleichwohl anzunehmenden weitgehenden Irrelevanz des Defekts für die Schuldfähigkeit. Die Grundlagen, an die diese Schlussfolgerungen des Gutachters und – dem folgend – die Schwurgerichtskammer anknüpfen, sind damit nicht in einer für die revisionsgerichtliche Überprüfung ausreichenden Weise dargetan. Dies gilt umso mehr, als das Zusammenwirken mehrerer Beeinträchtigungen stets eine besonders sorgfältige Gesamtwürdigung ihrer Auswirkungen auf das seelische Gefüge des Täters erfordert (vgl. BGH, Urteil vom 6. März 1986 – 4 StR 40/86, BGHSt 34, 22, 26; Beschluss vom 9. April 1991 – 4 StR 120/91, BGHR StGB § 20 Ursachen, mehrere 2). Daran fehlt es im angefochtenen Urteil völlig.

[11] Dass die Zwangsstörung des Angeklagten ohne maßgebenden Einfluss auf dessen Steuerungsfähigkeit geblieben ist, versteht sich hier auch nicht etwa von selbst. Eine durch die Krankheit bedingte „Instabilität" erachtet das Landgericht als den Impulsdurchbruch begünstigenden Umstand. Darüber hinaus konnte der Angeklagte nach den Feststellungen seit längerer Zeit kaum noch die Wohnung verlassen und kümmerte sich hauptsächlich um die gemeinsame Tochter. Vor diesem Hintergrund liegt nahe, dass die schon naturgegebene Angst um den Verlust der Tochter krank-

---

[19] BGH, Beschluss vom 25.1.2012 – 5 StR 482/11.

heitsbedingt ein noch erheblich stärkeres Gewicht gewann. Dafür könnte auch sprechen, dass es schon im Vorfeld der Tat in demselben Zusammenhang zu körperlichen Auseinandersetzungen mit der Geschädigten gekommen war.

[12] b) Ferner erscheinen einige der durch das Landgericht gegen eine völlige Aufhebung der Schuldfähigkeit angeführten Indizien allenfalls von eingeschränktem Gewicht. Das gilt etwa für das Holen des Messers aus der Küchenschublade und – schon angesichts der Vielzahl und Wucht sowie der nicht durch Sicherungstendenzen geprägten Fortführung der Tat im Treppenhaus – für das Stechen in empfindliche Körperregionen. Entsprechend liegt es bei der Rückkehr zum Kind und dem Ausziehen des blutverschmierten T-Shirts. Soweit das Landgericht schließlich maßgebend Äußerungen des Angeklagten („Ihr Schweine", „sonst stirbt der mir da jetzt") im Sinne einer Ablenkung von seiner Täterschaft bzw. von der Identität des Opfers interpretiert hat, vermag dies nicht ohne weiteres einzuleuchten. Angesichts der Beweislage und des sonstigen Verhaltens des Angeklagten, das ersichtlich nicht auf eine Verdeckung seiner Tat ausgerichtet war, erscheinen die genannten Äußerungen auf der Basis der Urteilsgründe, die eine etwaige Einlassung des Angeklagten zu diesem Punkt nicht mitteilen, vielmehr ohne Sinn.

18 Ist die einem Angeklagten vorgeworfene Tat ihm aufgrund seines übermäßig angepassten, duldend-labilen und aggressionsgehemmten **Charakters persönlichkeitsfremd**, stellt dies ein mögliches Indiz für eine affektbedingte tiefgreifende Bewusstseinsstörung des Angeklagten dar, welche der Tatrichter in seine Überlegungen einbeziehen muss.[20]

[10] a) Rechtsfehlerhaft beschränkt sich das sachverständig beratene Landgericht auf die bloße Mitteilung einer – überdies nicht näher bestimmten und in ihren Auswirkungen nicht im Einzelnen beschriebenen – Zwangserkrankung des Angeklagten, deren Einordnung unter das Merkmal der (schweren) anderen seelischen Abartigkeit und einer gleichwohl anzunehmenden weitgehenden Irrelevanz des Defekts für die Schuldfähigkeit. Die Grundlagen, an die diese Schlussfolgerungen des Gutachters und – dem folgend – die Schwurgerichtskammer anknüpfen, sind damit nicht in einer für die revisionsgerichtliche Überprüfung ausreichenden Weise dargetan. Dies gilt umso mehr, als das Zusammenwirken mehrerer Beeinträchtigungen stets eine besonders sorgfältige Gesamtwürdigung ihrer Auswirkungen auf das seelische Gefüge des Täters erfordert (vgl. BGH, Urteil vom 6. März 1986 – 4 StR 40/86, BGHSt 34, 22, 26; Beschluss vom 9. April 1991 – 4 StR 120/91, BGHR StGB § 20 Ursachen, mehrere 2). Daran fehlt es im angefochtenen Urteil völlig.

[11] Dass die Zwangsstörung des Angeklagten ohne maßgebenden Einfluss auf dessen Steuerungsfähigkeit geblieben ist, versteht sich hier auch nicht etwa von selbst. Eine durch die Krankheit bedingte „Instabilität" erachtet das Landgericht als den Impulsdurchbruch begünstigenden Umstand. Darüber hinaus konnte der Angeklagte nach den Feststellungen seit längerer Zeit kaum noch die Wohnung verlassen und kümmerte sich hauptsächlich um die gemeinsame Tochter. Vor diesem Hintergrund liegt nahe, dass die schon naturgegebene Angst um den Verlust der Tochter krankheitsbedingt ein noch erheblich stärkeres Gewicht gewann. Dafür könnte auch sprechen, dass es schon im Vorfeld der Tat in demselben Zusammenhang zu körperlichen Auseinandersetzungen mit der Geschädigten gekommen war.

---

[20] BGH, Beschluss vom 7.8.2012 – 2 StR 218/12.

[12] b) Ferner erscheinen einige der durch das Landgericht gegen eine völlige Aufhebung der Schuldfähigkeit angeführten Indizien allenfalls von eingeschränktem Gewicht. Das gilt etwa für das Holen des Messers aus der Küchenschublade und – schon angesichts der Vielzahl und Wucht sowie der nicht durch Sicherungstendenzen geprägten Fortführung der Tat im Treppenhaus – für das Stechen in empfindliche Körperregionen. Entsprechend liegt es bei der Rückkehr zum Kind und dem Ausziehen des blutverschmierten T-Shirts. Soweit das Landgericht schließlich maßgebend Äußerungen des Angeklagten („Ihr Schweine", „sonst stirbt der mir da jetzt") im Sinne einer Ablenkung von seiner Täterschaft bzw. von der Identität des Opfers interpretiert hat, vermag dies nicht ohne weiteres einzuleuchten. Angesichts der Beweislage und des sonstigen Verhaltens des Angeklagten, das ersichtlich nicht auf eine Verdeckung seiner Tat ausgerichtet war, erscheinen die genannten Äußerungen auf der Basis der Urteilsgründe, die eine etwaige Einlassung des Angeklagten zu diesem Punkt nicht mitteilen, vielmehr ohne Sinn.

7. Versuch und Vollendung – §§ 22 ff. StGB

a) Vorbereitungshandlung und Versuch

Eine nicht unerhebliche Fehlerquelle bei Entscheidungen ist die oftmals bereits im Rahmen der Feststellungen schwierige und dann bei der darauf beruhenden rechtlichen Subsumption nicht einfachere Frage, ob einer bestimmten Tathandlung in Abgrenzung zur bloßen Vorbereitung bereits eine **Versuchsstrafbarkeit** zugrunde liegt, und ob gegebenenfalls der Tatrichter darüber hinaus von einem **Rücktritt** auszugehen hat. **19**

Für den **Versuchsbeginn** im Sinne des § 22 StGB ist nicht erforderlich, dass der Täter bereits ein Tatbestandsmerkmal verwirklicht. Es genügt, dass er Handlungen vornimmt, die nach seinen Tatplan der Erfüllung eines Tatbestandsmerkmals vorgelagert sind und in die Erfüllung unmittelbar einmünden, die mithin das geschützte Rechtsgut in eine konkrete Gefahr bringen. Für die Frage, ob ein **Versuch fehlgeschlagen** ist, kommt es auf die Sicht des Täters nach Abschluss der letzten Ausführungshandlung (**Rücktrittshorizont**) an.[21] **20**

[13] b) Das Handeln des Angeklagten hat auch bereits die Schwelle zum Versuch (§§ 212 Abs. 1, 22, 23 Abs. 1 StGB) überschritten.

[14] Eine Straftat versucht, wer nach seiner Vorstellung von der Tat zur Verwirklichung des Tatbestandes unmittelbar ansetzt (§ 22 StGB). Dafür ist nicht erforderlich, dass der Täter bereits ein Tatbestandsmerkmal verwirklicht. Es genügt, dass er Handlungen vornimmt, die nach seinem Tatplan der Erfüllung eines Tatbestandsmerkmals vorgelagert sind und in die Tatbestandshandlung unmittelbar einmünden, die mithin – aus der Sicht des Täters – das geschützte Rechtsgut in eine konkrete Gefahr bringen. Dementsprechend erstreckt sich das Versuchsstadium auf Handlungen, die im ungestörten Fortgang unmittelbar zur Tatbestandserfüllung führen sollen oder die im unmittelbaren räumlichen und zeitlichen Zusammenhang mit ihr stehen. Dies ist der Fall, wenn der Täter subjektiv die Schwelle zum „jetzt geht es los"

---

21 BGH, Urteil vom 25.10.2012 – 4 StR 346/12.

überschreitet und objektiv zur tatbestandsmäßigen Angriffshandlung ansetzt, so dass sein Tun ohne Zwischenakte in die Tatbestandserfüllung übergeht (st. Rspr., vgl. nur BGH, Urteil vom 26. August 1986 – 1 StR 351/86, BGHR StGB § 22 Ansetzen 5; Beschluss vom 11. Juni 2003 – 2 StR 83/03, BGHR StGB § 22 Ansetzen 31; Beschluss vom 27. September 2011 – 4 StR 454/11, BGHR StGB § 176 Abs. 1 Versuch 1; Fischer, StGB, 59. Aufl., § 22 Rn. 10 m.w.N.). Nach diesem Maßstab hat der Angeklagte, als er in Tötungsabsicht mit seinem Pkw rückwärts auf die Nebenklägerin zufuhr, die Schwelle zum „jetzt geht es los" überschritten und hierdurch unmittelbar zur Verwirklichung seines Tötungsvorhabens angesetzt. Denn zwischen ihm und der Nebenklägerin befand sich kein Hindernis mehr, so dass er das Tatopfer nach seiner Vorstellung aus der Parkbucht heraus ohne weitere Zwischenakte „in einem Zug" überfahren konnte.

*[**15**] c) Das Landgericht musste sich nicht zu der Prüfung gedrängt sehen, ob der Angeklagte vom Versuch des Totschlags gemäß § 24 Abs. 1 Satz 1 Alt. 1 StGB zurückgetreten ist. Hinsichtlich des Geschehens auf dem Parkplatz der Diskothek liegt ein fehlgeschlagener Versuch vor, bei dem ein strafbefreiender Rücktritt von vorneherein ausscheidet (st. Rspr., vgl. nur Senatsbeschluss vom 22. März 2012 – 4 StR 541/11, NStZ-RR 2012, 239, 240). Davon ist auch das Landgericht ersichtlich ausgegangen (UA S. 3, 20, 45 f.).*

*[**16**] Fehlgeschlagen ist ein Versuch, wenn die Tat nach Misslingen des zunächst vorgestellten Tatablaufs mit den bereits eingesetzten oder anderen nahe liegenden Mitteln objektiv nicht mehr vollendet werden kann und der Täter dies erkennt oder wenn er subjektiv die Vollendung nicht mehr für möglich hält. Dabei kommt es auf die Sicht des Täters nach Abschluss der letzten Ausführungshandlung an (Rücktrittshorizont). Wenn der Täter zu diesem Zeitpunkt erkennt oder die subjektive Vorstellung hat, dass es zur Herbeiführung des Erfolgs eines erneuten Ansetzens bedürfte, etwa mit der Folge einer zeitlichen Zäsur und einer Unterbrechung des unmittelbaren Handlungsfortgangs, liegt ein Fehlschlag vor (st. Rspr., vgl. nur BGH, Urteil vom 25. November 2004 – 4 StR 326/04, NStZ 2005, 263, 264; Urteil vom 8. Februar 2007 – 3 StR 470/06, NStZ 2007, 399; Beschluss vom 7. Februar 2008 – 5 StR 402/07; Beschluss vom 8. Oktober 2008 – 4 StR 233/08, NStZ 2009, 628; Beschluss vom 22. März 2012 – 4 StR 541/11, NStZ-RR 2012, 239, 240). Nach diesen Grundsätzen ist hier von einem Fehlschlagen des Versuchs auszugehen. Objektiv hat der festgestellte Geschehensablauf auf dem Parkplatzgelände durch das Eingreifen des Zeugen P., das den abrupten Stillstand des Tatfahrzeugs zur Folge hatte und nach dem Hinzutreten des Zeugen T. dazu führte, dass die Nebenklägerin sich aus dem Sichtfeld des Angeklagten entfernen konnte, eine Zäsur erfahren. Durch das Eingreifen der Zeugen P. und T. war der Angeklagte gehindert, der Nebenklägerin nachzusetzen und den angestrebten Taterfolg ohne zeitliche Zäsur doch noch herbeizuführen.*

b) Beendeter oder unbeendeter Versuch

21 Bei einem Tötungsdelikt liegt ein **unbeendeter Versuch** vor, bei dem allein der Abbruch der begonnen Tathandlung zum strafbefreiender Rücktritt vom Versuch führt, wenn der Täter zu diesem Zeitpunkt **noch nicht alles getan** hat, was nach seiner Vorstellung zur Herbeiführung des Todes erforderlich oder zumindest ausreichend ist. Wenn der Täter dagegen den Eintritt des Todes bereits für möglich hält, ist kann er nur noch dann strafbefreiend zurücktreten, wenn er den Tod des Opfers durch eigene Bemühungen verhindert oder sich zumindest freiwillig und ernsthaft darum bemüht.[22]

[2] I. Nach den Urteilsfeststellungen bat der Nebenkläger K. den Angeklagten in seine Wohnung, um durch ein Gespräch eine streitige Angelegenheit zu klären. In der Wohnung begannen der Angeklagte und der Nebenkläger alsbald erneut zu streiten. Daraufhin entschloss sich der Angeklagte spätestens jetzt, K. zu töten. Er zog ein versteckt gehaltenes Messer mit einer Klingenlänge von etwa 8–10 cm aus seiner Jackentasche und stieß es kraftvoll und gezielt in den Herzbereich des Geschädigten, wobei er bewusst dessen von ihm erkannte Arg- und Wehrlosigkeit ausnutzte. Die Messerklinge drang bis zum Heft in den Körper ein, eröffnete den Brustkorb und verletzte den Herzmuskel. Nachdem der Angeklagte das Messer wieder aus dem Brustkorb herausgezogen hatte und der Nebenkläger aufgestanden war, stach der Angeklagte ein zweites Mal mit dem Messer in Tötungsabsicht gezielt in Richtung des Herzens, traf aber nur das Brustbein.

[3] Der Angeklagte, der davon ausging, alles zur Tötung des Nebenklägers Erforderliche getan zu haben, ging nun mit dem Messer in der Hand auf den Geschädigten Ki. zu, der sich ebenfalls in der Wohnung aufhielt. K. hängte sich daraufhin von hinten an den Rücken des Angeklagten, der mit dem vor ihm stehenden Ki. rangelte. Während der Rangelei stach der Angeklagte mit dem Messer in den Bauch des Geschädigten Ki. und verursachte eine Verletzung, die er nicht als lebensgefährlich ansah. In der Folgezeit gelang es K. und Ki., einen Arm des Angeklagten so umzudrehen, dass dieser auf dem Boden fixiert war. Nachdem K. in das Wohnzimmer gegangen war, um telefonisch Hilfe zu holen, brach er verletzungsbedingt zusammen und begann so laut zu stöhnen, dass es der Angeklagte und Ki. deutlich hören konnten. Ki. ließ den Angeklagten los, sah nach K., der stark blutete und nicht mehr ansprechbar war, und verließ die Wohnung, um Hilfe zu holen. Der Angeklagte, der die inzwischen eingetretene Handlungsunfähigkeit des K. bemerkte und deshalb „erst Recht" davon ausging, dass dieser versterben werde, steckte das auf den Boden gefallene Messer ein und floh.

[4] II. Das Landgericht hat einen strafbefreienden Rücktritt vom versuchten Mord zum Nachteil des Geschädigten K. verneint und hierzu im Wesentlichen ausgeführt:

…

[6] III. Die Überprüfung des Urteils hat im Ergebnis keinen durchgreifenden Rechtsfehler zu Lasten des Angeklagten ergeben. Dabei kann dahinstehen, ob die Überzeugung des Landgerichts, der Angeklagte sei im gesamten Zeitraum vom ersten Stich gegen K. bis zum Verlassen der Wohnung davon ausgegangen, dass dieser aufgrund der ihm zugefügten Verletzungen versterben könne, auf einer rechtsfehlerfreien Beweiswürdigung beruht. Ebenso kann offenbleiben, ob die Auffassung des Landgerichts, es liege jedenfalls ein fehlgeschlagener Versuch vor, rechtlicher Überprüfung standhalten könnte. Denn das Landgericht ist ohne Rechtsfehler zu der Feststellung gelangt, dass der Angeklagte spätestens ab dem Moment, als K. röchelnd und handlungsunfähig im Wohnzimmer auf dem Boden lag, sich vorstellte, dieser könne infolge der ihm beigebrachten Stiche versterben. Damit lag zumindest in diesem Zeitpunkt ein beendeter Versuch vor, von dem der Angeklagte nur unter den Voraussetzungen des § 24 Abs. 1 Satz 1 2. Alt. oder Satz 2 StGB hätte zurücktreten können. Diese hat er jedoch nicht erfüllt. Im Einzelnen:

---

22 BGH, Urteil vom 1.12.2011 – 3 StR 337/11.

[7] 1. Die Abgrenzung zwischen unbeendetem und beendetem Versuch bestimmt sich nach dem Vorstellungsbild des Täters nach Abschluss der letzten von ihm vorgenommenen Ausführungshandlung, dem sogenannten Rücktrittshorizont (BGH, Urteil vom 12. November 1987 – 4 StR 541/87, BGHSt 35, 90, 91 f.; BGH, Beschluss vom 19. Mai 1993 – GSSt 1/93, BGHSt 39, 221, 227). Bei einem Tötungsdelikt liegt demgemäß ein unbeendeter Versuch vor, bei dem allein der Abbruch der begonnenen Tathandlung zum strafbefreienden Rücktritt vom Versuch führt, wenn der Täter zu diesem Zeitpunkt noch nicht alles getan hat, was nach seiner Vorstellung zur Herbeiführung des Todes erforderlich oder zumindest ausreichend ist (BGH, Beschluss vom 19. Mai 1993 – GSSt 1/93, BGHSt 39, 221, 227). Ein beendeter Tötungsversuch, bei dem er für einen strafbefreienden Rücktritt vom Versuch den Tod des Opfers durch eigene Rettungsbemühungen verhindern oder sich darum zumindest freiwillig und ernsthaft bemühen muss, ist hingegen anzunehmen, wenn der Täter den Eintritt des Todes bereits für möglich hält (BGH, Beschluss vom 19. Mai 1993 – GSSt 1/93, BGHSt 39, 221, 227; BGH, Beschluss vom 21. März 2001 – 3 StR 535/00) oder sich keine Vorstellungen über die Folgen seines Tuns macht (BGH, Urteil vom 2. November 1994 – 2 StR 449/94, BGHSt 40, 304, 306). Eine Korrektur des Rücktrittshorizonts ist in engen Grenzen möglich. Der Versuch eines Tötungsdeliktes ist daher nicht beendet, wenn der Täter zunächst irrtümlich den Eintritt des Todes für möglich hält, aber nach alsbaldiger Erkenntnis seines Irrtums von weiteren Ausführungshandlungen Abstand nimmt (BGH, Urteil vom 19. Juli 1989 – 2 StR 270/89, BGHSt 36, 224, 225 f.; BGH, Beschluss vom 19. Mai 1993 – GSSt 1/93, BGHSt 39, 221, 227 f.; BGH, Urteil vom 23. Oktober 1991 – 3 StR 321/91, BGHR StGB § 24 Abs. 1 Satz 1 Versuch, unbeendeter 25). Rechnet der Täter dagegen zunächst nicht mit einem tödlichen Ausgang, so liegt eine umgekehrte Korrektur des Rücktrittshorizonts vor, wenn er unmittelbar darauf erkennt, dass er sich insoweit geirrt hat. In diesem Fall ist ein beendeter Versuch gegeben, wenn sich die Vorstellung des Täters bei fortbestehender Handlungsmöglichkeit sogleich nach der letzten Tathandlung in engstem räumlichem und zeitlichem Zusammenhang mit dieser ändert (BGH, Urteil vom 19. Juli 1989 – 2 StR 270/89, BGHSt 36, 224, 226; BGH, Beschluss vom 6. Oktober 2009 – 3 StR 384/09, NStZ 2010, 146).

[8] 2. Nach diesen Maßstäben war der Mordversuch an K. beendet, als der Angeklagte in der Vorstellung die Wohnung verließ, sein Opfer könne aufgrund der Stiche versterben.

22 Die Feststellung des Tatrichters, dass es keine Anhaltspunkte dafür gebe, dass der Angeklagte von einem Verbluten des Geschädigten „ausgegangen" sei, ist rechtsfehlerhaft; denn ein **Versuch** wäre bereits dann **beendet**, wenn der Angeklagte eine solche Folge für möglich gehalten und sich darüber keine Gedanken gemacht hätte.[23]

[5] 1. Nach den Feststellungen hielten sich der Angeklagte, das spätere Tatopfer W. sowie die Zeugen P. und Z. in der Nacht zum 29. Oktober 2010 wie gewöhnlich beim Zentralen Omnibusbahnhof in Hannover auf und konsumierten zusammen Alkohol. Als erster entfernte sich P. Er begab sich in den von ihm und W. als gemeinsame Unterkunft genutzten Raum in einem in der Nähe befindlichen verlassenen Gebäude und legte sich dort schlafen. Am frühen Morgen wollte auch W. die Unterkunft aufsuchen. Er lud den Angeklagten ein mitzukommen und mit ihm zu

[23] BGH, Urteil vom 2.2.2012 – 3 StR 401/11.

essen. Neben dem schlafenden P. setzten sich beide einander gegenüber an den Tisch und verzehrten ein Fleischgericht, von dem sie sich mit einem Küchenmesser jeweils Scheiben abschnitten. Gegen 3.00 Uhr hielt W. die Mahlzeit für beendet und legte das Messer beiseite.

[6] Aus nicht zu klärenden Gründen fasste der Angeklagte nun den Entschluss, W. zu töten. Hierzu wollte er die während des gemeinsamen Essens herrschende und aus Ws Sicht unverändert fortbestehende gute und friedliche Stimmung ausnutzen. Er bat W. deshalb nochmals um das Messer. In der Annahme, der Angeklagte wolle sich noch ein Stück Fleisch abschneiden, holte W. das Messer – Klingenlänge etwa 10 cm – aus der Ablage unter dem Tisch hervor und übergab es dem Angeklagten. Dieser nahm es an sich, stand auf und versetzte dem auf seinem Stuhl sitzenden W. mit den Worten „Ich werde dich töten" und „Du sollst ausbluten" zunächst von vorn, dann, um den Tisch herumgehend, von hinten in schneller Abfolge insgesamt sieben Stiche in den Brust-, Rücken- und Nackenbereich. „Nachdem der Angeklagte insgesamt siebenmal zugestochen hatte, ließ er von ... W. ab, obwohl aus seiner Sicht der Zeuge noch nicht tödlich verletzt war." W., der eine dicke Lederjacke trug, blutete zwar, zeigte sich aber sonst nicht beeinträchtigt. Vom Geschehen überrascht und um keinen weiteren Angriff des Angeklagten zu provozieren, blieb er sitzen und war bemüht, sich nicht zu bewegen. Der Angeklagte beobachtete den so verharrenden W. noch einige Minuten und entfernte sich dann.

[7] Nun erhob sich W., weckte P. und bat diesen, Hilfe zu holen. Beim Verlassen des Gebäudes traf P. auf den heimkehrenden Z. und verständigte mit diesem zusammen die Polizei. W., der durch einen der Stiche in den Rücken einen akut lebensbedrohlichen Pneumothorax erlitten hatte, wurde von Rettungskräften ins Krankenhaus verbracht und dort erfolgreich medizinisch versorgt. Die weiteren Stiche waren nicht unmittelbar lebensbedrohlich.

[8] 2. Ob ein Versuch im Sinne des § 24 Abs. 1 StGB beendet oder unbeendet ist, richtet sich nach der Vorstellung des Täters bei Abschluss der letzten Ausführungshandlung. Ein unbeendeter Versuch ist danach gegeben, wenn der Täter zu diesem Zeitpunkt davon ausgeht, zur Verwirklichung des Tatbestandes bedürfe es noch weiteren Handelns; beendet ist der Versuch demgegenüber, wenn der Täter den Eintritt des tatbestandlichen Erfolgs aufgrund seiner bisherigen Tathandlungen zumindest für möglich hält oder sich über deren Folgen keine Vorstellungen macht (Maßgeblichkeit des sog. Rücktrittshorizonts; vgl. Fischer, StGB, 59. Aufl., § 24 Rn. 14, 15 m.w.N.). Unbeendet ist ein Versuch auch dann, wenn der Täter den Erfolgseintritt zwar zunächst für möglich hält, aber nachfolgend – etwa aufgrund weiterer Wahrnehmungen – und noch in einem engen zeitlichen und räumlichen Zusammenhang mit dem Tatgeschehen zur gegenteiligen Auffassung gelangt (sog. Korrektur des Rücktrittshorizonts; vgl. Fischer aaO Rn. 15a m.w.N.).

[9] Zwar hat das Landgericht nicht verkannt, dass es für die Entscheidung, ob ein Versuch beendet oder unbeendet ist, darauf ankommt, welche Vorstellung der Täter innerhalb des sich aus diesen Grundsätzen ergebenden zeitlichen und örtlichen Rahmens entwickelt. Jedoch hat es der Prüfung dieser inneren Tatseite einen rechtlich unzutreffenden Maßstab zu Grunde gelegt. Denn das Landgericht hat bei der Würdigung der Beweise darauf abgestellt, es gebe keine Anhaltspunkte dafür, dass der Angeklagte von einem Verbluten des Geschädigten „ausgegangen" sei. Beendet wäre der Versuch indes – wie dargelegt – bereits dann, wenn der Angeklagte eine solche Folge für möglich gehalten oder sich hierüber keine Gedanken gemacht hätte.

[10] Auf diesem Rechtsfehler kann das Urteil beruhen.

23 Ein **fehlgeschlagener Versuch** liegt dann noch nicht vor, wenn der Täter den Eintritt des tatbestandlichen Erfolges noch für möglich hält, er also die Tatausführung noch fortsetzen könnte. Ein strafbefreiender Rücktritt ist auch nicht deshalb ausgeschlossen, weil der Täter zwischenzeitlich sein außertatbestandliches Ziel, (hier: sich aus dem Griff eines Ladendiebes zu lösen) erreicht hatte.[24]

[4] 2. Das Landgericht hat nicht geprüft, ob der Angeklagte vom Versuch der gefährlichen Körperverletzung zurückgetreten ist, obwohl sich diese Prüfung nach den Umständen des Falles aufdrängte. Dies ist rechtsfehlerhaft.

[5] Nach den bisherigen Feststellungen bleibt insbesondere die Möglichkeit offen, dass ein unbeendeter Versuch der gefährlichen Körperverletzung vorlag mit der möglichen Folge, dass der Angeklagte davon ohne weiteres Tätigwerden mit strafbefreiender Wirkung zurückgetreten sein könnte (§ 24 Abs. 1 Satz 1 StGB). Die Urteilsgründe verhalten sich bereits nicht zu der Frage, ob der Angeklagte im weiteren Verlauf der Auseinandersetzung im Besitz der Nagelfeile verblieb; die Strafkammer hat lediglich ausgeführt, dass er sie trotz der Aufforderung des Ladendetektivs nicht freiwillig fallen ließ. Es ist deshalb nicht auszuschließen, dass der Angeklagte die Nagelfeile bis zu seiner Festnahme in der Hand behielt und jederzeit wieder damit hätte zustechen können. Für die Annahme eines fehlgeschlagenen Versuchs, der vorliegt, wenn der Zurücktretende den Eintritt des tatbestandlichen Erfolges nicht mehr für möglich hält (SSW-StGB/Kudlich/Schuhr, 1. Aufl., § 24 Rn. 16 m.w.N.), ist unter dieser Voraussetzung kein Raum. Ebensowenig zwingt der Umstand, dass der Angeklagte die Nagelfeile nicht freiwillig fallen ließ, zu dem Schluss, er habe nicht freiwillig von weiteren Stichen gegen den Ladendetektiv abgesehen. Schließlich ist ein strafbefreiender Rücktritt auch nicht deshalb ausgeschlossen, weil der Angeklagte zwischenzeitlich sein außertatbestandliches Ziel, sich aus dem Griff des Ladendetektivs zu lösen, erreicht hatte (BGH, Beschluss vom 19. Mai 1993 – GSSt 1/93, BGHSt 39, 221).

24 **Fehlgeschlagen** ist ein **Versuch** erst, wenn die Tat nach Misslingen des zunächst vorgestellten Tatablaufs mit den bereits eingesetzten oder anderen nahe liegenden Mitteln **objektiv nicht mehr vollendet werden kann** und der **Täter dies erkennt** oder wenn er subjektiv – sei es auch nur wegen aufkommender innerer Hemmungen – die Vollendung nicht mehr für möglich hält. Maßgeblich dafür ist nicht der ursprüngliche Tatplan, dem je nach Fallgestaltung allenfalls Indizwirkung für den Erkenntnishorizont des Täters zukommen kann, sondern dessen Vorstellung nach Abschluss der letzten Ausführungshandlung.[25]

[9] 1. Die Feststellungen des Landgerichts tragen die Verurteilung des Angeklagten wegen versuchter besonders schwerer räuberischer Erpressung nicht. Die Verneinung eines strafbefreienden Rücktritts vom Versuch hält der rechtlichen Nachprüfung nicht stand.

[10] a) Zutreffend ist allerdings der rechtliche Ausgangspunkt des Landgerichts, wonach bei einem fehlgeschlagenen Versuch ein strafbefreiender Rücktritt nach § 24 StGB von vorneherein ausscheidet (st. Rspr., vgl. nur Senatsurteil vom 10. April 1986 – 4 StR 89/86, BGHSt 34, 53, 56; Urteil vom 30. November 1995 – 5 StR

---

[24] BGH, Beschluss vom 20.9.2012 – 3 StR 367/12.

[25] BGH, Beschluss vom 22.3.2012 – 4 StR 541/11.

465/95, BGHSt 41, 368, 369). Fehlgeschlagen ist der Versuch jedoch erst, wenn die Tat nach Misslingen des zunächst vorgestellten Tatablaufs mit den bereits eingesetzten oder anderen nahe liegenden Mitteln objektiv nicht mehr vollendet werden kann und der Täter dies erkennt oder wenn er subjektiv – sei es auch nur wegen aufkommender innerer Hemmungen (Senatsbeschluss vom 26. September 2006 – 4 StR 347/06, NStZ 2007, 91) – die Vollendung nicht mehr für möglich hält. Maßgeblich dafür ist nicht der ursprüngliche Tatplan, dem je nach Fallgestaltung allenfalls Indizwirkung für den Erkenntnishorizont des Täters zukommen kann (vgl. BGH, Beschluss vom 2. November 2007 – 2 StR 336/07, NStZ 2008, 393), sondern dessen Vorstellung nach Abschluss der letzten Ausführungshandlung (BGH, Beschluss vom 2. November 2007 – 2 StR 336/07, aaO). Ein Fehlschlag liegt nicht bereits darin, dass der Täter die Vorstellung hat, er müsse von seinem Tatplan abweichen, um den Erfolg herbeizuführen. Hält er die Vollendung der Tat im unmittelbaren Handlungsfortgang noch für möglich, wenn auch mit anderen Mitteln, so ist der Verzicht auf ein Weiterhandeln als freiwilliger Rücktritt vom unbeendeten Versuch zu bewerten (Senatsbeschluss vom 26. September 2006 – 4 StR 347/06, aaO). Fehlgeschlagen ist der Versuch erst, wenn der Täter erkennt oder die subjektive Vorstellung hat, dass es zur Herbeiführung des Erfolgs eines erneuten Ansetzens bedürfte, etwa mit der Folge einer zeitlichen Zäsur und einer Unterbrechung des unmittelbaren Handlungsfortgangs (BGH, Beschluss vom 19. Mai 1993 – GSSt 1/93, BGHSt 39, 221, 232; Urteil vom 30. November 1995 – 5 StR 465/95, aaO).

[11] b) Zu der Vorstellung des Angeklagten nach Misslingen des zunächst ins Auge gefassten Tatablaufs – nach der Weigerung der Geschädigten ihre Wertgegenstände herauszugeben – teilt das Urteil nichts mit. Selbst wenn die Feststellungen des Landgerichts dahin zu verstehen sein sollten, dass der Angeklagte S. unüberwindliche Hemmungen hatte, das nach wie vor im Pkw befindliche und ihm jederzeit zugängliche Messer über ein bloßes Mittel der Bedrohung hinaus einzusetzen, und insoweit nicht Herr seiner Entschlüsse war, verstünde es sich nicht von selbst, dass er keine weitere Handlungsalternative mehr sah, mit der er im unmittelbaren Fortgang noch hätte zur Tatvollendung gelangen können. Insbesondere lassen die Urteilsgründe nicht erkennen, dass es ihm verwehrt war, ohne zeitliche Zäsur die Bedrohung mit dem Messer fortzusetzen oder Gewalt gegen die Zeugin H. anzuwenden. Insoweit ist lediglich festgestellt, dass sich das völlig verängstigte Tatopfer nach wie vor in dem vom Angeklagten geführten Pkw befand und infolge des vorherigen Geschehens derart aufgelöst war, dass es die Angeklagte W. gewähren ließ. Ein fehlgeschlagener Versuch ist damit nicht belegt.

c) Rücktritt

Von einem **unbeendeten Versuch** kann der Täter **durch bloßes Nichtweiterhandeln zurücktreten.** Unbeendet ist der Versuch, wenn der Täter nach der letzten Ausführungshandlung nach seinem Kenntnisstand nicht mit dem Eintritt des tatbestandsmäßigen Erfolges rechnet, und sei es auch nur in Verkennung der durch seine Handlung verursachten Gefährdung des Opfers, und die Vollendung aus seiner Sicht noch möglich ist.[26] **25**

[26] BGH, Urteil vom 21.12.2011 – 1 StR 400/11.

[22] a) Ob das Landgericht den Tötungsvorsatz rechtsfehlerfrei verneint hat (dazu unten aa), kann letztlich dahinstehen, da der Angeklagte von einem Tötungsversuch jedenfalls freiwillig zurückgetreten ist (unten bb).

[23] aa) Die Beweiswürdigung ist Sache des Tatgerichts (§ 261 StPO). Ihm allein obliegt es, das Ergebnis der Hauptverhandlung festzustellen und zu würdigen. Seine Schlussfolgerungen brauchen nicht zwingend zu sein, es genügt, dass sie möglich sind. Die revisionsgerichtliche Prüfung ist darauf beschränkt, ob dem Tatgericht Rechtsfehler unterlaufen sind. Dies ist dann der Fall, wenn die Beweiswürdigung widersprüchlich, unklar oder lückenhaft ist oder gegen die Denkgesetze oder gesicherte Erfahrungssätze verstößt (st. Rspr.; vgl. BGH, Urteil vom 14. Dezember 2011 – 1 StR 501/11 m.w.N.).

[24] Die Strafkammer kam nach Würdigung der von ihr getroffenen Feststellungen zu dem Ergebnis, der Angeklagte habe B. verletzen, aber nicht – auch nicht bedingt vorsätzlich – töten wollen.

[25] Das Willenselement des bedingten Vorsatzes ist bei Tötungsdelikten dann gegeben, wenn der Täter den von ihm als möglich erkannten Eintritt des Todes billigt oder sich um des erstrebten Zieles willen damit abfindet. Dabei genügt für eine vorsätzliche Tatbegehung, dass der Täter den konkreten Erfolgseintritt akzeptiert und er sich innerlich mit ihm abgefunden hat, mag er auch seinen Wünschen nicht entsprochen haben. Hatte der Täter dagegen begründeten Anlass darauf zu vertrauen und vertraute er darauf, es werde nicht zum Erfolgseintritt kommen, kann bedingter Vorsatz nicht angenommen werden (BGH, Urteil vom 27. Januar 2011 – 4 StR 502/10 Rn. 34 m.w.N.).

[26] Bei der Prüfung, ob der Täter vorsätzlich gehandelt hat, muss sowohl das Wissens- als auch das Willenselement im Rahmen einer Gesamtschau aller objektiven und subjektiven Umstände geprüft und durch tatsächliche Feststellungen belegt werden. Dabei liegt zwar die Annahme einer Billigung des Todes des Opfers nahe, wenn der Täter sein Vorhaben trotz erkannter Lebensgefährlichkeit durchführt. Allein aus dem Wissen um den möglichen Erfolgseintritt oder die Gefährlichkeit des Verhaltens kann aber nicht ohne Berücksichtigung etwaiger sich aus der Tat und der Persönlichkeit des Täters ergebender Besonderheiten geschlossen werden, dass auch das Willenselement des Vorsatzes gegeben ist (vgl. BGH aaO Rn. 35).

[27] Den sich hieraus ergebenden Anforderungen wird das landgerichtliche Urteil zwar weitgehend gerecht. Die Strafkammer hat bei ihrer Gesamtbetrachtung insbesondere erwogen, dass dem Angeklagten – einem Kampfsportler (Kickboxer) – die Gefährlichkeit seiner Tritte gegen die Brust (Solarplexus) und gegen den Kopf des Geschädigten bewusst war. Das Landgericht hat zutreffend darauf verwiesen, dass allein aus der objektiven Gefährlichkeit nicht zwingend auf den – bedingten – Tötungsvorsatz geschlossen werden kann. Die Strafkammer gelangte dann – auch aufgrund des Nachtatverhaltens – zu der Überzeugung, dass der Angeklagte bei seiner Spontantat den Tod des B. für völlig fernliegend erachtet und darauf vertraut hat, dass ein solcher auch nicht eintritt.

[28] Die Strafkammer hat allerdings bei der Bewertung der Tathandlungen im Hinblick auf das Willenselement eine etwas verkürzte Betrachtung angestellt. Sie bewertet die beiden Tritte insoweit jeweils für sich: „Auch der wuchtig geführte einmalige Tritt in das Gesicht des am Boden liegenden Opfers reicht für sich allein nicht aus von einem bedingten Tötungsvorsatz auszugehen." Das Landgericht hebt dann im Weiteren vor allem darauf ab, dass dieser Tritt – ex post betrachtet – zu keinen gravierenden Verletzungen führte und nicht die Ursache für den späteren Zusammen-

bruch B.s war. Damit kommt der maßgebliche Umstand etwas kurz, dass der Angeklagte in einer Angriffsfolge zwei – vom ersten Faustschlag ganz abgesehen – höchst lebensgefährliche Angriffe gegen sein Opfer führte. Deshalb spricht auch die Tatsache, dass die Auseinandersetzung insgesamt nur 14 Sekunden dauerte, nicht gegen einen – bedingten – Tötungsvorsatz.

[29] Die fehlende – jedenfalls fehlende ausdrückliche – Bewertung der rasch aufeinanderfolgenden Verletzungshandlungen im Zusammenhang könnte eine Lücke und damit einen Rechtsfehler in der Beweiswürdigung darstellen. Ob dieser durchgreifend wäre, ob also auszuschließen ist, dass die Strafkammer bei deutlicher Gewichtung auch dieses Aspekts in der Beweiswürdigung zur Feststellung eines bedingten Tötungsvorsatzes gekommen wäre, kann jedoch dahinstehen.

[30] bb) Denn hätte der Angeklagte bedingt vorsätzlich versucht, B. zu töten, so wäre er nach den insoweit rechtsfehlerfrei getroffenen Feststellungen der Strafkammer von diesem Tötungsversuch – freiwillig – strafbefreiend zurückgetreten (§ 24 Abs. 1 Satz 1 StGB).

[31] Von einem unbeendeten Versuch kann der Täter durch bloßes Nicht-weiterhandeln zurücktreten (BGH, Beschluss vom 19. Mai 1993 – GSSt 1/93, BGHSt 39, 221, 228). Unbeendet ist der Versuch, wenn der Täter nach der letzten Ausführungshandlung nach seinem Kenntnisstand nicht mit dem Eintritt des tatbestandsmäßigen Erfolgs rechnet, und sei es auch nur in Verkennung der durch seine Handlung verursachten Gefährdung des Opfers, und die Vollendung aus seiner Sicht noch möglich ist (BGH aaO, 227).

[32] Diese Voraussetzungen liegen hier vor. Zwar wurden die am Boden liegenden Kämpfenden, der Angeklagte und B., von einer Reinigungskraft der Verkehrsbetriebe zunächst getrennt. Nach dem Aufstehen war der Angeklagte jedoch in der Lage, seinen Angriff sofort fortzusetzen und er tat dies auch mit einem wuchtigen Tritt in das Gesicht seines noch am Boden liegenden Opfers. An weiteren Fußtritten – in schneller Folge – war er nicht gehindert. Er entfernte sich jedoch. Davon, dass er B. bereits in extreme Lebensgefahr gebracht und damit im Grunde schon alles getan hatte, um ihn zu töten, wusste er zu diesem Zeitpunkt noch nichts.

Wird eine in Wirklichkeit nicht bestehende **Forderung** zunächst durch Drohungen **26**
oder mittels Gewalt geltend gemacht, dies aber in der Folge **nicht mehr weiterverfolgt**, besteht Anlass für den Tatrichter, einen Rücktritt vom Versuch einer solchen Erpressung zu prüfen.[27]

[7] a) Das Landgericht hat nicht geprüft, ob die Angeklagten vom Versuch der schweren räuberischen Erpressung mit strafbefreiender Wirkung zurückgetreten sind (§ 24 Abs. 2 Satz 1 StGB).

[8] § 24 Abs. 2 Satz 1 StGB verlangt ohne Rücksicht auf die Frage, ob ein beendeter oder unbeendeter Versuch vorliegt, die Verhinderung der Tatvollendung. Dabei bestehen grundsätzlich die gleichen Anforderungen wie beim Alleintäter, so dass insbesondere das Verhalten des Zurücktretenden für das Ausbleiben der Vollendung zumindest mitursächlich werden muss. Unter Absatz 2 Satz 1 hat die Rechtsprechung des Bundesgerichtshofs auch die Fälle gefasst, in denen die Beteiligten an der Tat den Rücktritt einvernehmlich durchführen (BGH, Urteil vom 14. Mai 1996 –

[27] BGH, Beschluss vom 8.2.2012 – 4 StR 621/11.

1 StR 51/96, BGHSt 42, 158, 162; Senatsbeschluss vom 4. April 1989 – 4 StR 125/ 89, NStZ 1989, 317, 318). Dabei wird es als ausreichend angesehen, wenn ein Beteiligter mit dem Rücktritt des anderen einverstanden ist. Handeln alle Beteiligten einvernehmlich, kann das schlichte Nicht-Weiterhandeln für die Erfolgsverhinderung im Sinne von § 24 Abs. 2 Satz 1 StGB ausreichen (vgl. Senatsbeschluss aaO; Lilie/ Albrecht in LK-StGB, 12. Aufl., § 24 Rn. 42; SSW-StGB/Kudlich/Schuhr, § 24 Rn. 58, jew. m.w.N.). Diese Grundsätze gelten auch für den Gehilfen, der anderenfalls bei einem wirksamen Rücktritt des Haupttäters, der bereits zur Erfolgsverhinderung führt, trotz Rücktrittswillens überhaupt nicht zurücktreten könnte (BGH, Beschluss vom 28. Oktober 1998 – 5 StR 176/98, BGHSt 44, 204, 208).

[9] b) Danach können die Angeklagten Sch., S. und H. im vorliegenden Fall jeweils als Tatbeteiligte vom Versuch der schweren räuberischen Erpressung zurückgetreten sein, indem sie einverständlich die gegenüber dem Geschädigten W. erhobene Forderung zur Zahlung einer „Strafe" in Höhe von 5.000 Euro nach dem Treffen mit dem Geschädigten in der „Bar" nicht weiter verfolgten. Anlass für eine Erörterung der Voraussetzungen des § 24 Abs. 2 Satz 1 StGB boten insbesondere die Feststellungen, die das Landgericht zum Inhalt des zwischen dem Angeklagten H. und dem Geschädigten W. am 22. Januar 2010 geführten Telefongesprächs getroffen hat (UA 35/36). Der Zeuge sprach den Angeklagten H. nach Absprache mit der Polizei, an die er sich inzwischen gewandt hatte, auf die Modalitäten einer Übergabe des von den Angeklagten geforderten Geldbetrages an. H. verhielt sich jedoch abwehrend und versuchte, die vom Landgericht als erwiesen angesehene, ursprünglich unter Drohungen erhobene Forderung ungeschehen zu machen. Er gab dem Geschädigten unter Anderem zu verstehen, er müsse kein Geld beschaffen, da es eine entsprechende Forderung nicht (mehr) gebe. Ein weiteres Telefongespräch ähnlichen Inhalts führte der Angeklagte H. mit dem Geschädigten am 27. Januar 2010. Dass der Angeklagte H. diese Gespräche mit dem Geschädigten nur nach vorheriger Abstimmung mit dem Mitangeklagten Sch. führte, der im „Charter S." der „Hells Angels" die Position des „Präsidenten" einnahm, ist nahe liegend. Im Hinblick darauf und vor dem Hintergrund der im Urteil dargelegten hierarchischen Struktur dieser Gruppierung hätte die Strafkammer die Möglichkeit eines Rücktritts der Angeklagten vom Versuch der schweren räuberischen Erpressung im Sinne des § 24 Abs. 2 Satz 1 StGB nicht unerörtert lassen dürfen.

27 Wenn ein Angeklagter dem Tatopfer zwei lebensgefährliche Stiche nahe des Herzens versetzt und dieses dann zu Boden fällt, liegt der Schluss nicht nahe, der Angeklagte sei davon ausgegangen, sein Opfer werde nicht an den Folgen der Stiche versterben. Falls er aber in der Folge dann wahrgenommen hat, dass das Opfer wieder aufstand und weglief, kommt eine **„Korrektur des Rücktrittshorizonts"** in Betracht. Allerdings bedarf es dafür eines engen räumlichen Zusammenhangs zwischen den beiden Geschehensabläufen.[28]

[29] Soweit das Landgericht den Angeklagten B. im Fall 4 der Urteilsgründe wegen Rücktritts vom (unbeendeten) Versuch (§ 24 Abs. 1 Satz 1 1. Alt. StGB) eines Tötungsdelikts nur wegen gefährlicher Körperverletzung verurteilt hat, begegnet dies durchgreifenden rechtlichen Bedenken.

---

[28] BGH, Urteil vom 8.5.2012 – 5 StR 528/11.

[30] a) Mit Recht weist der Generalbundesanwalt darauf hin, dass die Einschätzung des Landgerichts, der Angeklagte habe im Zeitpunkt seines Weglaufens den Eintritt des Tötungserfolgs nicht für möglich gehalten oder sich insoweit zumindest keine Gedanken gemacht (vgl. BGH, Urteil vom 19. Juli 1989 – 2 StR 270/89, BGHSt 36, 224, 225 f.; BGH, Beschluss vom 19. Mai 1993 – GSSt 1/93, BGHSt 39, 221, 227 f.; BGH, Urteil vom 23. Oktober 1991 – 3 StR 321/91, BGHR StGB § 24 Abs. 1 Satz 1 Versuch, unbeendeter 25), in den Feststellungen keine Stütze findet. Der Angeklagte hatte dem Geschädigten zwei wuchtige Stiche in die linke Brustkorbseite versetzt, die unmittelbar unterhalb des Herzens trafen und lebensgefährliche Verletzungen hervorriefen. Infolgedessen hat sich die Jugendkammer rechtsfehlerfrei vom Vorliegen eines zumindest bedingten Tötungsvorsatzes überzeugt. Als der Angeklagte nach Gegenwehr des Geschädigten weglief, war dieser zu Boden gefallen. Unter solchen Vorzeichen liegt der Schluss nicht nahe, der Angeklagte sei davon ausgegangen, sein Opfer werde nicht an den Folgen der Stiche versterben. Die verlesene schriftliche Erklärung des Angeklagten, in der er sich vorrangig auf eine Notwehrsituation berief und zu der er ausweislich der Urteilsgründe keine Nachfragen beantwortete, bietet hierfür schon deswegen keine hinreichende Grundlage, weil sie von der Jugendkammer – insoweit ohne Rechtsfehler – als weitgehend unglaubhaft gewertet wurde.

[31] b) Sofern – entsprechend den insoweit zutreffenden Erwägungen im angefochtenen Urteil – der äußere Geschehensablauf und der Tötungsvorsatz des Angeklagten B. abermals in gleicher Weise festgestellt werden sollten, werden zum „Rücktrittshorizont" des Angeklagten neue Feststellungen zu treffen sein. Für den Fall, dass das Tatgericht auch mit Blick auf den Sturz des Opfers annehmen sollte, dem Angeklagten sei bei Beginn seines Weglaufens der Eintritt des Todeserfolgs wenigstens gleichgültig gewesen (vgl. BGH, Urteil vom 2. November 1994 – 2 StR 449/94, BGHSt 40, 304), wird zu prüfen sein, ob für den späteren Zeitpunkt des – nach den Urteilsgründen durch den Angeklagten wahrgenommenen – Aufstehens und Weglaufens des Opfers eine sogenannte „Korrektur des Rücktrittshorizonts" in Betracht kommt; der Versuch eines Tötungsdelikts ist bei einer solchen Konstellation nach den von der Rechtsprechung entwickelten Grundsätzen nicht beendet, wenn der Täter zunächst irrtümlich den Eintritt des Todes für möglich hält, aber in engstem zeitlichem und räumlichem Zusammenhang nach Erkenntnis seines Irrtums von weiteren Ausführungshandlungen Abstand nimmt (vgl. dazu zuletzt BGH, Beschluss vom 1. Dezember 2011 – 3 StR 337/11, NStZ-RR 2012, 106 m.w.N.). Gegebenenfalls wird indessen weiter zu bedenken sein, dass sich der Angeklagte und der Geschädigte zu diesem Zeitpunkt bereits voneinander entfernt hatten, weswegen es zumindest am erforderlichen – „engsten" – räumlichen Zusammenhang fehlen könnte und aus der Sicht des Angeklagten zur Vollendung eines Tötungsdelikts ein erneuter Geschehensablauf in Gang zu setzen gewesen wäre. Darüber hinaus werden unter Umständen ergänzende äußere Feststellungen zu der Frage zu treffen sein, ob dem Angeklagten überhaupt noch Handlungsmöglichkeiten zur Vollendung des Totschlags zur Verfügung gestanden haben, andernfalls auch ein fehlgeschlagener Versuch zu erörtern wäre.

d) Strafzumessungsfragen

28 Haben Versuchstaten in ihrer Ausführung bereits eine erhebliche **Nähe zur Tatvollendung** erreicht, kann dieser Umstand bei der erforderlichen Gesamtwürdigung zur Strafrahmenwahl zu Lasten eines Angeklagten straferschwerend berücksichtigt werden.[29]

[3] Die Strafkammer hat insoweit sowohl bei dem Beschwerdeführer als auch dem Nichtrevidenten auf jeweils zwei Freiheitsstrafen von einem Jahr und sechs Monaten Freiheitsstrafe erkannt. Dabei hat sie das Vorliegen eines minder schweren Falles auch unter Berücksichtigung des vertypten Milderungsgrundes des Versuchs u.a. mit der Erwägung verneint, die Taten hätten jeweils nahe vor der Vollendung gestanden. Diese Annahme wird indes durch die Feststellungen nicht belegt. Danach gelang es dem Angeklagten C. und seinen Mittätern im Fall II.2. der Urteilsgründe nämlich bereits nicht, „ein Holzrahmenfenster zu zerschlagen und so" in das Bekleidungsgeschäft „einzubrechen". Schließlich soll die weitere Tatausführung „an dem Umstand, dass massive Stahlgitter vorhanden waren und die aufgrund der verursachten Geräusche alarmierte Polizei sich im Anrücken befand", gescheitert sein. Auch zu Fall II.3. der Urteilsgründe ist lediglich festgestellt, der Angeklagte und seine Mittäter hätten begonnen, ein Fenster mittels eines Brecheisens aufzuhebeln, um in ein Bekleidungsgeschäft einzudringen. Die weitere Tatausführung sei nur deshalb unterblieben, weil die Angeklagten von Zeugen gestört worden seien.

[4] Somit ergibt sich nicht, dass die Versuchstaten in ihrer Ausführung bereits eine derartige Nähe zur Tatvollendung erreicht hätten, dass dieser Umstand bei der erforderlichen Gesamtwürdigung zur Strafrahmenwahl zu Lasten des Angeklagten straferschwerend berücksichtigt werden durfte (vgl. BGH, Beschlüsse vom 28. September 2010 – 3 StR 261/10, wistra 2011, 18, 19 und vom 26. Juni 2007 – 3 StR 195/07).

8. Mittäterschaft/Beihilfe – §§ 25, 27 StGB

29 **Mittäterschaft** ist gegeben, wenn ein Beteiligter nicht bloß fremdes Tun fördern, sondern **seinen Beitrag als Teil der Tätigkeit des anderen** und umgekehrt **dessen Tun als Ergänzung seines eigenen Tatanteils** will. Ob ein Beteiligter dieses enge Verhältnis zur Tat hat, ist nach den gesamten von seiner Vorstellung umfassten Umständen in wertender Betrachtung zu beurteilen.[30]

[3] 2. Die Verurteilung des Angeklagten wegen Raubes in Tateinheit mit gefährlicher Körperverletzung hält rechtlicher Prüfung nicht stand.

[4] Der Schuldspruch gegen den sich am eigentlichen Geschehen nicht aktiv beteiligenden Angeklagten begegnet durchgreifenden Bedenken, weil die Jugendkammer die notwendige Abgrenzung zur Beihilfe nicht durchgeführt hat. Mittäterschaft liegt nach der Rechtsprechung des Bundesgerichtshofs dann vor, wenn ein Beteiligter nicht bloß fremdes Tun fördern will, sondern seinen Beitrag als Teil der Tätigkeit des anderen und umgekehrt dessen Tun als Ergänzung seines eigenen Tatanteils

---

29 BGH, Beschluss vom 2.10.2012 – 3 StR 374/12.
30 BGH, Beschluss vom 27.3.2012 – 5 StR 114/12.

will; ob ein Beteiligter dieses enge Verhältnis zur Tat hat, ist nach den gesamten von seiner Vorstellung umfassten Umständen in wertender Betrachtung zu beurteilen (vgl. etwa BGH, Beschluss vom 13. Januar 2010 – 5 StR 506/09, NStZ-RR 2010, 139 m.w.N.). Wesentliche Anhaltspunkte hierfür können gefunden werden im Grad des eigenen Interesses am Erfolg der Tat, im Umfang der Tatbeteiligung und in der Tatherrschaft oder wenigstens im Willen zur Tatherrschaft, so dass Durchführung und Ausgang der Tat maßgeblich von seinem Willen abhängen (st. Rspr.; vgl. etwa BGH, Beschluss vom 29. September 2005 – 4 StR 420/05, NStZ 2006, 94).

[5] Eine Bewertung nach diesen Grundsätzen hat die Jugendkammer nicht vorgenommen. Soweit sie im Rahmen der Beweiswürdigung eine Zeugenaussage vom Hörensagen referiert, wonach ein „Holländer" gesehen habe, dass drei junge Männer auf den am Boden Liegenden eingeprügelt hätten, hat sie die Feststellungen hierauf nicht gestützt. Weitere Erwägungen zu einer gemeinsamen Flucht (UA S. 14) und einem zwischen N. und dem Bruder des Angeklagten geführten Telefongespräch (UA S. 15) bieten keinen hinreichenden Anhaltspunkt für die Annahme gerade von Mittäterschaft.

Mittäter ist, wer nicht nur fremdes Tun fördert, sondern einen eigenen Tatbeitrag derart in eine gemeinschaftliche Tat einfügt, dass sein Beitrag als Teil der Tätigkeit des anderen und umgekehrt dessen Tun als Ergänzung seines eigenen Tatanteils erscheint; dabei kommt es gegebenenfalls auch auf das **Zusammenspiel der jeweiligen Handlungen der Tatbeteiligten** an.[31] **30**

[45] a) Mittäter ist, wer nicht nur fremdes Tun fördert, sondern einen eigenen Tatbeitrag derart in eine gemeinschaftliche Tat einfügt, dass sein Beitrag als Teil der Tätigkeit des anderen und umgekehrt dessen Tun als Ergänzung seines eigenen Tatanteils erscheint. Ob ein Beteiligter ein so enges Verhältnis zur Tat hat, ist nach den gesamten Umständen, die von seiner Vorstellung umfasst sind, in wertender Betrachtung zu beurteilen. Wesentliche Anhaltspunkte können der Grad des eigenen Interesses am Taterfolg, der Umfang der Tatbeteiligung und die Tatherrschaft oder wenigstens der Wille zur Tatherrschaft sein (st. Rspr.; vgl. nur BGH, Urteil vom 15. Januar 1991 – 5 StR 492/90, BGHSt 37, 289, 291 m.w.N.). In Grenzfällen hat der Bundesgerichtshof dem Tatrichter für die ihm obliegende Wertung einen Beurteilungsspielraum eröffnet. Lässt das angefochtene Urteil erkennen, dass der Tatrichter die genannten Maßstäbe gesehen und den Sachverhalt vollständig gewürdigt hat, so kann das gefundene Ergebnis vom Revisionsgericht auch dann nicht als rechtsfehlerhaft beanstandet werden, wenn eine andere tatrichterliche Beurteilung möglich gewesen wäre oder sogar näher gelegen hätte (st. Rspr.; vgl. nur BGH, Urteil vom 30. Juni 2005 – 5 StR 12/05, wistra 2005, 380, 381).

[46] b) Das Landgericht hat diese Maßstäbe zwar erkannt; es hat aber den Sachverhalt nicht vollständig gewürdigt, weil es die erforderliche Gesamtbetrachtung der Tathandlungen nicht vorgenommen hat.

[47] Dadurch hat sich das Landgericht den Blick dafür verstellt, dass der Angeklagte nach den Feststellungen durch seine Beteiligung am Anfang des Geschehens bewusst sowohl dem Geschädigten als auch dem Mitangeklagten Ho. das Gefühl vermittelt hatte, zwei Mann stünden gegen einen. Ihm war von Anfang an auch

---

[31] BGH, Urteil vom 8.2.2012 – 1 StR 427/11.

bewusst, dass der Geschädigte aus Angst vor weiteren Schlägen auch von dem Angeklagten die ihm zugefügten Demütigungen dulden würde (UA S. 28). Damit hat er aktiv an der Schaffung einer Bedrohungssituation mitgewirkt, welche die Tathandlungen des Mitangeklagten Ho. ermöglichte, zumindest aber förderte. Diese von ihm mitgeschaffene Bedrohungssituation bestand auch dann fort, wenn der Angeklagte lediglich in der Zelle auf- und abging oder sich am Fenster aufhielt (UA S. 17, 28).

[48] Die Wertung des Landgerichts, der Angeklagte habe bei den Tathandlungen des Mitangeklagten Ho. lediglich eine untergeordnete Rolle gespielt, blendet rechtsfehlerhaft das Zusammenspiel der jeweiligen Handlungen des Angeklagten und des Mitangeklagten Ho. im Gesamtgeschehen aus. Der Angeklagte hat nicht nur die Situation, dass der Geschädigte sich zwei Gegnern gegenüber sah, bewusst geschaffen, er hat auch jeweils nach Gewalthandlungen des Mitangeklagten Ho. wieder selbst den Geschädigten geschlagen und hat damit zum Ausdruck gebracht, dass er die Handlungen des Ho. billigt. Auch wenn es „immer wieder zu Pausen" kam, wurde der Entschluss, den Geschädigten nun nicht mehr anzugehen, erst gegen 23.00 Uhr gefasst. Erst zu diesem Zeitpunkt endete die von dem Angeklagten geschaffene und bis dahin fortbestehende Bedrohungssituation.

[49] Die Feststellungen zu den über drei Stunden andauernden und teils gemeinsam, teils einzeln vorgenommenen Einwirkungen des Angeklagten und des Mitangeklagten Ho. auf den Geschädigten belegen damit ein so enges Verhältnis des Angeklagten zu den Taten des Ho., dass sich seine Verurteilung insoweit lediglich als Gehilfe durch Unterlassen als rechtsfehlerhaft erweist. Seine Tatbeiträge fügen sich derart in eine gemeinschaftliche Tat ein, dass der Beitrag des Angeklagten als Teil der Tätigkeit des Mitangeklagten und umgekehrt dessen Tun als Ergänzung seines eigenen Tatanteils zu bewerten ist. Dass der Angeklagte sich von den Handlungen des Mitangeklagten Ho. distanziert habe, hat das Landgericht nicht festgestellt und wäre mit dem übrigen Tatbild auch nicht vereinbar.

31 **Mittäter** bleibt auch der Tatbeteiligte, welcher sich **erst** von einem gemeinsamen Tatplan **distanziert, nachdem** er bereits fortwährende Tatbeiträge zur Tat erbracht hat.[32]

■ TOPENTSCHEIDUNG

32 Mittäterschaft erfordert nicht zwingend eine Mitwirkung am Kerngeschehen selbst; ausreichen kann **auch ein** der **Tatbestandsverwirklichung folgender Beitrag**, der sich **auf eine Vorbereitungs- oder Unterstützungshandlung beschränkt.** Stets muss sich diese Mitwirkung aber nach der Willensrichtung des sich Beteiligenden als Teil der Tätigkeit aller darstellen.[33]

[8] a) Bei Beteiligung mehrerer Personen, von denen nicht jede sämtliche Tatbestandsmerkmale verwirklicht, handelt mittäterschaftlich, wer seinen eigenen Tatbeitrag so in die Tat einfügt, dass er als Teil der Handlung eines anderen Beteiligten und umgekehrt dessen Handeln als Ergänzung des eigenen Tatanteils erscheint

[32] BGH, Beschluss vom 8.5.2012 – 5 StR 88/12.

[33] BGH, Beschluss vom 27.3.2012 – 3 StR 63/12.

(Fischer, StGB, 59. Aufl., § 25 Rn. 12 m.w.N.). Ob danach Mittäterschaft anzunehmen ist, hat der Tatrichter aufgrund einer wertenden Gesamtbetrachtung aller festgestellten Umstände zu prüfen; maßgebliche Kriterien sind der Grad des eigenen Interesses an der Tat, der Umfang der Tatbeteiligung und die Tatherrschaft oder wenigstens der Wille dazu, so dass die Durchführung und der Ausgang der Tat maßgeblich auch vom Willen des Betreffenden abhängen (st. Rspr.; vgl. BGH, Urteile vom 12. Februar 1998 – 4 StR 428/97, NJW 1998, 2149, 2150; vom 15. Januar 1991 – 5 StR 492/90, BGHSt 37, 289, 291). Mittäterschaft erfordert dabei zwar nicht zwingend eine Mitwirkung am Kerngeschehen selbst; ausreichen kann auch ein die Tatbestandsverwirklichung fördernder Beitrag, der sich auf eine Vorbereitungs- oder Unterstützungshandlung beschränkt. Stets muss sich diese Mitwirkung aber nach der Willensrichtung des sich Beteiligenden als Teil der Tätigkeit aller darstellen (BGH, Urteil vom 17. Oktober 2002 – 3 StR 153/02, NStZ 2003, 253; Beschluss vom 2. Juli 2008 – 1 StR 174/08, NStZ 2009, 25). Erschöpft sich demgegenüber die Mitwirkung nach dem Willen des sich Beteiligenden in einer bloßen Förderung fremden Handelns, so fällt ihm lediglich Beihilfe zur Last (§ 27 Abs. 1 StGB).

[9] b) Nach diesen Maßstäben begegnet die Annahme täterschaftlichen Handelns der Angeklagten auch dann durchgreifenden rechtlichen Bedenken, wenn man dem Tatrichter bei der vorzunehmenden Abgrenzung von Mittäterschaft und Beihilfe einen Beurteilungsspielraum zubilligt, der nur eingeschränkter revisionsgerichtlicher Überprüfung zugänglich ist (vgl. Senat, Urteil vom 17. Oktober 2002 – 3 StR 153/02, NStZ 2003, 253). Entgegen der Auffassung des Generalbundesanwalts vermögen die vom Landgericht festgestellten Tatsachen den Schluss, die Angeklagten hätten ihre Mitwirkungshandlungen als Teil der Tätigkeit aller und demzufolge die späteren betrügerischen Aktienverkäufe auch als ihre eigenen Taten verstanden, nicht zu tragen, so dass ein solcher Beurteilungsspielraum jedenfalls überschritten wäre.

[10] Zwar schufen die Angeklagten mit dem Mantelkauf und der Weitergabe der Aktien erst die Voraussetzungen für die späteren betrügerischen Anlagegeschäfte der anderen Beteiligten; sie unterstützten das Gelingen dieser Anlagegeschäfte auch durch Einwirken auf den Aktienkurs und durch Mithilfe bei der Vortäuschung operativen Geschäfts. Nach dem äußeren Erscheinungsbild waren dies aber zunächst typische Beihilfehandlungen, die für sich allein weder auf eine Tatherrschaft noch auf einen Willen dazu schließen lassen. Insbesondere unterscheidet sich die Beschaffung der Aktien nicht wesentlich von anderen Fallgestaltungen, in denen der Täter bei der Besorgung notwendiger Tatmittel oder Tatwerkzeuge auf Dritte angewiesen ist. Dass die in Aussicht genommenen Anlagegeschäfte darüber hinaus (auch) vom Willen der Angeklagten abhängen sollten, wird nicht ersichtlich; sowohl die Art und Weise des Vertriebs als insbesondere auch die den Anlegern pro Aktie abverlangten Beträge waren jedem Einfluss der Angeklagten entzogen. Das vom Landgericht festgestellte Interesse der Angeklagten am Gelingen der Geschäfte vermag eine andere Beurteilung nicht zu rechtfertigen. An den erzielten Gewinnen waren die Angeklagten nicht beteiligt. Ihr allgemeines Interesse an einem steigenden Aktienkurs und an der Erwirtschaftung des Kaufpreises – der im Übrigen die eigenen Aufwendungen der G. Holding nicht überstieg – berührte die betrügerischen Geschäfte nur mittelbar.

■ **PRAXISBEDEUTUNG**

Die vorstehende Entscheidung legt deutlich die Kriterien dar, nach denen die Förderung der Tat weiterer Täter entweder als Beihilfe oder nach dem subjektiven Förderungswillen als Mittäterschaft einzuordnen ist. Die Entscheidung ist angesichts der sorgfältigen Prüfung der Tatbestandsmerkmale jedem zur Kenntnis empfohlen.

33 **Sukzessive Mittäterschaft** ist zwar auch noch nach Vollendung der Tat möglich, **nicht** mehr aber **nach Beendigung** der Tat.[34]

Die Annahme sukzessiver Mittäterschaft hinsichtlich der Verwendung eines gefährlichen Gegenstands als Schlagwerkzeug hält rechtlicher Nachprüfung nicht stand. Sukzessive Mittäterschaft ist zwar auch noch nach Vollendung der Tat möglich, nicht mehr aber nach Beendigung der Tat (BGH, Beschluss vom 10. Juni 1997 – 1 StR 236/97).

Bei der vorliegenden Sachlage war der Raub mit dem Verlassen des Bürocontainers, in dem R. den Geschädigten niedergeschlagen hatte und ihm dann die Geldbörse aus der Jacke genommen hatte, spätestens aber mit dem Verlassen des Verkaufsgeländes vor dem Einsteigen in den wartenden Pkw, beendet. Mit dem Verlassen des Containers hatte R. – schon wegen fehlender möglicher Verfolger – den Gewahrsam an der Beute gefestigt und gesichert und damit bereits eine ausreichend sichere Verfügungsgewalt über die Beute erlangt (vgl. BGHSt 20, 194, 196; BGHR StGB § 52 Abs. 1, Handlung, dieselbe 31).

34 **Sukzessive Mittäterschaft** liegt nur vor, wenn jemand in Kenntnis und Billigung des von einem anderen begonnenen Handelns in das tatbestandsmäßige Geschehen als Mittäter eingreift und er sich mit dem anderen vor Beendigung der Tat zu gemeinschaftlicher weiterer Ausführung verbindet.[35]

... Feststellungen belegen keine Mittäterschaft.

Zwar ist es für gemeinschaftliche Tatbegehung nicht erforderlich, dass jeder der Mittäter eigenhändig an der zum Tode führenden Verletzungshandlung teilnimmt. Die Tat muss aber in jedem Falle auf einem gemeinsamen Willensentschluss beruhen und im gegenseitigen Einverständnis vorgenommen werden. Daran fehlt es hier. Der Angeklagte erhielt von dem Würgen des Tatopfers erst in dem Augenblick Kenntnis, als er das Wohnhaus betrat. Ein gemeinsamer Tatplan bestand insoweit nicht. Dieser lag auch nicht in dem gemeinsamen Vorhaben, der Frau Vermögensgegenstände – auch gewaltsam – wegzunehmen; dass hierfür mehr Gewaltausübung als bloßes Festhalten und Zuhalten des Mundes des dem Mitangeklagten B. körperlich weit unterlegenen Opfers nötig und beabsichtigt gewesen wäre, ergibt sich aus den Feststellungen nicht. Vielmehr spricht die geplante Knebelung und Fesselung des Tatopfers dafür, dass der ursprüngliche Tatplan lediglich eine Körperverletzung des Tatopfers umfasste.

---

[34] BGH, Beschluss vom 5.12.2012 – 1 StR 569/12.
[35] BGH, Beschluss vom 14.2.2012 – 3 StR 446/11.

Auch sukzessive Mittäterschaft erscheint nach Feststellungen fraglich: Diese liegt nur vor, wenn jemand in Kenntnis und Billigung des von einem anderen begonnenen Handelns in das tatbestandsmäßige Geschehen als Mittäter eingreift und er sich mit dem anderen vor Beendigung der Tat zu gemeinschaftlicher weiterer Ausführung verbindet (vgl. BGHR StGB § 25 Abs. 2 Mittäter 21, 27). Zwar war die Gewalthandlung des Mitangeklagten B. noch nicht beendet, als der Angeklagte das Würgen erkannte. Für die Annahme von Mittäterschaft reicht es aber nicht, dass der Beteiligte die durch andere verwirklichten Tatumstände kennt, sie billigt und durch eigenes Einschreiten verhindern könnte. Voraussetzung der Mittäterschaft ist vielmehr eine – auch nur psychische – Förderung der Tat und das Bewusstsein des Täters von der fördernden Wirkung seines Beitrags (vgl. BGHR StGB § 25 Abs. 2 Mittäter 8; Tatbeitrag 2 und 4; Tatherrschaft 3). Außerdem erfordert die gebotene Willensübereinstimmung, dass der andere seine Tätigkeit durch die geleistete Unterstützung vervollständigen und diese sich zurechnen lassen will (BGHR StGB § 25 Abs. 2 Tatbeitrag 4; Tatherrschaft 3). Feststellungen zu einem solchen die Tatbestandsverwirklichung fördernden Beitrag fehlen aber im angefochtenen Urteil. Dass die Passivität des Angeklagten vom Mitangeklagten B. als psychische Bestärkung verstanden worden ist und werden sollte, versteht sich angesichts des abweichenden Tatplans auch nicht von selbst, zumal unklar bleibt, ob der Mitangeklagte B. die Anwesenheit des Angeklagten zum Zeitpunkt des Würgens überhaupt bemerkt hat. Dass der Angeklagte anschließend auf Aufforderung des Mitangeklagten B. Tücher aus der Küche holte, die sich zum Knebeln eignen (UA S. 15), führt unabhängig davon, dass dies keinen die Tötung fördernden Beitrag darstellt, zu keinem anderen Ergebnis, weil nach den Feststellungen nicht ausgeschlossen erscheint, dass das Tatopfer zu diesem Zeitpunkt bereits tot und die Tat deshalb beendet war.

PRAXISBEDEUTUNG ■

Die beiden vorstehenden Entscheidungen legen die Reichweite und Grenzen der Zurechnung gem. Grundsätzen einer sukzessiven Mittäerschaft eindeutig fest. Nur wenn die eingreifende Person vor Beendigung der Tat die wesentlichen Merkmale des tatbestandsmäßigen Geschehens kennt und dann ihre Beteiligung fortsetzt, kann eine sukzessive Mittäterschaft gegeben sein.

Erteilt ein Beteiligter Mitbeteiligten den Auftrag, einen bestimmten Gegenstand zu **35**
entwenden, um diesen sodann an ihn zu übergeben, damit er ihn verkaufen bzw. für sich verwenden kann, kann dies auf ein erhebliches **eigenes Tatinteresse** und einen **Anteil an der Tatherrschaft** hinweisen.[36]

[14] a) Bei Beteiligung mehrerer Personen, von denen nicht jede sämtliche Tatbestandsmerkmale verwirklicht, handelt mittäterschaftlich, wer seinen eigenen Tatbeitrag so in die Tat einfügt, dass er als Teil der Handlung eines anderen Beteiligten und umgekehrt dessen Handeln als Ergänzung des eigenen Tatanteils erscheint (Fischer, StGB, 59. Aufl., § 25 Rn. 12 m.w.N.). Ob danach Mittäterschaft oder nur Teilnahme an fremder Tat anzunehmen ist, hat der Tatrichter aufgrund einer wertenden Gesamtbetrachtung aller festgestellten Umstände zu prüfen; maßgebliche

[36] BGH, Urteil vom 5.7.2012 – 3 StR 119/12.

Kriterien sind der Grad des eigenen Interesses an der Tat, der Umfang der Tatbeteiligung und die Tatherrschaft oder wenigstens der Wille dazu, so dass die Durchführung und der Ausgang der Tat maßgeblich auch vom Willen des Betreffenden abhängen (st. Rspr.; vgl. zuletzt Senat, Beschluss vom 27. März 2012 – 3 StR 63/12, StraFo 2012, 194 m.w.N.). Sofern sich die Handlung des sich Beteiligenden nach seiner Willensrichtung als Teil der Tätigkeit aller darstellt, braucht sie auch nicht zwingend das Kerngeschehen zu betreffen; ausreichen kann etwa auch ein die Tatbestandsverwirklichung fördernder Beitrag, der sich auf eine Vorbereitungs- oder Unterstützungshandlung beschränkt (BGH aaO; Urteil vom 17. Oktober 2002 – 3 StR 153/02, NStZ 2003, 253, 254; Beschluss vom 2. Juli 2008 – 1 StR 174/08, NStZ 2009, 25). Dementsprechend steht es der Annahme von Mittäterschaft auch nicht entgegen, dass der Beteiligte am Tatort nicht anwesend ist und sich zur unmittelbaren Tatausführung Dritter bedient (vgl. BGH, Beschluss vom 10. Oktober 1984 – 2 StR 470/84, BGHSt 33, 50).

[15] b) Die nach diesen Maßstäben für eine Mittäterschaft des Angeklagten sprechenden Umstände hat das Landgericht nicht vollständig bedacht. Es stützt sich im Wesentlichen nur auf den Umstand, dass der Angeklagte die Aufträge für die Diebstähle erteilte, ohne auf das „eigentliche Wie und Wann der Tatausführungen" Einfluss gehabt zu haben; auch sei sein Interesse an der Begehung der Tat nicht über das eines Anstifters hinausgegangen. Für ein zur Mittäterschaft führendes eigenes unmittelbares Interesse des Angeklagten am Taterfolg könnte aber sprechen, dass ihm daran gelegen war, den Gewahrsam über bestimmte, konkret ausgewählte Maschinen zu erlangen, die ihm nach seinen Möglichkeiten für eine Verfügung zu eigenen Zwecken geeignet erschienen. Ebenso hätte das Landgericht bei der Prüfung, inwieweit der Angeklagte Anteil an der Tatherrschaft hatte, nicht außer Betracht lassen dürfen, dass die Ausführung der Diebstähle jeweils absprachegemäß von seiner Entscheidung und von seiner Zusage abhing, die Maschine zu übernehmen und dafür die vereinbarte pauschale Entlohnung zu bezahlen. Dies gilt vor allem vor dem Hintergrund, dass er, soweit notwendig, ein Fahrzeug für den Abtransport der Beute zur Verfügung stellte und jeweils – zu seinen eigenen Gunsten – deren endgültige Sicherung in seiner eigens dafür „präparierten" Scheune ermöglichte. Erteilt ein Beteiligter Mitbeteiligten den Auftrag, eine bestimmte Sache zu entwenden, um sie sodann an ihn zu übergeben, damit er sie verkaufen bzw. für sich verwenden kann, kann dies gerade auf ein erhebliches eigenes Tatinteresse und einen Anteil an der Tatherrschaft hinweisen (BGH, Beschluss vom 13. Januar 2005 – 3 StR 473/04, NStZ 2005, 567).

36 Ob Mittäterschaft (oder nur Beihilfe) anzunehmen ist, hat der Tatrichter aufgrund einer **wertenden Gesamtbetrachtung aller festgestellten Umstände** zu prüfen; maßgebliche Kriterien sind der Grad des eigenen Interesses an der Tat, der Umfang der Tatbeteiligung und die Tatherrschaft oder wenigstens der Wille dazu, so dass die Durchführung und der Ausgang der Tat maßgeblich auch vom Willen des Betreffenden abhängen.[37]

[5] Bei Beteiligung mehrerer Personen, von denen nicht jede sämtliche Tatbestandsmerkmale verwirklicht, handelt mittäterschaftlich, wer seinen eigenen Tatbeitrag so

[37] BGH, Beschluss vom 12.6.2012 – 3 StR 166/12; vgl. hierzu auch BGH, Beschluss vom 18.4.2012 – 2 StR 6/12.

in die Tat einfügt, dass er als Teil der Handlung eines anderen Beteiligten und umgekehrt dessen Handeln als Ergänzung des eigenen Tatanteils erscheint (Fischer, StGB, 59. Aufl., § 25 Rn. 12 m.w.N.). Ob danach Mittäterschaft anzunehmen ist, hat der Tatrichter aufgrund einer wertenden Gesamtbetrachtung aller festgestellten Umstände zu prüfen; maßgebliche Kriterien sind der Grad des eigenen Interesses an der Tat, der Umfang der Tatbeteiligung und die Tatherrschaft oder wenigstens der Wille dazu, so dass die Durchführung und der Ausgang der Tat maßgeblich auch vom Willen des Betreffenden abhängen (st. Rspr.; vgl. BGH, Beschluss vom 24. Juli 2008 – 3 StR 243/08, StV 2008, 575; Urteile vom 12. Februar 1998 – 4 StR 428/97, NJW 1998, 2149, 2150; vom 15. Januar 1991 – 5 StR 492/90, BGHSt 37, 289, 291). Mittäterschaft erfordert dabei zwar nicht zwingend eine Mitwirkung am Kerngeschehen selbst; ausreichen kann auch ein die Tatbestandsverwirklichung fördernder Beitrag, der sich auf eine Vorbereitungs- oder Unterstützungshandlung beschränkt. Stets muss sich diese Mitwirkung aber nach der Willensrichtung des sich Beteiligenden als Teil der Tätigkeit aller darstellen (BGH, Urteil vom 17. Oktober 2002 – 3 StR 153/02, NStZ 2003, 253, 254; Beschluss vom 2. Juli 2008 – 1 StR 174/08, NStZ 2009, 25). Erschöpft sich demgegenüber die Mitwirkung nach seiner Vorstellung in einer bloßen Förderung fremden Handelns, so stellt seine Tatbeteiligung Beihilfe dar (§ 27 Abs. 1 StGB; vgl. BGH, Beschluss vom 27. März 2012 – 3 StR 63/12, StraFo 2012, 194).

[6] c) Daran gemessen kann der Schuldspruch nicht bestehen bleiben. Das Urteil lässt nicht nur die hier zur Abgrenzung von Mittäterschaft und Beihilfe gebotene wertende Gesamtbetrachtung vermissen, sondern bereits Feststellungen dazu, ob und in welcher Ausprägung die Angeklagte ein eigenes Interesse an der Tat sowie – über ihren eigenen Tatbeitrag hinaus – Tatherrschaft oder wenigstens den Willen dazu hatte. Die Annahme der Jugendkammer, die Angeklagte sei Mittäterin, weil sie sich „wissentlich und willentlich an der Drohkulisse" beteiligt habe, machte die mit Blick auf den festgestellten untergeordneten Tatbeitrag der Angeklagten gebotene wertende Gesamtbetrachtung sowie die erforderliche Abgrenzung von Täterschaft und Teilnahme nicht entbehrlich.

In Grenzfällen (zwischen der Beurteilung der eigenen Tatbeiträge als Mittäterschaft oder Beihilfe) hat der Bundesgerichtshof dem **Tatrichter** für die ihm obliegende **Wertung** einen **Beurteilungsspielraum** eröffnet. Lässt das angefochtene Urteil danach erkennen, dass der Tatrichter die genannten Maßstäbe erkannt und den dargestellten Sachverhalt vollständig gewürdigt hat, so kann das gefundene Ergebnis vom Revisionsgericht auch dann nicht als rechtsfehlerhaft beanstandet werden, wenn eine andere tatrichterliche Beurteilung möglich gewesen wäre.[38] **37**

[9] a) Nach der ständigen Rechtsprechung des Bundesgerichtshofs ist Mittäter, wer nicht nur fremdes Tun fördert, sondern einen eigenen Tatbeitrag derart in eine gemeinschaftliche Tat einfügt, dass sein Beitrag als Teil der Tätigkeit des anderen und umgekehrt dessen Tun als Ergänzung seines eigenen Tatanteils erscheint. Ob ein Beteiligter ein so enges Verhältnis zur Tat hat, ist nach den gesamten Umständen, die von seiner Vorstellung umfasst sind, in wertender Betrachtung zu beurteilen. Wesentliche Anhaltspunkte können der Grad des eigenen Interesses am Taterfolg, der Umfang der Tatbeteiligung und die Tatherrschaft oder wenigstens der Wille

---

[38] BGH, Urteil vom 27.9.2012 – 4 StR 255/12.

zur Tatherrschaft sein (BGH, Urteil vom 15. Januar 1991 – 5 StR 492/90, BGHSt 37, 289, 291 m.w.N.). In Grenzfällen hat der Bundesgerichtshof dem Tatrichter für die ihm obliegende Wertung einen Beurteilungsspielraum eröffnet. Lässt das angefochtene Urteil erkennen, dass der Tatrichter die genannten Maßstäbe erkannt und den Sachverhalt vollständig gewürdigt hat, so kann das gefundene Ergebnis vom Revisionsgericht auch dann nicht als rechtsfehlerhaft beanstandet werden, wenn eine andere tatrichterliche Beurteilung möglich gewesen wäre (BGH, Urteil vom 20. Januar 1998 – 5 StR 501/97, NStZ-RR 1998, 136; Urteil vom 10. November 2004 – 5 StR 403/04, NStZ-RR 2005, 71; Urteil vom 17. Juli 1997 – 1 StR 781/96, NJW 1997, 3385, 3387, insoweit in BGHSt 43, 153 nicht abgedruckt).

[10] b) Auf dieser Grundlage ist die Entscheidung des Landgerichts, der Angeklagte sei auch im Fall II. 2 der Urteilsgründe lediglich Gehilfe und nicht Mittäter gewesen, noch hinzunehmen.

[11] Das Landgericht hat, ausgehend von einem zutreffenden rechtlichen Maßstab für die Abgrenzung von Täterschaft und Teilnahme, maßgeblich auf die Rollenverteilung zwischen dem Angeklagten und dem gesondert verfolgten B. abgestellt. Die insoweit vorgenommene Wertung, der Angeklagte sei auch im Fall II. 2 der Urteilsgründe eine von B. als Zentralgestalt dominierte Randfigur gewesen, wird von den zum Tathergang getroffenen Feststellungen getragen. Zwar setzt die Annahme von Mittäterschaft nicht notwendig voraus, dass sämtliche Beteiligte eine im Rahmen des Tatgeschehens gleichgewichtige Rolle einnehmen. Die Urteilsgründe ergeben jedoch, dass der Angeklagte zu keinem Zeitpunkt das Ob und das Wie des tatbestandsmäßigen Geschehens beherrscht oder zumindest beeinflusst hat. Weder die Tatsache eines weiteren Überfalls als solche noch die Einzelheiten der Tatausführung waren abgesprochen. Nach anfänglicher Weigerung erklärte der Angeklagte, so die Feststellungen im angefochtenen Urteil, auch wegen der von B. ausgestoßenen Drohung seine Bereitschaft zur Mitwirkung. Dass er im Geschäftsraum der Tankstelle zur Eile gedrängt und sich dadurch, anders als im Fall II. 1 der Urteilsgründe, nicht auf ein bloßes „Schmierestehen" beschränkt hat, hat die Strafkammer in ihre Erwägungen ausdrücklich einbezogen und jedenfalls vertretbar bewertet. Für die Annahme von Beihilfe spricht schließlich auch, dass der Angeklagte den von ihm erlangten Teilbetrag aus der Beute unmittelbar nach Verlassen der Tankstelle an den gesondert verfolgten B. herausgeben musste. Dass er überhaupt eine Belohnung erhielt, ist nicht festgestellt.

38 Der **Gehilfe** braucht Einzelheiten der Haupttat nicht zu kennen und keine bestimmte Vorstellung von ihr zu haben; insbesondere ist eine andere rechtliche Einordnung der Tat für dessen Vorsatz unschädlich, sofern die vorgestellte Haupttat in ihrem Unrechtsgehalt von der tatsächlich begangenen Tat nicht gänzlich abweicht. Allerdings muss der Gehilfe **seinen eigenen Tatbeitrag** sowie die **wesentlichen Merkmale der Haupttat**, insbesondere deren Unrechts- und Angriffsrichtung, zumindest **für möglich halten und billigen**. Dass ein Beteiligter „jedwedes" oder „irgendein" Vermögensdelikt fördern wollte, reicht hierfür nicht aus.[39]

[2] 1. Der Schuldspruch hat keinen Bestand, weil die Feststellungen des Landgerichts seine Annahme, beide Angeklagten hätten mit Gehilfenvorsatz gehandelt, nicht tragen.

---

[39] BGH, Beschluss vom 28.2.2012 – 3 StR 435/11.

[3] a) Nach den Urteilsgründen leisteten die Angeklagten in unterschiedlichem Umfang durch das Bereitstellen von Bankkonten, durch Weiterüberweisung und die Abhebung eingegangener Geldbeträge Beihilfe zum Computerbetrug zum Nachteil von Online-Banking-Nutzern durch sogenanntes „Phishing". Zur subjektiven Tatseite hat das Landgericht festgestellt, den Angeklagten sei bewusst gewesen, „dass die Zahlungseingänge einen illegalen Hintergrund hatten". Die Angeklagte E. habe zumindest mit bedingtem Vorsatz gehandelt, da „sie bewusst in Kauf genommen" habe, „jedwede, den Umständen nach nicht fernliegende Art von Vermögensdelikten, insbesondere auch Delikte des Computerbetrugs durch ihr Verhalten zu unterstützen". Ebenso habe der Angeklagte V. den subjektiven Tatbestand der Beihilfe zum Computerbetrug erfüllt. Auch wenn er Einzelheiten dazu, wie die Gelder auf die Konten gelangt seien, nicht „konkret" gekannt habe, sei ihm doch bewusst gewesen, dass es sich um etwas „Illegales" gehandelt habe. Er habe dies nicht weiter hinterfragt und damit „bewusst in Kauf genommen, irgendeine, nicht fernliegende Art von Vermögensdelikten, darunter auch einen etwaigen Computerbetrug, durch sein Verhalten zu unterstützen".

[4] b) Damit ist der Gehilfenvorsatz der Angeklagten nicht belegt. Zwar braucht der Gehilfe Einzelheiten der Haupttat nicht zu kennen und keine bestimmte Vorstellung von ihr zu haben (BGH, Beschluss vom 20. Januar 2011 – 3 StR 420/10, NStZ 2011, 399, 400; Urteil vom 18. April 1996 – 1 StR 14/96, BGHSt 42, 135, 137). Eine andere rechtliche Einordnung der Tat ist für den Gehilfenvorsatz unschädlich, sofern die vorgestellte Haupttat in ihrem Unrechtsgehalt von der tatsächlich begangenen nicht gänzlich abweicht (Fischer, StGB, 59. Aufl., § 27 Rn. 22). Allerdings muss der Gehilfe seinen eigenen Tatbeitrag sowie die wesentlichen Merkmale der Haupttat, insbesondere deren Unrechts- und Angriffsrichtung, im Sinne bedingten Vorsatzes zumindest für möglich halten und billigen. Dieses Mindestmaß einer Konkretisierung des Gehilfenvorsatzes hat das Landgericht nicht festgestellt. Dass die Angeklagten „jedwedes" oder „irgendein" Vermögensdelikt fördern wollten, reicht nicht aus.

9. Notwehr

TOPENTSCHEIDUNG ■

Wird eine Person rechtswidrig angegriffen, dann ist sie grundsätzlich dazu berechtigt, dasjenige Abwehrmittel zu wählen, welches eine **endgültige Beseitigung der Gefahr** gewährleistet. Das gilt auch für die Verwendung einer Schusswaffe. Nur wenn mehrere wirksame Mittel zur Verfügung stehen, hat der Verteidiger dasjenige Mittel zu wählen, das für den Angreifer am wenigsten gefährlich ist. Bei einem **Schusswaffeneinsatz** ist der Angegriffene in der Regel zwar gehalten, den Gebrauch der Waffe zunächst anzudrohen oder vor einem tödlichen Schuss einen weniger gefährlichen Einsatz zu versuchen; die Notwendigkeit eines Warnschusses kann aber nur dann angenommen werden, wenn ein solcher Schluss auch dazu geeignet gewesen wäre, den Angriff endgültig abzuwehren.[40] 39

[21] bb) Die Voraussetzungen eines Irrtums über die tatsächlichen Voraussetzungen eines Rechtfertigungsgrundes liegen vor. Dies führt entsprechend § 16 Abs. 1 Satz 1 StGB zum Ausschluss der Vorsatzschuld.

[40] BGH, Urteil vom 2.11.2011 – 2 StR 375/11.

[22] Der Angeklagte ging nach den Feststellungen des Landgerichts aufgrund der Hinweise vom Vortag durch die Zeugen L. und Le. von einem Überfall durch ein Rollkommando der verfeindeten „Bandidos" aus. Er schloss einen „normalen Einbruch" angesichts des Vorgehens der Angreifer, die sich auch durch Einschalten der Beleuchtung im Haus und den Ruf „verpisst euch" nicht aufhalten ließen, aus. Die Bedrohung war aus seiner Sicht akut, da die Angreifer die Haustür bereits weitgehend aufgebrochen hatten und das Eindringen unmittelbar bevorstand, weil er mit einer nicht abschätzbaren Zahl von Angreifern mit unbekannter Bewaffnung und Ausrüstung und mit einem besonders aggressiven Vorgehen rechnete. Wenn diese irrtümliche Annahme des Angeklagten zutreffend gewesen wäre, wäre der sogleich auf eine Person gerichtete Schusswaffeneinsatz als erforderliche Notwehrhandlung gerechtfertigt gewesen.

[23] Wird eine Person rechtswidrig angegriffen, dann ist sie grundsätzlich dazu berechtigt, dasjenige Abwehrmittel zu wählen, welches eine endgültige Beseitigung der Gefahr gewährleistet; der Angegriffene muss sich nicht mit der Anwendung weniger gefährlicher Verteidigungsmittel begnügen, wenn deren Abwehrwirkung zweifelhaft ist. Das gilt auch für die Verwendung einer Schusswaffe. Nur wenn mehrere wirksame Mittel zur Verfügung stehen, hat der Verteidigende dasjenige Mittel zu wählen, das für den Angreifer am wenigsten gefährlich ist. Wann eine weniger gefährliche Abwehr geeignet ist, die Gefahr zweifelsfrei und sofort endgültig zu beseitigen, hängt von den Umständen des Einzelfalls ab (vgl. Senat, Urteil vom 5.Oktober 1990 – 2 StR 347/90, NJW 1991, 503, 504). Unter mehreren Abwehrmöglichkeiten ist der Verteidigende zudem nur dann auf die für den Angreifer weniger gravierende verwiesen, wenn ihm genügend Zeit zur Wahl des Mittels sowie zur Abschätzung der Lage zur Verfügung steht (vgl. Senat, Urteil vom 30. Juni 2004 – 2 StR 82/04, BGHR StGB § 32 Abs. 2 Erforderlichkeit 17). In der Regel ist der Angegriffene bei einem Schusswaffeneinsatz zwar gehalten, den Gebrauch der Waffe zunächst anzudrohen oder vor einem tödlichen Schuss einen weniger gefährlichen Einsatz zu versuchen. Die Notwendigkeit eines Warnschusses kann aber nur dann angenommen werden, wenn ein solcher Schuss auch dazu geeignet gewesen wäre, den Angriff endgültig abzuwehren (vgl. Senat, Beschluss vom 28. Oktober 1992 – 2 StR 300/92, StV 1993, 241, 242). Das war hier nicht der Fall, zumal der Angeklagte damit rechnete, dass er seinerseits von den Angreifern durch die Tür hindurch beschossen werden könne. Ihm blieb angesichts seiner Annahme, dass ein endgültiges Aufbrechen der Tür und das Eindringen mehrerer bewaffneter Angreifer oder aber ein Beschuss durch die Tür unmittelbar bevorstand, keine Zeit zur ausreichenden Abschätzung des schwer kalkulierbaren Risikos. Bei dieser zugespitzten Situation ist nicht ersichtlich, warum die Abgabe eines Warnschusses die Beendigung des Angriffs hätte erwarten lassen (vgl. Senat, Urteil vom 2. Oktober 1996 – 2 StR 332/96; BGHR StGB § 32 Abs. 2 Erforderlichkeit 13).

[24] Ein Warnschuss ist im Übrigen auch nicht erforderlich, wenn dieser nur zu einer weiteren Eskalation führen würde (vgl. Rönnau/Hohn in LK StGB § 32 Rn. 177). Hier war aus Sicht des Angeklagten zu erwarten, dass die hartnäckig vorgehenden Angreifer ihrerseits gerade dann durch die Tür schießen würden, wenn sie durch einen Warnschuss auf die Abwehrbereitschaft des Angeklagten aufmerksam gemacht worden wären. Auf einen Kampf mit ungewissem Ausgang muss sich ein Verteidiger nicht einlassen. Daher waren beide Schüsse, die der Angeklagte durch die Tür abgegeben hat, aus seiner Sicht erforderliche Notwehrhandlungen (vgl. Senat, Urteil vom 1. Juni 1994 – 2 StR 195/94, BGHR StGB § 32 Abs. 2 Erforderlichkeit 10). Dieser Irrtum führt zum Wegfall der Vorsatzschuld.

[25] cc) Fahrlässigkeit im Sinne von §§ 16 Abs. 1 Satz 2, 222 StGB ist dem Angeklagten ebenfalls nicht vorzuwerfen. Dies wäre nur dann der Fall, wenn er seinen Irrtum über die Identität und Absicht der Angreifer hätte vermeiden können. Das ist ausgeschlossen, weil der Angeklagte nach den rechtsfehlerfreien und lückenlosen Feststellungen des Landgerichts mit plausiblen Gründen von einem lebensbedrohenden Angriff durch „Bandidos" ausging, ferner weil die tatsächlich angreifenden Polizeibeamten sich auch nach Einschaltens der Beleuchtung im Haus nicht zu erkennen gaben und weil der Angeklagte wegen ihres verdeckten Vorgehens keine Möglichkeit hatte, rechtzeitig zu erkennen, dass es sich um einen Polizeieinsatz handelte (vgl. auch BGH, Urteil vom 23. Juli 1998 – 4 StR 261/98).

[26] dd) Da keine weitergehenden Feststellungen zu erwarten sind, die zu einem anderen Ergebnis führen könnten, ist der Angeklagte freizusprechen. Die Einsatzstrafe entfällt; daher muss auch die Gesamtstrafe aufgehoben werden.

PRAXISBEDEUTUNG ■

Auch wenn das Ergebnis dieser Tat furchtbar und bedauerlich ist, entsprechen die Ausführungen des Senats zur Notwehrlage den allgemeinen Grundsätzen und sind lehrbuchartig aufgebaut. Wer sich künftig auf Notwehr beruft, wird sich an den vorgenannten Grundsätzen messen lassen müssen.

Eine in einer objektiven **Notwehrlage** verübte Tat ist nach § 32 Abs. 2 StGB gerechtfertigt, wenn sie zu einer **sofortigen und endgültigen Abwehr des Angriffs** führt und es sich bei ihr um das mildeste Abwehrmittel handelt, das dem Angegriffenen in der konkreten Situation zur Verfügung stand. Ob dies der Fall ist, muss auf der Grundlage einer objektiven Betrachtung der tatsächlichen Verhältnisse im Zeitpunkt der Verteidigungshandlung beurteilt werden. Wird eine Person rechtswidrig angegriffen, dann ist sie grundsätzlich berechtigt, dasjenige Abwehrmittel zu wählen, welches eine endgültige Beseitigung der Gefahr gewährleistet; der Angegriffene muss sich nicht mit der Anwendung weniger gefährlicher Verteidigungsmittel begnügen, wenn deren Abwehrwirkung zweifelhaft ist. Auch der sofortige, das Leben des Angreifers gefährdende **Einsatz eines Messers** kann danach durch Notwehr gerechtfertigt sein. Zwar geht die Rechtsprechung davon aus, dass gegenüber einem unbewaffneten Angreifer der Gebrauch eines Messers in der Regel anzudrohen ist. Dies setzt aber voraus, dass eine solche Drohung unter den konkreten Umständen eine so hohe Erfolgsaussicht hat, dass dem Angegriffenen das Risiko eines Fehlschlags und der damit verbundenen Verkürzung seiner Verteidigungsmöglichkeiten zugemutet werden kann; dabei ist auch zu berücksichtigen, ob dem Angegriffenen genügend Zeit zur Wahl des Abwehrmittels und zur Abschätzung der Lage zur Verfügung stand. Dies ist auf der Grundlage der getroffenen Feststellungen im Einzelnen darzulegen. Dabei dürfen angesichts der schweren Kalkulierbarkeit des Fehlschlagrisikos an die regelmäßig in einer zugespitzten Situation zu treffende Entscheidung für oder gegen die Androhung eines Messereinsatzes keine überhöhten Anforderungen gestellt werden.[41] **40**

[41] BGH, Beschluss vom 21.11.2012 – 2 StR 311/12.

[7] c) Diesen Grundsätzen werden die Erwägungen des Landgerichts zur Erforderlichkeit der Messerstiche nicht gerecht. Für die Annahme des Landgerichts, dass der Angeklagte durch ein Androhen des Messereinsatzes seine Verteidigungsmöglichkeiten nicht verschlechtert hätte, fehlt es an einer tragfähigen Grundlage.

[8] Soweit dem Angeklagten von der Kammer entgegengehalten wird, wegen der von ihm erkannten Geringfügigkeit des Anlasses der Auseinandersetzung habe es aus seiner Sicht keinen Anhaltspunkt einer Eskalation für den Fall des Androhens des Messereinsatzes gegeben, lässt dies die gebotene Auseinandersetzung mit wesentlichen Umständen vermissen, die sich aus den Feststellungen ergeben. Die Geringfügigkeit des Anlasses sagt für sich bereits nichts darüber aus, wie bedrohlich die Situation für den Angeklagten im Zeitpunkt seiner Verteidigungshandlungen tatsächlich war. Sie ist hierfür aber vor allem angesichts der konkreten Kampflage ohne Aussagekraft. Diese ist dadurch gekennzeichnet, dass die Geschädigten, von denen die Tätlichkeiten ausgingen, den K. H. bereits so geschlagen und getreten hatten, dass dieser bewusstlos am Boden lag. Als sie sich nunmehr dem Angeklagten zuwandten, lag es bei einer objektiven Betrachtung der tatsächlichen Verhältnisse aus Sicht des Angeklagten nahe, dass sie nunmehr auch ihn durch Schläge und Tritte schwer verletzen würden. Das Landgericht hat nicht in seine Überlegungen aufgenommen, dass das trotz der Geringfügigkeit des Anlasses an den Tag gelegte, in hohem Maße aggressive Verhalten der Geschädigten gegen K. H. gegen die Annahme spricht, dass die vorherige Androhung des Messereinsatzes durch den Angeklagten dazu geeignet gewesen wäre, den Angriff auf ihn endgültig abzuwehren.

[9] Dies gilt umso mehr, als der Geschädigte G. dem Angeklagten bereits einen Faustschlag ins Gesicht versetzt hatte und der Angeklagte davon ausging, dass auf Seiten der Angreifer in absehbarer Zeit weitere Personen hinzutreten würden. Mit Rücksicht auf die körperliche Überlegenheit der Angreifer sowie ihre personelle, sich aus Sicht des Angeklagten alsbald verstärkende Übermacht fehlt es deshalb auch an einer hinreichenden Grundlage für die Auffassung der Kammer, der Angeklagte habe für den Fall der Androhung des Messereinsatzes nicht mit einer Entwaffnung und der anschließenden Zufügung schwerwiegender Verletzung rechnen müssen.

[10] Darüber hinaus findet die Erwägung des Landgerichts, es seien keine Anzeichen für besondere Aggressionen der Geschädigten gerade gegen den Angeklagten erkennbar gewesen, in den Feststellungen keine hinreichende Grundlage. Auch insoweit ist zu berücksichtigen, dass G. dem Angeklagten, ohne das Messer bemerkt zu haben, bereits vor den ersten mit Verteidigungswillen geführten Messerstichen mit der Faust ins Gesicht geschlagen hatte und sich die beiden Geschädigten dem Angeklagten zuwandten, nachdem sie zuvor bereits K. H. bis zur Bewusstlosigkeit traktiert hatten. Die genannten, vom Landgericht auch in diesem Zusammenhang nicht erwogenen Umstände sprachen objektiv und aus der Perspektive des Angeklagten dafür, dass sich die Aggressionen der Geschädigten in gleicher Weise wie zuvor gegen K. H. nunmehr gegen ihn richten würden.

[11] Unter diesen Umständen hatte die Drohung, das Messer einzusetzen, keine so hohe Erfolgsaussicht, dass dem Angeklagten das Risiko des Fehlschlags und der damit verbundenen Verkürzung seiner Verteidigungsmöglichkeiten zuzumuten war.

[12] Letztlich hat das Landgericht den Aspekt, dass unabhängig davon, ob der nicht angedrohte Messereinsatz eine erforderliche Notwehrhandlung des Angeklagten zu seiner eigenen Verteidigung war, hierin eine erforderliche Nothilfehandlung zu Gunsten seines Freundes K. H. lag, überhaupt nicht in seine rechtlichen Erwägungen einbezogen.

Eine in einer **objektiven Notwehrlage** verübte Tat ist nach § 32 Abs. 2 StGB gerechtfertigt, wenn sie zu einer **sofortigen und endgültigen Abwehr des Angriffs** führt und es sich bei ihr um das **mildeste Abwehrmittel** handelt, das dem Angegriffenen in der konkreten Situation zur Verfügung stand. Ob dies der Fall ist, muss auf der Grundlage einer objektiven ex-ante-Betrachtung entschieden werden. Dabei kommt es auf die tatsächlichen Verhältnisse im Zeitpunkt der Verteidigungshandlung an. Auf weniger gefährliche Verteidigungsmittel muss der Angegriffene nur dann zurückgreifen, wenn deren Abwehrwirkung unter den gegebenen Umständen unzweifelhaft ist und genügend Zeit zur Abschätzung der Lage zur Verfügung steht. Auch der sofortige, das Leben des Angreifers gefährdende Einsatz einer Waffe kann danach durch Notwehr gerechtfertigt sein. Können keine sicheren Feststellungen zu Einzelheiten des Geschehens getroffen werden, darf sich das nicht zu *Lasten* des Angeklagten auswirken.[42] **41**

[8] 2. Eine in einer objektiven Notwehrlage verübte Tat ist nach § 32 Abs. 2 StGB gerechtfertigt, wenn sie zu einer sofortigen und endgültigen Abwehr des Angriffs führt und es sich bei ihr um das mildeste Abwehrmittel handelt, das dem Angegriffenen in der konkreten Situation zur Verfügung stand (st. Rspr.; vgl. BGH, Urteil vom 21. März 1996 – 5 StR 432/95, BGHSt 42, 97, 100 m.w.N.). Ob dies der Fall ist, muss auf der Grundlage einer objektiven ex-ante-Betrachtung entschieden werden (BGH, Urteil vom 24. Juni 1998 – 3 StR 186/98, BGHR StGB § 32 Abs. 2 Erforderlichkeit 14). Dabei kommt es auf die tatsächlichen Verhältnisse im Zeitpunkt der Verteidigungshandlung an (BGH, Urteil vom 28. Februar 1989 – 1 StR 741/88, NJW 1989, 3027; Beschluss vom 5. November 1982 – 3 StR 375/82, NStZ 1983, 117). Auf weniger gefährliche Verteidigungsmittel muss der Angegriffene nur dann zurückgreifen, wenn deren Abwehrwirkung unter den gegebenen Umständen unzweifelhaft ist und genügend Zeit zur Abschätzung der Lage zur Verfügung steht (BGH, Urteil vom 2. November 2011 – 2 StR 375/11, NStZ 2012, 272, 274; Urteil vom 14. Juni 1972 – 2 StR 679/71, BGHSt 24, 356, 358). Auch der sofortige, das Leben des Angreifers gefährdende Einsatz einer Waffe kann danach durch Notwehr gerechtfertigt sein. Zwar geht die Rechtsprechung davon aus, dass gegenüber einem unbewaffneten Angreifer der Gebrauch eines bis dahin noch nicht in Erscheinung getretenen Messers in der Regel anzudrohen ist (BGH, Urteil vom 11. September 1995 – 4 StR 294/95, NStZ 1996, 29 f.; Beschluss vom 12. Dezember 1975 – 2 StR 451/75, BGHSt 26, 256, 258) und, sofern dies nicht ausreicht, der Versuch unternommen werden muss, auf weniger sensible Körperpartien einzustechen (BGH, Beschluss vom 24. Juli 2001 – 4 StR 256/01), doch stehen diese Einschränkungen unter dem Vorbehalt, dass beide Einsatzformen im konkreten Fall eine so hohe Erfolgsaussicht haben, dass dem Angegriffenen das Risiko eines Fehlschlags und der damit verbundenen Verkürzung seiner Verteidigungsmöglichkeiten zugemutet werden kann (vgl. BGH, Urteil vom 13. März 2003 – 3 StR 458/02, NStZ 2004, 615, 616; Beschluss vom 21. März 2001 – 1 StR 48/01, BGHR StGB § 32 Abs. 2 Erforderlichkeit 15; Urteil vom 24. Juni 1998 – 3 StR 186/98, BGHR StGB § 32 Abs. 2 Erforderlichkeit 14). Dies ist auf der Grundlage der getroffenen Feststellungen im Einzelnen darzulegen. Angesichts der schweren Kalkulierbarkeit des Fehlschlagrisikos dürfen an die regelmäßig in einer zugespitzten Situation zu treffende Entscheidung für oder gegen eine vorherige Androhung des Messereinsatzes oder eine weniger gefährliche Stichführung keine überhöhten Anforderungen gestellt werden (vgl. BGH, Urteil vom 2. November 2011 – 2 StR 375/11,

[42] BGH, Urteil vom 27.9.2012 – 4 StR 197/12.

NStZ 2012, 272, 274). Können keine sicheren Feststellungen zu Einzelheiten des Geschehens getroffen werden, darf sich das nicht zu Lasten des Angeklagten auswirken (BGH, Beschluss vom 15. November 1994 – 3 StR 393/94, NJW 1995, 973).

[9] 3. Diesen Grundsätzen werden die Erwägungen des Landgerichts zur Erforderlichkeit des Messerstichs nicht gerecht.

[10] a) Soweit dem Angeklagten entgegenhalten wird, den Einsatz des Messers während des Wortwechsels und der Verlagerung des Geschehens bis zum Tatort nicht angedroht und es in diesem Zeitraum auch versäumt zu haben, durch Worte deeskalierend auf seine Kontrahenten einzuwirken, handelt es sich um mögliche Verhaltensweisen im Vorfeld und nicht um im Zeitpunkt des Messereinsatzes noch verfügbare alternative Abwehrmittel.

[11] b) Für die Annahme, dass es dem Angeklagten möglich war, den Angriff von Z. mit den bloßen Fäusten abzuwehren, ohne dabei ein unvertretbar hohes Fehlschlagrisiko oder eine Eigengefährdung in Kauf nehmen zu müssen, fehlt es an einer tragfähigen Grundlage. Das Landgericht hat in diesem Zusammenhang lediglich auf die Größenverhältnisse zwischen den Kontrahenten abgehoben und daraus eine körperliche Überlegenheit des Angeklagten abgeleitet. Dies reicht nicht aus, um einen sicheren Erfolg des Angeklagten bei einem Faustkampf mit Z. zu belegen. Ob eine körperliche Auseinandersetzung ohne eigene Verletzungen mit Erfolg bestanden werden kann, hängt nur zu einem geringen Teil von der Statur der Kontrahenten ab. Weitere Feststellungen – etwa zu möglichen Erfahrungen des Angeklagten mit derartigen Auseinandersetzungen oder besonderen Fertigkeiten in diesem Bereich – die eine derartige Aussage gestatten könnten, sind dem Urteil nicht zu entnehmen. Den Vorstrafen wegen Körperverletzung aus dem Jahr 2008 zum Nachteil deutlich jüngerer Kinder hat der Tatrichter in diesem Zusammenhang keine Bedeutung beigemessen und sie nur bei der Ahndung berücksichtigt.

[12] c) Das Landgericht hat auch nicht hinreichend dargelegt, warum der Angeklagte gehalten gewesen sein sollte, das Messer als Schlagwerkzeug einzusetzen. Bei dem Tatmesser handelte es sich um ein Klappmesser mit einer feststehenden 10 cm langen Klinge. Wie ein solches Messer in einer effektiven Weise als Schlagwerkzeug eingesetzt werden kann, erschließt sich nicht von selbst.

[13] d) Schließlich hat das Landgericht auch nicht mit Tatsachen belegt, dass es dem Angeklagten möglich war, den Angriff von Z. durch einen weniger wuchtigen Stich gegen eine nicht so sensible Körperregion endgültig abzuwehren. Die hierzu gemachten Ausführungen beschränken sich auf die bloße Behauptung, dass ihm diese Handlungsmöglichkeit zur Verfügung stand (vgl. BGH, Beschluss vom 24. Juli 2001 – 4 StR 256/01).

■ PRAXISBEDEUTUNG

Die vorstehenden Entscheidungen verdeutlichen die gesamten Problematiken, welche in Sachverhalten mit Notwehrhandlungen auftauchen. Insbesondere die regelmäßig nicht mögliche Rekonstruktion der näheren Umstände der (behaupteten) Notwehrlage macht die richterliche Entscheidung schwierig, weshalb diese auch für einen Verteidiger nur schwer voraussehbar sein dürfte. Insoweit wird es entscheidend sein, schon frühzeitig Beweismittel zu sichern, welche das Vorhandensein einer konkreten Notwehrlage und die Aussichtslosigkeit anderer, als der gewählten, Abwehrmittel belegen können.

Hat ein Täter zwei Schüsse auf das Opfer abgegeben, kann aber nicht ausgeschlossen werden, dass der erste Schuss möglicherweise durch **Notwehrrecht** gerechtfertigt war, kann bei der Strafzumessung im engeren Sinne nicht zum Nachteil des Angeklagten berücksichtigt werden, dass er **zwei Schüsse** auf sein Opfer abgegeben hat.[43] **42**

10. Einwilligung

Die Einwilligung in die mit einer **einvernehmlichen körperlichen Auseinandersetzung** verbundene Körperverletzung kann zwar eingeschränkt sein, was aber erkennbar sein muss. Jedenfalls spricht eine Fortsetzung des Kampfes zu einem Zeitpunkt, in dem der Einwilligende bereits die körperliche Überlegenheit des anderen erfahren hatte, gegen eine solche Einschränkung.[44] **43**

[7] a) Soweit das Landgericht auf die Körperverletzungshandlungen des Angeklagten abgestellt hat, liegt keine rechtswidrige Tat vor. Die Körperverletzung ist durch die Einwilligung des Nebenklägers gerechtfertigt (§ 228 StGB). Wie die Revision und der Generalbundesanwalt übereinstimmend zutreffend ausführen, ist für eine Einschränkung der Einwilligung des Nebenklägers in die mit der einvernehmlichen körperlichen Auseinandersetzung verbundene Körperverletzung nichts zu erkennen. Vielmehr spricht die Fortsetzung des Kampfes durch diesen zu einem Zeitpunkt, in dem er bereits die körperliche Überlegenheit des Angeklagten erfahren hatte, gegen eine solche Einschränkung.

[8] Die Einwilligung war auch wirksam, da die Tat nicht gegen die guten Sitten verstößt. Dies gilt sowohl in Ansehung des Zwecks der Auseinandersetzung – der Angeklagte wollte den Nebenkläger wegen eines jedenfalls aufgrund des Zweifelssatzes anzunehmenden, unangemessenen Vorverhaltens maßregeln und hat damit keine „unlauteren" Ziele (vgl. BGH, Urteil vom 26. Mai 2004 – 2 StR 505/03, BGHSt 49, 166, 170) verfolgt – als auch im Hinblick auf das Maß der Rechtsgutsverletzung und der damit verbundenen weitergehenden Gefahren für Leib und Leben des Nebenklägers (vgl. BGH, Urteil vom 11. Dezember 2003 – 3 StR 120/03, BGHSt 49, 34, 42; Urteil vom 26. Mai 2004 – 2 StR 505/03, BGHSt 49, 166, 171 f.). Der Nebenkläger erlitt zwar Verletzungen, die einen Krankenhausaufenthalt und eine Operation erforderlich machten. Zu einer konkreten Lebensgefahr (vgl. Fischer, StGB, 59. Aufl., § 228 Rn. 10a) haben die Verletzungshandlungen des Angeklagten beim Nebenkläger indes nicht geführt.

Einer Einwilligung, gleich ob ausdrücklich oder konkludent erklärt, kommt **nur dann rechtfertigende Wirkung** zu, wenn die über das betroffene Rechtsgut dispositionsbefugte Person mit **voller Kenntnis der Sachlage der Rechtsgutsbeeinträchtigung zustimmt.**[45] **44**

Aus den Urteilsgründen, auf die der Senat wegen der zugleich erhobenen Sachrüge in vollem Umfang zugreifen kann, ergibt sich jedoch, dass der Angeklagte und die Zeugin R. übereinstimmend angegeben haben, über das Zuziehen der um den Hals

---

[43] BGH, Beschluss vom 14.11.2012 – 3 StR 368/12.
[44] BGH, Beschluss vom 12.6.2012 – 3 StR 163/12.
[45] BGH, Beschluss vom 20.11.2012 – 1 StR 530/12.

der Zeugin gelegten Kette sei zuvor nicht gesprochen worden. Auf der Grundlage dieser rechtsfehlerfrei getroffenen Feststellungen lag eine Einwilligung der Zeugin mit dem zeitweiligen Würgen mittels der Kette unabhängig von den Inhalten der fraglichen SMS nicht vor. Einer Einwilligung, gleich ob ausdrücklich oder konkludent erklärt, kommt nur dann rechtfertigende Wirkung zu, wenn die über das betroffene Rechtsgut dispositionsbefugte Person mit voller Kenntnis der Sachlage der Rechtsgutsbeeinträchtigung zustimmt. Der Einwilligende muss also eine zutreffende Vorstellung von dem voraussichtlichen Verlauf und den zu erwartenden Folgen des Angriffs haben (Fischer, StGB, 59. Aufl., 2012, § 228 Rn. 5 m.w.N.). Gerade das war aber bei der Zeugin R. wegen des Fehlens jeglicher vorheriger Verständigung über das Würgen mit der Kette nicht der Fall.

11. Strafzumessung – §§ 46 ff. StGB

a) Kompensation bei rechtsstaatswidrigen Verfahrensverzögerungen

45 Seit dem 3.12.2011 beurteilen sich etwaige Verfahrensverzögerungen nach den Vorschriften des ***„Gesetzes über den Rechtsschutz bei überlangen Gerichtsverfahren und strafrechtlichen Ermittlungsverfahren“*** vom 24.11.2011 (BGBl. I 2302). Das Nähere ist hierzu in §§ 198 ff. GVG, für strafrechtliche Verfahren namentlich in § 199 GVG, geregelt. Entsprechende Entscheidungen sind deshalb nun in einem eigenen Abschnitt unter D38 (Rn. 521 ff.) aufgeführt.

b) Strafzumessung im engeren Sinn – § 46 StGB

46 Auffällig war auch in diesem Berichtszeitraum die relativ hohe Zahl von Revisionsentscheidungen, welche auf Fehlern in den Strafzumessungserwägungen des Tatrichters beruhten. Somit ist die bisher von Verteidigern vielfach geäußerte Meinung, Strafmaßrevisionen seien eher aussichtslos, erneut widerlegt worden. Vielmehr waren **zweifelhafte** oder sogar ersichtlich **fehlerhafte Formulierungen** eines Landgerichts bei seinen Ausführungen zur Strafzumessung durchaus Grund für zahlreiche Aufhebungen von Urteilen zumindest bezüglich des Strafausspruches.

47 Umstände, welche die Schuld erhöhen, können zu einer Versagung der Strafrahmenmilderung gemäß §§ 21, 49 Abs. 1 StGB führen, wenn sie die infolge der **Herabsetzung der Einsicht- oder Steuerungsfähigkeit** verminderte Tatschuld aufwiegen, was bei einer **alkoholbedingten Verminderung der Schuldfähigkeit dann in Betracht** kommt, wenn sie auf einer **selbst zu verantwortenden, verschuldeten Trunkenheit** beruht. Ein Alkoholrausch ist aber dann nicht (uneingeschränkt) verschuldet, wenn der Täter alkoholkrank oder alkoholüberempfindlich ist.[46]

[3] 1. Der Strafausspruch ist nicht frei von durchgreifenden Rechtsfehlern. Das Landgericht ist zunächst vom Normalstrafrahmen des § 224 Abs. 1 StGB ausgegangen. Eine Strafrahmenverschiebung nach §§ 21, 49 Abs. 1 StGB und §§ 46a, 49 Abs. 1 StGB hat es abgelehnt. Zum einen sei zwar im Hinblick auf die erhebliche Alkoholisierung des Angeklagten zur Tatzeit nicht auszuschließen, dass dessen

[46] BGH, Beschluss vom 2.8.2012 – 3 StR 216/12.

Steuerungsfähigkeit erheblich vermindert gewesen sei; dies rechtfertige indes eine Strafrahmenverschiebung nicht, denn der Angeklagte habe gewusst, „dass er unter Alkoholeinfluss leichter reizbar ist, und er angesichts des morgendlichen Streits mit der Geschädigten und der insoweit unklaren, möglicherweise gefahrgeneigten Situation zum Zeitpunkt ihrer Rückkehr trotzdem in erheblichen Maße Alkohol zu sich genommen hatte". Zum anderen habe sich der Angeklagte zwar durch den im Rahmen der Hauptverhandlung abgeschlossenen Vergleich gegenüber der Nebenklägerin verpflichtet, zur Abgeltung der Ansprüche aus der Tat einen Betrag von 10.000 € zu zahlen; da sich der Angeklagte weiterhin auf Notwehr berufen habe, sei dies jedoch kein Ausdruck der Übernahme von Verantwortung und rechtfertige daher eine Strafrahmenmilderung ebenfalls nicht. Sodann hat das Landgericht dennoch „im Ergebnis" einmal von der „sowohl in § 21 StGB als auch in § 46a StGB" vorgesehenen Milderungsmöglichkeit Gebrauch gemacht und ist daher von einem Strafrahmen von einem Monat bis sieben Jahre und sechs Monaten Freiheitsstrafe ausgegangen. Die Annahme eines minder schweren Falles komme dagegen „angesichts des Tatbildes augenscheinlich nicht in Betracht".

[4] Dies hält rechtlicher Prüfung nicht stand. Liegen die Voraussetzungen vertypter Strafmilderungsgründe nicht vor oder lehnt der Tatrichter deren Anwendung in Ausübung ihm eingeräumten Ermessens ab, so ist es unzulässig, die dort vorgesehene (fakultative) Strafrahmenverschiebung dennoch zumindest einmal vorzunehmen, weil nach den Umständen die tatbestandlichen Voraussetzungen der in Betracht kommenden Vorschriften zumindest teilweise vorliegen oder das Tatgericht sein Ermessen ablehnend ausgeübt hat. Zwar ist ein Angeklagter durch eine derartige fehlerhafte Rechtsanwendung in der Regel nicht beschwert. Hier liegt es indes anders. Jedenfalls die Ablehnung der Strafrahmenverschiebung nach §§ 21, 49 Abs. 1 StGB ist mit der vom Landgericht gegebenen Begründung nicht haltbar. Der Senat kann nicht ausschließen, dass sich dies letztlich nachteilig für den Angeklagten ausgewirkt hat. Im Einzelnen:

[5] a) Zwar können Umstände, welche die Schuld erhöhen, zur Versagung der Strafrahmenmilderung gemäß §§ 21, 49 Abs. 1 StGB führen, wenn sie die infolge der Herabsetzung der Einsichts- oder Steuerungsfähigkeit verminderte Tatschuld aufwiegen. Dies kommt bei einer alkoholbedingten Verminderung der Schuldfähigkeit dann in Betracht, wenn sie auf einer selbst zu verantwortenden, verschuldeten Trunkenheit beruht, die dem Täter uneingeschränkt vorwerfbar ist („Vorverschulden"; vgl. Fischer, StGB, 59. Aufl., § 21 Rn. 25 ff. m.w.N.). Ein die Steuerungsfähigkeit erheblich beeinträchtigender Alkoholrausch ist aber dann nicht (uneingeschränkt) verschuldet, wenn der Täter alkoholkrank oder alkoholüberempfindlich ist. Eine Alkoholerkrankung, bei der schon die Alkoholaufnahme nicht als ein die Schuld erhöhender Umstand zu werten ist, liegt regelmäßig vor, wenn der Täter den Alkohol aufgrund eines unwiderstehlichen oder ihn weitgehend beherrschenden Hanges trinkt, der seine Fähigkeit, der Versuchung zum übermäßigen Alkoholkonsum zu widerstehen, einschränkt (st. Rspr.; vgl. Fischer, aaO, § 21 Rn. 26 m.w.N.).

[6] Die vom Landgericht getroffenen Feststellungen lassen es als möglich erscheinen, dass der Angeklagte zur Zeit der Tat im dargestellten Sinne alkoholkrank war. Das Landgericht hat zum Alkoholkonsum des Angeklagten festgestellt, dass in der Zeit von der Aufnahme der näheren Beziehung zu der Geschädigten im März 2011 bis zur Tat am 7. Juli 2011 der Alltag des Angeklagten – im Vergleich zu seinem vorherigen Konsumverhalten, das aus dem täglichen Trinken von Bier und – in unregelmäßigen Abständen – dem zusätzlichen Genuss von Apfelkorn bestanden hatte –

von einem gesteigerten Alkoholkonsum geprägt war, der sich darin äußerte, dass der Angeklagte – mit der Geschädigten – bereits zum Frühstück Alkohol trank. Nach den – ersichtlich allein auf den Angaben des Angeklagten beruhenden – Feststellungen des Landgerichts nahm er vor der Tat – über den Tag verteilt – eine Flasche (0,7 Liter) Apfelkorn und fünf Flaschen Bier zu sich. Zum Zeitpunkt der Blutentnahme um 21 Uhr betrug seine Blutalkoholkonzentration 2,57 Promille, die Rückrechnung auf die Tatzeit um 19:15 Uhr ergab 3,12 Promille. Sachverständig beraten konnte das Landgericht deshalb eine erhebliche Verminderung der Steuerungsfähigkeit des Angeklagten gemäß § 21 StGB nicht ausschließen. Danach hätte sich das Landgericht im Rahmen der Frage einer Strafrahmenmilderung gemäß §§ 21, 49 Abs. 1 StGB auch mit der Frage, ob vor der Tat dessen Fähigkeit eingeschränkt war, der Versuchung zum übermäßigen Alkoholkonsum zu widerstehen, näher auseinandersetzen müssen (vgl. BGH, Urteil vom 12. Juni 2008 – 3 StR 84/08, NStZ 2009, 258).

[7] b) Der Senat kann nicht sicher ausschließen, dass sich die rechtsfehlerhafte Ablehnung des Milderungsgrundes nach § 21 StGB bei der Verneinung eines minder schweren Falles (§ 224 Abs. 1 Halbs. 2 StGB) zu Lasten des Angeklagten ausgewirkt hat. Das Landgericht hat insoweit allein auf das Tatbild abgestellt. Schon dies wird der gebotenen Gesamtwürdigung aller maßgeblichen Umstände (vgl. Fischer, aaO, § 46 Rn. 85 m.w.N.) nur schwerlich gerecht. Sollte indes zusätzlich der vertypte Milderungsgrund nach § 21 StGB zu berücksichtigen gewesen sein, so kam es zumindest in Betracht, die Tat des nicht vorbestraften und sich bindend zur Schadenswiedergutmachung verpflichtenden Angeklagten als minder schweren Fall einzustufen.

48 Gemäß § 46 Abs. 2 StGB hat das Tatgericht die **Umstände gegeneinander abzuwägen**, die für oder gegen den Täter sprechen. **Außergewöhnlich hohe Strafen** bedürfen einer **Rechtfertigung in den Urteilsgründen**, die die Abweichung vom Üblichen vor dem Hintergrund der Besonderheiten des jeweiligen Falles verständlich machen.[47]

Gemäß § 46 Abs. 2 StGB hat das Tatgericht die Umstände gegeneinander abzuwägen, die für oder gegen den Täter sprechen. Außergewöhnlich hohe Strafen bedürfen einer Rechtfertigung in den Urteilsgründen, die die Abweichung vom Üblichen vor dem Hintergrund der Besonderheiten des jeweiligen Falles verständlich machen (BGH, Beschlüsse vom 19. Juni 2012 – 5 StR 264/12, StraFo 2012, 419, und vom 20. September 2010 – 4 StR 278/10, NStZ-RR 2011, 5 m.w.N.). Dem wird das angefochtene Urteil nicht gerecht. Angesichts der gravierenden mildernden Faktoren – der Angeklagte war umfassend geständig, hat sich den Ermittlungsbehörden freiwillig gestellt und ist nicht vorbestraft – hätte die Festsetzung der hieran gemessen ungewöhnlich hohen Einzelstrafen eingehender Begründung bedurft. Dies gilt auch eingedenk des ganz erheblichen Unrechtsgehalts der Gesamtheit der – freilich nicht gewaltbegleiteten – Sexualstraftaten. Zudem begegnet es durchgreifenden rechtlichen Bedenken, dass das Landgericht dem Geständnis mit der Begründung, Teile der das Tatgeschehen dokumentierenden Videodateien seien auf einer beim Angeklagten sichergestellten Festplatte gespeichert gewesen, nur eine verminderte strafmildernde Wirkung zukommen lässt (UA S. 17). Ferner berücksichtigt die Jugendkammer nicht

---

[47] BGH, Beschluss vom 29.11.2012 – 5 StR 522/12.

hinreichend, dass der Angeklagte das Ermittlungsverfahren auch hinsichtlich der seine Tochter betreffenden Taten letztlich selbst in Gang gesetzt hat, indem er dem Vater der weiteren Geschädigten den Übergriff auf diese sogleich berichtet und anschließend mit diesem gemeinsam sich bei der Polizei angezeigt hat, was – für den Angeklagten absehbar – die Aufdeckung der Taten zum Nachteil seiner Tochter zur Folge hatte.

[5] Hinsichtlich der Bemessung der Gesamtstrafe führt das Landgericht zwar zutreffend den engen situativen und zeitlichen Zusammenhang und die wiederholte Verwirklichung von gleichartigen Taten mit mutmaßlich geringer werdender Hemmschwelle als strafmildernde Faktoren an (vgl. BGH, Beschlüsse vom 21. Mai 2003 – 5 StR 199/03, NStZ-RR 2003, 272, und vom 2. Oktober 2001 – 4 StR 381/01; Urteil vom 18. September 1995 – 1 StR 463/95, NStZ 1996, 187; Beschluss vom 24. Februar 1989 – 3 StR 13/89, BGHR StGB § 54 Abs. 1 Bemessung 2; Schäfer/Sander/van Gemmeren, Praxis der Strafzumessung, 4. Aufl., Rn. 662, 664 m.w.N.). Hieraus zieht es jedoch keine erkennbaren Konsequenzen (vgl. BGH, Beschluss vom 19. Juni 2012 – 5 StR 269/12, NStZ-RR 2012, 306). Die trotz dieser für eine enge Zusammenfassung der Einzelstrafen sprechenden Gesichtspunkte erfolgte Verhängung einer Gesamtstrafe im oberen Bereich des zur Verfügung stehenden Gesamtstrafrahmens lässt im vorliegenden Fall besorgen, das Gericht habe sich in zu starkem Maße von der Summe der Einzelstrafen leiten lassen (vgl. Schäfer/Sander/van Gemmeren, aaO, Rn. 661 m.w.N.).

Zwar ist es grundsätzlich möglich, bei der erforderlichen Gesamtwürdigung zur **Strafrahmenwahl** zu Lasten eines Angeklagten straferschwerend zu berücksichtigen, wenn **Versuchstaten** in ihrer Ausführung bereits eine **erhebliche Nähe zur Tatvollendung** erreicht haben. Dies muss aber durch die Feststellungen des Tatrichters belegt sein.[48] **49**

[2] 1. Die für die Versuchstaten (Fälle II.2. und II.3. der Urteilsgründe) verhängten Einzelstrafen halten der revisionsrechtlichen Überprüfung nicht stand.

[3] Die Strafkammer hat insoweit sowohl bei dem Beschwerdeführer als auch dem Nichtrevidenten auf jeweils zwei Freiheitsstrafen von einem Jahr und sechs Monaten Freiheitsstrafe erkannt. Dabei hat sie das Vorliegen eines minder schweren Falles auch unter Berücksichtigung des vertypten Milderungsgrundes des Versuchs u.a. mit der Erwägung verneint, die Taten hätten jeweils nahe vor der Vollendung gestanden. Diese Annahme wird indes durch die Feststellungen nicht belegt. Danach gelang es dem Angeklagten C. und seinen Mittätern im Fall II.2. der Urteilsgründe nämlich bereits nicht, „ein Holzrahmenfenster zu zerschlagen und so“ in das Bekleidungsgeschäft „einzubrechen“. Schließlich soll die weitere Tatausführung „an dem Umstand, dass massive Stahlgitter vorhanden waren und die aufgrund der verursachten Geräusche alarmierte Polizei sich im Anrücken befand“, gescheitert sein. Auch zu Fall II.3. der Urteilsgründe ist lediglich festgestellt, der Angeklagte und seine Mittäter hätten begonnen, ein Fenster mittels eines Brecheisens aufzuhebeln, um in ein Bekleidungsgeschäft einzudringen. Die weitere Tatausführung sei nur deshalb unterblieben, weil die Angeklagten von Zeugen gestört worden seien.

[4] Somit ergibt sich nicht, dass die Versuchstaten in ihrer Ausführung bereits eine derartige Nähe zur Tatvollendung erreicht hätten, dass dieser Umstand bei der

---

48 BGH, Beschluss vom 2.10.2012 – 3 StR 374/12.

erforderlichen Gesamtwürdigung zur Strafrahmenwahl zu Lasten des Angeklagten straferschwerend berücksichtigt werden durfte (vgl. BGH, Beschlüsse vom 28. September 2010 – 3 StR 261/10, wistra 2011, 18, 19 und vom 26. Juni 2007 – 3 StR 195/07).

50 Auch bei Erfüllung eines in § 177 Abs. 2 Satz 2 StGB aufgeführten **Regelbeispiels** ist **nicht ausgeschlossen, die Tat als minder schweren Fall** nach § 177 Abs. 5 StGB zu bewerten, sofern zu Gunsten eines Angeklagten Umstände außergewöhnlichen Umfangs vorliegen.[49]

[4] 2. Der Strafausspruch hält rechtlicher Überprüfung nicht stand.

[5] a) Das Landgericht hat hinsichtlich der Tat 1 rechtsfehlerhaft die Prüfung unterlassen, ob die Voraussetzungen des minder schweren Falls nach § 177 Abs. 5 Alt. 1 StGB (Freiheitsstrafe von sechs Monaten bis zu fünf Jahren) gegeben sind. Nach ständiger Rechtsprechung ist es auch bei Erfüllung eines in § 177 Abs. 2 Satz 2 StGB aufgeführten Regelbeispiels nicht ausgeschlossen, die Tat als minder schweren Fall nach § 177 Abs. 5 StGB zu bewerten, sofern zugunsten des Angeklagten streitende Umstände außergewöhnlichen Umfangs vorliegen (vgl. BGH, Beschlüsse vom 11. August 1999 – 3 StR 253/99, BGHR StGB § 177 Abs. 5 Strafrahmenwahl 1, und vom 13. April 2011 – 4 StR 100/11, StraFo 2011, 325 m.w.N.). Eine Vielzahl sehr gewichtiger strafmildernder Umstände führt das Landgericht im Rahmen der – rechtsfehlerfreien – Ablehnung der Anwendung des Strafrahmens nach § 177 Abs. 2 Satz 1 StGB auf (unter anderem: nicht bestrafter, in geordneten Verhältnissen lebender und geständiger junger Angeklagter, keinerlei Gewalt während der vorhergehenden mehrjährigen Beziehung, Entschuldigung, Bereitschaft zur Zahlung von Schmerzensgeld, Versprechen des ersten Geschlechtsverkehrs am Vortag und Eingehen auf Zärtlichkeiten durch die Nebenklägerin am Tattag, keine schweren Folgen für die Nebenklägerin und „unauffälliger“ Verlauf des weiteren Urlaubs; UA S. 22 f.). Bei dieser Sachlage drängt sich die Prüfung des § 177 Abs. 5 Alt. 1 StGB auf.

51 **Außergewöhnlich hohe Strafen** bedürfen einer **Rechtfertigung in den Urteilsgründen,** die die Abweichung vom Üblichen vor dem Hintergrund der Besonderheiten des jeweiligen Falles verständlich machen.[50]

[3] Gemäß § 46 Abs. 2 Satz 1 StGB hat das Tatgericht bei der Strafzumessung die Umstände gegeneinander abzuwägen, die für oder gegen den Täter sprechen. Außergewöhnlich hohe Strafen bedürfen einer Rechtfertigung in den Urteilsgründen, die die Abweichung vom Üblichen vor dem Hintergrund der Besonderheiten des jeweiligen Falles verständlich machen (vgl. BGH, Beschluss vom 20. September 2010 – 4 StR 278/10, NStZ-RR 2011, 5 m.w.N.). Diesem Maßstab genügen die Darlegungen des Landgerichts nicht. In Fällen, in denen ein minder schwerer Fall trotz gewichtiger mildernder Umstände, namentlich die Unbestraftheit des Angeklagten, seine Teilgeständigkeit und sein jeweils untergeordneter Tatbeitrag, letztlich rechtsfehlerfrei verneint worden ist, bedarf es jedenfalls dann einer eingehenderen Begründung, wenn die verhängten Einzelstrafen deutlich über dem erhöhten Mindestmaß liegen. Daran fehlt es hier.

---

[49] BGH, Beschluss vom 29.8.2012 – 5 StR 332/12; vgl. hierzu auch BGH, Beschluss vom 28.8.2012 – 5 StR 391/12.

[50] BGH, Beschluss vom 19.6.2012 – 5 StR 264/12.

Die Sicherstellung der Betäubungsmittel kurz nach dem Treffen mit einem Drogendealer kann einen wesentlichen **Strafzumessungsgrund** darstellen, so dass sich dessen Berücksichtigung aufdrängen muss.[51] 52

[4] Die Sicherstellung der Betäubungsmittel im Fall II.8. hat die Strafkammer weder bei der Prüfung des minder schweren Falls noch bei der konkreten Strafzumessung angesprochen.

[5] 2. Dies ist rechtsfehlerhaft.

[6] Zwar hat der Tatrichter nach § 267 Abs. 3 Satz 1 Hs. 2 StPO nur die bestimmenden Strafzumessungsgesichtspunkte mitzuteilen. Mit der vollständigen Sicherstellung der Betäubungsmittel kurz nach dem – zudem durch Telefonüberwachung bekannten – Treffen des Angeklagten mit dem Drogenverkäufer ist ein wesentlicher Strafmilderungsgrund unerwähnt geblieben, dessen Berücksichtigung sich aufdrängen musste (vgl. BGH, Beschluss vom 7. Dezember 2011 – 4 StR 517/11; Weber, BtMG, 3. Aufl., Vor §§ 29 ff. Rn. 678 jeweils m.w.N.). Dies führt zur Aufhebung der im Fall II.8. verhängten Einzelstrafe von zwei Jahren und sechs Monaten.

Einem Angeklagten darf es **nicht zum Nachteil** gereichen, dass er die **Tat bestreitet** 53
und infolgedessen keine Schuldeinsicht und Reue zeigt. Dies gilt auch dann, wenn nach einem rechtskräftigen Schuldspruch nur noch über den Strafausspruch verhandelt wird. Zum Nachteil des Angeklagten darf selbst in diesem Stadium nicht verwertet werden, dass er sich etwa „mit Rücksicht auf das noch nicht abgeschlossene Zivilverfahren bislang nicht entschuldigt", kein Mitgefühl und keine Schuldeinsicht gezeigt, sich nicht um die Wiedergutmachung des Schadens bemüht hat oder das Tatopfer noch einmal vernommen werden muss.[52]

[3] 1. Der Strafausspruch hält materiellrechtlicher Nachprüfung nicht stand.

[4] a) Das Landgericht hat dem Angeklagten straferschwerend angelastet, dass er seine Klage gegen die Versicherung in der Berufungsinstanz weiter verfolge, auch nachdem der Schuldspruch in dem hiesigen Strafverfahren rechtskräftig geworden sei, was auf eine ausgeprägte Rechtsfeindschaft des Angeklagten schließen lasse. Dies begegnet durchgreifenden Bedenken.

[5] aa) Einem Angeklagten darf es nicht zum Nachteil gereichen, dass er die Tat bestreitet und infolgedessen keine Schuldeinsicht und Reue zeigt. Dies gilt auch dann, wenn nach einem rechtskräftigen Schuldspruch nur noch über den Strafausspruch verhandelt wird. Zum Nachteil des Angeklagten darf selbst in diesem Verfahrensstadium nicht verwertet werden, dass er sich etwa „mit Rücksicht auf das noch nicht abgeschlossene Zivilverfahren bislang nicht entschuldigt" (BGH, Beschluss vom 4. November 2008 – 3 StR 336/08, NStZ-RR 2009, 148), kein Mitgefühl und keine Schuldeinsicht gezeigt (BGH, Beschluss vom 16. September 1988 – 2 StR 124/88, StV 1989, 199), sich nicht um die Wiedergutmachung des Schadens bemüht hat (BGH, Beschluss vom 23. September 1992 – 1 StR 501/92, BGHR StGB § 46 Abs. 2 Nachtatverhalten 19) oder das Tatopfer noch einmal vernommen werden muss (BGH, Beschluss vom 20. März 2002 – 2 StR 48/02, StV 2002, 599). Eine andere Bewertung ist nur zulässig, wenn der Angeklagte bei seiner Verteidi-

---

51 BGH, Beschluss v. 7.2.2012 – 4 StR 653/11.

52 BGH, Beschluss vom 15.5.2012 – 3 StR 121/12.

gung ein Verhalten an den Tag legt, das im Hinblick auf die Art der Tat und die Persönlichkeit des Täters auf besondere Rechtsfeindlichkeit und Gefährlichkeit schließen lässt (st. Rspr.; vgl. etwa BGH, Beschlüsse vom 7. November 1986 – 2 StR 563/86, BGHR StGB § 46 Abs. 2 Nachtatverhalten 4; vom 4. November 1993 – 1 StR 655/93, StV 1994, 125).

[6] bb) Ein solcher Fall ist hier nicht gegeben. Der Angeklagte war von Rechts wegen auch nach Rechtskraft des strafrechtlichen Schuldspruchs nicht gehindert, die Tat weiterhin zu leugnen und die ihm nach seinem Vorbringen gegen die Feuerversicherung zustehenden Ansprüche zivilrechtlich weiter zu verfolgen. Im deutschen Rechtssystem ist das Zivilverfahren grundsätzlich nicht durch das Ergebnis des Strafverfahrens präjudiziert. Vielmehr findet dort an den Sachvortrag der Parteien anknüpfend gegebenenfalls eine eigenständige Beweisaufnahme statt, die grundsätzlich durchaus zu einem anderen Ergebnis als die im Strafprozess unter Beachtung der Offizialmaxime durchgeführte Sachverhaltsermittlung führen kann. Deshalb war der Angeklagte – worauf die Erwägungen des Landgerichts im Ergebnis hinausliefen – nicht verpflichtet, seine Berufung gegen das erstinstanzliche zivilrechtliche Urteil nach Rechtskraft des strafrechtlichen Schuldspruchs zurückzunehmen. Allein aus der legitimen Fortführung des Zivilprozesses kann daher nicht auf eine besondere Rechtsfeindschaft des Angeklagten geschlossen werden. Darüber hinausgehende Umstände, die einen solchen Schluss rechtfertigen könnten (vgl. hierzu BGH, Beschluss vom 12. Juni 1986 – 4 StR 245/86, BGHR StGB § 46 Abs. 2 Nachtatverhalten 1; Urteil vom 8. Juni 1988 – 3 StR 9/88, BGHR StGB § 46 Abs. 2 Nachtatverhalten 14), sind nicht festgestellt.

54 Wird auf ein Rechtsmittel hin das **Urteil zugunsten des Angeklagten aufgehoben** und trifft der neue Tatrichter **Feststellungen**, welche die Tat in einem wesentlich **milderen Licht** erscheinen lassen, hält er aber dennoch eine **gleich hohe Strafe** für erforderlich, so hat er seine Entscheidung **eingehend zu begründen.**[53]

[5] 2. Wird ein Urteil auf ein Rechtsmittel zugunsten des Angeklagten aufgehoben und trifft der neue Tatrichter Feststellungen, welche die Tat in einem wesentlich milderen Licht erscheinen lassen, hält er aber dennoch eine gleich hohe Strafe für erforderlich, so hat er nach ständiger Rechtsprechung seine Entscheidung eingehend zu begründen; denn die ursprüngliche Bewertung der Tat und die Strafzumessung in der aufgehobenen Entscheidung sind zwar kein Maßstab für die neue Strafzumessung, jedoch hat der Angeklagte einen Anspruch darauf, zu erfahren, warum er für ein wesentlich geringeres Vergehen nun gleich hoch bestraft wird (vgl. BGH, Beschlüsse vom 26. November 2008 – 5 StR 556/08, StraFo 2009, 118; vom 11. Juni 2008 – 5 StR 194/08, wistra 2008, 386, 387; vom 10. Oktober 1990 – 2 StR 446/90, StV 1991, 19; vom 20. April 1989 – 4 StR 149/89, StV 1989, 341; vom 20. August 1982 – 2 StR 296/82, NStZ 1982, 507; OLG Bamberg, Beschluss vom 2. November 2011 – 3 Ss 104/11, NStZ-RR 2012, 138, 139; OLG Stuttgart, Beschluss vom 28. Juni 2000 – 2 Ss 289/00, NStZ-RR 2001, 16).

[6] Im Jugendstrafrecht kann nichts anderes gelten …

[7] Nach diesen Maßstäben begegnen die Erwägungen des Landgerichts zur Bemessung der Jugendstrafe durchgreifenden rechtlichen Bedenken. Weshalb trotz der fest-

---

[53] BGH, Beschluss vom 27.11.2012 – 3 StR 439/12.

gestellten Fortschritte in der persönlichen Entwicklung des Angeklagten und trotz des Umstands, dass ihm anstelle einer Beihilfe zur Körperverletzung mit Todesfolge lediglich Beihilfe zur gefährlichen Körperverletzung zur Last fällt, nach wie vor eine Jugendstrafe von einem Jahr zur erzieherischen Einwirkung auf den Angeklagten erforderlich ist, hat das Landgericht nicht deutlich gemacht.

c) Verbot der Doppelverwertung

Das **Verbot der Doppelverwertung von Strafzumessungstatsachen** wird in dem Bemühen, die gegen einen Angeklagten ausgesprochene Strafe zumeist mit vielen Argumenten zu begründen, nicht selten verletzt, indem Merkmale des Tatbestandes, einer Qualifikation oder von Regelbeispielen als besonders ausdruckstarke Darstellungsmöglichkeiten auch im Rahmen des Strafzumessung mit herangezogen werden, was jedoch nach § 46 Abs. 3 StGB strikt untersagt ist. Besonders deutlich wird dies bspw. bei der nachstehenden Entscheidung: 55

Das Landgericht durfte im Rahmen der Prüfung eines minder schweren Falles nicht berücksichtigen, dass die Angeklagten bei der Tatausführung ein Messer verwendeten; denn dies ist der **Tatumstand**, der die Annahme einer besonders schweren räuberischer Erpressung begründete und deshalb bei der Zumessung der Strafe den Angeklagten **nicht angelastet werden durfte** (§46 Abs. 3 StGB).[54] 56

[3] Das Landgericht durfte im Rahmen der Prüfung eines minder schweren Falles nicht berücksichtigen, dass die Angeklagten bei der Tatausführung ein Messer verwendeten. Denn dies ist der Tatumstand, der die Annahme einer besonders schweren räuberischen Erpressung nach §§ 253, 255, 250 Abs. 2 Nr. 1 StGB begründete und der deshalb bei der Zumessung der Strafe den Angeklagten nicht angelastet werden durfte (§ 46 Abs. 3 StGB). Ein Sonderfall, in dem mit Blick auf die verwendeten Tatwerkzeuge zulässigerweise die besonders gefährliche Art der Tatausführung Berücksichtigung finden kann (vgl. BGH NStZ 2003, 29), liegt ersichtlich nicht vor.

[4] Angesichts der von der Strafkammer im Übrigen festgestellten erheblichen Strafmilderungsgründe kann der Senat nicht ausschließen, dass das Landgericht ohne die zu beanstandende Erwägung auch in den Fällen II.1 und II.2 der Urteilsgründe ohne die Hinzuziehung des vertypten Milderungsgrundes nach § 21 StGB zur Annahme minder schwerer Fälle und über die weitere Anwendung des § 21 StGB zu milderen Einzelstrafen gelangt wäre. Insoweit waren die diese Fälle betreffenden Einzelstrafen aufzuheben.

Das **Streben nach wirtschaftlichen Vorteilen** gehört zur **Tatbestandsverwirklichung des gewerbsmäßigen Einschleusens** von Ausländern. Die strafschärfende Verwertung dieses Umstandes verstößt daher gegen das Verbot der Doppelverwertung von Tatbestandsmerkmalen.[55] 57

[3] 2. Der Strafausspruch hat insgesamt keinen Bestand.

[4] a) Das Landgericht hat bei der konkreten Strafzumessung in allen Fällen die „gesamten persönlichen Verhältnisse" des Angeklagten, so seine „Lebensgeschichte,

[54] BGH, Beschluss vom 2.5.2012 – 2 StR 110/12.
[55] BGH, Beschluss vom 29.11.2011 – 3 StR 378/11.

Familienverhältnisse und gesundheitlichen Beeinträchtigungen", nicht „schuldmindernd" berücksichtigt, da „insbesondere" weder eine „wirtschaftliche Notlage noch psychische Defekte" des Angeklagten „tatmitursächlich" gewesen seien. Es hat lediglich „strafmindernd" eine „erhöhte Strafvollzugsempfindlichkeit" in Rechnung gestellt. Zu seinen Lasten hat es gewertet, dass er „ein beträchtliches Gewinnstreben gezeigt" habe.

[5] b) Dies begegnet durchgreifenden rechtlichen Bedenken.

[6] aa) Eine an den anerkannten Strafzwecken ausgerichtete Strafzumessung ist jedenfalls bei Straftaten von einigem Gewicht ohne Würdigung der persönlichen Verhältnisse des Täters in der Regel nicht möglich. Es bedeutet daher einen Sachmangel, wenn der Tatrichter bei der Strafzumessung die persönlichen Verhältnisse des Täters außer Acht lässt (vgl. BGH, Beschluss vom 7. Dezember 1990 – 3 StR 289/90, BGHR StPO § 267 Abs. 3 Satz 1 Strafzumessung 10 m.w.N.). Sie sind unabhängig von ihren Auswirkungen auf die Tatbegehung bei der Beurteilung der Frage heranzuziehen, welche Wirkungen die Strafe voraussichtlich haben wird (vgl. Fischer, StGB, 58. Aufl., § 46 Rn. 42). Entsprechend ist es rechtsfehlerhaft, wenn der Tatrichter sie mangels Mitursächlichkeit für die Tatverwirklichung bei der Strafzumessung ausklammert. Der pauschale Verweis auf eine strafmildernde Berücksichtigung einer erhöhten Strafvollzugsempfindlichkeit gleicht diesen Mangel nicht aus.

[7] bb) Das Streben nach wirtschaftlichen Vorteilen gehört zur Tatbestandsverwirklichung des gewerbsmäßigen Einschleusens von Ausländern. Die strafschärfende Verwertung dieses Umstandes verstößt daher gegen das Verbot der Doppelverwertung von Tatbestandsmerkmalen (§ 46 Abs. 3 StGB). Dass das Gewinnstreben des Angeklagten das bereits tatbestandlich erforderliche Maß deutlich überstieg, daher in besonderer Weise verwerflich war und ausnahmsweise zum Nachteil des Angeklagten gewertet werden konnte (vgl. BGH, Beschluss vom 24. September 2009 – 3 StR 294/09, NStZ-RR 2010, 24, 25 m.w.N.), ist nicht belegt.

58 Dass ein Täter „mit einem erschreckenden Ausmaß von roher und brutaler Gewalt gegen sein Opfer vorging" darf ihm nur dann ohne Abstriche strafschärfend zur Last gelegt werden, wenn ihm dieses Vorgehen in vollem Umfang vorwerfbar ist, nicht aber, wenn ihre Ursachen in einer **von ihm nicht oder nur eingeschränkt zu vertretenden geistig-seelischen Beeinträchtigung** liegen.[56]

[3] Der Strafausspruch zur Tat 1 der Urteilsgründe hat keinen Bestand.

[4] 1. Nach den Feststellungen zu dieser Tat wollte der Angeklagte den Geschädigten aus Wut abstrafen, weil dieser ihn einige Zeit zuvor angespuckt und ihm eine Ohrfeige gegeben hatte. Er schlug ihm von hinten mit der Faust gegen den Kopf, wobei er dessen Arglosigkeit bewusst ausnutzte. Anschließend trat er mit Turnschuhen an den Füßen mindestens sieben Mal wuchtig auf den Kopf des Tatopfers ein und nahm dabei dessen möglichen Tod billigend in Kauf. Die – sachverständig beratene – Strafkammer ist davon ausgegangen, dass der Angeklagte durch das Zusammenwirken seiner Alkoholisierung (Blutalkoholkonzentration zur Tatzeit von 1,89 ‰) und einer massiven affektiven Erregung nicht ausschließbar in seiner Steue-

---

[56] BGH, Beschluss vom 31.1.2012 – 3 StR 453/11; vgl. auch BGH, Beschluss vom 29.11.2011 – 3 StR 375/11.

rungsfähigkeit erheblich vermindert war (§ 21 StGB). In der Strafzumessung hat es zu Lasten des Angeklagten gewertet, dass er mit einem erschreckenden Ausmaß von roher und brutaler Gewalt gegen sein Opfer vorging.

[5] 2. Diese Strafzumessungserwägung begegnet unter den hier gegebenen Umständen durchgreifenden rechtlichen Bedenken; denn die Art der Tatausführung darf einem Angeklagten nur dann ohne Abstriche strafschärfend zur Last gelegt werden, wenn sie in vollem Umfang vorwerfbar ist, nicht aber, wenn ihre Ursache in einer von ihm nicht oder nur eingeschränkt zu vertretenen geistig-seelischen Beeinträchtigung liegt (BGH, Beschluss vom 29. Juni 2000 – 1 StR 223/00, StV 2001, 615; Urteil vom 17. Juli 2003 – 4 StR 105/03, NStZ-RR 2003, 294; Beschluss vom 8. Oktober 2002 – 5 StR 365/02, NStZ-RR 2003, 104; Beschluss vom 16. Juli 2003 – 1 StR 251/03, NStZ-RR 2003, 362; Beschluss vom 29. November 2011 – 3 StR 375/11; Fischer, StGB, 59. Aufl., § 46 Rn. 32). Damit, ob dem Angeklagten die ihm vorgeworfene „rohe und brutale Gewalt" seines Vorgehens trotz der Umstände, die seine nicht ausschließbar erheblich verminderte Steuerungsfähigkeit begründen, uneingeschränkt vorwerfbar ist, setzt sich das Urteil indes nicht auseinander. Sie kann auch Ausdruck der verminderten Schuldfähigkeit gewesen sein.

Im Rahmen der Prüfung minderschwerer Fälle eines Qualifikationstatbestandes können **Umstände, die diese Qualifikation erst begründen**, nicht herangezogen werden um einen minder schweren Fall abzulehnen.[57] 59

2. Die Aussprüche über die verhängten Einzelfreiheitsstrafen und die Gesamtfreiheitsstrafe können nicht bestehen bleiben.

[4] a) Im Rahmen der Prüfung minder schwerer Fälle nach § 176a Abs. 4 Halbsatz 2 StGB und des Vorliegens einer Ausnahme von der Regelwirkung des § 177 Abs. 2 StGB berücksichtigt das Landgericht maßgeblich, „dass die Tathandlungen als solche auch schwerwiegend waren. Es kam zum Einführen des Fingers sowie von Gegenständen als auch zum Geschlechtsverkehr mit dem Kind" (UA S. 21). Dies stellt einen Verstoß gegen das Doppelverwertungsverbot dar. Da § 176a Abs. 4 Halbsatz 2 StGB eine Strafrahmenverschiebung gerade für minder schwere Fälle des Qualifikationstatbestandes nach § 176a Abs. 2 StGB vorsieht, können Umstände, die diese Qualifikation erst begründen, nicht herangezogen werden, um einen minder schweren Fall abzulehnen (§ 46 Abs. 3 StGB analog; vgl. auch Fischer, StGB, 58. Aufl., § 46 Rn. 82).

[5] b) Auch die äußerst knapp gehaltene Begründung für die konkrete Zumessung der Einzelstrafen hält rechtlicher Überprüfung nicht stand. Nach einer formelhaften Wiedergabe des Textes von § 46 Abs. 1, Abs. 2 Satz 1 StGB beschränkt sich die Abwägung des Landgerichts darauf, dem für den Angeklagten sprechenden Umstand, „dass er bei den Taten nicht mit massiver körperlicher Gewalt gegen die Nebenklägerin einwirkte", den Umstand gegenüberzustellen, „dass er das in ihn gesetzte Vertrauen grob missbrauchte und ausnutzte" (UA S. 22). Zwar braucht das Tatgericht im Allgemeinen in den Urteilsgründen nur diejenigen Umstände anzuführen, die für die Strafzumessung bestimmend sind (§ 267 Abs. 3 Satz 1 StPO). Eine erschöpfende Darstellung aller letztlich maßgebenden belastenden und entlastenden Umstände ist weder vorgeschrieben noch möglich. An die Wiedergabe der

---

[57] BGH, Beschluss vom 19.6.2012 – 5 StR 269/12.

für die Strafzumessung bestimmenden Umstände sind aber umso höhere Anforderungen zu stellen, je höher die erkannte Strafe ist (vgl. BGH, Beschluss vom 30. August 1983 – 5 StR 587/83, StV 1984, 152). Das Landgericht hat Strafen verhängt, die sich im oberen Bereich der üblicherweise für vergleichbare Taten verhängten Strafen bewegen. Angesichts dessen bedurfte die Bemessung der Strafhöhen einer eingehenderen Begründung als geschehen. Insbesondere ist auch nicht ersichtlich, ob der bereits am 30. Januar 2007 wegen sexuellen Missbrauchs eines Kindes zu einer zur Bewährung ausgesetzten Freiheitsstrafe von sechs Monaten verurteilte Angeklagte die verfahrensgegenständlichen Taten noch während des Laufs der Bewährungsfrist aus dieser Verurteilung begangen hat oder hiervon zu seinen Gunsten nicht ausgegangen werden kann.

[6] Im Übrigen begegnet die Bemessung der Gesamtstrafe – für sich genommen – rechtlichen Bedenken. Das Landgericht verweist zwar auf den Umstand, dass die Taten in einem engen zeitlichen und situativen Zusammenhang begangen wurden, zieht daraus aber keine erkennbaren Konsequenzen.

60 Das **Verbot der Doppelverwertung** wird auch durch die Formulierung verletzt, wonach der Angeklagte **den angestrebten Taterfolg** nicht nur durch das bloße Entreißen der Handtasche, sondern **auch unter Einsatz eines Pfeffersprays** erreichen wollte; denn das Pfefferspray ist als gefährliches Werkzeug beim Raub **Teil der Tatbestandsverwirklichung des § 250 Abs. 2 Nr. 1 Alt. 2 StGB.**[58]

[3] 2. Die straferschwerende Berücksichtigung des Umstands, dass der Angeklagte „den angestrebten Taterfolg nicht nur durch das bloße Entreißen der Handtasche, sondern unter Einsatz des Pfeffersprays […] zu erreichen" versuchte, verstößt gegen das Verbot der Doppelverwertung von Tatbestandsmerkmalen (§ 46 Abs. 3 StGB) und führt daher zur Aufhebung des Strafausspruchs. Dabei kann dahinstehen, ob eine strafschärfende Verwertung des Pfeffersprayeinsatzes unter dem Gesichtspunkt rechtsfehlerfrei wäre, dass nicht nur die Wegnahme ermöglicht, sondern zudem die Identifizierung des Angeklagten als Täter erschwert werden sollte; denn die Kammer hat bei der Strafzumessung nicht allein auf den – im Übrigen durch die Feststellungen und die Beweiswürdigung nicht näher belegten – letztgenannten Aspekt abgestellt, sondern ausdrücklich auch darauf, dass die Verwendung des Pfeffersprays die Wegnahme habe erleichtern sollen. Der Senat vermag nicht auszuschließen, dass das Landgericht ohne diese rechtsfehlerhafte Erwägung auf eine niedrigere Strafe erkannt hätte.

12. Täter-Opfer-Ausgleich, Schadenswiedergutmachung – § 46a StGB

61 Bemüht sich ein Angeklagter nur um den Ausgleich von im Vermögen der Opfer eingetretenen Werteinbußen, nicht aber etwa um eine darüberhinausgehende Lösung eines durch die Straftat entstandenen Konflikts mit dem Tatopfer, der eines **besonderen kommunikativen Prozesses** bedurft hätte, kommt ein Täter-Opfer-Ausgleich nach § 46a Nr. 1 StGB nicht in Betracht.[59]

[58] BGH, Beschluss v. 12.6.2012 – 3 StR 186/12.
[59] BGH, Urteil vom 8.8.2012 – 2 StR 526/11.

[14] 2. Auch die Verneinung der Voraussetzungen des § 46a StGB durch das Landgericht unterliegt keinen rechtlichen Bedenken.

[15] Zutreffend hat das Landgericht die Voraussetzungen von § 46a Nr. 2 StGB verneint, da der Angeklagte tatsächlich keine Entschädigungsleistungen erbracht hat. Auch die Ablehnung eines Täter-Opfer-Ausgleichs gemäß § 46a Nr. 1 StGB ist frei von Rechtsfehlern.

[16] Die Vorschrift des § 46a Nr. 1 StGB verlangt, dass der Täter in dem Bemühen, einen Ausgleich mit dem Opfer zu erreichen, die Tat „ganz oder zum überwiegenden Teil" wieder gutgemacht hat, wobei es aber auch ausreichend sein kann, dass der Täter dieses Ziel ernsthaft erstrebt. Hierbei setzt § 46a Nr. 1 StGB grundsätzlich ein Bemühen des Täters um einen kommunikativen Prozess mit dem Opfer voraus, der auf einen umfassenden, friedensstiftenden Ausgleich der durch die Straftat verursachten Folgen angelegt und „Ausdruck der Übernahme von Verantwortung" sein muss (BGHSt 48, 134, 139, 141; BGH NStZ 2000, 205 f.; wistra 2009, 309, 310).

[17] a) Nach der Rechtsprechung des Bundesgerichtshofs bezieht sich die Vorschrift des § 46a Nr. 1 StGB vor allem auf den Ausgleich immaterieller Folgen einer Straftat. Sie dient – anders als die in erster Linie für materiellen Schadensersatz bei Vermögensdelikten vorgesehene Vorschrift des § 46a Nr. 2 StGB – über den Ausgleich immaterieller Folgen zwischen Täter und Opfer der Lösung von Konflikten, die zu der Straftat geführt haben oder durch sie veranlasst worden sind (BGH NStZ 1995, 492; NStZ 2000, 205; StV 2002, 656; StV 2007, 72, 73; zweifelnd Senat NJW 2001, 2557). Solche immateriellen Folgen sind grundsätzlich auch bei Vermögensdelikten denkbar (BGH NStZ 1995, 492; wistra 2002, 21), so dass insoweit auch der Anwendungsbereich des § 46a Nr. 1 StGB eröffnet sein kann. Vorliegend hat das Landgericht jedoch zutreffend angenommen, dass es sich bei den Auslagen der potentiellen Opfer, um deren Ausgleich sich der Angeklagte bemüht hat, um materielle Schäden handelt, die unter § 46a Nr. 2 StGB fallen. Dem Angeklagten ging es hier nur um die Erstattung dieser Auslagen und damit um den Ausgleich von im Vermögen der Opfer eingetretenen Werteinbußen, nicht aber etwa um eine darüber hinausgehende Lösung eines durch die Straftat entstandenen Konflikts mit dem Tatopfer, der eines besonderen kommunikativen Prozesses bedurft hätte. Aus diesem Grund kommt hier ein Täter-Opfer-Ausgleich nach § 46a Nr. 1 StGB nicht in Betracht.

[18] b) Dahinstehen kann daher, ob das Landgericht zutreffend einen kommunikativen Prozess zwischen dem Angeklagten und den Opfern verneint hat, da diese auf das Wiedergutmachungsangebot des Angeklagten in vier Fällen überhaupt nicht reagierten und sich in einem weiteren Fall lediglich hilfesuchend an das Gericht wandten. Dies könnte immerhin zweifelhaft sein, weil im Rahmen eines Täter-Opfer-Ausgleichs nach § 46a Nr. 1 StGB das ernsthafte Streben nach Wiedergutmachung genügt (vgl. BGH NJW 2001, 2557).

Sind durch eine Straftat bei dem Geschädigten vor allem immaterielle Schäden hervorgerufen worden, bestimmt sich der für eine Milderung erforderliche Ausgleich – jedenfalls vorrangig – nach § 46a Nr. 1 StGB. Diese Bestimmung verlangt, dass der Täter in dem Bemühen, einen Ausgleich mit dem Opfer zu erreichen, **die Tat „ganz oder zum überwiegenden Teil" wiedergutgemacht hat**; es ist aber auch ausreichend, dass der **Täter dieses Ziel ernsthaft erstrebt**. Das Bemühen des Täters setzt grundsätzlich einen kommunikativen Prozess zwischen Täter und Opfer voraus, der auf einen umfassenden Ausgleich der durch die Straftat verursachten Folgen gerichtet **62** sein muss. Dafür ist eine von beiden Seiten akzeptierte, ernsthaft mitgetragene Regelung Voraussetzung. Das ernsthafte Bemühen des Täters muss **Ausdruck der Übernahme von Verantwortung** sein, und **das Opfer muss** die Leistung des Täters **als friedenstiftenden Ausgleich akzeptieren.**[60]

[9] b) Die Annahme des Landgerichts, die Voraussetzungen des Täter-Opfer-Ausgleichs seien erfüllt, hält rechtlicher Nachprüfung nicht stand.

[10] aa) Wie der Generalbundesanwalt zutreffend ausgeführt hat, muss, wenn wie hier durch eine Tat mehrere Opfer betroffen sind, hinsichtlich jedes Geschädigten jedenfalls eine Alternative des § 46a StGB erfüllt sein (vgl. BGH, Urteil vom 25. Mai 2001 – 2 StR 78/01, NStZ 2002, 364, 365 f. mit Anm. Dölling/Hartmann; Theune in LK-StGB, 12. Aufl., § 46a Rn. 47 m.w.N.). Neben der Nebenklägerin war der Betreiber des Kiosks Opfer der Tat; das von den Angeklagten erbeutete Geld stand in seinem Eigentum. Das Urteil verhält sich jedoch nicht dazu, ob und ggf. wie die Angeklagten den Inhaber des Kiosks in ihre Ausgleichsbemühungen einbezogen haben.

[11] bb) Aber auch die Bejahung der Voraussetzungen eines erfolgreichen Täter-Opfer-Ausgleichs im Verhältnis nur zur Nebenklägerin begegnet durchgreifenden rechtlichen Bedenken.

[12] Das Urteil bezeichnet schon die Fallgruppe des § 46a StGB, die das Landgericht hier annehmen wollte, nicht eindeutig. § 46a Nr. 1 StGB bezieht sich vor allem auf den Ausgleich der immateriellen Folgen einer Straftat, die auch bei Vermögensdelikten denkbar sind, während § 46a Nr. 2 StGB den materiellen Schadensersatz betrifft. Da durch die Straftat der Angeklagten bei der Nebenklägerin vor allem immaterielle Schäden hervorgerufen worden sind, bestimmt sich der für eine Strafrahmenmilderung erforderliche Ausgleich – jedenfalls vorrangig – nach § 46a Nr. 1 StGB (vgl. BGH, Urteil vom 25. Mai 2001 – 2 StR 78/01, NStZ 2002, 364, 365).

[13] Diese Bestimmung verlangt, dass der Täter in dem Bemühen, einen Ausgleich mit dem Opfer zu erreichen, die Tat „ganz oder zum überwiegenden Teil" wiedergutgemacht hat; es ist aber auch ausreichend, dass der Täter dieses Ziel ernsthaft erstrebt. Das Bemühen des Täters setzt grundsätzlich einen kommunikativen Prozess zwischen Täter und Opfer voraus, der auf einen umfassenden Ausgleich der durch die Straftat verursachten Folgen gerichtet sein muss (BGH, Urteil vom 31. Mai 2002 – 2 StR 73/02, NStZ 2002, 646). Dafür ist eine von beiden Seiten akzeptierte, ernsthaft mitgetragene Regelung Voraussetzung. Das ernsthafte Bemühen des Täters muss Ausdruck der Übernahme von Verantwortung sein, und das Opfer muss die Leistung des Täters als friedenstiftenden Ausgleich akzeptieren (BGH, Urteil vom 27. August 2002 – 1 StR 204/02, NStZ 2003, 29, 30). Regelmäßig sind tatrichterliche Feststellungen dazu erforderlich, wie sich das Opfer zu den Anstrengungen des Täters gestellt hat, wie sicher die Erfüllung einer etwaigen Schmerzensgeldzahlungsverpflichtung ist und welche Folgen diese Verpflichtung für den Täter haben wird (vgl. BGH aaO sowie Beschlüsse vom 22. August 2001 – 1 StR 333/01, NStZ 2002, 29, und vom 9. September 2004 – 4 StR 199/04, insoweit in NStZ 2005, 97 nicht abgedr.).

[14] Das Landgericht hat diese Maßstäbe nicht beachtet. Zwar hat die Nebenklägerin mit den Angeklagten einen Vergleich geschlossen (vgl. dazu BGH, Urteil vom

---

60 BGH, Urteil vom 12.1.2012 – 4 StR 290/11.

19. Oktober 2011 – 2 StR 344/11). Das Urteil trifft aber insbesondere keine Feststellungen zu der Frage, wie wahrscheinlich die ratenweise Zahlung des vereinbarten Schmerzensgeldes in Höhe von 5.000 € durch die Angeklagten ist. Beide Angeklagte leben von staatlichen Transferleistungen. Sie sind alleinerziehend und erhalten für ihre Kinder keine Unterhaltszahlungen, sondern lediglich Leistungen nach dem Unterhaltsvorschussgesetz. Beide Angeklagte sind verschuldet. Anlass für die abgeurteilte Straftat waren Rechnungen, welche die Angeklagten am Tattag jeweils erhalten hatten und nicht bezahlen konnten. Von dem erbeuteten Geld kauften beide Angeklagte am nächsten Tag Lebensmittel; die Angeklagte C. beglich außerdem einen Teil einer offenen Stromrechnung. Anhaltspunkte dafür, dass sich die finanzielle Situation der Angeklagten zwischen der Tat und der Urteilsverkündung grundlegend geändert hätte, sind nicht vorhanden. Außerdem folgt entgegen der Auffassung des Landgerichts (UA 17) aus der Tatsache des Vergleichsschlusses allein noch nicht, dass die Nebenklägerin die „Leistungen" der Angeklagten als friedensstiftenden Ausgleich akzeptiert hat (vgl. BGH, Urteile vom 19. Dezember 2002 – 1 StR 405/02, BGHSt 48, 134, 147, und vom 6. Februar 2008 – 2 StR 561/07, BGHR StGB § 46a Voraussetzungen 1). Den Urteilsfeststellungen kann nicht entnommen werden, ob es sich bei dem in der Hauptverhandlung geschlossenen Vergleich um ein „ernsthaftes Bemühen" um Schadenswiedergutmachung oder um ein taktisches Vorgehen in der Hoffnung auf eine mildere Strafe gehandelt hat.

Es stellt keine Lücke in den Urteilsgründen dar, dass das Landgericht ohne Erörte- **63**
rung des § 46a StGB lediglich allgemein zugunsten des Angeklagten seine Bereitschaft berücksichtigt hat, im Adhäsionsverfahren mit dem Nebenkläger einen Vergleich über die volle Schadenssumme zu schließen. Da der Täter das Opfer nicht schon dann im Sinne des § 46a Nr. 2 StGB ganz oder zum überwiegenden Teil entschädigt, wenn er lediglich die Schadenswiedergutmachung zusagt, **drängte allein der Vergleichsschluss das Landgericht nicht dazu**, sich mit einer Strafmilderung nach §§ 46a, 49 Abs. 1 StGB auseinanderzusetzen.[61]

[2] 1. Die Nachprüfung des Urteils hat auf Grund der Revisionsrechtfertigung keinen Rechtsfehler zum Nachteil des Angeklagten ergeben. Insbesondere stellt es keine Lücke in den Urteilsgründen dar, dass das Landgericht ohne Erörterung des § 46a StGB lediglich allgemein zugunsten des Angeklagten seine Bereitschaft berücksichtigt hat, im Adhäsionsverfahren mit dem Nebenkläger einen Vergleich über die volle Schadenssumme zu schließen. Da der Täter das Opfer nicht schon dann im Sinne des § 46a Nr. 2 StGB ganz oder zum überwiegenden Teil entschädigt, wenn er lediglich die Schadenswiedergutmachung zusagt (vgl. BGH, Beschluss vom 13. April 1999 – 1 StR 77/99, BGHR StGB § 46a Wiedergutmachung 2), drängte allein der Vergleichsschluss das Landgericht nicht dazu, sich mit einer Strafmilderung nach §§ 46a, 49 Abs. 1 StGB auseinanderzusetzen. Für den Fall, dass die Revision weitere Feststellungen zu einem etwaigen Schadensausgleich vermisst, hat sie grundsätzlich die Möglichkeit, einen Verstoß gegen die Aufklärungspflicht (§ 244 Abs. 2 StPO) zu rügen.

[61] BGH, Beschluss vom 2.8.2012 – 3 StR 276/12.

13. Besondere gesetzliche Milderungsgründe – § 49 StGB

64 Die Verwendung von Tatbeute für eigene Bedürfnisse des Täters ist regelmäßiges Erscheinungsbild der räuberischen Erpressung und enthält kein zur Strafschärfung berechtigendes schulderschwerendes Element.

Hat das Landgericht zur Begründung der Versagung einer Strafrahmensenkung gemäß §§ 23 Abs. 2, 49 Abs. 1 StGB ausdrücklich auf die Erwägungen verwiesen, die für die Versagung der Milderung bei einem Mittäter maßgeblich waren, ist dies rechtsfehlerhaft, wenn diese Umstände allein in der Person des Mittäters, nicht aber beim Angeklagten selbst vorlagen.[62]

[3] 2. Der Strafausspruch kann nicht bestehen bleiben.

[4] Das Landgericht hat zur Begründung der Versagung einer Strafrahmensenkung gemäß §§ 23 Abs. 2, 49 Abs. 1 StGB im Fall 2 der Urteilsgründe ausdrücklich auf die Erwägungen verwiesen (UA S. 31), die für die Versagung der Milderung bei dem Mittäter T. maßgeblich waren. Diese Erwägungen (UA S. 28) stellen aber „vor allem" auf Umstände ab, die allein in der Person des Mittäters T., nicht aber beim Angeklagten U. vorlagen. Die Verweisung kann daher die Versagung der Strafrahmenmilderung nicht tragen.

[5] „In allen Fällen" hat das Landgericht im Übrigen zu Lasten des Angeklagten gewertet, dass die Einnahmen aus den Erpressungstaten „der Deckung seiner eigenen persönlichen Bedürfnisse (dienten), darunter der Tilgung seines Autokredits, den Kauf von Kleidung und ähnlichem" (UA S. 30). Das ist rechtsfehlerhaft. Die Verwendung von Tatbeute für eigene Bedürfnisse des Täters ist regelmäßiges Erscheinungsbild der räuberischen Erpressung und enthält kein zur Strafschärfung berechtigendes schulderschwerendes Element.

14. Tateinheit, Tatmehrheit, Gesamtstrafenbildung – §§ 52 ff. StGB

a) Tateinheit, Tatmehrheit – §§ 52, 53 StGB

65 Werden mit **derselben EC-Karte** innerhalb weniger Minuten **mehrere Abhebungen** getätigt, stehen diese in natürlicher Handlungseinheit.[63]

66 **Schießt ein Täter innerhalb weniger Sekunden** ohne jegliche zeitliche Zäsur, so ist trotz der Beeinträchtigung höchstpersönlicher Rechtsgüter eine Tat anzunehmen; denn eine Aufspaltung in selbstständige Einzeltaten erschiene wegen des engen zeitlichen und situativen Zusammenhangs willkürlich und gekünstelt.[64]

[8] a) Nicht zu beanstanden ist allerdings die Annahme natürlicher Handlungseinheit. Schießt der Täter – wie hier – innerhalb weniger Sekunden ohne jegliche zeitliche Zäsur auf mehrere Personen, so ist trotz der Beeinträchtigung höchstpersönlicher Rechtsgüter eine Tat anzunehmen; denn eine Aufspaltung in selbständige Einzeltaten erschiene wegen des engen zeitlichen und situativen Zusammenhangs willkürlich und gekünstelt (vgl. BGH, Beschluss vom 24. Oktober 2000 – 5 StR

---

62 BGH, Beschluss vom 26.9.2012 – 2 StR 262/12.
63 BGH, Beschluss vom 24.7.2012 – 4 StR 193/12.
64 BGH, Urteil vom 23.5.2012 – 5 StR 54/12.

323/00, NStZ-RR 2001, 82 m.w.N.). Jedoch hat die Jugendkammer verkannt, dass dann nicht etwa ein einheitliches (versuchtes) Tötungsdelikt, sondern mehrere tateinheitlich verwirklichte (versuchte) Tötungsdelikte gegeben sind (vgl. Fischer, StGB, 59. Aufl., § 211 Rn. 109 m.w.N.).

Unter dem Gesichtspunkt einer **natürlichen Handlungseinheit** liegt eine Tat im sachlichrechtlichen Sinne vor, wenn mehrere, im Wesentlichen gleichartige Handlungen von einem **einheitlichen Willen** getragen werden und aufgrund ihres **engen räumlichen und zeitlichen Zusammenhangs** so miteinander verbunden sind, dass sich das gesamte Tätigwerden bei natürlicher Betrachtungsweise objektiv auch für einen Dritten als ein **einheitliches Geschehen darstellt**. Sie ist gekennzeichnet durch einen solchen unmittelbaren Zusammenhang zwischen mehreren menschlichen, strafrechtlich erheblichen Verhaltensweisen, dass sich das gesamte Tätigwerden an sich (objektiv) auch für einen Dritten bei natürlicher Betrachtungsweise als ein einheitlich zusammengefasstes Tun darstellt.[65] **67**

[7] 2. Die aufgrund der erhobenen Sachbeschwerden veranlasste Überprüfung des Urteils hat zum Schuldspruch keinen Rechtsfehler zum Nachteil der Angeklagten ergeben. Dies gilt auch für die konkurrenzrechtliche Bewertung ihrer Taten als jeweils zwei tatmehrheitliche gefährliche Körperverletzungen. Entgegen der Ansicht des Generalbundesanwalts sind die Voraussetzungen einer natürlichen Handlungseinheit nicht gegeben.

[8] a) Unter dem Gesichtspunkt einer natürlichen Handlungseinheit liegt eine Tat im sachlichrechtlichen Sinne vor, wenn mehrere, im Wesentlichen gleichartige Handlungen von einem einheitlichen Willen getragen werden und aufgrund ihres engen räumlichen und zeitlichen Zusammenhangs so miteinander verbunden sind, dass sich das gesamte Tätigwerden bei natürlicher Betrachtungsweise objektiv auch für einen Dritten als ein einheitliches Geschehen darstellt (st. Rspr.; vgl. etwa BGH, Urteil vom 24. Februar 1994 – 4 StR 683/93, StV 1994, 537; Beschluss vom 4. September 1990 – 1 StR 301/90, BGHR StGB § 52 Abs. 1 Entschluss, einheitlicher 1). Sie ist gekennzeichnet durch einen solchen unmittelbaren Zusammenhang zwischen mehreren menschlichen, strafrechtlich erheblichen Verhaltensweisen, dass sich das gesamte Tätigwerden an sich (objektiv) auch für einen Dritten bei natürlicher Betrachtungsweise als ein einheitlich zusammengefasstes Tun darstellt (vgl. LK/Rissing-van Saan, StGB, 12. Aufl., vor § 52 Rn. 10 ff.). Richten sich die Handlungen des Täters gegen höchstpersönliche Rechtsgüter der Opfer, wird die Annahme einer natürlichen Handlungseinheit zwar nicht grundsätzlich ausgeschlossen, sie liegt jedoch bereits nicht nahe (vgl. Fischer, StGB, 59. Aufl., vor § 52 Rn. 7). Denn höchstpersönliche Rechtsgüter sind einer additiven Betrachtungsweise allenfalls in Ausnahmefällen zugänglich. Deshalb können Handlungen, die sich nacheinander gegen höchstpersönliche Rechtsgüter mehrerer Personen richten, grundsätzlich weder durch ihre enge Aufeinanderfolge noch durch einen einheitlichen Plan oder Vorsatz zu einer natürlichen Handlungseinheit und damit zu einer Tat im Rechtssinne zusammengefasst werden. Ausnahmen kommen nur in Betracht, wenn ein einheitlicher Tatentschluss gegeben ist und die Aufspaltung des Tatgeschehens in Einzelhandlungen wegen eines außergewöhnlich engen zeitlichen und räumlichen Zusammenhanges, etwa bei Messerstichen oder Schüssen innerhalb weniger Sekun-

[65] BGH, Urteil vom 29.3.2012 – 3 StR 422/11.

den, willkürlich und gekünstelt erschiene (vgl. BGH, Urteil vom 19. November 2009 – 3 StR 87/09, BGHR StGB § 232 Konkurrenzen 1; LK/Rissing-van Saan, aaO, Rn. 14).

[9] b) Nach diesen Maßstäben können die Körperverletzungshandlungen der Angeklagten gegen die beiden Geschädigten im Hinblick auf die Rechtsfigur der natürlichen Handlungseinheit jeweils nicht zu einer einheitlichen Tat zusammengefasst werden. Im Ausgangspunkt wollten sich allein der Mitangeklagte D. und der Geschädigte Y. körperlich auseinandersetzen und taten dies auch. Die Angeklagten sind (im ersten Handlungsabschnitt) erst dann gemeinschaftlich gegen den Geschädigten Y. vorgegangen und haben diesen mit Tritten und Schlägen gegen Kopf und Körper verletzt, als sie erkannt hatten, dass der Mitangeklagte D. zu unterliegen drohte. Als daraufhin der Zeuge Mä. seinem Freund Y. zu Hilfe kommen wollte, haben sich die Angeklagten dem Geschädigten Mä. zugewandt und haben diesen gemeinsam geschlagen, wodurch er ein blaues Auge und Prellungen im Rippenbereich erlitt. Nachdem sich die Angeklagten vom ersten Tatort entfernt und mit Schlagwerkzeugen bewaffnet hatten, verfolgten sie (im zweiten Handlungsabschnitt) zunächst Mä. und wandten sich dann – als sie Mä. nicht einzuholen vermochten – dem am Boden liegenden Geschädigten Y. zu, auf den sie sodann am zweiten Tatort – gemeinschaftlich auch mit dem Mitangeklagten D. – jeweils mit ihren Schlaginstrumenten einschlugen. Auf der Grundlage dieses Geschehensablaufes, der insbesondere durch mehrere Tatentschlüsse der Angeklagten gekennzeichnet ist, die durch zeitlich aufeinanderfolgende, jeweils neue Sachverhaltsentwicklungen bedingt waren und zu unterschiedlichen Verletzungshandlungen der Angeklagten gegen beide Geschädigte an mehreren Orten führten, stellt sich die Annahme von Tatmehrheit unter keinem Blickwinkel als willkürlich und gekünstelt dar. Danach liegt auch keine der von der Rechtsprechung bei Verletzung höchstpersönlicher Rechtsgüter mehrerer Personen anerkannten Ausnahmen vor; insbesondere beruhen die verschiedenen Angriffe schon nicht auf einem einheitlichen Tatentschluss. Dass das Landgericht die Angeklagten im Hinblick auf die infolge ihres zwischenzeitlichen Rückzuges zum Zwecke der Bewaffnung eingetretene (zeitliche, räumliche und sachliche) Zäsur im Tatgeschehen nicht wegen weiterer, rechtlich selbständiger Straftaten schuldig gesprochen hat, beschwert diese nicht.

68 Bei **mehreren an einem Tag** von einem Versicherungsvermittler **weitergegebenen gefälschten Versicherungsanträgen** stehen die Betrugstaten im Verhältnis der Tateinheit, auch wenn diese unterschiedlichen Versicherungsgesellschaften vorgelegt werden.[66]

[5] 2. Danach stehen die Betrugstaten, bei denen die Zuleitungen der gefälschten Versicherungsanträge jeweils gemeinsam an einem Tag erfolgt sind, jeweils zueinander im Verhältnis der Tateinheit (§ 52 StGB), weil sich eine Ausführungshandlung gleichzeitig auf sämtliche Tatbestandsverwirklichungen bezog (BGH, Beschluss vom 8. April 1998 – 1 StR 128/98, NStZ-RR 1998, 234). Der Umstand, dass der Zeuge W. die ihm am 28. Mai 2009 überlassenen Versicherungsanträge zum Teil verschiedenen Versicherungsgesellschaften vorgelegt hat, ist ohne Belang, da es für die Frage des Vorliegens einer oder mehrerer Handlungen für jeden Täter allein auf seinen Tatbeitrag ankommt. Hat ein mittelbarer Täter mehrere Einzeldelikte durch eine

[66] BGH, Beschluss vom 22.8.2012 – 4 StR 234/12.

einheitliche Handlung gegenüber seinem Vordermann veranlasst, werden ihm die jeweiligen Taten auch dann als tateinheitlich begangen zugerechnet, wenn der Vordermann seinerseits tatmehrheitlich gehandelt hat (BGH, Beschluss vom 24. Juli 2008 – 3 StR 243/08, StV 2008, 575, 576).

Sind an einer Deliktserie **mehrere Personen** als Mittäter, mittelbare Täter, Anstifter oder Gehilfen **beteiligt**, ist die Frage, ob die einzelnen Taten tateinheitlich oder tatmehrheitlich zusammentreffen, **bei jedem Beteiligten gesondert zu prüfen und zu entscheiden**. Maßgeblich ist dabei der Umfang des erbrachten Tatbeitrags. Leistet ein Mittäter für alle oder einige Einzeltaten einen individuellen, nur je diese fördernden Tatbeitrag, so sind ihm diese Taten – soweit keine natürliche Handlungseinheit vorliegt – als tatmehrheitlich begangen zuzurechnen.[67] **69**

[2] Die Annahme von fünf selbständigen, real konkurrierenden Betrugstaten in den Fällen C. 65 bis 69 der Urteilsgründe hält einer rechtlichen Prüfung nicht stand.

[3] Sind an einer Deliktserie mehrere Personen als Mittäter, mittelbare Täter, Anstifter oder Gehilfen beteiligt, ist die Frage, ob die einzelnen Taten tateinheitlich oder tatmehrheitlich zusammentreffen, bei jedem Beteiligten gesondert zu prüfen und zu entscheiden. Maßgeblich ist dabei der Umfang des erbrachten Tatbeitrags. Leistet ein Mittäter für alle oder einige Einzeltaten einen individuellen, nur je diese fördernden Tatbeitrag, so sind ihm diese Taten – soweit keine natürliche Handlungseinheit vorliegt – als tatmehrheitlich begangen zuzurechnen. Eine darüber hinaus gegebene organisatorische Einbindung des Täters in das betrügerische Geschäftsunternehmen ist in diesen Fällen nicht geeignet, die Einzeldelikte der Tatserie rechtlich zu einer Tat im Sinne des § 52 Abs. 1 StGB zusammenzufassen. Fehlt es an einer solchen individuellen Tatförderung, erbringt der Täter aber im Vorfeld oder während des Laufs der Deliktsserie Tatbeiträge, durch die alle oder mehrere Einzeltaten seiner Tatgenossen gleichzeitig gefördert werden, sind ihm die gleichzeitig geförderten einzelnen Straftaten als tateinheitlich begangen zuzurechnen, da sie in seiner Person durch den einheitlichen Tatbeitrag zu einer Handlung im Sinne des § 52 Abs. 1 StGB verknüpft werden. Ohne Bedeutung ist dabei, ob die Mittäter die einzelnen Delikte tatmehrheitlich begangen haben (st. Rspr., vgl. nur BGH, Urteil vom 17. Juni 2004 – 3 StR 344/03, BGHSt 49, 177, 182 f.; Beschlüsse vom 7. Dezember 2010 – 3 StR 434/10, StraFo 2011, 238; vom 18. Oktober 2011 – 4 StR 346/11).

[4] In den Fällen C. 65 bis 69 der Urteilsgründe hat die Strafkammer eine individuelle, nur jeweils diese Taten fördernde Mitwirkung des Angeklagten an der betrügerischen Erlangung der Anlagegelder nicht festgestellt. Sein Tatbeitrag erschöpfte sich vielmehr in der Einrichtung und Aufrechterhaltung des auf eine Vielzahl von Betrugstaten zum Nachteil der als Anleger geworbenen Kunden abzielenden Geschäftsbetriebs. Diese Fälle sind daher konkurrenzrechtlich zu einer Betrugstat in fünf tateinheitlichen Fällen zusammenzufassen.

Ob bei **Beihilfe Tateinheit oder Tatmehrheit** anzunehmen ist, hängt von der Anzahl der Beihilfehandlungen und der vom Gehilfen geförderten Haupttaten ab. Tatmehrheit nach § 53 StGB ist anzunehmen, wenn den Haupttaten durch mehrere Hilfeleistungen jeweils eigenständige Beihilfehandlungen zuzuordnen sind.[68] **70**

---

[67] BGH, Beschluss vom 22.12.2011 – 4 StR 514/11.

[68] BGH, Beschluss vom 5.12.2012 – 2 StR 629/11.

[2] 1. Die Verurteilung des Angeklagten wegen 19 selbstständiger Fälle der Beihilfe (§ 53 StGB) hält rechtlicher Nachprüfung nicht stand.

[3] Nach den Feststellungen bestellte der gesondert Verfolgte H. in 19 Fällen große Mengen von frei handelbaren Grundstoffen, die er zum Zwecke der Herstellung synthetischer Drogen jeweils an den gesonderten Verfolgten R. weiter leitete. Der Angeklagte förderte die Begehung der Taten dadurch, dass er dem gesondert Verfolgten H. gegen Entgelt gestattete, seine Betriebsinfrastruktur (Briefkopf, Faxgerät, Räumlichkeiten) für die Bestellung der Grundstoffe und gegebenenfalls auch für ihre Empfangnahme zu nutzen. Darüber hinausgehende, auf einzelne der Haupttaten bezogene Unterstützungshandlungen hat die Kammer nicht festgestellt.

[4] Ob bei Beihilfe Tateinheit oder Tatmehrheit anzunehmen ist, hängt von der Anzahl der Beihilfehandlungen und der vom Gehilfen geförderten Haupttaten ab. Tatmehrheit nach § 53 StGB ist anzunehmen, wenn den Haupttaten durch mehrere Hilfeleistungen jeweils eigenständige Beihilfehandlungen zuzuordnen sind. Dagegen liegt rechtlich nur eine Beihilfe vor, wenn der Gehilfe – wie hier der Angeklagte – durch ein und dasselbe Tun mehrere rechtlich selbstständige Taten des Haupttäters fördert (vgl. BGH NStZ 2000, 83; NJW 2005, 163, 165 f; NStZ-RR 2008, 168, 169; Fischer StGB 59. Aufl. § 27 Rn. 31 m.w.N.).

71 Ist ein **Diebstahl noch nicht beendet**, besteht **Tateinheit** damit, wenn der Täter auf der Flucht ein Messer aus seiner Bauchtasche holt, um seine Verfolger abzuschütteln.[69]

[2] 1. Die Annahme von Tatmehrheit zwischen den für sich genommen rechtsfehlerfreien Verurteilungen wegen Diebstahls mit Waffen und versuchter Nötigung begegnet durchgreifenden rechtlichen Bedenken. Als der Angeklagte, der sich durch Flucht seiner Festnahme entziehen wollte, zu seiner Bauchtasche griff und das Messer hervorholte, um seine Verfolger abzuschütteln, war der zuvor begangene Diebstahl der Zigaretten nach den Feststellungen noch nicht beendet. In einem solchen Fall ist Tateinheit anzunehmen (vgl. Senatsbeschluss vom 12. Juli 2005 – 4 StR 170/05, NStZ-RR 2005, 340, 341).

72 Die **Wegnahme des Motorrades und das Wegfahren**, wobei der Täter keine Fahrerlaubnis besitzt, stehen in **Tateinheit**, weil das Wegnehmen gerade durch das Wegfahren erfolgt ist, die Tathandlungen somit identisch waren.[70]

■ TOPENTSCHEIDUNG

73 **Mehrere natürliche Handlungen** können als **eine Tat** im Rechtssinne anzusehen sein (sog. rechtliche Bewertungseinheit), wenn sie sich als **Teilakte einer sukzessiven Tatausführung** zur Erreichung eines **einheitlichen Erfolges** darstellen. Eine sukzessive Tatausführung kann auch dann gegeben sein, wenn der Täter zunächst davon ausgeht, den angestrebten Taterfolg durch eine Handlung erreichen zu können, sich dann aber umgehend zu weiteren Tathandlungen entschließt, nachdem die ins Auge gefasste Handlung keinen oder nur einen Teilerfolg erbracht hat.[71]

---

[69] BGH, Beschluss vom 10.5.2012 – 4 StR 65/12.
[70] BGH, Beschluss vom 6.3.2012 – 1 StR 28/12.
[71] BGH, Beschluss vom 22.11.2011 – 4 StR 480/11.

[4] 2. Die Bewertung des Landgerichts, wonach sich der Angeklagte und der nicht revidierende Mitangeklagte S.er (versuchten) räuberischen Erpressung in mehreren Fällen schuldig gemacht haben, begegnet durchgreifenden rechtlichen Bedenken.

[5] a) Mehrere natürliche Handlungen können als eine Tat im Rechtssinne anzusehen sein (sog. rechtliche Bewertungseinheit), wenn sie sich als Teilakte einer sukzessiven Tatausführung zur Erreichung eines einheitlichen Erfolges darstellen (BGH, Beschluss vom 1. Februar 2007 – 5 StR 467/06, NStZ 2007, 578; SSW-StGB/Eschelbach § 52 Rn. 36; Rissing-van Saan in: LK 12. Aufl., vor § 52 Rn. 36; Puppe in: Kindhäuser/Neumann/Paeffgen, StGB, 3. Aufl., § 52 Rn. 18). Eine sukzessive Tatausführung kann auch dann gegeben sein, wenn der Täter zunächst davon ausgeht, den angestrebten Taterfolg durch eine Handlung erreichen zu können, sich dann aber umgehend zu weiteren Tathandlungen entschließt, nachdem die ins Auge gefasste Handlung keinen oder nur einen Teilerfolg erbracht hat (vgl. Jakobs, Strafrecht Allgemeiner Teil, 2. Aufl., 32. Abschn. Rn. 8). Dabei ist es jedoch erforderlich, dass die weiteren Tathandlungen auf die vorhergehende Handlung aufsetzen (vgl. BGH, Urteil vom 24. Mai 2000 – 3 StR 551/99, BGHR StGB § 253 Abs. 1 Konkurrenzen 5) und sich nicht als neuer Anlauf zur (vollständigen) Erreichung des ursprünglich angestrebten Taterfolges darstellen. Ein Wechsel des Angriffsmittels, räumliche Trennungen oder längere zeitliche Intervalle zwischen den jeweiligen Einzelakten stellen die Annahme einer Bewertungseinheit nicht grundsätzlich in Frage (BGH, Urteil vom 24. Mai 2000 – 3 StR 551/99, BGHR StGB § 253 Abs. 1 Konkurrenzen 5; SSW-StGB/Eschelbach § 52 Rn. 36; Puppe JR 1996, 513, 514), können aber ein Indiz für einen neuerlichen Tatbeginn sein. Für die Erpressung ist anerkannt, dass mehrere Angriffe auf die Willensentschließung des Opfers als eine Tat im Rechtsinne zu werten sind, wenn dabei die anfängliche Drohung lediglich den Umständen angepasst und aktualisiert (BGH, Urteil vom 1. März 1994 – 1 StR 33/94, BGHSt 40, 75, 77; Beschluss vom 3. April 2008 – 4 StR 81/08, NStZ-RR 2008, 239; vgl. Beschluss vom 22. Oktober 1997 – 3 StR 415/97, BGHR StGB § 253 Abs. 1 Konkurrenzen 4), im Übrigen aber nach wie vor dieselbe Leistung gefordert wird (vgl. Puppe JR 1996, 513, 514). Die rechtliche Bewertungseinheit endet in diesen Fällen erst dann, wenn der Täter sein Ziel vollständig erreicht hat oder nach den insoweit entsprechend heranzuziehenden Wertungen des Rücktrittsrechts von einem fehlgeschlagenen Versuch auszugehen ist (vgl. BGH, Urteil vom 30. November 1995 – 5 StR 465/95, BGHSt 41, 368, 369; Urteil vom 24. Mai 2000 – 3 StR 551/99, BGHR StGB § 253 Abs. 1 Konkurrenzen 5; Beschluss vom 3. April 2008 – 4 StR 81/08, NStZ RR 2008, 239; SSW-StGB/Eschelbach § 52 Rn. 37; Beulke/Satzger NStZ 1996, 432, 433).

PRAXISBEDEUTUNG ■

Die Konstruktion der sukzessiven Tatausführung ist ebenso wie die Annahme sukzessiven Beteiligungs- oder Mittätervorsatzes eher selten und daher auch für die Prozessbeteiligten ungewöhnlich. Gerade deshalb gilt es in solchen Fällen, den Sachverhalt genau zu analysieren und auf das Vorliegen der genannten Zurechnungsmöglichkeiten streng dogmatisch durchzuprüfen. Bestehen auch nur geringfügige Zweifel, gilt es, dies bereits in der Tatsacheninstanz umfassend zu diskutieren, weil nur dort noch etwa ergänzend erforderliche Beweismöglichkeiten erhoben werden können.

74 Entwickelt sich bei einem Geschehen, das die zumindest kurzfristige Wegnahme – ohne dass Zueignungsabsicht festgestellt werden könnte – eines Handys zum Gegenstand hat, auch eine Prügelei, welche zur Verletzung des Opfers führt, dann hängen die Nötigungshandlung und die weiteren gemeinsamen Angriffe auf die körperliche Integrität des Geschädigten **räumlich und zeitlich so eng zusammen, dass sich das Geschehen insgesamt als natürliche Handlungseinheit darstellt.**[72]

[6] 2. Durchgreifenden rechtlichen Bedenken begegnet auch die Annahme des Landgerichts, das beschriebene Tatgeschehen stehe zu der vom Angeklagten weiter begangenen gefährlichen Körperverletzung in Tatmehrheit (§ 53 StGB). Nach den auch insoweit rechtsfehlerfreien Feststellungen stürzten sich während des um das Mobiltelefon entstandenen „Gerangels" der Mitangeklagte und weitere Personen auf den Geschädigten und prügelten gemeinsam mit nicht identifizierbaren harten Gegenständen auf diesen ein; hieran beteiligte sich sodann auch der Angeklagte. Danach hängen die Nötigungshandlung und die weiteren gemeinsamen Angriffe auf die körperliche Integrität des Geschädigten räumlich und zeitlich so eng zusammen, dass sich das Geschehen insgesamt als natürliche Handlungseinheit darstellt (vgl. BGH, Beschluss vom 5. Oktober 2000 – 4 StR 313/00, juris, bei Taten mit dem sie gemeinsam verbindenden Moment, das Opfer zur „Rede zu stellen"; Fischer, StGB, 59. Aufl., Vor § 52 Rn. 4 m.w.N.).

b) Gesamtstrafenbildung

75 Bei **Bildung von Gesamtstrafen** ereignen sich immer wieder Flüchtigkeitsfehler, in denen entweder eine **Zäsur** durch eine andere **Vorverurteilung** übersehen wird oder Fehler bei der Zusammenführung verschiedener Einzelstrafen gemacht werden, wenn bspw. eine andere Gesamtstrafe aufgelöst und daraus resultierende Einzelstrafen mit verschiedenen Einzelstrafen des zweiten Verfahrens zu neuen Gesamtstrafen zusammengeführt werden müssen.[73]

[4] a) Die Aussprüche über die Gesamtstrafen halten – ohne dass es auf die von der Staatsanwaltschaft insoweit erhobenen Einwände ankäme – einer rechtlichen Nachprüfung nicht stand. Entgegen der Annahme des Landgerichts hat allein die Vorverurteilung des Angeklagten durch das Landgericht Aachen vom 3. April 2006 Zäsurwirkung. Denn die Taten, die den Verurteilungen durch das Amtsgericht Eschweiler vom 5. März 2007 und das Amtsgericht Düren vom 14. März 2007 zu Grunde liegen, wurden jeweils vor der Verurteilung durch das Landgericht Aachen begangen. Das Landgericht hätte deshalb – unter Auflösung des Gesamtstrafenbeschlusses des Landgerichts Aachen vom 20. August 2007 – aus den darin zusammengeführten Einzelstrafen aus den Verurteilungen des Landgerichts Aachen, des Amtsgerichts Eschweiler und des Amtsgerichts Düren zusammen mit den Einzelstrafen für die abgeurteilten Taten 1 und 2 (Fälle 3 und 4 der Anklage) eine Gesamtstrafe bilden müssen. Eine weitere Gesamtstrafe wäre aus den Einzelstrafen für die übrigen Taten zu bilden gewesen. Anhaltspunkte dafür, dass die Strafe aus dem Gesamtstrafenbeschluss des Landgerichts Aachen zum Urteilszeitpunkt bereits erlassen war, finden sich in den Urteilsgründen nicht.

---

[72] BGH, Beschluss vom 14.2.2012 – 3 StR 392/11.

[73] Vgl. u.a. BGH, Urteil vom 18.4.2012 – 2 StR 456/11.

Bei Aufhebung einer Gesamtstrafe durch das Revisionsgericht und Zurückverweisung der Sache an das Tatgericht ist in der neuen Verhandlung die **Gesamtstrafenbildung** nach Maßgabe der **Vollstreckungssituation zum Zeitpunkt der ersten tatrichterlichen Verhandlung** vorzunehmen.[74] **76**

[3] 1. Die Begründung, mit welcher das Landgericht von der Bildung einer nachträglichen Gesamtstrafe gemäß § 55 StGB abgesehen hat, hält rechtlicher Nachprüfung nicht stand.

[4] Das Landgericht hat für die am 7. Mai 2003 begangene verfahrensgegenständliche Tat eine Freiheitsstrafe von acht Jahren für tat- und schuldangemessen erachtet. An einer Gesamtstrafenbildung nach § 55 StGB unter Einbeziehung der Freiheitsstrafe von vier Jahren und sechs Monaten aus dem Urteil des Landgerichts Hannover vom 16. Juni 2006 hat es sich mit der Begründung, gehindert gesehen, diese Strafe sei seit dem 10. Mai 2010 vollständig vollstreckt und deshalb erledigt. Es hat sodann im Wege eines Härteausgleichs von der aus seiner Sicht schuldangemessen Freiheitsstrafe von acht Jahren einen Abschlag von zwei Jahren und drei Monaten vorgenommen und auf eine Freiheitsstrafe von fünf Jahren und neun Monaten erkannt.

[5] Die Strafkammer hat dabei verkannt, dass bei Aufhebung einer Gesamtstrafe durch das Revisionsgericht und Zurückverweisung der Sache an das Tatgericht in der neuen Verhandlung die Gesamtstrafe nach Maßgabe der Vollstreckungssituation zum Zeitpunkt der ersten tatrichterlichen Verhandlung vorzunehmen ist (st. Rspr.; vgl. nur BGH, Beschluss vom 3. November 2009 – 3 StR 427/09 m.w.N.; Fischer, StGB, 59. Aufl., § 55 Rn. 37). Danach hätte das Landgericht seiner Prüfung die Vollstreckungssituation am 23. April 2010 zugrunde legen müssen. Zu diesem Zeitpunkt war die Freiheitsstrafe aus dem Urteil des Landgerichts Hannover vom 16. Juni 2006 aber noch nicht vollständig erledigt und deshalb gemäß § 55 StGB gesamtstrafenfähig.

[6] Der Rechtsfehler hat sich zum Nachteil des Angeklagten ausgewirkt. Das Landgericht hat ersichtlich übersehen, dass der Senat den Strafausspruch des Urteils vom 23. April 2010 gemäß § 301 StPO ausschließlich zugunsten des Angeklagten aufgehoben hat. Wegen des Verschlechterungsverbots (§ 358 Abs. 2 Satz 1 StPO) war das Landgericht deshalb gehindert, die Höhe der Rechtsfolgen der Tat zum Nachteil des Angeklagten zu ändern (Meyer-Goßner, StPO, 54. Aufl., § 358 Rn. 11). Dies ist hier jedoch trotz des vorgenommenen Härteausgleichs geschehen. Denn die für die verfahrensgegenständliche Tat festgesetzte Freiheitsstrafe von fünf Jahren und neun Monaten und die gesamtstrafenfähige Freiheitsstrafe von vier Jahren und sechs Monaten aus dem Urteil vom 16. Juni 2006 übersteigen zusammengenommen die Höhe der im ersten Durchgang verhängten Gesamtfreiheitsstrafe von neun Jahren und sechs Monaten.

Die **nachträgliche Gesamtstrafenbildung** gemäß § 460 StPO setzt voraus, dass jemand durch **verschiedene rechtskräftige Urteile zu Strafen verurteilt** worden ist und dabei die Vorschriften über die Zuerkennung einer Gesamtstrafe außer Betracht geblieben sind. Zwar ist die Einzelfreiheitsstrafe von zehn Monaten wegen Woh- **77**

[74] BGH, Beschluss vom 20.12.2011 – 3 StR 374/11; vgl. auch BGH, Beschluss vom 31.7.2012 – 4 StR 229/12.

nungseinbruchsdiebstahls aus dem Berufungsurteil des Landgerichts Mannheim vom 2. November 2009 für sich genommen rechtskräftig. Ein rechtskräftiges Urteil, das diese Einzelstrafe enthält, liegt jedoch nicht vor, da auch das auf die Aufhebung durch das Oberlandesgericht Karlsruhe ergangene neue Berufungsurteil des Landgerichts Mannheim vom 29. Juli 2010 nicht rechtskräftig geworden ist und die auf die erneute Aufhebung durch das Oberlandesgericht Karlsruhe erforderlich gewordene neue Entscheidung der nunmehr zuständigen Berufungskammer noch aussteht.[75]

78 Die **Anrechnung erbrachter Leistungen** nach § 56f Abs. 3 Satz 2, § 58 Abs. 2 Satz 2 StGB hat grundsätzlich nicht schon bei der Bemessung der zu bildenden Gesamtstrafe, sondern erst bei **der Vollstreckung** zu erfolgen. Dazu ist im Urteilstenor mitzuteilen, in welchem Umfang die erbrachten Leistungen auf die Vollstreckungsdauer angerechnet werden.[76]

[2] Das Landgericht hat bei der Bemessung der Gesamtfreiheitsstrafe berücksichtigt, dass der Angeklagte 200 Stunden gemeinnützige Arbeit im Hinblick auf seine Auflage aus dem Bewährungsbeschluss aus dem Verfahren des Amtsgerichts Demmin abgeleistet hat, indem es „insoweit zwei Monate Freiheitsstrafe angerechnet" hat, also ohne diese Anrechnung auf eine zwei Monate höhere Gesamtfreiheitsstrafe erkannt hätte. Dies ist rechtsfehlerhaft, da die Anrechnung erbrachter Leistungen nach § 56f Abs. 3 Satz 2, § 58 Abs. 2 Satz 2 StGB grundsätzlich nicht schon bei der Bemessung der Strafe, sondern bei der Vollstreckung zu erfolgen hat. Dazu ist im Urteilstenor mitzuteilen, in welchem Umfang die erbrachten Leistungen auf die Vollstreckungsdauer angerechnet werden (vgl. BGH, Beschlüsse vom 20. März 1990 – 1 StR 283/89, BGHSt 36, 378, 382 ff.; vom 2. Februar 1994 – 3 StR 615/93, BGHR StGB § 58 Abs. 2 Satz 2 Anrechnung 3; LK/Hubrach, StGB, 12. Aufl., § 58 Rn. 10).

79 Die **Vollstreckung einer Gesamtstrafe**, deren Höhe die Summe der Einzelstrafen nicht erreichen darf (§ 54 Abs. 2 Satz 1 StGB), stellt sich als **einheitlicher Vorgang** dar und nicht als sukzessive Vollstreckung der einbezogenen Einzelstrafen (etwa unter primärer Anrechnung auf die lästigste Sanktion entsprechend dem Rechtsgedanken des § 366 Abs. 2 BGB). Durch die Bildung der Gesamtstrafe verlieren die Einzelstrafen ihre selbständige Bedeutung. Es kann nunmehr die Gesamtstrafe vollstreckt werden.[77]

[8] Dies hält rechtlicher Überprüfung nicht stand. Die Vollstreckung einer Gesamtstrafe, deren Höhe die Summe der Einzelstrafen nicht erreichen darf (§ 54 Abs. 2 Satz 1 StGB), stellt sich als einheitlicher Vorgang dar und nicht als sukzessive Vollstreckung der einbezogenen Einzelstrafen (etwa unter primärer Anrechnung auf die lästigste Sanktion entsprechend dem Rechtsgedanken des § 366 Abs. 2 BGB). Durch die Bildung der Gesamtstrafe verlieren die Einzelstrafen ihre selbständige Bedeutung (BGH, Urteil vom 16. Dezember 1954 – 3 StR 189/54 –, BGHSt 7, 180, 182). Es kann nurmehr die Gesamtstrafe vollstreckt werden (BGH, Urteil vom 6. Juli 1956 – 2 StR 37/55 –, BGHSt 9, 370, 385). Die Annahme einer fiktiven Vollstreckung einer einbezogenen Einzelstrafe widerspricht deshalb den gesetzlichen

[75] BGH, Beschluss vom 22.12.2011 – 2 ARs 458/11.
[76] BGH, Beschluss vom 4.9.2012 – 3 StR 334/12.
[77] BGH, Urteil vom 6.3.2012 – 1 StR 530/11.

Vorgaben des § 55 Abs. 1 StGB. Die Anrechnung der bisher verbüßten Strafe gehört im Übrigen zur Strafzeitberechnung, für die die Vollstreckungsbehörde und nicht das erkennende Gericht zuständig ist (BGH, Beschluss vom 25. Januar 1967 – 2 StR 424/66 –, BGHSt 21, 186; Schäfer/Sander/van Gemmeren, Praxis der Strafzumessung, 4. Aufl. Rn. 694).

[9] Entfällt eine teilweise vollstreckte Gesamtstrafe im Rahmen einer neuen nachträglichen (§ 55 StGB) Gesamtstrafenbildung, so sind deshalb alle Einzelstrafen, die der entfallenen Gesamtstrafe zugrunde lagen, noch nicht erledigt im Sinne von § 55 Abs. 1 StGB (so – der Sache nach – auch BayObLG, Beschluss vom 13. September 1957 – 3 St 29/57 –, NJW 1957, 1810).

[10] Über die Gesamtstrafenbildung muss daher neu befunden werden. Maßgebend ist die Vollstreckungssituation zum Zeitpunkt des Erlasses der angefochtenen Entscheidung (BGH, Beschlüsse vom 8. Oktober 2010 – 3 StR 368/10 –, Rn. 2; vom 20. Dezember 2011 – 3 StR 374/11 – , Rn. 5, jew. m.w.N.).

PRAXISTIPP ■

Gesamtstrafenbildungen mit Vorverurteilungen und erst recht nachträgliche Gesamtstrafenbildungen genießen meist keine große Aufmerksamkeit. Dabei zeigen die vorstehenden Entscheidungen, dass auch insoweit durchaus Fehlerquellen vorhanden sind, welche es zu Gunsten eines Angeklagten bzw. einer juristisch fehlerfreien Entscheidung zu vermeiden gilt!

15. Strafaussetzung zur Bewährung – §§ 56 ff. StGB

Unabhängig von der verfahrensrechtlichen Vorschrift des § 267 Abs. 3 Satz 4 StPO **80**
sind aus materiell-rechtlichen Gründen **Ausführungen im Urteil zur Strafaussetzung zur Bewährung erforderlich,** wenn eine Erörterung dieser Frage als Grundlage für die revisionsgerichtliche Nachprüfung geboten ist. Dies gilt insbesondere dann, wenn angesichts der konkreten Umstände des Falles eine Strafaussetzung zur Bewährung nicht so fern liegt, dass eine ausdrückliche Erörterung der Aussetzungsfrage entbehrlich erscheint.[78]

[4] 2. Die Versagung einer Strafaussetzung zur Bewährung hält jedoch rechtlicher Nachprüfung nicht stand. Das Landgericht hat seine Entscheidung nicht begründet. Unabhängig von der verfahrensrechtlichen Vorschrift des § 267 Abs. 3 Satz 4 StPO sind aus materiell-rechtlichen Gründen Ausführungen im Urteil zur Strafaussetzung zur Bewährung erforderlich, wenn eine Erörterung dieser Frage als Grundlage für die revisionsgerichtliche Nachprüfung geboten ist (vgl. u.a. BGH, Beschluss vom 28. Juli 2011 – 4 StR 283/11 m.w.N.).

[5] Dies ist hier der Fall, weil angesichts der konkreten Umstände des Falles eine Strafaussetzung zur Bewährung nicht so fern liegt, dass eine ausdrückliche Erörterung der Aussetzungsfrage entbehrlich erscheint. Der Angeklagte ist – von den hier

---

78 BGH, Beschluss vom 6.3.2012 – 1 StR 50/12; vgl. hierzu auch BGH, Beschluss vom 21.3.2012 – 1 StR 100/12.

abgeurteilten binnen weniger Minuten begangenen Taten abgesehen – nur geringfügig strafrechtlich in Erscheinung getreten. Er wurde 2006 zu einer Geldstrafe verurteilt. Seine Taten haben bei den beiden Geschädigten „keine bleibenden Verletzungen" verursacht, weshalb die Strafkammer jeweils feststellte, „dass sich die Strafe noch im unteren Bereich des zur Verfügung stehenden Strafrahmens bewegen kann" (UA S. 20). Der Angeklagte hat die Taten nicht bestritten, sondern von seinem Recht Gebrauch gemacht, sich nicht zur Sache einzulassen. Zu dem Motiv der Tat hat die Strafkammer keine Feststellungen getroffen.

81 **Nicht hinreichend** ist, wenn ein Tatrichter seine Entscheidung, eine Freiheitsstrafe nicht zur Bewährung auszusetzen, allein damit begründet, es lägen **keine besonderen Umstände im Sinne des § 56 Abs. 2 StGB** vor. Zunächst hat er sich nämlich mit der vorrangigen Frage zu befassen, ob dem Angeklagten eine positive Kriminalprognose gemäß § 56 Abs. 1 StGB gestellt werden kann. Ggf. kann die bestehende Erwartung, der Angeklagte werde sich künftig straffrei führen, auch für die Beurteilung bedeutsam sein kann, ob besondere Umstände gemäß § 56 Abs. 2 StGB angenommen werden können.[79]

[2] Das Landgericht hat diese Entscheidung zwar damit begründet, es lägen keine besonderen Umstände im Sinne des § 56 Abs. 2 StGB vor. Es hat sich aber nicht mit der vorrangigen Frage befasst, ob dem Angeklagten eine positive Kriminalprognose gemäß § 56 Abs. 1 StGB gestellt werden kann. Dies begegnet deshalb durchgreifenden rechtlichen Bedenken, weil die ggf. bestehende Erwartung, der Angeklagte werde sich künftig straffrei führen, auch für die Beurteilung bedeutsam sein kann, ob besondere Umstände gemäß § 56 Abs. 2 StGB angenommen werden können (BGH, Beschluss vom 21. September 2006 – 4 StR 323/06, NStZ-RR 2006, 375 m.w.N.); ebenso verhält es sich mit den einer eventuellen günstigen Prognose zugrunde liegenden Umständen.

[3] Auf diesem Mangel kann die Entscheidung beruhen, weil nicht auszuschließen ist, dass das Tatgericht dem erstmalig zu einer Freiheitsstrafe verurteilten Angeklagten, dessen letzte festgestellte Tat schon zum Zeitpunkt des angefochtenen Urteils mehr als anderthalb Jahre zurücklag (zu diesem Gesichtspunkt vgl. BGH, Urteil vom 15. Januar 1992 – 2 StR 297/91), eine günstige Kriminalprognose gestellt und – bei Würdigung dieses Gesichtspunktes im Rahmen des § 56 Abs. 2 StGB – die verhängte Gesamtfreiheitsstrafe zur Bewährung ausgesetzt hätte. Über die Bewährungsfrage ist daher nochmals zu befinden.

82 Es gibt **keinen allgemeinen Erfahrungssatz**, dass ein **Ausländer**, welcher sich illegal in Deutschland aufhält und von der Abschiebung „bedroht" ist, sich eine Verurteilung nicht zur Warnung dienen lassen und ohne die Einwirkung des Strafvollzugs keine Straftaten mehr begehen wird.[80]

[3] 2. Dagegen hält die Ablehnung der Strafaussetzung zur Bewährung rechtlicher Nachprüfung nicht stand.

[4] a) Die Begründung, mit der das Landgericht das Fehlen einer positiven Sozialprognose angenommen hat, begegnet durchgreifenden rechtlichen Bedenken. We-

---

[79] BGH, Beschluss vom 22.8.2012 – 1 StR 343/12; vgl. hierzu auch BGH, Beschluss vom 28.8.2012 – 3 StR 305/12.

[80] BGH, Beschluss vom 12.7.2012 – 2 StR 210/12.

sentliche von der Strafkammer hierfür angeführte Umstände stehen in Widerspruch zu weiteren Feststellungen des Landgerichts und können deshalb bei der nach § 56 Abs. 1 StGB anzustellenden Würdigung der Kammer nicht herangezogen werden.

[5] Dass sich der Angeklagte, wie die Kammer ausführt, illegal in Deutschland aufhalte und von der Abschiebung bedroht sei (UA S. 20), steht nicht in Einklang mit der weiteren Feststellung des Landgerichts, dem Angeklagten sei mit der Entlassung aus der Abschiebehaft ein Zimmer in der Asylbewerberunterkunft zugeteilt worden (UA S. 5). Denn dies legt nahe, dass er einen Antrag auf Anerkennung als Asylberechtigter gestellt und jedenfalls während der Dauer des laufenden Verfahrens keinen illegalen Aufenthaltsstatus (mehr) hat. Mit der Zuweisung einer Unterkunft entfällt zudem die Grundlage für die weitere Feststellung, der Angeklagte verfüge über keinen festen Wohnsitz. Soweit die Strafkammer weiter anführt, der illegal eingereiste Angeklagte sei mittellos, berücksichtigt dies nicht, dass der Angeklagte womöglich Leistungen nach dem Asylbewerberleistungsgesetz beanspruchen könnte und insoweit Mittel zur Bestreitung seines Lebensunterhaltes zur Verfügung hätte. Angesichts dessen fehlt es für die vom Landgericht vorgenommene Würdigung, die ergänzend allein auf das Fehlen sozialer Bindungen des Angeklagten in Deutschland abstellt, insgesamt an einer tragfähigen Tatsachengrundlage, zumal die allgemein beschriebene Situation allein keinen tragfähigen Rückschluss erlaubt, ob der Angeklagte, der sich bisher „lediglich" nach § 323a StGB strafbar gemacht hat, sich zukünftig nicht straffrei führen werde. Einen allgemeinen Erfahrungssatz, dass ein Ausländer in der beschriebenen Situation sich grundsätzlich eine Verurteilung nicht zur Warnung dienen lassen und nicht auch ohne die Einwirkung des Strafvollzugs keine Straftaten begehen werde, vermag der Senat nicht zu erkennen.

[6] b) Auch die Annahme des Landgerichts, besondere Umstände im Sinne von § 56 Abs. 2 StGB lägen nicht vor, begegnet durchgreifenden rechtlichen Bedenken. Das Landgericht hat dies nicht näher begründet, obwohl insoweit grundsätzlich die maßgeblichen Erwägungen mitzuteilen sind (vgl. Fischer, StGB, 59. Aufl., § 56 Rn. 23). Dafür hätte hier umso mehr Anlass bestanden, als es einige Gründe gibt, die im Zusammenwirken zur Annahme „besonderer Umstände" im Sinne von § 56 Abs. 2 StGB drängen könnten.

Wird im Rahmen einer **nachträglichen Gesamtstrafenbildung** eine **Gesamtfreiheitsstrafe aufgelöst**, welche zur Bewährung ausgesetzt worden war und nachdem die dem Angeklagten hierbei auferlegten Arbeitsleistungen in vollem Umfange abgeleistet sind, ist die entscheidende Strafkammer gedrängt, die Voraussetzungen für eine Anrechnung auf Bewährungsauflagen erbrachter Leistungen gemäß § 58 Abs. 2 Satz 2 StGB i.V.m. § 56f Abs. 3 Satz 2 StGB zu prüfen und in den Urteilsgründen zu erörtern. Nach dieser Regelung sind Leistungen, die auf Bewährungsauflagen nach § 56b Abs. 2 Satz 1 Nr. 2 bis 4 StGB erbracht worden sind, nicht bei der Bemessung der Gesamtstrafe zu berücksichtigen, sondern durch eine die Vollstreckung verkürzende Anrechnung auf die neue Gesamtfreiheitsstrafe.[81] **83**

[3] Nach den Feststellungen war die Vollstreckung der im Rahmen der nachträglichen Gesamtstrafenbildung aufgelösten Gesamtfreiheitsstrafe von einem Jahr und zehn Monaten aus dem Urteil des Landgerichts Halle vom 7. Juli 2011 zur Bewährung ausgesetzt worden. Mit Bewährungsbeschluss vom selben Tag hatte das

[81] BGH, Beschluss vom 19.6.2012 – 4 StR 106/12.

Landgericht dem Angeklagten die Erbringung von Arbeitsleistungen auferlegt, die der Angeklagte in vollem Umfange ableistete. Angesichts dieser Feststellungen hätte sich die Strafkammer gedrängt sehen müssen, die Voraussetzungen für eine Anrechnung auf Bewährungsauflagen erbrachter Leistungen gemäß § 58 Abs. 2 Satz 2 StGB i.V.m. § 56f Abs. 3 Satz 2 StGB zu prüfen und in den Urteilsgründen zu erörtern (vgl. BGH, Beschluss vom 7. März 2001 – 2 StR 43/01). Nach dieser Regelung sind Leistungen, die auf Bewährungsauflagen nach § 56b Abs. 2 Satz 1 Nr. 2 bis 4 StGB erbracht worden sind, nicht bei der Bemessung der Gesamtstrafe zu berücksichtigen, sondern durch eine die Vollstreckung verkürzende Anrechnung auf die neue Gesamtfreiheitsstrafe auszugleichen (vgl. BGH, Beschluss vom 20. März 1990 – 1 StR 283/89, BGHSt 36, 378).

[4] Der Erörterungsmangel führt zur Teilaufhebung des Urteils. Die Frage der Anrechnung der vom Angeklagten erbrachten Arbeitsleistungen bedarf einer neuen tatrichterlichen Entscheidung, wobei zu berücksichtigen sein wird, dass die Leistungen des Angeklagten – wenn auch fehlerhaft – bei der Gesamtstrafenbildung zu seinen Gunsten Beachtung gefunden haben (vgl. BGH, Beschlüsse vom 7. März 2011 – 2 StR 43/01; vom 19. Mai 1992 – 4 StR 207/92).

16. Maßregeln der Besserung und Sicherung

a) Unterbringung in einem psychiatrischen Krankenhaus – § 63 StGB

84 Die **Unterbringung in einem psychiatrischen Krankenhaus** ist eine außerordentlich beschwerende Maßnahme. Deshalb darf sie nur angeordnet werden, wenn die **Wahrscheinlichkeit höheren Grades** besteht, dass der Täter infolge seines fortdauernden Zustandes in Zukunft erhebliche rechtswidrige Taten begehen werde. Nötig ist, dass die Tatbegehung durch die (nicht nur vorübergehende) psychische Störung zumindest mitausgelöst worden ist.[82]

[3] 2. Die Anordnung der Unterbringung in einem psychiatrischen Krankenhaus hält rechtlicher Prüfung nicht stand. Zwar begegnet die Annahme der Schuldunfähigkeit rechtlich keinen Bedenken. Der Maßregelausspruch kann gleichwohl nicht bestehen bleiben, weil die Strafkammer die für eine Unterbringung in einem psychiatrischen Krankenhaus vorausgesetzte Gefährlichkeitsprognose nicht ausreichend begründet hat.

[4] Die Unterbringung in einem psychiatrischen Krankenhaus ist eine außerordentlich beschwerende Maßnahme. Deshalb darf sie nur angeordnet werden, wenn eine Wahrscheinlichkeit höheren Grades besteht, dass der Täter infolge seines fortdauernden Zustandes in Zukunft erhebliche rechtswidrige Taten begehen werde. § 63 StGB setzt hierfür voraus, dass die Gefährlichkeit des Täters aus demjenigen Zustand folgt, der die Einschränkung seiner Schuldfähigkeit bei der Anlasstat begründet. Insoweit muss es sich um dieselbe Defektquelle handeln. Nötig ist mithin ein symptomatischer Zusammenhang dergestalt, dass die Tatbegehung durch die (nicht nur vorübergehende) psychische Störung zumindest mitausgelöst worden ist und dass auch die für die Zukunft zu erwartenden Taten sich als Folgewirkung dieses Zu-

---

[82] BGH, Beschl. v. 28.3.2012 – 2 StR 614/11.

standes darstellen (st. Rspr., vgl. BGHSt 34, 22, 27; BGH NStZ 1991, 528; NJW 1998, 2986, 2987; Fischer, StGB 59. Aufl. § 63 Rn. 14 m.w.N.).

[5] Inwieweit vom Angeklagten erhebliche Taten zu erwarten sind als Folge derselben psychischen Störung, auf welche die Anlasstat zurückzuführen ist, lässt sich den Ausführungen des Landgerichts nicht klar entnehmen. Nach den Urteilsgründen ist das Landgericht, dem Sachverständigen folgend, davon ausgegangen, dass die Einsichts- und Steuerungsfähigkeit des Angeklagten aufgrund einer akuten Phase seiner schizophrenen Erkrankung bei Tatbegehung aufgehoben war (UA S. 8, 12, 13). Demgegenüber stellt das Landgericht für die Gefährlichkeitsprognose ausschlaggebend auch auf die dissoziale Persönlichkeitsstörung des Angeklagten ab (UA S. 15, 16). Aufgrund dieser Störung habe er bereits vor seiner Erkrankung an einer Schizophrenie, die bei ihm das Delinquenzrisiko steigere, über eine hohe kriminelle Energie verfügt und zahlreiche Straftaten verübt. Bei seiner prognostischen Beurteilung der Gefährlichkeit des Angeklagten hat das Landgericht weiter berücksichtigt, dass im Rahmen einer psychiatrischen Behandlung der Schizophrenie zwar eine Remission dieser Erkrankung zu erwarten sei, die dissoziale Persönlichkeitsstörung jedoch bis auf weiteres bestehen bleiben werde, sodass für die Zukunft allein schon aufgrund dieser Persönlichkeitsanteile des Angeklagten weitere erhebliche strafrechtlich relevante Verhaltensweisen als sehr wahrscheinlich anzusehen seien. Mit dieser Begründung seiner Gefährlichkeitsprognose stützt sich das Landgericht maßgeblich auf die dissoziale Persönlichkeitsstörung des Angeklagten, die in der Anlasstat nach den Feststellungen indes keinen Ausdruck gefunden hat.

[6] Soweit das Landgericht im Hinblick auf die schizophrene Erkrankung des Angeklagten als Beleg für die hierdurch bedingte Gefährlichkeit auf in den vergangenen Jahren wiederkehrende psychotische Dekompensationen verweist, die mit aggressivem straftatrelevanten Verhalten einhergegangen seien, entbehren die Ausführungen einer hinreichenden Konkretisierung. In den Urteilsgründen finden sich hierzu Hinweise lediglich für die Zeit der Unterbringung des Angeklagten in der psychiatrischen Klinik ab April 2011 (UA S. 11). Insofern können krankheitstypische Taten, die im Rahmen einer Unterbringung gegen Angehörige des Pflegepersonals begangen werden, allerdings ohnehin nur eingeschränkt Anlass für die Anordnung einer strafrechtlichen Unterbringung nach § 63 StGB sein (BGH NStZ 1998, 405; 1999, 611, 612; NStZ-RR 2011, 202, 203).

Die Erwartung erheblicher rechtswidriger Taten erfordert nicht, dass bereits die **Anlasstaten selbst erheblich** sind; die zu erwartenden Taten müssen aber schwere Störungen des Rechtsfriedens besorgen lassen und daher zumindest dem Bereich der mittleren Kriminalität zuzuordnen sein.[83] **85**

[4] 2. Die Unterbringung des Beschuldigten in einem psychiatrischen Krankenhaus gemäß § 63 StGB hält rechtlicher Nachprüfung nicht stand. Hierzu hat der Generalbundesanwalt in seiner Antragsschrift ausgeführt:

> *„Die Strafkammer hat die für eine Unterbringung in einem psychiatrischen Krankenhaus vorausgesetzte negative Gefährlichkeitsprognose nicht rechtsfehlerfrei durchgeführt. Die Unterbringung in einem psychiatrischen Krankenhaus, die eine außerordentlich beschwerende Maßnahme darstellt, darf nur angeordnet werden,*

---

[83] BGH, Beschl. v. 28.8.2012 – 3 StR 304/12.

wenn eine Wahrscheinlichkeit höheren Grades besteht, dass der Täter infolge seines fortdauernden Zustandes in Zukunft erhebliche rechtswidrige Taten begehen wird und er deshalb für die Allgemeinheit gefährlich ist (st. Rspr.; BGH, Beschluss vom 17. Februar 2009 – 3 StR 27/09, NStZ-RR 2009, 169 m.w.N.). Die Erwartung erheblicher rechtswidriger Taten wird von den Feststellungen nicht getragen. Dies erfordert nicht, dass die Anlasstaten selbst erheblich sind; die zu erwartenden Taten müssen aber schwere Störungen des Rechtsfriedens besorgen lassen und daher zumindest dem Bereich der mittleren Kriminalität zuzuordnen sein (BGH, Beschluss vom 22. Februar 2011 – 4 StR 635/10, NStZ-RR 2011, 202). Dabei sind zu erwartende Gewalt- und Aggressionsdelikte zwar regelmäßig zu den erheblichen Taten zu rechnen (BGH aaO; BGH, Beschluss vom 25.04. 2012 – 4 StR 81/12 m.w.N.). Zumindest die Anlasstat Nr. 1 bewegt sich mit einer einfachen Ohrfeige schon an der Grenze der Erheblichkeit im Sinne des § 223 StGB (BGH, Urteil vom 7. März 1990 – 2 StR 615/89, NJW 1990, 3156, 3157). Der als erheblichere Straftat anzusehende erfolgreiche Schlag gegen einen Krankenpfleger (Anlasstat Nr. 2) erfolgte erst, als dieser den Beschuldigten zu Boden brachte, also in einer für den Beschuldigten subjektiv bedrohlichen Situation (UA S. 7). Hinzu kommt, dass solche Verhaltensweisen innerhalb einer Einrichtung gegenüber dem Pflegepersonal nicht ohne weiteres denjenigen Handlungen gleichzusetzen sind, die ein Täter außerhalb einer Betreuungseinrichtung begeht (BGH, Beschluss vom 22. Februar 2011 – 4 StR 635/10, NStZ-RR 2011, 202; Beschluss vom 25.04.2012 – 4 StR 81/12). Auf dieser Grundlage vermag allein die Gefahr, dass der Beschuldigte künftig den Anlasstaten gleich gelagerte Straftaten begehen wird, die Maßregelanordnung nicht zu begründen. Denn damit ist die vom Gesetz vorausgesetzte bestimmte Wahrscheinlichkeit der Begehung weiterer erheblicher rechtswidriger Taten nicht hinreichend belegt. Der Beschuldigte ist vor den Anlasstaten nicht mit Gewalt- oder Aggressionsdelikten strafrechtlich in Erscheinung getreten, obwohl die Erkrankung seit 2003 besteht (UA S. 3). Aggressive Verhaltensweisen sind erst nach der stationären Aufnahme auf der geschützten allgemeinen psychiatrischen Station des A. Krankenhauses, dem Tatort der Anlasstaten, im November 2010 und der anschließenden zivilrechtlichen Unterbringung in dieser Einrichtung seit Januar 2011 aufgetreten, was einen Zusammenhang zwischen den Gewalttaten und der Unterbringung nahe legt.

Auch die weiteren aggressiven Auffälligkeiten, zu denen es neben den festgestellten Taten durch den Beschuldigten gekommen ist (UA S. 5 f.), sind auf unterbringungsspezifische Situationen zurückzuführen, nämlich hinsichtlich des Übergriffs auf eine Passantin auf eine Fehlreaktion des Klinikpersonals (UA S. 6) und des Richters am Amtsgericht W. auf eine Anhörung im Betreuungsverfahren (UA S. 5), nachdem der Beschuldigte bereits untergebracht war. Anlässlich des letztgenannten Vorfalls ließ der Beschuldigte sich offensichtlich wieder beruhigen und wurde nicht tätlich. Ansonsten ist der Beschuldigte zuvor nie in strafrechtlich relevanter Weise aufgefallen."

[5] Dem schließt sich der Senat an. Über die Unterbringung muss deshalb erneut verhandelt und entschieden werden.

86 Die Unterbringung in einem psychiatrischen Krankenhaus darf nur angeordnet werden, wenn die Wahrscheinlichkeit höheren Grades besteht, der Täter werde infolge seines fortdauernden Zustandes **in Zukunft erhebliche rechtswidrige Taten begehen**. Dabei sind zu erwartende Gewalt- und Aggressionsdelikte regelmäßig zu den erheblichen Taten zu rechnen. Jedoch sind solche **Verhaltensweisen innerhalb einer Einrichtung gegenüber dem Pflegepersonal nicht ohne weiteres** denjenigen Handlungen ***gleichzusetzen***, die ein Täter außerhalb einer Betreuungseinrichtung begeht.[84]

[4] 2. Die bisherigen Feststellungen und Wertungen rechtfertigen die Anordnung der Unterbringung in einem psychiatrischen Krankenhaus nicht.

[5] a) Die Unterbringung in einem psychiatrischen Krankenhaus ist eine außerordentlich beschwerende Maßnahme. Deshalb darf sie nur angeordnet werden, wenn die Wahrscheinlichkeit höheren Grades besteht, der Täter werde infolge seines fortdauernden Zustandes in Zukunft erhebliche rechtswidrige Taten begehen. Dabei sind zu erwartende Gewalt- und Aggressionsdelikte regelmäßig zu den erheblichen Taten zu rechnen (BGH, Urteil vom 17. Februar 2004 – 1 StR 437/03, Beschlüsse vom 3. April 2008 – 1 StR 153/08 und vom 10. August 2010 – 3 StR 268/10). Dies trifft auf die Anlasstaten zu, die für sich betrachtet gewichtige Straftaten sind. Jedoch sind solche Verhaltensweisen innerhalb einer Einrichtung gegenüber dem Pflegepersonal nicht ohne weiteres denjenigen Handlungen gleichzusetzen, die ein Täter außerhalb einer Betreuungseinrichtung begeht (BGH, Urteil vom 22. Januar 1998 – 4 StR 354/97, NStZ 1998, 405; Beschlüsse vom 6. November 2003 – 4 StR 456/03, StV 2005, 21; vom 17. Februar 2009 – 3 StR 27/09, NStZ-RR 2009, 169, Rn. 9 und vom 22. Februar 2011 – 4 StR 635/10, NStZ-RR 2011, 202, Rn. 13; vgl. auch BVerfG, Beschluss vom 8. Dezember 2011 – 2 BvR 2181/11, NJW 2012, 513, Rn. 27). Soweit die Strafkammer in diesem Zusammenhang darauf abstellt, dass es sich bei den geschädigten Zeuginnen gerade nicht um im Umgang mit schwierigen und aggressiven Patienten erfahrenes besonders geschultes Personal, sondern um einfache Krankenpflegerinnen gehandelt habe, rechtfertigt dies keine Gleichsetzung der Taten mit solchen außerhalb der Einrichtung. Es kann von einer psychisch schwer erkrankten Person nicht erwartet werden, das Krankenpflegepersonal nach entsprechend geschulten und ungeschulten Personen zu unterscheiden.

[6] b) Auf dieser Grundlage vermag allein die Gefahr, dass die Beschuldigte künftig den Anlasstaten gleich gelagerte Straftaten begehen wird, die Maßregelanordnung nicht zu begründen. Damit ist die vom Gesetz vorausgesetzte bestimmte Wahrscheinlichkeit der Begehung weiterer erheblicher rechtswidriger Taten nicht hinreichend belegt. Die Beschuldigte ist vor den Anlasstaten nicht mit Gewalt- oder Aggressionsdelikten strafrechtlich in Erscheinung getreten, obwohl die Erkrankung spätestens seit 2002 besteht. Unbegleitete Ausgänge hat sie zum Konsum von Drogen und hochprozentigen Alkoholika, aber offenbar nicht zu Gewalttaten genutzt. Aggressive Verhaltensweisen sind erst nach der Unterbringung in einer geschlossenen Einrichtung im Jahr 2009 aufgetreten, was einen Zusammenhang zwischen den Gewalttaten und der Unterbringung möglich erscheinen lässt. Bei dieser Sachlage durfte sich die Strafkammer nicht darauf beschränken, die Wahrscheinlichkeit weiterer erheblicher Taten allein aus der aktuellen Beurteilung des Krankheitszustandes durch den Sachverständigen herzuleiten. Vielmehr hätte das Verhalten der Beschuldigten vor und nach der Tat, insbesondere die im Urteil erwähnten weiteren aggressiven Auffälligkeiten (UA 4 und 7), eingehender dargestellt und erörtert werden müssen. Auch hätte die in der Hauptverhandlung erklärte Absicht der Beschuldigten, im Falle verfügbarer Waffen auf diese zurückgreifen zu wollen, näher hinter-

---

[84] BGH, Beschl. v. 25.4.2012 – 4 StR 81/12.

fragt werden müssen. Sind aufgrund der krankheitsbedingten wahnhaften Realitätsverkennung auch Angriffe auf unbeteiligte Personen oder ist eine Steigerung der Intensität und Gefährlichkeit der Angriffe auf das Pflegepersonal mit Wahrscheinlichkeit zu erwarten, könnte dies die Anordnung der Unterbringung der Beschuldigten gemäß § 63 StGB rechtfertigen.

87 Bedingung einer Anordnung nach § 63 StGB ist es nicht, dass ein Täter eine rechtswidrige Tat im Zustand der Schuldunfähigkeit begangen hat; vielmehr genügt es, wenn bei Begehung der Tat **erheblich verminderte Schuldfähigkeit** im Sinne des § 21 StGB **sicher vorgelegen** hat.[85]

[3] 1. Nach den Feststellungen des Landgerichts befand sich der Angeklagte „zum Tatzeitpunkt aufgrund einer Kombination aus dem bestehenden organischen Psychosyndrom nach Schädelhirntrauma" und einer „akuten Mischintoxikation in einem Zustand erheblich verminderter Schuldfähigkeit gemäß § 21 StGB". Er ist „auch länger dauernd psychisch erkrankt". Dennoch hat das Landgericht – das im Rahmen seiner Ausführungen zu § 64 StGB die Gefährlichkeit des Angeklagten für die Allgemeinheit bejaht hat – dessen Unterbringung in einem psychiatrischen Krankenhaus abgelehnt; denn das organische Psychosyndrom führe weder zu einer gesteigerten Aggressivität noch zu einer gesteigerten Affektivität mit unkritischen Affekthandlungen. Die Erkrankung erfülle „weder isoliert betrachtet noch in Kombination mit der bestehenden Polytoxikomanie den Grad eines Störungsbildes im Sinne des § 20 StGB".

[4] 2. Diese Erwägungen tragen die Ablehnung der Unterbringung des Angeklagten in einem psychiatrischen Krankenhaus nicht. Es erschließt sich, insbesondere im Zusammenhang mit den übrigen Urteilsgründen, nicht, welche Voraussetzung des § 63 StGB das Landgericht als nicht gegeben erachtet.

[5] Sollte es gemeint haben, Bedingung der Anordnung sei, dass der Täter die rechtswidrige Tat im Zustand der Schuldunfähigkeit begangen habe, lag darin eine Verkennung der Voraussetzungen des § 63 StGB, nach dem es genügt, wenn bei Begehung der Tat erheblich verminderte Schuldfähigkeit im Sinne des § 21 StGB sicher vorgelegen hat; dies war hier der Fall. Sollte es dagegen der Auffassung gewesen sein, es fehle an einem Eingangstatbestand des § 20 StGB, steht diese – nicht näher belegte – Annahme in Gegensatz zu der Feststellung, der Angeklagte sei im Tatzeitpunkt in seiner Steuerungsfähigkeit im Sinne des § 21 StGB und damit aus einem der in § 20 StGB bezeichneten Gründe erheblich vermindert gewesen. Soweit mit dem Hinweis auf das Fehlen einer gesteigerten Aggressivität und Affektivität gegebenenfalls die von § 63 StGB vorausgesetzte Gefährlichkeit des Angeklagten für die Allgemeinheit verneint werden sollte, ließe dies zum einen die Feststellungen zum Ablauf der abgeurteilten Tat außer Betracht und stünde zum anderen in einem unaufgelösten Widerspruch zu der bei der Prüfung des § 64 StGB dargelegten Gefährlichkeitsprognose.

88 Die **Unterbringung in einem psychiatrischen Krankenhaus** ist aufgrund ihrer zeitlichen Unbegrenztheit eine außerordentlich beschwerende Maßnahme, welche des-

[85] BGH, Beschl. v. 22.12.2011 – 3 StR 427/11; vgl. hierzu, insbes. auch zur insoweit bestehenden Darlegungsverpflichtung des Tatrichters BGH, Beschl. v. 22.8.2012 – 4 StR 308/12; ebenso BGH, Beschl. v. 29.8.2012 – 4 StR 205/12; auch BGH, Beschl. v. 9.5.2012 – 4 StR 120/12.

halb nur dann angeordnet werden kann, wenn eine **Wahrscheinlichkeit höheren Grades** dafür besteht, dass der Täter infolge seines Zustands in Zukunft Taten begehen wird, die eine **schwere Störung des Rechtsfriedens** zur Folge haben.[86]

[5] 2. Diese Feststellungen belegen nicht hinreichend, dass von dem Beschuldigten aufgrund seines Zustands erhebliche rechtswidrige Taten zu erwarten sind und er deshalb für die Allgemeinheit gefährlich ist (§ 63 StGB).

[6] a) Die Unterbringung in einem psychiatrischen Krankenhaus ist aufgrund ihrer zeitlichen Unbegrenztheit eine außerordentlich beschwerende Maßnahme. Sie darf deshalb nur dann angeordnet werden, wenn eine Wahrscheinlichkeit höheren Grades dafür besteht, dass der Täter infolge seines Zustands in Zukunft Taten begehen wird, die eine schwere Störung des Rechtsfriedens zur Folge haben (BGH, Urteil vom 2. März 2011 – 2 StR 550/10, NStZ-RR 2011, 240, 241; Beschluss vom 22. Februar 2011 – 4 StR 635/10, NStZ-RR 2011, 202; Urteil vom 7. Januar 1997 – 5 StR 508/96, NStZ-RR 1997, 230).

[7] Ob eine zu erwartende Straftat zu einer schweren Störung des Rechtsfriedens führt, ist anhand der konkreten Umstände des Einzelfalls zu entscheiden (BGH, Beschluss vom 22. Februar 2011 – 4 StR 635/10, NStZ-RR 2011, 202; Beschluss vom 26. April 2001 – 4 StR 538/00, StV 2002, 477 f.). Dabei kann sich – wie in aller Regel bei Verbrechen oder Gewalt- und Aggressionsdelikten – eine schwere Störung des Rechtsfriedens bereits allein aus dem Gewicht des Straftatbestandes ergeben, mit dessen Verwirklichung gerechnet werden muss (BGH, Beschluss vom 22. Februar 2011 – 4 StR 635/10, NStZ-RR 2011, 202; Urteil vom 12. Juni 2008 – 4 StR 140/08, NStZ 2008, 563, 564; Beschluss vom 24. November 2004 – 1 StR 493/04, NStZ-RR 2005, 72, 73). Sind die zu erwartenden Delikte nicht wenigstens dem Bereich der mittleren Kriminalität zuzuordnen, ist die Annahme einer schweren Störung des Rechtsfriedens dagegen nur in Ausnahmefällen begründbar …

[8] Die für die Maßregelanordnung erforderliche Gefährlichkeitsprognose ist auf der Grundlage einer umfassenden Würdigung der Persönlichkeit des Täters, seines Vorlebens und der von ihm begangenen Anlasstaten zu entwickeln (BGH, Urteil vom 17. August 1977 – 2 StR 300/77, BGHSt 27, 246, 248 f.; Urteil vom 17. November 1999 – 2 StR 453/99, BGHR StGB § 63 Gefährlichkeit 27). Dabei sind an die Darlegungen umso höhere Anforderungen zu stellen, je mehr es sich bei dem zu beurteilenden Sachverhalt unter Berücksichtigung des Verhältnismäßigkeitsgrundsatzes (§ 62 StGB) um einen Grenzfall handelt (vgl. BGH, Beschluss vom 8. November 2006 – 2 StR 465/06, NStZ-RR 2007, 73, 74).

[9] b) Gemessen an diesen Maßstäben hat das Landgericht seine Überzeugung von der zukünftigen Gefährlichkeit des Beschuldigten nicht tragfähig begründet …

[12] Die Feststellung, dass den stationären Aufenthalten des Beschuldigten in den Jahren 1987, 1994 und 1995 „massive aggressive Übergriffe auf Dritte" vorausgegangen sind, ist ohne Aussagekraft, weil es an einer nachvollziehbaren Darstellung einzelner Vorfälle und ihrer Genese fehlt. Gleiches gilt für den Vorgang, der dem wegen Körperverletzung geführten Ermittlungsverfahren der Staatsanwaltschaft Straubing aus dem Jahr 1994 zugrunde lag, das wegen Schuldunfähigkeit eingestellt worden ist. Grundsätzlich kann auch lange zurückliegenden Taten eine indizielle Bedeutung für die Gefährlichkeitsprognose zukommen (BGH, Urteil vom 11. Au-

[86] BGH, Beschl. v. 4.7.2012 – 4 StR 224/12.

gust 2011 – 4 StR 267/11, Rn. 14; vgl. BGH, Urteil vom 12. Juni 2008 – 4 StR 140/08, BeckRS 2008, 13076, insoweit in NStZ 2008, 563 nicht abgedruckt), doch setzt dies regelmäßig voraus, dass diese Taten in einem inneren Zusammenhang zu der festgestellten Erkrankung gestanden haben und ihre Ursache nicht vornehmlich in anderen nicht krankheitsbedingten Umständen zu finden ist (vgl. BGH, Beschluss vom 20. Dezember 2001 – 4 StR 540/01, BeckRS 2001, 30228853). Dies ist in den Urteilsgründen darzustellen und mit Tatsachen zu belegen.

[13] Soweit das Landgericht auch die Todesdrohungen zum Nachteil der Zeugen He. (Fall II. 1) der mittleren Kriminalität zugeordnet hat, wird dies von den Feststellungen nicht belegt. Todesdrohungen gehören nur dann zu den erheblichen Straftaten, wenn sie geeignet sind, den Bedrohten nachhaltig und massiv in seinem elementaren Sicherheitsempfinden zu beeinträchtigen; dies ist insbesondere dann der Fall, wenn sie aus der Sicht des Betroffenen die nahe liegende Gefahr ihrer Verwirklichung in sich tragen (BGH, Beschluss vom 22. Februar 2011 – 4 StR 635/10, NStZ-RR 2011, 202, 203; Urteil vom 12. Juni 2008 – 4 StR 140/08, NStZ 2008, 563, 564). Dass die bedrohten Zeugen mit tödlichen Messerstichen gerechnet haben, lässt sich den Feststellungen nicht entnehmen. Die Tatsache, dass sie nach der ersten Drohung die Verfolgung des Beschuldigten aufnahmen, spricht eher für das Gegenteil.

89 Eine Unterbringung nach § 63 StGB kommt nur in Betracht, wenn eine Wahrscheinlichkeit höheren Grades dafür besteht, dass der Täter infolge seines Zustands in Zukunft **Taten begehen wird, die eine schwere Störung des Rechtsfriedens zur Folge haben**, was anhand der konkreten Umstände des Einzelfalls entschieden werden muss. Sind die zu erwartenden Delikte nicht wenigstens dem Bereich der mittleren Kriminalität zuzuordnen, ist die Annahme einer schweren Störung des Rechtsfriedens nur in Ausnahmefällen begründbar.[87] (Vgl. aber auch nachstehende Entscheidung für Sachverhalte im Zusammenhang mit kinderpornographischen Schriften.)

■ TOPENTSCHEIDUNG

90 Zwar sind geringfügige Taten keine erheblichen im Sinne des § 63 StGB; da das Gesetz aber keine Beschränkung auf bestimmte Tatbestände vorgenommen hat, kann die Frage, ob eine zu erwartende Straftat zu einer schweren Störung des Rechtsfriedens führt, grundsätzlich nur anhand der konkreten Umstände des Einzelfalls beantwortet werden. Dabei ist auch zu berücksichtigen, dass nach dem Willen des Gesetzgebers mit der Bestrafung des Besitzes und Erwerbs der zunehmenden **Verbreitung kinderpornographischer Schriften** im Internet nachdrücklich mit den Mitteln des Strafrechts Einhalt geboten werden soll und dass der Gesetzgeber den Unrechtsgehalt des Besitzes und Erwerbs von kinderpornographischen Schriften stärker betonen, ein Signal für eine nachdrückliche Strafverfolgung solcher Taten setzen und zugleich die generalpräventive Wirkung gegen potentielle Täter verstärken wollte.[88]

---

[87] BGH, Beschl. v. 26.9.2012 – 4 StR 348/12; vgl. hierzu auch BGH, Urteil v. 6.9.2012 – 3 StR 159/12.

[88] BGH, Urteil v. 26.6.2012 – 1 StR 163/12.

[27] Da das Gesetz keine Beschränkung auf bestimmte Tatbestände vor-genommen hat (vgl. BGH, Urteil vom 29. November 1994 – 1 StR 689/94, NStZ 1995, 228; BGH, Beschluss vom 3. April 2008 – 1 StR 153/08, Rn. 11), kann die Frage, ob eine zu erwartende Straftat zu einer schweren Störung des Rechtsfriedens führt, grundsätzlich nur anhand der konkreten Umstände des Einzelfalls beantwortet werden (BGH, Beschluss vom 22. Februar 2011 – 4 StR 635/10, NStZ-RR 2011, 202; Beschluss vom 26. April 2001 – 4 StR 538/00, StV 2002, 477 f.; BGH, Urteil vom 11. August 1998 – 1 StR 305/98, BGHR StGB § 63 Gefährlichkeit 25). Dabei können sich nähere Darlegungen erübrigen, wenn sich – wie in aller Regel bei Verbrechen oder Gewalt- und Aggressionsdelikten – eine schwere Störung des Rechtsfriedens bereits aus dem Gewicht des Straftatbestandes ergibt, mit dessen Verwirklichung gerechnet werden muss (BGH, Beschluss vom 22. Februar 2011 – 4 StR 635/10, NStZ-RR 2011, 202; Urteil vom 12. Juni 2008 – 4 StR 140/08, NStZ 2008, 563, 564; Beschluss vom 24. November 2004 – 1 StR 493/04, NStZ-RR 2005, 72, 73). Dagegen wird die Annahme einer schweren Störung des Rechtsfriedens nur in Ausnahmefällen zu bejahen sein, wenn die zu erwartenden Delikte nicht zumindest den Bereich der mittleren Kriminalität erreichen (st. Rspr.; vgl. nur BVerfGE 70, 297, 312; BGH, Urteil vom 11. August 1998 – 1 StR 305/98, BGHR StGB § 63 Gefährlichkeit 25; BGH, Beschluss vom 24. November 2004 – 1 StR 493/04, NStZ-RR 2005, 72, 73; BGH, Beschluss vom 28. Juni 2005 – 4 StR 223/05, NStZ-RR 2005, 303, 304; BGH, Urteil vom 2. März 2011 – 2 StR 550/10, NStZ-RR 2011, 240, 241). Wichtige Gesichtspunkte bei der Einzelfallerörterung sind die vermutliche Häufigkeit neuerlicher Delikte und die Intensität der zu erwartenden Rechtsgutsbeeinträchtigungen (vgl. BGH, Beschluss vom 22. Februar 2011 – 4 StR 635/10, NStZ-RR 2011, 202; Hanack JR 1977, 170, 171).

[28] b) Von diesen Maßstäben ist das Landgericht im Ansatz, dass geringfügige Taten keine erheblichen Taten im Sinne des § 63 StGB sind, zutreffend ausgegangen. Bei der Frage, ob die vom Angeklagten zukünftig zu erwartenden Taten mindestens dem Bereich der mittleren Kriminalität zuzurechnen sind, sind ihm jedoch durchgreifende Wertungsfehler und Erörterungsmängel unterlaufen.

[29] aa) Das Landgericht hält es in Übereinstimmung mit dem psychiatrischen Sachverständigen für wahrscheinlich, dass der Angeklagte weitere mit den Anlasstaten vergleichbare Taten begehen wird, sich also auch wieder kinderpornographische Schriften in Form von Dateien verschaffen wird, die den schweren sexuellen Missbrauch von Kindern im Sinne von § 176a Abs. 2 Nr. 1 StGB zum Gegenstand haben. Gleichwohl ist das Landgericht davon ausgegangen, dass es sich bei den Anlasstaten um eher geringfügige Taten handele, die sich noch nicht im Bereich der mittleren Kriminalität bewegten. Dabei hat das Landgericht die Anlasstat des Besitzes kinderpornographischer Schriften gemäß § 184b StGB, deren Wiederholung es für wahrscheinlich hält, von vornherein als unerheblich für die Frage der Anordnung einer Maßregel nach § 63 StGB angesehen. Dies hält rechtlicher Nachprüfung nicht stand. Denn das Landgericht hat sich damit den Blick für die Prüfung verstellt, ob sich aus den Umständen des Einzelfalls die Erheblichkeit solcher Taten ableiten lässt.

[30] (1) Vorliegend hatte der Angeklagte nicht etwa nur eine Datei mit kinderpornographischem Inhalt, sondern insgesamt 41 CD-ROMs mit mindestens 317 Videodateien und 32.601 Bilddateien in seinem Besitz (UA S. 9). Der Inhalt dieser Dateien betrifft erhebliche sexuelle Handlungen … Sie erfüllen damit den Straftatbestand des § 176a Abs. 2 StGB, der hierfür eine Mindeststrafe von zwei Jahren vorsieht …

[31] (2) Dem kann nicht entgegengehalten werden, dass der bloße Besitz solcher Dateien keine Außenwirkung habe, weil der Täter selbst keinen Kontakt mit den dort abgebildeten Kindern habe. …

[32] (3) Bei der Bewertung des Gewichts der von dem Angeklagten zu erwartenden Straftaten hätte das Landgericht auch berücksichtigen müssen, dass nach dem Willen des Gesetzgebers mit der Bestrafung des Besitzes und Erwerbs der zunehmenden Verbreitung kinderpornographischer Schriften im Internet nachdrücklich mit den Mitteln des Strafrechts Einhalt geboten werden soll und dass der Gesetzgeber deshalb mit dem Gesetz zur Änderung der Vorschriften über die Straftaten gegen die sexuelle Selbstbestimmung und zur Änderung anderer Vorschriften vom 27. Dezember 2003 (BGBl. I, S. 3007) das Höchstmaß der Freiheitsstrafe für Erwerb und Besitz kinderpornographischer Schriften von einem Jahr auf zwei Jahre erhöht hat (s. dazu BT-Drucks. 15/350, S. 10). Mit dieser Gesetzesänderung wollte der Gesetzgeber den Unrechtsgehalt des Besitzes und Erwerbs von kinderpornographischen Schriften stärker betonen, ein Signal für eine nachdrückliche Strafverfolgung solcher Taten setzen und zugleich die generalpräventive Wirkung gegen potentielle Täter verstärken (vgl. BT-Drucks. 15/350, S. 21). Daraus folgt zugleich, dass der Gesetzgeber die Tathandlung des Besitzes kinderpornographischer Schriften nicht dem Bereich der Bagatellkriminalität zuordnet.

[33] (4) Das erhebliche Gewicht solcher Taten wird auch im Rahmenbeschluss 2004/68/JI des Rates der Europäischen Union vom 22. Dezember 2003 zur Bekämpfung der sexuellen Ausbeutung von Kindern und der Kinderpornographie (ABl. EU Nr. L 13 vom 20. Januar 2004, S. 44) hervorgehoben. Danach soll der unberechtigte Erwerb oder Besitz von Kinderpornographie – mit oder ohne Verwendung eines EDV-Systems – von den Mitgliedstaaten unter Strafe gestellt werden (s. dort Art. 3 Buchst. d) und mit ausreichend schweren Sanktionen geahndet werden (9. Erwägungsgrund des Rahmenbeschlusses). Denn die „Kinderpornographie, eine besonders schwere Form der sexuellen Ausbeutung von Kindern, findet durch den Einsatz neuer Technologien und des Internets immer stärkere Verbreitung“ (5. Erwägungsgrund). Der Rahmenbeschluss weist ausdrücklich darauf hin, dass die „sexuelle Ausbeutung von Kindern und die Kinderpornographie … schwere Verstöße gegen die Menschenrechte und das Grundrecht des Kindes auf eine harmonische Erziehung und Entwicklung dar(stellen)“ (4. Erwägungsgrund).

[34] (5) Diese Bewertung wurde durch die Richtlinie 2011/93/EU des Europäischen Parlaments und des Rates vom 13. Dezember 2011 zur Bekämpfung des sexuellen Missbrauchs und der sexuellen Ausbeutung von Kindern sowie der Kinderpornographie sowie zur Ersetzung des Rahmenbeschlusses 2004/68/JI des Rates (ABl. EU vom 17. Dezember 2011 Nr. L 335, S. 1 i.V.m. ABl. EU vom 21. Januar 2012 Nr. L 18/7) bekräftigt (s. dort insbesondere Art. 5 Abs. 2). In der Richtlinie wird u.a. ausgeführt: „Zur Bekämpfung der Kinderpornographie muss die Verbreitung von Material von sexuellem Missbrauch von Kindern eingeschränkt werden, indem Straftätern das Hochladen derartiger Inhalte in das öffentlich zugängliche Internet erschwert wird. Daher müssen die Inhalte entfernt werden und diejenigen Personen, die sich der Herstellung, der Verbreitung oder des Herunterladens solcher Darstellungen schuldig gemacht haben, festgenommen werden“ (46. Erwägungsgrund). Hierdurch wird das erhebliche Gewicht allein des bloßen Besitzes kinderpornographischer Schriften (Dateien) nochmals ausdrücklich betont.

Für die Entscheidung, ob die Unterbringung in einem psychiatrischen Krankenhaus anzuordnen ist, ist es unerheblich, ob die von dem Beschuldigten ausgehende **Gefahr für die Allgemeinheit** durch eine **konsequente medizinische Behandlung**, für die ein Betreuer bestellt ist, **abgewendet** werden kann. Ein solches täterschonendes Mittel – seine Wirksamkeit vorausgesetzt – erlangt vielmehr Bedeutung erst für die Frage, ob die Vollstreckung der Unterbringung gemäß § 67b StGB zur Bewährung auszusetzen ist.[89] **91**

Allein die Diagnose einer **schizophrenen Psychose** führt für sich genommen nicht zur Feststellung einer generellen oder zumindest längere Zeiträume überdauernden gesicherten Beeinträchtigung bzw. Aufhebung der Schuldfähigkeit; erforderlich ist vielmehr stets die **konkretisierende Darlegung**, in welcher Weise sich die festgestellte **psychische Störung bei Begehung der Taten** auf die Einsichts- oder Steuerungsfähigkeit **ausgewirkt** hat. Fehlt es hieran, sind auch die Voraussetzungen des § 63 StGB regelmäßig nicht hinreichend belegt.[90] **92**

[3] 2. Die Voraussetzungen des § 63 StGB werden durch die Urteilsfeststellungen nicht hinreichend belegt.

[4] Das Landgericht hat bereits nicht hinreichend dargelegt, dass der Angeklagte bei Begehung der Anlasstaten sicher schuldunfähig bzw. erheblich vermindert schuldfähig war. Dabei ist noch nicht ausschlaggebend, dass die Strafkammer bei Begehung der Körperverletzungsdelikte und des tateinheitlich begangenen Widerstands gegen Vollstreckungsbeamte einen Ausschluss der Einsichts- und der Steuerungsfähigkeit angenommen hat (BGHR StGB § 63 Schuldfähigkeit 1; Fischer StGB 59. Aufl. § 21 Rn. 5; vgl. aber auch BGH NStZ-RR 2006, 167, 168). Es fehlt jedenfalls an einer tatsächlichen Grundlage für die Annahme eines jeweils akuten Schubs der Erkrankung und insbesondere auch eines spezifischen Zusammenhangs zwischen der Erkrankung und den einzelnen Taten.

[5] Allein die Diagnose einer schizophrenen Psychose führt für sich genommen nicht zur Feststellung einer generellen oder zumindest längere Zeiträume überdauernden gesicherten Beeinträchtigung bzw. Aufhebung der Schuldfähigkeit (vgl. BGH, NStZ-RR 2008, 39). Erforderlich ist vielmehr stets die konkretisierende Darlegung, in welcher Weise sich die festgestellte psychische Störung bei Begehung der Taten auf die Einsichts- oder Steuerungsfähigkeit ausgewirkt hat (vgl. BGH, StraFo 2004, 390 m.w.N.). Die Strafkammer schließt sich insoweit der Beurteilung des Sachverständigen an, ohne dessen dafür wesentlichen Anknüpfungs- und Befundtatsachen im Urteil so wiederzugeben, wie es zum Verständnis des Gutachtens und zur Beurteilung seiner Schlüssigkeit erforderlich wäre (vgl. BGH, Beschluss vom 14. April 2010 – 5 StR 123/10 m.w.N.). Soweit der Sachverständige und ihm folgend die Kammer darauf abgestellt haben, der Angeklagte habe aufgrund eines zum jeweiligen Tatzeitpunkt bestehenden „Wahnerlebens" (UA S. 18) bzw. er habe auf eine „subjektiv empfundene, gegebenenfalls auch wahnhaft wahrgenommene, Provokation hin" sein Verhalten nicht mehr „steuern" können, bzw. projiziere seine eigenen Aggressionen „in (vermeintlich) feindselige Handlungsformen anderer Personen" (UA S. 19), wird dies in den Urteilsgründen nicht belegt. Auch aus dem Gesamtzusammenhang der Urteilsgründe ergeben sich insoweit keine hinreichenden Anhalts-

[89] BGH, Urteil v. 31.5.2012 – 3 StR 99/12.

[90] BGH, Beschl. v. 29.5.2012 – 2 StR 139/12.

punkte. Die festgestellten Taten des Angeklagten richteten sich gegen seine vormalige Freundin, die ihm eine gewünschte Aussprache verweigerte, gegen einen Passanten, der ihr beistehen wollte, gegen zwei Schüler, die zuvor Steinchen gegen das Auto des Angeklagten geworfen bzw. ihm Zigarettenrauch ins Gesicht geblasen hatten, sowie gegen zwei Polizeibeamte, die in zwei Fällen hinzu kamen und den Angeklagten festnehmen wollten. Lediglich im Fall des versuchten Diebstahls lassen die Feststellungen erkennen, dass der Angeklagte offenkundig davon ausging, dass er ein Fahrzeug, das nicht erkennbar gebraucht werde, mitnehmen dürfe; auch dies weist entgegen der Annahme der Kammer aber nicht auf eine Beeinträchtigung der Steuerungsfähigkeit hin.

93 Bei der erforderlichen **Prognoseentscheidung** des Tatrichters zur **Gefährlichkeit eines Verurteilten** sind, jedenfalls wenn dieser bislang nur wegen (weniger) Taten im Bereich der mittleren Kriminalität in Erscheinung getreten ist, Darlegungen zu seinem delinquenten Vorleben erforderlich, wobei auch Zeiträume nicht außer Acht bleiben dürfen, in denen er unauffällig geblieben ist.[91]

94 Wird die Anordnung einer **Unterbringung** nach § 63 StGB auf eine Revision des Angeklagten hin **aufgehoben**, hindert das **Schlechterstellungsverbot** des § 358 Abs. 2 Satz 1 StPO den neuen Tatrichter **nicht** daran, an Stelle einer Unterbringung nunmehr eine **Strafe** zu verhängen (§ 358 Abs. 2 Satz 2 StPO).[92]

[7] II. Die Voraussetzungen des § 63 StGB werden durch die Urteilsfeststellungen nicht belegt.

[8] Die Unterbringung in einem psychiatrischen Krankenhaus nach § 63 StGB darf nur angeordnet werden, wenn zweifelsfrei feststeht, dass der Unterzubringende bei der Begehung der Anlasstaten aufgrund einer nicht nur vorübergehenden psychischen Störung schuldunfähig oder vermindert schuldfähig war und die Tatbegehung auf diesem Zustand beruht (vgl. BGH, Beschluss vom 26. September 2012 – 4 StR 348/12 m.w.N.).

[9] Es ist dabei stets im Einzelnen darzulegen, wie sich die Erkrankung in der konkreten Tatsituation auf die Einsichts- oder Steuerungsfähigkeit ausgewirkt hat und warum die Anlasstaten auf sie zurückzuführen sind (BGH aaO m.w.N.).

[10] Die Urteilsausführungen lassen besorgen, dass das Landgericht der Auffassung ist, bereits mit der Feststellung einer erheblich verminderten Einsichtsfähigkeit seien die Voraussetzungen des § 21 StGB erfüllt und damit auch die Grundlage für die Anordnung der Unterbringung nach § 63 StGB gegeben. Dies trifft indes nicht zu.

[11], [17] Der Senat kann daher nicht mit Sicherheit ausschließen, dass die Anordnung der Unterbringung gemäß § 63 StGB auf den aufgezeigten Rechtsfehlern beruht. …

[18] Von der Aufhebung nicht betroffen sind jedoch die Feststellungen zum objektiven Tatgeschehen, die deshalb bestehen bleiben. Denn die diesen Feststellungen zugrunde liegende Beweiswürdigung weist keinen Rechtsfehler auf. Insoweit war die Revision zu verwerfen (§ 349 Abs. 2 StPO).

[19] III. Aufzuheben war allerdings auch der Freispruch.

---

91 BGH, Urteil v. 28.8.2012 – 5 StR 295/12.

92 BGH, Beschluss vom 20.11.2012 – 1 StR 504/12.

[20] Der Umstand, dass allein der Angeklagte Revision eingelegt hat, steht der Aufhebung des Freispruchs nicht entgegen. Wird die Anordnung einer Unterbringung nach § 63 StGB auf eine Revision des Angeklagten hin aufgehoben, hindert das Schlechterstellungsverbot des § 358 Abs. 2 Satz 1 StPO den neuen Tatrichter nicht daran, an Stelle einer Unterbringung nunmehr eine Strafe zu verhängen (§ 358 Abs. 2 Satz 2 StPO). Dadurch soll vermieden werden, dass die erfolgreiche Revision eines Angeklagten gegen die alleinige Anordnung der Unterbringung in einem psychiatrischen Krankenhaus dazu führt, dass eine Tat, die wegen angenommener Schuldfähigkeit gemäß § 20 StGB nicht zu einer Bestrafung geführt hat, ohne strafrechtliche Sanktion bleibt, wenn sich in der neuen Hauptverhandlung herausstellt, dass der Angeklagte bei Begehung der Tat schuldfähig war (BT-Drucks. 16/1344, S. 17). Dieses gesetzgeberische Ziel kann nur erreicht werden, wenn das Revisionsgericht in diesen Fällen nicht nur die auf rechtsfehlerhaften Feststellungen zur Schuldfähigkeit beruhende Maßregelanordnung, sondern auch den hierauf gestützten Freispruch aufhebt (vgl. BGH, Beschluss vom 26. September 2012 – 4 StR 348/12 m.w.N.).

PRAXISTIPP ■

Dass ein Erfolg der Revision eines Angeklagten nicht unbedingt auch den gewünschten Effekt herbeiführen kann, macht die vorstehende Entscheidung deutlich; denn möglicherweise droht an Stelle einer angeordneten Unterbringung gem. § 63 StGB eine langjährige Freiheitsstrafe, falls nämlich nach neuer Hauptverhandlung die Voraussetzungen einer Unterbringung nicht mehr vorliegen sollten!

b) Unterbringung in einer Entziehungsanstalt – § 64 StGB

Die Anordnung der Unterbringung in einer Entziehungsanstalt setzt nach § 64 Satz 2 StGB voraus, dass eine **hinreichend konkrete Aussicht** besteht, die Person **durch die Behandlung** in einer Entziehungsanstalt **zu heilen** oder über eine erhebliche Zeit vor dem Rückfall in den Hang zu bewahren und von der Begehung erheblicher rechtswidriger Taten abzuhalten, die auf ihren Hang zurückgehen.[93] **95**

[5] 3. Die Anordnung der Unterbringung in einer Entziehungsanstalt als solche begegnet hier durchgreifenden rechtlichen Bedenken. Sie setzt nach § 64 Satz 2 StGB voraus, dass eine hinreichend konkrete Aussicht besteht, die Person durch die Behandlung in einer Entziehungsanstalt zu heilen oder über eine erhebliche Zeit vor dem Rückfall in den Hang zu bewahren und von der Begehung erheblicher rechtswidriger Taten abzuhalten, die auf ihren Hang zurückgehen.

[6] Das Urteil teilt keine tragfähigen Gründe dafür mit, dass eine (nur) zweijährige Therapie bei dem Angeklagten erfolgversprechend ist. Der vom Landgericht zutreffend erkannte Umstand, dass nach § 67d Abs. 1 Satz 1 StGB die Unterbringung nicht länger als zwei Jahre dauern darf (vgl. hierzu BGH, Beschluss vom 17. April 2012 – 3 StR 65/12), reicht als Begründung für einen zu erwartenden Behandlungs-

---

93 BGH, Beschl. v. 17.7.2012 – 4 StR 223/12.

erfolg bei dem Angeklagten in diesem Zeitraum nicht aus. Dies gilt hier umso mehr, als möglicherweise der Drogenkonsum nur Ausdruck der dissozialen Persönlichkeitsfehlentwicklung des Angeklagten ist, was einen Heilungserfolg insgesamt oder jedenfalls innerhalb von zwei Jahren in Frage stellen könnte (vgl. BGH, Beschluss vom 8. Juli 2009 – 2 StR 209/09; Urteil vom 11. August 2011 – 4 StR 267/11 Rn. 24; Beschluss vom 17. April 2012 – 3 StR 65/12 Rn. 7). Bei einer Therapiedauer von drei Jahren, wie sie der gehörte Sachverständige prognostiziert hat, fehlt es aber an der notwendigen konkreten Erfolgsaussicht (BGH, Urteil vom 11. März 2010 – 3 StR 538/09 Rn. 10 ff., NStZ-RR 2011, 5, 6 f.; Urteil vom 5. August 2010 – 3 StR 195/10 Rn. 10; Beschluss vom 17. April 2012 – 3 StR 65/12 Rn. 3).

■ TOPENTSCHEIDUNG

96 Eine hinreichend **konkrete Erfolgsaussicht** der Unterbringung in einer Entziehungsanstalt (§ 64 Satz 2 StGB) besteht nicht, wenn die voraussichtlich **notwendige Dauer der Behandlung die Höchstfrist** des § 67d Abs. 1 Satz 1 StGB **überschreitet**.[94]

[3] 1. Das Landgericht ist zu Recht davon ausgegangen, dass die für die Anordnung der Unterbringung in einer Entziehungsanstalt erforderliche hinreichend konkrete Erfolgsaussicht der Therapie (§ 64 Satz 2 StGB) nicht besteht, wenn die voraussichtlich notwendige Dauer der Behandlung die Höchstfrist des § 67d Abs. 1 Satz 1 StGB überschreitet.

[4] a) Gemäß § 67d Abs. 1 Satz 1 StGB darf die Unterbringung nach § 64 StGB nicht länger als zwei Jahre dauern. Der insoweit eindeutige Wortlaut gründet auf der Überzeugung des Gesetzgebers, die Unterbringung in einer Entziehungsanstalt sei nur innerhalb einer bestimmten Frist, konkret innerhalb eines Zeitraums von bis zu zwei Jahren, sinnvoll und erfolgversprechend (vgl. Protokolle des Sonderausschusses „Strafrecht", 4. Wahlperiode, S. 803 ff., 819, 936 f., und 5. Wahlperiode, S. 427; außerdem BT-Drucks. 5/4095, S. 33; bekräftigt BT-Drucks. 16/1110, S. 14; vgl. auch LK/Schöch, StGB, 12. Aufl., § 64 Rn. 167; SK-Sinn, StGB, Stand: Juli 2009, § 67d Rn. 2; MünchKommStGB/Veh, § 67d Rn. 5; Satzger/Schmitt/Widmaier/Jehle, StGB, § 67d Rn. 9; Volckart/Grünebaum, Maßregelvollzug, 7. Aufl., S. 283 Rn. 486).

[5] b) Aus der Systematik der Bestimmungen zu den freiheitsentziehenden Maßregeln ergibt sich nichts anderes. Insbesondere lässt sich § 67d Abs. 1 Satz 3 StGB nicht entnehmen, der Gesetzgeber halte Unterbringungen über zwei Jahre hinaus in Einzelfällen für therapeutisch sinnvoll. § 67d Abs. 1 Satz 3 StGB knüpft die Höchstfristverlängerung nicht an die tatrichterliche Prognose, eine die Zweijahresfrist des § 67d Abs. 1 Satz 1 StGB überschreitende Therapie werde ausnahmsweise erfolgreich sein, sondern will ausschließlich Systembrüche korrigieren, die sich aus der Vollstreckungsreihenfolge ergeben können (vgl. BGH, Urteil vom 11. März 2010 – 3 StR 538/09, BGHR StGB § 64 Abs. 1 Erfolgsaussicht 10 m.w.N.; zu § 89 Abs. 5 StGB E 1962 vgl. BT-Drucks. 4/650, S. 219; zur Vorbildfunktion des § 89 Abs. 5 StGB E 1962 für den späteren § 67d Abs. 1 Satz 3 StGB vgl. BT-Drucks. 5/4095, S. 34).

---

[94] BGH, Beschl. v. 17.4.2012 – 3 StR 65/12.

[6] c) Die Auffassung des Gesetzgebers, eine auf länger als zwei Jahre prognostizierte Unterbringung in einer Entziehungsanstalt biete keine hinreichend konkrete Aussicht auf Erfolg und habe deshalb von vornherein zu unterbleiben, findet ihre Bekräftigung in § 67 Abs. 2 StGB in der Fassung des Gesetzes zur Sicherung der Unterbringung in einem psychiatrischen Krankenhaus und in einer Entziehungsanstalt vom 16. Juli 2007 (BGBl. I S. 1327). Nach dessen Satz 2 soll das Gericht bei der Anordnung der Unterbringung in einer Entziehungsanstalt neben einer zeitigen Freiheitsstrafe von über drei Jahren bestimmen, dass ein Teil der Strafe vor der Maßregel zu vollziehen ist. Nach Satz 3 ist dieser Teil der Strafe so zu bemessen, dass nach seiner Vollziehung und einer anschließenden, auf die Strafe angerechneten Unterbringung die Vollstreckung der verbleibenden Hälfte der Strafe zur Bewährung ausgesetzt werden kann. Dem liegt die Vorstellung zugrunde, erfolgversprechende Behandlungen dauerten „nach den Erfahrungen der Praxis gegenwärtig im Durchschnitt" ein Jahr, eine „sinnvolle Entziehungstherapie" sei „spätestens nach zwei Jahren beendet" (BT-Drucks. 16/1110, S. 14; zur durchschnittlichen Behandlungsdauer bereits die Gesetzentwürfe des Bundesrates zur Verbesserung der Vollstreckung freiheitsentziehender Maßregeln der Besserung und Sicherung, BT-Drucks. 14/8200, S. 10, und zur Reform des Rechts der Unterbringung in einem psychiatrischen Krankenhaus und in einer Entziehungsanstalt, BT-Drucks. 15/3652, S. 13 f.).

[7] d) Ob ein rechtspolitisches Bedürfnis besteht, Verurteilten, die aufgrund einer mit der Suchterkrankung kombinierten Persönlichkeitsstörung nicht von einer auf höchstens zwei Jahre befristeten Unterbringung nach § 64 StGB profitieren können, im Rahmen einer Maßregel anderen Zuschnitts Heilungschancen zu eröffnen, hat nicht der Senat, sondern der Gesetzgeber zu entscheiden. Dem Senat ist es verwehrt, einem verschiedentlich artikulierten Bedürfnis nach einer Eingliederung solcher Verurteilter in das Maßregelsystem des Strafgesetzbuchs (vgl. Trenckmann, JR 2010, 501, 502 f.) mittels einer den Wortlaut, die Systematik und den Sinn und Zweck der Vorschriften verfehlenden Interpretation der § 67d Abs. 1, § 67 Abs. 2 StGB Rechnung zu tragen und das Institut der Unterbringung in einer Entziehungsanstalt auf Fälle auszuweiten, auf die es nach dem Willen des Gesetzgebers keine Anwendung finden soll.

Es ist grundsätzlich möglich, die **Revision** auf die Dauer des Vorwegvollzugs **zu beschränken**. Allerdings setzt die Rechtswirksamkeit einer Beschränkung voraus, dass der Beschwerdepunkt nach dem inneren Zusammenhang des Urteils losgelöst von seinem nicht angefochtenen Teil rechtlich und tatsächlich beurteilt werden kann, ohne eine Überprüfung des Urteils im Übrigen erforderlich zu machen. Weil die Dauer des Vorwegvollzugs gemäß § 67 Abs. 2 Satz 3, Abs. 5 Satz 1 StGB von der Höhe der verhängten Strafe und der voraussichtlichen Dauer der Unterbringung gemäß § 64 StGB abhängt, ist für letztere derjenige Zeitraum maßgebend, der bei prognostischer Beurteilung erforderlich erscheint, um einen Behandlungserfolg zu erzielen. Die Festlegung einer angemessenen Dauer der Unterbringung setzt deshalb voraus, dass die Maßregel als solche überhaupt Aussicht auf Erfolg bietet. Ist dies bereits dem Grunde nach nicht der Fall oder zweifelhaft, lässt sich kein angemessener Zeitraum für die Therapie bemessen.[95] **97**

Der für die Unterbringungsanordnung erforderliche **symptomatische Zusammenhang** zwischen der abgeurteilten **Tat** und dem **Hang** im Sinne des § 64 StGB **98**

[95] BGH, Beschl. v. 17.7.2012 – 4 StR 223/12.

muss sich aus dem Urteil des Tatrichters ergeben. Weiterhin muss nach § 64 Satz 2 StGB eine hinreichend konkrete Aussicht gegeben sein, dass die Behandlung in der Entziehungsanstalt erfolgreich sein wird.[96]

[2] 1. Die Anordnung der Unterbringung in einer Entziehungsanstalt (§ 64 StGB) hält rechtlicher Überprüfung nicht stand.

[3] a) Die Ausführungen des Landgerichts belegen den erforderlichen symptomatischen Zusammenhang zwischen Hang und Straftat nicht. Mit der bloßen Bezugnahme auf die Aussage des Sachverständigen, wonach die Tat „wahrscheinlich" darauf zurückgehe, dass der Angeklagte Geld für „seinen Alkoholkonsum benötigte und er durch seinen Lebensstil gruppendynamischen Effekten unterlag" (UA S. 56), ist eine Symptomtat nicht sicher festgestellt. Hinzu kommt, dass die Einschätzung des Sachverständigen durch die Urteilsgründe nicht getragen wird. Vielmehr stellt die Kammer fest, es gebe keine Anhaltspunkte dafür, dass der Angeklagte die Tat unter Alkoholeinfluss begangen hat (UA S. 48). Auch ansonsten lassen sich den Feststellungen keine Hinweise auf einen ursächlichen Zusammenhang zwischen Alkoholabhängigkeit und Anlasstat entnehmen.

[4] b) Darüber hinaus ist die auf die Gefahr der Begehung erheblicher rechtswidriger Straftaten zu beziehende Prognose mit der Annahme des Landgerichts, der Alkoholkonsum habe „bereits zu dissozialen Verhaltensformen geführt" (UA S. 56), nicht tragfähig begründet. Auch im Übrigen enthalten die Feststellungen zur Person, zu den Vorstrafen und zur Tat keine ausreichende Grundlage für die Annahme, der Angeklagte werde infolge seines Hangs erhebliche rechtswidrige Straftaten begehen.

[5] c) Schließlich hat das Landgericht bei der Beurteilung der Erfolgsaussicht einer Maßnahme nach § 64 StGB den falschen Maßstab angewendet. Es kommt nicht darauf an, dass die „Entziehungskur" als „nicht aussichtslos im Sinne von § 64 Abs. 2 StGB" erscheint (UA S. 56), sondern es muss nach § 64 Satz 2 StGB eine hinreichend konkrete Aussicht gegeben sein, dass die Behandlung in der Entziehungsanstalt erfolgreich sein wird. Aus dem Gesamtzusammenhang der Urteilsgründe lässt sich auch nicht sicher entnehmen, dass das Landgericht bei seiner Beurteilung im Ergebnis von dem zutreffenden rechtlichen Maßstab ausgegangen ist.

99 Die **Therapieunwilligkeit** des Täters kann ein gegen die Erfolgsaussicht der Maßregel sprechender Umstand sein; dabei ist jedoch zu überprüfen, ob eine **Therapiebereitschaft** für eine Erfolg versprechende Behandlung geweckt werden kann.[97]

[4] Die vom Landgericht gegebene Begründung für das Absehen von der Anordnung kann das Fehlen einer hinreichend konkreten Erfolgsaussicht der Unterbringung in einer Entziehungsanstalt nach § 64 Satz 2 StGB nicht tragen. Zwar kann die Therapieunwilligkeit des Täters ein gegen die Erfolgsaussicht der Maßregel sprechender Umstand sein. In diesem Fall sind jedoch die Gründe und Wurzeln eines etwaigen Motivationsmangels festzustellen; es ist zu überprüfen, ob eine Therapiebereitschaft für eine Erfolg versprechende Behandlung geweckt werden kann (BGH, Beschlüsse vom 10. November 2009 – 5 StR 413/09, NStZ-RR 2010, 42, 43, und vom 22. September 2010 – 2 StR 268/10, NStZ-RR 2011, 203). Diesen Anforderun-

---

[96] BGH, Beschl. v. 14.3.2012 – 2 StR 520/11; siehe auch bereits BGH, Beschl. v. 25.5.2011 – 4 StR 27/11 = Graf 2011 Nr. 103.

[97] BGH, Beschl. v. 3.7.2012 – 5 StR 313/12.

gen genügt das angegriffene Urteil nicht. Das Landgericht hat keine Gesamtwürdigung der Täterpersönlichkeit (vgl. BGH, Beschluss vom 22. September 2010 – 2 StR 268/10 aaO) vorgenommen und hat die Gründe der fehlenden Therapiebereitschaft nicht hinterfragt. Ein Erörterungsbedarf hat sich aber bereits deshalb aufgedrängt, weil angesichts einer in den Urteilsgründen anklingenden (subjektiven) Besserung der Drogenproblematik unter Haftbedingungen die Erfolgsaussichten der Maßregel und auch eine damit verbundene Motivierung des Angeklagten nicht fernliegend erscheinen.

[5] Die Sache bedarf insoweit unter Hinzuziehung der Sachverständigen nach § 246a StPO neuer tatrichterlicher Prüfung. Das Verbot der Schlechterstellung steht einer möglichen Maßregelanordnung nach § 64 StGB nicht entgegen (§ 358 Abs. 2 Satz 3 StPO).

Es gibt keinen Erfahrungssatz dahingehend, dass im Hinblick auf einen noch **kindlichen Reifegrad** eines Angeklagten auf seine fehlende Therapierbarkeit geschlossen werden kann.[98] **100**

[4] a) Nach den Feststellungen hatte der Angeklagte „Ende des Jahres 2010" begonnen, Marihuana zu rauchen und in größeren Mengen Alkohol zu trinken. „Dies wurde zur Gewohnheit, der Angeklagte betrieb seither regelmäßig Substanzmittelmissbrauch, der eine entsprechende Abhängigkeit zur Folge hatte" (UA S. 4). In den Wochen vor den Taten konsumierte er gemeinsam mit seinen Mitbewohnern regelmäßig Alkohol und Drogen und lebte „in den Tag hinein" (UA S. 4). Während der ersten Tage der Untersuchungshaft litt der Angeklagte unter Entzugserscheinungen. Bei den Taten stand er unter dem Einfluss von Alkohol und Drogen, war jedoch „aufgrund seiner Alkohol- und Drogengewöhnung bei voller Einsichtsfähigkeit zwar leicht enthemmt, ohne indes in seiner Steuerungsfähigkeit wesentlich beeinträchtigt zu sein" (UA S. 5 f.). Das bei den Taten erbeutete Geld verwendete er teilweise zum Erwerb von Alkohol und Drogen.

[5] b) Die Strafkammer hat die Unterbringung des im Zeitpunkt der ersten Taten gerade 21 Jahre alten Angeklagten in einer Entziehungsanstalt mangels hinreichender Erfolgsaussicht abgelehnt. Zur Begründung hat sie dargelegt, dass „ausgehend von dem noch kindlichen Reifegrad des Angeklagten und dessen pathologischem Mangel an Selbstwert und Ich-Erfahrung" dieser „in absehbarer Zeit im Hinblick auf seine Substanzmittelsucht nicht erfolgreich therapierbar ist, er vielmehr zunächst zur Nachreifung eines geschützten Rahmens mit fester Tagesstruktur und umfassender Betreuung bedarf, bevor therapeutische Bemühungen einsetzen können" (UA S. 16, 20).

[6] Diese Begründung begegnet durchgreifenden rechtlichen Bedenken. Der Schluss vom Reiferückstand des Angeklagten auf seine fehlende Therapierbarkeit ist für sich genommen ohne weitere Erklärungen schon nicht nachvollziehbar, zumal ein Mangel an Selbstwertgefühl bei rauschmittelsüchtigen Straftätern keine Ausnahme darstellen dürfte. Jedenfalls fehlen Darlegungen, inwiefern keine Therapieform in Betracht kommen soll, die eine adäquate Behandlung des Angeklagten gewährleistet und hinreichend konkrete Erfolgsaussichten bietet. Wie sich insbesondere aus § 93a JGG ergibt, geht das Gesetz davon aus, dass selbst ein Entwicklungsstand, der dem eines Jugendlichen entspricht, der Unterbringung in einer Entziehungsanstalt nicht

---

[98] BGH, Beschl. v. 12.9.2012 – 5 StR 418/12.

entgegenstehen darf, sondern die Maßregel in Einrichtungen zu vollziehen ist, in der die für die Behandlung suchtkranker Jugendlicher erforderlichen besonderen therapeutischen Mittel und sozialen Hilfen zur Verfügung stehen. Im Übrigen dürfen Schwierigkeiten bei der Ausgestaltung und praktischen Durchführung der Maßregel grundsätzlich nicht die Entscheidung über deren Anordnung beeinflussen, solange die übrigen Voraussetzungen vorliegen (vgl. BGH, Beschluss vom 14. Februar 2007 – 5 StR 13/07, NStZ 2007, 326 f.; BGH, Beschluss vom 26. November 1996 – 4 StR 538/96, BGHR StGB § 64 Abs. 2 Aussichtslosigkeit 6).

101 Soweit aus dem Sachverhalt **Anhaltspunkte** sich ergeben, dass die Straftat auf einem **Hang** des Angeklagten beruhen könnte, kann es rechtsfehlerhaft sein, wenn das Tatgericht **ohne Hinzuziehung eines Sachverständigen** eine Maßregel nach § 64 StGB ablehnt.[99]

102 Legen es die **Feststellungen und Wertungen nahe**, dass bei dem Angeklagten der **Hang** gegeben ist, berauschende Mittel im Übermaß zu sich zu nehmen, und dass die gegenständlichen Taten – wie auch schon frühere Delikte – auf diesen Hang zurückgehen, ist das Gericht **zur Prüfung und Entscheidung** verpflichtet, ob die Voraussetzungen für die Unterbringung des Angeklagten in einer Entziehungsanstalt gegeben sind.[100]

103 Die **Gefahr** weiterer erheblicher rechtswidriger, **auf den Hang zurückgehender Taten** durch den Angeklagten ist vom Tatrichter **zu belegen**. Maßgeblicher Zeitpunkt für die anzustellende Gefahrprognose ist derjenige der Hauptverhandlung.[101]

[5] 3. Jedoch wendet sich die Revision zu Recht gegen die Anordnung der Maßregel. Diese kann nicht bestehen bleiben.

[6] Angesichts der landgerichtlichen Wertung, der Angeklagte sei nur leicht alkoholisiert gewesen und es habe sich um eine von der Provokation durch das spätere Opfer initiierte Spontantat gehandelt, versteht sich schon der symptomatische Zusammenhang zwischen der Tat und dem festgestellten Hang nicht von selbst (vgl. hierzu BGH, Urteil vom 20. September 2011 – 1 StR 120/11).

[7] Ungeachtet dessen ist aber jedenfalls die Gefahr weiterer erheblicher rechtswidriger, auf den Hang zurückgehender Taten durch den Angeklagten nicht belegt. Maßgeblicher Zeitpunkt für die anzustellende Gefahrprognose ist derjenige der Hauptverhandlung (BGH, Urteil vom 17. November 2010 – 2 StR 356/10, NStZ-RR 2011, 77 m.w.N.). Das Urteil enthält hierzu nur die formelhafte Ausführung, es bestehe aufgrund eines Hangs die „große Gefahr vergleichbarer und erheblicher Taten aus dem Bereich der Körperverletzung/gefährlichen Körperverletzung". Diese Überzeugung entbehrt einer Begründung, die indes erforderlich ist (vgl. BGHR StGB § 64 Abs. 1 Gefährlichkeit 1). Insbesondere angesichts des erheblichen Zeitraums von über viereinhalb Jahren zwischen der Anlasstat und der Hauptverhandlung versteht sich dies nicht von selbst. Vielmehr bestehen wegen des über Jahre währenden straflosen Verhaltens für den vor allem zwischen 2003 und 2007 straffällig gewordenen Angeklagten hieran durchgreifende Zweifel.

[99] BGH, Beschl. v. 7.2.2012 – 5 StR 505/11.
[100] BGH, Beschl. v. 28.8.2012 – 3 StR 315/12.
[101] BGH, Beschl. v. 9.10.2012 – 1 StR 456/12.

Der **Hang** im Sinne von § 64 StGB verlangt jedoch weder eine „Depravation", noch eine „erhebliche Persönlichkeitsstörung". Ausreichend und erforderlich ist vielmehr eine chronische, auf körperlicher Sucht beruhende Abhängigkeit oder zumindest eine eingewurzelte, auf psychischer Disposition beruhende oder durch Übung erworbene intensive Neigung, immer wieder Alkohol oder andere Rauschmittel zu sich zu nehmen.[102] **104**

Bei einer Revision des Angeklagten, welcher hierbei die **Nichtanwendung des** **105**
§ 64 StGB nicht ausdrücklich vom Angriff ausgenommen hat, ist eine **Nachholung der Unterbringungsanordnung** ist **nicht ausgeschlossen**. Der Umstand, dass die Nichtanordnung der Unterbringung in einer Entziehungsanstalt den Angeklagten nicht beschwert, hindert das Revisionsgericht nicht, das Urteil insoweit aufzuheben, wenn eine Prüfung der Maßregel unterblieben ist, obwohl die tatrichterlichen Feststellungen dazu gedrängt haben.[103]

Es ist grundsätzlich möglich, die **Nichtanordnung der Maßregel** nach § 64 StGB **106**
vom **Rechtsmittelangriff auszunehmen**. Eine solche Revisionsbeschränkung ist wirksam, wenn sich weder den Urteilsgründen noch der Strafhöhe entnehmen lässt, dass die Strafe von dem Unterbleiben der Anordnung einer Maßnahme nach § 64 StGB beeinflusst worden ist.[104]

PRAXISTIPP ■

Verteidiger scheinen, wie sich aus dem ersten der beiden vorstehenden Sachverhalte ergibt, offenbar zuweilen zu übersehen, dass einerseits die Nichtanordnung der Maßregel nach § 64 StGB vom Revisionsangriff ausgenommen werden kann, andererseits eine solche Anordnung durch das Revisionsgericht den Angeklagten nicht beschwert. Jeder Verteidiger muss in den entsprechenden Revisionsfällen sich der damit verbundenen Gefahr bewusst sein und die für den Angeklagten auch insoweit sinnvollen Anträge stellen!

c) Anordnung der Sicherungsverwahrung – § 66 StGB

Die nachfolgende Übersicht zur aktuellen Rechtsprechung bzgl. Sicherungsverwahrung ist insoweit eingeschränkt und zugespitzt auf die **Gesetzeslage der Reform vom 6.12.2012** (BGBl. I S. 2425), welche durch die Entscheidung des BVerfG vom 4.5. 2011[105] erforderlich wurde. Mit der Wiederabschaffung der nachträglichen Sicherungsverwahrung und der gleichzeitigen Ausweitung des Instruments der vorbehaltenen Sicherungsverwahrung sollen vor allem die hierzu vom BGH erarbeiteten Grundsätze dargestellt werden. Dies gilt ebenso für den im Wesentlichen auf schwere Gewalt- und Sexualtaten eingeschränkten Katalog der Anlasstaten. **107**

---

[102] BGH, Beschl. v. 3.4.2012 – 2 StR 63/12; vgl. hierzu auch BGH, Beschl. v. 12.4.2012 – 5 StR 87/12; BGH, Beschl. v. 12.9.2012 – 4 StR 294/12; BGH, Beschl. v. 28.12.2012 – 2 StR 543/11 sowie BGH, Beschl. v. 21.8.2012 – 4 StR 311/12.

[103] BGH, Beschl. v. 28.8.2012 – 3 StR 315/12; vgl. hierzu auch BGH, Beschl. v. 28.3.2012 – 5 StR 111/12 sowie bereits ausführlich BGH, Beschl. v. 20.7.2011 – 5 StR 172/11 = Graf 2011 Nr. 105.

[104] BGH, Urteil vom 2.11.2011 – 2 StR 251/11.

[105] BVerfG, Urteil v. 4.5.2011 – 2 BvR 2365/09, 740/10, 2333/08, 1152/10, 571/10; vgl. hierzu Rn. 120 f.

108 Aufgrund der Entscheidung des BVerfG[106] bedarf es derzeit in Verbindung mit der **Gesamtwürdigung des Täters und seiner Taten**, woraus ein etwa bestehender Hang zu erheblichen Straftaten abzuleiten ist, einer **„strikten Verhältnismäßigkeitsprüfung"**, sofern Sicherungsverwahrung angeordnet werden soll. Die Anordnung wird danach „in der Regel" nur verhältnismäßig sein, wenn „eine Gefahr schwerer Gewalt- oder Sexualstraftaten aus konkreten Umständen in der Person oder dem Verhalten des Betroffenen abzuleiten ist. **Schwere räuberische Erpressungen** im Sinne der §§ 249, 250 Abs. 1, §§ 253, 255 StGB sind wegen der dafür angedrohten Mindeststrafe von drei Jahren und der für die Tatopfer damit regelmäßig verbundenen psychischen Auswirkungen danach grundsätzlich als ausreichend „schwere Straftaten" im vorstehenden Sinne anzusehen.[107]

[9] 1. Gemäß § 66 Abs. 1 Nr. 3 StGB a.F. muss die Gesamtwürdigung des Täters und seiner Taten ergeben, dass er infolge eines Hanges zu erheblichen Straftaten, namentlich zu solchen, durch die die Opfer seelisch oder körperlich schwer geschädigt werden oder durch die schwerer wirtschaftlicher Schaden angerichtet wird, für die Allgemeinheit gefährlich ist. Nach der genannten Entscheidung des Bundesverfassungsgerichts bedarf es wegen der derzeit verfassungswidrigen Ausgestaltung der Sicherungsverwahrung einer „strikten Verhältnismäßigkeitsprüfung", wenn sie gleichwohl angeordnet werden soll. Die Anordnung wird danach „in der Regel" nur verhältnismäßig sein, wenn „eine Gefahr schwerer Gewalt- oder Sexualstraftaten aus konkreten Umständen in der Person oder dem Verhalten des Betroffenen abzuleiten ist (BVerfG, Urteil vom 4. Mai 2011 aaO, Tz. 172). Die darin liegende Einschränkung im Vergleich zu den nach bisherigem Recht geltenden Voraussetzungen für die Anordnung der Sicherungsverwahrung betrifft die Straftatenkataloge und die konkrete Beschreibung der Straftaten, auf die sich der Hang beziehen muss. Nicht alle „erheblichen Straftaten", durch welche die Opfer „seelisch oder körperlich schwer geschädigt werden" (§ 66 Abs. 1 Nr. 3 StGB a.F. bzw. § 66 Abs. 1 Satz 1 Nr. 4 StGB), sind auch „schwere Gewalt- oder Sexualstraftaten" im Sinne der Anordnung des Bundesverfassungsgerichts zur Weitergeltung von § 66 StGB (BGH, Beschluss vom 2. August 2011 – 3 StR 208/11, Tz. 12).

[10] 2. a) Gemessen daran erweist sich die Anordnung der Unterbringung des Angeklagten in der Sicherungsverwahrung als nicht hinreichend begründet.

[11] Der Senat entnimmt der vom Bundesverfassungsgericht geforderten strengen Prüfung der Verhältnismäßigkeit allerdings nicht, dass hinsichtlich der Taten, deren künftige Begehung durch den Täter als möglich erscheint, bestimmte Deliktsgruppen oder Begehungsweisen vom Anwendungsbereich des § 66 StGB schlechthin ausgenommen sind. Jedenfalls sind schwere räuberische Erpressungen im Sinne der §§ 249, 250 Abs. 1, §§ 253, 255 StGB wegen der dafür angedrohten Mindeststrafe von drei Jahren und der für die Tatopfer damit regelmäßig verbundenen psychischen Auswirkungen grundsätzlich als ausreichend „schwere Straftaten" im vorstehenden Sinne anzusehen (BGH, Beschluss vom 4. August 2011 – 3 StR 235/11, StV 2011, 673, Tz. 6 m.w.N.; einschränkend BGH, Urteil vom 19. Oktober 2011 – 2 StR 305/11, Tz. 13 ff.). Das muss erst recht für Taten wie die im angefochtenen Urteil abgeurteilten Fälle der besonders schweren räuberischen Erpressung gelten, insbe-

[106] BVerfG, Kammerbeschl. v. 13.10.2011 – 2 BvR 1509/11 = Graf 2011 Nr. 110.
[107] BGH, Beschl. v. 24.1.2012 – 4 StR 594/11.

sondere dann, wenn der Täter sein Opfer durch den Einsatz einer Waffe in Todesangst versetzt.

[12] b) Die vom Bundesverfassungsgericht geforderte besonders strenge Verhältnismäßigkeitsprüfung verlangt indes vom Tatrichter eine auf die Umstände des Einzelfalles zugeschnittene, detaillierte Darlegung derjenigen Taten, die in Zukunft vom Täter zu erwarten sind. Dem wird das angefochtene Urteil nicht gerecht.

[13] Die Urteilsgründe enthalten zwar eine Wiedergabe der Einschätzung der medizinischen Sachverständigen und eine Darlegung des Lebensweges des Angeklagten unter Berücksichtigung seiner Delinquenzentwicklung. Bei der Gesamtwürdigung beschränkt sich das Landgericht jedoch auf die Formulierung, vom Angeklagten seien auf Grund eines eingeschliffenen Verhaltensmusters, das ihn „immer wieder neue Straftaten begehen" lasse, „erhebliche Straftaten" zu erwarten, namentlich solche, „durch welche die Opfer seelisch oder körperlich schwer geschädigt werden oder schwerer wirtschaftlicher Schaden angerichtet wird". Diese bloße Wiedergabe des – im Zeitpunkt des landgerichtlichen Urteils durch die Entscheidung des Bundesverfassungsgerichts bereits überholten – Gesetzestextes vermag die erforderliche einzelfallbezogene Darlegung der vom Angeklagten zu erwartenden Straftaten auch unter Berücksichtigung des Gesamtzusammenhangs der Urteilsgründe nicht zu ersetzen.

Nach der Entscheidung des Bundesverfassungsgerichts wird eine Anordnung der Sicherungsverwahrung in der Regel nur verhältnismäßig sein, „wenn eine **Gefahr schwerer Gewalt- oder Sexualstraftaten** aus konkreten Umständen in der Person oder in dem Verhalten des Betroffenen abzuleiten ist" (BVerfG aaO). Danach sind **erhöhte Anforderungen sowohl an die Konkretisierung der Rückfallprognose** als auch an den **Wert der gefährdeten Rechtsgüter** zu stellen.[108] 109

[10] Während der Dauer der Weitergeltung von § 66 Abs. 1 StGB muss der Tatsache Rechnung getragen werden, dass es sich bei der Sicherungsverwahrung um einen verfassungswidrigen Eingriff in das Freiheitsrecht handelt. Der hohe Wert dieses Grundrechts beschränkt das übergangsweise zulässige Eingriffsspektrum. Danach dürfen Eingriffe nur soweit reichen, wie sie unerlässlich sind, um die Ordnung des betroffenen Lebensbereichs aufrechtzuerhalten. Die Sicherungsverwahrung darf derzeit nur nach Maßgabe einer besonders strengen Verhältnismäßigkeitsprüfung angewandt werden. Nach der Entscheidung des Bundesverfassungsgerichts wird ihre Anordnung in der Regel nur verhältnismäßig sein, „wenn eine Gefahr schwerer Gewalt- oder Sexualstraftaten aus konkreten Umständen in der Person oder in dem Verhalten des Betroffenen abzuleiten ist" (BVerfG aaO). Danach sind erhöhte Anforderungen sowohl an die Konkretisierung der Rückfallprognose als auch an den Wert der gefährdeten Rechtsgüter zu stellen (vgl. BGH, Beschluss vom 2. August 2011 – 3 StR 208/11; Beschluss vom 4. August 2011 – 3 StR 235/11; Beschluss vom 13. September 2011 – 5 StR 189/11; s.a. Senat, Urteil vom 7. Juli 2011 – 2 StR 184/11). Im Hinblick auf die Eigenschaft der Maßregel als Sicherungsmittel kommt es bei der auf den Einzelfall bezogenen Verhältnismäßigkeitsprüfung, anders als bei der gesetzgeberischen Vorbewertung durch den Katalog tauglicher Vor- und Anlasstaten, prinzipiell nicht auf die Bezeichnung des Straftatbestands an, dessen Verletzung für die Zukunft droht, auch nicht auf den durch gesetzliche Strafrahmen im

[108] BGH, Urteil v. 19.10.2011 – 4 StR 354/11.

Voraus gewichteten Schuldumfang, sondern auf die Bedeutung des vor Rückfalltaten des Angeklagten zu schützenden Rechtsguts, ferner auf den Grad der Wahrscheinlichkeit einer künftigen Rechtsgutsverletzung und gegebenenfalls auf die mögliche Verletzungsintensität.

[11] Der Grad der Wahrscheinlichkeit gleichartiger Rückfalltaten ist im vorliegenden Fall vom Landgericht rechtsfehlerfrei als hoch eingeschätzt worden. Die von dem Angeklagten ausgehenden Gefahren rechtfertigen es unter den besonderen Verhältnismäßigkeitsgesichtspunkten der Weitergeltungsanordnung allerdings nicht, gegen ihn die Sicherungsverwahrung anzuordnen.

[12] Der Staat hat die Aufgabe, die Rechtsgüter potentieller Tatopfer vor Verletzungen durch Straftaten zu schützen. Je existentieller die betroffenen Güter für den Einzelnen sind, desto intensiver muss der staatliche Schutz vor Beeinträchtigungen sein (vgl. BVerfG, Urteil vom 5. Februar 2004 – 2 BvR 2029/01, BVerfGE 109, 133, 186). Für die Anwendung des § 66 StGB sind aufgrund der Weitergeltungsanordnung des Bundesverfassungsgerichts als zu schützende Rechtsgüter das Leben (Art. 2 Abs. 2 Satz 1 GG), die körperliche Unversehrtheit (Art. 2 Abs. 2 Satz 1 GG) und die sexuelle Selbstbestimmung potenzieller Tatopfer (Art. 1 Abs. 1, 2 Abs. 1 GG) von Bedeutung. Die Gewichtung dieser Rechtsgüter durch das Bundesverfassungsgericht ist bei der strikten Verhältnismäßigkeitsprüfung einer Maßregelanordnung in der Übergangszeit zu beachten. Danach reichen etwa Betäubungsmitteldelikte regelmäßig nicht als Maßregelanlass aus (vgl. BGH, Urteil vom 7. Juli 2011 – 2 StR 184/11; Beschluss vom 11. August 2011 – 4 StR 279/11); andererseits genügen schwerer sexueller Missbrauch von Kindern (vgl. BGH, Beschluss vom 2. August 2011 – 3 StR 208/11; Beschluss vom 11. August 2011 – 3 StR 221/11) oder Vergewaltigung (vgl. BGH, Urteil vom 4. August 2011 – 3 StR 175/11).

[13] Raubdelikte im Sinne des zwanzigsten Abschnitts des Strafgesetzbuchs (vgl. § 66 Abs. 1 Nr. 2 StGB n.F.) können schwere Gewalttaten im Sinne der Weitergeltungsanordnung sein. Das gilt aber nicht ausnahmslos. Einfacher Raub oder räuberische Erpressung unter Anwendung von physischer Gewalt gegen Personen, schwerer oder besonders schwerer Raub sowie schwere oder besonders schwere räuberische Erpressung unter Anwendung von physischer Gewalt oder Einsatz objektiv gefährlicher Tatmittel zählen unzweifelhaft zu den „schweren Gewalttaten". Werden dagegen zur Tatbegehung ausschließlich Drohungen ausgesprochen, die der Täter tatsächlich nicht realisieren will, und ist angesichts objektiv ungefährlicher Tatmittel keinesfalls mit einer Gewalteskalation zu rechnen, die Leib oder Leben von Opfern konkret gefährdet, dann wird durch zukünftige Taten kein Rechtsgut bedroht, dessen Schutz die Anwendung der verfassungswidrigen Norm auch in der Übergangszeit rechtfertigen könnte. Verbrechen nach § 250 Abs. 1 Nr. 1 b StGB stellen, wenn aufgrund konkreter Umstände mit hoher Wahrscheinlichkeit allein der Einsatz objektiv ungefährlicher Scheinwaffen zu erwarten ist, daher für sich genommen in der Regel keine ausreichend schweren Prognosetaten für die Anordnung der Sicherungsverwahrung aufgrund der Weitergeltungsanordnung dar. Eine allein psychische Beeinträchtigung reicht in der Regel nicht aus.

[14] Der Senat schließt im vorliegenden Einzelfall mit Blick auf die stets gleichartigen Vor- und Anlasstaten des Angeklagten eine hohe Wahrscheinlichkeit der konkreten Gefährdung von Leib oder Leben künftiger Tatopfer durch vergleichbare Rückfalltaten aus. Der Angeklagte hatte bei allen Vor- und Anlasstaten stets die Anwendung von Gewalt angedroht, diese aber nie angewendet oder dies auch nur versucht. Die von ihm verwendeten Mittel waren durchweg objektiv ungefährliche

Spielzeugpistolen. Es gibt derzeit keine konkreten Hinweise darauf, dass künftige Rückfalltaten vom Angeklagten mit größerem Gewaltpotential begangen werden könnten als die bisherigen Taten. Deshalb ist die Maßregelanordnung nach dem Maßstab des Übergangsrechts hier unverhältnismäßig und muss entfallen.

Die Bezugnahme des BVerfG auf ausschließlich „schwere Gewalt- oder Sexualstraftaten" bringt eine Einschränkung gegenüber den Taten zum Ausdruck, die bislang für die Anordnung der Sicherungsverwahrung genügten. Danach sind **vorsätzliche Körperverletzungshandlungen**, auch wenn solche für die Opfer zwar erheblich sind, im Sinne der Entscheidung des Bundesverfassungsgerichts dennoch – soweit keine besonderen Umstände nach dem Tatbild und den konkreten Umständen vorliegen – **regelmäßig keine schweren Gewaltstraftaten**, die die Anordnung der Sicherungsverwahrung rechtfertigen könnten.[109] **110**

Bei der auf den Einzelfall bezogenen Verhältnismäßigkeitsprüfung kommt es, über die gesetzgeberische Aufnahme in den Katalog tauglicher Vor- und Anlasstaten hinaus, prinzipiell nicht auf die Bezeichnung des Straftatbestands an, dessen Verletzung für die Zukunft droht, auch nicht auf den durch gesetzliche Strafrahmen im Voraus gewichteten Schuldumfang, sondern auf die **Bedeutung des vor Rückfalltaten des Angeklagten zu schützenden Rechtsgutes**, ferner auf **den Grad der Wahrscheinlichkeit der künftigen Rechtsgutsverletzung** und gegebenenfalls **auf die mögliche Verletzungsintensität**. Bei der nach diesen Maßstäben vorzunehmenden Verhältnismäßigkeitsabwägung ist daneben besonders zu berücksichtigen, wenn die Anlasstat im Zeitpunkt der Hauptverhandlung bereits mehrere Jahre zurücklag und eine langjährige Freiheitsstrafe verhängt wurde.[110] **111**

Der strengere Maßstab gegenüber der früheren Rechtslage hinsichtlich der weiteren Anwendbarkeit der Sicherungsverwahrung betrifft beide Elemente der Gefährlichkeit, also sowohl die **Erheblichkeit der zu erwartenden Straftaten**, als auch die **Wahrscheinlichkeit ihrer Begehung**.[111] Die Grundlagen, aus denen der Tatrichter seine diesbezügliche Überzeugung gewonnen hat, sind für das Revisionsgericht nachprüfbar darzulegen. **112**

Ist dem Tatrichter bei seiner Entscheidung über die Anordnung von Sicherungsverwahrung ein **Ermessen** eingeräumt (§ 66 Abs. 2 u. 3 StGB a.F.), muss aus den Urteilsgründen deutlich werden, dass er sich seiner Entscheidungsbefugnis bewusst war und welche Gründe für seine Ermessensausübung leitend waren.[112] Dabei muss der Tatrichter auch diejenigen Umstände erwägen, die gegen die Anordnung der Maßregel sprechen können.[113] Ist das Ermessen nicht ausgeübt worden, kann dies vom Revisionsgericht nicht nachgeholt werden; die Entscheidung ist dem jeweiligen Tatrichter vorbehalten.[114] **113**

Feststellungen des Gerichts, wonach ein Angeklagter infolge eines **Hanges** zu erheblichen Straftaten für die Allgemeinheit gefährlich ist, steht nicht entgegen, dass **114**

---

109 BGH, Urteil v. 13.3.2012 – 5 StR 497/11; vgl. hierzu bereits BGH, Beschl. v. 27.9.2011 – 4 StR 362/11 = Graf 2011 Nr. 113. Zur Abgrenzung hinsichtlich der möglichen Ansteckung mit Aids durch den Täter siehe auch BGH, Beschl. v. 15.3.2012 – 2 StR 355/11.

110 BGH, Urteil v. 28.3.2012 – 5 StR 525/11.

111 BGH, Beschl. v. 24.7.2012 – 1 StR 57/12.

112 BGH, Beschl. v. 21.3.2012 – 4 StR 32/12.

113 BGH, Beschl. v. 13.6.2012 – 2 StR 121/12.

114 BGH, Beschl. v. 4.10.2012 – 3 StR 207/12.

sich die Anlasstaten wie schon die früher abgeurteilten Taten gegen ein aus dem **sozialen Umfeld des Täters stammendes Opfer** richteten. Es kann insoweit aber zu prüfen sein, ob andere geeignete Maßnahmen gegeben sind, um der vom Angeklagten ausgehenden Gefahr für die Allgemeinheit zu begegnen oder diese zumindest erheblich abzuschwächen.[115]

[11] bb) Das Landgericht hat – sachverständig beraten – mit tragfähiger Begründung festgestellt, dass der Angeklagte, bei dem eine homophile Alterspädophilie vorliegt, infolge eines Hanges zu erheblichen Straftaten für die Allgemeinheit gefährlich ist. Entgegen den Ausführungen der Revision steht dieser Annahme nicht entgegen, dass sich die Anlasstaten wie schon die früher abgeurteilten Taten gegen ein aus dem sozialen Umfeld des Täters stammendes Opfer richteten (vgl. hierzu bereits die Ausführungen im Senatsurteil vom 4. November 2009, NStZ-RR 2010, 77 m.w.N.). Das Landgericht hat zudem ausdrücklich in den Blick genommen, dass nach dem Urteil des Bundesverfassungsgerichts vom 4. Mai 2011 (NJW 2011, 1931 ff.) die hier maßgeblichen Bestimmungen über die Sicherungsverwahrung verfassungswidrig sind und diese bis zu einer Neuregelung durch den Gesetzgeber – längstens bis 31. Mai 2013 – nur nach Maßgabe der Gründe jener Entscheidung weiter anwendbar bleiben. Danach unterliegt die Anordnung der Maßregel einer „strikten Verhältnismäßigkeitsprüfung". Gemessen daran ist die Verhältnismäßigkeit in der Regel nur gewahrt, wenn eine Gefahr schwerer Gewalt- oder Sexualstraftaten aus konkreten Umständen in der Person oder dem Verhalten des Betroffenen abzuleiten … Rechtlich zutreffend hat das Landgericht Taten des schweren sexuellen Missbrauchs von Kindern, deren Begehung durch den Angeklagten auch künftig zu erwarten ist, im konkreten Fall als solchermaßen „schwere Sexualstraftaten" im Sinne der Weitergeltungsanordnung des Bundesverfassungsgerichts eingeordnet …

[12] Das Landgericht hat sich sowohl im Rahmen der Verhältnismäßigkeitsprüfung als auch bei der ihm obliegenden Ermessensentscheidung erschöpfend mit der Frage auseinandergesetzt, ob andere geeignete Maßnahmen gegeben sind, um der vom Angeklagten ausgehenden Gefahr für die Allgemeinheit zu begegnen oder diese zumindest erheblich abzuschwächen. Dies hat es mit tragfähiger Begründung verneint. Entgegen dem Revisionsvorbringen musste sich das Landgericht dabei nicht ausdrücklich mit dem Umstand befassen, dass der Angeklagte erstmals zu einer längeren Freiheitsstrafe verurteilt worden ist und bislang „praktisch nicht" therapiert wurde. Die Wirkungen eines erstmals erlebten längeren Strafvollzugs und von in diesem Rahmen (möglicherweise) wahrgenommenen Therapieangeboten können zwar im Einzelfall wesentliche gegen die Anordnung der Maßregel sprechende Gesichtspunkte darstellen (vgl. BGH, Beschluss vom 9. Dezember 2010 – 5 StR 421/10, StV 2011, 276). Ein Absehen von der Anordnung trotz bestehender hangbedingter Gefährlichkeit kommt in Ausübung des in § 66 Abs. 2 StGB eingeräumten Ermessens aber nur dann in Betracht, wenn bereits zum Zeitpunkt des Urteilserlasses die Erwartung begründet ist, der Täter werde hierdurch eine Haltungsänderung erfahren, sodass für das Ende des Strafvollzugs eine günstige Prognose gestellt werden kann. Zum Zeitpunkt des Urteilserlasses noch ungewisse positive Veränderungen und lediglich mögliche Wirkungen künftiger Maßnahmen im Strafvollzug können indes nicht genügen. Vielmehr bedarf es – worauf der Senat bereits in seinem

[115] BGH, Urteil v. 28.3.2012 – 2 StR 592/11.

Urteil vom 4. November 2009 hingewiesen hat (vgl. NStZ-RR 2010, 77, 78) – zumindest konkreter Anhaltspunkte für einen Behandlungserfolg …

Ein **„gewisses Rückfallrisiko"**, eine **„ungünstige Kriminalprognose"** oder eine „prognostische Wahrscheinlichkeit" reichen nicht aus, um den nach den Vorgaben des Bundesverfassungsgerichts notwendigen erhöhten Grad der Gefährlichkeit zu begründen.[116] **115**

[3] 2. Die vom Landgericht nach § 66 Abs. 3 Satz 1 StGB angeordnete Unterbringung des Angeklagten in der Sicherungsverwahrung hält sachlichrechtlicher Nachprüfung nicht stand; denn die erforderliche Gefahr der Begehung weiterer Straftaten durch den Angeklagten ist nicht dargetan.

[4] a) Das Landgericht hat zunächst den gehörten Sachverständigen referiert, wonach der Angeklagte ein bewusster Entscheidungstäter mit einer Bereitschaft zur Gewalt sei, der Waffen als Handlungsinstrument benutze und Straftaten bei verschiedenartigen, auch guten Lebensumständen begehe, „was insgesamt für ein gewisses Rückfallrisiko spreche", so dass eine „ungünstige Kriminalprognose" gegeben sei. In ihrer anschließenden eigenen Würdigung hat die Strafkammer es für „prognostisch wahrscheinlich" gehalten, dass der Angeklagte erneut erhebliche Straftaten begehen werde.

[5] b) Es bestehen bereits erhebliche Bedenken, ob diese Ausführungen nach der Rechtslage vor der Entscheidung des Bundesverfassungsgerichts vom 4. Mai 2011 (BVerfG, Urteil vom 4. Mai 2011 – 2 BvR 2365/09 u.a., NJW 2011, 1931) genügt hätten, um die erforderliche Gefahrenprognose zu belegen; denn erforderlich war insoweit die Erwartung, d.h. die bestimmte Wahrscheinlichkeit, dass von dem Täter weitere erhebliche Taten ernsthaft zu erwarten sind und er deshalb für die Allgemeinheit gefährlich ist (st. Rspr.; vgl. schon BGH, Urteil vom 21. November 1972 – 1 StR 390/72, BGHSt 25, 59, 61).

[6] c) Die Anordnung der Sicherungsverwahrung erweist sich jedenfalls nach Maßgabe der neueren Rechtsprechung des Bundesverfassungsgerichts (BVerfG, aaO) als nicht verhältnismäßig.

[7] aa) Danach bedarf es wegen der derzeit verfassungswidrigen Ausgestaltung der Sicherungsverwahrung einer „strikten Verhältnismäßigkeitsprüfung", wenn sie gleichwohl angeordnet werden soll. Die Anordnung wird „in der Regel" nur verhältnismäßig sein, wenn „eine Gefahr schwerer Gewalt- oder Sexualstraftaten aus konkreten Umständen in der Person oder dem Verhalten des Betroffenen abzuleiten ist" (BVerfG, aaO, NJW 2011, 1946 Rn. 172). Diese vom Bundesverfassungsgericht geforderte „strikte Verhältnismäßigkeitsprüfung" ist dahin zu verstehen, dass bei beiden Elementen der Gefährlichkeit – mithin der Erheblichkeit weiterer Straftaten und der Wahrscheinlichkeit ihrer Begehung ein gegenüber der bisherigen Rechtsanwendung strengerer Maßstab anzulegen ist (BGH, Beschluss vom 4. August 2011 – 3 StR 235/11, StV 2011, 673). Das Erfordernis, dass die Wahrscheinlichkeit der Begehung weiterer Taten „aus konkreten Umständen in der Person oder dem Verhalten des Betroffenen abzuleiten" sein muss, stellt somit höhere Anforderungen als die bislang vom Gesetz als Beurteilungsgrundlage für die Gefährlichkeitsprognose geforderte „Gesamtwürdigung des Täters und seiner Taten" (BGH, Urteil vom 4. August 2011 – 3 StR 175/11, NStZ 2011, 692).

---

116 BGH, Beschl. v. 31.7.2012 – 3 StR 148/12.

[8] bb) Ein „gewisses Rückfallrisiko", eine „ungünstige Kriminalprognose" oder eine „prognostische Wahrscheinlichkeit" reicht nicht aus, um den nach diesen Vorgaben notwendigen erhöhten Grad der Gefährlichkeit zu begründen.

116 Sicherungsverwahrung darf gemäß **§ 66 Abs. 1 Satz 1 Nr. 2 StGB** nur dann angeordnet werden, wenn die zur zweiten Verurteilung führende Tat nach Rechtskraft der ersten Vorverurteilung begangen worden ist. Vortaten und Vorverurteilungen müssen demgemäß in der Reihenfolge „Tat-Urteil-Tat-Urteil-Anlasstat" begangen worden sein. Der Täter muss, um die Voraussetzungen des § 66 Abs. 1 StGB zu erfüllen, die **Warnfunktion** eines jeweils rechtskräftigen Strafurteils zwei Mal missachtet haben.[117]

■ TOPENTSCHEIDUNG

117 Ein **Gutachten** zum **Bestehen eines Hanges** im Sinne von § 66 StGB und einer darauf beruhenden Gefährlichkeit eines Angeklagten ist kein „Gutachten über den Geisteszustand", dessen Erstattung eine Verwertung von Taten aus im Zentralregister **getilgten oder tilgungsreifen** Verurteilungen erlaubt.[118]

[6] 2. Die materiellen Voraussetzungen der Sicherungsverwahrung hat das Landgericht indes rechtsfehlerhaft begründet; denn es hat, um den Hang des Angeklagten zu erheblichen Straftaten, namentlich zu solchen, durch welche die Opfer seelisch oder körperlich schwer geschädigt werden (§ 66 Abs. 1 Nr. 3 StGB a.F.), zu belegen, mehrere Verurteilungen des Angeklagten zu dessen Nachteil herangezogen, die im Bundeszentralregister bereits getilgt waren. Dieser Rechtsfehler ist auf die Sachrüge zu berücksichtigen (BGH, Urteil vom 10. Januar 1973 – 2 StR 451/72, BGHSt 25, 100, 101; Beschluss vom 23. März 2006 – 4 StR 36/06, BGHR BZRG § 51 Verwertungsverbot 9).

[7] a) Die Strafkammer ist bei der Annahme, bei dem Angeklagten bestehe ein ausgeprägter Hang zur Begehung von Sexualstraftaten zum Nachteil von Kindern, den beiden gehörten Sachverständigen gefolgt. Diese haben ausgeführt, die Delinquenz des Angeklagten zeichne sich durch einen frühen Beginn und nahezu ausschließlich sexuellen Bezug aus. Insbesondere sei der Angeklagte zwischen seinem 21. und 28. Lebensjahr mehrfach wegen exhibitionistischer Handlungen verurteilt worden. Die Urteilsgründe geben in diesem Zusammenhang auszugsweise den Text dreier Urteile des Landgerichts Krefeld aus den Jahren 1972, 1978 und 1979 wieder. Danach hatte der Angeklagte Anfang 1971 im Alter von 20 Jahren dreimal nackt am Fenster der elterlichen Wohnung posiert und sein Glied auf der Straße spielenden Kindern vorgezeigt. Im September 1977 hatte er sich – inzwischen 27 Jahre alt – auf einem Weg vor zwei vierzehnjährigen Mädchen nackt präsentiert. Zuletzt hatte er Mitte Juli 1978 vor zwei dreizehn bzw. fünfzehn Jahre alten Schülerinnen sein Glied entblößt. Das Bundeszentralregister enthält lediglich die wegen der hier gegenständlichen Taten rechtskräftig verhängte Gesamtfreiheitsstrafe von fünf Jahren und sechs Monaten. Die Eintragungen über die Verurteilungen durch das Landgericht Krefeld sind getilgt worden.

[117] BGH, Beschl. v. 31.7.2012 – 3 StR 192/12.
[118] BGH, Beschl. v. 28.8.2012 – 3 StR 309/12.

[8] b) Die Heranziehung der im Bundeszentralregister getilgten Vorstrafen zum Nachteil des Angeklagten verstößt gegen das gesetzliche Verwertungsverbot gemäß § 51 Abs. 1 BZRG. Nach dieser Vorschrift dürfen aus der Tat, die Gegenstand einer getilgten Verurteilung ist, keine nachteiligen Schlüsse auf die Persönlichkeit des Angeklagten gezogen werden (BGH, Beschluss vom 4. Februar 2010 – 3 StR 8/10, BGHR BZRG § 51 Verwertungsverbot 11). Dieses Verwertungsverbot gilt auch, soweit über die Anordnung von Maßregeln der Besserung und Sicherung zu entscheiden ist (BGH, Urteil vom 10. Januar 1973 – 2 StR 451/72, BGHSt 25, 100, 104; Beschluss vom 4. Oktober 2000 – 2 StR 352/00, BGHR BZRG § 51 Verwertungsverbot 7; Beschluss vom 27. Juni 2002 – 4 StR 162/02, NStZ-RR 2002, 332), und selbst dann, wenn der Angeklagte eine getilgte oder tilgungsreife Vorstrafe von sich aus mitgeteilt hat (BGH, Urteil vom 8. Dezember 2011 – 4 StR 428/11, NStZ-RR 2012, 143 m.w.N.). Das Verwertungsverbot ist deshalb auch bei der nach § 66 Abs. 1 Nr. 3 StGB aF zu treffenden Entscheidung zu beachten, ob die Gesamtwürdigung des Täters und seiner Taten ergibt, dass er infolge eines Hanges zu schweren Straftaten für die Allgemeinheit gefährlich ist.

[9] Entgegen der Auffassung des Landgerichts rechtfertigt § 52 Abs. 1 Nr. 2 BZRG die Verwertung getilgter Vorstrafen zu Lasten des Angeklagten bei Begutachtungen zur Unterbringung nach § 66 StGB nicht. Danach darf eine frühere Tat abweichend von § 51 Abs. 1 BZRG berücksichtigt werden, wenn in einem erneuten Strafverfahren ein Gutachten über den Geisteszustand des Betroffenen zu erstatten ist, falls die Umstände der früheren Tat für die Beurteilung seines Geisteszustands von Bedeutung sind. Ein Gutachten zum Bestehen eines Hanges im Sinne von § 66 StGB und einer darauf beruhenden Gefährlichkeit eines Angeklagten ist indes kein Gutachten über den Geisteszustand im Sinne des § 52 Abs. 1 Nr. 2 BZRG. Hierzu im Einzelnen:

[10] aa) Schon der Wortlaut des § 52 Abs. 1 Nr. 2 BZRG legt es nahe, dass mit Geisteszustand der psychische Zustand des Angeklagten zum Zeitpunkt der Tatbegehung gemeint ist, über den im Rahmen der Schuldfähigkeitsprüfung gegebenenfalls ein Sachverständiger sein Gutachten zu erstatten hat. Der Begriff zielt deshalb auf die vier Eingangsmerkmale des § 20 StGB, die krankhafte seelische Störung, die tiefgreifende Bewusstseinsstörung, den Schwachsinn oder die schwere andere seelische Abartigkeit, ab. Vom Gutachten über das Vorliegen eines dieser Merkmale ist die nach § 246a StPO vor der Anordnung der Sicherungsverwahrung durchzuführende sachverständige Begutachtung zu unterscheiden. Nach dieser Vorschrift ist der Sachverständige „über den Zustand des Angeklagten und die Behandlungsaussichten zu vernehmen“. Die Vorschrift verwendet somit den Ausdruck „Geisteszustand“ im Gegensatz zu § 52 Abs. 1 Nr. 2 BZRG nicht. Kommt die Unterbringung nach § 66 StGB in Betracht, soll dem Tatgericht eine Entscheidungshilfe für die Beurteilung gegeben werden, ob der Angeklagte infolge seines Hanges zur Begehung erheblicher Straftaten für die Allgemeinheit gefährlich ist. Hangtäter ist dabei derjenige, der dauernd zu Straftaten entschlossen ist oder der aufgrund einer fest eingewurzelten Neigung, deren Ursache unerheblich ist, immer wieder straffällig wird, wenn sich die Gelegenheit dazu bietet (st. Rspr.; vgl. etwa BGH, Urteil vom 27. Oktober 2004 – 5 StR 130/04, NStZ 2005, 265). Bei der Prüfung des Hanges im Sinne des § 66 StGB geht es somit im Ergebnis nicht in erster Linie um die Bewertung des Geisteszustands des Täters, sondern um die wertende Feststellung einer persönlichen Eigenschaft (vgl. LK-Rissing-van Saan/Peglau, 12. Aufl., § 66 Rn. 118). Hierfür bedarf es nicht notwendigerweise der Begutachtung durch einen psychiatrischen Sachverständigen. Zwar werden nach den Erfahrungen des Senats bei in Betracht

kommender Sicherungsverwahrung überwiegend Ärzte als Gutachter herangezogen, doch findet dies seine Rechtfertigung vor allem darin, dass dabei regelmäßig zugleich untersucht werden muss, ob der Angeklagte bei der Tat in seiner Schuldfähigkeit beeinträchtigt oder schuldunfähig war und deshalb unter Umständen eine andere Maßregel, insbesondere eine Unterbringung nach § 63 StGB, in Betracht kommt.

[11] bb) Für diese Auslegung spricht auch die ratio legis. Sinn und Zweck des Verwertungsverbots nach § 51 Abs. 1 BZRG ist es, den Angeklagten davor zu schützen, dass ihm nach Ablauf einer im Verhältnis zur erkannten Rechtsfolge kürzer oder länger bemessenen Frist straffreien Lebens alte Taten nochmals vorgehalten und zu seinem Nachteil verwertet werden. Dieses Schutzes bedarf der Angeklagte jedenfalls nicht in demselben Maße, wenn es um die Beurteilung der Schuldfähigkeit geht, da deren Ausschluss oder erhebliche Verminderung regelmäßig entweder die Bestrafung hindern oder die Strafe mildern. Lediglich bei der Anordnung einer Unterbringung im psychiatrischen Krankenhaus (§ 63 StGB, § 42b StGB aF) kann die Ausnahmeregelung des § 52 Abs. 1 Nr. 2 BZRG zu einer den Angeklagten belastenden, indes auch dessen Heilung dienenden Sanktion führen (vgl. BGH, Urteil vom 10. Januar 1973 – 2 StR 451/72, BGHSt 25, 100, 104).

[12] cc) Den Gesetzesmaterialien ist nichts Gegenteiliges zu entnehmen. Danach soll die Ausnahme vom Verwertungsverbot sicherstellen, „dass ein Gutachter in einem späteren Strafverfahren gegen den Betroffenen die frühere Tat nicht ausklammern muss, wenn es darum geht, den Geisteszustand des Betroffenen zu beurteilen" (Schriftlicher Bericht des Sonderausschusses für die Strafrechtsreform, BT-Drucks. VI/1550 S. 23), ohne dass der Begriff näher umschrieben wird.

[13] dd) Dafür, ein Gutachten über das Bestehen eines Hanges nach § 66 StGB nicht als Gutachten über den Geisteszustand im Sinne des § 52 Abs. 1 Nr. 2 BZRG zu verstehen, spricht auch der Vergleich mit sonstigen kriminalprognostischen Entscheidungen und den ihnen vorangehenden Begutachtungen. So gilt etwa das gesetzliche Verwertungsverbot des § 51 Abs. 1 BZRG auch für die bei der Prüfung der Strafaussetzung zur Bewährung gemäß § 56 Abs. 1 StGB zu treffende Prognoseentscheidung, ob der Verurteilte sich schon die Verurteilung zur Warnung dienen lassen und künftig auch ohne die Einwirkung des Strafvollzugs keine Straftaten mehr begehen wird (BGH, Beschluss vom 4. Februar 2010 – 3 StR 8/10, BGHR BZRG § 51 Verwertungsverbot 11). Gemäß § 56 Abs. 1 Satz 2 StGB sind für diese Entscheidung u.a. die Persönlichkeit des Verurteilten, sein Vorleben, die Umstände seiner Tat sowie seine Lebensverhältnisse und damit im Wesentlichen die gleichen Kriterien von Belang, die bei der Begutachtung nach § 66 StGB Bedeutung haben.

[14] ee) Das aufgezeigte Verständnis des Regelungsgefüges der §§ 51, 52 BZRG steht auch im Übrigen in Einklang mit der bisherigen Rechtsprechung des Bundesgerichtshofs. Danach gilt die Ausnahme vom Verwertungsverbot nur, „wenn es um den Geisteszustand des Betroffenen geht, dessen Beurteilung zu einer Unterbringung nach § 42b StGB (Unterbringung in einer Heil- und Pflegeanstalt nach altem Recht) führen kann" (BGH, Urteil vom 10. Januar 1973 – 2 StR 451/72, BGHSt 25, 100, 104). Die indizielle Verwertung im Register getilgter früherer Verurteilungen zur Feststellung eines Hanges im Sinne von § 66 StGB zum Nachteil des Angeklagten ist mehrfach beanstandet worden (BGH, Beschlüsse vom 4. Oktober 2000 – 2 StR 352/00, BGHR BZRG § 51 Verwertungsverbot 7, und vom 27. Juni 2002 – 4 StR 162/02, NStZ-RR 2002, 332; zuletzt Beschluss vom 12. September 2007 – 5 StR 347/07, StV 2007, 633 – nur obiter). Soweit der 4. Strafsenat in einer späte-

ren, vom Landgericht für seine Rechtsauffassung in Anspruch genommenen Entscheidung (BGH, Beschluss vom 8. März 2005 – 4 StR 569/04, BGHR BZRG § 51 Verwertungsverbot 8) in einem nicht tragenden Hinweis ohne nähere Begründung Zweifel an dieser Rechtsprechung angemeldet hat, teilt der Senat diese Bedenken aus den vorstehenden Gründen nicht.

[15] c) Das Urteil beruht auf dem dargelegten Rechtsfehler. Die Erörterung der einem Verwertungsverbot unterliegenden Taten nimmt in den Urteilsgründen breiten Raum ein und ist Grundlage für die Einschätzung des Landgerichts, die Delinquenz des Angeklagten habe früh begonnen und weise nahezu ausschließlich sexuellen Bezug aus.

Bei der Prüfung des Hangs und im Rahmen der Gefahrenprognose darf zulässiges **Verteidigungsverhalten des Angeklagten** nicht zu dessen Nachteil verwertet werden.[119] **118**

Prognoseentscheidungen beruhen auf Wahrscheinlichkeitsfeststellungen. Bei einer Prognose kann **nicht** verlangt werden, dass zukünftige Ereignisse oder Zustände **zur vollen richterlichen Überzeugung** feststehen. Ansonsten könnte die Gefahrprognose immer mit dem Argument verneint werden, es könne nicht ausgeschlossen werden, dass gefahrbegründende Faktoren nicht eintreten. Ein solcher Maßstab ist wegen zu hoher Anforderungen rechtsfehlerhaft.[120] **119**

[26] a) Die Urteilsausführungen lassen besorgen, dass das Landgericht bei seiner Prognoseentscheidung einen rechtlich unzutreffenden Maßstab zugrunde gelegt hat (vgl. zu der Verschiedenheit der Prognosemaßstäbe auch Senge in KK-StPO, 6. Aufl. Rn. 10 zu § 81 g m.w.N.). Prognoseentscheidungen beruhen auf Wahrscheinlichkeitsfeststellungen (vgl. hierzu Meyer-Goßner, StPO, 55. Aufl. Rn. 27 zu § 261 StPO). Bei einer Prognose kann nicht verlangt werden, dass zukünftige Ereignisse oder Zustände zur vollen richterlichen Überzeugung feststehen. Ansonsten könnte die Gefahrprognose immer mit dem Argument verneint werden, es könne nicht ausgeschlossen werden, dass gefahrbegründende Faktoren nicht eintreten. Ein solcher Maßstab ist wegen zu hoher Anforderungen rechtsfehlerhaft. Die Urteilsausführungen (insbesondere UA S. 106 bis 108) legen nahe, dass das Landgericht für erforderlich erachtet hat, von einer ungünstigen Entwicklung konstellierender Faktoren in vollem Umfang überzeugt sein zu müssen. Das ist rechtlich nicht geboten; es genügt eine hochgradige Wahrscheinlichkeit.

[27] b) Das Landgericht durfte im vorliegenden Fall auch nicht ohne weiteres das Gutachten des Sachverständigen Prof. Dr. Ke. zu Grunde legen. Dieser Gutachter konnte ausweislich der Urteilsgründe (UA S. 93) zum Vorliegen einer psychischen Störung eine gutachterliche Äußerung „aufgrund seiner Fachgebietsfremdheit nicht abgeben". Gleichwohl stützt sich die Kammer bei ihrer Gefährlichkeitsprognose auf dessen Ausführungen. Eine Prognose, die ohne Berücksichtigung der psychischen Störung des Probanden abgegeben wird, hat keinen forensisch relevanten Wert. Denn der Zustand und die Befindlichkeit des zu Beurteilenden sind unerlässliche Faktoren für die Prognoseentscheidung.

[28] c) Die Wiedergabe des Vorgutachtens dieses Sachverständigen ist auch insofern rechtsfehlerhaft (weil nicht nachvollziehbar), als die Antwort des Sachverständigen

---

119 BGH, Beschl. v. 20.3.2012 – 1 StR 64/12.
120 BGH, Urteil v. 25.9.2012 – 1 StR 160/12.

mitgeteilt wird (UA S. 93 unten) zu der Frage des Gerichts, ob „aus dieser Gesamtwürdigung“ eine hochgradige Gefahr schwerster Gewalt- oder Sexualstraftaten abzuleiten ist. Da die „Gesamtwürdigung“ ersichtlich Grundlage für die Beurteilung durch den Sachverständigen war, hätte diese Gesamtwürdigung dargelegt werden müssen. Sie ist auch aus dem Gesamtkontext der Urteilsgründe nicht eindeutig erkennbar.

[29] d) Die Urteilsgründe lassen ferner besorgen, dass das Landgericht die Verteidigererklärungen, wonach B. bei der Beziehungsgestaltung im Umgang mit Frauen sich zunächst Zurückhaltung auferlegen möchte (UA S. 62), jede Anwendung von Gewalt zur Regelung zwischenmenschlicher Konflikte ablehne (UA S. 64) und sich zukünftig so verhalten werde, dass es zu keinen Eskalationen mit Mitmenschen komme (UA S. 66), als unwiderlegbar angesehen hat, obwohl hierfür wenig Anhaltspunkte bestehen.

120 Zwischen dem Strafausspruch und der Unterbringung in der Sicherungsverwahrung besteht grundsätzlich keine der **Rechtsmittelbeschränkung** entgegenstehende Wechselwirkung.[121]

121 Findet sich weder im Anklagesatz noch dem Eröffnungsbeschluss ein Hinweis darauf, dass die Anordnung einer Sicherungsverwahrung gegen den Angeklagten in Betracht kommt, bedarf es grundsätzlich eines **rechtlichen Hinweises entsprechend § 265 StPO**, sofern der Angeklagte dies nicht ausnahmsweise aus einem Beweisbeschluss entnehmen konnte.[122]

[3] 1. Demgegenüber greift die auf die Verletzung der Hinweispflicht gemäß § 265 StPO gestützte Rüge des Angeklagten durch. Dem liegt folgendes Prozessgeschehen zugrunde:

[4] In der unverändert zur Hauptverhandlung zugelassenen Anklage der Staatsanwaltschaft Augsburg findet sich im Anklagesatz kein Hinweis darauf, dass die Anordnung einer Sicherungsverwahrung gegen den Angeklagten in Betracht kommt. Die Ladung zur Hauptverhandlung, allerdings nur an den Verteidiger gerichtet, enthielt demgegenüber folgenden maschinenschriftlichen Zusatz: „Gem. § 265 StPO wird darauf hingewiesen, dass aufgrund des Gutachtens des SV A. vom 21.09.11 die Unterbringung des Angeklagten im Maßregelvollzug nach § 66 StGB in Betracht kommt. Auf richterliche Anordnung: …“.

[5] Im Hauptverhandlungsprotokoll vom 14. November 2011 findet sich folgende Eintragung: Der Angeklagte wurde vom Vorsitzenden gemäß § 243 Abs. 5 StPO darüber belehrt, dass es ihm freistehe, sich zu äußern oder nicht zur Sache auszusagen. Dabei wurden vom Vorsitzenden einerseits die durch ein mindestens teilweises Geständnis möglichen Verfahrensvorteile, andererseits – ohne dass ein nochmaliger förmlicher Hinweis nach § 265 StPO erfolgte – die im Falle einer Verurteilung auch wegen Vergewaltigung drohende Anordnung der Sicherungsverwahrung angesprochen.

[6] 2. Da weder die Revisionsgegenerklärung noch dienstliche Äußerungen das Gegenteil bekunden, ist danach davon auszugehen, dass dem Angeklagten ein förmlicher Hinweis entsprechend § 265 StPO nicht erteilt wurde (zu dessen Erforderlich-

---

[121] BGH, Urteil v. 24.11.2011 – 4 StR 331/11.
[122] BGH, Beschl. v. 26.6.2012 – 1 StR 158/12.

keit vgl. BGH NStZ-RR 2004, 297 und NStZ 2009, 227). Dabei kann dahinstehen, ob der Zusatz in der Terminsladung hierfür ausreichend gewesen wäre, denn insoweit wurde dieser Hinweis nur dem Verteidiger, nicht aber dem Angeklagten erteilt, was aber gemäß § 265 Abs. 2 i.V.m. Abs. 1 StPO (KK-StPO/Engelhardt, 6. Aufl., § 265 Rn. 19) erforderlich gewesen wäre.

[7] 3. Der Angeklagte konnte – anders als bei dem der Entscheidung BGH NStZ 1992, 249 zugrunde liegenden Sachverhalt – einen entsprechenden Hinweis auch nicht aus einem Gerichtsbeschluss entnehmen, wonach die Einholung eines Gutachtens zur Frage der Anordnung der Sicherungsverwahrung beschlossen wurde; denn ein solches Gutachten war nicht vom Gericht, sondern noch vor Anklageerhebung von der Staatsanwaltschaft in Auftrag gegeben worden.

[8] Nachdem sich insoweit weder aus dem Hauptverhandlungsprotokoll, noch aus der Revisionsgegenerklärung der Staatsanwaltschaft und dienstlichen Äußerungen Hinweise hierauf ergeben, muss der Senat davon ausgehen, dass der Angeklagte aus dem Gang der Hauptverhandlung nicht unzweifelhaft und eindeutig entnehmen konnte, dass im Urteil gegen ihn die Sicherungsverwahrung angeordnet werden könnte.

[9] 4. Der Senat kann nicht ausschließen, dass das Urteil bezüglich der Anordnung der Sicherungsverwahrung auf dem Rechtsfehler beruht. Die Revision begründet überzeugend, dass der Angeklagte, wenn er vom Gericht einen entsprechenden Hinweis erhalten hätte, sich anders und wirksamer als geschehen hätte verteidigen können. Insbesondere hätte er, abweichend von seiner Verteidigungsstrategie, weder Angaben zur Sache noch zu seinen persönlichen Verhältnissen zu machen, sich dann zur Sache eingelassen und auch Angaben zu den persönlichen Verhältnissen gemacht.

In dem Verfahren nach **Art. 316e Abs. 3 Satz 1 EGStGB** ist die nach § 66 StGB a.F. **122**
angeordnete Sicherungsverwahrung nur dann für erledigt zu erklären, wenn alle für die Anordnung der Sicherungsverwahrung kausalen Taten aus den Anlass- und den Vorverurteilungen nicht mehr in den Katalog des § 66 Abs. 1 Satz 1 Nr. 1 StGB in der am 1. Januar 2011 in Kraft getretenen Fassung fallen.[123]

[27] Die Anlasstat ist – wie auch die Vortaten – bloßer Anknüpfungspunkt für das Merkmal der Gefährlichkeit, nicht deren Anordnungsgrund (BVerfGE 109, 133, 174). Hinter der Herausnahme insbesondere der gewaltlosen Vermögens- und Eigentumsdelikte aus dem Katalog tauglicher Anlass- und Vortaten steht die Annahme, dass sich in der Regel auch die hangbedingte Gefährlichkeit des Täters nur auf die erneute Begehung solcher Taten erstreckt, da die Anlass- und Vortaten symptomatisch sowohl für den Hang als auch für die Gefährlichkeit des Täters sein müssen (BT-Drucks. 17/3403, S. 51). Fällt ein Teil der Taten auch nach neuem Recht unter den Katalog tauglicher Anlass- und Vortaten, so können diese im Einzelfall durchaus Symptom dafür sein, dass sich die hangbedingte Gefährlichkeit des Täters auf die erneute Begehung solcher Taten erstreckt.

[28] Die formellen Voraussetzungen des § 66 StGB markieren insoweit lediglich den „Türöffner" für den Eintritt in eine qualifizierte Gefährlichkeitsprüfung (Hang und Allgemeingefährlichkeit). Nach den Wertungen des Gesetzes zur Neuordnung des Rechts der Sicherungsverwahrung sollen ein Hang zu gewaltlosen Eigentums-

[123] BGH, Beschl. v. 25.4.2012 – 5 StR 451/11.

oder Vermögensdelikten und eine entsprechende Gefährlichkeit des Täters für die Anordnung der Sicherungsverwahrung grundsätzlich nicht mehr ausreichen. Diese Änderung des Anordnungsgrundes hat eine Neubestimmung des „Türöffners", nämlich der formellen Kriterien des § 66 StGB, nach sich gezogen. Die Altfälle, in denen die Sicherungsverwahrung im Zeitpunkt des Inkrafttretens der Neuregelung bereits rechtskräftig angeordnet war, haben den damals gültigen „Türöffner" bereits passiert; Hang und Allgemeingefährlichkeit wurden rechtskräftig festgestellt. Im Hinblick auf die im Zeitpunkt der Maßregelanordnung geltenden weiteren Hang- und Gefährlichkeitskriterien stellt sich allerdings die Frage, ob die nun enger definierte Gefährlichkeit hinreichend belegt ist. Das hat der Gesetzgeber im Wege „typisierender Betrachtung" jedenfalls für die Fälle verneint, bei denen keine der Anlass- und Vortaten mehr die formellen Voraussetzungen des § 66 StGB nF erfüllen würde. Hier ist es nämlich nahezu ausgeschlossen, dass bei individueller Betrachtung eine den engeren Maßstäben des § 66 StGB genügende Gefährlichkeit des Täters festgestellt werden könnte. Alle anderen Fälle überlässt der Gesetzgeber demgegenüber einer individuellen Prüfung. Er geht dabei davon aus, dass die „weitere Vollstreckung der Sicherungsverwahrung in absehbarer Zeit zumindest nach § 67d Abs. 2 StGB zur Bewährung auszusetzen" ist, wenn das Gericht auf der Grundlage einer aktuellen Gefährlichkeitsprüfung zur Überzeugung gelangt, dass sich eine vom Täter etwa weiterhin ausgehende Rückfallgefahr nur auf solche Taten bezieht, die nach neuem Recht nicht mehr taugliche Anlass- oder Vortaten für die Sicherungsverwahrung sein können (BT-Drucks. 17/3403, S. 51).

123 Ist bei **vorbehaltener Anordnung** der Sicherungsverwahrung wegen Ablaufs der Frist des § 66a Abs. 2 StGB a.F. eine **Entscheidung über den Vorbehalt ganz unterblieben**, ist der Verurteilte so zu stellen, als sei eine Anordnung rechtskräftig abgelehnt worden.[124] Im Übrigen ist über den Vorbehalt von Amts wegen zu entscheiden.

[11] Die Ablehnung der nachträglichen Anordnung der Sicherungsverwahrung hält revisionsgerichtlicher Prüfung stand.

[12] 1. Als Grundlage einer – nach Maßgabe der Rechtsprechung des Bundesverfassungsgerichts (Urteil vom 4. Mai 2011 – 2 BvR 2365/09 u.a., NStZ 2011, 450 ff.) noch längstens bis zum Ablauf des 31. Mai 2013 möglichen – nachträglichen Anordnung der Sicherungsverwahrung gemäß § 66b StGB a.F. darf eine solche Maßnahme nur noch dann ausgesprochen werden, wenn eine hochgradige Gefahr schwerster Gewalt- oder Sexualstraftaten aus konkreten Umständen in der Person oder dem Verhalten des Betroffenen abzuleiten ist und dieser an einer psychischen Störung i.S.v. § 1 Abs. 1 Nr. 1 ThUG leidet (zusammenfassend BVerfG, Beschluss vom 8. Juni 2011 – 2 BvR 2846/09). Im Übrigen ist Voraussetzung einer solchen Anordnung, dass sich diese nur auf solche „neuen" Tatsachen stützen kann, die „nach einer Verurteilung" und „vor dem Ende des Vollzuges" erkennbar geworden sind. Dabei kommt es nicht auf den Entstehungszeitpunkt der Tatsachen, sondern allein auf die Möglichkeit der Kenntnisnahme und Berücksichtigung im vorangegangenen Strafverfahren an (BGH, Urteil vom 11. Mai 2005 – 1 StR 37/05, BGHSt 50, 121 ff.).

---

124 BGH, Urteil v. 7.8.2012 – 1 StR 98/12.

[13] Maßgeblich für die Frage, ob eine Tatsache „neu" ist, ist demnach der letztmögliche Zeitpunkt, zu dem eine (primäre) Sicherungsverwahrung hätte angeordnet werden können (vgl. BGH, Urteil vom 11. Juli 2006 – 5 StR 113/06, NStZ-RR 2006, 302 f.; Beschluss vom 15. April 2008 – 5 StR 635/07, BGHSt 52, 213 ff.). Hierzu zählt auch die Entscheidung im Vorbehaltsverfahren; denn diese ist Bestandteil des Erkenntnisverfahrens …

[14] 2. Nicht anders zu beurteilen ist der Fall, in dem – wie hier – eine Entscheidung über den Vorbehalt ganz unterblieben ist. Der Verurteilte ist dann so zu stellen, als sei die Anordnung der Sicherungsverwahrung im Vorbehaltsverfahren rechtskräftig abgelehnt worden. Dies ergibt sich bereits daraus, dass die Einhaltung der Frist des § 66a Abs. 2 StGB a.F. eine grundsätzlich verbindliche materiellrechtliche Voraussetzung für die Anordnung der vorbehaltenen Sicherungsverwahrung darstellt (BGH, Urteil vom 14. Dezember 2006 – 3 StR 269/06, BGHSt 51, 159 ff.); denn nach den Gesetzesmaterialien ist die Entscheidung über den Vorbehalt spätestens sechs Monate vor dem von § 66a Abs. 2 StGB a.F. in Bezug genommenen Aussetzungszeitpunkt zu treffen (BT-Drucks. 14/8586, S. 6).

[15] An dieser Rechtsprechung hält der Senat fest. Das hiernach zwingende Ergebnis kann nicht dadurch umgangen werden, dass Tatsachen, die als Grundlage einer auf § 66a StGB gestützten Sicherungsverwahrung nicht (mehr) herangezogen werden können, stattdessen Grundlage einer auf § 66b StGB a.F. gestützten Sicherungsverwahrung werden. Die Auffassung, dass anderes gelte, wenn die im Vorbehaltsverfahren zur Entscheidung berufene Strafkammer das Verfahren bis zum Fristablauf so sehr verzögert hat (wofür auch vorliegend einiges spricht), dass eine Sachentscheidung nicht mehr möglich war (zur Möglichkeit einer Untätigkeitsbeschwerde im strukturell vergleichbaren Fall drohender Verjährung vgl. BGH, Beschluss vom 22. Dezember 1992 – 3 BJs 960/91 – 4 [85] – StB 15/92, NJW 1993, 1279 f.; OLG Frankfurt, Beschluss vom 29. Oktober 2001 – 3 Ws 986/01, NStZ 2002, 220 f. m.w.N.), teilt der Senat nicht.

[16] Die „Neuheit" von Tatsachen im Verfahren über die nachträgliche Anordnung der Sicherungsverwahrung gemäß § 66b StGB a.F. beurteilt sich in diesem Falle nach dem Tag des Ablaufs der Ausschlussfrist des § 66a Abs. 2 StGB a.F. Der Verurteilte hat einen Anspruch darauf, dass bis zu diesem Tag eine Entscheidung getroffen worden und – im Falle der Ablehnung – eine nachträgliche Anordnung dann nur noch unter den engeren Voraussetzungen des § 66b StGB a.F. möglich ist.

[17] 3. Unter Zugrundelegung dieser Maßstäbe hat die Strafkammer das Vorliegen „neuer Tatsachen" i.S.v. § 66 Abs. 1 Satz 1, Abs. 2 StGB rechtsfehlerfrei verneint. Die gegen die Beweiswürdigung gerichteten Angriffe der Revision bleiben ohne Erfolg.

[18] a) Insbesondere ist die Beweiswürdigung nicht lückenhaft oder widersprüchlich. Die gegen die Beweiswürdigung gerichteten Angriffe der Revision versagen. Der Verurteilte hat jedenfalls seit seiner Verlegung in die Justizvollzugsanstalt Straubing seine Therapieunwilligkeit planmäßig verdeckt. Dies war nicht erst nach Ablauf der in § 66a Abs. 2 StGB a.F. normierten Frist erkennbar. Das hiergegen gerichtete Vorbringen der Staatsanwaltschaft beschränkt sich auf eine eigene Bewertung auch von der Strafkammer gesehener Gesichtspunkte und vermag daher keinen revisiblen Rechtsfehler aufzuzeigen.

[19] b) Hinsichtlich der Feststellungen des Sachverständigen, dass der Verurteilte nach seiner Haftentlassung ein neues Umfeld aufbauen und dabei das Vertrauen fremder Kinder sich erschleichen könnte, handelt es sich um keine neue Tatsache

i.S.v. § 66 Abs. 1 Satz 1, Abs. 2 StGB, denn dieser Umstand war bereits bei der Anlassverurteilung erkennbar. Auch bei den Vorverurteilungen bezüglich der Taten von Dezember 1996 bis April 1998 waren Opfer Kinder, die nicht aus seinem unmittelbaren Nahbereich stammten und deren Vertrauen er sich erschlichen hatte (UA S. 8 f.).

[20] Der Senat weist darauf hin, dass über den Vorbehalt von Amts wegen entschieden werden muss (BGH, Urteil vom 14. Dezember 2006 – 3 StR 269/06, BGHSt 51, 159 ff.; Peglau JR 2002, 449, 451). Dies gilt auch, wenn der Antrag auf Unterbringung in der Sicherungsverwahrung zurückgenommen worden ist. Diese Entscheidung kann nach Auffassung des Senats entsprechend dem Rechtsgedanken des § 206a StPO auch im Beschlusswege getroffen werden.

d) Nachträgliche Anordnung der Sicherungsverwahrung – § 66b StGB

■ TOPENTSCHEIDUNG

124 Eine **Therapieunterbringung** nach § 1 Abs. 1 ThUG kann nur gegen Betroffene angeordnet werden, die sich in Sicherungsverwahrung nach dem Strafgesetzbuch befinden oder befunden haben, **nicht** jedoch **gegen nach § 275a Abs. 5 StPO (F.: 29. Juli 2009) einstweilig Untergebrachte.**[125]

[11] b) … sich der Betroffene in der Justizvollzugsanstalt nicht, wie es § 5 Abs. 1 Satz 3 ThUG verlangt, in der Sicherungsverwahrung befindet.

[12] aa) Im Zeitpunkt der Antragstellung befand er sich weder in Sicherungsverwahrung noch in Unterbringung zur Sicherung der Sicherungsverwahrung, sondern in Strafhaft.

[13] bb) Dieser Mangel ist nicht – was für die Zukunft möglich gewesen wäre (vgl. dazu: Senat, Beschluss vom 15. September 2011 – V ZB 136/11, FGPrax 2011, 318, 319 Rn. 8 und 10) – geheilt worden. Der Betroffene ist zwar seit dem 17. Februar 2012 in der Justizvollzugsanstalt des Beteiligten zu 2 nicht mehr in Strafhaft, sondern nach § 275a Abs. 5 StPO aF zur Sicherung der Sicherungsverwahrung untergebracht. Das führt aber nicht dazu, dass er sich seitdem im Sinne von § 5 Abs. 1 Satz 3 ThUG „in der Sicherungsverwahrung befindet“.

[14] (1) Das ergibt sich schon aus dem Wortlaut und der systematischen Stellung des § 5 Abs. 1 Satz 3 ThUG einerseits und des § 275a Abs. 5 StPO a.F. anderseits. Beide Vorschriften verwenden den Begriff der Sicherungsverwahrung, ohne ihn eigenständig zu definieren. Dessen bedurfte es auch nicht. Denn sie stehen beide in einem systematischen Zusammenhang zu den Regelungen der §§ 66 bis 66b StGB über die Sicherungsverwahrung als Nebenfolge einer Straftat und verwenden den Begriff in diesem Sinne. Das Therapieunterbringungsgesetz sieht eine weitere Form der Unterbringung zum Schutz der Allgemeinheit, insbesondere potentieller neuer Opfer vor den Folgen einer psychischen Störung eines Straftäters in bestimmten Fällen vor, in denen er durch Sicherungsverwahrung nach dem Strafgesetzbuch nicht mehr gewährleistet werden kann …

[15] (2) Nichts anderes ergibt sich aus dem Sinn und Zweck der Antragsberechtigung des Anstaltsleiters. Mit ihr wollte der Gesetzgeber den Umstand für das Thera-

[125] BGH, Beschl. v. 12.7.2012 – V ZB 106/12.

pieunterbringungsverfahren nutzen, dass der Leiter der Einrichtung, in welcher die Sicherungsverwahrung vollzogen wird, die Betroffenen besonders gut kennt und besonders gut zu beurteilen weiß, bei welchen unter ihnen eine Therapieunterbringung angezeigt ist (Entwurfsbegründung in BT-Drucks. 17/3403 S. 56). Das lässt sich nur in der Sicherungsverwahrung erreichen, nicht aber in der vorgeschalteten einstweiligen Unterbringung. Diese sichert die Anordnung der Sicherungsverwahrung, nimmt sie aber inhaltlich nicht vorweg. …

[16] 4. …

[17] a) Eine Therapieunterbringung darf nach § 1 Abs. 1 ThUG unter den in Nr. 1 und 2 dieser Vorschrift genannten weiteren Voraussetzungen nur angeordnet werden, wenn auf Grund einer rechtskräftigen Entscheidung feststeht, dass eine wegen einer Straftat der in § 66 Abs. 3 Satz 1 StGB genannten Art verurteilte Person deshalb nicht länger in der Sicherungsverwahrung untergebracht werden kann, weil ein Verbot rückwirkender Verschärfungen im Recht der Sicherungsverwahrung zu berücksichtigen ist. Wann ein Betroffener in diesem Sinne „nicht länger in der Sicherungsverwahrung untergebracht werden kann", ist umstritten. Teils wird die Vorschrift weit in dem Sinne ausgelegt, dass diese Voraussetzung auch dann erfüllt ist, wenn der Betroffene – wie hier – nach § 275a Abs. 5 StPO aF einstweilen untergebracht worden ist, gegen ihn Sicherungsverwahrung hätte verhängt werden können und dies im Hinblick auf das Rückwirkungsverbot unterblieben ist. Das sei „materiell Sicherungsverwahrung" (OLG Saarbrücken, StV 2012, 31, 34). Teils wird die Vorschrift mit dem vorlegenden Beschwerdegericht (so schon in FGPrax 2012, 87, 88) eng in dem Sinn verstanden, dass eine Therapieunterbringung nur möglich ist, wenn sich der Betroffene in der Sicherungsverwahrung befindet oder befunden hat (Schröder/Starke, DRiZ 2011, 254, 255).

[18] b) Der Senat hält die zweite Meinung für zutreffend.

[19] aa) Für sie spricht der Wortlaut der Regelung. Die in § 1 Abs. 1 Halbsatz 1 ThUG verwendete Formulierung „…, dass eine Person … nicht länger in der Sicherungsverwahrung untergebracht werden kann, weil …" ist bei isolierter Betrachtung allerdings auslegungsfähig. Sie kann einerseits nur Betroffene erfassen, die sicherungsverwahrt sind oder waren. Sie lässt sich andererseits auch in dem Sinn verstehen, dass es auf den Fortfall der rechtlichen Möglichkeit ankommt, Sicherungsverwahrung anzuordnen. Für diesen Fall hätte an sich die Formulierung näher gelegen „… nicht mehr … untergebracht werden kann …". Das ändert aber nichts daran, dass die in dem Gesetz gewählte Formulierung, für sich genommen, die Auslegung des Saarländischen Oberlandesgerichts zulässt. Dieses Textverständnis scheitert indes daran, dass die Passage nicht isoliert betrachtet werden darf, sondern im Textzusammenhang der ganzen Vorschrift gelesen werden muss. Ihr Sinn wird durch § 1 Abs. 2 ThUG deutlich. Danach ist Absatz 1 der Vorschrift unabhängig davon anzuwenden, ob die verurteilte Person sich noch im Vollzug der Sicherungsverwahrung befindet oder bereits entlassen wurde. Diese Regelung wäre überflüssig, würde § 1 Abs. 1 ThUGunabhängig von dem Vollzug von Sicherungsverwahrung nur auf die rechtliche Möglichkeit der Anordnung von Sicherungsverwahrung abstellen. Einen Sinn ergibt sie nur, wenn § 1 Abs. 1 ThUG im Grundsatz nur Betroffene anspricht, die sich in Sicherungsverwahrung befinden. Denn dann bedarf es einer Regelung darüber, was mit Betroffenen geschehen soll, die sich nicht mehr in Sicherungsverwahrung befinden. Nach dem Wortlaut gilt das Gesetz deshalb nur für Betroffene, die sich in Sicherungsverwahrung befinden oder befunden haben.

[20] bb) Die Wortlautauslegung wird durch ein systematisches Argument bestätigt.

[21] Das Antragsrecht des Anstaltsleiters nach § 5 Abs. 1 Satz 3 ThUG setzt, wie bereits ausgeführt, eine Sicherungsverwahrung nach dem Strafgesetzbuch voraus. ...

[22] cc) Von diesem Verständnis ist auch der Gesetzgeber ausgegangen. So heißt es in der Erläuterung zu § 1 ThUG in der Entwurfsbegründung, die Vorschrift regele die „materiellrechtlichen Voraussetzungen, unter denen gegen einen verurteilten Straftäter, der sich in Sicherungsverwahrung befindet oder befand, die Unterbringung ... angeordnet werden kann" (BT-Drucks. 17/3403 S. 53). Zweck des Gesetzes war es, die Folgen des Urteils des Europäischen Gerichtshofs für Menschenrechte vom 17. Dezember 2009 (19359/04, NJW 2010, 2495) angemessen und EMRK-konform zu regeln (Entwurfsbegründung in BT-Drucks 17/3403 S. 19, 53). Das Urteil behandelt die Fälle von Straftätern, bei denen die im Zeitpunkt ihrer Verurteilung bestehende Begrenzung der Sicherungsverwahrung auf höchstens zehn Jahre rückwirkend aufgehoben wurde. Um diese auch ausdrücklich so genannten Altfälle ging es. ...

[23] dd) Die Regelung in § 1 Abs. 1 ThUG kann auf den Fall der Unterbringung nach § 275a Abs. 5 StPO aF auch nicht entsprechend angewendet werden. Dafür spielt es keine Rolle, ob eine Einbeziehung dieser Fallgruppe in den Regelungsbereich der Vorschrift sachlich vertretbar oder wünschenswert wäre. Eine Therapieunterbringung darf als Freiheitsentziehung nach Art. 104 Abs. 1 Satz 1 GG nur unter den Voraussetzungen angeordnet werden, die sich unmittelbar und hinreichend bestimmt aus dem Gesetz selbst ergeben (BVerfG, NVwZ-RR 2009, 616; BGH, Beschluss vom 14. Oktober 1954 – IV ZB 52/54, BGHZ 15, 61, 63 f.). Diese Verfassungsvorschrift steht einer analogen Heranziehung materiell-rechtlicher Ermächtigungsgrundlagen für Freiheitsentziehungen entgegen (BVerfG, BVerfGE 29, 183, 196; 83, 24, 31 f.; NVwZ-RR 2009, 616).

17. Reihenfolge der Vollstreckung/Vorwegvollzug – § 67 StGB

125 „Judex non calculat". Gemäß diesem Motto entstehen immer wieder **Fehler bei der Berechnung des Vorwegvollzugs** gem. § 67 StGB wie im nachfolgenden Fall:[126]

[3] Die Festsetzung des Teiles der Freiheitsstrafe, der vor der Maßregel zu vollziehen ist (§ 67 Abs. 2 StGB), kann nicht bestehen bleiben. Sie verstößt gegen § 67 Abs. 2 Satz 3 StGB. Danach ist, sofern bei einer Freiheitsstrafe von über drei Jahren nicht ausnahmsweise von einer Vikariierung abgesehen wird, der vorweg zu vollstreckende Teil der Freiheitsstrafe so zu bemessen, dass nach seiner Vollziehung und einer anschließenden Unterbringung eine Entscheidung nach § 67 Abs. 5 Satz 1 StGB, also eine Entlassung nach Erledigung der Hälfte der Strafe möglich ist (vgl. BGH, Beschluss vom 12. Februar 2009 – 3 StR 569/08, NStZ-RR 2009, 172 m.w.N.). Eine vom Angeklagten erlittene Untersuchungshaft bleibt insoweit außer Ansatz, da diese im Vollstreckungsverfahren auf die Dauer des vor der Unterbringung zu vollziehenden Teils der Strafe anzurechnen ist (vgl. BGH, Beschluss vom 15. November 2007 – 3 StR 390/07, NStZ 2008, 213, 214; zu allem Fischer, StGB, 59. Aufl., § 67 Rn. 11 ff.).

---

[126] BGH, Beschluss vom 4.9.2012 – 3 StR 352/12; vgl. hierzu auch BGH, Beschluss vom 9.2.2012 – 5 StR 35/12; zur Frage der Berücksichtigung erlittener Untersuchungshaft vgl. BGH, Beschluss vom 13.12.2011 – 5 StR 423/11.

[4] Dem wird die vorliegende Bestimmung der Dauer des Vorwegvollzugs nicht gerecht. Da die Strafkammer – sachverständig beraten – von einer voraussichtlichen Therapiedauer von zwei Jahren ausgegangen ist, ergibt sich bei Abzug dieses Zeitraumes von der Hälfte der verhängten Gesamtfreiheitsstrafe von sieben Jahren die Dauer des Vorwegvollzugs der Strafe vor der Maßregel mit einem Jahr und sechs Monaten. Der Senat kann hier die Festsetzung in entsprechender Anwendung des § 354 Abs. 1 StPO selbst vornehmen (vgl. BGH, Beschluss vom 9. November 2011 – 2 StR 444/11, NStZ-RR 2012, 71).

Sofern bei einer Freiheitsstrafe von über drei Jahren nicht ausnahmsweise von einer Vikariierung abgesehen wird, ist der vorweg zu vollstreckende Teil der Freiheitsstrafe so zu bemessen, dass nach seiner Vollziehung und einer anschließenden Unterbringung eine Entscheidung nach § 67 Abs. 5 Satz 1 StGB, also eine **Entlassung nach Erledigung der Hälfte der Strafe möglich ist**. Eine vom Angeklagten **erlittene Untersuchungshaft** bleibt insoweit **außer Ansatz**, da diese im Vollstreckungsverfahren auf die Dauer des vor der Unterbringung zu vollziehenden Teils der Strafe anzurechnen ist.[127] **126**

[2] Die Überprüfung des Urteils aufgrund der Revisionsrechtfertigungen hat zu den Schuld- und Strafaussprüchen sowie zu den Unterbringungsanordnungen keinen Rechtsfehler zum Nachteil der Angeklagten erbracht.

[3] Die jeweilige Festsetzung des Teiles der Freiheitsstrafe, der vor der Maßregel zu vollziehen ist (§ 67 Abs. 2 StGB), kann hingegen nicht bestehen bleiben. Bei beiden Angeklagten hat die Strafkammer den „zur Organisation einer Unterbringung erforderlichen Zeitraum von etwa drei Monaten", beim Angeklagten F. L. zusätzlich „die seit dem 20.12.2011 vollzogene Untersuchungshaft" berücksichtigt. Diese Verfahrensweise verstößt gegen § 67 Abs. 2 Satz 3 StGB. Danach ist, sofern bei einer Freiheitsstrafe von über drei Jahren nicht ausnahmsweise von einer Vikariierung abgesehen wird, der vorweg zu vollstreckende Teil der Freiheitsstrafe so zu bemessen, dass nach seiner Vollziehung und einer anschließenden Unterbringung eine Entscheidung nach § 67 Abs. 5 Satz 1 StGB, also eine Entlassung nach Erledigung der Hälfte der Strafe möglich ist (st. Rspr.; vgl. BGH, Beschluss vom 4. September 2012 – 3 StR 352/12 m.w.N.). Eine vom Angeklagten erlittene Untersuchungshaft bleibt insoweit außer Ansatz, da diese im Vollstreckungsverfahren auf die Dauer des vor der Unterbringung zu vollziehenden Teils der Strafe anzurechnen ist (vgl. BGH, Beschluss vom 15. November 2007 – 3 StR 390/07, NStZ 2008, 213; zu allem Fischer, StGB, 59. Aufl., § 67 Rn. 11 ff.). Entsprechendes gilt – entgegen der Ansicht der Revision des Angeklagten E.L. – für die sogenannte Organisationshaft als Teil der Strafhaft, der zwischen der Rechtskraft des Urteils und dem Beginn der Vollstreckung der Maßregel verstreicht. Rechtsprechung des Bundesverfassungsgerichts (vgl. BVerfG, Beschluss vom 18. Juni 1997 – 2 BvR 2422/96, NStZ 1998, 77) steht dem nicht entgegen.

[4] Da die Strafkammer – sachverständig beraten – von einer voraussichtlichen Therapiedauer für die Angeklagten von jeweils zwei Jahren ausgegangen ist, ergibt sich bei Abzug dieses Zeitraumes von der Hälfte der verhängten Freiheitsstrafen von acht Jahren die Dauer des Vorwegvollzugs der Strafen vor der Maßregel mit jeweils

[127] BGH, Beschluss vom 30.10.2012 – 3 StR 413/12.

zwei Jahren. Der Senat kann hier die Festsetzung in entsprechender Anwendung des § 354 Abs. 1 StPO selbst vornehmen (vgl. BGH, Beschluss vom 9. November 2011 – 2 StR 444/11, NStZ-RR 2012, 71).

18. Führungsaufsicht – §§ 68 ff. StGB

127 **Zuständig** für die zum Entlassungszeitpunkt gemäß § 68f Abs. 2 StGB von Amts wegen zu treffende Entscheidung, ob die nach § 68f Abs. 1 StGB kraft Gesetzes eintretende Führungsaufsicht ausnahmsweise entfällt sowie für die nach §§ 68a–c StGB zu treffenden Entscheidungen ist die **Strafvollstreckungskammer**, in deren Bezirk der Verurteilte drei Monate vor Vollzugsende einsitzt. Die nach alledem örtlich zuständige Strafvollstreckungskammer des Landgerichts Paderborn war in dem Moment, als die Entscheidungen nach § 68f Abs. 2, §§ 68a–c StGB anstanden, mit der Sache „befasst“ im Sinne von § 462a Abs. 1 Satz 1 StPO.[128]

19. Verfall und Einziehung – §§ 73 ff. StGB

128 Die oberstgerichtliche Rechtsprechung zum Allgemeinen Teil des StGB hat sich in den zurückliegenden Monaten wiederum mehrfach mit Entscheidungen zum Verfall und zur Einziehung (§§ 73 ff. StGB) befasst, wobei neben anderen Fragen teilweise beanstandet wurde, dass der Tatrichter sein durch § 73c Abs. 1 StGB **zugestandenes Ermessen** nicht ausgeübt hatte.

129 Die Anordnung des Verfalls von Wertersatz begegnet durchgreifenden rechtlichen Bedenken, soweit das Landgericht die **Ermessensvorschrift des § 73c Abs. 1 Satz 2 StPO** nicht erörtert hat, obwohl dazu Anlass bestanden hätte.[129]

[2] 1. Die Anordnung des Verfalls von Wertersatz in Höhe von 37.140 € begegnet durchgreifenden rechtlichen Bedenken, da das Landgericht die Ermessensvorschrift des § 73c Abs. 1 Satz 2 StPO nicht erörtert hat, obwohl dazu Anlass bestanden hätte.

[3] Der Angeklagte bezog nach den getroffenen Feststellungen vor seiner Inhaftierung im vorliegenden Verfahren Hartz IV-Leistungen und hatte nicht unerhebliche Geldschulden, die nicht aus Drogengeschäften stammten. Es liegt daher nicht fern, dass der Angeklagte die für die Tat erlangten Beträge zumindest teilweise verbraucht oder zur Schuldentilgung verwendet hat. Das Landgericht hätte deshalb Veranlassung zu der Prüfung gehabt, ob der Wert des Erlangten zur Zeit der Anordnung im Vermögen des Angeklagten nicht mehr vorhanden war und sie deshalb ganz oder teilweise zu unterbleiben hatte.

130 Ist die nach § 73c **Abs. 1 Satz 2 StGB erforderliche Ermessensentscheidung** nicht erfolgt, kann diese auch durch das Revisionsgericht nicht nachgeholt werden, zumal es zunächst weiterer Feststellungen bedarf, ob und gegebenenfalls inwieweit das Erlangte noch im Vermögen der Angeklagten vorhanden ist. Darüber hinaus kann die Verfallsanordnung auch dann keinen Bestand haben, wenn die Strafkam-

---

[128] BGH, Beschluss vom 16.5.2012 – 2 ARs 167/12.

[129] BGH, Beschluss vom 29.2.2012 – 2 StR 426/11.

mer nicht erkennbar erörtert hat, ob sie für den Angeklagten eine unbillige Härte im Sinne des § 73c Abs. 1 Satz 1 StGB darstellt.[130]

[2] Die Anordnung des Verfalls von Wertersatz hält rechtlicher Nachprüfung nicht stand. Die Strafkammer hat ihr gemäß § 73c Abs. 1 Satz 2 Alternative 1 StGB zustehendes Ermessen nicht ausgeübt, da sie schon bei der Bewertung der Frage, inwieweit der Wert des Erlangten noch im Vermögen des Angeklagten vorhanden ist, von einem falschen Maßstab ausgegangen ist. Denn obgleich der Angeklagte nach den Urteilsfeststellungen von Sozialleistungen nach Hartz IV lebt und den von ihm erlangten Tatlohn für den Kauf von Gegenständen und seinen täglichen Lebensunterhalt verbraucht hat, ist die Strafkammer – ohne den Wert oder die Art der erwähnten Gegenstände näher festzustellen – allein aufgrund der Erwägung, der Angeklagte habe dadurch andere zu tätigende Aufwendungen erspart, davon ausgegangen, der Tatlohn sei ihm „wertmäßig" erhalten geblieben.

[3] Die nach § 73c Abs. 1 Satz 2 StGB erforderliche Ermessensentscheidung ist demensprechend nicht erfolgt. Sie kann auch durch das Revisionsgericht nicht nachgeholt werden (BGH NStZ 1999, 560, 561), zumal es vorliegend zunächst weiterer Feststellungen bedarf, ob und gegebenenfalls inwieweit das Erlangte noch im Vermögen der Angeklagten vorhanden ist.

[4] Darüber hinaus kann die Verfallsanordnung auch deshalb keinen Bestand haben, weil die Strafkammer nicht erkennbar erörtert hat, ob sie für den Angeklagten eine unbillige Härte im Sinne des § 73c Abs. 1 Satz 1 StGB darstellt. Hierzu hätten die Gesamtumstände, insbesondere die festgestellten finanziellen Verhältnisse des Angeklagten und seine absehbare längere Inhaftierung Anlass gegeben. Von der Prüfung der Härtevorschrift war die Strafkammer auch nicht schon deshalb entbunden, weil sie angesichts der bescheidenen finanziellen Verhältnisse des Angeklagten den Verfall von Wertersatz von vornherein auf den vom Angeklagten tatsächlich erlangten Tatlohn beschränkt hat.

TOPENTSCHEIDUNG ■

Bei der Anordnung des Verfalls nach § 73 StGB muss die Tat, für die oder aus der etwas erlangt worden ist, Gegenstand der Verurteilung sein. Dem **Verfall** unterliegt dabei das, **was unmittelbar für die oder aus der abgeurteilten Tat erlangt** worden ist. Soweit ein Zugriff auf das unmittelbar Erlangte nicht (mehr) möglich ist und von einem Verfall eines Ersatzgegenstandes gemäß § 73 Abs. 2 Satz 2 StGB abgesehen wird, ist nach § 73a Satz 1 StGB der Verfall eines Geldbetrages anzuordnen, der dem Wert des Erlangten entspricht (Wertersatzverfall). Findet der erweiterte Verfall Anwendung, weil der Angeklagte wegen einer Tat verurteilt wird, für die das Gesetz auf die Vorschrift des § 73d StGB verweist, erstreckt sich der Verfall auf Vermögensgegenstände des Angeklagten, die unmittelbar für oder aus rechtswidrigen Taten erlangt worden sind, ohne dass diese Taten im Einzelnen festgestellt werden müssen.[131] **131**

[4] Die Anordnung von Verfall und erweitertem Verfall im angefochtenen Urteil hält einer rechtlichen Prüfung nicht stand. Die Annahme des Landgerichts, der

130 BGH, Beschluss vom 3.5.2012 – 2 StR 119/12.
131 BGH, Beschluss vom 23.5.2012 – 4 StR 76/12.

Angeklagte habe aus der Tat II. 7 der Urteilsgründe 22.500 € erlangt, wird von den Feststellungen nicht getragen. Ferner hat die Strafkammer das Verhältnis von § 73 StGB zu § 73a StGB und die Unterschiede in den Anordnungsvoraussetzungen für den Verfall und erweiterten Verfall nicht hinreichend beachtet.

[5] 1. Soweit das Landgericht bei der Berechnung des Wertersatzverfalls davon ausgegangen ist, der Angeklagte habe aus der Tat II. 7 der Urteilsgründe 22.500 € erlangt, wird dies von den Urteilsfeststellungen nicht getragen. Die Strafkammer hat nicht auszuschließen vermocht, dass das vom Angeklagten am 18. November 2009 abgesprochene Kokaingeschäft erst am Folgetag, als sich der Angeklagte in den Libanon absetzte, durch einen Geschäftspartner des Angeklagten abgewickelt wurde. Dass der Angeklagte selbst eine Gegenleistung erhielt oder an einem von seinem Geschäftspartner entgegengenommenen Erlös eine faktische bzw. wirtschaftliche Mitverfügungsmacht erlangte (vgl. BGH, Urteil vom 28. Oktober 2010 – 4 StR 215/10, BGHSt 56, 39 Tz. 19 f.), lässt sich den Feststellungen nicht entnehmen.

[6] 2.a) Bei der Anordnung des Verfalls nach § 73 StGB muss die Tat, für die oder aus der etwas erlangt worden ist, Gegenstand der Verurteilung sein (vgl. BGH, Beschluss vom 20. April 2010 – 4 StR 119/10, NStZ-RR 2010, 255). Dem Verfall unterliegt dabei das, was unmittelbar für die oder aus der abgeurteilten Tat erlangt worden ist. Soweit ein Zugriff auf das unmittelbar Erlangte nicht (mehr) möglich ist und von einem Verfall eines Ersatzgegenstandes gemäß § 73 Abs. 2 Satz 2 StGB abgesehen wird, ist nach § 73a Satz 1 StGB der Verfall eines Geldbetrages anzuordnen, der dem Wert des Erlangten entspricht (Wertersatzverfall). Findet der erweiterte Verfall Anwendung, weil der Angeklagte wegen einer Tat verurteilt wird, für die das Gesetz (hier: § 33 Abs. 1 Nr. 2 BtMG i.V.m. § 29a Abs. 1 Nr. 2 BtMG) auf die Vorschrift des § 73d StGB verweist, erstreckt sich der Verfall auf Vermögensgegenstände des Angeklagten, die unmittelbar für oder aus rechtswidrigen Taten erlangt worden sind, ohne dass diese Taten im Einzelnen festgestellt werden müssen (vgl. BGH, Beschluss vom 22. November 1994 – 4 StR 516/94, BGHSt 40, 371, 373). Als Verfallsgegenstände erfasst werden alle im Sinne des § 73d Abs. 1 Satz 1 StGB aus rechtswidrigen Taten herrührenden Gegenstände oder deren Surrogate gemäß § 73d Abs. 1 Satz 3, § 73 Abs. 2 Satz 2 StGB, die bei Begehung der den erweiterten Verfall eröffnenden Anknüpfungstat im Vermögen des Angeklagten vorhanden waren (vgl. Gesetzentwurf der Bundesregierung für ein Strafrechtsänderungsgesetz – Erweiterter Verfall –, BT-Drucks. 11/6623 S. 8; BGH, Beschlüsse vom 1. Juli 2004 – 4 StR 226/04, StraFo 2004, 394; vom 7. Januar 2003 – 3 StR 421/02, NStZ 2003, 422, 423; Urteil vom 9. Mai 2001 – 3 StR 541/00, BGHR StGB § 73d Gegenstände 4). Ist der Verfall eines bestimmten Gegenstandes nach der Anknüpfungstat ganz oder teilweise unmöglich geworden, ist nach § 73d Abs. 2 StGB in entsprechender Anwendung des § 73a StGB auf Wertersatzverfall in Höhe des Wertes des ursprünglich dem erweiterten Verfall unterliegenden Gegenstandes zu erkennen (vgl. BGH, Urteil vom 9. Mai 2001 – 3 StR 541/00, aaO). Im Verhältnis zur Verfallsanordnung nach § 73 StGB ist der erweiterte Verfall gemäß § 73d Abs. 1 StGB subsidiär. Die Anordnung des § 73d StGB setzt daher voraus, dass nach Ausschöpfung aller Beweismittel nicht festgestellt werden kann, dass die aus oder für rechtswidrige Taten erlangten Gegenstände aus solchen Taten herrühren, die Gegenstand der Verurteilung sind (vgl. BGH, Urteil vom 7. Juli 2011 – 3 StR 144/11, BGHR StGB § 73d Anwendungsbereich 3).

[7] b) Das Landgericht hat die zutreffend ermittelten Erlöse aus den Taten II. 2, 3 und 5 der Urteilsgründe in Höhe von insgesamt 49.500 € in voller Höhe der Anord-

nung des Wertersatzverfalls zugrunde gelegt. Nach den Feststellungen, die zur Herkunft der beim Angeklagten und in der Wohnung seiner geschiedenen Ehefrau sichergestellten Bargeldbeträge getroffen worden sind, bleibt indes die Möglichkeit offen, dass diese Geldscheine ganz oder zum Teil aus den abgeurteilten Taten stammen. In diesem Fall wäre der Verfall der betreffenden Geldscheine und ein um deren Wert verminderter Wertersatzverfall anzuordnen gewesen. Soweit die sichergestellten Bargeldbeträge unmittelbar aus den abgeurteilten Taten erlangt wurden, scheidet die Anordnung des erweiterten Verfalls aus.

[8] c) Da das Landgericht nicht festgestellt hat, wann der Angeklagte im September 2009 das Fahrzeug BMW X 6 erwarb, ist nach der Sachverhaltsschilderung im angefochtenen Urteil nicht auszuschließen, dass auch Erlöse aus der Tat II. 2 der Urteilsgründe für den Erwerb verwendet wurden. Bei dieser Konstellation hätte die Strafkammer, worauf der Generalbundesanwalt zu Recht hinweist, die betreffenden Erlösanteile bei ihrer Berechnung des Wertersatzverfalls doppelt erfasst. Soweit für den Fahrzeugerwerb Erlöse aus Kokaingeschäften Verwendung fanden, die nicht Gegenstand der Verurteilung sind, ist allein die Möglichkeit des erweiterten Verfalls eröffnet. Dies setzt aber nähere tatsächliche Feststellungen zu den insoweit bei der Begehung der Anknüpfungstaten noch im Vermögen des Angeklagten vorhandenen Vermögensgegenständen voraus, die das Landgericht nicht getroffen hat. Bei einem Fahrzeugerwerb vor der ersten Anknüpfungstat käme als Gegenstand einer Verfallsanordnung nur das Fahrzeug selbst als Surrogat der ursprünglich rechtswidrig erlangten Erlöse (vgl. BGH, Urteile vom 7. Juli 2004 – 1 StR 115/04; vom 9. Mai 2001 – 3 StR 541/00, aaO) in Betracht.

[9] d) Hinsichtlich der für die Darlehensgewährung an einen Bekannten verwendeten Gelder ist die Strafkammer davon ausgegangen, dass diese aus Kokaingeschäften stammten, die der Angeklagte vor den hier abgeurteilten Taten durchführte. Damit scheidet aber eine Verfallsanordnung nach §§ 73, 73a StGB aus. Die vom Generalbundesanwalt beantragte Abänderung in eine Anordnung des erweiterten Verfalls kann der Senat nicht vornehmen, da das Landgericht auch insoweit nicht festgestellt hat, welche bestimmten Gegenstände zum Zeitpunkt der Begehung der Anknüpfungstaten im Vermögen des Angeklagten vorhanden waren. Auf der Grundlage der bisherigen Feststellungen lässt sich daher der mögliche Gegenstand einer Verfallsanordnung nach § 73d StGB nicht bestimmen.

[10] 3. Die Anordnung des Verfalls und des erweiterten Verfalls bedarf daher einer neuen tatrichterlichen Verhandlung und Entscheidung. Vorsorglich weist der Senat darauf hin, dass die auf § 353 Abs. 2 StPO beruhende Aufhebung der den Verfallsentscheidungen zuzuordnenden Feststellungen nicht die sogenannten doppelrelevanten Tatsachen erfasst, die auch den Schuld- oder Strafausspruch tragen (vgl. Meyer-Goßner, StPO, 54. Aufl., Einleitung Rn. 187 und § 353 Rn. 20). Insoweit sind nur ergänzende Feststellungen zulässig, die den bindend gewordenen nicht widersprechen dürfen.

PRAXISTIPP ■

Angesichts von regelmäßig mit hohen finanziellen Belastungen für einen Angeklagten verbundenen Verfallsanordnungen dürfte es eine immer wichtigere Aufgabe der Verteidigung sein, auch insoweit vor allem auch für den Angeklagten günstige Faktoren und Umstände vorzutragen. Dies gilt beispielsweise auch für festgesetzte und bezahlte Steuern, welche im Rahmen einer Verfallsentscheidung zu berücksichtigen sind. Die vorstehende Entscheidung gibt insoweit wichtige Hinweise, welche Voraussetzungen vorliegen oder entsprechend vorgetragen werden müssen.

132 Allein mit der pauschalen, auch in der Beweiswürdigung nicht hinreichend konkretisierten, Bezeichnung **„Dealgeld"** sind die Voraussetzungen des § 73 StGB nicht belegt.[132]

[2] Die auf § 73 StGB gestützte Verfallsanordnung der beim Angeklagten sichergestellten 500 € hat keinen Bestand. Nach den Feststellungen handelte es sich hierbei um „Dealgeld". Allein mit dieser pauschalen, auch in der Beweiswürdigung („Kurierlohn oder Spesen zur Abwicklung der Schmuggelfahrt") nicht hinreichend konkretisierten Bezeichnung sind die Voraussetzungen des § 73 StGB nicht belegt. Die Anordnung des Verfalls nach dieser Vorschrift wäre etwa in Betracht gekommen, wenn es sich bei den 500 € um Kurierlohn gehandelt hätte, den der Angeklagte von seinem Auftraggeber bereits vor der Einkaufsfahrt für die hier abgeurteilte Tat erhielt. Dies legen die bisherigen Feststellungen, die sich zu Absprachen zwischen dem Angeklagten und einem Auftraggeber nicht verhalten, allerdings nicht nahe. Nicht ausgeschlossen erscheint deshalb auch, dass das „Dealgeld" aus weiteren, hier nicht abgeurteilten Betäubungsmittelstraftaten des Angeklagten stammt und somit dem erweiterten Verfall nach § 73d StGB unterliegen könnte (BGH, Urteil vom 7. Juli 2011 – 3 StR 144/11, BGHR StGB § 73d Anwendungsbereich 3). Die insoweit notwendigen Feststellungen enthält das Urteil allerdings ebenfalls nicht. Schließlich kommt in Betracht, dass die 500 € – etwa als Reisespesen – der Durchführung der Tat dienen sollten. In diesem Fall wären sie nicht nach § 73 StGB abzuschöpfen; vielmehr unterlägen sie als Tatmittel möglicherweise der Einziehung nach § 74 StGB (vgl. BGH, Beschluss vom 23. Juli 2002 – 3 StR 240/02, BGHR StGB § 73 Erlangtes 3; Fischer, StGB, 59. Aufl., § 74 Rn. 8). Die entsprechende Anordnung stünde dann – bei Vorliegen aller Voraussetzungen – im Ermessen des Tatgerichts.

[3] Vor diesem Hintergrund versetzt die mehrdeutige Feststellung, bei den sichergestellten 500 € habe es sich um „Dealgeld" gehandelt, den Senat hier nicht in die Lage, in entsprechender Anwendung von § 354 Abs. 1 StPO selbst auf eine bestimmte Rechtsfolge zu erkennen. Die Sache muss deshalb insoweit zu neuer Verhandlung und Entscheidung zurückverwiesen werden. Das neue Tatgericht wird allerdings zur Vermeidung eines unverhältnismäßigen Aufwands auch erwägen können, mit Zustimmung der Staatsanwaltschaft gemäß §§ 430, 442 StPO die Verfolgung der Tat auf die anderen Rechtsfolgen zu beschränken.

133 § 73 Abs. 1 Satz 2 StGB hindert eine Verfallsentscheidung nur dann, wenn der Täter oder Teilnehmer „aus der Tat" einen Vermögensvorteil erlangt hat und **Gegenansprüche eines Verletzten** bestehen; das „für die Tat" Erlangte unterliegt dem Verfall hingegen ohne Rücksicht auf Ansprüche Verletzter. „Aus der Tat erlangt" sind alle Vermögenswerte, die dem Täter unmittelbar aus der Verwirklichung des

[132] BGH, Beschluss vom 5.7.2012 – 3 StR 210/12.

Tatbestands selbst in irgendeiner Phase des Tatablaufs zugeflossen sind, insbesondere also die Beute; „für die Tat erlangt“ sind hingegen Vermögenswerte, die dem Täter als Gegenleistung für sein rechtswidriges Handeln gewährt werden, etwa ein Lohn für die Tatbegehung.[133]

Die Anordnung von Verfall nach § 73 Abs. 1, § 73a Satz 1 StGB setzt voraus, dass der Täter **aus der Tat etwas erlangt** hat. Der Begriff des „etwas“ umfasst die Gesamtheit der materiellen Vermögenszuflüsse (sog. **Bruttoprinzip**), die der Tatbeteiligte unmittelbar aus der Verwirklichung des Tatbestandes erzielt. Danach hätte das Landgericht den Verfall der mit den „Schulden“ des Angeklagten beim Lieferanten verrechneten 300 € nicht anordnen dürfen. Der diese **vermeintlichen Schulden begründende Vertrag war nichtig** (§ 134 BGB). Da weder der Angeklagte noch der Lieferant über die entsprechende Erlaubnis verfügten, verstießen die früheren Drogenverkäufe gegen ein gesetzliches Verbot (§ 3 Abs. 1 Nr. 1 BtMG). Somit standen dem Lieferanten aus diesen Betäubungsmittelgeschäften weder ein Kaufpreisanspruch noch andere zivilrechtliche Ansprüche zu, von denen der Angeklagte durch die Aufrechnung mit dem versprochenen Kurierlohn hätte frei werden können.[134] **134**

Das Landgericht hat ausschließlich auf das Nichtvorliegen einer unbilligen Härte gemäß § 73c Abs. 1 Satz 1 StGB abgestellt und die **vorrangige Prüfung** unterlassen, ob nach § 73c Abs. 1 Satz 2 Alt. 1 StGB die Anordnung ganz oder zum Teil unterbleiben kann, weil der **Wert des Erlangten nicht mehr im Vermögen des Angeklagten vorhanden** ist.[135] **135**

[3] 2. Der Ausspruch des Landgerichts über die Anordnung von Wertersatzverfall hält sachlichrechtlicher Prüfung nicht stand. Das Landgericht hat ausschließlich auf das Nichtvorliegen einer unbilligen Härte gemäß § 73c Abs. 1 Satz 1 StGB abgestellt und die vorrangige Prüfung unterlassen, ob nach § 73c Abs. 1 Satz 2 Alt. 1 StGB die Anordnung ganz oder zum Teil unterbleiben kann, weil der Wert des Erlangten nicht mehr im Vermögen des Angeklagten vorhanden ist (vgl. BGH, Urteil vom 24. September 2009 – 3 StR 188/09, NStZ-RR 2010, 57, 58). Hierzu hätte zum einen deshalb Anlass bestanden, weil der Angeklagte für seine Beiträge zu den mehr als zehn Jahre zurückliegenden Taten durch Schuldenerlass und die Finanzierung seiner Lebenshaltungskosten entlohnt wurde. Zum anderen legen die bisherigen Feststellungen zu den derzeitigen Vermögensverhältnissen des Angeklagten das Vorhandensein von wertmäßig nicht hinter dem Verfallsbetrag zurückbleibendem Vermögen nicht nahe, bei dem eine Ermessensentscheidung nach § 73c Abs. 1 Satz 2 StGB regelmäßig ausscheidet (vgl. BGH, Urteil vom 27. Oktober 2011 – 5 StR 14/11, NJW 2012, 92 m.w.N.). Der Angeklagte hielt sich zuletzt als Asylbewerber in Frankreich auf; die Kosten für eine erforderliche Operation seines Sohnes sollten von „Freunden und der Familie“ aufgebracht werden.

§ 73 Abs. 1 Satz 2 StGB hindert eine Verfallsentscheidung nur dann, wenn der Täter oder Teilnehmer **„aus der Tat“ einen Vermögensvorteil erlangt** hat und **Gegenansprüche eines Verletzten bestehen**; das „für die Tat“ Erlangte unterliegt dem Verfall hingegen ohne Rücksicht auf Ansprüche Verletzter. „Aus der Tat erlangt“ sind alle Vermögenswerte, die dem Täter unmittelbar aus der Verwirklichung **136**

[133] BGH, Beschluss vom 21.8.2012 – 2 StR 199/12.
[134] BGH, Beschluss vom 2.10.2012 – 3 StR 320/12.
[135] BGH, Beschluss vom 28.8.2012 – 3 StR 341/12.

des Tatbestands selbst in irgendeiner Phase des Tatablaufs zugeflossen sind, insbesondere also die Beute; „für die Tat erlangt" sind hingegen Vermögenswerte, die dem Täter als Gegenleistung für sein rechtswidriges Handeln gewährt werden, etwa ein Lohn für die Tatbegehung.[136]

[6] Hingegen ist die Verfallsentscheidung hinsichtlich der auf das Konto der Beschwerdeführerin eingezahlten 70.000 € entgegen der Ansicht der Revision nicht zu beanstanden. § 73 Abs. 1 Satz 2 StGB hindert eine Verfallsentscheidung nur dann, wenn der Täter oder Teilnehmer „aus der Tat" einen Vermögensvorteil erlangt hat und Gegenansprüche eines Verletzten bestehen; das „für die Tat" Erlangte unterliegt dem Verfall hingegen ohne Rücksicht auf Ansprüche Verletzter (vgl. BGH, Beschlüsse vom 19. Oktober 2010 – 4 StR 277/10, NStZ-RR 2011, 283 und vom 9. November 2010 – 4 StR 447/10, NStZ 2011, 229 jew. m.w.N.). „Aus der Tat erlangt" sind alle Vermögenswerte, die dem Täter unmittelbar aus der Verwirklichung des Tatbestands selbst in irgendeiner Phase des Tatablaufs zugeflossen sind, insbesondere also die Beute; „für die Tat erlangt" sind hingegen Vermögenswerte, die dem Täter als Gegenleistung für sein rechtswidriges Handeln gewährt werden, etwa ein Lohn für die Tatbegehung (BGH aaO). Im vorliegenden Fall fand nach den rechtsfehlerfrei getroffenen Feststellungen keine Beuteteilung zwischen der nicht der Bande angehörenden Angeklagten und den Bandenmitgliedern statt. Vielmehr wurde die Beschwerdeführerin für ihre Unterstützung aufgrund eines nach Beendigung der Tat gefassten Entschlusses des Angeklagten B. ca. einen Monat später durch eine Bareinzahlung auf ihr Auslandskonto entlohnt. Die Ausnahmeregelung des § 73 Abs. 1 Satz 2 StGB findet somit keine Anwendung.

[7] Der angeordnete Verfall ist daher gemäß § 354 Abs. 1a StPO aufzuheben, soweit er 70.000 € übersteigt. Eine Billigkeitsentscheidung nach § 73c Abs. 1 StGB kam ersichtlich nicht in Betracht.

137 Anders als bei einer Anordnung nach § 111i Abs. 2 StPO, bedarf es bei der Anordnung von **Wertersatzverfall** nach § 73a StGB des Ausspruchs über die **gesamtschuldnerische Haftung mehrerer Täter oder Teilnehmer** schon im tatrichterlichen Urteil, weil nach § 459g Abs. 2 StPO aus der Verfallsanordnung im Strafurteil wie aus einem zivilgerichtlichen Zahlungstitel nach den §§ 459 ff. StPO vollstreckt werden kann. Dies erfordert – nicht anders als in einem zivilgerichtlichen Urteil und entsprechend den dort verwendeten Formulierungen – die Aufnahme einer (im Urteilszeitpunkt bekannten) gesamtschuldnerischen Haftung schon in den „Titel".[137]

[7] Die gegenüber dem Angeklagten M. getroffene Anordnung des Verfalls eines Geldbetrages von 59.699,60 Euro war aufzuheben, weil das Landgericht keine Feststellungen zu einer gesamtschuldnerischen Haftung getroffen hat.

[8] Die Strafkammer hat zu Recht versucht, nach § 73a StGB die von dem Angeklagten M. durch den Verkauf der Betäubungsmittel erzielten Erlöse abzuschöpfen. Dabei hat sie jedoch nicht dargelegt, warum sie insofern nicht von einer – zumindest teilweisen – gesamtschuldnerischen Haftung mit dem Angeklagten Mg. ausgeht. Dies war hier unerlässlich, weil die Angeklagten nach den Feststellungen alle Taten gemeinsam begangen haben und der Angeklagte Mg. mit der Entgegennahme der

[136] BGH, Beschluss vom 27.3.2012 – 2 StR 31/12.
[137] BGH, Beschluss vom 25.9.2012 – 4 StR 137/12.

Kaufpreiszahlungen der Abnehmer befasst war, sodass davon ausgegangen werden muss, dass auch er (Mit-)Verfügungsmacht an dem Geld hatte. In einem solchen Fall haften die Angeklagten beim Verfall (von Wertersatz) als Gesamtschuldner (BGH, Beschluss vom 23. November 2011 – 4 StR 516/11, NStZ 2012, 382, 383; vgl. Urteil vom 28. Oktober 2010 – 4 StR 215/10, BGHSt 56, 39, 52). Der Umstand, dass das Landgericht hinsichtlich des Angeklagten Mg. nach § 73c StGB von einer Verfallsanordnung abgesehen hat, führt nicht zum Wegfall des Gesamtschuldverhältnisses, weil darin nur ein Verzicht auf eine unmittelbare Inanspruchnahme dieses Angeklagten zu sehen ist, die übrigen Wirkungen der Gesamtschuld (Innenregress) aber fortbestehen.

[9] Anders als bei einer Anordnung nach § 111i Abs. 2 StPO, bedarf es bei der Anordnung von Wertersatzverfall nach § 73a StGB des Ausspruchs über die gesamtschuldnerische Haftung mehrerer Täter oder Teilnehmer schon im tatrichterlichen Urteil, weil nach § 459g Abs. 2 StPO aus der Verfallsanordnung im Strafurteil wie aus einem zivilgerichtlichen Zahlungstitel nach den §§ 459 ff. StPO vollstreckt werden kann. Dies erfordert – nicht anders als in einem zivilgerichtlichen Urteil und entsprechend den dort verwendeten Formulierungen – die Aufnahme einer (im Urteilszeitpunkt bekannten) gesamtschuldnerischen Haftung schon in den „Titel" (BGH, Beschluss vom 23. November 2011 – 4 StR 516/11, NStZ 2012, 382, 383; vgl. Beschluss vom 6. Juli 2007 – 2 StR189/07).

Das Landgericht hat in dem Ausspruch über die Einziehung der sichergestellten Betäubungsmittel, dessen Grundlage nicht § 74 StGB, sondern § 33 Abs. 2 Satz 1 BtMG ist, die **einzuziehenden Gegenstände** nicht **konkret genug bezeichnet**. Bei der Einziehung von Betäubungsmitteln gehört dazu auch die Angabe von Art und Menge des einzuziehenden Rauschgifts.[138] **138**

Die **Einziehung eines Gegenstandes** setzt nach § 74 Abs. 1 StGB voraus, dass dieser **zur Begehung einer vorsätzlichen Tat gebraucht** worden oder bestimmt gewesen ist. **Den Urteilsgründen muss auch zu entnehmen sein, dass er vom Angeklagten zur Begehung der Tat bestimmt gewesen war.**[139] **139**

[4] Die Einziehung eines Gegenstandes setzt nach § 74 Abs. 1 StGB voraus, dass dieser zur Begehung einer vorsätzlichen Tat gebraucht worden oder bestimmt gewesen ist. Dies ist allein bei dem „Projektil" (Ziffer 10) festgestellt, welches der Angeklagte auf die Studentin abfeuerte und das später bei der Operation aus deren Kopf entfernt werden konnte.

[5] Zwei der sechs Pistolen verwendete der Angeklagte zwar bei dem versuchten Totschlag sowie bei der unmittelbar zuvor begangenen versuchten Geiselnahme und bei dem Schuss in der Bahnhofshalle; es ist indes nicht ersichtlich, welche der jeweils mit einer Nummerierung versehenen sechs Pistolen der Angeklagte für diese Taten gebrauchte. Die vier weiteren Pistolen, das Klappmesser und die beiden Geschosse setzte der Angeklagte dabei nicht ein. Den Urteilsgründen ist auch nicht zu entnehmen, dass sie vom Angeklagten zur Begehung der Tat bestimmt gewesen waren. Aus welchem Grund dieser die Gegenstände mit sich führte, als er von den Polizeibeamten angesprochen wurde, ist nicht festgestellt. Es handelt sich auch nicht um Gegenstände, die die Tat zumindest mittelbar förderten.

---

[138] BGH, Beschluss vom 11.10.2012 – 2 StR 291/12.
[139] BGH, Beschluss vom 17.7.2012 – 3 StR 204/12.

[6] Zwar legen die Urteilsgründe nahe, dass der Angeklagte die Pistolen ohne Erlaubnis führte, da diese als einläufige Einzelladerwaffen mit Zündhütchenzündung (Perkussionswaffen), deren Modell vor dem 1. Januar 1871 entwickelt worden ist, zwar erlaubnisfrei erworben und besessen (vgl. Abschnitt 2 Unterabschnitt 2 Nr. 1.7 der Anlage 2 zu § 2 Abs. 2 bis 4 WaffG – Waffenliste), nicht aber geführt werden dürfen (vgl. Abschnitt 2 Unterabschnitt 3 der Waffenliste), was nach § 52 Abs. 3 Nr. 2 Buchst. a) WaffG strafbar ist und gemäß § 54 Abs. 1 Nr. 1 WaffG grundsätzlich die Einziehung der Pistolen als Beziehungsgegenstände rechtfertigen würde. Indes hat die Staatsanwaltschaft in ihrer Abschlussverfügung die Waffendelikte nach § 154a StPO von der Verfolgung ausgenommen.

[7] 3. Über die Einziehung muss daher erneut entschieden werden. Da eine Wiedereinbeziehung des Waffendelikts nach Rechtskraft des Freispruchs sowie der Unterbringungsentscheidung nicht mehr in Betracht kommt (LR/Beulke, StPO, 26. Aufl., § 154a Rn. 32), wird das Verfahren – sofern der Angeklagte nicht auf die Rückgabe der Gegenstände verzichtet und soweit es nicht nur um die Feststellung geht, welche der Pistolen zur Begehung der abgeurteilten Tat benutzt worden sind – als objektives Verfahren nach § 440 StPO fortzusetzen sein (vgl. LR/Gössel, StPO, 26. Aufl., § 440 Rn. 69). Die selbständige Anordnung der Einziehung wäre nach § 76a Abs. 3 StGB zulässig.

140 Eine Einziehungsanordnung ist mangelhaft und kann deswegen der Aufhebung unterliegen, wenn der Tatrichter die **einzuziehenden Gegenstände nicht so konkret bezeichnet** hat, dass für die Beteiligten und die Vollstreckungsorgane Klarheit über den Umfang der Einziehung besteht.[140]

[3] a) Gegen die Einziehungsanordnung bestehen zunächst deshalb Bedenken, weil das Landgericht die einzuziehenden Gegenstände entgegen den von der Rechtsprechung aufgestellten Anforderungen (vgl. BGH, Beschluss vom 26. Februar 1988 – 3 StR 484/87, BGHR StGB § 74 Abs. 1 Urteilsformel 1; Beschluss vom 25. August 2009 – 3 StR 291/09, NStZ-RR 2009, 384 <LS>) in der Urteilsformel nicht so konkret bezeichnet hat, dass für die Beteiligten und die Vollstreckungsorgane Klarheit über den Umfang der Einziehung besteht. Vorliegend kann der Senat jedoch den Urteilsgründen die Bezeichnung von acht Datenspeichern entnehmen, auf denen kinderpornographische Schriften gespeichert waren, und somit die Einziehungsentscheidung insoweit selbst konkretisieren.

[4] b) Hinsichtlich der drei weiteren Datenspeicher hält die Einziehungsanordnung rechtlicher Nachprüfung nicht stand. Für einen von ihnen enthält das Urteil weder eine Bezeichnung zur Individualisierung noch eine Feststellung zu dessen Inhalt. Für die beiden DVDs mit den Bezeichnungen „Blumenengel" (dessen Inhalt war nicht lesbar) und „Archiv 19" (dieser enthält nur das Foto einer unbekannt gebliebenen Person) ist nicht festgestellt, dass es sich um kinderpornographische Schriften handelt. Nur solche können aber gemäß § 184b Abs. 6, § 74 StGB eingezogen werden. Die Mutmaßung des Landgerichts, die Datenspeicher „könnten nur in Verbindung mit den kinderpornographischen Inhalten der weiteren DVDs stehen", trägt die Einziehungsentscheidung nicht.

140 BGH, Beschluss vom 16.10.2012 – 3 StR 406/12.

141 Eine Einziehung des zur Tatbegehung gebrauchten Pkws der Angeklagten, gestützt auf § 74 Abs. 1, Abs. 2 Nr. 1 StGB, hat (auch) den **Charakter einer Nebenstrafe und stellt damit eine Strafzumessungsentscheidung** dar. Wird dem Täter auf diese Weise ein ihm zustehender Gegenstand von nicht unerheblichem Wert entzogen, ist dies deshalb ein bestimmender Gesichtspunkt für die Bemessung der daneben zu verhängenden Strafe und insoweit im Wege einer Gesamtbetrachtung der den Täter treffenden Rechtsfolgen angemessen zu berücksichtigen.[141]

[2] Der Strafausspruch hat insgesamt keinen Bestand; dies führt zur Aufhebung auch der Entscheidung über die Einziehung.

[3] 1. Die Einziehung des zur Tatbegehung gebrauchten Pkws der Angeklagten hat das Landgericht rechtlich zutreffend auf § 74 Abs. 1, Abs. 2 Nr. 1 StGB gestützt (vgl. BGH, Beschluss vom 13. Juli 2004 – 3 StR 189/04, NStZ 2005, 232). Eine Maßnahme nach dieser Vorschrift hat indes den Charakter einer Nebenstrafe und stellt damit eine Strafzumessungsentscheidung dar (Fischer, StGB, 59. Aufl., § 74 Rn. 2 m.w.N.). Wird dem Täter auf diese Weise ein ihm zustehender Gegenstand von nicht unerheblichem Wert entzogen, ist dies deshalb ein bestimmender Gesichtspunkt für die Bemessung der daneben zu verhängenden Strafe und insoweit im Wege einer Gesamtbetrachtung der den Täter treffenden Rechtsfolgen angemessen zu berücksichtigen (BGH, Beschlüsse vom 27. September 2011 – 3 StR 296/11, NStZ-RR 2011, 370; vom 20. Juli 2011 – 5 StR 234/11, StV 2011, 726; vom 20. September 1988 – 5 StR 418/88, BGHR StGB § 46 Abs. 1 Schuldausgleich 16; Urteil vom 12. Oktober 1993 – 1 StR 585/93, StV 1994, 76).

[4] Dies hat das Landgericht nicht bedacht. Den Wert des Pkw hat es offen gelassen. Der Senat kann deshalb nicht ausschließen, dass das Landgericht, hätte es die oben dargelegten Grundsätze beachtet, die von der Angeklagten verwirkten Einzelfreiheitsstrafen und damit auch die Gesamtstrafe milder bemessen hätte.

[5] 2. Der Wegfall des gesamten Strafausspruchs führt auch zur Aufhebung der an sich rechtsfehlerfreien Einziehungsentscheidung, denn diese steht mit der Bemessung der Strafe wie beschrieben in einem untrennbaren inneren Zusammenhang (vgl. BGH, Beschluss vom 20. Juli 2011 – 5 StR 234/11, StV 2011, 726; Urteil vom 12. Oktober 1993 – 1 StR 585/93, StV 1994, 76).

142 Die nachstehende Entscheidung[142] ist nur vom Tatsächlichen her beachtlich und zugleich in ihrer Aussage fragwürdig, weil nämlich eine (dazu noch vom Angeklagten vorgenommene) **Löschung einerseits physikalisch nicht endgültig ist, andererseits unschwer der inkriminierte Inhalt vor der Löschung vom Angeklagten kopiert und damit weiterverwendet werden kann:**

Jedoch kann die Anordnung über die Einziehung des Personal-Computers Fujitsu-Siemens „Scaleo“ nicht bestehen bleiben.

a) Das Landgericht hat zwar im rechtlichen Ausgangspunkt zutreffend angenommen, dass der Computer gemäß § 74 Abs. 1 Fall 2 StGB grundsätzlich als Einziehungsgegenstand in Betracht kommt, da der Angeklagte auf diesem Computer während der Begehung einiger der abgeurteilten Taten zu seiner Stimulierung kinder-

[141] BGH, Beschluss vom 16.2.2012 – 3 StR 470/11.
[142] BGH, Beschluss vom 28.8.2012 – 4 StR 278/12.

pornographisches Material vorführte. Hingegen hält die Wertung des Landgerichts, weniger einschneidende Maßnahmen im Sinne von § 74b Abs. 2 StGB kämen nicht in Betracht, da angesichts des Alters des Gerätes die für die endgültige Löschung der vorhandenen Bilddateien entstehenden Kosten dessen Wert bei weitem übersteigen würden, rechtlicher Nachprüfung nicht stand.

b) Gemäß § 74b Abs. 2 StGB hat das Gericht anzuordnen, dass die Einziehung lediglich vorbehalten bleibt und eine weniger einschneidende Maßnahme zu treffen ist, wenn der Zweck der Einziehung auch durch sie erreicht werden kann. Als Ausfluss des Verhältnismäßigkeitsgrundsatzes hat die Vorschrift – anders als die Absätze 1 und 3 dieser Norm – zwingenden. Auf die vom Landgericht herangezogene Erwägung, eine endgültige Löschung sei unverhältnismäßig, weil sie mit Kosten verbunden wäre, die den Wert des Computers bei weitem übersteigen würden, kann die Einziehung des gesamten Gerätes daher nicht gestützt werden. Steht mit der Löschung der betreffenden Dateien ein milderes geeignetes Mittel als die vorbehaltlose Einziehung zur Verfügung, so hat der Tatrichter die Einziehung vorzubehalten und eine entsprechende Anordnung zu treffen; es ist dann Sache des Verurteilten zu entscheiden, ob er die Anordnung befolgt und damit die Einziehung abwendet oder. Ein Ermessen ist ihm nicht eröffnet.

20. Strafantrag u.a. – §§ 77 ff. StGB

143 Die **Antragsberechtigung** als **Verletzter** im Sinne des § 77 Abs. 1 StGB richtet sich nach dem Träger des verletzten Rechtsguts. Danach ist bei § 203 StGB Verletzter nur diejenige Person, über deren personenbezogene Daten der Täter Auskunft gegeben hat. Antragsberechtigt sind daher nur die einzelnen Kraftfahrzeughalter, deren Daten der Angeklagte unbefugt weitergab.[143]

[17] b) Soweit daher insoweit ausschließlich eine Strafbarkeit nach § 203 Abs. 2 Satz 2 StGB in Betracht kommt, fehlt es, wie der Senat aufgrund der von Amts wegen gebotenen Prüfung den Strafakten entnommen hat, in den Fällen II.17 und II.18 der Urteilsgründe an den gemäß § 205 Abs. 1 StGB erforderlichen Strafanträgen; im Fall II.15 der Urteilsgründe lässt sich die Frage, ob von dem Antragsberechtigten ein Strafantrag gestellt worden ist, anhand der Strafakten nicht sicher klären.

[18] Die Antragsberechtigung als Verletzter im Sinne des § 77 Abs. 1 StGB richtet sich nach dem Träger des verletzten Rechtsguts. Danach ist bei § 203 StGB Verletzter nur diejenige Person, über deren personenbezogene Daten der Täter Auskunft gegeben hat. Antragsberechtigt sind daher nur die einzelnen Kraftfahrzeughalter, deren Daten der Angeklagte unbefugt weitergab (vgl. BGH, Urteil vom 8. Oktober 2002 – 1 StR 150/02, BGHSt 48, 28, 33). Zu den von seinen Registerabfragen betroffenen Kraftfahrzeughaltern hat die Strafkammer keine Feststellungen getroffen. Während sich den Akten im Fall II.15 der Urteilsgründe nicht sicher entnehmen lässt, wer der betroffene Kraftfahrzeughalter des von dem Angeklagten abgefragten Kennzeichens war, kann der Senat im Fall II.17 der Urteilsgründe aus den Akten nicht ersehen, ob und gegebenenfalls wann der hier ermittelte Halter von einer gegen ihn gerichteten Straftat Kenntnis erlangt hat (vgl. § 77b Abs. 2 StGB). Da das insoweit derzeit bestehende Verfahrenshindernis nach Klärung der tatsächlichen Voraussetzungen

---

143 BGH, Beschluss vom 15.11.2012 – 2 StR 388/12.

noch entfallen kann, führt dies in beiden Fällen nicht zur Einstellung des Verfahrens gemäß § 260 Abs. 3 StPO, sondern zur Zurückverweisung der Sache.

[19] Im Fall II.18 der Urteilsgründe hatte der von der Kennzeichen-Abfrage betroffene Kraftfahrzeughalter im Rahmen seiner polizeilichen Vernehmung von der Weitergabe seiner Daten durch den Angeklagten Kenntnis erhalten, ohne innerhalb der ihm mitgeteilten Antragsfrist Strafantrag zu stellen. Da insoweit ergänzende tatrichterliche Feststellungen in einer neuerlichen Hauptverhandlung, die noch zu einer anderen rechtlichen Bewertung führen könnten, auszuschließen sind, war der Angeklagte nach § 354 Abs. 1 StPO freizusprechen (vgl. zum Vorrang des Freispruchs gegenüber einer Verfahrenseinstellung nach § 260 Abs. 3 StPO in Fällen tateinheitlichen Zusammentreffens unterschiedlich schwerer Tatvorwürfe BGH, Urteil vom 16. Februar 2005 – 5 StR 14/04, BGHSt 50, 16, 30 m.w.N.).

B. StGB – Besonderer Teil

I. Grundsätzliches

1. Überblick

Die wichtigsten Bereiche des Besonderen Teils des Strafrechts, zu denen im zurückliegenden Jahr Entscheidungen des Bundesgerichtshofes ergangen sind, waren – wie bereits auch in den Vorjahren – vor allem die Sachverhalte, bei denen erfahrungsgemäß eher selten Vereinbarungen geschlossen werden, insbesondere Tötungsdelikte, Sexualdelikte in Verbindung mit Kindern, sowie Delikte der Körperverletzung, des Raubes und der räuberischen Erpressung, ebenso wie Verstöße gegen das Betäubungsmittelgesetz. **144**

Im Einzelnen zu nennen sind: **145**

- Entscheidungen zu besonders aktuell häufiger vorkommenden Straftaten, wie **Skimming**-Delikte bzw. die Fälschung und missbräuchliche Verwendung von **Geld- und Kreditkarten,**[144]
- zahlreiche Entscheidungen zum **Tötungsvorsatz** bei gefährlichen Handlungen,[145]
- die immer ausgefeiltere Rechtsprechung zur **Körperverletzung**, insbesondere mittels eines **gefährlichen Werkzeugs,**[146] aber auch zur möglichen Strafbarkeit **ärztlicher Untersuchungen,**[147]
- zahlreiche Entscheidungen zum **Raub und zur räuberischen Erpressung**, insbes. zum **Waffenbegriff**[148] sowie ebenfalls zum **gefährlichen Werkzeug,**[149]
- differenzierende Entscheidungen zu **Betrug** und **Untreue,**[150] insbesondere zur Problematik des **Vermögensschadens,**[151] sowie
- mehrere Entscheidungen zum Tatbestand der **schweren Brandstiftung**[152] gem. § 306a StGB sowie der teilweise erforderlichen Abgrenzung bei **gemischtgenutzten Gebäuden**, insbes. bei Brandlegung im geschäftlich genutzten Bereich eines Gebäudes, welches auch noch Wohnungen enthält, und schließlich
- mehrere Entscheidungen wegen gefährlicher Eingriffe in den Straßenverkehr entsprechend **§ 315b StGB,**[153] sowie
- Entscheidungen wegen **Bestechung und Bestechlichkeit.**[154]

---

[144] Vgl. Rn. 153 ff.
[145] Vgl. Rn. 173 ff.
[146] Vgl. hierzu Rn. 198 ff.
[147] Rn. 204.
[148] Rn. 223 ff.
[149] Rn. 222 ff.
[150] Rn. 238 ff, 251 ff.
[151] Rn. 243 ff.
[152] Rn. 263 f.
[153] Vgl. Rn. 266 f.
[154] Rn. 274 f.

2. Ausblick

146 Derzeit sind keine größeren Reformvorhaben zum StGB BT zu erwarten. Aktuell berät der Gesetzgeber über die Einführung eines neuen § 217 StGB-E zum Verbot der gewerbsmäßigen Förderung der Selbsttötung. Ansonsten sind die vom BVerfG gestellten Aufgaben der Reform der Sicherungsverwahrung bis zum 31.5.2013[155] sowie der Reform der Vorschriften des TKG über eine Auskunftserteilung zur dynamischen IP bei Telekommunikation bis zum 30.6.2013[156] zu erfüllen.

[155] BVerfG, Urteil vom 4.5.2011 – 2 BvR 2333/08 und weitere.
[156] BVerfG, Beschluss vom 24.1.2012 – 1 BvR 1299/05.

II. Neuere höchstrichterliche Rechtsprechung zu Einzelfragen des StGB Besonderer Teil

1. Straftaten gegen die öffentliche Ordnung – §§ 123 ff. StGB

a) Kriminelle Vereinigungen/Terroristische Vereinigungen – §§ 129, 129a StGB

Eine **Vereinigung** im Sinne der §§ 129 ff. StGB erfordert einen auf eine **gewisse Dauer angelegten**, freiwilligen **organisatorischen Zusammenschluss** von **mindestens drei Personen,** die bei **Unterordnung des Willens** des Einzelnen unter den Willen der Gesamtheit gemeinsame Zwecke verfolgen und unter sich derart in Beziehung stehen, dass sie sich untereinander als einheitlicher Verband fühlen.[157] **147**

[3] Spätestens im Juni 2005 begründeten die „Diebe im Gesetz" K. und L. S. eine nach den dargelegten Regeln agierende, europaweit tätige Gruppierung aus georgischstämmigen Mitgliedern, die Diebstähle organisierte und die Beute an Hehler weiterverkaufte. Auf der untersten Ebene standen die tatausführenden Diebe, die ihren Unterhalt aus organisierten, von mehreren Mitgliedern durchgeführten gemeinsamen Ladendiebstählen bestritten. Diebesbeute waren hochwertige Gegenstände des täglichen Gebrauchs wie etwa Zigaretten, Drogerieartikel, Designerkleidung und elektronische Geräte. Die Mitglieder hatten in der Regel monatlich 50 € in den „Abschtschjak" zu zahlen. Die Vereinigung, die „Diebesregeln" und der „Abschtschjak" waren oberste Maximen des Handelns des Einzelnen. In verschiedenen deutschen Städten waren regionale Kassenhalter eingesetzt. Die über die an die Gemeinschaftskasse abgeführten Gelder geführten Listen wurden zu K. S. nach Spanien gebracht. Die Teile der Vereinigung in Deutschland waren grundsätzlich autonom, bei Konflikten oder bei groben Regelverstößen griff allerdings die Führungsebene um die Brüder S. ein. …

[6] 1. Das Landgericht hat im Ergebnis zutreffend die Voraussetzungen für eine Vereinigung im Sinne der §§ 129 ff. StGB als erfüllt angesehen; denn nach den Feststellungen ist ein auf eine gewisse Dauer angelegter, freiwilliger organisatorischer Zusammenschluss von mindestens drei Personen gegeben, die bei Unterordnung des Willens des Einzelnen unter den Willen der Gesamtheit gemeinsame Zwecke verfolgen und unter sich derart in Beziehung stehen, dass sie sich untereinander als einheitlicher Verband fühlen (st. Rspr.; vgl. zuletzt etwa BGH, Urteile vom 28. Oktober 2010 – 3 StR 179/10, BGHSt 56, 28, 29 f. m.w.N.; vom 3. Dezember 2009 – 3 StR 277/09, BGHSt 54, 216, 221). Näherer Erörterung bedürfen allein die folgenden Gesichtspunkte:

[7] a) Die erforderliche Unterordnung der Mitglieder unter den Gesamtwillen der Vereinigung liegt nach den Feststellungen vor:

---

[157] BGH, Beschluss vom 13.9.2011 – 3 StR 262/11.

[8] aa) Insoweit ist für eine Vereinigung wesentlich die subjektive Einbindung der Beteiligten in die kriminellen Ziele der Organisation und in deren entsprechende Willensbildung unter Zurückstellung individueller Einzelmeinungen; denn nur ein derartiger Gruppenwille schafft die spezifischen Gefahren einer für die Vereinigung typischen, vom Willen des Einzelnen losgelösten Eigendynamik zur Begehung von Straftaten. Innerhalb der Vereinigung müssen deshalb bestimmte, von ihren Mitgliedern anerkannte Entscheidungsstrukturen bestehen; dieser organisierten Willensbildung müssen sich die Mitglieder als für alle verbindlich unterwerfen. Die Art und Weise der Willensbildung ist allerdings gleichgültig; die für alle Mitglieder verbindlichen Regeln können etwa dem Demokratieprinzip entsprechen oder auf dem Prinzip von Befehl und Gehorsam aufgebaut sein (st. Rspr.; vgl. im Einzelnen BGH, Urteil vom 3. Dezember 2009 – 3 StR 277/09, BGHSt 54, 216, 221 ff. m.w.N.). …

[12] b) Die Organisation war darauf ausgerichtet, Straftaten, vor allem Eigentums- und Vermögensdelikte, zu begehen, mit denen – obwohl die einzelnen festgestellten Taten isoliert betrachtet überwiegend eher dem unteren Bereich der Kriminalität zuzurechnen sind – eine erhebliche Gefahr für die öffentliche Sicherheit verbunden war (BGH, Urteil vom 22. Februar 1995 – 3 StR 583/94, BGHSt 41, 47, 51; Beschluss vom 4. August 1995 – StB 31/95, NJW 1995, 3395, 3396). Für diese Beurteilung ist nicht lediglich auf die einzelne Straftat oder die jeweilige Strafandrohung abzustellen; vielmehr ist eine Gesamtwürdigung der begangenen und/oder geplanten Straftaten unter Einbeziehung aller Umstände vorzunehmen, die für das Maß der Gefährdung der öffentlichen Sicherheit von Bedeutung sein können. Hierzu gehören insbesondere auch die Auswirkungen der Straftaten (BGH, Urteil vom 22. Februar 1995 – 3 StR 583/94, BGHSt 41, 47, 51). Ins Gewicht fällt deshalb neben der Höhe der Erlöse insbesondere die organisierte, planmäßige und überregionale Vorgehensweise der Vereinigungsmitglieder. Diese Umstände belegen ohne Weiteres eine erhebliche Gefahr für die öffentliche Sicherheit. …

[14] 2. Aus den Urteilsfeststellungen ergibt sich jedoch nicht, dass es sich bei der von den Brüdern S. geführten Organisation um eine Vereinigung im Inland nach § 129 Abs. 1 StGB handelte.

[15] a) Die Kriterien, an denen die Einordnung einer Organisation als in- oder ausländische Vereinigung – im letzten Fall zudem als Vereinigung innerhalb oder außerhalb der Mitgliedstaaten der Europäischen Union – auszurichten ist, sind gesetzlich nicht bestimmt und in der Gesetzesbegründung bei Einführung des § 129b StGB nicht näher erörtert worden (vgl. etwa BT-Drucks. 14/7025 S. 1, 6). In der Rechtsprechung (BGH, Beschluss vom 14. April 2010 – StB 5/10, BGHR StGB § 129 Gruppenwille 6) und dem Schrifttum (vgl. etwa Stein, GA 2005, 433, 443; Zöller, Terrorismusstrafrecht, 2009, S. 523; Nehring, Kriminelle und terroristische Vereinigungen im Ausland, 2007, S. 177 ff.; LK/Krauß, aaO § 129b Rn. 26 ff.) sind sie verschiedentlich angedeutet bzw. erörtert worden, indessen noch nicht abschließend geklärt. Hierzu gilt:

[16] Vereinigungen, die den §§ 129 ff. StGB unterfallen, können in einer kaum überschaubaren Vielzahl von tatsächlichen Organisationsformen auftreten. So werden etwa Gruppierungen mit wirtschaftlichen Zielsetzungen ebenso erfasst wie solche, die politische, ideologische oder religiöse Zwecke verfolgen. Bezüglich der Größe der Vereinigung ist lediglich die Mindestzahl von drei Mitgliedern bestimmt, es kommen deshalb sowohl Vereinigungen mit relativ wenigen als auch solche mit außerordentlich zahlreichen Mitgliedern in Betracht. Weder die Organisationsform noch die Art der Willensbildung ist im Einzelnen festgelegt. Nicht zuletzt sind die

Gruppierungen etwa im Bereich der Organisierten Kriminalität, aber auch des Terrorismus zunehmend länderübergreifend organisiert; ihre Aktionsfelder betreffen häufig die Gebiete mehrerer Staaten. Vor diesem Hintergrund erscheint eine abstrakte Umschreibung der maßgeblichen Gesichtspunkte, die für die Einordnung derartiger Vereinigungen als in- oder ausländisch – und im letztgenannten Fall als solche innerhalb oder außerhalb der Mitgliedstaaten der Europäischen Union – den Anspruch der Verbindlichkeit für alle denkbaren Einzelfälle erheben könnte, weder möglich noch sachgerecht. Mit Blick auf die Unterschiedlichkeit und Komplexität der in Betracht zu ziehenden Fallgestaltungen liegt es näher, die geographische Zuordnung einer Vereinigung von einer an den konkreten Einzelfallumständen orientierten Gesamtbetrachtung abhängig zu machen.

Rädelsführer ist, wer in der Vereinigung dadurch eine führende Rolle spielt, dass er **148**
sich in besonders maßgebender Weise für sie betätigt. Entscheidend ist dabei nicht der Umfang, sondern das Gewicht, das der geleistete Beitrag für die Vereinigung hat. Besonders maßgebend ist eine Tätigkeit dann, wenn sie von Einfluss ist auf die Führung der Vereinigung im Ganzen oder in wesentlichen Teilen, wenn also der Täter, falls er nicht schon selbst zu den Führungskräften gehört, doch durch sein Tun gleichsam an der Führung mitwirkt. Der vom Täter ausgeübte Einfluss muss der Sache nach beträchtlich sein.[158]

[8] a) Nach gefestigter, ursprünglich zu § 90a StGB a.F. entwickelter und später auf die §§ 129, 129a StGB übertragener Rechtsprechung ist Rädelsführer, wer in der Vereinigung dadurch eine führende Rolle spielt, dass er sich in besonders maßgebender Weise für sie betätigt. Entscheidend ist dabei nicht der Umfang, sondern das Gewicht, das der geleistete Beitrag für die Vereinigung hat. Besonders maßgebend ist eine Tätigkeit dann, wenn sie von Einfluss ist auf die Führung der Vereinigung im Ganzen oder in wesentlichen Teilen, wenn also der Täter, falls er nicht schon selbst zu den Führungskräften gehört, doch durch sein Tun gleichsam an der Führung mitwirkt (BGH, Urteil vom 2. Oktober 1963 – 3 StR 34/63, BGHSt 19, 109, 110). Der vom Täter ausgeübte Einfluss muss der Sache nach beträchtlich sein (BGH, Urteil vom 1. Dezember 1964 – 3 StR 37/64, BGHSt 20, 121, 123 f.). Eine rein formale Stellung innerhalb eines Führungsgremiums reicht für sich genommen noch nicht aus (LK/Krauß, StGB, 12. Aufl., § 129 Rn. 173 m.w.N.). Liegen die genannten Voraussetzungen vor, so wird die Rädelsführerschaft andererseits nicht schon dadurch ausgeschlossen, dass der Täter von Weisungen abhängig ist (BGH, Beschluss vom 25. Januar 1956 – 6 StR 100/55, bei Wagner GA 1960, 235).

[9] b) Der Senat hält an den dargestellten Grundsätzen fest. Er präzisiert sie dahin, dass der bestimmende Einfluss des Täters als Führungskraft bzw. als gleichsam an der Führung der Organisation mitwirkende Person sich auf die Vereinigung als solche richten, mithin etwa die Bestimmung der Organisationszwecke, -tätigkeiten oder -ziele, die ideologische Ausrichtung der Vereinigung, deren Organisationsstruktur oder sonstige Belange mit für die Vereinigung wesentlicher Bedeutung betreffen muss. Diese Auslegung des Tatbestandsmerkmals ist geboten aufgrund von dessen Sinn und Zweck, die dahin gehen, „Drahtzieher" (BGH, Urteil vom 12. Mai 1954 – 6 StR 30/54, BGHSt 6, 129, 130 m.w.N.), Führungskräfte und solche Personen zu erfassen, die kraft einer Schlüsselstellung einen bestimmenden Einfluss haben

---

[158] BGH, Urteil v. 16.2.2012 – 3 StR 243/11.

(LK/Krauß, StGB, 12. Aufl., § 129 Rn. 173), der hohen, im Vergleich zum jeweiligen Grundtatbestand deutlich gesteigerten Strafdrohung des § 129a Abs. 4 StGB (Freiheitsstrafe nicht unter drei Jahren in den Fällen des § 129a Abs. 1 und 2, Freiheitsstrafe von einem Jahr bis zu zehn Jahren in den Fällen des § 129a Abs. 3 StGB) sowie der gesetzlichen Gleichstellung des Rädelsführers mit dem Hintermann. Für letzteren ist kennzeichnend, dass er zwar – im Unterschied zum Rädelsführer – nicht Mitglied der Vereinigung ist, gleichwohl aber die Vereinigung als Außenstehender dadurch wesentlich fördert, dass er geistig oder wirtschaftlich maßgebenden Einfluss auf die Führung der Vereinigung hat (BGH, Urteil vom 1. Dezember 1964 – 3 StR 37/64, BGHSt 20, 121, 123).

*[**10**] c) Diese Grundsätze gelten auch bei Betätigungen für Vereinigungen im Ausland, die seit Einfügung des § 129b in das Strafgesetzbuch durch das 34. StrÄndG vom 22. August 2002 (BGBl. I S. 3390) unter Strafe gestellt sind; denn § 129b Abs. 1 Satz 1 StGB verweist insoweit ohne Einschränkung auf die §§ 129 und 129a StGB. In diesen Fällen ist den gesetzlichen Anforderungen deshalb nicht ohne Weiteres allein dadurch Genüge getan, dass der Täter auf eine möglicherweise bestehende inländische Teilorganisation der Vereinigung (zur Abgrenzung zwischen in- und ausländischer Vereinigung vgl. BGH, Beschluss vom 13. September 2011 – 3 StR 231/11, NJW 2012, 325) maßgebenden Einfluss hat, mag dieser auch in dem Gesamtgefüge der Vereinigung eine nicht unerhebliche Bedeutung zukommen. Erforderlich ist vielmehr, dass der Täter in dem näher umschriebenen Sinne als Führungskraft der Gesamtorganisation anzusehen ist oder durch sein Tun in sonstiger Weise gleichsam an der Führung der Gesamtvereinigung teilnimmt.*

149 Zur **Einordnung einer kriminellen Vereinigung als in- oder ausländische** bzw. als solche innerhalb oder außerhalb der Mitgliedsstaaten der Europäischen Union.[159]

[17] aa) Als wesentliches Zuordnungskriterium ist der Schwerpunkt der Organisationsstruktur anzusehen (vgl. BGH, Beschluss vom 14. April 2010 – StB 5/10, BGHR StGB § 129 Gruppenwille 6; s. auch Art. 4 Unterabsatz 1 der Gemeinsamen Maßnahme vom 21. Dezember 1998 betreffend die Strafbarkeit der Beteiligung an einer kriminellen Vereinigung in den Mitgliedstaaten der Europäischen Union, ABl. L 351 vom 29. Dezember 1998, S. 1: „Ort ..., an dem die Vereinigung ihre Operationsbasis hat"; vgl. hierzu Stein, GA 2005, 433, 443). Dieser Schwerpunkt der organisatorischen Strukturen ist seinerseits anhand verschiedener Merkmale zu ermitteln (vgl. Zöller, Terrorismusstrafrecht, 2009, S. 523). Er kann sich insbesondere aus dem Ort ergeben, an dem gleichsam „die Verwaltung geführt wird" (s. Nehring, Kriminelle und terroristische Vereinigungen im Ausland, 2007, S. 178). Anhaltspunkt dafür kann die Konzentration personeller und/oder sachlicher Ressourcen sein, beispielsweise für Organisationszwecke genutzte Gebäude, Ausbildungsstätten oder Material, wie Tatwerkzeuge, Unterlagen oder auch Datenverarbeitungsanlagen.

[18] bb) Ferner ist in den Blick zu nehmen, wo nach den Strukturen der Vereinigung deren Gruppenwille gebildet wird, d.h. wo der durch die entscheidungsbefugten Organe der Vereinigung gebildete Verbandswille zustande kommt und erstmals durch konkrete Umsetzungsakte nach außen in Erscheinung tritt (Zöller aaO S. 523; Nehring aaO S. 178). Auch kann zu berücksichtigen sein, an welchem Ort

[159] BGH, Beschluss vom 13.9.2011 – 3 StR 231/11.

sich die Vereinigung gegründet hat. Demgegenüber sind die Staatsangehörigkeit der Mitglieder und deren bloßer Wohnsitz regelmäßig nicht von entscheidendem Belang (BGH, Beschluss vom 5. Januar 1982 – StB 53/81, BGHSt 30, 328, 331 f.).

[19] cc) Daneben kann das eigentliche Aktionsfeld Bedeutung erlangen, mithin der Ort, an dem die Straftaten, auf deren Begehung die Zwecke oder Tätigkeit der Vereinigung gerichtet sind, begangen werden sollen bzw. begangen werden (vgl. BGH, Beschluss vom 14. April 2010 – StB 5/10, BGHR StGB § 129 Gruppenwille 6; vgl. auch Art. 4 Unterabsatz 1 der Gemeinsamen Maßnahme vom 21. Dezember 1998 betreffend die Strafbarkeit der Beteiligung an einer kriminellen Vereinigung in den Mitgliedstaaten der Europäischen Union, ABl. L 351 vom 29. Dezember 1998, S. 1: „Ort …, an dem die Vereinigung ihre strafbaren Tätigkeiten ausübt"; vgl. hierzu Stein, GA 2005, 433, 443). Dabei sind gegebenenfalls sowohl der Handlungs- als auch der Erfolgsort in die Bewertung einzustellen. Allerdings genügt es für die Einordnung einer Gruppierung als inländische oder EU-Vereinigung nicht, dass sie auf dem jeweiligen Gebiet lediglich Straftaten begeht oder begehen will. Erforderlich ist vielmehr zumindest, dass in Deutschland bzw. dem Bereich der Mitgliedstaaten der Europäischen Union auch Organisationsstrukturen bestehen und die Vereinigungsmitglieder nicht nur zur Vorbereitung und Begehung der Straftaten, auf die die Vereinigung gerichtet ist, in die betreffende Region einreisen und sich dort aufhalten.

Eine **terroristische Vereinigung unterstützt,** wer, ohne selbst Mitglied der Organisa- **150**
tion zu sein, deren Tätigkeit und terroristische Bestrebungen direkt oder über eines ihrer Mitglieder fördert. Dabei kann sich die Förderung richten auf die innere Organisation der Vereinigung und deren Zusammenhalt, auf die Erleichterung einzelner von ihr geplanter Straftaten, aber auch allgemein auf die Erhöhung ihrer Aktionsmöglichkeiten oder die Stärkung ihrer kriminellen Zielsetzung. Nicht erforderlich ist, dass der Organisation durch die Tathandlung ein messbarer Nutzen entsteht. Vielmehr genügt es, wenn die Förderungshandlung an sich wirksam ist und der Organisation irgendeinen Vorteil bringt; ob dieser Vorteil genutzt wird und daher etwa eine konkrete, aus der Organisation heraus begangene Straftat oder auch nur eine organisationsbezogene Handlung eines ihrer Mitglieder mitprägt, ist dagegen ohne Belang.[160]

b) Volksverhetzung – § 130 StGB

Verbreiten im Sinne § 86a Abs. 1, § 130 Abs. 2 Nr. 1 Buchst. a StGB ist die mit **151**
einer **körperlichen Weitergabe einer Schrift** verbundene Tätigkeit, die darauf gerichtet ist, die Schrift ihrer Substanz nach einem größeren Personenkreis zugänglich zu machen, wobei dieser nach Zahl und Individualität so groß sein muss, dass er für den Täter nicht mehr kontrollierbar ist. Soweit das Verbreiten mehrerer Exemplare einer bestimmten Schrift aufgrund eines einheitlichen Vorsatzes in mehreren Schritten erfolgte, kann eine tateinheitliche Begehungsweise gegeben sein.[161]

[9] Verbreiten im Sinne dieser Vorschriften ist die mit einer körperlichen Weitergabe einer Schrift verbundene Tätigkeit, die darauf gerichtet ist, die Schrift ihrer Substanz

---

[160] BGH, Beschluss vom 5.7.2012 – AK 19/12.
[161] BGH, Beschluss vom 16.5.2012 – 3 StR 33/12.

nach einem größeren Personenkreis zugänglich zu machen, wobei dieser nach Zahl und Individualität so groß sein muss, dass er für den Täter nicht mehr kontrollierbar ist (BGH, Urteil vom 22. Dezember 2004 – 2 StR 365/04, NJW 2005, 689, 690; LK/Laufhütte/Kuschel, StGB, 12. Aufl., § 86 Rn. 19). Dazu reicht die Weitergabe an einzelne bestimmte Dritte nicht aus, wenn nicht feststeht, dass der Dritte seinerseits die Schrift weiteren Personen überlassen werde (BVerfG, Beschluss vom 9. November 2011 – 1 BvR 461/08, NJW 2012, 1498, 1499 f. m.w.N.). Dies ergibt sich bei den vom Angeklagten abgesandten Briefen jedenfalls nicht ohne Weiteres und ist daher näher zu belegen, insbesondere auch in Bezug auf einen entsprechenden Vorsatz.

[10] Dabei ist in den Blick zu nehmen, dass ein (beabsichtigtes) Verbreiten nicht nur hinsichtlich des individuellen Inhalts der verschiedenen Schreiben, sondern auch bezüglich etwaiger vorgefertigter „Briefbögen" oder standard-mäßiger Beilagen mit inkriminiertem Inhalt (wie beispielsweise des „Merkblatts für Kollaborateure") in Betracht kommt. Indes sind genauere Feststellungen dazu zu treffen, inwieweit der Angeklagte für die Schreiben im Einzelnen jeweils vorgefertigte Formulare verwendete und welche subjektiven Vorstellungen dem zugrunde lagen.

[11] 2. Falls der Angeklagte durch mehrfaches Versenden des gleichen formularmäßigen Schriftstücks (etwa des „Briefbogens" oder des „Merkblatts") eine Schrift verbreitete, bedarf die konkurrenzrechtliche Bewertung näherer Erörterung.

[12] a) Soweit das Verbreiten mehrerer Exemplare einer bestimmten Schrift aufgrund eines einheitlichen Vorsatzes in mehreren Schritten erfolgte, kann eine tateinheitliche Begehungsweise gegeben sein (vgl. zum sukzessiven Verbreiten BGH, Urteil vom 26. Juni 1985 – 3 StR 129/85, BGHSt 33, 271, 274 f. m.w.N.; LK/Krauß, StGB, 12. Aufl., § 130 Rn. 140; LK/Rissing-van Saan, StGB, 12. Aufl., Vor § 52 Rn. 23 ff.; S/S-Sternberg-Lieben, StGB, 28. Aufl., § 86a Rn. 9d; Warda in Festschrift Geilen, 2003, S. 199 ff.).

[13] b) Liegen neben einem Verbreiten gemäß § 130 Abs. 2 Nr. 1 Buchst. a StGB oder § 86a Abs. 1 Nr. 1 StGB auch Vorbereitungshandlungen des § 130 Abs. 2 Nr. 1 Buchst. d StGB oder des § 86a Abs. 1 Nr. 2 StGB (Herstellen oder Vorrätig-Halten) vor, kann das Verbreiten die jeweilige Vorbereitungshandlung verdrängen (vgl. BGH, Beschlüsse vom 4. August 2009 – 3 StR 174/09, juris Rn. 26 zu § 184 StGB; vom 19. Mai 1980 – 3 StR 193/80, juris Rn. 4).

[14] 3. Es ist – gerade im Hinblick auf § 130 StGB – Sache des Tatrichters, den tatsächlichen Gehalt von Äußerungen auszulegen und aufzuzeigen, welche Begehungsweise des Tatbestandes dadurch erfüllt sein soll (vgl. BGH, Urteil vom 15. März 1994 – 1 StR 179/93, BGHSt 40, 97, 101 ff.).

[15] Die pauschale Annahme des Landgerichts (Fall III. 1. 1. der Urteilsgründe), die Leugnung des Holocaust stachele zum Hass gegen Teile der Bevölkerung und gegen eine religiöse oder durch ihr Volkstum bestimmte Gruppe im Sinne des § 130 Abs. 2 Nr. 1 StGB auf, genügt den Anforderungen an eine dabei vorzunehmende Gesamtwürdigung nicht (vgl. BGH aaO 100 f.; s. auch BT-Drucks. 12/8588 S. 8).

[16] Eine daneben in Betracht zu ziehende Strafbarkeit nach § 130 Abs. 2, Abs. 3, Abs. 5 StGB setzt voraus, dass das Leugnen einer unter der Herrschaft des Nationalsozialismus begangenen Tat geeignet ist, den öffentlichen Frieden zu stören (vgl. BGH, Urteil vom 22. Dezember 2004 – 2 StR 365/04, NJW 2005, 689, 690; BVerfG, Beschlüsse vom 9. November 2011 – 1 BvR 461/08, NJW 2012, 1498, 1500; vom 4. November 2009 – 1 BvR 2150/08, BVerfGE 124, 300, 334 f.; BT-Drucks. 12/8588 S. 8; BT-Drucks. 10/1286 S. 9; Fischer, StGB, 59. Aufl., § 130

Rn. 41 m.w.N.; LK/Krauß, StGB, 12. Aufl., § 130 Rn. 121; MünchKommStGB/Schäfer, 2. Aufl., § 130 Rn. 86; a.A. NK-StGB-Ostendorf, 3. Aufl., § 130 Rn. 21). Eine solche Eignung ist bei Schreiben, die sich allein an staatliche Stellen richten und sich dazu teilweise in einem schlichten In-Abrede-Stellen des Holocausts erschöpfen, nicht aus sich heraus ersichtlich.

[17] Auch in den übrigen Fällen ist auf die Auslegung der Äußerungen und die Darlegung des konkreten Tatbestandes sorgfältiger Bedacht zu nehmen.

[18] 4. Im Hinblick auf das Grundrecht auf freie Meinungsäußerung ist eine Verunglimpfung des Staates gemäß § 90a Abs. 1 Nr. 1 StGB (Fall III. 1. 3. der Urteilsgründe) nach neuerer Rechtsprechung des Bundesverfassungsgerichts (BVerfG, Beschluss vom 28. November 2011 – 1 BvR 917/09, NJW 2012, 1273, 1274) nur gegeben, wenn aufgrund der konkreten Art und Weise der Meinungsäußerung der Staat dermaßen verunglimpft wird, dass dies zumindest mittelbar geeignet erscheint, den Bestand der Bundesrepublik Deutschland, die Funktionsfähigkeit seiner staatlichen Einrichtungen oder die Friedlichkeit in der Bundesrepublik Deutschland zu gefährden. Diese Voraussetzung ist im Fall III. 1. 3. der Urteilsgründe nicht dargetan.

PRAXISBEDEUTUNG ■

Das bei verschiedenen Äußerungsdelikten enthaltene Merkmal des „Verbreitens" bereitet in der praktischen Auslegung vielfach Schwierigkeiten. Die vorstehende Entscheidung bringt sehr gute Erläuterungen, welche den Umgang mit „Verbreiten" erheblich erleichtern sollten. Keinesfalls darf aber bei Taten im Zusammenhang mit dem Internet übersehen werden, dass gemäß § 86a Abs. 1 Nr. 1 sowie § 130 Abs. 2 Nr. 1 StGB hier auch § 11 Abs. 3 StGB Anwendung findet, und damit als Schriften auch Bild- und Tonträger sowie insbesondere Datenspeicher gelten!

2. Geld- und Wertzeichenfälschung – §§ 146 ff. StGB

a) Geldfälschung – § 146 StGB

In Verkehr gebracht wird falsches Geld, wenn es so aus dem Gewahrsam entlassen wird, dass ein anderer tatsächlich in die Lage versetzt wird, sich des **falschen Geldes zu bemächtigen** und nach Belieben damit umzugehen, es insbesondere weiterzuleiten. Dies kann auch durch Einzahlung von Falschgeld bei der Bank im Rahmen des allgemeinen Zahlungsverkehrs erfolgen, selbst dann, wenn die betreffende Notensorte zur Einziehung aufgerufen, die Umlaufzeit jedoch noch nicht abgelaufen ist. Durch das Handeln des Täters muss aber auch tatsächlich eine **Gefahr des Umlaufs** des falschen Geldes begründet sein, was sich anhand der konkreten Umstände des Einzelfalls bestimmt.[162] **152**

[2] 1. Nach den Feststellungen des Landgerichts waren die Angeklagten D., W. und C. als Flugbegleiter bei der Lufthansa auf der Strecke Peking–Frankfurt am Main

[162] BGH, Urteil vom 15.11.2012 – 2 StR 190/12.

tätig; der Angeklagte P. war Informatikstudent, der regelmäßig nach China flog. In China erwarben sie jeweils beschädigte 1-Euro- und 2-Euro-Münzen, wobei mindestens 70 % dieser Bicolormünzen für jedermann erkennbar aus getrennten Münzteilen („Ring" und „Pille") nachträglich wieder zusammengesetzt waren. Die Münzen stammten überwiegend aus Frankreich, Belgien, Österreich oder Spanien und waren von oder im Auftrag europäischer Zentralbanken durch Münztrennung entwertet, als Metallschrott weiterveräußert und unautorisiert nachträglich wieder zusammengesetzt worden. Die Münzteile waren meist nur teilweise miteinander verbunden; zwischen Ring und Pille lagen Spalten, teils befand sich Klebstoff zwischen beiden. Überwiegend passte die Prägung auf der Pille nicht zu der auf dem Ring; auch gab es eine Reihe von Münzen, bei denen Pille und Ring vollständig getrennt waren.

[3] Die Angeklagten brachten die Münzen auf dem Luftweg nach Deutschland und reichten sie in Kenntnis ihrer Herkunft als echte, lediglich beschädigte Münzen in normierten, durchsichtigen „Safebags" bei der Kleinkundenkasse der Deutschen Bundesbank in Frankfurt am Main ein. Hierbei gaben sie vor, die Münzen seien in China beim Verarbeiten von Müll, Schrottautos und Altkleidern angefallen. Seitens der Bundesbank wurden die Münzen durch Wiegen und eine stichprobenartige Sichtprobe kontrolliert. Nach beanstandungsloser Annahme wurde den Angeklagten jeweils der volle Nennwert der Münzen auf ihrem Kundenkonto gutgeschrieben.

[4] Insgesamt reichte der Angeklagte D. bei der Bundesbank Münzen mit einem Gesamtwert von 112.000 € ein, die er in der Zeit vom 12. Dezember 2009 bis 30. Juli 2010 auf mindestens 12 Flügen von China nach Deutschland transportiert hatte; der Angeklagte W. reichte entsprechend in der Zeit vom 5. Juni 2010 bis 9. Dezember 2010 auf mindestens 20 Flügen transportierte Münzen mit einem Gesamtwert von 336.000 € ein, der Angeklagte C. in der Zeit vom 9. Dezember 2009 bis 7. Januar 2011 auf mindestens 15 Flügen transportierte Münzen mit einem Gesamtwert von 341.000 € und der Angeklagte P. in der Zeit vom 9. April 2010 bis 28. Oktober 2010 auf mindestens 7 Flügen transportierte Münzen mit einem Gesamtwert von 77.000 €.

[5] 2. Die Strafkammer hat das Handeln der Angeklagten als Geldfälschung in Form des Sichverschaffens und Inverkehrbringens von falschem Geld (§ 146 Abs. 1 Nr. 2 und 3 StGB) gewertet. Aufgrund der vorgegangenen Entwertung der Münzen stammten diese nicht von demjenigen, der aus ihnen als Aussteller hervorgehe (vgl. Erb in MünchKomm-StGB, 2. Aufl., § 146 Rn. 12; Sternberg-Lieben in Schönke/Schröder StGB, 28. Aufl., § 146 Rn. 14; Rudolphi/Stein in SK-StGB, 67. Lfg. – Oktober 2006 – § 146 Rn. 6). Es hat auf der Grundlage eines Anteils von mindestens 70 % gefälschter Münzen angenommen, dass die Bundesbank durch die Angeklagten C. und W. um Beträge von jeweils 200.000 €, durch den Angeklagten D. um 70.000 € und durch den Angeklagten P. um 40.000 € geschädigt wurde. Hinsichtlich der tateinheitlich zu den Geldfälschungsfällen angeklagten Betrugstaten hat das Landgericht gemäß § 154a Abs. 2 StPO die Strafverfolgung beschränkt.

II. Revisionen der Angeklagten

[6] Die Revisionen der Angeklagten sind mit der Sachrüge begründet.

[7] 1. Die Urteilsfeststellungen tragen den Schuldspruch nicht.

[8] a) Die Angeklagten haben die Münzen nicht im Sinne von § 146 Abs. 1 Nr. 3 StGB in Verkehr gebracht. In Verkehr gebracht wird falsches Geld, wenn es so aus dem Gewahrsam entlassen wird, dass ein anderer tatsächlich in die Lage versetzt wird, sich des falschen Geldes zu bemächtigen und nach Belieben damit umzugehen, es insbesondere weiterzuleiten (vgl. RG, Urteil vom 16. März 1933 – II 208/33,

RGSt 67, 167, 168; BGH, Urteil vom 17. April 1951 – 1 StR 99/51, BGHSt 1, 143, 144; BGH, Beschluss vom 17. Mai 1996 – 3 StR 631/95, BGHSt 42, 162, 168; BGH, Beschluss vom 28. März 2003 – 3 StR 471/02, NStZ 2003, 423). Dies kann auch durch Einzahlung von Falschgeld bei der Bank im Rahmen des allgemeinen Zahlungsverkehrs erfolgen (OLG Schleswig, Urteil vom 20. Februar 1962 – 1 Ss 607/62, NJW 1963, 1560, 1561), selbst dann, wenn die betreffende Notensorte zur Einziehung aufgerufen, die Umlaufzeit jedoch noch nicht abgelaufen ist (BGH, Urteil vom 26. Oktober 1951 – 2 StR 246/51). Durch das Handeln des Täters muss aber auch tatsächlich eine Gefahr des Umlaufs des falschen Geldes begründet sein, was sich anhand der konkreten Umstände des Einzelfalls bestimmt (vgl. BGH, Urteil vom 4. August 1987 – 1 StR 2/87, BGHSt 35, 21, 25). Entsprechend kann ein Inverkehrbringen auch dann gegeben sein, wenn falsches Geld weggeworfen wird, sofern die naheliegende Gefahr besteht, dass es gefunden wird und wieder in den Zahlungsverkehr gelangt (BGH aaO). Der Tatbestand des Inverkehrbringens ist demgegenüber nicht erfüllt, wenn der Bundesbank ein Geldschein von vorne herein mit dem Ersuchen um Einziehung und Ersatz übergeben wird, da in einem solchen Fall das Geld außerhalb des allgemeinen Zahlungsverkehrs eingeliefert wird (vgl. OLG Schleswig aaO).

[9] Vorliegend bestand keine Gefahr, dass die Münzen wieder in den Umlauf gelangten, da diese nicht nur erkennbar unfachmännisch zusammengesetzt, sondern auch stark beschädigt und von daher nicht mehr umlauffähig waren. Bereits die Abgabe der Münzen – unter Angabe des Namens, der Adresse und der Kontoverbindung des Einreichenden – in normierten, durchsichtigen „Safebags", die einer Sichtkontrolle unterzogen wurden, belegt, dass diese lediglich zum Zwecke der Erstattung des Nennwerts der Münzen und nicht im Rahmen des allgemeinen Zahlungsverkehrs eingereicht wurden. Da es sich bei der Bundesbank um diejenige Behörde handelt, die beschädigtes Geld zwecks Entwertung und Vernichtung auch selbst aus dem Verkehr zieht, bestand keine Gefahr, dass die Münzen noch an Dritte weitergegeben und wieder in den Zahlungsverkehr gelangen konnten. Die Entscheidung des Senats vom 26. Oktober 1951 – 2 StR 246/51, der die geplante Einreichung von belgischen, zur Außerkurssetzung anstehenden 1.000-Frankennoten bei der belgischen Zentralbank zugrunde lag, steht dem nicht entgegen, da in diesem Fall die Frankenscheine noch innerhalb der Umlaufzeit bei der Zentralbank eingereicht werden sollten. Es handelte sich damit – anders als bei stark beschädigten und erkennbar unfachmännisch zusammengesetzten Münzen – nicht um notwendig einzuziehendes Geld.

[10] b) Die Angeklagten haben sich die Münzen auch nicht im Sinne von § 146 Abs. 1 Nr. 2 i.V.m. Nr. 1 StGB in der Absicht verschafft, sie als echt in Verkehr zu bringen oder ein solches Inverkehrbringen zu ermöglichen. Es muss dem Täter auf das Inverkehrbringen oder das Ermöglichen des Inverkehrbringens von Falschgeld als echtem Geld ankommen, ohne dass diese Zielvorstellung Endzweck seines Handelns zu sein braucht (BGH, Urteil vom 4. Oktober 1951 – 3 StR 460/51, NJW 1952, 311, 312; Ruß in LK StGB, 12. Aufl., § 146 Rn. 15; Erb in MünchKomm-StGB, § 146 Rn. 24; Sternberg-Lieben in Schönke/ Schröder StGB, 28. Aufl., § 146 Rn. 7). Die Angeklagten wollten auch nicht nur mittelbar die Weitergabe der Münzen in den Umlauf ermöglichen, sondern für jedermann erkennbar nicht mehr umlauffähige Münzen bei der dafür zuständigen Stelle zur Erstattung des Nennwerts einreichen.

[11] 2. Wenngleich danach eine Strafbarkeit wegen Geldfälschung gemäß § 146 Abs. 1 StGB nicht besteht, kam ein Freispruch der Angeklagten durch den Senat

nicht in Betracht, weil nicht ausgeschlossen werden kann, dass in einer neuen Hauptverhandlung nach der auf Antrag des Generalbundesanwalts durch den Senat erfolgten Wiedereinbeziehung (§ 154a Abs. 3 Satz 2 StPO) der ausgeschiedenen Betrugsvorwürfe eine entsprechende Verurteilung möglich ist.

[12] Eine Strafbarkeit wegen Betrugs käme hier jedenfalls dann in Betracht, wenn die eingereichten Münzen aus amtlich entwertetem Münzmaterial zusammengesetzt wären und die Angeklagten über diesen Umstand bei Einreichung der Münzen getäuscht hätten. Der Senat weist jedoch insoweit darauf hin, dass die Feststellung des Landgerichts, es handele sich vorliegend um amtlich entwertetes Münzmaterial, nicht hinreichend tatsachengestützt ist. Die Strafkammer hat keine Erkenntnisse über das Entwertungsverfahren bei Euro-Münzen in anderen Euro-Ländern gewinnen können. Sämtliche Anfragen der Ermittlungsbehörden an die jeweiligen Landeszentralbanken der Euro-Länder Frankreich, Belgien, Österreich und Spanien sind unbeantwortet geblieben; weitere Ermittlungen wurden nicht angestellt. Das Landgericht hat sich auch nicht damit auseinander gesetzt, dass die Deutsche Bundesbank über einen Zeitraum von mehr als einem Jahr mehrere hundert durchsichtige „Safebags" mit erkennbar stark beschädigten und nachträglich zusammengesetzten Münzen beanstandungsfrei angenommen und deren Nennwert dem Konto des jeweiligen Angeklagten gutgeschrieben hat. Diese Praxis der Bundesbank spricht eher gegen die Annahme, die amtliche Entwertung von Bicolormünzen erfolge im Wege der Trennung von Ring und Pille, da in diesem Fall kaum erklärlich ist, dass die Mitarbeiter der Bundesbank trotz der Kontrollen und über einen langen Zeitraum hinweg den Nennwert des erkennbar nachträglich zusammengesetzten Münzmaterials, ohne eine Entwertung zu bemerken, beanstandungslos erstattet haben.

b) Fälschung von Zahlungskarten – §§ 152a, 152b StGB

153 Steht zum **Zeitpunkt einer Absprache** weder die Anzahl der Objekte fest, in denen durch Skimming die zur Fälschung notwendigen Daten von Kredit- oder Maestrokarten erlangt werden sollen, noch ist einer der Tatorte überhaupt schon näher ins Auge gefasst, fehlt es an einer **tateinheitlichen Verabredung von Verbrechen** der banden- und gewerbsmäßigen Fälschung von Zahlungskarten mit Garantiefunktion.[163]

Entgegen der Ansicht des Landgerichts beinhaltete die Anfang Juni 2010 getroffene Vereinbarung noch keine tateinheitliche Verabredung zu fünf Verbrechen der banden- und gewerbsmäßigen Fälschung von Zahlungskarten mit Garantiefunktion; denn zu diesem Zeitpunkt stand weder die Anzahl der Tankstelen fest, in denen durch Skimming die zur Fälschung notwendigen Daten von Kredit- oder Maestrokarten erlangt werden sollten, noch war auch nur eine dieser Tankstellen schon näher ins Auge gefasst. Es lag daher nur eine allgemeine Absprache über die künftige Begehung von Straftaten einer bestimmten Deliktsart im Sinne einer Bandenabrede vor, die das für die Verbrechensverabredung gemäß § 30 Abs. 2 StGB erforderliche Mindestmaß an Konkretisierung der Verbrechensabrede(n) nicht erfüllte. Diese Konkretisierung geschah vielmehr jeweils erst später, nachdem Mitarbeiter bestimmter Tankstellen dazu gewonnen worden waren, die Manipulation an den dort vor-

[163] BGH, Beschluss vom 27.9.2012 – 2 StR 266/12.

handenen Kartenlesegeräten zuzulassen. Richtigerweise hätte der Angeklagte daher wegen fünf tatmehrheitlicher Verabredungen zur banden- und gewerbsmäßigen Fälschung von Zahlungskarten mit Garantiefunktion verurteilt werden müssen. Durch den Schuldspruch wegen fünf tateinheitlicher Verbrechensverabredungen ist er indes nicht benachteiligt. Auch kann der Senat ausschließen, dass sich der fehlerhafte Schuldspruch im Strafausspruch für den Angeklagten nachteilig ausgewirkt hat.

Wer **im Auftrag einer internationalen Bande für Daten** von Geld- und Zahlungs- **154**
karten **sorgt,** indem er an Geldautomaten Skimming-Hilfsmittel anbringt, so dass mit den ausgelesenen bzw. abgefilmten Daten im Ausland Kartendubletten gefertigt und damit in der Folge unberechtigte Geldverfügungen vorgenommen werden können, handelt nicht als Mittäter eines gewerbs- und bandenmäßigen Computerbetrugs, sofern er weder Kenntnisse über die konkreten Abläufe beim Einsatz der Karten im Ausland hat, noch er sie tatherrschaftlich beeinflussen kann. In seinen Beiträgen liegt regelmäßig lediglich eine Beihilfe, insbesondere dann, wenn sich sein Interesse an der Tat nicht mehr auf den durch Computerbetrug erlangten Vorteil richtet, da er für seinen Beitrag unabhängig von dem finanziellen Erfolg des Einsatzes der gefälschten Zahlungskarten entlohnt wird.[164]

[2] 1. Nach den Feststellungen des Landgerichts waren der Angeklagte M. und der nichtrevidierende Mitangeklagte Teil einer von Dortmund aus agierenden, international tätigen Bande, die sich zusammengeschlossen hatte, um Magnetstreifendaten von Maestro- und Kreditkarten nebst zugehörigen PIN-Nummern auszuspähen, anschließend Kartendubletten herzustellen und damit an Geldautomaten im Ausland Auszahlungen vorzunehmen. Hierzu wählte der Angeklagte gegen Entlohnung geeignete Bankfilialen aus und brachte dort jeweils gemeinsam mit anderen Mitgliedern der Bande – in den Fällen II.10 bis II.13 der Urteilsgründe gemeinsam mit dem Mitangeklagten Z. – Kartenlesegeräte sowie Miniaturkameras an Geldautomaten an. Teilweise verlief die Ausspähung der Daten erfolgreich; in diesen Fällen konnte der Angeklagte nach einiger Zeit Lesegerät und Kamera wieder entfernen und die Gerätschaften sodann zur Auswertung an seine Kontaktperson zurückgeben, die veranlasste, dass mit den ausgelesenen bzw. abgefilmten Daten im Ausland Kartendubletten gefertigt und unter deren Einsatz unberechtigte Geldverfügungen vorgenommen wurden. In einem anderen Teil der Fälle gelangte der Angeklagte nicht an die Kartendaten, weil die Manipulationen der Geldautomaten zuvor entdeckt worden waren.

[3] 2. Die Verurteilung des Angeklagten wegen mittäterschaftlich begangener gewerbs- und bandenmäßiger Fälschung von Zahlungskarten mit Garantiefunktion begegnet danach in den sieben Fällen, in denen es zur Auswertung der ausgespähten Daten und zur Erstellung von Kartendubletten kam (Fälle II. 1, 2, 5, 7, 9 bis 11 der Urteilsgründe), keinen rechtlichen Bedenken (vgl. BGH NStZ 2011, 517; NJW 2011, 2375).

[4] Dagegen hält seine tateinheitliche Verurteilung wegen täterschaftlichen gewerbs- und bandenmäßigen Computerbetruges in diesen Fällen rechtlicher Überprüfung nicht stand. Vielmehr liegt in seinen Tatbeiträgen insoweit jeweils lediglich eine Beihilfe. Nach den Feststellungen hatte der Angeklagte weder Kenntnis der konkreten

---

164 BGH, Beschluss vom 31.5.2012 – 2 StR 74/12.

Abläufe beim Einsatz der Karten an den Geldautomaten im Ausland, noch konnte er sie tatherrschaftlich beeinflussen. Auch richtete sich sein Interesse an der Tat nicht mehr auf den durch den Computerbetrug erlangten Vermögensvorteil, da er für seinen Beitrag unabhängig vom finanziellen Erfolg des Einsatzes der gefälschten Zahlungskarten entlohnt wurde. Seine Mitwirkung stellt sich somit insoweit als bloße Förderung fremden Handelns und damit als Beihilfe dar (vgl. auch Senat, Beschluss vom 2. Mai 2012 – 2 StR 123/12).

155 Wer durch die (wahrscheinlich) **einheitliche Weitergabe von durch Skimming erlangten Daten** die Herstellung von Kartendubletten ermöglicht, welche später zeitnah an einem bestimmten Tag zum Einsatz kommen, leistet nur eine **Beihilfe zu diesen Haupttaten.** Dies gilt umso mehr, wenn durch den zeitgleichen Einsatz dieser Karten auch nur eine Haupttat des Fälschens von Zahlungskarten mit Garantiefunktion in Tateinheit mit Computerbetrug gegeben ist; denn selbst wenn der Angeklagte diese Haupttat durch mehrere selbständige Unterstützungshandlungen gefördert haben sollte, wäre er daher nur wegen einer einheitlichen Beihilfetat zu bestrafen.[165]

[7] 3. Die konkurrenzrechtliche Einordnung des Geschehens durch das Landgericht hält hingegen rechtlicher Prüfung nicht stand, denn die Bewertung als tatmehrheitlich begangenes Delikt wird durch die Urteilsgründe nicht belegt. Der Angeklagte hat nach Zuordnung der sieben PIN zu den sieben Karten diese Kartendaten Dritten zur Verfügung gestellt, worauf die Kartendaten auf Dubletten übertragen wurden, die dann zu unterschiedlichen Zeitpunkten zum Einsatz kamen. Den Urteilsausführungen kann schon nicht hinreichend entnommen werden, dass die zugeordneten Kartendaten jeweils einzeln zu verschiedenen Zeitpunkten an Dritte übermittelt worden sind. Selbst wenn die Kartendubletten später zu unterschiedlichen Zeitpunkten hergestellt und eingesetzt worden wären, es sich mithin um sieben in Tatmehrheit zueinander stehende Haupttaten gehandelt hätte, spricht somit alles dafür, dass der Angeklagte durch die einheitliche Weitergabe der Daten nur eine Beihilfe zu diesen Haupttaten geleistet hätte (vgl. Fischer, StGB, 59. Aufl., § 27 Rn. 31 m.w.N.). Da die Dubletten indes nach den Feststellungen in sechs Fällen noch am 4. Oktober 2010 zum Einsatz kamen und nur in einem Fall erst am 5. Oktober 2010 erstmals Geld abgehoben wurde, deutet darüber hinaus aber auch alles darauf hin, dass die sieben Dubletten in engem zeitlichen und örtlichen Zusammenhang hergestellt wurden, um mit ihnen – wie geschehen – zeitnah Abhebungen vorzunehmen. Damit läge auch nur eine Haupttat des Fälschens von Zahlungskarten mit Garantiefunktion in Tateinheit mit Computerbetrug vor (vgl. BGH, Urteil vom 10. Mai 2005 – 3 StR 425/04, NStZ 2005, 566; Beschluss vom 23. Juni 2010 – 2 StR 243/10, StraFo 2010, 391 f.). Selbst wenn der Angeklagte diese Haupttat durch mehrere selbständige Unterstützungshandlungen gefördert haben sollte, wäre er daher nur wegen einer einheitlichen Beihilfetat zu bestrafen (vgl. Fischer, aaO, Rn. 31a m.w.N.).

---

[165] BGH, Beschluss vom 13.10.2011 – 3 StR 239/11.

PRAXISBEDEUTUNG ■

Die vorstehenden Entscheidungen sind für die Praxis wichtig, weil bei den weiter zunehmenden Skimming-Delikten vielfach nur die hier vor Ort tätigen Täter gefasst werden können, welche regelmäßig allein für das Skimmen von Geldkarten zuständig sind. Diese sind danach als Gehilfen zu bestrafen; es sei denn, sie gehören zu internationalen Banden, bei welchen die Tatanteile entsprechend verteilt sind und die beim hierdurch möglichen Erzielen hoher Erlöse beim illegalen Abheben von Geld mit den „erskimmten" Kartendaten zusammenwirken.

3. Falsche Verdächtigung – § 164 StGB

Wird dieselbe falsche Verdächtigung, welche bereits Gegenstand einer Anzeige ist, **156**
später bei einer anderen Behörde **wiederholt**, handelt es sich dabei nur um **eine falsche Verdächtigung** in zwei tatmehrheitlichen Fällen.[166]

[2] I. Entgegen der Auffassung des Landgerichts hat sich der Angeklagte in den Fällen II.1 und 2 der Urteilsgründe nur einer falschen Verdächtigung in zwei tateinheitlichen Fällen gemäß § 164 Abs. 1, § 52 Abs. 1 StGB schuldig gemacht.

[3] 1. Nach den Feststellungen wurde der Angeklagte am 14. März 2011 auf offener Straße von dem Zeugen I. J. mit einem Hammer angegriffen und verletzt. Bei seiner noch am selben Tag durchgeführten polizeilichen Vernehmung behauptete er vor Beamten der Kreispolizeibehörde H. bewusst wahrheitswidrig, dass nach der Tat ein Pritschenwagen der Firma H. herangefahren sei und der Zeuge J. eine Tasche mit der Tatwaffe in das Fahrzeug hineingereicht habe. Fahrer des Fahrzeugs sei der Zeuge A. H. gewesen. Ob es sich bei dem Beifahrer um den Zeugen E. H. gehandelt habe, habe er nicht erkennen können. Er gehe aufgrund seiner Beobachtungen davon aus, dass es sich bei dem Angriff auf ihn um einen Auftragsmord des Zeugen E. H. gehandelt habe (Fall II. 1 der Urteilsgründe). Bei einer am 16. März 2011 von Beamten des Polizeipräsidiums A. durchgeführten zweiten Vernehmung wiederholte und bekräftigte der Angeklagte seine Angaben vom 14. März 2011. Außerdem fügte er hinzu, dass der Beifahrer in seiner Statur dem Zeugen E. H. geglichen habe (Fall II. 2 der Urteilsgründe). Bei seinen Aussagen handelte der Angeklagte in der Absicht, die Einleitung eines Ermittlungsverfahrens gegen die Zeugen A. und E. H. u bewirken. Tatsächlich leitete die Staatsanwaltschaft Aachen gegen beide ein Ermittlungsverfahren wegen des Verdachts der Beteiligung an der Tat des Zeugen J. ein. Das Verfahren wurde am 9. Juli 2011 nach § 170 Abs. 2 StPO eingestellt, weil die Ermittlungen ergeben hatten, dass die beiden Zeugen zur Tatzeit nicht in H. waren und auch sonst keine Hinweise für eine Tatbeteiligung vorlagen. Das Landgericht hat die Aussagen des Angeklagten als falsche Verdächtigung (§ 164 Abs. 1 StGB) in zwei Fällen gewertet und dafür Einzelstrafen in Höhe von jeweils sieben Monaten Freiheitsstrafe festgesetzt.

[4] 2. Der Angeklagte hat bei seiner zweiten polizeilichen Vernehmung am 16. März 2011 die falsche Verdächtigung vom 14. März 2011 lediglich wiederholt. Dabei

[166] BGH, Beschluss vom 21.11.2012 – 4 StR 427/12.

zielte er auf dasselbe Verfahren ab, dessen Herbeiführung er bereits bei seiner ersten Vernehmung angestrebt hatte. In einem solchen Fall liegt nur eine Tat im Rechtssinne vor (vgl. BGH, Beschluss vom 29. Januar 1992 – 3 StR 518/91, BGHR StGB § 164 Konkurrenzen 1; OLG Koblenz, Beschluss vom 6. Dezember 2010 – 2 Ws 480/10). Der Umstand, dass die zweite Aussage bei einer anderen Polizeidienststelle erfolgte, ändert daran nichts, weil beide Stellen demselben Entscheidungsträger (Staatsanwaltschaft Aachen) zuarbeiteten und kein neues Verfahren in Gang gesetzt wurde (Ruß in LK-StGB, 12. Aufl., § 164 Rn. 34; Lenckner in Schönke/Schröder, StGB, 28. Aufl., § 164 Rn. 37). Da die falschen Angaben des Angeklagten aber darauf gerichtet waren, sowohl E. als auch A. H. mit einem Ermittlungsverfahren zu überziehen, ist von einer falschen Verdächtigung in zwei tateinheitlichen Fällen auszugehen. § 164 StGB dient nicht nur dem Schutz von Behörden vor Irreführung, sondern will auch den Einzelnen vor Maßnahmen irregeführter Behörden schützen (vgl. BGH, Urteil vom 19. September 1961 – 1 StR 326/61, GA 1962, 24; LK/Ruß, aaO).

4. Straftaten gegen die sexuelle Selbstbestimmung – §§ 174 ff. StGB

157 In einer **sexuell motivierten Handlung** allein kann **regelmäßig keine ehrverletzende Kundgabe von Missachtung** gesehen werden. Ein Angriff auf die sexuelle Selbstbestimmung erfüllt nur dann den Tatbestand der Beleidigung, wenn nach den gesamten Umständen in dem Verhalten des Täters zugleich eine von ihm gewollte herabsetzende Bewertung des Opfers zu sehen ist.[167]

[2] Mit seiner Revision, mit der er das Verfahren beanstandet und die Verletzung sachlichen Rechts rügt, wendet sich der Angeklagte gegen seine Verurteilung.

[3] Gegen den Schuldspruch bestehen rechtliche Bedenken. In einer sexuell motivierten Handlung allein kann regelmäßig keine ehrverletzende Kundgabe von Missachtung gesehen werden. Ein Angriff auf die sexuelle Selbstbestimmung erfüllt nur dann den Tatbestand der Beleidigung, wenn nach den gesamten Umständen in dem Verhalten des Täters zugleich eine von ihm gewollte herabsetzende Bewertung des Opfers zu sehen ist (BGH, Beschluss vom 12. August 1992 – 3 StR 318/92, BGHR StGB § 185 Ehrverletzung 4). Dass dies der Fall war, hat das Landgericht nicht hinreichend dargelegt, erscheint aber nicht völlig ausgeschlossen. Denkbar wäre auch eine Verurteilung des Angeklagten wegen Nötigung (§ 240 StGB).

a) Sexueller Missbrauch von Schutzbefohlenen – § 174a StGB

158 Ein **„nachwirkendes“ Obhutsverhältnis** erfüllt den Tatbestand des § 174 Abs. 1 Nr. 1 StGB nicht.[168]

Im Ausgangspunkt zutreffend hat das Landgericht angenommen, dass die berufliche Stellung des Angeklagten als Lehrer an der Schule, die die Geschädigte als Schülerin besuchte, ein Obhutsverhältnis zu ihr unter bestimmten Voraussetzungen ebenso zu begründen vermag wie seine Tätigkeit als Veranstalter der von der Geschädigten

---

[167] BGH, Beschluss vom 16.2.2012 – 3 StR 13/12.
[168] BGH, Beschluss vom 25.4.2012 – 4 StR 74/12.

wahrgenommenen Arbeitsgemeinschaft „Schulsanitätsdienst" oder als Leiter einer Jugendgruppe beim DJRK, deren Mitglied die Geschädigte war. Denn nach der ständigen Rechtsprechung des Bundesgerichtshofs ist Voraussetzung eines Obhutsverhältnisses im Sinne des § 174 Abs. 1 Nr. 1 StGB eine Beziehung zwischen Täter und Opfer, aus der sich für den Täter das Recht und die Pflicht ergibt, Erziehung, Ausbildung oder Lebensführung des Schutzbefohlenen und damit dessen geistig-sittliche Entwicklung zu überwachen und zu leiten (vgl. nur BGH, Beschluss vom 31. Januar 1967 – 1 StR 595/65, BGHSt 21, 196, 199 ff.; Senatsbeschluss vom 26. Juni 2003 – 4 StR 159/03, NStZ 2003, 661). Ein die Anforderungen der Vorschrift erfüllendes Anvertrautsein setzt ein den persönlichen, allgemein menschlichen Bereich erfassendes Abhängigkeitsverhältnis des Jugendlichen zu dem jeweiligen Betreuer im Sinne einer Unter- und Überordnung voraus (BGH, Beschluss vom 21. April 1995 – 3 StR 526/94, BGHSt 41, 137, 139). Es kann daher außer im schulischen Bereich auch in anderen, den Verhältnissen an einer Schule vergleichbaren Fällen vorliegen, etwa im Einzel- oder im Mannschaftssport (BGH, Urteil vom 3. April 1962 – 5 StR 74/62, BGHSt 17, 191 [Fußballtrainer]; Senatsbeschluss vom 26. Juni 2003 aaO [Tennistrainer]), ebenso in einem anderweitigen Ausbildungsverhältnis (BGH, Beschluss vom 31. Januar 1967 aaO [Fahrlehrer]). Maßgebend sind indes in jedem Fall die konkreten, tatsächlichen Verhältnisse (BGH, Urteil vom 30. Oktober 1963 – 2 StR 357/63, BGHSt 19, 163, 166; Beschluss vom 31. Januar 1967 aaO, S. 202; Senatsbeschluss vom 26. Juni 2003 aaO; SSW-StGB/Wolters, § 174 Rn. 6). Mag sich daher die Obhutsbeziehung mit dem von der Strafvorschrift vorausgesetzten Anvertrautsein bei einem Lehrer im Verhältnis zu den von ihm als Klassen- oder Fachlehrer unterrichteten Schülern von selbst verstehen, kann es bei Vorliegen anderer Fallgestaltungen genauerer Darlegung der erforderlichen Voraussetzungen bedürfen. So liegt es hier.

[8] 2.a) Nach den Feststellungen des Landgerichts war der Angeklagte weder Klassen- noch Fachlehrer in der Klasse der Geschädigten, sondern erteilte lediglich Vertretungsunterricht. Danach versteht sich insoweit ein Obhutsverhältnis nicht von selbst. Jedenfalls an größeren Schulen mit einem für den einzelnen Schüler nur schwer überschaubaren Lehrerkollegium ergibt es sich nicht schon aus der bloßen Zugehörigkeit von Lehrern und Schülern zu derselben Schule, sondern regelmäßig erst mit der Zuweisung eines Schülers an einen bestimmten Lehrer, der dadurch die in § 174 Abs. 1 StGB vorausgesetzten Pflichten übernimmt (so BGH, Urteil vom 30. Oktober 1963 aaO; anders für den Leiter einer Schule: BGH, Urteil vom 24. November 1959 – 5 StR 518/59, BGHSt 13, 352, 355). Welchen Umfang die Vertretungstätigkeit des Angeklagten in der Klasse der Geschädigten hatte, ergibt sich aus den Feststellungen des angefochtenen Urteils nicht.

[9] b) Zwar kann die Annahme eines Obhutsverhältnisses zwischen Lehrer und Schüler auch unabhängig von der eigentlichen Unterrichtserteilung entstehen, etwa bei Aufsichtstätigkeiten oder im Rahmen besonderer Veranstaltungen der Schule, zu denen auch die Durchführung einer von den Schulbehörden genehmigten, nicht zum regulären Unterricht zählenden Arbeitsgemeinschaft zählt. Ob die Ausrichtung des Schulsanitätsdienstes unter der persönlichen Leitung des Angeklagten die Voraussetzungen einer solchen Obhutsbeziehung erfüllt, ist jedoch ebenfalls nicht ausreichend dargetan. Zwar steht dem die Freiwilligkeit der Teilnahme an dieser Veranstaltung nicht entgegen (BGH, Urteil vom 3. April 1962 – 5 StR 74/62, BGHSt 17, 191, 193). Gleichwohl fehlt es an näheren Feststellungen zur Häufigkeit der Durchführung und dazu, ob der Angeklagte diese Arbeitsgemeinschaft auch noch nach seinem Ausscheiden aus dem DJRK mit Ablauf des 31. Dezember 2010 fortführte.

[10] Insoweit begegnet es auch durchgreifenden rechtlichen Bedenken, wenn die Strafkammer die Tätigkeit des Angeklagten als Leiter einer Gruppe im DJRK, der auch die Geschädigte angehörte, zur Begründung des Obhutsverhältnisses herangezogen hat. Wie bereits erwähnt, beendete der Angeklagte diese Tätigkeit mit Ende des Jahres 2010; jedenfalls die Taten in den Fällen II. 6 bis II. 12 der Urteilsgründe, die die Strafkammer zeitlich nach dem ersten Geschlechtsverkehr („an einem nicht näher bestimmbaren Donnerstag im Dezember 2010 oder Januar 2011") einordnet, ereigneten sich demnach in einem Zeitraum, in dem der Angeklagte beim DJRK nicht mehr tätig war. Ein „nachwirkendes" Obhutsverhältnis erfüllt den Tatbestand des § 174 Abs. 1 Nr. 1 StGB nicht.

b) Sexueller Missbrauch unter Ausnutzung eines Beratungs-, Behandlungs- oder Betreuungsverhältnisses – § 174c Abs. 1 StGB

159 Das Merkmal des **„Anvertrautseins"** setzt weder das Vorliegen einer rechtsgeschäftlichen Beziehung zwischen Täter und Opfer voraus, noch kommt es darauf an, ob das Verhältnis auf Initiative des Patienten, Täters oder eines Dritten begründet wurde. Ebenso ist unerheblich, ob die entsprechenden Tätigkeiten innerhalb von geschlossenen Einrichtungen, in der ambulanten Versorgung oder im Rahmen häuslicher Betreuung wahrgenommen werden. Ohne Belang ist zudem, ob tatsächlich eine behandlungsbedürftige Krankheit oder eine Behinderung vorliegt, sofern nur die betroffene Person subjektiv eine Behandlungs- oder Beratungsbedürftigkeit empfindet. Das Beratungs-, Behandlungs- oder Betreuungsverhältnis muss auch nicht von einer solchen – zumindest beabsichtigten – Intensität und Dauer sein, dass eine Abhängigkeit entstehen kann, die es dem Opfer zusätzlich, d.h. über die mit einem derartigen Verhältnis allgemein verbundene Unterordnung unter die Autorität des Täters und die damit einhergehende psychische Hemmung, erschwert, einen Abwehrwillen gegenüber dem Täter zu entwickeln und zu betätigen. Es ist **ausreichend, wenn das Opfer eine fürsorgerische Tätigkeit des Täters entgegennimmt.**[169]

[12] Nach diesen Maßstäben legen die getroffenen Feststellungen nahe, dass der Angeklagte die tatbestandlichen Voraussetzungen des § 174c Abs. 1 StGB erfüllt hat. Dies gilt unabhängig davon, dass das Landgericht keine Einzelheiten dazu mitteilt, was zunächst Gegenstand der „Routineuntersuchung" war, zu der die Nebenklägerin den Angeklagten aufsuchte, und was hierbei besprochen wurde. Denn jedenfalls das nachfolgende Geschehen – die Nebenklägerin entkleidete sich, legte sich nackt auf die Liege und ließ den Zugriff des Angeklagten auf ihren Körper zu einer osteopathischen Behandlung zu – zeigt hinreichend, dass sich die Nebenklägerin dem Angeklagten im oben dargestellten Sinne zu Behandlungszwecken anvertraut hatte. Nach alledem wird der Teilfreispruch auch nicht von der weiteren Begründung des Landgerichts getragen, dem Angeklagten sei jedenfalls kein Vorsatz dahin nachzuweisen, dass sich die Nebenklägerin in einem Abhängigkeitsverhältnis zu ihm befunden habe.

---

[169] BGH, Urteil vom 1.12.2011 – 3 StR 318/11.

c) Sexueller Missbrauch von Kindern – §§ 176, 176a StGB

Der innere Tatbestand des § **176 Abs. 1 StGB** ist erfüllt, wenn der Täter in Bezug auf die objektiven Tatbestandsmerkmale **zumindest bedingten Vorsatz** hat.[170] **160**

[2] Die Verurteilung des Angeklagten in den Fällen II.5 bis II.16 der Urteilsgründe (Taten zum Nachteil der Zeugin E., geb. H.) wegen sexuellen Missbrauchs von Kindern gemäß § 176 Abs. 1 StGB (BGBl. I 164 a.F.) hat keinen Bestand, weil die Feststellungen nicht belegen, dass der innere Tatbestand in Bezug auf die Unterschreitung der Schutzaltersgrenze beim Opfer verwirklicht ist.

[3] Der innere Tatbestand des § 176 Abs. 1 StGB ist erfüllt, wenn der Täter in Bezug auf alle objektiven Tatbestandsmerkmale zumindest bedingten Vorsatz hat (BGH, Beschluss vom 12. August 1997 – 4 StR 353/97, Rn. 5). Das Landgericht hat nicht festgestellt, dass der Angeklagte mit der Möglichkeit rechnete oder gar wusste, dass die Zeugin im Zeitpunkt der Taten das 14. Lebensjahr noch nicht vollendet hat. Auch dem Gesamtzusammenhang der Urteilsgründe kann dies nicht zweifelsfrei entnommen werden.

[4] Nach den Feststellungen reichte der Tatzeitraum bis zum Tag vor dem 14. Geburtstag der Zeugin, diese wohnte in einer Nachbarwohnung und hielt sich zusammen mit ihrer Schwester häufiger in der Wohnung des Angeklagten auf. Gelegentlich betreute sie dessen Kinder, wenn er mit seiner Ehefrau ausging. Bei dieser Sachlage hätte es näherer Feststellungen dazu bedurft, ob der Angeklagte das Alter der Zeugin kannte oder ob die Zeugin zur Tatzeit – auch vom Angeklagten erkannt – nach ihrem Erscheinungsbild und ihrem Verhalten wie ein noch nicht 14 Jahre altes Kind wirkte (vgl. BGH, Beschluss vom 29. Oktober 2002 – 3 StR 358/02, StV 2003, 393; Beschluss vom 12. August 1997 – 4 StR 353/97, Rn. 5). Allein der Umstand, dass sie ihr auf der Hülle eines Porno-Videos gezeigte männliche Genitalien nicht als solche erkannte, reicht nicht aus, um einen bedingten Vorsatz des Angeklagten in Bezug auf eine Unterschreitung der Schutzaltersgrenze zu belegen.

Nimmt ein Täter **von weiteren Sexualhandlungen** an einem Kind **Abstand,** weil dieses Schmerzen verspürt, hat der Tatrichter Feststellungen dahin zu treffen, ob der Täter aus Rücksicht vor dem Opfer seine Tat nicht weiter ausführte oder ob er sein Vorhaben als gescheitert ansah, so dass ihm ein **strafbefreiender Rücktritt** nicht mehr möglich war.[171] **161**

[2] 1. Im Fall III. 6. der Urteilsgründe hält die Verurteilung wegen versuchten schweren sexuellen Missbrauchs eines Kindes in Tateinheit mit sexuellem Missbrauch eines Kindes rechtlicher Nachprüfung nicht stand.

[3] Nach den Feststellungen des Landgerichts wollte der Angeklagte an dem 13 Jahre alten Jan-Hendrik den Analverkehr ausüben. Er schob die Unterhose des vor ihm knienden Kindes beiseite und berührte zuerst mit seinem Glied dessen Gesäß. „Anschließend versuchte er, sein Glied in den After des Jungen einzuführen, was ihm jedoch nicht gelang, weil der Junge Schmerzen verspürte“ (UA S. 5). Ob der Angeklagte in dieser Situation aus Rücksicht auf das Opfer von der weiteren Tatbegehung Abstand nahm oder ob er sein Vorhaben als gescheitert ansah mit der

---

170 BGH, Beschluss vom 28.8.2012 – 4 StR 155/12.

171 BGH, Beschluss vom 13.11.2012 – 3 StR 411/12.

Folge, dass ihm ein strafbefreiender Rücktritt nicht mehr möglich war, ist dem Urteil nicht zu entnehmen. Eine solche Erörterung wäre indes hier geboten gewesen.

[4] Ein Versuch ist fehlgeschlagen, wenn die Tat nach Misslingen des zunächst vorgestellten Tatablaufs mit den bereits eingesetzten oder anderen naheliegenden Mitteln objektiv nicht mehr vollendet werden kann und der Täter dies erkennt oder wenn er subjektiv – sei es auch nur wegen aufkommender innerer Hemmungen – die Vollendung nicht mehr für möglich hält. Hält er dagegen die Vollendung der Tat im unmittelbaren Handlungsfortgang noch für möglich, wenn auch mit anderen Mitteln, dann ist der Verzicht auf ein Weiterhandeln als freiwilliger Rücktritt vom unbeendeten Versuch zu bewerten (BGH, Beschluss vom 28. September 2010 – 3 StR 338/10 bei Pfister NStZ-RR 2010, 361 Nr. 23 m.w.N.).

[5] Was den Angeklagten veranlasst hat, die Tatausführung abzubrechen, bedarf erneuter Prüfung durch den Tatrichter und der Darlegung in den Urteilsgründen. Die Aufhebung erfasst auch das in Tateinheit stehende vollendete Delikt nach § 176 Abs. 1 StGB.

[6] 2. In den Fällen III. 7. bis 10. der Urteilsgründe hat das Landgericht nicht festgestellt, dass der Angeklagte mit der Möglichkeit rechnete oder gar wusste, dass das Opfer im Zeitpunkt der Taten das 14. Lebensjahr noch nicht vollendet hat. Entsprechende ausdrückliche Darlegungen sind jedenfalls dann erforderlich, wenn das Alter des Opfers wie hier knapp unter der Schutzaltersgrenze liegt und dessen äußeres Erscheinungsbild sowie die näheren Umstände und die Dauer der Bekanntschaft mit dem Angeklagten unerörtert bleiben, so dass auch aus dem Gesamtzusammenhang der Urteilsgründe der zumindest bedingte Vorsatz des Angeklagten nicht entnommen werden kann.

162 Nach der neueren Rechtsprechung des Bundesgerichtshofs reicht zur Erfüllung des Tatbestands sexuellen Missbrauchs von Kindern in der Form der **Vornahme sexueller Handlungen vor einem Kind** (§ 176 Abs. 4 Nr. 1 StGB) nicht aus, dass das Kind die sexuelle Handlung wahrnimmt und der Täter dies erkennt. Insoweit ist aber zweifelhaft, ob dem auch für eine Konstellation zu folgen wäre, in der das Kind Zeuge einer Vergewaltigung der Mutter wird.[172]

[3] 2. Dem Schuldspruch wegen Vergewaltigung in Tateinheit mit sexuellem Missbrauch von Kindern (dritte Tat) liegen folgende Feststellungen zugrunde: Der Angeklagte vergewaltigte nachts in der Wohnung seine Lebensgefährtin. Dies wurde von ihrem gemeinsamen fünfjährigen Sohn Christophe beobachtet. Er hatte in dem als Wohn- und Schlafzimmer genutzten Raum geschlafen, war aufgewacht und rief nun: „Papa macht Mama Aua". Der Angeklagte nahm darauf keine Rücksicht und setzte die erzwungene sexuelle Handlung noch für ungefähr zehn Minuten fort.

[4] Der Verurteilung auch wegen sexuellen Missbrauchs von Kindern in der Form der Vornahme sexueller Handlungen vor einem Kind (§ 176 Abs. 4 Nr. 1 StGB) könnten nach der neueren Rechtsprechung des Bundesgerichtshofs rechtliche Bedenken entgegenstehen. Danach reicht zur Erfüllung des Tatbestands nicht aus, dass das Kind die sexuelle Handlung wahrnimmt und der Täter dies erkennt. Erforderlich soll vielmehr sein, dass der Täter das Kind in der Weise in das sexuelle Geschehen einbezieht, dass für ihn gerade die Wahrnehmung der sexuellen Handlung durch

[172] BGH, Beschluss vom 13.11.2012 – 3 StR 370/12.

das Kind von Bedeutung ist (BGH, Urteil vom 14. Dezember 2004 – 4 StR 255/04, BGHSt 49, 376, 381; Urteil vom 12. Mai 2011 – 4 StR 699/10, NStZ 2011, 633). Diese Einschränkung des Tatbestands durch eine einengende Auslegung des Merkmals „wahrnehmen" in § 184g Nr. 2 StGB in subjektiver Hinsicht mag in bestimmten Situationen (z.B. sexuellen Handlungen von Eltern in Anwesenheit des Kindes bei beengten Wohnverhältnissen) geboten sein, um einer Ausdehnung der Strafbarkeit entgegenzuwirken, die dadurch entstanden ist, dass der Gesetzgeber bei der Neufassung der Vorschrift durch das 6. Strafrechtsreformgesetz auf das Erfordernis der Tatmotivation einer sexuellen Erregung verzichtet hat (vgl. BGH, Urteil vom 14. Dezember 2004 – 4 StR 255/04, BGHSt 49, 376, 380). Der Senat hat allerdings Zweifel, ob dem auch für eine Konstellation zu folgen wäre, in der das Kind Zeuge einer Vergewaltigung der Mutter wird (anders indes BGH aaO). Er muss dies nicht entscheiden, nachdem der Generalbundesanwalt einer Beschränkung der Strafverfolgung auf den Vorwurf der Vergewaltigung gemäß § 154a Abs. 1 Nr. 1, Abs. 2 StPO zugestimmt hat.

[5] 3. Damit entfällt die Verurteilung wegen des als in Tateinheit zur Vergewaltigung stehend angenommenen sexuellen Missbrauchs eines Kindes nach § 176 Abs. 4 Nr. 1 StGB. Da das Landgericht die Verwirklichung dieses Tatbestands ausdrücklich strafschärfend gewürdigt hat, kann der Senat nicht ausschließen, dass die Strafkammer ohne das ausgeschiedene Delikt eine geringere Einzelstrafe und eine geringere Gesamtfreiheitsstrafe verhängt hätte. Die Strafe muss deshalb erneut zugemessen werden.

Der Tatbestand des **§ 176 Abs. 5 StGB** in der Alternative des **„Anbietens"** ist erfüllt, wenn der Täter gegenüber einer oder mehreren Personen ausdrücklich oder konkludent erklärt, dass er willens und in der Lage ist, ein Kind für sexuelle Handlungen im Sinne der Absätze 1 bis 4 zur Verfügung zu stellen. Dabei ist es nicht erforderlich, dass er sein Versprechen auch erfüllen will. Es reicht aus, wenn das Angebot als ernst gemeint erscheinen kann und der Täter dies in seinen (bedingten) Vorsatz aufgenommen hat.[173] **163**

[5] 2. Der Tatbestand des § 176 Abs. 5 StGB in der Alternative des „Anbietens" ist erfüllt, wenn der Täter gegenüber einer oder mehreren Personen ausdrücklich oder konkludent erklärt, dass er willens und in der Lage ist, ein Kind für sexuelle Handlungen im Sinne der Absätze 1 bis 4 zur Verfügung zu stellen (vgl. Fischer, StGB, 59. Aufl., § 176 Rn. 22; LK-StGB/Hörnle, 12. Aufl., § 176 Rn. 102; Lackner/Kühl, StGB, 27. Aufl., § 176 Rn. 6; MK-StGB/Renzikowski, 2. Aufl., § 176 Rn. 50; Gössel, Das neue Sexualstrafrecht, § 6 Rn. 30). Dabei ist es nicht erforderlich, dass er sein Versprechen auch erfüllen will. Es reicht aus, wenn das Angebot als ernst gemeint erscheinen kann und der Täter dies in seinen (bedingten) Vorsatz aufgenommen hat (vgl. BT-Drucks. 15/350, S. 18; Fischer, StGB, 59. Aufl., § 176 Rn. 22; HK-GS/Laue, 2. Aufl., § 176 StGB Rn. 10; von Heintschel-Heinegg, StGB, § 176 Rn. 32; Lackner/Kühl, StGB, 27. Aufl., § 176 Rn. 6; NK-StGB/Frommel, 3. Aufl., § 176 Rn. 24; Amelung/Funcke-Auffermann, StraFo 2004, 265, 267; Frühsorger, Der Straftatbestand des sexuellen Kindesmissbrauchs gemäß § 176 StGB, S. 238 ff.; Gössel, Das neue Sexualstrafrecht, § 6 Rn. 31; Thalheimer, Die Vorfeldstrafbarkeit nach §§ 30, 31 StGB, S. 220 ff.). Die Gegenauffassung, wonach nur Angebote den

---

[173] BGH, Beschluss vom 9.10.2012 – 4 StR 381/12.

Tatbestand des § 176 Abs. 5 StGB erfüllen können, denen der Täter auch nachzukommen beabsichtigt (LK-StGB/Hörnle, 12. Aufl., § 176 Rn. 103; SSW-StGB/Wolters, § 176 Rn. 37; Perron/Eisele in Schönke/Schröder, StGB, 28. Aufl., § 176 Rn. 20; SK-StGB/Wolters, § 176 Rn. 31), widerspricht dem Willen des Gesetzgebers (zur Gesetzeskritik vgl. Funcke-Auffermann, Symbolische Gesetzgebung im Lichte der positiven Generalprävention, S. 122 ff.; Amelung/Funcke-Auffermann, StraFo 2004, 265, 267; Duttge/Hörnle/Renzikowski, NJW 2004, 1065, 1068). Anlass für die Regelung des § 176 Abs. 5 StGB war ein Fall, in dem ein Ehepaar unter anderem vom Vorwurf der Verabredung zu Verbrechen nach den §§ 176a, 176b StGB a.F. freigesprochen worden war, das einem potentiellen Kunden ihres „S/M-Studios" telefonisch die Beschaffung eines Kindes für extrem sadistische Praktiken angeboten hatte. Der vom Bundesgerichtshof bestätigte Freispruch erfolgte, weil sich das Landgericht nicht davon überzeugen konnte, dass das Angebot tatsächlich ernst gemeint war und auch eine Bestrafung nach § 111 StGB ausschied (vgl. BGH, Urteil vom 7. April 1998 – 1 StR 801/97, NStZ 1998, 403 f.). Daraufhin wurden vom Bundesrat (BT-Drucks. 14/1125) und aus der Mitte des Bundestages (BT-Drucks. 14/6709 und 15/29) unter ausdrücklicher Bezugnahme auf diesen Fall mehrere Gesetzesentwürfe vorgelegt, die jeweils eine Erweiterung des § 176 StGB um einen gesonderten Tatbestand vorsahen. Dadurch sollte die Strafbarkeitslücke geschlossen werden, die bei § 30 StGB in Bezug auf nicht erweislich ernstgemeinte Angebote von Kindern für Missbrauchstaten besteht (BT-Drucks. 14/1125, S. 1 und 5; 14/6709, S. 1 und 7; 15/29, S. 10). Diese Entwürfe sahen gleichlautend zunächst nur vor, das Versprechen des Nachweises eines Kindes für Missbrauchstaten gesondert unter Strafe zu stellen. Durch den Gesetzesentwurf der Fraktionen SPD und BÜNDNIS 90/DIE GRÜNEN vom 28. Januar 2003 wurde der neu zu schaffende Tatbestand – bei gleichbleibender Zielsetzung – um die Varianten des „Anbietens" und der „Verabredung" ergänzt (BT-Drucks. 15/350, S. 6 und 18). Soweit dabei in der Begründung davon die Rede ist, dass der Tatbestand „keine Ernstlichkeit des Versprechens" erfordert (BT-Drucks. 15/350, S. 18), gilt dies mit Rücksicht auf die Vorgeschichte und den Kontext nicht nur für das Versprechen des Nachweises einer Gelegenheit, sondern ersichtlich auch für die angefügte Tatmodalität des Anbietens (LK-StGB/Hörnle, 12. Aufl., § 176 Rn. 103). Dieser Gesetzesentwurf liegt § 176 Abs. 5 StGB in der geltenden Fassung zugrunde.

d) Sexuelle Nötigung, Vergewaltigung – § 177 StGB

164 Voraussetzung für eine sexuelle Nötigung unter **Ausnutzen einer schutzlosen Lage** (§ 177 Abs. 1 Nr. 3 StGB) ist, dass sich das Opfer in einer Lage befindet, in der es möglichen nötigenden Gewalteinwirkungen des Täters schutzlos ausgeliefert wäre. Hierfür kommt es auf eine **Gesamtwürdigung** aller tatbestandsspezifischen Umstände an, die in den äußeren Gegebenheiten, in der Person des Opfers oder des Täters vorliegen. Weiterhin muss der Täter das Ausgeliefertsein des Opfers dazu **ausnutzen,** dieses zur Duldung oder Vornahme sexueller Handlungen zu nötigen.[174]

[4] 2. Die Voraussetzungen für eine sexuelle Nötigung unter Ausnutzen einer schutzlosen Lage (§ 177 Abs. 1 Nr. 3 StGB) sind nicht dargetan.

---

[174] BGH, Beschluss vom 17.11.2011 – 3 StR 359/11; vgl. hierzu auch BGH, Beschluss vom 24.10.2012 – 4 StR 374/12.

[5] a) Dieser Tatbestand setzt zunächst voraus, dass sich das Opfer in einer Lage befindet, in der es möglichen nötigenden Gewalteinwirkungen des Täters schutzlos ausgeliefert wäre. Hierfür kommt es auf eine Gesamtwürdigung aller tatbestandsspezifischen Umstände an, die in den äußeren Gegebenheiten, in der Person des Opfers oder des Täters vorliegen. Neben den äußeren Umständen, wie etwa die Einsamkeit des Tatortes und das Fehlen von Fluchtmöglichkeiten, kann auch die individuelle Fähigkeit des Opfers, in der konkreten Situation mögliche Einwirkungen abzuwehren, wie zum Beispiel eine stark herabgesetzte Widerstandsfähigkeit aufgrund geistiger oder körperlicher Behinderung, von Bedeutung sein. Diese spezifische Schutzlosigkeit gegenüber nötigenden Gewalteinwirkungen des Täters muss ferner eine Zwangswirkung auf das Opfer dahin entfalten, dass es solche Einwirkungen fürchtet und im Hinblick hierauf einen – ihm grundsätzlich möglichen – Widerstand unterlässt und entgegen seinem eigenen Willen sexuelle Handlungen vornimmt oder duldet.

[6] Weiterhin muss der Täter das Ausgeliefertsein des Opfers dazu ausnutzen, dieses zur Duldung oder Vornahme sexueller Handlungen zu nötigen. Dies bedeutet, dass er die tatsächlichen Voraussetzungen der Schutzlosigkeit auch als Bedingung für das Erreichen seiner sexuellen Handlungen erkennen muss, so dass der subjektive Tatbestand zumindest bedingten Vorsatz dahin voraussetzt, dass das Opfer in die sexuellen Handlungen nicht einwilligt und dass es gerade wegen seiner Schutzlosigkeit auf einen grundsätzlich möglichen Widerstand verzichtet, das Opfer also die Handlungen nur wegen seiner Schutzlosigkeit vornimmt oder geschehen lässt (Ausnutzungsbewusstsein – vgl. BGH, Beschluss vom 1. Dezember 2009 – 3 StR 479/09, NStZ 2010, 273 m.w.N.).

[7] b) Nach diesen Maßstäben bestehen schon Zweifel daran, dass die Feststellungen für die Annahme einer schutzlosen Lage ausreichen. Das Landgericht hebt allein auf die Vorstellungen der Nebenklägerin ab, „die nur aufgrund der aus ihrer Sicht hilflosen Lage und aus Angst vor Schlägen und einer gewaltsamen Vergewaltigung von einer über ein Wegdrücken hinausgehenden Gegenwehr absah" (UA S. 6). Danach meinte die Nebenklägerin, sie sei eingesperrt und fürchtete, ohne Unterstützung des Angeklagten das Gebäude nicht mehr verlassen zu können. Festgestellt ist hingegen nur, dass es der Betätigung eines Türöffners vom Schreibtisch des Polizeibeamten bedurfte, um von außen das Gebäude zu betreten. Es reicht indes nicht aus, dass das Opfer sich schutzlos fühlt. Für das Tatbestandsmerkmal kommt es vielmehr allein darauf an, „dass das Tatopfer nach objektiver ex-ante-Prognose möglichen nötigenden Gewalteinwirkungen des Täters schutzlos ausgeliefert wäre" (BGH, Urteil vom 25. Januar 2006 – 2 StR 345/05, BGHSt 50, 359, 362).

[8] c) Das Urteil lässt jedenfalls eine Beweiswürdigung vermissen, welche die Feststellung vom Ausnutzungsbewusstsein des Angeklagten tragen könnte.

Die Verwirklichung des Tatbestandes des **§ 177 Abs. 1 Nr. 3 StGB** erfordert unter **165**
anderem, dass sich das Opfer in einer Lage befindet, in der es möglichen nötigenden Gewalteinwirkungen des Täters **schutzlos ausgeliefert** ist. Diese Schutzlosigkeit muss eine Zwangswirkung auf das Opfer in der Weise entfalten, dass es aus Angst vor einer Gewalteinwirkung des Täters in Gestalt von Körperverletzungs- oder gar Tötungshandlungen einen – ihm grundsätzlich möglichen – Widerstand unterlässt und entgegen seinem eigenen Willen sexuelle Handlungen vornimmt oder duldet.[175]

[175] BGH, Beschluss vom 21.12.2011 – 4 StR 404/11.

[15] a) Nach der – entgegen der Auffassung des Landgerichts auch vom 1. Strafsenat mit Beschluss vom 12. Januar 2011 (1 StR 580/10, NStZ 2011, 455 f.) nicht in Frage gestellten – neueren Rechtsprechung des Bundesgerichtshofs erfordert die Verwirklichung des Tatbestandes des § 177 Abs. 1 Nr. 3 StGB unter anderem, dass sich das Opfer in einer Lage befindet, in der es möglichen nötigenden Gewalteinwirkungen des Täters schutzlos ausgeliefert ist. Diese Schutzlosigkeit muss eine Zwangswirkung auf das Opfer in der Weise entfalten, dass es aus Angst vor einer Gewalteinwirkung des Täters in Gestalt von Körperverletzungs- oder gar Tötungshandlungen einen – ihm grundsätzlich möglichen – Widerstand unterlässt und entgegen seinem eigenen Willen sexuelle Handlungen vornimmt oder duldet (vgl. dazu BGH, Urteile vom 27. März 2003 – 3 StR 446/02, NStZ 2003, 533, 534; vom 25. Januar 2006 – 2 StR 345/05, BGHSt 50, 359, 366; Beschlüsse vom 4. April 2007 – 4 StR 345/06, BGHSt 51, 280, 284; vom 11. Juni 2008 – 5 StR 193/08, NStZ 2009, 263; vom 10. Mai 2011 – 3 StR 78/11, NStZ-RR 2011, 311, 312; vom 20. Oktober 2011 – 4 StR 396/11, jew. m.w.N.; anders noch BGH, Urteil vom 20. Oktober 1999 – 2 StR 248/99, BGHSt 45, 253, 255 ff.).

[16] b) Auf der Grundlage dieser Rechtsprechung kann die Verurteilung des Angeklagten wegen sexueller Nötigung bzw. Vergewaltigung in der Tatvariante des § 177 Abs. 1 Nr. 3 StGB keinen Bestand haben. Denn das Landgericht hat nicht festgestellt, dass die Geschädigte die sexuellen Handlungen des Angeklagten aus Angst vor Körperverletzungs- oder gar Tötungshandlungen hingenommen hat. Die vom Landgericht festgestellte Befürchtung der Geschädigten, sie müsse im Fall einer Strafanzeige mit einer einschneidenden Verschlechterung ihrer ambulanten Pflege und Versorgung rechnen oder gar eine von ihr nicht gewünschte Verlegung in eine stationäre Pflegeeinrichtung gewärtigen, vermag die Verurteilung nach § 177 Abs. 1 Nr. 3 StGB nicht zu tragen.

■ TOPENTSCHEIDUNG

166 Der objektive Tatbestand des **§ 177 Abs. 1 Nr. 3 StGB** setzt voraus, dass sich das Opfer in einer **Lage** befindet, in der es über **keine effektiven Schutz- oder Verteidigungsmöglichkeiten mehr verfügt** und deshalb nötigender Gewalt des Täters ausgeliefert ist. Hiervon ist auszugehen, wenn das Opfer bei objektiver ex-ante-Betrachtung keine Aussicht hat, sich den als mögliche Nötigungsmittel in Betracht zu ziehenden Gewalthandlungen des Täters zu widersetzen, sich seinem Zugriff durch Flucht zu entziehen oder fremde Hilfe zu erlangen. Dazu ist eine Gesamtwürdigung aller relevanten Umstände vorzunehmen, bei der neben den äußeren Gegebenheiten (Beschaffenheit des Tatortes, Vorhandensein von Fluchtmöglichkeiten, Erreichbarkeit fremder Hilfe etc.) auch das individuelle Vermögen des Tatopfers zu wirksamem Widerstand oder erfolgreicher Flucht und die Fähigkeit des Täters zur Anwendung von nötigender Gewalt in den Blick zu nehmen sind.[176]

[2] Die Verurteilung des Angeklagten wegen Vergewaltigung in zwei Fällen nach § 177 Abs. 1 Nr. 3, Abs. 2 Nr. 1 StGB in den Fällen II. 4 und II. 5 der Urteilsgründe hält rechtlicher Nachprüfung nicht stand.

[3] 1. Nach den Feststellungen lebten der aus dem Iran stammende Angeklagte und seine deutsche Ehefrau, die Zeugin A. N., anfänglich in einer harmonischen Be-

---

[176] BGH, Beschluss vom 20.3.2012 – 4 StR 561/11.

ziehung. Dem Angeklagten gefiel, dass sich A. N. erfolgreich darum bemühte, die persische Sprache zu erlernen und von ihrem alten Bekanntenkreis lossagte. Nach der Geburt des zweiten Kindes änderte der Angeklagte sein Verhalten. Er zeigte sich leicht reizbar und nahm alltägliche Belanglosigkeiten zum Anlass, A. N. zu beschimpfen und zu beleidigen. Ab dem Jahr 2000 kam es auch zu tätlichen Übergriffen. Diese ereigneten sich insbesondere dann, wenn sich A. N. dem Willen des Angeklagten widersetzte oder eine abweichende Meinung äußerte. A. N. lebte seit dieser Zeit in ständiger Angst und in der Erwartung neuerlicher Übergriffe.

[4] a) An einem Abend im Sommer 2009 äußerte der Angeklagte gegenüber A. N. in der gemeinsamen Ehewohnung den Wunsch, mit ihr den Analverkehr auszuüben. Obwohl sie sein Ansinnen entschieden ablehnte, holte der Angeklagte eine Fettcreme aus dem Badezimmer und begab sich zu A. N., die sich bereits auf einer Schlafcouch im Wohnzimmer zum Schlafen niedergelegt hatte. Als der Angeklagte erneut kundtat, jetzt den Analverkehr durchführen zu wollen, lehnte A. N. dies wiederum ab und fügte hinzu, dass eine Ausübung des Analverkehrs gegen ihren Willen eine Vergewaltigung sei. Der Angeklagte gab A. N. daraufhin zu verstehen, dass sie sich nicht so anstellen solle und zog ihr die Schlafanzughose herunter. A. N. sah in dieser Situation keine Möglichkeit mehr, sich dem Willen des Angeklagten zu widersetzen. Für den Fall einer Gegenwehr rechnete sie mit Schlägen. Außerdem befürchtete sie, dass dann die beiden gemeinsamen Kinder erwachen und ebenfalls Opfer von Tätlichkeiten des Angeklagten werden könnten. Der Angeklagte vollzog nun mit der weinenden und sich vor Schmerzen windenden A. N. den Analverkehr bis zum Samenerguss. Dabei drückte er sie so an eine Wand, dass sie sich aus ihrer Position nicht befreien konnte. Bei alldem ging der Angeklagte davon aus, dass A. N. den Analverkehr nur deshalb ohne Gegenwehr erduldete, weil sie unter dem Eindruck der regelmäßig stattfindenden Übergriffe keine Chance sah, sich seinem Willen zu widersetzen und Angst um ihre eigene körperliche Unversehrtheit und die ihrer Kinder hatte. Im Fall einer Gegenwehr wäre der Angeklagte auch gewillt gewesen, sein Vorhaben mit Gewalt durchzusetzen. A. N. hatte bis zum nächsten Tag Schmerzen beim Sitzen und erlitt eine Blutung im Analbereich (Fall II. 4 der Urteilsgründe).

[5] Wenige Monate nach diesem Vorfall kehrte der Angeklagte mit A. N. von einem gemeinsamen Restaurantbesuch in die Ehewohnung zurück. Während des gesamten Tages herrschte eine harmonische und ausgelassene Stimmung. Nachdem sich A. N. bereits schlafen gelegt hatte, trat der Angeklagte zu ihr an die Schlafcouch und kündigte an, ein weiteres Mal den Analverkehr mit ihr ausüben zu wollen. A. N. begann zu weinen und lehnte die Durchführung des Analverkehrs unter Hinweis auf die damit für sie verbundenen Schmerzen ab. Der Angeklagte erwiderte, dass Sex wehtun müsse, zog A. N. die Schlafanzughose aus und vollzog mit ihr den Analverkehr. A. N. verzichtete auf eine Gegenwehr, weil sie auch diesmal – trotz des harmonischen Tages – mit Gewalttätigkeiten des Angeklagten rechnete. Dem Angeklagten war bewusst, dass er nur deshalb keinen Widerstand zu erwarten hatte, weil ihn A. N. als einen Menschen kennengelernt hatte, der seine Wünsche notfalls unter Zuhilfenahme von Gewalt durchsetzt. Da sich A. N. vor Schmerzen hin und her wandte, glitt der Angeklagte mit seinem Penis aus ihrem After heraus. Obgleich er hierüber sehr erzürnt war, ließ er entgegen seinen sonstigen Gewohnheiten von ihr ab und sprach in der Folgezeit kein Wort mehr (Fall II. 5 der Urteilsgründe).

[6] b) Das Landgericht hat angenommen, dass sich A. N. in beiden Fällen in einer schutzlosen Lage im Sinne des § 177 Abs. 1 Nr. 3 StGB befand, weil sie auf Grund

äußerer und in ihrer Person liegender Faktoren keine effektive Möglichkeit hatte, sich der Einwirkung des Angeklagten zu entziehen oder erfolgversprechend Widerstand zu leisten. In der ehelichen Wohnung hielten sich neben A. N. und dem Angeklagten jeweils nur die gemeinsamen neun und zehn Jahre alten Kinder auf. Der Angeklagte war ihr und den Kindern körperlich überlegen. Auf Grund ihrer Gewalterfahrungen lebte A. N. in ständiger Furcht vor neuen Übergriffen und verfügte nur über ein geringes Selbstbewusstsein. Es fiel ihr deshalb schwer, dem Willen des Angeklagten etwas entgegen zu setzen. Diese Lage wurde von dem Angeklagten bewusst ausgenutzt. Eine Gewaltanwendung (§ 177 Abs. 1 Nr. 1 StGB) oder eine Drohung mit gegenwärtiger Gefahr für Leib oder Leben (§ 177 Abs. 1 Nr. 2 StGB) hat das Landgericht nicht feststellen können. Soweit A. N. von dem Angeklagten bei der Ausführung des Analverkehrs gegen eine Wand gedrückt wurde, ist das Landgericht davon ausgegangen, dass dadurch nicht der sexuelle Kontakt erzwungen werden sollte (UA S. 42).

[7] 2. Die Feststellungen belegen in beiden Fällen nicht, dass die tatbestandlichen Voraussetzungen des § 177 Abs. 1 Nr. 3 StGB gegeben sind.

[8] a) Der objektive Tatbestand des § 177 Abs. 1 Nr. 3 StGB setzt voraus, dass sich das Opfer in einer Lage befindet, in der es über keine effektiven Schutz- oder Verteidigungsmöglichkeiten mehr verfügt und deshalb nötigender Gewalt des Täters ausgeliefert ist (vgl. BGH, Beschluss vom 4. April 2007 – 4 StR 345/06, NJW 2007, 2341, 2343; Urteil vom 3. November 1998 – 1 StR 521/98, BGHSt 44, 228, 231 f.; MüKoStGB/Renzikowski, 2. Aufl., § 177 Rn. 43; LK/Hörnle, 12. Aufl., § 177 Rn. 98; SSW-StGB/Wolters § 177 Rn. 18 m.w.N.). Hiervon ist auszugehen, wenn das Opfer bei objektiver ex-ante-Betrachtung keine Aussicht hat, sich den als mögliche Nötigungsmittel in Betracht zu ziehenden Gewalthandlungen des Täters zu widersetzen, sich seinem Zugriff durch Flucht zu entziehen oder fremde Hilfe zu erlangen. Dazu ist eine Gesamtwürdigung aller relevanten Umstände vorzunehmen, bei der neben den äußeren Gegebenheiten (Beschaffenheit des Tatortes, Vorhandensein von Fluchtmöglichkeiten, Erreichbarkeit fremder Hilfe etc.) auch das individuelle Vermögen des Tatopfers zu wirksamem Widerstand oder erfolgreicher Flucht und die Fähigkeit des Täters zur Anwendung von nötigender Gewalt in den Blick zu nehmen sind (vgl. BGH, Beschluss vom 17. November 2011 – 3 StR 359/11 Rn. 5 und 7; Urteil vom 25. Januar 2006 – 2 StR 345/05, BGHSt 50, 359, 362 f.; Urteil vom 10. Oktober 2002 – 2 StR 153/02, NStZ-RR 2003, 42, 44).

[9] b) Den sich hieraus ergebenden Anforderungen hat das Landgericht nicht hinreichend Rechnung getragen. Bei der von ihm vorgenommenen Gesamtbewertung sind wichtige Gesichtspunkte außer Ansatz geblieben.

[10] So hat sich das Landgericht in beiden Fällen nicht mit eventuell gegebenen Fluchtmöglichkeiten von A. N. auseinandergesetzt. Die Tatsache, dass sich A. N. jeweils allein mit dem Angeklagten im Wohnzimmer der Familienwohnung befand und von den schlafenden Kindern keine Hilfe erwarten konnte, belegt für sich genommen noch nicht, dass es ihr nicht möglich war, sich dem Angeklagten durch Flucht zu entziehen (vgl. BGH, Beschluss vom 1. Juli 2004 – 4 StR 229/04, NStZ 2005, 267 Rn. 2; Urteil vom 10. Oktober 2002 – 2 StR 153/02, NStZ-RR 2003, 42, 44; MüKoStGB/Renzikowski, 2. Aufl., § 177 Rn. 44; Perron/Eisele, in: Schönke/Schröder 28. Aufl., § 177 Rn. 9). Konkrete Feststellungen zu den räumlichen Gegebenheiten in der Wohnung und zum Schließzustand der Türen hat das Landgericht nicht getroffen. Die mitgeteilten Begleitumstände legen es in beiden Fällen nicht nahe, dass der Angeklagte vorab darauf bedacht gewesen sein könnte, eventuelle

Fluchtwege durch entsprechende Vorkehrungen zu versperren. Im Fall II. 4 der Urteilsgründe ließ er A. N. zunächst allein im Wohnzimmer zurück, nachdem er bereits angekündigt hatte, den Analverkehr durchführen zu wollen und auch ihren entgegenstehenden Willen kannte (UA S. 10). Im Fall II. 5 der Urteilsgründe herrschte zwischen den Eheleuten bis zur Tatsituation eine ausgelassene und harmonische Stimmung, die A. N. an den Beginn ihrer Beziehung erinnerte (UA S. 11).

[11] Zudem hätte sich das Landgericht auch eingehend mit der Frage befassen müssen, ob es A. N. in zumutbarer Weise möglich war, durch Schreie oder andere Geräusche fremde Hilfe zu erlangen. Die Feststellung, dass sie bei einer Gegenwehr mit Schlägen des Angeklagten rechnete und alles unterließ, was ihre Kinder wecken konnte, damit nicht auch sie Opfer befürchteter Übergriffe des Angeklagten werden (UA S. 10), belegt nur, dass sich A. N. schutzlos fühlte, weil sie keinen Weg sah, Dritte ohne Risiko für sich selbst und ihre Kinder auf ihre Situation aufmerksam zu machen. Ob und inwieweit ihre Befürchtungen tatsächlich berechtigt waren und sie deshalb – worauf es hier maßgeblich ankommt – auch bei objektiver Betrachtung (vgl. BGH, Beschluss vom 17. November 2011 – 3 StR 359/11, Rn. 7; Urteil vom 25. Januar 2006 – 2 StR 345/05, BGHSt 50, 359, 362 f.; a.A. MüKoStGB/Renzikowski, 2. Aufl., § 177 Rn. 44 m.w.N.) keine Möglichkeit hatte, fremde Hilfe in Anspruch zu nehmen, hat das Landgericht nicht geprüft, obgleich hierzu Anlass bestand. Die Eheleute wohnten in einem Mehrfamilienhaus. Der Nachbarin Ar. war auf Grund von Gesprächen schon seit 2007/2008 bekannt, dass A. N. unter gewalttätigen Übergriffen des Angeklagten litt (UA S. 13). Auch die Nachbarin P. wusste um die bestehenden Eheschwierigkeiten (UA S. 13). Wie sich aus den zu Fall II. 11 getroffenen Feststellungen ergibt, haben beide bei anderer Gelegenheit sofort an der Wohnungstür geklingelt, als sie aus der Wohnung Schreie des von dem Angeklagten misshandelten Sohnes R. hörten. Anschließend verständigten sie die Polizei. Als der Angeklagte durch A. N. hiervon erfuhr, ließ er sofort von R. ab und bemühte sich stattdessen um eine Verheimlichung des Vorgefallenen (UA S. 16). Danach versteht es sich nicht von selbst, dass Hilferufe ohne Resonanz geblieben wären und der Angeklagte hierauf tatsächlich mit Schlägen reagiert hätte. Sein Verhalten im Fall II. 11 der Urteilsgründe lässt auch die Möglichkeit offen, dass er aus Angst vor einer durch die Rufe erzeugten Aufmerksamkeit der Nachbarn und einer möglichen Verständigung der Polizei von seinem Vorhaben Abstand genommen und ohne tätlich zu werden versucht hätte, den Vorfall nicht bekannt werden zu lassen. Schließlich findet sich auch für die Annahme, der Angeklagte könnte die durch Geräusche geweckten Kinder schlagen, im Urteil keine ausreichende Tatsachengrundlage. Nach den Feststellungen wurde von dem Angeklagten nur der gemeinsame Sohn R. vielfach misshandelt, wobei er dies für eine Form der Erziehung hielt und damit jeweils auf vorheriges Fehlverhalten reagierte. Übergriffe zum Nachteil der Tochter B. werden im Urteil an keiner Stelle geschildert. Stattdessen ist davon die Rede, dass B. N. von dem Angeklagten verwöhnt und bevorzugt wurde (UA S. 13).

[12] Die Sache bedarf daher insoweit neuer Verhandlung und Entscheidung.

[13] 3. Für die neue Verhandlung weist der Senat auf das Folgende hin:

[14] Eine sexuelle Nötigung durch Drohung mit gegenwärtiger Gefahr für Leib oder Leben (§ 177 Abs. 1 Nr. 2 StGB) begeht auch, wer eine sexuelle Handlung erzwingt, indem er durch ein schlüssiges Verhalten auf frühere Gewaltanwendungen hinweist oder frühere Drohungen konkludent bekräftigt (Nachweise bei Perron/Eisele, in: Schönke/Schröder 28. Aufl., § 177 Rn. 7). Dabei kann auch Gewalt, die der Täter zuvor aus anderen Gründen angewendet hat, als gegenwärtige Drohung

mit nötigendem körperlichem Zwang fortwirken. Der objektive Tatbestand des § 177 Abs. 1 Nr. 2 StGB ist deshalb auch dann verwirklicht, wenn eine Gesamtschau aller maßgeblichen Umstände ergibt, dass der Täter gegenüber dem Opfer durch häufige Schläge ein Klima der Angst und Einschüchterung geschaffen hat (BGH, Beschluss vom 1. Juli 2004 – 4 StR 229/04, NStZ 2005, 267, 268; Urteil vom 6. Juli 1999 – 1 StR 216/99, NStZ 1999, 505; Urteil vom 31. August 1993 – 1 StR 418/93, BGHR StGB § 177 Abs. 1 Drohung 8; vgl. Beschluss vom 5. April 1989 – 2 StR 557/88, BGHR StGB § 177 Abs. 1 Drohung 5) und das Opfer die ihm abverlangten sexuellen Handlungen nur deshalb duldet, weil es auf Grund seiner Gewalterfahrungen mit dem Täter befürchtet, von ihm erneut körperlich misshandelt zu werden, falls es sich seinem Willen nicht beugt (BGH, Urteil vom 10. Oktober 2002 – 2 StR 153/02, NStZ-RR 2003, 42, 43; Beschluss vom 5. April 1989 – 2 StR 557/88, BGHR StGB § 177 Abs. 1 Drohung 5; Beschluss vom 15. März 1984 – 1 StR 72/84, StV 1984, 330, 331). In subjektiver Hinsicht setzt § 177 Abs. 1 Nr. 2 StGB in diesen Fällen voraus, dass der Täter die von seinem Vorverhalten ausgehende latente Androhung weiterer Misshandlungen in ihrer aktuellen Bedeutung für das Opfer erkennt und als Mittel zur Erzwingung der sexuellen Handlungen einsetzt (BGH, Beschluss vom 1. Juli 2004 – 4 StR 229/04, NStZ 2005, 267, 268; Urteil vom 10. Oktober 2002 – 2 StR 153/02, NStZ-RR 2003, 42, 43; Beschluss vom 26. Februar 1986 – 2 StR 76/86, NStZ 1986, 409; Beschluss vom 15. März 1984 – 1 StR 72/84, StV 1984, 330, 331).

■ PRAXISBEDEUTUNG

Die vorliegende Entscheidung betrifft einen in der Praxis häufig anzutreffenden Fall, dass in einer bestehenden Beziehung/Ehe ein solches „Gewaltverhältnis“ entstanden ist, dass sich die zu Sexualverkehr gezwungene Frau im konkreten Einzelfall praktisch nicht mehr wehrt, weil sie in Erinnerung an bereits erfolgte Taten damit rechnet, dass es zu einer Eskalation kommen könnte. Die Entscheidung gibt hier die Maßstäbe vor, an denen die rechtliche Einordnung vorgenommen werden kann.

167 Der Tatbestand des **§ 177 Abs. 2 StGB** ist noch nicht dadurch erfüllt, dass der Angeklagte die Geschädigte körperlich schwer misshandelt hat, wenn er zu diesem Zeitpunkt sexuelle Handlungen noch nicht beabsichtigte. Ist der **Entschluss zur Durchführung des Geschlechtsverkehrs erst nach Abschluss der Gewalthandlungen entstanden**, ist die schwere körperliche Misshandlung nicht während der Vergewaltigung erfolgt, was die Anwendung des Qualifikationstatbestands **ausschließt.**[177]

[4] 2. Die Feststellungen tragen die Verurteilung wegen besonders schwerer Vergewaltigung gemäß § 177 Abs. 1, Abs. 2 Nr. 1, Abs. 4 Nr. 2a StGB nicht.

[5] Die Urteilsgründe belegen zwar, dass der Angeklagte die Geschädigte körperlich schwer misshandelt hat. Sie lassen jedoch nicht ausreichend erkennen, dass die schwere körperliche Misshandlung der Geschädigten „bei der Tat“ erfolgt ist. Der Angeklagte hat die Geschädigte aus Wut zusammengeschlagen; dass er schon zu die-

---

[177] BGH, Beschluss vom 29.8.2012 – 4 StR 277/12.

sem Zeitpunkt die Vornahme sexueller Handlungen beabsichtigte, ist nicht festgestellt. Ist aber der Entschluss zur Durchführung des Geschlechtsverkehrs erst nach Abschluss der Gewalthandlungen entstanden, ist die schwere körperliche Misshandlung nicht während der Vergewaltigung erfolgt, was die Anwendung des Qualifikationstatbestandes ausschließt (vgl. BGH, Urteile vom 23. März 2006 – 3 StR 373/05 Rn. 5, StV 2006, 418 und vom 23. Juni 2009 – 5 StR 195/09; Beschluss vom 16. Juli 2009 – 4 StR 241/09 Rn. 4 ff., NStZ 2010, 150).

Nur wenn das Opfer auf eine **aktuelle Drohung hin vom Widerstand** gegen das sexuelle Ansinnen **absieht** und der Täter dies zumindest für möglich hält und billigend in Kauf nimmt, sind die tatbestandlichen Voraussetzungen des § 177 Abs. 1 Nr. 2 StGB erfüllt. Es **genügt nicht**, dass das Opfer aufgrund der **früher zu anderen Zwecken angewendeten Gewalt** oder ausgesprochenen Drohung noch Angst empfindet, der Täter dies erkennt und zur Umsetzung seiner nunmehr gefassten Absichten ausnutzt, ohne indes ausdrücklich oder konkludent unter Bezugnahme auf die ursprüngliche Gewalt oder Drohung eine neue Drohung zum Ausdruck zu bringen.[178] **168**

[3] 1. Das Landgericht hat den Angeklagten zunächst wegen Mordes verurteilt, das Verfahren wegen des anschließenden Geschehens abgetrennt und dieses in dem hier angefochtenen Urteil als schwere Vergewaltigung gemäß § 177 Abs. 1 Nr. 2, Abs. 3 Nr. 1 StGB gewertet. Der Angeklagte habe der Nebenklägerin mit der Ankündigung „Du bist die Nächste" mit gegenwärtiger Gefahr für Leib und Leben gedroht. Die durch die Tötung des M. K. verstärkte und bis zum Betreten des Hotelzimmers fortwirkende Bedrohungslage habe er ausgenutzt, um die Nebenklägerin zu nötigen, sexuelle Handlungen an ihm vorzunehmen und von ihm an ihr vornehmen zu lassen.

[4] 2. Die hier angefochtene Verurteilung hält sachlichrechtlicher Prüfung nicht stand; denn die Voraussetzungen einer Vergewaltigung sind durch die bisherigen Feststellungen nicht dargetan.

[5] a) Vergewaltigung und sexuelle Nötigung im Sinne des § 177 Abs. 1 Nr. 1 und 2, Abs. 2 Satz 2 Nr. 1 StGB setzen u.a. voraus, dass der Geschlechtsverkehr oder eine sonstige sexuelle Handlung mit Gewalt oder durch Drohung mit gegenwärtiger Gefahr für Leib oder Leben erzwungen werden. Das angewendete Nötigungsmittel muss nach dem Willen des Täters der Herbeiführung der sexuellen Handlung und ihrer Durchführung tatsächlich dienen, mithin „final" verknüpft sein. Vorausgegangene Gewalt, die der Täter ursprünglich aus anderen Gründen angewendet hatte, kann zwar später in der Weise als Drohung aktualisiert werden, dass der Täter durch sein Verhalten ausdrücklich oder zumindest konkludent zum Ausdruck bringt, er werde die Gewaltanwendung wiederholen, sollte ihm das Opfer nunmehr nicht sexuell zu Willen sein. Nur wenn das Opfer auf eine solche aktuelle Drohung hin vom Widerstand gegen das sexuelle Ansinnen absieht und der Täter dies zumindest für möglich hält und billigend in Kauf nimmt, sind die tatbestandlichen Voraussetzungen des § 177 Abs. 1 Nr. 2 StGB erfüllt. Dies gilt in gleicher Weise, wenn der Täter zunächst zu anderen Zwecken zwar keine Gewalt verübt, aber mit Gefahr für Leib oder Leben des Opfers gedroht hatte (vgl. BGH, Urteile vom 10. Oktober 2002 – 2 StR 153/02, NStZ-RR 2003, 42, 44; vom 31. August 1993 – 1 StR 418/93, BGHR StGB § 177 Abs. 1 Drohung 8). Demgegenüber genügt es nicht,

---

[178] BGH, Beschluss vom 16.10.2012 – 3 StR 385/12.

dass das Opfer aufgrund der früher zu anderen Zwecken angewendeten Gewalt oder ausgesprochenen Drohung noch Angst empfindet, der Täter dies erkennt und zur Umsetzung seiner nunmehr gefassten Absichten ausnutzt, ohne indes ausdrücklich oder konkludent unter Bezugnahme auf die ursprüngliche Gewalt oder Drohung eine neue Drohung zum Ausdruck zu bringen (vgl. BGH, Beschluss vom 5. Oktober 2004 – 3 StR 256/04, NStZ 2005, 268, 269).

[6] b) Nach diesen Maßstäben belegen die Feststellungen eine Vergewaltigung nicht. Die vom Angeklagten in der Wohnung des Opfers ausgesprochene Drohung diente nicht dazu, die Nebenklägerin zu veranlassen, sexuelle Handlungen vorzunehmen oder zu erdulden. Eine spätere Aktualisierung dieser Drohung zur Durchsetzung der neu gefassten sexuellen Absichten des Angeklagten ist den Urteilsgründen nicht zu entnehmen. Es ist nicht festgestellt, dass der Angeklagte vor der Vornahme der sexuellen Handlungen in dem Hotelzimmer ausdrücklich oder zumindest konkludent auf die ursprüngliche Bedrohung Bezug nahm. Dafür könnte zwar etwa sprechen, dass der Angeklagte die Nebenklägerin aufforderte, sich auszuziehen, und die Pistole in das Hotelzimmer mitgenommen hatte, auch wenn der Grund für letzteres nicht festgestellt ist. Andererseits begann der Angeklagte mit den sexuellen Handlungen erst, nachdem die Nebenklägerin sich ihm während der Autofahrt zugewendet und seine Frage, ob er mit ihr schlafen könne, entsprechend beantwortet hatte. Auch wenn dieses Verhalten der Nebenklägerin vor allem durch ihre Angst begründet war, hätte es vor diesem Hintergrund sowie im Hinblick auf das Nachtatverhalten des Angeklagten eindeutigerer Feststellungen bedurft, um eine finale Bedrohung zur Erzwingung der sexuellen Handlungen mit genügender Sicherheit zu belegen.

e) Verbreitung pornographischer Schriften – § 184 StGB

169 Das **Betreiben von Internet-Boards,** auf denen die Mitglieder Verlinkungen auf kinderpornografische Inhalte zur Nutzung durch andere Mitglieder hinterlassen können, stellt eine bandenmäßige Verbreitung kinderpornographischer Schriften in der Variante des öffentlichen Zugänglichmachens dar.[179]

Zutreffend hat das Landgericht das Betreiben des „Z."-Boards durch den Angeklagten N. und des „S."-Boards durch beide Angeklagte – jeweils nebst den dazugehörigen Chats – als bandenmäßige Verbreitung kinderpornographischer Schriften in der Variante des öffentlichen Zugänglichmachens (§ 184b Abs. 1 Nr. 2 Var. 4, Abs. 3 Alt. 2 StGB) gewertet. Ein solches Zugänglichmachen liegt in der Zurverfügungstellung einer Plattform, die dem Einstellen von Dateien im Internet dient, wobei die Möglichkeit des Lesezugriffs genügt (vgl. Gercke, Rechtswidrige Inhalte im Internet S. 42; König, Kinderpornographie im Internet Rn. 227; Kudlich JZ 2002, 310, 311 f.; Lindemann/Wachsmuth JR 2002, 206, 208 f.; Hörnle MünchKomm-StGB 2. Aufl. § 184b Rn. 23; Perron/Eisele in Schönke/Schröder 28. Aufl. § 184b Rn. 6). Nichts anderes gilt für das Bereitstellen entsprechender Links, wobei es nach Auffassung des Senats ohne Belang ist, ob das Zugänglichmachen durch das Posten eines Links auf eine kinderpornografische Datei erfolgt (so auch Hilgendorf/Frank/Valerius, Computer- und Internetstrafrecht Rn. 399) oder ob – wie hier in Einzelfällen –

[179] BGH, Urteil vom 18.1.2012 – 2 StR 151/11; vgl. auch BGH, Urteil vom 28.3.2012 – 2 StR 398/11.

die Zieladresse durch Verändern von Buchstaben aus Sicherheitsgründen geringfügig verändert und von den Nutzern nach Weisung manuell eingegeben wird.

[10] aa) Der Angeklagte N. hat durch seine Funktion als Moderator und Ideengeber im „Z."-Board an dem Betrieb der Internetplattform mitgewirkt und auf diese Weise dazu beigetragen, dass den Nutzern das Einstellen von und der Zugriff auf kinderpornographische Dateien ermöglicht wurden. Bei dem „S."-Board haben beide Angeklagte dies durch ihre Tätigkeit als Administratoren bewirkt.

[11] bb) Das Zugänglichmachen erfolgte bei beiden Boards öffentlich, da einem größeren, in seiner Zahl und Zusammensetzung unbestimmten Personenkreis die Möglichkeit der Kenntnisnahme eröffnet wurde. Bei dem „Z."-Board war zunächst jedermann die Möglichkeit der Kenntnisnahme der Dateien eröffnet, die im uneingeschränkt zugänglichen Bereich des „Z."-Boards gepostet wurden.

[12] Darüber hinaus wurden der übrige Bereich des „Z."-Boards sowie der gesamte Bereich des „S."-Boards, der nur Mitgliedern zugänglich war, die – graduell abgestuft – durch das eigene Posten bestimmter kinderpornographischer Dateien eine besondere Zugangsberechtigung zu diesen Bereichen erlangt hatten, i.S.v. § 184b Abs. 1 Nr. 2 Var. 4 StGB öffentlich zugänglich gemacht.

[13] Der Gesetzgeber ist bei der Neufassung des § 184b StGB durch das Sexualdelikteänderungsgesetz vom 27. Dezember 2003 (BGBl. I 3007) davon ausgegangen, dass ein öffentliches Zugänglichmachen im Rahmen geschlossener Benutzergruppen mit bestimmten Zugangssicherungen bei zwei oder wenig mehr Personen nicht vorliege (BT-Drs. 15/350 S. 20 f.). Von dieser Einschränkung ersichtlich nicht erfasst werden Fälle, in denen – wie hier – ein professionell organisierter Kinderpornoring im Internet eine Tauschbörse mit mehreren tausenden Zugriffen pro Tag und vielen hundert anonymen pädophilen Mitgliedern unterhält, wobei das einzige Zugangshindernis das eigene Posten kinderpornografischer Dateien ist. Ein öffentliches Zugänglichmachen von kinderpornografischem Material liegt deshalb vor, wenn der Zugang nicht auf einen dem Anbieter überschaubaren kleinen Personenkreis beschränkt werden kann, es sich vielmehr um einen anonymen, nicht überschaubaren Benutzerkreis handelt (so auch Fischer 59. Aufl. § 184b Rn. 10). Sowohl bei dem „Z."-Board als auch bei dem „S."-Board war der Kreis der Mitglieder für die Angeklagten und ihre Mittäter nicht überschaubar und nicht mehr kontrollierbar. Das „Z."-Board hatte bis zu 4.000 Zugriffe pro Tag zu verzeichnen (UA S. 32), was auf eine entsprechend große Mitgliederzahl schließen lässt. Das „S."-Board umfasste zuletzt 476 anonyme Mitglieder.

[14] Zu keinem anderen Ergebnis gelangt eine in der Literatur vertretene, einschränkende Auffassung, geschlossene Benutzergruppen seien nur dann öffentlich, wenn jeder ohne größere Schwierigkeiten beitreten könne bzw. nur Scheinhindernisse, wie etwa das Erfordernis eines Passwortes, das automatisch an die angegebene Mailadresse versandt werde, bestünden (Gercke, Rechtswidrige Inhalte im Internet S. 69; Hilgendorf/Frank/Valerius, Computer- und Internetstrafrecht Rn. 408; Lindemann/Wachsmuth JR 2002, 206, 208; Hörnle in MünchKomm-StGB 2. Aufl. § 184b Rn. 23; Perron/Eisele in Schönke/Schröder 28. Aufl. § 184b Rn. 6). Das Posten einer kinderpornografischen Datei als Zugangsvoraussetzung stellt letztlich nur ein bloßes Scheinhindernis für pädophile Nutzer dar, die regelmäßig bereits im Besitz entsprechender Dateien sind oder sich diese beschaffen können.

[15] b) Zutreffend hat das Landgericht weiter angenommen, dass das eigene Posten von Links auf kinderpornographische Dateien in den zu dem „S."-Board gehörenden Chats den Tatbestand des bandenmäßigen Unternehmens des Drittbesitzver-

schaffens kinderpornographischer Schriften (§ 184b Abs. 2, Abs. 3 Alt. 2 StGB) erfüllt.

[16] aa) Das Unternehmen des Drittbesitzverschaffens an einer kinderpornographischen Datei erfasst alle mit der Besitzübertragung und -begründung verbundenen Aktivitäten, auch wenn diese sich noch im Versuchsstadium befinden (§ 11 Nr. 6 StGB). Soweit im Übersenden von Links auf kinderpornographische Dateien noch kein Unternehmen des Besitzverschaffens i.S.v. § 184b Abs. 2 StGB gesehen wird (vgl. Hilgendorf/Frank/Valerius, Computer- und Internetstrafrecht Rn. 421; Hörnle in MünchKomm-StGB 2. Aufl. § 184b Rn. 30; Perron/Eisele in Schönke/Schröder StGB 28. Aufl. § 184b Rn. 10; Schreibauer, Pornographieverbot S. 310; a.A. Matzky ZRP 2003, 167, 168), folgt dem der Senat nicht.

[17] bb) Das Übersenden eines Links zielt darauf, dem Nutzer Besitz an dem kinderpornografischen Material zu verschaffen. Besitz an einer kinderpornographischen Datei erlangt, wer die Verfügungsgewalt über das Speichermedium hat, auf dem diese sich befindet (vgl. König, Kinderpornografie im Internet Rn. 250; Schreibauer, Pornographieverbot S. 309). Dateien werden bei ihrem Aufruf im Internet regelmäßig im Cache-Speicher der Festplatte gespeichert. Mit diesem Speichern einer Datei im Cache-Speicher erlangt der Nutzer hieran Besitz – sofern er sich des Vorhandenseins dieser Daten bewusst ist – da es ihm möglich ist, diese jederzeit wieder aufzurufen, solange sie nicht manuell oder systembedingt automatisch gelöscht werden (BGH NStZ 2007, 95; vgl. auch Gercke, Praxishandbuch Internetstrafrecht Rn. 332; Hilgendorf/Frank/Valerius, Computer- und Internetstrafrecht Rn. 419; König, Kinderpornografie im Internet Rn. 250; Hörnle in MünchKomm-StGB 2. Aufl. § 184b Rn. 38 f.; Schreibauer, Pornographieverbot S. 309).

[18] Drittbesitzverschaffen setzt zwar grundsätzlich – in Abgrenzung zum eigenen Sichverschaffen des Nutzers – voraus, dass die Handlung des Täters direkt und unmittelbar auf die Besitzverschaffung des Dritten gerichtet ist. Bedarf es aber – wie hier – nur noch einer geringfügigen Mitwirkungshandlung des Empfängers selbst, der lediglich den Link anklicken muss, um die tatsächliche Herrschaft über die kinderpornografischen Dateien zu erlangen, und ist aufgrund der gerade auf den Austausch und die Übermittlung solcher Daten gerichtete Kommunikation in einem Chat mit einer alsbaldigen Inanspruchnahme des Downloadangebots zu rechnen, ist es ohne Bedeutung, dass der letzte Schritt zur eigentlichen Besitzerlangung in der Hand des Nutzers liegt. Ob dies auch so zu sehen wäre, wenn statt eines Links die selbst in den Browser einzugebende Adresse für kinderpornografische Dateien in den Chat eingestellt wird, braucht der Senat an dieser Stelle nicht zu entscheiden.

[19] Danach bedeutet es für das Unternehmen des Drittbesitzverschaffens keinen Unterschied, ob der Täter dem Nutzer die Daten etwa per E-Mail mit entsprechendem Anhang (dazu vgl. Hilgendorf/Frank/Valerius, Computer- und Internetstrafrecht Rn. 421; Fischer StGB 59. Aufl. § 184b Rn. 15; Hörnle in MünchKomm-StGB 2. Aufl. § 184b Rn. 30) übermittelt oder ob er diesem die Möglichkeit des Zugriffs auf diese – wie vorliegend – durch Übermitteln eines anzuklickenden Links verschafft hat. Auch für die Tathandlung des Verbreitens i.S.v. § 184b Abs. 1 Nr. 1 StGB macht es nach der Rechtsprechung des Bundesgerichtshofs (BGHSt 47, 55, 59 f.) keinen rechtlich relevanten Unterschied, ob der Anbieter dem Nutzer die Dateien explizit zusendet (Upload) oder der Nutzer diese durch Aktivieren eines Links anfordert (Download). Die Angeklagten, denen angesichts ihrer speziellen Computerkenntnisse und ihrer mehrjährigen Erfahrung im Aufbau kinderporno-

graphischer Seiten im Internet die Speichervorgänge in den Cache-Speichern bekannt waren, haben nach alledem mit der Übermittlung der Links nach ihrer Vorstellung alles Erforderliche getan und es damit unternommen, den Nutzern Besitz hieran zu verschaffen.

Bei **Verurteilung wegen Besitzes kinderpornographischer Schriften** unterliegen beispielsweise die **Festplatte** des Computers als Speichermedium, gegebenenfalls auch der Rechner als solcher nebst Zubehör, **als Tatwerkzeuge der Einziehung** nach den §§ 74,74a i.V.m. §184b Abs. 6 S. 3 StGB.[180] **170**

Allerdings soll es nach Auffassung des zuständigen Strafsenats des BGH zur Vermeidung der Einziehung des Computers ausreichend sein, wenn der Angeklagte angewiesen wird, die auf der Festplatte dieses Computers befindlichen pornographischen Bilddateien unbrauchbar zu machen und die Unbrauchbarmachung der Strafvollzugsbehörde gegenüber in geeigneter Form nachzuweisen. Dabei bleibt jedoch offen, wie angesichts dieser Auflage verhindert werden soll, dass der Verurteilte vor der „Unbrauchbarmachung" Kopien der Dateien anfertigt oder die Festplatte gleich komplett kopiert, zumal Löschungen auf Datenträgern regelmäßig rückgängig gemacht werden können, soweit diese nicht mittels spezieller Hilfsprogramme ausgeführt werden!

f) Begriff: sexuelle Handlungen – § 184g StGB

Auch kurze oder flüchtige Berührungen an einem Geschlechtsorgan können für das Erreichen der **Erheblichkeitsschwelle einer sexuellen Handlung** grundsätzlich ausreichend sein, auch wenn diese Berührungen über der Kleidung erfolgen. Die Beurteilung einer Handlung als erheblich im Sinne des § 184g Nr. 1 StGB hängt in erster Linie von **Art, Intensität und Dauer ihres sexualbezogenen Teils** ab.[181] **171**

[22] Das Landgericht hatte angenommen, dass kurze oder flüchtige Berührungen an einem Geschlechtsorgan für das Erreichen der Erheblichkeitsschwelle einer sexuellen Handlung grundsätzlich nicht ausreichend sind, wenn diese Berührungen über der Kleidung erfolgen (UA S. 47). Dies trifft hier indes nicht zu.

[23] Zwar sind nach § 184g Nr. 1 StGB sexuelle Handlungen nur solche, die im Hinblick auf das geschützte Rechtsgut von einiger Erheblichkeit sind. Auch kurze Berührungen über der Kleidung können aber diese Erheblichkeitsschwelle überschreiten.

[24] Die Beurteilung einer Handlung als erheblich im Sinne des § 184g Nr. 1 StGB hängt in erster Linie von Art, Intensität und Dauer ihres sexualbezogenen Teils ab. Von wesentlicher Bedeutung sind aber auch der Handlungsrahmen, in dem der unmittelbar sexualbezogene Akt begangen wird, und die Beziehung der Beteiligten untereinander. Denn auch sie können dem sexuellen Zugriff im engeren Sinne mehr oder weniger Gewicht verschaffen. Ob die Erheblichkeitsschwelle überschritten wurde, bestimmt sich somit nach dem Grad der Gefährlichkeit der Handlung für das jeweils betroffene Rechtsgut; lediglich unter diesem Gesichtspunkt belanglose

---

180 BGH, Beschluss vom 11.1.2012 – 4 StR 612/11; vgl. auch BGH, Beschluss vom 8.2.2012 – 4 StR 657/11.

181 BGH, Urteil vom 20.3.2012 – 1 StR 447/11.

Handlungen scheiden aus (BGH, Urteil vom 3. April 1991 – 2 StR 582/90, BGHR StGB § 184c Nr. 1 Erheblichkeit 4 m.w.N.; BGH, Urteil vom 6. Mai 1992 – 2 StR 490/91, NStZ 1992, 432; BGH, Beschluss vom 8. September 1999 – 3 StR 357/99, StV 2000, 197).

[25] Ausgehend von diesen Maßstäben ist zwar bei Berührungen des Täters am Opfer die Erheblichkeitsschwelle des § 184g Nr. 1 StGB nicht ohne weiteres erreicht, wenn es sich um kurze Griffe über der Kleidung an Brust oder Gesäß handelt (vgl. BGH, Beschluss vom 13. Juli 1983 – 3 StR 255/83, NStZ 1983, 553). Auch ist eine sexuell getönte Handlung gegenüber einem Kind eher erheblich als gegenüber einem Erwachsenen (BGH, Urteil vom 14. August 2007 – 1 StR 201/07, NStZ 2007, 700). In allen Fällen – auch solchen, in denen nicht eine am Opfer vorgenommene Handlung, sondern eine vom Opfer am Täter oder einem Dritten vorgenommene Handlung inmitten steht – kann aber nicht allein auf die Dauer und Stärke der sexualbezogenen Handlung abgestellt werden. Vielmehr bedarf es einer Gesamtbewertung der Umstände unter Berücksichtigung des Handlungsrahmens und der sonstigen Begleitumstände, in dem der unmittelbar sexualbezogene Akt begangen wird (vgl. dazu BGH, Urteil vom 3. April 1991 – 2 StR 582/90, BGHR StGB § 184c Nr. 1 StGB Erheblichkeit 4 m.w.N.).

[26] Dieser Handlungsrahmen ist hier nicht zuletzt durch eine über die vorangehende Gewaltanwendung und das dadurch geschaffene „Nötigungsszenario" sogar hinausgehende Ausweglosigkeit für das Opfer geprägt. Jedenfalls bei einer derart erzwungenen Vornahme einer sexualbezogenen Handlung an einem anderen entfällt die Erheblichkeit der Handlung im Sinne von § 184g Nr. 1 StGB nicht schon deswegen, weil die Berührung nicht kräftig und nachhaltig war (vgl. auch BGH, Beschluss vom 30. Januar 2001 – 4 StR 569/00, BGH NStZ 2001, 370; Laufhütte/Roggenbuck in LK-StGB, 12. Aufl., § 184g Rn. 10 und Fn. 15 m.w.N.).

5. Beleidigung – § 185 StGB

172 In einer sexuell motivierten Handlung allein kann regelmäßig keine ehrverletzende Kundgabe von Missachtung gesehen werden. Ein **Angriff auf die sexuelle Selbstbestimmung** erfüllt nur dann den **Tatbestand der Beleidigung,** wenn nach den gesamten Umständen in dem Verhalten des Täters zugleich eine von ihm gewollte herabsetzende Bewertung des Opfers zu sehen ist. Denkbar wäre auch eine Verurteilung des Angeklagten wegen Nötigung gem. § 240 StGB.[182]

6. Straftaten gegen das Leben – §§ 211 ff. StGB

a) Tötungsvorsatz und Tötungsmotiv bei §§ 211, 212 StGB

173 Der Annahme eines Tötungsverbrechens steht die Tatsache, dass der Ablauf beim eigentlichen Tatgeschehen unbekannt geblieben ist, nicht entgegen, weil für eine vorsätzliche Tötung **jede Art der bewussten und gewollten Verursachung des Todes** eines anderen Menschen ausreicht.[183]

---

182 BGH, Beschluss vom 16.2.2012 – 3 StR 13/12.
183 BGH, Urteil vom 2.5.2012 – 2 StR 395/11.

[15] 2. Die Verurteilung des Angeklagten wegen vollendeten Mordes an K. aus niedrigen Beweggründen, nämlich um ihn als missliebigen Mitbewohner zu beseitigen, ist ebenfalls ohne Rechtsfehler erfolgt. Ihr steht nicht entgegen, dass Tatsachenfeststellungen zum eigentlichen Tatgeschehen nicht getroffen werden konnten.

[16] a) Die Tatsache, dass der verschollene K. tot ist, wurde im angefochtenen Urteil rechtsfehlerfrei anhand der Gesamtumstände des plötzlichen Verschwindens mit Hilfe von Indizien festgestellt. Der Annahme eines Tötungsverbrechens steht die Tatsache, dass der Ablauf beim eigentlichen Tatgeschehen unbekannt geblieben ist, nicht entgegen, weil für eine vorsätzliche Tötung jede Art der bewussten und gewollten Verursachung des Todes eines anderen Menschen ausreicht.

[17] b) Das Tatgericht war auch rechtlich nicht daran gehindert, in einem Ausschlussverfahren, das alle konkret in Frage kommenden Alternativen zurückweist, Rückschlüsse auf die vorsätzliche Verursachung des Todes des Opfers durch den Angeklagten zu ziehen.

[18] Dieses methodische Vorgehen ist allerdings nur dann eine tragfähige Grundlage für die Verurteilung wegen eines Tötungsverbrechens und für die Feststellung der Täterschaft des Angeklagten, wenn alle relevanten Alternativen mit einer den Mindestanforderungen an die tatrichterliche Überzeugungsbildung genügenden Weise abgelehnt werden, wobei ein nach der Lebenserfahrung ausreichendes Maß an Sicherheit genügt, das vernünftige und nicht bloß auf denktheoretische Möglichkeiten gegründete Zweifel nicht zulässt (vgl. Senat, Urteil vom 2. August 1995 – 2 StR 221/94, BGHSt 41, 206, 214; Urteil vom 6. November 1998 – 2 StR 636/97, BGHR StPO § 261 Beweiswürdigung 16). Die zur richterlichen Überzeugung erforderliche persönliche Gewissheit setzt zudem ausreichende objektive Grundlagen voraus. Deshalb müssen die Urteilsgründe erkennen lassen, dass die Beweiswürdigung auf einer nachvollziehbaren Tatsachengrundlage beruht und dass sich die vom Gericht gezogene Schlussfolgerung nicht als bloße Vermutung erweist, die nicht mehr als einen Verdacht zu begründen vermag (vgl. BGH, Urteil vom 2. Juli 1980 – 3 StR 204/80, NStZ 1981, 33; Beschluss vom 26. September 1994 – 5 StR 453/94, StV 1995, 453 f.). Fehlen für die Täterschaft anderer Personen als des Angeklagten hier auch unmittelbar tatbezogene Indizien, so darf selbst eine fernliegende Tatbegehung durch einen Dritten nicht ohne Weiteres außer Betracht gelassen werden. Vielmehr muss auch die Möglichkeit der Täterschaft eines Dritten anhand von Tatsachen ausgeschlossen werden, um den Angeklagten belasten zu können (vgl. BGH, Urteil vom 19. Januar 1999 – 1 StR 171/98, NJW 1999, 1562, 1563 f.).

[19] Das Landgericht hat alle nach Feststellung des Todes des Verschollenen im konkreten Einzelfall in Betracht kommende Alternativen einer Selbsttötung, eines krankheitsbedingten natürlichen Todes oder der schuldhaften Verursachung des Todes von K. durch eine dritte Person erwogen und diese jeweils mit rechtsfehlerfreien Erwägungen verworfen.

[20] Dabei ist insbesondere von Bedeutung, dass der Angeklagte ebenso wie das Tatopfer zur Tatzeit zurückgezogen lebten und kaum soziale Kontakte hatten, ferner dass sie abgeschieden wohnten und bei dieser Sachlage konkrete Hinweise auf die Beteiligung eines Dritten am Verschwinden von K. und an der Verursachung seines Todes fehlen. Nur der Angeklagte hatte wiederholt ein Interesse an der Beseitigung der Person von K. gezeigt und zur Tötung im Jahre 1987 sowie zum Versuch der Anstiftung des Mieters E. W. zum Mord an K. im Jahre 2002 angesetzt. Nachdem die Mieter aus dem Anwesen ausgezogen waren, stand – außer der Ehefrau des Angeklagten – keine weitere Person zur Verfügung, die als Täter entweder aus eige-

nem Antrieb oder aufgrund einer Anstiftungshandlung des Angeklagten in Frage gekommen wäre (zu den Anforderungen an die Beweiswürdigung hinsichtlich der Alternative eines anderen Auftragsgebers beim Anstiftungsversuch BGH, Urteil vom 4. Dezember 2003 – 5 StR 250/03, NStZ-RR 2004, 116, 117). Die Ehefrau des Angeklagten wurde vom Landgericht mit rechtsfehlerfreier Begründung als Täterin des Tötungsverbrechens im Jahre 2007 ausgeschlossen. Die Möglichkeit, dass eine dritte Person K. getötet und die Leiche beseitigt hat, erweist sich nach allem als eine nur theoretisch denkbare Alternative, welche der tatrichterlichen Überzeugungsbildung von der Täterschaft des Angeklagten bei der vorsätzlichen Tötung von Rechts wegen nicht entgegen steht.

■ TOPENTSCHEIDUNG

174 Die **Abgrenzung des bedingten Tötungsvorsatzes vom Körperverletzungsvorsatz** erfordert bei schwerwiegenden Gewalttaten eine sorgfältige Prüfung unter Berücksichtigung aller Umstände des Einzelfalls. Dabei stellt die offensichtliche Lebensgefährlichkeit einer Handlung für den Nachweis einen Umstand von erheblichem Gewicht dar, sodass bei äußerst gefährlichen Gewalthandlungen der subjektive Tatbestand eines Tötungsdelikts sehr nahe liegt. Gleichwohl bedarf angesichts der hohen Hemmschwelle gegenüber einer Tötung die Frage der Billigung des Todes einer Gesamtschau aller objektiven und subjektiven Tatumstände, in die vor allem auch die psychische Verfassung des Täters bei der Tatbegehung sowie seine Motive mit einzubeziehen sind.[184]

[2] 1. Nach den Feststellungen des Landgerichts gerieten der Angeklagte und das spätere Tatopfer S., die sich kurz vor Mitternacht – beide in alkoholisiertem Zustand – zufällig auf der Straße begegneten, in Streit. Nach dem wechselseitigen Austausch jeweils eines Schlages setzten die Kontrahenten – der zwischenzeitlich herbeigeeilte Begleiter des Geschädigten hatte schlichtend eingegriffen – ihren jeweiligen Heimweg zunächst in entgegengesetzten Richtungen fort. Als der Angeklagte im Weggehen rief: „Wir sehen uns noch", erzürnte dies S. derart, dass er sich von seinem Begleiter losriss und dem Angeklagten hinterherlief. Dieser blieb, als er der Verfolgung gewahr wurde, nach einigen Schritten stehen, und stach mit einem Klappmesser mit einer Klingenlänge von 8–9 cm, das er immer in seinem Rucksack bei sich führte, seinem auf Stichlänge herangeeilten, körperlich geringfügig überlegenen Gegenüber „in einem Zug mit ausgestrecktem Arm" in die linke Brusthälfte; anschließend lief er nach Hause. Der Stich hatte das Herz getroffen, der Geschädigte verstarb wenige Stunden später im Krankenhaus.

[3] Das Landgericht hat direkten Körperverletzungsvorsatz angenommen, sich hingegen von einem (auch nur bedingten) Tötungsvorsatz nicht überzeugen können. Der Angeklagte sei sich zwar der Gefahr bewusst gewesen, dass der Messerangriff zum Tod seines Kontrahenten habe führen können. Der Todeseintritt habe aber nicht seine „(innere) Billigung" gefunden; dagegen spreche ein aus der Tatsituation geborener, nicht von langer Hand geplanter Tatentschluss, eine mögliche alkoholbedingte Enthemmung und die nicht von Aggressionen geprägte Persönlichkeit des Angeklagten. Zudem sei das Motiv der Tat gewesen, sich gegen erwartete Schläge

[184] BGH, Urteil vom 16.8.2012 – 3 StR 237/12.

und/oder Demütigungen des ihm körperlich überlegenen, aufgebrachten Geschädigten zu wehren. Auch das Nachtatverhalten des Angeklagten, der in seiner verantwortlichen Vernehmung „zusammengebrochen“ sei, als er vom Tod des Opfers erfahren habe, sei ein Indiz gegen die Billigung des Todeseintritts, denn es deute auf das generelle Vorhandensein einer Hemmschwelle zur Tötung hin.

[4] 2. Revision der Nebenklägerin

[5] Die Verneinung eines bedingten Tötungsvorsatzes hält revisionsrechtlicher Überprüfung stand.

[6] a) Die Beweiswürdigung ist Sache des Tatrichters, dem es obliegt, das Ergebnis der Hauptverhandlung festzustellen und zu würdigen. Die revisionsgerichtliche Überprüfung ist darauf beschränkt, ob dem Tatrichter Rechtsfehler unterlaufen sind. Dies ist in sachlich-rechtlicher Hinsicht der Fall, wenn die Beweiswürdigung widersprüchlich, unklar oder lückenhaft ist, gegen Denk- oder gesicherte Erfahrungssätze verstößt oder wenn das Tatgericht zu hohe Anforderungen an die Überzeugungsbildung gestellt hat (st. Rspr.; vgl. BGH, Urteil vom 10. Dezember 1986 – 3 StR 500/86, BGHR StPO § 261 Beweiswürdigung 2). Liegen Rechtsfehler nicht vor, hat das Revisionsgericht die vom Tatrichter vorgenommene Würdigung hinzunehmen, auch wenn ein anderes Ergebnis ebenso möglich oder gar näherliegend gewesen wäre.

[7] Die Abgrenzung des bedingten Tötungsvorsatzes vom Körperverletzungsvorsatz erfordert bei schwerwiegenden Gewalttaten eine sorgfältige Prüfung unter Berücksichtigung aller Umstände des Einzelfalls. Bedingt vorsätzliches Handeln setzt voraus, dass der Täter den Eintritt des tatbestandlichen Erfolges als möglich und nicht ganz fern liegend erkennt, ferner, dass er ihn billigt oder sich um des erstrebten Zieles willen mit ihm abfindet. Da die Schuldformen des bedingten Vorsatzes und der bewussten Fahrlässigkeit im Grenzbereich eng beieinander liegen, müssen bei der Annahme bedingten Vorsatzes beide Elemente der inneren Tatseite, also sowohl das Wissens- als auch das Willenselement, umfassend geprüft und gegebenenfalls durch tatsächliche Feststellungen belegt werden. Dabei stellt die offensichtliche Lebensgefährlichkeit einer Handlung für den Nachweis einen Umstand von erheblichem Gewicht dar, sodass bei äußerst gefährlichen Gewalthandlungen der subjektive Tatbestand eines Tötungsdelikts sehr nahe liegt. Gleichwohl bedarf angesichts der hohen Hemmschwelle gegenüber einer Tötung die Frage der Billigung des Todes einer Gesamtschau aller objektiven und subjektiven Tatumstände, in die vor allem auch die psychische Verfassung des Täters bei der Tatbegehung sowie seine Motive mit einzubeziehen sind. Insbesondere bei spontanen, unüberlegt oder in affektiver Erregung ausgeführten Handlungen kann aus der Kenntnis der Gefahr des möglichen Todeseintritts nicht ohne Berücksichtigung der sich aus der Tat und der Persönlichkeit des Täters ergebenden Besonderheiten geschlossen werden, dass das – selbständig neben dem Wissenselement stehende – voluntative Vorsatzelement gegeben ist (st. Rspr.; vgl. BGH, Urteil vom 25. November 2010 – 3 StR 364/10, NStZ 2011, 73, mit zahlreichen Nachweisen).

[8] b) Den sich nach diesen Grundsätzen ergebenden rechtlichen Anforderungen an eine sorgfältige Prüfung des bedingten Tötungsvorsatzes (vgl. dazu zuletzt BGH, Urteil vom 22. März 2012 – 4 StR 558/11, NStZ 2012, 384) werden die Ausführungen des Landgerichts gerecht.

[9] Die Strafkammer hat alle bedeutsamen objektiven und subjektiven Umstände der Tat in ihre Überlegungen einbezogen und insbesondere gesehen, dass der gezielte Messerstich in den Brustkorb des Tatopfers eine hochgradig lebensgefährliche Gewalthandlung war, die ein gewichtiges Indiz dafür ist, dass der Angeklagte den von

ihm – entgegen seiner Einlassung und trotz seiner im Einzelnen nicht aufklärbaren Alkoholisierung – als möglich erkannten Eintritt des Todes auch billigte. Dass das Landgericht seine Zweifel am Vorliegen des voluntativen Elements des bedingten Tötungsvorsatzes wegen des unter der enthemmenden Wirkung von Alkohol spontan ausgeführten Messerstichs, des fehlenden Tötungsmotivs des Angeklagten, seiner im Allgemeinen nicht zu Aggressionen neigenden Persönlichkeit sowie seines Nachtatverhaltens nicht hat überwinden können, ist revisionsrechtlich nicht zu beanstanden. Dies gilt auch, soweit es die Persönlichkeitsstruktur des Angeklagten berücksichtigt hat. Das Landgericht war sich des eingeschränkten Beweiswerts dieses Umstandes für die innere Einstellung des Angeklagten im Tatzeitpunkt durchaus bewusst; dass es ihn gleichwohl als gegen einen Tötungsvorsatz sprechendes Indiz gewertet hat, erweist sich nicht als rechtsfehlerhaft, sind doch auch die Besonderheiten der Persönlichkeit des Täters in die erforderliche Gesamtschau einzustellen (BGH, Beschluss vom 23. April 2003 – 2 StR 52/03, NStZ 2003, 603, 604; BGH, Beschluss vom 8. Mai 2008 – 3 StR 142/08, NStZ 2009, 91).

■ PRAXISBEDEUTUNG

Die vorstehende zeigt ebenso wie die nachfolgenden Entscheidungen die Problematik solcher Fälle für das Gericht, aber auch die anderen Prozessbeteiligten auf. Zugleich wird aber auch deutlich, dass solche Verfahren regelmäßig schon endgültig in der Hauptverhandlung vor dem Tatrichter entschieden werden, weil die immer wieder versuchte eigene und andere Beweiswürdigung des Revisionsführers in aller Regel keinen Erfolg haben wird. Wer ein bestimmtes Urteil „verhindern“ möchte, muss seine Anstrengungen für andere Feststellungen dort entfalten, wo diese im Regelfall endgültig getroffen werden, d.h. entsprechende und vor allem fehlerfreie Beweisanträge formulieren und rechtzeitig hierfür die Vorbereitungen treffen; der im Rahmen eines Plädoyers oder gar im Rahmen einer Revisionsbegründung neu formulierte Antrag kommt in aller Regel zu spät! Es ist daher bei diesen Fallgestaltungen die wichtigste und oftmals nahezu unlösbare Aufgabe der Prozessbeteiligten, aufzuklären, was ein Täter mit seinem Handeln bezweckt und was er dabei gedacht und sich vorgestellt hat.

Möglicherweise ist eine überzeugende Einlassung der beste Weg hierfür.

175 **Bedingten Tötungsvorsatz** hat, wer den Eintritt des Todes als mögliche Folge seines Handelns erkennt (Wissenselement) und billigend in Kauf nimmt (Willenselement). Dabei ist die auf der Grundlage der dem Täter bekannten Umstände zu bestimmende **objektive Gefährlichkeit der Tathandlung ein wesentlicher Indikator**. Bei der Würdigung des Willenselements ist neben der konkreten Angriffsweise regelmäßig auch die Persönlichkeit des Täters, sein psychischer Zustand zum Tatzeitpunkt und *seine* Motivation mit in die Betrachtung einzubeziehen.[185]

[13] Bedingten Tötungsvorsatz hat, wer den Eintritt des Todes als mögliche Folge seines Handelns erkennt (Wissenselement) und billigend in Kauf nimmt (Willenselement). Beide Elemente müssen durch tatsächliche Feststellungen belegt werden. Ihre Bejahung oder Verneinung kann nur auf der Grundlage einer Gesamtbetrach-

[185] BGH, Urteil vom 23.2.2012 – 4 StR 608/11.

tung aller objektiven und subjektiven Umstände erfolgen (vgl. BGH, Urteil vom 27. Januar 2011 – 4 StR 502/10, NStZ 2011, 699 Rn. 34 f. m.w.N.). Dabei ist die auf der Grundlage der dem Täter bekannten Umstände zu bestimmende objektive Gefährlichkeit der Tathandlung ein wesentlicher Indikator (vgl. BGH, Urteil vom 25. März 1999 – 1 StR 26/99, NJW 1999, 2533, 2534; NK-StGB/Neumann 3. Aufl., § 212 Rn. 12 f.; Mößner, Die Überprüfung des bedingten Tötungsvorsatzes in der Revision S. 6 ff., jew. m.w.N.). Bei der Würdigung des Willenselements ist neben der konkreten Angriffsweise regelmäßig auch die Persönlichkeit des Täters, sein psychischer Zustand zum Tatzeitpunkt und seine Motivation mit in die Betrachtung einzubeziehen (BGH, Urteil vom 11. Oktober 2000 – 3 StR 321/00, BGHR StGB § 212 Abs. 1 Vorsatz, bedingter 51; Beschluss vom 1. Juni 2007 – 2 StR 133/07, NStZ-RR 2007, 267, 268; Urteil vom 27. August 2009 – 3 StR 246/09, NStZ-RR 2009, 372 jew. m.w.N.).

[14] b) Diesen Anforderungen wird die landgerichtliche Entscheidung nicht gerecht.

[15] Die Ausführungen des Landgerichts zur objektiven Gefährlichkeit des vom Angeklagten geführten Angriffs sind schon deshalb lückenhaft, weil sie sich nicht mit der von dem Angeklagten selbst geschilderten erheblichen Wirkung seines Tritts auf die Lage des Körpers des Geschädigten auseinandersetzen (UA 7 und 14). Auch hätte an dieser Stelle nochmals erkennbar Berücksichtigung finden müssen, dass der Angeklagte die Trittwirkung gefährlich verstärkende Schuhe trug (UA 7) und auf den Geschädigten zu einem Zeitpunkt eintrat, als dieser – jedenfalls nach seiner Wahrnehmung (UA 13) – in Folge des Schlags des Zeugen A. regungslos am Boden lag. Bei seinen Erörterungen zum inneren Tatbestand des § 224 Abs. 1 Nr. 5 StGB hat das Landgericht diese Umstände als Beleg dafür ausreichen lassen, dass der Angeklagte eine potentielle Gefährdung des Lebens seines Opfers in Kauf nahm (UA 24).

[16] Die Annahme des Landgerichts, der Tritt des Angeklagten könne nicht von „besonders starker Intensität" (UA 27) oder „nicht von übermäßiger Wucht" (UA 19) gewesen sein, weil bei dem Geschädigten keine knöchernen Schädelverletzungen festzustellen waren, stellt einseitig auf die ex post feststellbaren Verletzungsfolgen ab (vgl. BGH, Urteil vom 21. Dezember 2011 – 1 StR 400/11 Rn. 28) und lässt die generelle Gefährlichkeit derartiger Tritte außer Acht (vgl. BGH, Beschluss vom 18. Mai 2011 – 1 StR 179/11, Rn. 10). Sie ist zudem nicht mit der an anderer Stelle getroffenen Feststellung vereinbar, dass die Knochenbrücke zwischen den Knochendeckeln des Schädelknochens einen nicht unterbluteten Bruch aufwies (UA 11). Zwar liegt es nicht fern, dass dieser Bruch auf die später durchgeführte Entlastungscraniektomie zurückzuführen ist, doch hätte dies einer ausdrücklichen Erörterung bedurft.

[17] Der Umstand, dass dem Angeklagten sein Tritt sofort Leid tat und er sich in der Folgezeit mehrfach für das Befinden des Geschädigten interessierte, durfte vom Landgericht nicht ohne weitere Darlegungen als Indiz gegen die Annahme eines bedingten Tötungsvorsatzes gewertet werden.

[18] Nachträgliches Bedauern und Rettungsversuche sagen nur bedingt etwas über die innere Haltung des Täters im Tatzeitpunkt aus, da sie nicht selten auf einer spontanen Ernüchterung beruhen und mit Blick auf die Tatfolgen von der Sorge um das eigene Wohl geleitet sind (BGH, Urteil vom 8. August 2001 – 2 StR 166/01, NStZ-RR 2001, 369, 370; Urteil vom 23. Juni 2009 – 1 StR 191/09, NStZ 2009, 629, 630). Der Angeklagte hat hierzu angegeben, nach dem Tritt „wach geworden" zu sein. Dabei habe er begriffen, dass er etwas getan habe, was nicht in Ordnung

gewesen sei (UA 14). Der Angeklagte – dessen Einlassung das Landgericht im Übrigen gefolgt ist – hat damit selbst eingeräumt, dass sein Nachtatverhalten nicht mehr Ausdruck der ihn beherrschenden inneren Einstellung im Tatzeitpunkt gewesen ist, sondern auf einer veränderten Sicht der Dinge beruhte. Hieran durfte das Landgericht nicht vorübergehen.

[19] Bedenken bestehen schließlich auch insoweit, als das Landgericht in dem Umstand, dass es „keine deutliche Motivation für den Tritt" festzustellen vermochte, ein Indiz gegen die Annahme eines bedingten Tötungsvorsatzes gesehen hat.

[20] Mit bedingten Tötungsvorsatz handelnde Täter haben kein Tötungsmotiv, sondern gehen einem anderen Handlungsantrieb nach (BGH, Urteil vom 30. November 2005 – 5 StR 344/05, NStZ-RR 2006, 317, 318). Allerdings kann sich aus der Art des jeweiligen Handlungsantriebs ein Rückschluss auf die Stärke des vom Täter empfundenen Tatanreizes und damit auch auf seine Bereitschaft zur Inkaufnahme schwerster Folgen ergeben (vgl. BGH, Beschluss vom 24. August 1990 – 3 StR 311/90, BGHR StGB § 212 Abs.1 Vorsatz, bedingter 22; Urteil vom 30. November 2005 – 3 StR 344/05, NStZ-RR 2006, 317, 318).

[21] Das Landgericht hat mit der Verneinung einer feindlichen Grundhaltung gegenüber dem Geschädigten einerseits und einer unbedingten Solidarität mit seinem Kontrahenten A. andererseits lediglich zwei mögliche starke Handlungsantriebe ausgeschlossen. Dies allein lässt jedoch noch nicht den Schluss zu, dass es dem Angeklagten deshalb an der Bereitschaft gefehlt hat, auch schwerste Tatfolgen in Kauf zu nehmen. Stattdessen wäre es an dieser Stelle erforderlich gewesen, näher auf die Persönlichkeit des Angeklagten, sein Verhältnis zur Anwendung körperlicher Gewalt und seine Fähigkeit zur Kontrolle aggressiver Impulse einzugehen. Wie das Landgericht im Rahmen seiner Erwägungen zu § 105 Abs. 1 Nr. 2 JGG zutreffend festgestellt hat, lässt die Art und Weise, wie sich der Angeklagte zu der Tat hinreißen ließ, auf einen starken Mangel an Ausgeglichenheit und Besonnenheit schließen (UA 29). Auch musste er in der Vergangenheit bereits zweimal wegen Körperverletzung geahndet werden, wobei er seinen Opfern jeweils knöcherne Verletzungen des Gesichtsschädels zufügte (UA 4 f.). Mangelnde Impulskontrolle, wie sie bei dem Angeklagten schon mehrfach zutage getreten ist, führt nicht selten dazu, dass es bereits bei geringsten Anlässen zu massiven Gewalthandlungen kommt, bei denen dem Täter die Konsequenzen seines Handelns gleichgültig sind und deshalb selbst tödliche Folgen in Kauf genommen werden (vgl. BGH, Urteil vom 16. April 2008 – 2 StR 95/08, Rn. 9).

176 Der **Schluss von der Gefährlichkeit der Tatausführung auf den Tötungsvorsatz** ist nur dann rechtsfehlerfrei, wenn der Tatrichter alle nach Sachlage in Betracht kommenden subjektiven und objektiven Umstände in seine Erwägungen einbezieht, die dieses Ergebnis in Frage stellen können; dies gilt insbesondere bei der Annahme von direktem Tötungsvorsatz.[186]

[6] Der Schluss von der Gefährlichkeit der Tatausführung auf den Tötungsvorsatz ist nur dann rechtsfehlerfrei, wenn der Tatrichter alle nach Sachlage in Betracht kommenden subjektiven und objektiven Umstände in seine Erwägungen einbezieht,

186 BGH, Beschluss vom 26.2.2012 – 3 StR 17/12.

die dieses Ergebnis in Frage stellen können; dies gilt insbesondere bei der Annahme von direktem Tötungsvorsatz (BGH, Beschluss vom 2. August 2011 – 3 StR 225/11, juris Rn. 5; Beschluss vom 27. Oktober 2011 – 3 StR 351/11, juris Rn. 5). Es versteht sich nicht von selbst, dass ein Täter, der – wenn auch lediglich nicht ausschließbar – aufgrund einer Persönlichkeitsstörung und Alkoholintoxikation in seiner Steuerungsfähigkeit erheblich vermindert ist, noch erkennt, dass seine Gewalthandlung zum Tod des Opfers führen kann (vgl. BGH, Beschluss vom 27. Oktober 2011, aaO). Im Übrigen kann insbesondere bei spontanen, unüberlegten, in affektiver Erregung ausgeführten Handlungen aus dem Wissen um den möglichen Eintritt des Todes nicht ohne Berücksichtigung der sich aus der Tat und der Persönlichkeit des Täters ergebenden Besonderheiten geschlossen werden, dass das selbständig neben dem Wissenselement stehende voluntative Vorsatzelement gegeben ist (BGH, Urteil vom 25. November 2011 – 3 StR 364/10, NStZ 2011, 338, 339).

[7] Danach hätte sich das Landgericht bei der Prüfung des Tötungsvorsatzes auch damit auseinandersetzen müssen, ob die Umstände, die es zur Annahme einer nicht ausschließbar verminderten Schuldfähigkeit der Angeklagten veranlassten, das kognitive Vorsatzelement tangierten. Zu dieser Prüfung hätte es umso mehr Anlass gehabt, als die dem Opfer beigebrachten Risswunden auch mit Rücksicht auf seine Medikamentierung keine Verletzungen darstellten, deren Lebensbedrohlichkeit ohne weiteres erkennbar gewesen wäre. Da das Landgericht bei der Angeklagten im Tatzeitpunkt einen „affektiven Ausnahmezustand" festgestellt sowie dargelegt hat, der Tatablauf deute „auf eine abrupte Entladung einer schweren Anspannung in Form eines plötzlichen, explosionsartigen Aggressionsdurchbruchs", hätte es sich außerdem unter diesem Gesichtspunkt näher mit dem voluntativen Vorsatzelement befassen müssen.

[8] c) Die Aufhebung des Schuldspruchs führt auch zur Aufhebung der zugrunde liegenden Feststellungen (§ 353 Abs. 2 StPO). Wegen der nach Sachlage erforderlichen Gesamtwürdigung aller objektiven und subjektiven Tatumstände gibt der Senat dem neuen Tatrichter Gelegenheit, nicht nur zur inneren Tatseite, sondern insgesamt neue Feststellungen zu treffen.

Drängt sich angesichts eines **brutalen Vorgehens** der Täter ohnehin bereits auf, dass diese mit **(bedingtem) Tötungsvorsatz** gehandelt haben könnten, erhärtet sich eine solche Annahme zusätzlich dadurch, dass sich die Täter auf ihrer Flucht darüber unterhalten haben, ob eines der Opfer verstorben sein könnte.[187] **177**

[2] 1. Der Angeklagte und ein früherer Mitangeklagter hatten den Kellner in der Toilette zunächst mit heftigen Faustschlägen ins Gesicht zu Boden gestreckt; der Angeklagte schlug dann fünfmal dessen Kopf „mit voller Wucht auf den harten Fliesenboden", der Mitangeklagte nahm den Geldbeutel weg. Der Angeklagte drohte dem Kellner ständig, ihn umzubringen, wenn er nicht sage, wo weiteres Geld ist. Ein weiterer Mitangeklagter kam hinzu und schlug mit einem Hammer auf den Kellner ein. Am Ende blieb dieser mit massiven Verletzungen blutüberströmt und gefesselt zurück, der Angeklagte drohte ihm zuletzt noch, er solle ja nicht folgen, sonst werde er sterben.

[187] BGH, Beschluss vom 14.12.2011 – 1 StR 533/11.

[3] 2. Lägen keine weiteren Erkenntnisse vor, hätten die genannten Äußerungen ausdrückliche Erörterungen gebieten können zu dem von der Strafkammer angenommenen (bedingten) Tötungsvorsatz ebenso wie vor allem zu der vom Generalbundesanwalt aufgeworfenen Frage, ob der Angeklagte beim Verlassen des Tatorts möglicherweise geglaubt haben könnte, noch nicht alles für die Tötung Erforderliche getan zu haben (vgl. BGH, Beschluss vom 15. August 2001 – 3 StR 231/01), sodass er – unbeschadet etwaiger Besonderheiten wegen der Mitwirkung mehrerer Täter, die gleichzeitig den Tatort verließen – allein durch das Absehen von weiteren Handlungen freiwillig vom Mordversuch zurückgetreten sein könnte.

[4] 3. Die Strafkammer hat jedoch auf Grund der Angaben des Angeklagten und der Mitangeklagten (rechtsfehlerfrei) festgestellt, dass diese sich nach der Tat auf ihrer Flucht darüber unterhielten, „ob eines der Opfer [der Versuch eines Mitangeklagten, den Gast während des Überfalls zu ermorden, wurde dem Angeklagten nicht angelastet] ... verstorben sein könnte". Dies erhärtet die sich angesichts des ungewöhnlich brutalen Vorgehens ohnehin aufdrängende Annahme eines (bedingten) Tötungsvorsatzes schon bei der Tat und zeigt zugleich, dass der Angeklagte beim Verlassen des Tatorts zumindest für möglich hielt, dass der Geschädigte auf Grund der ihm bereits zugefügten Verletzungen sterben könnte. Eine andere Bewertung könnte nur bei erkennbaren Anhaltspunkten dafür in Betracht kommen, dass der Angeklagte erst später die Möglichkeit des Todes des Kellners erkannt haben könnte (zu derartigen Fallgestaltungen vgl. zum Vorsatz BGH, Beschluss vom 11. Januar 2011 – 1 StR 537/10; zum Rücktritt BGH, Beschluss vom 6. Oktober 2009 – 3 StR 384/09; Urteil vom 3. Juni 2008 – 1 StR 59/08). Dies ist nicht der Fall; bloß theoretische Möglichkeiten brauchte die Strafkammer auch nicht zu erörtern (BGH, Beschluss vom 23. August 2011 – 1 StR 153/11 m.w.N.).

[5] 4. Die Drohung des Angeklagten gegenüber dem Kellner, er werde sterben, wenn er sich rühren und ihm (dem Angeklagten) folgen würde, stellt sich daher nur als die Drohung des Angeklagten dar, den von ihm bisher – nur – billigend in Kauf genommenen Tod des Kellners, auf den es ihm also nicht entscheidend angekommen war, dann auf jeden Fall herbeizuführen. Den vorangegangenen bedingten Tötungsvorsatz stellt dies offensichtlich nicht in Frage. Entsprechendes gilt hinsichtlich eines Rücktritts. Allein der Verzicht darauf, durch weitere Gewalttätigkeit den auch schon auf Grund der bisherigen Gewaltanwendung für möglich gehaltenen Tod auf jeden Fall herbeizuführen, kann die Annahme eines Rücktritts durch bloßes Nicht-weiter-Handeln (Rücktritt vom unbeendeten Versuch) nicht begründen (vgl. BGH, Urteil vom 26. Mai 2011 – 1 StR 20/11).

■ TOPENTSCHEIDUNG

178 **Bedingt vorsätzliches Handeln** setzt nach ständiger Rechtsprechung des Bundesgerichtshofs voraus, dass der Täter den Eintritt des tatbestandlichen Erfolges als möglich und nicht ganz fernliegend erkennt, ferner dass er ihn billigt oder sich um des erstrebten Zieles willen zumindest mit der Tatbestandsverwirklichung abfindet. Bei **äußerst gefährlichen Gewalthandlungen** liegt es nahe, dass der Täter mit der Möglichkeit rechnet, das Opfer könne zu Tode kommen und – weil er mit seinem Handeln gleichwohl fortfährt – einen solchen Erfolg billigend in Kauf nimmt. An den rechtlichen Anforderungen ändert sich indessen nichts, wenn die zur Annahme oder Verneinung bedingten Tötungsvorsatzes führende Beweiswürdigung ohne Rückgriff auf das Postulat einer Hemmschwelle überprüft wird. Im Verständnis des Bundes-

gerichtshofs erschöpft sich die **„Hemmschwellentheorie"** somit in einem Hinweis auf § 261 StPO. Letztlich entbehrt der bloße Hinweis des Landgerichts auf eine „Hemmschwellentheorie" jedes argumentativen Gewichts.[188]

[23] II. In dem vorgenannten Umfang erweist sich das Rechtsmittel der Staatsanwaltschaft als begründet. Die Beweiswürdigung des Landgerichts begegnet durchgreifenden rechtlichen Bedenken.

[24] 1. Nach Auffassung des Schwurgerichts sprechen zwar nicht unerhebliche Gesichtspunkte für einen zumindest bedingten Tötungsvorsatz, nämlich insbesondere die erhebliche Wucht des von dem Ausspruch „Verreck', du Hurensohn" begleiteten Messerstichs. Dagegen stehe indes die Tatsache, dass der Angeklagte lediglich einen Stich ausgeführt habe und darüber hinaus auch nicht unerheblich alkoholisiert gewesen sei. „Vor diesem Hintergrund und unter Berücksichtigung der Hemmschwellentheorie sieht die Kammer im Zweifel zu Gunsten des Angeklagten einen Tötungsvorsatz als nicht mit letzter Sicherheit erwiesen an."

[25] 2. Diese Beweiserwägungen halten – auch eingedenk des eingeschränkten revisionsrechtlichen Prüfungsmaßstabs (vgl. BGH, Urteil vom 12. Januar 2012 – 4 StR 499/11, m.w.N.) – rechtlicher Nachprüfung nicht stand. Die Begründung, mit der das Landgericht meinte, dem Angeklagten nicht wenigstens bedingten Tötungsvorsatz nachweisen zu können, ist lückenhaft und teilweise widersprüchlich.

[26] a) Bedingt vorsätzliches Handeln setzt nach ständiger Rechtsprechung des Bundesgerichtshofs voraus, dass der Täter den Eintritt des tatbestandlichen Erfolges als möglich und nicht ganz fernliegend erkennt, ferner dass er ihn billigt oder sich um des erstrebten Zieles willen zumindest mit der Tatbestandsverwirklichung abfindet (BGH, Urteil vom 9. Mai 1990 – 3 StR 112/90, BGHR StGB § 15 Vorsatz, bedingter 7 m.w.N.). Bei äußerst gefährlichen Gewalthandlungen liegt es nahe, dass der Täter mit der Möglichkeit rechnet, das Opfer könne zu Tode kommen und – weil er mit seinem Handeln gleichwohl fortfährt – einen solchen Erfolg billigend in Kauf nimmt (BGH, Beschluss vom 7. Juli 1992 – 5 StR 300/92, NStZ 1992, 587, 588). Zwar können das Wissens- oder das Willenselement des Eventualvorsatzes gleichwohl im Einzelfall fehlen, so etwa, wenn dem Täter, obwohl er alle Umstände kennt, die sein Vorgehen zu einer das Leben gefährdenden Behandlung machen, das Risiko der Tötung infolge einer psychischen Beeinträchtigung – z.B. Affekt, alkoholische Beeinflussung oder hirnorganische Schädigung (BGH, Beschluss vom 16. Juli 1996 – 4 StR 326/96, StV 1997, 7; Schroth NStZ 1990, 324, 325) – zur Tatzeit nicht bewusst ist (Fehlen des Wissenselements) oder wenn er trotz erkannter objektiver Gefährlichkeit der Tat ernsthaft und nicht nur vage auf ein Ausbleiben des tödlichen Erfolges vertraut (Fehlen des Willenselements). Bei der erforderlichen Gesamtschau aller objektiven und subjektiven Tatumstände (vgl. BGH, Urteile vom 4. November 1988 – 1 StR 262/88, BGHSt 36, 1, 9 f., vom 20. Dezember 2011 – VI ZR 309/10, WM 2012, 260, 262, und vom 21. Dezember 2011 – 1 StR 400/11) darf der Tatrichter den Beweiswert offensichtlicher Lebensgefährlichkeit einer Handlungsweise für den Nachweis eines bedingten Tötungsvorsatzes nicht so gering veranschlagen, dass auf eine eingehende Auseinandersetzung mit diesen Beweisanzeichen verzichtet werden kann (BGH, Urteil vom 7. Juni 1994 – 4 StR 105/94, StV 1994, 654; vgl. zusammenfassend zuletzt BGH, Urteil vom 23. Februar 2012 – 4 StR 608/11 m.w.N.).

---

[188] BGH, Urteil vom 22.3.2012 – 4 StR 558/11; vgl. auch BGH, Urteil vom 20.6.2012 – 5 StR 514/11.

[27] b) Diese Prüfung lässt das Landgericht vermissen. Seinen knappen Ausführungen kann der Senat schon nicht die erforderliche Gesamtschau aller objektiven und subjektiven Tatumstände entnehmen. Es wird darüber hinaus nicht erkennbar, ob das Schwurgericht bereits Zweifel daran hatte, dass der Angeklagte den Eintritt des tatbestandlichen Erfolges als möglich und nicht ganz fernliegend erkannte, oder nur daran, dass er ihn billigte oder sich um des erstrebten Zieles willen mit der Tatbestandsverwirklichung abfand.

[28] aa) Soweit die Alkoholisierung des Angeklagten angesprochen wird, könnte dies für Zweifel des Landgerichts auch am Wissenselement sprechen. Abgesehen davon jedoch, dass eine maximale Alkoholkonzentration von 1,58 ‰ bei dem zur Tatzeit trinkgewohnten Angeklagten keinen Anhalt für solche Zweifel begründet, leidet das angefochtene Urteil an dieser Stelle – wie der Generalstaatsanwalt in Saarbrücken zu Recht geltend macht – an einem inneren Widerspruch: Während die Alkoholisierung bei der Prüfung des Tötungsvorsatzes als „nicht unerheblich" bezeichnet wird, geht das Schwurgericht im Zusammenhang mit § 64 StGB – in Übereinstimmung mit der gehörten Sachverständigen – von einer „lediglich geringe(n) Beeinträchtigung durch Alkohol" aus. Auch bei der Prüfung verminderter Schuldfähigkeit gelangt das sachverständig beratene Landgericht „nicht zu der Annahme einer erheblichen Beeinflussung" des Angeklagten. Es legt auch nicht dar, wieso die den Stich begleitende Bemerkung überhaupt Raum für Zweifel daran lässt, dass der Angeklagte, dem die Lebensgefährlichkeit des Messerstichs bewusst war (§ 224 Abs. 1 Nr. 5 StGB), die Möglichkeit eines tödlichen Verlaufs erkannt hat. Insgesamt ergeben sich aus den bisherigen Feststellungen keine Anhaltspunkte, die die Annahme rechtfertigen könnten, eine psychische Beeinträchtigung habe dem Angeklagten die Erkenntnis einer möglichen tödlichen Wirkung seines in den oberen Rückenbereich zielenden, in hohem Maße lebensgefährlichen Angriffs verstellt (vgl. zur Allgemeinkundigkeit dieses Umstands BGH, Urteil vom 16. April 2008 – 2 StR 95/08 und zur Entbehrlichkeit medizinischen Detailwissens BGH, Urteil vom 13. Dezember 2005 – 1 StR 410/05, NStZ 2006, 444, 445).

[29] bb) Die Annahme einer Billigung liegt nahe, wenn der Täter sein Vorhaben trotz erkannter Lebensgefährlichkeit durchführt (st. Rspr.; vgl. BGH, Beschluss vom 28. Juli 2005 – 4 StR 109/05, NStZ-RR 2005, 372; Urteil vom 18. Oktober 2007 – 3 StR 226/07, NStZ 2008, 93 f.). Hierbei sind die zum Tatgeschehen bedeutsamen Umstände – insbesondere die konkrete Angriffsweise –, die psychische Verfassung des Täters bei der Tatbegehung sowie seine Motivation in die Beweiswürdigung mit einzubeziehen (vgl. BGH, Urteile vom 27. August 2009 – 3 StR 246/09, NStZ-RR 2009, 372, und vom 27. Januar 2011 – 4 StR 502/10, NStZ 2011, 699, 702). Nach ständiger Rechtsprechung des Bundesgerichtshofs ist das Vertrauen auf ein Ausbleiben des tödlichen Erfolgs regelmäßig dann zu verneinen, wenn der vorgestellte Ablauf des Geschehens einem tödlichen Ausgang so nahe kommt, dass nur noch ein glücklicher Zufall diesen verhindern kann (BGH, Urteile vom 16. September 2004 – 1 StR 233/04, NStZ 2005, 92, vom 23. Juni 2009 – 1 StR 191/09, NStZ 2009, 629, 630, und vom 1. Dezember 2011 – 5 StR 360/11).

[30] Rechtlich tragfähige Anhaltspunkte dafür, dass der Angeklagte trotz der Lebensgefährlichkeit des Messerstichs ernsthaft und nicht nur vage (vgl. BGH, Beschluss vom 31. Oktober 1990 – 3 StR 332/90, BGHR StGB § 212 Abs. 1 Vorsatz, bedingter 24) darauf vertraut haben könnte, der Nebenkläger würde nicht zu Tode kommen, hat das Landgericht nicht festgestellt und liegen bei dem Tatgeschehen auch fern (vgl. BGH, Urteile vom 6. März 1991 – 2 StR 333/90, NStE Nr. 27

zu § 212 StGB, und vom 18. Oktober 2006 – 2 StR 340/06, NStZ 2007, 150, 151). Entgegen der Meinung des Landgerichts spricht insbesondere das Unterlassen weiterer Angriffe nicht gegen die Billigung des Todes. Nach dem Messerstich sackte der – nach dem Gutachten des gerichtsmedizinischen Sachverständigen konkret lebensbedrohlich verletzte – Nebenkläger zu Boden; es ist schon nicht festgestellt, ob der Angeklagte davon ausging, ihn bereits tödlich verletzt zu haben, so dass es aus seiner Sicht weiterer Stiche nicht bedurfte (vgl. BGH, Urteil vom 16. April 2008 – 2 StR 95/08). Außerdem brachte der Begleiter des Nebenklägers den Angeklagten mit Gewalt zu Boden und hielt ihn bis zum Eintreffen der Polizei fest; auch brach infolge der Tat ein Tumult aus. Danach liegt es nicht nahe, dass der Angeklagte überhaupt noch die Gelegenheit zu einem weiteren Messerstich auf sein am Boden liegendes Opfer hatte.

[31] cc) Soweit das Landgericht sich ergänzend auf eine „Hemmschwellentheorie“ berufen hat, hat es deren Bedeutung für die Beweiswürdigung verkannt.

[32] Es hat schon nicht mitgeteilt, was es darunter im Einzelnen versteht und in welchem Bezug eine solche „Theorie“ zu dem von ihm zu beurteilenden Fall stehen soll. Die bloße Erwähnung dieses Schlagworts wird vom Generalstaatsanwalt in Saarbrücken und vom Generalbundesanwalt daher mit Recht als „pauschal“ bzw. „formelhaft“ bezeichnet. Zwar hat auch der Bundesgerichtshof immer wieder auf die „für Tötungsdelikte deutlich höhere Hemmschwelle“ hingewiesen (vgl. nur BGH, Urteil vom 7. Juni 1994 – 4 StR 105/94, StV 1994, 654; abl. z.B. Brammsen JZ 1989, 71, 78; Fahl NStZ 1997, 392; Fischer, StGB, 59. Aufl., § 212 Rn. 15 f.; Geppert Jura 2001, 55, 59; SSW-StGB/Momsen § 212 Rn. 12; Paeffgen, FS für Puppe, 791, 797 Fn. 25, 798 Fn. 30; NK-StGB/Puppe, 3. Aufl., § 212 Rn. 97 ff.; Rissing-van Saan, FS für Geppert, 497, 505 f., 510; Roxin, Strafrecht AT, Bd. I, 4. Aufl., § 12 Rn. 79 ff.; MünchKommStGB/Schneider § 212 Rn. 48 f.; SK-StGB/Sinn § 212 Rn. 35; Trück NStZ 2005, 233, 234 f.; Verrel NStZ 2004, 233 ff.; vgl. auch Altvater NStZ 2005, 22, 23), allerdings auch gemeint, in Fällen des Unterlassens bestünden „generell keine psychologisch vergleichbaren Hemmschwellen vor einem Tötungsvorsatz“ (BGH, Urteil vom 7. November 1991 – 4 StR 451/91, NJW 1992, 583, 584; dazu Puppe NStZ 1992, 576, 577: „Anfang vom Ende der Hemmschwellentheorie“). Für Fälle des positiven Tuns hat er an das Postulat einer Hemmschwelle anknüpfend weiter ausgeführt, dass selbst die offen zutage tretende Lebensgefährlichkeit zugefügter Verletzungen ein zwar gewichtiges Indiz, nicht aber einen zwingenden Beweisgrund für einen (bedingten) Tötungsvorsatz des Täters bedeute, der Tatrichter vielmehr gehalten sei, in seine Beweiserwägungen alle Umstände einzubeziehen, welche die Überzeugung von einem Handeln mit (bedingtem) Tötungsvorsatz in Frage stellen könnten (BGH, Beschlüsse vom 3. Dezember 1997 – 3 StR 569/97, NStZ-RR 1998, 101, vom 8. Mai 2001 – 1 StR 137/01, NStZ 2001, 475, 476, und vom 2. Februar 2010 – 3 StR 558/09, NStZ 2010, 511, 512); sachlich vergleichbar fordern andere Entscheidungen vom Tatrichter, immer auch die Möglichkeit in Betracht zu ziehen, dass der Täter die Gefahr der Tötung nicht erkannt oder jedenfalls darauf vertraut habe, ein solcher Erfolg werde nicht eintreten (BGH, Beschlüsse vom 8. Mai 2008 – 3 StR 142/08, NStZ 2009, 91, und vom 22. April 2009 – 5 StR 88/09, NStZ 2009, 503; Urteil vom 25. März 2010 – 4 StR 594/09 m.w.N.). Wieder andere Entscheidungen verlangen „eine eingehende Prüfung anhand aller Umstände des Einzelfalles“ (BGH, Urteil vom 8. März 2001 – 4 StR 477/00, StV 2001, 572; ähnlich bereits BGH, Beschluss vom 27. November 1975 – 4 StR 637/75, VRS 50, 94, 95).

[33] An den rechtlichen Anforderungen ändert sich indessen nichts, wenn die zur Annahme oder Verneinung bedingten Tötungsvorsatzes führende Beweiswürdigung ohne Rückgriff auf das Postulat einer Hemmschwelle überprüft wird (BGH, Urteile vom 3. Juli 1986 – 4 StR 258/86, NStZ 1986, 549, 550, und vom 7. August 1986 – 4 StR 308/86, BGHR StGB § 212 Abs. 1 Vorsatz, bedingter 3 [jeweils: sorgfältige Prüfung], sowie vom 11. Dezember 2001 – 1 StR 408/01, NStZ 2002, 541, 542 [Ausführungen zu einer Hemmschwelle bei stark alkoholisiertem Täter ohne Motiv nicht geboten]; ebenso für Fälle affektiv erregter, alkoholisierter, ohne Motiv, spontan oder unüberlegt handelnder Täter BGH, Beschlüsse vom 21. Oktober 1986 – 4 StR 563/86, StV 1987, 92, vom 7. Juli 1999 – 2 StR 177/99, NStZ 1999, 507, 508, und vom 7. November 2002 – 3 StR 216/02, NStZ 2004, 51; Urteil vom 14. November 2001 – 3 StR 276/01; Beschluss vom 2. Dezember 2003 – 4 StR 385/03, NStZ 2004, 329, 330; Urteil vom 14. Dezember 2004 – 4 StR 465/04; Beschluss vom 20. September 2005 – 3 StR 324/05, NStZ 2006, 169, 170; Urteile vom 30. August 2006 – 2 StR 198/06, NStZ-RR 2007, 43, 44 [zusätzlich gruppendynamischer Prozess], vom 18. Januar 2007 – 4 StR 489/06, NStZ-RR 2007, 141, 142, und vom 23. Juni 2009 – 1 StR 191/09, NStZ 2009, 629, 630; Beschluss vom 6. Dezember 2011 – 3 StR 398/11; vgl. auch BGH, Beschluss vom 14. Januar 2003 – 4 StR 526/02, NStZ 2003, 369).

[34] Im Verständnis des Bundesgerichtshofs erschöpft sich die „Hemmschwellentheorie" somit in einem Hinweis auf § 261 StPO (BGH, Urteil vom 11. Januar 1984 – 2 StR 615/83, StV 1984, 187, Beschluss vom 27. Juni 1986 – 2 StR 312/86, StV 1986, 421, Urteile vom 22. November 2001 – 1 StR 369/01, NStZ 2002, 314, 315, vom 23. April 2003 – 2 StR 52/03, NStZ 2003, 603, 604, und vom 16. Oktober 2008 – 4 StR 369/08, NStZ 2009, 210, 211: jeweils sorgfältige Prüfung; vgl. weiter BGH, Urteil vom 25. November 1987 – 3 StR 449/87, NStZ 1988, 175; Beschlüsse vom 19. Juli 1994 – 4 StR 348/94, NStZ 1994, 585, und vom 25. November 2010 – 3 StR 364/10, NStZ 2011, 338, 339; Urteil vom 15. Dezember 2010 – 2 StR 531/10, NStZ 2011, 210, 211; MünchKommStGB/Schneider § 212 Rn. 48: „prozessuale Selbstverständlichkeit"). Der Bundesgerichtshof hat demgemäß immer wieder hervorgehoben, dass durch sie die Wertung der hohen und offensichtlichen Lebensgefährlichkeit von Gewalthandlungen als ein gewichtiges auf Tötungsvorsatz hinweisendes Beweisanzeichen (BGH, Urteil vom 24. April 1991 – 3 StR 493/90) in der praktischen Rechtsanwendung nicht in Frage gestellt oder auch nur relativiert werden solle (BGH, Urteile vom 24. März 1993 – 3 StR 485/92, BGHR StGB § 212 Abs. 1 Vorsatz, bedingter 35, vom 12. Januar 1994 – 3 StR 636/93, NStE Nr. 33 zu § 212 StGB, vom 11. Oktober 2000 – 3 StR 321/00, BGHR StGB § 212 Abs. 1 Vorsatz, bedingter 51, und vom 27. August 2009 – 3 StR 246/09, NStZ-RR 2009, 372), auch nicht bei Taten zum Nachteil des eigenen Kindes (BGH, Urteil vom 17. Juli 2007 – 5 StR 92/07, NStZ-RR 2007, 304, 305). Zur Verneinung des voluntativen Vorsatzelements bedarf es vielmehr in jedem Einzelfall tragfähiger Anhaltspunkte dafür, dass der Täter ernsthaft darauf vertraut haben könnte, der Geschädigte werde nicht zu Tode kommen (BGH, Urteile vom 24. März 2005 – 3 StR 402/04, vom 9. August 2005 – 5 StR 352/04, NStZ 2006, 98, 99, vom 25. Mai 2007 – 1 StR 126/07, NStZ 2007, 639, 640, und vom 16. Oktober 2008 aaO; Trück aaO S. 239 f.). Daran fehlt es hier (vgl. vorstehend unter bb).

[35] Der Hinweis des Landgerichts auf eine „Hemmschwellentheorie" entbehrt somit jedes argumentativen Gewichts. Im Übrigen hätte das Schwurgericht sich – von seinem Standpunkt aus – damit auseinander setzen müssen, dass schon der festgestellte Handlungsablauf, nämlich das wuchtige und zielgerichtete Stechen eines

Messers aus schnellem Lauf in den Rücken eines ahnungslosen Opfers, das Überwinden einer etwa vorhandenen Hemmschwelle voraussetzt (vgl. BGH, Urteil vom 16. April 2008 – 2 StR 95/08). Auch ist eine erhebliche Alkoholisierung (oder ein Handeln in affektiver Erregung und aufgrund spontanen Entschlusses) nach sicherer Erfahrung gerade besonders geeignet, eine etwa vorhandene Hemmschwelle auch für äußerst gefährliche Gewalthandlungen herabzusetzen (BGH, Urteil vom 24. Februar 2010 – 2 StR 577/09, NStZ-RR 2010, 214, 215; NK-StGB/Puppe, 3. Aufl., § 15 Rn. 93; Rissing-van Saan, aaO, S. 515; Roxin, aaO, Rn. 81; MünchKommStGB/Schneider § 212 Rn. 50; Trück aaO S. 238; Verrel aaO S. 311).

[36] dd) Nach alledem kann der Senat offen lassen, ob die zusammenfassende Bemerkung des Landgerichts, es sehe „einen Tötungsvorsatz als nicht mit letzter Sicherheit erwiesen an", nicht auf eine Überspannung der Anforderungen an die tatrichterliche Überzeugungsbildung hindeutet. Auch bedarf es keiner Entscheidung, ob hier nicht – etwa im Blick auf die den Messerstich begleitende Äußerung des Angeklagten – die Annahme direkten Tötungsvorsatzes näher liegt.

Bei der Prüfung, ob ein Täter vorsätzlich gehandelt hat, muss sowohl das **Wissens- als auch das Willenselement im Rahmen einer Gesamtschau aller objektiven und subjektiven Umstände** geprüft und durch tatsächliche Feststellungen belegt werden. Dabei liegt zwar die Annahme einer Billigung des Todes des Opfers nahe, wenn der Täter sein Vorhaben trotz erkannter Lebensgefährlichkeit durchführt. Allein aus dem Wissen um den möglichen Eintritt oder die Gefährlichkeit des Verhaltens kann aber **nicht ohne Berücksichtigung etwaiger sich aus der Tat und der Persönlichkeit des Täters ergebender Besonderheiten** geschlossen werden, dass auch das Willenselement des Vorsatzes gegeben ist.[189] **179**

[9] a) Der Angeklagte, seine Freundin L. und deren Arbeitskollegin bestiegen am 28. April 2010 am Hauptbahnhof in Nürnberg gegen 13.45 Uhr die U-Bahnlinie U2. L. trug eine Bauchtasche der Marke „Thor Steinar", deren Kleidung von der rechtsextremen Szene getragen wird. Etwa 1 $^1/_2$ Minuten danach stieg an der nächsten Haltestelle (Opernhaus) der 17-jährige B. zu, der spätere Verletzte. Er war seit ca. zwei Jahren in der „Antifa-Bewegung" politisch aktiv. Sein Blick fiel auf die Bauchtasche der Freundin des Angeklagten. Er stellte sich breitbeinig vor L. auf, beugte sich mit dem Oberkörper nach vorne und warf dieser abfällig die Worte „Thor Steinar" entgegen. Dies hörte der Angeklagte und erkannte in B. einen politischen Gegner. Verärgert über dessen abfällige Bemerkung schlug der Angeklagte mit der Faust gegen dessen Kopf. Als sich B. daraufhin dem Angeklagten zuwandte, trat dieser ihm wuchtig mit dem gestreckten Bein gegen den Oberkörper, um ihn zu verletzen. B. stürzte zu Boden und riss den Angeklagten mit sich. Es kam etwa fünf Sekunden lang zu einem Gerangel mit wechselseitigen Schlägen. Dann wurden sie von einer zusteigenden Reinigungskraft der Verkehrsbetriebe getrennt. Der Angeklagte stand auf und trat beim Weggehen einmal wuchtig mit seinem Fuß, an dem er straßentaugliche Turnschuhe trug, von der Seite gegen das Gesicht des noch am Boden liegenden B.. Dieser erlitt dadurch eine blutende Verletzung an der Nase.

[10] Der Angeklagte verließ die U-Bahn. Beim Aussteigen beschimpfte er B., der ebenfalls aufgestanden und im Aussteigen begriffen war, noch mit dem Wort Fotze.

---

189 BGH, Urteil vom 21.12.2011 – 1 StR 400/11.

Der Angeklagte fuhr die Rolltreppe nach oben. Dort traf er seine Begleiterinnen, die auf seine Aufforderung „Los raus hier" ebenfalls den Zug verlassen hatten.

[11] Wenige Sekunden nach dem Aussteigen erlitt B. einen Herzstillstand und brach auf dem Bahnsteig zusammen. Die Ursache dafür war entweder der Tritt des Angeklagten gegen den Oberkörper, bei dem der Solarplexus getroffen wurde, oder eine durch die Angriffe des Angeklagten hervorgerufene affektive Erregung.

[12] Ein zufällig anwesender Krankenpfleger leitete sofort Wiederbelebungsversuche ein. Nach wenigen Minuten übernahmen dies über die Dauer von 45 Minuten der Notarzt und mit ihm eingetroffene Sanitäter. Der Notarzt defibrillierte währenddessen neunmal und setzte die maximale Dosis an herzanregenden Mitteln ein. Als die Sanitäter B. bereits aufgegeben hatten, führte der Notarzt die Herzdruckmassage noch zehn Minuten lang durch. Unmittelbar bevor auch er abbrechen wollte, begann das Herz von B. wieder zu schlagen. B. wurde bewusstlos in ein Krankenhaus eingeliefert und für fünf Tage in ein künstliches Koma versetzt. Er musste sich zweier Herzkatheteruntersuchungen unterziehen. Er erlitt zudem ein Kompartmentsyndrom im Bereich des rechten Unterschenkels. Deshalb musste er achtmal operiert werden. Die Strafkammer konnte nicht feststellen, ob das Kompartmentsyndrom unmittelbare Folge eines Angriffs des Angeklagten gegen das rechte Bein des Opfers oder die Folge eines Anstoßes bei der Pflege des Komapatienten war. B. leidet noch immer unter Schmerzen und an den psychischen Folgen der Tat. Er ist zu 40 % schwerbehindert.

[13] Der Angeklagte hatte den Zusammenbruch seines Opfers nicht mehr gesehen. Als er von dem Fahndungsaufruf erfuhr, stellte er sich am 29. April 2011 (ein Tag nach dem Geschehen) der Polizei. Von den gravierenden Folgen seiner Tat war er sichtlich überrascht.

b) Mordmerkmale

180 Eine Verurteilung auf **wahldeutiger Tatsachengrundlage** ist auch im Hinblick auf die alternative Verwirklichung **verschiedener Mordmerkmale** rechtlich möglich. Sie setzt voraus, dass bei sämtlichen Sachverhaltsvarianten, welche der Tatrichter nach Ausschöpfung aller Beweismittel unter Ausschluss anderweitiger Geschehensabläufe für möglich erachtet, eines der Mordmerkmale erfüllt ist.[190]

[8] Die Nachprüfung des angefochtenen Urteils auf Grund der Sachrüge hat keinen Rechtsfehler zum Nachteil des Angeklagten ergeben. Die Verurteilung wegen Mordes auf wahldeutiger Tatsachengrundlage hält im Ergebnis rechtlicher Nachprüfung stand.

[9] 1. Eine Verurteilung auf wahldeutiger Tatsachengrundlage ist auch im Hinblick auf die alternative Verwirklichung verschiedener Mordmerkmale rechtlich möglich (BGH, Urteil vom 1. Dezember 1967 – 4 StR 523/67, BGHSt 22, 12 f.; Urteil vom 16. Dezember 1998 – 2 StR 340/98, NStZ-RR 1999, 106; Urteil vom 24. Februar 1999 – 3 StR 520/98, NStZ-RR 1999, 234). Sie setzt voraus, dass bei sämtlichen Sachverhaltsvarianten, welche der Tatrichter nach Ausschöpfung aller Beweismittel unter Ausschluss anderweitiger Geschehensabläufe für möglich erachtet, eines der Mordmerkmale erfüllt ist (BGH, Urteil vom 16. Dezember 1998 aaO). Die Urteils-

---

[190] BGH, Urteil vom 8.3.2012 – 4 StR 498/11.

gründe müssen in einem solchen Fall anstelle der für erwiesen erachteten Tatsachen, in denen die Merkmale der strafbaren Handlung gefunden werden, den äußeren und inneren Sachverhalt der Verhaltensweisen schildern, die nach Überzeugung des Gerichts allein in Betracht kommen; andere Möglichkeiten müssen sicher ausgeschlossen sein (BGH, Urteil vom 22. Januar 1986 – 3 StR 474/85, StV 1987, 378 m.w.N.).

[10] 2. Danach ist die vom Landgericht vorgenommene rechtliche Bewertung jedenfalls insoweit aus Rechtsgründen nicht zu beanstanden, als ihr die Annahme zu Grunde liegt, der Angeklagte habe sein Tatopfer entweder zur Verdeckung einer Straftat oder – im Fall eines einvernehmlichen vorausgegangenen Geschlechtsverkehrs – aus niedrigen Beweggründen getötet. Ob der Angeklagte im Fall eines einvernehmlichen Geschlechtsverkehrs das Tatopfer auch heimtückisch getötet hat, kann deshalb offen bleiben.

[11] a) Rechtsfehlerfrei ist die Auffassung des Landgerichts, für den Fall eines Geschlechtsverkehrs gegen den Willen des Tatopfers sei dessen anschließende Tötung als Verdeckungsmord zu beurteilen. Bei Annahme einer vorausgegangenen Vergewaltigung kommt auf der Grundlage der vom Landgericht getroffenen Feststellungen nur in Betracht, dass der Angeklagte M. R. tötete, weil er sonst die Entdeckung der Vergewaltigung befürchtete. Dass die Tötung in unmittelbarem zeitlichem Zusammenhang mit der Durchführung des Geschlechtsverkehrs stand, hindert die Annahme eines Verdeckungsmordes nicht. Die Tötung und die andere Straftat müssen nicht im Verhältnis der Tatmehrheit stehen; verdeckt oder ermöglicht werden kann auch eine in Tateinheit stehende Tat (BGH, Urteil vom 2. Dezember 1987 – 2 StR 559/87, BGHSt 35, 116, 120 f.; vgl. SSW-StGB/Momsen, § 211 Rn. 69; Fischer StGB, 59. Aufl., § 211 Rn. 70 m.w.N.).

[12] b) Die Annahme einer Tötung des Opfers aus niedrigen Beweggründen im Fall des einvernehmlichen Geschlechtsverkehrs wird von den insoweit rechtsfehlerfrei getroffenen Feststellungen des Landgerichts ebenfalls getragen.

[13] Nach der ständigen Rechtsprechung des Bundesgerichtshofs sind die Voraussetzungen des Mordmerkmals der niedrigen Beweggründe dann gegeben, wenn die Motive einer Tötung nach allgemeiner sittlicher Anschauung verachtenswert sind und auf tiefster Stufe stehen, wenn die tatmotivierende Gefühlsregung jeglichen nachvollziehbaren Grundes entbehrt oder wenn die Motive in deutlich weiterreichendem Maße als bei einem Totschlag verachtenswert erscheinen (BGH, Beschluss vom 20. August 1996 – 4 StR 361/96, BGHSt 42, 226, 228; Fischer, aaO Rn. 14). Die Beurteilung von Beweggründen als niedrig im Sinne des § 211 StGB setzt eine Gesamtwürdigung voraus, bei der dem Tatrichter ein Beurteilungsspielraum zukommt, den das Revisionsgericht nicht durch eigene Erwägungen ausfüllen kann (BGH, Urteil vom 2. Dezember 1987 – 2 StR 559/87, BGHSt 35, 116, 121 f.; Senatsurteil vom 19. Juni 2008 – 4 StR 105/08, NStZ-RR 2008, 308).

[14] Das Landgericht hat die grundlegend unterschiedlichen Erwartungen des Angeklagten einerseits und des Tatopfers M. R. andererseits an die von ihnen geführte Beziehung unter Berücksichtigung der Entwicklung vor der Tat sowie des Nachtatverhaltens des Angeklagten anlässlich seiner Begegnung mit einem Bekannten in den frühen Morgenstunden einer umfassenden Würdigung unterzogen. Dass sich der Angeklagte unmittelbar nach der Tat Gegenstände aus der Wohnung des Opfers zueignete, konnte es dabei ebenfalls in den Blick nehmen. Nach den zum Vortatgeschehen getroffenen Feststellungen war dem Angeklagten nach mehreren Gesprächen mit dem Tatopfer bewusst, dass dieses nicht dazu bereit war, rein kör-

perlich-sexuellen Bedürfnissen losgelöst von tiefer emotionaler Verbundenheit nachzugeben. Von dieser Einstellung der in ihn verliebten M. R. fühlte er sich zunehmend „genervt". Die Bewertung des Motivs des Angeklagten für die Tötung als nach allgemeiner sittlicher Anschauung verachtenswert, da er sich von dem Ansinnen des Opfers nach Aufnahme einer ernsthaften, längerfristigen Liebesbeziehung belästigt fühlte und das Verhältnis für ihn vorwiegend der sexuellen Befriedigung diente, ist danach nicht zu beanstanden. Auch zu den subjektiven Erfordernissen dieses Mordmerkmals reichen die Feststellungen aus. Der Täter muss die Umstände, welche die Niedrigkeit der Beweggründe ausmachen, ins Bewusstsein aufgenommen haben und in der Lage gewesen sein, sie gedanklich zu beherrschen und willensmäßig zu steuern (BGH, Urteil vom 17. November 1987 – 1 StR 550/87, BGHR StGB § 211 Abs. 2 niedrige Beweggründe 6 m.w.N.).

[15] c) Bedenken begegnet indes die Annahme des Landgerichts, der Angeklagte habe M. R. – einvernehmlichen Geschlechtsverkehr vorausgesetzt – auch heimtückisch getötet.

[16] Fraglich ist zum einen, ob die Strafkammer mit der Erwägung, es sei kaum ein argloserer Zustand vorstellbar als der einer jungen Frau, die mit einem Mann, für den sie Gefühle hege, den Geschlechtsverkehr ausübe, für die Beurteilung der Arg- und Wehrlosigkeit des Tatopfers auf den rechtlich zutreffenden Zeitpunkt abgestellt hat. Denn nach der Rechtsprechung des Bundesgerichtshofs kommt es für die Beurteilung der Frage, ob das Tatopfer arglos war, auf die Lage bei Beginn des ersten mit Tötungsvorsatz geführten Angriffs an (st. Rspr.; vgl. nur BGH, Urteil vom 4. Juli 1984 – 3 StR 199/84, BGHSt 32, 382, 384 f.). Das Landgericht hat jedoch gerade nicht festgestellt, dass der Angeklagte bereits zu Beginn der Ausführung des Geschlechtsverkehrs einen Tötungsvorsatz gefasst hatte. Zum anderen ist auch zweifelhaft, ob die Urteilsgründe das Ausnutzungsbewusstsein des Angeklagten hinreichend belegen.

[17] Dies bedarf indes keiner abschließenden Entscheidung durch den Senat. Der Schuldspruch wahlweise wegen Mordes in Verdeckungsabsicht bzw. aus einem sonstigen niedrigen Beweggrund ist rechtsfehlerfrei. Auf einem möglichen Rechtsfehler bei der Beurteilung der Voraussetzungen der Heimtücke kann das Urteil daher nicht beruhen (§ 337 StPO). Auch die Auffassung der Strafkammer, die Tötung habe sich im unmittelbaren zeitlichen Zusammenhang mit dem Geschlechtsverkehr ereignet, weshalb Geschehensvarianten, die das Vorliegen von Mordmerkmalen schlechthin in Frage stellen könnten, auszuschließen seien, beruht auf möglichen und damit vom Revisionsgericht hinzunehmenden Schlussfolgerungen. In diesem Zusammenhang konnte das Landgericht insbesondere den Umstand heranziehen, dass das Tatopfer zu einem Zeitpunkt getötet wurde, als es seine Hose noch nicht wieder angezogen hatte.

aa) Niedrige Beweggründe

181 **Beweggründe sind niedrig** im Sinne von § 211 Abs. 2 StGB, wenn sie nach allgemeiner sittlicher Wertung **auf tiefster Stufe** stehen und deshalb **besonders verachtenswert** sind. Die Beurteilung der Frage, ob Beweggründe zur Tat „niedrig" sind und – in deutlich weiter reichendem Maße als bei einem Totschlag – als verachtenswert erscheinen, bedarf einer Gesamtwürdigung aller äußeren und inneren für die Handlungsantriebe des Täters maßgeblichen Faktoren. Gefühlsregungen wie Eifersucht, Wut, Ärger, Hass und Rache kommen in der Regel nur dann als niedrige Beweggründe in Betracht, wenn sie ihrerseits auf niedrigen Beweggründen beruhen. Beim

Vorliegen eines **Motivbündels** beruht die vorsätzliche Tötung auf niedrigen Beweggründen, wenn das Hauptmotiv, welches der Tat ihr Gepräge gibt, nach allgemeiner sittlicher Wertung auf tiefster Stufe steht und deshalb verwerflich ist.[191]

[5] Am Tattag suchte der Angeklagte die Ehewohnung auf, traf die Geschädigte indes nicht an. Aus Wut darüber, dass diese – wie er weiterhin glaubte, wofür er aber keinerlei tatsächliche Anhaltspunkte hatte und was objektiv nicht der Fall war – im Internet Kontakte mit anderen Männern unterhielt, zerstörte er den vorhandenen Router, verließ die Wohnung und ging zur Arbeit. Nachdem die Geschädigte zurückgekehrt war und die Beschädigung bemerkt hatte, rief sie den Angeklagten an, schimpfte über sein Verhalten und forderte ihn auf, den Internetanschluss wieder herzustellen, anderenfalls werde sie die Polizei unterrichten. Daraufhin verließ der Angeklagte seine Arbeitsstelle und fuhr mit seinem Pkw zur Ehewohnung. Auf dem Weg dorthin bemerkte er seine Ehefrau zu Fuß auf der Straße. Sie hatte eine der beschädigten Komponenten des Internetanschlusses in eine Tüte gepackt und sich auf den Weg zur Polizei begeben. Nachdem der Angeklagte seine Frau angesprochen und diese ihm ihre Absicht mitgeteilt hatte, erklärte sich der Angeklagte bereit, den Internetanschluss wieder instand zu setzen. Gemeinsam fuhren beide mit dem Pkw des Angeklagten zur Ehewohnung. Unmittelbar nachdem die Eheleute diese betreten hatten, entstand zwischen ihnen eine verbale Auseinandersetzung, in deren Verlauf der Angeklagte seiner Ehefrau deren angebliche Untreue vorhielt. Diese Auseinandersetzung fand in der Küche statt, wobei der Angeklagte stand und seine Ehefrau vor ihm auf einem Stuhl saß.

[6] Im Anschluss an eine – „nicht ausschließbar" als Eingeständnis einer außerehelichen Beziehung fehlinterpretierte – Äußerung seiner Frau nahm der Angeklagte aus Wut über deren vermeintliche Untreue einen Küchenstuhl und schlug diesen mit Wucht auf den Kopf seiner ihm – „nicht ausschließbar" – mit dem Oberkörper zugewandten Ehefrau. Nachdem diese daraufhin benommen zu Boden gegangen war, ergriff der Angeklagte ein in der Küche liegendes Messer mit einer Klingenlänge von etwa 35 Zentimetern und stach damit von oben herab wuchtig mindestens fünfzehnmal auf den Brust- und Halsbereich seiner Frau ein. Er wusste, dass er ihr damit Verletzungen beibrachte, die zum Tode führen. Er wollte seine Frau auch töten, um sie für ihre vermeintliche Untreue zu bestrafen. Die Geschädigte verstarb kurze Zeit danach an dem durch die Stichverletzungen hervorgerufenen starken Blutverlust sowie einer Verletzung der rechten Herzkammer.

[7] I. Revisionen der Nebenkläger

[8] Das Landgericht hat eine Strafbarkeit des Angeklagten wegen Mordes gemäß § 211 Abs. 2 StGB (Heimtücke, Tötung aus niedrigen Beweggründen bzw. um eine andere Straftat zu verdecken) abgelehnt. Während die Verneinung eines Verdeckungsmordes nicht zu beanstanden ist, halten jedenfalls die Gründe, mit denen das Landgericht das Vorliegen des Mordmerkmals niedriger Beweggründe verneint hat, der rechtlichen Nachprüfung nicht stand.

[9] Zum Mordmerkmal der niedrigen Beweggründe hat das Landgericht ausgeführt, tatauslösend und tatbestimmend sei hier der Umstand gewesen, dass der Angeklagte mutmaßte, seine Frau habe sich einem anderen Mann zugewandt. Da der Angeklagte hierdurch das Wohl seiner Kinder und den Kontakt zu diesen gefährdet sah, sehe sich die Kammer an einer Bewertung der Tatmotivation als

---

[191] BGH, Urteil vom 16.2.2012 – 3 StR 346/11.

„niedrig" gehindert. Diese Begründung berücksichtigt wesentliche Umstände der Tat und der Motivation des Angeklagten nicht.

[10] Beweggründe sind niedrig im Sinne von § 211 Abs. 2 StGB, wenn sie nach allgemeiner sittlicher Wertung auf tiefster Stufe stehen und deshalb besonders verachtenswert sind. Die Beurteilung der Frage, ob Beweggründe zur Tat „niedrig" sind und – in deutlich weiter reichendem Maße als bei einem Totschlag – als verachtenswert erscheinen, bedarf einer Gesamtwürdigung aller äußeren und inneren für die Handlungsantriebe des Täters maßgeblichen Faktoren (st. Rspr.; vgl. BGH, Beschluss vom 15. Mai 2003 – 3 StR 149/03, NStZ 2004, 34 m.w.N.; Fischer, StGB, 59. Aufl., § 211 Rn. 15). Gefühlsregungen wie Eifersucht, Wut, Ärger, Hass und Rache kommen in der Regel nur dann als niedrige Beweggründe in Betracht, wenn sie ihrerseits auf niedrigen Beweggründen beruhen. Beim Vorliegen eines Motivbündels beruht die vorsätzliche Tötung auf niedrigen Beweggründen, wenn das Hauptmotiv, welches der Tat ihr Gepräge gibt, nach allgemeiner sittlicher Wertung auf tiefster Stufe steht und deshalb verwerflich ist (st. Rspr.; vgl. nur BGH, Urteil vom 14. Dezember 2006 – 4 StR 419/06, NStZ-RR 2007, 111; Fischer, aaO, Rn. 19).

[11] Danach begegnet die Annahme des Landgerichts, der Angeklagte habe seine Ehefrau nicht aus niedrigen Beweggründen im Sinne von § 211 Abs. 2 StGB getötet, durchgreifenden rechtlichen Bedenken. Das Urteil lässt die erforderliche Gesamtwürdigung aller äußeren und inneren für die Handlungsantriebe des Täters maßgeblichen Faktoren vermissen. Nicht berücksichtigt hat das Landgericht insbesondere, dass der Angeklagte nach den Feststellungen seine Frau auch getötet hat, um sie für ihre (vermeintliche) Untreue zu bestrafen, und dabei aus Wut über deren vermeintliche Untreue gehandelt hat. Gleichfalls nicht berücksichtigt hat es die für die Einstellung des Angeklagten gegenüber seiner Ehefrau und deren Lebensrecht bedeutsame Äußerung bei seiner polizeilichen Vernehmung, er habe nach dem Stuhlschlag gedacht, jetzt müsse er ins Gefängnis, dann mache er sie auch „kaputt". Die für das Landgericht wesentliche Annahme, der Angeklagte habe durch die – von ihm vermutete – Hinwendung seiner Ehefrau zu einem anderen Mann das Wohl seiner Kinder gefährdet gesehen, wird demgegenüber durch die Urteilsgründe nicht eindeutig belegt. Entsprechend eingelassen hat sich der Angeklagte nicht. Festgestellt hat das Landgericht insoweit lediglich, dass sich der Angeklagte bei der Zeugin K. zweimal telefonisch nach dem Wohl seiner Kinder erkundigte und bei einem Telefonat zwei Tage vor der Tat zum Ausdruck brachte, er habe Angst, infolge der – damals schon länger bestehenden – Trennung der Eheleute den Kontakt zu seinen Kindern zu verlieren. Woraus das Landgericht entnimmt, der Angeklagte habe durch die – vermutete – Hinwendung seiner Frau zu einem anderen Mann das Wohl seiner Kinder gefährdet gesehen, erschließt sich danach aus den Urteilsgründen nicht.

182 Aus **niedrigen Beweggründen** tötet, wer sich maßgeblich von einem oder mehreren **Handlungsantrieben** leiten lässt, die **nach allgemeiner sittlicher Wertung auf tiefster Stufe stehen** und deshalb **verwerflich** sind. Ob dies der Fall ist, muss im Einzelfall auf der Grundlage einer Gesamtwürdigung aller äußeren und inneren Faktoren beurteilt werden, die für die Motivbildung von Bedeutung waren. Beruht die Tötung auf Gefühlsregungen wie Wut, Zorn oder Verärgerung, denen jedermann mehr oder weniger stark erliegen kann, kommt es für die Beurteilung auf die zugrunde liegende Gesinnung des Täters an.[192]

---

[192] BGH, Urteil vom 30.8.2012 – 4 StR 84/12.

[14] 2. Das Vorliegen niedriger Beweggründe hat das Landgericht mit der Begründung abgelehnt, dass der Angeklagte zwar vornehmlich aus Wut über das Verlassenwerden gehandelt habe, doch lasse sich nicht feststellen, dass die Tat aus schlechthin unverständlichen und verachtenswerten Motiven heraus begangen worden sei (UA 30 f.). Diese Ausführungen lassen eine sachlich-rechtliche Überprüfung nicht zu und geben Anlass zu der Besorgnis, dass wichtige Umstände der Tat und zur Motivation des Angeklagten nicht berücksichtigt worden sind.

[15] a) Aus niedrigen Beweggründen tötet, wer sich maßgeblich von einem oder mehreren Handlungsantrieben leiten lässt, die nach allgemeiner sittlicher Wertung auf tiefster Stufe stehen und deshalb verwerflich sind (st. Rspr.; vgl. BGH, Urteil vom 25. Juli 1952 – 1 StR 272/52, BGHSt 3, 132; Urteil vom 24. Mai 2012 – 4 StR 62/12, Rn. 17). Ob dies der Fall ist, muss im Einzelfall auf der Grundlage einer Gesamtwürdigung aller äußeren und inneren Faktoren beurteilt werden, die für die Motivbildung von Bedeutung waren (st. Rspr.; vgl. BGH, Urteil vom 24. Mai 2012 – 4 StR 62/12, Rn. 17; Urteil vom 16. Februar 2012 – 3 StR 346/11, Rn. 10; Urteil vom 14. Dezember 2000 – 4 StR 375/00, StV 2001, 228, 229). Beruht die Tötung auf Gefühlsregungen wie Wut, Zorn oder Verärgerung, denen jedermann mehr oder weniger stark erliegen kann, kommt es für die Beurteilung auf die zugrunde liegende Gesinnung des Täters an (st. Rspr.; vgl. BGH, Beschluss vom 10. Januar 2006 – 5 StR 341/05, NJW 2006, 1008, 1011; Urteil vom 14. Oktober 1987 – 3 StR 145/87, BGHR § 211 Abs. 2 niedrige Beweggründe 8; MüKo-StGB/Schneider § 211 Rn. 71).

[16] b) Das Landgericht hat sich mit der Grundhaltung des Angeklagten, die seiner Wut über das Verlassenwerden zugrunde lag, nicht erkennbar auseinandergesetzt. Auch im Übrigen fehlt es an der erforderlichen Gesamtwürdigung. Nach den Feststellungen ging der Angeklagte davon aus, dass die Nebenklägerin zu ihm gehöre und – wie auch die gemeinsamen Kinder – zu tun habe, was er wünsche. Ihren Trennungswunsch ignorierte er ebenso, wie ein polizeiliches Rückkehrverbot und die Entscheidung des seinem Kulturkreis angehörenden Ältestenrates, den er zuvor selbst als Autorität angerufen hatte. Der direkte Tötungsvorsatz und die „hinrichtungsgleiche“ Tatausführung deuten darauf hin, dass es dem Angeklagten vornehmlich darum ging, seine Wut in einer Bestrafung der Nebenklägerin abzureagieren. Bei dieser Sachlage hätte erörtert werden müssen, ob die tatauslösende Gefühlsregung des Angeklagten auf einer Grundhaltung beruhte, die durch eine ungehemmte Eigensucht, exklusive Besitzansprüche und eine unduldsame Selbstgerechtigkeit gekennzeichnet ist. Eine solche Grundhaltung steht nach allgemeiner sittlicher Bewertung auf tiefster Stufe (vgl. BGH, Urteil vom 25. Juli 1952 – 1 StR 272/52, BGHSt 3, 132, 133; Beschluss vom 20. August 1996 – 4 StR 361/96, BGHSt 42, 226, 227; Urteil vom 16. Februar 2012 – 3 StR 346/11, Rn. 11).

[17] III. Zur Revision des Nebenklägers R.

[18] 1. Die Revision des Nebenklägers R. hat Erfolg, weil das Landgericht bei der Prüfung einer versuchten Tötung aus niedrigen Beweggründen im Sinne von § 211 Abs. 2 StGB ein nach den Feststellungen naheliegendes als niedrig zu bewertendes Tatmotiv nicht erörtert hat.

[19] a) Ein niedriger Beweggrund kann auch gegeben sein, wenn sich der Täter zur Tötung eines Menschen entschließt, um sich einer berechtigten Festnahme zu entziehen und ungehindert entkommen zu können. Dieser Tatantrieb muss in aller Regel ebenso beurteilt werden, wie die in § 211 Abs. 2 StGB ausdrücklich hervorgehobene Verdeckungsabsicht, weil es dem Täter in beiden Fällen darum geht, sich sei-

ner Verantwortung für begangenes Unrecht unter Inkaufnahme des Todes eines Menschen zu entziehen (BGH, Urteil vom 14. Juli 1970 – 1 StR 68/70, MDR 1971, 722 bei Dallinger; Urteil vom 14. Oktober 1987 – 3 StR 145/87, BGHR § 211 Abs. 2 niedrige Beweggründe 8; vgl. auch BGH, Urteil vom 23. Dezember 1998 – 3 StR 319/98, StV 2000, 74, 75; Urteil vom 14. Juli 1988 – 4 StR 210/88, BGHR § 211 Abs. 2 niedrige Beweggründe 11; MüKo-StGB/Schneider, § 211 Rn. 78; LK-StGB/Jähnke, 11. Aufl., § 211 Rn. 25).

[20] b) Nach den Feststellungen wurde der Angeklagte nach dem Schuss auf die Nebenklägerin G. durch den Nebenkläger R. daran gehindert, unverzüglich mit seinem Auto zu fliehen. Als er sich aus dieser Lage mit dem Schuss in das Gesicht des Nebenklägers befreit hatte, verließ er – wie von vorneherein geplant – fluchtartig den Tatort. Danach hätte sich das Landgericht mit der Frage befassen müssen, ob sich der Angeklagte den Fluchtweg mit zumindest bedingtem Tötungsvorsatz freigeschossen und deshalb bei der Abgabe des zweiten Schusses aus einem niedrigen Beweggrund gehandelt hat.

183 Gefühlsregungen wie Eifersucht, Wut, Ärger, Hass und Rache kommen nach der Rechtsprechung in der Regel nur dann als **niedrige Beweggründe** in Betracht, wenn sie ihrerseits auf niedrigen Beweggründen beruhen, was am ehesten der Fall ist, wenn diese **Gefühlsregungen jeglichen nachvollziehbaren Grund entbehren**. Der Täter muss weiterhin die tatsächlichen Umstände, welche die Niedrigkeit der Beweggründe ausmachen, in ihrer Bedeutung für die Tatausführung in sein Bewusstsein aufgenommen und erkannt haben sowie – insbesondere auch bei affektiver Erregung und gefühlsmäßigen oder triebhaften Regungen, wie dies etwa Verärgerung, Wut und Eifersucht sind – in der Lage gewesen sein, sie gedanklich zu beherrschen und willensmäßig zu steuern.[193]

[12] a) Die Ablehnung niedriger Beweggründe hat das Landgericht im Wesentlichen wie folgt begründet:

[13] Die Voraussetzungen für die Annahme einer Tötung aus niedrigen Beweggründen im Sinne des § 211 Abs. 2 StGB aus krankhaft übersteigerter Eifersucht oder zur Verhinderung der Trennung seitens der Partnerin seien nicht erfüllt. Die Kammer sehe hier vielmehr ein facettenreiches Motivbündel. Das Verhältnis des Angeklagten zu seiner Ehefrau habe in den letzten Wochen vor der Tat einer „emotionalen Achterbahnfahrt" geglichen. Die Beziehung zwischen den Eheleuten sei von heftigen Streitigkeiten geprägt gewesen, die mit intensiven Versöhnungen abwechselten. Schließlich hätten die Konflikte in der Eröffnung der Ehefrau gegipfelt, sie habe einen anderen Mann. Der Angeklagte habe mithin begründeten Anlass zur Eifersucht gehabt, verbunden mit der Erkenntnis und der Angst, nunmehr endgültig von seiner Ehefrau verlassen zu werden, sei aber auch enttäuscht und verzweifelt über das unwiderrufliche Ende seiner bisherigen Lebens- und Familienverhältnisse und insbesondere über das Verhalten seiner Tochter gewesen. Diese Beweggründe stünden nach allgemeiner sittlicher Wertung nicht auf tiefster Stufe und würden nicht in deutlich weiterreichendem Maße als bei einem Totschlag als verwerflich und deshalb als besonders verachtenswert erscheinen; vielmehr habe sich der Angeklagte aus einem in gewisser Weise noch emotional nachvollziehbaren Konglomerat aus Eifer-

[193] BGH, Urteil vom 1.3.2012 – 3 StR 425/11.

sucht, Enttäuschung, großer Verzweiflung, narzisstisch geprägter Wut, aber auch aus endgültiger Verlustangst zur Tat entschlossen.

[14] Diese Begründung lässt Rechtsfehler nicht erkennen. Beweggründe sind niedrig im Sinne von § 211 Abs. 2 StGB, wenn sie nach allgemeiner sittlicher Wertung auf tiefster Stufe stehen und deshalb besonders verachtenswert sind. Die Beurteilung der Frage, ob Beweggründe zur Tat niedrig sind und – in deutlich weiter reichendem Maße als bei einem Totschlag – als verachtenswert erscheinen, erfordert eine Gesamtwürdigung aller äußeren und inneren für die Handlungsantriebe des Täters maßgeblichen Faktoren (st. Rspr.; vgl. etwa BGH, Beschluss vom 15. Mai 2003 – 3 StR 149/03, NStZ 2004, 34 m.w.N.; Fischer, StGB, 59. Aufl., § 211 Rn. 15). Gefühlsregungen wie Eifersucht, Wut, Ärger, Hass und Rache kommen nach der Rechtsprechung in der Regel nur dann als niedrige Beweggründe in Betracht, wenn sie ihrerseits auf niedrigen Beweggründen beruhen, was am ehesten der Fall ist, wenn diese Gefühlsregungen jeglichen nachvollziehbaren Grund entbehren (vgl. BGH, Beschluss vom 22. Juli 2010 – 4 StR 180/10, NStZ 2011, 35 m.w.N.). Der Täter muss weiterhin die tatsächlichen Umstände, welche die Niedrigkeit der Beweggründe ausmachen, in ihrer Bedeutung für die Tatausführung in sein Bewusstsein aufgenommen und erkannt haben sowie – insbesondere auch bei affektiver Erregung und gefühlsmäßigen oder triebhaften Regungen, wie dies etwa Verärgerung, Wut und Eifersucht sind – in der Lage gewesen sein, sie gedanklich zu beherrschen und willensmäßig zu steuern (st. Rspr.; vgl. Fischer, aaO, Rn. 82 m.w.N.). Beim Vorliegen eines Motivbündels beruht die vorsätzliche Tötung auf niedrigen Beweggründen, wenn das Hauptmotiv, welches der Tat ihr Gepräge gibt, nach allgemeiner sittlicher Wertung auf tiefster Stufe steht und deshalb verwerflich ist (vgl. BGH, Urteil vom 14. Dezember 2006 – 4 StR 419/06, NStZ-RR 2007, 111; Fischer, aaO, Rn. 19).

[15] Daran gemessen ist es revisionsrechtlich nicht zu beanstanden, dass das Landgericht auf der Grundlage der getroffenen Feststellungen keine Tötung aus niedrigen Beweggründen angenommen hat. Es hat die für die Beurteilung der Tötungsmotive des Angeklagten erforderliche umfassende Gesamtwürdigung angestellt und dabei alle für die Bewertung seiner Handlungsantriebe bedeutsamen Umstände berücksichtigt. Gegen das vom Landgericht auf diese Weise gewonnene Ergebnis, dass die Beweggründe des Angeklagten nach allgemeiner sittlicher Wertung nicht auf tiefster Stufe stehen, nicht in deutlich weiterreichendem Maße als bei einem Totschlag als verwerflich und deshalb nicht als besonders verachtenswert erscheinen, ist aus Rechtsgründen nichts zu erinnern.

Ob ein Beweggrund niedrig ist, beurteilt sich aufgrund einer **Gesamtwürdigung**, **184**
welche alle äußeren und inneren für die Handlungsantriebe des Täters maßgeblichen Faktoren einschließt.[194]

[16] 3. Die Revision rügt jedoch zu Recht, dass das Landgericht eine Tötung aus niedrigen Beweggründen im Sinne des § 211 Abs. 2 StGB nicht erkennbar geprüft hat. Hierzu bestand jedoch nach den Feststellungen Anlass. Dem entsprechend waren Ausführungen dazu in den Urteilsgründen erforderlich, um dem Revisionsgericht die sachlich-rechtliche Überprüfung des Urteils zu ermöglichen.

[194] BGH, Urteil vom 24.5.2012 – 4 StR 62/12.

[17] a) Ein Beweggrund ist nach ständiger Rechtsprechung des Bundesgerichtshofs niedrig, wenn er nach allgemeiner sittlicher Wertung auf tiefster Stufe steht und deshalb besonders verachtenswert ist; ob dies der Fall ist, beurteilt sich aufgrund einer Gesamtwürdigung, welche alle äußeren und inneren für die Handlungsantriebe des Täters maßgeblichen Faktoren einschließt (BGH, Urteile vom 2. Dezember 1987 – 2 StR 559/87, BGHSt 35, 116, 126 f.; vom 19. Oktober 2001 – 2 StR 259/01, 47, 128, 130 m.w.N.).

[18] An dieser Gesamtwürdigung fehlt es hier. Das Landgericht hätte vor allem berücksichtigen müssen, dass sich nach den Feststellungen – worauf der Generalbundesanwalt zu Recht hinweist – der bedingte Tötungsvorsatz als Fortsetzung der im Zusammenhang mit dem sexuellen Missbrauch begangenen Körperverletzung darstellt. Der Angeklagte hat das laute Schreien und Weinen des Kindes, das zumindest auch Auslöser für die Tötung war, durch dessen brutale Misshandlung selbst verursacht. Denn das Kind hatte vor dem sexuellen Missbrauch ruhig auf dem Sofa gelegen und begann nur deshalb zu schreien und konnte nicht mehr beruhigt werden, weil der Angeklagte ihm im Zusammenhang mit der analen Penetration erhebliche Schmerzen zugefügt hatte. In dieser Situation schüttelte der Angeklagte das Kind so heftig, dass sein Kopf mindestens fünf Mal zur Seite flog, versetzte ihm mehrere Backpfeifen und schlug ihm so stark gegen den Bauchraum, dass Milz und Leber einrissen.

[19] Mit Rücksicht auf diese Feststellungen hätte das Landgericht im Rahmen der erforderlichen Gesamtbetrachtung den schweren sexuellen Missbrauch des Kindes zu dem sich in kurzem zeitlichen Abstand anschließenden, zu seinem Tode führenden Gewaltexzess in Bezug setzen und erörtern müssen, ob und inwieweit sich hieraus Rückschlüsse auf die bei der Tötung wirksamen Handlungsantriebe des Angeklagten ziehen lassen. So lag es zumindest nahe und hätte vom Landgericht in den Blick genommen werden müssen, dass der Angeklagte durch die zum Tod führenden massiven Gewalthandlungen die von ihm selbst verursachten Schmerzensschreie des Kindes beenden wollte.

[20] Der Bundesgerichtshof nimmt bei Tötungen aus nichtigem, nicht nachvollziehbarem Anlass – etwa aus Wut und Verärgerung – besonders verwerfliche Tötungsmotive im Sinne von § 211 Abs. 2 StGB an, wenn die zugrunde liegenden Antriebsregungen ihrerseits auf einer niedrigen Gesinnung beruhen (BGH, Urteil vom 1. Oktober 2005 – 1 StR 195/05, NStZ 2006, 284, 285 m.w.N.; Urteil vom 19. Oktober 2011 – 1 StR 273/11). Erst recht muss diese Wertung regelmäßig gelten, wenn der Täter den äußeren Impuls, der sein zur Tötung des Opfers führendes Handeln ausgelöst hat, durch vorangegangenes Verhalten selbst herbeigeführt hat. Selbst wenn der Angeklagte das Kind allein deshalb getötet haben sollte, weil es nicht aufhörte zu schreien und er es durch sein Handeln „nur" zum Schweigen bringen bzw. ruhig stellen wollte, kann dies vor dem Hintergrund, dass er selbst durch den sexuellen Missbrauch für die Schmerzensschreie die Ursache gesetzt hatte, auf einen nach allgemeiner sittlicher Wertung auf tiefster Stufe stehenden und deshalb besonders verachtenswerten Handlungsantrieb hindeuten. Insoweit ist der vorliegende Sachverhalt nicht mit Fällen des zum Tode führenden Schüttelns von Kleinkindern vergleichbar, in denen der Täter handelt, weil er sich mit der Versorgung des Säuglings nervlich überfordert fühlt (vgl. BGH, Urteil vom 14. Dezember 2006 – 4 StR 419/06, NStZ-RR 2007, 111). Dies gilt hier auch deshalb, weil der Angeklagte über das Schütteln des Kindes hinaus weitere massive Gewalthandlungen begangen hat.

Ein **eklatantes Missverhältnis zwischen Anlass und Tat** kann zur Annahme niedriger Beweggründe führen.[195] 185

[2] 1. Die Annahme des Landgerichts, der Angeklagte habe die Tötung aus niedrigen Beweggründen begangen, hält rechtlicher Überprüfung nicht stand. Die Schwurgerichtskammer ist davon ausgegangen, der Angeklagte sei aus Wut und Verärgerung über seine fristlose Kündigung bzw. Nichterklärung dieser Kündigung in das Pflegeheim eingedrungen, um durch Verletzung einer dort untergebrachten Person einen „Störfall" in der Pflegeeinrichtung herbeizuführen. Zur mit bedingtem Vorsatz getragenen Tötungshandlung an dem Tatopfer, einer 87-jährigen, an Demenz erkrankten Bewohnerin, sei es erst gekommen, nachdem der Angeklagte sich aus einem in der Hauptverhandlung nicht näher feststellbaren Grund, etwa weil das Tatopfer Geräusche von sich gegeben habe, veranlasst gesehen habe, dieses nunmehr „ruhig zu stellen". Darin liege ein eklatantes Missverhältnis zwischen Anlass und Tat. Ein auf einer derartigen Motivation beruhendes Handeln stehe insbesondere vor dem Hintergrund, dass der Angeklagte willkürlich eine unbeteiligte Person zum Opfer gemacht habe, sittlich auf tiefster Stufe und sei deshalb als besonders verwerflich und verachtenswert anzusehen (UA S. 48).

[3] Dies rechtfertigt die Annahme niedriger Beweggründe nicht. Das Landgericht hat den konkreten Anlass, der den Angeklagten bewogen hat, das Tatopfer mit bedingtem Tötungsvorsatz zu würgen, in der Hauptverhandlung nicht feststellen können. Ohne Kenntnis dieses Umstands aber lässt sich ein „eklatantes Missverhältnis zwischen Anlass und Tat", wie es in der Rechtsprechung des Bundesgerichtshofs zur Annahme niedriger Beweggründe führen kann, nicht belegen. Dass ein Angeklagter aus Verärgerung über seine Kündigung willkürlich eine unbeteiligte (und darüber hinaus wehrlose) Person zum Opfer macht und deshalb tötet, könnte zwar grundsätzlich Grundlage für die Annahme niedriger Beweggründe sein; doch bezieht sich die entsprechende Feststellung des Landgerichts zur Motivation und zum Vorgehen des Angeklagten auf einen der Tötung vorangehenden Zeitpunkt, zu dem er noch ohne Tötungsvorsatz handelte. Sie kann deshalb hier zur Begründung des Mordmerkmals der niedrigen Beweggründe nicht herangezogen werden. Maßgeblich sind vielmehr die Umstände, die den Angeklagten nach vorangegangenem, lediglich mit Körperverletzungsvorsatz getragenem ersten Übergriff auf das Tatopfer bewogen haben, sein Handeln nunmehr mit billigender Inkaufnahme des Todes fortzusetzen. Hierzu aber hat das Landgericht gerade keine sicheren, tragfähigen Feststellungen treffen können.

bb) Heimtücke

Heimtückisch handelt, wer in **feindlicher Willensrichtung** die Arg- und Wehrlosigkeit des Opfers bewusst zu dessen Tötung ausnutzt. Arglos ist das Tatopfer, wenn es bei Beginn des ersten mit Tötungsvorsatz geführten Angriffs nicht mit einem gegen seine körperliche Unversehrtheit gerichteten schweren oder doch erheblichen Angriff rechnet. Ein bloßer, **der Tat vorausgegangener Wortwechsel**, eine **nur feindselige Atmosphäre** oder ein **generelles Misstrauen** schließen die **Heimtücke nicht** aus, wenn das Opfer hieraus noch nicht die Gefahr einer Tätlichkeit entnimmt. 186

[195] BGH, Beschluss vom 27.3.2012 – 2 StR 476/11.

Arg- und Wehrlosigkeit können aber auch gegeben sein, wenn der Täter zunächst nur mit Körperverletzungsvorsatz handelt, und dann unter bewusster Ausnutzung des Überraschungseffekts unmittelbar zur Tötung übergeht und es dem Opfer infolge des überraschenden Angriffs nicht möglich ist, sich Erfolg versprechend zur Wehr zu setzen.[196]

[16] b) Einen Heimtückemord hat das Landgericht mit folgenden Ausführungen verneint:

[17] Nicht mit hinreichender Sicherheit festzustellen seien bereits die objektiven Voraussetzungen der Heimtücke. Als der Angeklagte sich am Morgen des 26. Oktober 2010 zu seiner Frau in den Pkw gesetzt habe, habe diese sich zwar offensichtlich keines Angriffs versehen. Nach der Einlassung des Angeklagten habe sich die Gesprächssituation im Fahrzeug für die Eheleute nicht als ungewöhnlich dargestellt, so dass sie über das plötzliche Erscheinen ihres Ehemannes lediglich erschrocken und ungehalten gewesen sei, nicht aber mit Gewalttätigkeiten seinerseits gerechnet habe. In diesem Verhalten (des Angeklagten) sei aber noch nicht der Beginn der Tötungshandlung zu sehen. Der Angeklagte habe zwar bereits einen bedingten Tatentschluss gefasst gehabt, als er das Küchenmesser eingesteckt habe, weil lediglich die Tatausführung, nicht aber der (grundsätzliche) Wille zur Tat davon abhängig war, wie das von ihm angestrebte Gespräch mit seiner Frau verlaufen werde. Die Schwelle zum „jetzt geht es los", sei nach seinem Tatplan jedoch erst erreicht gewesen, als der Angeklagte das Messer gezogen habe, nachdem es zu einer heftigen verbalen Auseinandersetzung und Faustschlägen gekommen sei, durch die das Opfer gleichsam vorgewarnt gewesen sei.

[18] Arglosigkeit des Tatopfers sei allerdings auch dann anzunehmen, wenn der überraschende Angriff zwar zunächst nicht mit Tötungsvorsatz, sondern nur mit Verletzungsvorsatz geführt werde, jedoch der ursprüngliche Verletzungswille derart schnell in Tötungsvorsatz umschlage, dass der Überraschungseffekt bis zu dem Zeitpunkt andauere, in dem der Täter zu dem auf Tötung gerichteten Angriff übergehe. Bestehe die Situation völlig unverändert weiter und bleibe dem Opfer keine Zeit zu irgendwie gearteten Gegenmaßnahmen, nehme die Tat also vom ersten Angriff an ihren ganz ungehemmten und nicht zu hemmenden Fortgang, so sei das Opfer arglos.

[19] Im vorliegenden Fall sei indes nicht sicher festzustellen, wie viel Zeit zwischen dem ersten, auf die Äußerung der Ehefrau hin geführten Faustschlag bis zu dem Moment vergangen sei, als der Angeklagte in Tötungsabsicht das Messer gezogen und damit auf seine Ehefrau eingewirkt habe. Die zahlreichen, von der gerichtsmedizinischen Sachverständigen dargestellten Hämatome an Kopf und Körper sowie der Nasenbeinbruch ließen durchaus auf eine längere Zeitdauer schließen. Dann sei aber möglich, dass die Angegriffene aufgrund der länger andauernden Tätlichkeiten zum Zeitpunkt des ersten Messereinsatzes gerade nicht mehr arglos gewesen sei. Die Abwehrverletzungen sprächen zudem gegen deren Wehrlosigkeit ebenso wie der Umstand, dass es ihr gelungen sei, aus dem Fahrzeug hinauszukommen, auch wenn sie es nicht geschafft habe, dem Angeklagten endgültig zu entrinnen oder in irgendeiner Form mäßigend auf ihn einzuwirken. Dementsprechend könne nicht festge-

---

[196] BGH, Urteil vom 1.3.2012 – 3 StR 425/11; zur Beweisführung beim Heimtückemord vgl. BGH, Beschluss vom 29.3.2012 – 2 StR 575/11.

stellt werden, dass das Opfer zu Beginn des mit Tötungsvorsatz geführten Angriffs noch infolge Arglosigkeit wehrlos gewesen sei.

[20] Diese Begründung hält rechtlicher Prüfung ebenfalls stand. Heimtückisch handelt, wer in feindlicher Willensrichtung die Arg- und Wehrlosigkeit des Opfers bewusst zu dessen Tötung ausnutzt. Arglos ist das Tatopfer, wenn es bei Beginn des ersten mit Tötungsvorsatz geführten Angriffs nicht mit einem gegen seine körperliche Unversehrtheit gerichteten schweren oder doch erheblichen Angriff rechnet. Ein bloßer, der Tat vorausgegangener Wortwechsel, eine nur feindselige Atmosphäre oder ein generelles Misstrauen schließen die Heimtücke nicht aus, wenn das Opfer hieraus noch nicht die Gefahr einer Tätlichkeit entnimmt. Erforderlich ist vielmehr für die Beseitigung der Arglosigkeit auch bei einem vorangegangenen Streit, dass das Opfer mit einem tätlichen Angriff rechnet (vgl. BGH, Urteil vom 15. Februar 2007 – 4 StR 467/06 m.w.N.). Das Opfer muss weiter gerade aufgrund seiner Arglosigkeit wehrlos sein. Arg- und Wehrlosigkeit können aber auch gegeben sein, wenn der Täter zunächst nur mit Körperverletzungsvorsatz handelt, und dann unter bewusster Ausnutzung des Überraschungseffekts unmittelbar zur Tötung übergeht und es dem Opfer infolge des überraschenden Angriffs nicht möglich ist, sich Erfolg versprechend zur Wehr zu setzen, so dass die hierdurch geschaffene Situation bis zur Tötungshandlung fortdauert (vgl. BGH, Urteile 19. Juni 2008 – 1 StR 217/08, NStZ 2009, 29, 30; vom 2. April 2008 – 2 StR 621/07, NStZ-RR 2008, 238; vom 27. Juni 2006 – 1 StR 113/06, NStZ 2006, 502, 503; vom 20. Juli 2004 – 1 StR 145/04, juris Rn. 6 sowie vom 22. Januar 2004 – 4 StR 319/03, NStZ-RR 2004, 234; vgl. auch schon BGH, Urteile vom 9. Dezember 1986 – 1 StR 596/86, BGHR StGB § 211 Abs. 2 Heimtücke 3; vom 15. Dezember 1992 – 1 StR 699/92, BGHR StGB § 211 Abs. 2 Heimtücke 16 und vom 24. Februar 1999 – 3 StR 520/98, BGHR StGB § 211 Abs. 2 Heimtücke 27).

[21] Daran gemessen hat sich das Landgericht mit den Voraussetzungen einer heimtückischen Tötung im Sinne des § 211 Abs. 2 StGB rechtsfehlerfrei befasst. Zutreffend hat es zunächst angenommen, dass ein von Tötungsvorsatz getragener Angriff nicht schon beim Einsteigen des Angeklagten in das Fahrzeug vorlag, da er zu diesem Zeitpunkt nur einen bedingten Tötungsentschluss gefasst hatte und es noch offen war, ob die Bedingung für dessen tatsächliche Umsetzung eintreten werde. Entgegen der Ansicht des Generalbundesanwalts ist das Landgericht weiterhin davon ausgegangen, dass der Angeklagte auch bei den zunächst mit Fäusten verübten Tätlichkeiten gegen seine Ehefrau noch mit Verletzungsvorsatz handelte und erst die sich anschließende Verwendung des Messers von Tötungsvorsatz getragen war. Dabei hat es sich auch mit der Möglichkeit des Vorliegens einer heimtückischen Tötung bei einem überraschenden – mit Körperverletzungsvorsatz geführten – Angriff auseinandergesetzt und einen solchen – auf der Grundlage einer rechtsfehlerfreien Beweiswürdigung – mit tragfähiger Begründung im Hinblick darauf abgelehnt, dass eine längere Zeitspanne zwischen dem ersten, mit Fäusten geführten Angriff des Angeklagten und dem Hervorholen des Messers verstrichen war und es daher möglich erscheint, dass das Opfer beim ersten mit Tötungsvorsatz ausgeführten Angriff nicht (mehr) arglos und – angesichts der Abwehrhandlungen gegen die ersten Messerangriffe und der sich anschließenden, kurzzeitig erfolgreichen Flucht – auch nicht mehr wehrlos war.

Heimtückisch handelt, wer in feindlicher Willensrichtung die Arg- und Wehrlosigkeit des Opfers bewusst zu dessen Tötung ausnutzt. **Arglos** ist das Tatopfer, wenn es bei Beginn des ersten mit Tötungsvorsatz geführten Angriffs nicht mit einem **187**

gegen seine körperliche Unversehrtheit gerichteten schweren oder doch erheblichen Angriff rechnet. Das Opfer muss weiter gerade aufgrund seiner Arglosigkeit wehrlos sein. Arg- und Wehrlosigkeit können auch gegeben sein, wenn der Tat eine feindselige Auseinandersetzung vorausgeht, das Tatopfer aber nicht (mehr) mit einem erheblichen Angriff gegen seine körperliche Unversehrtheit rechnet. Voraussetzung heimtückischer Begehungsweise ist weiter, dass der Täter die von ihm erkannte Arg- und Wehrlosigkeit des Opfers bewusst zur Tatbegehung ausnutzt.[197]

[2] Nach den Feststellungen des Landgerichts im Fall III. 1. der Urteilsgründe beabsichtigten zahlreiche Polizeibeamte, am frühen Morgen des 28. August 2010 in Mönchengladbach auf einem Uferweg der Niers eine etwa acht- bis zehnköpfige Personengruppe zu kontrollieren, der mehrere Verwandte des damals 20 Jahre alten Angeklagten angehörten. Die Anwesenden kamen jedoch der Aufforderung, sich auszuweisen, nicht nach, beschimpften die Polizisten und machten sich über diese lustig. Der Zeuge S. verhielt sich besonders aggressiv. Er wurde daraufhin fixiert, wogegen er sich wehrte. Nach einem Gerangel brachten ihn schließlich mehrere Polizeibeamte, zu denen der zivil gekleidete Nebenkläger gehörte, zu Boden und hielten ihn fest. Dabei kniete der Nebenkläger in gebückter Haltung seitlich auf dem Zeugen und fixierte dessen Kopf und Schultern. Der Angeklagte, dessen Blutalkoholkonzentration 1,81 Promille betrug, befand sich mit Freunden in einer in der Nähe gelegenen Wohnung. Er wurde auf das Geschehen aufmerksam und verließ mit dem Ruf „Mein Vater!“ eilig das Haus. Er lief auf die Stelle zu, an welcher der Zeuge S. von mittlerweile vier Polizeibeamten fixiert wurde und rief immer wieder: „Lass meinen Bruder in Ruhe, lass meinen Bruder in Ruhe!“. Der Versuch eines Polizeibeamten, den Angeklagten durch einen sog. Bodycheck zu Fall zu bringen, misslang. Nachdem der Angeklagte die Personengruppe erreicht hatte, versuchte er, mit dem Ruf „Das ist mein Bruder, das ist mein Bruder!“ einen Polizeibeamten von dem Zeugen S. wegzuziehen. Er wurde jedoch von drei weiteren Polizisten gepackt und einige Meter weggebracht; dabei schlug er wild um sich. Einen kurzen Moment der Passivität der Polizeibeamten nutzte er, riss sich los, überbrückte mit wenigen Schritten die Distanz zu dem am Boden fixierten Zeugen S. und trat dem Nebenkläger in vollem Lauf und mit großer Wucht in das Gesicht. Der Nebenkläger versah sich zu diesem Zeitpunkt keines Angriffs durch den Angeklagten; er konzentrierte sich auf den Zeugen S. und vertraute darauf, dass seine Kollegen die übrigen vor Ort anwesenden Personen in Schach und von ihm fernhalten würden. Er wurde durch den Tritt des Angeklagten schwer verletzt. Der Angeklagte wurde sodann u.a. durch den Einsatz eines Diensthundes überwältigt, festgenommen und zu einem Polizeiwagen verbracht. Hiergegen wehrte er sich, schlug um sich und rief: „Ich mach euch fertig, ihr Dreckschweine!“.

[3] 1. Die Würdigung des Landgerichts, der Angeklagte habe bei seinem Fußtritt in das Gesicht des Nebenklägers heimtückisch im Sinne des § 211 Abs. 2 StGB gehandelt, hält sachlichrechtlicher Nachprüfung nicht stand.

[4] a) Heimtückisch handelt, wer in feindlicher Willensrichtung die Arg- und Wehrlosigkeit des Opfers bewusst zu dessen Tötung ausnutzt. Arglos ist das Tatopfer, wenn es bei Beginn des ersten mit Tötungsvorsatz geführten Angriffs nicht mit einem gegen seine körperliche Unversehrtheit gerichteten schweren oder doch erheb-

---

197 BGH, Beschluss vom 29.11.2011 – 3 StR 326/11; vgl. auch BGH, Urteil vom 6.9.2012 – 3 StR 171/12.

lichen Angriff rechnet. Das Opfer muss weiter gerade aufgrund seiner Arglosigkeit wehrlos sein. Arg- und Wehrlosigkeit können auch gegeben sein, wenn der Tat eine feindselige Auseinandersetzung vorausgeht, das Tatopfer aber nicht (mehr) mit einem erheblichen Angriff gegen seine körperliche Unversehrtheit rechnet. Voraussetzung heimtückischer Begehungsweise ist weiter, dass der Täter die von ihm erkannte Arg- und Wehrlosigkeit des Opfers bewusst zur Tatbegehung ausnutzt (st. Rspr.; vgl. etwa BGH, Urteile vom 20. Januar 2005 – 4 StR 491/04, NStZ 2005, 691, 692; vom 29. November 2007 – 4 StR 425/07, NStZ 2008, 273, 274 jeweils m.w.N.).

[5] b) Es erscheint mit Blick auf das vorausgegangene Geschehen bereits fraglich, ob die Feststellungen die Arglosigkeit des Nebenklägers zum Zeitpunkt der ersten mit Tötungsvorsatz ausgeführten Handlung – dem Fußtritt des Angeklagten in das Gesicht des Nebenklägers – hinreichend belegen.

[6] Auch wenn das Landgericht insoweit keine ausdrücklichen Feststellungen getroffen hat, lässt sich dem Zusammenhang der Urteilsgründe zwanglos entnehmen, dass der Nebenkläger nach dem ersten tätlichen Angriff des Angeklagten auf die den Zeugen S. festhaltenden Polizeibeamten zunächst nicht arglos war, weil er einen nicht unerheblichen Angriff zumindest auch auf seine eigene Gesundheit konkret besorgte. Denn dem Angeklagten kam es für den Nebenkläger erkennbar darauf an, seinen zu Boden gebrachten Bruder, an dessen Fixierung der Nebenkläger mitwirkte, zu „befreien". Allerdings kann die Arglosigkeit auch bei einer unmittelbar vorausgegangenen Auseinandersetzung wieder eintreten. Nach der bisherigen Rechtsprechung des Bundesgerichtshofs ist Voraussetzung hierfür indessen, dass das Opfer den Streit für beigelegt hält und sich deshalb keines tätlichen Angriffs mehr versieht. Danach kann die Beendigung einer Auseinandersetzung, bei der das Opfer zunächst mit einem Angriff rechnete, vor allem dann angenommen werden, wenn der Täter sich so verhält, dass daraus auf ein Ende der Feindseligkeiten geschlossen werden kann, und das Opfer daraufhin eine Haltung einnimmt, aus der sich ergibt, dass es keinen weiteren Angriff befürchtet (BGH, Urteil vom 30. Mai 1996 – 4 StR 150/96, BGHR StGB § 211 Abs. 2 Heimtücke 21 m.w.N.).

[7] Diese Voraussetzungen liegen hier nicht vor. Der Angeklagte verhielt sich keineswegs in einer Weise, aus der sich für den Nebenkläger ergab, dass er seine aggressiven, auf die Befreiung seines Bruders zielenden Handlungen einstellen wollte. Er wehrte sich vielmehr gegen seine eigene Festnahme, indem er wild um sich schlug, und nutzte zeitnah die erste sich bietende Gelegenheit, um sich zu befreien und seine Absicht weiter zu verfolgen. Der Nebenkläger ging auch nicht deshalb davon aus, dass ihm von dem Angeklagten keine Gefahr mehr drohte, weil er diesen nun als friedfertig einschätzte, sondern weil er darauf vertraute, seine Kollegen hätten den Angeklagten und die Situation insgesamt im Griff. Dies könnte – obwohl es bei der Beurteilung seines Erwartungshorizonts entscheidend auf die subjektive Vorstellung des Angegriffenen ankommt – mit Blick auf die hier gegebene Gesamtsituation gegen die Arglosigkeit des Nebenklägers sprechen.

[8] c) Der Senat kann jedoch offen lassen, ob die bisherige Rechtsprechung dahin fortzuführen ist, dass gegebenenfalls auch in einem solchen Fall die Arglosigkeit des Opfers zu bejahen ist. Denn jedenfalls beruht die Feststellung, der Angeklagte habe die Arg- und Wehrlosigkeit des Nebenklägers erkannt und zur Tatbegehung ausgenutzt, nicht auf einer sie tragenden Beweiswürdigung.

[9] aa) Für das bewusste Ausnutzen der Arg- und Wehrlosigkeit des Opfers ist es erforderlich, dass der Täter die Umstände, die die Tötung zu einer heimtückischen

machen, nicht nur an sich wahrgenommen, sondern in dem Sinne in ihrer Bedeutung für die Tatbegehung erfasst hat, dass ihm bewusst geworden ist, einen durch seine Ahnungslosigkeit gegenüber einem Angriff schutzlosen Menschen zu überraschen (BGH, Urteil vom 13. August 1997 – 3 StR 189/97, BGHR StGB § 211 Abs. 2 Heimtücke 26). Wenn auch nicht jede affektive Erregung oder heftige Gemütsbewegung einen Täter daran hindert, die Bedeutung der Arg- und Wehrlosigkeit des Opfers für die Tatbegehung zu erkennen, so kann doch insbesondere die Spontanität des Tatentschlusses im Zusammenhang mit der Vorgeschichte der Tat und dem psychischen Zustand des Täters ein Beweisanzeichen dafür sein, dass ihm das Ausnutzungsbewusstsein fehlte (BGH, Urteile vom 13. August 1997 – 3 StR 189/97, BGHR StGB § 211 Abs. 2 Heimtücke 26; vom 20. Januar 2005 – 4 StR 491/04, NStZ 2005, 691, 692). Dasselbe gilt für eine – zumal erhebliche – Alkoholisierung des Täters. Deshalb bedarf es in solchen Fällen in aller Regel der Darlegung der Beweisanzeichen, aus denen der Tatrichter folgert, dass der Täter trotz seiner Alkoholisierung und Erregung die für die Heimtücke maßgebenden Gesichtspunkte in sein Bewusstsein aufgenommen hat (BGH, Urteil vom 9. Februar 2000 – 3 StR 392/99, NStZ-RR 2000, 166, 167). …

■ PRAXISBEDEUTUNG

Der vorstehende Sachverhalt macht deutlich, dass Heimtücke auch dann vorliegen kann, wenn das Opfer aufgrund von ihm wahrgenommener Anzeichen davon ausgeht, dass eine bestehende Gefahr überwunden und/oder ein Streit beigelegt ist. In der Entscheidung ist weiter angedeutet, dass Arglosigkeit auch dann gegeben sein könnte, wenn das Opfer allenfalls mit leichteren Angriffen bei körperlichen Auseinandersetzungen rechnet, keinesfalls aber mit einer tödlichen Attacke. Insoweit wird es aber entscheidend auf den konkreten Sachverhalt ankommen.

188 Das subjektive Merkmal des **Ausnutzungsbewusstseins** liegt vor, wenn der Täter die Arg- und Wehrlosigkeit seines Opfers in ihrer Bedeutung für dessen hilflose Lage und die Ausführung der Tat in dem Sinne erfasst, dass er sich bewusst ist, einen durch seine Ahnungslosigkeit gegenüber einem Angriff schutzlosen Menschen zu überraschen. Eines **darüber hinausgehenden, voluntativen Elements** in dem Sinne, dass der Täter die Arglosigkeit des Opfers für seine Tat instrumentalisieren oder anstreben muss, **bedarf es nicht.**[198]

Beim Mordmerkmal der Heimtücke (§ 211 Abs. 2 StGB) ist die Kammer – mit revisionsrechtlich nicht zu beanstandender Begründung – davon ausgegangen, dass B. C.-C. im Zeitpunkt der Abgabe des Schusses arg- und wehrlos war. Rechtsfehlerhaft hat der Tatrichter jedoch in der Folge das Bewusstsein des Angeklagten verneint, diese Arg- und Wehrlosigkeit bewusst zur Tötung ausgenutzt zu haben.

a) Das subjektive Merkmal des Ausnutzungsbewusstseins liegt vor, wenn der Täter die Arg- und Wehrlosigkeit seines Opfers in ihrer Bedeutung für dessen hilflose Lage und die Ausführung der Tat in dem Sinne erfasst, dass er sich bewusst ist, einen durch seine Ahnungslosigkeit gegenüber einem Angriff schutzlosen Menschen

[198] BGH, Urteil vom 4.12.2012 – 1 StR 336/12.

zu überraschen (BGH, Beschluss vom 4. Mai 2011 – 5 StR 65/11, NStZ 2011, 634 ff. m.w.N.; Urteile vom 10. November 2004 – 2 StR 248/04, NStZ 2005, 668 ff.; vom 20. Juli 2004 – 1 StR 145/04; NStZ 2005, 526 ff., vom 30. April 2003 – 2 StR 503/02, NStZ 2003, 535 ff. m.w.N.; vom 20. April 1989 – 4 StR 87/89, BGHR StGB § 211 Abs. 2 Heimtücke 9 m.w.N.).

Eines darüber hinausgehenden, voluntativen Elements in dem Sinne, dass der Täter die Arglosigkeit des Opfers für seine Tat instrumentalisieren oder anstreben muss, bedarf es nicht (BGH, Urteile vom 17. Mai 2001 – 4 StR 520/00, und vom 20. April 1989 – 4 StR 87/89, BGHR StGB § 211 Abs. 2 Heimtücke 9). Das Landgericht durfte deshalb das Ausnutzungsbewusstsein nicht mit der Begründung ablehnen, der Angeklagte habe „nicht den Willen" gehabt, die Arglosigkeit B. C.-C. zur Tötung auszunutzen (UA S. 25), bzw., er habe die Arg- und Wehrlosigkeit B. C.-C. nicht „ausnutzen wollen" (UA S. 25 f.). Gleichsam fehlerhaft ist die Erwägung der Strafkammer, der Angeklagte habe sich darum bemüht, die Arglosigkeit B. C.-C. zu beseitigen (UA S. 25). Denn wenn es schon grundsätzlich nicht darauf ankommt, ob der Täter die Arglosigkeit seines Opfers anstrebt, ist auch ein entgegengesetzter Wille unbeachtlich; der Täter muss nur erkennen, dass das Opfer arglos ist und sich deshalb des Angriffs auf sein Leben nicht oder nur in geringerem Umfang erwehren kann.

Für die Frage der **Arg- und Wehrlosigkeit eines Kleinkindes**, welches aufgrund sei- **189**
nes Alters noch zu keinerlei Argwohn oder Gegenwehr fähig ist, ist auf die Arg- und Wehrlosigkeit eines im Hinblick auf das Kind schutzbereiten Dritten abzustellen. Dabei ist es nicht erforderlich, dass der potentiell schutzbereite Dritte „zugegen" ist. **Schutzbereiter Dritter** ist vielmehr jede Person, die den Schutz eines Kleinkindes vor Leib- und Lebensgefahr dauernd oder vorübergehend übernommen hat und diesen im Augenblick der Tat entweder tatsächlich ausübt oder dies deshalb nicht tut, weil sie dem Täter vertraut.[199]

[3] Das Landgericht hat die Angeklagte in allen drei Fällen wegen Totschlags verurteilt. Es hat im Fall II. 3 der Urteilsgründe auch unter Berücksichtigung einer möglichen Arg- und Wehrlosigkeit des Kindesvaters als schutzbereitem Dritten nicht feststellen können, dass die Angeklagte heimtückisch im Sinne des § 211 Abs. 2 StGB handelte. Der Ehemann der Angeklagten sei nicht als schutzbereiter Dritter zugegen gewesen, denn er habe bereits geschlafen. Die Angeklagte habe diesen auch nicht zur Tatbegehung weggelockt. Ihren Entschluss, ihren Sohn Dennis zu töten, habe die Angeklagte vielmehr erst gefasst, nachdem sich ihr Ehemann bereits von sich aus schlafen gelegt hatte.

[4] Diese Erwägungen des Landgerichts sind rechtsfehlerhaft. Das Landgericht hat die Voraussetzungen eines „Heimtückemordes" verkannt. Dies führt zur Aufhebung des Urteils im Fall II. 3 der Urteilsgründe. Der Wegfall der in diesem Fall verhängten Einzelstrafe hat die Aufhebung des Ausspruchs über die Gesamtstrafe zur Folge.

[5] 1. Zutreffend hat das Landgericht für die Frage der Heimtücke nicht auf eine Arg- und Wehrlosigkeit des Kleinkindes abgestellt, da dieses aufgrund seines Alters noch zu keinerlei Argwohn oder Gegenwehr fähig war (vgl. BGH, Urteil vom 4. November 1952 – 2 StR 261/52, BGHSt 4, 11, 13), sondern auf die Arg- und Wehrlosigkeit eines im Hinblick auf das Kind schutzbereiten Dritten (vgl. BGH,

---

[199] BGH, Urteil vom 21.11.2012 – 2 StR 309/12.

Urteil vom 7. Juni 1955 – 5 StR 104/55, BGHSt 8, 216, 218; BGH, Urteil vom 2. Oktober 1962 – 1 StR 299/62, BGHSt 18, 37, 38). Die Begründung, mit der das Landgericht das Ausnutzen der Arg- und Wehrlosigkeit des Ehemanns der Angeklagten als schutzbereiten Dritten abgelehnt und im Ergebnis das Mordmerkmal der Heimtücke verneint hat, beruht dagegen auf der Anwendung eines falschen rechtlichen Maßstabs.

[6] a) Entgegen der Ansicht des Landgerichts ist es nicht erforderlich, dass der potentiell schutzbereite Dritte „zugegen" ist. Schutzbereiter Dritter ist vielmehr jede Person, die den Schutz eines Kleinkindes vor Leib- und Lebensgefahr dauernd oder vorübergehend übernommen hat und diesen im Augenblick der Tat entweder tatsächlich ausübt oder dies deshalb nicht tut, weil sie dem Täter vertraut (vgl. BGH, Urteil vom 7. Juni 1955 – 5 StR 104/55, BGHSt 8, 216, 219; BGH, Urteil vom 10. März 2006 – 2 StR 561/05, NStZ 2006, 338, 339 f.). Der schutzbereite Dritte muss auf Grund der Umstände des Einzelfalls den Schutz allerdings auch wirksam erbringen können, wofür eine gewisse räumliche Nähe erforderlich ist (BGH, Urteil vom 18. Oktober 2007 – 3 StR 226/07, NStZ 2008, 93, 94).

[7] Der Ehemann der Angeklagten war der Vater des Kindes. Die bisherigen Feststellungen lassen auf seine Schutzbereitschaft schließen. Er lebte mit dem Kind in einem Haushalt und wachte regelmäßig über dessen Schlaf. Offen geführte Angriffe auf dessen Leben hätte er bemerkt und wäre diesen entgegengetreten. Aufgrund der räumlichen Nähe im Nebenzimmer und der Konzentration auf das Kind wäre er zum wirksamen Schutz des Kindes auch in der Lage gewesen. Tatsächlich konnte er aber den tödlichen Angriff auf das Leben seines Kindes nicht abwehren, da er sich im Vertrauen auf die Angeklagte schlafen gelegt hatte, ohne mit einem Angriff auf das Leben des Kindes zu rechnen.

[8] b) Entgegen der Auffassung des Landgerichts scheitert ein Ausnutzen der Arg- und Wehrlosigkeit des zur Tatzeit schlafenden Ehemanns auch nicht daran, dass die Angeklagte diesen nicht weglockte und damit dessen Arg- und Wehrlosigkeit nicht herbeiführte, ihn also weder von der Überwachung des Kindes ablenkte noch sonst gezielt in Sicherheit wog. Für das Ausnutzen der Arg- und Wehrlosigkeit eines schutzbereiten Dritten ist es – wie bei der Heimtücke gegenüber dem Tatopfer selbst, bei der es nicht darauf ankommt, ob der Täter die Arglosigkeit herbeiführte oder bestärkte (vgl. BGH, Urteil vom 10. März 2006 – 2 StR 561/05, NStZ 2006, 338, 339) – vielmehr ausreichend, dass der Täter die von ihm erkannte Arglosigkeit des Dritten bewusst zur Tatbegehung ausnutzt, und zwar unabhängig davon, worauf diese beruht (vgl. BGH, Beschluss vom 13. Oktober 2005 – 5 StR 401/05, NStZ-RR 2006, 43; BGH, Urteil vom 18. Oktober 2007 – 3 StR 226/07, NStZ 2008, 93, 94).

[9] 2. Der Senat kann nicht ausschließen, dass das Landgericht bei Anwendung des zutreffenden rechtlichen Maßstabes zu einer Verurteilung wegen Heimtückemords gekommen wäre. Auch vor dem Hintergrund der Spontanität des Tatentschlusses sowie des psychischen Zustands der Angeklagten bei Tatbegehung erscheint es nicht ausgeschlossen, dass insbesondere noch weitere Feststellungen zur subjektiven Tatseite der Heimtücke der Angeklagten getroffen werden können. Die Sache bedarf daher in dem aufgezeigten Umfang neuer Verhandlung und Entscheidung.

190 Die Annahme des **Mordmerkmals der Heimtücke** setzt voraus, dass der Täter die von ihm erkannte Arg- und Wehrlosigkeit des Opfers bewusst zur Tatbegehung ausnutzt. Dafür ist erforderlich, dass er die Umstände, welche die Tötung zu einer heimtückischen machen, nicht nur in einer äußerlichen Weise wahrgenommen, sondern in dem Sinne in ihrer Bedeutung für die Tatbegehung erfasst hat, dass ihm **bewusst geworden** ist, einen durch seine **Ahnungslosigkeit gegenüber dem Angriff schutzlosen Menschen zu überraschen.** Wenn auch nicht jede affektive Erregung oder heftige Gemütsbewegung einen Täter daran hindert, die Bedeutung der Arg- und Wehrlosigkeit des Opfers für die Tatbegehung zu erkennen, so kann doch insbesondere die Spontanität des Tatentschlusses im Zusammenhang mit der Vorgeschichte der Tat und dem psychischen Zustand des Täters ein Beweisanzeichen dafür sein, dass ihm das Ausnutzungsbewusstsein fehlte. Deshalb bedarf es in solchen Fällen in aller Regel der Darlegung von Beweisanzeichen aus denen das Tatgericht folgert, dass der Täter trotz seiner Erregung die für die Heimtücke maßgebenden Gesichtspunkte in sein Bewusstsein aufgenommen hat.[200]

c) Minder schwerer Fall des Totschlags – § 213 StGB

Wenn es aufgrund eines konkret festgestellten Geschehensablaufs **nicht fern liegend** **191**
ist, dass ein Täter durch eine vom späteren Opfer verübte schwere Beleidigung **provoziert** wurde, hat der Tatrichter die erste Alternative des § 213 StGB ausdrücklich zu erörtern.[201]

[3] Im Rahmen der Strafzumessung hat das Landgericht einen minder schweren Fall nach § 213 StGB bejaht, ohne sich mit dessen erster Alternative auseinanderzusetzen. Die Urteilsgründe lassen vielmehr erkennen, dass das Landgericht aufgrund des Geständnisses des Angeklagten, der verminderten Steuerungsfähigkeit sowie weiterer strafmildernder Faktoren (UA S. 14) einen sonstigen minder schweren Fall im Sinne der zweiten Alternative des § 213 StGB angenommen hat. Sodann hat es erwogen, dass unter Außerachtlassung des fakultativen Strafmilderungsgrundes nach § 21 StGB eine weitere Milderung des Strafrahmens nach §§ 21, 49 Abs. 1 StGB im Hinblick auf die „enge Verknüpfung der durch die Geschädigte ausgesprochenen Kränkungen und dem affektiven, die Schuldfähigkeit erheblich beeinträchtigenden Erregungszustand des Angeklagten" nicht in Betracht komme (UA S. 14).

[4] Diese Strafrahmenbestimmung hält sachlich-rechtlicher Nachprüfung nicht stand.

[5] Das Landgericht hätte die erste Alternative des § 213 StGB ausdrücklich erörtern müssen, weil es aufgrund des konkret festgestellten Geschehensablaufs nicht fernliegend war, dass der Angeklagte durch eine vom späteren Opfer verübte schwere Beleidigung provoziert worden war (vgl. dazu Fischer, 59. Aufl., § 213 StGB, Rn. 5 f. m.w.N.). Diese vorrangige Prüfung war deshalb geboten, weil der sich daraus ergebende Strafrahmen – ohne Verstoß gegen das Doppelverwertungsverbot (vgl. BGH, Urteil vom 17. März 2011 – 5 StR 4/11, StraFo 2012, 24, 25 m.w.N.) – eine weitere Milderung nach §§ 21, 49 Abs. 1 StGB ermöglicht hätte. Zwar hätte das Tatgericht insofern im Rahmen der damit verbundenen Ermessensausübung berücksichtigen dürfen, dass zwischen den ausgesprochenen Kränkungen und dem hochgradigen affektiven Erregungszustand eine enge Verbindung bestand und sie auf dieselbe Wurzel zurückzuführen waren (BGH, Urteil vom 13. August 1985 – 1 StR 250/85, NStZ 1986, 71; Beschlüsse vom 7. Dezember 1995 – 4 StR

---

[200] BGH, Beschluss vom 24.4.2012 – 5 StR 95/12.

[201] BGH, Beschluss vom 24.10.2012 – 5 StR 472/12.

688/95, StV 1996, 204, 205, und vom 21. Dezember 2010 – 3 StR 454/10, NStZ 2011, 339, 340). Eine solche sich – an die Annahme der Provokationsalternative – anschließende Ermessensentscheidung, in der alle Umstände berücksichtigt werden, welche die Tat unter dem Gesichtspunkt der Schuld als mehr oder minder leicht oder schwer erscheinen lassen (vgl. BGH, Beschluss vom 2. März 1993 – 1 StR 26/93, BGHR StGB § 213 Alt. 1 Beleidigung 7 m.w.N.), hat das Tatgericht indes nicht vorgenommen.

[6] Der Senat kann nicht ausschließen, dass das Landgericht bei Annahme der ersten Alternative des § 213 StGB den Strafrahmen des § 213 StGB nochmals nach §§ 21, 49 Abs. 1 StGB gemildert und daraus eine mildere Strafe verhängt hätte. Jedenfalls liegt es aber hier nicht fern, dass das Tatgericht auch bei Ablehnung einer weiteren Strafrahmenverschiebung innerhalb dieses Sonderstrafrahmens die übrigen mildernden Faktoren, die nicht für die Annahme eines minder schweren Falls hätten herangezogen werden müssen, stärker gewichtet hätte (vgl. BGH, Beschluss vom 11. Dezember 2006 – 5 StR 457/06; vgl. auch BGH, Urteil vom 17. März 2011 – 5 StR 4/11 aaO).

192 Das Landgericht hat zwar die **Voraussetzungen des § 213 StGB** mit rechtlich tragfähiger Begründung nicht für gegeben erachtet, indem es darauf abgestellt hat, dass die dem Angeklagten von der Geschädigten verabreichte Ohrfeige bereits bei objektiver Betrachtung keine schwerwiegende Beleidigung darstelle; soweit es allerdings einen minder schweren Fall im Übrigen vor allem unter Hinweis auf das „besonders schwer“ wiegende Ausmaß der Gewalteinwirkung verneint und hierauf bei der Bemessung der Strafe mit pauschaler Verweisung Bezug genommen hat, hält dies rechtlicher Prüfung nicht stand. Die Art der Tatausführung darf einem Angeklagten nicht zum Vorwurf gemacht werden, wenn und soweit sie gerade Ausdruck des die erhebliche Minderung seiner Schuldfähigkeit begründenden geistig-seelischen Zustandes ist.[202]

[5] 2. Die Wahl des Strafrahmens und die Strafzumessung begegnen durchgreifenden rechtlichen Bedenken.

[6] a) Allerdings hat das Landgericht die Voraussetzungen des § 213 StGB, bei deren Vorliegen die Strafe zwingend nach § 227 Abs. 2 StGB zu mildern wäre (BGHSt 25, 222; BGH NStZ-RR 2000, 80), mit rechtlich tragfähiger Begründung für nicht gegeben erachtet. Die Strafkammer hat ohne Rechtsfehler darauf abgestellt, dass die dem Angeklagten von der Geschädigten verabreichte Ohrfeige bereits bei objektiver Betrachtung keine schwer wiegende Beleidigung darstelle. Außerdem sei der Ohrfeige eine erhebliche Beleidigung des Opfers durch den Angeklagten vorausgegangen, der ihr vorgeworfen hatte, dass sie die Schuld am Tod ihres Ehemannes trage.

[7] b) Soweit das Landgericht allerdings einen minderschweren Fall im Übrigen vor allem unter Hinweis auf das „besonders schwer“ wiegende „Ausmaß der Gewalteinwirkung“ verneint (UA 18) und hierauf bei der Bemessung der Strafe mit pauschaler Verweisung Bezug genommen hat, hält dies unter den gegebenen Umständen rechtlicher Prüfung nicht stand.

---

202 BGH, Beschluss vom 14.12.2011 – 2 StR 502/11.

[8] Die Art der Tatausführung darf einem Angeklagten nicht zum Vorwurf gemacht werden, wenn und soweit sie gerade Ausdruck des die erhebliche Minderung seiner Schuldfähigkeit begründenden geistig-seelischen Zustandes – etwa wie hier eines Affektes und einer Alkoholintoxikation – ist (BGH NStZ 1997, 592 m.N.). Für eine strafschärfende Verwertung der Handlungsintensität verbleibt zwar durchaus Raum nach dem Maß der geminderten Schuld; jedoch muss das Urteil erkennen lassen, dass sich der Tatrichter dieser Problematik bewusst war und ihr Rechnung getragen hat (BGH NStZ-RR 2003, 104 m.N.). Dass dies hier der Fall gewesen wäre, ergeben die Urteilsgründe, in denen die Brutalität der Tatausführung an mehreren Stellen ohne Einschränkung hervorgehoben wird, weder ausdrücklich, noch in ihrer Gesamtschau.

[9] Darüber hinaus hat das Landgericht bei der Prüfung des minderschweren Falles und bei der eigentlichen Strafzumessung den von ihm als im Sinn des § 21 StGB erheblich bewerteten Affekt nicht erkennbar zu Gunsten des Angeklagten berücksichtigt. Dabei handelte es sich jedoch angesichts der Feststellungen des angefochtenen Urteils um einen Umstand, der nicht außer Betracht gelassen werden durfte.

Das Landgericht hat eine **Milderung nach § 213 Alt. 2 StGB** rechtsfehlerhaft nicht **193**
geprüft. Ungeachtet der vorliegenden allgemeinen Strafmilderungsgründe hätte es sich zu der Erörterung gedrängt sehen müssen, ob nicht unter Berücksichtigung des vertypten Strafmilderungsgrundes des § 21 StGB die Voraussetzungen eines sonst minder schweren Falles des Totschlags nach § 213 Alt. 2 vorlagen. Erst wenn danach kein minder schwerer Fall für gerechtfertig gehalten worden wäre, hätte der Tatrichter den wegen des gegebenen, gesetzlich vertypten Milderungsgrundes gemilderten Regelstrafrahmen der Strafzumessung zu Grunde legen dürfen. Diese rechtlich zwingende Prüfungsreihenfolge hat das Landgericht nicht beachtet.[203]

[1] Das Landgericht hat den Angeklagten wegen Totschlags zu einer Freiheitsstrafe von zehn Jahren verurteilt. Die hiergegen gerichtete, auf die Sachrüge gestützte Revision des Angeklagten hat den aus der Beschlussformel ersichtlichen Teilerfolg; im Übrigen ist sie unbegründet (§ 349 Abs. 2 StPO).

[2] 1. Das Landgericht hat eine Strafrahmenmilderung nach § 213 Alt. 2 StGB rechtsfehlerhaft nicht geprüft. Ungeachtet der vorliegenden allgemeinen Strafmilderungsgründe hätte sich das Landgericht zu der Erörterung gedrängt sehen müssen, ob nicht unter Berücksichtigung des vertypten Strafmilderungsgrundes des § 21 StGB die Voraussetzungen eines „sonst minderschweren Falles" des Totschlages nach § 213 Alt. 2 StGB vorlagen. Erst wenn sie danach keinen minderschweren Fall für gerechtfertigt gehalten hätte, hätte sie – wie geschehen – den wegen des gegebenen gesetzlich vertypten Milderungsgrundes gemilderten Regelstrafrahmen der Strafzumessung zu Grunde legen dürfen (BGH, Beschluss vom 26. Oktober 2011 – 2 StR 218/11, NStZ 2012, 271; BGH, Beschluss vom 21. November 2007 – 2 StR 449/07, NStZ-RR 2008, 105; Fischer, StGB, 59. Aufl. 2012, § 50 Rn. 4 m.w.N.). Diese rechtlich zwingende Prüfungsreihenfolge hat das Landgericht nicht beachtet.

---

[203] BGH, Beschluss vom 8.8.2012 – 2 StR 290/12.

d) Schuldschwere

■ TOPENTSCHEIDUNG

194 Die **Feststellung besonderer Schwere der Schuld** setzt voraus, dass das **gesamte Tatbild einschließlich der Täterpersönlichkeit** von den erfahrungsgemäß vorkommenden Fällen des Mordes so sehr abweicht, dass eine Strafaussetzung der lebenslangen Freiheitsstrafe nach 15 Jahren auch bei dann günstiger Täterprognose unangemessen wäre. Das kann insbesondere der Fall sein, wenn mehrere Mordmerkmale verwirklicht oder mehrere Menschen ermordet wurden oder die Tatausführung durch besonders verwerfliche Umstände gekennzeichnet ist. Die Entscheidung der Frage, ob die besondere Schwere der Schuld zu bejahen ist, hat der Tatrichter unter Abwägung der im Einzelfall für und gegen den Angeklagten sprechenden Umstände zu treffen.[204]

[9] 1. Das Rechtsmittel der Staatsanwaltschaft ist, auch wenn die Bejahung weiterer Mordmerkmale in Betracht kommt, zulässig auf die Frage der Schuldschwere beschränkt (BGHSt 41, 57, 61).

[10] 2. Die Ablehnung der besonderen Schuldschwere im Sinne des § 57a Abs. 1 Satz 1 Nr. 2 StGB hält rechtlicher Nachprüfung nicht stand.

[11] Die Feststellung besonderer Schwere der Schuld setzt voraus, dass das gesamte Tatbild einschließlich der Täterpersönlichkeit von den erfahrungsgemäß vorkommenden Fällen des Mordes so sehr abweicht, dass eine Strafaussetzung der lebenslangen Freiheitsstrafe nach 15 Jahren auch bei dann günstiger Täterprognose unangemessen wäre (BGHSt 39, 121; 40, 360, 370). Das kann insbesondere der Fall sein, wenn mehrere Mordmerkmale verwirklicht oder mehrere Menschen ermordet wurden oder die Tatausführung durch besonders verwerfliche Umstände gekennzeichnet ist (BGH NJW 1993, 1999, 2000; Fischer, StGB, 59. Aufl., § 57a Rn. 11a). Die Entscheidung der Frage, ob die besondere Schwere der Schuld zu bejahen ist, hat der Tatrichter unter Abwägung der im Einzelfall für und gegen den Angeklagten sprechenden Umstände zu treffen (vgl. BGHSt 40, 360, 370). Zwar ist dem Revisionsgericht bei der Nachprüfung der tatrichterlichen Wertung eine ins Einzelne gehende Richtigkeitskontrolle versagt; insbesondere ist es gehindert, seine eigene Wertung an die Stelle derjenigen des Tatrichters zu setzen (BGH aaO; BGH, Urteile vom 26. Mai 2004 – 2 StR 386/03, vom 8. September 2005 – 1 StR 159/05 und vom 30. März 2006 – 4 StR 567/05). Es hat jedoch zu prüfen, ob der Tatrichter alle maßgeblichen Umstände bedacht und rechtsfehlerfrei abgewogen hat (BGH, Urteil vom 1. Juli 2004 – 3 StR 494/03). Daran fehlt es in mehrfacher Hinsicht.

[12] a) Das Landgericht hat u.a. zugunsten des Angeklagten berücksichtigt, dass es sich um einen spontanen Tatentschluss gehandelt habe. Die Beweiswürdigung hierzu ist jedoch lückenhaft, da die Strafkammer festgestellte Umstände, die gegen diese Wertung sprechen, nicht erkennbar in ihre Überlegungen einbezogen hat. Der Angeklagte hatte schon am 25. November 2010 gegenüber den Geschädigten sowie den herbeigerufenen Polizeibeamten deutlich gemacht, dass er eine Trennung von L. V. unter keinen Umständen akzeptieren werde. Außerdem hatte er die Geschädigten bereits zu diesem Zeitpunkt mit dem Tode bedroht. Bei der von ihm geplanten

[204] BGH, Urteil vom 27.6.2012 – 2 StR 103/12.

Unterredung am Tattag war er allein bereit, die Fortsetzung der Beziehung zu akzeptieren. Mit den tödlichen Schüssen beabsichtigte er vor allem, vermeintliche „Eigentumsrechte" an der Geschädigten durchzusetzen, nachdem er – ohne zuvor den Versuch einer Aussprache unternommen zu haben – erkennen musste, dass sich L. V. endgültig von ihm abgewandt hatte. Diese vom Landgericht nicht erkennbar erwogenen Umstände sprechen gegen die Annahme einer Spontantat und legen es nahe, dass der Angeklagte für den Fall zur Tötung der Geschädigten fest entschlossen war, dass diese nicht bereit war, die Beziehung mit ihm fortzusetzen.

[13] b) Weiterhin begegnet es durchgreifenden rechtlichen Bedenken, dass das Landgericht die besondere Schuldschwere „entscheidend" mit der Erwägung verneint hat, dass „es sich bei dem Mord an L. V. um eine Beziehungstat handelte, ohne die es zu dem örtlich und zeitlich nah begangenen Mord an A. O. O. nicht gekommen wäre" (UA S. 64). Das Bestehen der früheren Intimbeziehung zwischen dem Angeklagten und der Geschädigten, die von Herrschaftsansprüchen des Angeklagten sowie von massiven Misshandlungen und Bedrohungen der Geschädigten geprägt war, entfaltet unter Berücksichtigung der dazu vom Landgericht festgestellten Umstände keine schuldmindernde Wirkung. Außerdem waren bei der Ausführung der Tat für den Angeklagten nicht Motive wie Verzweiflung und Ausweglosigkeit (vgl. BGH NStZ 2004, 34; NStZ-RR 2004, 44; Fischer, StGB, 59. Aufl., § 211 Rn. 28 m.w.N.) über das Ende der Beziehung handlungsleitend, sondern er wollte vermeintliche Besitzrechte an der Geschädigten nicht aufgeben und sprach ihr ohne eine Beziehung mit ihm das Lebensrecht ab. Diese Erwägungen bilden auch den Kern der Argumentation, mit der das Landgericht ohne Rechtsfehler hinsichtlich der Tötung von L. V. niedrige Beweggründe angenommen hat. Dazu steht aber im Widerspruch, die frühere Beziehung zwischen dem Angeklagten und der Geschädigten bei der Verneinung der besonderen Schuldschwere entscheidend schuldmindernd zu berücksichtigen.

[14] Vor diesem Hintergrund kann der Gesichtspunkt einer „Beziehungstat" auch hinsichtlich der Tötung von A. O. O. keine den Angeklagten entlastende Wirkung entfalten, zumal sie vor allem zur Verdeckung der Tötung von L. V. erfolgte und nicht festgestellt werden konnte, dass der Angeklagte davon ausging, bei dem Geschädigten handele es sich um ihren neuen Intimpartner (UA S. 27).

PRAXISBEDEUTUNG ■

Die Feststellung des Gerichts über die besondere Schwere der Schuld eines Angeklagten hängt in vielen Fällen entscheidend vom Eindruck in der Hauptverhandlung ab, so dass gerade diese Frage – soweit nach dem Tatgeschehen und/oder den Tatfolgen hierzu Anlass besteht – eine verantwortungsvolle Verteidigung von Anfang an im Auge behalten sollte. Auch hier kann eine falsche Vorentscheidung zur Verteidigungsstrategie – bspw. (überzeugende) Einlassung des Angeklagten oder nicht – Fakten schaffen, welche jedenfalls in einem Revisionsverfahren nicht mehr beseitigt werden können. Die vorstehenden Ausführungen können in diesem Zusammenhang durchaus als Entscheidungshilfe dienen.

7. Straftaten gegen die körperliche Unversehrtheit – §§ 223 ff. StGB

a) Vorsätzliche Körperverletzung – § 223 StGB

195 Eine **körperliche Misshandlung** im Sinne von § 223 Abs. 1 StGB ist eine **üble, unangemessene Behandlung,** die zu einer nicht unerheblichen Beeinträchtigung des körperlichen Wohlempfindens oder der körperlichen Unversehrtheit führt. Das körperliche Wohlempfinden kann aber nicht allein durch psychische Reaktionen beeinträchtigt werden, so dass **das Hervorrufen von Angst nicht als Taterfolg** im Sinne des § 223 Abs. 1 **StGB ausreicht.**[205]

[8] 2. Im Fall B.I.15 hat das Landgericht den Tatbestand der vorsätzlichen Körperverletzung (§ 223 Abs. 1 StGB) durch die Fesselung der Nebenklägerin nicht näher erläutert. Eine körperliche Misshandlung im Sinne von § 223 Abs. 1 StGB ist eine üble, unangemessene Behandlung, die zu einer nicht unerheblichen Beeinträchtigung des körperlichen Wohlempfindens oder der körperlichen Unversehrtheit führt. Das körperliche Wohlempfinden kann nicht allein durch psychische Reaktionen beeinträchtigt werden (vgl. BGH NStZ 1997, 123, 124), so dass das Hervorrufen von Angst nicht als Taterfolg im Sinne des § 223 Abs. 1 StGB ausreicht. Bedrohungs- oder Einschüchterungshandlungen dürfen sich hinsichtlich der Beeinträchtigung des körperlichen Wohlbefindens nicht nur auf das seelische Gleichgewicht auswirken, sondern sie müssen auch die körperliche Verfassung des Opfers betreffen (vgl. BGH NStZ 1986, 166). Ob dies hier der Fall war, bleibt nach den getroffenen Feststellungen zumindest unklar. Zudem muss der Körperverletzungserfolg vom Vorsatz des Täters umfasst sein. Dazu verhalten sich die Urteilsfeststellungen nicht. Eine Erläuterung der rechtlichen Bewertung fehlt.

■ PRAXISBEDEUTUNG

Auch wenn heute – nicht selten durch Filmkunstwerke mit veranlasst – das Hervorrufen von Angst- und Beklemmungszuständen bei Opfern durchaus Ziel von bestimmten Tätern sein kann, hat sich die Rechtsprechung nicht davon abbringen lassen, dass das Hervorrufen von Angst- und Panikgefühlen vor allem infolge von Drohungen nicht vom Tatbestand des § 223 StGB umfasst sind. Sofern diese allerdings länger andauern und dadurch körperliche Reaktionen hervorgerufen werden (vor allem im Bereich des Stalking oder Mobbing – gerade auch über das Internet), ist dann regelmäßig eine entsprechende Strafbarkeit nach § 223 StGB, ggfs. auch unter Berücksichtigung eventueller Konsequenzen, gegeben!

b) § 224 Abs. 1 StGB – Qualifikationsmerkmale

196 Allein die Anwesenheit einer zweiten Person, die sich passiv verhält, reicht für die Annahme einer **gemeinschaftlichen Begehung im Sinne von § 224 Abs. 1 Nr. 4 StGB** nicht aus; denn gemeinschaftliches Handeln bedeutet ein **einverständliches Zusammenwirken,** bei dem sich die abstrakte Gefährlichkeit des Tuns dadurch

---

[205] BGH, Beschluss vom 11.7.2012 – 2 StR 60/12.

erhöht, dass zwei Angreifer mehr bewerkstelligen können als nur einer. Diesen Qualifikationstatbestand kann aber auch derjenige verwirklichen, der weder eigenhändig Verletzungshandlungen vornimmt, noch überhaupt Mittäter ist. Ausreichend ist bereits das gemeinsame Wirken eines Täters und eines Gehilfen bei Begehung der Körperverletzung. Ein solches liegt schon dann vor, wenn die zweite Person – auch vom Opfer wahrgenommen – unterstützungsbereit am Tatort anwesend ist.[206]

[10] Die Revisionen der Staatsanwaltschaft haben mit der Sachrüge Erfolg.

[11] Die Wertung des Landgerichts, die Angeklagten hätten bei den Taten der Körperverletzung nicht gemeinschaftlich gehandelt und seien deshalb nicht wegen gefährlicher Körperverletzung (§ 224 Abs. 1 Nr. 4 StGB) strafbar, beruht auf lückenhaften Feststellungen und kann daher keinen Bestand haben. Es fehlt an ausreichenden Feststellungen zur Frage, ob ein gemeinsamer Tatentschluss der Angeklagten vorlag oder ob der Angeklagte F. bei Verabreichung der Schläge durch den Angeklagten K. zumindest Gehilfenvorsatz hatte.

[12] 1. Allerdings ist das Landgericht im Ansatz zutreffend davon ausgegangen, dass allein die Anwesenheit einer zweiten Person, die sich passiv verhält, für die Annahme einer gemeinschaftlichen Begehung im Sinne von § 224 Abs. 1 Nr. 4 StGB nicht ausreicht. Denn gemeinschaftliches Handeln bedeutet ein einverständliches Zusammenwirken, bei dem sich die abstrakte Gefährlichkeit des Tuns dadurch erhöht, dass zwei Angreifer mehr bewerkstelligen können als nur einer (vgl. Hardtung in MüKo-StGB, 1. Aufl., § 224 Rn. 25 f. m.w.N.). Andererseits kann auch derjenige diesen Qualifikationstatbestand verwirklichen, der weder eigenhändig Verletzungshandlungen vornimmt, noch überhaupt Mittäter ist. Ausreichend ist bereits das gemeinsame Wirken eines Täters und eines Gehilfen bei der Begehung einer Körperverletzung (vgl. BGH, Urteil vom 3. September 2002 – 5 StR 210/02, BGHSt 47, 384, 386; Fischer, StGB, 59. Aufl., § 224 Rn. 11 m.w.N.). Ein solches liegt schon dann vor, wenn die zweite Person – auch vom Opfer wahrgenommen – unterstützungsbereit am Tatort anwesend ist (vgl. Hardtung aaO Rn. 26).

[13] 2. Diesen Grundsätzen wird das landgerichtliche Urteil nicht gerecht. Denn das Landgericht stellt ausschließlich darauf ab, dass der Angeklagte K. die Schläge allein auf seine „eigene Veranlassung" hin ausgeführt hat (UA S. 22) und der Angeklagte F. sich weder an diesen Schlägen beteiligt noch diese unterstützt hat (UA S. 46). Feststellungen dazu, ob der Angeklagte F. dabei rein passiv blieb oder Unterstützungsbereitschaft erkennen ließ, fehlen dagegen.

[14] Solcher Feststellungen hätte es aber bedurft, denn die am Geschädigten W. jeweils verübte Körperverletzung war keine vom weiteren Tatgeschehen losgelöste, eigenständige Tat, sondern das von beiden Angeklagten gewollte Nötigungsmittel für eine erzwungene sexualbezogene Handlung W.s an F. Insoweit hat das Landgericht den Angeklagten in allen neun Fällen auch wegen „gemeinschaftlicher Nötigung", also wegen Tatbegehung in Mittäterschaft, verurteilt.

[15] Nach den Feststellungen berührte W. jeweils nur deswegen das Geschlechtsteil F.s, weil K. seiner Forderung, dies zu tun, mit kräftigen Schlägen auf Nacken bzw. Hinterkopf W.s Nachdruck verliehen hatte. Dies war auch F. bewusst, der den Nötigungserfolg der Berührung seines Geschlechtsteils selbst wollte, „weil er Spaß daran

---

[206] BGH, Urteil vom 20.3.2012 – 1 StR 447/11.

hatte und ihm die Berührungen nicht unangenehm waren". F. förderte aktiv die Tat, indem er sich als „Objekt" der erzwungenen Handlung zur Verfügung stellte.

[16] Angesichts seines Interesses an den durch die Schläge abgenötigten sexualbezogenen Handlungen lag nahe, dass F. auch hinsichtlich der Schläge als Nötigungsmittel unterstützungsbereit war. Feststellungen hierzu waren daher unerlässlich. Dies gilt umso mehr, als es sich nicht um eine einzelne Tat handelte, sondern um ein sich innerhalb von zehn Tagen neunmal in gleicher Weise wiederholendes Tatgeschehen, bei dem es deshalb – jedenfalls bei den weiteren Taten – fernliegt, dass der Angeklagten F. vom Einschlagen des Angeklagten K. auf den Geschädigten W. überrascht wurde und nicht als „zweiter Angreifer" wahrgenommen werden wollte.

[17] Nach alledem ist die Annahme, die Verletzungshandlungen seien dem Angeklagten F. nicht im Sinne des § 224 Abs. 1 Nr. 4 StGB, wohl aber als gemeinschaftlich begangene Nötigungshandlungen zuzurechnen, auch in sich widersprüchlich.

[18] Der Senat hebt nicht nur den Schuld- und Strafausspruch, sondern zugleich alle Feststellungen auf, um dem neuen Tatgericht zu ermöglichen, insgesamt widerspruchsfreie Feststellungen zum gesamten Tatgeschehen zu treffen.

197 **§ 224 Abs. 1 Nr. 2 StGB** greift nicht ein, wenn der Täter das Opfer gegen einen **unbeweglichen Gegenstand** bewegt.

Tritte oder heftige Schläge können eine **das Leben gefährdende Behandlung gemäß § 224 Abs. 1 Nr. 5 StGB** darstellen; dies gilt aber nur dann, wenn sie nach Art der Ausführung der Verletzungshandlungen im Einzelfall zu lebensgefährlichen Verletzungen führen können.[207]

[3] Die Handlungen in den Fällen B.I.4 und B.I.10 hat das Landgericht ohne nähere Erläuterung als gefährliche Körperverletzung, die Handlung im Fall B.I.15 als vorsätzliche Körperverletzung in Tateinheit mit Freiheitsberaubung bewertet. Dies begegnet rechtlichen Bedenken.

[4] 1. Es ist nicht nachzuvollziehen, welchen Qualifikationstatbestand des § 224 Abs. 1 StGB das Landgericht in den Fällen B.I.4 und B.I.10 heranziehen wollte, weil das Landgericht keine ausdrückliche Subsumtion vorgenommen hat. Das Wertungsergebnis liegt auch nicht ohne weiteres auf der Hand.

[5] § 224 Abs. 1 Nr. 2 StGB greift nach der Rechtsprechung des Bundesgerichtshofs nicht ein, wenn der Täter das Opfer gegen einen unbeweglichen Gegenstand bewegt (vgl. BGHSt 22, 235, 236; BGH NStZ-RR 2005, 75).

[6] Danach kommt als Qualifikationsgrund in den genannten Fällen nur die Begehung der Körperverletzung mittels einer das Leben gefährdenden Behandlung gemäß § 224 Abs. 1 Nr. 5 StGB in Betracht. Tritte oder heftige Schläge gegen den Kopf des Opfers können eine das Leben gefährdende Behandlung darstellen (vgl. Senat, Beschluss vom 6. Juni 2007 – 2 StR 105/07). Dies gilt aber nur dann, wenn sie nach der Art der Ausführung der Verletzungshandlungen im Einzelfall zu lebensgefährlichen Verletzungen führen können. Ob das hier der Fall war, wird aus den Urteilsfeststellungen nicht abschließend deutlich.

[7] Erforderlich ist zudem ein Vorsatz des Täters zur Herbeiführung einer derartigen potenziellen Lebensgefahr (vgl. BGHSt 19, 352 f.). Dazu hat das Landgericht keine Feststellungen getroffen.

---

[207] BGH, Beschluss vom 11.7.2012 – 2 StR 60/12.

Haushaltsreiniger in einer **Pumpsprühflasche**, aus kurzer Distanz in Richtung des Gesichts des Tatopfers gesprüht, hat nicht die für ein gefährliches Werkzeug i.S.v. § 224 Abs. 1 Nr. 2 StGB erforderliche potentielle Gefährlichkeit, wenn dadurch nur eine Reizreaktion hervorgerufen werden kann, dies aber keine Defekte der Hornhaut des Auges oder der Haut zur Folge hat.[208] 198

[2] Die Verurteilung wegen gefährlicher Körperverletzung kann nicht bestehen bleiben, weil die Wertung der Strafkammer, die bei dem tätlichen Angriff des Angeklagten gegen das Tatopfer eingesetzte Pumpsprühflasche mit Haushaltsreiniger sei als gefährliches Werkzeug nach § 224 Abs. 1 Nr. 2 StGB zu qualifizieren, einer rechtlichen Prüfung nicht standhält.

[3] Ein gefährliches Werkzeug im Sinne dieser Vorschrift ist jeder Gegenstand, der nach seiner objektiven Beschaffenheit und nach der Art seiner Benutzung im Einzelfall geeignet ist, erhebliche Körperverletzungen herbeizuführen (st. Rspr., vgl. BGH, Urteile vom 27. Januar 2011 – 4 StR 487/10, NStZ-RR 2011, 275, 276; vom 27. September 2001 – 4 StR 245/01, NStZ 2002, 86). Nach den Feststellungen der Strafkammer nahm der Angeklagte die Pumpsprühflasche mit dem Haushaltsreiniger und sprühte aus kurzer Distanz einen Sprühstoß in Richtung des Gesichts des Tatopfers, das an der rechten Gesichtshälfte getroffen wurde. Der Sprühstoß aus der Flasche konnte „gegebenenfalls eine Reizreaktion" aufgrund der enthaltenen Chemikalien, nicht aber Defekte der Hornhaut des Auges oder der Haut zur Folge haben. Tatsächlich trug das Opfer eine vorübergehende Reizung des rechten Auges davon. Damit ist die für die Annahme eines gefährlichen Werkzeugs nach § 224 Abs. 1 Nr. 2 StGB erforderliche potentielle Gefährlichkeit der konkreten Benutzung des Werkzeugs (vgl. BGH, Beschluss vom 5. September 2006 – 4 StR 313/06, NStZ 2007, 95) nicht belegt. Die bloße Eignung, nicht näher konkretisierte Reizreaktionen auszulösen, reicht hierfür nicht aus. Soweit die Strafkammer in ihrer rechtlichen Würdigung auf mögliche Entzündungen der Bindehäute und Reizungen der Haut verweist, wird dies durch die Urteilsausführungen zur Beweiswürdigung, insbesondere zu den wiedergegebenen Darlegungen des hierzu gehörten rechtsmedizinischen Sachverständigen, nicht getragen.

[4] Der Angeklagte hat sich daher lediglich der vorsätzlichen Körperverletzung gemäß § 223 Abs. 1 StGB schuldig gemacht. Der erforderliche Strafantrag des Tatopfers ist form- und fristgerecht gestellt. Der Senat ändert den Schuldspruch entsprechend.

Quarzhandschuhe sind in der Regel **gefährliche Werkzeuge** im Sinne des § 224 Abs. 1 Nr. 2 StGB.[209] 199

[14] a) Quarzhandschuhe sind in der Regel gefährliche Werkzeuge im Sinne des § 224 Abs. 1 Nr. 2 StGB. Ein gefährliches Werkzeug ist ein solches, das nach seiner objektiven Beschaffenheit geeignet ist, erhebliche Körperverletzungen auszuführen. Eingenähter Sand in Handschuhen verstärkt deren Schlagwirkung und hat eine solche Wirkung (vgl. BGH, Beschlüsse vom 25. September 1997 – 4 StR 438/97 und vom 10. Januar 2011 – 5 StR 515/10, NStZ-RR 2011, 111 f.; vgl. auch Urteil vom 13. Januar 2005 – 4 StR 469/04 zu mit Plastik verstärkten Bikerhandschuhen).

---

208 BGH, Beschluss vom 20.3.2012 – 4 StR 20/12.

209 BGH, Beschluss vom 26.4.2012 – 4 StR 51/12.

[15] b) Der neue Tatrichter wird auch zu klären haben, ob das von den Angeklagten S. und M. bei ihren Tritten gegen den Kopf des Opfers getragene Schuhwerk als gefährliches Werkzeug zu bewerten ist (vgl. dazu BGH, Urteil vom 15. September 2010 – 2 StR 395/10).

200 Kräftige Schläge mit einer **Lederhandtasche** erfüllen in der Regel nicht den Tatbestand einer gefährlichen Körperverletzung.[210]

[2] 1. Nach den Feststellungen des Landgerichts leidet die Angeklagte spätestens seit dem Jahr 2006 an einer chronischen schizophrenen Psychose. Aufgrund dieser Erkrankung beging sie im Zustand der Schuldunfähigkeit folgende Taten:

[3] Im Juni 2008 versetzte sie einer im Leipziger Hauptbahnhof beschäftigten Reinigungskraft einen „kräftigen Faustschlag" in das Gesicht und warf später eine gefüllte Bierflasche, die sie zufällig im Bereich eines Abfallbehälters bemerkt hatte, „auf Hüfthöhe in Richtung der mehrere Meter entfernten Geschädigten" (UA S. 8). Außerdem schlug sie mehrfach mit einem dünnen Kunststoffbeutel nach ihr, in dem sich verpackte Imbissgerichte befanden.

[4] Im Januar 2009 beschmierte sie einen auf der Straße abgestellten Pkw im Bereich der Türgriffe mit Hundekot. Als sie von der Fahrzeugbesitzerin zur Rede gestellt wurde, beschimpfte sie diese, spuckte der ihr folgenden Frau ins Gesicht und schlug mit einer Lederhandtasche kräftig auf sie ein.

[5] In beiden Fällen sah die Strafkammer den Vorwurf der gefährlichen Körperverletzung (§ 224 Abs. 1 Nr. 2 StGB) als nicht belegt an, sondern würdigte die Taten als vorsätzliche Körperverletzungen. Hinsichtlich des weiteren Anklagepunktes wurde die Angeklagte aus tatsächlichen Gründen freigesprochen, weil nach dem Ergebnis der Beweisaufnahme eine Misshandlung oder Gesundheitsbeschädigung des betroffenen Zeugen nicht nachweisbar war.

201 Das medizinisch sinnlose Legen eines **Blasenkatheders** stellt eine gefährliche Körperverletzung dar.[211]

[2] Nach den Feststellungen hielt sich der u.a. wegen Vergewaltigung und Mordes vorbestrafte Angeklagte ab dem Frühjahr 2005 in den USA auf, wo er nach eigener Darstellung eine Model-Agentur betrieb. In der Folgezeit bot er einer früheren Nachbarin, der in Berlin lebenden Zeugin S. K., an, in den USA eine Au-Pair-Stelle für deren Tochter, die am 5. Februar 1988 geborene Geschädigte E. K., zu organisieren. S. K. ging auf diesen Vorschlag des mit ihr befreundeten Angeklagten ein, da sie sich für ihre Tochter im Anschluss an den für ein Jahr vorgesehenen Auslandsaufenthalt eine bessere berufliche Perspektive erhoffte. Nachdem der Angeklagte gegenüber der allein sorgeberechtigten S. K. bekundet hatte, er habe sich nunmehr um alles Erforderliche gekümmert und insbesondere eine Familie in Florida gefunden, bei der E. K. arbeiten könne, erklärte die Mutter ihr Einverständnis zu der Reise und gab ihre Tochter in die Obhut des Angeklagten.

[3] 1. Am 2. November 2005 reiste die damals 17 Jahre alte Geschädigte, die zuvor noch nie längere Zeit von ihrer Mutter getrennt gewesen und kaum der englischen Sprache mächtig war, allein in die USA zu dem Angeklagten. Dieser verbrachte die

---

[210] BGH, Beschluss vom 14.12.2011 – 5 StR 489/11.
[211] BGH, Beschluss vom 14.3.2012 – 2 StR 561/11.

Geschädigte nach Fort Myers, wo sich beide für ca. zwei Wochen aufhielten. Spätestens dort eröffnete ihr der Angeklagte, dass sie die in Aussicht gestellte Au-Pair-Stelle nicht antreten, wohl aber bei einer von ihm – angeblich – betriebenen Model-Agentur eine Karriere starten könne. Die leichtgläubige und unerfahrene Geschädigte fühlte sich hierdurch geschmeichelt und stimmte zu. In der Folgezeit unterzeichnete sie ein in englischer Sprache gehaltenes und vom Angeklagten als Modelvertrag bezeichnetes Schriftstück, dessen Inhalt sie aufgrund fehlender Sprachkenntnisse jedoch nicht verstand. Anschließend erklärte der Angeklagte, dass sie für die angestrebte Modelkarriere an den Oberschenkeln abnehmen müsse. Hierzu sei es erforderlich, regelmäßig „Entwässerungstabletten" einzunehmen und einen Blasenkatheter zu legen. Die Geschädigte schenkte auch dieser Erklärung Glauben und bekundete deshalb ihr Einverständnis, sich von dem – entgegen seinen Behauptungen – medizinisch nicht aus- und vorgebildeten Angeklagten einen Dauerkatheter legen zu lassen. Nachdem der Angeklagte einen – ersten – Katheter gelegt hatte, fertigte er von der Geschädigten zwei Ganzkörpernacktaufnahmen, was er mit dem Erfordernis begründete, den Abnehmerfolg im Sinne eines „Vorher-Nachher-Vergleichs" überprüfen zu müssen.

[4] 2. In der zweiten Novemberhälfte reiste der Angeklagte mit der Geschädigten nach Kanada, wo er diese Ende November oder Anfang Dezember 2005 aufforderte, sich den in ihre Harnröhre eingebrachten Katheter, den er zwischenzeitlich bereits einmal gewechselt hatte, entfernen und einen neuen – dritten – Dauerkatheter legen zu lassen. Die Geschädigte verweigerte dies zunächst, da sie mittlerweile unter erheblichen Schmerzen im Unterbauchbereich litt. Hierauf äußerte der Angeklagte, dass eine solche Weigerung einen Bruch des zuvor geschlossenen Modelvertrages bedeuten würde und sie deshalb eine Vertragsstrafe an ihn zu zahlen habe. Um sie weiter in seiner Abhängigkeit zu halten, gab er gegenüber der völlig mittellosen Geschädigten ferner wahrheitswidrig an, für sie finanzielle Forderungen eines Erpressers erfüllt zu haben, der mit der Veröffentlichung der von ihr gefertigten Nacktaufnahmen gedroht habe. Die zu diesem Zeitpunkt bereits verängstigte Geschädigte schenkte diesen Behauptungen Glauben und gestattete es, dass der Angeklagte den einliegenden Katheter entfernte und einen neuen, größeren Dauerkatheter in ihre Harnröhre einbrachte. Das Einlegen und Tragen der Katheter verursachte bei der Geschädigten u.a. eine schmerzhafte Harnblasenentzündung, was der Angeklagte zumindest billigend in Kauf genommen hatte.

[5] 3. Ferner verlangte der Angeklagte von der Geschädigten, für sogenannte „Fetisch-Nacktbilder" zu posieren. Dieses begründete er gegenüber der Geschädigten damit, dass er die Aufnahmen benötige, um geschlossene Verträge abzusichern bzw. um Schulden zu begleichen. Wiederum sah die Geschädigte aufgrund ihrer Unsicherheit und Leichtgläubigkeit keinen anderen Weg, als sich dem Ansinnen des Angeklagten zu beugen. Auf entsprechende Anweisung zog die Geschädigte ihren Slip aus und posierte auf einem Bett sitzend, wobei sie weisungsgemäß ihren Genitalbereich zur Schau stellte. Der Angeklagte fertigte sechs oder sieben Aufnahmen, die in der Folgezeit zumindest vorübergehend im Internet eingestellt und mit einem Eintrag versehen waren, aus dem Adresse und Telefonnummer der Geschädigten und der sinngemäße Zusatz „Ich bin für alles zu haben, mit mir kann man alles machen" hervorgingen. Den zugehörigen Link teilte der Angeklagte in der Folge auch der Mutter der Geschädigten mit.

[6] 4. Ende November/Anfang Dezember 2005 bat die Geschädigte den Angeklagten wegen ihrer anhaltenden und intensiver werdenden Schmerzen, den gelegten

Blasenkatheter wieder zu entfernen. Der Angeklagte redete der erheblich verängstigten Geschädigten ein, dieser könne nur entfernt werden, wenn er zuvor einen Katheter in den After einführe und Analspülungen vornehme. Unter dem Eindruck der fortdauernden Schmerzwirkung des in der Blase einliegenden Katheters erklärte sich die Geschädigte mit dieser Prozedur einverstanden. Der Angeklagte führte darauf einen Katheter auch in den After der Geschädigten ein und nahm Spülungen mit „Beruhigungsöl" und Weißwein vor. Die Geschädigte verharrte weisungsgemäß und unter Schmerzen 45 Minuten lang mit dem Katheter im After, bevor der Angeklagte diesen wieder entfernte. Den Blasenkatheter beließ der Angeklagte gleichwohl weiter im Körper der Geschädigten, was er mit der unwahren Behauptung begründete, dieser sei verwachsen und lasse sich nicht entfernen.

[7] In einem unbeobachteten Moment gelang der Geschädigten die Flucht zu einer kanadischen Familie, durch deren Vermittlung sie am 5. Dezember 2005 nach Deutschland zurückkehren konnte.

[8] Das Landgericht hat das Legen der Katheter als eine Tat der gefährlichen Körperverletzung und Misshandlung von Schutzbefohlenen gemäß §§ 224 Abs. 1 Nr. 2, 225 Abs. 1 Nr. 3 StGB gewertet. Ein von der Geschädigten jedenfalls anfänglich erklärtes Einverständnis mit dem Anbringen der Katheter sei unwirksam, da dieses durch Täuschung im Hinblick auf die suggerierte Modelkarriere erwirkt und spätestens beim dritten Blasenkatheter wegen der anhaltenden Schmerzen widerrufen worden sei. Daneben liege in der Drohung mit hohen Geldforderungen eine Nötigung nach § 240 Abs. 1 StGB, weil die Geschädigte hierdurch zu ihr unangenehmen bzw. ungewollten Handlungen bewegt oder von Abwehrhandlungen gegen solche Handlungen abgehalten worden sei. Straftaten gegen die sexuelle Selbstbestimmung, namentlich eine sexuelle Nötigung nach § 177 Abs. 1 StGB, seien hingegen nicht nachweisbar, weil ein sexueller Hintergrund für das Handeln des Angeklagten nicht feststellbar sei. Das Gesamtgeschehen sei als eine einzige materiell-rechtliche Tat zu werten, weil „die mit der Katheterlegung verwirklichte gefährliche Körperverletzung als Dauerdelikt die übrigen Delikte klammer(e)".

[9] Das Rechtsmittel der Staatsanwaltschaft dringt bereits mit der Sachbeschwerde durch; auf die daneben erhobenen Verfahrensrügen kommt es nicht an.

[10] 1. Das Urteil unterliegt schon deshalb der Aufhebung, weil das Landgericht das Konkurrenzverhältnis der abgeurteilten Taten unrichtig bestimmt hat.

[11] a) Entgegen der Ansicht des Landgerichts kommt der mit dem Legen der Katheter verwirklichten gefährlichen Körperverletzung eine Klammerwirkung nicht zu. Zwischen Dauerdelikten und anderen Straftaten, die während des Dauerzustands begangen werden, kann zwar Tateinheit bestehen, wenn sich die Ausführungshandlungen wenigstens in einem für die jeweilige Tatbestandserfüllung notwendigen Teil decken, also die zur Verwirklichung des einen Tatbestands beitragende Handlung zugleich der Begründung oder Aufrechterhaltung des durch das Dauerdelikt geschaffenen rechtswidrigen Zustandes dient (BGHSt 18, 29, 31; 29, 184, 186; 31, 29, 30; Rissing-van Saan in LK 12. Aufl. § 52 Rn. 23; v. Heintschel-Heinegg in MünchKomm-StGB 2. Aufl. § 52 Rn. 91 ff. jew. m.w.N.). Indes handelt es sich bei den Körperverletzungsdelikten der §§ 223 ff. StGB nicht um Dauer-, sondern um sog. Zustandsdelikte, bei denen es nicht auf die Aufrechterhaltung eines widerrechtlichen Zustandes ankommt. Deren Begehung ist vielmehr bereits mit der Herbeiführung des vom jeweiligen Tatbestand umschriebenen Zustandes beendet (vgl. BGH NJW 1983, 1745, 1746; Fischer StGB 59. Aufl. Vor § 52 Rn. 58; v. Heintschel-Heinegg aaO § 52 Rn. 28). Auch durch ein Fortwirken ihres tatbe-

standlichen Erfolges, etwa anhaltende Schmerzen, wird die Körperverletzung nicht zu einem Dauerdelikt (Stree/Sternberg-Lieben in Schönke/Schröder StGB 28. Aufl. Vorbem. § 52 ff. Rn. 82 a.E.).

[12] b) Die festgestellten Handlungen des Angeklagten können auch nicht deshalb als eine Tat bewertet werden, weil „von einem einheitlichen Vorsatz des Angeklagten bezüglich der gefährlichen Körperverletzung auszugehen (war), da der Angeklagte der Geschädigten einen Dauerkatheter legen wollte und diesen ‚lediglich' erneuerte" (vgl. UA S. 23). Zutreffend weist die Revision darauf hin, dass nach den getroffenen Feststellungen bereits offen bleibt, ob ein solcher Gesamtvorsatz auch das Legen des Analkatheters und das Anfertigen der „Fetisch-Nacktbilder" umfasste. Die Annahme von Tateinheit würde jedenfalls aber ein Zusammentreffen mehrerer objektiver Tatbestandsverwirklichungen in einem einheitlichen Handlungsablauf voraussetzen. Ein Zusammentreffen nur im subjektiven Bereich genügt demgegenüber nicht (BGHSt 43, 149, 151; Fischer aaO Vor § 52 Rn. 24; Eschelbach in S/S/W-StGB § 52 Rn. 52). An einem solchen Zusammentreffen objektiver Tatbestandsverwirklichungen fehlt es hier. Dabei kann dahinstehen, ob – wofür einiges spricht – nicht schon das Legen des ersten und zweiten Blasenkatheters jeweils eine von der erschlichenen Einwilligung der Geschädigten nicht gedeckte körperliche Misshandlung beinhaltete (vgl. BGHSt 16, 309, 310; BGH NStZ 2004, 442). Nach den getroffenen Feststellungen lagen jedenfalls dem schmerzhaften Legen des dritten Blasenkatheters, der Anfertigung der sog. „Fetisch-Nacktbilder" sowie dem ebenfalls mit Schmerzen verbundenen Legen des Analkatheters jeweils separate Tathandlungen zugrunde, wovon im Übrigen auch die Anklage ausgeht. Dass der Angeklagte die Vornahme dieser Handlungen teilweise durch Nötigungsmittel ermöglicht hat, führt zu keiner anderen rechtlichen Bewertung. Denn der Angeklagte nutzte hierbei nicht lediglich die Wirkungen einer früheren, bereits vor der ersten Tathandlung geäußerten Drohung aus, sondern erneuerte diese auf der Grundlage eines jeweils neu gefassten Tatentschlusses. Während dem Einlegen des Blasenkatheters die Behauptung einer angeblich anfallenden Vertragsstrafe und zu erstattender Auslagen vorausging, sollten die „Fetisch-Nacktbilder" dazu dienen, angebliche Verträge abzusichern und Schulden zu begleichen. Das Legen des Analkatheters wiederum duldete die Geschädigte lediglich vor dem Hintergrund ihrer anhaltenden und intensiver werdenden Schmerzen und der Behauptung des Angeklagten, diese Prozedur sei zur Entfernung des einliegenden Blasenkatheters unerlässlich.

Ein **hinterlistiger Überfall** iSv § 224 Abs. 1 Nr. 3 StGB liegt nur vor, wenn der Täter seine Verletzungsabsicht planmäßig verbirgt.[212] **202**

[2] Nach den zum Fall A. II. 2. rechtsfehlerfrei getroffenen Feststellungen wollte der Angeklagte aus einem Haus Geld oder sonstige stehlenswerte Gegenstände entwenden, um damit den Erwerb von Drogen zu finanzieren. Als er den Eigentümer des Hauses auf dem Grundstück bemerkte, versteckte sich der Angeklagte hinter einem Gebüsch. Der Hauseigentümer näherte sich diesem Gebüsch. Daher fürchtete der Angeklagte seine Entdeckung, griff den Eigentümer von hinten an und schlug auf diesen ein, um seine Absicht, aus dem Haus etwas zu stehlen, noch verwirklichen zu können.

---

212 BGH, Beschluss vom 2.5.2012 – 3 StR 146/12.

[3] Diese Feststellungen tragen nicht den Schuldspruch wegen einer mittels eines hinterlistigen Überfalls (§ 224 Abs. 1 Nr. 3 StGB) begangenen gefährlichen Körperverletzung. Ein hinterlistiger Überfall setzt voraus, dass der Täter seine Verletzungsabsicht planmäßig verbirgt (vgl. BGH, Beschluss vom 30. Oktober 2008 – 3 StR 334/08, NStZ-RR 2009, 77, 78; Fischer, StGB, 59. Aufl., § 224 Rn. 10). Eine solche Planmäßigkeit ist nicht belegt. Allein der Umstand, dass der Angeklagte den Angriff von hinten ausführte und dabei ein Überraschungsmoment ausnutzte, begründet keine Hinterlist im Sinne des § 224 Abs. 1 Nr. 3 StGB (vgl. etwa BGH, Beschluss vom 11. August 2009 – 3 StR 175/09, StV 2011, 136; Fischer aaO m.w.N.).

203 Zur Erfüllung des Tatbestandes der **gemeinschaftlich** begangenen Körperverletzung (§ 224 Abs. 1 Nr. 4 StGB) genügt es zwar, wenn ein am Tatort anwesender Tatgenosse die Wirkung der Körperverletzungshandlung des Täters bewusst in einer Weise verstärkt, welche die Lage des Verletzten zu verschlechtern geeignet ist, nicht aber, wenn der Angeklagte bloß auf die Hilfe der Mitanwesenden bei der erwarteten folgenden Schlägerei vertraut, ohne dass es dann in irgendeiner Weise zu einer Unterstützungshandlung von diesen gekommen ist.[213]

[4] a) Nach den rechtsfehlerfrei getroffenen Feststellungen schlug der Angeklagte, der sich in einer Gruppe Jugendlicher aufhielt, die mit der Gruppe um den Geschädigten R. in einen zunächst verbal ausgetragenen Streit geraten war, diesem unvermittelt mit der Faust ins Gesicht, so dass er zu Boden fiel. Dabei war dem Angeklagten klar, dass er sich in der nun erwartungsgemäß folgenden Schlägerei auf seine Freunde verlassen könne. Tatsächlich kam es in der Folge zu einer körperlichen Auseinandersetzung zwischen den Mitgliedern der beiden Gruppen, in deren Verlauf es zu weiteren Straftaten eines Mitangeklagten kam, die dem Angeklagten aber nicht zuzurechnen waren.

[5] b) Danach hat sich der Angeklagte nicht der gefährlichen Körperverletzung nach § 224 Abs. 1 Nr. 4 StGB schuldig gemacht. Zur Erfüllung dieses Qualifikationstatbestandes genügt es zwar, wenn ein am Tatort anwesender Tatgenosse die Wirkung der Körperverletzungshandlung des Täters bewusst in einer Weise verstärkt, welche die Lage des Verletzten zu verschlechtern geeignet ist (BGH, Urteil vom 3. September 2002 – 5 StR 210/02, BGHSt 47, 383). Daran fehlt es hier indes. Den Feststellungen kann nur entnommen werden, dass der Angeklagte auf die Hilfe seiner Freunde bei der erwarteten folgenden Schlägerei vertraute, nicht aber, dass diese ihn zum Zeitpunkt seiner anfänglichen Körperverletzungshandlung in irgendeiner Form unterstützt hätten.

c) Körperverletzung mit Todesfolge – § 227 StGB

204 Im Rahmen des § 227 StGB ist, weil schon in der Begehung des Grunddelikts eine Verletzung der Sorgfaltspflicht liegt, alleiniges **Merkmal der Fahrlässigkeit** die **Vorhersehbarkeit des Todeserfolgs**. Hierfür ist entscheidend, ob vom Täter in seiner konkreten Lage und nach seinen persönlichen Kenntnissen und Fähigkeiten der Todeseintritt vorausgesehen werden konnte oder ob aus dieser Sicht die tödliche Gefahr für das Opfer so weit außerhalb der Lebenswahrscheinlichkeit lag, dass die qualifizierende Folge dem Täter deshalb nicht zuzurechnen ist.[214]

---

213 BGH, Beschluss vom 17.7.2012 – 3 StR 158/12.
214 BGH, Urteil vom 20.6.2012 – 5 StR 536/11.

[1] 1. Zu Verfahrensgegenstand und Verfahrensgang:

[2] Gegenstand des Verfahrens ist die strafrechtliche Verantwortlichkeit des Angeklagten als im Beweismittelsicherungsdienst tätiger Arzt für den am 7. Januar 2005 eingetretenen Tod des 35 Jahre alten C. aus Sierra Leone im Rahmen einer zwangsweise durchgeführten Exkorporation von Kokain.

[3] a) Das Landgericht hat in seinem in dieser Sache ergangenen ersten freisprechenden Urteil vom 4. Dezember 2008 als Todesursache eine Mangelversorgung des Gehirns mit Sauerstoff (zerebrale Hypoxie) als Folge von Ertrinken nach Aspiration über einen Magenschlauch zugeführten Wassers bei forciertem Erbrechen festgestellt. Hierfür hat es ein objektiv pflichtwidriges Handeln des Angeklagten als ursächlich angesehen. Dieser habe nach dem Eingreifen des von ihm herbeigerufenen Notarztes trotz erkennbar erhöhten Aspirationsrisikos die Exkorporation fortgesetzt. Der Tod des Beschuldigten sei für den Angeklagten aber nicht vorhersehbar und vermeidbar gewesen, weil er als Arzt persönlich überfordert gewesen sei und sich auf die Kompetenz des weiterhin anwesenden Notarztes habe verlassen können.

[4] b) Mit Urteil vom 29. April 2010 – 5 StR 18/10 (BGHSt 55, 121) hat der Senat auf die Revisionen der Nebenklägerin, der Mutter des Verstorbenen, und seines mittlerweile gleichfalls verstorbenen Bruders als damals weiteren Nebenkläger das genannte Urteil aufgehoben. Die vom Landgericht vorgenommene Beweiswürdigung hat er als rechtsfehlerhaft beanstandet und auf der Grundlage des festgestellten Sachverhalts vom neuen Tatgericht die Prüfung und Bewertung weiterer Pflichtverstöße des Angeklagten als rechtlich geboten verlangt (unterlassene Aufklärung, Durchführung eines erkennbar nicht beherrschten medizinischen Eingriffs und Fortsetzung der Exkorporation unter Verstoß gegen das Gebot der Wahrung der Menschenwürde). Der Senat hat ferner die in der Spätphase des Eingriffs vorgenommene Auslösung des Brechreizes mittels einer Pinzette sowie eines Spatels als Körperverletzung bewertet. Er hat nicht ausschließen können, dass eine fehlerfreie Würdigung der festgestellten Umstände die Voraussetzungen einer Körperverletzung mit Todesfolge nach § 227 StGB ergeben würde. Deshalb hat er die Sache an eine Schwurgerichtskammer des Landgerichts zurückverwiesen (§ 74 Abs. 2 Nr. 8 GVG).

[5] c) Das Landgericht hat den Angeklagten erneut freigesprochen. Hiergegen richtet sich die auf die Rüge der Verletzung sachlichen Rechts gestützte Revision der Nebenklägerin. Diese hat wiederum Erfolg. …

[21] dd) Die Würdigung der Vorhersehbarkeit des Todeserfolgs ist durchgreifend rechtsfehlerhaft. Das Landgericht hat auch hier einen nicht zutreffenden rechtlichen Maßstab angelegt.

[22] Im Rahmen des § 227 StGB ist, weil schon in der Begehung des Grunddelikts eine Verletzung der Sorgfaltspflicht liegt, alleiniges Merkmal der Fahrlässigkeit die Vorhersehbarkeit des Todeserfolgs (BGH, Urteile vom 28. März 2001 – 3 StR 532/00, BGHR StGB § 227 Todesfolge 1, und vom 16. März 2006 – 4 StR 536/05, BGHSt 51, 18, 21). Hierfür ist entscheidend, ob vom Täter in seiner konkreten Lage und nach seinen persönlichen Kenntnissen und Fähigkeiten der Todeseintritt vorausgesehen werden konnte oder ob aus dieser Sicht die tödliche Gefahr für das Opfer so weit außerhalb der Lebenswahrscheinlichkeit lag, dass die qualifizierende Folge dem Täter deshalb nicht zuzurechnen ist (BGHSt aaO m.w.N.).

[23] An diesen Grundsätzen gemessen steht die Vorhersehbarkeit des Todeseintritts auch auf der Basis des durch das Landgericht als todesursächlich unterstellten multifaktoriellen Geschehens nicht in Frage. Zwar konnte der Herzschaden im Zeitpunkt der Fortsetzung der Exkorporation durch den Angeklagten ohne eingehende

körperliche Untersuchung nicht diagnostiziert werden. Ebenso nimmt die Schwurgerichtskammer nachvollziehbar an, dass die Einzelheiten des tödlichen Ablaufs nicht absehbar gewesen sind. Das ist jedoch auch nicht erforderlich; denn die – nicht durch den Sachverständigen, sondern in wertender Betrachtung durch den Richter zu beurteilende – Vorhersehbarkeit muss sich nicht auf alle Einzelheiten des zum Tode führenden Geschehensablaufs, mithin auch nicht auf die konkrete Todesursache erstrecken (vgl. BGH, Urteile vom 26. Februar 1997 – 3 StR 569/96, BGHR StGB § 226 a.F. Todesfolge 12, vom 15. November 2007 – 4 StR 453/07, NStZ 2008, 686, 687, und vom 10. Juni 2009 – 2 StR 103/09, NStZ-RR 2009, 309).

[24] Vorliegend widersprach es gerade ärztlicher Pflicht, die Exkorporation fortzuführen, nachdem sich der Gesundheitszustand während deren erster Phase so sehr verschlechtert hatte, dass der Angeklagte das Legen einer Verweilkanüle und das Herbeiholen des Notarztes für erforderlich gehalten hatte und nachdem notärztliche Maßnahmen auch tatsächlich durchgeführt worden waren. Zudem setzte der Angeklagte – was von der Schwurgerichtskammer nicht erkennbar bedacht worden ist – auf der Basis der Feststellungen zum alternativ denkbaren Kausalverlauf namentlich mit dem noch mindestens zweimaligen Legen der Magensonde sowie dem mit körperlicher Gewalt verbundenen Einsatz von Spatel und Pinzette pflichtwidrig eigenständige Ursachen für den Eintritt der Todesfolge (Auslösen von Karotis-Sinus- bzw. Valsalva-Reflex), wobei nach dem Verlauf der „ersten Phase" und dem vom Landgericht angenommenen „vitalen" Zustandsbild des Angeklagten dann auch weiteres „Filtern" durch den Verstorbenen und allein daraus möglicherweise resultierende schädliche Folgen wahrscheinlich waren. Wenn der Arzt unter solchen Vorzeichen lediglich nach Prüfung der „Vitalparameter" mit seinem Tun fortfährt, so liegt der Todeseintritt aufgrund mitwirkender Vorschädigung der betroffenen Person nicht so sehr außerhalb der Wahrscheinlichkeit, dass die Voraussehbarkeit für den „erfahrenen Facharzt" und den Angeklagten persönlich in Zweifel zu ziehen wäre (vgl. auch BGH, Urteile vom 24. Januar 1995 – 1 StR 707/94, BGHR StGB § 226 a.F. Todesfolge 9 [„medizinische Rarität"], vom 26. Februar 1997 – 3 StR 569/96, BGHR StGB § 226 a.F. Todesfolge 12 [Herzinfarkt infolge Herzvorschädigung] und vom 10. Juni 2009 – 2 StR 103/09, NStZ-RR 2009, 309). Mit Komplikationen auch aufgrund nicht auf den ersten Blick erkennbarer Vorschädigungen muss der Fachkundige – zumal in Ermangelung einer gründlichen Untersuchung – bei einem so gearteten Zwangseingriff vielmehr stets rechnen. Das Wissen um solche Risiken gehört naturgemäß auch zum beruflichen Erfahrungsbereich des nach den Feststellungen der nunmehr entscheidenden Schwurgerichtskammer überdies vielfach mit – wenngleich nicht zwangsweise durchgeführten – Exkorporationen befassten und über deren Risiken wohl informierten (vgl. UA S. 11, 14) Angeklagten.

8. Straftaten gegen die persönliche Freiheit – §§ 232 ff. StGB

a) Erpresserischer Menschenraub – § 239a StGB

■ TOPENTSCHEIDUNG

205 Des erpresserischen Menschenraubes macht sich schuldig, wer einen Menschen entführt oder sich eines Menschen bemächtigt, um die Sorge des Opfers um sein Wohl oder die Sorge eines Dritten um das Wohl des Opfers zu einer Erpressung gemäß

§ 253 StGB auszunutzen, oder wer die durch eine solche Handlung geschaffene Lage eines Menschen zu einer solchen Erpressung ausnutzt. Die Tatbestandsalternative des **erpresserischen Menschenraubes gemäß § 239a Abs. 1 Halbsatz 2 StGB (Ausnutzungsvariante)** ist bereits dann **vollendet,** wenn der Täter (während der Bemächtigungslage und unter Ausnutzung derselben) den **Versuch einer Erpressung begeht,** also unmittelbar zur Nötigung einer Person ansetzt, durch welche dem Vermögen der genötigten (oder einer anderen) Person in (rechtswidriger) Bereicherungsabsicht noch während des Andauerns der Bemächtigungslage ein Vermögensnachteil zugefügt werden soll.[215]

[9] 1. Die Begründung, mit der das Landgericht die Begehung eines erpresserischen Menschenraubes gemäß § 239a Abs. 1 StGB durch die Angeklagten verneint hat, hält der rechtlichen Prüfung nicht stand.

[10] a) Des erpresserischen Menschenraubes macht sich schuldig, wer einen Menschen entführt oder sich eines Menschen bemächtigt, um die Sorge des Opfers um sein Wohl oder die Sorge eines Dritten um das Wohl des Opfers zu einer Erpressung gemäß § 253 StGB auszunutzen, oder wer die durch eine solche Handlung geschaffene Lage eines Menschen zu einer solchen Erpressung ausnutzt. Im Hinblick auf den Anwendungsbereich klassischer Delikte mit Nötigungselementen wie § 177, §§ 249 ff., §§ 253 ff. StGB ist der Tatbestand des § 239a Abs. 1 StGB im Zwei-Personen-Verhältnis allerdings, insbesondere für Fälle des Sichbemächtigens, einschränkend auszulegen. Der Täter muss durch eine Entführung oder in sonstiger Weise die physische Herrschaftsgewalt über das Opfer gewinnen, dadurch eine stabile Bemächtigungslage schaffen und entweder von vornherein beabsichtigen, diese Lage zu einer Erpressung auszunutzen, oder die zu anderen Zwecken hergestellte Verfügungsgewalt über das Opfer zu einer Erpressung ausnutzen. Dabei muss der stabilisierten Bemächtigungslage mit Blick auf die erstrebte Erpressung eine eigenständige Bedeutung zukommen. Damit ist – insbesondere in Abgrenzung zu den Raubdelikten – indes lediglich gemeint, dass sich über die in jeder mit Gewalt oder Drohungen verbundenen Nötigungshandlung liegende Beherrschungssituation hinaus eine weitergehende Drucksituation auf das Opfer gerade auch aus der stabilen Bemächtigungslage ergeben muss. Der erforderliche funktionale Zusammenhang liegt insbesondere dann nicht vor, wenn sich der Täter des Opfers durch Nötigungsmittel bemächtigt, die zugleich unmittelbar der beabsichtigten Erpressung dienen, wenn also Bemächtigungs- und Nötigungsmittel zusammenfallen (vgl. BGH, Urteil vom 31. August 2006 – 3 StR 246/06, NStZ 2007, 32 m.w.N.).

[11] b) Danach ist die Annahme des Landgerichts, die Angeklagten hätten sich des Geschädigten zunächst nicht in Erpressungsabsicht bemächtigt, indem sie ihn in die Wohnung des Mitangeklagten T. lockten, dort misshandelten und fesselten, rechtlich nicht zu beanstanden; denn nach den Feststellungen hat dies der Angeklagte F. – mit Einverständnis seines Tatgenossen – getan, um den Geschädigten zur Rede zu stellen und zu bestrafen. Dass die Angeklagten von vornherein beabsichtigten, die geplante Bestrafung des Geschädigten über die körperlichen Misshandlungen und Demütigungen hinaus auch mit einer Geldforderung zu bewirken, lässt sich den bisherigen Feststellungen nicht entnehmen.

---

[215] BGH, Beschluss vom 2.2.2012 – 3 StR 385/11.

[12] c) Indes kommt es entgegen der Ansicht des Landgerichts auf der Grundlage des festgestellten Lebenssachverhaltes in Betracht, dass die Angeklagten die durch anhaltende physische Gewalt über das Opfer gekennzeichnete, über längere Zeit bestehende und auch infolge der Fesselung mit einer Stabilisierung verbundene Bemächtigungslage zu einer Erpressung ausgenutzt haben, indem sie – ihrem nunmehr gefassten Entschluss, Geld von dem Geschädigten zu fordern, folgend – den Geschädigten nach dessen Misshandlung und Fesselung in der Wohnung fragten, „wie viel er ihnen schulde, um seine Missetat zu begleichen", damit von ihm (konkludent) die Herausgabe von Geld verlangten und dieses Verlangen durch die Aufrechterhaltung der Fesselung oder die mit dieser Forderung konkludent verbundenen Drohung weiterer Misshandlungen durchzusetzen suchten. Damit könnte der Tatbestand des erpresserischen Menschenraubes gemäß § 239a Abs. 1 Halbsatz 2 StGB (Ausnutzungsvariante) bereits zu diesem Zeitpunkt verwirklicht worden sein; denn diese Tatbestandsalternative ist bereits dann vollendet, wenn der Täter (während der Bemächtigungslage und unter Ausnutzung derselben) den Versuch einer Erpressung begeht (vgl. BGH, Urteil vom 31. August 2006 – 3 StR 246/06, NStZ 2007, 32, 33; Fischer, StGB, 59. Aufl., § 239a Rn. 12, 14), also unmittelbar zur Nötigung einer Person ansetzt, durch welche dem Vermögen der genötigten (oder einer anderen) Person in (rechtswidriger) Bereicherungsabsicht noch während des Andauerns der Bemächtigungslage ein Vermögensnachteil zugefügt werden soll. Dies wäre etwa der Fall, wenn die Angeklagten davon ausgegangen wären, dass der Geschädigte Geld bei sich hatte und herausgeben könnte. Bereits dann wäre der erforderliche funktionale und zeitliche Zusammenhang zwischen der Bemächtigungslage und der beabsichtigten Erpressung gegeben, so dass es im Hinblick darauf nicht mehr von Bedeutung wäre, ob angesichts der fehlenden Bewachung des Geschädigten während des Zwischenhaltes in der Nähe der Justizvollzugsanstalt die zuvor bestehende Bemächtigungslage beendet war. Ob die Angeklagten davon ausgingen, dass A. Geld bei sich hatte, kann dem Urteil zwar nicht entnommen werden, liegt indes angesichts des Umstands, dass F. ihn unter dem Vorwand, gemeinsam Drogen konsumieren zu wollen, zu der Fahrt nach D. veranlasste, nicht fern. Dass in diesem Fall der Bemächtigungslage die im sogenannten Zwei-Personen-Verhältnis von der Rechtsprechung geforderte eigenständige Bedeutung zukam (BGH, Beschluss vom 22. November 1994 – GSSt 1/94, BGHSt 40, 350, 359; vgl. BGH aaO; Fischer, StGB, 59. Aufl., § 239a Rn. 7 m.w.N.), ist – entgegen der Ansicht des Generalbundesanwalts – nicht zweifelhaft. Die Feststellung, dass der Geschädigte auf die Möglichkeit der Geldabhebung „aus Angst vor weiteren Misshandlungen" hinwies, steht dem nicht entgegen.

■ PRAXISBEDEUTUNG

Die Fälle eines erpresserischen Menschenraubes im 2-Personen-Verhältnis gestalten sich in der konkreten juristischen Subsumption jeweils eher schwierig. Die vorstehende Entscheidung trägt hier zur weiteren Klarstellung bei, zumal von Tätern öfter die Einlassung kommt, die anfängliche Bemächtigung des Opfers sei aus anderen Gründen erfolgt, welche gerade nicht mit der späteren Erpressung zusammenhingen.

b) Nötigung, Bedrohung – §§ 240, 241 StGB

Ist auf Grund eines festgestellten Sachverhalts dem Grunde nach vom Vorliegen eines **besonders schweren Falls der Nötigung** gem. § 240 Abs. 4 StGB auszugehen, kann aus weiteren Erwägungen die Strafe nicht dem nach §§ 21, 49 Abs. 1 StGB gemilderten Strafrahmen des § 240 Abs. 4 StGB entnommen werden, ohne zuvor zu erwägen, ob das Vorliegen eines **vertypten Milderungsgrundes** der Annahme eines besonders schweren Falls entgegensteht.[216] **206**

[2] 1. Die Überprüfung des Urteils auf die Sachrüge hat im Schuld- und Maßregelausspruch keinen Rechtsfehler zum Nachteil des Angeklagten ergeben.

[3] 2. Hingegen hält der Strafausspruch rechtlicher Nachprüfung nicht stand.

[4] Das Landgericht hat – was aufgrund des festgestellten Sachverhalts an sich nicht zu beanstanden ist – das Vorliegen eines besonders schweren Falls der Nötigung gemäß § 240 Abs. 4 StGB angenommen. Dann jedoch hat es die Strafe dem nach §§ 21, 49 Abs. 1 StGB gemilderten Strafrahmen des § 240 Abs. 4 StPO entnommen, ohne zuvor zu erwägen, ob das Vorliegen des vertypten Milderungsgrundes der Annahme eines besonders schweren Falls hier entgegensteht. Der Generalbundesanwalt hat dazu ausgeführt:

> *„Die Strafkammer hat ohne Rechtsfehler zugunsten des Angeklagten eine erhebliche Verminderung der Schuldfähigkeit zur Tatzeit aufgrund einer akuten Kokainwirkung angenommen. Bei der Prüfung des besonders schweren Falls hat sie das Vorliegen des vertypten Strafmilderungsgrundes des § 21 StGB allerdings nicht berücksichtigt (siehe Fischer StGB 59. Auflage § 46 Rn. 92). Die Strafkammer sieht bereits allein aufgrund der objektiven Gefährlichkeit des Handelns des Angeklagten den besonders schweren Fall der Nötigung als begründet (UA S. 28). Diese Formulierung zeigt auf, dass die Strafkammer gerade nicht berücksichtigt hat, dass der vertypte Milderungsgrund des § 21 der Annahme des besonders schweren Falls vorliegend entgegenstehen könnte. Unabhängig davon lässt die Strafkammer außer Acht, dass sich der Angeklagte aufgrund der akuten Kokainwirkung zur Tatzeit – die zur Annahme erheblich verminderter Schuldfähigkeit geführt hat – in einem (nicht ausschließbaren) Zustand der Euphorisierung und höherer Risikofreudigkeit befand und seine Dominanz und Präsenz zudem gesteigert war (UA S. 27). Danach spricht aber vieles dafür, dass die Ausführung der Tat des Angeklagten symptomatischer Ausdruck seiner erheblichen Verminderung der Steuerungsfähigkeit war. Trifft dies aber zu oder kann dies nicht ausgeschlossen werden, gereicht die objektive Gefährlichkeit des Handelns dem Angeklagten nicht zum Vorwurf und kann deshalb auch nicht uneingeschränkt zur Begründung des besonders schweren Falls gemäß § 240 Abs. 4 StGB herangezogen werden (BGHR StGB § 21 Strafrahmenverschiebung 24; Fischer StGB 59. Auflage § 46 Rn. 32).*
>
> *Auf dem aufgezeigten Rechtsfehler beruht der Strafausspruch. Denn der Strafrahmen – bei Verneinung eines besonders schweren Falls – des § 240 Abs. 1 StGB (Geldstrafe bis 3 Jahre Freiheitsstrafe) ist für den Angeklagten günstiger als der nach § 21, 49 Abs. 1 StGB gemilderte Strafrahmen des § 240 Abs. 4 StGB (Freiheitsstrafe von sechs Monaten bis drei Jahren und neun Monate). Dies zwingt hier zur Aufhebung des Strafausspruchs. Es kann nicht ausgeschlossen*

---

[216] BGH, Beschluss vom 27.3.2012 – 2 StR 41/12.

werden, dass das Tatgericht, das mit einer Freiheitsstrafe von zwei Jahren und neun Monaten gerade nicht auf eine Freiheitsstrafe im oberen Bereich des Strafrahmens erkennen wollte, bei Zugrundelegung des Strafrahmens des § 240 Abs. 1 StGB auf eine mildere Strafe erkannt hätte."

[5] Dem schließt sich der Senat an und weist darauf hin, dass die Strafe gegebenenfalls dem § 52 Abs. 1 WaffG zu entnehmen sein wird, sollte der neue Tatrichter insoweit nicht zur Annahme eines minder schweren Falls nach § 52 Abs. 6 WaffG gelangen.

207 Die tatbestandsmäßige Nötigungshandlung des Täters muss in kausalem Sinne zu dem vom Täter geforderten Verhalten des Opfers führen. **Vollendet** ist die **Nötigung** erst dann, wenn der Genötigte die **verlangte Handlung vorgenommen** oder zumindest **mit ihrer Ausführung begonnen** hat. Ein **Teilerfolg,** der mit Blick auf ein weitergehendes Ziel jedenfalls vorbereitend wirkt, kann für die Annahme einer vollendeten Nötigung ausreichen, wenn die abgenötigte Handlung des Opfers nach den Vorstellungen des Täters eine eigenständig bedeutsame Vorstufe des gewollten Enderfolgs darstellt.[217]

[5] § 240 StGB ist als Erfolgsdelikt ausgestaltet. Die tatbestandsmäßige Nötigungshandlung des Täters muss in kausalem Sinne zu dem vom Täter geforderten Verhalten des Opfers führen. Vollendet ist die Nötigung erst dann, wenn der Genötigte die verlangte Handlung vorgenommen oder zumindest mit ihrer Ausführung begonnen hat. Ein Teilerfolg, der mit Blick auf ein weitergehendes Ziel jedenfalls vorbereitend wirkt, kann für die Annahme einer vollendeten Nötigung ausreichen, wenn die abgenötigte Handlung des Opfers nach den Vorstellungen des Täters eine eigenständig bedeutsame Vorstufe des gewollten Enderfolgs darstellt (vgl. BGH, Beschluss vom 11. Dezember 2003 – 3 StR 421/03, NStZ 2004, 442; Urteile vom 14. Januar 1997 – 1 StR 507/96, NJW 1997, 1082; vom 20. Juni 2007 – 1 StR 157/07, StV 2008, 249). Entgegen der Auffassung des Landgerichts liegt in der Erklärung der Geschädigten, zu dem Angeklagten zurückzukehren, kein die Annahme einer vollendeten Nötigung rechtfertigender Teilerfolg. Das drohende Verhalten des Angeklagten zielte darauf ab, die Geschädigte zur Wiederaufnahme und Fortsetzung der Beziehung mit ihm zu bewegen. Die Tat war damit auf ein Verhalten der Geschädigten in der Zukunft gerichtet. Eine von der Geschädigten abzugebende Erklärung über ihr künftiges Verhalten war dagegen nach den Feststellungen vom Angeklagten nicht gewollt. Die Äußerungen der Geschädigten sind auch nicht als eigenständig bedeutsame Vorstufe des vom Angeklagten erstrebten künftigen Verhaltens der Geschädigten anzusehen. Zum einen entnimmt der Senat den Urteilsgründen, dass die entsprechende Ankündigung von der Geschädigten ersichtlich nicht ernst gemeint war (vgl. BGH, Beschluss vom 11. Dezember 2003 – 3 StR 421/03, aaO). Zum anderen zeigt die Bemerkung des Angeklagten im Zusammenhang mit seiner Weigerung, die Softair-Pistole wegzuwerfen, dass der Angeklagte selbst die Erklärung der Geschädigten nicht als verbindlich ansah.

208 Ist **Bedrohung** (§ 241 StGB) mit **Nötigung** (§ 240 StGB) **tateinheitlich** begangen, tritt das Delikt der Bedrohung hinter dem Vergehen der Nötigung zurück, wenn die Bedrohung das Mittel der Nötigung war.[218]

---

[217] BGH, Beschluss vom 19.6.2012 – 4 StR 139/12.

[218] BGH, Beschluss vom 14.12.2012 – 1 StR 582/11.

[2] Die Verurteilung wegen tateinheitlich begangener Bedrohung (§ 241 StGB) kann keinen Bestand haben, da dieses Delikt hinter dem spezielleren Vergehen der Nötigung (§ 240 StGB) zurücktritt, denn die Bedrohung war hier das Mittel der Nötigung (vgl. u.a. BGH, Urteil vom 7. August 2003 – 3 StR 137/03; BGH, Beschluss vom 6. Oktober 1998 – 4 StR 391/98; BGH, Beschluss vom 9. April 1997 – 2 StR 9/97). Der Senat hat deshalb den Schuldspruch entsprechend geändert. Er schließt aus, dass die Strafkammer bei Beachtung dieses konkurrenzrechtlichen Verhältnisses auf niedrigere Strafen erkannt hätte. Die Verwirklichung des zurücktretenden Tatbestandes kann bei der Strafzumessung erschwerend berücksichtigt werden (vgl. u.a. BGH, Beschluss vom 23. August 2011 – 4 StR 308/11 m.w.N.); dies gilt jedenfalls dann, wenn die Erfüllung von Merkmalen des verdrängten Gesetzes gegenüber dem Tatbestand des angewandten Gesetzes selbständiges Unrecht enthalten (vgl. u.a. BGH, Beschluss vom 26. Mai 2011 – 4 StR 206/11 m.w.N.). So liegt es hier: Der Unrechtsgehalt einer Bedrohung des Zeugen Z. mit dem Tode unter Vorhalten eines Messers wird von der Strafbarkeit wegen Nötigung nicht vollständig erfasst, da zur Verwirklichung dieses Tatbestandes bereits die Drohung mit einem empfindlichen Übel ausreicht.

9. Diebstahl und Unterschlagung – §§ 242 ff. StGB

Ist die **Wegnahme einer Sache** nach dem **Tod des Eigentümers/Besitzers** erfolgt, liegt kein Gewahrsamsbruch und mithin auch kein Diebstahl vor, weil Tote keinen Gewahrsam haben.[219] **209**

[2] 1. Die Verurteilung wegen Wohnungseinbruchsdiebstahls hat keinen rechtlichen Bestand. Die Ausführungen an verschiedenen Stellen des Urteils zur Frage des für die Annahme von § 244 Abs. 1 Nr. 3 StGB erforderlichen Bruch fremden Gewahrsams sind nicht miteinander vereinbar.

[3] Zwar würde die Erwägung in der Beweiswürdigung, dass der u.a. von dem Angeklagten F. verübte Einbruch in die Wohnung des Fe. ca. 2 Stunden vor dessen Tod erfolgte (UA 65), die Verurteilung wegen Wohnungseinbruchsdiebstahls tragen, da der Gewahrsam von Fe. gebrochen wurde, als der Angeklagte dessen Hund und Lederweste aus der Wohnung holte.

[4] Diese Annahme steht jedoch in nicht auflösbarem Widerspruch zu den Feststellungen des Landgerichts. Dort ist die Strafkammer davon ausgegangen, dass der Präsident des Motorradclubs E. u.a. dem Angeklagten den Auftrag erteilte, Hund und Lederweste aus der Wohnung des Fe. zu holen, nachdem er vom Suizid des Fe. erfahren hatte (UA 26). Auch der anschließend am selben Abend verübte Einbruch in die Wohnung des Fe. wäre mithin nach dessen Tod erfolgt. In diesem Fall ist fremder Gewahrsam, wie es der Tatbestand des Wohnungseinbruchsdiebstahls voraussetzt, nicht gebrochen worden, da Tote keinen Gewahrsam mehr haben (BGH, Beschluss vom 9. Dezember 2009 – 5 StR 403/09, StraFo 2010, 122; BGHR StGB § 242 Abs. 1 Gewahrsam 1). Die Feststellungen verhalten sich auch nicht dazu, ob der Gewahrsam des Fe. mit dessen Tod evtl. auf andere Personen übergegangen ist. Sollte dies nicht der Fall sein, wäre eine Verurteilung wegen Unterschlagung in Betracht zu ziehen (§ 246 StGB).

[219] BGH, Beschluss vom 25.7.2012 – 2 StR 111/12.

a) Regelbeispiele

210 Das **Beisichführen eines anderen gefährlichen Werkzeugs** setzt voraus, dass es sich um einen Gegenstand handelt, der nach seiner objektiven Beschaffenheit geeignet ist, einem Opfer erhebliche Körperverletzungen zuzufügen.[220]

[2] 1. Die Verurteilungen wegen Diebstahls mit Waffen (§ 244 Abs. 1 Nr. 1a StGB) haben keinen Bestand.

[3] a) Nach den Feststellungen hebelte der Angeklagte mit „zwei mitgebrachten Schraubendrehern" ein Fenster auf, um in die Geschäftsräume einer Firma zu gelangen, aus denen er eine LED-Lampe entwendete. Kurze Zeit später begab er sich zu den Geschäftsräumen einer weiteren Firma und schlug zwei Glasschiebetüren zum Lagerraum ein oder hebelte sie auf. Er trug anschließend einen Wandtresor mit über 7.000 € hinaus, wobei er die „verwendeten Schraubendreher gebrauchsbereit bei sich führte".

[4] b) Diese Feststellungen reichen nicht aus, um die Erfüllung des Tatbestands von § 244 Abs. 1 Nr. 1a StGB zu belegen. Das Beisichführen eines anderen gefährlichen Werkzeugs im Sinne dieser Vorschrift setzt voraus, dass es sich um einen Gegenstand handelt, der nach seiner objektiven Beschaffenheit geeignet ist, einem Opfer erhebliche Körperverletzungen zuzufügen (vgl. BGH, Beschlüsse vom 3. Juni 2008 – 3 StR 246/07, BGHSt 52, 257 – und vom 1. September 2004 – 2 StR 313/04, NJW 2004, 3437; Urteil vom 18. Februar 2010 – 3 StR 556/09, StV 2010, 628), etwa bei einer Eignung als Stichwerkzeug. Solche Feststellungen zur objektiven Gefährlichkeit hinsichtlich der Beschaffenheit der als Einbruchswerkzeug mitgeführten Schraubendreher hat das Landgericht nicht getroffen. Es grenzt diese – ohne sie näher zu beschreiben – nicht von „sonstigen Werkzeugen" in Sinne des § 244 Abs. 1 Nr. 1b StGB ab, bei denen eine Verwendungsabsicht des Täters zur Tatbestandsverwirklichung erforderlich ist.

b) Bandendiebstahl – § 244 Abs. 1 Nr. 2 StGB

■ TOPENTSCHEIDUNG

211 **Tatbeteiligte**, die **nicht selbst Bandenmitglieder** sind, können nur wegen Beteiligung am Grunddelikt bestraft werden, da die Bandenmitgliedschaft besonderes persönliches Merkmal im Sinne des § 28 Abs. 2 StGB ist.[221]

[4] b) Bei der Einordnung des Tatbeitrags des Angeklagten als Beihilfe zum schweren Bandendiebstahl hat das Landgericht verkannt, dass Tatbeteiligte, die nicht selbst Bandenmitglieder sind, nur wegen Beteiligung am Grunddelikt bestraft werden können, da die Bandenmitgliedschaft besonderes persönliches Merkmal im Sinne des § 28 Abs. 2 StGB ist (vgl. BGH, Urteil vom 9. August 2000 – 3 StR 339/99, BGHSt 46, 120, 128; Beschluss vom 15. Januar 2002 – 4 StR 499/01, BGHSt 47, 214, 216). Darüber hinaus ist das Landgericht rechtsfehlerhaft von einer Beihilfe zum vollendeten und nicht (nur) versuchten Diebstahl ausgegangen:

---

[220] BGH, Beschluss vom 21.6.2012 – 5 StR 286/12.

[221] BGH, Beschluss vom 8.5.2012 – 3 StR 72/12.

[5] aa) Zwar haben sich die früheren Mitangeklagten als Haupttäter, denen der Angeklagte durch das Zurverfügungstellen des Aufbruchswerkzeugs Hilfe geleistet hat, des vollendeten und nicht nur versuchten schweren Bandendiebstahls schuldig gemacht. Dass sie aus der Werkstatt Goldbestände nicht erlangten, steht der Qualifikation ihrer Tat als vollendete nicht entgegen, weil sie zuvor erfolgreich Schmuck aus den Geschäftsräumen weggenommen hatten. Ihr anschließend fehlgeschlagenes Bemühen, in die Werkstatt einzudringen und weitere fremde Sachen an sich zu bringen, stellte trotz ihres geänderten Entschlusses zu dem bei der Tat zu verwendenden Tatmittel lediglich einen (konkurrenzrechtlich) unselbständigen Teilakt dar, der – weil wie die vollendete Tat auf die Verwirklichung des § 244a StGB zielend – für die rechtliche Bewertung ihrer eine natürliche Handlungseinheit bildenden Aktivitäten ohne Bedeutung ist (vgl. BGH, Urteil vom 27. März 1953 – 2 StR 801/52, BGHSt 4, 219, 220 f.; Urteil vom 23. Januar 1957 – 2 StR 565/56, BGHSt 10, 230, 232; Beschluss vom 4. Juli 1966 – 2 StR 198/66, BGHSt 21, 78, 79; Beschluss vom 14. März 1969 – 2 StR 64/69, BGHSt 22, 350, 351).

[6] bb) Daraus folgt aber nicht, dass sich der Angeklagte wegen der Zusammenfassung des Geschehens in der Person der Haupttäter zu einem (schweren Banden-) Diebstahl so behandeln lassen muss, als habe er Beihilfe zur vollendeten Tat geleistet.

[7] Nach ständiger Rechtsprechung des Bundesgerichtshofs sind gesonderte, indessen für sich erfolglose Versuchshandlungen eines innerhalb einer natürlichen Handlungseinheit auf anderem Wege zur Deliktsvollendung gelangten Täters im Schuldspruch nicht besonders auszuweisen, wenn kein Teilakt unter erschwerenden Umständen oder sowohl der erfolglose als auch der erfolgreiche Teilakt in gleichem Maße oder nur letzterer unter solchen Umständen begangen worden sind. Ist dagegen lediglich der in der einheitlichen Handlung begriffene Versuch unter einem erschwerenden Umstand verübt worden, ist der Täter wegen des Versuchs des schwereren Delikts in Tateinheit mit dem vollendeten einfachen Delikt zu bestrafen (BGH, Urteil vom 23. Januar 1957 – 2 StR 565/56, BGHSt 10, 230, 232; Urteil vom 29. August 1952 – 3 StR 330/52, NJW 1952, 1184, 1185; außerdem BGH, Beschluss vom 4. Juli 1966 – 2 StR 198/66, BGHSt 21, 78, 80; vgl. im Übrigen schon RG, Urteil vom 13. Januar 1887 – Rep. 3305/86, RGSt 15, 281, 283 f.), weil nur so der Schuldgehalt der Tat erfasst werden kann.

[8] Beruht aber die Zusammenfassung gleichgerichteter Tathandlungen beim Haupttäter zu einer Gesetzesverletzung auf einer rechtlichen Wertung, die dann keine Gültigkeit mehr beansprucht, wenn sie den Schuldgehalt der Tat unzutreffend abbildet, so ist für eine undifferenzierte Betrachtungsweise beim Teilnehmer ebenfalls kein Raum, wenn sich sein Beitrag – für das Maß seiner Schuld relevant – auf einen nur versuchten Teilakt der Haupttat beschränkt (vgl. RG, Urteil vom 13. November 1900 – Rep. 3096/00, RGSt 34, 5, 7; Urteil vom 5. März 1888 – Rep. 194/88, RGSt 17, 227, 228 f.; anderer Fall RG, Urteil vom 27. Mai 1919 – V 164/19, RGSt 53, 284, 285). Dem entspricht es, dass nach richtiger Ansicht in Fällen einer Bewertungseinheit für die Bestrafung des Gehilfen nur die Handlungen des Haupttäters relevant sind, an denen er sich beteiligt hat (vgl. BGH, Urteil vom 11. Dezember 2003 – 3 StR 375/03, BGHR BtMG § 29 Bewertungseinheit 22; Körner/Patzak, BtMG, 7. Aufl., § 29 Teil 4 Rn. 416).

[9] Damit hat sich der Angeklagte der Beihilfe nur zum versuchten, nicht zum vollendeten Diebstahl schuldig gemacht, weil er sich an der Tat der früheren Mitangeklagten erst zu einem Zeitpunkt beteiligte, zu dem diese Gewahrsam an dem

Schmuck aus den Geschäftsräumen schon erlangt hatten, seine Beihilfehandlung mittels der Überlassung des Aufbruchswerkzeugs indessen nicht der Sicherung dieses Gewahrsams, sondern ausschließlich der Wegnahme weiterer Sachen zu dienen bestimmt war und es zu einer weiteren Wegnahme anschließend nicht mehr kam.

■ TOPENTSCHEIDUNG

212 Der Annahme **bandenmäßiger Tatbegehung** steht es insbesondere nicht entgegen, dass **nicht alle** an der betreffenden **Abrede beteiligten Personen** an sämtlichen Bandentaten **teilnehmen sollten** und dass nicht alle Bandenmitglieder am Erlös sämtlicher Taten beteiligt waren. Die Bandenmitgliedschaft eines Täters wird auch nicht dadurch in Frage gestellt, dass er die einzelnen **Straftaten spontan in wechselnder Beteiligung** mit den anderen Tätern durchführte.[222]

Zudem sind die Bandenmitgliedschaft einerseits und die Beteiligung an einer Bandentat andererseits unabhängig voneinander zu beurteilen. Ebenso wie nicht jeder Beteiligte an einer von einer Bande ausgeführten Tat hierdurch schon zum Bandenmitglied wird, ist umgekehrt nicht jeder Beteiligte an einer Bandentat schon deshalb als deren Mittäter anzusehen (BGH aaO).

[13] Die Verurteilung des Angeklagten wegen mittäterschaftlich begangenen schweren Bandendiebstahls ist in den Fällen III. 3, 4, 5 und 6 der Urteilsgründe aus Rechtsgründen nicht zu beanstanden.

[14] 1. Das Landgericht hat die Voraussetzungen einer Bande im Sinne der Strafvorschriften über den (schweren) Bandendiebstahl rechtsfehlerfrei dargelegt.

[15] Der Annahme bandenmäßiger Tatbegehung steht es insbesondere nicht entgegen, dass, wie im vorliegenden Fall, nicht alle an der betreffenden Abrede beteiligten Personen an sämtlichen Bandentaten teilnehmen sollten und dass nicht alle Bandenmitglieder am Erlös sämtlicher Taten beteiligt waren (vgl. Fischer, StGB, 59. Aufl., § 244 Rn. 36a m.w.N.). Im Hinblick auf die im angefochtenen Urteil festgestellte grundsätzliche Übereinkunft, zukünftig bei günstiger Gelegenheit Bandentaten zu begehen, wird die Bandenmitgliedschaft des Angeklagten auch nicht dadurch in Frage gestellt, dass er die einzelnen Straftaten spontan in wechselnder Beteiligung mit den anderen Tätern durchführte (vgl. dazu BGH, Urteil vom 21. Dezember 2007 – 2 StR 372/07, NStZ 2009, 35, 36).

[16] 2. Entgegen der Auffassung des Generalbundesanwalts war der Angeklagte in den Fällen III. 3, 4, 5 und 6 an den Taten auch jeweils als Mittäter und nicht lediglich als Gehilfe beteiligt.

[17] a) Nach der ständigen Rechtsprechung des Bundesgerichtshofs sind die Bandenmitgliedschaft einerseits und die Beteiligung an einer Bandentat andererseits unabhängig voneinander zu beurteilen. Ebenso wie nicht jeder Beteiligte an einer von einer Bande ausgeführten Tat hierdurch schon zum Bandenmitglied wird, ist umgekehrt nicht jeder Beteiligte an einer Bandentat schon deshalb als deren Mittäter anzusehen (Senatsbeschluss vom 15. Januar 2002 – 4 StR 499/01, BGHSt 47, 214, 216; Fischer, StGB, 59. Aufl., § 244 Rn. 39 m.w.N.). Schließen sich mehrere Täter zu einer Bande zusammen, um fortgesetzt Diebstähle im Sinne der § 242 Abs. 1, § 244a Abs. 1 StGB zu begehen, hat dies nicht zur Folge, dass jede von einem der

---

[222] BGH, Urteil vom 26.4.2012 – 4 StR 665/11.

Bandenmitglieder auf Grund der Bandenabrede begangene Tat den anderen Bandenmitgliedern ohne weiteres als gemeinschaftlich begangene Straftat im Sinne des § 25 Abs. 2 StGB zugerechnet werden kann. Vielmehr ist für jede einzelne Tat nach den allgemeinen Kriterien festzustellen, ob sich die anderen Bandenmitglieder hieran als Mittäter, Anstifter oder Gehilfen beteiligt und ob sie gegebenenfalls überhaupt keinen strafbaren Beitrag geleistet haben (st. Rspr.; vgl. nur BGH, Beschluss vom 24. Juli 2008 – 3 StR 243/08, StV 2009, 130). Die Abgrenzung zwischen Mittäterschaft an bzw. Beihilfe zu der jeweiligen Einzeltat ist in wertender Betrachtung unter Berücksichtigung aller Umstände vorzunehmen, die von der Vorstellung des jeweiligen Bandenmitglieds umfasst sind. Maßgeblich sind dabei insbesondere sein Interesse an der Durchführung der Tat sowie der Umfang seiner Tatherrschaft oder jedenfalls sein Wille, Tatherrschaft auszuüben, was sich danach beurteilt, ob objektiv oder jedenfalls aus der Sicht des Täters die Ausführung der Tat wesentlich von seiner Mitwirkung abhängt (BGH, Beschluss vom 24. Juli 2008 aaO; BGH, Beschluss vom 13. Mai 2003 – 3 StR 128/03, NStZ-RR 2003, 265, 267).

[18] b) Gemessen daran rechtfertigen die vom Landgericht zu Art und Umfang der Tatbeteiligung des Angeklagten getroffenen Feststellungen in den Fällen III. 3, 4, 5 und 6 der Urteilsgründe den Schuldspruch wegen (mittäterschaftlich begangenen) schweren Bandendiebstahls. Denn in diesen Fällen beschränkten sich die Aktivitäten des Angeklagten nicht lediglich darauf, die Durchführung der jeweiligen Diebstahlstat durch „Schmierestehen" abzusichern. Im Fall III. 3 der Urteilsgründe ergriff der Angeklagte vielmehr die Initiative zur Auskundschaftung der Wohnung der Geschädigten, indem er unter einem Vorwand an ihrer Wohnungstür klingelte, um sich Zutritt zu verschaffen. Im Fall III. 4 der Urteilsgründe wirkte er mit den gesondert verfolgten S. und T. zunächst daran mit, das Gartentor aus den Angeln zu heben, und ermöglichte somit den anderen Tatbeteiligten den Zugang zum unverschlossenen Gartenhaus des Geschädigten Po. Auch im Fall III. 5 der Urteilsgründe ging der Tatbeitrag des Angeklagten über die bloße Absicherung der Tatdurchführung hinaus. Zur Sicherung der Beute transportierte der Angeklagte mit den gesondert verfolgten St., T. und S. die erbeuteten Stromkabel zu einem Versteck und besorgte dann ein Teppichmesser, mit dessen Hilfe man die wertvollen Kupferdrähte freilegte. Im Fall III. 6 der Urteilsgründe wirkte der Angeklagte an der Entwendung der Fahrräder unmittelbar mit, fuhr nach Durchführung der Tat mit einem der entwendeten Fahrräder weg und verbrachte es in den Keller des gesondert verfolgten T. Nach Einbruch der Dunkelheit sorgte er für den Transport dieses Fahrrads zu einem Flohmarkt, wo sämtliche Fahrräder gewinnbringend verkauft wurden. Angesichts dieser vom Landgericht festgestellten gewichtigen Tatbeiträge des Angeklagten fällt der vom Generalbundesanwalt zur Begründung seiner abweichenden Rechtsauffassung hervorgehobene Umstand, dass die Beuteanteile des Angeklagten jeweils vergleichsweise gering waren, nicht entscheidend ins Gewicht.

PRAXISBEDEUTUNG ■

Die vorstehende Entscheidung bringt Klarheit für die in der Praxis zunehmend vorkommenden Fälle, dass als Bande anzusehende Vereinigungen – was schon wegen deren Größe fast zwingend ist – Straftaten nicht in vollständiger, sondern wechselnder Besetzung begehen und teilweise auch noch „externe" Täter mitbeschäftigen.

c) Wohnungseinbruchsdiebstahl – § 244 Abs. 1 Nr. 3 StGB

■ TOPENTSCHEIDUNG

213 **Wohnungseinbruchdiebstahl** ist wegen der damit verbundenen Verletzung der Privatsphäre des Opfers ein eigener Tatbestand mit erhöhter Strafdrohung. Nach seinem Wortlaut muss der Täter **„in" eine Wohnung eingebrochen** (bzw. eingestiegen, eingedrungen oder in ihr verborgen gewesen) sein, aber er muss **nicht „aus" ihr gestohlen** haben.[223]

[32] 1. Die Strafkammer hat ihre Annahme, die Angeklagten hätten nicht in bewohnte Anwesen einbrechen wollen, ergänzend auch darauf gestützt, es sei „allgemein bekannt", dass in Pfarrhäusern „Wohn- und Bürobereich ... getrennt sind ... die Büros im Erdgeschoss und die Wohnräume im ersten Stock". Die Staatsanwaltschaft meint demgegenüber, zumindest auf dem Land diene das Pfarrhaus einheitlich als Arbeits- und Wohnraum. Dem geht der Senat nicht näher nach, da die Beweiswürdigung der Strafkammer zur inneren Tatseite schon aus den dargelegten Gründen keinen Bestand haben kann. Er bemerkt jedoch, dass ein Erfahrungssatz über eine regelhafte Nutzungsstruktur von Pfarrhäusern nicht zum allgemein verbreiteten Wissen gehört. Bevor ein solcher Erfahrungssatz einem Urteil zu Grunde gelegt wird, müssen die Beteiligten Gelegenheit zur Äußerung und zur Anbringung von Beweisanträgen gehabt haben (vgl. Gollwitzer in Löwe/Rosenberg StPO, 25. Aufl., § 261 Rn. 24, 25; Alsberg/Nüse/Meyer, Der Beweisantrag im Strafprozess, 5. Aufl., S. 570, 571 jew. m.w.N.).

[33] 2. Da die Strafkammer Wohnungseinbruchdiebstahl schon aus subjektiven Gründen abgelehnt hat, ist sie seinen objektiven Voraussetzungen nicht näher nachgegangen. Dies wird gegebenenfalls nachzuholen sein, nicht jeder Einbruch in ein bewohntes Haus ist Wohnungseinbruchdiebstahl:

[34] a) Wohnungseinbruchdiebstahl ist – zusammengefasst – wegen der damit verbundenen Verletzung der Privatsphäre des Opfers ein eigener Tatbestand mit erhöhter Strafdrohung (BGH, Beschluss vom 24. April 2008 – 4 StR 126/08, NStZ 2008, 514, 515 m.w.N.). Nach seinem Wortlaut muss der Täter „in" eine Wohnung eingebrochen (bzw. eingestiegen, eingedrungen oder in ihr verborgen gewesen) sein, aber er muss nicht „aus" ihr gestohlen haben (vgl. zusammen-fassend Vogel in LK-StGB, 12. Aufl., § 244 Rn. 76 m.w.N.).

[35] b) Für die auch hier (möglicherweise) einschlägigen Fragen nach der Bewertung von Einbrüchen in gemischt genutzte Gebäude und/oder in Nebenräume von Wohnhäusern ergibt sich daher nach dem Schutzzweck des Gesetzes und seinem Wortlaut – der die Grenze einer Gesetzesauslegung zum Nachteil des Angeklagten bildet – Folgendes:

[36] (1) Der Bundesgerichtshof hat bei gemischt – also zugleich zu Wohn- und Geschäftszwecken – genutzten Gebäuden Wohnungseinbruchdiebstahl bejaht, wenn der Täter nur deshalb in einen privaten Wohnraum einbrach, um von dort ungehindert in Geschäftsräume zu gelangen und dort zu stehlen.

[37] Bei einem Einbruch in einen Geschäftsraum gilt dagegen die Annahme eines Wohnungseinbruchdiebstahls auch dann als mit dem Gesetzeswortlaut unvereinbar,

---

[223] BGH, Urteil vom 22.2.2012 – 1 StR 378/11.

wenn es dem Täter nur darum geht, von dort ohne weitere Hindernisse in den Wohnbereich vorzudringen und dort zu stehlen (BGH aaO m.w.N.), jedoch nur soweit die Räumlichkeiten, in die eingebrochen wurde, vom Wohnbereich völlig getrennt untergebracht sind (BGH aaO).

[38] Dagegen liegt Wohnungseinbruchdiebstahl vor, wenn der Täter in einen Raum einbricht, der zwar ausschließlich beruflich genutzt, aber so in den Wohnbereich integriert ist, dass insgesamt eine in sich geschlossene Einheit vorliegt (offen gelassen b. BGH aaO). Ein Raum in einer Wohnung bleibt auch dann Teil der Wohnung, wenn der Bewohner ihn zu seinem Arbeitsraum bestimmt hat. Dies gilt nicht nur für das Büro eines Rechtsanwalts in dessen Wohnung (vgl. hierzu BGH aaO; Vogel aaO), sondern auch für das Amtszimmer in der Wohnung eines Pfarrers. Die Verletzung der Privatsphäre wiegt nicht weniger schwer, wenn der Täter in diesen Raum der Wohnung einbricht. Greift aber der Schutzzweck des Gesetzes in gleicher Weise ein wie bei einem Einbruch in einen anderen Wohnungsteil und steht der Wortlaut des Gesetzes nicht entgegen, so führt dies in derartigen Fällen zur Annahme eines Wohnungseinbruchdiebstahls (im Ergebnis ebenso Vogel aaO).

[39] (2) Vergleichbares gilt für Einbrüche in Nebenräume wie z.B. Keller oder Garagen. Auch hier wird Wohnungseinbruchdiebstahl verneint, wenn diese, auch bei räumlicher Nähe zur Wohnung, abgeschlossen oder selbständig sind (vgl. näher Vogel aaO m.w.N.).

[40] Jedoch liegt aus den genannten Gründen Wohnungseinbruchdiebstahl vor, wenn der Täter in Räume einbricht, die dem Begriff des Wohnens typischerweise zuzuordnen sind, wie z.B. den Keller eines Einfamilienhauses. Dies gilt sowohl, wenn er sich von dort ungehindert Zugang zum ohne Weiteres erreichbaren Wohnbereich im Erd- oder Obergeschoß verschafft (Vogel aaO; offen geblieben bei BGH aaO, in der Tendenz aber ebenso) als auch dann, wenn er aus derartigen Räumen stiehlt (Vogel aaO).

PRAXISBEDEUTUNG ■

Die vorstehende Entscheidung stellt klar, bei welchen Fallgestaltungen „Wohnungseinbruch" vorliegt, insbesondere bei Räumen, welche im Sprachgebrauch zunächst nicht unbedingt dem „Wohnen" zugeordnet werden (z.B. Kellerräume).

Der Erörterung, ob ein **minder schwerer Fall** im Sinne der seit dem 5. November 2011 geltenden Vorschrift des **§ 244 Abs. 3 StGB** in Betracht kommt, bedarf es nach der Rechtsprechung des Bundesgerichtshofs nur dann nicht, wenn alle Umstände, die für die Wertung der Tat und des Täters bedeutsam sein können, von vornherein die Annahme eines minder schweren Falles als so fernliegend erscheinen lassen, dass die Ablehnung des Ausnahmestrafrahmens auf der Hand liegt.[224] **214**

[2] Der Strafausspruch hat keinen Bestand. Das Landgericht hat rechtsfehlerhaft nicht erörtert, ob ein minder schwerer Fall im Sinne der seit dem 5. November 2011 geltenden Vorschrift des § 244 Abs. 3 StGB in Betracht kam.

---

[224] BGH, Beschluss vom 4.9.2012 – 2 StR 248/12.

[3] Einer solchen Erörterung bedarf es nach der Rechtsprechung des Bundesgerichtshofs nur dann nicht, wenn alle Umstände, die für die Wertung der Tat und des Täters bedeutsam sein können, von vornherein die Annahme eines minder schweren Falles als so fernliegend erscheinen lassen, dass die Ablehnung des Ausnahmestrafrahmens auf der Hand liegt (vgl. BGHR StPO, § 267 Abs. 3 Satz 2 Strafrahmenwahl 1; BGH, NStZ-RR 2010, 57, 58; Fischer, StGB 59. Aufl., § 46 Rn. 86 m.w.N.).

[4] Dies ist hier nicht der Fall. Die Strafkammer hat bei der Strafzumessung eine Reihe strafmildernder Zumessungsgesichtspunkte aufgezählt (umfassendes Geständnis und Unbestraftheit des Angeklagten, sein im Vergleich zu den Mittätern erheblich geringerer Tatbeitrag und seine Nichtbeteiligung an der Beute). Diese Gesichtspunkte hätten Anlass zu der Erörterung geben müssen, ob möglicherweise ein minder schwerer Fall vorliegt. Dies gilt umso mehr, als bei den strafschärfenden Gesichtspunkten zumindest missverständlich ausgeführt worden ist, dass bei dem Angeklagten „keinerlei echte Reue" festzustellen gewesen sei. Ein solcher Umstand kann zwar die strafmildernde Wirkung eines Geständnisses relativieren, er ist aber nicht straferschwerend zu werten.

[5] Die Feststellungen werden von dem aufgezeigten Rechtsfehler nicht berührt; sie können deshalb bestehen bleiben. Das neue Tatgericht ist nicht gehindert, ergänzende Feststellungen zu treffen, die den bisherigen nicht widersprechen.

d) Unterschlagung – § 246 StGB

215 **Veruntreuende Unterschlagung** tritt aufgrund formeller Subsidiarität hinter gewerbsmäßig begangene Untreue zurück.[225]

[3] Der Verurteilung liegt die Feststellung zu Grunde, dass die Angeklagte unter Manipulation von Kassenbelegen und Fälschung von Postquittungen für angebliche Portokosten im Tatzeitraum von August 2004 bis Ende 2007 aus der von ihr alleine verwalteten Handkasse des I. der W. M. durch 130 Handlungen insgesamt 288.330,63 Euro für eigene Zwecke entnommen hat. Dies hat das Landgericht jeweils als – gewerbsmäßig begangene – Untreue (§§ 266, 263 Abs. 3 Satz 2 Nr. 1 StGB) in Tateinheit mit veruntreuender Unterschlagung bewertet.

[4] Diese Konkurrenzbewertung begegnet durchgreifenden rechtlichen Bedenken. Veruntreuende Unterschlagung tritt dann, wenn der Täter der zugleich erfüllten Untreue von Anfang an auch mit Zueignungsabsicht hinsichtlich der veruntreuten Sache gehandelt hat, auf der Konkurrenzebene (vgl. LK/Vogel, StGB, 12. Aufl. 2010, § 246 Rn. 71) aufgrund formeller Subsidiarität hinter den durch dieselbe Handlung erfüllten Tatbestand der Untreue zurück (vgl. Lackner/Kühl, StGB, 27. Aufl. 2011, § 246 Rn. 23).

[5] § 246 Abs. 1 StGB in der Fassung des 6. Strafrechtsreformgesetzes greift nach seinem zweiten Halbsatz nur ein, wenn die Tat nicht in anderen Vorschriften mit schwererer Strafe bedroht ist. Dies gilt nach der Rechtsprechung für ein Zusammentreffen der Unterschlagung mit allen Delikten, für die das Gesetz eine höhere Strafdrohung vorsieht (BGH, Urteil vom 6. Februar 2002 – 1 StR 513/01, BGHSt 47, 243, 244; krit. Fischer, StGB, 59. Aufl. 2012, § 246 Rn. 23a). Es besteht – unbe-

[225] BGH, Beschluss vom 26.6.2012 – 2 StR 137/12.

schadet der Platzierung in Absatz 1 (LK/Vogel aaO) – schon nach dem Wortlaut des Gesetzes (vgl. zur weiten Wortlautauslegung BGH, Beschluss vom 9. September 1997 – 1 StR 730/96, BGHSt 43, 237, 238 f.) kein Grund zu der Annahme, dass die Subsidiaritätsklausel im Fall einer nach § 246 Abs. 2 StGB qualifizierten Unterschlagung keine Geltung mehr beanspruchen soll. § 246 Abs. 2 StGB nimmt auch insoweit auf Absatz 1 der Norm Bezug. Vorausgesetzt wird dann allerdings, dass die konkurrierende Norm auch eine höhere Strafdrohung vorsieht als der qualifizierte Unterschlagungstatbestand (zum Vergleichsmaßstab bei § 125 Abs. 1 StGB BGH, Urteil vom 24. März 2011 – 4 StR 670/10). Dies ist hier der Fall.

[6] Für die Frage, ob eine schwerere Strafdrohung vorliegt, kommt es auf den im Einzelfall anwendbaren Strafrahmen an, einschließlich eines Sonderstrafrahmens für besonders schwere Fälle des konkurrierenden Straftatbestands (Maurach/Schroeder/Maiwald, Strafrecht Besonderer Teil, Teilband 1, 10. Aufl. 2009, § 34 Rn. 41; LK/Vogel aaO). Eine schwerere Strafdrohung liegt demnach hier vor, weil der besonders schwere Fall der – gewerbsmäßig begangenen – Untreue gemäß § 266 Abs. 2 StGB in Verbindung mit § 263 Abs. 3 Satz 2 Nr. 1 StGB eine Strafobergrenze bei Freiheitsstrafe bis zu zehn Jahren vorsieht, also mehr als § 246 Abs. 2 StGB mit seiner Strafobergrenze bei Freiheitsstrafe bis zu fünf Jahren. Auch liegt eine erhöhte Mindeststrafe vor.

[7] Der Senat ändert den Schuldspruch dahin ab, dass die Verurteilung wegen veruntreuender Unterschlagung entfällt. § 265 Abs. 1 StPO steht dem nicht entgegen, weil sich die Angeklagte insoweit nicht anders als geschehen hätte verteidigen können.

10. Raub und Erpressung – §§ 249 ff. StGB

Wird der **Plan**, von einem Opfer Geld und Drogen gewaltsam zu erlangen, in einer fremden Wohnung **fortgesetzt**, weil man glaubt, auch dort habe das Opfer derartiges hinterlegt, liegt **nur eine Tat des Raubes** vor.[226] **216**

[4] Den gemeinsamen Plan, neben Geld auch Drogen von dem Zeugen S. gewaltsam zu erlangen, haben die Angeklagten ununterbrochen verfolgt, als sie sich nach ergebnisloser Suche nach Drogen in der Wohnung S. in diejenige des F. begaben, um sich dort nunmehr unter Gewaltanwendung auch gegen diesen Betäubungsmittel des S. zu beschaffen. Die in der Wohnung des S. begonnene Raubtat hat daher in der vergeblichen Suche nach Drogen in der Wohnung des F. lediglich ihre Fortsetzung gefunden. Damit belegen die Feststellungen nur einen vollendeten schweren Raub zum Nachteil des S. durch Wegnahme dessen Geldes. Dass die Angeklagten daneben vergeblich weitere Beute in Form von Betäubungsmitteln des S. erzielen wollten, führt nicht zur Annahme eines weiteren versuchten Raubdelikts. Daran ändert auch der Umstand nichts, dass sie zur Erlangung der erstrebten weiteren Beute nicht nur zunächst S. bedrohten, sondern später auch F. schlugen (vgl. LK/Vogel, StGB, 12. Aufl., § 249 Rn. 67; S/S-Eser/Bosch, StGB, 28. Aufl., § 249 Rn. 13). Die auf die Wegnahme der Drogen zielenden Tathandlungen sind daher lediglich als tateinheitlich zu dem vollendeten schweren Raub hinzutretendes ver-

[226] BGH, Beschluss vom 19.6.2012 – 3 StR 124/12.

suchtes Sichverschaffen von Betäubungsmitteln nebst gefährlicher Körperverletzung zu werten.

217 **Täter** kann beim **Raub** nur sein, wer bei der **Wegnahme die Absicht hat,** sich oder einem Dritten die **fremde Sache rechtswidrig zuzueignen.** Hierfür genügt, dass der Täter die fremde Sache unter Ausschließung des Eigentümers oder bisherigen Gewahrsamsinhabers körperlich oder wirtschaftlich für sich oder den Dritten haben und sie der Substanz oder dem Sachwert nach seinem Vermögen oder dem des Dritten „einverleiben" oder zuführen will. Dagegen ist nicht erforderlich, dass der Täter oder der Dritte die Sache auf Dauer behalten soll oder will.[227]

[13] a) Täter kann beim Raub nur sein, wer bei der Wegnahme die Absicht hat, sich oder einem Dritten die fremde Sache rechtswidrig zuzueignen. Hierfür genügt, dass der Täter die fremde Sache unter Ausschließung des Eigentümers oder bisherigen Gewahrsamsinhabers körperlich oder wirtschaftlich für sich oder den Dritten haben und sie der Substanz oder dem Sachwert nach seinem Vermögen oder dem des Dritten „einverleiben" oder zuführen will. Dagegen ist nicht erforderlich, dass der Täter oder der Dritte die Sache auf Dauer behalten soll oder will (Senatsurteil vom 27. Januar 2011 – 4 StR 502/10, NStZ 2011, 699, 701). Während für die Ausschließung des Berechtigten – Enteignung – bedingter Vorsatz ausreicht (vgl. Fischer, StGB, 59. Aufl., § 242 Rn. 41), verlangt die Zueignungsabsicht in Bezug auf die Aneignung der Sache oder des in ihr verkörperten Sachwertes einen zielgerichteten Willen (Senatsbeschluss vom 11. Oktober 2006 – 4 StR 400/06, NStZ-RR 2007, 15). Dass die Aneignung vom Täter nur als mögliche Folge seines Verhaltens in Kauf genommen wird, reicht nicht aus (vgl. BGH, Urteil vom 30. Januar 1962 – 1 StR 540/61, VRS 22, 206), vielmehr muss er sie für sich oder einen Dritten mit unbedingtem Willen erstreben (vgl. MünchKommStGB/Schmitz § 242 Rn. 134; Eser/Bosch, in: Schönke-Schröder, StGB, 28. Aufl., § 242 Rn. 61).

[14] b) Nach den Feststellungen kam es der Angeklagten darauf an, der Zeugin die Gegenstände zu entziehen und sie an sich zu nehmen, um damit nach eigenem Belieben verfahren zu können, wobei sie bei der Wegnahme keine konkreten Vorstellungen davon hatte, wie sie, der Angeklagte S. oder Dritte möglicherweise im Nachhinein mit den Gegenständen verfahren würden. Sie billigte aber, dass die Zeugin H. die Gegenstände nicht zurückerhalten würde. Diese Feststellungen vermögen aber nicht hinreichend zu belegen, dass die Angeklagte W. die Gegenstände der Substanz oder dem Sachwert nach mit unbedingtem Willen ihrem Vermögen oder dem des Angeklagten S. „einverleiben" oder zuführen wollte. Abgesehen davon, dass sie an einem inneren Widerspruch leiden, schließen sie die Möglichkeit nicht hinreichend aus, dass sich die Absicht der Angeklagten – unter Fehlen des Aneignungsmoments – darauf beschränkte, die Geschädigte ihrer tatsächlichen Verfügungsgewalt über die Sache zu entkleiden, mithin eine bloße Sachentziehung zu begehen (vgl. Eser/Bosch aaO Rn. 55). Dafür könnte auch der Umstand sprechen, dass die Angeklagten – von einem Handy abgesehen – alle Gegenstände noch im Laufe des Abends an die Zeugin L. weiterreichten, die sie ihrerseits an die Mutter der Geschädigten weiterreichte. Soweit das Landgericht im Rahmen der rechtlichen Würdigung ohne nähere Begründung ausführt (UA S. 27), die Angeklagte habe zum Zeitpunkt der Wegnahme in der Absicht gehandelt, sich die Gegenstände wenigstens vorübergehend

[227] BGH, Beschluss vom 22.3.2012 – 4 StR 541/11.

anzueignen, fehlt es gleichermaßen an einer ausreichenden, eine bloße Sachentziehung ausschließenden Tatsachengrundlage.

[15] c) Auch im Hinblick auf das von der Angeklagten W. einbehaltene Mobiltelefon ist eine Zueignungsabsicht nicht hinreichend belegt. Nimmt ein Täter, wie hier die Angeklagte, die davon ausging, die Geschädigte schulde ihr Geld, eine Sache weg, um dies als Druckmittel zur Durchsetzung einer solchen Forderung zu benutzen, handelt er nicht mit Zueignungsabsicht, weil er weder die Sache noch den in ihr verkörperten Sachwert seinem Vermögen dauerhaft einverleiben will (Senatsbeschluss vom 26. Februar 1998 – 4 StR 54/98, StV 1999, 315, 316).

Zwischen der **Drohung** mit oder dem **Einsatz von Gewalt** und der **Wegnahme** muss beim Raub eine **finale Verknüpfung** bestehen; Gewalt oder Drohung müssen das Mittel zur Ermöglichung der Wegnahme sein. An einer solchen Verknüpfung fehlt es, wenn eine Nötigungshandlung nicht zum Zwecke der Wegnahme vorgenommen wird, sondern der Täter den Entschluss zur Wegnahme erst nach Abschluss dieser Handlung fasst.[228] **218**

[2] Diese Feststellungen tragen den Schuldspruch wegen besonders schweren Raubes (§ 249 Abs. 1, § 250 Abs. 2 Nr. 3a StGB) nicht. Nach ständiger Rechtsprechung muss zwischen der Drohung mit oder dem Einsatz von Gewalt und der Wegnahme beim Raub eine finale Verknüpfung bestehen; Gewalt oder Drohung müssen das Mittel zur Ermöglichung der Wegnahme sein. An einer solchen Verknüpfung fehlt es, wenn eine Nötigungshandlung nicht zum Zwecke der Wegnahme vorgenommen wird, sondern der Täter den Entschluss zur Wegnahme erst nach Abschluss dieser Handlung fasst (vgl. BGH, Urteil vom 22. September 1983 – 4 StR 376/83, BGHSt 32, 88, 92; Urteil vom 20. April 1995 – 4 StR 27/95, BGHSt 41, 123, 124; Beschluss vom 16. Januar 2003 – 4 StR 422/02, NStZ 2003, 431, 432; Beschluss vom 24. Februar 2009 – 5 StR 39/09, NStZ 2009, 325; Fischer, StGB, 59. Aufl., § 249 Rn. 6, 10 m.w.N.). Hier hatte sich nach den Feststellungen der Angeklagte erst nach seiner letzten Gewaltanwendung zur Wegnahme entschlossen. Eine Äußerung oder sonstige Handlung des Angeklagten vor oder bei der Wegnahme, die eine – eventuell konkludent auf die vorausgehende Gewaltausübung Bezug nehmende – Drohung mit weiterer Gewalt beinhaltet, ist nicht festgestellt. Allein der Umstand, dass die Wirkungen der ohne Wegnahmeabsicht ausgeübten Gewalt noch andauern und der Täter dies ausnutzt, genügt für die Annahme eines Raubes nicht (vgl. BGH, Beschluss vom 21. März 2006 – 3 StR 3/06, NStZ 2006, 508; Beschluss vom 24. Februar 2009 – 5 StR 39/09, NStZ 2009, 325f.).

Es fehlt an der erforderlichen **finalen Verknüpfung zwischen Gewalt bzw. Drohung und der Wegnahme**, wenn der Täter die aus anderen Gründen eingesetzte Gewaltwirkung zur Wegnahme ausnutzt.[229] **219**

[5] 2. Die Verurteilung des Angeklagten wegen – tateinheitlich begangenen – Raubes gemäß § 249 Abs. 1, § 52 Abs. 1 StGB zum Nachteil des Geschädigten V. ist ebenfalls nicht rechtfehlerfrei. Das Landgericht hat insoweit festgestellt, dass der Angeklagte – während der Geschädigte V. von den Tatgenossen weiter geschlagen

---

[228] BGH, Beschluss vom 25.9.2012 – 2 StR 340/12.

[229] BGH, Beschluss vom 10.5.2012 – 3 StR 68/12.

wurde – einen (kleinen handlichen) DVD-Player und einen DVBT-Receiver an sich nahm und in einen mitgeführten Rucksack steckte, um diese Geräte für sich zu behalten. Das Landgericht geht davon aus, der Angeklagte habe dadurch, dass er „auf der Grundlage und in Ausnutzung der gegen V. angewendeten Gewalt die Gegenstände in seinen Rucksack gesteckt hat, tateinheitlich einen Raub" begangen.

[6] Dies hält rechtlicher Prüfung nicht stand. Den Urteilsgründen kann nicht entnommen werden, dass der Angeklagte oder die Mitangeklagten gegen den Geschädigten Gewalt oder eine Drohung mit gegenwärtiger Gefahr für dessen Leib oder Leben als Mittel eingesetzt haben, um die Wegnahme der Geräte zu ermöglichen. Die Gewaltanwendung der Tatgenossen erfolgte nach den Feststellungen, um von dem Geschädigten Geld oder illegale Drogen zu erpressen, nicht jedoch zum Zwecke der Wegnahme der beiden Gegenstände. Vielmehr fasste der Angeklagte den – dem ursprünglichen gemeinsamen Plan aller Täter nicht entsprechenden – Entschluss hierzu bei Gelegenheit der zur Erpressung des Geschädigten V. von den anderen Tätern eingesetzten Gewalt. Danach fehlt es an der erforderlichen finalen Verknüpfung zwischen einer Nötigungshandlung und der Wegnahme. Allein der Umstand, dass die Wirkungen der ohne Wegnahmeabsicht ausgeübten Gewalt andauern und der Täter dies zur Wegnahme ausnutzt, genügt für die Annahme eines Raubes aber nicht (vgl. BGH, Beschlüsse vom 22. April 1997 – 4 StR 105/97, NStZ-RR 1997, 298; vom 29. April 1999 – 4 StR 44/99, NStZ 1999, 510). Eine Handlung des Angeklagten vor oder bei der Wegnahme, die eine – eventuell auch konkludente – Drohung mit weiterer Gewaltanwendung beinhaltet hätte, ist nicht festgestellt.

220 Der Tatbestand des **Raubes** erfordert den **Einsatz von Gewalt** oder einer **Drohung** als **Mittel zur Ermöglichung der Wegnahme** einer Sache. Wird die Nötigung zunächst mit einer anderen Zielrichtung vorgenommen und nutzt der Täter sie erst im Anschluss zu einer Wegnahme aus, ist der Tatbestand des Raubes erfüllt, wenn die Gewalt zum Zeitpunkt der Wegnahme noch andauert oder als aktuelle Drohung erneuter Gewaltanwendung auf das Opfer einwirkt und der Täter diesen Umstand bewusst dazu ausnutzt, dem Opfer, das sich dagegen nicht mehr zu wehren wagt, die Beute wegzunehmen. Eine andere rechtliche Beurteilung kommt nur dann in Betracht, wenn die Gewaltanwendung nicht mehr andauert, sondern nur noch in der Weise fortwirkt, dass sich das Tatopfer (nur noch) in einem Zustand der allgemeinen Einschüchterung befindet.[230]

[5] 1. Der Schuldspruch hält rechtlicher Nachprüfung stand; dies gilt auch hinsichtlich der tateinheitlichen Verurteilung wegen Raubes.

[6] a) Die getroffenen Feststellungen tragen die Wertung der Strafkammer, der Angeklagte habe gegen die Nebenklägerin ein Nötigungsmittel im Sinne von § 249 Abs. 1 StGB zum Zweck der Wegnahme ihres Mobiltelefons eingesetzt.

[7] aa) Der Tatbestand des Raubes erfordert den Einsatz von Gewalt oder einer Drohung als Mittel zur Ermöglichung der Wegnahme einer Sache (st. Rspr.; vgl. nur BGH, Urteil vom 15. September 1964 – 1 StR 267/64, BGHSt 20, 32, 33; Beschluss vom 7. September 1994 – 2 StR 431/94, BGHR StGB § 249 Abs. 1 Gewalt 7). Wird die Nötigung zunächst mit einer anderen Zielrichtung vorgenommen und nutzt der Täter sie erst im Anschluss zu einer Wegnahme aus, ist der Tatbestand des Raubes

[230] BGH, Urteil vom 25.10.2012 – 4 StR 174/12.

erfüllt, wenn die Gewalt zum Zeitpunkt der Wegnahme noch andauert oder als aktuelle Drohung erneuter Gewaltanwendung auf das Opfer einwirkt und der Täter diesen Umstand bewusst dazu ausnutzt, dem Opfer, das sich dagegen nicht mehr zu wehren wagt, die Beute wegzunehmen (Senatsurteil vom 22. September 1983 – 4 StR 376/83, BGHSt 32, 88, 92; BGH, Beschluss vom 12. August 1992 – 3 StR 358/92, BGHR StGB § 249 Abs. 1 Drohung 3). Eine andere rechtliche Beurteilung kommt nur dann in Betracht, wenn die Gewaltanwendung nicht mehr andauert, sondern nur noch in der Weise fortwirkt, dass sich das Tatopfer (nur noch) in einem Zustand der allgemeinen Einschüchterung befindet (BGH, Beschluss vom 12. August 1992 – 3 StR 358/92, aaO; Senatsurteil vom 16. Januar 2003 – 4 StR 422/02, NStZ 2003, 431).

[8] bb) Gemessen daran erweist sich die erforderliche finale Verknüpfung von Nötigungsmittel und Wegnahme hier als hinreichend belegt.

[9] Nach den Feststellungen des Landgerichts nahm der Angeklagte das Mobiltelefon der Geschädigten in Zueignungsabsicht an sich, nachdem er unmittelbar zuvor die sich heftig wehrende Geschädigte zur Erzwingung sexueller Handlungen mit dem Kopf mehrfach schmerzhaft gegen eine Stahlleiter geschlagen, seine Hand in ihre Hose sowie seinen Finger in ihren Anus gesteckt und sie unter Androhung des Einsatzes eines Messers aufgefordert hatte, ihn oral zu befriedigen. Dass die Strafkammer mit der von ihr gebrauchten Formulierung, die Geschädigte habe die Wegnahme „unter dem Eindruck der vorangegangenen Gewaltanwendung“ (UA 6) zugelassen, bei dieser lediglich einen Zustand allgemeiner Einschüchterung kennzeichnen wollte, ist schon angesichts der Heftigkeit der von dem Angeklagten ausgeübten Gewalt im unmittelbaren zeitlichen Zusammenhang mit der Wegnahme fernliegend. Es kommt hinzu, dass die kurz zuvor verübte Gewalt nicht nur für sich genommen als aktuelle Drohung neuer Gewaltanwendung weiter auf die Geschädigte einwirkte, die sich unverändert im Einflussbereich des Angeklagten befand, sondern durch die zeitgleich ausgesprochene (neue) Drohung eines Messereinsatzes noch verstärkt wurde. Dass die Geschädigte deshalb zum Zeitpunkt der Wegnahme nicht nur allgemein eingeschüchtert war, sondern sich der Wegnahme ihres Mobiltelefons nicht zu widersetzen wagte, weil sie vor dem Hintergrund der aktuellen Drohung den Einsatz weiterer, zeitnaher Gewalt konkret befürchtete, ist daher ebenso rechtsfehlerfrei belegt wie das Bewusstsein des Angeklagten, diese Lage der Geschädigten bewusst zum Zweck der Wegnahme auszunutzen (so ausdrücklich UA 13).

[10] b) Entgegen der Auffassung der Revision ist das Landgericht auch rechtsfehlerfrei vom Vorliegen eines Handelns mit Zueignungsabsicht ausgegangen.

[11] Die Möglichkeit, der Angeklagte könnte das Telefon nur deshalb an sich genommen haben, um die Geschädigte daran zu hindern, Hilfe herbeizurufen, hat die Strafkammer in den Urteilsgründen erörtert. Die Ausführungen, mit denen sie diese Geschehensvariante ausgeschlossen hat, beruhen auf möglichen Erwägungen und sind deshalb vom Revisionsgericht hinzunehmen. Im Übrigen hat das Landgericht festgestellt, dass der Angeklagte das Telefon mehrere Wochen lang für sich behielt und es dann an einen Freund verschenkte.

Wenn der Angeklagte die Wegnahme als Alleintäter (§ 25 Abs. 1 Alt. 1 StGB) begeht und der vorangehende Einsatz von Raubmitteln in Form der Gewalt gegen das Opfer dagegen in mittelbarer Täterschaft durch die beiden Mitangeklagten als seine Werkzeuge (§ 25 Abs. 1 Alt. 2 StGB) erfolgt, ist kein **„gemeinschaftlicher“ Raub** gegeben (BGH, Beschluss vom 31.7.2012 – 3 StR 231/12). **221**

[3] Das Landgericht hat die Mitangeklagten zutreffend nur wegen gemeinschaftlich begangener gefährlicher Körperverletzung in Tateinheit mit Freiheitsberaubung verurteilt. Seine Würdigung, der Angeklagte sei des „gemeinschaftlichen" schweren Raubes schuldig, sei also Mittäter (§ 25 Abs. 2 StGB) eines Raubes, hält rechtlicher Nachprüfung hingegen nicht stand.

[4] Raub ist die Anwendung von Raubmitteln zum Zweck der Wegnahme fremder Sachen in Zueignungsabsicht (vgl. LK/Vogel, 12. Aufl., § 249 Rn. 32 ff.). Die Wegnahme beging der Angeklagte als Alleintäter (§ 25 Abs. 1 Alt. 1 StGB). Den ihr vorangehenden Einsatz von Raubmitteln in Form der Gewalt gegen den Nebenkläger bewirkte der Angeklagte dagegen in mittelbarer Täterschaft durch die beiden Mitangeklagten als seine Werkzeuge (§ 25 Abs. 1 Alt. 2 StGB). Hierzu im Einzelnen:

[5] Die Mitangeklagten wollten zwar den Nebenkläger körperlich misshandeln sowie seiner Freiheit berauben und handelten insoweit vorsätzlich. Sie wussten indes nichts von der vom Angeklagten beabsichtigten Wegnahme von Gegenständen, die durch die von ihnen zuvor ausgeübte Gewalt ermöglicht werden sollte. Hinsichtlich der finalen Verknüpfung der Gewalt mit der Wegnahme handelten sie ohne Vorsatz. Diese Fehlvorstellung hatte der Angeklagte bei ihnen hervorgerufen und ihnen damit rechtlich relevante und für die Beurteilung der Tat ausschlaggebende Sachverhaltsumstände verheimlicht. Dies rechtfertigt es, die Tatbestandserfüllung hinsichtlich des Einsatzes von Raubmitteln dem Angeklagten als sein eigenes Werk zuzurechnen (vgl. BGH, Urteil vom 26. Januar 1982 – 4 StR 631/81, BGHSt 30, 363, 364 f.; LK/Schünemann, 12. Aufl., § 25 Rn. 97, 101; S-S/Heine, StGB, 28. Aufl., § 25 Rn. 24).

[6] Durch die fehlerhafte rechtliche Einordnung als „gemeinschaftlich" begangener Raub ist der Angeklagte nicht beschwert.

a) Waffe, Gefährliches Werkzeug – § 250 Abs. 2 Nr. 1 StGB

■ TOPENTSCHEIDUNG

222 Eine Waffe oder ein Messer als ein anderes **gefährliches Werkzeug** wird nur dann im Sinne von § 250 Abs. 2 Nr. 1 StGB **bei der Tat verwendet**, wenn es der Täter als Raubmittel oder Mittel der räuberischen Erpressung **zweckgerichtet einsetzt**, das Opfer die Drohung mit gegenwärtiger Gefahr für Leib oder Leben mittels des gefährlichen Werkzeugs wahrnimmt und somit in die entsprechende qualifizierte Zwangslage versetzt wird. **Kein Verwenden** ist dagegen das **bloße Mitsichführen**, und zwar grundsätzlich auch dann nicht, wenn es offen geschieht.[231]

[5] Diese Feststellungen belegen nicht die Verwendung eines anderen gefährlichen Werkzeugs gemäß § 250 Abs. 2 Nr. 1 StGB, die allein in dem Einsatz des Messers, aber nicht des ungeladenen Revolvers gelegen haben könnte (BGH, Urteil vom 20. Oktober 1999 – 1 StR 429/99, BGHSt 45, 249, 250 f.).

[6] aa) Eine Waffe oder – wie hier – ein Messer als ein anderes gefährliches Werkzeug wird nur dann im Sinne von § 250 Abs. 2 Nr. 1 StGB bei der Tat verwendet,

[231] BGH, Beschluss vom 8.5.2012 – 3 StR 97/12; vgl. auch BGH, Beschluss vom 8.5.2012 – 3 StR 98/12.

wenn es der Täter als Raubmittel oder Mittel der räuberischen Erpressung zweckgerichtet einsetzt, das Opfer die Drohung mit gegenwärtiger Gefahr für Leib oder Leben mittels des gefährlichen Werkzeugs wahrnimmt und somit in die entsprechende qualifizierte Zwangslage versetzt wird (BGH, Beschluss vom 8. November 2011 – 3 StR 316/11, StV 2012, 153 m.w.N.). Kein Verwenden ist dagegen das bloße Mitsichführen, und zwar grundsätzlich auch dann nicht, wenn es offen geschieht (BGH, Urteil vom 18. Februar 2010 – 3 StR 556/09, BGHR StGB § 250 Abs. 2 Nr. 1 Verwenden 9 m.w.N.).

[7] bb) Die Feststellungen ergeben nicht, dass das Messer verwendet wurde, indem der Angeklagte und B. – zumindest durch schlüssiges Verhalten – mit seinem Einsatz drohten. Die Urteilsgründe teilen über den Umstand hinaus, dass die Spielhallenaufsicht das Messer sah, nicht mit, ob und wie es der Angeklagte hielt bzw. der Spielhallenaufsicht präsentierte. Die Urteilsgründe belegen damit lediglich ein offenes Mitsichführen, das die Qualifikation des § 250 Abs. 2 Nr. 1 StGB nicht erfüllt.

PRAXISBEDEUTUNG ■

Die vorstehende Entscheidung bringt eine wichtige Klarstellung für bloß mitgeführte, aber nicht zum Zweck des Raubes verwendete gefährliche Werkzeuge.

Die Voraussetzungen des Qualifikationstatbestands des § 250 Abs. 2 Nr. 1 StGB sind in den **tatrichterlichen Feststellungen** zu belegen; denn eine geladene Schreckschusspistole unterfällt nur dann dem Waffenbegriff des § 250 StGB, wenn feststeht, dass beim Abfeuern der Waffe der **Explosionsdruck nach vorne aus dem Lauf austritt** und deshalb die Waffe nach ihrer Beschaffenheit geeignet ist, erhebliche Verletzungen hervorzurufen. Der Austritt des Explosionsdrucks nach vorne mag zwar üblich sein, kann aber nicht als selbstverständlich vorausgesetzt werden.[232] **223**

Pfefferspray ist ein gefährliches Werkzeug im Sinne des § 250 Abs. 2 Nr. 1 Alt. 2 StGB.[233] **224**

Eine Waffe i.S.v. § 250 Abs. 2 Nr. 1 StGB ist eine **geladene Schreckschusspistole** nur dann, wenn beim Abfeuern der Munition der Explosionsdruck nach vorne durch den Lauf austritt.[234] **225**

[5] b) Darüber hinaus sind die Voraussetzungen des § 250 Abs. 2 Nr. 1 StGB nicht belegt. Es ist nicht festgestellt, dass nach der Bauart der Schreckschusspistole beim Abfeuern der Munition der Explosionsdruck nach vorne durch den Lauf austritt und es sich deshalb um eine Waffe im Sinne des § 250 Abs. 1 Nr. 1 lit. a und Abs. 2 Nr. 1 StGB handelt (vgl. BGH, Beschlüsse vom 4. Februar 2003 – GSSt 2/02, BGHSt 48, 197, 201; vom 15. März 2011 – 4 StR 40/11, NJW 2011, 1979, 1980; vom 9. Februar 2010 – 3 StR 11/10, NStZ-RR 2010, 170).

---

232 BGH, Beschluss vom 25.7.2012 – 2 StR 138/12.

233 BGH, Beschluss vom 12.6.2012 – 3 StR 186/12.

234 BGH, Beschluss vom 6.6.2012 – 5 StR 233/12; vgl. hierzu auch BGH, Beschluss vom 27.3.2012 – 3 StR 83/12.

b) Raub/Räuberische Erpressung mit Todesfolge – § 251 StGB

226 Ein Schuldspruch wegen vollendeter Tat nach § 251 StGB ist nicht allein deshalb ausgeschlossen, weil das **Opfer im Zeitpunkt der Wegnahme** an den Folgen der Raubhandlung bereits **verstorben** war.[235]

[2] Mit Blick auf die Ausführungen des Generalbundesanwalts zur Verurteilung wegen Raubes mit Todesfolge bemerkt der Senat ergänzend, dass ein Schuldspruch wegen einer vollendeten Tat nach § 251 StGB nicht allein deshalb ausscheidet, weil das Opfer im Zeitpunkt der Wegnahme an den Folgen der Raubhandlung bereits verstorben war (BGH, Beschluss vom 18. August 2009 – 5 StR 227/09, NStZ 2010, 33).

c) Konkurrenzfragen

227 Der Schuldspruch wegen **tateinheitlich verwirklichter gefährlicher Körperverletzung** nach § 224 Abs. 1 Nr. 5 StGB bleibt neben demjenigen wegen **besonders schweren Raubes** nach § 250 Abs. 2 Nr. 3 Buchstabe a StGB bestehen. § 224 Abs. 1 Nr. 5 StGB tritt lediglich gegenüber § 250 Abs. 2 Nr. 3 Buchstabe b StGB zurück, da die der Qualifikation des § 224 Abs. 1 Nr. 5 StGB zu Grunde liegende abstrakte Lebensgefährdung durch die Qualifikation der vorsätzlichen konkreten Lebensgefährdung in § 250 Abs. 2 Nr. 3 Buchstabe b StGB verdrängt wird.[236]

d) Räuberischer Diebstahl – § 252 StGB

228 Auch wenn ein Täter die Diebesbeute mit Raubmitteln verteidigt, ist er dann nicht „auf frischer Tat“ betroffen, wenn sein **Besitz** an der Diebesbeute **nicht unmittelbares Ergebnis der Wegnahme** beim Diebstahl war.[237]

[4] Zunächst gingen der Angeklagte und der Zugbegleiter zum nicht jedermann zugänglichen Gepäckabteil des Fahrradwagens, wo der Mittäter war, der auch keine Fahrkarte hatte. Von dort gingen der Angeklagte und sein Mittäter an dem Zugbegleiter vorbei zu einem anderen Wagen. Dabei hatten sie mehrere Jacken über dem Arm, in denen sich das Diebesgut befand. Da sich der Zugbegleiter nicht mit „Ausreden“ zufrieden gab, zog der Angeklagte die Notbremse, um „mit dem Diebesgut flüchten zu können und seine Identifizierung ... zu verhindern“. Der Mittäter konnte den Zug verlassen. Auch der Angeklagte drängte zum Ausgang und drückte den Zugbegleiter an die Wand. Als der Angeklagte auf dem Trittbrett stand, lagen die Jacken mit dem Diebesgut auf dem Boden. Der Angeklagte und der Zugbegleiter griffen nach den Jacken. Der Angeklagte zog das Messer, ließ die Klinge herausschnellen und hielt es drohend gegen den Zugbegleiter. Dieser wehrte sich, am Ende lag das Messer auf dem Boden. Der Angeklagte stürzte aus dem Zug, konnte aber noch die Jacken und das Messer ergreifen. Er flüchtete und konnte erst später in Ungarn verhaftet werden.

---

[235] BGH, Beschluss vom 14.2.2012 – 3 StR 446/11.
[236] BGH, Beschluss vom 26.11.2012 – 5 StR 541/12.
[237] BGH, Beschluss vom 22.11.2012 – 1 StR 378/12.

[5] 2. Dieser Sachverhalt trägt den Schuldspruch wegen räuberischen Diebstahls nicht.

[6] Der Angeklagte hat zwar die Diebesbeute mit Raubmitteln verteidigt, er war aber nicht „auf frischer Tat" betroffen worden.

[7] Dies folgt schon daraus, dass sein Besitz an der Diebesbeute nicht unmittelbares Ergebnis der Wegnahme beim Diebstahl (den Diebstählen) war.

[8] Er hatte die Diebesbeute vielmehr zwischenzeitlich im Gepäckabteil versteckt und später dort wieder an sich genommen. Der zwischen der Wegnahme der Beute einerseits und der Besitzverteidigung mit den Raubmitteln andererseits erforderliche unmittelbare Zusammenhang war daher nicht gegeben, es fehlt hier schon an dem erforderlichen engen zeitlichen Zusammenhang zwischen dem Diebstahl (den Diebstählen) und dem Einsatz von Raubmitteln zur Beutesicherung (vgl. Eser/Bosch in Schönke/Schröder, 28. Aufl., § 252 StGB Rn. 4).

[9] Hierfür spricht schon allein der Zeitraum, der für das vom Zugbegleiter beobachtete Geschehen – vom auffälligen Herumlaufen des Angeklagten bis zu dem Kampf um die Jacken – erforderlich war. Es kommt jedoch auch noch der Zeitraum ab den Diebstählen hinzu; der genaue Zeitpunkt der Diebstähle ist jedoch nicht festgestellt und es liegt auch nicht nahe, dass er festgestellt werden könnte.

[10] 3. Ist räuberischer Diebstahl zu verneinen, so handelt es sich bei dem Kampf um die Jacken um Nötigung. Während zwischen einem räuberischen Diebstahl und den Diebstählen (mit Waffen) Gesetzeseinheit bestehen würde (vgl. Fischer, 59. Aufl., § 252 Rn. 12), bestünde zwischen den Diebstählen (mit Waffen) und einer Nötigung Tatmehrheit.

e) Erpressung/Räuberische Erpressung – §§ 253, 255 StGB

Geschütztes Rechtsgut der §§ 253, 255 StGB ist das **Vermögen**. Versuchte räuberische Erpressung liegt deshalb nur vor, wenn der Tatentschluss darauf gerichtet ist, dem Vermögen des Opfers einen Nachteil zuzufügen. Der Verlust einer bloßen ungesicherten Aussicht eines Geschäftsabschlusses kann grundsätzlich noch nicht als Vermögensschaden angesehen werden. Erwerbs- und Gewinnaussichten können nur ausnahmsweise Vermögensbestandteil sein, wenn sie so verdichtet sind, dass ihnen der Rechtsverkehr bereits einen wirtschaftlichen Wert beimisst, weil sie mit einiger Wahrscheinlichkeit einen Vermögenszuwachs erwarten lassen.[238] **229**

[15] b) Rechtsfehlerhaft ist die Verurteilung des Angeklagten wegen versuchter räuberischer Erpressung gemäß §§ 253, 255, 22 StGB zum Nachteil der Prostituierten V. (Fall II. 2). Insoweit liegt nur eine versuchte Nötigung im Sinne der §§ 240 Abs. 1 und 2, 22 StGB vor.

[16] Geschütztes Rechtsgut der §§ 253, 255 StGB ist das Vermögen. Versuchte räuberische Erpressung läge deshalb nur vor, wenn der Tatentschluss des Angeklagten darauf gerichtet gewesen wäre, dem Vermögen des Opfers einen Nachteil zuzufügen. Der Verlust einer bloßen ungesicherten Aussicht eines Geschäftsabschlusses kann grundsätzlich noch nicht als Vermögensschaden angesehen werden. Erwerbs- und Gewinnaussichten können nur ausnahmsweise Vermögensbestandteil sein, wenn sie

[238] BGH, Urteil vom 2.11.2011 – 2 StR 375/11.

so verdichtet sind, dass ihnen der Rechtsverkehr bereits einen wirtschaftlichen Wert beimisst, weil sie mit einiger Wahrscheinlichkeit einen Vermögenszuwachs erwarten lassen (vgl. BGH, Urteil vom 20. Februar 1962 – 1 StR 496/61, BGHSt 17, 147, 148; Urteil vom 19. Januar 1965 – 1 StR 497/64, 20, 143, 145 f.; Urteil vom 28. Januar 1983 – 1 StR 820/81, 31, 232, 234). Die Standposition der Zeugin V. als Prostituierte war in diesem Sinne kein von § 253 StGB geschützter Vermögensbestandteil. Aus ihr resultierte keine gesicherte Erwerbsaussicht, insbesondere auch weil die Ausübung der Prostitution im Sperrbezirk jederzeit behördlich unterbunden werden konnte. Auf die nach Inkrafttreten des Prostitutionsgesetzes geänderte Beurteilung der Wirksamkeit einer Geldforderung der Prostituierten nach der Erbringung ihrer vereinbarten Leistung (vgl. zur diesbezüglichen Erpressung BGH, Beschluss vom 18. Januar 2011 – 3 StR 467/10, NStZ 2011, 278, 279) kommt es hier nicht an.

230 Die **Rechtswidrigkeit eines erstrebten Vermögensvorteils** ist **normatives Tatbestandsmerkmal des § 253 StGB**, auf das sich der – zumindest bedingte – Vorsatz des Täters erstrecken muss.[239]

[10] a) Die Erwägungen, mit denen das Landgericht einen Erpressungsvorsatz der Angeklagten verneint hat, sind nicht frei von Rechtsfehlern. Die Rechtswidrigkeit des erstrebten Vermögensvorteils ist ein normatives Tatbestandsmerkmal des § 253 StGB, auf das sich der – zumindest bedingte – Vorsatz des Täters erstrecken muss. Stellt dieser sich für die erstrebte Bereicherung eine in Wirklichkeit nicht bestehende Anspruchsgrundlage vor, so handelt er in einem Tatbestandsirrtum i.S.v. § 16 Abs. 1 Satz 1 StGB (st. Rspr., vgl. BGHSt 48, 322, 328). Jedoch genügt es für den Erpressungsvorsatz, wenn der Täter es für möglich hält und billigend in Kauf nimmt, dass die Forderung nicht oder nicht im Umfang des Nötigungsziels besteht oder aber von der Rechtsordnung nicht geschützt ist. Nur wenn der Täter klare Vorstellungen über Grund und Höhe des geltend gemachten Anspruchs hat, fehlt es ihm an dem Bewusstsein einer rechtswidrigen Bereicherung (BGH NStZ-RR 1999, 6; StV 2000, 79, 80).

[11] aa) Die Ausführungen des Landgerichts, der von dem Angeklagten C. zunächst geforderte Betrag von 80.000 € erscheine angesichts des den Angeklagten neben einem Schmerzensgeld zustehenden Ausgleichsanspruchs für Umsatzverluste nicht abwegig, wenn es durch Rufverlust zur Schließung der Diskothek komme (UA S. 21), belegen, dass das Landgericht den Prüfungsmaßstab für die Feststellung der Rechtswidrigkeit der Bereicherung verkannt hat. So hat es offen gelassen, ob und in welcher Höhe den Angeklagten aufgrund des Vorfalls am Vorabend der Tat tatsächlich Forderungen gegen den Geschädigten zustanden. Feststellungen zur Höhe des entgangenen Gewinns aufgrund des fluchtartigen Verhaltens der Gäste enthält das Urteil nicht. Hinsichtlich möglicher künftiger Umsatzeinbußen, zu deren Höhe sich das Urteil ebenfalls nicht verhält, bestand kein fälliger Anspruch auf Zahlung (§ 252 BGB), sondern allenfalls ein zivilrechtlicher Feststellungsanspruch. Davon geht die Strafkammer im Übrigen selbst aus, wenn sie ausführt, dass C. die erstrebte Zahlung „bei Beschreiten des Zivilrechtswegs wohl nicht und nicht rasch erlangt hätte" (UA S. 24). Das Landgericht hat ferner weder den Zeitpunkt noch den Grund der späteren Schließung der Diskothek aufgeklärt, insbesondere ist ungeklärt, ob die

[239] BGH, Beschluss vom 14.3.2012 – 2 StR 547/11.

Schließung überhaupt auf das Handeln des Geschädigten zurückzuführen war (UA S. 21). Schließlich lag es auch nicht auf der Hand, dass den Türstehern ein – wenn auch geringes – Schmerzensgeld zustehen würde (UA S. 21). Durch den Schuss mit der Gaspistole in Richtung des Angeklagten S. hatte allein der Angeklagte C. Augenreizungen erlitten.

[12] bb) Naheliegende Umstände, die dagegen sprechen könnten, dass die Angeklagten nicht nur vage, sondern klare Vorstellungen über Grund und Höhe der von ihnen geltend gemachten Forderung hatten, hat das Landgericht nicht erkennbar in seine Überlegungen einbezogen. Hinsichtlich eines durch die Tat des Geschädigten verursachten möglichen künftigen Umsatzrückgangs konnten sie nur Mutmaßungen anstellen. Hinzu kommt, dass der Angeklagte C. seine Forderung von ursprünglich 80.000 € im Laufe des Tatgeschehens zunächst auf 50.000 € und schließlich auf 10.000 € reduzierte. Der Senat kann vor diesem Hintergrund nicht ausschließen, dass das Landgericht bei umfassender Würdigung unter Zugrundelegung eines zutreffenden rechtlichen Maßstabs zu einer Verurteilung der Angeklagten wegen versuchter besonders schwerer räuberischer Erpressung (§§ 253 Abs. 1, 255, 250 Abs. 2 Nr. 1 StGB) gelangt wäre.

Allein das Stehenbleiben hinter einer Person, welche, ohne dass eine Absprache zwischen beiden festgestellt werden kann, nun einen bewaffneten Überfall auf eine Tankstelle durchführt, stellt noch keine **mittäterschaftliche Begehung** dar, auch wenn das Opfer sich durch die Präsenz der zweiten Person zusätzlich bedroht fühlt.[240] **231**

[2] 1. Nach den Feststellungen begaben sich der Angeklagte und der rechtskräftig verurteilte Mitangeklagte Sch. am 21. Juni 2011 gegen 0.14 Uhr in B. in eine Tankstelle.

[3] Der Angestellte S. erkannte Sch. als Kunden wieder und öffnete deshalb die Tür. Die beiden Angeklagten begaben sich zur Kasse. Sch. hielt S. ein Messer vor und forderte ihn auf, die Kasse zu öffnen. Weiter heißt es:

[4] „Spätestens zu diesem Zeitpunkt realisierte der Angeklagte C., dass sein Begleiter einen bewaffneten Überfall auf die Tankstelle verübte und das Opfer sich durch seine Präsens zusätzlich bedroht fühlte. In Kenntnis dessen blieb er hinter dem Angeklagten Sch. stehen" (UA S. 19). Der Angestellte S. händigte Sch. 150 € Bargeld aus. Die beiden Angeklagten begaben sich sodann in eine Gaststätte, wo das erbeutete Geld verbraucht wurde.

[5] 2. Damit ist die Begehung einer Straftat nach § 255 StGB durch den Angeklagten C. nicht belegt. Für eine mittäterschaftliche Begehung (§ 25 Abs. 2 StGB) fehlt es an jeglichen Feststellungen zu einem Verhalten des Angeklagten, das eine solche Bewertung tragen könnte.

[6] Aber auch eine Beihilfe zur Tat des Mitangeklagten Sch. ist nicht hinreichend festgestellt. Letztlich legt das Landgericht dem Angeklagten als strafbares Verhalten allein zur Last, nach Bemerken des Tatbeginns hinter dem Täter Sch. „stehen geblieben" zu sein, sich also nicht entfernt oder helfend eingegriffen zu haben. Für eine Pflicht hierzu mangelt es jedoch ersichtlich an einer Garantenstellung des Angeklagten.

---

240 BGH, Beschluss vom 27.3.2012 – 2 StR 92/12.

[7] Hinzu kommt, dass das Landgericht sich weder mit der Abgrenzung der Beteiligungsformen überhaupt auseinandergesetzt noch Feststellungen zu irgendeiner Art subjektiver Übereinkunft zwischen den beiden Tätern getroffen hat.

[8] Auf dieser fehlerhaften Grundlage ist eine Verurteilung nicht möglich. Sie ist aber auf der Grundlage sorgfältiger Feststellungen auch nicht ausgeschlossen, so dass die Sache insgesamt aufzuheben und zurückzuverweisen war.

232 **Tatbestandsvoraussetzung** einer räuberischen Erpressung ist die **Verknüpfung** zwischen dem **Nötigungsmittel** und der vom Opfer **vorzunehmenden Handlung**, welche geeignet sein muss, zum Eintritt eines Vermögensnachteils zu führen.[241]

[3] 2. Im Fall B. II der Urteilsgründe hält der Schuldspruch wegen räuberischer Erpressung sachlich-rechtlicher Überprüfung nicht stand. Nach den Feststellungen legten die Angeklagten dem Geschädigten H. einen von dem Mitangeklagten T. gefertigten Kaufvertrag über Sachen vor, die dieser am Vorabend aus der Wohnung des Geschädigten mitgenommen hatte. Durch den Vertrag sollte H. dokumentieren, dass er die Sachen verkauft habe, damit er wegen deren Wegnahme nicht die Polizei einschalten könne. Falls er nicht unterschreibe, drohte ihm der Mitangeklagte T., er werde ihm die Fingerkuppen abschneiden. Im Anschluss an diese Äußerung erklärte T., H. werde seine Sachen wiederbekommen, wenn er 1.500 € in drei Raten an die Angeklagten zahle, was in der Folgezeit geschah.

[4] Diese Feststellungen ergeben das Vorliegen der Tatbestandsvoraussetzungen einer räuberischen Erpressung nicht, denn es fehlt an der erforderlichen Verknüpfung zwischen dem Nötigungsmittel und der von dem Opfer vorzunehmenden Handlung, die geeignet sein muss, zum Eintritt eines Vermögensnachteils zu führen (vgl. Fischer, StGB, 59. Aufl., § 253 Rn. 9). Durch die Drohung mit Gewalt sollte der Geschädigte zur Unterzeichnung eines Kaufvertrages genötigt werden. Ob er diesen tatsächlich unterzeichnete, lässt sich der Sachverhaltsschilderung der Strafkammer nicht entnehmen. Wie sich aus den Ausführungen des Landgerichts zur Strafzumessung ersehen lässt, hat es die maßgebliche selbstschädigende Handlung in der ratenweisen Zahlung der 1.500 € gesehen. Ob die Angeklagten dem Geschädigten aber auch für den Fall der Nichtzahlung dieser Raten zumindest konkludent mit Gewalt gedroht hatten, dieser die Drohung in diesem Sinne verstand und deswegen die Zahlungen leistete, hat die Strafkammer ebenfalls nicht festgestellt.

11. Begünstigung – § 257 StGB

■ TOPENTSCHEIDUNG

233 **Vorteil** im Sinne des § 257 Abs. 1 StGB ist auch der an einen Tatbeteiligten **gezahlte**, nicht aber der ihm versprochene **Tatlohn**.[242]

[7] 1. Zutreffend hat das Landgericht das Handeln des Angeklagten in den Fällen II. 1 und 3 als Begünstigung in zwei Fällen, jeweils begangen zugunsten des Pu., gewertet.

---

[241] BGH, Beschluss vom 20.9.2012 – 3 StR 380/12.

[242] BGH, Beschluss vom 3.11.2011 – 2 StR 302/11.

[8] a) Es begegnet keinen rechtlichen Bedenken, dass das Landgericht im Fall II. 1 den Tatlohn in Höhe von 35.000 €, den Pu. für seine Beteiligung an dem Betrug erhielt, als „Vorteil der Tat" im Sinne des § 257 Abs. 1 StGB angesehen hat. Die Begünstigung (§ 257 StGB) verlangt, dass der Täter einem anderen, der eine rechtswidrige Tat begangen hat, in der Absicht Hilfe leistet, diesem die Vorteile der Tat zu sichern. Nach dem Wortlaut der Strafnorm sind umfassend „Vorteile der Tat" erfasst. Er unterscheidet nicht zwischen Vorteilen „für" und „aus" der Tat, sondern beinhaltet jeglichen Vorteil, der sich im Zusammenhang mit der Tatbegehung ergibt. Nicht erforderlich ist danach, dass dieser „aus" der Tat resultiert. Gemessen hieran sind „Vorteile der Tat" nicht nur die Früchte der Vortat, hier also die von den Kunden der M. Haustechnik GmbH betrügerisch erlangten Gelder. Einen Vorteil im Sinne des § 257 StGB stellt vielmehr auch der (vorab) an einen Tatbeteiligten – wie vorliegend von P. an Pu. – gezahlte Tatlohn dar. Dem steht nicht entgegen, dass nach ständiger Rechtsprechung des Bundesgerichtshofs einschränkend verlangt wird, dass der Vorteil unmittelbar durch die Vortat erlangt ist (BGH, Urteil vom 16. Juni 1971 – 2 StR 191/71, BGHSt 24, 166, 168; BGH, Urteil vom 1. August 2000 – 5 StR 624/99, BGHSt 46, 107, 117; BGH, Urteil vom 27. August 1986 – 3 StR 256/86, NStZ 1987, 22). Das Unmittelbarkeitserfordernis dient dazu, Ersatzvorteile (Vorteilssurrogate) auszuklammern (Walter in LK 12. Aufl. § 257 Rn. 31). Bei der Entlohnung für die Tatbeteiligung handelt es sich jedoch nicht um einen derartigen Ersatzvorteil; vielmehr ist auch der Tatlohn ein unmittelbarer „Vorteil der Tat" (vgl. auch BGH, Beschluss vom 15. Dezember 1999 – 3 StR 448/99, NStZ 2000, 259).

[9] Dieses Ergebnis steht auch mit der Bestimmung des Rechtsguts der Begünstigung durch den Bundesgerichtshof in Einklang. Danach liegt das Wesen der Begünstigung in der Hemmung der Rechtspflege, die dadurch bewirkt wird, dass der Täter die Wiederherstellung des gesetzmäßigen Zustandes verhindert, der sonst durch ein Eingreifen des Verletzten oder von Organen des Staates gegen den Vortäter wiederhergestellt werden könnte. Der Täter der Begünstigung beseitigt oder mindert die Möglichkeit, die Wiedergutmachung des dem Verletzten zugefügten Schadens durch ein Einschreiten gegen den Vortäter zu erreichen, das diesem den durch die Vortat erlangtem Vorteil wieder entziehen würde (st. Rspr., vgl. u.a. BGH, Beschluss vom 16. November 1993 – 3 StR 458/93, NStZ 1994, 187, 188). Dieses trifft auch auf die vorliegende Sachverhaltskonstellation zu. Der Täter der Begünstigung, der – wie hier – dem Vortäter den Tatlohn sichert, mindert die Möglichkeiten des durch die Vortat Geschädigten, im Wege des zivilrechtlichen Schadensersatzes – etwa gemäß §§ 823 ff. BGB – oder der strafrechtlichen Gewinnabschöpfung gemäß § 73 StGB Schadenswiedergutmachung zu erlangen.

[10] Die Vortat war auch – wie § 257 dies verlangt – zum Zeitpunkt des Hilfeleistens bereits begangen (vgl. Fischer StGB 58. Aufl. § 257 Rn. 4; Cramer in MünchKomm-StGB § 257 Rn. 7) und hatte dem Vortäter Vorteile erbracht. Der Angeklagte hat Pu. im Fall II. 1 die Vorteile der Tat in Höhe von 35.000 € gesichert, indem er ihm am 19. August 2008 die Möglichkeit eröffnet hat, in der Schweiz die N. Holding AG zu gründen und die Summe dort als Stammeinlage einzubringen. Zum Zeitpunkt des Hilfeleistens des Angeklagten am 19. August 2008 waren die Betrugsstraftaten im Zusammenhang mit der M. Haustechnik GmbH, die in der Zeit von Ende Juni bis 11. August 2008 erfolgten, bereits begangen.

[11] b) Im Fall II. 3 hat das Landgericht rechtlich bedenkenfrei eine Begünstigung des Pu. angenommen. Für diesen lag der Vorteil im Sinne des § 257 StGB ebenso

wie im Fall II. 1 in dem vorab gezahlten Tatlohn von 35.000 €. Diese hat der Angeklagte – worauf die Strafkammer zutreffend abstellt – gesichert, indem er O. im Auftrag des Pu. 500 € als erste Anzahlung auf den O. versprochenen (weiteren) Tatlohn übergeben hat. Durch die (zusätzliche) Verweisung des O. auf eine ratenweise Zahlung des Tatlohns sollte dieser in Abhängigkeit von Pu. gehalten und daran gehindert werden, die Straftaten des Pu. sowie den Verbleib der 35.000 € gegenüber den Ermittlungsbehörden zu offenbaren.

[12] 2. Dagegen begegnet die – lediglich aus den Urteilsgründen, nicht jedoch aus dem Tenor ersichtliche – Annahme einer tateinheitlich verwirklichten Begünstigung zugunsten des O. im Fall II. 3 rechtlichen Bedenken. Soweit das Landgericht als Vorteil der Tat im Sinne des § 257 StGB das Versprechen des Pu. gegenüber O. angesehen hat, diesem für die Beteiligung an den Betrügereien im Kontext der M. Haustechnik GmbH einen Tatlohn von insgesamt 30.000 bis 50.000 € zu zahlen, ist dies rechtlich unzutreffend. Zwar ist ein Vorteil im Sinne des § 257 Abs. 1 StGB nicht nur ein Vermögensvorteil, sondern kann jede wirtschaftliche, rechtliche oder tatsächliche Besserstellung für den Täter sein (vgl. Fischer StGB 58. Aufl. § 257 Rn. 6; Walter in LK 12. Aufl. § 257 Rn. 25; Cramer in MünchKomm-StGB § 257 Rn. 10; Altenhain in NK-StGB 3. Aufl. § 257 Rn. 16). Nach der ständigen Rechtsprechung des Bundesgerichtshofs ist jedoch – wie unter II. 1 a) ausgeführt – Voraussetzung der Begünstigung, dass der Täter der Begünstigung gegenüber dem Verletzten der Vortat die Möglichkeit der Schadenswiedergutmachung beseitigt oder mindert, die durch die Entziehung der erlangten Vorteile möglich wäre. Eine solche Möglichkeit der Schadenswiedergutmachung ist bei der bloßen Aussicht auf Erlangung eines versprochenen Tatlohns jedoch nicht gegeben, da es sich nicht um einen entziehbaren Vorteil handelt. Ein solches Zahlungsversprechen ist gemäß § 134 BGB nichtig, führt zu keiner – auch nur wirtschaftlichen – Besserstellung und stellt daher keinen relevanten Tatvorteil im Sinne des § 257 StGB dar.

12. Hehlerei – § 259 StGB

234 Eine Hehlerei begeht, wer einen zuvor durch die Tat eines anderen geschaffenen **rechtswidrigen Vermögenszustand aufrechterhält**, indem er **mit dem Vortäter** in einer der in § 259 Abs. 1 StGB genannten Begehungsformen **einverständlich zusammenwirkt**. Daher können weder der Täter noch der Mittäter der Vortat, wohl aber der Anstifter und der Gehilfe des Vortäters zugleich Hehler sein.[243]

1. Die Verurteilung wegen Hehlerei gemäß § 259 Abs. 1 StGB (Fall 15 der Urteilsgründe) wird von den Feststellungen nicht getragen.

[3] a) Danach fasste der Angeklagte den Entschluss, ein hochwertiges Kraftfahrzeug anzumieten und anschließend unter Vorlage gefälschter Papiere auf eigene Rechnung zu verkaufen. Gegenüber dem Vermieter wollte der Angeklagte anschließend bewusst wahrheitswidrig behaupten, dass das Fahrzeug gestohlen wurde. Für diesen Plan vermochte der Angeklagte den gesondert verfolgten M. A. zu gewinnen, der daraufhin bei einer Autovermietung in Köln „entsprechend dem gemeinsamen Tatplan" einen Pkw Mercedes Benz C 180 anmietete und eine Anzahlung auf den Mietzins leistete. A. übernahm das Fahrzeug und übergab es nach dem Verlassen des

---

[243] BGH, Beschluss vom 6.6.2012 – 4 StR 144/12.

Geländes der Autovermietung dem in einer Parallelstraße wartenden Angeklagten. Der Angeklagte verbrachte das Fahrzeug sogleich zusammen mit dem anderweitig verfolgten A. R. nach Belgien und verkaufte es dort an einen unbekannten Abnehmer. Einen Teil des Erlöses behielt er für sich. A. zeigte in der Folge bei der Polizei in Köln einen Diebstahl des Fahrzeugs an. Zuvor hatte ihm der Angeklagte telefonisch erklärt, welche Angaben er dabei machen sollte, damit die Anzeige auch als glaubhaft akzeptiert werde.

[4] b) Eine Hehlerei begeht, wer einen zuvor durch die Tat eines anderen geschaffenen rechtswidrigen Vermögenszustand aufrechterhält, indem er mit dem Vortäter in einer der in § 259 Abs. 1 StGB genannten Begehungsformen einverständlich zusammenwirkt. Daher können weder der Täter noch der Mittäter der Vortat, wohl aber der Anstifter und der Gehilfe des Vortäters zugleich Hehler sein (BGH, Beschluss vom 20. Dezember 1954 – GSSt 1/54, BGHSt 7, 134, 137; Beschluss vom 10. Oktober 1984 – 2 StR 470/84, BGHSt 33, 50, 52; Fischer, 59. Aufl., § 259 Rn. 31; Stree/Hecker in Schönke/Schröder, 28. Aufl., § 259 Rn. 49 m.w.N.). Das Landgericht hat nicht geprüft, ob der Angeklagte Mittäter des von dem anderweitig verfolgten M. A. begangenen Betrugs (§ 263 Abs. 1 StGB) zum Nachteil der Autovermietung gewesen ist, obwohl dies nach den Feststellungen (gemeinsamer Tatplan, Aufenthalt des Angeklagten zur Tatzeit in Tatortnähe, sofortige Übernahme des Fahrzeugs) nahe liegt. In diesem Fall käme eine Bestrafung wegen Hehlerei nicht mehr in Betracht.

[5] 2. Die Wertung des Landgerichts, der Angeklagte habe mit der Hehlerei „nicht unerhebliche Geldbeträge erwirtschaftet" (UA 36), ist nicht rechts-fehlerfrei belegt. Nach § 267 Abs. 3 Satz 1 StPO sind in den Urteilsgründen die Umstände anzuführen, die bei der Zumessung der Strafe für das Gericht bestimmend waren. Die Darstellung der maßgeblichen Tatsachen und deren Bewertung muss dabei so angelegt sein, dass dem Revisionsgericht eine rechtliche Nachprüfung möglich wird (BGH, Urteil vom 30. November 1971 – 1 StR 485/71, BGHSt 24, 268). Hieran fehlt es. Das Landgericht hat keine Feststellungen zu dem von dem Angeklagten erzielten Kaufpreis und dem auf ihn entfallenden Anteil daran getroffen. Es kann daher nicht nachvollzogen werden, ob es für die Bewertung des erzielten Vermögensvorteils eine tragfähige Grundlage gibt.

TOPENTSCHEIDUNG ■

Der Tatbestand der Hehlerei setzt neben der Absicht, sich oder einen Dritten zu bereichern, den zumindest **bedingten Vorsatz** des Täters unter anderem dahin voraus, dass die Sache durch eine **gegen fremdes Vermögen gerichtete Vortat** erlangt ist, wozu nicht der Versicherungsbetrug und der Versicherungsmissbrauch zählen. Außerdem muss der Hehler die Sache zur **eigenen Verfügungsgewalt** erlangen, so dass er über die Sache als eigene oder zu eigenen Zwecken verfügen kann und dies auch will.[244] **235**

[2] I. Die Schuldsprüche gegen den Angeklagten B. wegen Hehlerei sowie die Angeklagten P. und S. wegen versuchter Hehlerei werden von den jeweils getroffenen Feststellungen nicht getragen.

---

[244] BGH, Beschluss vom 13.11.2012 – 3 StR 364/12.

[3] 1. Angeklagter B.

[4] Nach den Feststellungen kaufte der Angeklagte B. 90 vom Gut Sch. durch insgesamt drei Taten gestohlene Solarmodule entweder an oder er verschaffte sie sich in sonstiger Weise, um sie für sich zu verwenden. Er baute die Module in eine Fotovoltaikanlage ein, die er auf dem Gelände seines Gartencenters in M. betrieb. Dabei war ihm bewusst, dass die Module „aus einer rechtswidrigen Tat" stammten.

[5] Damit sind jedenfalls die subjektiven Voraussetzungen des § 259 Abs. 1 StGB nicht belegt. Der Tatbestand der Hehlerei setzt neben der Absicht, sich oder einen Dritten zu bereichern, den zumindest bedingten Vorsatz des Täters unter anderem dahin voraus, dass die Sache durch eine gegen fremdes Vermögen gerichtete Vortat erlangt ist (BGH, Beschluss vom 23. November 1999 – 4 StR 491/99, NStZ-RR 2000, 106). Hierzu zählen z.B. nicht der Versicherungsbetrug und der Versicherungsmissbrauch (§§ 263, 265 StGB; vgl. BGH, Beschluss vom 22. Februar 2005 – 4 StR 453/04, NStZ 2005, 447, 448). Weder den getroffenen Feststellungen noch dem Gesamtzusammenhang der Urteilsgründe lässt sich entnehmen, dass der Angeklagte B. bezüglich der Diebstähle oder einer sonstigen tauglichen Vortat zumindest bedingten Vorsatz hatte. Das allein festgestellte Bewusstsein, dass die Sache aus irgendeiner rechtswidrigen Tat stammt, genügt demgegenüber nicht.

[6] 2. Angeklagte P. und S.

[7] Nach den Feststellungen waren die Angeklagten P. und S. im Begriff, Solarmodule, die zuvor gestohlen worden waren, aus einer Garage in einen Transporter zu laden. Sie wurden während dieser Tätigkeit festgenommen.

[8] Hierdurch sind bereits die objektiven Voraussetzungen der § 259 Abs. 1, 3, §§ 22, 23 StGB nicht dargetan; insbesondere ist das unmittelbare Ansetzen zu einer der in § 259 Abs. 1 StGB unter Strafe gestellten Tathandlungen nicht belegt. Das Landgericht hat das Verhalten der Angeklagten – ohne nähere Begründung – dahin gewürdigt, sie hätten versucht, die Module entweder sich selbst oder einem Dritten zu verschaffen. Dem kann nicht gefolgt werden. Sich-Verschaffen ist die Herstellung eigener Herrschaftsgewalt über die Sache im Einverständnis mit dem Vortäter. Der Hehler muss die Sache zur eigenen Verfügungsgewalt erlangen, so dass er über die Sache als eigene oder zu eigenen Zwecken verfügen kann und dies auch will (st. Rspr.; vgl. etwa schon BGH, Urteil vom 22. Juni 1960 – 2 StR 192/60, BGHSt 15, 53, 56 f.). Einem Dritten verschafft der Täter die Sache, wenn er z.B. die Diebesbeute unmittelbar vom Vortäter an den Dritterwerber vermittelt. Diese Voraussetzungen sind den Feststellungen nicht zu entnehmen. Die Urteilsgründe enthalten insbesondere keine Angaben zu den für die rechtliche Bewertung maßgebenden weiteren Umständen der Tat, etwa dazu, welchen Zweck die Angeklagten mit dem Einladen der Module in den Transporter verfolgten. So bleibt beispielsweise im Dunkeln, ob die Angeklagten möglicherweise lediglich dem Vortäter – unter Umständen dem Dieb – in der Absicht Hilfe leisteten, diesem die Vorteile der Tat zu sichern. In diesem Fall käme nicht eine Strafbarkeit wegen eines Hehlereidelikts, sondern gegebenenfalls wegen Begünstigung nach § 257 StGB in Betracht.

[9] II. Die Verurteilung der Angeklagten A. und N. wegen Diebstahls im Fall B. II. der Urteilsgründe (Fall L.) hält sachlichrechtlicher Prüfung nicht stand. Die Feststellungen, wonach die Angeklagten vom Dach einer Schweinemastanlage 168 Solarmodule entwendeten, beruhen – auch eingedenk des im Revisionsverfahren eingeschränkten Überprüfungsmaßstabs (vgl. BGH, Urteil vom 9. Juni 2005 – 3 StR 269/04, NJW 2005, 2322, 2326) – auf einer rechtsfehlerhaften Beweiswürdigung.

[10] Das Landgericht hat seine Überzeugung von der Täterschaft der Angeklagten darauf gestützt, dass diese zur Tatzeit jeweils einen Transporter gemietet hatten, der zum Abtransport der Module erforderlich war. Dies steht in einem unauflösbaren Widerspruch zu den Erwägungen der Strafkammer im Rahmen derjenigen Fälle, in denen sie die Angeklagten von weiteren Diebstahlsvorwürfen freigesprochen hat. Dort ist ausgeführt: „Namentlich reicht die bloße Anmietung eines Kleintransporters für die jeweilige Tatzeit ohne weitere Beweise oder Beweisanzeichen zum Tatnachweis nicht aus." Hinzu kommt, dass die Beweiswürdigung eine relevante Lücke enthält; denn die Urteilsgründe verhalten sich nicht dazu, dass der Zeuge D. bezüglich des Kleintransporters Mercedes Benz Sprinter ein anderes Kennzeichen notierte, als das von dem Angeklagten A. angemietete Fahrzeug hatte. Es kommt deshalb nicht mehr entscheidend darauf an, dass sich aus den Feststellungen jedenfalls nicht ohne Weiteres ergibt, welche Variante des § 243 Abs. 1 Satz 2 Nr. 1 StGB hier verwirklicht sein soll.

PRAXISBEDEUTUNG ■

Die vorstehende Entscheidung zeigt nahezu beispielhaft auf, in welchen Tatbereichen der Tatbestand der Hehlerei als „Auffangtatbestand" nicht mehr greift, wenn Tätern bspw. eine Beteiligung an einer entsprechenden Vortat nicht nachweisbar ist oder die Festnahmesituation jedenfalls nicht eindeutig war.

§ 259 Abs. 1 StGB setzt eine **Vortat** voraus, **die zu** einer **rechtswidrigen Besitzlage** an der als Hehlereigegenstand in Betracht kommenden Sache **geführt hat.** Ein Versicherungsnehmer, der eine ihm gehörende versicherte Sache verkauft, um anschließend einen Versicherungsbetrug zu begehen, schafft keine rechtswidrige Besitzlage, weil er trotz seiner kriminellen Absichten auch weiterhin als Berechtigter verfügt. Der in dem Verkauf liegende Versicherungsmissbrauch gemäß § 265 Abs. 1 StGB (Überlassen) kann daher keine taugliche Vortat für eine Hehlerei an der versicherten Sache sein.[245] **236**

[2] 1. Die Verurteilung wegen Hehlerei gemäß § 259 Abs. 1 StGB (Fall 14 der Urteilsgründe) wird von den Feststellungen nicht getragen.

[3] a) Danach kaufte der Angeklagte I. M. von dem italienischen Staatsangehörigen A. S. für 3.000 Euro dessen Pkw Mercedes Diesel 200 S an, den S. erst im Februar 2008 für 37.500 Euro erworben hatte. Nach der Übergabe des Pkws in Dortmund am 3. März 2011 veräußerte der Angeklagte das Fahrzeug mit „beträchtlichem Gewinn". Wie zuvor besprochen, sollte S. den bei der A. gegen Diebstahl versicherten Pkw als gestohlen melden und sich die Versicherungssumme auszahlen lassen. Am 10. Mai 2011 zeigte S. bei der Polizei in P./Italien bewusst wahrheitswidrig einen Diebstahl seines Fahrzeugs an.

[4] b) § 259 Abs. 1 StGB setzt eine Vortat voraus, die zu einer rechtswidrigen Besitzlage an der als Hehlereigegenstand in Betracht kommenden Sache geführt hat. Ein Versicherungsnehmer, der eine ihm gehörende versicherte Sache verkauft, um anschließend einen Versicherungsbetrug zu begehen, schafft keine rechtswidrige

---

[245] BGH, Beschluss vom 6.6.2012 – 4 StR 144/12; vgl. hierzu auch BGH, Beschluss vom 24.10.2012 – 5 StR 392/12.

Besitzlage, weil er trotz seiner kriminellen Absichten auch weiterhin als Berechtigter verfügt. Der in dem Verkauf liegende Versicherungsmissbrauch gemäß § 265 Abs. 1 StGB (Überlassen) ist daher keine taugliche Vortat für eine Hehlerei an der versicherten Sache (BGH, Beschluss vom 17. November 2011 – 3 StR 203/11, Rn. 8; Beschluss vom 22. Februar 2005 – 4 StR 453/04, NStZ 2005, 447, 448; Beschluss vom 23. Juli 2008 – 5 StR 295/08; Stree/Hecker in Schönke/Schröder, 28. Aufl., § 259 Rn. 9).

[5] c) Eine Berichtigung des Schuldspruchs kommt nicht in Betracht, weil das Landgericht keine Feststellungen dazu getroffen hat, ob S. an die Versicherung herangetreten und ob es ihm dabei gelungen ist, eine Auszahlung der Versicherungssumme zu erwirken (vgl. BGH, Beschluss vom 23. Juli 2008 – 5 StR 295/08). Derartige Feststellungen sind aber erforderlich, um zu entscheiden, ob sich der Angeklagte wegen Beihilfe zum Betrug (§ 263 Abs. 1, § 27 StGB), Beihilfe zum versuchten Betrug (§ 263 Abs. 2, §§ 22, 27 StGB) oder Versicherungsmissbrauch in der Alternative des Beiseiteschaffens der versicherten Sache (§ 265 Abs. 1 StGB) strafbar gemacht hat. Die Sache bedarf daher insoweit neuer Verhandlung und Entscheidung. Die rechtsfehlerfrei getroffenen und lediglich zu ergänzenden Feststellungen zum äußeren Sachverhalt können bestehen bleiben.

13. Geldwäsche – § 261 StGB

237 Grundsätzlich kann der Tatbestand des § 261 Abs. 2 Nr. 2 StGB auch dadurch verwirklich werden, dass von § 261 StGB erfasste **Waren und Gegenstände in einen gemeinsamen Haushalt eingebracht** und dort gemeinsam mit einem Lebensgefährten „verwahrt, genutzt bzw. verbraucht“ bzw. vom Lebensgefährten „verwahrt und teilweise für sich verwendet“ werden. Allerdings bedarf es hierfür entsprechender Feststellungen hinsichtlich eines Verwendens oder Verwahrens. Allein die Tatsache, dass die vom Lebensgefährten des Angeklagten betrügerisch erworbenen Gegenstände in den auch vom Angeklagten bewohnten Haushalt gelangt und dort verblieben sind, vermag noch nicht die Annahme zu rechtfertigen, der Angeklagte habe die Gegenstände im Sinne des § 261 Abs. 2 Nr. 2 StGB verwahrt. Allein das Vorhandensein des inkriminierten Gegenstandes im Zugriffsbereich des Täters kann schon in Ermangelung einer die Grundlage der Strafbarkeit bildenden Handlung kein tatbestandsmäßiges Verhalten darstellen.[246]

[5] 2. Die Revision des Angeklagten führt mit der Sachrüge zum Erfolg.

[6] a) Entgegen der Ansicht des Generalbundesanwalts fehlt es allerdings nicht an einer Tatidentität (§ 264 StPO) zwischen den angeklagten Betrugs- und den ausgeurteilten Geldwäschetaten.

[7] Die zu diesem Fragenkreis ergangene Rechtsprechung ist uneinheitlich (vgl. einerseits: BGH, Beschluss vom 16. Oktober 1987 – 2 StR 258/87, BGHSt 35, 80, 81 f.; andererseits: BGH, Urteil vom 22. Dezember 1987 – 1 StR 423/87, BGHSt 35, 172, 174 m.w.N.; vgl. auch BGH, Urteil vom 11. September 2007 – 5 StR 213/07, BGHR StPO § 264 Abs. 1 Tatidentität 43; BGH, Beschluss vom 7. Juli 1999 – 1 StR 262/99, NStZ 1999, 523, Urteil vom 29. September 1987 – 4 StR 376/87, BGHSt 35, 60). Der vorliegende Fall nötigt nicht zu einer differenzierten

[246] BGH, Beschluss vom 26.1.2012 – 5 StR 461/11.

Auseinandersetzung mit den einzelnen Auffassungen, zumal da sich die Anklageschriften ausdrücklich mit der Verwendung der ertrogenen Güter befassen. Darüber hinaus kann angesichts des gegebenen engen zeitlichen und räumlichen Zusammenhangs zwischen Vortat und Geldwäsche (vgl. hierzu etwa BGH, Urteil vom 11. März 1999 – 4 StR 526/98, BGHR StPO § 260 Abs. 3 Verfahrenshindernis 2; Urteil vom 23. Februar 1989 – 4 StR 628/88, BGHR StPO 264 Abs. 1 Tatidentität 15; Beschluss vom 11. November 1987 – 2 StR 506/87, BGHSt 35, 86, 89) die Tatidentität hier nicht zweifelhaft sein. Die Betrugshandlungen und die als Auffangtatbestand angenommenen Geldwäschehandlungen gehen nahezu ineinander über. Zudem liegt es in der Natur entsprechender Postpendenzfeststellungen, dass die in sie einfließenden möglichen Begehungsvarianten hierdurch auch zu einer einheitlichen Tat verknüpft werden, um den Gesamtkomplex insgesamt rechtskräftig und unter Strafklageverbrauch für alle sonstigen Varianten endgültig abschließen zu können.

[8] b) Die angefochtene Entscheidung kann aber dennoch keinen Bestand haben.

[9] aa) Ausreichende Feststellungen, die eine Verurteilung nach § 261 StGB tragen könnten, sind dem Urteil nicht zu entnehmen. Das Landgericht sieht die den Tatbestand des § 261 Abs. 2 Nr. 2 StGB ausfüllende Handlung bezogen auf alle Einzelfälle pauschal darin, dass der Angeklagte die Waren – gemeinsam mit seinem Lebensgefährten – „verwahrt, genutzt bzw. verbraucht" (UA S. 16, 88, 166) bzw. „verwahrt und teilweise für sich verwendet" (UA S. 173) habe. Dies stellt indessen lediglich eine (sinngemäße) Wiedergabe der Merkmale des gesetzlichen Tatbestandes des § 261 Abs. 2 Nr. 2 StGB dar. Die Ausführungen im Urteil lassen keine konkrete Handlung erkennen, die geeignet wäre, den Tatbestand auszufüllen. Es bleibt mithin unklar, welchen Sachverhalt das Landgericht in den einzelnen Fällen der Verurteilung zu Grunde gelegt hat (vgl. BGH, Beschluss vom 27. September 1983 – 4 StR 550/83, DRiZ 1989, 422). Ein Verwenden ist nicht belegt. Entsprechendes gilt für ein Verwahren. Allein die Tatsache, dass die vom Lebensgefährten des Angeklagten betrügerisch erworbenen Gegenstände in den auch vom Angeklagten bewohnten Haushalt gelangt und dort verblieben sind, vermag noch nicht die Annahme zu rechtfertigen, der Angeklagte habe die Gegenstände im Sinne des § 261 Abs. 2 Nr. 2 StGB verwahrt. Zwar ist unter Verwahren bereits die bewusste Ausübung des Gewahrsams zu verstehen (Stree/Hecker in: Schönke/Schröder, StGB, 28. Aufl., § 261 Rn. 16); gelangt der in § 261 Abs. 1 StGB bezeichnete Gegenstand jedoch ohne Zutun des Täters in seinen Herrschaftsbereich und ist eine wie auch immer geartete Übernahmehandlung, durch die sein Wille zur Sachherrschaft zum Ausdruck käme, nicht erkennbar, kann allein das Vorhandensein des inkriminierten Gegenstandes im Zugriffsbereich des Täters schon in Ermangelung einer die Grundlage der Strafbarkeit bildenden Handlung kein tatbestandsmäßiges Verhalten darstellen.

[10] bb) Auch für die Annahme gewerbsmäßig begangener Vortaten fehlt es – ungeachtet der Vielzahl festgestellter Betrugstaten – im Urteil an hinreichend tatsachengestützten Feststellungen. Für einen großen Teil der vom Partner des Angeklagten betrügerisch erworbenen Gegenstände ist nämlich nicht belegt, dass sie auf die Schaffung einer fortlaufenden Einnahmequelle in Form einer dauerhaften Ersparnis von Aufwendungen abzielten (vgl. Fischer, StGB, 59. Aufl., Vor § 52 Rn. 62; LK/Vogel, StGB, 12. Aufl., § 243 Rn. 36); teilweise sind sie gänzlich ungebraucht geblieben, so dass nicht ohne Weiteres davon ausgegangen werden kann, der Vortäter habe hierdurch dauerhaft Aufwendungen ersparen wollen.

14. Betrug

238 Ist das Bestreben eines Täters an einer **Selbstbedienungstankstelle** von Anfang an darauf gerichtet, das Benzin an sich zu bringen, ohne den Kaufpreis zu entrichten, so macht er sich grundsätzlich nicht des Diebstahls oder der Unterschlagung, sondern des (**versuchten**) **Betruges** schuldig. Ein vollendeter Betrug liegt jedoch nicht vor, wenn der Täter an einer Selbstbedienungstankstelle tankt, **ohne vom Tankstelleninhaber oder dessen Mitarbeiter bemerkt** zu werden. In einem solchen Fall ist aber regelmäßig vom Tatbestand des versuchten Betruges auszugehen.[247]

1. Der Schuldspruch des landgerichtlichen Urteils hat keinen Bestand, soweit der Angeklagte wegen Unterschlagung verurteilt wurde.

[3] Nach den von der Strafkammer insofern getroffenen Feststellungen hatte der Angeklagte seinen Pkw in allen diesen Fällen mit amtlichen Kennzeichen versehen, die er zuvor entwendet hatte, „damit er unerkannt ohne zu bezahlen tanken konnte". Entsprechend dieser Absicht hat er anschließend in sechs Fällen getankt, wobei die Strafkammer zum ersten dieser Fälle (Tat 3) ausdrücklich mitteilt, dass nicht festgestellt werden konnte, ob die in der Tankstelle allein anwesende Kassiererin „den Vorgang bemerkt hat".

[4] War das Bestreben des Täters – wie mithin hier – von Anfang an darauf gerichtet, das Benzin an sich zu bringen, ohne den Kaufpreis zu entrichten, so macht er sich grundsätzlich nicht des Diebstahls oder der Unterschlagung, sondern des (versuchten) Betruges schuldig. Denn indem er als Kunde auftritt und sich wie ein solcher verhält, bringt er – jedenfalls in der Regel – durch schlüssiges Verhalten zum Ausdruck, dass er das Benzin nach dessen Erhalt bezahlen werde. Durch diese Vortäuschung einer nicht vorhandenen Zahlungsbereitschaft erweckt er bei dem Tankstelleninhaber oder dessen Personal einen entsprechenden Irrtum mit der Folge, dass ihm – sofern es sich um eine Bedienungstankstelle handelt – das Benzin in den Tank eingefüllt oder – falls es eine Selbstbedienungstankstelle ist – das Einfüllen gestattet wird. Aus dem äußeren Erscheinungsbild der Tathandlungen folgt bei natürlicher Betrachtungsweise, dass es sich hier um ein durch Täuschung bewirktes Geben und nicht um ein Nehmen im Sinne eines Gewahrsamsbruchs handelt. Ob mit dem Einfüllen bereits das Eigentum an dem Benzin erlangt wird, kann dabei dahingestellt bleiben. Jedenfalls bringt der Täter durch die Täuschungshandlung das Benzin in seinen Besitz und erlangt damit einen Vermögensvorteil i.S.d. § 263 StGB, dem auf Seiten der geschädigten Tankstelle ein entsprechender Vermögensnachteil gegenüber steht.

[5] Ein vollendeter Betrug liegt jedoch nicht vor, wenn der Täter an einer Selbstbedienungstankstelle tankt, ohne vom Tankstelleninhaber oder dessen Mitarbeiter bemerkt zu werden. In einem solchen Fall ist aber regelmäßig vom Tatbestand des versuchten Betruges auszugehen. Da der Täter schon beim Einfüllen mit dem Willen handelt, sich das Benzin zuzueignen, kommt eine Bestrafung wegen Unterschlagung schon wegen deren Subsidiarität (§ 246 Abs. 1 StGB) auch dann nicht in Betracht, wenn er durch den – versuchten oder vollendeten – Betrug nur den Besitz und nicht bereits das Eigentum an diesem erlangt (zum Ganzen: BGH, Urteil vom 5. Mai 1983 – 4 StR 121/83, NJW 1983, 2827; vgl. auch BGH, Beschluss vom 28. Juli 2009 – 4 StR 254/09, NStZ 2009, 694 jeweils m.w.N.).

---

[247] BGH, Beschluss vom 10.1.2012 – 4 StR 632/11.

Eine Strafbarkeit wegen Betruges gemäß § 263 Abs. 1 StGB setzt voraus, dass eine andere Person **über Tatsachen getäuscht** und durch den so hervorgerufenen Irrtum zu einer **vermögensmindernden Verfügung** veranlasst wird. Personenmehrheiten können nicht als solche Subjekt eines Irrtums sein. Vielmehr müssen bei arbeitsteilig tätigen Unternehmen oder Organisationen die Urteilsgründe regelmäßig darlegen, wer im konkreten Fall auf welcher Grundlage und mit welchen Vorstellungen die Entscheidung über die Erbringung der vom Täter erstrebten Leistung getroffen und damit die Verfügung vorgenommen hat.[248] **239**

[2] Die Verurteilung des Angeklagten wegen Betruges in den Fällen II. A der Urteilsgründe (Betrug zum Nachteil der Partei „...") hat keinen Bestand. Der Generalbundesanwalt hat in seiner Zuschrift ausgeführt:

> *„Eine Strafbarkeit wegen Betruges gemäß § 263 Abs. 1 StGB setzt voraus, dass eine andere Person über Tatsachen getäuscht wird und durch den so hervorgerufenen Irrtum zu einer vermögensmindernden Verfügung veranlasst wird. Personenmehrheiten können nicht als solche Subjekt eines Irrtums sein. Vielmehr müssen bei arbeitsteilig tätigen Unternehmen oder Organisationen die Urteilsgründe regelmäßig darlegen, wer im konkreten Fall auf welcher Grundlage und mit welchen Vorstellungen die Entscheidung über die Erbringung der vom Täter erstrebten Leistung getroffen und damit die Verfügung vorgenommen hat (vgl. BGH NStZ 2003, 313, 314 f.; 2006, 687; wistra 1997, 100; 2010, 148; BGHR StGB § 263 Abs. 1 Irrtum 9 und 15; Fischer StGB 59. Aufl. § 263 Rdn. 67).*
>
> *Dies lässt sich den Urteilsfeststellungen nicht hinreichend entnehmen. Danach vertrauten die für die Auszahlung der Provisionen an die P. ‚verantwortlichen Personen in der Partei' darauf, dass die Angaben des Angeklagten in seinen Rechnungen zutreffend waren (UA S. 8). Diese Feststellung bietet keine hinreichende Grundlage für die Beantwortung der Frage, inwieweit die Auszahlungen der Provisionen durch einen täuschungsbedingten Irrtum des Verfügenden veranlasst wurden. Im Hinblick auf die unterschiedlichen Verantwortungsbereiche und unterschiedlichen Wissensstände bei arbeitsteilig tätigen Personenmehrheiten wäre [...] im Hinblick auf die Irrtumsproblematik ... im Einzelnen darzustellen gewesen, wer die Auszahlungen aufgrund welcher Anweisungen angeordnet und vorgenommen hat und ob und welche Mitglieder des Parteivorstands Kenntnis von dem ‚Spendenkonstrukt' des Angeklagten hatten.*
>
> *Sollten die Auszahlungen der Provisionen von einem untergeordneten Mitarbeiter der Partei Kenntnis, sondern auf die Kenntnis der Vorgesetzten von der Unrichtigkeit der Abrechnungen abzustellen ist (vgl. BGHR StGB § 263 Abs. 1 Irrtum 15).*
>
> *Letztlich könnte diese Frage offen bleiben, wenn sich aus den Urteilsfeststellungen mit ausreichender Sicherheit entnehmen ließe, dass die die Provisionsauszahlungen anweisenden Mitglieder des Parteivorstands ebenfalls gutgläubig waren und vom Angeklagten getäuscht wurden. Insoweit sind die Urteilsfeststellungen aber nicht eindeutig. ... Dafür, dass die Vorstandsmitglieder nicht gutgläubig waren, könnte auch die Aussage des Kassenprüfers K. sprechen. Diesem waren Ungereimtheiten im Zusammenhang mit den Spenden aufgefallen; gleichwohl ist ihm eine Kassenprüfung verwehrt worden und hat er auf kritische Fragen keine*

248 BGH, Beschluss vom 27.3.2012 – 3 StR 472/11.

Auskunft seitens der Parteiführung erhalten (UA S. 43). Schließlich lässt die Interessenlage, möglichst hohe Zuwendungen vom Deutschen Bundestag zu erhalten, es als nicht ganz fernliegend erscheinen, dass die Vorstandsmitglieder U., M. und Ma. von dem Spendenkonstrukt Kenntnis hatten, dies aber im Hinblick auf die Parteienfinanzierung duldeten.

Angesichts der unklaren Feststellungen zum Vorstellungsbild der Mitglieder des Vorstandes kann die Frage des Irrtums ... nicht zuverlässig überprüft werden. Es erscheint vielmehr nicht ausgeschlossen, dass sich der Angeklagte (nur) wegen Beihilfe zur Untreue schuldig gemacht hat.“

‚etwa einem Beschäftigten aus der Buchhaltung, veranlasst worden sein, zeigt die Strafkammer nicht auf, dass die Person über die rein ‚mechanische‘ Anweisung der vom Angeklagten geltend gemachten Provisionen überhaupt die Möglichkeit oder Verpflichtung hatte, Überlegungen hinsichtlich der Ordnungsmäßigkeit der Rechnungen anzustellen und daher einem Irrtum im Sinne von § 263 Abs. 1 StGB unterlag (vgl. BGHR StGB § 263 Abs. 1 Irrtum 16). Insoweit geht aus den Urteilsausführungen zur Beweiswürdigung lediglich hervor, dass die Zeugin M., eine Mitarbeiterin im Parteibüro der Vorsitzenden U., die Anweisung erhalten habe, Rechnungen vom Angeklagten ohne Kommentar zu bezahlen (UA S. 41). Nach Angaben des vor dem Tatzeitraum als Schatzmeister tätigen Zeugen E. brauchte dieser hinsichtlich der Spendenakquise nichts zu prüfen, weil man ihm gesagt hatte, wenn U. unterschrieben habe, sei das in Ordnung (UA S. 43). Ob dies auch im Tatzeitraum der Fall war, bleibt im Urteil offen. Nach diesen Aussagen liegt es aber nahe, dass der die Provisionen auszahlende (gutgläubige) Mitarbeiter seine Befugnis ausschließlich aus den Befugnissen seiner Vorgesetzten abgeleitet hat und ... deshalb für die Frage des Vorliegens eines täuschungsbedingten Irrtums des Verfügenden nicht auf dessen ...

[3] Dem schließt sich der Senat an.

240 Liegt mehreren Taten durchgängig ein vom Angeklagten **entwickeltes betrügerisches Konzept** zu Grunde, ist insoweit von einem einheitlichen Geschehen auszugehen.[249]

[2] Die Revision des Angeklagten W. hat in dem aus dem Tenor ersichtlichen Umfang Erfolg. Im Übrigen sind die Rechtsmittel offensichtlich unbegründet (§ 349 Abs. 2 StPO).

[3] 1. Die konkurrenzrechtliche Einordnung des Tatgeschehens bei dem Angeklagten W. hält rechtlicher Nachprüfung nicht stand, denn die Bewertung als zwei tatmehrheitlich begangene Betrugstaten wird durch die Urteilsgründe nicht belegt. Nach den Feststellungen lag den Zahlungen der geschädigten Anleger durchgängig das von dem Angeklagten W. entwickelte betrügerische Konzept zugrunde, den Interessenten eine sichere, hochrentierliche Geldanlage zu versprechen, bei der die eingezahlten Beträge nur als Kapitalnachweis dienten und während der gesamten Investitionszeit nicht angetastet werden durften, während die Gelder tatsächlich zu der Finanzierung des Lebensunterhalts der Angeklagten, der Zahlung von Provisionen an die Anlagevermittler und zum gelegentlichen Ausgleich von Rendite- und Rückzahlungsforderungen der Altinvestoren bestimmt waren. Allein der Umstand, dass die Anlagegelder im Fallkomplex 1 auf einem Rechtsanwaltsanderkonto des

---

[249] BGH, Beschluss vom 6.12.2012 – 2 StR 294/12.

Angeklagten P. gesammelt wurden, während sie im Fallkomplex 2 auf ein Treuhandkonto der R.- – AG mit Sitz in der Schweiz eingezahlt wurden, führt zu keiner eine Tatmehrheit (§ 53 StGB) begründenden Zäsur in dem ansonsten einheitlichen Geschehen, zumal die Anlagegelder dem Angeklagten W. weiterhin in vollem Umfang zur Verfügung standen.

[4] Da weitergehende Feststellungen zum Konkurrenzverhältnis nicht zu erwarten sind, ändert der Senat den Schuldspruch wie aus der Beschlussformel ersichtlich ab. § 265 StPO steht nicht entgegen, da der Angeklagte W. sich gegen den Vorwurf nur einer (bandenmäßigen und gewerbsmäßigen) Betrugstat nicht anders als geschehen hätte verteidigen können.

a) Besondere Sachverhalte

Haben Arztpatienten allein mit dem **Arzt** einen **Behandlungsvertrag** abgeschlossen, ist ihm die Abrechnung der nicht selbst erbrachten Leistungen verwehrt. Im Hinblick auf den wirksamen Behandlungsvertrag kann der Arzt „eingekaufte" Speziallaborleistungen auch nicht aus Geschäftsführung ohne Auftrag oder nach Bereicherungsrecht geltend machen. Macht er diese „Fremdleistungen" dennoch in seiner Liquidation als eigene Leistungen geltend, täuscht er die Patienten, welche regelmäßig auf die Rechtmäßigkeit der Abrechnung vertrauen.[250] **241**

[15] II. Die Strafkammer hat die Fälle oben 1. als mittäterschaftlich begangenen Betrug zum Nachteil der jeweiligen Versicherungen/Beihilfestellen gewertet, alle anderen Fälle als Betrugstaten zum Nachteil der jeweiligen Patienten.

[16] In den Fällen oben 3.a. (Abrechnung von Speziallaborleistungen) sieht die Strafkammer einen Schaden beim Patienten darin, dass der Rechnung des Angeklagten keine durch die Zahlung erlöschende Forderung zugrunde liege. Der Angeklagte selbst habe keine Leistung erbracht und könne auch keine Forderung des Laborarztes geltend machen. Eine im Verfahren vom Angeklagten behauptete Abtretung einer solchen Forderung im Rahmen eines Factoring-Geschäfts sei mangels ausdrücklicher Einwilligung des Patienten nichtig, im Übrigen „ersichtlich vorgeschoben" (UA S. 107); in Wahrheit handele es sich um eine gegen Art. 31 Musterberufsordnung für Ärzte verstoßende Zuwendung. Auch eine Forderung des Laborarztes werde nicht erfüllt, so dass die Gefahr einer weiteren Inanspruchnahme des Patienten durch diesen bestehe.

[17] Das Erbringen der Laborleistungen stelle keine vollständige, unmittelbar mit der Verfügung des Patienten verbundene Kompensation dar. Überdies sei (1.) der Patient hinsichtlich einer Rückforderung bezahlter Beträge mit einem bereits konkretisierten Insolvenzrisiko des Angeklagten belastet, (2.) der tatsächliche Leistungserbringer, obgleich für den Patienten von besonderer Bedeutung, nicht erkennbar, was „ein zusätzliches Risiko bzw. eine Minderleistung, welches nicht kompensiert werden kann" (UA S. 102) unter dem Gesichtspunkt des persönlichen Schadenseinschlages für den Patienten begründe und (3.) der Patient bei Bekanntwerden der wahren Verhältnisse dem Risiko einer von Versicherungen oder Beihilfestellen versagten Kostenerstattung oder einer Rückforderung gezahlter Beträge durch diese ausgesetzt.

---

[250] BGH, Beschluss vom 25.1.2012 – 1 StR 45/11.

242 Im **Mahnverfahren** kann durch falsche Tatsachenbehauptungen bei der Antragstellung ein **Betrug gemäß § 263 Abs. 1 StGB** begangen werden kann. Der Umstand, dass die Angaben des Antragstellers nicht auf ihre Richtigkeit hin überprüft werden (§ 691 Abs. 1, § 692 Abs. 1 Nr. 2 ZPO), schließt die Annahme eines täuschungsbedingten Irrtums auf Seiten des bearbeitenden Rechtspflegers (§ 20 Nr. 1 RPflG) nicht aus. Das Mahnverfahren soll eine vereinfachte Durchsetzung gegebener Ansprüche ermöglichen, nicht aber der Durchsetzung unbegründeter Forderungen dienen. Als unabhängiges Rechtspflegeorgan (§ 1 RPflG) ist der Rechtspfleger der materiellen Gerechtigkeit verpflichtet (Art. 20 Abs. 3 GG). Er darf daher nicht sehenden Auges einen unrichtigen Titel schaffen. Erlässt er den beantragten Bescheid, geschieht dies daher regelmäßig in der allgemeinen – nicht notwendig fallbezogen aktualisierten – **Vorstellung,** dass die nach dem Verfahrensrecht ungeprüft zu übernehmenden **tatsächlichen Behauptungen des Antragstellers** pflichtgemäß aufgestellt wurden und **wahr sind.**[251]

[5] 2. Die Verurteilung wegen Betrugs im Fall II. 2.a. aa. der Urteilsgründe und wegen Beihilfe zum Betrug in den Fällen II. 2.a. bb. und II. 2.a. cc. der Urteilsgründe begegnet durchgreifenden rechtlichen Bedenken, weil das Landgericht keine Feststellungen dazu getroffen hat, ob die Mahnanträge der Angeklagten und des anderweitig verfolgten K. B. im automatisierten Mahnverfahren bearbeitet worden sind.

[6] a) Zutreffend geht das Landgericht davon aus, dass auch im Mahnverfahren durch falsche Tatsachenbehauptungen bei der Antragstellung ein Betrug gemäß § 263 Abs. 1 StGB begangen werden kann. Der Umstand, dass die Angaben des Antragstellers nicht auf ihre Richtigkeit hin überprüft werden (§ 691 Abs. 1, § 692 Abs. 1 Nr. 2 ZPO), schließt die Annahme eines täuschungsbedingten Irrtums auf Seiten des bearbeitenden Rechtspflegers (§ 20 Nr. 1 RPflG) nicht aus. Das Mahnverfahren soll eine vereinfachte Durchsetzung gegebener Ansprüche ermöglichen, nicht aber der Durchsetzung unbegründeter Forderungen dienen (BGH, Urteil vom 24. September 1987 – III ZR 187/86, BGHZ 101, 380, 388). Als unabhängiges Rechtspflegeorgan (§ 1 RPflG) ist der Rechtspfleger der materiellen Gerechtigkeit verpflichtet (Art. 20 Abs. 3 GG). Er darf daher nicht sehenden Auges einen unrichtigen Titel schaffen. Hat er – aus welchen Quellen auch immer – Kenntnis davon, dass der zur Rechtfertigung eines Mahnantrages angebrachte Tatsachenvortrag entgegen der sich auch insoweit aus § 138 Abs. 1 ZPO ergebenden Verpflichtung zu wahrheitsgemäßem Vorbringen (MünchKommZPO/Wagner, 3. Aufl., § 138 Rn. 1; Musielak/Stadler, ZPO 8. Aufl., § 138 Rn. 1) unwahr ist und der geltend gemachte Anspruch deshalb nicht besteht, muss er den Antrag zurückweisen. Erlässt er den beantragten Bescheid, geschieht dies daher regelmäßig in der allgemeinen – nicht notwendig fallbezogen aktualisierten – Vorstellung, dass die nach dem Verfahrensrecht ungeprüft zu übernehmenden tatsächlichen Behauptungen des Antragstellers pflichtgemäß aufgestellt wurden und wahr sind (BGH, Urteil vom 25. Oktober 1971 – 2 StR 238/71, BGHSt 24, 257, 260 f.; offengelassen in BGH, Beschluss vom 25. April 2001 – 1 StR 82/01, BGHR § 263 Abs. 1 StGB Täuschung 19; OLG Celle, Beschluss vom 1. November 2011 – 31 Ss 29/11, BeckRS 2011, 25862; OLG Düsseldorf, Beschluss vom 30. August 1991 – 2 Ws 317/91, NStZ 1991, 586; mit abweichender Begründung aber im Ergebnis ebenso NK-StGB/Kindhäuser 3. Aufl.,

[251] BGH, Beschluss vom 20.12.2011 – 4 StR 491/11.

§ 263 Rn. 192; Kindhäuser, Strafrecht BT II, 6. Aufl., § 27 Rn. 39; Braun, Rechtskraft und Rechtskraftdurchbrechung von Titeln über sittenwidrige Ratenkreditverträge S. 56 f.; Pawlik, Das unerlaubte Verhalten beim Betrug S. 227 ff., 230; a.A. LK/Tiedemann 11. Aufl. § 263 Rn. 90; Cramer/Perron in: Schönke/Schröder 28. Aufl. § 263 Rn. 52; MünchKomm-StGB/Hefendehl § 263 Rn. 110 und 215; Kretschmer GA 2004, 458, 470; Lackner/Kühl 27. Aufl., § 263 Rn. 17; Maurach/Schröder/Maiwald, Strafrecht BT Teilband 1, 10. Aufl., § 41 Rn. 66; Otto JZ 1993, 652, 654 f.). Ist dies nicht der Fall, hat sich der Rechtspfleger in einem Irrtum befunden, der seine Entscheidung für den Erlass der nachfolgenden Bescheide und damit die für das Vermögen des Antragsgegners nachteiligen Verfügungen bestimmt hat.

[7] b) Die Schuldsprüche wegen vollendeten Betrugs und Beihilfe zum Betrug können jedoch nicht bestehen bleiben, weil das Landgericht keine Feststellungen dazu getroffen hat, ob die Mahnanträge der Angeklagten und ihres Vaters, des anderweitig verfolgten K. B., überhaupt von einem Rechtspfleger bearbeitet worden sind. Dies versteht sich hier nicht von selbst. Nach § 1 MBearbMahn – NRW vom 28. Januar 1999 (GV. NRW.1999 S.43) i.V.m. § 689 Abs. 1 Satz 2, Abs. 3 ZPO werden Mahnanträge in Nordrhein-Westfalen zentral bei den Amtsgerichten Hagen und Euskirchen im automatisierten Verfahren bearbeitet. Zu einer Bearbeitung durch einen Rechtspfleger kann es bei dieser Sachlage nur noch ausnahmsweise – etwa bei einer deutlichen Überschreitung des Durchschnittswertes – kommen (vgl. Die maschinelle Bearbeitung der gerichtlichen Mahnverfahren, Informationsschrift der Justizverwaltungen der Bundesländer, Stand 1/2011, S. 25). Wurden die Anträge nur maschinell bearbeitet, scheidet eine Strafbarkeit wegen vollendeten Betrugs aus, weil es an der erforderlichen Täuschung einer natürlichen Person fehlt (SSW-StGB/Satzger § 263 Rn. 31; Maurach/Schröder/Maiwald, Strafrecht BT Teilband 1, 10. Aufl., § 41 Rn. 66; Kretschmer GA 2004, 458, 470; Münker, Der Computerbetrug im automatischen Mahnverfahren, Dissertation Freiburg 2000, S. 41 ff., 48 f.; Otto JZ 1993, 652, 654 Fn. 148).

[8] Insoweit wird der neue Tatrichter ergänzende Feststellungen zu treffen haben. Dabei wird auch aufzuklären sein, welches Vorstellungsbild insoweit bei der Angeklagten und in den Fällen II. 2a. bb. und II. 2a. cc. auch bei dem anderweitig verfolgten K. B. vorgeherrscht hat.

[9] Die Aufhebung muss sich in den Fällen II.2.a. bb. und II. 2.a. cc. der Urteilsgründe auch auf die Schuldsprüche wegen Beihilfe zur Untreue beziehen, da diese jeweils in Tateinheit erfolgt sind und deshalb ein untrennbarer Zusammenhang besteht.

[10] c) Die Feststellungen zur Tatvorgeschichte unter III. 1., III. 2. und III. 2.a. der Urteilsgründe, zum äußeren Tatgeschehen und zum Wissen der Angeklagten um das Nichtbestehen der geltend gemachten Forderungen sind rechtsfehlerfrei getroffen und werden von der nicht aufgeklärten Frage, ob ein automatisiertes Mahnverfahren stattgefunden hat, nicht erfasst. Die von der Angeklagten hierzu erhobenen Verfahrensrügen haben aus den von dem Generalsbundesanwalt in seiner Antragsschrift vom 20. Oktober 2011 angeführten Gründen keinen Erfolg. Ergänzend bemerkt der Senat:

[11] Das Landgericht durfte die beantragte Verlesung der eidesstattlichen Versicherung der Mitangeklagten U. B. vom 19. Juni 2009 nicht nach § 244 Abs. 3 Satz 1 StPO mit der Begründung ablehnen, dass eine Verlesung dieser Urkunde nur nach § 251 Abs. 1 Nr. 1 StPO möglich sei, die hierfür erforderlichen Einverständniserklärungen der Mitangeklagten U. B. und ihres Verteidigers aber nicht vorliegen.

Der Urkundenbeweis ist immer zulässig, wenn ihn das Gesetz nicht ausdrücklich verbietet (BGH, Urteil vom 24. August 1993 – 1 StR 380/93, NStZ 1994, 184, 185 m.w.N.). Schriftliche Erklärungen von Angeklagten, zu denen auch in anderen Verfahren abgegebene eidesstattliche Versicherungen zählen, dürfen daher regelmäßig auch ohne Einverständnis der Beteiligten nach § 249 Abs. 1 StPO verlesen werden (vgl. KK-StPO/Diemer 6. Aufl., § 249 Rn. 14; Meyer-Goßner, StPO, 54. Aufl., § 249 Rn. 13 m.w.N.). Das vom Landgericht herangezogene Verbot der vernehmungsersetzenden Urkundenverlesung gemäß § 250 Satz 2 StPO mit den in § 251 StPO geregelten Ausnahmen gilt nur für Aussagen von Zeugen, Sachverständigen und Mitbeschuldigten, nicht aber für Aussagen von Mitangeklagten (SK-StPO/Velten 4. Aufl., § 250 Rn. 7 und § 251 Rn. 10) und war daher schon aus diesem Grund nicht einschlägig. Aus § 254 Abs. 1 StPO kann in Bezug auf Angeklagte lediglich ein Verbot der Verlesung polizeilicher Protokolle zum Beweis über deren Inhalt (BGH, Urteil vom 31. Mai 1960 – 5 StR 168/60, BGHSt 14, 310, 312; OLG Köln, Beschluss vom 3. Juni 1982 – 1 Ss 323/82, StV 1983, 97), nicht aber ein Verbot der Verlesung anderweitiger schriftlicher Erklärungen hergeleitet werden, sodass auch insoweit kein Verlesungshindernis bestand.

[12] Der Senat vermag jedoch auszuschließen, dass das Urteil auf diesem Rechtsfehler beruht. Die nicht zur Verlesung gelangte eidesstattliche Versicherung der Mitangeklagten U. B. enthielt lediglich die pauschale Erklärung, dass die Angeklagte in den Jahren 2005 und 2006 keine Kenntnis von dem Gesellschaftsvertrag zwischen ihr und der AG hatte. Genau in dieser Weise hat sich die Mitangeklagte U. B. auch in der Hauptverhandlung eingelassen. Das Landgericht hat diese Einlassung nach eingehender Würdigung des übrigen Ergebnisses der Beweisaufnahme zurückgewiesen und in diesem Zusammenhang eine zur Verlesung gelangte eidesstattliche Versicherung des anderweitig verfolgten K. B. ausdrücklich als falsch bezeichnet, die den gleichen Inhalt wie die nicht verlesene eidesstattliche Versicherung der Mitangeklagten U. B. hatte und am selben Tag erstellt worden war. Unter diesen Umständen spricht nichts dafür, dass eine Verlesung der eidesstattlichen Versicherung der Mitangeklagten U. B. noch ein anderes Beweisergebnis erbracht hätte.

[13] 3. Mit der Aufhebung der Verurteilung in den Fällen III. 2.a. aa.) bis III. 2.a. cc.) kann auch der die Angeklagte betreffende Ausspruch über die Gesamtstrafe keinen Bestand mehr haben.

b) Vermögensschaden

243 Unter Beachtung des Beschlusses des Bundesverfassungsgerichts vom 7. Dezember 2011 (NJW 2012, 907 ff.) bedarf es im Falle der Annahme eines **Eingehungsbetrugs** einer **ausreichenden Beschreibung und Bezifferung** der **täuschungsbedingten Vermögensschäden**. Da speziell beim Eingehungsbetrug die Schadenshöhe entscheidend von der Wahrscheinlichkeit und vom Risiko eines zukünftigen Verlusts abhängt, setzt die Bestimmung eines Mindestschadens voraus, dass die Verlustwahrscheinlichkeit tragfähig eingeschätzt wird. Hierbei können die banküblichen Bewertungsansätze für Wertberichtigungen Anwendung finden (vgl. § 253 Abs. 4; § 340f HGB).[252]

[6] Die Schadensberechnung hält rechtlicher Überprüfung nicht stand. Dieser Rechtsfehler führt zur Aufhebung der Schuldsprüche.

---

[252] BGH, Beschluss vom 13.4.2012 – 5 StR 442/11.

[7] 1. Unter Beachtung des – nach Erlass der angefochtenen Entscheidung ergangenen – Beschlusses des Bundesverfassungsgerichts vom 7. Dezember 2011 (NJW 2012, 907 ff.) bedarf es im Falle der Annahme eines Eingehungsbetrugs einer ausreichenden Beschreibung und Bezifferung der täuschungsbedingten Vermögensschäden. Da speziell beim Eingehungsbetrug die Schadenshöhe entscheidend von der Wahrscheinlichkeit und vom Risiko eines zukünftigen Verlusts abhängt, setzt die Bestimmung eines Mindestschadens voraus, dass die Verlustwahrscheinlichkeit tragfähig eingeschätzt wird (BVerfG aaO, 915 ff.). Hierbei können die bankühlichen Bewertungsansätze für Wertberichtigungen Anwendung finden (vgl. § 253 Abs. 4; § 340f HGB). Denn ist aufgrund der fehlenden Bonität des Schuldners und nicht ausreichender Sicherheiten konkret erkennbar, dass mit einem teilweisen Forderungsausfall zu rechnen ist, müssen entsprechende bilanzielle Korrekturen vorgenommen werden, die ihrerseits – ungeachtet der praktischen Schwierigkeiten ihrer Ermittlung – auch im Rahmen der Schadensberechnung zugrunde gelegt werden können (vgl. auch BVerfGE 126, 170, 226 ff.).

[8] 2. Diesen Maßstäben wird das landgerichtliche Urteil nicht gerecht, wenn es die Schadensbezifferung allein auf die Differenz zwischen Kredithöhe und tatsächlichem Kaufpreis (als von ihm angenommenen maximalen Verkehrswert) stützt. Wie die Strafkammer im Ansatz richtig erkannt hat, ist die Darlehensgewährung ein Risikogeschäft. Der im Sinne des § 263 StGB relevante Vermögensschaden liegt deshalb bei diesen Fallgestaltungen immer in der Bewertung des täuschungsbedingten Risikoungleichgewichts (BGH, Beschluss vom 27. März 2003 – 5 StR 508/02, StV 2003, 446; vgl. auch BGH, Urteil vom 15. Dezember 2006 – 5 StR 181/06, BGHSt 51, 165, 174 f.). Für dessen Berechnung ist maßgeblich, ob und in welchem Umfang die das Darlehen ausreichende Bank ein höheres Ausfallrisiko trifft, als es bestanden hätte, wenn die risikobestimmenden Faktoren zutreffend gewesen wären. Dann verschiebt sich zu ihren Lasten der synallagmatische Zusammenhang. So hätte die kreditgewährende Bank in Kenntnis dieser Umstände die von ihr verlangte Gegenleistung, die Zinshöhe des Darlehens, entsprechend angepasst oder weitergehende Sicherheiten verlangt. Nur in diesem Zusammenhang sind die bestellten Sicherheiten hier von Bedeutung. Deshalb hat die Rechtsprechung schon immer einen Vermögensschaden dann verneint, wenn der Rückzahlungsanspruch aufgrund der Vermögenslage des Darlehensnehmers oder sonstiger Umstände, die den Gläubiger vor einem Verlust seines Geldes schützen, wirtschaftlich gesichert ist (vgl. BGH, Beschlüsse vom 5. Mai 2009 – 3 StR 475/08, wistra 2009, 350; vom 12. Juni 2001 – 4 StR 402/00, StV 2002, 133).

[9] Die Schadensfeststellung hätte deshalb – naheliegend mit sachverständiger Beratung – bei einem solchen Sachverhalt in einem Vergleich und einer bilanziellen Bewertung der von der Bank zugrunde gelegten Vertragsgestaltung – im Gegensatz zu der tatsächlich durchgeführten – bestehen müssen. Die Verlustwahrscheinlichkeiten dürfen allerdings nicht so diffus sein oder sich in so geringen Bereichen bewegen, dass der Eintritt eines realen Schadens letztlich ungewiss bleibt (vgl. BVerfGE 126, 170, 229; BVerfG NJW 2012, 907, 916). Im Rahmen der wirtschaftlichen Bewertung des täuschungsbedingt veränderten Kreditrisikos kann auch dem Umstand Gewicht zukommen, dass die LBS als kreditgewährende Bank der Ermittlung der Verkehrswerte der einzelnen Grundstücke wohl keinen wesentlichen Stellenwert beigemessen hat, weil sie die Beleihungsgrenze nur im Wege von prozentualen Abschlägen bestimmt hat, deren Höhe ersichtlich im Belieben des jeweiligen Kreditsachbearbeiters gestanden hat.

244 Ein **Vermögensschaden** im Sinne des § 263 Abs. 1 StGB tritt ein, wenn die Vermögensverfügung des Getäuschten bei wirtschaftlicher Betrachtungsweise unmittelbar zu einer nicht durch Zuwachs ausgeglichenen Minderung des **wirtschaftlichen Gesamtwerts des Vermögens** des Verfügenden führt (Prinzip der Gesamtsaldierung). Maßgeblich ist der Zeitpunkt der Vermögensverfügung, also der Vergleich des Vermögenswerts unmittelbar vor und unmittelbar nach der Verfügung. In den Gesamtvermögensvergleich vor und nach der Verfügung miteinzubeziehen sind auch bestehende Sicherungsmöglichkeiten, die, sofern sie werthaltig sind und von dem durch die Vermögensverfügung nachteilig Betroffenen ohne Schwierigkeiten realisiert werden können, geeignet sind, einen verfügungsbedingten Vermögensnachteil zu kompensieren.[253]

[4] Revisionen der Angeklagten U. und L.

[5] Die Verurteilungen der Angeklagten U. und L. wegen – jeweils tateinheitlich begangenen – Betrugs nach § 263 Abs. 1 StGB und gewerbs- und bandenmäßigen Betrugs gemäß § 263 Abs. 5 StGB halten einer rechtlichen Prüfung nicht stand, weil ein Vermögensschaden nicht festgestellt ist. Soweit die Angeklagten U. und L. wegen – jeweils tateinheitlich begangener – versuchter Betrugstaten nach § 263 Abs. 5 StGB verurteilt worden sind, ist ein Betrugsvorsatz nicht rechtsfehlerfrei dargetan.

[6] 1. Das Landgericht hat in allen Fällen, in welchen die über das Vorliegen einer wirksamen Scheckanweisung getäuschten Bankmitarbeiter eine vorläufige Gutschrift der Schecksumme auf den Empfängerkonten veranlassten, ohne weitere Voraussetzungen einen Vermögensschaden der mit der Scheckeinreichung beauftragten Bank angenommen und einen vollendeten Betrug nach § 263 Abs. 1 oder 5 StGB bejaht. Dieser rechtlichen Bewertung begegnen durchgreifende Bedenken.

[7] a) Ein Vermögensschaden im Sinne des § 263 Abs. 1 StGB tritt ein, wenn die Vermögensverfügung des Getäuschten bei wirtschaftlicher Betrachtungsweise unmittelbar zu einer nicht durch Zuwachs ausgeglichenen Minderung des wirtschaftlichen Gesamtwerts des Vermögens des Verfügenden führt (Prinzip der Gesamtsaldierung). Maßgeblich ist der Zeitpunkt der Vermögensverfügung, also der Vergleich des Vermögenswerts unmittelbar vor und unmittelbar nach der Verfügung (st. Rspr.; vgl. BGH, Beschluss vom 18. Februar 2009 – 1 StR 731/08, BGHSt 53, 199 Tz. 10 ff.). In den Gesamtvermögensvergleich vor und nach der Verfügung miteinzubeziehen sind auch bestehende Sicherungsmöglichkeiten, die, sofern sie werthaltig sind und von dem durch die Vermögensverfügung nachteilig Betroffenen ohne Schwierigkeiten realisiert werden können, geeignet sind, einen verfügungsbedingten Vermögensnachteil zu kompensieren (vgl. BGH, Beschlüsse vom 26. November 2009 – 5 StR 91/09, NStZ-RR 2010, 109; vom 5. März 2009 – 3 StR 559/08, BGHR StGB § 263 Abs. 1 Vermögensschaden 71; vom 17. August 2005 – 2 StR 6/05, NStZ-RR 2005, 374; Urteile vom 22. Oktober 1986 – 3 StR 226/86, BGHSt 34, 199, 202; vom 3. Juni 1960 – 4 StR 121/60, BGHSt 15, 24, 27; vgl. SSW-StGB/Satzger, § 263 Rn. 154 ff. m.w.N.).

[8] b) Bei dem Scheckinkasso zur Gutschrift auf ein Konto übernimmt die beauftragte Bank für den Kontoinhaber die Einziehung des Schecks bei der bezogenen Bank. Obgleich ein Anspruch auf Gutschrift des Scheckbetrags erst mit Erhalt der

---

[253] BGH, Beschluss vom 6.3.2012 – 4 StR 669/11; vgl. hierzu auch BGH, Urteil vom 27.6.2012 – 2 StR 79/12.

buchmäßigen Deckung nach Einlösung des Schecks durch die bezogene Bank entsteht (vgl. Mayen in Schimansky/Bunte/Lwowski, Bankrechts-Handbuch, Bd. I, 4. Aufl., § 47 Rn. 10; Nobbe in Schimansky/Bunte/Lwowski, Bankrechts-Handbuch, Bd. I, 4. Aufl., § 61 Rn. 46, 50), schreiben die Inkassobanken aus bankorganisatorischen Gründen den Gegenwert eingereichter Schecks bereits bei Erteilung des Einziehungsauftrags dem bei der Einreichung genannten Konto gut (vgl. Mayen aaO Rn. 55; Nobbe aaO Rn. 48). Die als abstraktes Schuldversprechen oder Schuldanerkenntnis zu qualifizierende Gutschrift (vgl. BGH, Urteil vom 7. Dezember 2004 – XI ZR 361/03, BGHZ 161, 273, 278 m.w.N.) erfolgt im Vorgriff auf die spätere Einlösung des Schecks und steht nach Nr. 9 Abs. 1 Satz 1 AGB-Banken unter dem Vorbehalt seiner Einlösung. Streitig ist, ob die Gutschrift auf Grund des Vorbehalts nach Nr. 9 Abs. 1 Satz 1 AGB-Banken als auflösend oder aufschiebend bedingt anzusehen ist (vgl. zum Streitstand einerseits Mayen aaO Rn. 55 ff.; andererseits Bunte in Schimansky/Bunte/Lwowski, Bankrechts-Handbuch, Bd. I, 4. Aufl., § 14 Rn. 19 ff. jew. m.w.N.). Ungeachtet ihres vorläufigen Charakters wird die Vorbehaltsgutschrift von der Inkassobank in das Kontokorrent eingestellt und buchmäßig, etwa bei der Ermittlung des der Verfügungsmöglichkeit des Kontoinhabers unterliegenden Tagessaldos, nicht anders behandelt als eine endgültige Gutschrift (vgl. Mayen aaO Rn. 44, 56; Nobbe aaO Rn. 51). Mit der Erteilung der Vorbehaltsgutschrift erwirbt die Inkassobank nach Nr. 9 Abs. 1 Satz 4 und 5 AGB-Banken das Recht, die Gutschrift ohne Rücksicht auf einen zwischenzeitlichen Rechnungsabschluss rückgängig zu machen, wenn der Scheck nicht eingelöst wird oder die Bank den Scheckbetrag nicht erhält. Das vertragliche Rückbelastungsrecht aus Nr. 9 Abs. 1 Satz 4 AGB-Banken (vgl. Bunte aaO § 14 Rn. 5, 26) ermöglicht es der Bank, den Scheckbetrag unabhängig vom Willen des Kontoinhabers zurückzubuchen, um die bei Nichteinlösung des Schecks oder anderweitigem Ausbleiben einer buchmäßigen Deckung materiell-rechtlich ohne Weiteres entfallende Vorbehaltsgutschrift buchungsmäßig im Kontokorrent zu beseitigen.

[9] c) Bei der betrügerischen Einreichung gefälschter Schecks trifft die über die Existenz einer wirksamen Scheckanweisung getäuschte Inkassobank durch die Erteilung der Vorbehaltsgutschrift eine Vermögensverfügung zu Lasten ihres Vermögens. Die Vorbehaltsgutschrift führt zu einer schadensgleichen Vermögensgefährdung, soweit der Kontoinhaber tatsächlich die Möglichkeit hat, auf den vorläufig gutgeschriebenen Scheckbetrag zuzugreifen (vgl. BGH, Beschluss vom 24. April 2007 – 4 StR 558/06, NStZ-RR 2007, 236, 237; Satzger aaO § 263 Rn. 204; Trück in Müller-Gugenberger/Bieneck, Wirtschaftsstrafrecht, 5. Aufl., § 49 Rn. 16) und die Inkassobank nach den konkreten Umständen des Einzelfalles durch das ihr zukommende Rückbelastungsrecht nicht hinreichend gegen eine Vermögenseinbuße gesichert ist. Eine solche Sicherung der Bank ist in dem Umfang gegeben, in dem das Konto ohne Berücksichtigung der Vorbehaltsgutschrift ein Guthaben aufweist und zu erwarten steht, dass die Rückbelastung des Scheckbetrags wertmäßig abgedeckt sein wird. Aber auch in Fällen, in denen auf Grund der Rückbuchung mit einem Debetsaldo zu rechnen ist, fehlt es an einer schadensgleichen Vermögensgefährdung, soweit ein aus dem Wegfall der Vorbehaltsgutschrift resultierender Ausgleichsanspruch der Bank anderweitig, etwa durch das Pfandrecht der Bank aus Nr. 14 AGB-Banken, gesichert ist oder seitens der Bank ohne Schwierigkeiten realisiert werden kann, weil der Kontoinhaber zum Ausgleich des Kontos willens und in der Lage ist (vgl. zum Lastschriftbetrug BGH, Urteil vom 15. Juni 2005 – 2 StR 30/05, BGHSt 50, 147, 154; Beschluss vom 24. August 2005 – 5 StR 221/05, wistra 2006, 20; vom 14. September 2010 – 4 StR 422/10, wistra 2010, 476; a.A. OLG Hamm NJW 1977, 1834,

1836). Zu den danach für die Annahme einer schadensgleichen Vermögensgefährdung maßgeblichen tatsächlichen Umständen verhält sich das angefochtene Urteil nicht. Das Landgericht hat weder zu den Kontoständen der jeweiligen Empfängerkonten noch zur Werthaltigkeit möglicher Ausgleichsansprüche konkrete Feststellungen getroffen.

c) Gewerbsmäßigkeit – § 263 Abs. 3 S. 2 Nr. 1 StGB

245 **Gewerbsmäßig** handelt ein Täter, der sich aus wiederholter Tatbegehung eine nicht nur vorübergehende Einnahmequelle von einigem Umfang verschaffen möchte. Gewerbsmäßigkeit setzt stets eigennütziges Handeln voraus und damit einen vom Täter erstrebten Zufluss von Vermögensvorteilen an sich selbst.[254]

[9] 3. Der gegen den Angeklagten H. M. ergangene Strafausspruch weist – wie der Generalbundesanwalt im Einzelnen zutreffend ausgeführt hat – im Ergebnis keinen den Angeklagten belastenden Rechtsfehler auf. Jedoch war der Strafausspruch hinsichtlich der Angeklagten M. M. in den Fällen II. 6.c) und II. 7.b) der Urteilsgründe und hinsichtlich der Angeklagten U. M. in den Fällen II. 5., II. 6.b), II. 6.c), II. 7.b) und II. 7.d) der Urteilsgründe aufzuheben. Dies hat bei diesen beiden Angeklagten auch die Aufhebung der jeweils verhängten Gesamtstrafe zur Folge.

[10] a) In den Fällen II. 6.c) und II. 7.b) der Urteilsgründe hat das Landgericht bei der Angeklagten M. M. gewerbsmäßiges betrügerisches Handeln angenommen (§ 263 Abs. 1 Satz 2 Nr. 1 StGB) und ist deshalb vom erhöhten Strafrahmen des § 263 Abs. 3 Satz 1 StGB ausgegangen. Dies hält rechtlicher Überprüfung nicht stand. Gewerbsmäßig handelt ein Täter, der sich aus wiederholter Tatbegehung eine nicht nur vorübergehende Einnahmequelle von einigem Umfang verschaffen möchte. Gewerbsmäßigkeit setzt stets eigennütziges Handeln voraus (BGH, Urteil vom 17. Juni 2004 – 3 StR 344/03, BGHR StGB § 263 Abs. 3 Satz 2 Nr. 1 Gewerbsmäßig 1; Fischer, StGB, 58. Aufl., Vor § 52 Rn. 62) und damit einen vom Täter erstrebten Zufluss von Vermögensvorteilen an sich selbst. Durch die Urteilsfeststellungen ist nicht belegt, dass die Angeklagte M. M. in den genannten Fällen an den Betrugshandlungen mitwirkte, um selbst die Leistungen der getäuschten Haftpflichtversicherungen ganz oder teilweise zu erhalten. Das Landgericht hat lediglich die Einlassung der Angeklagten U. M. als nicht widerlegt angesehen, sie habe die von den Haftpflichtversicherungen gezahlten Leistungen an die Angeklagten M. M. und H. M. weitergeleitet. Ob nach der Überzeugung des Landgerichts die Weiterleitung absprachegemäß vorgesehen war und später tatsächlich vorgenommen worden ist, lässt sich den Urteilsgründen dagegen nicht entnehmen.

[11] b) In den Fällen II. 6.b), II. 6.c), II. 7.b) und II. 7.d) der Urteilsgründe ist die Strafkammer zum Nachteil der Angeklagten U. M. ebenfalls rechtsfehlerhaft vom Strafrahmen des § 263 Abs. 3 Satz 1 StGB ausgegangen. Die Feststellungen belegen in diesen Fällen das Regelbeispiel des gewerbsmäßigen Handelns nicht. Wie oben bereits ausgeführt, verhalten sich die Urteilsgründe nicht dazu, wem die Schadensersatzleistungen der getäuschten Haftpflichtversicherungen absprachegemäß zufließen sollten und tatsächlich zugeflossen sind. Wenn die Weiterleitung der Versicherungsleistungen durch die Angeklagte U. M. an die Angeklagten M. M. und H. M. von

[254] BGH, Beschluss vom 10.11.2011 – 3 StR 323/11.

vorneherein beabsichtigt gewesen sein sollte, scheidet die Annahme von Gewerbsmäßigkeit in ihrer Person aus.

[12] c) Soweit die Angeklagte U. M. im Fall II. 5. der Urteilsgründe wegen Beihilfe zum versuchten Betrug verurteilt worden ist, hat das Landgericht den Strafrahmen des § 263 Abs. 1 StGB zwar gemäß § 27 Abs. 2 Satz 2, § 49 Abs. 1 StGB gemildert, aber nicht geprüft, ob der gemilderte Strafrahmen wegen des Versuchs ein zweites Mal nach der Ermessensvorschrift des § 23 Abs. 2, § 49 Abs. 1 StGB zu verschieben ist.

Die Annahme von **gewerbsmäßigem Handeln** im Sinne des § 263 Abs. 3 Satz 2 Nr. 1 StGB setzt voraus, dass sich der Täter selbst einen Vermögensvorteil verschaffen will, der für ihn eine fortlaufende und dauernde Einnahmequelle darstellt. Dieses Regelbeispiel kann deshalb nur dann erfüllt sein, wenn **der Täter** zumindest auf die ertrogenen Gelder **zugreifen kann**. Fließen diese Gelder an eine Kapitalgesellschaft, ist nach der Rechtsprechung des Bundesgerichtshofs entscheidend, inwieweit der Täter sich das im Vermögen der Kapitalgesellschaft befindliche Geld verschaffen kann.[255] **246**

[3] 1. Das Landgericht geht von einem uneigentlichen Organisationsdelikt aus (vgl. hierzu etwa BGH, Beschluss vom 29. Juli 2009 – 2 StR 160/09, StraFo 2010, 39), das in 87 Fällen zu Betrugshandlungen gegenüber Stromkunden geführt hat. Es trifft aber lediglich – gestützt auf E-Mails des Angeklagten – Feststellungen dazu, welche Maßnahmen er im Vorfeld unternommen hat. Aus den Urteilsgründen ergibt sich hingegen nicht, inwieweit der Angeklagte die – nach Auffassung des Landgerichts gutgläubigen – Vermittler beeinflusst hat bzw. hat beeinflussen lassen. Es lässt sich somit nicht erkennen, ob und gegebenenfalls wie der Angeklagte an den Vertriebsaktivitäten der Vermittler kausal mitgewirkt hat. Da es bei der Annahme eines uneigentlichen Organisationsdelikts gerade auf die Vorgaben ankommt, die der Täter gegenüber der von ihm beherrschten Organisation macht, bedarf es hierzu näherer Feststellungen.

[4] Ebenso ist die innere Tatseite des Angeklagten weder hinsichtlich der festgestellten Täuschungshandlungen gegenüber den Kunden noch in Bezug auf seine Vorstellungen über die fehlende Erfüllbarkeit der aus den Stromlieferungsverträgen resultierenden Verpflichtungen der A. GmbH belegt. Die von der Strafkammer angeführten E-Mails des Angeklagten legen nahe, dass er zumindest zunächst an die Realisierbarkeit des Anlagenmodells geglaubt hat. Hierfür sprechen zum einen seine Berechnungen über die Anzahl der für eine Finanzierung notwendigen Anleger, zum anderen aber auch die dort dokumentierten Bemühungen gegenüber der Bundesnetzagentur. Zwar mag es auf der Hand liegen, dass sich alsbald die Hoffnungslosigkeit dieses Anlagemodells herausgestellt hat, gleichwohl bedarf es einer tatsachenfundierten Festlegung, wann und aufgrund welcher Umstände der Angeklagte nicht mehr von einer Realisierung hat ausgehen können und wie er eine solche Erkenntnis in eine Täuschung der Anleger umgesetzt hat.

Zur Prüfung der Seriosität seines Anlagemodells hätte sich das Landgericht mit dem Konzept des Angeklagten näher befassen müssen. Um Rückschlüsse auf die innere Tatseite des Angeklagten ziehen zu können (vgl. BGH, Beschluss vom 26. August 2003 – 5 StR 145/03, BGHSt 48, 331, 348), ist es von indizieller Bedeu-

[255] BGH, Beschluss vom 9.5.2012 – 5 StR 499/11.

tung, welche konkreten Maßnahmen zum Bau der Stromerzeugungsanlage schon getroffen und in welchem Maße bereits Investitionen in das Projekt geflossen waren. Je weniger der Angeklagte für die Realisierung aufgewendet hat, umso eher drängt sich der Schluss auf, dass die Errichtung der Stromerzeugungsanlage gar nicht beabsichtigt war und es dem Angeklagten allein darum ging, die Gelder ohne Gegenleistung betrügerisch zu erlangen. In diesem Zusammenhang wären ferner nähere Feststellungen zur Verwendung der von den Kunden geleisteten Vorauszahlungen notwendig gewesen.

[6] 2. Die Täuschungshandlung gegenüber den Kunden hat das Landgericht gleichfalls nicht widerspruchsfrei dargestellt. Es hat nämlich einerseits die Aussagen der Vermittler mitgeteilt, wonach auf Schulungen darauf hingewiesen worden sei, dass aus dem eingenommenen Geld die Stromerzeugungsanlage erst errichtet werden sollte (UA S. 73). Dies ist von den (gutgläubigen) Vermittlern offenbar auch den Kunden gegenüber so dargestellt worden. Die Vermittler haben – jedenfalls teilweise – angegeben, dass sie mitgeteilt hätten, die Stromerzeugungsanlage sei erst im Bau bzw. noch nicht fertiggestellt (UA S. 71, 73, 77, 87, 91). Vor diesem Hintergrund ist die dann vom Landgericht in Bezug auf sämtliche Kunden getroffene Feststellung nicht ohne weiteres nachvollziehbar, dass diese, wenn sie gewusst hätten, die gezahlten Gelder würden für die Errichtung einer in Deutschland noch nicht vorhandenen Stromerzeugungsanlage verwendet, die Verträge nicht abgeschlossen hätten. Für die revisionsgerichtliche Kontrolle ist es bei einer solchen Sachlage unverzichtbar (BGHSt aaO S. 344), dass die Tatsachen, die den Vermittlern und über die Vermittler den Kunden mitgeteilt wurden, ebenso in den Urteilsgründen herausgearbeitet werden wie der Internetauftritt der A., auf den sich die Kunden zudem bezogen.

[7] 3. Schließlich hält auch die Verurteilung in dem vom Landgericht gesondert ausgeurteilten Einzelfall rechtlicher Überprüfung nicht stand. Das Landgericht hat den Angeklagten in einem von dem früheren Mitangeklagten U. unmittelbar getätigten Abschluss als Mittäter angesehen. Auch hier fehlen aber tragfähige Feststellungen dazu, inwieweit der Angeklagte im Hinblick auf diese konkrete Einzeltat eine gesteigerte Tatherrschaft hatte, die über die in den übrigen Fällen angenommene Organisationsmacht hinausging.

[8] II. Der Senat hebt die angefochtene Entscheidung insgesamt auf. Aufgrund der in sich nicht widerspruchsfreien und lückenhaften Feststellungen sieht er sich außerstande, diese auch nur teilweise aufrechtzuerhalten.

247 Beim **Gehilfen** ist ein Regelbeispiel eines besonders schweren Falls nur dann verwirklicht, wenn sich die Teilnahmehandlung selbst als besonders schwerer Fall darstellt. Dies muss anhand des konkreten Regelbeispiels in einer Gesamtwürdigung festgestellt werden, also bspw. ein eigenständiges **gewerbsmäßiges Handeln des Gehilfen** vorliegen, ohne dass es hierbei auf den Haupttäter ankommt.[256]

[2] Das Landgericht geht im Rahmen seiner Strafzumessung davon aus, dass der Haupttäter N. bei den Betrugshandlungen gewerbsmäßig im Sinne des § 263 Abs. 3 Satz 2 Nr. 1 StGB gehandelt hat. Es entnimmt in sämtlichen Fällen die Strafe dem Strafrahmen des § 263 Abs. 3 StGB, den es nach § 27 Abs. 2 i.V.m. § 49 Abs. 1 StGB mildert.

---

[256] BGH, Beschluss vom 31.7.2012 – 5 StR 188/12; vgl. hierzu auch BGH, Beschluss vom 14.11.2012 – 3 StR 403/12.

[3] Dies hält rechtlicher Überprüfung nicht stand. Beim Gehilfen ist ein Regelbeispiel eines besonders schweren Falls nur dann verwirklicht, wenn sich die Teilnahmehandlung selbst als besonders schwerer Fall darstellt (BGH, Beschluss vom 21. September 1995 – 1 StR 316/95, StV 1996, 87). Dies muss anhand des konkreten Regelbeispiels in einer Gesamtwürdigung festgestellt werden (BGH, Beschluss vom 13. September 2007 – 5 StR 65/07, wistra 2007, 461). Aus den Urteilsgründen ergibt sich nicht, dass der Angeklagte gewerbsmäßig gehandelt hat. Das Landgericht stellt zwar fest, dass der Angeklagte „aus seinen Tätigkeiten für N. Vorteile zog" (UA S. 123), benennt diese jedoch nicht. Dies belegt ein eigenständiges gewerbsmäßiges Handeln des Angeklagten nicht.

PRAXISBEDEUTUNG ■

Die vorstehende Entscheidung bestätigt den Grundsatz, dass die persönliche Schuld eines Täters wesentliches Kriterium der Strafzumessung ist. Dies gilt bei der Verwirklichung von Regelbeispielen daher nur für den Täter oder Gehilfen, welcher das Regelbeispiel (mit)verwirklicht hat.

d) Bandenmäßige Begehung – § 263 Abs. 3 Nr. 1 StGB

Auch bei einer **Steuerung des Tatgeschehens** durch einzelne **Hinterleute** liegt es **248** nicht fern, dass eine im **Ausland ansässige Gruppierung** sich dort zur Begehung von Straftaten in Deutschland zusammengeschlossen hat und die Angeklagten sich ihr über ihren Auftraggeber jeweils – jeder für sich – in Kenntnis der bestehenden Strukturen und Vereinbarungen angeschlossen haben. Dies gilt umso mehr, als der Anschluss an eine Bande kein mittäterschaftliches Handeln voraussetzt, sondern die Beteiligung als Gehilfe genügen kann.[257]

[31] Das Landgericht hat von einer Verurteilung der Angeklagten wegen bandenmäßiger Begehung der Straftaten abgesehen, da es die Angaben der Angeklagten, jeder von ihnen sei jeweils durch Hinterleute aus dem Gebiet des ehemaligen Jugoslawien angeworben und bei der Verwirklichung der einzelnen Taten im Einzelnen angeleitet worden, zugrunde gelegt hat (UA S. 29). Eine zwischen den drei Angeklagten getroffene Bandenabrede hat das Landgericht nicht festzustellen vermocht.

[32] II. 1. Die Revision der Staatsanwaltschaft, die in ihrer Begründung allein die unterlassene Verurteilung wegen bandenmäßiger Begehung beanstandet und insoweit den Teilfreispruch des Angeklagten R. im Fall II. 26 nicht angreift, hat in dem insoweit begrenzten Umfang Erfolg. Dass das Landgericht in den zur Verurteilung gelangten Fällen jeweils das Vorliegen bandenmäßiger Begehung verneint hat, begegnet durchgreifenden rechtlichen Bedenken.

[33] 2. Nach der Rechtsprechung des Bundesgerichtshofs setzt eine Bande den Zusammenschluss von mindestens drei Personen voraus, die sich zur fortgesetzten Begehung einer noch unbestimmten Zahl von Straftaten des im Gesetz genannten Deliktstypus verbunden haben (BGHSt [GS] 46, 321, 325). Erforderlich ist eine – ausdrücklich oder konkludent getroffene – Bandenabrede, bei der das einzelne Mit-

---

257 BGH, Urteil vom 18.4.2012 – 2 StR 6/12.

glied den Willen hat, sich mit mindestens zwei anderen Personen zur Begehung von Straftaten in der Zukunft für eine gewisse Dauer zusammenzuschließen. Nicht notwendig ist hingegen, dass sich alle Bandenmitglieder persönlich miteinander verabreden (BGHSt 50, 160, 164 f.; BGH wistra 2010, 347). Eine Bandenabrede kann auch durch aufeinander folgende Vereinbarungen entstehen, etwa dergestalt, dass ein Dritter von einem Bandenmitglied informiert wird und sich der deliktischen Vereinbarung anschließt. Ebenso wenig erforderlich ist ein „gefestigter Bandenwille" oder ein Tätigwerden in einem „übergeordneten Bandeninteresse" (BGH NStZ 2009, 35; BGHR BtMG § 30 Abs. 1 Nr. 1 Bande 9). Auch müssen nicht alle Bandenmitglieder einander namentlich oder von Person bekannt sein (BGHSt 50, 160, 164 f.; NJW 2009, 863, 866).

[34] Gemessen daran begegnet die Annahme des Landgerichts, es gebe keine ausreichenden Anhaltspunkte für eine bandenmäßige Begehung der Taten durch die Angeklagten, in allen Fällen durchgreifenden Bedenken.

[35] a) Dies gilt in den Fällen II. 7–9, 10–15, 17, 19–23, 26 schon deshalb, weil das Landgericht erkennbar nicht bedacht hat, dass in den genannten Tatkomplexen jeweils drei Personen eingebunden waren und schon insoweit eine bandenmäßige Begehung zu prüfen war. Im Komplex S. Bau e.K. (Fälle II. 7–9) beging der Angeklagte M. nach Weisung des „B." gemeinsam mit dessen Ehefrau Betrugsstraftaten. Ebenso wurde der Angeklagte R. im Komplex K. Bauvermittlung e.K. (Fälle II. 10–15, 17, 19–20) für den gesondert verfolgten D. und eine Frau namens „L." tätig, wobei er jedenfalls in den Fällen II. 13–15, 17 und 19 mit „L." bei der Begehung der Betrugsstraftaten zusammenarbeitete. In den Fällen II. 21–23 gewann D. den Angeklagten A. sowie einen unbekannt gebliebenen Mittäter namens „Sa." zur Begehung von Diebstählen. Im Fall II. 26 traf sich der Angeklagte M. am Tatort mit dem Mitangeklagten A., den „B." zur Hilfe beim Abtransport geschickt hatte. Schon diese von der Strafkammer getroffenen Feststellungen eines wiederholten deliktischen Zusammenwirkens von jeweils drei Personen lassen es – ohne dass es auf eine Einbindung der Angeklagten in die vom Gebiet des ehemaligen Jugoslawien aus agierende Gruppierung und ein sich daraus ergebendes Handeln im Rahmen einer Bandenabrede ankäme – als möglich erscheinen, dass die jeweils konkret Tatbeteiligten als Bande anzusehen sind. Zwar ist denkbar, dass ein Auftraggeber zur Begehung einzelner Straftaten Personen mit der Tatausführung beauftragt, ohne dass sich daraus ein bandenmäßiger Zusammenschluss ergibt. Haben sich die an den Taten Beteiligten aber wie hier für eine gewisse Dauer zur gemeinsamen Begehung von Straftaten zusammengeschlossen, gibt es jedenfalls konkreten Anhalt für das Vorliegen einer Bandenabrede. Insoweit begegnet es durchgreifenden rechtlichen Bedenken, dass das Landgericht sich mit dem Inhalt der konkret zwischen den „Auftraggebern", den Angeklagten und den weiteren Tatbeteiligten näher getroffenen Abreden nicht befasst und geprüft hat, ob darin ein bandenmäßiger Zusammenschluss liegen kann. Dies gilt letztlich auch hinsichtlich solcher Fälle, in denen es nach den Feststellungen des Landgerichts in den genannten Tatkomplexen, etwa in den Fällen II. 9 (vgl. UA S. 9: nur auf Bitte der Frau „B." als Gefälligkeit) oder II. 10 (UA S. 13: Weisung des Auftraggebers ohne Beteiligung von L.) Hinweise darauf gibt, dass es sich nicht um von einer möglichen Bandenabrede erfasste Taten handeln könnte.

[36] b) Hinsichtlich der Fälle II. 1–5 (Komplex N. Bau e.K.) hat das Landgericht mit „B." als Auftraggeber des Angeklagten M. zwar lediglich einen Tatbeteiligten benannt (UA S. 8 ff.). Doch ist das Urteil insoweit nicht frei von Widersprüchen.

Die Strafkammer führt bei der Wiedergabe der Einlassungen des Angeklagten M. aus, er habe zu den Fällen II. 1–5 sowie 7 und 8 erklärt, „B." und dessen Ehefrau seien seine Auftraggeber gewesen (UA S. 23). Das Landgericht, das seine Feststellungen grundsätzlich auf die geständigen Angaben der Angeklagten stützt, setzt sich mit dieser Einlassung des Angeklagten M. nicht auseinander und lässt insoweit offen, aus welchem Grund es in den Fällen II. 7 und 8 die Ehefrau des „B." als Beteiligte der Straftaten angesehen hat, in den Fällen II. 1–5 dagegen nicht. Dies lässt besorgen, dass sich das Landgericht den denkbaren Blick auf die bandenmäßige Begehung der Taten auch in den Fällen II. 1–5 – unter möglicher Beteiligung des Angeklagten M., des „B." und dessen Ehefrau – verstellt hat.

[37] c) Zwar kommt in den verbleibenden Fällen (Fälle II. 24–25, 27–29) – im Gegensatz zu den genannten Fällen – die Annahme einer Bande, die sich aus den unmittelbaren Auftraggebern und den geworbenen Angeklagten zusammensetzt, nicht in Betracht. Doch weisen die Feststellungen des Landgerichts zu der vom Gebiet des ehemaligen Jugoslawien aus agierenden Gruppierung darauf hin, dass diese als Bande im Rechtssinne anzusehen sein könnte und die Angeklagten als deren Mitglieder agierten. Dies ist – entgegen der Ansicht des Landgerichts – nicht ausgeschlossen, weil die Angeklagten durch Hinterleute aus dem ehemaligen Jugoslawien angeworben und bei der Verwirklichung der Taten im Einzelnen angeleitet worden sind (UA S. 29). Auch bei einer Steuerung des Tatgeschehens durch einzelne Hinterleute liegt es nicht fern, dass eine im ehemaligen Jugoslawien ansässige Gruppierung sich dort zur Begehung von Straftaten in Deutschland zusammengeschlossen hat und die Angeklagten sich ihr über ihren Auftraggeber jeweils – jeder für sich – in Kenntnis der bestehenden Strukturen und Vereinbarungen angeschlossen haben. Dies gilt umso mehr, als der Anschluss an eine Bande kein mittäterschaftliches Handeln voraussetzt, sondern die Beteiligung als Gehilfe genügen kann. Ob insoweit die Voraussetzungen für die Annahme einer Bande vorliegen, kann der Senat nicht abschließend beurteilen, da die Feststellungen der Strafkammer, die bei ihrem rechtlichen Ansatz folgerichtig nicht näher auf die Charakteristik der hinter den Auftraggebern stehenden Gruppierung eingehen musste, insoweit unzureichend sind. Dass die Angeklagten nicht nur in Einzelfällen von den Auftraggebern mit der Ausführung von Einzeltaten beauftragt waren, sondern mit ihnen die Begehung mehrerer Straftaten vereinbart hatten, genügt für die Annahme einer Einbindung in eine „Bande" noch nicht, weil sich ohne nähere Kenntnis vom Zusammenwirken der Gruppe an sich schon deren Bandeneigenschaft nicht belegen lässt. Im Übrigen wären für eine Einbindung der Angeklagten in eine „Bande" konkrete Feststellungen zur Zusammenarbeit zwischen den Auftraggebern und den Angeklagten sowie zu deren Kenntnis von dem Bestand dieser Gruppierung zu treffen. Entsprechende Feststellungen wird das Landgericht nachzuholen haben. Sollten sich dabei insgesamt oder hinsichtlich einzelner Fälle die zusätzlichen Voraussetzungen für die Annahme bandenmäßiger Begehung ergeben, wird in jedem Einzelfall sorgfältig zu prüfen sein, ob die festgestellte Tatbeteiligung bei Einbindung in eine international operierende Bande die Annahme täterschaftlichen Handelns rechtfertigt.

e) Weitere Regelbeispiele – § 263 Abs. 3 Nr. 2 bis 5 StGB

Das Regelbeispiel eines herbeigeführten **Vermögensverlust großen Ausmaßes** (§ 263 Abs. 3 Satz 2 Nr. 2 Alt. 1 StGB) bezieht sich nicht auf den erlangten Vorteil des Täters, sondern allein auf die Vermögenseinbuße beim Opfer. Das Ausmaß der Vermögenseinbuße ist daher auch bei Betrugsserien, die nach den Kriterien der recht- **249** lichen oder natürlichen Handlungseinheit eine Tat bilden, opferbezogen zu bestimmen. Eine Addition der Einzelschäden kommt deshalb nur insoweit in Betracht, als sie dasselbe Opfer betreffen.[258]

[1] Das Landgericht hat den Angeklagten wegen Betrugs in zwei Fällen zu der Gesamtfreiheitsstrafe von vier Jahren und drei Monaten verurteilt. Hiergegen richtet sich die auf eine Verfahrensbeanstandung und die Sachrüge gestützte Revision des Angeklagten. Das Rechtsmittel führt mit der Sachrüge zur Aufhebung des Strafausspruchs; im Übrigen ist es unbegründet im Sinne des § 349 Abs. 2 StPO.

[2] Nach den Feststellungen beging der Angeklagte durch die Schaffung, Ausgestaltung und Aufrechterhaltung eines auf die betrügerische Schädigung von Anlegern abzielenden Vertriebssystems mit gutgläubigen Vermittlern in zwei Fällen eine Vielzahl von tateinheitlich zusammentreffenden Betrugstaten, wobei die einzelnen als Anleger geworbenen Kunden Geldbeträge von unter 100 € bis zu 42.984 € einzahlten. Bei der Bemessung der Einzelstrafen innerhalb des Strafrahmens des § 263 Abs. 3 Satz 1 StGB hat das Landgericht strafschärfend berücksichtigt, dass der Angeklagte neben dem Regelbeispiel der gewerbsmäßigen Tatbegehung nach § 263 Abs. 3 Satz 2 Nr. 1 StGB auch das Regelbeispiel des § 263 Abs. 3 Satz 2 Nr. 2 Alt. 1 StGB verwirklicht habe, weil durch die Gesamtschäden in beiden Fällen jeweils ein Vermögensverlust großen Ausmaßes entstanden sei. Hierbei hat die Wirtschaftsstrafkammer übersehen, dass sich das Regelbeispiel des § 263 Abs. 3 Satz 2 Nr. 2 Alt. 1 StGB nicht auf den erlangten Vorteil des Täters, sondern allein auf die Vermögenseinbuße beim Opfer bezieht. Das Ausmaß der Vermögenseinbuße ist daher auch bei Betrugsserien, die nach den Kriterien der rechtlichen oder natürlichen Handlungseinheit eine Tat bilden, opferbezogen zu bestimmen. Eine Addition der Einzelschäden kommt deshalb nur insoweit in Betracht, als sie dasselbe Opfer betreffen (vgl. BGH, Beschlüsse vom 15. März 2011 – 1 StR 529/10, NStZ 2011, 401, 402; vom 18. Oktober 2011 – 4 StR 253/11 Rn. 3). Die nach den Feststellungen bei den einzelnen Anlegern eingetretenen Schäden reichen für die Annahme eines Vermögensverlustes großen Ausmaßes nicht aus.

[3] Auch die Voraussetzungen des Regelbeispiels nach § 263 Abs. 3 Satz 2 Nr. 2 Alt. 2 StGB liegen hier nicht vor, da sich die Vorstellung des Täters auf die fortgesetzte Begehung mehrerer rechtlich selbständiger Betrugstaten richten muss (BGH, Beschluss vom 15. März 2011 – 1 StR 529/10, aaO; Hefendehl in MünchKommStGB § 263 Rn. 779).

[4] Der Senat kann nicht ausschließen, dass sich die fehlerhafte Annahme des Regelbeispiels des § 263 Abs. 3 Satz 2 Nr. 2 Alt. 1 StGB bei der Bemessung der Einzelstrafen zum Nachteil des Angeklagten ausgewirkt hat. Der Strafausspruch bedarf daher einer neuen tatrichterlichen Prüfung und Entscheidung. Die rechtsfehlerfrei getroffenen tatsächlichen Feststellungen können bestehen bleiben. Ergänzende, zu den bisherigen nicht in Widerspruch stehende Feststellungen durch den neuen Tatrichter sind möglich.

---

258 BGH, Beschluss vom 21.12.2011 – 4 StR 453/11.

15. Computerbetrug – § 263a StGB

Bei der Bewertung der Tatbeiträge der Angeklagten ist zu berücksichtigen, dass Beihilfe nur bis zur materiellen Beendigung der Haupttat, also bis zur endgültigen Sicherung ihres Erfolges, möglich ist. Danach kommt nach Maßgabe des § 257 Abs. 3 StGB eine Strafbarkeit wegen Begünstigung in Betracht. Von einer materiellen Beendigung solcher Taten des Computerbetruges, bei denen aufgrund einer Manipulation des Datenverarbeitungsvorgangs Geldbeträge von Konten der Geschädigten auf Empfängerkonten geleitet werden, ist auszugehen, sobald entweder das überwiesene Geld vom Empfängerkonto abgehoben oder auf ein zweites Konto weiterüberwiesen worden ist.[259] **250**

[2] 1. Der Schuldspruch hat keinen Bestand, weil die Feststellungen des Landgerichts seine Annahme, beide Angeklagten hätten mit Gehilfenvorsatz gehandelt, nicht tragen.

[3] a) Nach den Urteilsgründen leisteten die Angeklagten in unterschiedlichem Umfang durch das Bereitstellen von Bankkonten, durch Weiterüberweisung und die Abhebung eingegangener Geldbeträge Beihilfe zum Computerbetrug zum Nachteil von Online-Banking-Nutzern durch sogenanntes „Phishing". Zur subjektiven Tatseite hat das Landgericht festgestellt, den Angeklagten sei bewusst gewesen, „dass die Zahlungseingänge einen illegalen Hintergrund hatten". Die Angeklagte E. habe zumindest mit bedingtem Vorsatz gehandelt, da „sie bewusst in Kauf genommen" habe, „jedwede, den Umständen nach nicht fernliegende Art von Vermögensdelikten, insbesondere auch Delikte des Computerbetrugs durch ihr Verhalten zu unterstützen". Ebenso habe der Angeklagte V. den subjektiven Tatbestand der Beihilfe zum Computerbetrug erfüllt. Auch wenn er Einzelheiten dazu, wie die Gelder auf die Konten gelangt seien, nicht „konkret" gekannt habe, sei ihm doch bewusst gewesen, dass es sich um etwas „Illegales" gehandelt habe. Er habe dies nicht weiter hinterfragt und damit „bewusst in Kauf genommen, irgendeine, nicht fernliegende Art von Vermögensdelikten, darunter auch einen etwaigen Computerbetrug, durch sein Verhalten zu unterstützen".

[4] b) Damit ist der Gehilfenvorsatz der Angeklagten nicht belegt. Zwar braucht der Gehilfe Einzelheiten der Haupttat nicht zu kennen und keine bestimmte Vorstellung von ihr zu haben (BGH, Beschluss vom 20. Januar 2011 – 3 StR 420/10, NStZ 2011, 399, 400; Urteil vom 18. April 1996 – 1 StR 14/96, BGHSt 42, 135, 137). Eine andere rechtliche Einordnung der Tat ist für den Gehilfenvorsatz unschädlich, sofern die vorgestellte Haupttat in ihrem Unrechtsgehalt von der tatsächlich begangenen nicht gänzlich abweicht (Fischer, StGB, 59. Aufl., § 27 Rn. 22). Allerdings muss der Gehilfe seinen eigenen Tatbeitrag sowie die wesentlichen Merkmale der Haupttat, insbesondere deren Unrechts- und Angriffsrichtung, im Sinne bedingten Vorsatzes zumindest für möglich halten und billigen. Dieses Mindestmaß einer Konkretisierung des Gehilfenvorsatzes hat das Landgericht nicht festgestellt. Dass die Angeklagten „jedwedes" oder „irgendein" Vermögensdelikt fördern wollten, reicht nicht aus.

[5] c) Eine Änderung des Schuldspruchs in entsprechender Anwendung des § 354 Abs. 1 StPO kommt aufgrund der unzureichenden Feststellungen, die ihrerseits der

[259] BGH, Beschluss vom 28.2.2012 – 3 StR 435/11.

Aufhebung unterliegen (§ 353 Abs. 2 StPO), nicht in Betracht. Im Übrigen schließt der Senat nicht aus, dass ein neuer Tatrichter weitergehende Feststellungen zur Frage des Gehilfenvorsatzes treffen kann.

[6] 2. Für die neue Hauptverhandlung weist der Senat auf Folgendes hin:

[7] a) Der neue Tatrichter wird bei der Bewertung der Tatbeiträge der Angeklagten zu berücksichtigen haben, dass Beihilfe nur bis zur materiellen Beendigung der Haupttat, also bis zur endgültigen Sicherung ihres Erfolges, möglich ist. Danach kommt nach Maßgabe des § 257 Abs. 3 StGB eine Strafbarkeit wegen Begünstigung in Betracht. Von einer materiellen Beendigung solcher Taten des Computerbetruges, bei denen aufgrund einer Manipulation des Datenverarbeitungsvorgangs Geldbeträge von Konten der Geschädigten auf Empfängerkonten geleitet werden, ist auszugehen, sobald entweder das überwiesene Geld vom Empfängerkonto abgehoben oder auf ein zweites Konto weiterüberwiesen worden ist.

[8] b) Bei der Bestimmung des Konkurrenzverhältnisses der der Angeklagten E. zur Last gelegten Taten wird der neue Tatrichter zu beachten haben, dass die Förderung mehrerer rechtlich selbständiger Taten durch eine Beihilfehandlung nur als eine Beihilfe im Rechtssinne zu werten ist. Leistet der Gehilfe allerdings nicht nur durch eine Beihilfehandlung zu verschiedenen Haupttaten, sondern zusätzlich zu jeder Haupttat noch durch weitere selbständige Unterstützungshandlungen Hilfe im Sinne des § 27 Abs. 1 StGB, so stehen die Beihilfehandlungen für jede Haupttat im Verhältnis der Tatmehrheit zueinander (vgl. BGH, Beschluss vom 4. März 2008 – 5 StR 594/07, BGHR StGB § 27 Abs. 1 Konkurrenzen 1; Beschluss vom 22. September 2008 – 1 StR 323/08, BGHR AO § 370 Abs. 1 Beihilfe 8). Sollte der neue Tatrichter daher feststellen, dass die Angeklagte E. nicht nur im Sinne einer Beihilfehandlung für mehrere Haupttaten Konten zur Verfügung gestellt oder einen Dritten als Empfänger von durch Computerbetrug erlangter Überweisungen gewonnen, sondern im Stadium zwischen Vollendung und Beendigung der Haupttat durch das Abheben von Geldern vom ersten Empfängerkonto Hilfe geleistet hätte, hätte er auf dieser Grundlage von mehreren Beihilfetaten im Sinne des § 53 StGB auszugehen.

16. Untreue – § 266 StGB

■ **TOPENTSCHEIDUNG**

251 **Geschädigter** i.S.d. § 266 StGB kann nur ein mit dem Täter nicht identischer **Träger fremden Vermögens** sein, sei es eine natürliche Person, sei es eine juristische Person, der eigene Rechtspersönlichkeit zukommt. Eine in diesem Sinn eigene Rechtspersönlichkeit wird der Kommanditgesellschaft – kommt sie als verselbständigtes Gesamthandsvermögen einer juristischen Person auch sehr nahe – nicht zuerkannt. Für die Frage des Nachteilseintritts ist bei einer Kommanditgesellschaft daher nicht allein auf die Gesellschaft, sondern auf das Vermögen der einzelnen Gesellschafter abzustellen. Bei einer personalisiert strukturierten Gesellschaft – wie etwa OHG oder KG – sind demgemäß als Verletzte deren Gesellschafter anzusehen. Deren Einverständnis schließt die Annahme von Untreue aus, soweit sie selbst betroffen sind.[260]

---

[260] BGH, Beschluss vom 23.2.2012 – 1 StR 586/11.

[3] 1. Der Angeklagte war im Tatzeitraum (2002 bis 2005) Geschäftsführer der G. GmbH, die – ohne selbst am Kommanditkapital beteiligt zu sein – Komplementärin der G. GmbH & Co. KG ist. Am Kommanditkapital der G. GmbH & Co. KG waren der Angeklagte zu 4 %, sein Vater und seine Kinder mit insgesamt 31 %, seine Schwestern mit zusammen 17 %, deren Kinder zu insgesamt 6 % sowie sein Onkel und dessen Kinder zu insgesamt 42 % beteiligt.

[4] An insgesamt 567 Tagen übertrug der Angeklagte satzungswidrig Firmengelder von Konten der G. GmbH & Co. KG auf Privatkonten, um damit im eigenen Namen und auf eigene Rechnung Wertpapiergeschäfte (insbesondere mit hochspekulativen Optionsscheinen) zu finanzieren, und setzte zur Zahlung seiner privaten Teilnahme an Glücksspielen im Internet Firmenkreditkarten ein, wodurch die Firmenkonten der G. GmbH & Co. KG entsprechend belastet wurden. Insgesamt „entnahm" der Angeklagte so rund 5,4 Mio. €. Obwohl der Angeklagte erzielte Gewinne Firmenkonten wieder gutbrachte, entstand insgesamt ein „Fehlbetrag" von mindestens 2 Mio. €. Eine Zahlungsunfähigkeit der G. GmbH & Co. KG drohte gleichwohl nicht.

[5] Der Angeklagte offenbarte sich Weihnachten 2005 gegenüber den Familienangehörigen und gab am 24. März 2006 gegenüber den anderen Kommanditisten ein Schuldanerkenntnis ab. Dieses führte nicht zu der geplanten familieninternen Befriedung. Im Juni 2006 stellte der Onkel des Angeklagten, im Dezember 2006/Januar 2007 auch noch dessen Sohn, die Schwestern des Angeklagten und deren Kinder Strafantrag. Der Vater und die Kinder des Angeklagten haben keinen Strafantrag gestellt.

[6] 2. Die Strafkammer hat die Taten des Angeklagten als Untreue in 567 Fällen gewertet; taggleiche „Entnahmen" seien tateinheitlich begangen. Geschädigt seien entgegen bisheriger Rechtsprechung des Bundesgerichtshofes nicht die Kommanditisten, sondern jeweils das Vermögen der G. GmbH & Co. KG „in Höhe des Nominalwertes der durch jede Einzeltat abgeflossenen Liquidität" (UA S. 31). Dies führe allerdings nicht zu einer Schlechterstellung des Angeklagten, weil bei der Strafzumessung auch zu berücksichtigen sei, „ob und wie viele Gesellschafter, einschließlich dem Täter, mit der Schädigung einverstanden waren bzw. kein Interesse an der Strafverfolgung haben, sondern auch, in welchem Umfang sie am geschädigten Gesellschaftsvermögen rechnerisch beteiligt sind" (UA S. 33).

[7] Die Strafe entnimmt die Strafkammer dem erhöhten Strafrahmen des § 266 Abs. 2 StGB i.V.m. § 263 Abs. 3 Satz 2 Nr. 1 StGB (Gewerbsmäßigkeit). Bei Untreuehandlungen, bei denen das Vermögen der KG durch eine Tat um mehr als 50.000 € geschädigt wurde, „hat die Strafkammer zudem die zusätzliche Verwirklichung des Regelbeispiels gemäß §§ 266 Abs. 2, 263 Abs. 3 Satz 2 Nr. 2 StGB [Vermögensverlust großen Ausmaßes] strafschärfend gewertet" (UA S. 35).

[8] II. Die Revision wendet sich gegen den Schuldspruch mit dem Vorbringen, geschädigt sei nicht das Vermögen der KG, sondern der Gesellschafter, die indes keinen oder keinen fristgerechten Strafantrag gestellt hätten.

[9] Der dadurch aufgezeigte Rechtsfehler (1.) begründet hier kein Verfahrenshindernis (2.). Er nötigt vorliegend auch nicht zur Aufhebung des Schuldspruchs (3.), jedoch kann der Strafausspruch keinen Bestand haben (4.).

[10] 1. Zutreffend weist die Revision darauf hin, dass im Rahmen des § 266 StGB eine Schädigung des Gesamthandsvermögens einer Kommanditgesellschaft nur insoweit bedeutsam sein kann, als sie gleichzeitig das Vermögen der Gesellschafter berührt. Der Senat sieht vorliegend keine Veranlassung, von dieser gefestigten

Rechtsprechung des Bundesgerichtshofs (z.B. BGH, Beschluss vom 30. August 2011 – 2 StR 652/10; Urteil vom 18. Juni 2003 – 5 StR 489/02; Urteil vom 20. Januar 2000 – 4 StR 342/99; Beschluss vom 22. Februar 1991 – 3 StR 348/90; Urteil vom 17. März 1987 – 5 StR 272/86; Urteil vom 29. November 1983 – 5 StR 616/83 jew. m.w.N.; ebenso: BGH, Urteil vom 17. März 1987 – VI ZR 282/85, BGHZ 100, 190, 192), die auch vom Schrifttum geteilt wird (z.B. Perron in Schönke/Schröder, StGB, 28. Aufl., § 266 Rn. 21; Kühl in Lackner/Kühl, StGB, 27. Aufl., § 266 Rn. 3; Fischer, StGB, 59. Aufl., § 266 Rn. 113; Wittig in BeckOK-StGB, § 266 Rn. 11; Saliger in Satzer/Schmitt/Widmaier, StGB, § 266 Rn. 19; Maurer/Odörfer, GmbHR 2008, 413, 414; Schulte, NJW 1984, 1671; a.A. Schäfer, NJW 1983, 2850; Richter, GmbHR 1984, 146), abzuweichen. Geschädigter i.S.d. § 266 StGB kann nur ein mit dem Täter nicht identischer Träger fremden Vermögens sein, sei es eine natürliche Person, sei es eine juristische Person, der eigene Rechtspersönlichkeit zukommt (BGH, Urteil vom 20. Januar 2000 – 4 StR 342/99; BGH, Urteil vom 24. Juli 1991 – 4 StR 258/91; BGH, Urteil vom 29. November 1983 – 5 StR 616/83). Eine in diesem Sinn eigene Rechtspersönlichkeit wird der Kommanditgesellschaft – kommt sie als verselbständigtes Gesamthandsvermögen einer juristischen Person auch sehr nahe – nicht zuerkannt (vgl. BGH, Urteil vom 24. Januar 1990 – IV ZR 270/88, BGHZ 110, 127; BGH, Urteil vom 16. Februar 1961 – III ZR 71/60, BGHZ 34, 293, 296). …

*[**13**] 3. Die Verurteilung des Angeklagten wegen Untreue in 567 Fällen ist rechtlich nicht zu beanstanden.*

*[**14**] a) Der Angeklagte hatte als Geschäftsführer der Komplementär-GmbH gegenüber dieser und – einzig hier relevant – gegenüber den Kommanditisten eine Vermögensbetreuungspflicht (vgl. Perron in Schönke/Schröder, StGB, 28. Aufl., § 263 Rn. 25; Waßmer in Graf/Jäger/Wittig, Wirtschafts- und Steuerstrafrecht, § 266 StGB Rn. 49). Diese hat er durch den in der Verwendung der Firmengelder für eigene Spekulationsgeschäfte und für die Teilnahme an Glücksspielen liegenden Missbrauch seiner Verfügungsmacht („Griff in die Kasse") jeweils verletzt.*

*[**15**] b) Hierdurch entstand – wie die rechtsfehlerfrei getroffenen Urteilsfeststellungen belegen – (jedenfalls) den nicht in einer durch § 247 StGB privilegierten Beziehung zum Angeklagten stehenden Kommanditisten ein Nachteil i.S.v. § 266 StGB in Höhe der jeweiligen „Entnahmen". Die Strafkammer musste hierbei nicht in jedem Fall berücksichtigen, dass der Angeklagte aus den Spekulationsgeschäften erzielte Gewinne den Firmenkonten gutbrachte. Eine derart ungewisse Aussicht auf Rückzahlung ist wirtschaftlich ohne Wert (vgl. BGH, Urteil vom 19. Oktober 2011 – 1 StR 336/11 m.w.N.). Maßgeblich für den zur Bestimmung des tatbestandlichen Nachteils i.S.v. § 266 StGB erforderlichen Vermögensvergleich ist – gleichermaßen wie bei § 263 StGB – der Zeitpunkt der vermögensschädigenden Handlung, hier also der Vergleich des Vermögenswerts unmittelbar vor und nach den Verfügungen zu Lasten der Firmenkonten (Überweisung, Einsatz der Kreditkarten). Spätere Entwicklungen, wie Schadensvertiefung oder Schadensausgleich, berühren den tatbestandlichen Schaden nicht (vgl. BGH, Beschluss vom 14. April 2011 – 2 StR 616/10; BGH, Beschluss vom 18. Februar 2009 – 1 StR 731/08; BGH, Urteil vom 4. März 1999 – 5 StR 355/98 jew. m.w.N.).*

*[**16**] c) Auch die Annahme von Tateinheit bei taggleich verwirklichten – zumal nach den Feststellungen zur Verschleierung bewusst „gestückelten" Zahlungen – begegnet keinen rechtlichen Bedenken. Soweit im Urteil, worauf der Generalbundesanwalt hinweist, einzelne in der Anklageschrift aufgeführte (und bislang nicht nach § 154*

StPO eingestellte) Fälle nicht enthalten sind, stehen diese nicht zur Kognition des Revisionsgerichts. Soweit es sich rechtlich um Teile von Taten handelt, die durch das Landgericht abgeurteilt wurden, ist der Angeklagte durch den geringeren Schuldumfang nicht beschwert.

PRAXISBEDEUTUNG ■

Die vorliegende Entscheidung regelt die Frage, wer bei Personengesellschaften der letztlich Geschädigte ist, in einer für die Praxis künftig eindeutigen Weise, indem für die Beurteilung des Nachteilseintritts auf die Gesellschafter selbst abzustellen ist.

Mit dem aus Art 103 Abs. 2 GG folgenden Analogieverbot ist es nicht vereinbar, **252**
wenn einzelne Tatbestandsmerkmale so weit ausgelegt werden, dass sie vollständig in anderen Tatbestandsmerkmalen aufgehen, also zwangsläufig mit diesen mitverwirklicht werden. Bei der Auslegung des § 266 StGB darf demnach das **Nachteilsmerkmal** nicht mit dem Pflichtwidrigkeitsmerkmal verschliffen werden. Es sind **eigenständige Feststellungen** zum Bestehen eines Nachteils geboten. So kann etwa die Verwendung des anvertrauten Vermögens zu verbotenen Zwecken nicht per se als nachteilsbegründend angesehen werden; vielmehr muss auch in solchen Fällen geprüft werden, ob das **verbotene Geschäft wirtschaftlich betrachtet nachteilhaft** war. Besteht der Vermögensnachteil in einer pflichtwidrig begründeten Forderung, der eine wirtschaftlich werthaltige Gegenleistung gegenübersteht, so muss sich den Urteilsgründen mit hinreichender Klarheit entnehmen lassen, weshalb der eingetretene Nachteil nicht in einer den objektiven Tatbestand ausschließenden Weise ausgeglichen worden ist.[261]

[18] 1. a) Für die Strafgerichte folgt aus dem Erfordernis gesetzlicher Bestimmtheit von Strafnormen ein Verbot analoger oder gewohnheitsrechtlicher Strafbegründung. Dabei ist „Analogie“ nicht im engeren technischen Sinn zu verstehen; ausgeschlossen ist vielmehr jede Rechtsanwendung, die – tatbestandsausweitend – über den Inhalt einer gesetzlichen Sanktionsnorm hinausgeht, wobei der mögliche Wortlaut als äußerste Grenze zulässiger richterlicher Interpretation aus der Sicht des Normadressaten zu bestimmen ist (vgl. BVerfGE 71, 108 <115>; 87, 209 <224>; 92, 1 <12>; 126, 170 <197>). Dementsprechend darf die Auslegung der Begriffe, mit denen der Gesetzgeber das unter Strafe gestellte Verhalten bezeichnet hat, nicht dazu führen, dass die dadurch bewirkte Eingrenzung der Strafbarkeit im Ergebnis wieder aufgehoben wird. Einzelne Tatbestandsmerkmale dürfen also auch innerhalb ihres möglichen Wortsinns nicht so weit ausgelegt werden, dass sie vollständig in anderen Tatbestandsmerkmalen aufgehen, also zwangsläufig mit diesen mitverwirklicht werden (Verschleifung oder Entgrenzung von Tatbestandsmerkmalen; vgl. BVerfGE 87, 209 <229>; 92, 1 <16 f.>; 126, 170 <198>).

[19] b) Im Falle des Nachteilsmerkmals des § 266 Abs. 1 StGB muss die Auslegung den gesetzgeberischen Willen beachten, das Merkmal selbständig neben dem der Pflichtverletzung zu statuieren; sie darf daher dieses Tatbestandsmerkmal nicht mit dem Pflichtwidrigkeitsmerkmal verschleifen, das heißt, es in diesem Merkmal aufge-

[261] BVerfG, Kammerbeschluss vom 1.11.2012 – 2 BvR 1235/11.

hen lassen. Deswegen und um das Vollendungserfordernis zu wahren, sind eigenständige Feststellungen zum Bestehen eines Nachteils geboten. Von einfach gelagerten und eindeutigen Fällen – etwa bei einem ohne weiteres greifbaren Mindestschaden – abgesehen, werden die Strafgerichte den von ihnen angenommenen Nachteil der Höhe nach beziffern und dessen Ermittlung in wirtschaftlich nachvollziehbarer Weise in den Urteilsgründen darlegen müssen (vgl. BVerfGE 126, 170 <211>). Normative Gesichtspunkte können bei der Feststellung eines Nachteils durchaus eine Rolle spielen. Sie dürfen aber, soll der Charakter der Untreue als Vermögensdelikt und Erfolgsdelikt bewahrt bleiben, wirtschaftliche Überlegungen nicht verdrängen. So kann beispielsweise die Verwendung des anvertrauten Vermögens zu verbotenen Zwecken nicht per se als nachteilsbegründend angesehen werden; vielmehr bleibt es auch in solchen Fällen erforderlich, zu prüfen, ob das verbotene Geschäft – wirtschaftlich betrachtet – nachteilhaft war (BVerfGE 126, 170 <212>).

[20] c) Der in Art. 103 Abs. 2 GG zum Ausdruck kommende strenge Gesetzesvorbehalt erhöht zwar die verfassungsgerichtliche Kontrolldichte, soweit es um die Überschreitung der Grenzen des Strafgesetzes als auch um die insoweit gebotene inhaltliche Konturierung und Präzisierung der Strafrechtstatbestände geht. Dies ändert aber nichts an der Verantwortung der Gerichte für die Auslegung und Anwendung des Strafrechts (vgl. BVerfGE 126, 170 <199 f.>), die vom Bundesverfassungsgericht grundsätzlich nur im Hinblick auf die Verletzung spezifischen Verfassungsrechts überprüft werden. Das Bundesverfassungsgericht kann danach eine Verletzung des Bestimmtheitsgebots des Art. 103 Abs. 2 GG nur in Fällen handgreiflicher Defizite bei der Auslegung und Anwendung von Strafrechtsnormen feststellen (vgl. BVerfGE 126, 170 <233>).

253 Da der Untreuetatbestand den Zweck hat, das dem Treupflichtigen anvertraute fremde Vermögen zu schützen, sind **Verfügungen**, die **in Übereinstimmung mit dem Vermögensinhaber** erfolgen, grundsätzlich nicht pflichtwidrig im Sinne des § 266 Abs. 1 StGB, sofern das Einverständnis nicht aus bestimmten Gründen unwirksam ist. An die Stelle des Vermögensinhabers tritt bei einer **GmbH** die **Gesamtheit ihrer Gesellschafter**, die zustimmen müssen.[262]

254 Der Angeklagte verletzte durch sein Verhalten seine **Vermögensbetreuungspflichten** im Sinne des § 266 Abs. 1 StGB sowohl gegenüber dem CDU-Kreisverband Köln als auch gegenüber der Bundes-CDU. Zwar stellten die hier verletzten Vorschriften des Parteiengesetzes keine das Vermögen von Parteien schützenden Rechtsnormen dar. Das Verhalten des Angeklagten berührte gleichwohl **Pflichten, die das Parteivermögen schützen sollten.** Denn die Beachtung der Vorschriften des Parteiengesetzes war hier im Verhältnis zwischen der Bundespartei und den Funktionsträgern der Partei, die mit den Parteifinanzen befasst waren, Gegenstand einer selbständigen, von der Partei statuierten Verpflichtung im Sinne einer Hauptpflicht zum Schutze des Parteivermögens. Nicht der Verstoß gegen die nicht vermögensschützenden Vorschriften des Parteiengesetzes, sondern die **Verletzung** der dem Angeklagten aufgrund seiner Funktion **durch Rechtsgeschäft auferlegten Treuepflichten** begründete damit die Pflichtwidrigkeit seines Tuns i.S.v. § 266 Abs. 1 StGB.[263]

---

[262] BGH, Urteil vom 26.9.2012 – 2 StR 553/11.
[263] BGH, Beschluss vom 5.9.2012 – 1 StR 297/12.

TOPENTSCHEIDUNG ■

Die Strafbarkeit wegen Untreue setzt voraus, dass den Täter eine so genannte **Vermögensbetreuungspflicht** trifft, wobei von maßgeblicher Bedeutung ist, ob die **fremdnützige Vermögensfürsorge** den **Hauptgegenstand der Rechtsbeziehung** bildet und ob dem Verpflichteten bei deren Wahrnehmung ein gewisser Spielraum verbleibt. Auch wenn die fremdnützige Vermögenssorge den Hauptgegenstand des Tätigkeitsfeldes eines Kreditsachbearbeiters darstellt, fehlt es ihm an der für die Annahme einer Vermögensbetreuungspflicht erforderlichen Möglichkeit zur eigenverantwortlichen Entscheidung innerhalb eines gewissen Ermessensspielraums, wenn seine Prüfung einer Kreditanfrage regelmäßig darin besteht, die Daten des Kunden in ein automatisiertes Programm einzugeben.[264] 255

[4] Strafbarkeit wegen Untreue setzt auch in der Variante des Missbrauchstatbestandes voraus, dass den Täter eine sog. Vermögensbetreuungspflicht trifft, die aber weder bei einem bloßen Bezug zu fremden Vermögensinteressen noch bei einer allgemeinen vertraglichen Nebenpflicht, auf die Vermögensinteressen des Vertragspartners Rücksicht zu nehmen, gegeben ist. Vielmehr wird verlangt, dass den Täter eine inhaltlich besonders herausgehobene Pflicht zur Wahrnehmung fremder Vermögensinteressen trifft (vgl. BGHSt 1, 186, 188 f.; Fischer, StGB, 59. Aufl., § 266 Rn. 35). Die Rechtsprechung entscheidet im Wege einer Gesamtbetrachtung, ob es sich bei den einer Person übertragenen Aufgaben um Angelegenheiten handelt, denen die Bedeutung der Wahrnehmung von Vermögensinteressen zukommt. Von maßgeblicher Bedeutung ist dabei in erster Linie, ob die fremdnützige Vermögensfürsorge den Hauptgegenstand der Rechtsbeziehung bildet und ob dem Verpflichteten bei deren Wahrnehmung ein gewisser Spielraum, eine gewisse Bewegungsfreiheit oder Selbstständigkeit, mit anderen Worten die Möglichkeit zur verantwortlichen Entscheidung innerhalb eines gewissen Ermessensspielraums verbleibt (st. Rspr; vgl. BGHSt 3, 289, 294; 4, 170, 172; 13, 315, 317).

[5] Die danach erforderliche Gesamtbetrachtung führt auf der Grundlage der vom Landgericht getroffenen Feststellungen zur Verneinung einer für § 266 StGB erforderlichen Vermögensbetreuungspflicht (vgl. BGH, NStZ 1983, 455 zu einem Sortenkassierer mit Kontrollbefugnis des Kassenbestandes; dagegen BGH, wistra 1989, 60 zum Kassierer mit weitergehender Kontrollbefugnis). Zwar bildete die fremdnützige Vermögenssorge der bei der Postbank beschäftigten Mitangeklagten E. und R. den Hauptgegenstand ihres Tätigkeitsfeldes als Kreditsachbearbeiter bzw. Verkäufer anderer Postbankprodukte wie u.a. Versicherungen. Jedenfalls im Rahmen ihrer Kreditbearbeitung aber fehlte es den Mitangeklagten an der für die Annahme einer Vermögensbetreuungspflicht erforderlichen Möglichkeit zur eigenverantwortlichen Entscheidung innerhalb eines gewissen Ermessensspielraums, weil die zu erfüllenden Pflichten in allen Einzelheiten vorgegeben waren und eine Dispositionsbefugnis nicht bestand (vgl. BGH, NStZ 1982, 201; NStZ 1983, 455; s. auch BGH, StV 1987, 535). Zur Tatzeit bestand die Prüfung einer Kreditanfrage bei der Postbank regelmäßig darin, dass die persönlichen Angaben des potentiellen Kreditnehmers sowie der Kreditwunsch durch den Kreditberater in ein automatisiertes Programm eingegeben wurden, wobei es häufig ausreichte, lediglich einen Ausweis und zwei

[264] BGH, Beschluss vom 3.5.2012 – 2 StR 446/11.

Gehaltsbescheinigungen vorzulegen. Das Programm errechnete selbständig, ob der potentielle Kreditnehmer den Kreditbetrag würde zurückzahlen können, wobei zur Bonitätsprüfung die in den Gehaltsabrechnungen enthaltenen Daten und eine automatisierte Schufa-Anfrage diente. Weiter zeigte das Programm den maximal möglichen Kreditbetrag an; insoweit waren die Kreditmitarbeiter von der Postbank angehalten, nach einer eventuellen Aufstockung des ursprünglichen Kreditwunschs zu fragen. Das Ergebnis der Prüfung wurde nach Eingabe der Daten in einem Ampelsystem dargestellt. Bei einem sog. „Grünfall" wurde der gewünschte Kredit sofort programmgestützt genehmigt und das Geld umgehend automatisiert zur Auszahlung angewiesen. Eine weitere Prüfung war nicht vorgesehen. Bei einem sog. „Gelbfall" kam es nicht zu einer sofortigen Darlehenszusage. Vielmehr waren die für die Kreditbearbeitung erforderlichen Unterlagen in ein besonderes Büro der Postbank einzuschicken, in dem dortige Mitarbeiter den Kreditwunsch nochmals individuell prüften. Bei einem sog. „Rotfall" wurde der Kreditwunsch vor Ort sofort abgelehnt; zu einer weiteren Prüfung kam es nicht (UA S. 14).

[6] Entsprechend diesen Aufgaben und Befugnissen war kein Raum für ein eigenverantwortliches, selbständiges Handeln der Postbankkreditberater im unmittelbaren Zusammenhang mit der Kreditvergabe gegeben. Die programmgestützte und allein von den dortigen Vorgaben abhängige Kreditvergabe war auf eine zügige Vergabe möglichst vieler Kredite in möglichst kurzer Zeit, „bestenfalls binnen weniger Minuten", gerichtet. Eine individuelle Beratung des Kreditsuchenden war ebenso wenig vorgesehen wie ein Entscheidungsspielraum des Kreditberaters, dessen Tätigkeit sich insoweit auf die Eingabe der erforderlichen Daten in das System beschränkte. Dass er womöglich in sog. „Grünfällen" den Darlehensvertrag im Auftrag der Bank unterzeichnete, ändert an dieser Einschätzung nichts; denn insoweit handelte es sich um den bloßen Vollzug einer bereits getroffenen Entscheidung, die im Übrigen bereits zu einer automatisierten Auszahlung des Geldes geführt hatte.

[7] Auch im Vorfeld der eigentlichen Kreditgewährung sind ausreichende Anhaltspunkte für eine gewisse Eigenverantwortlichkeit der Mitangeklagten E. und R. nicht zu erkennen. Die einzelnen Kreditsachbearbeiter waren in aller Regel nicht besonders zur Überprüfung der eingereichten Unterlagen geschult (UA S. 15), so dass auch nicht davon ausgegangen werden kann, dass ihnen eine besondere (strafbewehrte) Pflicht zur Prüfung der ihnen vorgelegten Unterlagen auferlegt worden ist. Ihre Tätigkeit beschränkte sich insoweit maßgeblich darauf, die ihnen übergebenen Gehaltsbescheinigungen entgegenzunehmen und die sich daraus ergebenden, für die Kreditbearbeitung erforderlichen Daten in das System einzugeben. Soweit der Generalbundesanwalt in diesem Zusammenhang davon ausgeht, die Postbankmitarbeiter seien die „einzige Kontrollinstanz" gewesen, die anhand eines eigenen Eindrucks von der Person des Darlehensinteressenten und aufgrund einer Prüfung der vorgelegten Unterlagen entschieden hätten, ob die mit den vorgelegten Unterlagen behauptete Bonität tatsächlich vorgelegen habe, und darauf die Annahme einer Vermögensbetreuungspflicht stützt, findet dies in den (bisherigen) Urteilsfeststellungen keine Stütze.

[8] Dass die Kreditbearbeiter zu Beginn einer Kreditanfrage gehalten waren, die Kreditsuchenden auf die Voraussetzungen einer möglichen Kreditgewährung und die Notwendigkeit der Vorlage gewisser Bescheinigungen und Unterlagen hinzuweisen, begründet im Übrigen auch kein eigenverantwortliches Handeln. Denn auch dies folgte den bindenden Vorgaben der Postbank, ohne dass gewisse Handlungsspielräume für die Kreditbearbeiter erkennbar wären (vgl. BGH, NStZ 1983, 455).

[9] Das Fehlen der Vermögensbetreuungspflicht bei den Mitangeklagten E. und R. führt zur Aufhebung der Verurteilung der Angeklagten I. und Iv., auch soweit sie in diesen Fällen rechtsfehlerfrei wegen tateinheitlich verwirklichter Urkundenfälschung und Computerbetruges verurteilt worden sind. Die Aufhebung erstreckt sich insoweit gemäß § 357 StPO auch auf die nicht revidierenden Mitangeklagten E. und R. Da es nicht ausgeschlossen erscheint, dass noch Feststellungen zum Bestehen einer Vermögensbetreuungspflicht getroffen werden können, verweist der Senat die Sache an eine andere Strafkammer des Landgerichts zurück.

PRAXISBEDEUTUNG ■

Die vorliegende Entscheidung begrenzt die Annahme einer Vermögensbetreuungspflicht in den Fällen des Missbrauchstatbestands klar auf die Fälle, in denen die Vermögensfürsorge den Hauptbestandteil der Rechtsbeziehung bildet und in denen dem Verpflichteten überhaupt ein gewisser Ermessensspielraum zur Verfügung steht.

Taten der Untreue stehen – jeweils in Tateinheit mit Bestechlichkeit im geschäftlichen Verkehr – in **Realkonkurrenz**. Eine **Klammerwirkung** bzgl. der Untreuetaten **durch die Bestechungstaten scheidet aus**, weil die Bestechungstaten in ihrem strafrechtlichen Unwert deutlich hinter den zusätzlich verwirkten Gesetzesverstößen zurückbleiben.[265] **256**

[3] I. Das Landgericht hat folgende Feststellungen und Wertungen getroffen:

[4] 1. Der Angeklagte R. M. war ein Redaktionsleiter bei der Firma S. AG. In dieser Funktion war er u.a. in die externe Vergabe von Aufträgen für sog. „Druckvorstufenarbeiten“ im Rahmen der Erstellung von Katalogen und Broschüren eingebunden. Die in Aussicht genommenen Lieferantenfirmen richteten ihre Angebote an die S. AG. Der Angeklagte R. M. sorgte für die Erteilung der Aufträge auf der Grundlage dieser Angebote und nach Leistungserbringung für die Bezahlung der Rechnungen der Lieferanten. Zum Zwecke der eigenen Bereicherung hatte er unter Ausnutzung unzureichender Kontrollmechanismen das folgende System entwickelt, in das im Zeitraum von April 2005 bis Februar 2010 vier Lieferanten eingebunden waren: Er forderte die Lieferanten auf, ihm per Telefax die Angebote vorab privat nach Hause zu übermitteln. Auf ihm so übermittelte Angebote setzte er nach eigenem Gutdünken einen Aufschlagsbetrag und übermittelte die so modifizierten Angebote an den jeweiligen Lieferanten zurück. Die Lieferanten richteten sodann absprachegemäß ihre „offiziellen“, um den Aufschlagsbetrag erhöhten Angebote an die S. AG.

[5] Einem der Lieferanten, der früheren Angeklagten A., teilte er seit dem 9. April 2009 die Aufschlagsbeträge teilweise mit Hilfe seiner Ehefrau, der Angeklagten G. M., in 31 von dieser verfassten E-Mails mit. In den Fällen B.5 Ziffer 141–143; 144–150; 160–161; 164–165; 166–169; 171–173; 178–183; 184–187; 193–199; 200–209; 210–212; 213–217 und 219–221; 240–249; 263–266; 276–280; 281–285; 286–289; 290–291 und 293–294; 324–327; 333–336; 337–341; 342–347; 348–

[265] BGH, Beschluss vom 11.1.2012 – 1 StR 386/11.

354; 375–380; 381–386 der Urteilsgründe teilte die Angeklagte G. M. den Aufschlagsbetrag für mehrere Angebote in jeweils einer E-Mail mit.

[6] Ziel des Angeklagten R. M. war es, sämtliche durch die Beauftragung und Bezahlung der Lieferanten zu den überhöhten Preisen „erwirtschafteten" Aufschläge abzuschöpfen. Er rief bei drei Lieferanten Aufschlagsbeträge in zusammengefassten größeren Geldbeträgen ab. Die Zahlungen erfolgten seitens der Lieferanten durch Überweisung auf ein Konto des früheren Angeklagten Sp, der die eingegangenen Geldbeträge meist zeitnah an den Angeklagten R. M. transferierte. Den Zahlungen war vorangegangen, dass der Angeklagte R. M. den Lieferanten 49 fingierte Rechnungen unter der Einzelfirma „Sp., Druckvermittlung," ausgestellt, mit dem Namenszug „Sp." unterzeichnet und den Lieferanten übermittelt hatte. Über die Erstellung der Rechnungen und deren Fälschung war der frühere Angeklagte Sp. nicht informiert. …

[10] 2. Das Landgericht hat bei dem Angeklagten R. M. jeden Einzelfall des „Anbringens des Aufschlagsbetrags" einschließlich der „Rückübermittlung des modifizierten Angebots" als eigene Tathandlung des „Forderns eines Vorteils" i.S.d. § 299 Abs. 1, 1. Alt. StGB und als erste Teilhandlung der Untreue gewertet. Wegen der teilweisen Überschneidung der Ausführungshandlungen ist es im Verhältnis der Untreue zur Bestechlichkeit im geschäftlichen Verkehr von Tateinheit ausgegangen. In der durch die spätere Annahme von Geld- und Sachleistungen ebenfalls erfüllten Tatbestandsalternative des „Annehmens eines Vorteils" i.S.d. § 299 Abs. 1, 3. Alt. StGB hat es jeweils mitbestrafte Nachtaten erblickt. Die durch die Nichtabgabe von Umsatzsteuererklärungen und die Abgabe unvollständiger Einkommensteuererklärungen herbeigeführten Steuerverkürzungen hat es als Steuerhinterziehung in acht Fällen gewertet.

[11] 3. Bei der Angeklagten G. M. hat das Landgericht jede ihrer E-Mails als eigenständige Beihilfehandlung zu 136 Straftaten des Angeklagten R. M. der Untreue in Tateinheit mit Bestechlichkeit im geschäftlichen Verkehr gewertet. Die Anzahl der Haupttaten hat es anhand der beaufschlagten Angebote bestimmt. Die im Zusammenhang mit dem fingierten Arbeitsverhältnis erbrachten Tatbeiträge hat das Landgericht als Beihilfe zur Bestechlichkeit im geschäftlichen Verkehr angesehen.

[12] II. Zur Revision des Angeklagten R. M.:

[13] In den bisherigen Fällen B.5 Ziffer 141–143; 144–150; 160–161; 164–165; 166–169; 171–173; 178–183; 184–187; 193–199; 200–209; 210–212; 213–217 und 219–221; 240–249; 263–266; 276–280; 281–285; 286–289; 290–291 und 293–294; 324–327; 333–336; 337–341; 342–347; 348–354; 375–380; 381–386 (insgesamt 129 Fälle) der Urteilsgründe hält die konkurrenzrechtliche Bewertung durch das Landgericht sachrechtlicher Überprüfung nicht stand. Dies führt zu der aus dem Tenor ersichtlichen Änderung des Schuldspruchs, den der Senat insgesamt klarstellend neu fasst, und zur Festsetzung jeweils neuer Einzelstrafen.

[14] 1. Die Annahme von Tatmehrheit hinsichtlich der Untreue- und Bestechlichkeitsvorwürfe ist in den vorgenannten Fällen rechtsfehlerhaft.

[15] a) Der Tatbeitrag des Angeklagten R. M. bestand in diesen Fällen darin, seine Ehefrau 25 E-Mails, die jeweils mehrere Aufschlagsbeträge (insgesamt 129) enthielten, an die frühere Angeklagte A. schreiben zu lassen. Damit bildete für ihn jede der 25 E-Mails den Beginn einer einheitlichen Treupflichtverletzungshandlung (zum Beginn der Treupflichtverletzung vgl. BGH, Urteil vom 11. Februar 2009 – 2 StR 339/08 Rn. 21; BGH, Urteil vom 11. Mai 2001 – 3 StR 549/00 Rn. 10). Auch das Fordern eines Vorteils i.S.d. § 299 Abs. 1, 1. Alt. StGB ging auf die jeweilige E-Mail zurück.

[16] b) Der Angeklagte R. M. ist daher insoweit – ohne dass der Schuldumfang verändert ist – lediglich wegen 25 begangener Straftaten der Untreue und Bestechlichkeit im geschäftlichen Verkehr schuldig. Der Schuldspruch ist deshalb entsprechend zu ändern (§ 354 Abs. 1 StPO analog). § 265 Abs. 1 StPO steht dem nicht entgegen, weil sich der Angeklagte R. M. nicht anders als geschehen hätte verteidigen können. Der Senat fasst den Schuldspruch klarstellend neu, wobei er gemäß § 260 Abs. 4 Satz 5 StPO im Interesse der Klarheit und Verständlichkeit der Urteilsformel davon absieht, die gleichartige Tateinheit im Tenor zum Ausdruck zu bringen (vgl. BGH, Beschluss vom 4. März 2008 – 5 StR 594/07 Rn. 11 m.w.N.).

[17] 2. Einer weitergehenden Änderung des Schuldspruchs bedurfte es nicht.

[18] a) Soweit die Revision vorbringt, das Gericht habe den räumlichen und situativen Zusammenhang in den Fällen übersehen, in denen der Angeklagte R. M. an einem Tag mehrere Angebotserhöhungen vornahm, weswegen es „unvertretbar" erscheine, dass das Gericht auch in diesen Fällen jedes Angebot als eigene Tat wertete, vermag sie nicht durchzudringen.

[19] Eine natürliche Handlungseinheit verlangt neben weiteren Voraussetzungen jedenfalls auch, dass die einzelnen Betätigungen auf einer einzigen Willensentschließung beruhen (st. Rspr.; vgl. nur BGH, Urteil vom 1. September 1994 – 4 StR 259/94, NStZ 1995, 46, 47 m.w.N.). Hier ist schon nicht erkennbar, dass den an einem Tag vorgenommenen Angebotserhöhungen eine über eine allgemeine Tatgeneigtheit hinausgehende einheitliche Willensentschließung zugrunde lag, da der Angeklagte nicht jedes ihm in das Haus gefaxte Angebot „automatisch" mit einem Aufschlag versah. Vielmehr musste er hinsichtlich jedes Angebots nach dessen Überprüfung eine gesonderte Entscheidung darüber treffen, ob ein Angebot überhaupt mit einem Aufschlag erhöht werden sollte und, wenn ja, in welcher Höhe (UA S. 128).

[20] b) Auch die Auffassung, die ausgeurteilten Untreuestraftaten würden durch Bestechungstaten miteinander verklammert, teilt der Senat nicht; für eine über den dargestellten Umfang hinausgehende Schuldspruchänderung ist daher kein Raum.

[21] Voraussetzung für die sog. Klammerwirkung ist, dass zwischen wenigstens einem der an sich selbständigen Delikte und dem sie verbindenden, sich über einen gewissen Zeitraum hinziehenden (Dauer-)Delikt zumindest annähernde Wertgleichheit besteht (vgl. BGH, Beschluss vom 19. April 2011 – 3 StR 230/10 Rn. 17 m.w.N.). Die Klammerwirkung bleibt daher aus, wenn das (Dauer-)Delikt in seinem strafrechtlichen Unwert, wie er in der Strafandrohung seinen Ausdruck findet, deutlich hinter den während seiner Begehung zusätzlich verwirklichten Gesetzesverstößen zurückbleibt (vgl. BGH, Beschluss vom 10. November 2010 – 5 StR 464/10 Rn. 3).

[22] Danach scheidet vorliegend eine Verklammerung mehrerer jeweils durch eine Angebotserhöhung verwirklichter Untreuestraftaten durch Delikte der Bestechlichkeit im geschäftlichen Verkehr aus. Die Obergrenze des Strafrahmens für die Straftaten der Bestechlichkeit im geschäftlichen Verkehr bleibt deutlich hinter derjenigen der Untreuestraftaten zurück. Gründe, die eine nicht von den Strafrahmen bestimmte Gewichtung gebieten könnten, sind nicht ersichtlich.

[23] Die Taten der Untreue stehen deshalb – jeweils in Tateinheit mit Bestechlichkeit im geschäftlichen Verkehr – in Realkonkurrenz (vgl. BGH, Urteil vom 8. November 2007 – 3 StR 320/07; weitere Nachweise zur Rspr. bei Rissing-van Saan in LK, 12. Aufl. § 52 Rn. 30).

[24] c) Der Senat sieht im Ergebnis auch keinen Wertungsfehler darin, dass das Landgericht die Urkundenfälschungen als gegenüber der Bestechlichkeit im geschäftlichen Verkehr rechtlich selbständige Straftaten gewertet hat. Die tatbestandlichen Ausführungshandlungen der Urkundenfälschungen in Form der Erstellung und Übermittlung der unechten Rechnungen waren nicht, auch nicht in Teilbereichen, identisch mit Empfangnahmen der Rechnungsbeträge auf dem Konto des früheren Angeklagten Sp. Diese Zahlungseingänge erscheinen auch nicht als ein mit dem Versenden der dazugehörigen Rechnungen einheitliches, zusammengehöriges Tun des Angeklagten R.M. Die Annahme natürlicher Handlungseinheiten (vgl. hierzu nur Fischer, StGB, 59. Aufl., vor § 52 Rn. 3 m. zahlr. w.N.) scheidet damit von vorneherein aus.

17. Urkundenfälschung – § 267 StGB

257 Wird eine **gefälschte Urkunde** dem Tatplan entsprechend **mehrfach gebraucht**, liegt nur eine Urkundenfälschung vor.

Stellt ein Täter eine unechte Urkunde her und macht sich damit wegen Urkundenfälschung strafbar, kommt eine **strafbare Teilnahme** des Fälschers an dem **von einem anderen vorgenommenen Gebrauchmachen derselben Urkunde** nicht in Betracht; insoweit liegt eine deliktische Einheit vor, in der die Beihilfehandlung aufgeht.[266]

[1] Das Landgericht hat den Angeklagten I. wegen Urkundenfälschung in 25 Fällen, davon in acht Fällen in Tateinheit mit Betrug, in sechs Fällen in Tateinheit mit versuchtem Betrug sowie in sechs Fällen in Tateinheit mit Computerbetrug und Anstiftung zur Untreue zu einer Gesamtfreiheitsstrafe von drei Jahren und sechs Monaten verurteilt. Den Angeklagten Iv. hat die Strafkammer wegen Urkundenfälschung in 27 Fällen, davon in zehn Fällen in Tateinheit mit Beihilfe zum Betrug, in sechs Fällen in Tateinheit mit Beihilfe zum versuchten Betrug, in sechs Fällen in Tateinheit mit Beihilfe zur Untreue und zum Computerbetrug sowie wegen Beihilfe zur Urkundenfälschung in Tateinheit mit Beihilfe zum versuchten Betrug zu einer Gesamtfreiheitsstrafe von zwei Jahren und zehn Monaten verurteilt. Den nicht revidierenden Mitangeklagten E. hat das Landgericht wegen Urkundenfälschung in vier Fällen, davon in drei Fällen in Tateinheit mit Untreue und mit Computerbetrug sowie in einem Fall in Tateinheit mit Betrug, den ebenfalls nicht revidierenden Mitangeklagten R. wegen Urkundenfälschung in fünf Fällen, davon in drei Fällen in Tateinheit mit Untreue und mit Computerbetrug sowie in zwei Fällen in Tateinheit mit Betrug zu Gesamtfreiheitsstrafen von zehn Monaten bzw. einem Jahr und vier Monaten verurteilt, die es zur Bewährung ausgesetzt hat. Außerdem hat es hinsichtlich aller Angeklagten eine Kompensationsentscheidung wegen überlanger Verfahrensdauer getroffen. Die auf die Verletzung formellen und materiellen Rechts gestützte Revision der Angeklagten hat in dem aus dem Tenor ersichtlichen Umfang Erfolg. Im Übrigen ist sie offensichtlich unbegründet (§ 349 Abs. 2 StPO).

[2] 1. Die Verurteilung des Angeklagten Iv. wegen Beihilfe zur Urkundenfälschung in Tateinheit mit Beihilfe zum versuchten Betrug im Fall II. 4 der Urteilsgründe hält rechtlicher Nachprüfung nicht stand. Der wiederholte Gebrauch der vom Angeklag-

---

[266] BGH, Beschluss vom 3.5.2012 – 2 StR 446/11.

ten gefälschten Dokumente, die bereits zur Tatbegehung im Fall II. 3 verwendet worden waren, stellt nach der Verurteilung in diesem Fall kein gesondert verfolgbares Tatunrecht dar. Stellt ein Täter – wie der Angeklagte Iv. im Fall II. 3 der Urteilsgründe – eine unechte Urkunde her und macht sich damit wegen Urkundenfälschung strafbar, kommt eine strafbare Teilnahme des Fälschers an dem von einem anderen vorgenommenen Gebrauchmachen derselben Urkunde nicht in Betracht; insoweit liegt eine deliktische Einheit vor, in der die Beihilfehandlung aufgeht (vgl. BGH, Beschluss vom 30. Oktober 2008 – 3 StR 156/08, insoweit in BGHSt 53, 34 nicht abgedruckt). Soweit der Angeklagte im Übrigen durch das Herstellen der unechten Urkunde Beihilfe zum (versuchten) Betrug in den Fällen II.3 und 4 leistet, ist nur eine Beihilfe im Rechtssinne gegeben. Die Verurteilung im Fall II.4 hat deshalb zu entfallen. Eines Freispruchs bedarf es insoweit – wie vom Generalbundesanwalt beantragt – allerdings nicht (vgl. BGH, NStZ 2009, 347).

Kann **nicht geklärt** werden, ob bei einem betrügerischen Autokauf dem Autohändler zur Vorbereitung des Vertragsschlusses **entweder die gefälschte Urkunde oder** nur eine **Datei davon** vorgelegt wurde, und wovon somit zur Täuschung im Rechtsverkehr Gebrauch gemacht worden ist (§ 267 Abs. 1 Alt. 3 StGB), kann eine Verurteilung nach § 267 Abs. 1 Alt. 3 StGB hierauf nicht gestützt werden. Ein Ausdruck der Datei wäre keine Urkunde. Das Vorlegen eines solchen Ausdrucks kann nur dann das Gebrauchmachen von einer gefälschten Urkunde darstellen, wenn überhaupt jemals eine solche (falsche oder verfälschte) Urkunde vorgelegen hat.[267] **258**

[9] d) Im Fall II. 12 belegen die Feststellungen nicht die ausgeurteilte Urkundenfälschung. Danach wollten der Angeklagte und der Nichtrevident A. unter Vorspiegelung von Zahlungsbereitschaft und -fähigkeit einen Pkw VW Tiguan erwerben. Als Käufer trat der gesondert verfolgte Gr. auf. Dieser erhielt im Auftrag des Angeklagten vom Nichtrevidenten „in Dateiform das Abbild des gefälschten Personalausweises von ‚N.' und drei gefälschte Gehaltsabrechnungen der ‚Wo. AG', welche der Angeklagte im November 2009 besorgt hatte. Gr. übersandte die Unterlagen an den Autohändler per E-Mail für die Finanzierung."

[10] Danach bleibt offen, was dem Autohändler zur Vorbereitung des Vertragsschlusses vorgelegt und wovon somit zur Täuschung im Rechtsverkehr Gebrauch gemacht worden ist (§ 267 Abs. 1 Alt. 3 StGB). Ein Ausdruck der Datei wäre keine Urkunde. Das Vorlegen eines solchen Ausdrucks kann nur dann das Gebrauchmachen von einer gefälschten Urkunde darstellen, wenn überhaupt jemals eine solche (falsche oder verfälschte) Urkunde vorgelegen hat (vgl. Fischer, StGB, 59. Aufl., § 267 Rn. 19). Hierzu fehlt es an einer Feststellung. Es bleibt unklar, ob sich der Angeklagte unechte oder verfälschte Urkunden oder nur eine Datei von ihnen beschafft hatte.

[11] Die Aufhebung des Schuldspruchs wegen Urkundenfälschung ergreift auch die Verurteilung wegen tateinheitlich begangenen Betrugsversuchs.

Urkunden im Sinne von § 267 Abs. 1 StGB sind verkörperte Erklärungen, die ihrem gedanklichen Inhalt nach geeignet und bestimmt sind, für ein Rechtsverhältnis Beweis zu erbringen, und die ihren Aussteller erkennen lassen. Soweit die Ange- **259**

[267] BGH, Beschluss vom 17.11.2011 – 3 StR 203/11.

klagte lediglich den – ungültigen – **Reisesicherungsschein eines Versicherungsunternehmens als Farbkopie** auf die Rückseite der Kundenrechnung hat erstellen lassen, liegt eine Urkundenfälschung nicht vor.[268]

[11] 2. Die Verurteilung wegen Urkundenfälschung in den Fällen II. 3 und II. 5 der Urteilsgründe hält sachlich-rechtlicher Prüfung nicht stand.

[12] a) Die Angeklagte hat keine unechte oder verfälschte Urkunde herstellen lassen oder von dieser Gebrauch gemacht. Urkunden im Sinne von § 267 Abs. 1 StGB sind verkörperte Erklärungen, die ihrem gedanklichen Inhalt nach geeignet und bestimmt sind, für ein Rechtsverhältnis Beweis zu erbringen, und die ihren Aussteller erkennen lassen (BGH, Urteile vom 19. Februar 1953 – 3 StR 896/52, BGHSt 4, 60, 61, und vom 11. Mai 1971 – 1 StR 387/70, BGHSt 24, 140, 141). Soweit die Angeklagte lediglich den – ungültigen – Reisesicherungsschein eines Versicherungsunternehmens als Farbkopie auf die Rückseite der Kundenrechnung hat erstellen lassen, liegt eine Urkundenfälschung nicht vor. Es müsste darüber hinaus eine vom Landgericht nicht festgestellte Veränderung des Originalversicherungsscheins vorgenommen worden sein; erst dann kann eine Reproduktion durch eine Farbkopie den Anschein einer von einem Aussteller herrührenden Gedankenäußerung vermitteln, dass die Möglichkeit einer Verwechslung mit dem Original nicht ausgeschlossen werden kann (BGH, Beschluss vom 27. Januar 2010 – 5 StR 488/09, NStZ 2010, 703; BayObLG NJW 1989, 2553, 2554).

[13] b) Der Senat hebt daher die Verurteilungen in den Fällen II. 3 und II. 5 der Urteilsgründe auf; er kann nicht ausschließen, dass Feststellungen noch getroffen werden können, die den Tatbestand der Urkundenfälschung begründen könnten. Die Aufhebung erstreckt sich auch auf die tateinheitliche Verurteilung wegen des an sich rechtsfehlerfrei festgestellten Betruges zum Nachteil der Reisekunden. Insgesamt – dies gilt gleichermaßen für die nachstehende Beanstandung (unten 2) – können die getroffenen Feststellungen bestehen bleiben, weil lediglich Subsumtionsfehler vorliegen; weitergehende Feststellungen sind möglich, soweit sie den bisherigen nicht widersprechen. Das neue Tatgericht könnte die Urkundenfälschungsvorwürfe nach § 154a StPO ausscheiden; dann besteht ohne weiteres eine tragfähige Grundlage für eine Verurteilung wegen Betruges in zwei Fällen.

18. Bankrott – § 283 StGB

260 Die Strafbarkeit des **Geschäftsführers einer Gesellschaft mit beschränkter Haftung** wegen Bankrotts setzt nicht voraus, dass die Tathandlung im Interesse der Gesellschaft liegt.[269]

[9] Die gegen das Urteil von beiden Angeklagten übereinstimmend erhobenen Verfahrensrügen sind, wie vom Generalbundesanwalt dargelegt, im Ergebnis unbegründet. Die Sachrüge hat ebenfalls keinen Rechtsfehler zum Nachteil der Angeklagten ergeben. Der näheren Erörterung bedarf insoweit lediglich die (zutreffende) rechtliche Würdigung des Landgerichts.

---

[268] BGH, Beschluss vom 5.7.2012 – 5 StR 380/11.
[269] BGH, Beschluss vom 15.5.2012 – 3 StR 118/11.

[10] 1. Das Landgericht ist zu Recht davon ausgegangen, dass sich der frühere Mitangeklagte als Geschäftsführer der S. GmbH wegen Bankrotts unabhängig davon strafbar machte, dass er eigennützig und zum Schaden der Gesellschaft handelte, und die Angeklagten dazu Beihilfe leisteten.

[11] a) Der Bundesgerichtshof ist bislang – die Rechtsprechung des Reichsgerichts (Urteil vom 29. März 1909 – III 877/08, RGSt 42, 278, 282; a.A. indes RG, Urteil vom 22. Dezember 1938 – 2 D 581/38, RGSt 73, 68, 70) fortführend – in ständiger Rechtsprechung davon ausgegangen, dass der Geschäftsführer einer GmbH sich wegen Bankrotts nach § 283 Abs. 1 Nr. 1, § 14 Abs. 1 Nr. 1 StGB nur strafbar machen könne, wenn er die Tathandlung für die GmbH und (zumindest auch) in deren Interesse vorgenommen hat (vgl. etwa BGH, Urteile vom 20. Mai 1981 – 3 StR 94/81, BGHSt 30, 127, 128; vom 5. Oktober 1954 – 2 StR 447/53, BGHSt 6, 314, 316 f.; vom 6. November 1986 – 1 StR 327/86, BGHSt 34, 221, 223; Beschluss vom 14. Dezember 1999 – 5 StR 520/99, NStZ 2000, 206, 207, jeweils m.w.N.; s. auch LK/Tiedemann, StGB, 12. Aufl., Vor §§ 283 ff. Rn. 79 ff.; Arloth, NStZ 1990, 570 ff.). Dieser als „Interessentheorie" bezeichneten Ansicht liegt die Auffassung zugrunde, dass das Gesellschaftsorgan nicht in dieser Eigenschaft handele, wenn ein Bezug zum – durch den Interessenkreis bestimmten – Geschäftsbetrieb fehle (RG, Urteil vom 29. März 1909 – III 877/08, RGSt 42, 278, 282). Daher hat die bisherige Rechtsprechung eine Strafbarkeit wegen Bankrotts abgelehnt, wenn der Vertreter ausschließlich im eigenen Interesse handelt.

[12] b) An der Interessentheorie hält der Senat nicht weiter fest, da sich weder aus dem Gesetzeswortlaut noch nach dem Gesetzeszweck eine solche auf das Interesse des Vertretenen abstellende Einschränkung ergibt und sie berechtigte Kritik erfahren hat.

[13] aa) Der Gesetzeswortlaut stellt für die Zurechnung nicht auf das Interesse des Vertretenen ab: Nach § 14 Abs. 1 Nr. 1 Alt. 1 StGB kommt die Strafbarkeit des Geschäftsführers einer GmbH bei Bankrotttaten in Betracht, wenn er „als vertretungsberechtigtes Organ einer juristischen Person" gehandelt hat. Dies setzt neben der Organstellung als solcher voraus, dass der Vertretungsberechtigte in seiner Eigenschaft als Organ gehandelt hat (vgl. BT-Drucks. 5/1319 S. 63; BT-Drucks. 14/8998 S. 8: „‚in Ausübung' seiner Funktion"). Eine nähere Konkretisierung, wann ein Vertretungsberechtigter gerade in dieser Eigenschaft handelt, enthält der Gesetzeswortlaut nicht.

[14] bb) Der vom Gesetzgeber mit der Regelung des § 14 StGB verfolgte Zweck besteht – ebenso wie bei dem zuvor geltenden § 50a StGB – darin, den Anwendungsbereich von Straftatbeständen allgemein auf Personen zu erweitern, die in einem bestimmten Vertretungs- oder Auftragsverhältnis für den Normadressaten handeln, und die kriminalpolitisch nicht erträgliche Lücke zu schließen, die sich daraus ergibt, dass der Normadressat mangels Handlung und der Handelnde deshalb nicht zur Verantwortung gezogen werden kann, weil er nicht Normadressat ist (BT-Drucks. 5/1319 S. 62). Dieser Regelungszweck spricht nicht für eine einschränkende Normauslegung.

[15] cc) Mit der dargelegten Intention des § 14 StGB lässt sich insbesondere nicht vereinbaren, dass die Interessentheorie im Ergebnis bei einer Vielzahl von Taten einer Strafbarkeit nach § 283 StGB entgegensteht, weil der Vermögensträger als juristische Person und die handelnde natürliche Person auseinanderfallen.

[16] So lässt die Interessentheorie für die Insolvenzdelikte nur einen geringen Anwendungsbereich, wenn Schuldner im Sinne des § 283 StGB eine Handelsgesellschaft ist. …

[17] Während Einzelkaufleute in vergleichbaren Fällen regelmäßig wegen Bankrotts strafbar sind, entstehen so Strafbarkeitslücken für Vertreter oder Organe von Kapitalgesellschaften. Dies lässt sich nicht mit der Intention des Gesetzgebers vereinbaren, durch die Regelung des § 14 StGB Strafbarkeitslücken zu schließen. …

[18] Über die nicht gerechtfertigte Privilegierung von GmbH-Geschäftsführern gegenüber Einzelkaufleuten hinaus wird der Zweck der § 283 Abs. 1 Nr. 5–8, § 283b StGB unterlaufen, der Verstöße gegen Buchführungs- und Bilanzierungsvorschriften wegen der besonderen Gefahr von Fehleinschätzungen mit schwerwiegenden wirtschaftlichen Folgen als eigenständiges Unrecht erfassen will (vgl. Arloth, NStZ 1990, 570, 572). …

[19] Überdies erscheint es problematisch, bei Fahrlässigkeits- und Unterlassungstaten die Zurechnung davon abhängig zu machen, in wessen Interesse der Vertreter handelte oder untätig blieb. …

[20] dd) In der Rechtsprechung des Bundesgerichtshofs ist die Interessentheorie bei Vertretern von Personengesellschaften für die praktisch relevanten Fälle, dass die Gesellschafter der Bankrotthandlung zustimmen (vgl. dazu Labsch, wistra 1985, 1, 7), zudem nicht durchgehalten worden; ein Handeln, das aus wirtschaftlicher Sicht im vollständigen Widerstreit zu den Interessen der vertretenen Gesellschaft steht, soll etwa bei der Kommanditgesellschaft gleichwohl von dem durch das Einverständnis erweiterten Auftrag des Schuldners – also der Gesellschaft – gedeckt sein, wenn der Komplementär zustimmt (BGH, Urteil vom 6. November 1986 – 1 StR 327/86, BGHSt 34, 221, 223 f. = BGH StV 1988, 14, 15 m. Anm. Weber). …

[21] Auch in Bezug auf die Buchführungs- und Bilanzdelikte hat der Bundesgerichtshof nicht einheitlich an der Interessentheorie festgehalten, sondern diese – teils ausdrücklich, teils stillschweigend – in Frage gestellt (vgl. BGH, Beschlüsse vom 15. Dezember 2011 – 5 StR 122/11, StV 2012, 216; vom 24. Mai 2009 – 5 StR 353/08, NStZ 2009, 635, 636; vom 18. Januar 1995 – 2 StR 693/94, wistra 1995, 146 f.; anders etwa BGH, Beschluss vom 14. Dezember 1999 – 5 StR 520/99, NStZ 2000, 206, 207).

[22] c) Kommt es für ein Handeln als Vertretungsberechtigter im Sinne des § 14 Abs. 1 StGB nicht (mehr) darauf an, ob dieses im Interesse des Geschäftsherrn liegt, ist auf andere taugliche Abgrenzungskriterien Bedacht zu nehmen (dazu bereits BGH, Beschlüsse vom 10. Februar 2009 – 3 StR 372/08, NJW 2009, 2225, 2228; vom 15. September 2011 – 3 StR 118/11, NStZ 2012, 89, 91). Entscheidend bleibt, dass der Handelnde gerade in seiner Eigenschaft als vertretungsberechtigtes Organ, also im Geschäftskreis des Vertretenen (BGH aaO), und nicht bloß „bei Gelegenheit" tätig wird (vgl. BT-Drucks. 14/8998 S. 8; 5/1319 S. 63). Dabei kann zwischen rechtsgeschäftlichem und sonstigem Handeln zu differenzieren sein (vgl. MünchKommStGB/Radtke, 2. Aufl., § 14 Rn. 65 ff.; S/S-Perron, StGB, 28. Aufl., § 14 Rn. 26; ausdrücklich anders noch BGH, Urteil vom 20. Mai 1981 – 3 StR 94/81, BGHSt 30, 127, 129).

[23] Handelt ein Organwalter rechtsgeschäftlich, ist ein organschaftliches Tätigwerden jedenfalls dann naheliegend gegeben, wenn er im Namen der juristischen Person auftritt oder für diese aufgrund der bestehenden Vertretungsmacht bindende Rechtsfolgen zumindest im Außenverhältnis herbeiführt (vgl. BGH, Beschlüsse vom 10. Februar 2009 – 3 StR 372/08, NJW 2009, 2225, 2228; vom 15. September 2011 – 3 StR 118/11, NStZ 2012, 89, 91 m. Anm. Radtke/Hoffmann). Das Handeln des Vertretungsberechtigten als Organ wird etwa dadurch deutlich, dass er lediglich aufgrund seiner besonderen Organstellung überhaupt in der Lage ist, die vertretene

juristische Person rechtlich zu binden. Diese Wirkung könnte er nicht herbeiführen, wenn er nicht als vertretungsberechtigtes Organ, sondern – gleichsam wie ein Außenstehender – als natürliche (Privat-)Person agierte (vgl. Arloth, NStZ 1990, 570, 574).

[24] Eine Zurechnung der Schuldnereigenschaft ist auch in den Fällen möglich, in denen der Vertretungsberechtigte aufgrund seiner Stellung außerstrafrechtliche, aber gleichwohl strafbewehrte Pflichten des Vertretenen zu erfüllen hat (s. LK/Tiedemann, 12. Aufl., Vor §§ 283 ff. Rn. 84; NK-StGB-Kindhäuser, 3. Aufl., Vor §§ 283 bis 283d Rn. 54).

[25] Dagegen erscheint die Abgrenzung bei einem bloß faktischen Handeln problematischer. Ein solches kann jedenfalls dann Grundlage für eine Zurechnung sein, wenn eine Zustimmung des Vertretenen vorliegt (vgl. BGH, Beschluss vom 15. September 2011 – 3 StR 118/11, NStZ 2012, 89, 91; weitergehend BGH, Beschluss vom 10. Januar 2012 – 4 ARs 17/11, wistra 2012, 191; s. auch MünchKommStGB/Radtke, 2. Aufl., § 14 Rn. 67 f.; Valerius, NZWiSt 2012, 65, 66).

[26] Es bedarf hier keiner abschließenden Klärung, unter welchen Voraussetzungen im Einzelnen bei rein tatsächlichen Verhaltensweisen eine Zurechnung nach § 14 StGB in Betracht kommt; denn ein solches liegt nicht vor. Der Geschäftsführer K. ist rechtsgeschäftlich tätig geworden. Er verschaffte sich die Beträge im Wesentlichen durch Überweisungen, die er als Geschäftsführer der GmbH mit Wirkung für diese vornahm.

[27] d) Der Senat ist durch die bislang ergangenen Entscheidungen nicht daran gehindert, eine Strafbarkeit der Angeklagten wegen Beihilfe zum Bankrott anzunehmen, obschon der Geschäftsführer der S. GmbH Gesellschaftsvermögen nicht im Interesse der GmbH, sondern in eigenem Interesse beiseite schaffte. Auf Anfrage (§ 132 Abs. 3 Satz 1 GVG) haben sämtliche anderen Strafsenate erklärt, an ihrer insoweit entgegenstehenden früheren Rechtsauffassung nicht festzuhalten (vgl. BGH, Beschlüsse vom 29. November 2011 – 1 ARs 19/11, wistra 2012, 113; vom 22. Dezember 2011 – 2 ARs 403/11; vom 10. Januar 2012 – 4 ARs 17/11, wistra 2012, 191; vom 7. Februar 2012 – 5 ARs 64/11). Auch der Senat selbst gibt seine entgegenstehende Rechtsansicht auf.

19. Wettbewerbsrechtliche Absprachen bei Ausschreibungen – § 298 StGB

Der Tatbestand des § 298 Abs. 1 StGB setzt bei einer Ausschreibung über Waren oder gewerbliche Leistungen die Abgabe eines Angebots voraus, das auf einer **rechtswidrigen Absprache** beruht, die darauf abzielt, den Veranstalter zur Annahme eines bestimmten Angebots zu veranlassen. Rechtswidrig ist eine Absprache, wenn sie gegen das GWB verstößt. Nachdem bis zum 30. Juni 2005 hiervon nur horizontale Absprachen zwischen Unternehmern erfasst waren, gilt dies nunmehr auch für vertikale Absprachen.[270] **261**

[3] Die Verurteilung wegen wettbewerbsbeschränkender Absprachen in 14 Fällen hält der rechtlichen Nachprüfung stand.

[270] BGH, Beschluss vom 25.7.2012 – 2 StR 154/12.

[4] 1. Insbesondere hat das Landgericht die zwischen dem Angeklagten, seiner Ehefrau und dem Zeugen G. getroffenen Absprachen zutreffend als vom Tatbestand des § 298 Abs. 1 StGB erfasst angesehen. Dieser setzt bei einer Ausschreibung über Waren oder gewerbliche Leistungen die Abgabe eines Angebots voraus, das auf einer rechtswidrigen Absprache beruht, die darauf abzielt, den Veranstalter zur Annahme eines bestimmten Angebots zu veranlassen. Rechtswidrig ist eine Absprache, wenn sie gegen das GWB verstößt (BGHSt 49, 201, 205). Gemäß § 1 GWB in der seit dem 1. Juli 2005 geltenden Fassung (BGBl I 1954 und 2114) sind alle Vereinbarungen zwischen Unternehmen, Beschlüsse von Unternehmensvereinigungen und aufeinander abgestimmte Verhaltensweisen, die eine Verhinderung, Einschränkung oder Verfälschung des Wettbewerbs bezwecken, verboten. Nach § 1 GWB in der bis zum 30. Juni 2005 geltenden Fassung galt dies nur, soweit die Unternehmen miteinander im Wettbewerb standen. Erfasst waren demnach nur horizontale Absprachen zwischen Unternehmern, nicht aber vertikale Absprachen zwischen einem Anbieter und dem Veranstalter (BGHSt 49, 201, 204 ff.; bestätigend Senat NStZ 2006, 687). Durch die Novellierung sind nunmehr neben horizontalen auch vertikale Absprachen erfasst (BT-Drs. 15/3640 S. 44). Zutreffend nimmt daher inzwischen die ganz herrschende Lehre an, dass dem Tatbestand des § 298 Abs. 1 StGB aufgrund der kartellrechtsakzessorischen Ausgestaltung jetzt auch vertikale Absprachen unterfallen (Fischer StGB 59. Aufl. § 298 Rn. 9; Tiedemann in LK StGB 12. Aufl. § 298 Rn. 13; Hohmann in MünchKomm-StGB § 298 Rn. 84; Bosch in SSW § 298 Rn. 18; Heine in Schönke/Schröder StGB § 298 Rn. 11; Wiesmann, Die Strafbarkeit gemäß § 298 StGB S. 132; Wunderlich, Die Akzessorietät des § 298 StGB zum Gesetz gegen Wettbewerbsbeschränkungen (GWB) S. 227; a.A. Dannecker in NK StGB 3. Aufl. § 298 Rn. 21). Ungeachtet der hier ebenfalls bestehenden horizontalen Absprachen zwischen den Bieterfirmen R., L. und Go. hat das Landgericht danach zu Recht angenommen, dass die zwischen dem auf Seiten der K. stehenden Angeklagten und der R. GmbH vorgenommenen vertikalen Absprachen den Tatbestand des § 298 Abs. 1 StGB erfüllen.

[5] 2. Zutreffend hat das Landgericht ferner das Handeln des Angeklagten als täterschaftliche Begehung des § 298 Abs. 1 StGB gewertet. Ob nur Kartellmitglieder Täter des § 298 StGB sein können, hat der Bundesgerichtshof bisher offen gelassen (BGHSt 49, 201, 208). In der Literatur wird diese Frage im Ausgangspunkt kontrovers diskutiert. Die herrschende Lehre nimmt an, dass Nicht-Kartellmitglieder, insbesondere Personen auf Seiten des Veranstalters, als Täter des § 298 StGB in Betracht kommen (Fischer aaO Rn. 17b; Grützner, Die Sanktionierung von Submissionsabsprachen S. 534 f.; Joecks Studienkommentar StGB 9. Aufl. § 298 Rn. 5; König JR 1997, 397, 402; Kosche, Strafrechtliche Bekämpfung wettbewerbsbeschränkender Absprachen bei Ausschreibungen – § 298 StGB S. 160; Maurach/Schröder/Maiwald Strafrecht BT Teilband 2 9. Aufl. § 68 Rn. 6; Mitsch Strafrecht BT II Teilband 2 § 3 Rn. 207; Otto Strafrecht BT 61/148; Bosch aaO Rn. 18; Heine aaO Rn. 17; Rudolphi in SK-StGB 6. Aufl. (50. Lfg. April 2000) § 298 Rn. 10). Die Gegenansicht geht im Grundsatz zwar nur von der Möglichkeit einer Teilnahmestrafbarkeit von Nicht-Kartellmitgliedern aus (Böse in Graf/Jäger/Wittig Wirtschafts- und Steuerstrafrecht § 298 Rn. 24; Greeve Korruptionsdelikte in der Praxis Rn. 387; ders. in Greeve/Leipold, Handbuch des Baustrafrechts § 10 Rn. 100; Momsen in Heintschel-Heinegg StGB § 298 Rn. 17; Lackner/Kühl StGB 27. Aufl. § 298 Rn. 6; Tiedemann aaO § 298 Rn. 47; Hohmann aaO Rn. 105 f.; Dannecker aaO Rn. 63; ders. JZ 2005, 49, 52), hält teilweise jedoch auch deren Täterschaft für möglich (Dannecker aaO Rn. 64a; Hohmann aaO 107; so wohl auch Tiedemann aaO Rn. 47).

[6] Der Senat vertritt jedenfalls für die vorliegende Fallkonstellation der Beteiligung eines Veranstalters an einer auf einer Absprache beruhenden Angebotsabgabe die Auffassung, dass zumindest seit der Neuregelung von § 1 GWB auch dieser den Tatbestand des § 298 Abs. 1 StGB täterschaftlich verwirklichen kann. Dessen Wortlaut steht einer solchen Auslegung nicht entgegen. Es handelt sich nicht um ein Sonderdelikt (Dannecker aaO Rn. 18; Fischer aaO Rn. 17; Heine aaO Rn. 17; Hohmann aaO Rn. 99; Lackner/Kühl aaO Rn. 6; Tiedemann aaO Rn. 13; aA Böse aaO Rn. 4); Täter kann daher nicht nur derjenige sein, der selbst ein Angebot abgibt. Da seit der Neufassung des § 1 GWB auch vertikale Absprachen den Tatbestand des § 298 Abs. 1 StGB erfüllen, müssen sich vielmehr auch Veranstalter als Täter strafbar machen können, sofern ihnen nach den allgemeinen Regeln der Abgrenzung von Täterschaft und Teilnahme die Abgabe des Submissionsangebots im Sinne des § 25 StGB zurechenbar ist; ansonsten würde der mit der kartellrechtskonformen Ausgestaltung von § 298 StGB verfolgte Zweck – Vermeidung von Wertungswidersprüchen zwischen Kartellrecht und Strafrecht – unterlaufen. Auch teleologische Überlegungen sprechen für eine Täterstellung des auf Veranstalterseite Handelnden. Rechtsgut der Straftaten gegen den Wettbewerb sind zunächst der freie Wettbewerb (Fischer aaO vor § 298 Rn. 6; Lackner/Kühl aaO Rn. 1; Tiedemann aaO Rn. 6), daneben nach herrschender Meinung aber auch Vermögensinteressen des Veranstalters (Bannenberg in Dölling/Duttge/Rössner StGB 2. Aufl. § 298 Rn. 4; Fischer aaO § 298 Rn. 2; Heine aaO Vorbem. §§ 298 ff. Rn. 3; Kindhäuser LPK-StGB 4. Aufl. § 298 Rn. 1; Mitsch § 3 Rn. 196). Beide Rechtsgüter sind hier betroffen, da die Beteiligung einer Person auf Seiten des Veranstalters an den Absprachen mit den Bieterunternehmen den Wettbewerb durch gezielte Einflussnahme zugunsten eines Bieters einseitig verzerrt und zudem das Vermögen des Veranstalters gefährdet.

20. Bestechlichkeit und Bestechung im geschäftlichen Verkehr – § 299 StGB

Ein niedergelassener, für die **vertragsärztliche Versorgung** zugelassener Arzt handelt bei der Wahrnehmung der ihm in diesem Rahmen übertragenen Aufgaben (§ 73 Abs. 2 SGB V; hier: Verordnung von Arzneimitteln) **weder als Amtsträger** im Sinne des § 11 Abs. 1 Nr. 2 Buchst. c StGB **noch als Beauftragter** der gesetzlichen Krankenkassen im Sinne des § 299 StGB.[271] **262**

[8] Der niedergelassene, für die vertragsärztliche Versorgung zugelassene Arzt handelt bei der Verordnung von Arzneimitteln nicht als ein für die Wahrnehmung von Aufgaben der öffentlichen Verwaltung bestellter Amtsträger im Sinne des § 11 Abs. 1 Nr. 2 Buchst. c StGB.

[9] 1. Allerdings zählen die gesetzlichen Krankenkassen zu den in dieser Vorschrift genannten Einrichtungen.

[10] a) Für den Bereich des Sozialversicherungsrechts definiert § 1 Abs. 2 SGB X Behörde – ebenso wie § 1 Abs. 4 VwVfG, § 6 Abs. 1 AO – als jede Stelle, die Aufgaben öffentlicher Verwaltung wahrnimmt. Mit diesem Behördenbegriff des Staats- und Verwaltungsrechts ist der strafrechtliche Begriff der Behörde jedoch nicht deckungsgleich; für diesen kommt es maßgeblich auf den Zweck der im jeweiligen

[271] BGH, Beschluss vom 29. März 2012 – GSSt 2/11.

Einzelfall anzuwendenden strafrechtlichen Vorschrift an (vgl. MünchKommStGB/Radtke, § 11 Rn. 96; LK-StGB/Hilgendorf, 12. Aufl., § 11 Rn. 93). Der durch das Einführungsgesetz zum Strafgesetzbuch vom 2. März 1974 (BGBl I S. 469) eingefügte Zusatz „sonstige Stelle" erfasst – über den engeren Behördenbegriff im organisatorischen Sinne hinaus – unter Einschluss der Körperschaften und Anstalten des öffentlichen Rechts auch andere Einrichtungen, soweit diese zur Wahrnehmung von Aufgaben der öffentlichen Verwaltung berufen sind (BTDrucks. 7/550, S. 209). …

[11] b) Gemessen daran sind die gesetzlichen Krankenkassen jedenfalls sonstige Stellen der öffentlichen Verwaltung im Sinne des § 11 Abs. 1 Nr. 2 Buchst. c StGB.

[12] Dabei ergibt sich der spezifisch öffentlich-rechtliche Bezug, der eine Gleichstellung ihrer Tätigkeit mit behördlichem Handeln rechtfertigt, aus den gesetzlich vorgegebenen Verbandsstrukturen auf Landes- und Bundesebene (§§ 207 ff. SGB V), der Gesetzesbindung der Krankenkassen sowie aus dem Umstand, dass sie bei ihrer Aufgabenerfüllung staatlicher Rechtsaufsicht unterliegen (§§ 87, 90 SGB IV; § 195 Abs. 1 SGB V). Indem sie auf der Grundlage des für sie in den §§ 1, 2 SGB V formulierten gesetzlichen Auftrags als solidarische und eigenverantwortliche Krankenversicherung ihren beitragspflichtigen Pflichtmitgliedern (vgl. §§ 5 ff., 226 SGB V) Leistungen zur Verfügung stellen, nehmen sie – in mittelbarer Staatsverwaltung (BVerfG, Beschluss vom 9. April 1975 – 2 BvR 879/73, BVerfGE 39, 302, 313; Baier in Krauskopf, Soziale Krankenversicherung, 76. Lfg., § 29 SGB IV Rn. 11) – Aufgaben der öffentlichen Verwaltung wahr … .

[14] 2. Die Vertragsärzte sind jedoch nicht dazu bestellt, im Auftrag der gesetzlichen Krankenkassen Aufgaben der öffentlichen Verwaltung wahrzunehmen.

[15] a) Zwar steht außer Frage, dass das System der gesetzlichen Krankenversicherung als Ganzes eine aus dem Sozialstaatsgrundsatz des Art. 20 Abs. 1 GG folgende Aufgabe erfüllt, durch deren Wahrnehmung in hohem Maße Interessen nicht allein der einzelnen Versicherten, sondern der Allgemeinheit wahrgenommen werden. Auch wenn die Leistungen der gesetzlichen Krankenversicherung letztlich den jeweils Versicherten zukommen und das System insgesamt die gesetzliche Aufgabe hat, „die Gesundheit der Versicherten zu erhalten, wiederherzustellen oder ihren Gesundheitszustand zu bessern" (§ 1 SGB V), stehen bei der Ausgestaltung des Systems die Gesichtspunkte der solidarischen Finanzierung (§ 3 SGB V), der (eingeschränkten) Zwangs-Mitgliedschaft der Versicherten (§§ 5 ff. SGB V) sowie der Erfüllung allgemeiner gesundheitspolitischer Anliegen (vgl. etwa §§ 20 ff. SGB V) im Vordergrund. So bestimmt etwa § 1 SGB V, dass die Krankenkassen auf gesunde Lebensverhältnisse hinzuwirken haben; die vertragsärztliche Versorgung ist den Zielen der Qualität, Humanität, Wirtschaftlichkeit und Beitragssatzstabilität verpflichtet (§§ 70, 71 SGB V). Das Vertragsarztsystem der gesetzlichen Krankenversicherung ist darauf ausgerichtet, eine flächendeckende, gleichmäßige, an allgemeinen Qualitätsstandards und solidarischen Wirtschaftlichkeits-Gesichtspunkten ausgerichtete Versorgung der Gesamtbevölkerung der Bundesrepublik mit Leistungen der Heil- und Gesundheitsfürsorge sicherzustellen. Dies ist unzweifelhaft eine öffentliche Aufgabe.

[16] b) Jedoch ist das in den §§ 72 ff. SGB V geregelte System der vertragsärztlichen Versorgung so ausgestaltet, dass der einzelne Vertragsarzt keine Aufgabe öffentlicher Verwaltung wahrnimmt.

[17] Öffentliche Verwaltung im Sinne von § 11 Abs. 1 Nr. 2 Buchst. c StGB ist nicht allein die Gesamtheit der von Hoheitsträgern ausgeübten Eingriffs- und Leistungsverwaltung; vielmehr sind auch Mischformen sowie die Tätigkeit von Pri-

vatrechtssubjekten erfasst, wenn diese wie ein „verlängerter Arm" hoheitlicher Gewalt tätig werden. ...

[19] aa) Die Vertragsärzte üben Ihren Beruf in freiberuflicher Tätigkeit aus (§ 18 Abs. 1 Nr. 1 Satz 2 EStG), auch wenn die Zulassung zur vertragsärztlichen Versorgung zur Teilnahme an dieser Versorgung nicht nur berechtigt, sondern auch verpflichtet (§ 95 Abs. 3 Satz 1 SGB V). Der Vertragsarzt ist nicht Angestellter oder bloßer Funktionsträger einer öffentlichen Behörde; er wird im konkreten Fall nicht aufgrund einer in eine hierarchische Struktur integrierten Dienststellung tätig, sondern aufgrund der individuellen, freien Auswahl der versicherten Person. Er nimmt damit eine im Konzept der gesetzlichen Krankenversicherung vorgesehene, speziell ausgestaltete Zwischenposition ein, die ihn von dem in einem öffentlichen Krankenhaus angestellten Arzt, aber auch von solchen Ärzten unterscheidet, die in einem staatlichen System ambulanter Heilfürsorge nach dem Modell eines Poliklinik-Systems tätig sind.

[20] bb) Das Verhältnis des Versicherten zum Vertragsarzt wird wesentlich bestimmt von Elementen persönlichen Vertrauens und einer der Bestimmung durch die Krankenkassen entzogenen Gestaltungsfreiheit: Nach § 76 Abs. 1 Satz 1 SGB V können die Versicherten unter den zur vertragsärztlichen Versorgung zugelassenen Ärzten (und anderen Leistungserbringern) frei wählen. Sowohl der Gegenstand als auch die Form und die Dauer der Behandlung sind einem bestimmenden Einfluss der Krankenkasse entzogen und ergeben sich allein in dem jeweiligen persönlich geprägten Verhältnis zwischen Patient und Vertragsarzt. In diesem Verhältnis steht der Gesichtspunkt der individuell geprägten, auf Vertrauen sowie freier Auswahl und Gestaltung beruhenden persönlichen Beziehung in einem solchen Maß im Vordergrund, dass weder aus der subjektiven Sicht der Beteiligten noch nach objektiven Gesichtspunkten die Einbindung des Vertragsarztes in das System öffentlicher, staatlich gelenkter Daseinsfürsorge überwiegt und die vertragsärztliche Tätigkeit den Charakter einer hoheitlich gesteuerten Verwaltungsausübung gewinnt ... .

[25] III. Der gemäß § 95 SGB V zur vertragsärztlichen Versorgung zugelassene Arzt handelt bei der Verordnung von Medikamenten auch nicht als Beauftragter eines geschäftlichen Betriebes (§ 299 Abs. 1 StGB).

[26] 1. Der Bundesgerichtshof hat die Frage, ob eine gesetzliche Krankenkasse die Merkmale eines geschäftlichen Betriebes im Sinne von § 299 Abs. 1 StGB erfüllt, bislang noch nicht entschieden (vgl. aber – bejahend zu § 12 UWG – RG, Urteil vom 16. April 1935 – 4 D 1189/34, JW 1935, 1861 für eine Allgemeine Ortskrankenkasse). Dafür spricht, dass der geschäftliche Betrieb zwar daraufhin angelegt sein muss, dauerhaft am Wirtschaftsleben teilzunehmen, im Unterschied zum Gewerbebetrieb aber nicht darauf, Gewinn zu erzielen (BGH, Urteil vom 13. Mai 1952 – 1 StR 670/51, BGHSt 2, 396, 401 f. zu § 12 UWG). Deshalb können grundsätzlich zum Kreis der geschäftlichen Betriebe neben gemeinnützigen und sozialen Einrichtungen auch – unabhängig von ihrer Organisationsform und davon, ob sie öffentliche Aufgaben wahrnehmen – staatliche Stellen zählen, sofern sie durch den Austausch von Leistung und Gegenleistung am Wirtschaftsleben teilnehmen (BGH, Urteil vom 13. Mai 1952 aaO, S. 403; MünchKommStGB/Diemer/Krick, § 299 Rn. 7; NK-StGB/Dannecker, 3. Aufl., § 299 Rn. 24).

[27] 2. Auf die Entscheidung dieser Frage kommt es hier aber letztlich nicht an, da der Vertragsarzt bei der Verordnung von Arzneimitteln jedenfalls nicht als Beauftragter der Krankenkassen handelt.

[28] a) Beauftragter im Sinne des § 299 StGB ist, wer, ohne Angestellter oder Inhaber eines Betriebes zu sein, auf Grund seiner Stellung im Betrieb berechtigt und

verpflichtet ist, auf Entscheidungen dieses Betriebes, die den Waren- oder Leistungsaustausch betreffen, unmittelbar oder mittelbar Einfluss zu nehmen (BGH, Urteil vom 13. Mai 1952 – 1StR 670/51, BGHSt 2, 396, 402; Kühl, StGB, 27. Aufl., § 299 Rn. 2; MünchKommStGB/Diemer/Krick, § 299 Rn. 5; LK-StGB/Tiedemann, 12. Aufl., § 299 Rn. 16; SSW-StGB/Rosenau, § 299 Rn. 9; Fischer, StGB, 59. Aufl., § 299 Rn. 10; NK-StGB/Dannecker, 3. Aufl., § 299 Rn. 22). Ob dem Verhältnis des Beauftragten zu dem jeweiligen geschäftlichen Betrieb eine Rechtsbeziehung zu Grunde liegt oder dieser lediglich durch seine faktische Stellung im oder zum Betrieb in der Lage ist, Einfluss auf geschäftliche Entscheidungen auszuüben, ist unerheblich (vgl. nur Rosenau, Diemer/Krick und Dannecker, jeweils aaO). Schon vom Wortsinn her ist dem Begriff des Beauftragten die Übernahme einer Aufgabe im Interesse des Auftraggebers immanent, der sich den Beauftragten frei auswählt und ihn bei der Ausübung seiner Tätigkeit anleitet, sei es, dass er ihm im Rahmen eines zivilrechtlichen Auftrags- oder Geschäftsbesorgungsvertrags (§§ 665, 675 BGB) Weisungen erteilt (vgl. dazu Dannecker und Tiedemann, jeweils aaO) oder ihn bevollmächtigt (vgl. RG, Urteil vom 29. Januar 1934 – 2 D 1293/33, RGSt 68, 70, 74 f.), sei es, dass der Beauftragte faktisch mit einer für den geschäftlichen Betrieb wirkenden Befugnis handelt (zu einem solchen faktisch wirkenden „personalen Befugniselement" vgl. Geis, wistra 2005, 369, 370; ders., wistra 2007, 361, 362; Reese, PharmR 2006, 92, 97; Schmidl, wistra 2006, 286, 287).

[29] b) Gemessen daran fehlt es dem nach § 95 SGB V zur vertragsärztlichen Versorgung zugelassenen Arzt bei seiner Verordnungstätigkeit im Ergebnis an der Beauftragteneigenschaft. …

■ PRAXISBEDEUTUNG

Mit der vorliegenden Entscheidung ist die bis dahin vorhandene Rechtsunsicherheit beseitigt. Gleichzeitig steht fest, dass jedenfalls derzeit die Praxis der Pharmaindustrie, die Verordnung von Arneimitteln oder Medizinprodukten mit Geschenken oder anderen Vergünstigungen zu honorieren, straflos ist.

21. Brandstiftung/Schwere Brandstiftung – §§ 306, 306a StGB

263 Insbesondere die Frage, in welchen Fällen bei **gemischt-genutzten Immobilien** (gewerbliche und Nutzung als Wohnraum) auch die Voraussetzungen nach § 306a StGB gegeben sind, war erneut Gegenstand mehrerer Entscheidungen des BGH im Berichtszeitraum.

■ TOPENTSCHEIDUNG

264 Auch die **teilweise Zerstörung** eines zu gewerblichen Zwecken genutzten Gebäudes erfordert eine solche **von Gewicht**. Sie liegt wie im Fall der teilweisen Zerstörung eines Wohngebäudes regelmäßig **erst dann** vor, wenn das Gebäude für eine **nicht unbeträchtliche Zeit** wenigstens für **einzelne seiner Zweckbestimmungen** oder wenn ein für die ganze Sache zwecknötiger Teil **unbrauchbar gemacht** wird, ferner dann, wenn einzelne Bestandteile des Gebäudes, die für einen selbständigen Gebrauch bestimmt oder eingerichtet sind, wie etwa eine einzelne Abteilung des Gebäudes, gänzlich vernichtet werden.[272]

Die Annahme des Landgerichts, der Angeklagte habe ein fremdes Gebäude durch eine Brandlegung teilweise zerstört (§ 306 Abs. 1 Nr. 1 2. Variante StGB), wird von den Feststellungen nicht getragen.

[5] 1. Die Strafkammer hat festgestellt, dass sich der Angeklagte in der Nacht vom 1. auf den 2. November 2009 unter Verwendung eines Nachschlüssels Zutritt zu dem Verwaltungsgebäude der Firma in I. verschaffte. Unter Mitnahme des Mobilteils eines Telefons begab er sich vom Büro des Betriebsleiters aus in die Küche des Gebäudes. Dort stellte er die üblicherweise auf einer Arbeitsplatte stehende Kaffeemaschine auf die linke hintere Herdplatte und schaltete diese auf die Maximalstufe, um die Kaffeemaschine in Brand zu setzen. Ihm war dabei bewusst, dass durch sein Vorgehen trotz des Vorhandenseins eines Rauchmelders die Gefahr erheblicher Brandschäden am Gebäude bestand. Dies nahm er billigend in Kauf, da er den Eindruck erwecken wollte, ein Mitarbeiter des inzwischen statt seines eigenen Unternehmens für die Firma tätigen Sicherheitsdienstes habe den Brand durch Unaufmerksamkeit verursacht. Wie vom Angeklagten beabsichtigt geriet die Kaffeemaschine in Brand, wodurch es an der Küchendecke zu Putzabplatzungen kam und von der Wandverkleidung über dem unmittelbaren Brandherd zwei Fliesen abfielen. Darüber hinaus wurde der gesamte Küchenraum bis zur Unbenutzbarkeit verrußt; ein Vollbrand konnte verhindert werden. Es entstand ein Sachschaden in Höhe von 15.000 bis 18.000 Euro.

[6] 2. Das Landgericht ist zwar zutreffend davon ausgegangen, dass auf der Grundlage dieser Feststellungen eine Strafbarkeit gemäß § 306 Abs. 1 Nr. 1 StGB nur in der Variante des teilweisen Zerstörens durch Brandlegung in Betracht kam. Die Voraussetzungen dieser Tatmodalität hat es indes nicht hinreichend belegt.

[7] a) Die Auslegung des Tatbestandsmerkmals der teilweisen Zerstörung bei den Brandstiftungsdelikten soll sich nach dem Willen des Gesetzgebers auf die Auslegung der gleichlautenden Tatbestandsfassung in den §§ 305, 305a StGB orientieren (vgl. BTDrucks. 13/8587 S. 88). Danach ist ein Gebäude im Sinne der §§ 306 Abs. 1, 306a Abs. 1, 2 StGB teilweise zerstört, wenn es für eine nicht unbeträchtliche Zeit wenigstens für einzelne seiner Zweckbestimmungen unbrauchbar gemacht, wenn ein für die ganze Sache zwecknötiger Teil unbrauchbar wird oder wenn einzelne Bestandteile der Sache, die für einen selbständigen Gebrauch bestimmt oder eingerichtet sind, gänzlich vernichtet werden (Senatsurteil vom 12. September 2002 – 4 StR 165/02, BGHSt 48, 14, 20 zu § 306a StGB m. Anm. Radtke, NStZ 2003, 432; LK-StGB/Wolff, 12. Aufl., § 306 Rn. 13 f.; SSW-StGB/Wolters § 306 Rn. 14). Dabei muss schon wegen der im Vergleich zu den §§ 305, 305a StGB deutlich höheren Strafdrohung in den §§ 306, 306a StGB eine Zerstörung von Gewicht vorliegen, das jeweilige Objekt also in einem seiner wesentlichen Bestandteile betroffen sein (Senatsurteil aaO, S. 18). Die teilweise Zerstörung etwa eines Mehrfamilienhauses hat der Bundesgerichtshof daher nicht schon dann angenommen, wenn Mobiliar zerstört wird, sondern erst dann, wenn eine zu Wohnzwecken bestimmte „Untereinheit" wegen der Brandlegungsfolgen aus der Sicht eines „verständigen" Wohnungsinhabers für eine beträchtliche Zeitspanne nicht mehr benutz-

[272] BGH, Beschluss vom 20.10.2011 – 4 StR 344/11.

bar ist (Senatsbeschluss vom 6. Mai 2008 – 4 StR 20/08, NStZ 2008, 519, Tz. 2; Beschluss vom 10. Januar 2007 – 5 StR 401/06, NStZ 2007, 270, Tz. 11). Dabei kann sich die länger andauernde Unbenutzbarkeit auch aus einer starken Verrußung ergeben (BGH, Beschluss vom 5. Dezember 2001 – 3 StR 422/01, StV 2002, 145).

[8] Dieser Auslegungsmaßstab für das Merkmal des teilweisen Zerstörens gilt für nicht zu Wohnzwecken genutzte Gebäude gleichermaßen. In § 306 Abs. 1 StGB ist auch für diese Tatobjekte ein Strafrahmen vorgesehen, der den des § 305 StGB deutlich überschreitet, so dass an die Tathandlung der teilweisen Zerstörung durch Brandlegung dieselben, soeben näher dargelegten erhöhten Anforderungen zu stellen sind. Angesichts der denkbaren Bandbreite von Zweckbestimmungen bei gewerblich genutzten Gebäuden wird der Tatrichter je nach den Umständen des einzelnen Falles den konkreten Zweck zu ermitteln und in wertender Betrachtung unter Berücksichtigung des Erfordernisses der Gewichtigkeit des Taterfolgs zu beurteilen haben, ob die Feststellungen zu Art und Umfang der Unbrauchbarkeit des Gebäudes insgesamt oder seiner zwecknötigen Teile bzw. der gänzlichen Vernichtung einzelner Bestandteile die Annahme einer teilweisen Zerstörung im Sinne des § 306 Abs. 1 Nr. 1 StGB rechtfertigen. Dies muss in den Urteilsgründen im Einzelnen dargelegt werden.

[9] b) Gemessen daran bedarf die Frage, ob sich der Angeklagte einer teilweisen Zerstörung des Verwaltungsgebäudes der Firma durch Inbrandsetzung der in dem Gebäude befindlichen Teeküche strafbar gemacht, erneuter tatrichterlicher Prüfung. Dass das Gebäude als Sitz der Verwaltung der Firma für eine seiner Zweckbestimmungen durch Inbrandsetzung der Teeküche für eine nicht unbeträchtliche Zeit unbrauchbar gemacht wurde, ist den Urteilsgründen nicht hinreichend sicher zu entnehmen und liegt insbesondere angesichts der – soweit aus den bisherigen Feststellungen ersichtlich – untergeordneten Bedeutung des betroffenen Raumes für den Widmungszweck des Gesamtgebäudes eher fern. Entsprechendes gilt erst recht für die Frage, ob die Teeküche als für das ganze Gebäude zwecknötiger Teil oder als für einen selbständigen Gebrauch bestimmte und eingerichtete Abteilung anzusehen ist. Ob sich der Angeklagte, sollte das Landgericht zum Vorliegen zumindest einer dieser Voraussetzungen keine Feststellungen treffen können, eines Versuchs im Sinne des § 306 Abs. 1 Nr. 1 StGB oder lediglich einer Sachbeschädigung strafbar gemacht hat, wird im Wesentlichen davon abhängen, welche Vorstellungen des Angeklagten zum Tatverlauf der zu neuer Verhandlung und Entscheidung berufene Tatrichter für erwiesen hält.

■ PRAXISBEDEUTUNG

Die vorstehende Entscheidung bildet die Rechtsprechung zur schweren Brandstiftung fort. Mit Blick auf die erhöhte Strafandrohung ist danach eine gewichtige Zerstörung erforderlich, also die Unbrauchbarmachung eines für die ganze Sache zwecknötigen Teils, die Vernichtung einzelner, für den selbstständigen Gebrauch bestimmter, Bestandteile oder eine Unbrauchbarmachung für eine nicht unbeträchtliche Zeit von einzelnen seiner Zweckbestimmungen, so dass jedenfalls eine bloße Zerstörung von Mobiliar oder das Abplatzen von Putzteilen nicht ausreichend ist.

265 Für ein **vollendetes Inbrandsetzen** gemäß § 306a Abs. 1 Nr. 1 StGB genügt es, wenn in einem teils gewerblich, teils zu Wohnzwecken genutzten Gebäude solche **Gebäudeteile selbständig brennen**, die für die **gewerbliche Nutzung wesentlich** sind, aber **nicht auszuschließen** ist, dass das Feuer auf **Gebäudeteile übergreift,** die für das **Wohnen wesentlich** sind. Verbranntes Inventar und die außen angebrachte Markise sind jedoch keine wesentlichen Gebäudeteile.

Aus dem auf das Wohnen bezogenen Schutzzweck des § 306a Abs. 1 Nr. 1 StGB folgt, dass die Alternative des **teilweisen Zerstörens** eines Wohngebäudes bei einer Brandlegung in einem einheitlichen, teils gewerblich, teils als Wohnung genutzten Gebäude erst dann vollendet ist, wenn zumindest ein zum selbstständigen Gebrauch bestimmter Teil des Wohngebäudes durch die Brandlegung für Wohnzwecke unbrauchbar geworden ist. Dabei sind Verschmutzungen einem teilweisen Zerstören der Räume noch nicht gleichzustellen; eine Verrußung würde wohl nur dann die Voraussetzungen erfüllen, wenn sie umfangreiche Renovierungsarbeiten in den Wohnräumen erforderlich gemacht hätte.[273]

[7] a) Zwar genügt es für ein vollendetes Inbrandsetzen gemäß § 306a Abs. 1 Nr. 1 StGB, wenn in einem teils gewerblich, teils zu Wohnzwecken genutzten Gebäude solche Gebäudeteile selbständig brennen, die für die gewerbliche Nutzung wesentlich sind, aber nicht auszuschließen ist, dass das Feuer auf Gebäudeteile übergreift, die für das Wohnen wesentlich sind (BGH, Beschluss vom 26. Oktober 2010 – 3 StR 442/09, BGHR StGB § 306a Abs. 1 Nr. 1 Vollendung 1). Dies ist aber den Feststellungen des angefochtenen Urteils nicht zu entnehmen. Das verbrannte Inventar und die außen angebrachte Markise waren keine wesentlichen Gebäudeteile. Gleiches gilt für eine Innenverkleidung oberhalb des Schaufensters. Das Schmelzen eines Fensterrahmens aus Metall stellte kein Brennen dar.

[8] b) Auch die Zerstörungsalternative des § 306a Abs. 1 Nr. 1 StGB führt nicht zu einem Ergebnis, wie es vom Landgericht angenommen wurde. Aus dem auf das Wohnen bezogenen Schutzzweck des § 306a Abs. 1 Nr. 1 StGB folgt, dass die Alternative des teilweisen Zerstörens eines Wohngebäudes bei einer Brandlegung in einem einheitlichen, teils gewerblich, teils als Wohnung genutzten Gebäude erst dann vollendet ist, wenn zumindest ein zum selbstständigen Gebrauch bestimmter Teil des Wohngebäudes durch die Brandlegung für Wohnzwecke unbrauchbar geworden ist (BGH, Beschluss vom 10. Mai 2011 – 4 StR 659/10). Das war hier nicht der Fall. Verschmutzungen sind einem teilweisen Zerstören der Räume noch nicht gleichzustellen; eine nachhaltige Verrußung, die umfangreiche Renovierungsarbeiten in den Wohnräumen erforderlich gemacht hätte, ist nicht festgestellt.

[9] c) Schließlich ergibt sich aus den Feststellungen kein Fall der schweren Brandstiftung nach § 306a Abs. 2 StGB. Ist das „Gebäude" im Sinne von § 306a Abs. 2 StGB im Einzelfall zugleich ein „Wohngebäude", dann müssen zur Vollendung des Auffangtatbestands nicht notwendigerweise Wohnräume von der teilweisen Zerstörung durch Brandlegung betroffen sein. Es genügt, wenn ein anderer funktionaler Gebäudeteil für nicht unerhebliche Zeit nicht bestimmungsgemäß gebraucht werden kann, dies aber nur dann, wenn durch die typischen Folgen der Brandlegung, wie Rauch- und Rußentwicklung, eine konkrete Gefährdung der Gesundheit eines Menschen verursacht wurde (Senat, Urteil vom 17. November 2010 – 2 StR 399/10, BGHSt 56, 94, 96). Voraussetzung für die Annahme einer konkreten Gefahr einer Gesundheitsbeschädigung ist der Eintritt einer kritischen Situation, in der es prak-

[273] BGH, Beschluss vom 26.10.2011 – 2 StR 287/11; vgl. hierzu auch BGH, Beschluss vom 17.7.2012 – 5 StR 268/12.

tisch nur noch vom Zufall abhängt, ob sich die Gefahr realisiert. Eine solche Situation hat das Landgericht nicht festgestellt. Die Bewohner hatten das Haus verlassen, bevor es zu einer Rauchentwicklung in den Wohnräumen gekommen war, die eine Gesundheitsbeschädigung hätte auslösen können.

[10] Da der Grundtatbestand zur besonders schweren Brandstiftung demnach nicht vollendet wurde, kommt aufgrund der bisherigen Feststellungen im Fall 2 der Urteilsgründe nur ein Versuch des Verbrechens in Frage. Insoweit hat der Schuldspruch keinen Bestand. Dies ist aufgrund der Revision des Angeklagten Y. gemäß § 357 StPO auch zugunsten des Angeklagten C. auszusprechen.

22. Gefährlicher Eingriff in den Straßenverkehr – § 315b StGB

266 Die **absichtliche Herbeiführung eines Auffahrunfalls** stellt nach der ständigen Rechtsprechung des Bundesgerichtshofs das Bereiten eines Hindernisses im Sinne des § 315b Abs. 1 Nr. 2 bzw. des § 315 Abs. 1 Nr. 2 StGB dar. Allerdings ist mit der allgemein gehaltenen Erwägung, wegen des plötzlichen Aufpralls des Fahrzeugs des Zeugen auf den Pkw des Angeklagten habe die konkrete Gefahr erheblicher Verletzungen des Zeugen und der Beifahrerin insbesondere im Kopf- und Halswirbelsäulenbereich bestanden, die erforderliche konkrete Gefährdung von Leib oder Leben eines anderen Menschen im Sinne des § 315b Abs. 1 StGB nicht hinreichend belegt.

Entsprechendes gilt, soweit das Landgericht eine **Gefährdung fremder Sachen von bedeutendem Wert** angenommen hat. Dass das Landgericht mit 1300 Euro von einer höheren als der nach der Rechtsprechung des Senats maßgeblichen **Wertgrenze von 750 Euro** ausgegangen ist, beschwert den Angeklagten nicht.[274]

[5] 1. a) Nach den zu diesem Fall getroffenen Feststellungen verursachte der Angeklagte mit seinem Pkw Audi am 27. März 2005 in der Absicht, seine eigenen unberechtigten Schadensersatzansprüche zu Lasten der Versicherung des Unfallgegners abzurechnen, auf einer mehrspurigen Straße in der Innenstadt von G. einen Auffahrunfall. Er bremste sein Fahrzeug ohne äußeren Anlass auf der Rechtsabbiegerspur bis zum Stillstand ab, so dass der hinter ihm fahrende Zeuge F., der damit nicht gerechnet hatte, trotz sofort eingeleiteten Bremsmanövers nicht mehr rechtzeitig anhalten konnte und auf den Pkw des Angeklagten auffuhr. Die Kfz-Haftpflichtversicherung zahlte an den Angeklagten Versicherungsleistungen in Höhe von insgesamt 1428,68 Euro, die sich aus Reparaturkosten in Höhe von 1138,40 Euro, Gutachterkosten in Höhe von 270,28 Euro und einer Kostenpauschale von 20 Euro zusammensetzten. An dem vom Zeugen F. gefahrenen Pkw entstand ein Schaden in Höhe von 160 bis 170 Euro.

[6] b) Das Landgericht hat die Voraussetzungen eines gefährlichen Eingriffs in den Straßenverkehr gemäß § 315b Abs. 1 Nr. 2 und 3, Abs. 3 in Verb. mit § 315 Abs. 3 Nr. 1a und b StGB als erfüllt angesehen; der Angeklagte habe gehandelt, um einen Unglücksfall herbeizuführen und eine andere Straftat zu ermöglichen. Für den Zeugen F. und seine Beifahrerin habe die konkrete Gefahr nicht unerheblicher Verletzungen infolge des Aufpralls vor allem im Kopf- und Halswirbelsäulenbereich

[274] BGH, Beschluss vom 25.4.2012 – 4 StR 667/11; vgl. hierzu auch BGH, Beschluss vom 25.1.2012 – 4 StR 507/11.

bestanden; an dem Fahrzeug des Zeugen, das jedenfalls über 1300 Euro wert gewesen sei, hätte es zu weiteren, erheblichen Schäden kommen können, was der Angeklagte erkannt und billigend in Kauf genommen habe.

[7] 2. Das hält revisionsrechtlicher Prüfung nicht stand.

[8] a) Zutreffend ist das Landgericht allerdings davon ausgegangen, dass die absichtliche Herbeiführung eines Auffahrunfalls nach der ständigen Rechtsprechung des Bundesgerichtshofs das Bereiten eines Hindernisses im Sinne des § 315b Abs. 1 Nr. 2 bzw. des § 315 Abs. 1 Nr. 2 StGB darstellt (Senatsurteile vom 18. März 1976 – 4 StR 701/75, VRS 53, 355, und vom 12. Dezember 1991 – 4 StR 488/91, BGHR StGB § 315b Abs. 1 Nr. 2 Hindernisbereiten 1; Senatsbeschluss vom 25. Januar 2012 – 4 StR 507/11, Tz. 9). Mit der allgemein gehaltenen Erwägung, wegen des plötzlichen Aufpralls des Fahrzeugs des Zeugen F. auf den Pkw des Angeklagten habe die konkrete Gefahr erheblicher Verletzungen des Zeugen und der Beifahrerin insbesondere im Kopf- und Halswirbelsäulenbereich bestanden, ist die erforderliche konkrete Gefährdung von Leib oder Leben eines anderen Menschen im Sinne des § 315b Abs. 1 StGB jedoch nicht hinreichend belegt. Vielmehr sind regelmäßig genaue Feststellungen insbesondere zu den Geschwindigkeiten der Pkws im Zeitpunkt der Kollision und der Intensität des Aufpralls zwischen den beteiligten Fahrzeugen erforderlich (Senatsbeschlüsse vom 20. Oktober 2009 – 4 StR 408/09, NStZ 2010, 216; vom 25. Januar 2012 – 4 StR 507/11, Tz. 11). Solche Feststellungen fehlen im Urteil, das Angaben zur Geschwindigkeit des vom Angeklagten geführten Fahrzeugs lediglich für den Zeitraum vor Einleitung des plötzlichen Bremsmanövers enthält; der Zeuge F. gab an, er sei mit „mäßiger Geschwindigkeit“ gefahren (UA S. 35). Auch das festgestellte Schadensbild erlaubt hier keinen sicheren Schluss auf eine konkrete Leibesgefahr. Angesichts des tatsächlich eingetretenen geringen Fremdschadens und der Tatsache, dass es zu keinen Verletzungen gekommen ist, liegt sie eher fern.

[9] b) Entsprechendes gilt, soweit das Landgericht eine Gefährdung fremder Sachen von bedeutendem Wert angenommen hat. Nach den Feststellungen ist an dem vom Zeugen F. geführten Fahrzeug ein Sachschaden in Höhe von lediglich 160 bis 170 Euro entstanden. Die konkrete Gefahr weiterer Schäden ist nicht mit Tatsachen belegt. Dass das Landgericht mit 1300 Euro von einer höheren als der nach der Rechtsprechung des Senats maßgeblichen Wertgrenze von 750 Euro ausgegangen ist (vgl. Senatsbeschluss vom 28. September 2010 – 4 StR 245/10, NStZ 2011, 215), beschwert den Angeklagten nicht.

[10] c) Die getroffenen Feststellungen rechtfertigen daher lediglich eine Verurteilung wegen versuchten gefährlichen Eingriffs in den Straßenverkehr (§ 315b Abs. 1 Nr. 2, Abs. 3, § 315 Abs. 2, 3 Nr. 1 StGB).

Die Strafbarkeit nach § 315b Abs. 1 StGB setzt bei einem sog. **verkehrsfeindlichen Inneneingriff** voraus, dass zu dem bewusst zweckwidrigen Einsatz des Fahrzeugs in verkehrsfeindlicher Einstellung hinzukommt, dass es der Täter mit zumindest bedingtem Schädigungsvorsatz – etwa als Waffe oder Schadenswerkzeug – missbraucht. Erst dann liegt eine – über den Tatbestand des § 315c StGB hinausgehende und davon abzugrenzende – verkehrsatypische „Pervertierung“ eines Verkehrsvorgangs zu einem gefährlichen „Eingriff“ in den Straßenverkehr im Sinne des § 315b Abs. 1 StGB vor.[275] **267**

[275] BGH, Beschluss vom 22.11.2011 – 4 StR 522/11.

[2] 1. Der Schuldspruch hält der Überprüfung nicht stand, soweit der Angeklagte wegen vorsätzlichen gefährlichen Eingriffs in den Straßenverkehr und versuchter gefährlicher Körperverletzung verurteilt wurde.

[3] a) Nach der Rechtsprechung des Senats setzt die Strafbarkeit nach § 315b Abs. 1 StGB bei einem sog. verkehrsfeindlichen Inneneingriff, wie ihn das Landgericht hier festgestellt hat, voraus, dass zu dem bewusst zweckwidrigen Einsatz des Fahrzeugs in verkehrsfeindlicher Einstellung hinzukommt, dass es der Täter mit zumindest bedingtem Schädigungsvorsatz – etwa als Waffe oder Schadenswerkzeug – missbraucht. Erst dann liegt eine – über den Tatbestand des § 315c StGB hinausgehende und davon abzugrenzende – verkehrsatypische „Pervertierung" eines Verkehrsvorgangs zu einem gefährlichen „Eingriff" in den Straßenverkehr im Sinne des § 315b Abs. 1 StGB vor (vgl. BGH, Beschlüsse vom 9. Februar 2010 – 4 StR 556/09, NStZ 2010, 391, 392; vom 16. März 2010- 4 StR 82/10 jeweils m.w.N.).

[4] Ferner erfordert ein vollendeter gefährlicher Eingriff in den Straßenverkehr, dass durch eine der in den Nummern 1 bis 3 des § 315b Abs. 1 StGB genannten Tathandlungen eine Beeinträchtigung der Sicherheit des Straßenverkehrs herbeigeführt worden ist und sich diese abstrakte Gefahrenlage zu einer konkreten Gefährdung von Leib oder Leben eines anderen Menschen oder einer fremden Sache von bedeutendem Wert verdichtet hat. Dabei muss die Tathandlung über die ihr innewohnende latente Gefährlichkeit hinaus in eine kritische Situation geführt haben, in der – was nach allgemeiner Lebenserfahrung auf Grund einer objektiv nachträglichen Prognose zu beurteilen ist – die Sicherheit einer bestimmten Person oder Sache so stark beeinträchtigt war, dass es nur noch vom Zufall abhing, ob das Rechtsgut verletzt wurde oder nicht (BGH, Beschlüsse vom 3. November 2009 – 4 StR 373/09; vom 10. Dezember 2009 – 4 StR 503/09, NStZ-RR 2010, 120 jeweils m.w.N.).

[5] b) Die Feststellungen des Landgerichts belegen weder einen bedingten Schädigungsvorsatz beim Zufahren des Angeklagten auf den Zeugen S., noch eine konkrete Gefahr für diesen Zeugen.

[6] Zwar fuhr der Angeklagte zunächst „mit Vollgas an", er hielt jedoch in einer Entfernung von eineinhalb bis zwei Meter vor dem Zeugen an, als dieser auf den Transporter zuging. Anschließend gab er erneut Vollgas, ließ aber „die Kupplung schleifen und bewegte sich ruckelnd auf den Geschädigten S. zu", um ihn dazu „zu bewegen, aus dem Weg zu gehen". Als sich diesem das Fahrzeug bis auf „maximal einen weiteren halben Meter genähert" hatte, also mindestens noch einen bis eineinhalb Meter von ihm entfernt war, „machte der Geschädigte … einen Ausfallschritt zur Seite" und ließ das Fahrzeug passieren (UA S. 7 f.; ferner UA S. 37: „Ausweichbewegung" des Zeugen nicht durch einen „Sprung", sondern durch einen „Ausfallschritt").

[7] Ein Verkehrsvorgang, bei dem es zu einem „Beinahe-Unfall" gekommen ist, also ein Geschehen, bei dem ein unbeteiligter Beobachter zu der Einschätzung gelangt, „das sei noch einmal gut gegangen", lässt sich dem nicht entnehmen (vgl. auch BGH, Beschluss vom 5. August 1986 – 4 StR 359/86). Auch der vom Landgericht allein aus dem objektiven Hergang gezogene Schluss auf das Vorliegen des Schädigungsvorsatzes bei dem die Tatbegehung bestreitenden Angeklagten wird von diesen Feststellungen nicht getragen.

268 Zur **versuchten Tatbegehung nach** § **315b Abs. 1 Nr. 3, Abs.** 3 i.V.m. § 315 Abs. 3 Nr. 1a StGB.[276]

---

[276] BGH, Urteil vom 25.10.2012 – 4 StR 346/12.

[17] 2. Die Feststellungen des Landgerichts belegen nicht die für die Annahme einer Tat nach § 315b Abs. 1 Nr. 3, Abs. 3 in Verbindung mit § 315 Abs. 3 Nr. 1a StGB vorausgesetzte Herbeiführung einer konkreten Gefahr für Leib oder Leben eines anderen Menschen oder eine fremde Sache von bedeutendem Wert. Nach den rechtsfehlerfrei getroffenen Feststellungen kann der Angeklagte nur wegen Versuchs (§ 315b Abs. 2 StGB) verurteilt werden.

[18] Durch das Eingreifen des Zeugen P. kam das vom Angeklagten geführte Kraftfahrzeug unmittelbar nach dem Anfahren abrupt wieder zum Stillstand, während die Nebenklägerin „die ersten Schritte Richtung Ein-/Ausfahrt machte" (UA S. 20). Bei seiner polizeilichen Vernehmung hat der Angeklagte angegeben, die Nebenklägerin sei etwa zehn Meter entfernt gewesen, als er losgefahren sei (UA S. 35, 47). Entgegen der Auffassung des Landgerichts ist somit der tatbestandliche Erfolg, nämlich eine konkrete Gefährdung im Sinne des § 315b Abs. 1 StGB, nicht eingetreten. Dass der bewusst zweckwidrige Einsatz des Fahrzeugs bereits zu einer kritischen Situation im Sinne eines „Beinahe-Unfalls" geführt hat (vgl. Senatsbeschlüsse vom 23. Februar 2010 – 4 StR 506/09, NStZ 2010, 572, 573, und vom 22. März 2012 – 4 StR 558/11, BeckRS 2012, 07957 Tz. 12), ist durch die Feststellungen nicht belegt. Ein strafbefreiender Rücktritt vom Versuch liegt auch hier nicht vor.

23. Gefährdung des Straßenverkehrs – § 315c StGB

Für die Annahme einer Tat nach § 315c Abs. 1 Nr. 1a, Abs. 3 Nr. 2 StGB ist die **Herbeiführung einer konkreten Gefahr für Leib oder Leben** eines anderen Menschen oder einer fremden Sache von bedeutendem Wert Voraussetzung. Nach gefestigter Rechtsprechung muss die Tathandlung über die ihr innewohnende latente Gefährlichkeit hinaus in eine kritische Situation geführt haben, in der – was nach allgemeiner Lebenserfahrung auf Grund einer objektiv nachträglichen Prognose zu beurteilen ist – die **Sicherheit einer bestimmten Person oder Sache so stark beeinträchtigt** war, dass es nur noch vom **Zufall** abhing, ob das Rechtsgut verletzt wurde oder nicht.[277] **269**

[11] 1. Die Feststellungen des Landgerichts belegen die für die Annahme einer Tat nach § 315c Abs. 1 Nr. 1a, Abs. 3 Nr. 2 StGB vorausgesetzte Herbeiführung einer konkreten Gefahr für Leib oder Leben eines anderen Menschen oder eine fremde Sache von bedeutendem Wert nicht. Nach gefestigter Rechtsprechung muss die Tathandlung über die ihr innewohnende latente Gefährlichkeit hinaus in eine kritische Situation geführt haben, in der – was nach allgemeiner Lebenserfahrung auf Grund einer objektiv nachträglichen Prognose zu beurteilen ist – die Sicherheit einer bestimmten Person oder Sache so stark beeinträchtigt war, dass es nur noch vom Zufall abhing, ob das Rechtsgut verletzt wurde oder nicht (BGH, Urteile vom 30. März 1995 – 4 StR 725/94, NJW 1995, 3131 f., zu § 315c StGB, und vom 4. September 1995 – 4 StR 471/95, NJW 1996, 329 f., zu § 315b StGB; vgl. weiter SSW-Ernemann, StGB, § 315c Rn. 22 ff.).

[12] Da für den Eintritt des danach erforderlichen konkreten Gefahrerfolgs das vom Angeklagten geführte fremde Fahrzeug nicht in Betracht kommt (vgl. BGH, Urteil vom 28. Oktober 1976 – 4 StR 465/76, BGHSt 27, 40; Beschluss vom

[277] BGH, Urteil vom 22.3.2012 – 4 StR 558/11.

19. Januar 1999 – 4 StR 663/98, NStZ 1999, 350, 351), auch der Verkehrswert und die Höhe des Schadens an dem Begrenzungspfosten nicht festgestellt sind (vgl. OLG Stuttgart DAR 1974, 106, 107; OLG Jena OLGSt § 315c StGB Nr. 16; zur maßgeblichen Wertgrenze s. BGH, Beschluss vom 28. September 2010 – 4 StR 245/10, NStZ 2011, 215), kommt es auf die Begegnung mit dem Kleinbus des V. an. Nach den in der Rechtsprechung des Senats entwickelten Maßstäben genügen die hierauf bezogenen Feststellungen des Landgerichts den Anforderungen zur Darlegung einer konkreten Gefahr nicht. Einen Verkehrsvorgang, bei dem es zu einem „Beinahe-Unfall" gekommen wäre – also ein Geschehen, bei dem ein unbeteiligter Beobachter zu der Einschätzung gelangt, „das sei noch einmal gut gegangen" (Senat, Urteile vom 30. März 1995 und vom 4. September 1995, jew. aaO) –, hat das Schwurgericht nicht mit Tatsachen belegt. Dass sich beide Fahrzeuge beim Querverkehr in enger räumlicher Nähe zueinander befunden haben, genügt für sich allein nicht. Insbesondere ergeben die bisher getroffenen Feststellungen nicht, dass es dem Angeklagten und V. etwa nur auf Grund überdurchschnittlich guter Reaktion sozusagen im allerletzten Moment gelungen ist, einer sonst drohenden Kollision durch Ausweichen zu begegnen.

270 Die **Beifahrerin** eines Täters nach § 315c StGB ist jedenfalls dann **nicht** vom **Schutzbereich** des § 315c StGB erfasst, wenn sie **an der Straftat beteiligt** ist.[278]

[3] a) Die Feststellungen belegen nicht die für die Annahme einer Tat nach § 315c Abs. 1 Nr. 1a, Abs. 3 Nr. 2 StGB vorausgesetzte Herbeiführung einer konkreten Gefahr für Leib oder Leben eines anderen Menschen oder eine fremde Sache von bedeutendem Wert. Nach gefestigter Rechtsprechung muss die Tathandlung über die ihr innewohnende latente Gefährlichkeit hinaus in eine kritische Situation geführt haben, in der – was nach allgemeiner Lebenserfahrung auf Grund einer objektiv nachträglichen Prognose zu beurteilen ist – die Sicherheit einer bestimmten Person oder Sache so stark beeinträchtigt war, dass es nur noch vom Zufall abhing, ob das Rechtsgut verletzt wurde oder nicht (BGH, Urteil vom 30. März 1995 – 4 StR 725/94, NJW 1995, 3131 f., zu § 315c StGB; Beschluss vom 4. September 1995 – 4 StR 471/95, NJW 1996, 329 f., zu § 315b StGB; vgl. weiter SSW-Ernemann, StGB, § 315c Rn. 22 ff.). Da für den Eintritt des danach erforderlichen konkreten Gefahrerfolgs das vom Angeklagten geführte fremde Fahrzeug nicht in Betracht kommt (vgl. BGH, Urteil vom 28. Oktober 1976 – 4 StR 465/76, BGHSt 27, 40; Beschluss vom 19. Januar 1999 – 4 StR 663/98, NStZ 1999, 350, 351), auch nicht erkennbar ist, ob der – allein maßgebliche – Gefährdungsschaden an Laterne und Baum die tatbestandsspezifische Wertgrenze erreicht (vgl. BGH, Beschluss vom 28. September 2010 – 4 StR 245/10, NStZ 2011, 215; SSW-Ernemann, StGB, § 315c Rn. 25), kommt es auf die Gefährdung der Beifahrerin an. Nach den in der Rechtsprechung des Senats entwickelten Maßstäben genügt die hierauf bezogene knappe Bemerkung des Landgerichts („Dadurch gefährdete er H.") nicht den Anforderungen zur Darlegung einer konkreten Gefahr. Einen Vorgang, bei dem es beinahe zu einer Verletzung der Mitfahrerin gekommen wäre – also ein Geschehen, bei dem ein unbeteiligter Beobachter zu der Einschätzung gelangt, „das sei noch einmal gut gegangen" (Senat, Urteil vom 30. März 1995 und Beschluss vom 4. September 1995 – jew. aaO; Beschluss vom 26. Juli 2011 – 4 StR 340/11, StV 2012, 217) – hat die Straf-

[278] BGH, Beschluss vom 16.4.2012 – 4 StR 45/12.

kammer auch nach dem Gesamtzusammenhang ihrer auf das Unfallgeschehen bezogenen Feststellungen nicht hinreichend mit Tatsachen belegt.

[4] b) Nach den bisherigen Feststellungen bleibt zudem offen, ob die Beifahrerin des Angeklagten vom Schutzbereich des § 315c StGB überhaupt erfasst ist. Nach gefestigter Rechtsprechung des Bundesgerichtshofs ist dies für an einer solchen Straftat beteiligte Insassen des Fahrzeugs zu verneinen (BGH, Urteile vom 23. Februar 1954 – 1 StR 671/53, BGHSt 6, 100, 102, vom 28. Oktober 1976 – 4 StR 465/76, BGHSt 27, 40, 43, und vom 20. November 2008 – 4 StR 328/08, NJW 2009, 1155, 1157; vgl. SSW-Ernemann, StGB, § 315c Rn. 24 m.w.N.). Die Mitfahrerin könnte sich mit der an den Angeklagten gerichteten Aufforderung, „auch einmal zu fahren" (UA 7), der Anstiftung gemäß § 26 StGB schuldig gemacht haben. Zwar ist der Angeklagte wegen fahrlässiger Gefährdung des Straßenverkehrs nach § 315c Abs. 1 Nr. 1a, Abs. 3 Nr. 2 StGB verurteilt worden, so dass es an der in § 26 StGB vorausgesetzten vorsätzlichen Haupttat fehlen könnte. Diese rechtliche Würdigung beschwert den Angeklagten, soweit der Schuldspruch in Rede steht, nicht. Jedoch war ihm nach den Feststellungen „bewusst, dass er Alkohol getrunken hatte und möglicherweise nicht mehr fahrtauglich war. (Das) nahm er zumindest billigend in Kauf, als er sich an das Steuer setzte." (UA 7). Danach liegen die Voraussetzungen der Vorsatz-Fahrlässigkeits-Kombination in § 315c Abs. 3 Nr. 1 StGB vor, zu der strafbar angestiftet werden kann (§ 11 Abs. 2 StGB). Abschließend kann der Senat die Frage einer strafbaren Teilnahme der Beifahrerin nicht beurteilen, weil das angefochtene Urteil keine Feststellungen zur Frage eines „doppelten" Anstiftervorsatzes enthält.

Bei der Prüfung der Frage, ob ein Verkehrsunfall für einen **alkoholbedingt fahruntüchtigen Kraftfahrer** auf ein **pflichtwidriges Verhalten** zurückzuführen und vermeidbar war, ist nicht darauf abzustellen, ob der Fahrer in nüchternem Zustand den Unfall und die dabei eingetretenen Folgen bei Einhaltung derselben Geschwindigkeit hätte vermeiden können; vielmehr ist zu prüfen, bei welcher geringeren Geschwindigkeit er – abgesehen davon, dass er als Fahruntüchtiger überhaupt nicht am Verkehr teilnehmen durfte – noch seiner durch den Alkoholeinfluss herabgesetzten Wahrnehmungs- und Reaktionsfähigkeit bei Eintritt der kritischen Verkehrslage hätte Rechnung tragen können, und ob es auch bei dieser Geschwindigkeit zu dem Unfall und den dabei eingetretenen Folgen gekommen wäre.[279] **271**

Der Nachweis einer **rauschmittelbedingten Fahrunsicherheit** gemäß § 315c Abs. 1 Nr. 1 Buchst. a., § 316 StGB kann auch weiterhin nicht allein durch einen bestimmten Blutwirkstoffbefund geführt werden.[280] **272**

[3] Anders als bei Alkohol kann der Nachweis einer rauschmittelbedingten Fahrunsicherheit gemäß § 315c Abs. 1 Nr. 1 Buchst. a., § 316 StGB auch weiterhin nicht allein durch einen bestimmten Blutwirkstoffbefund geführt werden. Gesicherte Erfahrungswerte, die es erlauben würden, bei Blutwirkstoffkonzentrationen oberhalb eines bestimmten Grenzwertes ohne Weiteres auf eine rauschmittelbedingte Fahrunsicherheit zu schließen, bestehen nach wie vor nicht (BGH, Beschluss vom 3. November 1998 – 4 StR 395/98, BGHSt 44, 219, 222; Beschluss vom 7. Oktober 2008 – 4 StR 272/08, StV 2009, 359, 360; Maatz BA 2004, Suppl. I. 9, 10; SSW-Ernemann § 316 Rn. 30; Fischer, StGB 59. Aufl., § 316 Rn. 39 m.w.N.). Es bedarf

---

279 BGH, Urteil vom 6.12.2012 – 4 StR 369/12.

280 BGH, Beschluss vom 21.12.2011 – 4 StR 477/11.

daher neben dem positiven Blutwirkstoffbefund noch weiterer aussagekräftiger Beweisanzeichen, die im konkreten Einzelfall belegen, dass die Gesamtleistungsfähigkeit des betreffenden Kraftfahrzeugführers soweit herabgesetzt war, dass er nicht mehr fähig gewesen ist, sein Fahrzeug im Straßenverkehr eine längere Strecke, auch bei Eintritt schwieriger Verkehrslagen, sicher zu steuern (BGH, Urteil vom 15. April 2008 – 4 StR 639/07, NZV 2008, 528, 529). Das ohne eine phänomengebundene Schilderung mitgeteilte Erscheinungsbild des Angeklagten („leicht beeinflusst“) reicht dazu nicht aus.

[4] Die vom Landgericht herangezogenen Empfehlungen der Gemeinsamen Arbeitsgruppe für Grenzwertfragen und Qualitätskontrolle (hier zu Benzoylecgonin im Beschluss vom 22. Mai 2007, BA 2007, 311) bezeichnen lediglich Messwerte, die mindestens erreicht sein müssen, damit eine Blutwirkstoffkonzentration bei Anwendung der Richtlinien der Gesellschaft für Toxikologische und Forensische Chemie als qualitativ sicher nachgewiesen und quantitativ richtig bestimmt gelten kann (sog. Analytische Grenzwerte). Sie beruhen auf einer Übereinkunft der in der Kommission versammelten Experten und versuchen Richtlinien für den Nachweis berauschender Mittel und Substanzen im Blut im Sinne von § 24a Abs. 2 Satz 2 StVG vorzugeben (Ergebnisbericht der Gemeinsamen Arbeitsgruppe für Grenzwertfragen und Qualitätskontrolle, BA 1998, 372, 374; BA 2007, 311; Geppert, DAR 2008, 125, 127; Eisenmenger, NZV 2006, 24, 26; vgl. Hentschel/König/Dauer, Straßenverkehrsrecht 41. Aufl., StVG § 24a Rn. 21a und 21b m.w.N.). Da diese Grenzwerte keine Aussage über eine Dosis-Blutkonzentrations-Wirkungs-Beziehung enthalten, lässt ihre Überschreitung für sich genommen noch keinen zuverlässigen Rückschluss auf eine im konkreten Fall gegebene, eine Strafbarkeit nach § 316 StGB begründende rauschmittelbedingte Fahrunsicherheit zu (vgl. Möller, BA 2004, Suppl. I. 16, 17).

24. Räuberischer Angriff auf Kraftfahrer – § 316a StGB

273 Neben dem „Führer“ eines Kraftfahrzeugs kann **auch der „Mitfahrer“ grundsätzlich taugliches Tatopfer im Sinne des § 316a Abs. 1 StGB** sein kann. Der Anwendbarkeit der Vorschrift steht auch nicht entgegen, dass sich der Geschädigte als Mitfahrer zum Tatzeitpunkt unfreiwillig in dem Fahrzeug befunden haben mag.[281]

[3] Die Verurteilung der Angeklagten wegen räuberischen Angriffs auf Kraftfahrer im Fall II. 1 der Urteilsgründe hält rechtlicher Nachprüfung nicht stand.

[4] 1. Insoweit hat das Landgericht im Wesentlichen Folgendes festgestellt:

[5] Die Angeklagten sowie ein unbekannt gebliebener Mittäter befanden sich am Abend des Tattages gemeinsam mit dem Geschädigten im Pkw des Bruders des Angeklagten Q. auf einer Fahrt durch Leipzig; der Angeklagte Q. saß am Steuer. Die Angeklagten warfen dem Geschädigten während der Fahrt vor, seine frühere Freundin belästigt und seinen Hund vernachlässigt und geschlagen zu haben, was dieser vehement abstritt. Als die Beteiligten durch den Stadtteil W. fuhren, begann der unbekannt gebliebene Mittäter, den Geschädigten nach entsprechender Aufforderung durch den Angeklagten Q. mit Faustschlägen in das Gesicht und auf den Oberkörper zu misshandeln. Auch der Angeklagte K.-S. schlug den Geschädigten

[281] BGH, Beschluss vom 22.8.2012 – 4 StR 244/12.

während der Fahrt mindestens einmal mit der Faust in das Gesicht. Noch bevor die Angeklagten ihr endgültiges Ziel, einen Parkplatz in W., erreicht hatten, zog der Angeklagte K. schwarze Lederhandschuhe an und forderte den Geschädigten nach einem Halt des Fahrzeugs in einem Wohngebiet mit Billigung seiner Mittäter auf, seine Taschen zu leeren. Aus Angst vor weiteren Schlägen holte dieser aus seinen Taschen ein schwarzes Mobiltelefon, eine ungeöffnete Zigarettenschachtel, einen Schlüsselbund mit seinen Wohnungs- und Haustürschlüsseln sowie zwei bis drei Euro Münzgeld heraus; die Gegenstände wurden ihm von einem der Täter aus den Händen gerissen. Ihnen war dabei bewusst, dass sie auf die dem Geschädigten weggenommenen Gegenstände keinen Anspruch hatten; sie wollten sie gleichwohl für sich behalten. Nach Erreichen des Parkplatzes in W. wurde der Geschädigte aus dem Fahrzeug gezerrt, erneut schwer misshandelt und im Anschluss daran auf dem Parkplatz zurückgelassen.

[6] 2. Diese Feststellungen sind nicht geeignet, den Schuldspruch wegen räuberischen Angriffs auf Kraftfahrer im Sinne des § 316a Abs. 1 StGB zu tragen.

[7] a) Zwar hat das Landgericht im Ausgangspunkt zutreffend angenommen, dass neben dem „Führer" eines Kraftfahrzeugs auch der „Mitfahrer" grundsätzlich taugliches Tatopfer im Sinne des § 316a Abs. 1 StGB sein kann (Senatsurteil vom 25. Februar 2004 – 4 StR 394/03, NStZ 2004, 626). Dass sich der Geschädigte als Mitfahrer zum Tatzeitpunkt unfreiwillig in dem Fahrzeug befunden haben mag, stünde der Anwendbarkeit der Vorschrift ebenfalls nicht entgegen (Senatsurteil aaO).

[8] b) Die Feststellungen belegen indes nicht, dass die Angeklagten bei der Begehung der Tat die besonderen Verhältnisse des Straßenverkehrs ausgenutzt haben.

[9] aa) Nach der ständigen Rechtsprechung des Senats ist dieses zusätzliche Tatbestandsmerkmal in der Regel erfüllt, wenn der Angriff im Sinne des § 316a StGB zu einem Zeitpunkt erfolgt, an dem sich der Fahrer mit dem Fahrzeug im fließenden Verkehr befindet (Senatsurteil vom 20. November 2003 – 4 StR 150/03, BGHSt 49, 8, 14 f.; Senatsbeschluss vom 28. Juni 2005 – 4 StR 299/04, BGHSt 50, 169, 172 f.). Entsprechendes gilt auch, wenn das Kraftfahrzeug während der Fahrt verkehrsbedingt mit laufendem Motor hält, die Fahrt aber nach Veränderung der Verkehrssituation sogleich fortgesetzt werden soll, das Fahrzeug sich also weiterhin im fließenden Verkehr befindet. In diesen Fällen hat auch der „Mitfahrer", sollte er wegen der Einwirkung durch den oder die Täter zur Flucht entschlossen sein, regelmäßig keine Möglichkeit, sich dem Angriff ohne Eigen- oder Fremdgefährdung – etwa durch Öffnen der Tür oder Ziehen der Handbremse – zu entziehen (Senatsbeschluss vom 28. Juni 2005 aaO). In allen anderen Fällen, insbesondere bei einem nicht verkehrsbedingten Halt, bedarf es zusätzlicher, in den Urteilsgründen darzulegender Umstände, die die Annahme rechtfertigen, dass die Tat unter Ausnutzung der spezifischen Bedingungen des Straßenverkehrs begangen worden ist (vgl. Senatsurteil vom 23. Februar 2006 – 4 StR 444/05, NStZ-RR 2006, 185; Senatsbeschluss vom 17. Februar 2005 – 4 StR 537/04; zum Ganzen vgl. SSW-StGB/Ernemann, § 316a Rn. 14).

[10] bb) Im vorliegenden Fall hat das Landgericht lediglich festgestellt, dass der Angeklagte K. nach den vorausgegangenen Misshandlungen des Geschädigten und nachdem er sich schwarze Lederhandschuhe angezogen hatte, diesen im Einvernehmen mit seinen Mittätern „nach dem Halt im Wohngebiet" zur Leerung seiner Taschen aufforderte. Zu den näheren Umständen dieses „Halts" in einem Wohngebiet, insbesondere dazu, ob das Anhalten verkehrsbedingt war, verhalten sich die

Urteilsgründe nicht. Der Senat kann daher nicht überprüfen, ob die Täter unter Ausnutzung der besonderen Verhältnisse des Straßenverkehrs handelten.

[11] Die Sache bedarf daher insoweit erneuter tatrichterlicher Prüfung und Entscheidung.

25. Bestechlichkeit – §§ 332 ff. StGB

274 **Taten der Untreue** stehen – jeweils in Tateinheit mit Bestechlichkeit im geschäftlichen Verkehr – in **Realkonkurrenz.** Eine **Klammerwirkung** bzgl. der Untreuetaten **durch die Bestechungstaten scheidet aus,** weil die Bestechungstaten in ihrem strafrechtlichen Unwert deutlich hinter den zusätzlich verwirkten Gesetzesverstößen zurückbleiben.[282]

[14] 1. Die Annahme von Tatmehrheit hinsichtlich der Untreue- und Bestechlichkeitsvorwürfe ist in den vorgenannten Fällen rechtsfehlerhaft.

[15] a) Der Tatbeitrag des Angeklagten R. M. bestand in diesen Fällen darin, seine Ehefrau 25 E-Mails, die jeweils mehrere Aufschlagsbeträge (insgesamt 129) enthielten, an die frühere Angeklagte A. schreiben zu lassen. Damit bildete für ihn jede der 25 E-Mails den Beginn einer einheitlichen Treupflichtverletzungshandlung (zum Beginn der Treupflichtverletzung vgl. BGH, Urteil vom 11. Februar 2009 – 2 StR 339/08 Rn. 21; BGH, Urteil vom 11. Mai 2001 – 3 StR 549/00 Rn. 10). Auch das Fordern eines Vorteils i.S.d. § 299 Abs. 1, 1. Alt. StGB ging auf die jeweilige E-Mail zurück.

[16] b) Der Angeklagte R. M. ist daher insoweit – ohne dass der Schuldumfang verändert ist – lediglich wegen 25 begangener Straftaten der Untreue und Bestechlichkeit im geschäftlichen Verkehr schuldig. Der Schuldspruch ist deshalb entsprechend zu ändern (§ 354 Abs. 1 StPO analog). § 265 Abs. 1 StPO steht dem nicht entgegen, weil sich der Angeklagte R. M. nicht anders als geschehen hätte verteidigen können. Der Senat fasst den Schuldspruch klarstellend neu, wobei er gemäß § 260 Abs. 4 Satz 5 StPO im Interesse der Klarheit und Verständlichkeit der Urteilsformel davon absieht, die gleichartige Tateinheit im Tenor zum Ausdruck zu bringen (vgl. BGH, Beschluss vom 4. März 2008 – 5 StR 594/07 Rn. 11 m.w.N.).

[17] 2. Einer weitergehenden Änderung des Schuldspruchs bedurfte es nicht.

[18] a) Soweit die Revision vorbringt, das Gericht habe den räumlichen und situativen Zusammenhang in den Fällen übersehen, in denen der Angeklagte R. M. an einem Tag mehrere Angebotserhöhungen vornahm, weswegen es „unvertretbar" erscheine, dass das Gericht auch in diesen Fällen jedes Angebot als eigene Tat wertete, vermag sie nicht durchzudringen.

[19] Eine natürliche Handlungseinheit verlangt neben weiteren Voraussetzungen jedenfalls auch, dass die einzelnen Betätigungen auf einer einzigen Willensentschließung beruhen (st. Rspr.; vgl. nur BGH, Urteil vom 1. September 1994 – 4 StR 259/94, NStZ 1995, 46, 47 m.w.N.). Hier ist schon nicht erkennbar, dass den an einem Tag vorgenommenen Angebotserhöhungen eine über eine allgemeine Tatgeneigtheit hinausgehende einheitliche Willensentschließung zugrunde lag, da der Angeklagte nicht jedes ihm in das Haus gefaxte Angebot „automatisch" mit einem Aufschlag ver-

---

282 BGH, Beschluss vom 11.1.2012 – 1 StR 386/11.

sah. Vielmehr musste er hinsichtlich jedes Angebots nach dessen Überprüfung eine gesonderte Entscheidung darüber treffen, ob ein Angebot überhaupt mit einem Aufschlag erhöht werden sollte und, wenn ja, in welcher Höhe (UA S. 128).

[20] b) Auch die Auffassung, die ausgeurteilten Untreuestraftaten würden durch Bestechungstaten miteinander verklammert, teilt der Senat nicht; für eine über den dargestellten Umfang hinausgehende Schuldspruchänderung ist daher kein Raum.

[21] Voraussetzung für die sog. Klammerwirkung ist, dass zwischen wenigstens einem der an sich selbständigen Delikte und dem sie verbindenden, sich über einen gewissen Zeitraum hinziehenden (Dauer-)Delikt zumindest annähernde Wertgleichheit besteht (vgl. BGH, Beschluss vom 19. April 2011 – 3 StR 230/10 Rn. 17 m.w.N.). Die Klammerwirkung bleibt daher aus, wenn das (Dauer-)Delikt in seinem strafrechtlichen Unwert, wie er in der Strafandrohung seinen Ausdruck findet, deutlich hinter den während seiner Begehung zusätzlich verwirklichten Gesetzesverstößen zurückbleibt (vgl. BGH, Beschluss vom 10. November 2010 – 5 StR 464/10 Rn. 3).

[22] Danach scheidet vorliegend eine Verklammerung mehrerer jeweils durch eine Angebotserhöhung verwirklichter Untreuestraftaten durch Delikte der Bestechlichkeit im geschäftlichen Verkehr aus. Die Obergrenze des Strafrahmens für die Straftaten der Bestechlichkeit im geschäftlichen Verkehr bleibt deutlich hinter derjenigen der Untreuestraftaten zurück. Gründe, die eine nicht von den Strafrahmen bestimmte Gewichtung gebieten könnten, sind nicht ersichtlich.

[23] Die Taten der Untreue stehen deshalb – jeweils in Tateinheit mit Bestechlichkeit im geschäftlichen Verkehr – in Realkonkurrenz (vgl. BGH, Urteil vom 8. November 2007 – 3 StR 320/07; weitere Nachweise zur Rspr. bei Rissing-van Saan in LK, 12. Aufl. § 52 Rn. 30).

Steht ein **Täter** einer **Organisation** nicht selbständig gegenüber, sondern ist **in diese eingebunden**, kann er als Mitglied einer Bande anzusehen sein. Dies gilt umso mehr, wenn alle Beteiligten am gleichen Strang in gleicher Richtung ziehen und dabei gleichläufige Interessen vertreten. Eine Bande liegt daher **auch beim Zusammenschluss** von **bestechlichen Amtsträgern** und **Vorteilsgebern** vor.[283] **275**

26. Rechtsbeugung – § 339 StGB

Wird durch **unzulässige Mittel** ein **Rechtsmittelverzicht** des Angeklagten vom Richter erwirkt, liegt in dem Verlust der Rechtsmittelbefugnis gegen ein prozessordnungswidrig zustande gekommenes Urteil ohne Weiteres ein Nachteil für den Angeklagten, was den objektiven Tatbestand eines **Rechtsbeugungsverstosses** erfüllen würde. Im Übrigen muss sich der subjektive Tatbestand darauf beziehen, d.h. der Richter muss im Bewusstsein handeln, den Angeklagten auch zu einem (späteren) Rechtsmittelverzicht veranlassen zu können, oder indem er nach der Urteilsverkündung den Rechtsmittelverzicht anspricht, dabei zumindest die Vorstellung haben, dass der Verzicht (auch) auf das fortwirkende unrechtmäßige Vorgehen zurückzuführen ist.[284] **276**

[283] BGH, Beschluss vom 13.12.2012 – 1 StR 522/12.

[284] BGH, Urteil vom 31.05.2012 – 2 StR 610/11.

[15] 1. Gemäß § 261 StPO entscheidet über das Ergebnis der Beweisaufnahme das Tatgericht. Spricht es einen Angeklagten frei, weil es Zweifel an seiner Täterschaft nicht zu überwinden vermag, so ist dies durch das Revisionsgericht in der Regel hinzunehmen. Die Beweiswürdigung ist Sache des Tatrichters. Die revisionsgerichtliche Prüfung beschränkt sich darauf, ob dem Tatrichter bei der Beweiswürdigung Rechtsfehler unterlaufen sind. Das ist dann der Fall, wenn die Beweiswürdigung von einem rechtlich unzutreffenden Ansatz ausgeht, etwa hinsichtlich des Umfangs und der Bedeutung des Zweifelssatzes, wenn sie lückenhaft, widersprüchlich oder unklar ist, gegen Gesetze der Logik oder gesicherte Erfahrungssätze verstößt oder wenn an die zur Verurteilung erforderliche Gewissheit überspannte Anforderungen gestellt werden (st. Rspr.; vgl. Senat, NStZ 2010, 102, 103 m.w.N.).

[16] 2. Ein solcher Rechtsfehler liegt hier vor. Die Beweiswürdigung hinsichtlich des vom Tatgericht verneinten Rechtsbeugungsvorsatzes ist lückenhaft.

[17] Es mag dahinstehen, ob dies schon deshalb der Fall ist, weil der Tatrichter – worauf der Generalbundesanwalt vor allem in seiner Begründung des Rechtsmittels abstellt – bei seiner Annahme, der Angeklagte sei von einem beschränkten Einspruch des D. ausgegangen und habe deshalb mit der Erzwingung des Geständnisses keinen unrechtmäßigen prozessualen Nachteil für diesen herbeiführen wollen, keine erschöpfende (und widerspruchsfreie) Würdigung der Beweise vorgenommen hat. Jedenfalls fehlt es an jeglicher Auseinandersetzung mit der nach den Feststellungen in Betracht kommenden Möglichkeit, der Angeklagte habe nicht nur ein Geständnis des D., sondern auch einen Rechtsmittelverzicht sowie eine Einwilligung in eine Therapieweisung und insoweit die konkrete Gefahr eines unrechtmäßigen Nachteils angestrebt und damit vorsätzlich gehandelt.

[18] Nach den Feststellungen der Kammer hat der Angeklagte in mehrfacher Weise objektives Verfahrensrecht in erheblicher Weise verletzt, indem er den Beschuldigten D. hinsichtlich offenkundig von vornherein nicht in Betracht kommender Rechtsfolgen (stationäre Psychotherapie, Freiheitsstrafe ohne Bewährung) täuschte, um ihm Angst zu machen, und dies durch das zwangsweise Einsperren in eine Gewahrsamszelle entsprechend unterstrich. Dadurch hat er in grob rechtsstaatswidriger Weise nicht nur das Geständnis des D. bewirkt, sondern letztlich auch erreicht, dass dieser in eine ambulante Therapie einwilligte und auf Rechtsmittel gegen die ergangenen Entscheidungen verzichtete; er hat so die konkrete Gefahr eines unrechtmäßigen Nachteils für den Beschuldigten D. geschaffen.

[19] Das Vorgehen des Angeklagten war dabei nicht nur davon bestimmt, dem Beschuldigten D. Angst zu machen, um ihn zu einem Geständnis zu zwingen. Sein Ziel war es auch, das Verfahren unbedingt in der Hauptverhandlung zu einem rechtskräftigen Abschluss zu bringen (UA S. 16). Bei einer solchen Vorstellung des Angeklagten hätte sich das Landgericht – auch wenn es von der Annahme des Angeklagten, der Einspruch sei nur beschränkt eingelegt, ausgegangen ist – mit der Frage auseinandersetzen müssen, ob nicht das gesamte prozessuale Vorgehen des Angeklagten, das schließlich in das Einsperren des damaligen Angeklagten D. in einer Gewahrsamszelle mündete, seinen Grund auch in der „Fixierung des Angeklagten auf einen rechtskräftigen Verfahrensabschluss" (UA S. 29) gehabt haben könnte. In diesem Fall läge der dem Angeklagten objektiv anzulastende Rechtsbeugungsverstoß in dem durch unzulässige Mittel erwirkten Rechtsmittelverzicht, der in dem Verlust der Rechtsmittelbefugnis gegen ein prozessordnungswidrig zustande gekommenes Urteil ohne Weiteres eine Benachteiligung des D. bedeuten würde. Ob der Angeklagte insoweit das Bewusstsein hatte, diesen auch zu einem (späteren) Rechtsmittel-

verzicht veranlassen zu können, oder ob er, als er nach Urteilsverkündung den Rechtsmittelverzicht in der Hauptverhandlung ansprach, zumindest die Vorstellung hatte, dass der Verzicht (auch) auf das fortwirkende unrechtmäßige Vorgehen zurückzuführen sei, hat das Landgericht – obwohl sich dies aufgedrängt hätte – nicht erörtert.

[20] Schließlich hätte sich das Landgericht auch der Überlegung stellen müssen, ob die irreführende Einflussnahme auf den Beschuldigten D. mit dessen anschließendem Einsperren in der Gewahrsamszelle nicht auch von der Vorstellung des Angeklagten bestimmt gewesen sein könnte, hierdurch dessen Einwilligung in eine ambulante Therapie zu erlangen. Dafür könnte immerhin sprechen, dass er unmittelbar vor dem Verlassen des Gerichtssaals den Beschuldigten noch dazu drängte, Therapieeinsicht zu zeigen und einer psychiatrischen Behandlung zuzustimmen (UA S. 12), und dass zudem auch die Anordnung einer entsprechenden Therapieweisung Teil der von dem Angeklagten bereits vor der Hauptverhandlung ins Auge gefassten Rechtsfolgen war. Insoweit könnte der durch den Verfahrensverstoß bewirkte Nachteil des Beschuldigten D. in der Erteilung einer Einwilligung zu der Therapieweisung liegen, die zwar nach dem Gesetz nicht erforderlich war (vgl. Fischer, StGB, 59. Aufl., § 56c Rn. 12), aber jedenfalls von ihm als faktische Voraussetzung für die Anordnung (und Durchführung) einer ihn beschwerenden entsprechenden Weisung angesehen wurde.

27. Verletzung des Dienstgeheimnisses – § 353b StGB

Unter **Geheimnissen** sind Tatsachen zu verstehen, die nur einem **begrenzten Personenkreis bekannt** und zudem **geheimhaltungsbedürftig** sind. Dies trifft auf die nach § 33 Abs. 1 StVG im Zentralen Fahrzeugregister gespeicherten Halterdaten, die im Rahmen einer einfachen Registerauskunft nach § 39 Abs. 1 StVG jedermann zu den gesetzlich genannten Zwecken übermittelt werden dürfen, nicht zu.[285] 277

[8] Die zu Ungunsten des Angeklagten eingelegte Revision der Staatsanwaltschaft ist begründet. Ihr Rechtsmittel hat teilweise aber auch zugunsten des Angeklagten Erfolg, da die Nachprüfung des Urteils auch einen Rechtsfehler zu seinem Nachteil erbracht hat (§ 301 StPO; dazu unten II.3.).

[9] 1. Rechtsfehlerfrei hat das Landgericht zunächst in den 15 Fällen (Fälle II. 1, II. 4–II.14, II. 16 und II. 19–II. 20), in denen der Angeklagte auf Aufforderung des gesondert verfolgten D. jeweils (auch) Zugriff auf das Informationssystem POLIS nahm und ihn über seine diesbezüglichen Rechercheergebnisse unterrichtete, den objektiven Tatbestand des § 353b Abs. 1 StGB bejaht. Sowohl bei den vom Angeklagten weitergegebenen Daten aus dieser polizeilichen Datensammlung, als auch bei dem mitgeteilten Umstand, dass zu bestimmten Personalien keine Erkenntnisse vorliegen, handelt es sich um Geheimnisse im Sinne des § 353b Abs. 1 StGB. Beides sind tatsächliche Gegebenheiten, deren Kenntnis wegen der beschränkten Zugriffsmöglichkeit auf das Informationssystem nicht über einen begrenzten Personenkreis hinausgeht. Dabei sind auch Negativauskünfte über fehlende Einträge in der polizeilichen Datensammlung geheimhaltungsbedürftig, da auch sie nachteilige Auswirkungen auf die polizeiliche Aufgabenerfüllung haben können etwa durch Minimie-

---

[285] BGH, Beschluss vom 15.11.2012 – 2 StR 388/12.

rung des Kontrolldrucks, wie er im Rotlicht-Milieu durch verstärkte Kontrolltätigkeit der Polizei zur Bekämpfung des Auf- und Ausbaus organisierter krimineller Strukturen gezielt erzeugt wird (vgl. Senat, Urteil vom 23. März 2001 – 2 StR 488/00, BGHSt 46, 339, 340 f., 344).

[10] Ebenfalls rechtlich nicht zu beanstanden ist in den vorgenannten Fällen die Bewertung des Landgerichts, dass durch die unbefugte Informationsweitergabe wichtige öffentliche Interessen konkret gefährdet wurden. Dabei kann es dahingestellt bleiben, ob durch die Offenbarung der Daten, die nach den Feststellungen keine konkreten polizeilichen Maßnahmen berührten, schon eine unmittelbare Gefahr für wichtige öffentliche Interessen eingetreten ist; hierfür ließe sich die Wesensart der verletzten Dienstgeheimnisse anführen, deren Offenbarung kriminelle Aktivitäten begünstigt, indem sie es interessierten Personen ermöglicht, das eigene Verhalten dem Erkenntnisstand der Behörde anzupassen, oder – im Falle fehlender Erkenntnisse der Polizei – größere Freiräume für polizeilich relevante Aktivitäten zu eröffnen (vgl. Senat, aaO, BGHSt 46, 343 f.; OLG Köln, Urteil vom 20. Dezember 2011 – III-1 RVs 218/11 u.a., BeckRS 2012, 06355). Jedenfalls hat das Landgericht tragfähig eine mittelbare Gefährdung, die zur Verwirklichung dieses Tatbestandsmerkmals genügen kann (vgl. BGH, Urteil vom 19. Juni 1958 – 4 StR 151/58, BGHSt 11, 401, 404; BGH, Urteil vom 22. Juni 2000 – 5 StR 268/99, NStZ 2000, 596, 598), damit begründet, dass der gesondert verfolgte D. durch die Kundgabe der vom Angeklagten erlangten Informationen und die zielgerichtete Offenlegung seiner Verbindung zur Polizei das Vertrauen zahlreicher Bürger in die Integrität der Polizei erschüttert hat. Für eine effektive Wahrnehmung der ihr obliegenden präventiven und repressiven Aufgaben kommt der Integrität der Polizei und ihrer Beamten gerade auch in dem häufig durch zwangsweise Ausbeutung gekennzeichneten Prostitutionsmilieu besondere Bedeutung zu. Daher hat das Landgericht in der Erschütterung des Vertrauens in die Polizeiarbeit zu Recht eine konkrete Gefährdung wichtiger öffentlicher Interessen gesehen.

[11] 2. Die der Verurteilung in den vorgenannten Fällen zugrunde liegende Überzeugungsbildung des Landgerichts zur subjektiven Tatseite, der Angeklagte habe darauf vertraut, dass D. die erlangten Informationen für sich behalten werde, beruht demgegenüber auf einem durchgreifenden Rechtsfehler. Die Beweiswürdigung, bei der sich das Landgericht insoweit maßgeblich auf die als glaubhaft erachtete Einlassung des Angeklagten gestützt hat, wonach er davon ausgegangen sei, dass D. die Daten allein zur Überprüfung seiner Mitarbeiter benötige, ist lückenhaft. Die Strafkammer hat sich dabei nicht mit der Einlassung des Angeklagten in seiner polizeilichen Vernehmung durch den Zeugen W. befasst. Diesem gegenüber hatte er eingeräumt, in den Anklagefällen 15 bis 20 (entsprechend Fälle II. 15 bis II. 20 der Urteilsgründe) Recherchen zu Kfz-Haltern und weiteren Personen in Kenntnis dessen vorgenommen zu haben, dass D. diese Daten habe bekommen wollen, um ein Konkurrenzproblem mit einem anderen Zuhälter wegen der Prostitutionsausübung auf einer Landstraße zu lösen. Das Landgericht hat nicht bedacht, dass bei Zugrundelegung der früheren polizeilichen Angaben des Angeklagten auch aus seiner Sicht der gesondert Verfolgte D. jedenfalls diese Daten nicht zur Überprüfung seiner Mitarbeiter benötigt haben konnte und es sich – worauf der Generalbundesanwalt in seiner Zuschrift zutreffend hingewiesen hat – für den Angeklagten als einem nach den Feststellungen sehr erfahrenen Polizeibeamten naheliegend aufdrängte, dass D. die erlangten Informationen durch deren Präsentation zur Einschüchterung und Machtausübung nutzen würde.

*[**12**] Wegen des Zusammenhangs der Taten, für die das Landgericht zusammenfassend Feststellungen zur Vorsatzfrage getroffen und hierzu ebenso zusammenfassend Beweisüberlegungen angestellt hat, beschränkt sich der Erörterungsmangel nicht nur auf die drei Fälle II. 16 und II. 19 bis II. 20 der Urteilsgründe, in denen der Angeklagte Daten aus dem Informationssystem POLIS seiner Einlassung im Ermittlungsverfahren zufolge an D. in Kenntnis von dessen „Konkurrenzproblem“ weitergegeben hat, sondern er wirkt sich gleichermaßen auf die übrigen vorgenannten Fälle aus. Insoweit ist auch zu berücksichtigen, dass mit der lückenhaften Beweiswürdigung sich widersprechende Urteilsfeststellungen zur subjektiven Tatseite einhergehen: Während das Landgericht zum diesbezüglichen Sachverhalt zunächst festgestellt hat, der Angeklagte sei davon ausgegangen, dass „D. an den Informationen nur deshalb interessiert sei, um mit dem Betrieb und der Vermietung seiner Bordelle keinen Ärger zu bekommen“ (UA S. 11), ist den Ausführungen zur rechtlichen Würdigung die nicht weiter erläuterte Einschränkung zu entnehmen, dass der Angeklagte „(jedenfalls zunächst) auch davon aus(ging), dass der gesondert Verfolgte D. die Auskünfte aus dem System POLIS zur Überprüfung seiner Mitarbeiter haben wollte“ (UA S. 22).*

*[**13**] Dies führt zur Aufhebung des Urteils in sämtlichen 15 Fällen des Schuldspruchs wegen Verletzung des Dienstgeheimnisses, in denen der Angeklagte unbefugt Daten aus dem Informationssystem POLIS weitergab (Fälle II. 1, II. 4–II. 14, II. 16 und II. 19–II. 20 der Urteilsgründe), einschließlich der beiden – für sich rechtsfehlerfreien – tateinheitlichen Verurteilungen des Angeklagten wegen Verletzung des Privatgeheimnisses (Fälle II. 19 und II. 20 der Urteilsgründe).*

*[**14**] 3. Das Landgericht hat auch in den drei Fällen, in denen der Angeklagte allein die ihm über das zentrale Verkehrsinformationssystem ZEVIS zugänglichen Halterdaten aus dem Zentralen Fahrzeugregister des Kraftfahrt-Bundesamtes zu den ihm von D. jeweils mitgeteilten Kennzeichen abfragte und an diesen weitergab (Fälle II. 15 und II. 17–II. 18 der Urteilsgründe), den Tatbestand der Verletzung des Dienstgeheimnisses gemäß § 353b Abs. 1 StGB als erfüllt angesehen. Insoweit führt die sachlichrechtliche Überprüfung des angefochtenen Urteils nach § 301 StPO zu dessen Aufhebung zu Gunsten des Angeklagten.*

*[**15**] a) Bei den von dem Angeklagten in ZEVIS recherchierten Halterdaten handelte es sich nicht um Geheimnisse im Sinne des § 353b Abs. 1 StGB. Unter Geheimnissen sind Tatsachen zu verstehen, die nur einem begrenzten Personenkreis bekannt und zudem geheimhaltungsbedürftig sind (vgl. m.w.N., Senat, aaO, BGHSt 46, 340 f.; BGH, Urteil vom 9. Dezember 2002 – 5 StR 276/02, BGHSt 48, 126, 129; Lackner/Kühl, StGB, 27. Aufl., § 353b Rn. 6). Dies trifft auf die nach § 33 Abs. 1 StVG im Zentralen Fahrzeugregister gespeicherten Halterdaten, die im Rahmen einer einfachen Registerauskunft nach § 39 Abs. 1 StVG jedermann zu den gesetzlich genannten Zwecken übermittelt werden dürfen, nicht zu.*

*[**16**] Dabei kann offen bleiben, ob im Hinblick auf die gesetzlich geregelten Voraussetzungen der einfachen Registerauskunft schon faktisch keine nur einem begrenzten Personenkreis bekannten Daten vorliegen, wie dies für den Anwendungsbereich des § 203 Abs. 2 Satz 1 StGB in der Rechtsprechung angenommen worden ist, (vgl. BGH, Urteil vom 8. Oktober 2002 – 1 StR 150/02, BGHSt 48, 28, 29 f.; OLG Hamburg, Beschluss vom 22. Januar 1998 – 2 Ss 105/97, NStZ 1998, 358; BayObLG, Beschluss vom 18. Januar 1999 – 5 St RR 173/98, NJW 1999, 1727; zust. Cierniak/Pohlit in MüKoStGB, 2. Aufl., § 203 Rn. 93; Fischer, StGB, 59. Aufl., § 203 Rn. 10); dagegen könnte sprechen, dass diese Voraussetzungen für die meisten*

Halterdaten nie und ansonsten nur in seltenen Fällen und für einen beschränkten Kreis von Auskunftsberechtigten erfüllt sein werden. Es handelt sich bei den in § 39 Abs. 1 StVG genannten Daten eines Kfz-Halters wie dessen Name und Anschrift jedenfalls um keine Tatsachen, die ihrer Bedeutung nach der Geheimhaltung bedürfen und daher auch nicht der Amtsverschwiegenheit unterliegen (vgl. § 37 Abs. 2 Ziff. 2 BeamtStG). Dies folgt schon daraus, dass Zugangsvoraussetzung für den eine Halterauskunft nach § 39 Abs. 1 StVG Verlangenden lediglich die Darlegung eines berechtigten Interesses ist, das nicht einmal glaubhaft gemacht werden muss.

*[**17**] b) Soweit daher insoweit ausschließlich eine Strafbarkeit nach § 203 Abs. 2 Satz 2 StGB in Betracht kommt, fehlt es, wie der Senat aufgrund der von Amts wegen gebotenen Prüfung den Strafakten entnommen hat, in den Fällen II. 17 und II. 18 der Urteilsgründe an den gemäß § 205 Abs. 1 StGB erforderlichen Strafanträgen; im Fall II.15 der Urteilsgründe lässt sich die Frage, ob von dem Antragsberechtigten ein Strafantrag gestellt worden ist, anhand der Strafakten nicht sicher klären.*

C. Strafrechtliche Nebengesetze

I. Grundsätzliches

1. Überblick

In der neueren Rechtsprechung des Bundesgerichtshofs finden sich zu den strafrechtlichen Nebengesetzen eine Vielzahl von Entscheidungen zum **Betäubungsmittelstrafrecht** sowie weitere Leitentscheidungen zum **Steuerrecht** (AO) durch den hierzu seit 2008 zuständigen 1. Strafsenat, außerdem zum **Jugendgerichtsgesetz**, zum Ausländerrecht und zu weiteren Nebengesetzen. **278**

2. Ausblick

Im Betäubungsmittelstrafrecht sind weitere Differenzierungen zur Abgrenzung von **(Mit-)Täterschaft** und **Teilnahme** zu erwarten. Auch die Frage, inwieweit der globale Handel über das Internet, vor allem von Heilmitteln und Aphrodisiaka, strafbare Konsequenzen nach sich ziehen kann, wird auf Grund der großen Gewinnaussichten sicherlich schon in absehbarer Zeit weitere Klärung erfahren. Insoweit sei nur an die Entscheidung des BGH vom 2.11.2010[286] verwiesen. **279**

Von Seiten des Gesetzgebers sind angesichts des bevorstehenden Ende der Legislaturperiode und der im September 2013 stattfindenden Bundestagswahlen keine grundlegenden Veränderungen mehr zu erwarten. **280**

[286] Vgl. *Graf*, BGH-Rechtsprechung Strafrecht 2010, Rn. 266.

II. Neuere höchstrichterliche Rechtsprechung zu Einzelfragen

1. Betäubungsmittelgesetz (BtMG)

281 Die in den vergangenen Monaten ergangenen Entscheidungen betreffen insbesondere **Fragen des Handeltreibens**, die Abgrenzung von **Mittäterschaft und Beihilfe**, die Annahme von **Bewertungseinheiten** sowie weiterhin die **Anwendung von § 31 und § 35 BtMG.**

a) Handeltreiben

282 **Handeltreiben** im Sinne des § 29 Abs. 1 Satz 1 Nr. 1 BtMG ist jede **eigennützige** auf den Umsatz von Betäubungsmitteln gerichtete Tätigkeit. Die Handlungen müssen auf die Ermöglichung oder Förderung eines bestimmten Umsatzgeschäftes mit Betäubungsmitteln zielen.[287]

[2] 1. Nach den Feststellungen betrieb der Angeklagte in dem Nebengebäude seines Wohnhauses in W. ab Oktober 2010 eine von dem gesondert verfolgten St. finanzierte Cannabisplantage. Die hierbei gewonnenen Blütenstände sollte St., der über Verbindungen in das Drogenmilieu verfügte (UA S. 5), gewinnbringend verkaufen und den Erlös nach Abzug der Aufwendungen mit dem Angeklagten teilen. Die Mitte Januar 2011 erfolgte und am 8. Februar 2011 sichergestellte Ernte hatte bei den zum Verkauf vorgesehenen und vom Angeklagten verpackten Cannabisblütenständen eine THC-Gesamtwirkstoffmenge von 653 g. Die übrigen Pflanzenteile (THC-Gehalt: 680 g) hatte der Angeklagte im Freien gelagert und zur Kompostierung bestimmt (UA S. 6, 9; Fall 1 der Urteilsgründe: Freiheitsstrafe ein Jahr und acht Monate).

[3] Der Angeklagte fuhr am 8. Februar 2011 mit St. in die Niederlande und übernahm von diesem 551 Cannabissetzlinge mit einer THC-Gesamtwirkstoffmenge von 23 g. Mit den Setzlingen wollte der Angeklagte die Plantage neu bestücken. Die mit St. getroffene Abmachung hinsichtlich des weiteren Vorgehens galt auch für die neue Anpflanzung. Auf einem Rastplatz nahe Hamm erfolgte die Festnahme des Angeklagten (Fall 2 der Urteilsgründe: Freiheitsstrafe ein Jahr und acht Monate). Noch im Ermittlungsverfahren legte der Angeklagte am 8. April 2011 ein Geständnis ab und offenbarte die Mitwirkung des St., der daraufhin in Untersuchungshaft genommen werden konnte (UA S. 8).

[4] 2. Während im Fall 1 der Urteilsgründe der Tatbestand des unerlaubten Handeltreibens mit Betäubungsmitteln in nicht geringer Menge gemäß § 29a Abs. 1 Nr. 2 BtMG durch das Vorrätighalten zum gewinnbringenden Verkauf erfüllt ist (vgl. BGH, Urteil vom 20. Januar 1982 – 2 StR 593/81, BGHSt 30, 359, 361; Weber,

[287] BGH, Urteil vom 15.3.2012 – 5 StR 559/11; vgl. hierzu auch BGH, Beschluss vom 22.5.2012 – 4 StR 117/12.

BtMG, 3. Aufl., § 29 Rn. 464 m.w.N.), trifft dies auf die im Fall 2 zu beurteilende Übernahme und den Transport der Cannabissetzlinge durch den Angeklagten nicht zu.

[5] a) Handeltreiben im Sinne des § 29 Abs. 1 Satz 1 Nr. 1 BtMG ist jede eigennützige auf den Umsatz von Betäubungsmitteln gerichtete Tätigkeit (BGH, Beschluss vom 26. Oktober 2005 – GSSt 1/05, BGHSt 50, 252, 256 m.w.N.). Die Handlungen müssen auf die Ermöglichung oder Förderung eines bestimmten Umsatzgeschäftes mit Betäubungsmitteln zielen (BGH, Urteil vom 25. Oktober 2001 – 4 StR 208/01, BGHSt 47, 134, 136; Patzak in Körner, BtMG, 7. Aufl., § 29 Teil 4 Rn. 40) und dieses nicht nur vorbereiten (vgl. BGHSt 50, 252, 265 f.).

[6] b) Hinsichtlich des in den Setzlingen enthaltenen Wirkstoffs scheidet die Annahme eines Umsatzgeschäftes aus. Der Angeklagte wollte die Setzlinge nicht verkaufen.

[7] c) Hinsichtlich des von dem Angeklagten geplanten – indes noch nicht näher konkretisierten (vgl. BGH, Beschluss vom 15. Februar 2011 – 3 StR 491/10, NJW 2011, 1461 m.w.N.) – Umsatzgeschäfts ausschließlich mit den erst am Ende des Wachstumsprozesses noch zu gewinnenden Blütenständen stellten die Übernahme und der Transport der Setzlinge fernab der Plantage noch keine Ermöglichung oder Förderung eines solchen Geschäfts dar. Es diente lediglich dessen Vorbereitung.

[8] aa) Zur erfolgreichen Gewinnung von Blütenständen aus Cannabispflanzen sind mannigfache Vorbereitungen notwendig, die noch nicht als vollendetes oder versuchtes unerlaubtes Handeltreiben zu bewerten sind. So bedarf es geeigneter Räumlichkeiten (vgl. BGH, Beschluss vom 15. Februar 2011 – 3 StR 491/10, NJW 2011, 1461 m.w.N.) sowie der Herbeischaffung und Installation der für die Plantage erforderlichen Gerätschaften (vgl. BGH, Beschluss vom 3. August 2011 – 2 StR 228/11, NStZ 2012, 343). Hinsichtlich der Übernahme der Setzlinge und deren Transport noch fernab der Plantage kann für den hier in Rede stehenden Sachverhalt nichts anderes gelten.

[9] Maßgebliches Unterscheidungsmerkmal insofern ist, dass das später zum Verkauf zu stellende Cannabis noch nicht existiert und allenfalls in Setzlingen angelegt ist, die ihrerseits noch nicht angepflanzt wurden. Da mit den Setzlingen selbst kein Handel betrieben werden sollte, können sie hier als solche nicht den Gegenstand des Handeltreibens bilden. Sie sind vielmehr – ab dem Zeitpunkt ihrer Anpflanzung – der stoffliche Träger, aus dem sich das Rauschgift in den Blütenständen entwickelt.

PRAXISBEDEUTUNG ■

Die vorstehende Entscheidung macht in besonderer Weise deutlich, ab wann Beteiligte sich wegen Handeltreibens strafbar machen, und grenzt damit etwaige Vorbereitungshandlungen ab.

Eigennützig handelt der Täter, dem es **auf einen persönlichen Vorteil**, insbesondere auf die Erzielung von Gewinn **ankommt**. Sein Handeln muss vom Streben nach Gewinn geleitet sein oder er muss sich sonst irgendeinen persönlichen Vorteil von ihm versprechen, durch den er materiell oder immateriell besser gestellt wird.[288] **283**

[288] BGH, Beschluss vom 6.11.2012 – 2 StR 410/12; vgl. auch BGH, Beschluss vom 22.11. 2012 – 2 StR 419/12.

[2] 1. Der Schuldspruch wird nicht von den Feststellungen getragen. Das Landgericht ist davon ausgegangen, dass die bei dem Angeklagten aufgefundenen 12 Gramm Heroin zum Teil für den Eigenkonsum und zu einem weiteren Teil für die Weitergabe an eine dritte Person bestimmt waren, womit der Angeklagte Geldschulden begleichen wollte (UA S. 14). Dies belegt auch hinsichtlich des nicht für den Eigenkonsum gedachten Rauschgifts nicht den Vorwurf des Handeltreibens. Das Landgericht hat nicht festgestellt, dass der Angeklagte insoweit aus Eigennutz gehandelt hat. Eigennützig handelt der Täter, dem es auf einen persönlichen Vorteil, insbesondere auf die Erzielung von Gewinn ankommt. Sein Handeln muss vom Streben nach Gewinn geleitet sein oder er muss sich sonst irgendeinen persönlichen Vorteil von ihm versprechen, durch den er materiell oder immateriell besser gestellt wird (st. Rspr.; vgl. nur Weber, BtMG, 3. Aufl., § 29 Rn. 290 m.w.N.). Derartige Feststellungen lässt das angefochtene Urteil vermissen. Zwar kann grundsätzlich ein relevanter Vorteil darin liegen, durch Hingabe von Betäubungsmitteln im Rahmen einer bestimmten wertmäßigen Anrechnung von einer bestehenden Geldverbindlichkeit befreit zu werden, doch ist auch insoweit die Feststellung einer Gewinnerzielungsabsicht erforderlich. Wer Rauschgift einkauft, um es ohne Gewinn zum gleichen Preis weiterzugeben, handelt nicht eigennützig (vgl. BGH StV 1992, 420). Gleiches muss gelten, wenn der Verrechnung auf bestehende Schulden lediglich der Einkaufspreis der erworbenen Betäubungsmittel zugrunde gelegt wird.

284 Es liegt insoweit kein Handeltreiben vor, wenn der Täter zur Erzielung eines günstigeren Einkaufspreises auch **für andere Abnehmer einkauft** und diesen die Betäubungsmittel dann **zum Einkaufspreis überlässt.**[289]

[5] ... Ob der Täter im Sinne eines Handeltreibens nach § 29 Abs. 1 Satz 1 Nr. 1 BtMG eigennützig handelt, ist bezogen auf das konkret in Frage stehende Umsatzgeschäft zu beurteilen. Es muss sich gerade aus diesem Umsatzgeschäft ein eigener Nutzen für den Täter ergeben (vgl. BGH, Urteil vom 3. Juli 2003 – 1 StR 453/02, NStZ 2004, 457); dass ihm aus den Umständen des Erwerbs der umzusetzenden Betäubungsmittel Vorteile erwachsen, genügt für sich alleine nicht (Weber aaO Rn. 317, 320 f.). Daher liegt kein Handeltreiben vor, wenn der Täter zur Erzielung eines günstigeren Einkaufspreises auch für andere Abnehmer einkauft und diesen die Betäubungsmittel dann zum Einkaufspreis überlässt (BGH, Beschlüsse vom 25. September 1985 – 2 StR 521/85, NJW 1986, 794; vom 10. April 1984 – 4 StR 172/84, StV 1984, 248; vom 26. März 1992 – 4 StR 98/92, BGHR BtMG § 29 Abs. 1 Nr. 1 Handeltreiben 33).

[6] So liegt der Fall hier. Aus den auf den Umsatz von Betäubungsmitteln gerichteten Geschäften selbst, den mit S. vereinbarten Beschaffungen von Kokain zum Selbstkostenpreis, versprach sich der Angeklagte keine Vorteile. Vielmehr dienten ihm diese Abreden lediglich der Schaffung günstigerer Voraussetzungen für den beabsichtigten gleichzeitigen Einkauf von Kokain zu eigenen Zwecken. Aus den Feststellungen ergeben sich im Übrigen auch keine Anhaltspunkte dafür, dass der Angeklagte mit seinen Zusagen gewinnbringende Verkaufsgeschäfte des S. gefördert haben könnte (§ 27 StGB).

---

289 BGH, Beschluss vom 27.3.2012 – 3 StR 64/12.

Macht sich ein Täter nicht nur wegen **Beihilfe** zum Handeltreiben von Betäubungsmitteln, sondern zugleich auch wegen **täterschaftlicher Einfuhr** in tatmehrheitlichen Fällen strafbar, ist es **ausgeschlossen**, dass das minderschwere Delikt der Beihilfe zum Handeltreiben die Einfuhrhandlungen zu **einer Tat im Rechtssinne verbindet.**[290] **285**

[3] 2. Das Landgericht hat die 11 Kurierfahrten jeweils als rechtlich selbständige Taten angesehen und 11 tatmehrheitliche Fälle angenommen. Dies begegnet keinen durchgreifenden rechtlichen Bedenken.

[4] Zwar werden verschiedene Rauschgiftgeschäfte zu einer einzigen Tat des Handeltreibens verbunden, wenn sie in einem Handlungsteil zusammen treffen. Dies ist nach bisheriger Rechtsprechung des Senats auch der Fall, wenn sich, etwa bei Kommissionsgeschäften, Zahlungsvorgänge hinsichtlich mehrerer Geschäfte überschneiden (vgl. BGHR BtMG § 29 Abs. 1 Nr. 3 Konkurrenzen 5; § 29 Strafzumessung 29; Senatsbeschlüsse vom 2. Oktober 2002 – 2 StR 294/02, vom 11. August 2004 – 2 StR 184/04, vom 17. Oktober 2007 – 2 StR 376/07 und vom 9. Januar 2008 – 2 StR 527/07). Dies könnte jedenfalls hinsichtlich der Taten 1–3, aber auch bezogen auf die Verkaufsvorgänge durch „X" in den Fällen 4–10 dazu führen, dass insoweit, auch bezogen auf den Angeklagten, jeweils nur eine Tat gegeben ist. Zu berücksichtigen ist hier allerdings, dass der Angeklagte als Kurier, der das Rauschgift aus den Niederlanden nach Deutschland einführte, sich lediglich wegen Beihilfe zum Handeltreiben von Betäubungsmitteln und weitergehend zugleich auch wegen täterschaftlicher Einfuhr in 11 tatmehrheitlichen Fällen strafbar gemacht hat. In einem solchen Fall ist es ausgeschlossen, dass das minderschwere Delikt der Beihilfe zum Handeltreiben die Einfuhrhandlungen zu einer Tat im Rechtssinne verbindet. Es liegen insoweit 11 selbständige Einfuhren vor, die ihrerseits mit einer Beihilfe zum Handeltreiben in Tateinheit stehen. Ob das bei einem Zusammentreffen von täterschaftlichem Handeltreiben und Einfuhr möglich wäre (vgl. BGH NStZ 1997, 136), braucht der Senat nicht zu entscheiden.

Fehlen im tatrichterlichen Urteil **nähere Feststellungen** zu **Qualität und Wirkstoffmenge** der einzelnen Betäubungsmittelarten, wird ein für die **Bestimmung des Schuldumfangs wesentlicher Umstand** außer Betracht gelassen. Ohne dessen Darlegung vermag aber das Revisionsgericht nicht zu prüfen, ob die Einzelstrafen rechtsfehlerfrei bemessen worden sind.[291] **286**

[11] b) Hingegen halten die Einzelstrafaussprüche in den Fällen II. 101 bis II. 130 der Urteilsgründe rechtlicher Nachprüfung nicht stand.

[12] Der Schuldumfang der einzelnen Taten ist nicht hinreichend bestimmt. Zwar hat das Landgericht insoweit die Gesamtmenge der vom Angeklagten für den Weiterverkauf erworbenen Betäubungsmittel (jeweils 200 Gramm bis Weihnachten, danach jeweils mindestens 1 kg) festgestellt. Nähere Feststellungen zu Qualität und Wirkstoffmenge der einzelnen Betäubungsmittelarten fehlen jedoch. Damit wird ein für die Bestimmung des Schuldumfangs wesentlicher Umstand (st. Rspr.; vgl. nur BGH, Beschluss vom 15. Dezember 2005 – 5 StR 439/05, StV 2006, 184) außer Betracht gelassen, ohne dessen Darlegung das Revisionsgericht nicht zu prüfen vermag, ob die Einzelstrafen rechtsfehlerfrei bemessen worden sind. Auf nähere Fest-

290 BGH, Urteil vom 22.8.2012 – 2 StR 530/11.
291 BGH, Beschluss vom 9.5.2012 – 4 StR 67/12.

stellungen zum Wirkstoffgehalt durfte hier umso weniger verzichtet werden, als verschiedene Betäubungsmittelarten beim Angeklagten sichergestellt werden konnten. Für die nicht sichergestellten Mengen hat der neue Tatrichter neben dem bislang geständigen Angeklagten alle zur Verfügung stehenden weiteren Aufklärungsmöglichkeiten auszuschöpfen und wird sodann unter Beachtung des Zweifelsgrundsatzes von Mindestfeststellungen ausgehen müssen (BGH aaO; vgl. Weber, BtMG, 3. Aufl., Vor §§ 29 ff. Rn. 810 ff.).

287 Für **Methamphetaminracemat** – (RS)-(methyl)(1-phenylpropan-2-yl)azan – beginnt die nicht geringe Menge im Sinne von § 29a Abs. 1 Nr. 2, § 30 Abs. 1 Nr. 4 BtMG bei 10 g der wirkungsbestimmenden Base.[292]

b) Bewertungseinheit oder selbstständige Taten

288 Immer dort ist eine einheitliche Tat des Handeltreibens mit Betäubungsmitteln anzunehmen, wo **ein und derselbe Güterumsatz** Gegenstand der strafrechtlichen Bewertung ist. Beschafft sich der Täter eine einheitliche Rauschgiftmenge zur gewinnbringenden Weiterveräußerung, so verwirklicht er den Tatbestand des Handeltreibens auch dann nur einmal, wenn er sie in mehreren Teilmengen absetzt, denn die Akte des Handeltreibens, die sich auf dieselbe Rauschgiftmenge beziehen, bilden eine **Bewertungseinheit.**[293]

[6] a) Es begegnet bereits durchgreifenden rechtlichen Bedenken, dass das Landgericht für alle Einzelhandlungen der Angeklagten – Erwerb, Verkauf und Vorrätighalten der Betäubungsmittel – jeweils materiell-rechtlich selbständige Taten des bandenmäßigen Handeltreibens mit Betäubungsmitteln in nicht geringer Menge angenommen hat. Denn nach den Feststellungen bleibt offen, inwieweit die verkauften und die am 26. Februar 2010 gelagerten und zum Weiterverkauf vorrätig gehaltenen Drogen aus den abgeurteilten Erwerbshandlungen oder einem zuvor angeschafften Gesamtvorrat stammen.

[7] Nach ständiger Rechtsprechung des Bundesgerichtshofs ist immer dort eine einheitliche Tat des Handeltreibens mit Betäubungsmitteln anzunehmen, wo ein und derselbe Güterumsatz Gegenstand der strafrechtlichen Bewertung ist (BGH, Beschluss vom 7. Januar 1981 – 2 StR 618/80, BGHSt 30, 28; Urteil vom 23. März 1995 – 4 StR 746/94, BGHR BtMG § 29 Bewertungseinheit 4; Beschluss vom 26. Mai 2000 – 3 StR 162/00, BGHR BtMG § 29 Bewertungseinheit 20). Beschafft sich der Täter eine einheitliche Rauschgiftmenge zur gewinnbringenden Weiterveräußerung, so verwirklicht er den Tatbestand des Handeltreibens auch dann nur einmal, wenn er sie in mehreren Teilmengen absetzt, denn die Akte des Handeltreibens, die sich auf dieselbe Rauschgiftmenge beziehen, bilden eine Bewertungseinheit (BGH, Beschlüsse vom 28. Juni 2011 – 3 StR 485/10 – und vom 26. Mai 2000 – 3 StR 162/00, aaO).

[8] Das Landgericht hat insoweit nicht erörtert, inwieweit die erworbenen, die verkauften und die vorrätig gehaltenen Mengen von Crystal und Marihuana ein und dieselbe Gesamtmenge betreffen. Es liegt indessen äußerst nahe, dass die zwischen

[292] BGH, Urteil vom 17.11.2011 – 3 StR 315/10.
[293] BGH, Beschluss vom 11.1.2012 – 5 StR 445/11.

August 2008 und Ende 2009 – überwiegend zu nicht näher bestimmten Zeitpunkten – insgesamt erworbenen 420 g Crystal teilweise mit den zwischen März 2009 und Februar 2010 insgesamt veräußerten 2.692,1 g Crystal sowie den am 26. Februar 2010 beim Angeklagten B. aufgefundenen 533,05 g Crystal identisch sind. Hierbei können die festgestellten Erwerbsmengen auch einen erheblichen Teil der verkauften Gesamtmenge ausgemacht haben, da nach den Feststellungen des Landgerichts zu den Wirkstoffgehalten (UA S. 15) davon auszugehen ist, dass der Angeklagte das zum Weiterverkauf bestimmte Crystal zum Teil auf mehr als die dreifache Menge gestreckt hat. Auch die Erörterung der Möglichkeit, dass das im Fall 8 verkaufte Kilogramm Marihuana aus einer der in den Fällen 1 bis 5 erworbenen Mengen herrührt, drängte sich nach den Urteilsfeststellungen auf. Ebenso wäre zu bedenken gewesen, dass die am 26. Februar 2010 sichergestellten 12,5 kg Marihuana den zuvor erworbenen Mengen entstammen können. Das Landgericht setzt sich auch nicht mit der nach den Feststellungen ebenfalls bestehenden Möglichkeit auseinander, dass die vor Beginn der festgestellten Verkaufstätigkeit erworbenen Mengen zunächst zu einem Gesamtvorrat zusammengefügt wurden, was jedenfalls hinsichtlich der dann vorrätig gehaltenen Menge desselben Betäubungsmittels, bei einem Erwerb „im Gesamtpaket" unter Umständen auch hinsichtlich verschiedener Betäubungsmittel, zu einer einzigen Bewertungseinheit führen würde (vgl. BGH, Beschluss vom 28. Juni 2011 – 3 StR 485/10).

[9] Liegen aber konkrete Anhaltspunkte vor, dass Erwerbs- und Verkaufshandlungen sowie ein zum Weiterverkauf vorrätig gehaltener Bestand ganz oder teilweise dieselbe Gesamtmenge betreffen, muss sich das Tatgericht um Feststellungen zu Zahl und Frequenz der Ein- und Verkäufe sowie um deren Zuordnung zueinander bemühen (BGH, Beschluss vom 5. März 2002 – 3 StR 491/01). Lassen sich solche Feststellungen bei angemessenem Aufklärungsaufwand nicht treffen, hat das Tatgericht eine an den Umständen des Falles orientierte Schätzung vorzunehmen (BGH aaO).

Der **Zweifelssatz gebietet es nicht,** festgestellte Einzelverkäufe zu einer **Bewertungseinheit** zusammenzufassen, nur weil eine nicht näher konkretisierte Möglichkeit besteht, dass diese ganz oder teilweise aus einer einheitlich erworbenen Menge stammen.[294] **289**

[13] a) Sämtliche Betätigungen, die sich auf den Vertrieb derselben, in einem Akt erworbenen Betäubungsmittel beziehen, sind als eine Tat des unerlaubten Handeltreibens anzusehen. Deshalb sind dann unter anderem Erwerb und Veräußerung in dem pauschalisierenden, verschiedene Tätigkeiten umfassenden Begriff des Handeltreibens zu einer Bewertungseinheit verbunden (st. Rspr.; vgl. zusammenfassend Patzak in Körner/Patzak/Volkmer, BtMG, 7. Aufl., § 29, Teil 4, Rn. 409 m.w.N.; zu Besonderheiten bei der Abgabe an Minderjährige vgl. ders. aaO § 29a Rn. 30 m.w.N.).

[14] b) Die Strafkammer war sich dieser Grundsätze bewusst. Dies ergibt sich daraus, dass der Angeklagte hinsichtlich der zweimal zehn Platten zu je 100 Gramm Haschisch zutreffend nur wegen Handeltreibens in zwei Fällen verurteilt wurde (vgl. I 1a), obwohl die Strafkammer zusätzlich feststellen konnte, dass der Angeklagte aus diesen Vorräten fünfmal je 100 Gramm verkauft hatte.

[294] BGH, Beschluss vom 29.5.2012 – 1 StR 178/12; vgl. auch BGH, Beschluss vom 23.5.2012 – 5 StR 12/12.

[15] c) Es ist nicht zu beanstanden, dass sie nicht auch hinsichtlich der Abgabe von Marihuana an Minderjährige die Möglichkeit von Bewertungseinheiten erörtert hat. Der Zweifelssatz gebietet es nicht, festgestellte Einzelverkäufe (bzw. hier: Abgaben an Minderjährige) zu einer Bewertungseinheit zusammenzufassen, nur weil eine nicht näher konkretisierte Möglichkeit besteht, dass diese ganz oder teilweise aus einer einheitlich erworbenen Menge stammen. Auch wenn es nahe liegt, dass jeweils eine gewisse – freilich kaum konkret quantifizierbare – Anzahl der abgeurteilten Verkaufs- bzw. Abgabemengen aus einheitlichen Vorräten stammten, kann kein unverhältnismäßiger Aufwand verlangt werden, um eventuell eine Bewertungseinheit festzustellen (st. Rspr.; vgl. zusammenfassend Patzak aaO § 29, Teil 4, Rn. 412 m.w.N.). Den Urteilsgründen lässt sich nicht entnehmen, dass naheliegende Aufklärungsmöglichkeiten nicht ausgeschöpft worden wären (vgl. BGH, Urteil vom 10. Juni 1997 – 1 StR 146/97).

290 Beim wiederholten Rauschgifterwerb zum Weiterverkauf in Kleinmengen sind die **Handlungen des Käufers** grundsätzlich **nicht** als eine **Tat im Sinne einer Bewertungseinheit** anzusehen.[295]

[3] Das Landgericht ist im Hinblick auf die sukzessive Auffüllung des Drogenvorrats davon ausgegangen, dass der Angeklagte insgesamt nur eine Tat im Sinne von § 29a Abs. 1 Nr. 2 BtMG begangen habe. Dagegen bestehen rechtliche Bedenken. Beim wiederholten Rauschgifterwerb zum Weiterverkauf in Kleinmengen sind die Handlungen des Käufers grundsätzlich nicht als eine Tat im Sinne einer Bewertungseinheit anzusehen. Dies gilt selbst dann, wenn die einzelnen Portionen von einem Lieferanten erworben werden, der sie seinerseits aus einem einheitlichen Vorrat entnommen hat (vgl. BGH, Beschluss vom 14. Januar 2010 – 1 StR 587/09, NStZ-RR 2011, 25, 26). Alleine der gleichzeitige Besitz mehrerer Drogenmengen verbindet die hierauf bezogenen Handlungen nicht zu einer Tat des unerlaubten Handeltreibens (vgl. Senat, Beschluss vom 20. Februar 2008 – 2 StR 619/07, NStZ 2008, 470). Deshalb führt auch das wiederholte Auffüllen eines Betäubungsmittelvorrats nicht zur Verklammerung der Erwerbsakte zu einer Bewertungseinheit (vgl. BGH, Beschluss vom 26. Mai 2000 – 3 StR 162/00, NStZ 2000, 540 f.). Auf die Zahl der Einzelverkäufe kommt es hier nicht an (vgl. BGH, Beschluss vom 5. März 2002 – 3 StR 491/01, NJW 2002, 1810 f.). Bei allen Einkaufsmengen handelte es sich um nicht geringe Mengen. Danach wäre von fünf Taten im Sinne des § 29a Abs. 1 Nr. 2 BtMG auszugehen statt nur von einer derartigen Tat.

291 Die Annahme einer **Bewertungseinheit** setzt **konkrete Anhaltspunkte** dafür voraus, dass bestimmte Einzelverkäufe aus einer einheitlich erworbenen Gesamtmenge herrühren.[296]

b) Diese Feststellungen tragen eine Verurteilung durchgängig wegen einer tatmehrheitlichen Begehungsweise nicht. Nach ständiger Rechtsprechung des Bundesgerichtshofs werden mehrere Verkaufsvorgänge durch den Erwerb und Besitz der hierzu bestimmten Gesamtmenge zu einer Bewertungseinheit verbunden, sofern sie denselben Güterumsatz betreffen. Dabei setzt die Annahme einer Bewertungseinheit

---

[295] BGH, Beschluss vom 21.8.2012 – 2 StR 277/12.
[296] BGH, Beschluss vom 11.4.2012 – 3 StR 81/12.

konkrete Anhaltspunkte dafür voraus, dass bestimmte Einzelverkäufe aus einer einheitlich erworbenen Gesamtmenge herrühren (BGH, Beschluss vom 5. März 2002 – 3 StR 491/01, BGHR BtMG § 29 Bewertungseinheit 21 m.w.N.). Solche Anhaltspunkte bestehen, weil das Landgericht die Beschaffung eines Vorrats für den Folgemonat jeweils zum Monatsende festgestellt hat. Damit kommt sowohl eine Zusammenfassung einzelner Veräußerungen in den Fällen III. 1. der Urteilsgründe zu einer Tat als auch Tateinheit zwischen der letzten Veräußerung in den Fällen III. 2. der Urteilsgründe (Ende April 2011) und dem Besitz einer Teilmenge zum Eigenverbrauch im Fall III. 4. der Urteilsgründe (erste Maihälfte 2011) in Betracht (vgl. Körner/Patzak, BtMG, 7. Aufl., § 29 Teil 13 Rn. 100, 108).

Nach ständiger Rechtsprechung des Bundesgerichtshofs zur Bewertungseinheit im Betäubungsmittelstrafrecht, die für die gleichgelagerte Konstellation des Inverkehrbringens von Arzneimitteln entsprechend gilt, ist eine **einheitliche Tat** anzunehmen, wenn **ein und derselbe Güterumsatz** Gegenstand der strafrechtlichen Bewertung ist.[297] **292**

Nach ständiger Rechtsprechung des Bundesgerichtshofs zur Bewertungseinheit im Betäubungsmittelstrafrecht, die für die gleichgelagerte Konstellation des Inverkehrbringens von Arzneimitteln entsprechend gilt (BGH, Urteil vom 25. April 2001 – 2 StR 374/00, NJW 2001, 2812, 2815, insoweit in BGHSt 46, 380 nicht abgedruckt), ist eine einheitliche Tat anzunehmen, wenn ein und derselbe Güterumsatz Gegenstand der strafrechtlichen Bewertung ist (BGH, Beschluss vom 7. Januar 1981 – 2 StR 618/80, BGHSt 30, 28; Urteil vom 23. März 1995 – 4 StR 746/94, BGHR BtMG § 29 Bewertungseinheit 4; Beschluss vom 26. Mai 2000 – 3 StR 162/00, BGHR BtMG § 29 Bewertungseinheit 20). Dies kann auch gegeben sein, wenn – wie im vorliegenden Fall – verschiedenartige Präparate Gegenstand der zu beurteilenden Geschäfte sind, etwa wenn diese „im Gesamtpaket" erworben werden (vgl. BGH, Beschluss vom 26. Juli 2001 – 4 StR 110/01, NStZ-RR 2002, 52).

[6] Hierbei setzt die Annahme einer Bewertungseinheit allerdings konkrete Anhaltspunkte dafür voraus, dass bestimmte Einzelverkäufe aus einer einheitlich erworbenen Gesamtmenge herrühren. Eine lediglich willkürliche Zusammenfassung ohne ausreichende Anhaltspunkte kommt nicht in Betracht; auch der Zweifelssatz gebietet in solchen Fällen nicht die Annahme einer einheitlichen Tat (BGH, Beschluss vom 26. Mai 2000 – 3 StR 162/00, BGHR BtMG § 29 Bewertungseinheit 20; Beschluss vom 26. Juli 2001 – 4 StR 110/01, NStZ-RR 2002, 52; Urteil vom 16. November 2005 – 2 StR 296/05, NStZ-RR 2006, 55; Beschluss vom 2. September 2010 – 2 StR 388/10). Dies gilt entsprechend für das Inverkehrbringen von Arzneimitteln (BGH, Urteil vom 8. Dezember 2009 – 1 StR 277/09, BGHSt 54, 243). Auch insoweit kann – wenngleich der Erwerb nach der Legaldefinition des § 4 Abs. 17 AMG noch nicht als Tathandlung anzusehen ist – auf die Erwerbshandlungen abgestellt werden. Denn durch diese wird ein Vorrat angelegt und damit das gemäß § 4 Abs. 17 AMG als Inverkehrbringen anzusehende Vorrätighalten zum Verkauf begründet.

[7] b) Im vorliegenden Fall sprechen gravierende – von der Strafkammer außer Acht gelassene – Anhaltspunkte dafür, dass die vom Angeklagten in den Fällen 1 bis 83

---

297 BGH, Beschluss vom 14.12.2011 – 5 StR 425/11; vgl. auch BGH, Beschluss vom 26.9.2012 – 4 StR 345/12.

an Abnehmer veräußerten Doping- und Arzneimittel ebenso wie die im Fall 84 vorrätig gehaltenen Substanzen aus einer in einem oder in wenigen Einzelakten erworbenen Gesamtmenge stammen. Der beim Angeklagten am 1. Oktober 2010 sichergestellte Vorrat wies einen so erheblichen Umfang auf, dass er hieraus eine Vielzahl von Geschäften in der Größenordnung der festgestellten Einzelverkäufe hätte bestreiten können; der geschätzte Gesamtwert übersteigt sogar deutlich den Gesamtumsatz aus den festgestellten Einzelverkäufen. Dies lässt es bereits als ausgeschlossen erscheinen, dass der Angeklagte – wie das Landgericht annimmt – lediglich der Kundennachfrage entsprechend die Präparate bei seinen Lieferanten abgerufen und dann weiterverkauft hat. Bezieht man ferner den Umstand in die Bewertung ein, dass der Angeklagte (ausweislich der in den Urteilsgründen aufgeführten Kauf- oder Bestelldaten) vielfach kurz hintereinander, oftmals am selben Tag, an verschiedene Abnehmer zum Teil die gleichen Doping- bzw. Arzneimittel veräußert hat, liegt ein Abverkauf eines zuvor angelegten größeren Vorrats nahe.

[8] Die von der Strafkammer gegen die Annahme eines größeren Vorrats angeführte Erwägung zur Verderblichkeit der in Ampullen abgegebenen Hormonpräparate ist nicht geeignet, die Feststellung einer Vielzahl von Erwerbshandlungen zu begründen. Dem Urteil ist nicht zu entnehmen, in welchem Zeitraum es zum Verderb der Substanzen kommt und inwieweit hierdurch jegliche Verwendung der Präparate ausgeschlossen ist. Auch die Überlegung, der vom Angeklagten genannte Preis für den behaupteten einmaligen Erwerb der Gesamtmenge lasse sich nicht mit den Feststellungen zum Umsatz und zum Wert der beschlagnahmten Präparate vereinbaren, überzeugt nicht. Die Strafkammer setzt sich nämlich nicht mit der Frage auseinander, wie sich die bei Abnahme einer derart umfangreichen Menge von einem „Großhändler" zu zahlenden Beträge üblicherweise zu den im Rahmen von Einzelverkäufen zu erzielenden Preisen verhalten. Zudem ließe sich hiermit allenfalls die Annahme einer einzigen, nicht aber diejenige einiger weniger Erwerbshandlungen widerlegen. Das von einer Kamera festgehaltene Herbeischaffen weiterer Arzneimittel deutet zwar auf zumindest einen weiteren Erwerbsvorgang hin; allerdings ist das im Urteil hierzu angegebene Datum offensichtlich unzutreffend, so dass nicht beurteilt werden kann, ob dieser ergänzende Erwerb vor Beginn der Verkaufshandlungen stattfand. In diesem Fall wäre trotz zweier Erwerbshandlungen eine Bewertungseinheit anzunehmen (vgl. BGH, Beschluss vom 28. Juni 2011 – 3 StR 485/10, insoweit in StraFo 2011, 356 nicht abgedruckt).

293 Hat ein Angeklagter durch seine Fahr- und Kurierdienste objektiv und subjektiv auch das Handeltreiben mit Betäubungsmitteln in nicht geringer Menge des **Verkäufers gefördert** und damit **zu dessen Taten** ebenso **Beihilfe** geleistet, wie zu den Taten des Käufers, kommt es bei der **konkurrenzrechtlichen Beurteilung** der Beihilfehandlungen des Angeklagten (allein) auf dessen **Unterstützung der Haupttaten des Käufers** an.[298]

Der Verkauf aus insgesamt zwei Vorratsmengen durch S. hindert die Würdigung der Taten des Angeklagten als Beihilfe in sechs rechtlich selbständigen Fällen nicht. Zwar hat der Angeklagte durch seine Fahr- und Kurierdienste objektiv und subjektiv auch das Handeltreiben mit Betäubungsmitteln in nicht geringer Menge des Verkäufers gefördert und damit zu dessen Taten ebenso Beihilfe geleistet, wie zu den

[298] BGH, Beschluss vom 6.12.2011 – 3 StR 393/11.

Taten des Käufers. Da die Akzessorietät der Beihilfe auch in den Fällen der Bewertungseinheit gilt, so dass mehrere natürliche, an sich selbständige Beihilfehandlungen zu einer Tat im Rechtssinne zusammengefasst werden, wenn dies nach den Grundsätzen der Bewertungseinheit bei den Taten der Fall ist, zu denen Beihilfe geleistet wurde (vgl. Weber, BtMG, 3. Aufl., vor § 29 Rn. 280 m.w.N.), wäre der Angeklagte im Hinblick auf seine Förderung der Taten des Verkäufers lediglich der Beihilfe in zwei Fällen schuldig, während seine Teilnahme als Gehilfe an den Taten des Käufers – wie vom Landgericht angenommen – rechtlich als Beihilfe zum Handeltreiben mit Betäubungsmitteln in nicht geringer Menge in sechs Fällen zu würdigen ist (vgl. BGH, Beschluss vom 27. Oktober 1999 – 2 StR 451/99, NStZ 2000, 83). Dies führt im vorliegenden Fall indes nicht dazu, dass der Schuldspruch des angefochtenen Urteils zu beanstanden wäre. Vielmehr kommt es vorliegend bei der konkurrenzrechtlichen Beurteilung der Beihilfehandlungen des Angeklagten (allein) auf dessen Unterstützung der Haupttaten des Käufers D. an; denn der Angeklagte hat – neben der Verfolgung seiner eigenen Belange – in erster Linie jeweils in dessen Auftrag und Interesse gehandelt und wurde auch (allein) von diesem für die einzelnen Beihilfehandlungen entlohnt (vgl. zur Bedeutung der Interessen von Verkäufer und Käufer: BGH, Beschluss vom 17. Juli 2002 – 2 ARs 164/02, NJW 2002, 3486). Hierin liegt damit bei wertender Betrachtung der Schwerpunkt des jeweiligen Rechtsgutsangriffs des Angeklagten. In solch einem Fall tritt die – notwendigerweise stets auch gegebene – Beihilfe zum Handeltreiben des Verkäufers hinter der zu den Taten des Käufers zurück (Subsidiarität; vgl. LK/Rissing-van Saan, StGB, 12. Aufl., vor § 52 Rn. 129 ff., 137; zum Verhältnis von Beihilfe und Mittäterschaft: BGH, Beschluss vom 7. Januar 1981 – 2 StR 618/80, BGHSt 30, 28, 29 f.). Sie kann daher nicht die konkurrenzrechtliche Bewertung der Taten des Angeklagten bestimmen.

Ist der **Erwerb** eines Betäubungsmittelvorrats für sich nicht strafbewehrt und greift eine **Strafnorm** des Betäubungsmittelgesetzes **erst mit der Weitergabe** hieraus entnommener Teilmengen ein, **fehlt es** an einem die Einzeltaten zu einer **Bewertungseinheit verbindenden einheitlichen Güterumsatz**. Ein im Rahmen der **Substitutionsbehandlung** von Betäubungsmittelabhängigen tätiger Arzt verstößt gegen § 29 Abs. 1 Satz 1 Nr. 6 Buchst. a BtMG, wenn er als Substitutionsmittel verwendete Betäubungsmittel der in Anlage III zum Betäubungsmittelgesetz bezeichneten Art entgegen § 13 Abs. 1 BtMG verschreibt.[299] **294**

[8] a) Die getroffenen Feststellungen ergeben keine hinreichende Grundlage für die konkurrenzrechtliche Bewertung des Landgerichts, in den Fällen 1 bis 3, 5, 6, 8, 10 bis 12, 14, 16 bis 23, 27 bis 32, 34 bis 36, 38 und 47 bis 49 unter A.IV.3 der Urteilsgründe sei von einer tateinheitlichen statt von einer durchgängig tatmehrheitlichen Begehungsweise auszugehen.

[9] aa) Sämtliche Betätigungen, die sich auf den Vertrieb derselben, in einem Akt erworbenen Betäubungsmittel beziehen, sind als eine Tat anzusehen, wenn bereits der Erwerb der Betäubungsmittel, die zum Zweck der Weitergabe beschafft werden, den Tatbestand einer Variante des § 29 Abs. 1 Satz 1 Nr. 1 BtMG in Bezug auf die Gesamtmenge erfüllt; denn in diesem Fall bilden die aus dem einheitlich bezogenen Betäubungsmittelvorrat vorgenommenen Weitergaben von Einzelmengen lediglich unselbständige Teilakte ein und desselben strafbaren Güterumsatzes im Sinne einer

---

[299] BGH, Urteil vom 2.2.2012 – 3 StR 321/11.

strafrechtlichen Bewertungseinheit (vgl. BGH, Urteil vom 24. Juli 1997 – 4 StR 222/97, BGHR BtMG § 29 Bewertungseinheit 15). Ist der Erwerb des Betäubungsmittelvorrats dagegen für sich nicht strafbewehrt und greift eine Strafnorm des Betäubungsmittelgesetzes erst mit der Weitergabe hieraus entnommener Teilmengen ein, fehlt es an einem die Einzeltaten zu einer Bewertungseinheit verbindenden einheitlichen Güterumsatz.

[10] bb) Ob schon der Erwerb der Substitutionsmittel den Straftatbestand des § 29 Abs. 1 Satz 1 Nr. 1 BtMG erfüllte, lässt sich den Feststellungen des Landgerichts nicht entnehmen, weil die Urteilsgründe über den Hinweis, sie hätten aus dem Bestand einer Apotheke gestammt, keine weitere Aufklärung darüber geben, auf welche Weise der Angeklagte an die Substitutionsmittel gelangte. Feststellungen zu einem Erwerb nach § 4 Abs. 1 Nr. 3 Buchst. a BtMG fehlen. Insbesondere zu den Voraussetzungen der § 2 Abs. 3, § 5 Abs. 5 Satz 2, Abs. 7 Satz 2 BtMVV bzw. zu einem Erwerb zu gesetzlich zulässigen Zwecken und nicht schon mit dem Ziel einer Abgabe entgegen betäubungsmittelrechtlicher Vorschriften ist den Urteilsgründen hinreichendes nicht zu entnehmen. Deshalb kommt eine Änderung des Schuldspruchs durch den Senat in entsprechender Anwendung des § 354 Abs. 1 StPO nicht in Betracht. Vielmehr wird der neue Tatrichter die angeklagten Taten trotz der Beschränkung der Strafverfolgung auf die Abgabe von Betäubungsmitteln unter dem Aspekt der tateinheitlichen (§ 264 StPO) Mitverwirklichung weiterer Varianten des § 29 Abs. 1 Satz 1 Nr. 1 BtMG zu untersuchen und danach das Konkurrenzverhältnis zu bestimmen haben; denn die Verfahrensbeschränkung nach § 154a Abs. 1 StPO hat auf die konkurrenzrechtliche Bewertung keinen Einfluss (vgl. BGH, Beschluss vom 6. September 1988 – 1 StR 481/88, BGHR StPO § 154a Klammerwirkung 1).

[11] b) Rechtsfehlerhaft hat das Landgericht in diesem Tatkomplex darüber hinaus zulasten des Angeklagten von einem Teilfreispruch abgesehen, soweit es sich nicht von einer Täterschaft des Angeklagten hat überzeugen können. Sämtliche Fälle der unerlaubten Abgabe von Betäubungsmitteln waren als tatmehrheitlich begangen (§ 53 StGB) angeklagt; dem ist das Landgericht im Eröffnungsbeschluss gefolgt. Es hätte deshalb, um den Eröffnungsbeschluss zu erschöpfen, ohne Rücksicht auf die dem Urteil zugrunde gelegte konkurrenzrechtliche Bewertung den Angeklagten teilweise freisprechen müssen (vgl. BGH, Urteil vom 24. September 1998 – 4 StR 272/98, BGHSt 44, 196, 202; Beschluss vom 30. Mai 2008 – 2 StR 174/08, NStZ-RR 2008, 287; Beschluss vom 3. Juni 2008 – 3 StR 163/08, NStZ-RR 2008, 316; Meyer-Goßner, StPO, 54. Aufl., § 260 Rn. 13).

[12] c) Der Senat hebt den gesamten Schuldspruch samt der zugehörigen Feststellungen (§ 353 Abs. 2 StPO) auf, um dem neuen Tatrichter in Anbetracht der eng verwobenen Tatvorwürfe eine umfassende Beurteilung zu ermöglichen. Damit entfällt der gesamte Rechtsfolgenausspruch.

[13] 2. Weiter unterliegt das Urteil samt den insoweit getroffenen Feststellungen (§ 353 Abs. 2 StPO, vgl. Meyer-Goßner, aaO, § 353 Rn. 15a) der Aufhebung, soweit das Landgericht den Angeklagten vom Vorwurf des unerlaubten Verschreibens von Betäubungsmitteln in den Fällen unter C. I. der Urteilsgründe (Fälle 1 bis 829 der Anklageschrift) freigesprochen hat; denn es hat hierzu aufgrund eines rechtsfehlerhaften Beurteilungsmaßstabs nur unzureichende Feststellungen getroffen.

[14] a) Ein im Rahmen der Substitutionsbehandlung von Betäubungsmittelabhängigen tätiger Arzt verstößt gegen § 29 Abs. 1 Satz 1 Nr. 6 Buchst. a BtMG, wenn er als Substitutionsmittel verwendete Betäubungsmittel der in Anlage III zum Betäu-

bungsmittelgesetz bezeichneten Art entgegen § 13 Abs. 1 BtMG verschreibt (BGH, Urteil vom 4. Juni 2008 – 2 StR 577/07, BGHSt 52, 271, 273). Nach § 13 Abs. 1 BtMG dürfen die in Anlage III zum Betäubungsmittelgesetz bezeichneten Betäubungsmittel von Ärzten nur dann verschrieben werden, wenn ihre Anwendung am oder im menschlichen Körper begründet ist.

[15] Eine Substitutionsbehandlung ist nach § 13 Abs. 1 Satz 2 BtMG nur als ultima ratio zulässig (vgl. Nestler, MedR 2009, 211, 214). Eine Verschreibung von Betäubungsmitteln ohne Indikationsstellung und ohne Prüfung von Behandlungsalternativen ist unbegründet und nach § 29 Abs. 1 Satz 1 Nr. 6 Buchst. a BtMG strafbar (Körner/Patzak, BtMG, 7. Aufl., § 29 Teil 15 Rn. 14 a.E.), weil sie nicht gewährleistet, dass gegebenenfalls andere und damit vorrangige Behandlungsmethoden zur Anwendung kommen.

[16] b) Gleiches gilt, wenn der Substitutionsbehandlung eine unzureichende ärztliche Kontrolle zugrunde liegt (Körner/Patzak, aaO, § 29 Teil 15 Rn. 21 a.E.), wobei § 5 Abs. 2 Satz 1 Nr. 5 BtMVV der Umfang der erforderlichen ärztlichen Begleitung und damit die innerhalb der § 29 Abs. 1 Satz 1 Nr. 6 Buchst. a, § 13 BtMG verbindliche Richtschnur der sorgfältigen Substitutionsbehandlung zu entnehmen ist (Körner/Patzak, aaO, § 29 Teil 15 Rn. 41 a.E.).

[17] Einer Strafbarkeit nach § 29 Abs. 1 Satz 1 Nr. 6 Buchst. a BtMG wegen einer unzureichenden ärztlichen Begleitung der Substitutionsbehandlung steht nicht entgegen, dass eine Verschreibung unter Missachtung des § 5 Abs. 2 Satz 1 Nr. 5 BtMVV nicht nach § 29 Abs. 1 Satz 1 Nr. 14 BtMG, § 16 Nr. 2 Buchst. a BtMVV bestraft werden kann. § 29 Abs. 1 Satz 1 Nr. 14 BtMG in Verbindung mit der Betäubungsmittel-Verschreibungsverordnung sanktioniert Verstöße gegen formelle Voraussetzungen der Substitutionsbehandlung. Materielle Zuwiderhandlungen, zu denen es gehört, wenn der Arzt Substitutionsmittel verschreibt, obwohl er sich nicht fortlaufend in Übereinstimmung mit der Subsidiaritätsregel des § 13 Abs. 1 Satz 2 BtMG über die Fortschritte der Behandlung unterrichtet, sind nach § 29 Abs. 1 Satz 1 Nr. 6 Buchst. a BtMG strafbar, ohne dass § 29 Abs. 1 Satz 1 Nr. 14 BtMG Sperrwirkung entfaltet (Nestler, MedR 2009, 211, 215; a.A. von Glahn, ZAP Fach 21, S. 213, 215 f.).

[18] c) Diese Maßgaben einer zulässigen Substitutionsbehandlung sind aus den §§ 29, 13 BtMG, § 5 BtMVV ohne weiteres ersichtlich, so dass für den Arzt als Adressaten der Strafnorm – den verfassungsrechtlichen Vorgaben entsprechend (vgl. BGH, Beschluss vom 17. Mai 1991 – 3 StR 8/91, BGHSt 37, 383, 384 f.; Nestler, MedR 2009, 211, 215) – klar erkennbar ist, unter welchen Voraussetzungen er sich durch das Verschreiben eines zur ärztlichen Medikation zugelassenen Substitutionsmittels strafbar macht.

c) Abgrenzung Täterschaft und Teilnahme

Allein der Umstand, dass sich Beteiligte durch **gemeinsamen Bezug** der von ihnen jeweils zum gewinnbringenden Weiterverkauf bestimmten Betäubungsmittel günstigere Einkaufsbedingungen verschaffen, macht diese noch **nicht** im Sinne des § 25 Abs. 2 StGB zu **Mittätern** des Handeltreibens des jeweils anderen.[300] **295**

[300] BGH, Beschluss vom 17.4.2012 – 3 StR 131/12.

[3] a) Der Angeklagte und der Mitangeklagte bezogen von einem Verkäufer in Hamburg in „Einkaufsgemeinschaft“ Betäubungsmittel, die sie teils selbst konsumierten, teils weiterveräußerten. In den genannten neun Fällen erwarb – wovon der Senat nach den Feststellungen ausgeht – der Mitangeklagte auf diese Weise jeweils 200 g Amphetamin, Wirkstoffgehalt 7,3 % Amphetaminbase, das er in seine Wohnung verbrachte und dort hälftig mit dem Angeklagten teilte. Vorgefasster Absicht entsprechend verwendeten beide jeweils 10 g ihres Anteils für den Eigenkonsum, 90 g hieraus veräußerten sie – jeder für sich – gewinnbringend weiter. In zwei der Fälle (Fälle 130 und 131 der Urteilsgründe) beschaffte der Mitangeklagte für den Angeklagten zudem jeweils 5 g Kokain, Wirkstoffgehalt 45 % kHC, wovon dieser wie geplant jeweils 2 g selbst konsumierte und 3 g gewinnbringend veräußerte.

[4] Damit erreichte die vom Angeklagten zum gewinnbringenden Verkauf bestimmte Betäubungsmittelmenge in keinem der Fälle den Grenzwert der nicht geringen Menge im Sinne von § 29a Abs. 1 Nr. 2 BtMG (10 g Amphetaminbase; 5 g KHC). In den Fällen 130 und 131 der Urteilsgründe gilt dies auch dann, wenn man die Wirkstoffanteile des Amphetamins und des gleichzeitig bezogenen Kokains kumuliert (hierzu Weber, BtMG, 3. Aufl., § 29a Rn. 127 m.w.N.).

[5] b) Soweit das Landgericht in diesen Fällen deshalb zu einem Handeltreiben des Angeklagten mit Betäubungsmitteln in nicht geringer Menge gelangt ist, weil es ihm auch die Mengen zugerechnet hat, die der Mitangeklagte jeweils aus seinem eigenen Anteil zur Weiterveräußerung bestimmt hatte, hält dies revisionsrechtlicher Überprüfung nicht stand. Allein der Umstand, dass sich Beteiligte durch gemeinsamen Bezug der von ihnen jeweils zum gewinnbringenden Weiterverkauf bestimmten Betäubungsmittel günstigere Einkaufsbedingungen verschaffen, macht diese noch nicht im Sinne des § 25 Abs. 2 StGB zu Mittätern des Handeltreibens des jeweils anderen. Ob ein Beteiligter als Mittäter des anderen handelt, ist vielmehr auch im Betäubungsmittelstrafrecht nach den allgemeinen Grundsätzen zu beantworten. Hierzu bedarf es einer wertenden Betrachtung aller von der Vorstellung des Beteiligten umfassten Umstände; wesentliche Anhaltspunkte für (mit-)täterschaftliches Handeln können das eigene Interesse am Taterfolg, der Umfang der Tatbeteiligung und die Tatherrschaft oder wenigstens der Wille hierzu sein. Verschaffen sich die Beteiligten die von ihnen jeweils zur Weiterveräußerung bestimmten Betäubungsmittel in Einkaufsgemeinschaft oder im Wege eines Sammeleinkaufs, gilt nichts anderes (BGH, Beschluss vom 14. August 2002 – 2 StR 249/02, NStZ 2003, 90).

[6] Nach diesen Maßstäben begegnet die Annahme mittäterschaftlichen Handeltreibens des Angeklagten und des Mitangeklagten durchgreifenden rechtlichen Bedenken; denn es mangelt an jeglichen Anhaltspunkten dafür, dass der Angeklagte auf die Gestaltung der vom Mitangeklagten hinsichtlich seines Anteils in Aussicht genommenen Umsatzgeschäfte Einfluss hätte nehmen können oder an deren Gelingen überhaupt eigenes Interesse gehabt hätte. Überdies ist, was den Angeklagten betrifft, hinsichtlich der vom Mitangeklagten beabsichtigten Umsatzgeschäfte auch das für täterschaftliches Handeltreiben bestimmende Merkmal der Eigennützigkeit nicht zu erkennen. Eigennütziges Handeln setzt ein Anstreben von Vorteilen voraus, die sich aus dem Umsatzgeschäft selbst ergeben; nicht in diesem Sinne umsatzbezogen ist ein Vorteil, der dem Täter aus einem anderen Umstand, namentlich dem Erwerb, erwächst (Weber aaO § 29 Rn. 317, 320 m.w.N.). Der vom Angeklagten durch den gemeinsamen Einkauf mit dem Mitangeklagten für sich selbst erstrebte Vorteil erschöpfte sich indes in der günstigeren Gestaltung der Einkaufsbedingungen und damit in Umständen, die seinen eigenen Erwerb betreffen.

[7] Soweit der Bundesgerichtshof in einem Einzelfall (Urteil vom 9. Oktober 2002 – 1 StR 137/02, NStZ-RR 2003, 57) mittäterschaftliches Handeltreiben von Teilnehmern an einem Sammeleinkauf in Bezug auf die insgesamt zur Weiterveräußerung bestimmte Menge abweichend hiervon damit begründet hat, der Kauf der Gesamtmenge habe im gemeinsamen Interesse aller Beteiligten gelegen, ergibt sich im Ergebnis nichts anderes; denn dem lag jedenfalls zugrunde, dass alle Beteiligten Mitbesitzer der gesamten Einkaufsmenge waren. Für Mitbesitz des Angeklagten an der Gesamtmenge besteht hier indes, wie ausgeführt, kein Anhalt.

Mittäter einer Einfuhr im Sinne von § 25 Abs. 2 StGB kann ein Beteiligter auch dann sein, wenn das Rauschgift von einer **anderen Person** über die Grenze verbracht wird.[301] **296**

[2] 1. Der Schuldspruch auch wegen täterschaftlicher Einfuhr von Betäubungsmitteln in nicht geringer Menge (Fälle II. 2. und II. 3. der Urteilsgründe) begegnet durchgreifenden rechtlichen Bedenken.

[3] a) Nach den Feststellungen entschlossen sich die Angeklagte und die Mitangeklagte M., mit größeren Mengen Heroin Handel zu treiben, das sie von einem ihnen bekannten, in den Niederlanden wohnhaften Lieferanten beziehen wollten. Für die Beschaffung der Drogen und deren Auslieferung an die Abnehmer sollte die Mitangeklagte M. zuständig sein; die auf den Rollstuhl angewiesene Angeklagte sollte die Bestellungen der Abnehmer entgegennehmen und an die Mitangeklagte M. weiterleiten. Entsprechend dieser Abrede nahm die Mitangeklagte M. zunächst Anfang März 2011 in Mönchengladbach 450 g per Kurier aus den Niederlanden geliefertes Heroingemisch entgegen (Fall II. 1. der Urteilsgründe). Am 29. März 2011 fuhr sie mit ihrem Pkw in die Niederlande, übernahm dort ca. 500 g Heroingemisch und brachte dieses nach Mönchengladbach (Fall II. 2. der Urteilsgründe). Bei einer entsprechenden weiteren Beschaffungsfahrt in die Niederlande am 6. April 2011 wurde die Mitangeklagte M. auf Veranlassung der Angeklagten von der als Kraftfahrerin tätigen Mitangeklagten Mü. begleitet, welche dabei auch den Pkw steuerte (Fall II. 3. der Urteilsgründe).

[4] b) Dies trägt, soweit es die Angeklagte betrifft, nicht die Annahme täterschaftlicher Einfuhr von Betäubungsmitteln in den Fällen II. 2. und II. 3. der Urteilsgründe.

[5] Der Tatbestand der Einfuhr erfordert zwar keinen eigenhändigen Transport des Betäubungsmittels über die Grenze. Mittäter einer Einfuhr im Sinne von § 25 Abs. 2 StGB kann ein Beteiligter deshalb auch dann sein, wenn das Rauschgift von einer anderen Person über die Grenze verbracht wird. Voraussetzung dafür ist nach den auch hier geltenden Grundsätzen des allgemeinen Strafrechts aber ein die Tatbegehung objektiv fördernder Beitrag, der sich als ein Teil der Tätigkeit aller darstellt und der die Handlungen der anderen als Ergänzung des eigenen Tatanteils erscheinen lässt (BGH, Beschlüsse vom 1. September 2004 – 2 StR 353/04, NStZ 2005, 229; vom 14. Dezember 1988 – 4 StR 565/88, StV 1990, 264). Ob dies gegeben ist, hat der Tatrichter wie sonst auf der Grundlage einer umfassenden wertenden Betrachtung festzustellen; von besonderer Bedeutung sind dabei der Grad des eigenen Interesses, der Einfluss bei der Vorbereitung der Tat und der Tatplanung, der Umfang der Tatbeteiligung und die Teilhabe an der Tatherrschaft oder jedenfalls der

---

301 BGH, Beschluss vom 16.2.2012 – 3 StR 470/11; vgl. auch BGH, Beschluss vom 22.12.2011 – 3 StR 371/11.

Wille dazu, so dass die Durchführung und der Ausgang der Tat maßgeblich auch von dem Willen des Betreffenden abhängen. Entscheidender Bezugspunkt bei allen diesen Merkmalen ist der Einfuhrvorgang selbst (Weber, BtMG, 3. Aufl., § 29 Rn. 786, 799 f. m.w.N.). Keine ausschlaggebende Bedeutung kann dabei indes dem Interesse eines mit der zu beschaffenden Betäubungsmittelmenge Handel Treibenden am Gelingen des Einfuhrvorgangs zukommen; in einem solchen Falle gewinnt insbesondere die Tatherrschaft oder der Wille hierzu an Gewicht (Weber aaO Rn. 801). Bloßes Veranlassen einer Beschaffungsfahrt ohne Einfluss auf deren Durchführung genügt dagegen nicht (BGH, Beschluss vom 31. März 1992 – 4 StR 112/92, NStZ 1992, 339).

[6] Umstände, die auf eine Tatherrschaft der Angeklagten beim Verbringen der Drogen über die Grenze oder wenigstens auf einen dahingehenden Willen schließen ließen, hat das Landgericht jedoch nicht festgestellt.

297 Ein **mittäterschaftliches Handeltreiben** kann anzunehmen sein, wenn der **gemeinsame Ankauf** der **Kostenreduktion** und der Erzielung eines günstigen Einkaufpreises dienen sollte.[302]

[9] 2. Die Verurteilung wegen unerlaubter Einfuhr von Betäubungsmitteln in nicht geringer Menge in Tateinheit mit unerlaubtem Handeltreiben mit Betäubungsmitteln in nicht geringer Menge im Fall II. 2 der Urteilsgründe ist aufzuheben, weil die getroffenen Feststellungen ein unerlaubtes Handeltreiben mit Betäubungsmitteln in nicht geringer Menge gemäß § 29a Abs. 1 Nr. 2 BtMG nicht belegen.

[10] a) Der Senat entnimmt den Feststellungen, dass die von dem Angeklagten in R. übernommene und auf das Bundesgebiet verbrachte Amphetaminzubereitung teilweise für ihn selbst und teilweise für D. bestimmt war. Bei dieser Sachlage kommt eine Verurteilung des Angeklagten wegen unerlaubten Handeltreibens mit Betäubungsmitteln in nicht geringer Menge nur dann in Betracht, wenn in der auf ihn entfallenden und zur Weiterveräußerung bestimmten Teilmenge ein den Grenzwert zur nicht geringen Menge im Sinne von § 29a Abs. 1 Nr. 2 BtMG (10 Gramm Amphetaminbase) überschreitender Wirkstoffanteil enthalten war oder aber eine Zurechnung der Gesamtmenge nach den Grundsätzen über die Mittäterschaft (§ 25 Abs. 2 StGB) erfolgen kann. Letztere setzt dabei auch hier eine wertende Betrachtung aller von der Vorstellung der Beteiligten umfassten Umstände voraus, wobei dem jeweiligen Interesse am Taterfolg, dem Umfang der Tatbeteiligung und dem Vorhandensein von Tatherrschaft eine indizielle Bedeutung zukommen (BGH, Beschluss vom 17. April 2012 – 3 StR 131/12, Rn. 5; vom 14. August 2002 – 2 StR 249/02, NStZ 2003, 90, 91). Dabei kann ein mittäterschaftliches Handeltreiben anzunehmen sein, wenn der gemeinsame Ankauf der Kostenreduktion und der Erzielung eines günstigen Einkaufpreises dienen sollte (BGH, Urteil vom 9. Oktober 2002 – 1 StR 137/02, NStZ-RR 2003, 57, 58). Das Urteil enthält weder Feststellungen zu dem Anteil des Angeklagten an der Gesamtmenge, noch eine revisionsrechtlicher Überprüfung zugängliche wertende Betrachtung der jeweiligen Tatbeiträge. Die Sache bedarf daher schon aus diesem Grund neuer Verhandlung und Entscheidung.

[11] b) Der neue Tatrichter wird dabei zu beachten haben, dass es bei Amphetaminzubereitungen für die Bestimmung der nicht geringen Menge auf den Amphetamin-

[302] BGH, Beschluss vom 24.10.2012 – 4 StR 392/12.

base-Anteil ankommt (BGH, Urteil vom 11. April 1985 – 1 StR 507/84, NStZ 1986, 33). Das Landgericht hat sich bei seiner Bewertung an dem nicht maßgeblichen Amph-HCl-Gewichtsanteil orientiert, ohne die gebotene Umrechnung in Amphetaminbase vorzunehmen (vgl. BGH, Beschluss vom 22. Juni 2011 – 2 StR 157/11, Rn. 3; vom 19. Juli 2007 – 3 StR 257/07, Rn. 2 zur Umrechnung bei Amphetaminsulfat).

Eine bloße **Kuriertätigkeit** ist **grundsätzlich** als **Beihilfe zum unerlaubten Handeltreiben** mit Betäubungsmitteln anzusehen, nicht als täterschaftliches Handeln. Das gilt auch in Fällen der unerlaubten Einfuhr von Betäubungsmitteln. Die Einfuhr ist kein unselbständiger Teilakt eines – täterschaftlichen – Handeltreibens. Weder der Umstand, dass der Kurier für seine Transportleistung eine Entlohnung erhalten soll, noch die Tatsache, dass er gewisse Gestaltungsmöglichkeiten beim Transport des Rauschgiftes hat, reichen aus, um Handeltreiben als Mittäter zu begründen. Anders liegt es nur dann, wenn ein Rauschgiftkurier auch in den Erwerb oder den späteren Absatz der Betäubungsmittel eingebunden ist.[303] **298**

Für die **Abgrenzung** von Täterschaft und Teilnahme gelten auch im Betäubungsmittelrecht die Grundsätze des allgemeinen Strafrechts. Beschränkt sich die Beteiligung des Täters am Handeltreiben mit Betäubungsmitteln auf einen Teilakt des Umsatzgeschäfts, so kommt es nicht allein oder entscheidend darauf an, welches Maß an Selbständigkeit und Tatherrschaft der Beteiligte hinsichtlich dieses Teilakts innehat. Abzustellen ist vielmehr darauf, welche **Bedeutung** der **konkreten Beteiligungshandlung** im **Rahmen des Gesamtgeschäfts** zukommt. Maßgeblich sind insoweit insbesondere der Grad des eigenen Interesses am Erfolg, der Umfang der Tatbeteiligung und die Tatherrschaft oder wenigstens der Wille dazu, so dass Durchführung und Ausgang der Haupttat maßgeblich auch vom Willen des Täters abhängt.[304] **299**

Wird lediglich ein fremdes Umsatzgeschäft vermittelt und begleitet, **ohne** dass ein hohes **eigenes finanzielles Tatinteresse** festgestellt werden kann, spricht dies eher gegen die Annahme täterschaftlichen Handelns.[305] **300**

[5] a) Ob die Beteiligung an unerlaubtem Handeltreiben mit Betäubungsmitteln als Mittäterschaft oder Beihilfe zu werten ist, beurteilt sich nach den allgemeinen Grundsätzen über die Abgrenzung zwischen diesen Beteiligungsformen. Mittäter ist, wer nicht nur fremdes Tun fördert, sondern einen eigenen Tatbeitrag derart in eine gemeinschaftliche Tat einfügt, dass sein Beitrag als Teil der Tätigkeit des anderen und umgekehrt dessen Tun als Ergänzung seines eigenen Tatanteils erscheint. Ob ein Beteiligter ein so enges Verhältnis zur Tat hat, ist nach den gesamten Umständen, die von seiner Vorstellung umfasst sind, in wertender Betrachtung zu beurteilen. Wesentliche Anhaltspunkte können der Grad des eigenen Interesses am Taterfolg, der Umfang der Tatbeteiligung und die Tatherrschaft oder wenigstens der Wille zur Tatherrschaft sein. Diese Grundsätze gelten auch für denjenigen, der ein Betäubungsmittelgeschäft vermittelt (BGH, Beschluss vom 14. August 2012 – 3 StR 274/12; Beschluss vom 5. Oktober 2010 – 3 StR 339/10, NStZ-RR 2011, 57 m.w.N.).

---

303 BGH, Beschluss vom 10.7.2012 – 2 StR 85/12.

304 BGH, Urteil vom 1.8.2012 – 5 StR 176/12.

305 BGH, Beschluss vom 4.9.2012 – 3 StR 337/12; vgl. auch BGH, Beschluss vom 14.8.2012 – 3 StR 274/12.

[6] b) Nach diesen Maßstäben rechtfertigen die bisherigen Feststellungen nur die Annahme einer Beihilfe des Angeklagten zum Handeltreiben mit Betäubungsmitteln in nicht geringer Menge. Er vermittelte und begleitete lediglich ein fremdes Umsatzgeschäft. Zur Höhe der Entlohnung, die ihm zugesagt war, hat die Kammer keine Feststellungen treffen können; jedoch spricht das in der Beweiswürdigung zitierte Gespräch mit seinem Lieferanten, nach dem im Wesentlichen andere an dem Geschäft verdienen würden, gegen einen hohen Grad des eigenen finanziellen Tatinteresses. Einen eigenen Einfluss auf das Betäubungsmittelgeschäft, die angefragte Menge, deren Preis sowie deren Weiterverkauf hatte der Angeklagte nicht; ebenso wenig sollte er die gehandelten Betäubungsmittel in Besitz nehmen. Sein Beitrag bei dem Erwerb und der Übergabe des Heroins beschränkte sich auf das Dolmetschen zwischen den Käufern und dem Lieferanten, so dass auch insoweit keine hinreichend gewichtigen Aktivitäten festgestellt sind, die eine Täterschaft des Angeklagten belegen könnten.

301 Schließen sich mehrere Täter zu einer **Bande** zusammen, so hat dies **nicht** zur Folge, dass jede von einem Bandenmitglied begangene Tat einem anderen Bandenmitglied ohne Weiteres als **gemeinschaftlich begangene Tat** im Sinne des § 25 Abs. 2 StGB zugerechnet werden kann.[306]

[3] a) Schließen sich mehrere Täter – wie vom Landgericht auch hinsichtlich des Angeklagten rechtsfehlerfrei angenommen – zu einer Bande zusammen, so hat dies nicht zur Folge, dass jede von einem Bandenmitglied begangene Tat einem anderen Bandenmitglied ohne Weiteres als gemeinschaftlich begangene Tat im Sinne des § 25 Abs. 2 StGB zugerechnet werden kann. Die Frage, ob die Beteiligung an einem Bandenhandel mit Betäubungsmitteln als Mittäterschaft oder Beihilfe zu werten ist, beurteilt sich vielmehr nach den allgemeinen Grundsätzen. Maßgeblich sind insbesondere der Grad des eigenen Interesses am Erfolg, der Umfang der Tatbeteiligung und die Tatherrschaft oder wenigstens der Wille zur Tatherrschaft, so dass Durchführung und Ausgang der Tat maßgeblich auch vom Willen des Beteiligten abhängen (st. Rspr., vgl. BGH NStZ 2000, 482, 483). Das Tatbestandsmerkmal des Handeltreibens mit Betäubungsmitteln setzt für die Annahme von Mittäterschaft weiter voraus, dass der Mitwirkende eigennützig handelt. Täterschaft ist nur bei einer solchen für die Tatverwirklichung des unerlaubten Handeltreibens erforderlichen Willensrichtung möglich. Es genügt nicht, dass ein Täter nur den Eigennutz eines anderen mit seinem Tatbeitrag unterstützen will (BGHSt 34, 124, 125 f.; BGH StV 2002, 255).

[4] b) Ein eigennütziges Handeln des Angeklagten wird vorliegend nicht ausreichend belegt. Nach den Feststellungen des Landgerichts gehörte der gesondert Verfolgte R. einer überwiegend aus inhaftierten Mitgliedern bestehenden Gruppierung an, die innerhalb mehrerer Justizvollzugsanstalten gewinnbringend Betäubungsmittel verkaufte. Aus Freundschaft zu R. erklärte sich der Angeklagte bereit, bei der Beschaffung von Betäubungsmitteln, die in die Justizvollzugsanstalt D. eingebracht werden sollten, mitzuwirken. Der Angeklagte übernahm daraufhin insbesondere den Einkauf der Betäubungsmittel und verwaltete das Konto der Gruppe. Feststellungen dazu, dass das Handeln des Angeklagten zumindest auch vom Streben nach Gewinn geleitet war oder er sich einen anderen persönlichen Vorteil versprach,

[306] BGH, Beschluss vom 19.1.2012 – 2 StR 590/11.

durch den er materiell oder immateriell besser gestellt wurde (vgl. insoweit BGH StV 2002, 254), hat die Kammer nicht getroffen. Sie hat im Rahmen der Strafzumessung vielmehr angenommen, der Angeklagte habe selbst keinen materiellen Nutzen aus den Straftaten gezogen (UA S. 28). Ob sich aber der Angeklagte mit seinem Handeln sonst irgendeinen Vorteil versprach, lassen die Urteilsgründe nicht erkennen. Allein sein Handeln aus Freundschaft bzw. aus Verbundenheit zu dem gesondert Verfolgten R. (UA S. 11, 16) lassen diesen Schluss nicht ohne Weiteres zu (vgl. auch BGH aaO).

Einer Tätigkeit, die sich im bloßen **Transport von Betäubungsmitteln** erschöpft, kommt in der Regel **keine täterschaftliche Gestaltungsmöglichkeit** zu; auch bei faktischen Handlungsspielräumen hinsichtlich der Art und Weise des Transports wird sie zumeist nur eine untergeordnete Hilfstätigkeit darstellen und deshalb als Beihilfe zu werten sein.[307] **302**

[10] Für die Abgrenzung von Täterschaft und Teilnahme gelten im Betäubungsmittelstrafrecht die allgemeinen Grundsätze. Beschränkt sich die Beteiligung am Handeltreiben mit Betäubungsmitteln auf einen Teilakt des Umsatzgeschäfts, hier auf den Transport, so kommt es bei der Bestimmung der Beteiligungsform darauf an, welche Bedeutung der konkreten Beteiligungshandlung im Rahmen des Gesamtgeschäfts zukommt (BGH, Urteil vom 28. Februar 2007 – 2 StR 516/06, BGHSt 51, 219, 221 ff.; Urteil vom 5. Mai 2011 – 3 StR 445/10, StraFo 2011, 332, 333 m.w.N.). Bedeutsam sind insoweit insbesondere der Grad des eigenen Interesses am Erfolg, der Umfang der Tatbeteiligung und die Tatherrschaft oder wenigstens der Wille dazu, ob also Durchführung und Ausgang der Haupttat zumindest nach der Vorstellung des Tatbeteiligten maßgeblich auch von seinem Beitrag abhängen sollen.

[11] Danach kommt einer Tätigkeit, die sich im bloßen Transport von Betäubungsmitteln erschöpft, in der Regel keine täterschaftliche Gestaltungsmöglichkeit zu; auch bei faktischen Handlungsspielräumen hinsichtlich der Art und Weise des Transports wird sie zumeist nur eine untergeordnete Hilfstätigkeit darstellen und deshalb als Beihilfe zu werten sein (BGH, Urteil vom 28. Februar 2007 – 2 StR 516/06, BGHSt 51, 219, 223; Urteil vom 5. Mai 2011 – 3 StR 445/10, StraFo 2011, 332, 333 m.w.N.). Anderes kann gelten, wenn der Beteiligte erhebliche, über den reinen Transport hinausgehende Tätigkeiten entfaltet, am An- und Verkauf der Betäubungsmittel unmittelbar beteiligt ist oder sonst ein eigenes Interesse am weiteren Schicksal des Gesamtgeschäfts hat, weil er eine Beteiligung am Umsatz oder dem zu erzielenden Gewinn erhalten soll. Auch eine Einbindung des Transporteurs in eine gleichberechtigt verabredete arbeitsteilige Durchführung des Umsatzgeschäfts spricht für die Annahme von Mittäterschaft, selbst wenn seine konkrete Tätigkeit in diesem Rahmen auf die Beförderung der Betäubungsmittel, von finanziellen Mitteln für den Erwerb oder den Verkaufserlös beschränkt ist. Im Einzelfall kann auch eine weitgehende Einflussmöglichkeit des Transporteurs auf Art und Menge der zu transportierenden Betäubungsmittel sowie auf die Gestaltung des Transports für eine über das übliche Maß reiner Kuriertätigkeit hinausgehende Beteiligung am Gesamtgeschäft sprechen (BGH, Urteil vom 5. Mai 2011 – 3 StR 445/10, StraFo 2011, 332, 333 m.w.N.).

---

[307] BGH, Beschluss vom 10.11.2011 – 3 StR 355/11; vgl. auch BGH, Beschluss vom 27.3.2012 – 2 StR 573/11; BGH, Beschluss vom 22.8.2012 – 4 StR 272/12.

[12] Solche den Vorwurf eines täterschaftlichen Handeltreibens mit Betäubungsmitteln in nicht geringer Menge tragenden Umstände hat das Landgericht indessen nicht festgestellt. Seine Schilderung des Tatablaufs beschränkt sich, soweit es die Angeklagte betrifft, im Wesentlichen auf den Transport des Heroingemischs. Die Feststellungen ergeben daher eine täterschaftliche Mitwirkung der Angeklagten lediglich hinsichtlich der Betäubungsmitteleinfuhr, nicht jedoch bezüglich des Betäubungsmittelhandels.

d) Bandenmäßiges Handeltreiben

303 Ob jemand Mitglied einer Bande ist, bestimmt sich nach der deliktischen Vereinbarung, der sogenannten **Bandenabrede**. Die Begründung der Mitgliedschaft folgt nicht aus der Bandentat, sondern geht dieser regelmäßig voraus. Beides – Mitgliedschaft in einer Bande einerseits und bandenmäßige Begehung andererseits – ist begrifflich voneinander zu trennen.[308]

[2] 1. Nach den Feststellungen zu den Taten II. 7. der Urteilsgründe lagerte der Mitangeklagte T. in Absprache mit den Mitangeklagten M. im Zeitraum zwischen August und Oktober 2010 vier mal 100 Gramm eines Heroingemisches mit einem Wirkstoffgehalt von 20 % Heroinhydrochlorid und einmal ein Kilogramm eines Gemisches mit Amphetamin (Wirkstoffgehalt 3 %) in deren Keller ein. Die Angeklagte, der Mitangeklagte T. und ein B. portionierten die Betäubungsmittel zum gewinnbringenden Weiterverkauf, den der Mitangeklagte T., B. und ein weiterer „Läufer" besorgten.

[3] Damit ist nicht belegt, dass die vier Angeklagten diese fünf Taten bandenmäßig begangen haben.

[4] Ob jemand Mitglied einer Bande ist, bestimmt sich nach der deliktischen Vereinbarung, der sogenannten Bandenabrede. Die Begründung der Mitgliedschaft folgt nicht aus der Bandentat, sondern geht dieser regelmäßig voraus. Beides – Mitgliedschaft in einer Bande einerseits und bandenmäßige Begehung andererseits – ist begrifflich voneinander zu trennen. Entsprechend handelt es sich bei dem Tatbestandsmerkmal „als Mitglied einer Bande" – im Unterschied zum tatbezogenen Mitwirkungserfordernis – um ein besonderes persönliches Merkmal im Sinne des § 28 Abs. 2 StGB (BGH, Beschluss vom 15. Januar 2002 – 4 StR 499/01, BGHSt 47, 214, 216).

[5] In den Fällen II. 7. der Urteilsgründe fehlen Feststellungen zu einer derartigen vorgelagerten Bandenabrede. Sie muss zwar nicht ausdrücklich getroffen werden; es genügt vielmehr jede Form einer stillschweigenden Vereinbarung, die aus dem wiederholten deliktischen Zusammenwirken mehrerer Personen hergeleitet werden kann (BGH, Beschluss vom 15. Januar 2002 – 4 StR 499/01, BGHSt 47, 214, 219 f.). Die bloße Schilderung eines wiederholten deliktischen Zusammenwirkens ist für sich aber nicht ausreichend, um das Zustandekommen einer Bandenabrede zu belegen.

304 Der **Begriff der Bande** setzt den Zusammenschluss von **mindestens drei Personen** voraus, die sich mit dem **Willen verbunden** haben, künftig für eine **gewisse Dauer** mehrere selbständige, im Einzelnen noch ungewisse Straftaten des im Gesetz

---

308 BGH, Beschluss vom 10.11.2011 – 3 StR 355/11.

genannten Deliktstyps zu begehen. Wesentliches Element einer Bande ist danach eine auf eine gewisse Dauer angelegte Verbindung mehrerer Personen zur zukünftigen gemeinsamen Deliktsbegehung, wobei Mitglied einer Bande auch sein kann, wem nach der – stillschweigend möglichen – Bandenabrede nur Aufgaben zufallen, die sich bei wertender Betrachtung als Gehilfentätigkeiten darstellen.[309]

[8] Die Revision der Staatsanwaltschaft hat Erfolg.

[9] 1. Das Rechtsmittel der Staatsanwaltschaft ist wirksam auf die Verurteilung in den Fällen II. 12, 14 und 15 beschränkt. Die nach der Rechtsmittelbeschränkung nachträglich erhobenen Einwendungen gegen die Strafzumessung gehen ins Leere, soweit sie sich gegen den Rechtsfolgenausspruch hinsichtlich der Verurteilungen in den anderen Fällen richten.

[10] 2. Das Rechtsmittel hat Erfolg.

[11] a) Das Landgericht hat in den genannten Fällen das Vorliegen bandenmäßigen Betäubungsmittelhandels nach § 30a Abs. 1 BtMG nicht rechtsfehlerfrei verneint. Nach der neueren Rechtsprechung (vgl. BGHSt 46, 321) setzt der Begriff der Bande den Zusammenschluss von mindestens drei Personen voraus, die sich mit dem Willen verbunden haben, künftig für eine gewisse Dauer mehrere selbständige, im Einzelnen noch ungewisse Straftaten des im Gesetz genannten Deliktstyps zu begehen. Wesentliches Element einer Bande ist danach eine auf eine gewisse Dauer angelegte Verbindung mehrerer Personen zur zukünftigen gemeinsamen Deliktsbegehung (BGHSt 46, 321, 329), wobei Mitglied einer Bande auch sein kann, wem nach der – stillschweigend möglichen – Bandenabrede nur Aufgaben zufallen, die sich bei wertender Betrachtung als Gehilfentätigkeiten darstellen (BGHSt 47, 214). An einer Verbindung zur gemeinsamen Tatbegehung fehlt es, wenn sich Beteiligte eines Drogengeschäfts – sei es auch in einem eingespielten Bezugs- und Absatzsystem – lediglich jeweils auf der Verkäufer- und Erwerberseite gegenüberstehen (vgl. BGH NStZ 2004, 696).

[12] Die Annahme des Landgerichts, es habe zwischen dem Angeklagten und dem gesondert Verfolgten M. keine Verbindung zu gemeinsamer Deliktsbegehung bestanden, weil sie sich jeweils auf Käufer- und Verkäuferseite gegenüber gestanden hätten, greift zu kurz. Zwar erwarb M. von dem Angeklagten Amphetamin, das er auf eigene Rechnung und eigenes Risiko weiterveräußerte. Der Angeklagte seinerseits unternahm seine Betäubungsmittelgeschäfte allein und in eigenem Namen, ohne Beteiligung eines Dritten am Gewinn oder Risiko. Dies betrifft sowohl den Verkauf der Drogen an M. wie auch den der übrigen Drogen an weitere Abnehmer. Der Angeklagte und M. standen sich danach insoweit selbständig auf Verkäufer- und Käuferseite gegenüber (vgl. Körner, BtMG, 7. Aufl. 2012, § 30, Rn. 31).

[13] Zu berücksichtigen ist aber darüber hinaus, dass M. für den Angeklagten das ihm angelieferte Amphetamin mit Koffein streckte, portionierte und – abzüglich der selbst erworbenen Menge – an den Angeklagten zurückgab. Dies hätte dem Landgericht Anlass zu näherer Prüfung geben müssen, ob dadurch eine Einbindung von M. in die Absatzorganisation des Angeklagten, die nach den Feststellungen jedenfalls mit den Kurieren I. bzw. später F. bestand, erfolgt ist.

---

309 BGH, Urteil vom 29.2.2012 – 2 StR 426/11; vgl. hierzu auch BGH, Beschluss vom 11.1.2012 – 5 StR 445/11.

[14] Zwar folgt nicht aus jeglicher Unterstützung einer Gruppierung, etwa durch Strecken von Betäubungsmitteln (vgl. Körner, BtMG 7. Aufl. 2012, § 30, Rn. 43) oder Kurierfahrten, auch ohne Weiteres Zugehörigkeit zu einer Bande; auch Dienstleistungen eines Dritten, die einem Täterzusammenschluss zugutekommen, können „selbständig" erbracht werden, ohne dass darin eine Verbindung zu gemeinsamer künftiger Deliktsbegehung zu sehen ist. Es ist aber auch in diesen Fällen – wie bei Handelsketten im Betäubungsmittelhandel – sorgfältig zu prüfen, ob darin eine Verbindung zu gemeinsamer künftiger Deliktsbegehung oder lediglich eine durch Eigeninteresse gekennzeichnete Geschäftsbeziehung zu Mitgliedern einer Absatzorganisation zu sehen ist. Eine solche Prüfung, die nicht allein darauf abzustellen hat, ob diese Dienstleistung mit einem festen Preis entlohnt worden ist, sondern auch die sonstigen Umstände der Geschäftsbeziehung (wie Art und Häufigkeit der Leistung, ihre äußere Gestaltung oder auch den Einfluss, den die Beteiligten darauf im Einzelnen nehmen) in den Blick nehmen muss, hat das Landgericht nicht vorgenommen. Insoweit hat das Landgericht seiner Ablehnung einer Bandenmitgliedschaft einen unzutreffenden rechtlichen Maßstab zugrunde gelegt. Dabei war zwar auch der Umstand zu berücksichtigen, dass M. selbst auch einen Teil der Betäubungsmittel erwarb und seine Entlohnung in der Form eines Preisnachlasses erhielt. Doch steht dies seiner Einbeziehung in eine Bandenabrede nicht von vornherein entgegen.

305 Bei mindestens 3 Tätern des Handeltreibens kann die Annahme einer **Bande** als **deliktische Gruppierung** auf arbeitsteiliger Grundlage in Betracht kommen; dem könnte aber entgegenstehen, dass einer der **Täter als selbstständiger Händler** und somit als Abnehmer der anderen fungiert.[310]

[7] Das Landgericht hat es unterlassen, die in den Gesprächen beschriebenen illegalen Handelstätigkeiten des Angeklagten unter dem Aspekt eines sich aufdrängenden alternativen Geschehensablaufs (vgl. BGH, Urteil vom 16. November 2006 – 3 StR 139/06, NJW 2007, 384, 387, insoweit in BGHSt 51, 144 nicht abgedruckt) – hier einer Rolle des Angeklagten als selbstständiger Rauschgifthändler und mithin als Abnehmer der Gebrüder H. – zu bewerten. Solches hätte der Annahme einer aus drei Mitgliedern gebildeten Händlerbande entgegengestanden (vgl. BGH, Beschluss vom 6. Februar 2007 – 4 StR 612/06, BGHR BtMG § 30a Bande 11 m.w.N.).

[8] Im Einzelnen handelt es sich dabei um die Pflicht des Angeklagten, Vorauszahlungen zu leisten (UA S. 17), die häufig beklagten Zahlungsrückstände des Angeklagten (UA S. 18, 21, 22, 23, 25) sowie die vom Angeklagten selbstständig begründete und weitergeführte, den Gebrüdern H. unbekannt gebliebene Geschäftsbeziehung zu Mu. (UA S. 23). Auch der Umstand, dass der Angeklagte „zu viel quatsche" und dass ihm nicht vertraut werden sollte (UA S. 21), hätte als gegen eine Bandenmitgliedschaft sprechend erwogen werden müssen.

[9] 3. Die Sache bedarf demnach hinsichtlich eines möglichen bandenmäßigen Handeltreibens des Angeklagten gemäß § 30a Abs. 1 BtMG neuer Aufklärung und Bewertung.

[10] Es wird zu erwägen sein, ob die Gebrüder H. und der Angeklagte wegen des Bestrebens des A. H., sich aus dem Rauschgiftgeschäft zurückzuziehen (UA S. 16), sich vor der verfahrensgegenständlichen Tat auf eine gewisse Dauer für die Zeit

310 BGH, Beschluss vom 10.1.2012 – 5 StR 510/11.

nach dieser Tat zur Begehung illegalen Betäubungsmittelhandels verbunden haben (vgl. BGH, Urteil vom 16. Juni 2005 – 3 StR 492/04, BGHSt 50, 160, 161). Zu bemerken ist ferner, dass den Feststellungen bisher hinsichtlich eines Großtransports von Rauschgift nach Leipzig und dessen dort nachfolgenden Vertriebs kein wiederholtes deliktisches Zusammenwirken zu entnehmen ist, was Grundlage einer stillschweigenden Bandenübereinkunft sein könnte (vgl. BGHSt aaO S. 162).

[11] Sollte die neue Beweiswürdigung keine selbstständige Stellung des Angeklagten, sondern eine Rolle als Rauschgiftverteiler an Zwischenhändler und als Kassierer für die Gebrüder H. ergeben, kommt die Annahme einer Bande als deliktische Gruppierung auf arbeitsteiliger Grundlage in Betracht (vgl. BGH, Urteil vom 14. Februar 2002 – 4 StR 281/01, BGHR BtMG § 30a Bande 10).

[12] Könnte eine – freilich ein selbstständiges Tätigwerden des Angeklagten voraussetzende – Sammelbestellung des Angeklagten festgestellt werden, worauf das Landgericht in seiner Subsumtion freilich ohne Beleg auch abhebt (UA S. 32), ist die Annahme einer bandenmäßigen Verbindung bei Feststellbarkeit geplanten regelmäßigen arbeitsteiligen Vorgehens zur jeweiligen Erzielung eines Teilumsatzes denkbar (vgl. dazu BGH, Urteil vom 19. November 1997 – 2 StR 359/97, BGHR BtMG § 30a Bande 8; dazu erläuternd Weber BtMG, 3. Aufl., § 30 Rn. 42).

e) Handeltreiben mit Waffen

Ein Mitsichführen der Schusswaffe liegt vor, wenn der Täter diese bewusst gebrauchsbereit in der Weise **bei sich hat**, dass er sich ihrer **jederzeit bedienen kann**. Am eigenen Körper muss die Waffe nicht getragen werden; es genügt, wenn sie sich beim Handeltreiben mit Betäubungsmitteln in nicht geringer Menge in Griffweite befindet. Der Anwendung des Qualifikationstatbestands steht die Tatsache nicht entgegen, dass die Einzelakte der Portionierung und Veräußerung von Drogen, bei denen die Schusswaffe für ihn in Griffweite war, nur **geringe Betäubungsmittelmengen** betrafen.[311] **306**

[2] Der Schuldspruch ist auch insoweit rechtsfehlerfrei, als der Angeklagte V. wegen tateinheitlich mit dem Waffendelikt begangenen bewaffneten unerlaubten Handeltreibens mit Betäubungsmitteln in nicht geringer Menge verurteilt wurde.

[3] Nach den Feststellungen lagerte er größere Drogenmengen in einer Reisetasche, die er unter einem umgedrehten Schubkarren im Garten, etwa 20 bis 25 Meter von einem Gartenhaus entfernt, aufbewahrte. Im Wohnzimmer des Gartenhauses portionierte er kleine Verkaufsmengen und veräußerte diese dort an Konsumenten. Im gleichen Zimmer hatte er in einem Hängeschrank eine geladene Schrotflinte zur Verfügung. Bei dieser Sachlage ist es rechtlich nicht zu beanstanden, dass das Landgericht von einem Verbrechen nach § 30a Abs. 2 Nr. 2 BtMG ausgegangen ist.

[4] Ein Mitsichführen der Schusswaffe liegt vor, wenn der Täter diese bewusst gebrauchsbereit in der Weise bei sich hat, dass er sich ihrer jederzeit bedienen kann. Am eigenen Körper muss die Waffe nicht getragen werden; es genügt, wenn sie sich – wie hier – beim Handeltreiben mit Betäubungsmitteln in nicht geringer Menge in Griffweite befindet (vgl. BGH, Beschluss vom 23. Juni 2010 – 2 StR

[311] BGH, Beschluss vom 24.7.2012 – 2 StR 205/12; vgl. hierzu auch BGH, Beschluss vom 15.11.2012 – 3 StR 378/12.

203/10, StV 2010, 686 f.; Beschluss vom 28. Juni 2011 – 3 StR 485/10, StV 2012, 523 f.).

[5] Der Anwendung des Qualifikationstatbestands steht die Tatsache nicht entgegen, dass die Einzelakte der Portionierung und Veräußerung von Drogen durch den Angeklagten, bei denen die Schusswaffe für ihn in Griffweite war, nur geringe Betäubungsmittelmengen betrafen. Setzt sich die Tat des unerlaubten Handeltreibens mit Betäubungsmitteln in nicht geringer Menge aus mehreren Einzelakten zusammen, so reicht es zur Tatbestandserfüllung des bewaffneten Handeltreibens aus, wenn der qualifizierende Umstand nur bei einem Einzelakt verwirklicht ist (BGH, Urteil vom 28. Februar 1997 – 2 StR 556/96, BGHSt 43, 8, 10; Urteil vom 21. September 2011 – 2 StR 286/11, StV 2012, 411). Dies ist auch dann der Fall, wenn es dabei um die Veräußerung einer geringen Menge aus einem außerhalb des unmittelbaren Bereichs der Möglichkeiten zum Zugriff auf die Schusswaffe gelagerten Betäubungsmittelvorrat geht, der hinsichtlich des Handeltreibens eine Bewertungseinheit darstellt. Der Wortlaut des § 30a Abs. 2 Nr. 2 BtMG gestattet dessen Anwendung auf diesen Fall (vgl. BGHSt 42, 123, 127 f.) und der Schutzzweck der Norm erstreckt sich darauf.

[6] Grund für die erhöhte Strafandrohung ist die besondere Gefährlichkeit von Delikten der Betäubungsmittelkriminalität, bei denen der Täter eine Waffe bei sich führt. Bei Drogengeschäften, die sich auf eine nicht geringe Menge von Betäubungsmitteln beziehen, ist stets damit zu rechnen, dass ein bewaffneter Täter seine Interessen, insbesondere an der Besitzerhaltung oder an dem Erwerb von Drogen oder Geld rücksichtslos durchsetzt, indem er von der Waffe Gebrauch macht (vgl. BT-Drucks. 12/6853, S. 41; BGH, Urteil vom 15. November 2007 – 4 StR 435/07, BGHSt 52, 89, 94). Insoweit folgt auch bei dem gesonderten Vorrätighalten der nicht geringen Menge an Betäubungsmitteln zum Verkauf ein erhöhtes Risiko von Situationen, in denen die Waffe zum Einsatz kommen könnte, obwohl der aktuelle Teilakt des Betäubungsmittelhandels in Griffnähe der Schusswaffe nur eine geringe Teilmenge betrifft. Eine einschränkende Auslegung des § 30a Abs. 2 Nr. 2 BtMG dahin, dass der Täter die Schusswaffe und eine nicht geringe Menge der Betäubungsmittel zugleich verfügbar haben muss, ist hier nicht geboten (vgl. BGH, Beschluss vom 25. Juni 1999 – 3 StR 372/98, NJW 1999, 3206, 3207).

[7] Ii: Jedoch kann der Strafausspruch gegen den Angeklagten V. nicht bestehen bleiben.

[8] Das Landgericht hat die Strafe aus dem nach §§ 46b Abs. 1 Nr. 1, 49 Abs. 1 StGB gemilderten Normalstrafrahmen des § 30 Abs. 1 BtMG im Fall 1 beziehungsweise des § 30a Abs. 2 BtMG im Fall 2 gebildet. Es hat – anders als im Fall des Angeklagten R., der zwar nur Gehilfe war, aber einen erheblichen Beitrag geleistet hat und zur Tatzeit vielfach vorbestraft war – nicht in Betracht gezogen, ob bei dem Angeklagten V. ein minder schwerer Fall nach § 30 Abs. 2 BtMG (Fall 1) beziehungsweise nach § 30a Abs. 3 BtMG (Fall 2) anzunehmen ist. Das könnte – unbeschadet der Drogenmengen – schon mit Blick darauf in Frage kommen, dass der vertypte Milderungsgrund nach § 46b StGB wegen Aufklärungshilfe in einem Strafverfahren wegen Verdachts des Mordes bejaht wurde. Diese wäre bei der Strafrahmenbestimmung in einer Gesamtschau aller bestimmenden Umstände zu berücksichtigen gewesen (vgl. BGH, Beschluss vom 23. November 2010 – 3 StR 403/10, wistra 2011, 99).

[9] Der Senat kann nicht ausschließen, dass der Strafausspruch auf diesem Erörterungsmangel beruht.

Ein **Mitführen des gefährlichen Gegenstands** ist gegeben, wenn der Täter ihn bewusst gebrauchsbereit in der Weise bei sich hat, dass er sich seiner jederzeit bedienen kann. Es genügt, wenn er sich in Griffweite befindet.[312] **307**

[7] bb) Das Handeltreiben mit Betäubungsmitteln ist dadurch qualifiziert, dass der Angeklagte einen Gegenstand mit sich führte, der seiner Art nach zur Verletzung von Personen geeignet und bestimmt war. Bei dem Teleskopschlagstock handelt es sich um eine Waffe im technischen Sinn (vgl. § 1 Abs. 2 Nr. 2a WaffG). Er ist zur Verletzung von Personen geeignet und bestimmt, ohne dass es dazu weiterer Feststellungen bedarf (vgl. BGH, Urteil vom 24. Juni 2003 – 1 StR 25/03, NStZ 2004, 111, 112; Rahlf in: MünchKomm, StGB, 2007, § 30a BtMG Rn. 148).

[8] Ein Mitführen des gefährlichen Gegenstands wird von der Rechtsprechung angenommen, wenn der Täter ihn bewusst gebrauchsbereit in der Weise bei sich hat, dass er sich seiner jederzeit bedienen kann. Es genügt, wenn er sich in Griffweite befindet (vgl. Senat, Beschluss vom 23. Juni 2010 – 2 StR 203/10, NStZ 2011, 99). Dies war hier der Fall, weil sich der Teleskopschlagstock im selben Raum befand, in dem auch die Drogen gelagert waren. Dort war er für den Angeklagten rasch und unschwer zu ergreifen, wenn er mit den Drogen, etwa beim Portionieren und Verpacken, hantierte.

[9] cc) Setzt sich die Tat aus mehreren Einzelakten zusammen, so reicht es zur Tatbestandserfüllung aus, wenn der qualifizierende Umstand nur bei einem Einzelakt verwirklicht ist. Zwar fehlen Feststellungen des Landgerichts dazu, ob der Angeklagte den Teleskopschlagstock bei der Übergabe der Betäubungsmittel von Lieferanten oder an Abnehmer dabei hatte. Dem Angeklagten stand die Waffe aber griffbereit zur Verfügung, als er in der Wohnung das Amphetamin vorrätig hielt, streckte und portionierte. Auch dabei handelt es sich um Teilakte des Handeltreibens. Dadurch hat der Angeklagte den Qualifikationstatbestand des § 30a Abs. 2 Nr. 2 BtMG nach dem Wortlaut des Gesetzes erfüllt (vgl. Senat, Urteil vom 28. Februar 1997 – 2 StR 556/96, BGHSt 43, 8, 10 f. und Urteil vom 21. September 2011 – 2 StR 286/11, StV 2012, 411).

[10] Für eine einschränkende Auslegung des § 30a Abs. 2 Nr. 2 BtMG im Hinblick darauf, dass kein unmittelbarer Zusammenhang des Beisichführens der Waffe mit einem eigentlichen Umsatzgeschäft festgestellt ist, besteht kein Anlass. Ein Drogenhändler kann nicht nur von Kunden, mit denen er planmäßig in Kontakt tritt, sondern auch unerwartet von Drogenabhängigen, Polizeibeamten oder sonstigen Personen aufgesucht werden, gegen die er sich zum Schutz seiner Person, von Drogenvorräten und Gelderlös oder aber zur Verschleierung seines Handeltreibens mit der Waffe verteidigt. Die Vorschrift regelt ein abstraktes Gefährdungsdelikt. Ein sicherer Ausschluss der Gefahr, vor der § 30a Abs. 2 Nr. 2 BtMG andere Personen schützen will, ist hier nicht möglich.

[11] dd) Für die subjektive Tatseite genügt das Bewusstsein der Verfügbarkeit der Waffe. Der Wille des Täters, sie einzusetzen, ist nicht erforderlich (vgl. Senat, Urteil vom 28. Februar 1997 – 2 StR 556/96, BGHSt 43, 8, 14). Das Bewusstsein der Gebrauchsbereitschaft hat der Angeklagte eingeräumt.

[312] BGH, Urteil vom 22.8.2012 – 2 StR 235/12.

308 Die Annahme von **Tateinheit** setzt voraus, dass die maßgeblichen Tatbestände wenigstens teilweise durch ein und dieselbe Handlung verwirklicht worden sind. Die bloße Gleichzeitigkeit reicht dazu nicht aus. Eine tateinheitliche **Verknüpfung zwischen dem Waffenbesitz und den Betäubungsmittelstraftaten** kann sich auch dann ergeben, wenn Ausführungshandlungen zu beiden Gesetzesverletzungen die Merkmale eines dritten Delikts erfüllen und dieses Delikt aufgrund seiner Schwere zwischen beiden eine Klammerwirkung zu entfalten vermag.[313]

[4] 3. Die Revision hat mit der Sachrüge Erfolg (§ 349 Abs. 4 StPO), soweit der Angeklagte in den Fällen II. 1, II. 2, II. 3, II. 6 und II. 7 der Urteilsgründe auch wegen unerlaubten Besitzes von Schusswaffen gemäß § 52 Abs. 3 Nr. 2a WaffG verurteilt worden ist. Im Übrigen ist sie offensichtlich unbegründet im Sinne des § 349 Abs. 2 StPO.

[5] a) Der Angeklagte hat während des gesamten Tatzeitraumes ein Waffenlager unterhalten. Dadurch wurde der Besitz aller angesammelten Waffen – losgelöst von deren waffenrechtlicher Einordnung – zu einer unter Konkurrenzgesichtspunkten einheitlichen Dauerstraftat nach dem Waffengesetz verbunden (vgl. BGH, Beschluss vom 14. Januar 2003 – 1 StR 457/02, NStZ-RR 2003, 124, 125). Das Konkurrenzverhältnis dieser Dauerstraftat zu den zeitgleich begangenen Betäubungsmittelstraftaten beurteilt sich nach den allgemeinen Grundsätzen. Die Annahme von Tateinheit (§ 52 Abs. 1 StGB) setzt daher voraus, dass die maßgeblichen Tatbestände wenigstens teilweise durch ein und dieselbe Handlung verwirklicht worden sind. Die bloße Gleichzeitigkeit reicht dazu nicht aus (BGH, Urteil vom 21. Oktober 1999 – 4 StR 78/99, NStZ 2000, 85; Beschluss vom 25. November 1997 – 5 StR 526/96, BGHSt 43, 317, 319). Eine tateinheitliche Verknüpfung zwischen dem Waffenbesitz und den Betäubungsmittelstraftaten kann sich auch dann ergeben, wenn Ausführungshandlungen zu beiden Gesetzesverletzungen die Merkmale eines dritten Delikts erfüllen und dieses Delikt aufgrund seiner Schwere zwischen beiden eine Klammerwirkung zu entfalten vermag. Dies gilt auch dann, wenn das verbindende (dritte) Delikt nach den §§ 154, 154a StPO ausgeschieden worden ist (BGH, Beschluss vom 6. September 1988 – 1 StR 481/88, BGHR StGB § 52 Abs. 1 Klammerwirkung 3).

[6] b) Aus den Feststellungen ergibt sich nicht, dass es in den Fällen II. 1, II. 2, II. 3, II. 6 und II. 7 der Urteilsgründe zu Überschneidungen zwischen dem Besitz der diversen Schusswaffen und den jeweiligen Betäubungsmittelstraftaten gekommen ist. Der Umstand, dass der Angeklagte die Betäubungsmittel zeitweilig in seiner Wohnung aufbewahrte, wo sich auch seine Waffensammlung befand, vermag keinen eine Handlungseinheit begründenden Zusammenhang zu belegen. Eine zeitgleiche Aufbewahrung von Waffen und Betäubungsmitteln kann die Annahme einer Handlungseinheit regelmäßig nur dann rechtfertigen, wenn darüber hinaus ein – hier nicht festgestellter – funktionaler Zusammenhang zwischen beiden Besitzlagen besteht (vgl. BGH, Beschluss vom 25. April 1994 – 5 StR 189/94, Heinrich in Steindorf/Heinrich/Papsthart, Waffenrecht, 9. Aufl., § 52 WaffG Rn. 90b). Die ebenfalls nach § 52 Abs. 3 Nr. 7 WaffG strafbare Überlassung der dem Waffenlager entnommenen Pistole Berretta im Dezember 2010 diente allein der finanziellen Absicherung des nicht abgeurteilten Ankaufs von 100 Gramm Marihuana und 2 Gramm Kokain-

[313] BGH, Beschluss vom 22.11.2012 – 4 StR 302/12.

zubereitung im November 2010 und stand in keinem Zusammenhang mit den größeren Betäubungsmittelgeschäften des Angeklagten vom Dezember 2010 und Februar 2011 (Fälle II. 1 und 2 der Urteilsgründe), sowie dem Kokainankauf im April 2011 (Fall II. 3 der Urteilsgründe).

[7] c) Dagegen weist die tateinheitliche Verurteilung wegen unerlaubten Besitzes von Schusswaffen gemäß § 52 Abs. 3 Nr. 2a WaffG in den Fällen II. 4 und II. 5 der Urteilsgründe keinen den Angeklagten benachteiligenden Rechtsfehler auf.

[8] Der Senat entnimmt den Feststellungen, dass der zu Handelszwecken erfolgte Betäubungsmittelankauf vom 18. April 2011 (Fall II. 4 der Urteilsgründe) durch die Mitte April erfolgte Hingabe der drei weiteren Schusswaffen aus der Waffensammlung des Angeklagten abgesichert worden ist. Die darin liegende – vom Landgericht nach § 154a Abs. 2 StPO ausgeschiedene (UA 13) – Überlassung von Schusswaffen nach § 52 Abs. 3 Nr. 7 WaffG verknüpft den durch den Unterhalt der Waffensammlung verwirklichten unerlaubten Besitz von Schusswaffen mit dem in dem abgesicherten Betäubungsmittelgeschäft liegenden Handeltreiben mit Betäubungsmitteln in nicht geringer Menge zu Tateinheit.

Die bloße Feststellung, der Angeklagte habe ein **Messer** mit sich geführt, reicht in **309**
dieser Allgemeinheit nicht aus, um die Voraussetzungen des § 30a Abs. 2 Nr. 2 2. Alt. BtMG festzustellen.[314]

[3] 2. Die Verurteilung wegen bewaffneten unerlaubten Handeltreibens mit Betäubungsmitteln in nicht geringer Menge wird von den Feststellungen des Landgerichts nicht getragen.

[4] Der Tatbestand des § 30a Abs. 2 Nr. 2 BtMG setzt voraus, dass der Täter den bei der Tatbegehung mit sich geführten Gegenstand, der keine Schusswaffe ist, zur Verletzung von Personen bestimmt hat. Die Strafkammer hat zwar zur subjektiven Seite des Tatbestands zunächst zutreffend ausgeführt, dass der Angeklagte das Messer in seiner Jackentasche bewusst gebrauchsbereit mit sich führte. Jedoch ist damit noch nicht festgestellt, dass es sich bei dem Messer um einen zur Verletzung von Personen bestimmten Gegenstand im Sinne des § 30a Abs. 2 Nr. 2 2. Alt. BtMG gehandelt hat. Aus seiner Beschreibung als Klappmesser mit einer Klingenlänge von 7,5 cm ergibt sich lediglich, dass das Messer objektiv zur Verletzung von Personen geeignet war. Dies reicht allerdings noch nicht aus, um auch die zur Verwirklichung des Qualifikationstatbestands notwendige subjektive Zweckbestimmung des Gegenstands durch den Täter zu belegen (vgl. BGHSt 43, 266, 267; BGH, NStZ 2011, 98; Patzak in Körner/Patzak/Volkmer, BtMG, 7. Aufl., § 30a Rn. 87 f.; Weber, BtMG, 3. Aufl., § 30a Rn. 117 f.), zu der sich die Urteilsgründe nicht näher verhalten. Das beschriebene Messer ist weder eine Waffe im technischen Sinne, noch unterfällt es – wie sich aus der fehlenden Erwähnung dieses Messertyps in der Anlage 1 Abschnitt 1 Unterabschnitt 2 Nr. 2.1 zu § 1 Abs. 4 WaffG ergibt – der Kategorie der sog. gekorenen Waffen i.S.d. § 1 Abs. 2 Nr. 2 Buchst. b WaffG, bei denen die subjektive Zweckbestimmung zur Verletzung von Personen regelmäßig auf der Hand liegt. Vielmehr handelt es sich hier um einen Gebrauchsgegenstand, bei dem die Annahme, dass der Täter ihn (auch) zur Verletzung von Menschen bestimmt habe, der ausdrücklichen Feststellung und Begründung bedarf.

---

314 BGH, Beschluss vom 6.11.2012 – 2 StR 394/12; hinsichtlich Gas- und Schreckschusswaffen vgl. BGH, Beschluss vom 13.3.2012 – 5 StR 73/12.

f) §§ 31, 35 BtMG

310 Auch wenn **Art. 316d EGStGB** bestimmt, dass § 31 BtMG in der Fassung des 43. StrÄndG nicht auf Verfahren anzuwenden ist, in denen vor dem 1. September 2009 die Eröffnung des Hauptverfahrens beschlossen worden ist, erlaubt diese Überleitungsvorschrift keinen Umkehrschluss dahin, dass die neuen Vorschriften immer schon dann anzuwenden wären, wenn die Eröffnung des Hauptverfahrens nach dem 31. August 2009 beschlossen worden ist. Für die Frage des auf diese Taten anwendbaren Rechts gelten vielmehr die allgemeinen Regeln, nach denen grundsätzlich das zur Tatzeit geltende materielle Recht Anwendung findet (§§ 1, 2 Abs. 1 StGB), sofern das neue Recht in seiner Gesamtheit keine für den Angeklagten günstigere Regelung (§ 2 Abs. 3 StGB) darstellt.[315]

311 Die **Würdigung der Aufklärungshilfe** hat sich an dem Gewicht des geleisteten Aufklärungsbeitrags zu orientieren, keinesfalls allein an dem Schuldumfang der vom Angeklagten begangenen Taten.[316]

[3] Das Landgericht hat die Voraussetzungen des vertypten Strafmilderungsgrundes nach § 31 Satz 1 Nr. 1 BtMG als erfüllt angesehen. Es hat geprüft, ob in den (zehn) Fällen des Handeltreibens mit Betäubungsmitteln in nicht geringer Menge, deren Grenzwert von 7,5 Gramm THC hier jeweils gerade erreicht wird, die Heranziehung des Strafrahmens eines minder schweren Falles nach § 29a Abs. 2 BtMG und in den (fünf) Fällen des gewerbsmäßigen Handeltreibens mit Betäubungsmitteln ein Absehen vom Strafrahmen des besonders schweren Falles nach § 29 Abs. 3 BtMG geboten sei. Es hat dies ebenso verneint wie eine Verschiebung des Strafrahmens nach § 31 Abs. 1 Nr. 1 BtMG i.V.m. § 49 Abs. 1 StGB wegen der geringen Bedeutung der von dem Angeklagten geleisteten Aufklärungshilfe, die lediglich bei der Strafzumessung im engeren Sinn berücksichtigt worden ist. Das Landgericht hat hierzu bei der Ablehnung der Strafrahmenverschiebung nach § 31 BtMG entscheidend darauf abgestellt, dass „die tatsächliche Aufklärungshilfe in Bezug auf den Lieferanten H. in Anbetracht der Verstrickung des Angeklagten in Betäubungsmittelgeschäfte und im Hinblick auf die Vielzahl der von dem Angeklagten begangenen Taten nicht wesentlich und nur von geringer Bedeutung (war)“.

[4] Diese Begründung hält revisionsrechtlicher Prüfung nicht stand. Sie lässt besorgen, dass sich das Landgericht bei seiner Würdigung der Aufklärungshilfe rechtsfehlerhaft allein an dem Schuldumfang der vom Angeklagten begangenen Taten und nicht an dem Gewicht des von ihm geleisteten Aufklärungsbeitrags orientiert hat (vgl. BGH NJW 2002, 908, 909; NStZ-RR 2010, 26; 319; Körner/Patzak/Volkmer, BtMG 7. Aufl., § 31 Rn. 71). Das Landgericht hat sich von einem Aufklärungserfolg hinsichtlich des Lieferanten des Angeklagten zu überzeugen vermocht. Aus den Urteilsfeststellungen erschließt sich daher nicht, weshalb dessen Aufklärungshilfe unwesentlich gewesen sein soll.

312 Liegen die **Voraussetzungen** des **gesetzlich vertypten Milderungsgrund** des § 31 Nr. 1 BtMG vor, weil ein Angeklagter durch freiwilliges Offenbaren seines Wissens wesentlich dazu beigetragen hat, dass die Tat über seinen Tatbeitrag hinaus aufgedeckt werden konnte, hat der Tatrichter, bevor er den Regelstrafrahmen nach § 49

[315] BGH, Beschluss vom 17.4.2012 – 3 StR 79/12.
[316] BGH, Beschluss vom 16.5.2012 – 2 StR 66/12.

Abs. 1 StGB mildert, zunächst zu prüfen, ob ggfs. ein **minder schwerer Fall** nach § 30a Abs. 3 BtMG auch **unter Heranziehung des vertypten Milderungsgrundes** neben den allgemeinen Strafzumessungsgesichtspunkten angenommen werden kann. Erst wenn das Tatgericht auch nach dieser erneuten Abwägung weiterhin keinen minder schweren Fall für gerechtfertigt hält, darf es seiner Strafzumessung den (allein) wegen des gegebenen gesetzlich vertypten Milderungsgrundes gemilderten Regelstrafrahmen zugrunde legen.[317]

Die **Unterbringung** nach § 64 StGB geht der dem Vollstreckungsverfahren vorbehaltenen **Maßnahme nach § 35 BtMG** vor.[318] **313**

g) Allgemeine Strafzumessungserwägungen

Ist bei einer Verurteilung wegen Handeltreibens die **vorhandene Gewinnorientierung** des Angeklagten **zusätzlich straferschwerend** berücksichtigt worden ist, handelt es sich bei dieser Formulierung nicht lediglich um die negative Beschreibung der festgestellten Beweggründe, sondern um eine eigenständige – für den Angeklagten nachteilige – Wertung.[319] **314**

[6] 1. Die Verurteilung wegen Beihilfe zum unerlaubten Handeltreiben mit Betäubungsmitteln in nicht geringer Menge im Fall II. 1 der Urteilsgründe hat keinen Bestand, weil dem Landgericht bei der Bestimmung der Strafe ein Rechtsfehler zum Nachteil des Angeklagten unterlaufen ist und eine neue Strafzumessung nur bei gleichzeitiger Aufhebung des Schuldspruchs möglich ist.

[7] a) Das Landgericht hat bei der Verneinung eines minder schweren Falls nach § 29a Abs. 2 BtMG zum Nachteil des Angeklagten gewertet, dass er „nicht aus einer Abhängigkeit heraus Handel trieb und das Handeltreiben unterstützte" (UA 9). Diese Erwägung ist – wie sich aus der allgemeinen Bezugnahme ergibt (UA 10) – auch in die Bemessung der dem Strafrahmen des § 29a Abs. 1 BtMG i.V.m. den §§ 27, 49 StGB entnommenen Strafe mit gleicher Bewertungsrichtung eingeflossen (UA 10). Da die vorhandene Gewinnorientierung des Angeklagten zusätzlich straferschwerend berücksichtigt worden ist, handelt es sich bei dieser Formulierung nicht lediglich um die negative Beschreibung der festgestellten Beweggründe (vgl. BGH, Beschluss vom 10. April 1987 – GSSt 1/86, BGHSt 34, 345, 350), sondern um eine eigenständige – für den Angeklagten nachteilige – Wertung. Dabei beschränkt sich das Landgericht nicht mehr auf die von ihm festgestellten Tatsachen, sondern misst die Tatmotivation des Angeklagten an einem hypothetischen Sachverhalt, der zu dem zu beurteilenden keinen Bezug hat. Dies ist rechtsfehlerhaft (vgl. BGH, Beschluss vom 10. April 1987 – GSSt 1/86, BGHSt 34, 345, 350; vom 20. August 1982 – 3 StR 283/82, NStZ 1982, 463; vom 19. November 1992 – 4 StR 549/92, StV 1993, 132; vom 24. September 2009 – 3 StR 294/09, NStZ-RR 2010, 24, 25). Aus den gleichen Gründen ist es auch bedenklich, dass das Landgericht mit negativer Bewertungsrichtung angeführt hat, dass der Angeklagte dem zweiten von ihm unterstützten Auftraggeber „keinen Gefallen" schuldete (UA 10).

---

[317] BGH, Beschluss vom 23.5.2012 – 5 StR 185/12.
[318] BGH, Beschluss vom 4.7.2012 – 4 StR 173/12.
[319] BGH, Beschluss vom 24.10.2012 – 4 StR 392/12.

[8] b) Der Schuldspruch war mitaufzuheben, weil es das Landgericht unterlassen hat, eine Strafbarkeit des Angeklagten unter allen in Betracht kommenden Gesichtspunkten zu prüfen (vgl. BGH, Urteil vom 3. März 2000 – 2 StR 388/99, BGHR StPO § 353 Aufhebung 2). Nach den bisherigen Feststellungen drängte es sich auf, die Frage zu erörtern, ob sich der Angeklagte auch des unerlaubten Besitzes von Betäubungsmitteln in nicht geringer Menge gemäß § 29a Abs. 1 Nr. 2 BtMG schuldig gemacht hat (zum Konkurrenzverhältnis: Weber, BtMG, 3. Aufl., § 29a Rn. 173 m.w.N.). Soweit der Angeklagte selbst ein Kilogramm Marihuana erworben und gewinnbringend weiterverkauft hat, erfüllt dies die Voraussetzungen eines täterschaftlichen Handeltreibens mit Betäubungsmitteln in nicht geringer Menge gemäß § 29a Abs. 1 Nr. 2 BtMG. Insofern hat sowohl für das Konkurrenzverhältnis als auch die Frage, ob es sich um dieselbe prozessuale Tat handelt, die nicht eindeutig festgestellte zeitliche Abfolge zwischen dem Transport des Marihuanas für D. und dem anschließenden Ankauf Bedeutung. Eine nur auf den Strafausspruch beschränkte Aufhebung könnte unter Umständen dazu führen, dass der neue Tatrichter gehindert ist, durch widerspruchsfreie Feststellungen den richtigen Ausgangspunkt für eine unter Beachtung des Verschlechterungsgebots (§ 358 Abs. 2 StPO) schuldangemessene Ahndung der Tat zu finden (BGH, Urteil vom 3. März 2000 – 2 StR 388/99, BGHR StPO § 353 Aufhebung 2; Beschluss vom 11. November 1981 – 3 StR 342/81, zitiert bei Holtz MDR 1982, 281, 283). Eine Schuldspruchberichtigung kommt nicht in Betracht, weil die bisherigen Feststellungen nicht vollständig sind und deshalb den Unrechts- und Schuldgehalt der Tat nicht hinreichend erkennen lassen.

315 Das Unrecht einer Betäubungsmittelstraftat und die Schuld des Täters werden maßgeblich durch die **Wirkstoffkonzentration** und die **Wirkstoffmenge** bestimmt, weshalb es hierzu **konkreter Feststellungen bedarf**. In der Regel ist es erforderlich, den Wirkstoffgehalt in Gewichtsprozenten anzugeben oder als Gewichtsmenge zu bezeichnen. Beschreibungen wie gute, mittlere, durchschnittliche oder schlechte Qualität sind nur dann hinreichend aussagekräftig, wenn sich den Urteilsgründen oder allgemeinem Erfahrungswissen ein Bezugsrahmen entnehmen lässt, der die Ableitung eines bestimmten Mindestwirkstoffanteils zweifelsfrei ermöglicht. Stehen die tatgegenständlichen Betäubungsmittel für eine Untersuchung nicht mehr zur Verfügung, muss das Tatgericht unter Berücksichtigung der anderen ausreichend sicher festgestellten Umstände (Herkunft, Preis, Handelsstufe, Beurteilung durch die Tatbeteiligten, Begutachtungen in Parallelverfahren etc.) die Wirkstoffkonzentration – notfalls unter Anwendung des Zweifelssatzes – durch eine Schätzung festlegen.[320]

[7] 2. Die in den Fällen II. 1.b, II. 4. und II. 7. der Urteilsgründe gegen die jeweils beteiligten Angeklagten verhängten Einzelstrafen sind aufzuheben, weil das Landgericht keine konkreten Feststellungen zum Wirkstoffgehalt der umgesetzten Betäubungsmittel getroffen hat und im Fall II. 7. mit der erfolgten Sicherstellung ein bestimmender Strafzumessungsgrund außer Betracht geblieben ist. Bei dem Angeklagten A. fehlt es zudem an hinreichenden Feststellungen zu der von ihm geleisteten Aufklärungshilfe.

[8] a) Das Unrecht einer Betäubungsmittelstraftat und die Schuld des Täters werden maßgeblich durch die Wirkstoffkonzentration und die Wirkstoffmenge be-

[320] BGH, Beschluss vom 7.12.2011 – 4 StR 517/11.

stimmt (BGH, Beschluss vom 9. November 2011 – 4 StR 390/11, Tz. 5; Beschluss vom 9. November 2010 – 4 StR 521/10, NStZ-RR 2011, 90; Beschluss vom 29. Juni 2000 – 4 StR 202/00, StV 2000, 613; Urteil vom 24. Februar 1994 – 4 StR 708/93, NJW 1994, 1885, 1886). Hierzu bedarf es deshalb konkreter Feststellungen. Dabei ist es in der Regel erforderlich, den Wirkstoffgehalt in Gewichtsprozenten anzugeben oder als Gewichtsmenge zu bezeichnen. Beschreibungen wie gute, mittlere, durchschnittliche oder schlechte Qualität sind nur dann hinreichend aussagekräftig, wenn sich den Urteilsgründen oder allgemeinem Erfahrungswissen ein Bezugsrahmen entnehmen lässt, der die Ableitung eines bestimmten Mindestwirkstoffanteils zweifelsfrei ermöglicht (vgl. BGH, Beschluss vom 14. Mai 2008 – 2 StR 167/08, NStZ-RR 2008, 319; Beschluss vom 27. April 2004 – 3 StR 116/04, StV 2004, 602, 603; Weber, BtMG 3. Aufl., vor §§ 29 ff. Rn. 822). Stehen die tatgegenständlichen Betäubungsmittel für eine Untersuchung nicht mehr zur Verfügung, muss das Tatgericht unter Berücksichtigung der anderen ausreichend sicher festgestellten Umstände (Herkunft, Preis, Handelsstufe, Beurteilung durch die Tatbeteiligten, Begutachtungen in Parallelverfahren etc.) die Wirkstoffkonzentration – notfalls unter Anwendung des Zweifelssatzes – durch eine Schätzung festlegen (BGH, Beschluss vom 21. April 2005 – 3 StR 112/05, NStZ 2006, 173, 174; Körner/Patzak, BtMG 7. Aufl., § 29a Rn. 195).

[9] Die Feststellung, dass die Amphetaminzubereitung im Fall II. 1.b der Urteilsgründe von „mittlerer Qualität“ und im Fall II. 4. der Urteilsgründe von „durchschnittlicher Qualität“ gewesen sei, lässt nicht erkennen, von welcher Wirkstoffmenge das Landgericht ausgegangen ist. Einen Bezugsrahmen, der eine hinreichende Konkretisierung ermöglichen könnte, hat es nicht aufgezeigt. Er ergibt sich auch nicht aus allgemeinem Erfahrungswissen. Amphetaminzubereitungen können auf jeder Handelsstufe durch die Beimengung von Zusatzstoffen leicht in ihrer Zusammensetzung verändert werden. Sie sind daher im illegalen Betäubungsmittelhandel mit Wirkstoffkonzentrationen zwischen weniger als 5 und bis zu 80 % erhältlich (vgl. Körner/Patzak, BtMG 7. Aufl., § 29a Rn. 226; Weber, BtMG 3. Aufl., vor §§ 29 ff. Rn. 822). Auf der letzten Handelsstufe werden infolge mehrfacher Streckung häufig nur noch Zubereitungen mit einer geringen Wirkstoffkonzentration umgesetzt (vgl. BGH, Beschluss vom 27. April 2004 – 3 StR 116/04, StV 2004, 602, 603). Von den in den Jahren 1999 bis 2004 bei den Landeskriminalämtern, Zolltechnischen Prüf- und Lehranstalten und dem Bundeskriminalamt begutachteten Proben wiesen zwischen 62 und 64 % einen Wirkstoffanteil von weniger als 10 % auf (vgl. Weber, BtMG 3. Aufl., Anhang H Tab. 1.1 – Amphetamin). Soweit das Landgericht mit den offenkundig bedeutungsgleich verwendeten Bezeichnungen „mittlere Qualität“ und „durchschnittliche Qualität“ eine Wirkstoffkonzentration entsprechend der signifikanten Häufung von Wirkstoffkonzentrationen im Bereich von 10 % gemeint haben sollte, wäre nicht erklärlich, warum bei dem Angeklagten A. auch im Fall II. 1.b der Urteilsgründe (Rohmenge 300 bis 500 Gramm) die Annahme eines minder schweren Falles mit der Begründung verneint werden konnte, dass eine „deutlich nicht geringfügige Menge“ vorgelegen habe (UA 26).

[10] Auch die in Fall II. 7. der Urteilsgründe getroffenen Feststellungen zum Wirkstoffgehalt des sichergestellten Marihuanas („zumindest durchschnittliche Qualität“) sind unzureichend. Der Tetrahydrocannabinol-Anteil von Marihuana hat sich – insbesondere aufgrund neuer Zuchttechniken – in der jüngeren Vergangenheit ständig erhöht (vgl. Patzak/Goldhausen NStZ 2011, 76, 77 und NStZ 2007, 195, 196) und unterliegt lokalen Schwankungen. Dies macht auch hier eine konkrete Angabe des Wirkstoffgehalts unerlässlich (BGH, Beschluss vom 14. Mai 2008 – 2 StR 167/08,

NStZ-RR 2008, 319; Weber, BtMG 3. Aufl., vor §§ 29 ff. Rn. 836). Weitere rechtliche Bedenken gegen die Vorgehensweise des Landgerichts ergeben sich zudem aus der Tatsache, dass eine exakte Feststellung des Wirkstoffanteils durch ein entsprechendes Gutachten ohne Weiteres möglich gewesen wäre (BGH, Beschluss vom 14. Juni 1996 – 3 StR 233/96, NStZ 1996, 498, 499).

316 Das Handeltreiben mit einer Betäubungsmittelmenge, welche die **Grenzmenge** des § 29a Abs. 1 Nr. 2 BtMG **nur unwesentlich überschreitet**, darf **nicht straferschwerend** bewertet werden.[321]

[2] Der Ausspruch über die im Fall II. 2 der Urteilsgründe verhängte Einzelfreiheitsstrafe von zwei Jahren hat keinen Bestand. Das Landgericht hat das Vorliegen eines minder schweren Falles im Sinne von § 29a Abs. 2 BtMG rechtsfehlerhaft verneint. Die Strafkammer hat bei der Strafrahmenwahl eine Reihe strafmildernder Zumessungsgesichtspunkte aufgezählt: So war der Angeklagte geständig und nicht vorbestraft. Außerdem konnte ein erheblicher Teil des vom Angeklagten gelieferten Amphetamins (379 Gramm von insgesamt 500 Gramm) sichergestellt werden. Als strafschärfend hat das Landgericht lediglich angeführt, dass im Fall II. 2 „das 1,8-fache der nicht geringen Menge gegeben“ sei und es „deshalb“ beim Regelstrafrahmen des § 29a Abs. 1 BtMG verbleibe (UA S. 12).

[3] Damit hat das Landgericht rechtsfehlerhaft das Handeltreiben mit einer Betäubungsmittelmenge, welche die Grenzmenge des § 29a Abs. 1 Nr. 2 BtMG nur unwesentlich überschreitet, straferschwerend bewertet. Tatsächlich stellt das Handeltreiben mit einer noch im näheren Grenzbereich liegenden Betäubungsmittelmenge indes einen Umstand dar, der eher für die Annahme eines minder schweren Falls sprechen kann (vgl. BGH, Beschluss vom 3. April 2000 – 5 StR 87/00, StV 2000, 620; Patzak in Körner/Patzak/Volkmer, BtMG 7. Aufl., § 29a Rn. 122). Das Landgericht hat neben den strafmildernden Gesichtspunkten nichts angeführt, was in diesem Fall zu Lasten des Angeklagten wirkt und dazu führen könnte, das Vorliegen eines minder schweren Falles abzulehnen. Der Senat kann daher nicht ausschließen, dass das Landgericht bei rechtsfehlerfreier Vorgehensweise zur Anwendung des § 29a Abs. 2 BtMG und deshalb zu einer milderen Einzelstrafe gelangt wäre.

[4] Die Aufhebung der Einzelstrafe entzieht der Gesamtfreiheitsstrafe die Grundlage; diese kann daher ebenfalls nicht bestehen bleiben.

h) Strafzumessung bei staatlichen Beteiligungshandlungen

317 **Staatliche Beteiligungshandlungen** an Drogengeschäften sind regelmäßig als **gewichtige Strafzumessungsgründe** zu berücksichtigen, insbesondere bei einer staatlichen Initiative zu einem konkreten Drogengeschäft.[322]

[4] Das Landgericht hat dem Angeklagten H. bei der Strafzumessung zu Gute gehalten, dass die Taten in den Fällen II. 8 bis II. 13 „während der seit 2007 laufenden Ermittlungen begangen“ wurden, ferner, dass das Amphetaminöl in den Fällen II. 12 und II. 13 sichergestellt worden ist. Ebenso hat es den Mitangeklagten Ru., Re.

---

[321] BGH, Beschluss vom 24.7.2012 – 2 StR 166/12.
[322] BGH, Beschluss vom 9.2.2012 – 2 StR 455/11.

und J. die Sicherstellung zu Gute gehalten. Jedoch hat es die Tatsache des Einsatzes Verdeckter Ermittler in der Begründung seiner Strafzumessungsentscheidung jeweils nicht erwähnt. Dies begegnet durchgreifenden rechtlichen Bedenken.

[5] Bei unerlaubtem Betäubungsmittelhandel prägen zwar vor allem Art und Menge des Rauschgifts den Unrechtsgehalt der Tat. Gleichwohl verlieren die allgemeinen Grundsätze der Strafzumessung nicht ihre Bedeutung. Eine reine „Mengenrechtsprechung“ ist mit diesen Grundsätzen nicht zu vereinbaren (vgl. BGH, Beschluss vom 1. März 2011 – 3 StR 28/11, NStZ-RR 2011, 284 f.). Vielmehr sind nicht zuletzt auch staatliche Beteiligungshandlungen an Drogengeschäften als gewichtige Strafzumessungsgründe zu berücksichtigen, insbesondere bei einer staatlichen Initiative zu einem konkreten Drogengeschäft. Das Landgericht hat zwar die Sicherstellung der Drogen in den Fällen II. 12 und II. 13 berücksichtigt. Es hat aber den Strafmilderungsgrund der Beteiligung Verdeckter Ermittler an den Drogengeschäften nicht gesondert beachtet. Etwas anderes geht, soweit es den Angeklagten H. betrifft, auch nicht daraus hervor, dass das Landgericht erwähnt hat, seine Taten in den Fällen II. 8 bis II. 13 seien während der seit 2007 laufenden Ermittlungen begangen worden (UA S. 37). Nur in den Fällen II. 12 und II. 13 wurden Verdeckte Ermittler eingesetzt, die auch am eigentlichen Tatgeschehen mitwirkten; dies ist nicht besonders berücksichtigt worden, obwohl es geboten gewesen wäre. Der Verdeckte Ermittler „N.“ war an den Angeklagten H. herangetreten (UA S. 22) und er hatte im Rahmen der sich entwickelnden Geschäftsbeziehung an der Vereinbarung der Drogenlieferungen in den Fällen II. 12 und II. 13 mitgewirkt. Ferner fand bei der Abwicklung der Drogengeschäfte eine Mitwirkung der Verdeckten Ermittler „N.“ und „P.“, im Fall II. 13 auch des Verdeckten Ermittlers „M.“ statt. Diese staatliche Mitwirkung muss als ein die Strafbemessung bestimmender Umstand bewertet werden.

[6] Der Rechtsfehler führt aufgrund der Sachrüge des Angeklagten H. zur Urteilsaufhebung hinsichtlich der Einzelstrafen in den Fällen II.12 und II.13 sowie der Gesamtstrafe.

2. Jugendgerichtsgesetz (JGG)

Auch bei einer wegen Schwere der Schuld verhängten Jugendstrafe hat sich deren Höhe vorrangig nach **erzieherischen Gesichtspunkten** zu bemessen.[323] **318**

[4] Die Strafkammer hat gemäß § 105 Abs. 1 Nr. 1 JGG auf den zum Tatzeitpunkt 19 Jahre alten Angeklagten rechtsfehlerfrei Jugendstrafrecht angewendet und einen minder schweren Fall der Vergewaltigung (gemeint ist ein Absehen von der Regelwirkung des § 177 Abs. 2 StGB) verneint. Zur Erforderlichkeit der Verhängung von Jugendstrafe und deren Dauer hat sie im Wesentlichen ausgeführt: Der Angeklagte habe das Vertrauen der Geschädigten ausgenutzt, sie mit der Ausübung des Analverkehrs in besonderem Maße erniedrigt und bei ihr schwere psychische Schäden hervorgerufen. Die Verhängung einer Jugendstrafe sei auch aus erzieherischen Gesichtspunkten geboten, weil er durch die Tatbegehung Defizite in der Bereitschaft gezeigt habe, ein normgerechtes Leben zu führen. Eine Jugendstrafe von zwei Jahren

323 BGH, Beschl. vom 28.2.2012 – 3 StR 15/12; vgl. hierzu auch BGH, Beschluss vom 7.8.2012 – 2 StR 313/12; BGH, Beschluss vom 2.8.2012 – 3 StR 209/12.

und vier Monaten sei unter Abwägung aller für (Abstand zur Tat von zwei Jahren; nicht ausschließbare alkoholische Enthemmung) und gegen (konkrete Tatausführung, Tatfolgen, Vorahndungen, Verwirklichung von zwei Delikten) den Angeklagten sprechenden Umstände schuldangemessen.

[5] Diese Strafzumessung hält rechtlicher Überprüfung nicht stand. Zwar hat die Jugendkammer unter Berücksichtigung des Gesamtzusammenhangs der Urteilsgründe im Ergebnis noch ausreichend dargelegt, dass wegen der Schuldschwere die Verhängung von Jugendstrafe erforderlich ist. Ihre Ausführungen zur Strafhöhe begründen jedoch die Besorgnis, sie habe nicht bedacht, dass sich auch bei einer wegen Schwere der Schuld verhängten Jugendstrafe gemäß § 18 Abs. 2 JGG deren Höhe vorrangig nach erzieherischen Gesichtspunkten bemisst (BGH, Beschluss vom 21. Juli 1995 – 2 StR 309/95, BGHR JGG § 18 Abs. 2 Erziehung 10; Beschluss vom 18. August 1992 – 4 StR 313/92, BGHR JGG § 18 Abs. 2 Erziehung 8; Eisenberg, JGG, 15. Aufl., § 18 Rn. 13, 20 f.). Den Erziehungsgedanken hat sie lediglich bei der Begründung der Schuldschwere pauschal mit den durch die Tatbegehung hervorgetretenen Defiziten in der Bereitschaft, ein normgerechtes Leben zu führen, angesprochen. Da solche Defizite regelmäßig bei der Begehung einer Straftat hervortreten, ist diese Begründung nicht geeignet, den erforderlichen Erziehungsbedarf ausreichend zu begründen. Bei der konkreten Strafzumessung verhalten sich die Urteilsgründe zum Erziehungsgedanken überhaupt nicht und stellen – wie bei einem Erwachsenen – ausschließlich auf das Gewicht des Tatunrechts und die Tatfolgen ab. Ob und welche Erziehungsdefizite zum Zeitpunkt der Hauptverhandlung, die fast zwei Jahre nach der Tat stattfand, vorlagen, lässt sich den Ausführungen des Landgerichts nicht zweifelsfrei entnehmen. Zudem fehlt die erforderliche Abwägung zwischen dem Tatunrecht und den Folgen der Verbüßung der verhängten Jugendstrafe für die weitere Entwicklung des Angeklagten (BGH, Beschluss vom 11. April 1989 – 1 StR 108/89, BGHR JGG § 18 Abs. 2 Erziehung 3; BGH, Beschluss vom 14. Januar 1992 – 5 StR 657/91, BGHR JGG § 18 Abs. 2 Erziehung 7).

319 Bei der Beurteilung der **Schuldschwere** im Sinne von § 17 Abs. 2 2. Alt. JGG kommt dem äußeren Unrechtsgehalt der Tat und ihrer Einstufung nach allgemeinem Strafrecht keine selbständige Bedeutung zu. Entscheidend ist vielmehr, inwieweit sich die **charakterliche Haltung** und die **Persönlichkeit** sowie die **Tatmotivation** des Jugendlichen oder Heranwachsenden **in vorwerfbarer Schuld niedergeschlagen** haben. Der äußere Unrechtsgehalt der Tat ist nur insofern von Belang, als aus ihm Schlüsse auf die Persönlichkeit des Täters und die Höhe der Schuld gezogen werden können.[324]

[3] 2. Während die Schuldsprüche frei von Rechtsfehlern zum Nachteil der Angeklagten sind, halten die Strafaussprüche der revisionsrechtlichen Überprüfung nicht stand.

[4] a) Die Anwendung allgemeinen Strafrechts auf den zur Tatzeit 19 Jahre und fünf Monate alten Angeklagten R. begegnet durchgreifenden rechtlichen Bedenken.

[5] Ob der Täter bei seiner Tat im Sinne des § 105 Abs. 1 Nr. 1 JGG noch einem Jugendlichen gleichstand, ist im Wesentlichen Tatfrage, wobei dem Jugendgericht ein erheblicher Beurteilungsspielraum zusteht (BGH, Urteil vom 7. November 1988 –

---

[324] BGH, Beschluss vom 14.8.2012 – 5 StR 318/12.

1 StR 620/88, BGHSt 36, 37, 38 m.w.N.). Den dabei anzulegenden Maßstab hat die Jugendkammer bei ihrer Entscheidung indes verkannt. Sie hat darauf abgestellt, dass „Reifeverzögerungen zum Zeitpunkt der Tat, die einen Umfang von etwa 1 1/2 Jahren gehabt haben müssten, um die Gleichstellung mit einem Jugendlichen zu rechtfertigen", nicht zu erkennen seien (UA S. 14). Maßstab für die Reifebeurteilung nach § 105 Abs. 1 Nr. 1 JGG ist jedoch nicht das Zurückbleiben hinter einem imaginären Durchschnitt von 17-jährigen Jugendlichen (vgl. Eisenberg, Jugendgerichtsgesetz, 15. Aufl., § 105 Rn. 8). Ein bestimmter, sicher abgrenzbarer Typ des Jugendlichen zwischen 14 und 18 Jahren, mit dem der Heranwachsende verglichen werden könnte, ist nicht feststellbar (BGH aaO).

[6] Maßgebend ist vielmehr, ob sich der einzelne Heranwachsende noch in einer für Jugendliche typischen Entwicklungsphase befindet. Für die Gleichstellung eines heranwachsenden Täters mit einem Jugendlichen ist deshalb entscheidend, ob in dem Täter noch in größerem Umfang Entwicklungskräfte wirksam sind; ob er das Bild eines noch nicht 18-Jährigen bietet, ist demgegenüber nicht ausschlaggebend (BGH aaO und Urteil vom 29. Mai 2002 – 2 StR 2/02, BGHR JGG § 105 Abs. 1 Nr. 1 Entwicklungsstand 8).

[7] Diesen Maßstab hat die Jugendkammer nicht berücksichtigt. Darüber hinaus hat sie bei der Beurteilung der Reife des Angeklagten ausschließlich auf seine äußerlich verselbständigte Lebensführung abgestellt, ohne deren indizielle Bedeutung für seine „sittliche und geistige Entwicklung" (§ 105 Abs. 1 Nr. 1 JGG) hinreichend deutlich darzulegen.

[8] b) Im Falle des Angeklagten T. sind die Verhängung und die Bemessung der Jugendstrafe nicht ausreichend begründet.

[9] aa) Das Landgericht bejaht zum einen schädliche Neigungen des Angeklagten (§ 17 Abs. 2 1. Alt. JGG). Es stützt diese Beurteilung alleine auf den Umstand, dass „infolge der mangelnden Wirkung dreier Sanktionen innerhalb eines Zeitraums von nur 1 1/2 Jahren – die letzte sogar noch etwa einen Monat vor der Tat – " von „nachhaltigen Persönlichkeitsdefiziten" auszugehen sei, die ohne längere Gesamterziehung die Gefahr der Begehung weiterer erheblicher Straftaten begründeten (UA S. 16). Ohne Mitteilung der näheren Umstände der Taten lassen indes weder die verhängten Sanktionen (in zwei Fällen Arbeitsleistungen, in einem Fall eine geringfügige Geldstrafe) noch die mitgeteilten Bezeichnungen der Taten (in einem Fall Beihilfe zur Sachbeschädigung, in zwei Fällen Diebstahl) ohne Weiteres den Schluss auf Anlage- oder Entwicklungsschäden zu, die so schwer sind, dass deren Beseitigung sinnvoll nur in einem länger dauernden Strafvollzug versucht werden kann (vgl. BGH, Beschluss vom 19. November 2009 – 3 StR 400/09, NStZ 2010, 281).

[10] bb) Zum anderen stützt das Landgericht die Verhängung einer Jugendstrafe auch auf den Gesichtspunkt der Schwere der Schuld (§ 17 Abs. 2 2. Alt. JGG), die jedenfalls in ihrem Ausmaß nicht ausreichend belegt ist. Seine Begründung, dass die Verhängung der Jugendstrafe „unter Beachtung des einschlägigen Strafrahmens nach allgemeinem Strafrecht gemäß § 30a BtMG" erforderlich sei (UA S. 16), ist rechtsfehlerhaft. Bei der Beurteilung der Schuldschwere im Sinne von § 17 Abs. 2 2. Alt. JGG kommt dem äußeren Unrechtsgehalt der Tat und ihrer Einstufung nach allgemeinem Strafrecht keine selbständige Bedeutung zu. Entscheidend ist vielmehr, inwieweit sich die charakterliche Haltung und die Persönlichkeit sowie die Tatmotivation des Jugendlichen oder Heranwachsenden in vorwerfbarer Schuld niedergeschlagen haben. Der äußere Unrechtsgehalt der Tat ist nur insofern von Belang, als aus ihm Schlüsse auf die Persönlichkeit des Täters und die Höhe der Schuld gezogen

werden können (vgl. BGH, Beschluss vom 19. November 2009 – 3 StR 400/09, NStZ 2010, 281 m.w.N.). Diese ermisst sich aus dem Gewicht der Tat und der persönlichkeitsbegründenden Beziehung des Täters zu dieser. Das wird mit dem Hinweis der Jugendkammer, dass bei dem Angeklagten T. im Gegensatz zu seinen Mittätern ein minder schwerer Fall gemäß § 30a Abs. 3 BtMG nicht vorgelegen hätte, nur unzureichend dargelegt. Denn die von der Jugendkammer hierfür alleine genannte Begründung, dass T. neben der allen Angeklagten bekannten Machete, deren Mitführung die Qualifikation des § 30a Abs. 2 Nr. 2 BtMG erst begründete, auch ein den anderen verborgenes Springmesser dabei hatte, hätte die Ablehnung eines minder schweren Falles – auch im Hinblick auf die Beurteilung des erheblich vorbestraften Nichtrevidenten – nicht getragen.

320 Die **Urteilsgründe** müssen erkennen lassen, dass dem **Erziehungsgedanken** die ihm zukommende Beachtung geschenkt und bei der Bemessung der Jugendstrafe das Gewicht des Tatunrechts gegen die Folgen der Strafe für die weitere Entwicklung des Heranwachsenden abgewogen worden sind.[325]

[3] 2. Die Erwägungen, mit denen das Landgericht die Höhe der Strafe begründet hat, begegnen jedoch durchgreifenden Bedenken.

[4] Gemäß § 18 Abs. 2 JGG bemisst sich die Höhe der Jugendstrafe – auch wenn deren Verhängung vollständig oder teilweise auf die Schwere der Schuld gestützt wird – vorrangig nach erzieherischen Gesichtspunkten. Die Urteilsgründe müssen deshalb erkennen lassen, dass dem Erziehungsgedanken die ihm zukommende Beachtung geschenkt und bei der Bemessung der Jugendstrafe das Gewicht des Tatunrechts gegen die Folgen der Strafe für die weitere Entwicklung des Heranwachsenden abgewogen worden ist (st. Rspr.; vgl. BGH, Beschluss vom 28. Februar 2012 – 3 StR 15/12, NStZ-RR 2012, 186, 187 m.w.N.). Diesen Anforderungen genügen die Strafzumessungserwägungen des angefochtenen Urteils nicht.

[5] Das Landgericht hat zunächst zugunsten des Angeklagten seine Einlassung zum Tatvorwurf, die Verfahrensdauer, die erlittene Untersuchungshaft, die kurze Dauer der Bemächtigungslage und die Verwendung lediglich einer Gaswaffe berücksichtigt. Strafschärfend hat es die „jugendrechtlichen Vorbelastungen" des Angeklagten gewertet. Bei der „konkreten Strafzumessung" hat die Jugendkammer sodann „im Rahmen des absprachegemäß vereinbarten Strafrahmens einer Freiheitsstrafe zwischen einem Jahr und neun Monaten und zwei Jahren ... die Verhängung einer Einheitsjugendstrafe von zwei Jahren und vier Monaten für ausreichend zur erzieherischen Einwirkung auf den Angeklagten" erachtet. Eine derartige lediglich formelhafte Erwähnung des Erziehungsgedankens reicht grundsätzlich nicht aus (BGH, Beschluss vom 19. November 2009 – 3 StR 400/09, NStZ 2010, 281). Die insgesamt wenig sorgfältigen Ausführungen zur „konkreten Strafzumessung" enthalten ansonsten lediglich Erwägungen, die auch im Erwachsenenstrafrecht für die Bemessung der Rechtsfolgen maßgeblich sind; sie lassen deshalb auch in ihrem Zusammenhang ebenso wenig wie die sonstigen Urteilsgründe erkennen, dass die Jugendkammer den Erziehungsgedanken in der erforderlichen Weise beachtet hat.

---

[325] BGH, Beschluss vom 17.7.2012 – 3 StR 219/12; vgl. hierzu auch BGH, Beschluss vom 28.2.2012 – 3 StR 14/12; BGH, Beschluss vom 15.5.2012 – 2 StR 54/12; BGH, Beschluss vom 17.7.2012 – 3 StR 238/12.

[6] 3. Im Übrigen sind bei der Bildung einer Einheitsjugendstrafe dann, wenn in der einzubeziehenden Entscheidung bereits frühere Entscheidungen einbezogen waren, sämtliche Entscheidungen erneut einzubeziehen und im Urteilstenor entsprechend zu kennzeichnen. Im Rahmen der Strafzumessung sind alle einzubeziehenden Straftaten im Wege einer Gesamtwürdigung neu zu bewerten und zur Grundlage einer einheitlichen Sanktion zu machen. Erforderlich ist deshalb eine neue, selbstständige, von der früheren Beurteilung unabhängige einheitliche Rechtsfolgenbemessung für die früher und jetzt abgeurteilten Taten (BGH, Urteil vom 27. Oktober 1992 – 1 StR 531/92, BGHR JGG § 31 Abs. 2 Einbeziehung 7). Auch hieran fehlt es.

Wird auf ein Rechtsmittel hin das **Urteil zugunsten des Angeklagten aufgehoben** **321**
und trifft der neue Tatrichter **Feststellungen**, welche die Tat in einem wesentlich **milderen Licht** erscheinen lassen, hält er aber dennoch eine **gleich hohe Strafe** für erforderlich, so hat er seine Entscheidung **eingehend zu begründen.**[326]

[5] 2. Wird ein Urteil auf ein Rechtsmittel zugunsten des Angeklagten aufgehoben und trifft der neue Tatrichter Feststellungen, welche die Tat in einem wesentlich milderen Licht erscheinen lassen, hält er aber dennoch eine gleich hohe Strafe für erforderlich, so hat er nach ständiger Rechtsprechung seine Entscheidung eingehend zu begründen; denn die ursprüngliche Bewertung der Tat und die Strafzumessung in der aufgehobenen Entscheidung sind zwar kein Maßstab für die neue Strafzumessung, jedoch hat der Angeklagte einen Anspruch darauf, zu erfahren, warum er für ein wesentlich geringeres Vergehen nun gleich hoch bestraft wird (vgl. BGH, Beschlüsse vom 26. November 2008 – 5 StR 556/08, StraFo 2009, 118; vom 11. Juni 2008 – 5 StR 194/08, wistra 2008, 386, 387; vom 10. Oktober 1990 – 2 StR 446/90, StV 1991, 19; vom 20. April 1989 – 4 StR 149/89, StV 1989, 341; vom 20. August 1982 – 2 StR 296/82, NStZ 1982, 507; OLG Bamberg, Beschluss vom 2. November 2011 – 3 Ss 104/11, NStZ-RR 2012, 138, 139; OLG Stuttgart, Beschluss vom 28. Juni 2000 – 2 Ss 289/00, NStZ-RR 2001, 16).

[6] Im Jugendstrafrecht kann nichts anderes gelten. Unmittelbar einleuchtend ist dies dann, wenn der neue Tatrichter Umstände in der persönlichen Entwicklung des Angeklagten feststellt, welche das notwendige Maß der erzieherischen Einwirkung als gegenüber dem Zeitpunkt der ersten tatrichterlichen Entscheidung nicht unerheblich geringer erscheinen lassen. Eine nachvollziehbare Begründung, weshalb es bei einer Jugendstrafe in der zuvor ausgesprochenen Höhe zu verbleiben hat, ist vom neuen Tatrichter aber auch dann zu fordern, wenn das dem Angeklagten zur Last fallende Tatgeschehen nunmehr in einem deutlich milderen Licht erscheint. Zwar bemisst sich die Höhe der Jugendstrafe nach § 18 Abs. 2 JGG auch dann vorrangig nach erzieherischen Gesichtspunkten, wenn deren Verhängung vollständig oder teilweise auf die Schwere der Schuld gestützt wird (BGH, Beschluss vom 17. Juli 2012 – 3 StR 219/12). Indes wird sich das Maß der erforderlichen erzieherischen Einwirkung regelmäßig nicht ohne Betrachtung des Umfangs des dem Angeklagten zuzurechnenden Tatunrechts ermitteln lassen (vgl. BGH, Beschluss vom 25. Juni 2009 – 5 StR 174/09, NStZ-RR 2009, 337).

[7] Nach diesen Maßstäben begegnen die Erwägungen des Landgerichts zur Bemessung der Jugendstrafe durchgreifenden rechtlichen Bedenken. Weshalb trotz der fest-

---

[326] BGH, Beschluss vom 27.11.2012 – 3 StR 439/12.

gestellten Fortschritte in der persönlichen Entwicklung des Angeklagten und trotz des Umstands, dass ihm anstelle einer Beihilfe zur Körperverletzung mit Todesfolge lediglich Beihilfe zur gefährlichen Körperverletzung zur Last fällt, nach wie vor eine Jugendstrafe von einem Jahr zur erzieherischen Einwirkung auf den Angeklagten erforderlich ist, hat das Landgericht nicht deutlich gemacht.

322 Ergeben sich aus einem vorliegenden Bericht der **Jugendgerichtshilfe** Erkenntnisse, die bisher nicht Gegenstand der Hauptverhandlung gewesen sind, und steht die dort gestellte Einschätzung der Jugendgerichtshilfe in deutlichem Widerspruch zu der Überzeugung des Gerichts, ist es deshalb gehalten, die Jugendgerichtshilfe in der Hauptverhandlung zu hören.[327]

[6] 2. Bei dieser Sachlage hätte sich das Landgericht gedrängt sehen müssen, einen Vertreter der Jugendgerichtshilfe in der Hauptverhandlung zu hören. Die Kammer ist ersichtlich davon ausgegangen, dass dem Angeklagten weiter die Einsicht in das begangene Unrecht fehle und die Veränderung äußerer Bedingungen nicht geeignet sei, einen inneren Wandel bei dem Beklagten zu dokumentieren. Demgegenüber ist dem letzten Bericht der Jugendhilfe vom 11. Oktober 2011, der der Kammer bekannt war, zu entnehmen, dass diese unter Mitteilung weiterer Tatsachen wie etwa der ehrenamtlichen Tätigkeit des Angeklagten eine andere Ansicht vertreten hat und von einer deutlichen Stabilisierung des Angeklagten ausgegangen ist.

[7] Die Heranziehung der Jugendgerichtshilfe hat vor allem den Zweck, zur Gewinnung eines möglichst vollständigen Bildes von der Persönlichkeit des Täters, seiner Entwicklung und seiner Umwelt Gesichtspunkte beizutragen und dabei auf Umstände aufmerksam zu machen, die ohne die Zuziehung der Jugendgerichtshilfe möglicherweise gar nicht zur Sprache gekommen wären (vgl. BGHSt 27, 250, 251; BGHR JGG § 38 Abs. 3 Heranziehung 1). Ergeben sich, wie hier, aus einem vorliegenden Bericht Erkenntnisse, die bisher nicht Gegenstand der Hauptverhandlung gewesen sind, und steht die dort gestellte Einschätzung der Jugendgerichtshilfe in deutlichem Widerspruch zu der Überzeugung des Gerichts, ist diese deshalb gehalten, die Jugendgerichtshilfe in der Hauptverhandlung zu hören. Dies ist hier unterblieben. Es ist nicht auszuschließen, dass bei einer Beteiligung der Jugendgerichtshilfe zur Überzeugung des Gerichts Gesichtspunkte zutage getreten wären, die sich bei der Bemessung der Strafe zugunsten des Angeklagten hätten auswirken können. Aus diesem Grund war der Strafausspruch aufzuheben.

323 Auch den erziehungsberechtigten **Eltern** eines jugendlichen Angeklagten ist von Amts wegen nach § 67 Abs. 1 JGG i.V.m. § 258 Abs. 2 und 3 StPO das letzte Wort zu gewähren.[328]

[4] Die Revision macht zutreffend geltend, dass das Landgericht nicht den erziehungsberechtigten Eltern des Angeklagten das ihnen von Amts wegen nach § 67 Abs. 1 JGG i.V.m. § 258 Abs. 2 und 3 StPO zu gewährende letzte Wort (vgl. BGH, Beschluss vom 14. Mai 2002 – 5 StR 98/02, NStZ-RR 2002, 346 m.w.N.) erteilt hat. Die Eltern des Angeklagten hatten zwar in der Hauptverhandlung am 30. April 2012 vor dem Angeklagten das „vorletzte" Wort, jedoch ist nach dem Wiederein-

---

327 BGH, Beschl. vom 16.5.2012 – 2 StR 36/12.

328 BGH, Beschluss vom 24.10.2012 – 5 StR 503/12.

tritt in die Beweisaufnahme und den Bezugnahmen von Staatsanwaltschaft und Verteidigung auf die Schlussvorträge am 9. Mai 2012 im letzten Hauptverhandlungstermin am 22. Mai 2012 nur noch dem Angeklagten das letzte Wort gewährt worden, nicht jedoch dessen anwesenden Eltern.

[5] Der Verfahrensfehler führt entgegen dem Antrag des Generalbundesanwalts zur Aufhebung des Schuld- und Strafausspruchs. Der Senat vermag nicht auszuschließen, dass die Eltern des Angeklagten, die bei der geständigen Einlassung im Ermittlungsverfahren sogar anwesend gewesen waren, nach erneuter Beweisaufnahme Ausführungen zur Frage der Glaubhaftigkeit des widerrufenen Geständnisses und zu einer möglichen Selbstbelastungsmotivation ihres Sohnes getätigt hätten.

Das Landgericht hat es versäumt, die für die Annahme der Notwendigkeit einer **324**
Sexualtherapie **bestimmenden Anknüpfungstatsachen** mitzuteilen. Insofern bleibt vor allem offen, aus welchen Gründen und aufgrund welcher Untersuchungen des Sachverständigen es beim Angeklagten ein erhöhtes Rückfallrisiko bejaht hat.[329]

[7] 3. Die Strafzumessung ist grundsätzlich Sache des Tatgerichts. Es ist seine Aufgabe, auf Grund der Hauptverhandlung die wesentlichen ent- und belastenden Umstände festzustellen, sie zu bewerten und gegeneinander abzuwägen. Das Revisionsgericht kann nach ständiger Rechtsprechung nur eingreifen, wenn die Zumessungserwägungen in sich fehlerhaft sind, gegen rechtlich anerkannte Strafzwecke verstoßen wird oder sich die verhängte Strafe von ihrer Bestimmung, gerechter Schuldausgleich zu sein, so weit löst, dass sie nicht mehr innerhalb des dem Tatgericht eingeräumten Spielraums liegt (BGHSt 34, 345, 349; 29, 319, 320).

[8] Hieran gemessen erweist sich die landgerichtliche Strafzumessung als rechtsfehlerhaft; die Jugendstrafe kann aus folgenden Gründen keinen Bestand haben:

[9] a) Zur Berücksichtigung „erzieherischer Gründe“ bei der Bemessung der Jugendstrafe war das Landgericht durch § 18 Abs. 2 JGG verpflichtet. Insofern war es ihm auch erlaubt, die von ihm – sachverständig beraten – für „erzieherisch geboten“ erachtete Durchführung einer mindestens zwei Jahre dauernden Sexualtherapie als maßgeblichen Gesichtspunkt heranzuziehen.

[10] Das Landgericht hat es aber versäumt, die für die Annahme der Notwendigkeit einer derartigen Therapie bestimmenden Anknüpfungstatsachen mitzuteilen (zu den besonderen Darlegungsanforderungen des § 54 Abs. 1 JGG s. BGH, Beschluss vom 2. Dezember 1992 – 3 StR 521/92, StV 1993, 531; Urteil vom 23. März 2010 – 5 StR 556/09, NStZ-RR 2010, 290; jeweils m.w.N.). Insofern bleibt vor allem offen, aus welchen Gründen und aufgrund welcher Untersuchungen des Sachverständigen es beim Angeklagten ein erhöhtes Rückfallrisiko bejaht hat. Den Urteilsgründen lassen sich als insofern relevante, nicht unbedingt miteinander vereinbare Umstände lediglich die sexuell geprägten Vorbelastungen (UA S. 7 f.) sowie die Bereitschaft des Angeklagten, „sich einer sexualtherapeutischen Maßnahme“ (UA S. 20) bzw. „einer Sexualtherapie zu unterziehen“ (UA S. 25), einerseits und die bei der Prüfung der Schuldfähigkeit erfolgte Mitteilung, es liege keines der medizinischen Eingangsmerkmale der §§ 20, 21 StGB – namentlich keine Störung der Sexualpräferenz (UA S. 17) – vor, andererseits entnehmen. Dem Revisionsgericht ist daher die Nachprüfung nicht möglich, ob das Landgericht die Therapiebedürftigkeit des Angeklagten

[329] BGH, Urteil vom 20.11.2012 – 1 StR 428/12.

überhaupt zu Recht bejaht und Art, Ausgestaltung sowie Dauer der Therapie zutreffend bestimmt hat.

[11] b) Nach dem Vorstehenden kommt es nicht mehr darauf an, dass es erstens widersprüchlich erscheint, wenn das Landgericht eine zweijährige Jugendstrafe als „gerade noch angemessen", eine ggf. auch nur knapp darüber liegende Strafhöhe dagegen als nur „gegebenenfalls noch vertretbar" einstuft, und der Senat zweitens vorliegend eine unzulässige Vermischung des Vorgangs der Festsetzung der Jugendstrafe und der grundsätzlich nachrangigen Frage, ob deren Vollstreckung zur Bewährung ausgesetzt werden kann, besorgt (vgl. hierzu BGH, Urteil vom 7. Februar 2012 – 1 StR 525/11 m.w.N.).

[12] c) Das neue Tatgericht wird – entsprechend dem Hinweis des Generalbundesanwalts in seiner Antragsschrift vom 12. Oktober 2012 – Gelegenheit haben, im Rahmen der seiner Entscheidung zugrundeliegenden Gesamtwürdigung die Frage des Vorliegens schädlicher Neigungen (§ 17 Abs. 2 1. Alt. JGG) zu prüfen. Sofern erneut „erhebliche, derzeit noch nicht absehbare psychische Folgen" für die Geschädigte „erheblich zu Lasten des Angeklagten" gewertet werden sollen (UA S. 22), würde es notwendig sein, diese in den Urteilsgründen konkret darzulegen. Hierfür erscheinen die Wiedergabe der Angaben eines Polizeibeamten, „die Geschädigte sei" nach seinem Eintreffen in ihrem Elternhaus „weinerlich gewesen, habe in sich gekehrt gewirkt und habe ersichtlich unter Schock gestanden" (UA S. 14), sowie die Angst der Geschädigten vor der Reaktion ihrer Eltern (UA S. 15) als nicht ausreichend (§ 301 StPO).

3. Steuerstrafrecht und Abgabenordnung (AO)

325 Nach der Rechtsprechung des Bundesgerichtshofs ist das nach objektiven Maßstäben zu bestimmende **Merkmal des Regelbeispiels „in großem Ausmaß"** dann erfüllt, wenn der Hinterziehungsbetrag 50.000 € übersteigt. Beschränkt sich das Verhalten des Täters darauf, die Finanzbehörden pflichtwidrig über steuerlich erhebliche Tatsachen in Unkenntnis zu lassen und führt das lediglich zu einer Gefährdung des Steueranspruchs, liegt die Wertgrenze zum „großen Ausmaß" bei 100.000 €. Der in § 370 Abs. 3 Satz 2 Nr. 1 AO zum Ausdruck kommenden gesetzgeberischen Wertung ist bei besonders hohen Hinterziehungsbeträgen dadurch Rechnung zu tragen, dass bei einem sechsstelligen Hinterziehungsbetrag die Verhängung einer Geldstrafe nur bei Vorliegen von gewichtigen Milderungsgründen noch schuldangemessen sein kann. Bei **Hinterziehungsbeträgen in Millionenhöhe** kommt eine **aussetzungsfähige Freiheitsstrafe nur** bei Vorliegen **besonders gewichtiger Milderungsgründe** noch in Betracht.[330]

[26] a) Für die Strafzumessung in Fällen der Steuerhinterziehung in großem Ausmaß gilt nach der Rechtsprechung des Bundesgerichtshofs Folgendes:

[27] Der Straftatbestand der Steuerhinterziehung sieht in § 370 Abs. 3 Satz 1 AO für besonders schwere Fälle einen erhöhten Strafrahmen von sechs Monaten bis zu zehn Jahren Freiheitsstrafe vor. Ein besonders schwerer Fall liegt gemäß § 370 Abs. 3 Satz 2 Nr. 1 AO in der Regel vor, wenn der Täter in großem Ausmaß Steuern verkürzt oder nicht gerechtfertigte Vorteile erlangt. In Fällen, in denen – wie hier –

[330] BGH, Urteil vom 7.2.2012 – 1 StR 525/11.

noch die vorherige Gesetzesfassung dieser Vorschrift Anwendung findet, weil die Tat vor dem 1. Januar 2008 begangen wurde, ist das Regelbeispiel nur dann erfüllt, wenn der Täter zudem aus grobem Eigennutz gehandelt hat.

[28] Nach der Rechtsprechung des Bundesgerichtshofs, die der Senat seit der Grundsatzentscheidung vom 2. Dezember 2008 (im Verfahren 1 StR 416/08, BGHSt 53, 71, 84 ff.) mehrfach bestätigt und fortgeschrieben hat (vgl. zusammenfassend BGH, Beschluss vom 15. Dezember 2011 – 1 StR 579/11), ist das nach objektiven Maßstäben zu bestimmende Merkmal des Regelbeispiels „in großem Ausmaß" dann erfüllt, wenn der Hinterziehungsbetrag 50.000 € übersteigt. Beschränkt sich das Verhalten des Täters darauf, die Finanzbehörden pflichtwidrig über steuerlich erhebliche Tatsachen in Unkenntnis zu lassen und führt das lediglich zu einer Gefährdung des Steueranspruchs, liegt die Wertgrenze zum „großen Ausmaß" bei 100.000 € (BGHSt 53, 71, 85).

[29] Der in § 370 Abs. 3 Satz 2 Nr. 1 AO zum Ausdruck kommenden gesetzgeberischen Wertung ist bei besonders hohen Hinterziehungsbeträgen dadurch Rechnung zu tragen, dass bei einem sechsstelligen Hinterziehungsbetrag die Verhängung einer Geldstrafe nur bei Vorliegen von gewichtigen Milderungsgründen noch schuldangemessen sein kann. Bei Hinterziehungsbeträgen in Millionenhöhe kommt eine aussetzungsfähige Freiheitsstrafe nur bei Vorliegen besonders gewichtiger Milderungsgründe noch in Betracht (BGHSt 53, 71, 86 m.w.N.).

[30] b) Diese Rechtsprechung hat der Gesetzgeber in den Beratungen zu dem am 3. Mai 2011 (BGBl. I, 676) in Kraft getretenen Schwarzgeldbekämpfungsgesetz aufgegriffen. In der Beschlussempfehlung und dem Bericht des Finanzausschusses des Deutschen Bundestages heißt es dazu unter Bezugnahme auf das in BGHSt 53, 71 abgedruckte Senatsurteil (BT-Drucks. 17/5067 neu, S. 18): „Bei den Beratungen der geplanten Maßnahmen zur Verhinderung der Steuerhinterziehung waren sich alle Fraktionen in der Bewertung einig, dass Steuerhinterziehung kein Kavaliersdelikt sei und entsprechend bekämpft werden müsse. Die Koalitionsfraktionen der CDU/CSU und FDP haben dabei betont, ... Eine Aussetzung der Freiheitsstrafe auf Bewährung bei Hinterziehung in Millionenhöhe sei nach einer Entscheidung des BGH nicht mehr möglich." Damit hat der Gesetzgeber diese Rechtsprechung gebilligt (vgl. dazu bereits BGH, Beschluss vom 5. Mai 2011 – 1 StR 116/11 Rn. 14, wistra 2011, 347).

[31] c) Nach diesen Maßstäben stellt die vom Landgericht auf der Grundlage der getroffenen Feststellungen verhängte Gesamtfreiheitsstrafe von zwei Jahren keinen gerechten Schuldausgleich mehr dar. Sie kann daher keinen Bestand haben.

[32] aa) Zwar trifft die Feststellung des Landgerichts zu, dass sich im Rahmen der Gesamtstrafenbildung eine „schematische Betrachtung" verbietet. Dies bedeutet aber nicht, dass das Tatgericht die in der höchstrichterlichen Rechtsprechung in Strafzumessungsmaßstäben zusammengefassten Wertungen des Gesetzgebers übergehen dürfte, wenn sich damit nicht die vom Tatgericht für angemessen erachtete Strafe begründen lässt.

[33] Das Tatgericht hat zwar bei der Strafzumessung einen Spielraum für die Festsetzung der schuldangemessenen Strafe. Ob es dabei von zutreffenden Maßstäben ausgegangen ist, obliegt aber der uneingeschränkten Rechtsüberprüfung durch das Revisionsgericht. In Fällen der Steuerhinterziehung in Millionenhöhe, bei denen das Tatgericht – wie hier – gleichwohl keine höhere Freiheitsstrafe als zwei Jahre verhängt hat, prüft das Revisionsgericht daher auch, ob die hierfür vom Tatgericht angeführten schuldmindernden Umstände solche von besonderem Gewicht sind.

[34] bb) Milderungsgründe von besonderem Gewicht hat das Landgericht nicht genannt; ihr Vorliegen ergibt sich auch nicht aus dem Gesamtzusammenhang der Urteilsgründe.

[35] (1) Zwar durfte das Landgericht der Unbestraftheit des Angeklagten, seiner Entschuldigung, der Verfahrensdauer und den psychischen Belastungen, denen der Angeklagte angesichts einer drohenden Haftstrafe ausgesetzt war, strafmildernde Bedeutung beimessen. Auch stellen – ungeachtet der hier bestehenden Beweislage – das in der Hauptverhandlung abgelegte Geständnis sowie die vollständige Nachzahlung der von dem Angeklagten hinterzogenen Steuern bestimmende Strafmilderungsgründe dar.

[36] (2) Allerdings sind diese Umstände hier keine besonders gewichtigen Milderungsgründe. Dies gilt auch für die Nachzahlung der geschuldeten und hinterzogenen Steuern. Durch die Nachentrichtung hat der Angeklagte diejenigen Steuern abgeführt, die von ihm nach dem Gesetz geschuldet waren und zu deren Zahlung er auch als ehrlicher Steuerpflichtiger ohnehin verpflichtet gewesen wäre. Das Gewicht dieser Schadenswiedergutmachung verliert hier dadurch an Gewicht, dass der Angeklagte diese angesichts seiner komfortablen Vermögensverhältnisse ohne erkennbare Einbuße seiner Lebensführung erbringen konnte. Hinzu kommt, dass sie – unbeschadet der naheliegenden Vollstreckungsmöglichkeiten der Finanzbehörden – offensichtlich keinen besonderen persönlichen Verzicht darstellte.

[37] Die Gesamtverfahrensdauer von dreieinhalb Jahren bis zum erstinstanzlichen Urteil ist in einer Wirtschaftsstrafsache wie der hier vorliegenden ebenfalls regelmäßig kein besonders gewichtiger Milderungsgrund. Soweit das Landgericht auf die „erheblichen psychischen Belastungen" angesichts einer drohenden Haftstrafe abstellt, die sich in einer „sehr angespannten emotionalen Verfassung des Angeklagten" ausgedrückt habe, kommen darin keine besonderen Umstände zum Ausdruck, die sich wesentlich von der Situation unterscheiden, in der sich jeder Beschuldigte befindet, dem eine nicht mehr zur Bewährung aussetzbare Freiheitsstrafe droht.

[38] cc) Den festgestellten Milderungsgründen stehen zudem gewichtige Strafschärfungsgründe gegenüber.

[39] Der Angeklagte täuschte die Finanzverwaltung in zwei Fällen durch falschen Tatsachenvortrag bewusst, ohne dass die eine Tat auf der anderen aufgebaut hätte oder deren Folge gewesen wäre. Bei der zweiten Tat verwendete er dabei ein nicht nur – worauf die Strafkammer abstellt – rückdatiertes, sondern insbesondere auch inhaltlich unrichtiges Schriftstück, das der Steuerberater eigens für die Verschleierungszwecke des Angeklagten erstellt hatte.

326 Zur **Wertgrenze** des Merkmals **„in großem Ausmaß"** des § 370 Abs. 3 Satz 2 Nr. 1 AO beim „Griff in die Kasse des Staates".

2. Die näher ausgeführte Sachrüge hat aus den Gründen der Antragsschrift des Generalbundesanwalts keinen den Angeklagten beschwerenden Rechtsfehler ergeben. Dies gilt auch für die Strafzumessung.

Der Erörterung bedarf allerdings die Annahme des Landgerichts, es sehe die Grenze für die Steuerhinterziehung „in großem Ausmaß" gemäß § 370 Abs. 3 Satz 2 Nr. 1 AO „entsprechend der ständigen Rechtsprechung des Bundesgerichtshofs bei 100.000 Euro" (UA S. 40). Dies lässt besorgen, das Landgericht sei der Auffassung, die Schwelle zur Hinterziehung „in großem Ausmaß" sei stets erst bei einer Verkürzung von 100.000 Euro überschritten. Dies ist indes nicht zutreffend.

Im Fall 1 der Urteilsgründe stellt das Landgericht zudem darauf ab, dass das aufgrund der unrichtigen Angaben des Angeklagten in der Umsatzsteuerjahreserklärung 2009 errechnete Umsatzsteuerguthaben nur teilweise ausgezahlt, überwiegend aber mit anderen „Steuerschulden der Ka. GmbH, insbesondere Lohnsteuer, verrechnet" wurde (UA S. 15). Das Landgericht war offenbar der – unzutreffenden – Auffassung, es mache für die Frage, ob eine Hinterziehung „in großem Ausmaß" vorliege, einen Unterschied, ob ein durch die Tat erlangtes (scheinbares) Steuerguthaben ausgezahlt oder aber mit anderweitigen Steuerschulden verrechnet werde.

Bei der Bestimmung des gesetzlichen Merkmals „in großem Ausmaß" im Regelbeispiel des § 370 Abs. 3 Satz 2 Nr. 1 AO für einen besonders schweren Fall der Steuerhinterziehung gilt Folgendes:

a) Wie bereits im Grundsatzurteil des Senats vom 2. Dezember 2008 (1 StR 416/08, BGHSt 53, 71, 81) ausgeführt, bestimmt sich das Merkmal „in großem Ausmaß" im Regelbeispiel des § 370 Abs. 3 Satz 2 Nr. 1 AO nach objektiven Maßstäben. Es liegt grundsätzlich dann vor, wenn der Hinterziehungsbetrag 50.000 Euro übersteigt. Die Betragsgrenze von 50.000 Euro kommt namentlich dann zur Anwendung, wenn der Täter ungerechtfertigte Zahlungen vom Finanzamt erlangt hat, etwa bei Steuererstattungen durch Umsatzsteuerkarusselle, Kettengeschäfte oder durch Einschaltung von sog. Serviceunternehmen („Griff in die Kasse"). Ist diese Wertgrenze überschritten, dann ist das Merkmal erfüllt (BGHSt 53, 71, 85; vgl. auch BGH, Beschluss vom 5. Mai 2011 – 1 StR 116/11, NStZ 2011, 643, 644; BGH, Beschluss vom 12. Juli 2011 – 1 StR 81/11, wistra 2011, 396).

b) Beschränkt sich das Verhalten des Täters indes darauf, die Finanzbehörden pflichtwidrig über steuerlich erhebliche Tatsachen in Unkenntnis zu lassen und führt das lediglich zu einer Gefährdung des Steueranspruchs, liegt die Wertgrenze zum „großen Ausmaß" demgegenüber bei 100.000 Euro (BGHSt 53, 71, 85). Dasselbe gilt auch dann, wenn der Steuerpflichtige zwar eine Steuerhinterziehung durch aktives Tun (§ 370 Abs. 1 Nr. 1 AO) begeht, indem er eine unvollständige Steuererklärung abgibt, er dabei aber lediglich steuerpflichtige Einkünfte oder Umsätze verschweigt (vgl. BGH, Beschluss vom 12. Juli 2011 – 1 StR 81/11, wistra 2011, 396) und allein dadurch eine Gefährdung des Steueranspruchs herbeiführt.

c) Anders ist die Sachlage, wenn der Täter steuermindernde Umstände vortäuscht, indem er etwa tatsächlich nicht vorhandene Betriebsausgaben vortäuscht oder nicht bestehende Vorsteuerbeträge geltend macht. Denn in einem solchen Fall beschränkt sich das Verhalten des Täters nicht darauf, den bestehenden Steueranspruch durch bloßes Verschweigen von Einkünften oder Umsätzen zu gefährden. Vielmehr unternimmt er einen „Griff in die Kasse" des Staates, weil die Tat zu einer Erstattung eines (tatsächlich nicht bestehenden) Steuerguthabens oder zum (scheinbaren) Erlöschen einer bestehenden Steuerforderung führen soll. Es bleibt dann deshalb für das gesetzliche Merkmal „in großem Ausmaß" bei der Wertgrenze von 50.000 Euro.

d) Trifft beides zusammen, das Verheimlichen von Einkünften bzw. Umsätzen einerseits und die Vortäuschung von Abzugsposten andererseits, etwa beim Verheimlichen von Umsätzen und gleichzeitigem Vortäuschen von Vorsteuerbeträgen, ist das Merkmal „in großem Ausmaß" i.S.v. § 370 Abs. 3 Satz 2 Nr. 1 AO jedenfalls dann erfüllt, wenn der Täter vom Finanzamt ungerechtfertigte Zahlungen in Höhe von mindestens 50.000 Euro erlangt hat (vgl. BGH NStZ 2011, 643, 644 Rn. 13). Dasselbe gilt aber auch, wenn ein aufgrund falscher Angaben scheinbar in dieser Höhe (50.000 Euro) bestehender Auszahlungsanspruch ganz oder teilweise mit anderwei-

tigen Steuerverbindlichkeiten verrechnet worden ist. Die Verrechnung steht dann nämlich insoweit einer Auszahlung gleich. Hat dagegen die Vortäuschung von steuermindernden Umständen für sich allein noch nicht zu einer Steuerverkürzung von mindestens 50.000 Euro geführt, verbleibt es für die Tat insgesamt beim Schwellenwert von 100.000 Euro (vgl. BGH NStZ 2011, 643, 644).

e) Ob die Schwelle des „großen Ausmaßes" überschritten ist, ist für jede einzelne Tat im materiellen Sinne gesondert zu bestimmen. Dabei genügt derjenige Erfolg, der für die Vollendung der Steuerhinterziehung ausreicht. Bei mehrfacher tateinheitlicher Verwirklichung des Tatbestandes der Steuerhinterziehung ist – nichts anderes gilt für § 371 Abs. 2 Nr. 3 AO – das „Ausmaß" des jeweiligen Taterfolges zu addieren, da in solchen Fällen eine einheitliche Handlung im Sinne des § 52 StGB vorliegt (BGHSt 53, 71, 85).

f) Eine nachträgliche „Schadenswiedergutmachung" hat für die Frage, ob eine Steuerhinterziehung „in großem Ausmaß" vorliegt oder nicht, keine Bedeutung. Die Höhe des auf Dauer beim Fiskus verbleibenden „Steuerschadens" ist ein Umstand, der erst bei der Prüfung, ob die Indizwirkung des Regelbeispiels im Einzelfall widerlegt ist, und im Übrigen als bloße Zumessungserwägung in die Strafzumessung einbezogen werden kann (vgl. im Übrigen zur Schadensverringerung mit Geldmitteln unklarer Herkunft BGH, Beschluss vom 5. Mai 2011 – 1 StR 116/11, NStZ 2011, 643, 645 Rn. 17, und einer solchen aufgrund von Pfändungen BGH, Beschluss vom 11. Oktober 2010 – 1 StR 359/10, insoweit nicht abgedruckt in NStZ 2011, 170).

Zutreffend hat das Landgericht daher den Umstand, dass „der Steuerschaden aufgrund der Beschlagnahme erheblicher Vermögenswerte der Ka.GmbH nachträglich vollständig kompensiert" wurde (UA S. 43), bei der Frage, ob das Regelbeispiel des § 370 Abs. 3 Satz 2 Nr. 1 AO erfüllt ist, außer Betracht gelassen, in die Gesamtwürdigung, ob die Indizwirkung des Regelbeispiels widerlegt sein könnte, aber einbezogen.

327 Sind bei der **Hinterziehung von Veranlagungssteuern** durch **Unterlassen** die Taten nicht bereits zuvor vollendet, so tritt mit der Bekanntgabe des Schätzungsbescheides, in dem die Steuer zu niedrig festgesetzt wird, Tatvollendung ein. Wird die Steuer in dem Schätzungsbescheid hingegen richtig oder zu hoch festgesetzt, so kann die Tat nicht mehr vollendet werden, da kein Verkürzungserfolg mehr eintritt.[331]

*[**12**] II. Die Verurteilung des Angeklagten wegen Steuerhinterziehung hält rechtlicher Nachprüfung insgesamt nicht stand. Das angefochtene Urteil leidet an lückenhaften Feststellungen und durchgreifenden Darstellungsmängeln.*

*[**13**] 1. Soweit das Landgericht den Angeklagten jeweils wegen vollendeter Hinterziehung von Einkommensteuer in den Veranlagungszeiträumen 2002 bis 2007 (Fälle 1 bis 6 der Urteilsgründe) sowie Gewerbesteuer in den Veranlagungszeiträumen 2003 bis 2005 und 2007 (Fälle 8 bis 11 der Urteilsgründe) verurteilt hat, reichen die hierzu getroffenen Feststellungen schon mit Blick auf ergangene Schätzbescheide nicht aus. Den Urteilsgründen kann nicht entnommen werden, ob aufgrund der Nichtabgabe der Einkommen- und Gewerbesteuererklärungen der vom Landgericht angenommene Taterfolg der Steuerverkürzung eingetreten ist.*

331 BGH, Beschluss vom 22.8.2012 – 1 StR 317/12.

[14] a) Sind bei der Hinterziehung von Veranlagungssteuern durch Unterlassen die Taten nicht bereits zuvor vollendet, so tritt mit der Bekanntgabe des Schätzungsbescheides, in dem die Steuer zu niedrig festgesetzt wird, Tatvollendung ein (vgl. Jäger in Klein, AO, 11. Aufl., § 370 Rn. 92). Wird die Steuer in dem Schätzungsbescheid hingegen richtig oder zu hoch festgesetzt, so kann die Tat nicht mehr vollendet werden, da kein Verkürzungserfolg mehr eintritt (vgl. Schmitz/Wulf in MüKo-StGB, § 370 AO Rn. 102 m.w.N.; BayObLG, Beschluss vom 9. November 2000 – 4 StR 126/00, wistra 2001, 194).

[15] b) Dies hat das Landgericht übersehen, indem es zwar jeweils feststellt, wann die Schätzungsbescheide erlassen wurden, sich zu deren Inhalt – namentlich zur Höhe der in den Schätzungsbescheiden festgesetzten Steuern – hingegen nicht verhält.

[16] c) Die Schuldsprüche konnten auch nicht unter dem Gesichtspunkt aufrechterhalten bleiben, dass die Taten bereits vor Erlass der Schätzungsbescheide vollendet waren, da die dann erforderlichen Feststellungen ebenfalls fehlen (zur Tatvollendung bei der Hinterziehung von Veranlagungssteuern vgl. BGH, Beschlüsse vom 2. November 2010 – 1 StR 544/09, Rn. 77 und vom 28. Oktober 1998 – 5 StR 500/98, NStZ-RR 1999, 218; vgl. auch BGH, Beschluss vom 19. Januar 2011 – 1 StR 640/10).

[17] 2. Soweit für den Veranlagungszeitraum 2008 (Fälle 7 und 12 der Urteilsgründe) keine Schätzungsbescheide ergingen, ergeben sich Bedenken daraus, dass das Landgericht nicht erörtert hat, ob die durch Nichtabgabe der Steuererklärungen begangenen Taten der Hinterziehung von Einkommen- und Gewerbesteuer bereits vollendet waren, als dem Angeklagten die Erweiterung des Ermittlungsverfahrens um diese Tatvorwürfe bekannt gegeben wurde. Das Landgericht teilt in den Urteilsgründen zwar mit, dass das Amtsgericht Mainz am 24. November 2009 Durchsuchungsbeschlüsse erließ, die auch diese Tatvorwürfe umfassten. Es verhält sich jedoch nicht dazu, wann dem Angeklagten die Erweiterung des Ermittlungsverfahrens um diese Tatvorwürfe bekannt gegeben wurde. Dies ist jedoch mit Blick auf das in Art. 2 Abs. 1 GG verfassungsrechtlich verankerte Verbot des Zwangs zur Selbstbelastung („nemo tenetur se ipsum accusare"; vgl. hierzu BVerfGE 56, 37, 41 f., NJW 1981, 1431) für die strafrechtliche Bewertung von Belang: Mit einer entsprechenden Bekanntgabe der Erweiterung des Ermittlungsverfahrens wäre nämlich die strafbewehrte Pflicht entfallen, die Einkommen- beziehungsweise Gewerbesteuererklärung für diesen Veranlagungszeitraum noch abzugeben (vgl. BGH, Beschlüsse vom 27. Mai 2009 – 1 StR 665/08, NStZ-RR 2009, 340 und vom 23. Januar 2002 – 5 StR 540/01, wistra 2002, 150; zusammenfassend Jäger in Klein, AO, 11. Aufl., § 393 Rn. 32).

Steuerhinterziehung (§ 370 AO) kann auch im **Beitreibungsverfahren** begangen werden. Im Beitreibungsverfahren sind dabei steuerlich erhebliche Tatsachen im Sinne des § 370 Abs. 1 AO auch Umstände, die für die Entscheidung des Finanzamts, ob und welche Vollstreckungsmaßnahmen ergriffen werden sollen, von Bedeutung sind. Daher hat das Landgericht zutreffend die Abgabe der einen entsprechenden Taterfolg bewirkenden unrichtigen Schreiben bzw. Selbstauskunft wie auch die Abgabe der falschen eidesstattlichen Versicherung im (steuerlichen) Vollstreckungsverfahren als taugliche Tathandlungen einer Steuerhinterziehung gemäß § 370 AO gewertet.[332] **328**

[332] BGH, Beschluss vom 21.8.2012 – 1 StR 26/12.

329 **Steuerhehlerei** kann jedenfalls in Form von Absatzhilfe auch vor Beendigung der vorangegangenen Steuerhinterziehung begangen werden.[333]

[6] 3. Der Senat sieht keinen den Angeklagten belastenden Rechtsfehler.

[7] a) Als der Angeklagte Kontakt mit O. aufnahm, war die Steuerhinterziehung zwar bereits vollendet, aber noch nicht beendet, da die Zigaretten bereits im Inland, aber noch nicht „zur Ruhe gekommen" waren (vgl. hierzu nur BGH, Urteil vom 2. Februar 2010 – 1 StR 635/09 m.w.N.).

330 Nach ständiger Rechtsprechung des Bundesgerichtshofs gehört zum **Vorsatz der Steuerhinterziehung**, dass der Täter den Steueranspruch dem Grunde und der Höhe nach kennt oder zumindest für möglich hält und ihn auch verkürzen will. Für eine Strafbarkeit wegen Steuerhinterziehung bedarf es dabei keiner Absicht oder eines direkten Hinterziehungsvorsatzes; es genügt, dass der Täter die Verwirklichung der Merkmale des gesetzlichen Tatbestands für möglich hält und billigend in Kauf nimmt.[334]

[11] c) Die Urteilsfeststellungen belegen auch den Tatvorsatz des Angeklagten.

[12] Nach ständiger Rechtsprechung des Bundesgerichtshofs gehört zum Vorsatz der Steuerhinterziehung, dass der Täter den Steueranspruch dem Grunde und der Höhe nach kennt oder zumindest für möglich hält und ihn auch verkürzen will (vgl. nur BGH, Beschluss vom 8. September 2011 – 1 StR 38/11, wistra 11, 465 m.w.N.). Für eine Strafbarkeit wegen Steuerhinterziehung bedarf es dabei keiner Absicht oder eines direkten Hinterziehungsvorsatzes; es genügt, dass der Täter die Verwirklichung der Merkmale des gesetzlichen Tatbestands für möglich hält und billigend in Kauf nimmt (Eventualvorsatz; vgl. BGH aaO). Diese Voraussetzungen liegen hier vor, denn der Angeklagte nahm die grobe Unrichtigkeit seiner Angaben zum Warenwert bei der Zollanmeldung in Kauf, um bei der Einfuhr nicht hohe Abgabenbeträge zahlen zu müssen (UA S. 8). Er wusste, dass er bei Anmeldung der tatsächlichen Warenwerte um ein Vielfaches höhere Einfuhrumsatzsteuerbeträge hätte zahlen müssen und dass er auf diese Weise Einfuhrumsatzsteuer verkürzte (UA S. 21 f.).

[13] Entgegen der Auffassung des Beschwerdeführers steht dem Tatvorsatz nicht entgegen, dass der Angeklagte – wie von vornherein beabsichtigt – jeweils nach der Weiterveräußerung der Waren die dabei anfallende Umsatzsteuer anmeldete (und auch an die Finanzbehörden abführte) und dass er hierbei gemäß § 15 Abs. 1 Nr. 2 UStG hinsichtlich der entrichteten Einfuhrumsatzsteuer zum Vorsteuerabzug berechtigt war. Denn die Anmeldung und Abführung dieser Umsatzsteuer erfolgte jeweils erst nach Vollendung der Hinterziehung der Einfuhrumsatzsteuer und führte allenfalls zu einer Schadenswiedergutmachung. Eine beabsichtigte Schadenswiedergutmachung ist aber ein außerhalb der Tatbestandsverwirklichung liegender Gesichtspunkt und lässt deshalb den Vorsatz unberührt. Lediglich im Rahmen der Strafzumessung ist dem Täter zugute zu halten, wenn er bereits bei der Tatbegehung eine spätere Schadenswiedergutmachung vorhatte. Dies hat das Landgericht nicht verkannt (UA S. 24).

---

333 BGH, Beschluss vom 9.2.2012 – 1 StR 438/11.

334 BGH, Beschluss vom 26.6.2012 – 1 StR 289/12.

[8] Es wird unterschiedlich beurteilt, ob Steuerhehlerei nur nach Beendigung der Vortat begangen werden kann. Die Beendigung der Vortat wird z.B. ohne nähere Begründung und für Fallgestaltungen, bei denen nicht Steuerhehlerei in Form der Absatzhilfe im Raum stand, von BGH, Urteil vom 4. September 1956 – 5 StR 64/56 <nicht tragend> für erforderlich gehalten, ebenso von BGH, Urteil vom 24. Juni 1952 – 1 StR 316/51, BGHSt 3, 40, 44 noch zu § 398 RAbgO, hier sollte „die Ware aus der ... gefährlichen Nähe der Grenze" weggebracht werden (aaO 45), sowie von BayObLG wistra 2003, 316, 317 und Hilgers-Klautzsch in Kohlmann, Steuerstrafrecht, § 374 AO Rn. 26 ff. m.w.N.. Eine Vollendung der Vortat halten hingegen für ausreichend z.B. Jäger in FGJ, 7. Aufl., § 374 AO Rn. 13; Wegner in MüKo AO, § 374 Rn. 23 f.; Engelhardt in Hübschmann/Hepp/Spitaler, § 374 AO Rn. 17, in vergleichbarem Sinne auch BGH, Beschluss vom 18. Juli 2000 – 5 StR 245/00.

[9] b) Nach Auffassung des Senats kann Steuerhehlerei jedenfalls in Form der Absatzhilfe – hinsichtlich anderer Begehungsformen ist dies hier nicht zu prüfen – auch dann vorliegen, wenn die Vortat (hier Steuerhinterziehung) zwar vollendet, aber noch nicht beendet ist.

[10] (1) Es entspricht allgemeiner Auffassung, dass Sachhehlerei grundsätzlich eine abgeschlossene Vortat erfordert (vgl. zuletzt BGH, Beschluss vom 9. November 2011 – 2 StR 386/11; zusammenfassend Fischer, StGB, 59. Aufl., § 259 Rn. 8 m.w.N.).

[11] (2) Jedoch kann für Sachhehlerei sogar eine nur versuchte Tat als Vortat dann ausreichen, wenn diese den Vortäter bereits in den Besitz der Sache gebracht hat (vgl. BGH, Urteil vom 7. März 1995 – 1 StR 523/94, StV 1996, 81 f. m.w.N.; ebenso Walter in LK, 12. Aufl., § 259 Rn. 19, wonach dies im Ergebnis unstreitig sei). Dieser Gesichtspunkt ist hier nicht einschlägig, weil die vorangegangene Steuerhinterziehung nicht unmittelbar an die rechtswidrige Erlangung von Sachherrschaft anknüpfte (vgl. Engelhardt in Hübschmann/Hepp/Spitaler, § 374 AO Rn. 19). Wenn jedoch sogar eine nur versuchte Vortat Grundlage der Sachhehlerei sein kann, zeigt dies aber, dass nicht allein auf das formale Stadium der Vortat abzustellen ist, sondern dass auch die tatsächlichen Verhältnisse in den Blick zu nehmen sind.

[12] Gründe für die Annahme, dass dies nur für Sachhehlerei, aber nicht für Steuerhehlerei gelten würde, sind nicht ersichtlich.

Auch bei einer **gewerbsmäßigen Hinterziehung** von Einfuhr- oder Ausfuhrabgaben nach § 373 AO **in Millionenhöhe** kommt **eine zwei Jahre nicht überschreitende Freiheitsstrafe** nur bei Vorliegen besonders gewichtiger Milderungsgründe in Betracht. Sowohl beim Schmuggel nach § 373 AO wie auch bei der Steuerhinterziehung nach § 370 AO ist es dabei ohne Bedeutung, ob die Millionengrenze durch eine einzelne Tat oder erst durch mehrere gleichgelagerte Einzeltaten erreicht worden ist.[335] **331**

Die Zustimmung des Angeklagten zur vereinfachten Auslieferung lässt den **Grundsatz der Spezialität** nicht entfallen. Auch die irreführende Angabe des Angeklagten in der Hauptverhandlung, er habe „auf den Spezialitätsgrundsatz" verzichtet, kann das Fehlen dieser formalen Voraussetzung nicht ersetzen.[336] **332**

[335] BGH, Urteil vom 22.5.2012 – 1 StR 103/12.

[336] BGH, Beschluss vom 9.2.2012 – 1 StR 152/11.

[9] 2. Auch im Hinblick auf den Grundsatz der Spezialität besteht kein Verfahrenshindernis.

[10] a) Allerdings bestand zum Zeitpunkt der Verurteilung des Angeklagten durch das Landgericht wegen des Grundsatzes der Spezialität hinsichtlich einzelner von der Verurteilung erfasster Delikte ein von Amts wegen zu berücksichtigendes Verfolgungsverbot (Verfahrenshindernis) aus Art. 14 des Europäischen Auslieferungsübereinkommens vom 13. Dezember 1957 (EuAlÜbk), denn der Angeklagte war nicht wegen dieser Delikte von der Schweiz nach Deutschland ausgeliefert worden und hatte auch nicht auf die Einhaltung des Spezialitätsgrundsatzes verzichtet.

[11] aa) Der Angeklagte wurde zur Durchführung des Strafverfahrens aus der Schweiz ausgeliefert. Dieser Auslieferung lag ein Haftbefehl vom 8. Mai 2009 zugrunde (der unzutreffend unter dem 8. Mai 2008 datiert). Dieser Haftbefehl erfasste jedoch – wie der Generalbundesanwalt in seiner Antragsschrift vom 3. Mai 2011 zutreffend dargelegt hat – die Lebenssachverhalte nicht, die der Verurteilung in den Fällen 41 bis 50, 53 bis 69 und 74 bis 79 der Urteilsgründe zugrunde liegen.

[12] Die Zustimmung des Angeklagten zur vereinfachten Auslieferung ließ den Grundsatz der Spezialität nicht entfallen (vgl. BGH, Beschluss vom 8. August 1989 – 1 StR 296/89, NStE Nr. 5 zu Art. 14 EuAlÜbk). Auch die irreführende Angabe des Angeklagten in der Hauptverhandlung, er habe „auf den Spezialitätsgrundsatz" verzichtet (vgl. die dienstlichen Äußerungen der Berufsrichter der Strafkammer), kann das Fehlen dieser formalen Voraussetzung nicht ersetzen.

[13] (1) Aus dem Grundsatz der Spezialität ergibt sich für den ersuchenden Staat eine Beschränkung seiner Hoheitsrechte (vgl. dazu Schomburg/Lagodny/Gleß/Hackner, Internationale Rechtshilfe in Strafsachen, 4. Aufl. 2006, Einl. 74). Ihr Umfang bestimmt sich hier nach den Regelungen des EuAlÜbk in Verbindung mit der Auslieferungsbewilligung der Schweiz. Aus Art. 14 Abs. 1 EuAlÜbk ergibt sich, dass der Ausgelieferte „wegen einer anderen, vor der Übergabe begangenen Handlung als derjenigen, die der Auslieferung zugrunde liegt, nur ... verfolgt, abgeurteilt, zur Vollstreckung einer Strafe oder Maßregel der Sicherung oder Besserung in Haft gehalten oder einer sonstigen Beschränkung seiner persönlichen Freiheit unterworfen werden" darf, wenn der Staat, der ihn ausgeliefert hat, zustimmt (Art. 14 Abs. 1 Buchst. a EuAlÜbk) oder wenn nach Verstreichen der Schonfrist des Art. 14 Abs. 1 Buchst. b EuAlÜbk die dort genannten Voraussetzungen erfüllt sind. Danach durfte der Angeklagte nur wegen solcher vor der Auslieferung begangener Taten bestraft werden, für die die Auslieferung bewilligt wurde (vgl. BGH, Urteil vom 20. Dezember 1968 – 1 StR 508/67, BGHSt 22, 307; BGH, Urteil vom 11. März 1999 – 4 StR 526/98, NStZ 1999, 363).

[14] (2) Zur Reichweite des Grundsatzes der Spezialität gilt Folgendes (vgl. BGH, Beschluss vom 2. November 2010 – 1 StR 544/09 m.w.N.):

[15] Der dem Spezialitätsgrundsatz zugrunde liegende Tatbegriff umfasst den gesamten mitgeteilten Lebenssachverhalt, innerhalb dessen der Verfolgte einen oder mehrere Straftatbestände erfüllt haben soll. Im Rahmen dieses historischen Vorgangs sind die Gerichte des ersuchenden Staates nicht gehindert, die Tat abweichend rechtlich oder tatsächlich zu würdigen, soweit insofern ebenfalls Auslieferungsfähigkeit besteht. Auch eine Änderung in der Rechtsauffassung berührt die Hoheitsinteressen des um Auslieferung ersuchten Staates regelmäßig nicht.

[16] Dementsprechend steht der Spezialitätsgrundsatz etwa einer Verurteilung wegen Einzeltaten anstelle einer im Auslieferungsersuchen angenommenen fortgesetzten Handlung nicht entgegen. Das Gleiche gilt, wenn der den Haftbefehl erlas-

sende Richter anstatt von Tatmehrheit rechtsfehlerhaft von einer Verknüpfung der Taten im Sinne einer Handlungseinheit ausgegangen ist, sofern die dem Beschuldigten vorgeworfenen Tathandlungen dem Auslieferungsersuchen zu entnehmen sind.

[17] Maßgeblich ist insoweit ausgehend von Sinn und Zweck des Spezialitätsgrundsatzes der Verfolgungswille des ersuchenden Staates, wie er für den ersuchten Staat im Auslieferungsverfahren objektiv erkennbar zum Ausdruck gebracht wird. Dem ersuchten Staat steht es frei, bei insoweit bestehenden Unklarheiten oder Unschärfen im Hinblick auf den Tatvorwurf seinerseits um Ergänzung der Darstellung der Handlungen, die Gegenstand des Auslieferungsersuchens sind, zu ersuchen (vgl. Art. 12 Abs. 2 Buchst. b, Art. 13 EuAlÜbk). Sieht er hiervon ab, bringt er mit der unbedingten Bewilligung zum Ausdruck, dass die Auslieferung zur Verfolgung all derjenigen Taten erfolgt, die für alle Verfahrensbeteiligten erkennbar vom Verfolgungswillen des ersuchenden Staats erfasst waren, auch wenn die einzelnen Taten im Auslieferungsverfahren noch nicht näher konkretisiert waren.

[18] (3) Auch unter Heranziehung dieser Grundsätze waren die Lebenssachverhalte, die zur Verurteilung in den Fällen 41 bis 50, 53 bis 69 und 74 bis 79 der Urteilsgründe geführt haben, von der Auslieferungsbewilligung auf der Grundlage des dem Auslieferungsverfahren zugrunde liegenden Haftbefehls nicht umfasst.

[19] (4) Eine Aburteilung wegen dieser Taten hätte allenfalls dann erfolgen dürfen, wenn der Angeklagte zu Protokoll einer Justizbehörde bzw. eines Richters (vgl. Art. VI Abs. 2 und 3 des Vertrages vom 13. November 1969 zwischen der Bundesrepublik Deutschland und der Schweizerischen Eidgenossenschaft über die Ergänzung des Europäischen Auslieferungsübereinkommens vom 13. Dezember 1957 und die Erleichterung seiner Anwendung) auf die Einhaltung des Spezialitätsgrundsatzes verzichtet hätte. Dies war jedoch nicht der Fall. Vielmehr ist den Auslieferungsunterlagen zu entnehmen, dass der Angeklagte diesen Verzicht nicht erklärt hat (vgl. SH „Rechtshilfe" 92 AR 128/09, Bl. 133, 148). Die gegenteilige Behauptung des Angeklagten in der Hauptverhandlung kann die Einhaltung der vorgeschriebenen Form nicht ersetzen.

[20] bb) Damit bestand zum Zeitpunkt der Verurteilung ein sich aus Art. 14 EuAlÜbk ergebendes Verfahrenshindernis (vgl. BGH, Urteil vom 29. Oktober 1963 – 1 StR 353/63, BGHSt 19, 118, 119). Die zur Auslieferung aufgrund eines Europäischen Haftbefehls ergangene Rechtsprechung des Gerichtshofs der Europäischen Union, nach der sich aus einem Verstoß gegen den Spezialitätsgrundsatz lediglich ein Vollstreckungshindernis und ein Verbot freiheitsbeschränkender Maßnahmen ergibt (EuGH, Urteil vom 1. Dezember 2008 – Rechtssache C-388/08 [Leymann und Pustovarov], NStZ 2010, 35 mit Anm. Heine, vgl. dazu BGH, Beschluss vom 27. Juli 2011 – 4 StR 303/11, NStZ 2012, 100), findet auf die hier vorliegende Auslieferung aus der Schweiz keine Anwendung.

[21] cc) Das bestehende Verfahrenshindernis hatte jedoch nicht zur Folge, dass das Strafurteil des Landgerichts insoweit nichtig wäre; vielmehr ist dieses lediglich anfechtbar (vgl. RGSt 72, 77, 78; Schomburg/Hackner in Schomburg/Lagodny/Gleß/Hackner, Internationale Rechtshilfe in Strafsachen, 4. Aufl. 2006, § 72 IRG Rn. 28).

[22] b) Der Verstoß gegen den Grundsatz der Spezialität führt allerdings auch nicht dazu, dass der Senat das Urteil aufheben und das Verfahren wegen eines Verfahrenshindernisses einstellen müsste. Denn die Beschränkung der Hoheitsrechte der Bundesrepublik Deutschland aufgrund des im EuAlÜbk vereinbarten Spezialitätsgrundsatzes ist hier nachträglich weggefallen, weil der in Art. 14 Abs. 1 Buchst. b

EuAlÜbk geregelte Ausnahmefall, bei dem die Spezialitätsbindung wieder entfällt, eingetreten ist.

[23] aa) Art. 14 Abs. 1 Buchst. b EuAlÜbk lässt die Verfolgung und Aburteilung von in einer Auslieferungsbewilligung nicht genannten Taten dann zu, wenn der Ausgelieferte, obwohl er die Möglichkeit hatte, das Hoheitsgebiet des Staates, dem er ausgeliefert worden ist, innerhalb von 45 Tagen nach seiner endgültigen Freilassung nicht verlassen hat oder wenn er nach Verlassen dieses Gebiets dorthin zurückgekehrt ist (s. auch Art. 38 Abs. 2 Buchst. b Nr. 1 Schweizerisches IRSG).

[24] bb) Diese Voraussetzungen liegen hier vor; der Angeklagte befand sich nach seiner Haftentlassung mehr als 45 Tage auf freiem Fuß und hat die Bundesrepublik Deutschland trotz vorherigen Hinweises auf die sich aus Art. 14 Abs. 1 Buchst. b EuAlÜbk ergebenden Rechtsfolgen nicht verlassen oder ist – was dem gleich steht (vgl. OLG Hamm wistra 1999, 359) – nach einer Ausreise dorthin wieder zurückgekehrt.

4. Waffengesetz

333 Der zusammentreffende **Besitz** von **Waffen** und **Munition** oder von waffenrechtlich verbotenen Gegenständen, auch wenn diese nicht unter dieselben Strafbestimmungen fallen, hat zur Folge, dass die verschiedenartigen Verstöße gegen das Waffengesetz **tateinheitlich** zusammentreffen.[337]

334 Ist ein vom Angeklagten abgegebener Schuss auf einen anderen durch **Notwehr** gerechtfertigt, **entfällt** auch die **Strafbarkeit** wegen des damit unmittelbar **zusammenfallenden Führens einer Schusswaffe**. Die vorausgehenden Dauerdelikte des Besitzes und des Führens der Waffe und die eine Zäsur bewirkende anschließende Verwendung der Waffe bilden auch dann **mehrere Taten (§ 53 StGB)**, wenn jene Verwendung der Waffe infolge der Rechtfertigung durch Notwehr – nicht strafbar ist.[338]

[1] Mit der zugelassenen Anklage ist dem Angeklagten versuchter Totschlag in Tateinheit mit gefährlicher Körperverletzung sowie mit vorsätzlichem unerlaubten Besitz und Führen einer halbautomatischen Kurzwaffe zur Last gelegt worden; er habe am Tattage nach einer Unterhaltung mit dem Geschädigten aus einer Pistole des Kalibers 7,65 mm auf ihn geschossen und ihn verletzt. Das Schwurgericht ist zur Annahme einer durch Notwehr gerechtfertigten gefährlichen Körperverletzung gelangt und hat den Angeklagten wegen eines zuvor begangenen vorsätzlichen unerlaubten Besitzes einer halbautomatischen Schusswaffe in Tateinheit mit vorsätzlichem unerlaubten Führen einer halbautomatischen Schusswaffe zu einer Freiheitsstrafe von neun Monaten verurteilt und die Vollstreckung zur Bewährung ausgesetzt. Die mit der Sachrüge begründete Revision des Angeklagten hat Erfolg.

[2] 1. Das Landgericht ist zwar im Ausgangspunkt zutreffend davon ausgegangen, dass insoweit, als der vom Angeklagten abgegebene Schuss auf den Nebenkläger durch Notwehr gerechtfertigt war, auch die Strafbarkeit wegen des damit unmittelbar zusammenfallenden Führens einer Schusswaffe entfällt (vgl. BGH NStZ 1981,

---

337 BGH, Beschluss vom 31.1.2012 – 2 StR 409/11.

338 BGH, Beschl. v. 27.12.2011 – 2 StR 380/11.

299; 1999, 347; NJW 2001, 3200, 3203; NStZ-RR 2010, 140). Es hat jedoch verkannt, dass die vorausgehenden Dauerdelikte des Besitzes und des Führens der Waffe und die eine Zäsur bewirkende anschließende Verwendung der Waffe auch dann mehrere Taten bilden (§ 53 StGB), wenn jene Verwendung der Waffe – wie hier der Schusswaffengebrauch infolge der Rechtfertigung durch Notwehr – nicht strafbar ist (vgl. BGH NStZ 1999, 347; NJW 2001, 3200, 3203; Heinrich in: Steindorf/Heinrich/Papsthart, Waffenrecht 9. Aufl. § 52 Rn. 62). Der Angeklagte ist deshalb vom Anklagevorwurf freizusprechen.

[3] 2. Ein zeitlich vorgelagertes Vergehen gegen das Waffengesetz ist nicht Verfahrensgegenstand geworden und durfte deshalb vom Schwurgericht nicht abgeurteilt werden. Anklage und Eröffnungsbeschluss werfen dem Angeklagten allein das durch den Schusswaffeneinsatz begangene, gerechtfertigte Waffendelikt vor. Dass er vorher unerlaubt die tatsächliche Gewalt über eine Schusswaffe ausgeübt und sie bis zum Eintritt der Notwehrlage unerlaubt mit sich geführt habe, wird in der Anklageschrift nicht erwähnt. Diese Tat hätte deshalb nur durch eine Nachtragsanklage gemäß § 266 StPO in das Verfahren einbezogen werden können. Dies ist nicht geschehen. Daher ist das Verfahren insoweit einzustellen (§ 206a StPO).

Der Dauertatbestand des **unerlaubten Besitzes** einer Schusswaffe tritt hinter dem **335**
unerlaubten Führen – als besonderer Form der Ausübung tatsächlicher Gewalt – auf der **Konkurrenzebene** zurück. Kommt der Dauerstraftat des Besitzes über den Zeitraum des Führens hinausreichender Unrechtsgehalt zu, steht dies zu dem nachfolgenden Führen, beruhend auf einem neuen Entschluss zur Begehung einer schwerer wiegenden Tat, in **Tatmehrheit.**[339]

5. Ordnungswidrigkeitengesetz (OWiG)

Das Amtsgericht hat den **Einspruch** des nicht vom persönlichen Erscheinen in der **336**
Hauptverhandlung entbundenen und unentschuldigt ausgebliebenen Betroffenen auch dann nach **§ 74 Abs. 2 OWiG** zu verwerfen, wenn das vorausgegangene Sachurteil vom Rechtsbeschwerdegericht nur im Rechtsfolgenausspruch aufgehoben und die Sache im Umfang der Aufhebung zurückverwiesen worden war.[340]

[1] 1. Das Amtsgericht Hannover hat den Betroffenen durch Urteil vom 9. Dezember 2010 wegen fahrlässigen Überschreitens der zulässigen Höchstgeschwindigkeit zu einer Geldbuße von 160 € verurteilt und ein Fahrverbot von einem Monat festgesetzt. Dieselben Rechtsfolgen enthielt bereits der Bußgeldbescheid der Landeshauptstadt Hannover vom 19. Mai 2010. Auf die Rechtsbeschwerde des Betroffenen hat das Oberlandesgericht Celle durch Beschluss vom 29. März 2011 das angefochtene Urteil im Rechtsfolgenausspruch aufgehoben und die Sache im Umfang der Aufhebung zu neuer Entscheidung an dieselbe Abteilung des Amtsgerichts Hannover zurückverwiesen. Die weiter gehende Rechtsbeschwerde hat das Oberlandesgericht als unbegründet verworfen. Das Amtsgericht Hannover hat den Einspruch des Betroffenen gegen den Bußgeldbescheid der Landeshauptstadt Hannover vom 19. Mai 2010 durch Urteil vom 25. August 2011 gemäß § 74 Abs. 2 OWiG verwor-

339 BGH, Beschluss vom 18.4.2012 – 1 StR 128/12.
340 BGH, Beschl. vom 18.7.2012 – 4 StR 603/11.

fen, weil der Betroffene, der nicht von der Verpflichtung zum persönlichen Erscheinen entbunden war, trotz ordnungsgemäßer Ladung in der Hauptverhandlung unentschuldigt ausgeblieben ist. Gegen dieses Urteil hat der Betroffene erneut Rechtsbeschwerde eingelegt. Er rügt mit einer unzulässigen (§ 79 Abs. 3 OWiG, § 344 Abs. 2 StPO) Verfahrensrüge, dass sein Verteidiger fälschlich eine Abladung zum Hauptverhandlungstermin am 25. August 2011 erhalten habe und auch er deshalb nicht zum Termin erschienen sei. Mit der Sachrüge beanstandet er die Verletzung des rechtlichen Gehörs.

[2] 2. Das Oberlandesgericht Celle möchte die Rechtsbeschwerde als unbegründet verwerfen. Es ist der Ansicht, dass der Einspruch des Betroffenen, der trotz Anordnung seines persönlichen Erscheinens in der Hauptverhandlung ausbleibt, auch nach vorangegangener Teilaufhebung im Rechtsfolgenausspruch nach § 74 Abs. 2 OWiG verworfen werden kann.

[3] An der beabsichtigten Verwerfung der Rechtsbeschwerde sieht sich das Oberlandesgericht durch den Beschluss des Oberlandesgerichts Hamm vom 2. November 2006 – 4 Ss OWi 742/06 – (VRS 112 [2007], 49) gehindert. …

[10] 2. In der Vorlegungsfrage teilt der Senat die Auffassung des vorlegenden Gerichts.

[11] a) Der Betroffene ist nach § 73 Abs. 1 OWiG zum Erscheinen in der Hauptverhandlung verpflichtet. Er kann aber nach § 73 Abs. 2 OWiG auf seinen Antrag von der Verpflichtung zum Erscheinen in der Hauptverhandlung entbunden werden, wenn er sich geäußert oder erklärt hat, dass er sich in der Hauptverhandlung nicht zur Sache äußern werde, und seine Anwesenheit zur Aufklärung wesentlicher Gesichtspunkte des Sachverhalts nicht erforderlich ist. Bleibt der Betroffene ohne genügende Entschuldigung aus, obwohl er von der Verpflichtung zum Erscheinen nicht entbunden war, hat das Gericht den Einspruch ohne Verhandlung zur Sache durch Urteil zu verwerfen (§ 74 Abs. 2 OWiG). Dem Ausbleiben des Betroffenen, wenn es nicht aus anderen Gründen genügend entschuldigt ist, ist mangelndes Interesse an der Wahrnehmung seiner Prozessrolle zu entnehmen; dies rechtfertigt angesichts der geringeren Bedeutung von Bußgeldverfahren eine Verwerfung des Einspruchs.

[12] Die Verwerfung des Einspruchs bei unentschuldigtem Ausbleiben des Betroffenen ist nach der Neufassung des § 74 Abs. 2 OWiG durch Art. 1 Nr. 13 des Gesetzes zur Änderung des Gesetzes über Ordnungswidrigkeiten und anderer Gesetze (OWiGÄndG) vom 26. Januar 1998 (BGBl. I S. 156, 157) zwingend, ein Ermessensspielraum wird dem Gericht anders als nach der früheren Rechtslage nicht mehr eingeräumt. Durch die Umwandlung der Vorschrift in eine zwingende Regelung wollte der Gesetzgeber eine Vereinfachung des Verfahrens und damit eine „dringend gebotene" Entlastung der Gerichte erreichen (BT-Drucks. 13/5418 S. 7, 9). Schon nach der früheren Rechtslage durfte aber das Amtsgericht den Einspruch des trotz Anordnung des persönlichen Erscheinens in der Hauptverhandlung unentschuldigt ausgebliebenen Betroffenen gegen den Bußgeldbescheid der Verwaltungsbehörde auch dann noch nach § 74 Abs. 2 Satz 1 OWiG verwerfen, wenn das vorangegangene Sachurteil vom Rechtsbeschwerdegericht aufgehoben und die Sache zurückverwiesen worden war (BGH, Beschluss vom 10. Dezember 1985 – 1 StR 506/85, BGHSt 33, 394). Der Bundesgerichtshof hat dies seinerzeit daraus geschlossen, dass das Erste Gesetz zur Reform des Strafverfahrensrechts (1. StVRG) vom 9. Dezember 1974 (BGBl. I S. 3393, 3533) lediglich § 329 Abs. 1 StPO und § 412 StPO in dem Sinne geändert hat, dass die Berufung oder der Einspruch nach diesen Vorschriften nicht

mehr verworfen werden darf, wenn das Tatgericht erneut verhandelt, nachdem die Sache vom Revisionsgericht zurückverwiesen worden ist. …

[13] Diese Argumentation trifft auch nach der gegenwärtigen Rechtslage zu. Zwar stand nach der früheren Fassung des § 74 Abs. 2 OWiG die Verwerfung des Einspruchs bei unentschuldigtem Ausbleiben des Betroffenen im Ermessen des Gerichts, während diese Folge nunmehr zwingend auszusprechen ist. Aus der Tatsache, dass der Gesetzgeber bei dieser erneuten Änderung des § 74 Abs. 2 OWiG in Kenntnis der Rechtsprechung zur Zulässigkeit der Verwerfung nach Aufhebung und Zurückverweisung durch das Revisionsgericht wiederum keine dem § 329 Abs. 1 Satz 2 StPO entsprechende Regelung in die Vorschrift eingefügt hat, kann daher weiterhin geschlossen werden, dass die Verwerfung des Einspruchs gegen einen Bußgeldbescheid nach Aufhebung des ersten Sachurteils in der Rechtsbeschwerdeinstanz und die Verwerfung der Berufung bzw. des Einspruchs gegen einen Strafbefehl unterschiedlich geregelt bleiben sollen (so auch OLG Köln, VRS 98 [2000], 217, 219; OLG Stuttgart, NJW 2002, 978, 979; OLG Brandenburg, VRS 117 [2009] 102; OLG Hamm, Beschluss vom 22. März 2012 – 3 RBs 68/12, veröffentlicht bei juris; zustimmend Seitz in Göhler, OWiG, 16. Aufl., § 74 Rn. 24; Rebmann/Roth/Herrmann, OWiG, Stand März 2011, § 74 Rn. 13; Bohnert, OWiG, 3. Aufl., § 74 Rn. 22; aA KK-Senge, OWiG, 3. Aufl., § 74 Rn. 21). Dies entspricht auch dem Ziel der Entlastung der Gerichte durch das OWiGÄndG. Da es sich um eine bewusste Entscheidung des Gesetzgebers handelt, die Verfahrensweise beim unentschuldigten Ausbleiben des Betroffenen im Bußgeldverfahren abweichend vom Strafverfahren zu regeln, scheidet eine Anwendung der Regelungen der §§ 412, 329 Abs. 1 StPO über § 71 Abs. 1 OWiG aus.

[14] b) Die Verwerfung des Einspruchs bei unentschuldigtem Ausbleiben des Betroffenen hat auch dann zu erfolgen, wenn das Rechtsbeschwerdegericht die Sache nur im Rechtsfolgenausspruch aufgehoben und an das Amtsgericht zurückverwiesen hat.

[15] aa) Dies folgt bereits aus dem Wortlaut der Vorschrift. § 74 Abs. 2 OWiG ist durch das OWiGÄndG ohne Ausnahme zu einer zwingenden Regelung umgestaltet worden, obwohl der Gesetzgeber wusste, dass die Rechtsprechung der Oberlandesgerichte eine Verwerfung des Einspruchs nach Teilaufhebung durch das Rechtsbeschwerdegericht wegen der eingetretenen Teilrechtskraft des Schuldspruchs als unzulässig ansah (vgl. OLG Köln, NStZ 1987, 372; KG, VRS 72 [1987], 451; BayObLG VRS 80 [1991], 45). Die Änderung diente der dringend gebotenen Entlastung der Justiz im Bereich der Ordnungswidrigkeiten (BT-Drucks. 13/5418 S. 1). Zugleich wurde die zuvor in § 74 Abs. 2 Satz 2 OWiG a.F. gegebene Möglichkeit der Vorführung des Betroffenen oder der Verhandlung in seiner Abwesenheit abgeschafft (vgl. BT-Drucks. 13/5418 S. 9). Der Gesetzgeber hat dafür angesichts der zwingenden Regelung keinen Anwendungsbereich mehr gesehen, also auch nicht in den in den Materialien nicht angesprochenen Fällen der Teilaufhebung und Zurückverweisung durch das Rechtsbeschwerdegericht. Es ist deshalb ersichtlich auch in diesen Fällen davon auszugehen, dass die Verwerfung des Einspruchs gesetzgeberisch gewollt ist. Der Gesetzgeber hat dem Betroffenen in § 73 Abs. 1 OWiG das persönliche Erscheinen in der Hauptverhandlung auferlegt. Lehnt es der Betroffene durch sein unentschuldigtes Ausbleiben ab, zur Aufklärung beizutragen, ist das Gericht im Interesse der Verfahrensökonomie von der Verpflichtung entbunden, die Beschuldigung zu prüfen oder – bei Rechtskraft des Schuldspruchs – zum Rechtsfolgenausspruch neu zu verhandeln. Das Interesse des Betroffenen und der Allge-

meinheit an einer inhaltlich möglichst gerechten Entscheidung tritt in diesen Fällen hinter der Verfahrensökonomie zurück (vgl. zur alten Rechtslage Meurer, NStZ 1987, 540).

[16] bb) Der Eintritt der Teilrechtskraft des Schuldspruchs bei Aufhebung nur des Rechtsfolgenausspruchs durch das Rechtsbeschwerdegericht steht der Verwerfung des Einspruchs in der neuen Verhandlung nicht entgegen.

[17] Wegen des Grundsatzes der Einheitlichkeit des Urteils sind der rechtskräftige Schuldspruch und die ihm zugrunde liegenden Feststellungen zwar im Regelfall Grundlage des weiteren Verfahrens und wesentlicher Teil des abschließenden Urteils (BGH, Urteil vom 14. Januar 1982 – 4 StR 642/81, BGHSt 30, 340, 342). Dies folgt aus dem Gebot der inneren Einheit und der damit notwendig verbundenen Widerspruchsfreiheit der Entscheidung, das unabhängig davon Gültigkeit beansprucht, ob ein Urteil über die Schuld- und Rechtsfolgenfrage gleichzeitig entscheidet oder nicht. Durch die Verwerfung des Einspruchs wird dieser Grundsatz aber nicht berührt, denn durch sie wird der einheitliche Inhalt des Bußgeldbescheids wiederhergestellt. Durch die Verwerfung des Einspruchs nach § 74 Abs. 2 OWiG wird der Bußgeldbescheid insgesamt rechtskräftig (§ 84 Abs. 1 OWiG).

337 Zwischen den Taten nach § 266a StGB und der Nichtzahlung des – für die Höhe der Beiträge maßgeblichen – Mindestlohns (**§ 5 Abs. 1 Nr. 1 AEntG aF**) besteht weder materiell-rechtliche Tateinheit noch liegt eine Tat im prozessualen Sinn (§ 264 StPO) vor. Sieht die Staatsanwaltschaft nach der Erfüllung von Auflagen von der Verfolgung eines Vergehens des Vorenthaltens und der Veruntreuung von Beiträgen (§ 266a StGB) **nach § 153a Abs. 1 StPO endgültig ab,** so steht § 153a Abs. 1 Satz 5 StPO der **Verfolgung einer Ordnungswidrigkeit** nach § 5 Abs. 1 Nr. 1 AEntG aF wegen der Unterschreitung von Mindestlöhnen (§ 1 Abs. 1 AEntG aF) nicht entgegen.[341]

■ PRAXISBEDEUTUNG

Nicht immer kann ein Beschuldigter davon ausgehen, dass mit einer Einstellung des Strafverfahrens nach § 153a StPO damit alle Konsequenzen erledigt sind. Die vorstehende Entscheidung macht deutlich, dass jedenfalls in Tatmehrheit stehende Ordnungswidrigkeiten trotzdem noch verfolgt werden können. Hierauf sollte der Verteidiger bei solchen Fallgestaltungen achten!

6. Arzneimittelgesetz

338 Ein in Deutschland nicht zugelassenes Fertigarzneimittel wird durch Hinzugabe von Kochsalzlösung, um eine Injektion vornehmen zu können, nicht zu einem **zulassungsfreien Rezepturarzneimittel.**[342]

[20] 1. Die Auffassung des Landgerichts, der Angeklagte habe den Tatbestand des unerlaubten Inverkehrbringens nicht zugelassener Fertigarzneimittel nicht verwirk-

[341] BGH, Beschluss vom 15.3.2012 – 5 StR 288/11.

[342] BGH, Urteil vom 4.9.2012 – 1 StR 534/11.

licht (§ 96 Nr. 5 AMG), ist rechtsfehlerhaft. Die von der Strafkammer hierzu gefundene Begründung, der Angeklagte habe keine Fertigarzneimittel an seine Patienten abgegeben, sondern aus „Gemzar" in seiner Apotheke ein neues, zulassungsfreies Rezepturarzneimittel hergestellt, ist nicht tragfähig.

[21] Im Ansatz zutreffend ist die Strafkammer allerdings davon ausgegangen, dass „Gemzar" ein Fertigarzneimittel i.S.v. § 4 Abs. 1 AMG darstellt, das der arzneimittelrechtlichen Zulassung nach § 21 Abs. 1 Satz 1 AMG bedarf. Denn „Gemzar" weist bereits alle Eigenschaften eines Arzneimittels – und nicht nur eines Ausgangsstoffs – auf (zur Abgrenzung vgl. Müller in Kügel/Müller/Hofmann, AMG-OK, 1. Aufl., § 2 Rn. 63 m.w.N.; Rehmann, AMG, 3. Aufl., § 2 Rn. 7 m.w.N.) und ist einerseits mittels eines industriellen Verfahrens, andererseits im Voraus, also vor dem Vorliegen einer konkreten ärztlichen Verordnung, hergestellt worden.

[22] Fehlerhaft ist indes die Wertung, der Angeklagte habe durch die Zubereitung der Injektionslösung ein Rezepturarzneimittel hergestellt, das keiner Zulassung bedürfe. Es fehlt bereits grundsätzlich an der Herstellung eines neuen Arzneimittels.

[23] a) Nicht jeder denkbare Herstellungsschritt innerhalb eines mehrstufigen Herstellungsprozesses führt zur Entstehung eines neuen Arzneimittels.

[24] Der Begriff des „Herstellens" eines Arzneimittels ist in § 4 Abs. 14 AMG definiert. Danach ist Herstellen das Gewinnen, das Anfertigen, das Zubereiten, das Be- oder Verarbeiten, das Umfüllen einschließlich Abfüllen, das Abpacken, das Kennzeichnen und die Freigabe des Arzneimittels (im Einzelnen dazu Krüger in Kügel/Müller/Hofmann, AMG-OK, 1. Aufl., § 4 Rn. 99 ff.). Der Herstellungsbegriff ist bewusst weit gefasst (Spickhoff, Medizinrecht, 1. Aufl., AMG § 4 Rn. 13); es soll sichergestellt werden, dass die nach dem AMG vorgesehenen Sicherungsmaßnahmen, insbesondere die Überwachung der an der Arzneimittelherstellung beteiligten Personen (§ 13 AMG), lückenlos bleiben. Bei natürlicher Betrachtung stellt sich ein Arzneimittel als das Ergebnis mehrerer aufeinanderfolgender Herstellungstätigkeiten i.S.v. § 4 Abs. 14 AMG dar. Wann – erstmalig oder aus einem bereits bestehenden Arzneimittel (vgl. etwa § 11 Abs. 3 Apothekenbetriebsordnung – ApBetrO; zur Arzneimittelherstellung aus ihrerseits als Arzneimitteln zu bewertenden Zwischenprodukten vgl. auch BGH, Beschluss vom 6. November 2007 – 1 StR 302/07, NStZ 2008, 530 f.) – ein eigenständiges Arzneimittel entsteht, ist eine Frage des Einzelfalls.

[25] Aus einem pulverförmigen Fertigarzneimittel – hier: „Gemzar" – zubereitete Zytostatika-Lösungen sind im Verhältnis zu diesem keine neuen, eigenständigen Arzneimittel, wenn lediglich Kochsalzlösung beigefügt wird.

[26] Dem steht nicht entgegen, dass die Zubereitung bereits nach der Freigabe des ursprünglichen „Gemzar" zum Inverkehrbringen direkt in der Apotheke und unmittelbar vor der Anwendung erfolgt. Auch nach der Freigabe eines Medikaments liegende Arbeitsschritte können im Hinblick auf den umfassenden Schutzgedanken des weiten Herstellungsbegriffs des § 4 Abs. 14 AMG noch Teil der Herstellung sein. Das gilt insbesondere für die Rekonstitution (§ 4 Abs. 31 AMG; vgl. hierzu die amtl. Begründung der 9. AMG-Novelle, BT-Drucks. 16/12256, S. 42 zu Art. 1 Nr. 4g, s.a. LG Hamburg, Urteil vom 22. Juni 2007 – 406 O 8/07, PharmR 2007, 466 f.).

[27] Es kommt auch nicht entscheidend darauf an, dass durch die Zubereitung chemisch-pharmazeutisch auf das Arzneimittel eingewirkt wird oder dass, wie die Strafkammer (UA S. 17 f.) ausführt, ein weiterer Inhaltsstoff hinzutritt und sowohl Aggregatzustand als auch Haltbarkeitsdauer sich verändern. Die chemische Einwirkung auf das Arzneimittel bildet allenfalls ein Indiz für das Entstehen eines neuen

Arzneimittels, da durch sie die arzneiliche Wirkung verändert werden kann. Erschöpft sich die Einwirkung aber in der Verbringung des ursprünglichen Arzneimittels in seine zur Anwendung am Patienten geeignete Darreichungsform, stellt das dadurch entstandene Erzeugnis auch dann gegenüber dem Ausgangsarzneimittel kein neues Arzneimittel dar, wenn es – was bei einem derartigen Arbeitsschritt regelmäßig der Fall sein wird – einen anderen Aggregatzustand, zusätzliche Inhaltsstoffe und gegebenenfalls weitere abweichende Eigenschaften, etwa eine kürzere Haltbarkeitsdauer, aufweist. Denn die Darreichungsform stellt lediglich die Verbindung der Form, in der das Arzneimittel vom Hersteller aufgemacht wird, mit der Form, in der es eingenommen wird, einschließlich der physikalischen Form, dar (vgl. dazu EuGH, Urteil vom 29. April 2004 – C-106/01 <Novartis>, EuZW 2004, 408, 410, Nr. 37; Kortland in Kügel/Müller/Hofmann, AMG-OK, 1. Aufl., § 24b Rn. 68). Sie verändert die arzneiliche Wirkung nicht, sondern bewirkt, dass diese überhaupt erst an den Patienten herangetragen werden kann.

[28] b) Handelt es sich bei dem vom Angeklagten in Verkehr gebrachten Arzneimittel danach um „Gemzar", so entfällt auch dessen Zulassungspflicht gemäß § 21 Abs. 1 Satz 1 AMG nicht, nur weil ein Teil der Herstellung – die Zubereitung der Lösung – durch den Angeklagten in der Apotheke erfolgt ist.

[29] Zur Einordnung eines Arzneimittels als Fertigarzneimittel oder Rezepturarzneimittel sind bei arbeitsteiligen Herstellungsverfahren, die zum Teil industriell oder im Voraus, zum Teil gewerblich in der Apotheke erfolgen, die unterschiedlichen Arbeitsschritte im Rahmen einer wertenden Gesamtbetrachtung gegeneinander zu gewichten. Je nach dem Schwerpunkt handelt es sich um ein zulassungspflichtiges Fertigarzneimittel oder um ein zulassungsfreies Rezepturarzneimittel. Die Vornahme einzelner Arbeitsschritte in der Apotheke macht ein Arzneimittel nicht ohne weiteres zu einem Rezepturarzneimittel.

[30] Das ergibt sich aus Folgendem:

[31] Der Gesetzgeber stellt die Gewährleistung der Verbrauchergesundheit bei der Arzneimittelherstellung je nach der Art der Herstellung auf unterschiedliche Weise sicher. Bei der Herstellung von Arzneimitteln in Apotheken gelten nach der Apothekenbetriebsordnung (ApBetrO) strenge Prüfungs- und Dokumentationspflichten hinsichtlich der Identität und Qualität der dazu verwendeten Stoffe und der Vorgehensweise im Herstellungsprozess (§§ 6 ff. ApBetrO). Bei der industriellen Arzneimittelherstellung liegt die Verantwortung für die Arzneimittelsicherheit demgegenüber beim pharmazeutischen Unternehmer (Brock/Stoll in Kügel/Müller/Hofmann, AMG-OK, 1. Aufl., § 84 Rn. 18), der das Arzneimittel in den Verkehr bringt (§ 84 AMG), und beim Hersteller (Rehmann, Arzneimittelgesetz, 3. Aufl., § 84 Rn. 2). Zum einen ist eine behördliche Zulassung für das Arzneimittel (§ 21 Abs. 1 AMG) einzuholen, zum anderen ist der konkrete Herstellungsprozess qualitativ abzusichern (zur Herstellerhaftung im Einzelnen vgl. Spindler in Bamberger/Roth, BGB-OK, Ed. 23, § 823 Rn. 525 ff.). Dem belieferten Apotheker kommt Verantwortung nur noch insoweit zu, als er im Zeitpunkt der Abgabe des Arzneimittels an den Patienten die (fortbestehende) Qualität des Arzneimittels sicherstellen muss (Cyran/Rotta, ApBetrO, 12. Lieferung, § 12 Rn. 3). Seine Prüfungspflicht beschränkt sich in diesem Fall gemäß § 11 Abs. 3, § 12 AMG auf eine Sinnesprüfung (Senge in Erbs/Kohlhaas, Strafrechtliche Nebengesetze, 188. Lieferung, § 12 ApBetrO Rn. 1); unbeschadet seiner zusätzlichen, besonderen Beratungsleistung unterscheidet sich diese Prüfungspflicht kaum von vergleichbaren Pflichten anderer Berufe, die fertig gelieferte Waren verkaufen.

[32] Das Gesetz trifft keine gesonderte Regelung darüber, wem die Verantwortlichkeit für die Arzneimittelsicherheit bei komplexen, arbeitsteiligen Herstellungsverfahren zuwächst. Ein grundsätzlicher Vorrang der Apothekenherstellung, der dazu führen würde, dass die Vornahme einzelner Herstellungsschritte in der Apotheke (nurmehr) die umfassenden Prüfungspflichten des Apothekers nach der ApBetrO auslöst, ist dem Gesetz nicht zu entnehmen. Nach dem Sinn und Zweck der jeweiligen Regelungen und dem sie überspannenden Schutzzweck der Arzneimittelsicherheit darf eine arbeitsteilige Herstellung jedenfalls nicht dazu führen, dass die für die arzneiliche Wirksamkeit des Arzneimittels bestimmenden Herstellungsschritte keiner Qualitätskontrolle mehr unterliegen, weil der Verantwortliche diese Kontrolle (so) nicht (mehr) leisten kann.

[33] Der Begriff des „Herstellens" in § 4 Abs. 1 AMG ist deshalb so auszulegen, dass bei arbeitsteiligen Produktionsprozessen das Arzneimittel dort „hergestellt" ist, wo der Schwerpunkt der Herstellungstätigkeiten liegt. Nur so wird dem überragenden Schutzzweck der Arzneimittelsicherheit hinreichend Rechnung getragen. Würde durch die Verlagerung einfachster Herstellungstätigkeiten in die Apotheke der für die industrielle Herstellung vorgesehene Schutzmechanismus obsolet, entstünde eine erhebliche Schutzlücke. Es wäre möglich, nicht zugelassene Arzneimittel oder sogar solche, deren Zulassung aufgrund schädlicher Wirkungen widerrufen wurde, durch bloßes Umfüllen oder Abpacken zur zulassungsfreien Apothekenrezeptur umzudeklarieren. Dies würde eine erhebliche Gefährdung der Arzneimittelsicherheit und der Gesundheit der Patienten bewirken.

7. Aufenthaltsgesetz

Hat der Täter in Teil I Abschnitt A der Ausfuhrliste (Anlage AL zur Außenwirtschaftsverordnung) genannte **Güter ohne die erforderliche Genehmigung ausgeführt**, hätte diese indes erteilt werden müssen, so ist nicht der gesamte für die Güter eingenommene Kaufpreis das im Sinne des § 73 Abs. 1 Satz 1 StGB aus der Tat Erlangte; vielmehr sind dies nur die durch das Unterbleiben des Genehmigungsverfahrens ersparten Aufwendungen.[343] **339**

[6] I. Revision der Nebenbeteiligten

[7] 1. Die Beschränkung der Revision durch die Nebenbeteiligte auf die Verfallsanordnung, soweit diese auf den Fällen III. 3. 1 bis 36 und 38 bis 47 der Urteilsgründe beruht, ist wirksam; denn sie kann in diesen Fällen, die sich von Fall III. 3. 37 der Urteilsgründe vor allem dadurch unterscheiden, dass das BAFA auf entsprechende Anträge der Nebenbeteiligten die Ausfuhrgenehmigung jeweils hätte erteilen müssen, losgelöst von derjenigen im letztgenannten Fall rechtlich und tatsächlich selbstständig beurteilt werden.

[8] 2. Das Rechtsmittel der Nebenbeteiligten ist begründet. Zwar ist die Anordnung des Verfalls entgegen der Auffassung der Nebenbeteiligten nicht nur bei Vorsatzdelikten, sondern auch bei fahrlässig begangenen Straftaten möglich. Jedoch hat das Landgericht den Umfang dessen rechtsfehlerhaft zu hoch bestimmt, was die Nebenbeteiligte aus den Taten der Angeklagten im Sinne des § 73 Abs. 1 Satz 1 StGB erlangte; denn dies war hier ausschließlich der wirtschaftliche Wert der Aufwendun-

343 BGH, Urteil vom 19.1.2012 – 3 StR 343/11.

gen, welche die Nebenbeteiligte jeweils dadurch ersparte, dass sie die erforderliche Genehmigung des BAFA nicht einholte. Im Einzelnen:

[9] a) § 73 Abs. 1 StGB setzt für die Anordnung des Verfalls eine rechtswidrig begangene Tat voraus. Im Gegensatz zur Einziehung nach § 74 Abs. 1 StGB enthält die Norm keine Beschränkung auf vorsätzlich begangene Delikte. Die Anordnung des Verfalls kommt somit auch bei der Verwirklichung eines Fahrlässigkeitstatbestands in Betracht (vgl. LK/Schmidt, StGB, 12. Aufl., § 73 Rn. 15; S/S-Eser, StGB, 28. Aufl., § 73 Rn. 4; zum Ordnungswidrigkeitenrecht vgl. BayObLG, Beschluss vom 27. April 2000 – 3 ObOWi 16/2000, wistra 2000, 395, 396; OLG Celle, Beschluss vom 16. Mai 1997 – 2 Ss (OWi) 358/96, NStZ 1997, 554, 556).

[10] b) Die Frage, nach welchen Kriterien die Bestimmung des Erlangten im Sinne des § 73 Abs. 1 Satz 1 StGB bei Straftaten vorzunehmen ist, die wie hier wesentlich dadurch geprägt werden, dass ein formeller Verstoß gegen einen Genehmigungsvorbehalt sanktioniert wird, die erforderliche Genehmigung indessen bei entsprechender Antragstellung hätte erteilt werden müssen, ist in der höchstrichterlichen Rechtsprechung bisher nicht entschieden (zur uneinheitlichen Rechtsprechung der Instanzgerichte vgl. etwa OLG Celle, Beschluss vom 30. August 2011 – 322 SsBs 175/11, DAR 2011, 642; OLG Koblenz, Beschluss vom 28. September 2006 – 1 Ss 247/06, ZfSch 2007, 108). Hierzu gilt:

[11] Nach § 73 Abs. 1 Satz 1 StGB unterliegt dem Verfall, was der Täter für die Tat oder aus der Tat erlangt hat. Maßgeblich ist deshalb die Bestimmung des wirtschaftlichen Wertes des Vorteils, den der Täter für oder durch die Tat erzielt hat (BGH, Urteile vom 21. März 2002 – 5 StR 138/01, BGHSt 47, 260, 268; vom 19. November 1993 – 2 StR 468/93, BGHR StGB § 73 Erlangtes 1). Das erlangte Etwas im Sinne des § 73 Abs. 1 Satz 1 StGB umfasst dabei die Gesamtheit des für oder aus der Tat materiell Erlangten. Nach dem gesetzlichen Bruttoprinzip sind wirtschaftliche Werte, die in irgendeiner Phase des Tatablaufs unmittelbar erlangt wurden, in ihrer Gesamtheit abzuschöpfen; Gegenleistungen oder Kosten des Täters bei der Tatdurchführung sind nicht in Abzug zu bringen (BGH, Urteile vom 21. August 2002 – 1 StR 115/02, BGHSt 47, 369, 370; vom 16. Mai 2006 – 1 StR 46/06, BGHSt 51, 65, 66 f.; vgl. auch BVerfG, Beschluss vom 7. Juli 2006 – 2 BvR 527/06, juris Rn. 4).

[12] aa) Die Alternative „für die Tat erlangt" scheidet hier aus; denn „für die Tat erlangt" sind Vorteile nur dann, wenn sie dem Beteiligten als Gegenleistung für sein rechtswidriges Handeln gewährt werden, aber – wie etwa ein Lohn für die Tatbegehung oder eine Provision – nicht auf der Tatbestandsverwirklichung selbst beruhen (BGH, Urteile vom 2. Dezember 2005 – 5 StR 119/05, BGHSt 50, 299, 309 f.; vom 22. Oktober 2002 – 1 StR 169/02, BGHR StGB § 73 Erlangtes 4). Eine derartige Gegenleistung erhielt die Nebenbeteiligte vorliegend nicht. Die Abnehmer der Waffen leisteten ihr weder gesonderte Zahlungen noch erhöhte Kaufpreise dafür, dass sie – etwa zur Geheimhaltung der Geschäfte – keine Genehmigungen für die einzelnen Ausfuhren einholte.

[13] bb) In Betracht kommt deshalb lediglich die Alternative „aus der Tat erlangt". Unter diese Tatbestandsvariante fallen alle Vermögenswerte, die dem Täter oder Teilnehmer unmittelbar aus der Verwirklichung des Tatbestands zufließen.

[14] (1) Bereits der Wortlaut des § 73 Abs. 1 Satz 1 StGB belegt indes, dass nicht alles, was der Tatbeteiligte oder Dritte (§ 73 Abs. 3 StGB) in irgendeinem beliebigen Zusammenhang mit der Verwirklichung der rechtswidrigen Tat erlangt hat, dem Verfall unterliegt, sondern nur derjenige Vermögenszuwachs, den er gerade – gleichsam spiegelbildlich – aus der Tat erzielt hat (vgl. Kudlich/Noltensmeier, wistra 2007,

121, 124). Es werden daher nur solche Vorteile erfasst, die der Tatteilnehmer oder Dritte nach dem Schutzzweck der Strafnorm nicht erlangen und behalten dürfen soll, weil sie von der Rechtsordnung – einschließlich der verletzten Strafvorschrift – als Ergebnis einer rechtswidrigen Vermögensverschiebung bewertet werden (SK-StGB/Wolters/Horn, StGB, 110. Lfg., § 73 Rn. 9 [Stand: September 2007]).

[15] (2) Gleiches folgt aus Sinn und Zweck des Verfalls. Dieser verfolgt selbst keinen Strafzweck, sondern dient als öffentlich-rechtliche Maßnahme eigener Art der Abschöpfung des unrechtmäßig aus der Tat Erlangten und damit dem Ausgleich einer rechtswidrigen Vermögensverschiebung. Er stellt sich als Abschöpfung des illegitimen Vermögensvorteils dar, der als Entgelt für die Tat oder als Erlös aus ihr in das Vermögen eines an der Straftat Beteiligten oder durch dessen Handeln unmittelbar in das Vermögen eines tatunbeteiligten Dritten (§ 73 Abs. 3 StGB) gelangt ist. Dadurch soll dem Tatbeteiligten, aber auch der Allgemeinheit, vor Augen geführt werden, dass sich Verletzungen der Strafrechtsordnung über die eigentliche Ahndung der Tat durch eine entsprechende Sanktion hinaus auch finanziell nicht auszahlen. Auf diese Weise bezweckt der Verfall auf vermögensrechtlichem Gebiet auch die Wiederherstellung der verletzten Rechtsordnung. Dieser Normzweck gilt ebenfalls für die Anordnung des Verfalls gegen einen Drittbegünstigten nach § 73 Abs. 3 StGB (vgl. BGH, Urteile vom 28. Oktober 2010 – 4 StR 215/10, NJW 2011, 624, 626; vom 21. August 2002 – 1 StR 115/02, BGHSt 47, 369, 373 f.; LK/Schmidt, StGB, 12. Aufl., § 73 Rn. 8).

[16] (3) Der dem Verfall unterliegende Vorteil ist deshalb danach zu bestimmen, was letztlich strafbewehrt ist. Hat sich der Tatbeteiligte im Zusammenhang mit einer wirtschaftlichen Tätigkeit – insbesondere dem Abschluss oder der Erfüllung eines Vertrages – strafbar gemacht, so ist demgemäß bei der Bestimmung dessen, was er aus der Tat erlangt hat, in den Blick zu nehmen, welchen geschäftlichen Vorgang die Vorschrift nach ihrem Zweck verhindern will; nur der aus diesem Vorgang gezogene Vorteil ist dem Täter im Sinne des § 73 Abs. 1 Satz 1 StGB erwachsen. Soweit das Geschäft bzw. seine Abwicklung an sich verboten und strafbewehrt ist, unterliegt danach grundsätzlich der gesamte hieraus erlangte Erlös dem Verfall. Ist dagegen strafrechtlich nur die Art und Weise bemakelt, in der das Geschäft ausgeführt wird, so ist nur der hierauf entfallende Sondervorteil erlangt (BGH, Beschluss vom 27. Januar 2010 – 5 StR 224/09, NJW 2010, 882, 884 m.w.N.).

[17] Diese Grundsätze gelten auch in den Fällen, in denen das geschäftliche Tätigwerden des Tatbeteiligten einem Genehmigungsvorbehalt unterliegt, den dieser in strafbarer Weise umgeht. Erreicht er hierdurch, dass er ein – gegebenenfalls auch nur nach dem Ermessen der Genehmigungsbehörde – nicht genehmigungsfähiges Geschäft abschließen und/oder erfüllen sowie daraus entsprechende Vermögenszuwächse erzielen kann, so sind diese in vollem Umfang erlangt im Sinne des § 73 Abs. 1 Satz 1 StGB und unterliegen daher grundsätzlich uneingeschränkt dem Verfall. Hatte er dagegen einen Anspruch auf die Genehmigung, so bemakelt die Rechtsordnung nicht den Abschluss oder die Erfüllung des Vertrages; vielmehr soll durch die Strafbewehrung allein die Umgehung der Kontrollbefugnis der Genehmigungsbehörde sanktioniert werden. Erlangt ist somit nur der durch die Nichtdurchführung des Genehmigungsverfahrens erwachsene (Sonder-)Vorteil.

[18] (4) Dem steht das im Rahmen des § 73 Abs. 1 Satz 1 StGB geltende Bruttoprinzip nicht entgegen. Dieses besagt lediglich, dass der erlangte wirtschaftliche Wert „brutto“, also ohne gewinnmindernde Abzüge anzusetzen ist. Im vorliegenden Fall geht es indessen nicht um die Anrechnung gewinnmindernder Abzüge, sondern

um die Bestimmung des unmittelbar aus der Tat Erlangten unter Beachtung insbesondere von Wortlaut sowie Sinn und Zweck des § 73 Abs. 1 Satz 1 StGB. Die dem Verfall unterliegenden Aufwendungen, welche die Nebenbeteiligte dadurch ersparte, dass sie die erforderlichen Genehmigungen nicht einholte, entsprechen nicht dem Bruttoerlös aus den getätigten Veräußerungsgeschäften abzüglich dabei entstandener Kosten; sie sind vielmehr qualitativ etwas anderes. Insoweit ist das Bruttoprinzip nicht beeinträchtigt; denn die Bestimmung des für die Abschöpfung überhaupt in Betracht kommenden Vorteils ist der Bestimmung seines Umfangs logisch vorgelagert (vgl. auch BGH, Beschluss vom 27. Januar 2010 – 5 StR 224/09, NJW 2010, 882, 884; Urteil vom 21. März 2002 – 5 StR 138/01, BGHSt 47, 260, 269).

*[**19**] (5) Nach diesen Maßstäben ist in den Fällen, in denen wie hier die Verfallsanordnung auf einer Straftat nach § 34 Abs. 1 Satz 1 Nr. 1 AWG beruht und die erforderliche Genehmigung durch das BAFA hätte erteilt werden müssen, auch unter Beachtung des Schutzzwecks der Strafvorschrift als dem Unwertgehalt der Tat entsprechender Sondervorteil lediglich die Ersparnis derjenigen Aufwendungen anzusehen, die für die Erteilung der Genehmigung hätten erbracht werden müssen. § 34 Abs. 1 Satz 1 AWG stellt das Ausführen (§ 4 Abs. 2 Nr. 4 AWG) oder Verbringen (§ 4 Abs. 2 Nr. 5 AWG) bestimmter Güter ohne Genehmigung unter Strafe. Die Vorschrift hat vor allem den Schutz des Allgemeinwohls im Blick, indem sie mit ihrer Strafdrohung den Genehmigungsvorbehalt im Außenwirtschaftsverkehr sicherstellt, mit dessen Hilfe der Staat den nach § 1 Abs. 1 Satz 1 AWG grundsätzlich freien Wirtschaftsverkehr mit dem Ausland aus übergeordneten Interessen des Gemeinwohls beschränken kann (Erbs/Kohlhaas/Diemer, Strafrechtliche Nebengesetze, § 1 Rn. 1, § 34 Rn. 4 [Stand: Januar 2009]). Der grundsätzlich freie Export ist nur insoweit genehmigungspflichtig, als er wegen überwiegender gesamtwirtschaftlicher Belange im Interesse der Sicherheit der Bundesrepublik Deutschland, ihrer auswärtigen Beziehungen und des friedlichen Zusammenlebens der Völker oder im Hinblick auf zwischenstaatliche Vereinbarungen der Kontrolle bedarf (BGH, Urteil vom 14. Dezember 1994 – 5 StR 210/94, BGHSt 40, 378, 384). Danach handelt es sich bei einem Verstoß gegen § 34 Abs. 1 Satz 1 Nr. 1 AWG, wenn die erforderliche Genehmigung vom BAFA zu erteilen gewesen wäre, nicht um eine primär gewinnorientierte Straftat, wie sie der Gesetzgeber im Rahmen der Regelung des § 73 StGB vor allem erfassen wollte (BGH, Urteil vom 21. August 2002 – 1 StR 115/02, BGHSt 47, 369, 373 f., 375). Auch unter präventiven Gesichtspunkten ist die Abschöpfung des Verkaufserlöses folglich bei einem Verstoß gegen § 34 Abs. 1 Satz 1 Nr. 1 AWG nicht angezeigt, wenn die Ausfuhr hätte genehmigt werden müssen; denn der Kern des strafbewehrten Tatunrechts liegt bei diesem rein formalen Verstoß gegen den Genehmigungsvorbehalt lediglich darin, dass die Angeklagte vor der Ausfuhr der Waren nicht die erforderliche Genehmigung eingeholt hat. Der Umstand, dass diese Genehmigung vom BAFA jeweils auf Antrag hätte erteilt werden müssen, belegt, dass der Abschluss der Veräußerungsgeschäfte sowie deren Erfüllung und die damit verbundene Ausfuhr aus dem Gemeinschaftsgebiet als solche den Prinzipien der Rechtsordnung gerade nicht widersprachen. Somit entfällt die Notwendigkeit, durch die Anordnung des Verfalls des gesamten Verkaufserlöses der verletzten Rechtsordnung wieder Geltung zu verschaffen. In diesem Punkt unterscheiden sich die Fälle der vorliegenden Art wesentlich von solchen, in denen gerade das Veräußerungsgeschäft als solches oder dessen Erfüllung den wesentlichen Gehalt des Tatunrechts bilden. Die Abschöpfung des gesamten Verkaufserlöses entspräche hier nicht spiegelbildlich dem bemakelten Vermögensvorteil, den der Täter oder Drittbeteiligte gerade aus der Tat gezogen hat.*

[20] (6) Somit ist entgegen der Auffassung des Landgerichts der Umstand, dass die Ausfuhren jeweils vom BAFA hätten genehmigt werden müssen, nicht erst bei der Prüfung von Belang, ob die Verfallsanordnung für den Betroffenen eine unbillige Härte nach § 73c Abs. 1 Satz 1 StGB darstellt (a.A. Münch-KommStGB/Joecks, § 73c Rn. 12; Franzheim, wistra 1989, 87, 90). Damit wird schließlich auch dem Gesichtspunkt der Gleichmäßigkeit der Rechtsanwendung besser Genüge getan. ...

8. Urheberrechtsgesetz (UrhG)

Bei einem **grenzüberschreitenden Verkauf** liegt ein **Verbreiten in Deutschland** gemäß § 17 UrhG schon dann vor, wenn ein Händler, der seine Werbung auf in Deutschland ansässige Kunden ausrichtet und ein spezifisches Lieferungssystem und spezifische Zahlungsmodalitäten schafft, für sie zur Verfügung stellt oder dies einem Dritten erlaubt und diese Kunden so in die Lage versetzt, sich Vervielfältigungen von Werken liefern zu lassen, die in Deutschland urheberrechtlich geschützt sind.[344] **340**

9. Gesetz über die Berufsordnung der Wirtschaftsprüfer (WPO)

Die Nichtbezahlung einer wegen einer **Berufspflichtverletzung** verhängten Geldbuße begründet regelmäßig keine gesondert zu ahndende Berufspflichtverletzung. Der Grundsatz der einheitlichen Pflichtverletzung im berufsgerichtlichen Verfahren gebietet die Einbeziehung erkennbar sachlich und zeitlich zusammenhängender Pflichtverletzungen in ein gerichtliches Verfahren. Nach berufsgerichtlicher Verurteilung hindert dies die spätere Ahndung so zusammenhängender Pflichtverletzungen in einem neuen Verfahren.[345] **341**

10. Aufenthaltsgesetz/Ausländergesetz

Eine **Einreise** gemäß § 95 Abs. 1 Nr. 3 AufenthG liegt nach der Regelung des § 13 Abs. 2 AufenthG erst dann vor, wenn der eine zugelassene Grenzübergangsstelle nutzende Ausländer die **Grenze überschritten** und die **Grenzübergangsstelle passiert** hat. Letzteres setzt das räumliche Verlassen der Kontrollstelle voraus.[346] **342**

[3] Nach den Feststellungen schloss sich der Angeklagte einer Organisation in Frankreich agierender tamilischer Schleuser an, die eine Vielzahl von Personen in Lastkraftwagen illegal von Frankreich nach Großbritannien verbrachten. Der Angeklagte beteiligte sich an den Schleusungen durch das Anwerben von Fahrern, für das er 500 € je Vermittlung erhielt. Im Fall II. 5 der Urteilsgründe fuhr ein vom Angeklagten angeworbener Fahrer mit einem am 6. April 2010 angemieteten Lastkraftwagen, auf dessen Ladefläche hinter einer Trennwand sich 16 Personen aus verschiedenen nichteuropäischen Ländern befanden, die nach England geschleust werden sollten, nach Ostende. Die zu schleusenden Personen wurden am 10. April 2012 in Ramsgate auf der Ladefläche entdeckt. Diese Sachverhaltsfeststellungen lassen die nicht fernliegende Möglichkeit offen, dass die im Fahrzeug versteckten Personen

---

344 BGH, Urteil vom 11.10.2012 – 1 StR 213/10.
345 BGH, Urteil vom 14.8.2012 – WpSt(R) 1/12.
346 BGH, Beschl. v. 1.8.2012 – 4 StR 226/12.

anlässlich der Grenzkontrolle im Fährhafen von Ramsgate festgestellt wurden. In diesem Fall wäre eine Zuwiderhandlung gegen Rechtsvorschriften über die Einreise von Ausländern nach Großbritannien, die im Sinne des § 96 Abs. 4 Nr. 1 AufenthG einer unerlaubten Einreise nach § 95 Abs. 1 Nr. 3 AufenthG entspricht, noch nicht gegeben. Denn eine Einreise gemäß § 95 Abs. 1 Nr. 3 AufenthG liegt nach der Regelung des § 13 Abs. 2 AufenthG erst dann vor, wenn der eine zugelassene Grenzübergangsstelle nutzende Ausländer die Grenze überschritten und die Grenzübergangsstelle passiert hat. Letzteres setzt das räumliche Verlassen der Kontrollstelle voraus (vgl. Gericke, MünchKomm-StGB, § 95 AufenthG Rdn. 41 m.w.N.). Wird die vom Täter unter Verwirklichung von Schleusermerkmalen geförderte unerlaubte Einreise nicht vollendet, kommt nur eine Strafbarkeit wegen versuchten Einschleusens in Betracht (vgl. BGH, Beschlüsse vom 6. Juni 2012 – 4 StR 144/12, Tz. 4; vom 12. September 2002 – 4 StR 163/02, NJW 2002, 3642, 3643; vom 5. September 2001 – 3 StR 174/01, NStZ 2002, 33, 34).

343 Dem Schuldspruch wegen gewerbs- und bandenmäßigen Einschleusens von Ausländern steht **nicht entgegen**, dass die **geschleusten Personen** zur Tatzeit **jeweils über Visa verfügten**, die formal die Einreise in den Schengenraum und den dortigen Aufenthalt erlaubten. Denn nach dem Gesetz zur Umsetzung aufenthalts- und asylrechtlicher Richtlinien der Europäischen Union vom 19. August 2007 (BGBl. I S. 1970, 1988) steht für die Tatbestände nach § 95 Abs. 1 Nr. 2 und 3 AufenthG einem Handeln ohne erforderlichen Aufenthaltstitel ein Handeln aufgrund eines durch falsche Angaben erschlichenen Aufenthaltstitels gleich.[347]

Der Schuldspruch wegen gewerbs- und bandenmäßigen Einschleusens von Ausländern (§ 97 Abs. 2 i.V.m. § 96 Abs. 1 Nr. 1 lit. a und b i.V.m. § 95 Abs. 1 Nr. 3 und § 96 Abs. 1 Nr. 2 i.V.m. § 95 Abs. 1 Nr. 2 AufenthG) wird von den Feststellungen getragen. Entgegen vormaliger Rechtslage (hierzu BGH, Urteil vom 27. April 2005 – 2 StR 457/04, BGHSt 50, 105) schadet es dabei nicht, dass die geschleusten Personen zur Tatzeit jeweils über Visa verfügten, die formal die Einreise in den Schengenraum und den dortigen Aufenthalt erlaubten. Denn nach dem durch Gesetz zur Umsetzung aufenthalts- und asylrechtlicher Richtlinien der Europäischen Union vom 19. August 2007 (BGBl. I S. 1970, 1988) eingeführten § 95 Abs. 6 AufenthG steht für die Tatbestände nach § 95 Abs. 1 Nr. 2 und 3 AufenthG einem Handeln ohne erforderlichen Aufenthaltstitel ein Handeln aufgrund eines durch falsche Angaben erschlichenen Aufenthaltstitels gleich.

*[**11**] a) Die Voraussetzungen des § 95 Abs. 6 AufenthG sind erfüllt. Die zu schleusenden Personen gaben – unterstützt durch im angefochtenen Urteil teils benannte Bandenmitglieder – gegenüber den Amtsträgern der ungarischen Botschaft in Vietnam bewusst wahrheitswidrig vor, zu touristischen Zwecken bzw. zum Zweck des Beerenpfückens in Schweden für einen Kurzaufenthalt in den Schengenraum einreisen zu wollen (vgl. Art. 21 der nach deren Art. 58 Abs. 2 ab dem 5. April 2010 geltenden Verordnung [EG] Nr. 810/2009 des Europäischen Parlaments und des Rates vom 13. Juli 2009 über einen Visakodex der Gemeinschaft, ABl. L 243 vom 15. September 2009, S. 1 – Visakodex – i.V.m. Art. 5 Abs. 1 lit. a, c, d und e der Verordnung [EG] Nr. 562/2006 des Europäischen Parlaments und des Rates vom 15. März 2006 über einen Gemeinschaftskodex für das Überschreiten der Grenzen*

347 BGH, Beschluss vom 24.5.2012 – 5 StR 567/11.

durch Personen, ABl. L 105 vom 13. April 2006, S. 1 – Schengener Grenzkodex –). Demgegenüber hatten sie von Anfang an die Absicht, dauerhaft in Deutschland zu bleiben, was der Erteilung der Visa zwingend entgegenstand (vgl. Art. 21 Abs. 1 Visakodex, Art. 5 Abs. 1 lit. e Schengener Grenzkodex; Renner, Ausländerrecht, 9. Aufl., § 6 Rn. 22). Nur aufgrund der Fehlvorstellung der Amtsträger über den wahren Zweck der Reisen wurden die Visa nach den Feststellungen erteilt. Soweit das Landgericht die Festnahme eines Angehörigen der ungarischen Botschaft erwähnt (UA S. 9), steht dies den Feststellungen zu Irrtümern der maßgebenden Funktionsträger nicht entgegen. Im Übrigen wären andernfalls Fälle der Kollusion nach § 95 Abs. 6 AufenthG gegeben, die zu demselben Ergebnis führen würden.

[12] Für die Annahme deutscher Strafgewalt irrelevant ist, dass sich die Vorgänge zum Erschleichen der Visa im Ausland abgespielt haben. Das gilt schon deswegen, weil es sich bei § 95 Abs. 6 AufenthG nicht um einen eigenständigen Straftatbestand, sondern um eine Gleichstellungsklausel in Bezug auf das in § 95 Abs. 1 Nr. 2, 3 AufenthG normierte (negative) Tatbestandsmerkmal des Fehlens eines erforderlichen Aufenthaltstitels handelt (vgl. Wohlers JZ 2001, 850, 853 f.; a.M. wohl Stoppa in Huber, Aufenthaltsgesetz, 2010, § 95 Rn. 368 ff.; Schott, Einschleusen von Ausländern, 2. Aufl., S. 280 ff.).

[13] b) § 95 Abs. 6 AufenthG stellt für die Fälle des unerlaubten Aufenthalts und der unerlaubten Einreise (§ 95 Abs. 1 Nr. 2, 3 AufenthG) ein Handeln aufgrund eines solchermaßen erlangten Aufenthaltstitels einem Handeln ohne den erforderlichen Aufenthaltstitel gleich. Die Vorschrift bewirkt in den relevanten Fällen trotz Vorhandensein eines verwaltungsrechtlich formell bestandskräftigen Aufenthaltstitels eine Strafbarkeit nach § 95 Abs. 1 Nr. 2 und 3 AufenthG, die ihrerseits den Anknüpfungspunkt für die „Schleusungstatbestände" nach §§ 96, 97 AufenthG bilden können (aM Schott, aaO, S. 283 f.).

[14] aa) Dass der Gesetzgeber diese Rechtsfolge herbeiführen wollte, unterliegt keinem Zweifel. Unter anderem mit der Einführung des § 95 Abs. 6 AufenthG reagierte er auf das Urteil des Bundesgerichtshofs vom 27. April 2005 (BGHSt aaO). Darin wurde entschieden, dass ausländerrechtlichen Erlaubnissen für die verwaltungsakzessorischen Straftatbestände des Aufenthaltsgesetzes Tatbestandswirkung zukommt, weswegen rechtsmissbräuchlich erlangte, jedoch formell wirksame Einreise- oder Aufenthaltsgenehmigungen (Visa) die Strafbarkeit wegen illegaler Einreise und illegalen Aufenthalts (§ 95 Abs. 1 Nr. 2 und 3, auch i.V.m. § 96 Abs. 1 AufenthG) ausschließen (BGHSt aaO, S. 110 ff.). Der Behebung von Strafbarkeitslücken aufgrund dieser Entscheidung dienten verschiedene im genannten Gesetz enthaltene Maßnahmen (hierzu Regierungsentwurf, BT-Drucks. 16/5065 S. 164, 182 f., 199). Mit dem an § 330d Nr. 5 StGB angelehnten § 95 Abs. 6 AufenthG wollte der Gesetzgeber sämtliche Fälle erfassen, „in denen die strafbefreiende Genehmigung auf unlautere Weise erlangt worden ist" (BT-Drucks. 16/5065 S. 199; vgl. hierzu auch den diesbezüglichen Hinweis in BGHSt aaO, S. 115).

[15] bb) In § 95 Abs. 6 AufenthG hat der gesetzgeberische Wille auch unter dem Blickwinkel des strafrechtlichen Bestimmtheitsgebots (Art. 103 Abs. 2 GG) hinreichenden Niederschlag gefunden. Für die illegale Einreise erscheint dies eindeutig und wird im Schrifttum soweit ersichtlich auch nicht bestritten (vgl. MünchKomm-StGB/Gericke, 1. Aufl., § 95 AufenthG Rn. 107). Gleiches gilt indessen entgegen vereinzelten Stimmen in der Literatur (Gericke, aaO, § 95 AufenthG Rn. 28; Schott, aaO, S. 282 f.) auch in Bezug auf § 95 Abs. 1 Nr. 2 AufenthG (so im Ergebnis der Großteil des Schrifttums, vgl. Senge in Erbs/Kohlhaas, Strafrechtliche

Nebengesetze, Stand April 2010, § 95 AufenthG Rn. 11a; Dienelt in Renner, Ausländerrecht, 9. Aufl., § 95 AufenthG Rn. 22; Mosbacher in GK/AufenthG, Stand Juli 2008, § 95 Rn. 57; Hailbronner, Ausländerrecht, Stand Oktober 2010, § 95 AufenthG Rn. 110; Brocke, NStZ 2009, 546, 548).

[16] Allerdings ersetzt § 95 Abs. 6 AufenthG ausdrücklich nur das Fehlen des erforderlichen Aufenthaltstitels und erwähnt die weitere in § 95 Abs. 1 Nr. 2 AufenthG enthaltene Voraussetzung einer vollziehbaren Ausreisepflicht nicht. Der Umstand, dass ein formell bestandskräftiger Aufenthaltstitel grundsätzlich eine vollziehbare Ausreisepflicht hindert, führt indessen nicht dazu, dass die ausdrücklich auch auf § 95 Abs. 1 Nr. 2 AufenthG zielende Regelung des § 95 Abs. 6 AufenthG „fehlgeschlagen" ist (so Gericke, aaO; Schott, aaO). Aus der Gleichstellung des Handelns auf Grund eines erschlichenen Aufenthaltstitels mit dem Handeln ohne Aufenthaltstitel folgt vielmehr auch, dass im Rahmen der Strafvorschriften des § 95 Abs. 1 Nr. 2 und 3 AufenthG die mit einem erschlichenen Aufenthaltstitel erfolgte Einreise als unerlaubt und die Ausreisepflicht somit als vollziehbar anzusehen ist (vgl. § 58 Abs. 2 Nr. 1 AufenthG). Ausdrücklicher Erwähnung im Gesetzestext bedarf dies nicht zwingend.

344 Durch § 96 Abs. 1 Nr. 1 AufenthG in der Tatbestandsalternative des Hilfeleistens werden sonst nur nach den allgemeinen Regeln (§ 27 StGB) strafbare **Beihilfehandlungen** zu Taten nach § 95 Abs. 1 Nr. 3 oder Abs. 2 Nr. 1 AufenthG zu **selbstständigen, in Täterschaft (§ 25 StGB) begangenen Straftaten heraufgestuft,** wenn der Gehilfe zugleich eines der in § 96 Abs. 1 Nr. 1 AufenthG genannten Schleusermerkmale erfüllt.[348]

[3] 1. Durch § 96 Abs. 1 Nr. 1 AufenthG in der Tatbestandsalternative des Hilfeleistens werden sonst nur nach den allgemeinen Regeln (§ 27 StGB) strafbare Beihilfehandlungen zu Taten nach § 95 Abs. 1 Nr. 3 oder Abs. 2 Nr. 1 AufenthG zu selbstständigen, in Täterschaft (§ 25 StGB) begangenen Straftaten heraufgestuft, wenn der Gehilfe zugleich eines der in § 96 Abs. 1 Nr. 1 AufenthG unter den Buchstaben a) oder b) genannten Schleusermerkmale erfüllt (vgl. BGH, Urteil vom 15. November 2006 – 2 StR 157/06, NStZ 2007, 289, 290; Urteil vom 11. Juli 2003 – 2 StR 31/03, NStZ 2004, 45; Urteil vom 25. März 1999 – 1 StR 344/98, NStZ 1999, 409; GK-AufenthG/Mosbacher, § 96 Rn. 1; Schott, Einschleusen von Ausländern, S. 175 f., 209). Als ein (täterschaftliches) Hilfeleisten im Sinne dieser Vorschrift kommen deshalb grundsätzlich alle Handlungen in Betracht, die nach § 27 StGB und den zu dieser Vorschrift entwickelten Grundsätzen als Beihilfe zu der jeweiligen Bezugstat erfasst werden (BGH, Urteil vom 27. April 2005 – 2 StR 457/04, NJW 2005, 2095, 2099; BayObLG, Beschluss vom 20. Dezember 2004 – 4 St RR 184/04, BayObLGSt 2004, 154, 158; GK-AufenthG/Mosbacher, § 96 Rn. 5; MüKo-StGB/Gericke, § 96 AufenthG Rn. 10; Renner, AuslR, 9. Aufl., § 96 AufenthG Rn. 6). Geht es – wie hier – um die Unterstützung der unerlaubten Einreise eines oder mehrerer Ausländer gemäß § 95 Abs. 1 Nr. 3 AufenthG, fällt damit jede Handlung unter den Tatbestand des § 96 Abs. 1 Nr. 1 AufenthG, die den unerlaubten Grenzübertritt eines Ausländers in irgendeiner Weise objektiv fördert (BGH, Urteil vom 27. April 2005 – 2 StR 457/04, NJW 2005, 2095, 2099; Urteil vom 26. Mai 1999 – 3 StR 570/98, BGHSt 45, 103, 105; Steiner in Minthe, Illegale

[348] BGH, Beschluss vom 6.6.2012 – 4 StR 144/12.

Migration und Schleusungskriminalität, S. 141, 144 ff.; Schott, Einschleusen von Ausländern, S. 174 ff. jeweils mit vielen Beispielen). Dabei muss die Hilfeleistung nicht unmittelbar zum Grenzübertritt geleistet werden. Schon eine Unterstützung im Vorfeld der Einreise (z.B. Beschaffung und Weiterleitung von Informationen zum Grenzübertritt, Organisation von Reisemöglichkeiten, Beschaffung von gefälschten Reisedokumenten, Anwerbung von Transithelfern) ist ausreichend, wenn sie den Grenzübertritt ermöglicht oder erleichtert (BGH, Urteil vom 27. April 2005 – 2 StR 457/04, NJW 2005, 2095, 2099 m.w.N.). Nach den Grundsätzen zur sog. Kettenbeihilfe (vgl. BGH, Urteil vom 8. März 2001 – 4 StR 453/00, NJW 2001, 2409, 2410; Heine in Schönke/Schröder, 28. Aufl., § 28 Rn. 18 m.w.N.), die an dieser Stelle ebenfalls Anwendung finden (vgl. BGH, Urteil vom 25. März 1999 – 1 StR 344/98, NStZ 1999, 409, 410), kann ein täterschaftliches Hilfeleisten im Sinne des § 96 Abs. 1 Nr. 1 AufenthG auch dann gegeben sein, wenn sich die Unterstützungshandlung auf die Förderung der Hilfeleistung eines anderen Schleusers (§ 96 Abs. 1 Nr. 1 AufenthG) oder Gehilfen (§ 95 Abs. 1 Nr. 3 AufenthG, § 27 StGB) beschränkt.

[4] Findet die unerlaubte Einreise nicht statt oder wird sie nur versucht, kommt beim mit Schleusermerkmalen handelnden Unterstützer eine Strafbarkeit wegen versuchten Hilfeleistens nach § 96 Abs. 1 Nr. 1, Abs. 3 AufenthG in Betracht (BGH, Beschluss vom 12. September 2002 – 4 StR 163/02, NJW 2002, 3642, 3643). Dabei gelten die allgemein zur Versuchsstrafbarkeit entwickelten Grundsätze (§§ 22 ff. StGB). Für die Prüfung des unmittelbaren Ansetzens kann ergänzend die Rechtsprechung zur versuchten Anstiftung nach § 30 Abs. 1 StGB herangezogen werden (vgl. BGH, Urteil vom 25. März 1999 – 1 StR 344/98, NStZ 1999, 409 f.; Schott, Einschleusen von Ausländern, S. 229; MüKoStGB/Gericke, § 96 AufenthG Rn. 39). Daher beginnt die Strafbarkeit wegen versuchten Hilfeleistens nach § 96 Abs. 1 Nr. 1, Abs. 3 AufenthG, wenn der Täter eine Handlung vornimmt, mit der er nach seiner Vorstellung von der Tat unmittelbar zu einer Förderung der präsumtiven Bezugstat – hier der unerlaubten Einreise nach § 95 Abs. 1 Nr. 3 AufenthG – ansetzt. Angesichts der Vielzahl denkbarer Sachverhaltsgestaltungen, die dem Begriff des Hilfeleistens unterfallen, bedarf das Kriterium der Unmittelbarkeit dabei regelmäßig einer wertenden Konkretisierung im Einzelfall (vgl. BGH, Urteil vom 9. März 2006 – 3 StR 28/06, NStZ 2006, 331 f.). Maßgebend ist, wie der Bundesgerichtshof zur versuchten Gefangenenbefreiung in der hier vergleichbaren Alternative des Förderns gemäß § 120 Abs. 1 Alt. 3, Abs. 3 StGB entschieden hat, wie weit sich der Täter bereits dem von ihm anvisierten Unterstützungserfolg angenähert und durch sein Handeln eine Gefahr für das betroffene Rechtsgut begründet hat (vgl. BGH, Urteil vom 25. Oktober 1955 – 2 StR 282/55, BGHSt 9, 62, 64; MüKoStGB/Bosch, 2. Aufl., § 120 Rn. 37; LK/Rosenau, 12. Aufl., § 120 Rn. 68). Darauf, ob auch die Bezugstat in das Versuchsstadium eingetreten ist, kommt es dagegen nicht an (BGH, Beschluss vom 26. März 2012 – 5 StR 86/12 m.w.N.).

11. Gewaltschutzgesetz (GewSchG)

Bei einer Verurteilung nach § 4 S. 1 GewSchG bedarf es der Feststellung, dass eine **vollstreckbare Anordnung** vorlag, also der Beschluss dem Angeklagten wirksam zugestellt worden ist.[349] **345**

[349] BGH, Beschluss vom 10.5.2012 – 4 StR 122/12.

D. Strafprozessordnung

I. Grundsätzliches

1. Überblick

Die seit dem Juristentag 2010 in Berlin wieder aufgeflammte Diskussion um die Regelungen für eine **Verständigung im Strafverfahren** hat auch im Berichtszeitraum 2012 nicht nachgelassen, dürfte sich aber endgültig beruhigen, wenn das BVerfG seine für Anfang des Jahres 2013 angekündigte Entscheidung hierzu bekanntgeben wird. Zwischenzeitlich hat die Rechtsprechung des BGH weitere Klärungen zu einzelnen Rechtsfragen erbracht.[350] 346

Hinsichtlich der weiter offenen Frage einer gesetzlichen Neuregelung zur **Vorratsdatenspeicherung** ist derzeit trotz der von der Europäischen Kommission eingereichten **Klage vor dem Europäischen Gerichtshof** keine Bewegung in den politischen Gesprächen der Regierungskoalition zu verspüren. Demgegenüber hat das **BVerfG** durch Beschluss vom 24.1.2012 verschiedene **Regelungen des Telekommunikationsgesetzes zur Speicherung und Verwendung von Telekommunikationsdaten,** insbesondere die Verpflichtung zur Auskunft von dynamischen IP-Nummern, für teilweise verfassungswidrig erklärt und den Gesetzgeber aufgefordert, bis zum 30.6.2013 eine gesetzliche Neuregelung vorzunehmen.[351] 347

2. Ausblick

Für Fragen des Strafprozessrechts dürfte das Jahr 2013 unter Berücksichtigung der anstehenden Bundestagsneuwahlen keine spektakulären Reformen mit sich bringen. Dies dürfte auch für die Frage einer Regelung der Vorratsdatenspeicherung oder der Einführung der Online-Durchsuchung gelten. 348

---

[350] Vgl. hierzu Rn. 413 ff.

[351] BVerfG, Beschluss vom 24.1.2012 – 1 BvR 1299/05.

II. Neuere höchstrichterliche Rechtsprechung zu Einzelfragen des Verfahrensrechts

1. Ausschließung vom Richteramt, Befangenheit – §§ 22 ff. StPO

349 Um **Misstrauen in die Unparteilichkeit eines Richters** zu rechtfertigen, genügt nicht das rein subjektive Empfinden des Antragstellers; dieses muss vielmehr **in objektivierbaren Umständen begründet** sein. Die Ablehnung eines Richters nach § 24 Abs. 2 StPO ist daher nur dann gerechtfertigt, wenn der Ablehnende bei verständiger Würdigung des ihm bekannten Sachverhalts Grund zu der Annahme hat, der Richter nehme ihm gegenüber eine innere Haltung ein, die seine erforderliche Neutralität, Distanz und Unparteilichkeit störend beeinflussen kann. Daran fehlt es vorliegend. Die **Vorbefassung eines Richters** mit dem Verfahrensgegenstand ist für sich **allein nie ein Ablehnungsgrund.** Ein allein darauf gestützter Ablehnungsantrag ist daher schon unzulässig nach § 26a Abs. 1 Nr. 2 StPO.[352]

[3] Die Befangenheitsanträge sind jedenfalls unbegründet. Es liegen keine Gründe vor, die geeignet sind, Misstrauen in die Unparteilichkeit des Vorsitzenden Richters am Bundesgerichtshof Nack und der Richter am Bundesgerichtshof Rothfuß, Hebenstreit und Dr. Graf zu rechtfertigen.

[4] Denn hierfür genügt nicht das rein subjektive Empfinden des Antragstellers, dieses muss vielmehr gerechtfertigt, also in objektivierbaren Umständen begründet sein. Die Ablehnung eines Richters nach § 24 Abs. 2 StPO ist daher nur dann gerechtfertigt, wenn der Ablehnende bei verständiger Würdigung des ihm bekannten Sachverhalts Grund zu der Annahme hat, der Richter nehme ihm gegenüber eine innere Haltung ein, die seine erforderliche Neutralität, Distanz und Unparteilichkeit störend beeinflussen kann (BVerfG, Beschluss vom 8. Februar 1967 – 2 BvR 235/64, BVerfGE 21, 139, 146; BGH, Urteil vom 9. Februar 1951 – 3 StR 48/50, BGHSt 1, 34, 39; BGH, Beschluss vom 18. November 2008 – 1 StR 541/08, NStZ-RR 2009, 85 f.). Daran fehlt es vorliegend.

[5] Der unsubstantiierte Vortrag des Antragstellers legt solche objektivierbaren Umstände für die Befürchtung der Befangenheit nicht dar.

[6] Die Vorbefassung eines Richters mit dem Verfahrensgegenstand ist für sich allein nie ein Ablehnungsgrund, da der vernünftige Angeklagte davon ausgehen kann, dass der Richter auch dann unvoreingenommen an die Sache herantritt, wenn er sich schon früher über den Sachverhalt ein Urteil gebildet hat (BVerfG, Beschluss vom 26. Januar 1971 – 2 BvR 443/69, BVerfGE 30, 149, 153; BGH, Beschluss vom 18. November 2008 – 1 StR 541/08, NStZ-RR 2009, 85 f.). Dies gilt auch für den Revisionsrichter (BGH, Beschluss vom 18. November 2009 – 1 StR 541/08, NStZ-RR 2009, 85). Ein allein auf den Umstand der Vorbefassung gestützter Ab-

---

352 BGH, Beschluss vom 7.8.2012 – 1 StR 212/12.

lehnungsantrag ist daher schon unzulässig nach § 26a Abs. 1 Nr. 2 StPO (BGH, Beschluss vom 10. August 2005 – 5 StR 180/05, BGHSt 50, 216, 221).

[7] Zwar trägt der Antragsteller darüber hinausgehend vor, erst die konkrete Art und Weise der Vorbefassung belege die Voreingenommenheit der Richter. Besondere Umstände, die auch für einen verständigen Antragsteller eine solche Besorgnis rechtfertigten (vgl. hierzu BGH, Beschluss vom 18. November 2009 – 1 StR 541/08, NStZ-RR 2009, 85; BGH, Urteil vom 30. Juni 2010 – 2 StR 455/09, NStZ 2011, 44), sind aber weder vorgetragen noch sonst ersichtlich.

[8] Der Vorwurf einer „vermuteten" Straftat und des damit verbundenen Schädigungsvorsatzes der abgelehnten Richter zu Lasten des Antragstellers entbehrt jeder Tatsachengrundlage. Diesen Vorwurf konkretisierende Umstände enthält auch der Ablehnungsantrag nicht.

TOPENTSCHEIDUNG ■

Etwaige **Spannungen zwischen** einem **Richter** und einem **bestimmten Staatsanwalt** **350**
begründen ebenso wenig ohne weiteres ein Misstrauen der Staatsanwaltschaft gegen die Unparteilichkeit des Richters wie Spannungen zwischen einem Richter und einem Verteidiger oder einem Sachverständigen zu berechtigtem Misstrauen des Angeklagten Anlass geben. So wie ein zunächst berechtigtes Misstrauen eines Verfahrensbeteiligten gegen die Unbefangenheit eines Richters durch dessen ihm bekannt gemachte dienstliche Äußerung ausgeräumt werden kann mit dem Ergebnis, dass eine auf § 338 Nr. 3 StPO gestützte Rüge erfolglos bleibt, kann eine solche Stellungnahme dazu führen, dass einem schon durch frühere Einzelumstände genährten Misstrauen des Ablehnenden gegen den abgelehnten Richter die Berechtigung nicht mehr abzusprechen ist.[353]

[8] Mit Beschluss vom 1. März 2011 wies die Kammer – ohne Mitwirkung des Vorsitzenden – das Ablehnungsgesuch als unbegründet zurück.

[9] 2. Der Rüge bleibt der Erfolg nicht versagt. Aus Sicht der Staatsanwaltschaft lag bei objektiver Beurteilung ein Grund vor, der geeignet war, Misstrauen gegen die Unparteilichkeit des abgelehnten Richters zu rechtfertigen (§ 24 Abs. 2 StPO).

[10] a) Der Senat hat entgegen der Ansicht der Revision eine ausreichende Beurteilungsgrundlage für die Prüfung, ob das Ablehnungsgesuch sachlich gerechtfertigt war, auch wenn der das Gesuch zurückweisende Beschluss den Verlauf der Besprechung am 1. Oktober 2010 nicht mitteilt. Weil die Rüge im Revisionsverfahren nach Beschwerdegesichtspunkten zu behandeln ist, kann der Senat die im ersten Rechtszug vorgebrachten und glaubhaft gemachten Ablehnungsgründe in tatsächlicher Hinsicht würdigen und prüfen, ohne auf eine rechtliche Nachprüfung des tatrichterlichen Verwerfungsbeschlusses beschränkt zu sein (BGH, Urteil vom 26. Mai 1970 – 1 StR 132/70, BGHSt 23, 265, 266). Hierzu sind in den Ablehnungsgesuchen die für diese maßgeblichen Tatsachen hinreichend dargelegt.

[11] Da der abgelehnte Richter sich über die Ablehnungsgründe dienstlich geäußert hat (§ 26 Abs. 3 StPO) und dienstliche Erklärungen der an der Besprechung teilnehmenden Staatsanwälte sowie die Stellungnahme eines Verteidigers vorliegen, bedarf hier keiner Entscheidung, inwieweit das Revisionsgericht das Urteil aufheben oder

---

[353] BGH, Urteil vom 18.12.2012 – 3 StR 208/12.

Ermittlungen im Freibeweisverfahren anstellen muss, wenn es aufgrund von Versäumnissen des Tatgerichts mangels ausreichender tatsächlicher Beurteilungsgrundlagen die Begründetheit des Ablehnungsgesuchs nicht ohne Weiteres prüfen kann (vgl. einerseits BGH, Urteil vom 16. Dezember 1969 – 5 StR 468/69, BGHSt 23, 200, 203; Meyer-Goßner, StPO, 55. Aufl., § 338 Rn. 27; KK-Kuckein, StPO, 6. Aufl., § 338 Rn. 63; andererseits LK/Hanack, StPO, 25. Aufl., § 338 Rn. 64). Eine solche Sachlage ist hier nicht gegeben.

[12] b) In der Sache bestand für die Staatsanwaltschaft bei vernünftiger Würdigung aller Umstände begründeter Anlass zu der Sorge, der Vorsitzende nehme eine innere Haltung ein, die seine Neutralität, Distanz und Unparteilichkeit gegenüber den Verfahrensbeteiligten störend beeinflusst (vgl. Meyer-Goßner, StPO, 55. Aufl., § 24 Rn. 8 m.w.N.).

[13] aa) Die Besorgnis einer Voreingenommenheit des Vorsitzenden war allerdings nicht schon deswegen begründet, weil dieser in der Besprechung vom 1. Oktober 2010 nachdrücklich verlangte, die vom Oberstaatsanwalt zitierte Entscheidung des Oberlandesgerichts zu sehen. Hierin konnte der Wunsch zum Ausdruck kommen, den Beschluss und dessen Argumentation zur Kenntnis nehmen zu können und so die Gelegenheit zu erhalten, sich mit den – dem Richter zu dem Zeitpunkt nicht präsenten – Argumenten der oberlandesgerichtlichen Entscheidung auseinanderzusetzen. Jedenfalls lässt sich dem Geschehen nicht entnehmen, dass der Vorsitzende sich in der Sache bereits eine abschließende Meinung gebildet hatte oder dass es ihm „ausschließlich um die Bloßstellung des Vertreters der Staatsanwaltschaft" ging. Zwar kann die insistierende, sachlich nicht veranlasste Aufforderung durchaus als Unmutsäußerung gegenüber dem Oberstaatsanwalt verstanden werden. Jedoch deutet dieser Unmut eher auf eine spontane Verärgerung darüber, dass der Beschluss nicht vorlag, als auf eine grundsätzliche Voreingenommenheit des Vorsitzenden in der Sache hin.

[14] bb) Gleiches gilt – bei isolierter Betrachtung – auch für den Umstand, dass sich der Vorsitzende kurze Zeit später entfernte. Dies ergibt für sich ebenfalls noch nicht, dass er sich in der Sache den Argumenten der Staatsanwaltschaft entziehen und deren Verfahrensrechte beschränken wollte. Zum einen bestand in der konkreten Lage keine Möglichkeit, die angesprochene Sichtweise des Oberlandesgerichts näher zu erörtern, weil der entsprechende Beschluss nicht vorlag. Zum anderen handelte es sich lediglich um ein Vorgespräch zur weiteren Gestaltung des Verfahrens.

[15] Dass das Verhalten des Vorsitzenden in der Besprechung – wie von ihm letztlich selbst in der dienstlichen Äußerung eingeräumt – nicht den üblichen Umgangsformen entsprach, lässt bei ruhiger Prüfung der Sachlage noch nicht auf eine inhaltliche Vorfestlegung schließen. Dies gilt zumal vor dem zu berücksichtigenden Gesamtzusammenhang (vgl. etwa BGH, Beschluss vom 14. Januar 2000 – 3 StR 106/99, NStZ 2000, 325) und der Tatsache, dass Oberstaatsanwalt E. – aus seiner Sicht allerdings nachvollziehbar – das Vorgehen des Vorsitzenden als „Unverschämtheit" bezeichnet hatte, bevor dieser den Raum verließ.

[16] Im Übrigen begründen etwaige Spannungen zwischen einem Richter und einem bestimmten Staatsanwalt ebenso wenig ohne weiteres Misstrauen der Staatsanwaltschaft gegen die Unparteilichkeit des Richters wie Spannungen zwischen einem Richter und einem Verteidiger oder einem Sachverständigen zu berechtigtem Misstrauen des Angeklagten (vgl. etwa BGH, Beschlüsse vom 8. Juni 2005 – 2 StR 118/05, BGHR StPO § 24 Abs. 2 Befangenheit 15; vom 4. März 1993 – 1 StR 895/92, BGHR StPO § 24 Abs. 2 Befangenheit 8; Urteil vom 12. Februar 1998 –

1 StR 588/97, NJW 1998, 2458, 2459, in BGHSt 44, 26 insoweit nicht abgedruckt) führen. Allen Fällen ist gemeinsam, dass regelmäßig Belastungen auf persönlicher Ebene – jedenfalls soweit es nicht um den Angeklagten selbst geht – nicht allgemein Rückschlüsse auf eine Voreingenommenheit in der Sache zulassen, falls keine besonderen Umstände hinzutreten. Daher rechtfertigen die gegen einen bestimmten Oberstaatsanwalt gerichteten Vorbehalte des Vorsitzenden, wie sie in seiner dienstlichen Äußerung zum ersten Befangenheitsgesuch deutlich geworden sind, allein nicht die Besorgnis der Befangenheit.

[17] cc) Eine solche Besorgnis ergibt sich letztlich auch nicht allein daraus, dass der Vorsitzende die Beweislage zur subjektiven Tatseite anders einschätzte als die Staatsanwaltschaft. Eine bereits erfolgte Festlegung auf ein bestimmtes Beweisergebnis ist seinen Äußerungen nicht zu entnehmen; eine vorläufige Bewertung ist grundsätzlich nicht zu beanstanden (vgl. BGH, Urteil vom 14. April 2011 – 4 StR 571/10, NStZ 2011, 590, 591 m.w.N.).

[18] dd) Es kann dahinstehen, ob die vorgenannten Umstände – zumindest in ihrer Gesamtheit – zu einer berechtigten Besorgnis der Staatsanwaltschaft führten, der Vorsitzende sei befangen (vgl. BGH, Beschluss vom 10. Januar 2012 – 3 StR 400/11, StraFo 2012, 134, 136); jedenfalls in Verbindung mit der Stellungnahme, die der Vorsitzende zu dem zweiten Befangenheitsgesuch abgegeben hat, ist diese Besorgnis gegeben.

[19] So wie ein zunächst berechtigtes Misstrauen eines Verfahrensbeteiligten gegen die Unbefangenheit eines Richters durch dessen ihm bekannt gemachte dienstliche Äußerung ausgeräumt werden kann mit dem Ergebnis, dass eine auf § 338 Nr. 3 StPO gestützte Rüge erfolglos bleibt (vgl. BGH, Beschlüsse vom 18. Dezember 2007 – 1 StR 301/07, NStZ 2008, 229; vom 22. September 2008 – 1 StR 323/08, NStZ 2009, 159, 160; vom 4. März 2009 – 1 StR 27/09, NStZ 2009, 701 und vom 5. Oktober 2010 – 3 StR 287/10, StV 2011, 72), kann eine solche Stellungnahme dazu führen, dass einem schon durch frühere Einzelumstände genährten Misstrauen des Ablehnenden gegen den abgelehnten Richter die Berechtigung nicht mehr abzusprechen ist. Dies gilt jedenfalls dann, wenn der Inhalt der Stellungnahme in einem unmittelbaren inneren Zusammenhang mit den bereits geltend gemachten Ablehnungsgründen steht und nicht einen davon deutlich abgehobenen neuen Anknüpfungspunkt für die Besorgnis fehlender Unparteilichkeit liefert, der nur durch ein hierauf bezogenes neues Ablehnungsgesuch verfahrensrechtlich zur Geltung gebracht werden könnte.

[20] In der Stellungnahme des Vorsitzenden wird der Vorwurf erhoben, die Staatsanwaltschaft sei ihrer Aufgabe, den Sachverhalt zu erforschen, nicht gerecht geworden, und habe einseitig ermittelt, ohne ihr Aufklärungsbemühen auch auf die Angeklagten entlastende Umstände zu erstrecken. Dies wird durch die in hohem Maße unsachliche Bemerkung verschärft, die Staatsanwaltschaft erwecke den Eindruck, sie mache sich zum Sprachrohr der Deutschen Bahn AG, was letztlich nichts anderes bedeutet, als dass sich die Staatsanwaltschaft von einem am Verfahren nicht beteiligten, aber an dessen Ausgang interessierten Dritten für dessen Zwecke habe instrumentalisieren lassen. Damit verstärkte der Vorsitzende die schon in seinem vorangegangenen Verhalten angedeuteten Vorbehalte gegen die Tätigkeit der Anklagebehörde in einer Weise, die zumindest jetzt aus deren Sicht bei objektiver Betrachtung die Besorgnis begründete, er werde das Verfahren nicht unparteilich führen und in der Sache nicht mehr unbefangen entscheiden.

■ **PRAXISBEDEUTUNG**

Die vorliegende Entscheidung befasst sich ungewöhnlich ausführlich mit der Frage, wann auch im Verhältnis zum Staatsanwalt Befangenheit eines Richters gegeben sein kann. Jedoch lassen sich hieraus auch wichtige Grundsätze im Verhältnis zum Verteidiger feststellen, gerade wenn es um Äußerungen im (Vor)Verfahren einer möglichen Verständigung geht.

351 Der zur Entscheidung über ein Ablehnungsgesuch berufene Spruchkörper darf bei seiner Entscheidung nur **diejenigen Gründe berücksichtigen,** die in dem Antrag **innerhalb des von § 25 StPO vorgegebenen zeitlichen Rahmens** geltend gemacht worden sind.

Neue oder **bessere Rechtserkenntnis** kann für sich **eine Befangenheit nicht** begründen.[354]

[7] 1. Der Ablehnungsantrag gegen Vorsitzenden Richter am Bundesgerichtshof Dr. E. ist unzulässig.

[8] Die vom Antragsteller besorgte Befangenheit des abgelehnten Richters bezieht sich, wie sich aus der Antragsbegründung und dem zeitlichen Ablauf der von ihm eingereichten Schriftsätze ergibt, auf die anstehende Sachentscheidung des Bundesgerichtshofs, also auf die „Entscheidungsfindung" über die Revision des Angeklagten. An dieser Entscheidung wird Vorsitzender Richter am Bundesgerichtshof Dr. E. infolge Eintritts in den Ruhestand, der mit Ablauf des 30. Juni 2012 erfolgt ist, nicht mitwirken; insofern besteht auch kein berechtigtes fortwirkendes Interesse an der sachlichen Verbescheidung des Antrags.

[9] Die Unzulässigkeit kann auch der nach § 27 StPO zur Entscheidung berufene Spruchkörper feststellen (BGH, Beschluss vom 9. Juni 2009 – 4 StR 461/08; KK-Fischer, StPO, 6. Aufl., § 27 Rn. 5, 14; Meyer-Goßner, StPO, 55. Aufl., § 27 Rn. 9 jeweils m.w.N.).

[10] 2. Auch im Übrigen haben die Ablehnungsanträge keinen Erfolg.

[11] a) Grundlage der Entscheidung des Senats ist der Schriftsatz des Verteidigers des Angeklagten vom 22. Februar 2012.

[12] Der zur Entscheidung über ein Ablehnungsgesuch berufene Spruchkörper darf bei seiner Entscheidung nur diejenigen Gründe berücksichtigen, die in dem Antrag innerhalb des von § 25 StPO vorgegebenen zeitlichen Rahmens geltend gemacht worden sind (Radtke/Hohmann/Alexander, § 27 StPO Rn. 12; Meyer-Goßner aaO, § 27 Rn. 9 jeweils m.w.N.). Dies belegen § 25 Abs. 1 Satz 2 StPO, wonach der Antragsteller alle Ablehnungsgründe gleichzeitig vorzubringen hat, § 26 Abs. 2 Satz 1 StPO, der deren Glaubhaftmachung fordert, und insbesondere § 26a Abs. 1 Nr. 2 StPO, nach dem ein Ablehnungsantrag als unzulässig zu verwerfen ist, wenn ein Ablehnungsgrund nicht angegeben ist (vgl. auch KK-Fischer aaO, § 26 Rn. 3; dem Urteil des Bundesgerichtshofs vom 14. September 1971 – 5 StR 232/71, JR 1972, 119 m. abl. Anm. Peters, liegt insofern eine besondere, vorliegend nicht gegebene Fallgestaltung zugrunde).

---

[354] BGH, Beschluss vom 7.11.2012 – 2 StR 629/11; zu den weiteren Entscheidungen des 2. Strafsenats in diesem Zusammenhang vgl. Rn. 524 ff.

[13] Soweit in den dienstlichen Erklärungen von Prof. Dr. K. vom 26. Juni 2012, 12. Juni 2012, 31. Mai 2012 und 4. April 2012 neue oder andere Umstände vorgebracht wurden, als sie der Antragsteller geltend gemacht hat, müssen sie daher unberücksichtigt bleiben (vgl. auch Peters JR 1972, 119, 121; KK-Fischer aaO, § 26a Rn. 5; Radtke/Hohmann/Alexander, § 26 StPO Rn. 4 m.w.N.).

[14] b) Auf dieser Grundlage sind die Ablehnungsanträge gegen Richter am Bundesgerichtshof Dr. A., Dr. B., Dr. E. und Richterin am Bundesgerichtshof Dr. Ott – wie auch der bereits unzulässige Befangenheitsantrag – unbegründet.

[15] aa) Art. 101 Abs. 1 Satz 2 GG garantiert, dass der Rechtsuchende im Einzelfall vor einem Richter steht, der unabhängig und unparteilich ist und der die Gewähr für Neutralität und Distanz gegenüber den Verfahrensbeteiligten bietet (BVerfG, Beschlüsse vom 13. Mai 2009 – 2 BvR 247/09; vom 26. Juni 2008 – 2 BvR 2067/07 jeweils m.w.N.). Der Gesetzgeber hat deshalb in materieller Hinsicht Vorsorge dafür zu treffen, dass die Richterbank im Einzelfall nicht mit Richtern besetzt ist, die dem zur Entscheidung anstehenden Streitfall nicht mit der erforderlichen professionellen Distanz eines Unbeteiligten und Neutralen gegenüberstehen (BVerfG, Beschluss vom 6. Mai 2010 – 1 BvR 96/10, NZS 2011, 92 m.w.N.). Dem dienen die Regelungen in §§ 22 ff. StPO (vgl. KK-Fischer aaO, § 22 Rn. 1; Meyer-Goßner aaO, Vor § 22 Rn. 1 jeweils m.w.N.).

[16] Befangenheit ist mithin ebenso wie die Unparteilichkeit auf den konkret zu entscheidenden Fall bezogen (vgl. EGMR, Urteile vom 12. Juni 2008 – 26771/03 [Elezi./.Deutschland], EuGRZ 2009, 12, 15; vom 10. August 2006 – 75737/01 [Schwarzenberger./.Deutschland], NJW 2007, 3553, 3554); sie bezieht sich auf die innere Haltung des Richters zum Verfahrensgang und zum Ausgang des betreffenden Verfahrens (vgl. etwa BGH, Urteil vom 12. November 2009 – 4 StR 275/09, NStZ 2010, 342, m.w.N.; KK-Fischer aaO, § 24 Rn. 3).

[17] bb) Hieraus ergibt sich, dass die Befangenheitsanträge offensichtlich unbegründet sind, soweit mit ihnen auf Entscheidungen des Präsidiums des Bundesgerichtshofs zur Besetzung des 2. Strafsenats abgestellt wird. Etwaige Besetzungsfehler können als solche nicht den Vorwurf der Befangenheit begründen, sondern allenfalls mit einer Besetzungsrüge beanstandet werden.

[18] cc) Völlig ungeeignet zur Begründung der Besorgnis der Befangenheit sind aber auch Erwägungen, die allein darauf abstellen, dass der 2. Strafsenat seine Rechtsansicht zu seiner ordnungsgemäßen Besetzung bzw. den sich daraus ergebenden Folgen (Aussetzung oder Weiterführung des Verfahrens) geändert hat. Neue oder bessere Rechtserkenntnis kann für sich eine Befangenheit nicht begründen.

Entscheidet ein Gericht **außerhalb der Hauptverhandlung** im Beschlusswege (hier **352**
gemäß § 349 Abs. 2 StPO), kann ein Ablehnungsgesuch in entsprechender Anwendung des § 25 Abs. 2 S. 2 StPO nur so lange **statthaft** vorgebracht werden, **bis die Entscheidung ergangen** ist.[355]

[7] b) Das Ablehnungsgesuch des Verurteilten ist verspätet und daher unzulässig (§ 26a Abs. 1 Nr. 1 StPO).

355 BGH, Beschluss vom 24.1.2012 – 4 StR 469/11; vgl. hierzu auch BGH, Beschluss vom 14.8.2012 – 2 StR 629/11.

[8] Entscheidet das Gericht außerhalb der Hauptverhandlung im Beschlusswege (hier gemäß § 349 Abs. 2 StPO), so kann ein Ablehnungsgesuch in entsprechender Anwendung des § 25 Abs. 2 Satz 2 StPO nur so lange statthaft vorgebracht werden, bis die Entscheidung ergangen ist (BVerfG, Beschluss vom 2. Mai 2007 – 2 BvR 2655/06, NStZ 2007, 709, 710; BGH, Beschlüsse vom 13. Februar 2007 – 3 StR 425/06, NStZ 2007, 416; vom 19. August 2010 – 4 StR 657/09; Meyer-Goßner, StPO, 54. Aufl., § 25 Rn. 11 m.w.N.).

[9] Dies in Frage zu stellen bietet der vorliegende Fall keinen Anlass. Denn dem Angeklagten war es nach Zustellung der „Ergänzung" des Antrags des Generalbundesanwalts vom 10. November 2011 und der erneuten Fristgewährung unter ausdrücklichem Hinweis auf § 349 Abs. 3 Satz 2 StPO, aus dem deutlich zu erkennen war, dass der Senat eine Entscheidung im Beschlussverfahren in Erwägung zieht, unbenommen, seine Ablehnungsanträge schon vor der Entscheidung des Senats vom 21. Dezember 2011 anzubringen.

[10] Etwas anderes gilt auch dann nicht, wenn die Ablehnung mit einem Antrag nach § 356a StPO verbunden wird, der sich, wie im vorliegenden Fall (siehe unten 2.) deswegen als unbegründet erweist, weil die gerügte Verletzung des Art. 103 Abs. 1 GG nicht vorliegt, so dass insoweit nicht mehr in eine erneute Sachprüfung einzutreten ist. Denn § 356a StPO verfolgt allein den Zweck, dem Revisionsgericht, das in der Sache entschieden hat, Gelegenheit zu geben, im Falle des Verstoßes gegen den Anspruch auf rechtliches Gehör diesem Mangel durch erneute Sachprüfung selbst abzuhelfen, um hierdurch ein Verfassungsbeschwerdeverfahren zu vermeiden. Der Rechtsbehelf dient hingegen nicht dazu, einem unzulässigen Ablehnungsgesuch durch die unzutreffende Behauptung einer Verletzung des Art. 103 Abs. 1 GG doch noch Geltung zu verschaffen (BGH aaO; ferner Beschluss vom 22. November 2006 – 1).

353 Auch in Verbindung mit einer **Anhörungsrüge** kann ein ansonsten **unzulässiges Ablehnungsgesuch** nicht mehr statthaft vorgebracht werden.[356]

[4] Der Senat braucht vorliegend nicht zu entscheiden, ob das Ablehnungsgesuch des Verurteilten verspätet und deshalb unstatthaft ist. Entscheidet das Gericht außerhalb der Hauptverhandlung im Beschlusswege – wie hier gemäß § 349 Abs. 2 StPO –, so kann ein Ablehnungsgesuch in entsprechender Anwendung des § 25 Abs. 2 Satz 2 StPO nur so lange statthaft vorgebracht werden, bis die Entscheidung ergangen ist (§ 26a Abs. 1 Nr. 1 StPO). Etwas anderes gilt grundsätzlich auch dann nicht, wenn die Ablehnung mit einer Anhörungsrüge gemäß § 356a StPO verbunden wird, die sich jedoch – wie hier (s. unten 2.) – deswegen als unbegründet erweist, weil die gerügte Verletzung des Art. 103 Abs. 1 GG nicht vorliegt, so dass nicht mehr in eine erneute Sachprüfung einzutreten ist, ob der Anspruch auf rechtliches Gehör in entscheidungserheblicher Weise verletzt worden ist. Denn § 356a StPO verfolgt allein den Zweck, dem Revisionsgericht, das in der Sache entschieden hat, Gelegenheit zu geben, im Falle eines Verstoßes gegen den Anspruch auf rechtliches Gehör diesem Mangel durch erneute Sachprüfung selbst abzuhelfen, und hierdurch die Notwendigkeit eines Verfassungsbeschwerdeverfahrens zu vermeiden. Dagegen dient er nicht dazu, einem unzulässigen Ablehnungsgesuch durch die unzutreffende Behauptung einer Verletzung des Art. 103 Abs. 1 GG doch noch Geltung

[356] BGH, Beschluss vom 15.11.2012 – 3 StR 239/12.

zu verschaffen (vgl. BGH, Beschluss vom 13. Februar 2007 – 3 StR 425/06, NStZ 2007, 416, 417 m.w.N.; BVerfG, Beschluss vom 20. Juni 2007 – 2 BvR 746/07; LR/Siolek, StPO, 26. Aufl., § 26a Rn. 37). Ob Entsprechendes gilt, wenn – wie vorliegend – die Ablehnung im Anhörungsrügeverfahren gegen einen Richter angebracht wird, der – aus denselben Gründen – schon im Revisionsverfahren abgelehnt worden, indes (hier: wegen Urlaubs) nicht an der Revisionsentscheidung beteiligt gewesen ist, kann jedoch dahinstehen.

[5] Denn das Ablehnungsgesuch des Verurteilten ist jedenfalls deshalb unzulässig, weil in ihm entgegen § 26a Abs. 1 Nr. 2 StPO kein Grund zur Ablehnung angegeben ist. Eine völlig ungeeignete Begründung steht dabei rechtlich einer fehlenden Begründung gleich (vgl. Meyer-Goßner, StPO, 55. Aufl., § 26a, Rn. 4a m.w.N.; BGH, Beschlüsse vom 4. Januar 1989 – 3 StR 398/88, vom 24. Oktober 1996 – 5 StR 474/96, BGHR StPO § 26a Unzulässigkeit 2 und 7 sowie vom 1. Februar 2005 – 4 StR 486/04, NStZ-RR 2005, 173, 174). So verhält es sich hier: Die Tätigkeit des abgelehnten Richters in seiner Eigenschaft als Mitglied des Präsidiums des Bundesgerichtshofes ist – auch bei Anlegen eines strengen Maßstabes und zugleich wohlwollender Auslegung des Vorbringens des Verurteilten – zur Begründung eines Ablehnungsgesuchs im vorliegenden Verfahren offensichtlich gänzlich ungeeignet. Ungeachtet der – auch mit Blick auf die Rechtsprechung des Bundesverfassungsgerichts – unzutreffenden Bewertungen der herangezogenen Präsidiumstätigkeiten des Richters entbehrt der allein aus diesen gezogene Schluss auf seine Voreingenommenheit gegenüber dem Verurteilten jeden sachlichen Bezugs und ist in keiner Weise nachvollziehbar.

[6] Den Anträgen des Verurteilten, ihm die zur Entscheidung über sein Ablehnungsgesuch berufenen Richter (vorab) namhaft zu machen sowie seiner Verteidigerin die dienstliche Erklärung des abgelehnten Richter zuzuleiten und dieser vor einer Entscheidung über das Ablehnungsgesuch Gelegenheit zur Stellungnahme hierzu zu geben, war demgemäß nicht nachzukommen: § 24 Abs. 3 Satz 2 StPO findet keine Anwendung, wenn das Ablehnungsgesuch ohne Ausscheiden der abgelehnten Richter (§ 26a Abs. 2 Satz 1 StPO) gemäß § 26a Abs. 1 StPO als unzulässig zu verwerfen ist (vgl. Meyer-Goßner, StPO, 55. Aufl., § 24 Rn. 21; BGH, Beschluss vom 13. Februar 2007 – 3 StR 425/06, NStZ 2007, 416, 417). Der senatsinterne Geschäftsverteilungsplan ist dem Verurteilten bekannt.

[7] 2. Die Anhörungsrüge (§ 356a StPO) ist zurückzuweisen, weil der Anspruch des Verurteilten auf Gewährung rechtlichen Gehörs nicht verletzt worden ist.

Eine den Verfahrensgegenstand betreffende **Vortätigkeit eines erkennenden Richters** ist, soweit sie nicht den Tatbestand eines Ausschlussgrundes gemäß § 23 StPO erfüllt, nach ständiger Rechtsprechung **regelmäßig nicht geeignet, die Besorgnis der Befangenheit** des Richters im Sinne von § 24 Abs. 2 StPO **zu begründen**. Anders verhält es sich lediglich beim Hinzutreten besonderer Umstände, die über die Tatsache bloßer Vorbefassung als solcher und die damit notwendig verbundenen inhaltlichen Äußerungen hinausgehen.[357] **354**

[17] 2. Die zulässige Verfahrensrüge ist begründet.

[18] Bei der gebotenen objektiven Beurteilung aus der Sicht eines verständigen Angeklagten konnten die Angeklagten H. und S. durch die Verfahrensweise des

[357] BGH, Beschluss vom 10.1.2012 – 3 StR 400/11.

Gerichts den Eindruck gewinnen, die abgelehnten Richter stünden ihnen bei der Entscheidung über die Vorwürfe der Anklage, insbesondere zu der entscheidenden Frage einer Bandenbildung bei der Tat vom 11. Februar 2008 nicht mehr mit der gebotenen Unvoreingenommenheit gegenüber (§ 24 Abs. 2 StPO).

[19] a) Eine den Verfahrensgegenstand betreffende Vortätigkeit eines erkennenden Richters ist, soweit sie nicht den Tatbestand eines Ausschlussgrundes gemäß § 23 StPO erfüllt, nach ständiger Rechtsprechung regelmäßig nicht geeignet, die Besorgnis der Befangenheit des Richters im Sinne von § 24 Abs. 2 StPO zu begründen, wenn nicht besondere Umstände hinzukommen, die diese Besorgnis rechtfertigen (vgl. BGH, Urteil vom 9. September 1966 – 4 StR 261/66, BGHSt 21, 142; BGH, Urteil vom 10. November 1967 – 4 StR 512/66, BGHSt 21, 334; BGH, Beschluss vom 27. April 1972 – 4 StR 149/72, BGHSt 24, 336, 337; BGH, Urteil vom 30. Juni 2010 – 2 StR 455/09, NStZ 2011, 44; Meyer-Goßner, StPO, 54. Aufl., § 24 Rn. 12 f. m.w.N.). Das betrifft nicht nur die Vorbefassung mit Zwischenentscheidungen im selben Verfahren, insbesondere etwa die Mitwirkung am Eröffnungsbeschluss oder an Haftentscheidungen, sondern auch die Mitwirkung eines erkennenden Richters in Verfahren gegen andere Beteiligte derselben Tat.

[20] Nach diesen Kriterien grundsätzlich unbedenklich ist auch die Mitwirkung an einem Urteil über dieselbe Tat gegen einen anderen Beteiligten in einem abgetrennten Verfahren. Dies gilt auch dann, wenn Verfahren gegen einzelne Angeklagte zur Verfahrensbeschleunigung abgetrennt werden und in dem abgetrennten Verfahren ein Schuldspruch wegen einer Tat ergeht, zu der sich das Gericht im Ursprungsverfahren gegen den oder die früheren Angeklagten später ebenfalls noch eine Überzeugung zu bilden hat (BGH, Urteil vom 29. Juni 2006 – 5 StR 485/05, NJW 2006, 2864, 2866). Da eine solche Beteiligung an Vorentscheidungen im nämlichen oder in einem anderen damit zusammenhängenden Verfahren von Strafprozessordnung und Gerichtsverfassungsgesetz ausdrücklich vorgesehen und vorausgesetzt wird, kann die Vorbefassung als solche – abgesehen von den in § 22 Nr. 4 und 5, § 23 und § 148a Abs. 2 Satz 1 StPO genannten Ausschließungstatbeständen – die Besorgnis der Befangenheit aus normativen Erwägungen im Allgemeinen nicht begründen. Anders verhält es sich lediglich beim Hinzutreten besonderer Umstände, die über die Tatsache bloßer Vorbefassung als solcher und die damit notwendig verbundenen inhaltlichen Äußerungen hinausgehen. Dies wird etwa angenommen, wenn Äußerungen in früheren Urteilen unnötige und sachlich unbegründete Werturteile über einen der jetzigen Angeklagten enthalten oder wenn ein Richter sich bei seiner Vorentscheidung in sonst unsachlicher Weise zum Nachteil des Angeklagten geäußert hat (BGH, Beschluss vom 10. August 2005 – 5 StR 180/05, BGHSt 50, 216, 221; BGH, Urteil vom 30. Juni 2010 – 2 StR 455/09, NStZ 2011, 44).

[21] b) Vorliegend waren solche besonderen Umstände gegeben. Es lag eine Vielzahl von Faktoren vor, die zwar isoliert für sich betrachtet noch nicht die Besorgnis der Befangenheit rechtfertigte aber in ihrer Kumulation waren die Einzelaspekte geeignet, aus der Sicht der Angeklagten bei der gebotenen objektiven Beurteilung Misstrauen gegen die Unparteilichkeit der abgelehnten Richter zu begründen. Denn für ihre Befürchtung, die Strafkammer differenziere nicht ausreichend zwischen den getrennt geführten Verfahren und sei hinsichtlich der Tat vom 11. Februar 2008 auf eine bandenmäßige Begehung festgelegt, bestanden nachvollziehbare Gründe.

[22] Bereits das protokollierte, formell rechtsfehlerfreie Rechtsgespräch über eine Verständigung am ersten Hauptverhandlungstag konnte bei den Angeklagten den Eindruck erwecken, die Strafkammer sage dem früheren Mitangeklagten B. eine

Einstellung des Verfahrens gemäß § 154 Abs. 2 StPO oder eine nur moderate Erhöhung der bereits rechtskräftigen Gesamtfreiheitsstrafe von sieben Jahren nur zu, um ihn zu einer die Angeklagten H. und S. belastenden Aussage zu veranlassen. Gegenstand der Vereinbarung mit dem Angeklagten B. war ausdrücklich eine Aussage auch zu den Mitangeklagten, während bei diesen die vorgeschlagene Strafobergrenze nur von einem umfassenden Geständnis abhängig gemacht wurde.

[23] In der hier gegebenen Verfahrenssituation, in der der frühere Mitangeklagte B. entsprechend der getroffenen, für ihn günstigen Absprache in erster Linie über seinen Verteidiger Angaben zur Sache gemacht hatte, während sich die Angeklagten in der Hauptverhandlung noch nicht eingelassen hatten, war die Abtrennungsentscheidung mit der Begründung, das Verfahren gegen B. sei entscheidungsreif, für sich betrachtet zwar noch nicht ermessensfehlerhaft, bewegte sich jedoch im Grenzbereich zu einem Ermessensfehler. Wenn mehrere Personen angeklagt sind, als Mitglieder einer Bande eine Betäubungsmittelstraftat begangen zu haben, ist es im Hinblick auf die Amtsaufklärungspflicht (§ 244 Abs. 2 StPO) regelmäßig sachgerecht und erforderlich, gegen alle Angeklagten aufgrund einer einheitlichen, alle Beweismittel umfassenden Beweisaufnahme zu entscheiden. Denn es ist nicht fernliegend, dass der aussagebereite Angeklagte zu Lasten der Mitangeklagten seine eigenen Tatbeiträge beschönigende Angaben macht, die anschließend das Gericht nach einer nur rudimentären Beweisaufnahme dem Urteil gegen diesen zugrunde legt. Unter Berücksichtigung der Pflicht zur Amtsaufklärung kann die Abtrennungsentscheidung mit der Begründung, das Verfahren sei insoweit entscheidungsreif, aus der Sicht der schweigenden Angeklagten den Eindruck erwecken, das Gericht werde auch in ihrem Verfahren von dem Tathergang ausgehen, den der aussagebereite Angeklagte geschildert hatte.

[24] Die weitere Gestaltung beider Verfahren sowie der Inhalt des gegen den Angeklagten B. ergangenen Urteils waren geeignet, die dargestellten Befürchtungen der Angeklagten von einer Befangenheit der erkennenden Richter zu verstärken. In dem abgetrennten Verfahren gegen B. stellte die Strafkammer zwei angeklagte Taten gemäß § 154 Abs. 2 StPO ein und verurteilte diesen nach einer kurzen Beweisaufnahme unter Einbeziehung der Strafen aus seiner rechtskräftigen Vorverurteilung zu einer Gesamtfreiheitsstrafe von sieben Jahren und drei Monaten und damit zu einer um lediglich drei Monate erhöhten Gesamtfreiheitsstrafe. In den schriftlichen Gründen des Urteils vom 5. Januar 2011 stellte die Kammer zu der Tat vom 11. Februar 2008 nicht nur eine bandenmäßige Begehung fest, sondern ging entsprechend der Einlassung des Angeklagten B. davon aus, dass dieser lediglich als Kurier vom Angeklagten H. gekauftes, für dessen Betäubungsmittelhandel bestimmtes Kokain nach Deutschland einführte. In der Beweiswürdigung bezeichnete sie die Einlassung des Angeklagten B., die im Gegensatz zu den späteren Einlassungen der Angeklagten H. und S. stand, als glaubhaft sowie das Ermittlungsergebnis der Polizei als plausibel und keine andere Deutung zulassend, obwohl die Beweisaufnahme in dem gegen die Angeklagten geführten Verfahren noch andauerte. Dadurch, dass in der Beweiswürdigung darüber hinaus KHK'in He. als Zeugin angeführt wird, obwohl diese nach der Abtrennung des Verfahrens gegen B. ausschließlich in dem Verfahren gegen die Angeklagten vernommen worden war, verstärkten die erkennenden Richter letztlich in entscheidender Weise die Besorgnis, sie vermischten die Beweisergebnisse der beiden getrennt geführten Verfahren und behandelten diese entgegen ihren Beteuerungen als eine Einheit. Dieser Eindruck war auch schon zuvor hervorgerufen worden, weil in der Hauptverhandlung gegen die Angeklagten H. und S. die protokollierte, die Angeklagten H. und S. belastende Einlassung des Angeklagten B. aus

dessen Verfahren gemäß § 251 Abs. 1 StPO verlesen worden war, ohne dass hierfür die Voraussetzungen dieser Vorschrift vorlagen oder eine andere Rechtsgrundlage erkennbar ist.

[25] Über die Anklagevorwürfe ist daher neu zu verhandeln und zu entscheiden.

355 Die Verfahrensrüge hat in der Sache Erfolg, weil die Ablehnung des Kammervorsitzenden zulässig und **bei verständiger Würdigung aus Sicht der Staatsanwaltschaft die Besorgnis der Befangenheit** gegeben war. Das **Ablehnungsgesuch** genügt den Zulässigkeitsanforderungen und ist insbesondere **unverzüglich** i.S.d. § 25 Abs. 2 Satz 1 Nr. 2 StPO angebracht worden. Dem zur Ablehnung Berechtigten ist hierbei eine gewisse Zeit zum Überlegen und zum Abfassen des Gesuchs zuzugestehen.[358]

[3] II. Mit Recht macht die Beschwerdeführerin geltend, dass an dem angefochtenen Urteil in der Person des Kammervorsitzenden ein Richter mitgewirkt hat, nachdem er wegen Besorgnis der Befangenheit abgelehnt und das Ablehnungsgesuch zu Unrecht verworfen worden war (§ 24 Abs. 1 und 2, § 338 Nr. 3 StPO).

[4] 1. Der Rüge liegt im Wesentlichen folgendes Geschehen zugrunde:

[5] Am 7. Juni 2011, dem ersten Tag der auf vier Tage anberaumten Hauptverhandlung, kam es während einer Unterbrechung der Hauptverhandlung zu einem Gespräch über die Möglichkeit einer einvernehmlichen Verfahrenserledigung. Die Vorstellungen der Verfahrensbeteiligten stimmten hinsichtlich der drei Nichtrevidenten, nicht aber hinsichtlich des Angeklagten überein. Nach den voll geständigen Einlassungen der Nichtrevidenten verlas der Verteidiger des Angeklagten für diesen eine Erklärung. Zudem beantwortete der Angeklagte Fragen des Gerichts. Sein Verteidiger erklärte danach, der Angeklagte wolle keine weiteren Fragen beantworten. Während einer anschließenden Unterbrechung regte der Vorsitzende gegenüber dem Verteidiger des Angeklagten und dem Sitzungsvertreter der Staatsanwaltschaft an, bereits am folgenden Tag den die Ermittlung führenden Kriminalbeamten KOK Ho. als Zeugen zu hören und dann die Hauptverhandlung zu beenden. Der Staatsanwalt erklärte, es sei ihm voraussichtlich nicht möglich, bis dahin seiner Meinung nach wichtige Unterlagen vom Angeklagten zu erlangen und zu bewerten. Zudem sei er mit der Beschränkung der Zeugen auf KOK Ho. nicht einverstanden, zumal dieser – anders als etwa der Zeuge H. – kein unmittelbarer Tatzeuge sei. Ferner habe er Bedenken gegen das Vorhaben des Vorsitzenden, die Beweisaufnahme dadurch abzukürzen, dass das gegen den Mittäter B. ergangene Urteil verlesen werde und die Angeklagten sich dazu äußern.

[6] Nach Fortsetzung der Hauptverhandlung kündigte der Verteidiger an, sein Mandant werde in begrenztem Umfang Fragen des Sitzungsvertreters der Staatsanwaltschaft beantworten und versuchen, eine von diesem gewünschte Steuererklärung beizubringen. Der Vorsitzende teilte mit, dass die Kammer beabsichtige, sämtliche Zeugen mit Ausnahme des KOK Ho. sowie – mit Blick auf den Staatsanwalt – des Zeugen H. abzuladen und Auszüge aus dem gegen B. ergangenen Urteil im Selbstleseverfahren einzuführen. Es folgte eine Erörterung, inwieweit weitere Zeugen in der Hauptverhandlung gehört werden müssten. Während die Verteidiger auf die Vernehmung weiterer Zeugen verzichteten, erklärte der Staatsanwalt, sich dazu erst nach Befragung des Angeklagten äußern zu können. Der Vorsitzende beharrte

[358] BGH, Beschluss vom 29.3.2012 – 3 StR 455/11.

darauf, dass weitere Zeugen für die Schuldfrage nicht erforderlich seien und abgeladen werden könnten. Als daraufhin der Staatsanwalt seine abweichende Auffassung wiederholte, warf der Vorsitzende ihm ungehalten vor, sich „unanständig" zu verhalten und die anderen Verteidiger „in Sippenhaft zu nehmen". Nachdem sich der Staatsanwalt gegen die Diktion verwahrt hatte, erklärte der Vorsitzende, das Wort „unanständig" in Anführungszeichen gesprochen zu haben. Anschließend belehrte er den Angeklagten über die Regelung des § 231 Abs. 2 StPO und fügte hinzu, diese gelte auch für die Mitangeklagten. Dann wollte er die Verhandlung unterbrechen. Davon sah er auf Wunsch des Staatsanwalts zunächst ab und ermöglichte diesem, Fragen an den Angeklagten zu stellen, begrenzte die Fragezeit aber wegen eines – zu diesem Zeitpunkt erstmals mitgeteilten – Termins eines Kammermitglieds auf zehn Minuten. Nach dieser Zeit beendete er die Fragen des Staatsanwalts und wies darauf hin, die Kammer werde nach eigenem Ermessen über die Abladung von Zeugen entscheiden und erwarte für den nächsten Sitzungstag die Schlussvorträge. Unmittelbar danach unterbrach er die Sitzung bis zum eine Woche später liegenden nächsten Verhandlungstag.

[7] Der Sitzungsvertreter der Staatsanwaltschaft reichte noch am selben Tag außerhalb der Hauptverhandlung ein schriftliches Ablehnungsgesuch unter näherer Darstellung des vorstehenden Sachverhalts bei Gericht ein und lehnte darin den Vorsitzenden wegen Befangenheit ab. Der abgelehnte Richter äußerte sich am Folgetag schriftlich zu dem Gesuch und bestätigte darin den äußeren Verfahrensablauf im Wesentlichen. Die Kammer wies – ohne Beteiligung des abgelehnten Vorsitzenden – mit Beschluss vom 10. Juni 2011 das Ablehnungsgesuch mit der näher ausgeführten Begründung zurück, die Verhandlungsführung des Vorsitzenden sei nicht zu beanstanden und könne die Besorgnis der Befangenheit nicht begründen.

[8] 2. Die Verfahrensrüge ist zulässig und begründet.

[9] a) Die Rüge ist zulässig erhoben. Insbesondere sind die Verfahrenstatsachen im Sinne des § 344 Abs. 2 Satz 2 StPO hinreichend dargelegt. Auch wenn die Revisionsbegründung selbst den Ablauf des ersten Hauptverhandlungstags nicht geschlossen schildert, kann dieser vorliegend dem Revisionsvorbringen insgesamt – vor allem dem vollständig mitgeteilten Ablehnungsgesuch – ausreichend entnommen werden.

[10] b) Die Verfahrensrüge hat in der Sache Erfolg, weil die Ablehnung des Kammervorsitzenden zulässig und bei verständiger Würdigung aus Sicht der Staatsanwaltschaft die Besorgnis der Befangenheit gegeben war.

[11] aa) Das Ablehnungsgesuch genügt den Zulässigkeitsanforderungen und ist insbesondere unverzüglich i.S.d. § 25 Abs. 2 Satz 1 Nr. 2 StPO angebracht worden. Dass dies nicht bereits in der Hauptverhandlung selbst geschah, ist nach den gegebenen Umständen nicht maßgeblich. Dem zur Ablehnung Berechtigten ist eine gewisse Zeit zum Überlegen und zum Abfassen des Gesuchs zuzugestehen (vgl. BGH, Urteil vom 3. Mai 1995 – 2 StR 19/95, BGHR StPO § 25 Abs. 2 Unverzüglich 3 m.w.N.). Diese Zeit ist hier bei dem noch am selben Tag eingereichten Gesuch nicht überschritten. Dabei ist auch zu berücksichtigen, dass der Eindruck einer Voreingenommenheit, der sich schon aus dem nachhaltigen und intensiven Hinwirken auf einen Verzicht der Vernehmung von Zeugen ergeben konnte, durch das weitere Verhalten des Vorsitzenden gestützt und verstärkt wurde (vgl. BGH, Urteil vom 9. März 1988 – 3 StR 567/87, StV 1988, 281).

[12] bb) Die Verhandlungsführung des Kammervorsitzenden am ersten Hauptverhandlungstag stellt bei einer Gesamtschau einen Grund dar, der aus Sicht der

Staatsanwaltschaft bei verständiger Würdigung geeignet war, Misstrauen gegen dessen Unparteilichkeit zu rechtfertigen (§ 24 Abs. 2 StPO). Dazu ist entscheidend auf den nach außen deutlich gewordenen Eindruck von der inneren Haltung des Richters abzustellen (BGH, Urteil vom 23. Januar 1991 – 3 StR 365/90, BGHSt 37, 298, 302 f.), ohne dass es maßgeblich darauf ankommt, inwieweit dieser Eindruck tatsächlich der inneren Haltung des Richters entspricht. Nach dem Verlauf des ersten Hauptverhandlungstages musste sich der Staatsanwaltschaft die Besorgnis aufdrängen, der Vorsitzende ziehe eine schnelle Prozesserledigung ohne Beachtung ihrer prozessualen Beteiligtenrechte einer sachgemäßen Aufklärung der Anklagevorwürfe vor (vgl. BGH, Beschluss vom 11. März 2003 – 3 StR 28/03, NStZ 2003, 666, 667; Urteil vom 9. März 1988 – 3 StR 567/87, StV 1988, 281 f.). Dies ergibt sich aus Folgendem:

[13] Bereits die beharrlichen und intensiven Versuche des Kammervorsitzenden, den Sitzungsvertreter der Staatsanwaltschaft zu einem Verzicht auf die Vernehmung des überwiegenden Teils der Zeugen zu drängen, obwohl der Angeklagte – wie sich aus den Urteilsgründen ergibt – das Gewicht seiner Tatbeiträge zu den ihm zur Last liegenden Straftaten nicht in vollem Umfang eingeräumt hatte und insbesondere für eine schuldangemessene Sanktion wesentliche Umstände noch klärungsbedürftig waren, sowie seine Wortwahl konnten den Eindruck hervorrufen, ihm fehle gegenüber der Staatsanwaltschaft das gebotene und unverzichtbare Maß an Distanz und Neutralität. Zwar kann ein Vorsitzender zur Verfahrensförderung bestimmte Prozesshandlungen der Verfahrensbeteiligten anregen, hat dabei aber die gebotene Zurückhaltung zu wahren (BGH, Urteil vom 5. September 1984 – 2 StR 347/84, NStZ 1985, 36, 37). Eine solche Zurückhaltung hat der Kammervorsitzende vermissen lassen.

[14] So hatte der Sitzungsvertreter der Staatsanwaltschaft dem Vorsitzenden zuvor in einer Verhandlungspause unmissverständlich mit nachvollziehbarer Begründung mitgeteilt, er sei derzeit mit einer Beschränkung der Zeugenvernehmung auf KOK Ho. nicht einverstanden. Dies hinderte zwar den Vorsitzenden nicht, den Zeugenverzicht danach nochmals in der Hauptverhandlung anzusprechen. Der Umstand jedoch, dass er in diesem Zusammenhang den Vorwurf erhob, der Sitzungsvertreter der Staatsanwaltschaft verhalte sich mit seiner Weigerung „unanständig" und nehme die anderen Verteidiger „in Sippenhaft", musste dieser als unzulässigen Druck verstehen, zum Zwecke einer schnellen Verfahrenserledigung gegen seine Überzeugung bereits vor abgeschlossener Befragung des Angeklagten den vom Vorsitzenden gewünschten Zeugenverzicht zu erklären (s. dazu BGH, Beschluss vom 4. Oktober 1984 – 4 StR 429/84, wistra 1985, 27, 28). Die anschließende Äußerung des Vorsitzenden, der Begriff „unanständig" sei mit Anführungszeichen gesprochen gewesen, konnte den durch die drastische Wortwahl hervorgerufenen Eindruck der Voreingenommenheit nicht beseitigen, auch wenn die Abmilderung bei der Bewertung zu beachten ist (vgl. BGH, Beschluss vom 26. Oktober 2011 – 5 StR 292/11 m.w.N.).

[15] Die Besorgnis, der Vorsitzende habe in erster Linie den schnellen Abschluss des Verfahrens und weniger die Ermittlung des wahren Sachverhalts im Blick, wurde noch dadurch verstärkt, dass er zuvor in einer Verhandlungspause erwogen hatte, die Hauptverhandlung nicht erst am dafür vorgesehenen zweiten Verhandlungstag, sondern bereits am Folgetag fortzusetzen und abzuschließen. Ein solches Vorgehen, das im Einzelfall aus prozessökonomischen Gründen durchaus sinnvoll ist, konnte hier im Hinblick auf den Umfang sowie die Komplexität der Anklagevorwürfe den

Eindruck der Beschwerdeführerin von einer Voreingenommenheit vertiefen. Dafür ist es nicht von entscheidender Bedeutung, ob der Vorsitzende salopp davon sprach, man könne am nächsten Tag „den Sack zumachen".

[16] Der weitere Verfahrensablauf relativierte aus Sicht der Staatsanwaltschaft nicht die Befürchtung fehlender Unparteilichkeit des Vorsitzenden, sondern war geeignet, diese sogar zu verstärken. Die Belehrung des Angeklagten, es könne nach § 231 Abs. 2 StPO auch in seiner Abwesenheit weiterverhandelt werden, weil er bereits zur Anklage vernommen worden sei, und die zunächst unmittelbar darauf beabsichtigte Unterbrechung der Hauptverhandlung konnten unter Berücksichtigung des vorangegangenen Geschehens aus Sicht der Beschwerdeführerin den Eindruck erwecken, ein Ausbleiben finde die Billigung des Gerichts (vgl. RG, Urteil vom 11. April 1924 – I 180/24, RGSt 58, 149, 152 f.; OLG Köln, Beschluss vom 7. August 1984 – 3 Ss 242/84, StV 1985, 50; LR/Becker, StPO, 26. Aufl., § 231 Rn. 22).

[17] Dass der Sitzungsvertreter der Staatsanwaltschaft sodann am ersten Hauptverhandlungstag noch Gelegenheit erhielt, den Angeklagten zu befragen, beseitigte den bis dahin hervorgerufenen Eindruck fehlender Neutralität nicht; denn die Fragemöglichkeit war vom Vorsitzenden unvermittelt auf nur zehn Minuten beschränkt worden. Auch wenn der Zeitpunkt der Unterbrechung der Hauptverhandlung verfahrensrechtlich nicht zu beanstanden ist, konnte die Beschwerdeführerin diese bei einer Gesamtbetrachtung der Verhandlungsführung durchaus als Beschränkung ihres Fragerechts verstehen, weil sie zuvor über die zeitliche Beschränkung nicht informiert worden war.

[18] Schließlich wurde der Eindruck der Voreingenommenheit noch dadurch verstärkt, dass der Vorsitzende für den nächsten Sitzungstag die Schlussvorträge erwartete, obwohl sich bislang lediglich die Angeklagten zur Sache eingelassen hatten und der Verlauf sowie das Ergebnis der noch durchzuführenden Beweisaufnahme offen waren.

[19] 3. Das Ablehnungsgesuch durfte nach alledem nicht zurückgewiesen werden, weil die Verhandlungsführung des Vorsitzenden in ihrer Gesamtheit bei der Staatsanwaltschaft den Eindruck der Voreingenommenheit hervorrufen musste. Deshalb liegt der absolute Revisionsgrund des § 338 Nr. 3 StPO vor, der den Senat dazu zwingt, das angefochtene Urteil mit den Feststellungen aufzuheben.

2. Wiedereinsetzung – § 44 StPO

Hat ein Angeklagter innerhalb der **Frist des § 341 Abs. 1 StPO** ein beschränktes **356**
Rechtsmittel eingelegt, ist dessen **Erweiterung nur bis zum Ablauf der Revisionseinlegungsfrist wirksam** möglich. Insoweit ist auch ein Wiedereinsetzungsantrag nicht erfolgreich; denn er hatte sich bewusst dafür entschieden, den Urteilsspruch im Übrigen von seinem Revisionsangriff auszunehmen. Wer aber von einem befristeten Rechtsbehelf bewusst keinen Gebrauch macht, ist nicht im Sinne des § 44 Satz 1 StPO „verhindert, eine Frist einzuhalten." Dies gilt auch dann, wenn die Verteidigerin wegen Unkenntnis von der bisherigen Rechtsprechung des Bundesgerichtshofs die Zulässigkeit und damit die Erfolgsaussichten des Rechtsmittels falsch eingeschätzt hat; in einer solchen Unkenntnis liegt keine Verhinderung im Sinne des § 44 Satz 1 StPO.[359]

---

[359] BGH, Beschluss vom 31.7.2012 – 4 StR 238/12.

[3] 1. Der Antrag auf Wiedereinsetzung ist jedenfalls unbegründet.

[4] a) Allerdings hat der Angeklagte innerhalb der Frist des § 341 Abs. 1 StPO keine zulässige Revision eingelegt. Die Beschränkung des Rechtsmittels auf die Nichtanordnung der Unterbringung in einer Entziehungsanstalt ist wirksam, führt aber zu dessen Unzulässigkeit (Senatsbeschlüsse vom 13. Juni 1991 – 4 StR 105/91, BGHSt 38, 4, 5, 7; vom 2. Dezember 2010 – 4 StR 459/10, NStZ-RR 2011, 255), und die Erweiterung einer beschränkt eingelegten Revision ist nur bis zum Ablauf der Revisionseinlegungsfrist wirksam möglich (BGH, Beschluss vom 27. Oktober 1992 – 5 StR 517/92, BGHSt 38, 366).

[5] b) Der Angeklagte hatte sich jedoch zunächst – das zeigt auch die Begründung des Wiedereinsetzungsantrags, mit der er zum Ausdruck bringt, sich letztlich nach wie vor allein gegen die Nichtanordnung der Maßregel nach § 64 StGB zu wenden – bewusst dafür entschieden, den Urteilsspruch im Übrigen von seinem Revisionsangriff auszunehmen; wer aber von einem befristeten Rechtsbehelf bewusst keinen Gebrauch macht, ist nicht im Sinne des § 44 Satz 1 StPO „verhindert, eine Frist einzuhalten“ (BGH, Beschluss vom 19. Juni 2012 – 3 StR 194/12 m.w.N.). Dies gilt auch dann, wenn die Verteidigerin wegen Unkenntnis von der bisherigen Rechtsprechung des Bundesgerichtshofs die Zulässigkeit und damit die Erfolgsaussichten des Rechtsmittels falsch eingeschätzt hat; in einer solchen Unkenntnis liegt keine Verhinderung im Sinne des § 44 Satz 1 StPO (BGH, Beschlüsse vom 1. April 2010 – 4 StR 637/09, NStZ-RR 2010, 244; vom 20. September 2005 – 5 StR 354/05, wistra 2006, 28; vom 31. August 2005 – 2 StR 308/05, wistra 2005, 468; vom 10. August 2000 – 4 StR 304/00, NStZ 2001, 160).

[6] 2. Da mithin die Revision nicht zulässig eingelegt wurde, war sie gemäß § 349 Abs. 1 StPO zu verwerfen.

357 Der Wiedereinsetzungsantrag des Angeklagten ist bereits **unzulässig**, weil es an der gemäß § 45 Abs. 2 Satz 1 StPO gebotenen **Glaubhaftmachung** der zur Begründung des Antrags vorgebrachten Tatsachen fehlt. Die eigene Erklärung des Antragstellers genügt hierzu nicht. Es ist auch nichts dafür ersichtlich, dass die Glaubhaftmachung dem Angeklagten ohne sein Verschulden unmöglich gewesen und deshalb als verzichtbar anzusehen wäre.[360]

[1] Der Wiedereinsetzungsantrag des Angeklagten S. ist bereits unzulässig, weil es an der gemäß § 45 Abs. 2 Satz 1 StPO gebotenen Glaubhaftmachung der zur Begründung des Antrags vorgebrachten Tatsachen fehlt (vgl. Meyer-Goßner, StPO, 54. Aufl., § 45 Rn. 6). Die eigene Erklärung des Antragstellers genügt hierzu nicht (Meyer-Goßner aaO Rn. 9 m.w.N.). Es ist auch nichts dafür ersichtlich, dass die Glaubhaftmachung dem Angeklagten ohne sein Verschulden unmöglich gewesen und deshalb als verzichtbar anzusehen wäre. Seine Behauptung, er habe seinen Pflichtverteidiger nach der Urteilsverkündung mit der Einlegung der Revision beauftragt, steht zudem in Widerspruch zu der dies in Abrede stellenden Erklärung seines damaligen Pflichtverteidigers, so dass die vom Angeklagten behaupteten Tatsachen insgesamt nicht als wahrscheinlich angesehen werden können. Schließlich wäre das Vorbringen des Angeklagten, worauf der Generalbundesanwalt zutreffend hinweist, auch nicht geeignet, sein fehlendes Verschulden an der Versäumung der Frist zur Einlegung der Revision zu

---

[360] BGH, Beschluss vom 12.1.2012 – 5 StR 462/11; vgl. hierzu auch BGH, Beschluss vom 10.7.2012 – 1 StR 301/12.

begründen, weil er nicht behauptet, dass sein Pflichtverteidiger ihm die erbetene Einlegung des Rechtsmittels auch zugesagt habe (vgl. BGH, Beschluss vom 17. Juli 2003 – 3 StR 142/03, BGHR StPO § 44 Verschulden 8).

Sowohl die Rechtsschutzgarantie als auch der Anspruch auf rechtliches Gehör verlangen, die Anforderungen daran, was der Betroffene vorbringen muss, um **Wiedereinsetzung in den vorigen Stand** zu erlangen, nicht zu überspannen. Dem Bürger darf eine Wiedereinsetzung nicht deswegen versagt werden, weil er wegen einer nur vorübergehenden, relativ kurzfristigen Abwesenheit von seiner ständigen Wohnung keine besonderen Vorkehrungen wegen der möglichen Zustellung eines Bußgeldbescheids oder Strafbefehls getroffen hat. Auch wenn der Betroffene weiß, dass gegen ihn ein Ermittlungsverfahren anhängig ist, oder er als Beschuldigter oder Betroffener vernommen wurde, gilt nichts anders.[361] **358**

[14] 2. Das Amtsgericht hat dadurch, dass es die Wiedereinsetzung in die versäumte Einspruchsfrist verweigert hat, den Beschwerdeführer in seinem Grundrecht aus Art. 19 Abs. 4 GG und seinem grundrechtsgleichen Recht auf rechtliches Gehör gemäß Art. 103 Abs. 1 GG verletzt. Der angegriffene Beschluss des Landgerichts hat durch die Bestätigung der Entscheidung des Amtsgerichts den Verfassungsverstoß perpetuiert.

[15] a) Der in Art. 19 Abs. 4 GG verankerte Anspruch auf effektiven Rechtsschutz gegen Akte öffentlicher Gewalt überlässt zwar die nähere Ausgestaltung des durch die Vorschrift garantierten Rechtsweges der jeweiligen Prozessordnung. Bei der Auslegung und Anwendung dieser Prozessordnung dürfen die Gerichte aber den Zugang zu den den Rechtsuchenden eingeräumten Instanzen nicht in unzumutbarer Weise erschweren (vgl. BVerfGE 44, 302 <305>; 52, 203 <207>; 69, 381 <385>). Insbesondere dürfen die Anforderungen daran, was der Betroffene veranlasst haben und vorbringen muss, um Wiedereinsetzung in den vorigen Stand zu erlangen, nicht überspannt werden (vgl. BVerfGE 40, 88 <91>; 67, 208 <212 f.>; 110, 339 <342>).

[16] Bei Versäumnis einer Frist – wie hier der Einspruchsfrist gegen den Strafbefehl – hängt die Möglichkeit, sich rechtliches Gehör zu verschaffen, davon ab, ob Wiedereinsetzung in den vorigen Stand gewährt wird. Der Anspruch auf rechtliches Gehör nach Art. 103 Abs. 1 GG verlangt daher ebenfalls, bei Anwendung und Auslegung der die Wiedereinsetzung regelnden Vorschriften die Anforderungen zur Erlangung der Wiedereinsetzung nicht zu überspannen (vgl. BVerfGE 25, 158 <166>; 26, 315 <318>; 31, 388<390>; 40, 46 <49 f.>; 40, 95 <99>). Dies gilt insbesondere in den Fällen des ersten Zugangs zum Gericht, in denen das Rechtsinstitut der Wiedereinsetzung in den vorigen Stand unmittelbar der Verwirklichung verfassungsrechtlich verbürgter Rechtsschutzgarantien dient (vgl. BVerfGE 40, 88 <91>; 54, 80 <83 f.>; 67, 208 <212 f.>).

[17] Nach der Rechtsprechung des Bundesverfassungsgerichts darf es dem Bürger nicht als ein die Wiedereinsetzung ausschließender Umstand zugerechnet werden, wenn er wegen einer nur vorübergehenden Abwesenheit von seiner ständigen Wohnung keine besonderen Vorkehrungen wegen der möglichen Zustellung eines Bußgeldbescheids oder Strafbefehls getroffen hat (vgl. BVerfGE 37, 100 <102>; 40, 88 <91 f.>; 40, 182 <186>; 41, 332 <335>). Es kommt nicht darauf an, ob die urlaubsbedingte Abwesenheit – wie hier – in die „allgemeine Ferienzeit“ oder eine sonstige

[361] BVerfG, Kammerbeschluss vom 18.10.2012 – 2 BvR 2776/10.

Jahreszeit fällt. Entscheidend ist allein, dass die Abwesenheit eine nur vorübergehende und relativ kurzfristige – längstens etwa sechs Wochen – von einer sonst ständig benutzten Wohnung ist (vgl. BVerfGE 40, 182 <186>; 41, 332 <336>). Das gilt auch dann, wenn er weiß, dass gegen ihn ein Ermittlungsverfahren anhängig ist, oder er als Beschuldigter oder Betroffener vernommen wurde (vgl. BVerfGE 25, 158 <166>; 34, 154 <156 f.>).

[18] b) Diesen verfassungsrechtlichen Anforderungen werden die angegriffenen Entscheidungen nicht gerecht. Die Gerichte im Wiedereinsetzungsverfahren haben die Anforderungen an die Voraussetzungen für die Gewährung von Wiedereinsetzung in den vorigen Stand ersichtlich überspannt und dem Beschwerdeführer dadurch den ersten Zugang zum Gericht verwehrt.

[19] aa) Sie beruhen auf der Annahme einer Obliegenheit, bereits bei einer vorübergehenden urlaubsbedingten Abwesenheit von nur etwa drei Wochen besondere Vorkehrungen hinsichtlich möglicher Zustellungen zu treffen. Dies widerspricht den dargestellten verfassungsrechtlichen Maßstäben.

[20] bb) Der Umstand, dass der Beschwerdeführer als Beschuldigter vernommen worden war und ihm der Tatvorwurf sowie die Einleitung des Ermittlungsverfahrens bekannt gegeben wurden, führt – entgegen der Auffassung des Landgerichts – zu keiner anderen Bewertung, zumal seit der Feststellung der Tat und der Anhörung des Betroffenen am 26. August 2009 bis zur Zustellung des Strafbefehls am 15. Juli 2010 fast ein Jahr vergangen war und daher für den Beschwerdeführer keine besondere Veranlassung bestand, die Zustellung eines Strafbefehls während der allgemeinen Urlaubszeit in Betracht zu ziehen.

[21] 3. Die angegriffenen Gerichtsbeschlüsse des Amtsgerichts und des Landgerichts sind daher aufzuheben. Die Sache ist an das Amtsgericht zurückzuverweisen (§ 93c Abs. 2 i.V.m. § 95 Abs. 2 BVerfGG).

■ PRAXISBEDEUTUNG

Der vorstehende stattgebende Kammerbeschluss bedeutet im Ergebnis eine Abkehr von den bisherigen Forderungen, wonach jedenfalls bei Kenntnis von einem gegen ihn eingeleiteten Ermittlungsverfahren der Beschuldigte bei vorübergehender Abwesenheit besondere Vorkehrungen dafür zu treffen hat, dass ihm Zustellungen rechtzeitig bekannt werden (vgl. zur bisher h.M. Meyer-Goßner StPO § 44 Rn. 14).

359 Es kann offen bleiben, ob den Wiedereinsetzungsanträgen bereits deshalb der Erfolg zu versagen ist, weil sie infolge eines wirksamen **Rechtsmittelverzichts** durch den ersten Verteidiger des Angeklagten unzulässig sind. Für das Vorliegen der erforderlichen Ermächtigung des Verteidigers zur Erklärung des Rechtsmittelverzichts könnte zwar die Äußerung des Angeklagten sprechen, er habe der „Nichteinlegung der Revision zugestimmt“, zwingend ist dies indes nicht. Die beantragte Wiedereinsetzung in den vorigen Stand kann dem Angeklagten gleichwohl nicht bewilligt werden, weil seine letztgenannte Erklärung jedenfalls belegt, dass er sich nach Beratung durch seinen ersten Verteidiger zunächst **bewusst gegen die Einlegung der Revision entschieden** hatte.[362]

---

[362] BGH, Beschluss vom 19.6.2012 – 3 StR 194/12.

[1] Das Landgericht hat den Angeklagten vom Vorwurf der gemeinschädlichen Sachbeschädigung in 9 Fällen sowie der Sachbeschädigung in 82 Fällen, davon in zehn Fällen in Tateinheit mit Verwenden von Kennzeichen verfassungswidriger Organisationen freigesprochen und seine Unterbringung in einem psychiatrischen Krankenhaus angeordnet.

[2] Hinsichtlich dieses in Anwesenheit des Angeklagten verkündeten Urteils hat sein Verteidiger mit Schriftsatz vom 19. Januar 2012 auf Rechtsmittel verzichtet. Mit Schreiben vom 28. Januar 2012 – bei Gericht eingegangen am 1. Februar 2012 – hat der Angeklagte gleichwohl Revision gegen das Urteil eingelegt und zur Begründung ausgeführt, sein Verteidiger habe ihm nach Urteilsverkündung ein Schriftstück – wohl die schriftliche Rechtsmittelbelehrung – nicht mitgegeben; deshalb sei die Frist zur Revisionseinlegung „verpasst" worden. Mit Schreiben vom 1. Februar 2012 hat er sodann erklärt, er habe der „Nichteinlegung der Revision zugestimmt", weil ihn sein Verteidiger hinsichtlich der Erfolgsaussichten der Revision falsch beraten habe; dieser habe erklärt, „eine Revision hätte zu 99 % keine Erfolgsaussichten".

[3] Mit Schreiben seiner neuen Verteidigerin vom 12. Februar 2012 beantragte diese für den Angeklagten Wiedereinsetzung in den vorigen Stand hinsichtlich der Revisionseinlegungsfrist und hinsichtlich der Versäumung der Frist zur Anbringung des Wiedereinsetzungsantrags. Die Revision begründete sie unter Erhebung der allgemeinen Sachrüge mit Schriftsatz vom 18. April 2012, die sie unter dem 25. April 2012 näher ausführte.

[4] 1. Es kann offen bleiben, ob den Wiedereinsetzungsanträgen bereits deshalb der Erfolg zu versagen ist, weil sie infolge eines wirksamen Rechtsmittelverzichts durch den ersten Verteidiger des Angeklagten unzulässig sind. Für das Vorliegen der erforderlichen Ermächtigung des Verteidigers zur Erklärung des Rechtsmittelverzichts könnte zwar die Äußerung des Angeklagten sprechen, er habe der „Nichteinlegung der Revision zugestimmt", zwingend ist dies indes nicht.

[5] Die beantragte Wiedereinsetzung in den vorigen Stand kann dem Angeklagten gleichwohl nicht bewilligt werden, weil seine letztgenannte Erklärung jedenfalls belegt, dass er sich nach Beratung durch seinen ersten Verteidiger zunächst bewusst gegen die Einlegung der Revision entschieden hatte; wer aber von einem befristeten Rechtsbehelf bewusst keinen Gebrauch macht, ist nicht im Sinne des § 44 Satz 1 StPO „verhindert, eine Frist einzuhalten" (BGH, Beschluss vom 10. August 2000 – 4 StR 304/00, NStZ 2001, 160; Beschluss vom 23. September 1997 – 4 StR 454/97, NStZ-RR 1998, 109; KK-Maul, 6. Aufl., § 44 Rn. 17 m.w.N.). Das gilt auch dann, wenn ein Angeklagter – wie hier vom Beschwerdeführer behauptet – nach Beratung durch seinen Verteidiger die Erfolgsaussichten eines Rechtsmittels möglicherweise falsch einschätzt (BGH, Beschluss vom 10. August 2000 – 4 StR 304/00, NStZ 2001, 160; Beschluss vom 16. Mai 2000 – 4 StR 147/00, BGHR StPO § 44 Anwendungsbereich 2; Meyer-Goßner, StPO, 54. Aufl., § 44 Rn. 5).

Der Antragssteller eines Wiedereinsetzungsantrags muss **darlegen, welche Frist er versäumt und was ihn an der Fristwahrung gehindert hat**. Die hierzu erforderlichen Angaben sind ebenso wie ihre Glaubhaftmachung Zulässigkeitsvoraussetzungen.[363] **360**

[363] BGH, Beschluss vom 24.7.2012 – 1 StR 341/12.

[2] Der Antragsteller muss darlegen, welche Frist er versäumt und was ihn an der Fristwahrung gehindert hat. Die hierzu erforderlichen Angaben sind ebenso wie ihre Glaubhaftmachung Zulässigkeitsvoraussetzungen (vgl. BGHR StPO § 45 Abs. 2 Tatsachenvortrag 2, 6 und 7; BGH, Beschluss vom 1. September 2009 – 1 StR 412/09). Diesen Anforderungen wird der Antrag des Angeklagten nicht gerecht.

[3] Zwar trägt er vor, er habe noch am „Tag der Urteilsverkündung", mithin am 25. April 2012 und damit rechtzeitig, seinen Verteidiger mit einem an diesem Tag „zur Post in der JVA" gegebenen Schreiben mit der Einlegung der Revision beauftragt. Dieses Schreiben habe den Verteidiger aus für ihn nicht nachvollziehbaren Gründen erst am 4. Mai 2012 erreicht. Insoweit versäumt der Angeklagte aber, Zeit und Umstände der Absendung näher zu bezeichnen (vgl. hierzu BGHR StPO § 45 Abs. 2 Tatsachenvortrag 3 und 8). Da ohne diese Angaben nicht zuverlässig beurteilt werden kann, ob ihn ein Verschulden oder Mitverschulden an der geltend gemachten Verzögerung der Postzustellung trifft, führt bereits dieser Mangel zur Unzulässigkeit des Antrags.

[4] Im Übrigen aber ist der Vortrag nicht glaubhaft gemacht. Einziges Mittel zur Glaubhaftmachung ist der erst am 3. Juli 2012 vorgelegte Brief des Angeklagten an seinen Verteidiger. Dem auf den 25. April 2012 datierten Schreiben ist zu entnehmen, der Angeklagte „habe derweil dem Landgericht mitgeteilt ... in Revision gehen" zu möchten. Tatsächlich befindet sich bei den Sachakten die Revisionseinlegung des Angeklagten, die bei dem Landgericht am 4. Mai 2012 eingegangen, indes mit dem Ausstellungsdatum 2. Mai 2012 versehen ist und damit eine Woche nach der behaupteten Beauftragung datiert. Will der Angeklagte die Beauftragung seines Verteidigers mit der Revisionseinlegung aber erst nach der eigenhändigen Revisionseinlegung vorgenommen haben, ist es danach nicht wahrscheinlich, dass das Beauftragungsschreiben schon am 25. April 2012 verfasst und abgesandt worden ist. Mit einer Beauftragung des Verteidigers nach der eigenhändigen Revisionseinlegung am 2. Mai 2012 ließe sich im Übrigen ohne weiteres der behauptete Poststempel des Beauftragungsschreibens vom 3. Mai 2012 in Einklang bringen. Dass der Angeklagte bereits vor dem 2. Mai 2012 dem Gericht in einem weiteren Schreiben seinen Anfechtungswillen mitgeteilt hat, ist weder vorgetragen noch sonst ersichtlich.

[5] Auch unter dem Gesichtspunkt, dass der Angeklagte am 2. Mai 2012, also noch innerhalb der Frist Revision eingelegt hat, sein Rechtsmittel aber erst am 4. Mai 2012 und damit nicht mehr fristgerecht bei Gericht eingegangen ist, ist ihm keine Wiedereinsetzung zu gewähren. Bei Aufgabe zur Post am letzten Tag der Frist durfte der Angeklagte schon nicht damit rechnen, dass seine Rechtsmittelschrift noch an diesem Tag bei Gericht eingeht (vgl. BGH, Beschluss vom 17. September 2008 – 2 StR 366/08, bei Cierniak/Zimmermann NStZ-RR 2011, 97, 100 Nr. 13: zur Aufgabe am Tag vor Fristablauf). Zumindest die übliche Postlaufzeit von einem Werktag hätte er einkalkulieren müssen (vgl. hierzu BVerfG NJW 1992, 1952).

[6] 2. Die Revision des Angeklagten ist als unzulässig zu verwerfen (§ 349 Abs. 1 StPO), da die Revisionseinlegung nicht innerhalb der Frist des § 341 Abs. 1 StPO und damit verspätet eingelegt worden ist.

3. Zeugnisverweigerung – § 52 StPO

361 Ein Zeuge ist nach ständiger Rechtsprechung des Bundesgerichtshofs hinsichtlich aller Beschuldigter zur **Verweigerung des Zeugnisses** gemäß § 52 Abs. 1 StPO berechtigt und hierüber auch zu belehren, wenn sich ein einheitliches Verfahren gegen mehrere Beschuldigte richtet oder gerichtet hat und der Zeuge jedenfalls zu einem von ihnen in einem von § 52 Abs. 1 StPO erfassten Angehörigenverhältnis steht, sofern der Sachverhalt, zu dem er aussagen soll, auch seinen Angehörigen betrifft.[364]

[2] 1. Der erhobenen Verfahrensrüge, das Gericht habe zwei Zeugen, deren Aussagen es zum Nachteil des Angeklagten verwertet habe, nicht nach § 52 Abs. 3 StPO belehrt, bleibt der Erfolg versagt.

[3] a) Nach bislang verbindlicher Rechtsprechung wäre es geboten gewesen, die Brüder P. und J. W. vor ihrer Zeugenvernehmung gemäß § 52 Abs. 3 StPO zu belehren. Ein Zeuge ist nach ständiger Rechtsprechung des Bundesgerichtshofs hinsichtlich aller Beschuldigter zur Verweigerung des Zeugnisses gemäß § 52 Abs. 1 StPO berechtigt und hierüber auch zu belehren, wenn sich ein einheitliches Verfahren gegen mehrere Beschuldigte richtet oder gerichtet hat und der Zeuge jedenfalls zu einem von ihnen in einem von § 52 Abs. 1 StPO erfassten Angehörigenverhältnis steht, sofern der Sachverhalt, zu dem er aussagen soll, auch seinen Angehörigen betrifft (vgl. nur BGH, Urteil vom 13. Mai 1998 – 3 StR 566/97, BGHR StPO § 52 Abs. 1 Nr. 3 Mitbeschuldigter 12 m.w.N.; BGH, Beschluss vom 30. April 2009 – 1 StR 745/08, BGHSt 54, 1, 4). Unterbleibt die Belehrung gleichwohl, soll dies der nicht-angehörige Angeklagte grundsätzlich auch rügen können (vgl. BGH, Urteil vom 3. Februar 1955 – 4 StR 582/54, BGHSt 7, 194, 196).

[4] Die Polizei hatte hier beide Zeugen der Beteiligung an der Tat des Beschwerdeführers verdächtigt und das Ermittlungsverfahren zugleich gegen sie und den Angeklagten geführt. Die Staatsanwaltschaft hatte gegen sie Durchsuchungsbeschlüsse (§ 102 StPO) erwirkt und beide wie den Beschwerdeführer wegen derselben prozessualen Tat als Beschuldigte eingetragen. Damit war die notwendige, zumindest historische prozessuale Gemeinsamkeit gegeben, die das Zeugnisverweigerungsrecht gemäß § 52 Abs. 1 Nr. 3 StPO der beiden früheren mitbeschuldigten Brüder auch in dem gegen den Beschwerdeführer geführten Verfahren begründete. Durch die spätere staatsanwaltschaftliche Einstellung des gegen die Zeugen gerichteten Verfahrens nach § 170 Abs. 2 StPO wurde es nicht beseitigt:

[5] Zwar ist anerkannt, dass eine zwischen dem angehörigen Zeugen und dem Angeklagten über einen vormals mitbeschuldigten Angehörigen bestehende Verbindung durch prozessuale Entwicklungen gelockert sein kann und deshalb eine Zubilligung des Zeugnisverweigerungsrechts nicht mehr rechtfertigt; dies gilt namentlich nach Ableben des früheren Mitbeschuldigten (BGH, Urteil vom 13. Februar 1992 – 4 StR 638/91, BGHR StPO § 52 Abs. 1 Nr. 3 Mitbeschuldigter 7), nach dessen rechtskräftiger Verurteilung (BGH, Urteil vom 29. Oktober 1991 – 1 StR 334/90, BGHSt 38, 96, 100 ff.) oder rechtskräftigem Freispruch (BGH, Urteil vom 4. Mai 1993 – 1 StR 921/92, BGHR StPO § 52 Abs. 1 Nr. 3 Mitbeschuldigter 9) und nach erfolgter Verfahrenseinstellung gemäß § 154 StPO mit Blick auf eine rechtskräftige Verurteilung im Bezugsverfahren (BGH, Beschluss vom 30. April 2009 – 1 StR 745/08, BGHSt 54, 1, 5 ff.). Dem steht die vorliegende Fallkonstellation angesichts der uneingeschränkten Möglichkeit für die Staatsanwaltschaft, ein nach § 170 Abs. 2 StPO eingestelltes Verfahren wegen eines nicht verjährten Tatvor-

---

[364] BGH, Beschluss vom 14.12.2011 – 5 StR 434/11; vgl. hierzu auch BGH, Beschluss vom 8.12.2011 – 4 StR 500/11.

wurfs wiederaufzugreifen (vgl. Graalmann-Scheerer in Löwe-Rosenberg, StPO, 26. Aufl., § 170 Rn. 50 m.w.N.), jedoch nicht gleich (vgl. BGH, Beschluss vom 26. August 1997 – 1 StR 469/97, BGHR StPO § 52 Abs. 1 Nr. 3 Mitbeschuldigter 10; vgl. auch BGH, Urteil vom 27. Mai 1998 – 3 StR 31/98, BGHR StPO § 52 Abs. 1 Nr. 3 Mitbeschuldigter 11; BGH, Beschluss vom 30. April 2009 – 1 StR 745/08, BGHSt 54, 1, 6).

[6] b) Das Urteil würde indes auf einem hieraus abzuleitenden Verfahrensfehler nicht beruhen (§ 337 StPO). Dies gilt für die Angaben des Zeugen P. W. bereits deshalb, weil er vor seiner Aussage über ein ihm zugebilligtes Auskunftsverweigerungsrecht (§ 55 StPO) belehrt worden war und dennoch ausgesagt hatte. Im Hinblick darauf ist nicht ersichtlich, inwiefern eine weitere Belehrung über ein darüber hinaus gegebenes Zeugnisverweigerungsrecht hier zu einem anderen Aussageverhalten oder einem anderen Beweisergebnis hätte führen können (vgl. hierzu BGH, Urteil vom 30. Mai 1984 – 2 StR 233/84, NStZ 1984, 464).

[7] Abgesehen davon ist hinsichtlich beider Zeugen – worauf auch der Generalbundesanwalt zu Recht abhebt – auszuschließen, dass ihr denkbares Schweigen für den Fall umfassender Belehrung nach § 52 Abs. 3 StPO mit der Folge eines Verwertungsverbots nach § 252 StPO die Beweislage zu Gunsten des Beschwerdeführers hätte verändern können. Zwar hat die Strafkammer im Rahmen ihrer Würdigung der Angaben des Hauptbelastungszeugen B. ausdrücklich auf eine Gesamtschau der sie bestätigenden Beweiszeichen abgestellt (UA S. 45/46). Im Rahmen dessen hat sie namentlich die Angaben beider Zeugen für die Frage berücksichtigt, ob der Beschwerdeführer Nutzer des am Tatort startbereit aufgefundenen und durch das Tatgericht nachvollziehbar als Fluchtfahrzeug bewerteten Pkw war (UA S. 42/43). Allerdings stützt sie Ihre Überzeugung betreffend die Nutzung des Fluchtfahrzeugs durch den Beschwerdeführer nicht allein und auch nicht etwa maßgeblich auf die Angaben beider Zeugen. Vielmehr hat der Beschwerdeführer selbst eingeräumt „in der fraglichen Zeit" das Fahrzeug genutzt zu haben (UA S. 35, 42).

[8] Ferner hat sich das Tatgericht mit beiden Zeugen als möglichen Alternativtätern auseinandergesetzt (UA S. 60). Als solche hat sie beide nicht etwa maßgeblich auf Grund ihrer Aussagen, sondern mit Blick auf die übrigen, gewichtigen Beweiszeichen rechtsfehlerfrei ausgeschlossen. Dass ein (denkbares) Schweigen beider Zeugen neben den sie entlastenden, den Beschwerdeführer hingegen nachhaltig belastenden Erkenntnissen – etwa aus der daktyloskopischen Spurenauswertung, der DNA-Analyse (UA S. 43 ff.) und dem Tatzeitalibi des P. W. (UA S. 61) – die Beweislage für den Angeklagten günstiger gestaltet hätte, lässt sich sicher ausschließen.

[9] c) Es bedarf deshalb keiner Entscheidung, ob in den genannten Fällen – entgegen der dargestellten überkommenen Rechtsprechung – das Zeugnisverweigerungsrecht nur so lange Bestand haben kann, wie sich das Verfahren im Zeitpunkt der Entscheidung über das Verweigerungsrecht noch gegen einen angehörigen Angeklagten richtet und nicht – davon gelöst – lediglich als Rechtsreflex auch Nichtangehörige begünstigt (vgl. dazu bereits BGH, Urteil vom 29. Oktober 1991 – 1 StR 334/90, BGHSt 38, 96, 99 sowie Beschluss vom 30. April 2009 – 1 StR 745/08, BGHSt 54, 1, 4). Dafür spricht, dass das bislang der Rechtsprechung zugrunde liegende Verständnis vom Beschuldigtenbegriff im Sinne des § 52 Abs. 1 StPO zu vom Gesetzeswortlaut nicht erzwungenen (Rogall in SK-StPO, 41. Lfg., § 52 Rn. 52; Otto, NStZ 1991, 220, 221), als Ursache von Zufälligkeiten im Verfahrensablauf aber unbefriedigenden und die Wahrheitsermittlung erheblich erschwerenden Konsequenzen führt (vgl. Basdorf in NJW-Festheft Tepperwien, 2010, S. 5, 6 f.; Fischer, JZ 1992, 570,

573). Eine mit dem allgemeinen Mitbeschuldigtenbegriff harmonierende Auslegung des § 52 Abs. 1 StPO dürfte diese unsachgemäßen Ergebnisse bei gleich hohem Schutzniveau sowohl für den nicht angeklagten Angehörigen als auch den mit ihm verwandten Zeugen über § 55 StPO vermeiden.

Die Beurteilung der Strafkammer, den minderjährigen Kindern der Angeklagten fehle eine genügende Vorstellung von der **Bedeutung des Zeugnisverweigerungsrechts**, weist keinen Rechtsfehler auf. Sie ist als tatrichterliche Ermessensentscheidung revisionsrechtlicher Überprüfung nur eingeschränkt zugänglich.[365] **362**

Die Verurteilung der Angeklagten wegen Mordes an ihrem Ehemann zu lebenslanger Freiheitsstrafe wird von den auf rechtsfehlerfreier Beweiswürdigung basierenden Feststellungen getragen. Die Beurteilung der Strafkammer, den minderjährigen Kindern der Angeklagten fehle eine genügende Vorstellung von der Bedeutung des Zeugnisverweigerungsrechts i.S.v. § 52 Abs. 2 Satz 1 StPO (eingefügt durch das Erste Gesetz zur Reform des Strafverfahrensrechts vom 9. Dezember 1974, BGBl. I, 3393), weist keinen Rechtsfehler auf. Sie ist als tatrichterliche Ermessensentscheidung revisionsrechtlicher Überprüfung nur eingeschränkt zugänglich (vgl. Senge in Karlsruher Kommentar, StGB, 6. Aufl., § 52 Rn. 48 m.w.N.). Die Ausführungen der Strafkammer zu den freibeweislichen Erhebungen durch den Berichterstatter einerseits und zu Angaben der Kinder vor der Hauptverhandlung gegenüber Polizei, Ermittlungsrichter und Kinderdorfmutter andererseits machen hinreichend deutlich, dass die Strafkammer von einem zutreffenden Beurteilungsmaßstab ausgeht. Sie prüft, ob die minderjährigen Kinder der Angeklagten – unbeschadet ihres Alters und der möglichen Erkenntnis, dass ihrer Mutter aufgrund des Vorwurfs, Unrechtes getan zu haben, eine Strafe droht – über die erforderliche geistige Reife verfügen, eine mögliche Konfliktlage zwischen der Pflicht zu wahrheitsgemäßer Aussage und den familiären Rücksichten (Hilfestellung für die Mutter) verstandesmäßig genügend erfassen zu können. Schon die Zweifel der Strafkammer hierüber mussten sie veranlassen, von fehlender Verstandesreife auszugehen (BGH, Urteil vom 8. März 1979 – 4 StR 634/78; Huber in BeckOK-StPO, § 52 Rn. 20 m.w.N.).

Ohnedies musste sich die Strafkammer nach der durchgeführten Beweisaufnahme und eingedenk der Besonderheiten des vorliegenden Einzelfalls nicht gedrängt sehen (§ 244 Abs. 2 StPO), die Kinder der Angeklagten auch noch persönlich zu hören. Die in die Hauptverhandlung eingeführten Angaben der Kinder außerhalb der Hauptverhandlung hat die Strafkammer mit rechtsfehlerfreier Begründung als unglaubhaft bewertet.

4. Zwangsmittel – § 70 StPO

Hat die Aussage eines in der Hauptverhandlung erschienenen, aber **grundlos die Aussage verweigernden Zeugen** für die Überzeugungsbildung des Gerichts erhebliche Bedeutung, so gebietet es die **Aufklärungspflicht**, Anstrengungen zu unternehmen, den Zeugen zu einer Auskunft zu bewegen.[366] **363**

[2] Das Landgericht hat festgestellt, dass der Angeklagte im November 2008, am 2. Februar 2009 und kurz vor dem 28. April 2009 jeweils ein Kilogramm Ampheta-

[365] BGH, Beschluss vom 17.4.2012 – 1 StR 146/12.
[366] BGH, Beschluss vom 28.12.2011 – 2 StR 195/11.

min an den deshalb bereits rechtskräftig verurteilten Zeugen Ku. veräußert hat. Zur Beweiswürdigung hat es ausgeführt, es glaube dem Zeugen Ku., soweit dieser die Geschäfte als solche eingeräumt und weiter angegeben hatte, er habe die Betäubungsmittel in allen Fällen von demselben Veräußerer erworben. Die Strafkammer ist dem Zeugen aber nicht darin gefolgt, dass der Lieferant eine andere Person als der Angeklagte gewesen sei. Von der Täterschaft des Angeklagten im Fall des Betäubungsmittelgeschäfts am 2. Februar 2009 hat es sich durch weitere Indizien überzeugt und ist anhand der Angabe des Zeugen Ku., es sei stets derselbe Veräußerer aufgetreten, davon ausgegangen, dass der Angeklagte dann auch dessen Lieferant des Amphetamins in den weiteren Fällen gewesen sei. Der Zeuge Ku., dem das Gericht kein Auskunftsverweigerungsrecht zugebilligt hat, hat wiederholt die Antwort auf die Frage verweigert, wer der Lieferant gewesen sei.

[3] Bei dieser Sachlage rügt die Revision zu Recht, dass das Landgericht nicht im Rahmen seiner Aufklärungspflicht gemäß § 244 Abs. 2 StPO mit Zwangsmitteln nach § 70 StPO auf die Beantwortung der Frage hingewirkt hat. Hat die Aussage eines in der Hauptverhandlung erschienenen, aber grundlos die Aussage verweigernden Zeugen für die Überzeugungsbildung des Gerichts erhebliche Bedeutung, so gebietet es die Aufklärungspflicht, Anstrengungen zu unternehmen, den Zeugen zu einer Auskunft zu bewegen (BGH, Beschluss vom 6. September 1983 – 1 StR 480/83, StV 1983, 495 f.). Daran fehlt es im vorliegenden Fall.

[4] § 70 StPO dient allerdings nicht der Erzwingung wahrheitsgemäßer Aussagen, sondern nur der Beantwortung der offenen Frage. Eine Konstellation, in der es alleine um die Korrektur einer bereits gemachten Äußerung geht, die das Gericht für unzutreffend hält, liegt hier jedoch nicht vor. Dies ließe sich allenfalls unter Vorwegnahme des Beweisergebnisses annehmen, dass der Zeuge die Unwahrheit gesagt habe, als er angab, der Angeklagte sei nicht der Verkäufer der Amphetaminportionen gewesen. Eine solche Vorwegnahme des Beweisergebnisses war hier aber nicht zulässig. Dann bleibt es dabei, dass die Frage nach der Identität des Drogenverkäufers nicht beantwortet worden ist.

[5] Angesichts der entscheidenden Beweisbedeutung der Auskunft des Zeugen innerhalb des Beweisrings, den die Strafkammer zugrunde gelegt hat, blieb hinsichtlich der Anwendung des § 70 StPO auch kein Ermessensspielraum für das Gericht.

[6] Es kann nicht ausgeschlossen werden, dass das Urteil auf dem Verfahrensfehler beruht. Es steht nämlich nicht fest, dass der Zeuge Ku. auch bei Anwendung der Zwangsmittel nach § 70 StPO die Frage unbeantwortet gelassen hätte. Ferner ist nicht feststellbar, dass der Zeuge keine Auskunft erteilt hätte, die eine andere Identität des Drogenverkäufers ergeben hätte.

[7] Schließlich ist nicht davon auszugehen, dass die Anwendung der Zwangsmittel nach § 70 StPO unverhältnismäßig gewesen wäre. Zwar kann auch bei erheblicher Beweisbedeutung der Auskunft des Zeugen von der Anwendung der Zwangsmittel als unangemessen abgesehen werden, wenn etwa dem Zeugen oder ihm nahe stehenden Personen im Fall der Beantwortung der Beweisfrage konkrete Gefahren für Leib oder Leben drohen. Dass es sich so verhält, ist hier aber ebenfalls nicht ersichtlich.

364 Die Auswirkungen der **Anordnung** und gegebenenfalls der **Vollziehung** von **Beugehaft** zur Erzwingung des Zeugnisses auf den Gesundheitszustand des Zeugen ist in die Bewertung der Verhältnismäßigkeit miteinzubeziehen. Besteht beim Zeugen auf Grund einer schweren Erkrankung bei einer Verbringung in eine Justizvollzugsanstalt oder ein Justizkrankenhaus Lebensgefahr oder zumindest die Gefahr eines noch weitergehenden schwerwiegenden Schadens an der Gesundheit, so widerspricht bereits die Anordnung und nicht erst der Vollzug der Beugehaft dem Grundsatz der Verhältnismäßigkeit unter Berücksichtigung insbesondere des Freiheitsgrundrechts sowie des Rechts auf körperliche Unversehrtheit.[367]

[8] Es kann dahinstehen, ob die Zeugin die Beantwortung der gestellten Fragen ohne gesetzlichen Grund verweigert hat oder ob ihr ein Auskunftsverweigerungsrecht nach § 55 StPO zusteht und welchen Umfang dieses gegebenenfalls hat. Die Anordnung von Beugehaft ist jedenfalls unverhältnismäßig.

[9] 1. Die Anordnung der Beugehaft steht – anders als die der Maßnahmen nach § 70 Abs. 1 StPO – im Ermessen des Gerichts. Dabei sind sowohl die Aufklärungspflicht als auch der Grundsatz der Verhältnismäßigkeit zu beachten. Diesem kommt – da § 70 StPO keine speziellen materiellen Voraussetzungen zum Schutz des Freiheitsgrundrechts des Zeugen vorsieht – besondere Bedeutung zu. Danach muss die Beugehaft nach den Umständen des Falles unerlässlich sein und darf zur Bedeutung der Strafsache und der Aussage für den Ausgang des Verfahrens nicht außer Verhältnis stehen (BVerfG, Beschlüsse vom 25. Januar 2007 – 2 BvR 26/07, NJW 2007, 1865, 1868; vom 9. September 2005 – 2 BvR 431/02, NJW 2006, 40, 41; vom 21. August 2000 – 2 BvR 1372/00, NJW 2000, 3775, 3776; BGH, Beschlüsse vom 4. August 2009 – StB 32/09, NStZ 2010, 44; vom 7. Juli 2005 – StB 12/05, NStZ-RR 2005, 316, 317). Bei seiner Abwägung muss das Gericht auch die Bedeutung besonderer grundrechtlicher Gewährleistungen, die im Einzelfall berührt sein können, berücksichtigen (BVerfG, Beschluss vom 25. Januar 2007 – 2 BvR 26/07, NJW 2007, 1865, 1868). Auch die Fürsorgepflicht gegenüber dem Zeugen kann ausschlaggebend sein (vgl. für den Fall eines gefährdeten Zeugen BGH, Urteil vom 16. Juni 1983 – 2 StR 4/83, NStZ 1984, 31).

[10] 2. Nach diesen Maßstäben ist die Anordnung der Beugehaft ermessensfehlerhaft, da sie den Grundsatz der Verhältnismäßigkeit unter Berücksichtigung insbesondere des Freiheitsgrundrechts der Beschwerdeführerin aus Art. 2 Abs. 2 Satz 2, Art. 104 Abs. 2 Satz 1 GG sowie ihres Rechts auf Leben und körperliche Unversehrtheit aus Art. 2 Abs. 2 Satz 1 GG verletzt. Die Abwägung ergibt, dass die dem Eingriff entgegenstehenden Interessen der Zeugin ersichtlich wesentlich schwerer wiegen als diejenigen Belange, deren Wahrung die Anordnung der Beugehaft dienen soll. Im Einzelnen:

[11] a) Der Grundsatz der Verhältnismäßigkeit ist vor allem mit Blick auf die schwere Erkrankung der Zeugin und die nachteiligen Folgen für ihr körperliches Wohl, die mit der Beugehaft verbunden wären, nicht gewahrt.

[12] aa) Das Oberlandesgericht ist in seiner Entscheidung vom 15. Dezember 2011 zu Recht zu dem Ergebnis gelangt, dass die Vollziehung der Beugehaft derzeit für die Zeugin aufgrund deren Erkrankung unzumutbar sei. Entgegen seiner Auffassung und derjenigen des Generalbundesanwalts sind die Auswirkungen der verhängten Beugehaft auf die Gesundheit der Zeugin bis hin zu einer Bedrohung ihres Lebens hier allerdings bereits bei der Anordnung und nicht erst bei der Vollziehung der Maßnahme zu berücksichtigen.

[13] (1) Dies ergibt sich zunächst bei einer sinngemäßen Übertragung derjenigen Grundsätze auf die Beugehaft, die bei anderen Haftarten allgemein anerkannt sind.

---

[367] BGH, Beschluss vom 10.1.2012 – StB 20/11.

Danach ist die Haftfähigkeit als solche zwar – der Rechtslage bei der Straf- und Untersuchungshaft entsprechend – erst bei der Vollziehung der Beugehaft von Belang (vgl. etwa Meyer-Goßner, StPO, 54. Aufl., § 112 Rn. 3). Hiervon zu trennen ist jedoch die Frage, ob bereits die Anordnung und sodann gegebenenfalls die Vollziehung der Maßnahme Auswirkungen auf die Gesundheit des Betroffenen haben kann. Im Rahmen der Strafzumessung ist der Gesundheitszustand als Teil der persönlichen Verhältnisse des Täters nach § 46 Abs. 2 StGB in die Abwägung der für und gegen diesen sprechenden Umstände einzustellen. So ist etwa die Erwägung rechtsfehlerhaft, eine Erkrankung falle bei der Strafzumessung durch das Tatgericht nicht ins Gewicht, weil Nachteile im Strafvollzug ausgeglichen werden können (BGH, Urteil vom 9. November 1989 – 4 StR 542/89, BGHR StGB § 46 Abs. 1 Schuldausgleich 19). Bei der Untersuchungshaft ist nach – soweit ersichtlich – einhelliger Auffassung der Gesundheitszustand des Beschuldigten im Rahmen der nach Maßgabe des § 112 Abs. 1 Satz 2 StPO anzustellenden Verhältnismäßigkeitsprüfung ebenfalls bereits bei der Anordnung der Haft von Bedeutung (Meyer-Goßner aaO § 112 Rn. 11; KK-Graf, 6. Aufl., § 112 Rn. 48; LR/Hilger, StPO, 26. Aufl., § 112 Rn. 57). Hinreichende Gründe dafür, von diesen Grundsätzen im Falle der Beugehaft abzuweichen, sind nicht ersichtlich.

*[**14**] (2) Dafür, die Auswirkungen der Anordnung und gegebenenfalls der Vollziehung von Beugehaft auf den Gesundheitszustand des Zeugen in die Bewertung der Verhältnismäßigkeit einzubeziehen, spricht auch der verfassungsrechtliche Kontext, in dem die Verhängung der Maßnahme steht. Die Beugehaft greift in den Schutzbereich des Freiheitsgrundrechts des Zeugen aus Art. 2 Abs. 2 Satz 2, Art. 104 Abs. 2 Satz 1 GG ein, das unter den grundrechtlich verbürgten Rechten einen besonders hohen Rang einnimmt (BVerfG, Beschluss vom 9. September 2005 – 2 BvR 431/02, NJW 2006, 40, 41 m.w.N.). Nach diesen Verfassungsnormen ist die persönliche Bewegungsfreiheit besonders abgesichert. Diese Wertentscheidung garantiert die Einhaltung eines fairen und rechtsstaatlichen Verfahrens und verpflichtet die zur Entscheidung über eine Freiheitsentziehung berufenen Gerichte, dem Freiheitsgrundrecht auf allen Verfahrensstufen angemessen Rechnung zu tragen. Dieser verfassungsrechtliche Maßstab ist auch im Verfahren gemäß § 70 Abs. 2 StPO zu beachten (BVerfG, Beschluss vom 21. August 2000 – 2 BvR 1372/00, NJW 2000, 3775, 3776 m.w.N.). Dies gilt in noch stärkerem Maße dann, wenn wie im vorliegenden Fall das Grundrecht des Zeugen auf Leben und körperliche Unversehrtheit aus Art. 2 Abs. 2 Satz 1 GG, dem ebenfalls eine besonders hohe Bedeutung zukommt (vgl. BVerfG, Beschluss vom 9. März 2010 – 2 BvR 3012/09, juris Rn. 25), betroffen ist.*

■ PRAXISBEDEUTUNG

Mit dieser Entscheidung werden deutlich die Grenzen der Strafgerichtsbarkeit bei der Erforschung der materiellen Wahrheit umrissen. Dabei wird der Grundrechtsschutz auch schon auf das formelle Anordnungsverfahren im Rahmen der Verhältnismäßigkeitsprüfung ausgeweitet; denn die Frage der Vereinbarkeit mit den Grundrechten ist bereits im Rahmen einer Anordnung, und nicht allein bei der Vollziehung zu stellen. Gerade weil es sich bei der Androhung und Anordnung auch um einen rein formellem Akt handelt, welcher bereits auf ein Einlenken des Zeugen gerichtet ist, ist es zutreffend, auch diesen Bereich bereits denselben Überlegungen zu unterwerfen, welche auch bei einer späteren Vollziehung anzustellen sind.

5. Beschlagnahme, Durchsuchung, Einsatz technischer Mittel (Gefahr im Verzug/Tatverdacht) – §§ 94 ff. StPO

Der **Durchsuchungsbeschluss** muss insbesondere den **Tatvorwurf hinreichend beschreiben**. In einem Durchsuchungsbeschluss ist die Angabe von Indiztatsachen, auf die der Verdacht gestützt wird, nicht stets zwingend notwendig. Dies gilt allerdings nur, wenn sie nicht zur Begrenzung der richterlichen Durchsuchungsgestattung notwendig sind.[368] 365

[12] aa) Eine Durchsuchung greift in die durch Art. 13 Abs. 1 GG geschützte persönliche Lebenssphäre schwerwiegend ein (vgl. BVerfGE 103, 142 <150 f.>). Dem Gewicht dieses Eingriffs und der verfassungsrechtlichen Bedeutung des Schutzes der räumlichen Privatsphäre entspricht es, dass Art. 13 Abs. 2 GG die Anordnung einer Durchsuchung grundsätzlich dem Richter vorbehält (vgl. BVerfGE 103, 142 <151>). Diesen trifft als Kontrollorgan der Verfolgungsbehörden die Pflicht, durch eine geeignete Formulierung des Durchsuchungsbeschlusses im Rahmen des Möglichen und Zumutbaren sicherzustellen, dass der Eingriff in die Grundrechte messbar und kontrollierbar bleibt (vgl. BVerfGE 42, 212 <220>; 103, 142 <151>). Dazu muss der Beschluss insbesondere den Tatvorwurf so beschreiben, dass der äußere Rahmen abgesteckt wird, innerhalb dessen die Zwangsmaßnahme durchzuführen ist (vgl. BVerfGE 103, 142 <151>; BVerfG, Beschluss der 3. Kammer des Zweiten Senats vom 7. September 2007 – 2 BvR 620/02 –, juris, Rn. 20; BVerfG, Beschluss der 3. Kammer des Zweiten Senats vom 7. September 2007 – 2 BvR 260/03 –, juris, Rn. 14). Der Richter muss die aufzuklärende Straftat oder Ordnungswidrigkeit, wenn auch kurz, doch so genau umschreiben, wie es nach den Umständen des Einzelfalls möglich ist (vgl. BVerfGE 20, 162 <224>; BVerfG, Beschluss der 3. Kammer des Zweiten Senats vom 7. September 2007 – 2 BvR 620/02 –, aaO, Rn. 20; BVerfG, Beschluss der 3. Kammer des Zweiten Senats vom 7. September 2007 – 2 BvR 260/03 –, aaO, Rn. 14). Dies versetzt dann den von der Durchsuchung Betroffenen zugleich in den Stand, die Durchsuchung seinerseits zu kontrollieren und etwaigen Ausuferungen im Rahmen seiner rechtlichen Möglichkeiten von vornherein entgegenzutreten (vgl. BVerfGE 42, 212 <220>; 103, 142 <151>).

a) Verwertungsverbote

TOPENTSCHEIDUNG ■

Ein in einem **Kraftfahrzeug** mittels akustischer Überwachung **aufgezeichnetes Selbstgespräch** eines sich unbeobachtet fühlenden Beschuldigten ist im Strafverfahren – auch gegen Mitbeschuldigte – unverwertbar, da es dem durch Art. 2 Abs. 1 GG in Verbindung mit Art. 1 Abs. 1 absolut geschützten **Kernbereich** der Persönlichkeit zuzurechnen ist.[369] 366

[12] II. Die Verfahrensrüge ist begründet.

[13] 1. Das nichtöffentlich geführte Selbstgespräch unterliegt einem selbständigen Beweisverwertungsverbot von Verfassungs wegen (vgl. BGH, Urteil vom 10. August

---

368 BVerfG, Kammerbeschluss vom 5.3.2012 – 2 BvR 1345/08.

369 BGH, Beschluss vom 22.12.2011 – 2 StR 509/10.

2005 – 1 StR 140/05, BGHSt 50, 206, 210; Dalakouras, Beweisverbote bezüglich der Achtung der Intimsphäre, 1988, S. 264; LR/Gössel, StPO, 26. Aufl., Einl. L Rn. 88; Jahn, Gutachten C zum 67. Deutschen Juristentag 2008, C 84; Roxin/Schünemann, Strafverfahrensrecht, 26. Aufl., § 36 Rn. 45; SK/Wolter, StPO, 4. Aufl. 2010, § 100f Rn. 35).

*[**14**] a) Der absolut geschützte Kernbereich der Persönlichkeitsentfaltung wird aus Art. 2 Abs. 1 GG in Verbindung mit Art. 1 Abs. 1 GG hergeleitet (vgl. BVerfG, Beschluss vom 31. Januar 1973 – 2 BvR 454/71, BVerfGE 34, 238, 245; Beschluss vom 14. September 1989 – 2 BvR 1062/87, BVerfGE 80, 367, 373). Sein Schutzbereich wird durch heimliche Aufzeichnung des nichtöffentlich geführten Selbstgesprächs der Zielperson staatlicher Ermittlungsmaßnahmen und deren Verwertung in der Hauptverhandlung berührt (vgl. BGH, Urteil vom 10. August 2005 – 1 StR 140/05, BGHSt 50, 206, 212). Ob das nichtöffentlich gesprochene Wort zum absolut geschützten Kernbereich oder zu dem nur relativ geschützten Bereich des allgemeinen Persönlichkeitsrechts gehört, ist durch Gesamtbewertung aller Umstände im Einzelfall festzustellen. Aus einer Kumulation von Umständen folgt hier, dass die Selbstgespräche des Angeklagten S. K. dem Kernbereich zuzurechnen sind. Dazu zählen die Eindimensionalität der „Selbstkommunikation“, die Nichtöffentlichkeit der Äußerungssituation, die mögliche Unbewusstheit der Äußerungen im Selbstgespräch, die Identität der Äußerung mit den inneren Gedanken beim Selbstgespräch und die Flüchtigkeit des gesprochenen Wortes.*

*[**15**] Der Grund für den absoluten Schutz eines Kernbereichs der Persönlichkeitsentfaltung besteht in der Eröffnung einer Möglichkeit für Menschen, sich in einem letzten Rückzugsraum mit dem eigenen Ich befassen zu können, ohne Angst davor haben zu müssen, dass staatliche Stellen dies überwachen (vgl. Senat, Urteil vom 16. März 1983 – 2 StR 775/82, BGHSt 31, 296, 299 f.). Die Gedanken sind grundsätzlich frei, weil Denken für Menschen eine Existenzbedingung darstellt (vgl. Mahrenholz/Böckenförde/Graßhof/Franßen in BVerfG, Beschluss vom 14. September 1989 – 2 BvR 1062/87, BVerfGE 80, 367, 381). Den Gedanken fehlt aus sich heraus die Gemeinschaftsbezogenheit, die jenseits des Kernbereichs der Persönlichkeitsentfaltung liegt. Gleiches gilt für die Gedankenäußerung im nicht öffentlich geführten Selbstgespräch (vgl. BGH, Urteil vom 10. August 2005 – 1 StR 140/05, BGHSt 50, 206, 213). Gedanken werden typischerweise in Form eines „inneren Sprechens“ entwickelt (vgl. Tönnies, Selbstkommunikation, 1994, S. 16). Denken und Sprache, die dem Menschen als einzigem Lebewesen zur Verfügung steht, sind untrennbar miteinander verbunden. Die Gedankeninhalte des inneren Sprechens treten vor allem in Situationen, in denen der Sprechende sich unbeobachtet fühlt, durch Aussprechen hervor. Das möglicherweise unbewusste „laute Denken“ beim nichtöffentlich geführten Selbstgespräch nimmt sodann an der Gedankenfreiheit teil. Bedeutung für die Zuordnung zum Kernbereich der Persönlichkeitsentfaltung hat dabei auch die Nichtöffentlichkeit der Äußerungssituation. Zwar fanden die hier in Rede stehenden Selbstgespräche nicht in einer Wohnung im Sinne von Art. 13 Abs. 1 GG statt, woraus sich eine „Vermutung“ hätte ergeben können, „dass der Kernbereich tangiert sein kann“ (vgl. BGH, Urteil vom 10. August 2005 – 1 StR 140/05, BGHSt 50, 206, 210); dies folgt auch aus dem Zusammenhang von § 100c Abs. 4 mit § 100f StPO. Hieraus ist aber nicht zu schließen, dass der Schutz des Kernbereichs der Persönlichkeit in Bezug auf Äußerungen sich ausschließlich auf den räumlichen Bereich von Wohnungen beschränke. Vielmehr kann auch das „Alleinsein mit sich selbst“ in einem Pkw diesen Schutz begründen. Es bestand aus der Sicht des Angeklagten S. K. nicht die Gefahr, dass andere Personen den Inhalt*

seiner Äußerungen im Selbstgespräch erfassten. Der rechtlich geringere Schutz des Aufenthaltsorts im Auto gegenüber der Wohnung im Sinne von Art. 13 Abs. 1 GG (zur Relativierung bei der Äußerung im Krankenzimmer BGH, Urteil vom 10. August 2005 – 1 StR 140/05, BGHSt 50, 206, 212) wird hier deshalb im Einzelfall dadurch kompensiert, dass tatsächlich das Risiko einer Außenwirkung der spontanen Äußerungen nahezu ausgeschlossen war; das Selbstgespräch konnte nur durch eine heimliche staatliche Überwachungsmaßnahme erfasst werden. Die Nichtöffentlichkeit der Gesprächssituation war daher bei einer Gesamtbewertung der Umstände des Einzelfalls derjenigen in einer Wohnung gleichzusetzen.

*[**16**] b) Auf den Inhalt der Gedankenäußerung und dessen mehr oder weniger großen Sozialbezug kommt es demgegenüber bei Selbstgesprächen nicht entscheidend an. Insoweit gilt etwas anderes als bei der Fixierung von Gedanken in einem Tagebuch oder bei der Erfassung des Gesprächs eines Beschuldigten mit Dritten.*

*[**17**] Die Tagebuchentscheidung des Bundesverfassungsgerichts (BVerfG, Beschluss vom 14. September 1989 – 2 BvR 1062/87, BVerfGE 80, 367, 374), bei der wegen Stimmengleichheit eine Grundrechtsverletzung nicht festgestellt werden konnte, kann nicht ohne Weiteres auf die Frage der Zuordnung des heimlich abgehörten Selbstgesprächs zum Kernbereich der Persönlichkeitsentfaltung oder zur allgemeinen Persönlichkeitssphäre übertragen werden. War dort der Raum, in dem die Anfertigung von Notizen stattfand, für die Frage der Verwertbarkeit der schriftlich fixierten Gedanken im Strafverfahren ohne Belang, weil die Notizen freiwillig der Sicherstellung preisgegeben wurden, so erlangt im vorliegenden Fall das Kriterium der Nichtöffentlichkeit des Ortes der Gedankenäußerung erhebliche Bedeutung. Spielte in der Tagebuchentscheidung die Flüchtigkeit des gesprochenen Wortes keine Rolle, weil der Betroffene seine Gedanken dort im Tagebuch fixiert und bei diesem Schreibvorgang unter Umständen auch noch repetiert hatte, so erlangt die Flüchtigkeit des gesprochenen Wortes als Abgrenzungskriterium im vorliegenden Fall besonderes Gewicht. In der Tagebuchentscheidung waren überdies auch präventive Überlegungen für die Annahme der Verwertbarkeit von Bedeutung (aaO S. 377, 380), weil die dort fraglichen Tagebuchaufzeichnungen vor der Tatbegehung gemacht worden waren und bei rechtzeitiger Erfassung durch die Polizeibehörden theoretisch auch zur Verhinderung der Tat als Maßnahme der Gefahrenabwehr hätten genutzt werden können. Dagegen spielt die Möglichkeit der Prävention zugunsten anderer Grundrechtsträger als Frage der Grundrechtskollision hier keine Rolle (vgl. auch BGH, Urteil vom 10. August 2005 – 1 StR 140/05, BGHSt 50, 206, 214).*

*[**18**] Das „Selbstgespräch“ kann auch nicht mit einem Zwiegespräch gleichgesetzt werden, das regelmäßig nicht dem absolut geschützten Kernbereich der Persönlichkeitsentfaltung zuzuordnen ist, wenn es mit seinem Inhalt einen Tatbezug und damit Sozialbezug aufweist (vgl. BVerfG, Urteil vom 3. März 2004 – 1 BvR 2378/98, 1084/99, BVerfGE 109, 279, 319; Beschluss vom 12. Oktober 2011 – 2 BvR 236/08 u.a.; Beschluss vom 7. Dezember 2011 – 2 BvR 2500/09 u.a.; vgl. auch § 100c Abs. 4 Satz 3 StPO). Es unterscheidet sich von einem solchen Gespräch schon dadurch, dass die Äußerungen nicht auf Verständlichkeit angelegt und jedenfalls auch durch unwillkürlich auftretende Bewusstseinsinhalte gekennzeichnet sind (BGH, Urteil vom 10. August 2005 – 1 StR 140/05, BGHSt 50, 206, 213).*

*[**19**] c) Der somit gebotene Kernbereichsschutz entfällt nur, wenn der Grundrechtsträger den Bereich der privaten Lebensgestaltung von sich aus öffnet, bestimmte Angelegenheiten der Öffentlichkeit zugänglich macht und damit die Sphäre anderer oder die Belange der Gemeinschaft berührt (vgl. BGH, Urteil vom 25. Oktober*

2011 – VI ZR 332/09). Dies geschieht nicht ohne weiteres schon dadurch, dass er sich außerhalb des besonders geschützten Bereichs seiner Wohnung im Sinne von Art. 13 Abs. 1 GG aufhält, sofern er einen anderen Rückzugsraum wählt, in dem er sich unbeobachtet fühlen kann. Das war hier hinsichtlich des Pkw der Fall. Nach außen gerichtete Äußerungen in einem Pkw, in dem die betreffende Person allein ist, können nicht Äußerungen in der Öffentlichkeit gleichgestellt werden. Es bleibt deshalb bei der Zuordnung der Selbstgespräche des Angeklagten S. K. zum absolut geschützten Kernbereich der Persönlichkeitsentfaltung mit der Folge ihrer Unverwertbarkeit.

[20] 2. Das Beweisverbot entfaltet wegen seiner Absolutheit, die ein Beweiserhebungsverbot für die Hauptverhandlung bezüglich der im Vorverfahren erlangten Informationen einschließt (vgl. Schwaben, Die personelle Reichweite von Beweisverwertungsverboten, 2005, S. 101 f.), seine Wirkung auch auf die nicht unmittelbar von der akustischen Überwachung im Vorverfahren betroffenen Mitangeklagten.

[21] Die Unverwertbarkeit des Selbstgesprächs von S. K. als Indiz für und gegen alle Angeklagten (zur Frage der „Überkreuzverwertung“ Jahn, Gutachten C zum 67. Deutschen Juristentag 2008, C 114 f.) entspricht den Verboten, die in §§ 100a Abs. 4 Satz 2, 100c Abs. 5 Satz 3 StPO für den Fall des Eingriffs in den absolut geschützten Kernbereich der Persönlichkeitsentfaltung positivrechtlich geregelt sind. Der Gesetzgeber hat dort für den Fall, dass tatsächlich der Kernbereich betroffen ist, jede Verwendung der hierüber erlangten Informationen im Strafverfahren ausgeschlossen. Er ist damit nicht dem Gedanken gefolgt, dass Beweisverwertungsverbote auch mit Blick auf die Ambivalenz ihrer Beweisbedeutung als Be- oder Entlastungsbeweis ausschließlich den Bedeutungsgehalt von Belastungsverboten haben sollen (vgl. dazu BGH, Urteil vom 10. August 2005 – 1 StR 140/05, BGHSt 50, 206, 215; Jahn aaO C 112 ff.). Zwar hat der Gesetzgeber in § 100f StPO auf eine entsprechende Kernbereichsregelung verzichtet, jedoch gilt für das unmittelbar aus der Verfassung abgeleitete Beweisverwertungsverbot in diesem Zusammenhang nichts anderes. Auch Art. 1 Abs. 1 Satz 2 GG spricht gegen die Verwertbarkeit der Selbstgesprächsinhalte für oder gegen Dritte, weil insoweit ein selbständiges Beweisverwertungsverbot begründet wird (vgl. zur ausnahmsweise absoluten Wirkung eines Beweisverbots im Übrigen auch §§ 136a Abs. 3, 69 Abs. 3 StPO).

■ PRAXISBEDEUTUNG

Der Eingriffsbereich „Kfz“ ist im Gegensatz zur Wohnung weniger deutlich geschützt, was deswegen berechtigt ist, weil das Auto im Gegensatz zur eigenen Wohnung nicht als „Rückzugsbereich“ anzusehen und dessen Nutzung normalerweise daher auch nicht dem Kernbereich zuzuordnen ist. Wenn man allerdings Selbstgespräche eines Beschuldigten im Krankenzimmer (vgl. BGH, Urteil v. 10.8.2005 – 1 StR 140/05) dem Kernbereich zurechnet, ist es nahezu zwingend, hier bei dem eigenen Kfz ebenfalls keine Ausnahme zu machen. Die in der vorstehenden Entscheidung dahingehend erfolgte Klarstellung begrenzt damit die künftigen Ermittlungsmöglichkeiten und ist im Rahmen der Verwertbarkeitsprüfungen von Gesprächsaufnahmen zu berücksichtigen.

b) Überwachungsmaßnahmen/Auskunftserteilung – § 100g StPO, § 113 TKG

TOPENTSCHEIDUNG ■

In der Zuordnung von Telekommunikationsnummern zu ihren Anschlussinhabern liegt ein Eingriff in das Recht auf informationelle Selbstbestimmung. Die Zuordnung von dynamischen IP-Adressen greift demgegenüber in das durch Art. 10 Abs. 1 GG geschützte Fernmeldegeheimnis ein. Das manuelle Auskunftsverfahren der §§ 113 Abs. 1 Satz 1, 111, 95 Abs. 1 TKG ist in verfassungskonformer Auslegung mit dem Grundgesetz vereinbar; allerdings bedarf es für den Abruf der Daten qualifizierter Rechtsgrundlagen. Die Zuordnung dynamischer IP-Adressen darf nach dieser Vorschrift nur noch bis 30.6.2013 erfolgen; bis dahin hat der Gesetzgeber Gelegenheit, eine gesetzliche Auskunftsverpflichtung zu regeln.[370] **367**

Maßstab ist im Schwerpunkt das Recht auf informationelle Selbstbestimmung gemäß Art. 2 Abs. 1 in Verbindung mit Art. 1 Abs. 1 GG.

[110] 1. Die angegriffenen Vorschriften greifen nicht in das Telekommunikationsgeheimnis des Art. 10 Abs. 1 GG ein. Anderes gilt allerdings für § 113 Abs. 1 TKG, insofern dieser als Ermächtigung für die Zuordnung von dynamischen IP-Adressen verstanden wird.

[111] a) Art. 10 Abs. 1 GG gewährleistet das Telekommunikationsgeheimnis, welches die unkörperliche Übermittlung von Informationen an individuelle Empfänger mit Hilfe des Telekommunikationsverkehrs vor einer Kenntnisnahme durch die öffentliche Gewalt schützt (vgl. BVerfGE 125, 260 <309> m.w.N.). Hierdurch soll vermieden werden, dass der Meinungs- und Informationsaustausch mittels Telekommunikationsanlagen deswegen unterbleibt oder nach Form und Inhalt verändert verläuft, weil die Beteiligten damit rechnen müssen, dass staatliche Stellen sich in die Kommunikation einschalten und Kenntnisse über die Kommunikationsbeziehungen und Kommunikationsinhalte gewinnen (vgl. BVerfGE 100, 313 <359>; 107, 299 <313>).

[112] aa) Art. 10 Abs. 1 GG erfasst dabei nicht nur die Inhalte der Kommunikation. Geschützt ist vielmehr auch die Vertraulichkeit der näheren Umstände des Kommunikationsvorgangs, zu denen insbesondere gehört, ob, wann und wie oft zwischen welchen Personen oder Telekommunikationseinrichtungen Telekommunikationsverkehr stattgefunden hat oder versucht worden ist (vgl. BVerfGE 67, 157 <172>; 100, 313 <358>; 107, 299 <312 f.>; 125, 260 <309>; stRspr). Ein Eingriff in Art. 10 Abs. 1 GG liegt danach etwa auch dann vor, wenn durch eine Fangschaltung ohne Wissen der Anrufenden eine Gesprächsverbindung so geschaltet wird, dass der Anruf rückverfolgbar wird (vgl. BVerfGE 85, 386 <395 ff.>) oder eine Rufnummernunterdrückung aufgehoben wird (vgl. § 101 TKG).

[113] Art. 10 Abs. 1 GG schützt allerdings allein die Vertraulichkeit konkreter Telekommunikationsvorgänge. Demgegenüber erstreckt sich sein Schutz nicht allgemein auf alle Informationen, die das Telekommunikationsverhalten oder insgesamt die Beziehungen zwischen den Telekommunikationsdiensteanbietern und ihren Kunden betreffen. Insbesondere schützt das Telekommunikationsgeheimnis nicht die Vertraulichkeit der jeweiligen Umstände der Bereitstellung von Telekommunikations-

[370] BVerfG, Beschluss vom 24.1.2012 – 1 BvR 1299/05.

dienstleistungen wie etwa die Zuordnung der von den Diensteanbietern vergebenen Telekommunikationsnummern zu bestimmten Anschlussinhabern.

*[**114**] bb) Die Zuordnung einer Telekommunikationsnummer zu einem Anschlussinhaber berührt Art. 10 Abs. 1 GG auch dann nicht, wenn sie einer Behörde mittelbar ermöglicht, die Inhalte oder die Umstände konkreter Kommunikationsvorgänge zu rekonstruieren und einer bestimmten Person zuzuordnen. Zwar muss sich eine Rufnummernzuordnung nicht auf die Informationen beschränken, welcher Anschlussinhaber sich hinter einer Nummer verbirgt, wie dies etwa der Fall ist, wenn Behörden Rufnummern ermitteln, die ihnen in Form von Aufzeichnungen in die Hände gefallen sind. Vielmehr lassen sich mit einer solchen Zuordnung mittelbar auch Umstände und Inhalt eines Anrufs individualisieren, wie etwa dann, wenn Inhalt oder Zeitpunkt eines bestimmten Anrufs, der unter der abgefragten Nummer geführt wurde, der Behörde durch Vorermittlungen bekannt ist. Auch die Möglichkeit eines solchen Informationsgehalts einer Auskunft führt jedoch nicht dazu, dass die Zuordnung einer Telekommunikationsnummer zu ihrem Anschlussinhaber an Art. 10 Abs. 1 GG zu messen ist. Denn die Informationen über Inhalt und Umstände des betreffenden Telekommunikationsakts werden auch in diesem Fall nicht durch den Eingriff in vertrauliche Telekommunikationsvorgänge selbst gewonnen, sondern ergeben sich erst im Zusammenhang mit Kenntnissen, die die Behörde anderweitig erlangt hat – sei es durch eigene Ermittlungen, sei es durch Hinweise Dritter, insbesondere etwa durch die Anzeige eines Telekommunikationspartners. Durch Art. 10 Abs. 1 GG ist die Vertraulichkeit der Nutzung des zur Nachrichtenübermittlung eingesetzten technischen Mediums geschützt, nicht aber das Vertrauen der Kommunikationspartner zueinander. Vor der Offenbarung von Inhalt oder Umständen eines Kommunikationsakts seitens des Kommunikationspartners schützt das Telekommunikationsgeheimnis nicht (vgl. BVerfGE 85, 386 <399>; 106, 28 <37>). Die bloße Zuordnung einer Telekommunikationsnummer zu einem Anschlussinhaber lässt vielmehr die Vertraulichkeit des konkreten Kommunikationsvorgangs als solchen unberührt und greift damit nicht in Art. 10 Abs. 1 GG ein.*

*[**115**] Dies gilt für Anschlusskennungen oder Kennungen von elektronischen Postfächern ebenso wie für Rufnummern. Nichts anderes gilt aber auch für statische IP-Adressen. Zwar gibt die Zuordnung einer statischen IP-Adresse zu einem bestimmten Anschlussinhaber – genauer: zu einer Netzwerkschnittstelle des Anschlussinhabers – in der Regel mittelbar auch Auskunft über einen bestimmten Telekommunikationsvorgang des Betreffenden, da solche Adressen, auch wenn sie statisch vergeben werden, praktisch immer nur in Zusammenhang mit konkreten Kommunikationsvorgängen registriert und Gegenstand von individualisierenden Zuordnungen werden. Jedoch beschränkt sich auch hier die Information einer entsprechenden Auskunft als solcher allein auf die abstrakte Zuordnung von Nummer und Anschlussinhaber.*

*[**116**] cc) Anders liegt es demgegenüber bei der identifizierenden Zuordnung dynamischer IP-Adressen, die eine besondere Nähe zu konkreten Telekommunikationsvorgängen aufweisen. Diese fällt in den Schutzbereich des Art. 10 Abs. 1 GG. Allerdings ergibt sich dies auch hier nicht schon daraus, dass sich die Zuordnung einer dynamischen IP-Adresse notwendig immer auf einen bestimmten Telekommunikationsvorgang bezieht, über den sie mittelbar damit ebenso Auskunft gibt. Denn auch insoweit bezieht sich die Auskunft selbst nur auf Daten, die einem Anschlussinhaber abstrakt zugewiesen sind. Es besteht insoweit kein grundsätzlicher Unterschied zu der Zuordnung statischer IP-Adressen. Die Anwendbarkeit des Art. 10*

Abs. 1 GG begründet sich hier jedoch daraus, dass die Telekommunikationsunternehmen für die Identifizierung einer dynamischen IP-Adresse in einem Zwischenschritt die entsprechenden Verbindungsdaten ihrer Kunden sichten müssen, also auf konkrete Telekommunikationsvorgänge zugreifen. Diese von den Diensteanbietern einzeln gespeicherten Telekommunikationsverbindungen fallen unter das Telekommunikationsgeheimnis, unabhängig davon, ob sie von den Diensteanbietern aufgrund gesetzlicher Verpflichtung vorrätig gehalten werden müssen (vgl. BVerfGE 125, 260 <312 f.>) oder von ihnen auf vertraglicher Grundlage gespeichert werden. Soweit der Gesetzgeber die Telekommunikationsunternehmen dazu verpflichtet, auf diese Daten zurückzugreifen und sie für die staatliche Aufgabenwahrnehmung auszuwerten, liegt darin ein Eingriff in Art. 10 Abs. 1 GG. Dies ist nicht nur dann der Fall, wenn die Diensteanbieter die Verbindungsdaten selbst herausgeben müssen, sondern auch dann, wenn sie sie als Vorfrage für eine Auskunft nutzen müssen.

[117] b) Danach berühren § 111 und § 112 TKG das Telekommunikationsgeheimnis nicht. Demgegenüber greift § 113 Abs. 1 TKG insoweit in Art. 10 Abs. 1 GG ein, als auf seiner Grundlage Auskünfte über dynamische IP-Adressen erteilt werden. Im Übrigen ist auch § 113 Abs. 1 TKG nicht an Art. 10 Abs. 1 GG zu messen.

[118] Die in § 111 Abs. 1, 2 TKG angeordnete Speicherung betrifft ausschließlich die abstrakte Zuordnung von Nummern, Anschlusskennungen und Kennungen elektronischer Postfächer zu bestimmten, näher individualisierten Anschlussinhabern. Sie greift damit nicht in Art. 10 Abs. 1 GG ein. Dies gilt nach den vorstehenden Maßstäben unabhängig davon, ob zu den Anschlusskennungen einfachrechtlich gemäß § 111 Abs. 1 Satz 1 TKG auch die statischen IP-Adressen zu zählen sind. Konkrete Kommunikationsverbindungen sind gemäß § 111 Abs. 1, 2 TKG nicht Gegenstand der Speicherungspflicht.

[119] Auch Auskünfte nach den §§ 112 und 113 TKG greifen nicht in das Telekommunikationsgeheimnis ein. Für Auskünfte hinsichtlich der nach § 111 TKG gespeicherten Daten ergibt sich dies bereits als Konsequenz aus den vorstehenden Darlegungen. Nichts anderes gilt aber auch insoweit, als sich § 113 Abs. 1 TKG darüber hinaus auf die nach § 95 Abs. 1 TKG von den Diensteanbietern gespeicherten Daten erstreckt. Denn die nach dieser Vorschrift von Diensteanbietern zulässigerweise gespeicherten sogenannten Bestandsdaten (vgl. § 3 Nr. 3 TKG) besagen nichts über konkrete Telekommunikationsverbindungen.

[120] § 113 Abs. 1 TKG begründet allerdings insoweit einen Eingriff in Art. 10 Abs. 1 GG, als er nach derzeitiger Praxis zum Teil dazu herangezogen wird, um eine Zuordnung dynamischer IP-Adressen zu ihren Anschlussinhabern zu ermöglichen (vgl. OVG Münster, Beschluss vom 17. Februar 2009 – 13 B 33/09 –, MMR 2009, S. 424; OLG Zweibrücken, Beschluss vom 26. September 2008 – 4 W 62/08 –, MMR 2009, S. 45 f.; LG Köln, Beschluss vom 14. Oktober 2008 – 106 Qs 24/08 –, CR 2008, S. 803 <804>). Denn soweit die Telekommunikationsunternehmen hierüber Auskunft geben müssen, sind sie zunächst gezwungen, auf die von ihnen nach § 96 TKG gespeicherten Verkehrsdaten zuzugreifen und diese auszuwerten. Da diese Daten jedoch dem Schutz des Telekommunikationsgeheimnisses unterliegen, ist eine staatlich auferlegte Pflicht zu deren Nutzung an Art. 10 Abs. 1 GG zu messen. …

[181] Begründet ist die Verfassungsbeschwerde, soweit sie sich gegen § 113 Abs. 1 Satz 2 TKG richtet.

[182] 1. Verfassungsrechtlichen Einwänden ist § 113 Abs. 1 Satz 2 TKG allerdings nicht schon deshalb ausgesetzt, weil er überhaupt einen Zugriff auf die von der Vor-

schrift betroffenen Daten der Zugangssicherung zulässt. Es handelt sich auch hier um einen Eingriff in das Grundrecht auf informationelle Selbstbestimmung, der nach allgemeinen Grundsätzen rechtfertigungsfähig ist. Dabei gilt hinsichtlich der aus der Kompetenzordnung und dem Rechtsstaatsprinzip folgenden Anforderungen an das Verhältnis zum Fachrecht dasselbe wie für § 113 Abs. 1 Satz 1 TKG (siehe oben C. IV. 1. bis 3.).

[183] 2. § 113 Abs. 1 Satz 2 TKG genügt aber nicht den sich aus dem Verhältnismäßigkeitsgrundsatz ergebenden Anforderungen. Zwar hat der Staat ein legitimes Interesse daran, die in § 113 Abs. 1 Satz 2 TKG genannten Daten den betreffenden Behörden für ihre Aufgabenwahrnehmung zugänglich zu machen. Der Zugriff auf diese Daten ist jedoch in dem Umfang, wie ihn § 113 Abs. 1 Satz 2 TKG regelt, für die effektive Aufgabenwahrnehmung dieser Behörden nicht erforderlich.

[184] § 113 Abs. 1 Satz 2 TKG betrifft Daten, die als Zugangssicherungscodes (wie Passwörter, PIN oder PUK) den Zugang zu Endgeräten und Speicherungseinrichtungen sichern und damit die Betreffenden vor einem Zugriff auf die entsprechenden Daten beziehungsweise Telekommunikationsvorgänge schützen. Die Vorschrift macht sie den Behörden zugänglich und versetzt sie damit in die Lage, die entsprechenden Barrieren zu überwinden. Dabei regelt sie die Auskunftserteilung über diese Codes aber unabhängig von den Voraussetzungen für deren Nutzung. Die Frage, wann die Behörden von den Sicherungscodes Gebrauch machen und auf die durch sie gesicherten Daten und Telekommunikationsvorgänge Zugriff nehmen dürfen, bestimmt sich vielmehr nach eigenständigen Rechtsgrundlagen, wie § 113 Abs. 1 Satz 3 TKG für Eingriffe in das Telekommunikationsgeheimnis ausdrücklich klarstellt. Dabei unterscheiden sich die insoweit geltenden Anforderungen je nach Art des Eingriffs sowohl in formeller als auch in materieller Hinsicht. Soll etwa die Nutzung des Zugangscodes eine Onlinedurchsuchung oder die Überwachung eines noch nicht abgeschlossenen Telekommunikationsvorgangs ermöglichen, setzt dies nach näherer Maßgabe des Fachrechts die Einhaltung strenger materieller Anforderungen und eine richterliche Anordnung oder Bestätigung voraus (vgl. §§ 100a, 100b StPO; BVerfGE 120, 274 <332>). Sollen demgegenüber mit dem Code nach Beschlagnahme eines Mobiltelefons auf diesem abgelegte Daten ausgelesen werden, können hierfür geringere Eingriffsschwellen ausreichen (vgl. BVerfGE 115, 166 <193 ff.>). So bedarf es etwa strafprozessrechtlich bei Beschlagnahme unter Gefahr im Verzug keiner vorherigen richterlichen Anordnung (vgl. § 98 Abs. 1 StPO) und auch nur unter gewissen weiteren Voraussetzungen einer nachfolgenden gerichtlichen Bestätigung (vgl. § 98 Abs. 2 StPO).

[185] Es ist kein Grund ersichtlich, warum die Behörden die in § 113 Abs. 1 Satz 2 TKG geregelten Zugangscodes unabhängig von den Anforderungen an deren Nutzung und damit gegebenenfalls unter leichteren Voraussetzungen abfragen können sollen. Die Erhebung der in § 113 Abs. 1 Satz 2 TKG geregelten Zugangsdaten ist mit Blick auf die dort verfolgten Zwecke nur dann erforderlich, wenn auch die Voraussetzungen von deren Nutzung gegeben sind. Dies stellt die Regelung des § 113 Abs. 1 Satz 2 TKG in ihrer derzeitigen Fassung nicht hinreichend sicher, da die Abfrage der Zugangscodes – etwa bezogen auf das strafrechtliche Ermittlungsverfahren – stets bereits unter den Voraussetzungen des § 161 Abs. 1 StPO zulässig sein soll, auch wenn die mit der Abfrage erstrebte Nutzung der Daten an weitergehende Voraussetzungen, beispielsweise eine vorherige richterliche Anordnung, gebunden wäre. Der Verhältnismäßigkeitsgrundsatz gebietet allerdings auch nicht umgekehrt, die Erhebung der Zugangscodes ausnahmslos unter die Voraussetzungen zu stellen,

die für deren eingriffsintensivste („maximale“) Nutzungsmöglichkeit gegeben sein müssen. Erforderlich für eine effektive Strafverfolgung und Gefahrenabwehr ist lediglich, die Auskunftserteilung über solche Zugangssicherungen an diejenigen Voraussetzungen zu binden, die bezogen auf den in der Abfragesituation damit konkret erstrebten Nutzungszweck zu erfüllen sind. …

[188] Die Verfassungswidrigkeit des § 113 Abs. 1 Satz 2 TKG führt nicht zu einer Nichtigkeitserklärung, sondern nur zur Feststellung seiner Unvereinbarkeit mit dem Grundgesetz, verbunden mit der Anordnung, dass er übergangsweise, längstens jedoch bis zum 30. Juni 2013, weiter angewendet werden kann, wenn die Voraussetzungen einer Nutzung der von ihr erfassten Daten im Einzelfall vorliegen.

[189] Die bloße Unvereinbarkeitserklärung, verbunden mit einer befristeten Fortgeltung der verfassungswidrigen Regelung, kommt in Betracht, wenn die sofortige Ungültigkeit der beanstandeten Norm dem Schutz überragender Güter des Gemeinwohls die Grundlage entziehen würde und eine Abwägung mit den betroffenen Grundrechten ergibt, dass der Eingriff für eine Übergangszeit hinzunehmen ist (vgl. BVerfGE 33, 1 <13>; 33, 303 <347 f.>; 109, 190 <235 f.>). Dies ist vorliegend der Fall. Würde § 113 Abs. 1 Satz 2 TKG für nichtig erklärt, wäre auch für die Fälle, in denen die Behörden zu Recht zur Verhinderung oder Ahndung gewichtiger Rechtsgutsverletzungen auf Telekommunikationsdaten Zugriff nehmen dürfen, nicht hinreichend gesichert, dass sie hierzu in der Lage sind. Da die Verfassungswidrigkeit des § 113 Abs. 1 Satz 2 TKG einen Eingriff von begrenztem Gewicht betrifft und die Verfassung Auskünften, wie sie mit dieser Vorschrift geschaffen werden, nicht insgesamt entgegensteht, ist dies auch zwischenzeitlich nicht hinzunehmen. Vielmehr reicht es, die übergangsweise Fortgeltung der Vorschrift anzuordnen und mit der Maßgabe zu versehen, dass die in der Vorschrift genannten Daten nur erhoben werden dürfen, wenn die Voraussetzungen für ihre Nutzung gegeben sind.

[190] Einer Übergangsregelung bedarf es aus denselben Gründen auch bezüglich der verfassungsrechtlichen Anforderungen an die Auslegung des § 113 Abs. 1 Satz 1 TKG, die gegenüber der derzeitigen Praxis – an der sich der Gesetzgeber bei seinen verschiedenen Änderungen des Telekommunikationsgesetzes und der Strafprozessordnung orientiert hat (vgl. BTDrucks 14/7008, S. 7; 16/5846, S. 26 f.; 16/6979, S. 46) – im Umgang mit der Norm erhebliche Einschränkungen mit sich bringen. Würden diese Anforderungen sofort wirksam, wären in zahlreichen Fällen bis zum Erlass neuer, normenklarer Abrufregelungen des Fachrechts Auskünfte zu Telekommunikationsnummern nicht mehr möglich. Auch könnten dynamische IP-Adressen bis zu einer Neuregelung nicht mehr identifiziert werden. Angesichts der Bedeutung solcher Auskünfte für die Aufklärung von Gefahren und Straftaten stehen die Nachteile eines solchen Ergebnisses in keinem Verhältnis zu der vorläufigen Hinnahme einer Praxis, die zwar formell den verfassungsrechtlichen Anforderungen nicht entspricht, aber im Wesentlichen verfassungsrechtlich rechtfertigungsfähig ist. Es ist daher geboten, für eine Übergangszeit, längstens aber bis zum 30. Juni 2013, die Anwendung des § 113 Abs. 1 Satz 1 TKG auch ohne spezifische Abrufnormen auf der Basis von schlichten Datenerhebungsbefugnissen hinzunehmen. Auch darf die Norm bis dahin als Rechtsgrundlage zur Identifizierung von IP-Adressen benutzt werden.

■ **PRAXISBEDEUTUNG**

Auch wenn Entscheidung des BVerfG viele Jahre auf sich warten ließ und zwischenzeitlich die TKÜ-Reform von 2007 erfolgt ist, wird damit ein langer Streit in Wissenschaft und Rechtsprechung zur Frage beendet, wie und auf welcher Rechtsgrundlage Auskünfte zu den an die Nutzer vergebenen IP-Adressen im Zusammenhang mit Ermittlungen zum Internet-Datenverkehr von Providern erteilt werden müssen. Derzeit kann die Beauskunftung auf der als unzureichend erkannten Rechtsgrundlage des § 113 TKG erfolgen. Es bleibt abzuwarten, ob die Gesetzgeber des Bundes und der Länder in der verbliebenen Zeit ausreichende Rechtsgrundlagen schaffen. Dass solche benötigt werden, weil die entsprechenden Auskünfte für Ermittlungen unverzichtbar sind, hat das BVerfG selbst gesehen und deshalb die Übergangsfrist bis 30.6.2013 eingeräumt.

c) Verlängerung von Beschlagnahme und Arrest – § 111i StPO

368 Für **vor dem 1. Januar 2007 beendete Taten** hat ein Ausspruch nach § 111i Abs. 2 StPO zu unterbleiben. Einer Anwendung der am 1. Januar 2007 in Kraft getretenen Regelung des § 111i Abs. 2 StPO auf bereits zuvor beendete Taten steht § 2 Abs. 5 i.V.m. Abs. 3 StGB entgegen.[371]

6. Untersuchungshaft – §§ 112 ff. StPO

369 Sitzt der Beschuldigte aufgrund eines **Haftbefehls des Ermittlungsrichters des Bundesgerichtshofs** in Untersuchungshaft, ist für die Anordnung von Beschränkungen, die dem Beschuldigten aufgrund des Zwecks der Untersuchungshaft aufzuerlegen sind, gemäß § 126 Abs. 1, § 169 Abs. 1 S. 2 StPO der Ermittlungsrichter des Bundesgerichtshofs bis zur Anklageerhebung auch dann zuständig, wenn die Untersuchungshaft in Niedersachsen vollzogen wird. Die aufgrund des Zwecks der Untersuchungshaft erforderlichen Beschränkungen bestimmen sich (auch) in diesem Fall nach § 119 StPO und nicht nach §§ 133 ff. NJVollzG.[372]

[2] Für verfahrenssichernde Anordnungen im Zusammenhang mit dem Vollzug der Untersuchungshaft des Beschuldigten G. in der Justizvollzugsanstalt S. (Niedersachsen) ist ausschließlich der Ermittlungsrichter des Bundesgerichtshofs zuständig (§ 169 Abs. 1 Satz 2, § 126 Abs. 1 StPO, § 120 Abs. 1 Nr. 6, § 142a GVG, § 129a StGB). Die dem Beschuldigten in der Untersuchungshaft aufgrund des Zwecks der Untersuchungshaft aufzuerlegenden Beschränkungen bestimmen sich nach § 119 StPO und nicht nach den Vorschriften des Niedersächsischen Justizvollzugsgesetzes (NJVollzG), insbesondere den §§ 133 ff. NVollzG.

[3] 1. Allerdings ist gemäß § 134a Abs. 1 NJVollzG Gericht im Sinne des den Vollzug der Untersuchungshaft betreffenden Teils dieses Gesetzes das für die Haftprüfung (§ 117 StPO) zuständige Gericht; handelt es sich hierbei nicht um ein Gericht

---

[371] BGH, Beschluss vom 25.4.2012 – 1 StR 566/11.
[372] BGH -ER-, Beschluss vom 9.2.2012 – 3 BGs 82/12.

des Landes Niedersachsen, so ist nach § 134 Abs. 1 Satz 2 NJVollzG das Amtsgericht zuständig, in dessen Bezirk sich der Gefangene in Untersuchungshaft befindet.

[4] Neben dieser die gerichtliche Zuständigkeit betreffenden Regelung enthält das NJVollzG Vorschriften, die unmittelbar den Zweck der Untersuchungshaft betreffen. So können dem Gefangenen etwa gemäß § 135 Abs. 2 NJVollzG Beschränkungen auferlegt werden, die der Zweck der Untersuchungshaft erfordert.

[5] 2. Die vorstehend genannten Bestimmungen vermögen weder in formeller Hinsicht etwas an der ausschließlichen Zuständigkeit des Ermittlungsrichters des Bundesgerichtshofs zu ändern, noch führen sie sachlich dazu, dass sich die zur Sicherung des Verfahrens dienenden Beschränkungen in der Untersuchungshaft hier nicht nach § 119 StPO, sondern nach den Vorschriften des NJVollzG zu richten hätten.

[6] a) Zwar vertritt das Oberlandesgericht Celle (StV 2010, 194) – als für das Amtsgericht L., in dessen Bezirk sich die Justizvollzugsanstalt befindet, in der der Beschuldigte derzeit einsitzt, zuständiges Obergericht – die Auffassung, dass sich Anordnungen zur Ausgestaltung der Untersuchungshaft in Niedersachsen alleine nach den §§ 135 ff. NJVollzG richten und § 119 StPO n.F. in Niedersachsen keine Anwendung finde. Diese Auffassung vermag indes nicht zu überzeugen. Es ist vielmehr davon auszugehen, dass dem niedersächsischen Landesgesetzgeber die Gesetzgebungskompetenz zur Schaffung von Regelungen, die den Zweck der Untersuchungshaft unmittelbar betreffen, ebenso fehlt wie die Gesetzgebungskompetenz für eine Änderung der haftrichterlichen Zuständigkeit, namentlich der hier maßgeblichen Zuständigkeit in Ermittlungsverfahren, die in die Zuständigkeit des Generalbundesanwalts beim Bundesgerichtshof und damit hinsichtlich der vor Anklageerhebung zu treffenden gerichtlichen Maßnahmen in die Zuständigkeit des Ermittlungsrichters des Bundesgerichtshofs fallen.

[7] b) Seit dem 1. September 2006 ist nach der Änderung des Art. 74 Abs. 1 Nr. 1 GG durch das Gesetz zur Änderung des Grundgesetzes vom 28. August 2006 (BGBl. I S. 2034) das Recht des Untersuchungshaftvollzugs – nicht hingegen das die Anordnung und Fortdauer der Untersuchungshaft sowie die Auferlegung von der Verfahrenssicherung dienenden Beschränkungen betreffende gerichtliche Verfahrensrecht – ausschließlich Sache der Länder. Der Bundesgesetzgeber kann im Rahmen der konkurrierenden Gesetzgebung – nach wie vor – solche Maßnahmen regeln, die den Zweck der Untersuchungshaft (Abwehr von Flucht-, Verdunkelungs- und Wiederholungsgefahren) betreffen (Meyer-Goßner, StPO, 54. Aufl., § 119 Rn. 2; BeckOK-StPO/Krauß, Stand: 15. Oktober 2011, § 119 Rn. 1 f.; König, NStZ 2010, 185 f.; Paeffgen, StV 2009, 46; Kazele, StV 2010, 258; OLG Oldenburg, StV 2008, 195, 196). Von dieser Gesetzgebungsbefugnis hat der Bundesgesetzgeber bereits durch § 119 Abs. 3 Alt. 1 StPO aF vor der oben genannten Änderung des Art. 74 Abs. 1 Nr. 1 GG und anschließend durch die seit dem 1. Januar 2010 geltende Neufassung des § 119 StPO Gebrauch gemacht, so dass sich Beschränkungen, die wegen des Zwecks der Untersuchungshaft erforderlich sind, nach § 119 StPO n.F. richten (siehe nur OLG Köln, NStZ 2011, 55; OLG Frankfurt, NStZ-RR 2010, 294; OLG Oldenburg, aaO S. 196 f.; Meyer-Goßner, aaO; BeckOK-StPO/Krauß, aaO Rn. 1a und 2; König, aaO; Paeffgen, aaO; Kazele, aaO).

[8] c) Hiervon ist ersichtlich auch der Gesetzgeber ausgegangen. So lassen sich der Entstehungsgeschichte der oben genannten Änderung des Art. 74 Abs. 1 Nr. 1 GG (vgl. nur BT-Drs. 16/813, S. 9 und 12) keine Hinweise darauf entnehmen, dass hierdurch dem Haftrichter Kompetenzen entzogen werden sollten (ebenso Kazele, aaO

S. 260; Paeffgen, aaO). Aus den Materialien des Gesetzes zur Änderung des Untersuchungshaftrechts (vgl. insbesondere BT-Drs. 16/11644, S. 1, 12, 23 ff.) ergibt sich vielmehr eindeutig, dass der Gesetzgeber davon ausging, in die Gesetzgebungskompetenz des Bundes falle auch nach der Föderalismusreform noch die zuvor in § 119 Abs. 3 Alt. 1 StPO aF geregelte Anordnung solcher Beschränkungen, die zur Erreichung des Zwecks der Untersuchungshaft erforderlich sind. Der Gesetzgeber wollte mithin die insoweit bestehenden Kompetenzen des Haftrichters im Zuge der Föderalismusreform ersichtlich nicht einschränken.

[9] Soweit die Landesgesetze – wie hier das NJVollZG – bezüglich der Regelung von Maßnahmen, die der Zweck der Untersuchungshaft erfordert, von der Strafprozessordnung, namentlich von § 119 StPO, abweichende Regelungen enthalten, ist entsprechendes Landesrecht im Hinblick auf die Sperrwirkung des Art. 72 Abs. 1 GG unwirksam (Krauß, aaO Rn. 1a m.w.N.; vgl. hierzu auch die zum NJVollzG bereits erfolgten Vorlagen gemäß Art. 100a Abs. 1 GG an das Bundesverfassungsgericht, die mangels Entscheidungserheblichkeit der Vorlagefrage indes für unzulässig erklärt worden sind [BVerfGE 121, 233; BVerfG, Beschluss vom 20. November 2008 – 2 BvL 16/08, juris]).

370 Ist es aufgrund der im Haftbefehl sowie der Haftfortdauerentscheidung des Senats dargelegten Gründe auch derzeit noch wahrscheinlich, dass der Angeklagte, in Freiheit belassen, **sich dem Verfahren entziehen** wird, liegt der **Haftgrund der Fluchtgefahr** (§ 112 Abs. 2 Nr. 2 StPO) vor.[373]

■ TOPENTSCHEIDUNG

371 Ein nach der Haftverschonung ergangenes (nicht rechtskräftiges) Urteil oder ein hoher Strafantrag der Staatsanwaltschaft können zwar geeignet sein, den Widerruf einer Haftverschonung und die **Invollzugsetzung eines Haftbefehls** zu rechtfertigen. Dies setzt jedoch voraus, dass der Rechtsfolgenausspruch des Tatrichters oder die von der Staatsanwaltschaft beantragte Strafe erheblich von der Prognose des Haftrichters bezüglich der Straferwartung abweicht und sich die Fluchtgefahr dadurch ganz wesentlich erhöht.[374]

[40] Nach Art. 104 Abs. 1 Satz 1 GG darf in die in Art. 2 Abs. 2 Satz 2 GG gewährleistete Freiheit der Person nur aufgrund eines förmlichen Gesetzes und nur unter Beachtung der darin vorgeschriebenen Formen eingegriffen werden. Die formellen Gewährleistungen des Art. 104 GG stehen mit der materiellen Freiheitsgarantie des Art. 2 Abs. 2 Satz 2 GG in einem unlösbaren Zusammenhang (vgl. BVerfGE 10, 302 <322>; 58, 208 <220>; 105, 239 <247>). Art. 104 Abs. 1 GG nimmt den schon in Art. 2 Abs. 2 Satz 2 GG enthaltenen Gesetzesvorbehalt auf und verstärkt ihn für alle Freiheitsbeschränkungen, indem er neben der Forderung nach einem förmlichen Gesetz die Pflicht, die sich aus diesem Gesetz ergebenden Formvorschriften zu beachten, zum Verfassungsgebot erhebt (vgl. BVerfGE 10, 302 <323>; 29, 183 <195>; 58, 208 <220>; 105, 239 <247>). Verstöße gegen die durch Art. 104 GG gewährleisteten Voraussetzungen und Formen freiheitsbeschränkender

---

373 BGH, Beschluss vom 14.11.2012 – StB 13/12.

374 BVerfG, Kammerbeschluss vom 11.7.2012 – 2 BvR 1092/12; vgl. hierzu auch BVerfG, Kammerbeschluss vom 11.6.2012 – 2 BvR 720/12.

Gesetze stellen daher stets auch eine Verletzung der Freiheit der Person dar (BVerfGE 10, 302 <323>; 58, 208 <220>). Inhalt und Reichweite freiheitsbeschränkender Gesetze sind deshalb von den Gerichten so auszulegen und anzuwenden, dass sie eine der Bedeutung des Grundrechts angemessene Wirkung entfalten (vgl. BVerfGE 65, 317 <322 f.>; 96, 68 <97>; 105, 239 <247>; BVerfGK 12, 45 <52>).

[41] Das in § 116 Abs. 4 StPO zum Ausdruck kommende Gebot, die Aussetzung des Vollzuges eines Haftbefehls durch den Richter nur dann zu widerrufen, wenn sich die Umstände im Vergleich zu der Beurteilungsgrundlage zur Zeit der Gewährung der Verschonung verändert haben, gehört zu den bedeutsamsten (Verfahrens-)Garantien, deren Beachtung Art. 104 Abs. 1 Satz 1 GG fordert und mit grundrechtlichem Schutz versieht (vgl. BVerfGK 6, 295 <299>; 7, 239 <247>; 12, 45 <52>).

[42] Ist ein Haftbefehl einmal unangefochten außer Vollzug gesetzt worden, so ist jede neue haftrechtliche Entscheidung, die den Wegfall der Haftverschonung zur Folge hat, nur unter den einschränkenden Voraussetzungen des § 116 Abs. 4 StPO möglich. Der erneute Vollzug des Haftbefehls durch den Richter kommt nach Nr. 3 jener Vorschrift nur dann in Betracht, wenn neu hervorgetretene Umstände die Verhaftung erforderlich machen. Dagegen kann eine lediglich andere Beurteilung des unverändert gebliebenen Sachverhalts einen Widerruf nicht rechtfertigen (vgl. BVerfGK 6, 295 <300>; 7, 239 <248>; 12, 45 <52>).

[43] „Neu" im Sinne des § 116 Abs. 4 Nr. 3 StPO sind nachträglich eingetretene oder nach Erlass des Aussetzungsbeschlusses bekannt gewordene Umstände nur dann, wenn sie die Gründe des Haftverschonungsbeschlusses in einem so wesentlichen Punkt erschüttern, dass keine Aussetzung bewilligt worden wäre, wenn sie bei der Entscheidung bereits bekannt gewesen wären. Das maßgebliche Kriterium für den Widerruf besteht mit anderen Worten in einem Wegfall der Vertrauensgrundlage der Aussetzungsentscheidung. Ob dies der Fall ist, erfordert vor dem Hintergrund der wertsetzenden Bedeutung des Grundrechts der persönlichen Freiheit (Art. 2 Abs. 2 Satz 2 GG) eine Beurteilung sämtlicher Umstände des Einzelfalls (vgl. BVerfGK 12, 45 <53>).

[44] Dabei sind die Grenzen, innerhalb derer eine Haftverschonung wegen neu hervorgetretener Umstände widerrufen werden kann, nach der einschlägigen Rechtsprechung der Oberlandesgerichte eng gesteckt. Denn das Gericht ist an die Beurteilung der Umstände, auf denen die Aussetzung beruht, grundsätzlich gebunden. Lediglich eine nachträglich andere Beurteilung bei gleichbleibender Sachlage rechtfertigt den Widerruf nicht. Vielmehr ist angesichts der Bedeutung des Grundrechts der persönlichen Freiheit (Art. 2 Abs. 2 Satz 2 GG) die Schwelle für eine Widerrufsentscheidung grundsätzlich sehr hoch anzusetzen. Im Rahmen der vorzunehmenden Abwägung stets zu berücksichtigen ist deshalb vor allem, dass der Angeklagte inzwischen Gelegenheit hatte, sein Verhalten gegenüber dem Strafverfahren zu dokumentieren (vgl. BVerfGK 7, 239 <249> m.w.N.).

[45] Ein nach der Haftverschonung ergangenes (nicht rechtskräftiges) Urteil oder ein hoher Strafantrag der Staatsanwaltschaft können zwar geeignet sein, den Widerruf einer Haftverschonung und die Invollzugsetzung eines Haftbefehls zu rechtfertigen. Dies setzt jedoch voraus, dass von der Prognose des Haftrichters bezüglich der Straferwartung der Rechtsfolgenausspruch des Tatrichters oder die von der Staatsanwaltschaft beantragte Strafe erheblich zum Nachteil des Angeklagten abweicht und sich die Fluchtgefahr dadurch ganz wesentlich erhöht. Ob dies der Fall ist, ist durch Abwägung und Beurteilung sämtlicher Umstände des Einzelfalls zu ermitteln.

Die insoweit heranzuziehenden Umstände müssen sich jeweils auf die Haftgründe beziehen. In Betracht kommen vor allem Fälle, in denen ein weiterer Haftgrund zu dem im Haftbefehl aufgeführten hinzutritt oder sich der dem Haftbefehl zugrunde liegende Haftgrund verschärft (vgl. BVerfGK 12, 45 <54> m.w.N.).

[46] Vor dem Hintergrund, dass Inhalt und Reichweite freiheitsbeschränkender Gesetze so auszulegen und anzuwenden sind, dass sie eine der Bedeutung des Grundrechts der persönlichen Freiheit angemessene Wirkung entfalten (vgl. BVerfGE 65, 317 <322 f.>; 96, 68 <97>; 105, 239 <247>), fordert die Anwendung des § 116 Abs. 4 Nr. 3 StPO nachvollziehbare Feststellungen dazu, von welcher Straferwartung der Beschuldigte im Zeitpunkt der Außervollzugsetzung des Haftbefehls ausging. Bloße Mutmaßungen können insoweit nicht genügen. Selbst der Umstand, dass der um ein günstigeres Ergebnis bemühte Angeklagte infolge des Schlussantrages der Staatsanwaltschaft oder gar durch das Urteil selbst die Vergeblichkeit seiner Hoffnungen erkennen muss, kann einen Widerruf der Haftverschonung nicht rechtfertigen, sofern ihm die Möglichkeit eines für ihn ungünstigen Ausgangs während der Außervollzugsetzung des Haftbefehls stets vor Augen stand und er gleichwohl allen Auflagen beanstandungsfrei nachkam. Insoweit setzt sich der vom Angeklagten auf der Grundlage des Verschonungsbeschlusses gesetzte Vertrauenstatbestand (vgl. § 116 Abs. 4 Nr. 2 StPO) als Ausprägung der wertsetzenden Bedeutung des Grundrechts der persönlichen Freiheit (Art. 2 Abs. 2 Satz 2 GG) im Rahmen der vorzunehmenden Abwägung durch (vgl. BVerfGK 12, 45 <55 f.> m.w.N.).

[47] Der erneute Vollzug des Haftbefehls aufgrund von § 116 Abs. 4 Nr. 3 StPO kommt auch in Betracht, wenn ein Beschuldigter unerwartet streng verurteilt wird oder wenn sonstige (auch zeitlich vor dem Aussetzungsbeschluss entstandene) schwerwiegende Tatsachen nachträglich bekannt werden, die das Gericht, hätte es sie im Zeitpunkt der Aussetzungsentscheidung gekannt, zur Ablehnung der Haftverschonung veranlasst hätten. War dagegen schon zu diesem Zeitpunkt mit der später ausgesprochenen – auch höheren – Strafe zu rechnen und hat der Beschuldigte die ihm erteilten Auflagen gleichwohl korrekt befolgt, liegt kein Fall des§ 116 Abs. 4 Nr. 3 StPO vor (vgl. BVerfGK 7, 239 <250>; 12, 45 <54>).

[48] Selbst wenn die Voraussetzungen des § 116 Abs. 4 Nr. 3 StPO vorliegen, bleibt infolge des Grundsatzes der Verhältnismäßigkeit stets zu prüfen, ob statt einer Rücknahme der Haftverschonung nicht mildere Mittel der Verfahrenssicherung – namentlich eine Verschärfung der Auflagen – in Betracht kommen könnte (vgl. BVerfGK 7, 239 <251>; 12, 45 <56>).

■ PRAXISBEDEUTUNG

Das BVerfG hat klare Grundsätze aufgestellt, in welchen Fällen überhaupt nur den Widerruf der Haftverschonung zulässt und die Fluchtgefahr als wesentlich erhöht akzeptiert. Zutreffend hat es darauf hingewiesen, dass auch immer zunächst zu prüfen ist, ob nicht durch eine Änderung der bestehenden Auflagen einer Fluchtgefahr entgegengewirkt werden kann. Vorliegend entsteht zudem – gerade auch im Zusammenhang mit der nachstehenden Entscheidung – der erhebliche Verdacht, dass das Landgericht möglicherweise mit auch auf die fehlende Kooperation des Angeklagten im Rahmen des Versuchs eines Deals reagiert haben könnte, was überhaupt nicht akzeptabel wäre.

Eine **Sicherheit** ist nach Art und Höhe so festzusetzen, dass auf den Beschuldigten ein „psychischer Zwang" ausgelöst wird, eher am Verfahren teilzunehmen und eine etwa erkannte Freiheitsstrafe anzutreten, als den Verlust der Sicherheit zu riskieren. Die Intensität des Haftgrundes und die Bedeutung der Sache sind für Art und Höhe der Sicherheit grundlegend; bei der Bemessung der Sicherheit ist aber **auch den Einkommens- und Vermögensverhältnissen** des Beschuldigten Rechnung zu tragen.[375] 372

[28] 1. Den sich aus Art. 2 Abs. 2 Satz 2 GG in Verbindung mit Art. 104 Abs. 1 Satz 1 GG ergebenden Anforderungen werden die angefochtenen Entscheidungen erneut nicht gerecht.

[29] Die dargestellten verfassungsrechtlichen Maßstäbe erfordern für die haftrichterliche Entscheidung zunächst das Vorliegen „neu hervorgetretener Umstände" im Sinne des § 116 Abs. 4 Nr. 3 StPO. Erst wenn diese bejaht werden können, ist in einem zweiten Schritt zu prüfen, ob eine Wiederinvollzugsetzung tatsächlich geboten ist oder – aus Verhältnismäßigkeitsgründen – davon abgesehen werden kann, weil ein milderes Mittel zur Verfügung steht, das im Ergebnis eine Verhaftung nicht erforderlich macht.

[30] Das Oberlandesgericht hat in seiner Entscheidung vom 25. Juli 2012 ausdrücklich festgestellt, dass nach Maßgabe des Beschlusses des Bundesverfassungsgerichts vom 11. Juli 2012 neu hervorgetretene Umstände im Sinne von § 116 Abs. 4 Nr. 3 StPO nicht angenommen werden können. Dessen ungeachtet hat der Strafsenat die Auflagen verschärft, indem er die ursprünglich auf 45.000 € festgesetzte Sicherheitsleistung auf 200.000 € erhöht und zugleich die Eigenhinterlegung angeordnet hat.

[31] 2. Die angefochtene Entscheidung vom 1. August 2012 verletzt darüber hinaus das aus Art. 3 Abs. 1 GG folgende Willkürverbot.

[32] a) Die Sicherheit ist nach Art und Höhe so festzusetzen, dass auf den Beschuldigten ein „psychischer Zwang" ausgelöst wird, eher am Verfahren teilzunehmen und eine etwa erkannte Freiheitsstrafe anzutreten, als den Verlust der Sicherheit zu riskieren. Die Intensität des Haftgrundes und die Bedeutung der Sache sind für Art und Höhe der Sicherheit grundlegend; bei der Bemessung der Sicherheit ist aber auch den Einkommens- und Vermögensverhältnissen des Beschuldigten Rechnung zu tragen (vgl. Graf, in: Karlsruher Kommentar, StPO, 6. Aufl. 2008, § 116a Rn. 4). Zudem darf bei der Ausgestaltung und Bemessung der Sicherheit nur ihr verfahrenssichernder Zweck berücksichtigt werden. Die Verfolgung anderer Zwecke ist ausgeschlossen; insbesondere darf nicht nach Art einer Strafe ein Rechtsgüterschutz vorweggenommen werden (Beschluss der 2. Kammer des Zweiten Senats vom 28. August 1990 – 2 BvR 375/90 –, juris Rn. 2).

[33] Hier hat das Oberlandesgericht den Einkommens- und Vermögensverhältnisse des Beschwerdeführers ersichtlich nicht Rechnung getragen. Es hat insbesondere das laufende Insolvenzverfahren ungeachtet des Vorbringens in der Gegenvorstellung und der Feststellungen im Strafurteil zu den finanziellen Verhältnissen des Beschwerdeführers nicht berücksichtigt. Die Anordnung einer „Eigenhinterlegung" verkennt zudem die aus dem Privatinsolvenzverfahren folgenden rechtlichen Wirkungen. Der Beschwerdeführer ist danach gehindert, jedenfalls aus eigenen Mitteln wirksam eine Sicherheit zu hinterlegen. Nach § 80 Abs. 1 InsO geht das Recht des Schuldners, das zur Insolvenzmasse gehörende Vermögen zu verwalten und über es

---

375 BVerfG, Kammerbeschluss vom 27.9.2012 – 2 BvR 1874/12.

zu verfügen, auf den Insolvenzverwalter über. Selbst wenn der Beschwerdeführer den geforderten Betrag aus eigenen Mitteln aufbringen könnte, wäre eine Hinterlegung durch ihn angesichts der Regelung des § 81 Abs. 1 S. 1 InsO nicht möglich, der zufolge solche Verfügungen unwirksam sind.

373 Die **Beurteilung des dringenden Tatverdachts**, die das erkennende Gericht **während laufender Hauptverhandlung** vornimmt, unterliegt im Haftbeschwerdeverfahren nur in eingeschränktem Umfang der Nachprüfung durch das Beschwerdegericht. Allein das Gericht, vor dem die Beweisaufnahme stattfindet, ist in der Lage, deren Ergebnisse aus eigener Anschauung festzustellen und zu würdigen sowie auf dieser Grundlage zu bewerten, ob der dringende Tatverdacht nach dem erreichten Verfahrensstand noch fortbesteht oder dies nicht der Fall ist. Das Beschwerdegericht hat demgegenüber keine eigenen unmittelbaren Erkenntnisse über den Verlauf der Beweisaufnahme.[376]

[6] a) Nach der Rechtsprechung des Senats unterliegt die Beurteilung des dringenden Tatverdachts, die das erkennende Gericht während laufender Hauptverhandlung vornimmt, im Haftbeschwerdeverfahren nur in eingeschränktem Umfang der Nachprüfung durch das Beschwerdegericht (BGH, Beschlüsse vom 7. August 2007 – StB 17/07, juris Rn. 5; vom 19. Dezember 2003 – StB 21/03, BGHR StPO § 112 Tatverdacht 3 m.w.N.). Allein das Gericht, vor dem die Beweisaufnahme stattfindet, ist in der Lage, deren Ergebnisse aus eigener Anschauung festzustellen und zu würdigen sowie auf dieser Grundlage zu bewerten, ob der dringende Tatverdacht nach dem erreichten Verfahrensstand noch fortbesteht oder dies nicht der Fall ist. Das Beschwerdegericht hat demgegenüber keine eigenen unmittelbaren Erkenntnisse über den Verlauf der Beweisaufnahme.

[7] b) Bei Anwendung dieses Prüfungsmaßstabs hat das Oberlandesgericht vor dem Hintergrund des wesentlichen Ergebnisses der Ermittlungen, wie es in der Anklageschrift zusammengefasst ist, ausreichend dargelegt, dass die Ergebnisse der bisherigen Beweisaufnahme in der Hauptverhandlung das Vorliegen eines dringenden Tatverdachts der Mitgliedschaft in einer ausländischen terroristischen Vereinigung nicht in Frage stellen, den der Senat auf der Grundlage des jeweiligen Ermittlungsergebnisses in seinen Haftprüfungsentscheidungen ebenfalls bejaht hatte. Es besteht auch bei sachgerechter Berücksichtigung des Beschwerdevorbringens kein Anlass anzunehmen, eine hohe Wahrscheinlichkeit dafür, dass die FDLR eine auf die Begehung der in § 129a Abs. 1 Nr. 1 StGB bezeichneten Verbrechen gerichtete ausländische Vereinigung ist und der Angeklagte sich an dieser als 1. Vizepräsident und damit als hochrangiges Mitglied beteiligte, liege nicht mehr vor.

[8] c) Demgegenüber kann der Senat auf der Grundlage der bisherigen Ausführungen des Oberlandesgerichts auch mit Blick auf den Inhalt der Anklageschrift und den Beschluss vom 21. Dezember 2011 nicht abschließend beurteilen, ob der Angeklagte dringend verdächtig ist, sich wegen der ihm vorgeworfenen Verbrechen gegen die Menschlichkeit und Kriegsverbrechen strafbar gemacht zu haben. Die Zurechnung der in der DRC begangenen Verbrechen über § 4 VStGB setzt u.a. voraus, dass der Angeklagte die Möglichkeit hatte, das Verhalten seiner Untergebenen faktisch zu bestimmen, insbesondere Straftaten wirksam zu unterbinden (vgl. im Einzelnen, BGH, Beschluss vom 17. Juni 2010 – AK 3/10, BGHSt 55, 157, 168). Damit der

[376] BGH, Beschluss vom 8.10.2012 – StB 9/12.

Senat diese – in seinen Haftprüfungsentscheidungen offen gelassene – Frage in einer die Entscheidung über die Beschwerde des Angeklagten tragenden Weise bewerten kann, bedarf es einer substantiierteren Darlegung des Ergebnisses der Beweisaufnahme durch das Oberlandesgericht, als dies bislang geschehen ist. Von besonderem Belang sind dabei Ausmaß und Inhalt der Kontakte des Angeklagten zu den vor Ort in der DRC agierenden Einheiten der FDLR sowie das Maß der Verbindlichkeit eventueller Vorgaben bzw. Anweisungen. Zu der – soweit für den Senat ersichtlich vom Generalbundesanwalt in seiner Erwiderung auf die Beschwerde erstmals aufgeworfenen – Frage, ob der Angeklagte mit großer Wahrscheinlichkeit sogar darüber hinaus als mittelbarer Täter für die vor Ort begangenen Verbrechen strafrechtlich verantwortlich ist, verhält sich die angegriffene Entscheidung des Oberlandesgerichts naturgemäß ebenfalls nicht.

[9] Der Senat weist zur Klarstellung darauf hin, dass er als Beschwerdegericht ohne eigene Erkenntnismöglichkeiten bezüglich des Inhalts der Hauptverhandlung zwar in die Lage versetzt werden muss, seine Entscheidung über das Rechtsmittel des Angeklagten auf einer hinreichend tragfähigen tatsächlichen Grundlage zu treffen, damit den nach ständiger Rechtsprechung des Bundesverfassungsgerichts erhöhten Anforderungen an die Begründungstiefe von Haftfortdauerentscheidungen (vgl. etwa BVerfG, Beschluss vom 24. August 2010 – 2 BvR 1113/10, juris Rn. 23) ausreichend Rechnung getragen werden kann. Dies bedeutet indes nicht, dass das verhandelnde Tatgericht in Fallkonstellationen wie der vorliegenden zu einer umfassenden Darstellung der Würdigung aller bislang erhobenen Beweise verpflichtet ist. Die abschließende Bewertung der Beweise durch das Oberlandesgericht und ihre entsprechende Darlegung sind den Urteilsgründen vorbehalten. Das Haftbeschwerdeverfahren führt insoweit nicht zu einem über die Nachprüfung des dringenden Tatverdachts hinausgehenden Zwischenverfahren, in dem sich das Tatgericht zu Inhalt und Ergebnis aller Beweiserhebungen erklären müsste (vgl. BGH, Beschluss vom 2. September 2003 – StB 11/03, NStZ-RR 2003, 368). Weiter entspricht es der Natur der Sache, dass die vom Tatgericht vorzunehmende Würdigung vorläufigen Charakter hat und für sich genommen nicht geeignet ist, etwa den Vorwurf der Voreingenommenheit der beteiligten Richter zu begründen.

[10] 2. Da der Senat den dringenden Tatverdacht hinsichtlich der Straftaten nach dem Völkerstrafgesetzbuch nicht abschließend zu beurteilen vermag, ist derzeit auch eine endgültige Entscheidung darüber nicht möglich, ob die Fortdauer der Untersuchungshaft mit dem Grundsatz der Verhältnismäßigkeit (§ 112 Abs. 1 Satz 2 StPO) zu vereinbaren ist.

Der **Verhältnismäßigkeitsgrundsatz** ist nicht nur für die **Anordnung**, sondern auch **374**
für die **Dauer** der **Untersuchungshaft** von Bedeutung. Mit zunehmender Dauer der Untersuchungshaft vergrößert sich regelmäßig das Gewicht des Freiheitsanspruchs gegenüber dem Interesse an einer wirksamen Strafverfolgung. Da der **Beschleunigungsgrundsatz** in Haftsachen verlangt, dass die Strafverfolgungsbehörden und Strafgerichte alle möglichen und zumutbaren Maßnahmen ergreifen, um die notwendigen Ermittlungen mit der gebotenen Schnelligkeit abzuschließen, stehen von dem Beschuldigten nicht zu vertretende, sachlich nicht gerechtfertigte und vermeidbare Verfahrensverzögerungen regelmäßig einer weiteren Aufrechterhaltung der Untersuchungshaft entgegen. Der Grundrechtsschutz ist auch durch die Verfahrensgestaltung zu bewirken. In der Regel sind in jedem Beschluss über die Anordnung der Fortdauer der Untersuchungshaft aktuelle Ausführungen zu dem weiteren Vorliegen ihrer Voraussetzungen, zur Abwägung zwischen dem Freiheitsgrundrecht des

Beschuldigten und dem Strafverfolgungsinteresse der Allgemeinheit sowie zur Frage der Verhältnismäßigkeit geboten.[377]

[40] Bei der Anordnung und Aufrechterhaltung der Untersuchungshaft ist das Spannungsverhältnis zwischen dem in Art. 2 Abs. 2 Satz 2 GG gewährleisteten Recht des Einzelnen auf persönliche Freiheit und den unabweisbaren Bedürfnissen einer wirksamen Strafverfolgung zu beachten. Grundsätzlich darf nur einem rechtskräftig Verurteilten die Freiheit entzogen werden. Der Entzug der Freiheit eines der Straftat lediglich Verdächtigen ist wegen der Unschuldsvermutung, die ihre Wurzel im Rechtsstaatsprinzip des Art. 20 Abs. 3 GG hat und auch in Art. 6 Abs. 2 EMRK ausdrücklich hervorgehoben ist (vgl. BVerfGE 19, 342 <347>; 74, 358 <370 f.>), nur ausnahmsweise zulässig. Dabei muss den vom Standpunkt der Strafverfolgung aus erforderlich und zweckmäßig erscheinenden Freiheitsbeschränkungen der Freiheitsanspruch des noch nicht rechtskräftig verurteilten Beschuldigten als Korrektiv gegenübergestellt werden, wobei dem Grundsatz der Verhältnismäßigkeit eine maßgebliche Bedeutung zukommt (vgl. grundlegend BVerfGE 19, 342 <347> sowie BVerfGE 20, 45 <49 f.>; 36, 264 <270>; 53, 152 <158 f.>; BVerfGK 15, 474 <479>).

[41] Der Verhältnismäßigkeitsgrundsatz ist nicht nur für die Anordnung, sondern auch für die Dauer der Untersuchungshaft von Bedeutung. Das Gewicht des Freiheitsanspruchs vergrößert sich gegenüber dem Interesse an einer wirksamen Strafverfolgung regelmäßig mit zunehmender Dauer der Untersuchungshaft (vgl. BVerfGE 36, 264 <270>; 53, 152 <158 f.>). Daraus folgt, dass die Anforderungen an die Zügigkeit der Arbeit in einer Haftsache mit der Dauer der Untersuchungshaft steigen. Zum anderen nehmen auch die Anforderungen an den die Haftfortdauer rechtfertigenden Grund zu (vgl. BVerfGK 7, 140 <161>; 15, 474 <480>).

[42] Dieser Beschleunigungsgrundsatz in Haftsachen verlangt, dass die Strafverfolgungsbehörden und Strafgerichte alle möglichen und zumutbaren Maßnahmen ergreifen, um die notwendigen Ermittlungen mit der gebotenen Schnelligkeit abzuschließen und eine gerichtliche Entscheidung über die einem Beschuldigten vorgeworfenen Taten herbeizuführen, denn zur Durchführung eines geordneten Strafverfahrens und zur Sicherstellung der Strafvollstreckung kann die Untersuchungshaft dann nicht mehr als notwendig anerkannt werden, wenn ihre Fortdauer durch vermeidbare Verzögerungen verursacht ist. Von dem Beschuldigten nicht zu vertretende, sachlich nicht gerechtfertigte und vermeidbare Verfahrensverzögerungen stehen daher regelmäßig einer weiteren Aufrechterhaltung der Untersuchungshaft entgegen (vgl. BVerfGK 15, 474 <480>; m.w.N.).

[43] Der Beschleunigungsgrundsatz beansprucht auch für das Zwischenverfahren nach den §§ 199 ff. StPO Geltung. Auch in diesem Stadium muss das Verfahren mit der gebotenen Zügigkeit gefördert werden, um im Falle der Entscheidungsreife über die Zulassung der Anklage zur Hauptverhandlung zu beschließen (vgl. BVerfG, Beschluss der 2. Kammer des Zweiten Senats vom 4. Mai 2011 – 2 BvR 2781/10 –, juris, Rn. 15) und anschließend im Regelfall innerhalb von weiteren drei Monaten mit der Hauptverhandlung zu beginnen (vgl. BVerfGK 10, 294 <307>).

[44] Im Rahmen der Abwägung zwischen dem Freiheitsanspruch des Betroffenen und dem Strafverfolgungsinteresse der Allgemeinheit kommt es in erster Linie auf die durch objektive Kriterien bestimmte Angemessenheit der Verfahrensdauer an,

377 BVerfG, Kammerbeschluss vom 14.11.2012 – 2 BvR 1164/12.

die u.a. von der Komplexität der Rechtssache, der Vielzahl der beteiligten Personen oder dem Verhalten der Verteidigung abhängig sein kann. Dies macht eine auf den Einzelfall bezogene Prüfung des Verfahrensablaufs erforderlich. An dessen zügigen Fortgang sind dabei umso strengere Anforderungen zu stellen, je länger die Untersuchungshaft schon andauert. Dieser Gedanke liegt auch der Regelung des § 121 StPO zugrunde, der bestimmt, dass der Vollzug der Untersuchungshaft vor Ergehen eines Urteils wegen derselben Tat über sechs Monate hinaus nur aufrechterhalten werden darf, wenn die besondere Schwierigkeit oder der besondere Umfang der Ermittlungen oder ein anderer wichtiger Grund den Erlass des Urteils noch nicht zugelassen haben und die Fortdauer der Haft rechtfertigen. Wie sich aus Wortlaut und Entstehungsgeschichte ergibt, handelt es sich dabei um eng begrenzte Ausnahmetatbestände (vgl. BVerfG, Beschluss der 2. Kammer des Zweiten Senats vom 4. Mai 2011 – 2 BvR 2781/10 –, juris, Rn. 13; m.w.N.).

[45] Ferner ist zu berücksichtigen, dass der Grundrechtsschutz auch durch die Verfahrensgestaltung zu bewirken ist (vgl. hierzu BVerfGE 53, 30 <65>; 63, 131 <143>). Das Verfahren der Haftprüfung und Haftbeschwerde muss deshalb so ausgestaltet sein, dass nicht die Gefahr einer Entwertung der materiellen Grundrechtsposition aus Art. 2 Abs. 2 in Verbindung mit Art. 104 GG besteht. Dem ist vor allem durch erhöhte Anforderungen an die Begründungstiefe von Haftfortdauerentscheidungen Rechnung zu tragen (vgl. BVerfGE 103, 21 <35 f.>). Die mit Haftsachen betrauten Gerichte haben sich bei der zu treffenden Entscheidung über die Fortdauer der Untersuchungshaft mit deren Voraussetzungen eingehend auseinanderzusetzen und diese entsprechend zu begründen. In der Regel sind in jedem Beschluss über die Anordnung der Fortdauer der Untersuchungshaft aktuelle Ausführungen zu dem weiteren Vorliegen ihrer Voraussetzungen, zur Abwägung zwischen dem Freiheitsgrundrecht des Beschuldigten und dem Strafverfolgungsinteresse der Allgemeinheit sowie zur Frage der Verhältnismäßigkeit geboten, weil sich die dafür maßgeblichen Umstände angesichts des Zeitablaufs in ihrer Gewichtigkeit verschieben können (vgl. BVerfGK 7, 140 <161>; 10, 294 <301>; 15, 474 <481>).

[46] Die zugehörigen Ausführungen müssen in Inhalt und Umfang eine Überprüfung des Abwägungsergebnisses am Grundsatz der Verhältnismäßigkeit nicht nur für den Betroffenen selbst, sondern auch für das die Anordnung treffende Fachgericht im Rahmen einer Eigenkontrolle gewährleisten und in sich schlüssig und nachvollziehbar sein (vgl. BVerfGK 7, 421 <429 f.>; 8, 1 <5>; 15, 474 <481 f.>).

[47] II. Diesen sich aus Art. 2 Abs. 2 Satz 2 GG ergebenden Anforderungen wird die mit der Verfassungsbeschwerde angegriffene Entscheidung des Oberlandesgerichts Nürnberg vom 19. April 2012, welche die Fortdauer der zu diesem Zeitpunkt seit 13 Monaten andauernden Untersuchungshaft zum dritten Mal anordnete, nicht gerecht.

[48] 1. Der angegriffene Beschluss verkennt, dass für das Zwischenverfahren schon im Monat April 2012 vermeidbare und der Justiz zurechenbare Verfahrensverzögerungen festzustellen waren. Diese standen der Fortdauer der Untersuchungshaft unter Berücksichtigung der wertsetzenden Bedeutung des Grundrechts auf Freiheit der Person aus Art. 2 Abs. 2 Satz 2 GG zum Zeitpunkt der dritten Haftprüfungsentscheidung entgegen (vgl. BVerfG, Beschluss der 2. Kammer des Zweiten Senats vom 4. Mai 2011 – 2 BvR 2781/10 –, juris, Rn. 14).

[49] a) So ist bereits kein Grund erkennbar, weshalb nach dem am 31. Oktober 2011 erfolgten Eingang der Anklageschrift erst mehr als zwei Wochen später – am 15. November 2011 – die erste gerichtliche Verfügung getroffen worden ist.

[50] b) Eine weitere nicht dem Beschwerdeführer anzulastende Verzögerung ist dadurch entstanden, dass die Strafkammer ein vom Verteidiger des Mitangeklagten am 9. Dezember 2011 eingegangenes Gesuch auf Akteneinsicht erst am 23. Dezember 2011 positiv beschied und die Akteneinsicht dann tatsächlich erst am 12. Januar 2012 – und damit einen Monat nach Antragstellung – ermöglicht wurde.

[51] c) Eine offensichtliche Verzögerung ist schließlich darin zu sehen, dass die Strafkammer bis zur angefochtenen Haftfortdauerentscheidung trotz seit längerem bestehender Entscheidungsreife noch nicht die Eröffnung des Hauptverfahrens beschlossen und keinen Termin zur Hauptverhandlung anberaumt hatte; auch deshalb ist das Zwischenverfahren nicht mit der zu erwartenden Zügigkeit gefördert worden, um alsbald eine Entscheidung über die Zulassung der Anklage zur Hauptverhandlung herbeizuführen.

[52] Auch wenn das Ausgangsverfahren angesichts der Komplexität der dem Beschwerdeführer zur Last gelegten Steuerstraftaten und der Vielzahl der beteiligten Personen eine überdurchschnittliche Schwierigkeit aufweisen mag, rechtfertigt dies allein nicht, im Zwischenverfahren anstehende Entscheidungen nicht mit der gebotenen Beschleunigung zu treffen. Hinzu kommt, dass sich die Strafkammer in ihren Vorlagebeschlüssen nicht auf eine besondere Schwierigkeit berufen hat. Sie hat auch sonst nicht dargelegt, aus welchen Gründen sie an einer rechtzeitigen Beschlussfassung über die Eröffnung des Hauptverfahrens gehindert gewesen ist. Von Seiten der Verteidigung sind zu keinem Zeitpunkt Einwendungen gegen die Eröffnung des Hauptverfahrens erhoben oder nach § 202 StPO Beweisanträge gestellt worden, die auf die Förderung des Verfahrens und einen zeitnahen Eröffnungsbeschluss hätten Einfluss nehmen können.

[53] Spätestens nach Ablauf der dem Verteidiger des Mitangeklagten bis Anfang Februar 2012 gewährten Stellungnahmefrist hätte über die Eröffnung des Hauptverfahrens entschieden werden können. Dies ist unterblieben, obwohl sich der Beschwerdeführer zu diesem Zeitpunkt schon seit fast einem Jahr in Untersuchungshaft befand. Das Bestreben, den Angeklagten zu einer Verständigung zu bewegen, kann offenkundig die Verzögerung einer Entscheidung über die Eröffnung des Hauptverfahrens nicht rechtfertigen.

[54] 2. Der Bevollmächtigte hatte in seinem am 18. April 2012 beim Oberlandesgericht eingegangenen Schriftsatz das mit den Beteiligten geführte Rechtsgespräch erwähnt und darauf hingewiesen, dass seitens des Landgerichts (nur) für den Fall eines Geständnisses Termine für eine Hauptverhandlung angeboten würden. Dem hätte das Oberlandesgericht nachgehen müssen. Dann wäre ihm das Schreiben des Strafkammervorsitzenden vom 12. April 2012 bekannt geworden, dessen Inhalt es bei verständiger Würdigung nahe legt, dass sachfremde Erwägungen für die Vorgehensweise das Landgerichts – Förderung des Verfahrens erst nach zustimmender Äußerung zur „angedachten Verständigung" – eine Rolle gespielt haben.

375 **§ 119 Abs. 5 Satz 1 StPO** eröffnet den **Antrag auf gerichtliche Entscheidung** gegen Anordnungen nach § 119 Abs. 1 StPO, soweit nicht das Rechtsmittel der Beschwerde statthaft ist. Bereits nach dem Gesetzeswortlaut soll damit nicht ein von der nächsten Instanz zu bescheidendes neues Rechtsmittel eingeführt, sondern die Möglichkeit gegeben werden, eine weitere Überprüfung durch das nach § 126 StPO zuständige Gericht zu veranlassen.[378]

---

[378] BGH, Beschluss vom 12.1.2012 – StB 19/11.

Der **Untersuchungshaftvollzug** ist in besonderem Maß vom **Verhältnismäßigkeitsgrundsatz** geprägt. Bei der Überprüfung der Verhältnismäßigkeit von Haftbedingungen ist auch die Indizwirkung internationaler Standards mit Menschenrechtsbezug – etwa der **Europäischen Strafvollzugsgrundsätze** – zu berücksichtigen. Der Verhältnismäßigkeitsgrundsatz begrenzt zudem die Möglichkeiten der Verallgemeinerung von Beschränkungen. Beschränkungen allgemeiner Art sind demnach zwar nicht ausgeschlossen; jedoch sind Ausnahmen zuzulassen, soweit dies ohne konkrete Gefährdung gesetzlicher Haftzwecke oder der Anstaltsordnung möglich ist. Diese Grundsätze sind sowohl den **Ermessensentscheidungen** der Vollzugsbehörden als auch der gerichtlichen Überprüfung jener Entscheidungen zugrunde zu legen. Die engen gesetzlichen Voraussetzungen für die Anordnung von Einzelhaft bzw. Arrest tragen dem Grundsatz der Verhältnismäßigkeit Rechnung, der hier besonders strikte Beachtung erfordert.[379] **376**

7. Vernehmung des Beschuldigten – §§ 133 ff. StPO

Für die **Belehrung eines Beschuldigten** gelten dieselben Regeln, gleichgültig ob er von einem Richter (§ 136 StPO), einem Staatsanwalt (§ 163a Abs. 3 StPO) oder – wie häufig – von einem Polizeibeamten vernommen wird (§ 163a Abs. 4 StPO). Eine Ausnahme gilt lediglich insoweit, als ein Polizeibeamter, anders als ein Richter oder Staatsanwalt, nicht verpflichtet ist, die möglichen Strafvorschriften zu nennen (§ 163a Abs. 4 Satz 1 StPO), also etwa bei einem Tötungsdelikt zwischen Totschlag und Mord zu unterscheiden. Unbeschadet der – stets gegebenen, praktisch besonders bei polizeilichen Vernehmungen bedeutsamen – Möglichkeit, aus ermittlungstaktischen Gründen nicht stets jedes schon bekannte Detail offen zu legen, ist dem **Beschuldigten der ihm vorgeworfene Sachverhalt zumindest in groben Zügen zu eröffnen.** Hinsichtlich der Ausgestaltung der Eröffnung im Einzelnen hat also der Vernehmende einen gewissen Beurteilungsspielraum. Dessen Grenzen sind jedoch überschritten, wenn dem Beschuldigten eines Gewaltdelikts der Tod des Opfers nicht eröffnet wird.[380] **377**

[24] Auch wenn es auf die übrigen Verfahrensrügen daher nicht ankommt, sieht der Senat Anlass zu dem Hinweis, dass das allerdings rechtsfehlerhafte Verhalten der Polizei bei der Vernehmung des Angeklagten entgegen der Auffassung der Revision nicht zur Unverwertbarkeit seiner dabei angefallenen Aussage führt.

[25] 1. Folgendes liegt zu Grunde:

[26] Der Angeklagte wurde zu Vernehmungsbeginn ordnungsgemäß über sein Schweigerecht und sein Recht auf Anwaltskonsultation belehrt. Obwohl der Polizei zu diesem Zeitpunkt der Tod des Opfers bereits bekannt war, wurde ihm jedoch nicht eröffnet, dass wegen eines Tötungsdelikts ermittelt werde, sondern nur, dieser habe

[27] „seiner Frau etwas Schlimmes angetan und darum gehe es in der Beschuldigtenvernehmung".

[28] Weiter heißt es in der Niederschrift der Vernehmung, die sich etwa über fünf Stunden erstreckte:

---

379 BVerfG, Kammerbeschluss vom 17.10.2012 – 2 BvR 736/11.

380 BGH, Beschluss vom 6.3.2012 – 1 StR 623/11.

[29] „T. Du hast vor der Vernehmung und in der Vernehmung gefragt, wie es deiner Frau gehe. War dies nur Ablenkung oder hattest Du eventuell Hoffnung, dass sie noch lebt?"

[30] Hierauf antwortete der Beschuldigte (Angeklagte):

[31] „Ja, ich habe jetzt noch Hoffnung, dass sie noch lebt."

[32] An anderer Stelle der Vernehmung erklärte der Angeklagte hinsichtlich seiner geschiedenen Frau:

[33] „ … Ich wollte sie nur … leiden sehen. Sie lebt doch noch, oder?"

[34] Am Ende der Vernehmung fragte er: „Können Sie mir sagen, wie es meiner Frau geht? Lebt sie noch?"

[35] Darauf wurde ihm – erstmals klar – gesagt: „Wir müssen Dir leider mitteilen, dass S. <Name der geschiedenen Ehefrau> tot ist."

[36] Darauf äußerte der Angeklagte: „Was habe ich gemacht?

[37] Ich habe alles kaputtgemacht. Ich habe gedacht sie lebt noch. Ich habe nicht vorgehabt, sie zu töten."

[38] 2. An dieses Geschehen knüpft die Revision an. Sie hält § 163a Abs. 4 StPO i.V.m. § 136 Abs. 1 Satz 2 bis 4 StPO für verletzt. Der Angeklagte sei davon ausgegangen, dass gegen ihn, wie schon öfter, (nur) wegen Körperverletzung zum Nachteil seiner geschiedenen Ehefrau ermittelt werde. Er hätte nicht erkennen können, „dass ihm ein (versuchtes) Tötungsdelikt … zur Last gelegt" werde. Andernfalls hätte er jedenfalls ohne Verteidiger keine Angaben zur Sache gemacht; nachdem ihm der Tod seiner geschiedenen Frau eröffnet worden sei, habe er keine Angaben zur Sache mehr gemacht.

[39] 3. Die Strafkammer hat gegen die Verwertung dieser (durch Zeugenaussagen der Vernehmungsbeamten eingeführten) Aussagen entgegen dem hiergegen gerichteten Widerspruch keine Bedenken gehabt:

[40] Sie führt hierzu in den Urteilsgründen aus, der Sachverhalt, um den es gegangen sei, sei klar gewesen. „Ob seine Frau noch lebte … spielt insoweit keine Rolle". Wenn überhaupt, handle es sich jedenfalls „nicht um einen schwerwiegenden Verfahrensfehler", Polizeibeamte müssten dem Beschuldigten nicht die für die Bewertung seines Verhaltens in Betracht kommenden Strafvorschriften eröffnen, da sie nicht stets über die hierfür erforderlichen Rechtskenntnisse verfügten.

[41] Hinzu kommt, so ergeben die Urteilsgründe weiter, dass der Angeklagte am nächsten Tag – also als ihm der Tod seiner geschiedenen Frau bekannt war – das Vernehmungsprotokoll „eigenhändig auf jeder Seite unterschrieb und teilweise auch noch handschriftliche Ausbesserungen vornahm".

[42] 4. Grundsätzlich gelten für die Belehrung eines Beschuldigten dieselben Regeln, gleichgültig ob er von einem Richter (§ 136 StPO), einem Staatsanwalt (§ 163a Abs. 3 StPO) oder – wie häufig – von einem Polizeibeamten vernommen wird (§ 163a Abs. 4 StPO). Eine Ausnahme gilt, so auch zutreffend die Strafkammer, lediglich insoweit, als ein Polizeibeamter, anders als ein Richter oder Staatsanwalt, nicht verpflichtet ist, die möglichen Strafvorschriften zu nennen (§ 163a Abs. 4 Satz 1 StPO), also etwa bei einem Tötungsdelikt zwischen Totschlag und Mord zu unterscheiden.

[43] 5. Hier geht es aber um die „Tat" als solche, nicht deren rechtliche Bewertung. Unbeschadet der – stets gegebenen, praktisch besonders bei polizeilichen Vernehmungen bedeutsamen – Möglichkeit, aus ermittlungstaktischen Gründen nicht stets

jedes schon bekannte Detail offen zu legen, ist dem Beschuldigten der ihm vorgeworfene Sachverhalt zumindest in groben Zügen zu eröffnen (vgl. Gleß in Löwe/Rosenberg, StPO, 26. Aufl., § 136 Rn. 21 m.w.N. in Fn. 71). Hinsichtlich der Ausgestaltung der Eröffnung im Einzelnen hat also der Vernehmende einen gewissen Beurteilungsspielraum. Dessen Grenzen sind jedoch überschritten, wenn dem Beschuldigten eines Gewaltdelikts der Tod des Opfers nicht eröffnet wird. Ohne Hinweis auf diesen die Tat prägenden Gesichtspunkt ist sie nicht einmal in groben Zügen eröffnet. Der ohnehin nicht sehr klare Hinweis, es gehe um das „Schlimme", was der Beschuldigte dem Tatopfer angetan habe, reicht daher nicht aus. Besonderheiten für den Fall, dass der Beschuldigte deutlich macht, den gegen ihn erhobenen Vorwurf klar zu kennen, können hier im Blick auf die wiederholten, zunächst nicht sachgerecht beantworteten Fragen nach den Folgen der Tat auf sich beruhen bleiben.

[44] 6. Die Frage, ob ein Verwertungsverbot hinsichtlich einer Aussage besteht, der, wie hier, ein Verstoß gegen § 163a Abs. 4 Satz 1 StPO vorangegangen ist, wird nicht einheitlich beurteilt (bejahend Wohlers in SK-StPO, 4. Aufl., § 163a Rn. 75 m.w.N. in Fn. 210, auch für eine einschränkende Auffassung; offen geblieben bei Finanzgericht Mecklenburg-Vorpommern wistra 2003, 473, 475). Der Senat kann diese Frage aber deshalb offen lassen, weil jedenfalls in dem hier vorliegenden konkreten Einzelfall ein Verwertungsverbot selbst dann nicht in Betracht kommt, wenn man dies grundsätzlich für möglich hielte:

[45] Belehrungsdefizite begründen dann kein Verwertungsverbot, wenn sie das Aussageverhalten des Vernommenen nicht beeinflusst haben. Dieser Gesichtspunkt, der sich insbesondere dann auswirkt, wenn der Vernommene das Recht, über das er nicht ordnungsgemäß belehrt wurde, trotzdem kannte (vgl. z.B. BGH, Beschluss vom 23. August 2011 – 1 StR 153/11 <Recht auf Anwaltskonsultation>; Urteil vom 10. August 1994 – 3 StR 53/94 <Schweigerecht>; Urteil vom 15. November 1994 – 1 StR 461/94 <Zeugnisverweigerungsrecht des Angehörigen> m.w.N.), kommt auch hier zum Tragen.

[46] a) Der Senat geht – entgegen dem Vortrag der Revision – davon aus, dass dem Beschuldigten (Angeklagten) bei der Vernehmung die Möglichkeit vor Augen stand, dass die Geschädigte tot sein könnte. Dies liegt ohnehin schon angesichts des ungewöhnlich massiven Tatgeschehens nahe und wird insbesondere dadurch bestätigt, dass er wiederholt und vor allem auch schon vor seiner Vernehmung gefragt hatte, ob sie noch lebe. Es kann daher auf sich beruhen, dass überdies der Angeklagte im Rahmen der Vernehmung (anders als an ihrem Ende) immer wieder bestätigt hat, dass es sein Wunsch und sein Ziel war, seine geschiedene Frau zu töten.

[47] b) Es ist auch nicht ersichtlich, dass die Erkenntnis des Angeklagten, seine geschiedene Frau könne durch sein Verhalten zu Tode gekommen sein, durch das Verhalten der Polizei in Frage gestellt worden wäre. Zwar ließen deren Äußerungen (zunächst) die gebotene Klarheit vermissen; sie hat jedoch weder ausdrücklich noch sinngemäß erklärt, das Opfer lebe noch.

[48] c) Der Angeklagte verfügte also naheliegend über die – durch das polizeiliche Verhalten nicht entkräftete – Erkenntnis, dass seine Frau tot sein könnte. Wenn er sich auf dieser Grundlage nach im Übrigen ordnungsgemäßer Belehrung über sein Schweigerecht und sein Recht auf Anwaltskonsultation zu Angaben entschloss, so hat sich der vorliegende Mangel der polizeilichen Belehrung auf die Entscheidung, Angaben zu machen, nicht ausgewirkt. Schon deshalb ist für die Annahme eines Verwertungsverbotes hinsichtlich dieser Aussagen kein Raum.

[49] d) Die Fragen, ob der Angeklagte nach der präzisen Eröffnung des Tatvorwurfs seine früheren Angaben bestätigt und ergänzt hat und wie sich – gegebenenfalls ist dies nach Maßgabe des Einzelfalls zu beurteilen – auswirkt, dass eine „qualifizierte Belehrung" dabei unterblieben ist (vgl. zusammenfassend BGH, Beschluss vom 9. Juni 2009 – 4 StR 170/09 m.w.N. zu einer zunächst unterbliebenen Belehrung gemäß § 136 Abs. 1 Satz 2 StPO), können daher auf sich beruhen.

[50] 7. Mängel der polizeilichen Belehrung können, wie auch hier, das Verfahren erheblich belasten, im Einzelfall sogar den Bestand eines Urteils gefährden. Es gehört auch zu den Aufgaben der Staatsanwaltschaft, im Rahmen ihrer Verantwortung für die Gesetzmäßigkeit des Ermittlungsverfahrens, auch soweit es von der Polizei durchgeführt wird, auf die korrekte Einhaltung der Belehrungsbestimmungen und erforderlichenfalls möglichst auf die Korrektur (wie hier) erkennbarer Mängel hinzuwirken. Dies gilt für alle Ermittlungsverfahren, hat aber in sog. Kapitalsachen besonderes Gewicht (vgl. zu alledem BGH, Beschluss vom 23. August 2011 – 1 StR 153/11; Beschluss vom 27. Mai 2009 – 1 StR 99/09; Urteil vom 3. Juli 2007 – 1 StR 3/07).

■ **PRAXISBEDEUTUNG**

Auch wenn der Senat in der vorstehenden Entscheidung ein Beruhen des Urteils auf Mängeln der polizeilichen Belehrung ausschließen konnte, zeigt sich die Problematik, welche auch durch Maßnahmen der sog. kriminalistischen List entstehen können. Dies wird durch die Aufforderung des BGH an die Staatsanwaltschaft bestätigt, für die Gesetzmäßigkeit des Ermittlungsverfahrens zu sorgen. Natürlich bedeutet dies zugleich, dass auch die Verteidigung hierzu aufgerufen ist und erforderlichenfalls gerade Belehrungsmängel zu rügen und daraus evtl. resultierende Verwertungsverbote einzufordern.

8. Verteidigung – §§ 140 ff. StPO

378 Maßnahmen, die den **freien Kontakt** zwischen dem Beschuldigten und seinem **Verteidiger behindern**, berühren das Recht auf ein faires Verfahren. Werden die das Recht auf ein faires Verfahren ausgestaltenden Vorschriften der StPO missachtet oder berücksichtigen die Gerichte die Tragweite des Rechtsstaatsgebots nicht hinreichend, so ist das Recht auf ein faires Verfahren verletzt. Das Recht des Beschuldigten auf ein faires Verfahren wird durch § 148 Abs 1 StPO dahingehend konkretisiert, dass auch dem inhaftierten Beschuldigten schriftlicher und mündlicher Verkehr mit dem Verteidiger gestattet ist. Jedenfalls für die Fälle, die nicht von der – eng auszulegenden – Ausnahmevorschrift des § 148 Abs 2 StPO erfasst sind, ist eine Überwachung von Telefonaten zwischen einem Beschuldigten und seinem nicht selbst tat- oder teilnahmeverdächtigen Verteidiger ausgeschlossen.[381]

[29] 2. Die angegriffenen Beschlüsse verletzen die Beschwerdeführerin in ihrem Grundrecht auf ein faires Verfahren aus Art. 2 Abs. 1 GG in Verbindung mit dem Rechtsstaatsprinzip.

---

[381] BVerfG, Kammerbeschluss vom 7.3.2012 – 2 BvR 988/10.

[30] a) Maßnahmen, die den freien Kontakt zwischen dem Beschuldigten und seinem Verteidiger behindern, berühren das Recht auf ein faires Verfahren (vgl. BVerfGE 49, 24 <55>), das seine Grundlage im Grundrecht auf freie Entfaltung der Persönlichkeit aus Art. 2 Abs. 1 GG in Verbindung mit dem Rechtsstaatsprinzip hat (vgl. BVerfGE 26, 66 <71>; 38, 105 <111>; 40, 95 <99>; 65, 171 <174>; 66, 313 <318>; 77, 65 <76>; 86, 288 <317>). Das Recht auf ein faires Verfahren, dem in vieler Hinsicht auf unterschiedliche Weisen Rechnung getragen werden kann, in einer den sachlichen Gegebenheiten angemessenen Weise zu konkretisieren, ist in erster Linie Sache des Gesetzgebers (vgl. BVerfG, Beschluss der 2. Kammer des Zweiten Senats vom 8. Juni 2010 – 2 BvR 432/07 u.a. –, NJW 2011, S. 591 <592 f.>). Werden die das Recht auf ein faires Verfahren ausgestaltenden Vorschriften der Strafprozessordnung missachtet oder berücksichtigen die Gerichte bei ihrer Auslegung und Anwendung nicht hinreichend die Tragweite des Rechtsstaatsgebots, so ist das Recht auf ein faires Verfahren verletzt (vgl. zu den Vorschriften über die Mitwirkung des Verteidigers BVerfGE 65, 171 <174, 175 f.>; 66, 313 <318, 319 f.>).

[31] b) Ein solcher Fall liegt hier vor.

[32] aa) Der Gesetzgeber hat das Recht des Beschuldigten auf ein faires Verfahren mit § 148 Abs. 1 StPO dahingehend konkretisiert, dass auch dem inhaftierten Beschuldigten schriftlicher und mündlicher Verkehr mit dem Verteidiger gestattet ist. Eine – eng auszulegende (vgl. BGHSt 36, 205 <208 f.> m.w.N.) – Ausnahme sieht § 148 Abs. 2 StPO lediglich für Fälle des dringenden Verdachts einer Straftat nach § 129a StGB, auch in Verbindung mit § 129b StGB, vor. Unabhängig von der Frage, inwieweit dies Beschränkungen der Häufigkeit telefonischer Kontaktaufnahme zwischen dem Beschuldigten und seinem Verteidiger aus Gründen der Anstaltsordnung zulässt (vgl. OLG Stuttgart, Beschluss vom 21. September 1994 – 1 Ws 197/94 –, StV 1995, S. 260 f.; KG, Beschluss vom 2. November 2001 – 1 AR 1192/00 u.a. –, juris; OLG Rostock, Beschluss vom 2. April 2003 – I Ws 118/03 –, juris; LG Dresden, Beschluss vom 6. September 2011 – 5 Qs 110/11 –, StraFo 2011, S. 393 <394>; zur notwendigen Sicherstellung der Verteidigereigenschaft OLG Köln, Beschluss vom 12. August 2010 – 2 Ws 498/10 –, NStZ 2011, S. 55), ist danach für die nicht von§ 148 Abs. 2 StPO erfassten Fälle jedenfalls eine Überwachung stattfindender Telefonate zwischen einem Beschuldigten und seinem nicht selbst tat- oder teilnahmeverdächtigen Verteidiger ausgeschlossen (vgl. BGHSt 33, 347 <350> m.w.N. zur Frage der Überwachung nach § 100a StPO; Meyer-Goßner, StPO, 54. Aufl. 2011, § 148 Rn. 16; Laufhütte, in: Karlsruher Kommentar zur StPO, 6. Aufl. 2008, § 148 Rn. 7; Julius, in: Heidelberger Kommentar zur StPO, 4. Aufl. 2009, § 148 Rn. 9; Lüderssen/Jahn, in: Löwe-Rosenberg, StPO, Bd. 4, 26. Aufl. 2007, § 148 Rn. 14).

[33] Die Neufassung des § 119 Abs. 1 StPO durch das Gesetz zur Änderung des Untersuchungshaftrechts vom 29. Juli 2009 (BGBl I S. 2274), gemäß dessen Art. 8 Abs. 1 in Kraft getreten am 1. Januar 2010, hat daran nichts geändert. § 119 Abs. 1 StPO n.F. ermöglicht Beschränkungen der Telekommunikation von Untersuchungsgefangenen zur Abwehr einer Flucht-, Verdunkelungs- oder Wiederholungsgefahr. § 119 Abs. 4 Satz 1 StPO n.F. bestimmt jedoch ausdrücklich, dass die §§ 148, 148a StPO unberührt bleiben. Damit wird klargestellt, dass Maßnahmen nach § 119 Abs. 1 StPO n.F., soweit sie den durch § 148 Abs. 1 StPO garantierten freien Verkehr des Gefangenen mit seinem Verteidiger einschränken würden, nach wie vor nur in dem durch § 148 Abs. 2 StPO bestimmten Ausmaß zulässig sind (vgl. BTDrucks 16/11644, S. 28).

[34] Unabhängig von der durch die angegriffenen Beschlüsse nicht beantworteten Frage, ob als Rechtsgrundlage der hier umstrittenen Beschränkung § 119 Abs. 1 StPO n.F. oder der zum Zeitpunkt der angegriffenen Entscheidungen im Freistaat Bayern gemäß Art. 125a Abs. 1 GG als Rechtsgrundlage für haftvollzugsrechtliche Maßnahmen fortgeltende § 119 Abs. 3 StPO a.F. in Betracht kam (zum kompetenzrechtlichen Hintergrund, zur Abgrenzung zwischen strafverfahrenssichernden und haftvollzugsrechtlichen Eingriffsgrundlagen und zu möglichen Überschneidungen vgl. BT-Drucks. 16/11644, S. 23), konnte daher die angegriffene Versagung des Telefonkontakts zwischen der Beschwerdeführerin und ihrem Verteidiger jedenfalls nicht – ohne jede Auseinandersetzung mit den Vorgaben des § 148 StPO – mit der Erwägung gerechtfertigt werden, Telefongespräche zwischen Gefangenen und ihrem Verteidiger seien allgemein nur unter Überwachung zuzulassen und daher wegen des damit verbundenen organisatorischen und personellen Aufwandes aus einem Anlass der von der Beschwerdeführerin angeführten Art nicht genehmigungsfähig.

[35] bb) Soweit die angegriffenen Entscheidungen sich darauf berufen, dass nicht in der gebotenen Weise sicherzustellen sei, ob es sich bei einem telefonischen Gesprächspartner tatsächlich um den Verteidiger handele, ist dies jedenfalls nicht ohne nähere Darlegung nachvollziehbar. Die gewünschte telefonische Verbindung kann unter Nutzung der Telefonnummer, die der als solcher ausgewiesene Verteidiger angegeben hat, von der Justizvollzugsanstalt selbst hergestellt werden. Die Annahme, es sei grundsätzlich nicht hinreichend gewährleistet, dass es sich bei einer auf diesem Wege erreichten Person, die der Verteidiger zu sein behauptet, tatsächlich um den Verteidiger handelt, bedürfte näherer Begründung, die sich auch damit auseinanderzusetzen hätte, dass der Strafverteidiger kraft seiner Stellung als Organ der Rechtspflege nach geltendem Recht einen Vertrauensvorschuss genießt (vgl. BVerfG, Beschluss der 1. Kammer des Zweiten Senats vom 5. Januar 2006 – 2 BvR 2/06 –, NJW 2006, S. 1500 <1501>; vgl. auch EGMR, Urteil vom 28. November 1991, S../.Schweiz, Beschwerde Nr. 12629/87 u.a., Rn. 48; Urteil vom 25. März 1992, Campbell./.Vereinigtes Königreich, Beschwerde Nr. 13590/88, Rn. 46; Urteil vom 12. Mai 2005, Öcalan./.Türkei, Beschwerde Nr. 46221/99, Rn. 133; Urteil vom 13. März 2007, Castravet./.Moldawien, Beschwerde Nr. 23393/05, Rn. 49 f.; zur Frage des Missbrauchsausschlusses BGH, Beschluss vom 17. Mai 2011 – 1 StR 208/11 –, NStZ 2011, S. 592).

[36] cc) Die Gerichte haben sich darüber hinaus auch mit der Frage, inwieweit schon die Darlegungslast, die Beschuldigten beziehungsweise ihren Verteidigern mit der Beschränkung wechselseitigen Telefonkontakts auf besonders zu begründende Dringlichkeitsfälle auferlegt wird, mit dem Anspruch auf Vertraulichkeit der Verteidigerkommunikation in Konflikt gerät, sowie mit der Bedeutung telefonischer Kontaktmöglichkeiten für die Effektivität des vom Recht auf ein faires Verfahren umfassten (vgl. BVerfGE 34, 293 <302>; 38, 105 <111 f.>; 39, 156 <163>; 66, 313 <319>; 68, 237 <255>; 110, 226 <253>) und in § 137 StPO einfachgesetzlich verankerten Rechts auf freie Wahl des Verteidigers nicht auseinandergesetzt.

■ PRAXISBEDEUTUNG

Vollzugsanstalten versuchen zuweilen, die mit Telefonaten zwischen Verteidigern und Gefangenen verbundenen organisatorischen Schwierigkeiten dadurch zu vermeiden, indem sie auf verschiedene Sicherheitsrisiken verweisen. Die vorstehende

Kammerentscheidung des BVerfG sollte insoweit genügend „Argumentationshilfen“ geben, um den unstreitigen Anspruch auch letztlich ohne gerichtliche Hilfe durchsetzen zu können!

9. Verfahrenseinstellung – §§ 153 ff. StPO

Eine im Einstellungsbeschluss nach § 154 Abs. 2 StPO **unterbliebene Kosten- und Auslagenentscheidung** kann von dem die Einstellung aussprechenden Gericht **nicht nachgeholt** werden.[382] **379**

[4] 2. Die nach § 464 Abs. 3 Satz 1 StPO zulässige sofortige Beschwerde hat ebenfalls keinen Erfolg. Zwar hat das Landgericht Gegenstand und Reichweite der von ihm im Urteil zu treffenden Kosten- und Auslagenentscheidung falsch bestimmt. Die Kosten- und Auslagenentscheidung im angefochtenen Urteil erweist sich aber im Ergebnis als zutreffend.

[5] a) Über die Pflicht zur Tragung von Verfahrenskosten und die Erstattung entstandener notwendiger Auslagen ist nach der gesetzlichen Regelung in § 464 Abs. 1 und 2 StPO in der das Verfahren beendenden Entscheidung zu befinden. Zu den verfahrensbeendenden Entscheidungen gehören auch Beschlüsse, durch die das Verfahren ganz oder teilweise nach § 154 Abs. 2 StPO eingestellt wird (vgl. BGH, Beschluss vom 23. März 1996 – 1 StR 685/95, NStZ 1997, 249, 250; Schleswig-Holsteinisches OLG, SchlHA 2000, 149; OLG Düsseldorf, VRS 89, 202; MDR 1988, 164; Beulke in Löwe/Rosenberg, StPO, 26. Aufl., § 154 Rn. 45; Hilger in Löwe/Rosenberg, StPO, 26. Aufl., § 464 Rn. 13; KK-Schoreit, StPO, 6. Aufl., § 154 Rn. 29; Meyer-Goßner, StPO, 54. Aufl., § 154 Rn. 18 und § 464 Rn. 6; KMR-Stöckel, StPO (Stand: Februar 2007), § 464 Rn. 12; a.A. SK-Degener, StPO (Stand: Juli 2003), § 464 Rn. 9; KK-Gieg, StPO, 6. Aufl., § 464 Rn. 2). Ungeachtet ihrer Bezeichnung als „vorläufig“ in § 154 Abs. 2 StPO führt die Einstellung nach dieser Norm zur Beendigung der gerichtlichen Anhängigkeit des von ihr betroffenen Teils der Anklage und in diesem Umfang zu einem der weiteren Verfolgung entgegenstehenden Verfahrenshindernis (vgl. BGH, Beschluss vom 9. September 1981 – 3 StR 290/81, BGHSt 30, 197, 198; vom 18. April 2007 – 2 StR 144/07, NStZ 2007, 476). Die verfahrensabschließende Wirkung der Einstellung nach § 154 Abs. 2 StPO wird durch die Möglichkeit, das Verfahren unter den tatbestandlichen Voraussetzungen des § 154 Abs. 3 und 4 StPO durch Gerichtsbeschluss wieder aufzunehmen, nicht in Frage gestellt.

[6] Eine im Einstellungsbeschluss nach § 154 Abs. 2 StPO unterbliebene Kosten- und Auslagenentscheidung kann von dem die Einstellung aussprechenden Gericht nicht nachgeholt werden (vgl. Hilger, aaO, Rn. 17, 28; Meyer-Goßner, aaO, § 464 Rn. 8, 12 jeweils m.w.N.). Entgegen der Auffassung der Strafkammer war daher eine Entscheidung über diejenigen Kosten und Auslagen, welche durch die im Wege der Einstellung nach § 154 Abs. 2 StPO erledigten Verfahrensteile veranlasst waren, im später erlassenen Urteil nicht mehr möglich. Über diese Kosten und Auslagen hätte vielmehr in dem in der Hauptverhandlung ergangenen Einstellungsbeschluss der Strafkammer erkannt werden müssen. Da der Einstellungsbeschluss nicht un-

[382] BGH, Beschluss vom 25.1.2012 – 4 StR 631/11.

mittelbar vor dem Urteil verkündet worden ist, stellen sich Beschluss und Urteil auch nicht als Teil einer einheitlichen gerichtlichen Endentscheidung dar (vgl. BGH, Beschluss vom 27. März 2001 – 4 StR 414/00, StV 2001, 437).

[7] b) In der im Urteil zu treffenden Kosten- und Auslagenentscheidung hatte das Landgericht demnach ausschließlich über diejenigen Kosten und Auslagen zu entscheiden, welche durch die Verfahrensteile angefallen sind, die nach der Einstellung noch Gegenstand des Urteils waren. Bezogen auf diesen Entscheidungsgegenstand erweist sich die Kosten- und Auslagenentscheidung der Strafkammer im Ergebnis als zutreffend. Da der Angeklagte in vollem Umfange verurteilt worden ist, hat er die insoweit entstandenen Kosten zu tragen (§ 465 Abs. 1 StPO) und kommt eine Überbürdung notwendiger Auslagen des Angeklagten auf die Staatskasse nicht in Betracht.

380 Die mit der – zulässigen – Verfahrensrüge geltend gemachte Beanstandung, das Landgericht habe die **Gründe für die Teileinstellung** des Verfahrens nach § 154 Abs. 2 StPO rechtsfehlerhaft weder in dem Einstellungsbeschluss noch in den Urteilsgründen dargelegt bzw. erörtert, bleibt im Ergebnis ohne Erfolg. In einem solchen Fall kann ein **Erörterungsmangel** vorliegen, wenn der Grund für die Einstellung nicht mitgeteilt wird. Unter den im vorliegenden Fall gegebenen Umständen ergibt sich daraus jedoch kein den Angeklagten beschwerender Rechtsfehler.[383]

[4] a) Die mit der – zulässigen – Verfahrensrüge (vgl. BGH, Beschluss vom 30. Mai 2000 – 1 StR 183/00, NStZ-RR 2001, 174) geltend gemachte Beanstandung, das Landgericht habe die Gründe für die Teileinstellung des Verfahrens nach § 154 Abs. 2 StPO rechtsfehlerhaft weder in dem Einstellungsbeschluss noch in den Urteilsgründen dargelegt bzw. erörtert, bleibt im Ergebnis ohne Erfolg. Es trifft zwar zu, dass in einem Fall, in dem die Anklagevorwürfe allein auf der Aussage einer Belastungszeugin aufbauen, wegen einiger dieser Taten das Verfahren aber nach § 154 Abs. 2 StPO eingestellt wird, den Gründen für die Einstellung Beweisbedeutung für die Frage der Glaubwürdigkeit der einzigen Belastungszeugin zukommen kann. In einem solchen Fall kann ein Erörterungsmangel vorliegen, wenn der Grund für die Einstellung nicht mitgeteilt wird (st. Rspr.; vgl. nur BGH, Beschluss vom 10. Juni 2008 – 5 StR 143/08, NStZ 2008, 581). Unter den im vorliegenden Fall gegebenen Umständen ergibt sich daraus jedoch kein den Angeklagten beschwerender Rechtsfehler. Zum einen ist den Urteilsgründen zu entnehmen, dass der Angeklagte das jeweilige Rahmengeschehen, das den einzelnen Taten zugrunde liegt, entsprechend den Feststellungen geschildert und sich noch in seinem letzten Wort für die „reinen" Körperverletzungshandlungen entschuldigt hat; dies gilt im Fall II. 1 der Urteilsgründe auch für die Anwendung von Gewalt durch das Würgen der Geschädigten M. Zum anderen sind die Angaben der Nebenklägerin M. über gewalttätige Reaktionen des Angeklagten in Situationen, die seinen Vorstellungen nicht entsprachen, durch die Angaben der Geschädigten G. und der Zeugin A. bestätigt worden. Im Fall II. 3 der Urteilsgründe konnte sich das Landgericht zusätzlich zu der Aussage der Geschädigten auf die Angaben des Zeugen P. und der Mutter der Geschädigten M. stützen. Im Übrigen hat sich die Strafkammer unter dem Gesichtspunkt eines möglichen Falschbelastungsmotivs umfassend mit der Glaubwürdigkeit der Nebenklägerin und der Glaubhaftigkeit ihrer Angaben auseinandergesetzt.

[383] BGH, Beschluss vom 23.8.2012 – 4 StR 207/12.

10. Ermittlungen, Anwesenheitsrechte – §§ 160 ff. StPO

TOPENTSCHEIDUNG ■

Allein das Vorliegen eines Ausschlussgrundes nach § **168c Abs. 3 StPO** macht die **Benachrichtigung des Beschuldigten** vom Termin zur richterlichen Vernehmung eines Zeugen oder Sachverständigen nicht entbehrlich, denn sie dient der Wahrung seiner Rechte auch über ein Ermöglichen des Erscheinens hinaus. Aus demselben Grund ist es – entgegen der Ansicht des Generalbundesanwalts – auch unerheblich, dass sich der Angeklagte am Vernehmungstag bereits in Untersuchungshaft befand und nach § 168c Abs. 4 StPO nur dann einen Anspruch auf Anwesenheit bei der richterlichen Zeugenvernehmung gehabt hätte, wenn diese an der Gerichtsstelle des Ortes der Haft abgehalten worden wäre. Dass der Ausschlussgrund des § 168c Abs. 5 Satz 2 StPO vorgelegen hätte, ist nicht ersichtlich.[384] **381**

[5] 3. Da bereits die Sachrüge zur Aufhebung des Urteils und zum Freispruch des Angeklagten führt, kommt es auf die von der Revision erhobenen Verfahrensrügen nicht an. Hinsichtlich der Rüge der Verletzung des § 168c Abs. 5 Satz 1 StPO, weil der Angeklagte von der richterlichen Vernehmung seiner Stieftochter nicht rechtzeitig benachrichtigt wurde, merkt der Senat Folgendes an:

[6] Allein das Vorliegen eines Ausschlussgrundes nach § 168c Abs. 3 StPO, von dem das Landgericht ausgeht, machte die Benachrichtigung des Beschuldigten von dem Vernehmungstermin nicht entbehrlich, denn diese dient der Wahrung seiner Rechte auch über ein Ermöglichen des Erscheinens hinaus (vgl. BGH, Beschluss vom 3. März 2011 – 3 StR 34/11, StV 2011, 336; Urteil vom 11. Mai 1976 – 1 StR 166/76, BGHSt 26, 332). Aus demselben Grund ist es – entgegen der Ansicht des Generalbundesanwalts – auch unerheblich, dass sich der Angeklagte am Vernehmungstag bereits in Untersuchungshaft befand und nach § 168c Abs. 4 StPO nur dann einen Anspruch auf Anwesenheit bei der richterlichen Zeugenvernehmung gehabt hätte, wenn diese an der Gerichtsstelle des Ortes der Haft abgehalten worden wäre. Dass der Ausschlussgrund des § 168c Abs. 5 Satz 2 StPO vorgelegen hätte, ist nicht ersichtlich.

[7] 4. Die Beweiswürdigung des Landgerichts hält sachlich-rechtlicher Überprüfung nicht stand.

[8] a) In einem Fall, in dem Aussage gegen Aussage steht oder ein Angeklagter sich nicht einlässt und nur die Angaben einer einzigen Tatzeugin zur Verfügung stehen, mithin die Entscheidung allein davon abhängt, ob dieser einen Zeugin zu folgen ist, müssen die Urteilsgründe erkennen lassen, dass das Tatgericht alle Umstände, welche die Entscheidung beeinflussen können, erkannt und in seine Überlegungen einbezogen hat (vgl. BGH, Beschluss vom 17. Dezember 1997 – 2 StR 591/97, StV 1998, 250; Urteil vom 29. Juli 1998 – 1 StR 94/98, BGHSt 44, 153, 158 f.; BGH, Beschlüsse vom 22. April 1987 – 3 StR 141/87, vom 22. April 1997 – 4 StR 140/97 und vom 19. Oktober 2000 – 1 StR 439/00, BGHR StPO § 261 Beweiswürdigung 1, 13, 23). Dies gilt erst recht im vorliegenden Fall, in dem die einzige, in der Hauptverhandlung die Aussage verweigernde Tatzeugin, bei ihrer richterlichen Vernehmung kurz zuvor bei der Polizei erhobene Vorwürfe nicht mehr aufrecht erhal-

[384] BGH, Beschluss vom 12.9.2012 – 5 StR 401/12.

ten, sondern als erlogen bezeichnet hat. Hier muss das Tatgericht regelmäßig außerhalb der Zeugenaussage liegende gewichtige Gründe nennen, die es ihm ermöglichen, ungeachtet einer Teillüge der Zeugenaussage im Übrigen dennoch zu glauben (BGH, Urteil vom 29. Juli 1998 aaO). Diesen erhöhten Anforderungen wird das angefochtene Urteil nicht gerecht.

[9] c) In ihrer ermittlungsrichterlichen Vernehmung hat M. angegeben, weitere Vorwürfe erlogen zu haben, da sie sich „am Papa habe rächen wollen, weil er sie immer so anschnauze. Papa habe ihr einmal auf dem Sofa an den Bauch gefasst. Zwischen die Beine oder an die Muschi habe er dabei nicht gefasst" (UA S. 14). Dies erschüttert nach Auffassung des Landgerichts die Glaubhaftigkeit ihrer Aussage hinsichtlich des Verurteilungsfalles jedoch nicht, denn die Zeugin habe „von sich aus" offengelegt, „dass ein Teil der von ihr in Zusammenhang mit ihrer polizeilichen Vernehmung genannten Fälle gelogen waren" (UA S. 16). Den Grund für ihr Lügen habe sie nachvollziehbar begründet. Dieses Aussageverhalten wertet die Strafkammer als Anhaltspunkt dafür, dass die Zeugin bei ihrer richterlichen Vernehmung „keine Tendenzen übermäßigen Belastungseifers" gezeigt habe (UA S. 17). Es seien keine Gründe erkennbar, warum sie gegenüber der Ermittlungsrichterin einen Teil der von ihr geschilderten Fälle als gelogen offenlegen sollte, während tatsächlich alle Fälle gelogen wären.

[10] Diese Erwägungen greifen zu kurz. Die – vom Landgericht unterstellte – Lüge gerade hinsichtlich der gewichtigsten bei der Polizei erhobenen Vorwürfe stellte die Glaubhaftigkeit der Aussage der Zeugin insgesamt in schwerwiegender Weise in Frage. Das Landgericht hat schon nicht geprüft, ob das Motiv der Rache auch für eine mögliche Falschbelastung des Angeklagten im Verurteilungsfall in Betracht kam. Wesentlich erschwerend tritt hinzu, dass das Tatgericht sich keinen unmittelbaren Eindruck von der Zeugin verschaffen und eine fundierte Glaubhaftigkeitsprüfung auf der Grundlage aussagepsychologischer Methoden nicht durchführen konnte, da hierfür im Hinblick auf die Geltendmachung des Zeugnisverweigerungsrechts durch die Zeugin zu wenig Aussagematerial zur Verfügung stand. Angesichts dessen konnte ihren übrigen Angaben vor der Ermittlungsrichterin nur dann gefolgt werden, wenn außerhalb ihrer Aussage Gründe von Gewicht für ihre Glaubhaftigkeit vorgelegen hätten. Solche sind in der Beweiswürdigung des Landgerichts nicht dargelegt.

[11] 5. Der Senat schließt angesichts der gegebenen Beweislage aus, dass ein neues Tatgericht zu einer Verurteilung des Angeklagten gelangen könnte (vgl. BGH, Beschluss vom 1. Februar 2007 – 5 StR 494/06, StV 2007, 284, 286). Daher spricht der Senat den Angeklagten frei (§ 354 Abs. 1 StPO).

11. Fassung der Anklage; Eröffnungsbeschluss – §§ 200 ff. StPO

a) Anklageerhebung

382 Die **Umgrenzungsfunktion der Anklageschrift** gebietet auch bei Bandentaten oder „uneigentlichen Organisationsdelikten" nicht, dass für die **Bestimmtheit des Anklagevorwurfs** i.S.d. § 200 Abs. 1 Satz 1 StPO mehr an Substanz verlangt wird als materiell-rechtlich für einen Schuldspruch erforderlich ist.[385]

---

[385] BGH, Beschluss vom 24.1.2012 – 1 StR 412/11.

[12] Eine Anklage ist nur dann unwirksam mit der Folge, dass das Verfahren wegen Fehlens einer Prozessvoraussetzung einzustellen ist, wenn etwaige Mängel ihre Umgrenzungsfunktion betreffen (vgl. u.a. BGH, Urteil vom 9. August 2011 – 1 StR 194/11 m.w.N.). Mängel der Informationsfunktion berühren ihre Wirksamkeit dagegen nicht (vgl. u.a. BGH, Urteil vom 2. März 2011 – 2 StR 524/10 m.w.N.; BGH, Beschluss vom 18. Oktober 2007 – 4 StR 481/07 m.w.N.); insoweit können Fehler auch noch in der Hauptverhandlung durch Hinweise entsprechend § 265 StPO geheilt werden (vgl. u.a. BGH, Urteil vom 28. Oktober 2009 – 1 StR 205/09 m.w.N.).

[13] 1. Die Anklageschrift hat nach § 200 Abs. 1 Satz 1 StPO die dem Angeklagten zur Last gelegte Tat sowie Zeit und Ort ihrer Begehung so genau zu bezeichnen, dass die Identität des geschichtlichen Vorgangs dargestellt und erkennbar wird, welche bestimmte Tat gemeint ist; sie muss sich von anderen gleichartigen strafbaren Handlungen desselben Täters unterscheiden lassen (vgl. u.a. BGH, Urteil vom 11. Januar 1994 – 5 StR 682/93 m.w.N., BGHSt 40, 44, 45). Dabei muss die Schilderung umso konkreter sein, je größer die allgemeine Möglichkeit ist, dass der Angeklagte verwechselbare weitere Straftaten gleicher Art verübt hat (vgl. u.a. BGH, Beschluss vom 8. August 1996 – 4 StR 344/96 m.w.N.). Die begangene konkrete Tat muss durch bestimmte Tatumstände so genau bezeichnet werden, dass keine Unklarheit darüber möglich ist, welche Handlungen dem Angeklagten zur Last gelegt werden (vgl. u.a. BGH, Urteil vom 28. Oktober 2009 – 1 StR 205/09). Denn es darf nicht unklar bleiben, über welchen Sachverhalt das Gericht nach dem Willen der Staatsanwaltschaft urteilen soll. Erfüllt die Anklage ihre Umgrenzungsfunktion nicht, ist sie unwirksam (vgl. u.a. BGH, Urteil vom 9. August 2011 – 1 StR 194/11 m.w.N.; BGH, Urteil vom 2. März 2011 – 2 StR 524/10; BGH, Urteil vom 28. Oktober 2009 – 1 StR 205/09; BGH, Beschluss vom 29. November 1994 – 4 StR 648/94 m.w.N.; BGH, Urteil vom 11. Januar 1994 – 5 StR 682/93, BGHSt 40, 44, 45). Ein wesentlicher Mangel der Anklageschrift, der als Verfahrenshindernis wirken kann, ist daher anzunehmen, wenn die angeklagten Taten anhand der Anklageschrift nicht genügend konkretisierbar sind, so dass unklar bleibt, auf welchen konkreten Sachverhalt sich die Anklage bezieht und welchen Umfang die Rechtskraft eines daraufhin ergehenden Urteils haben würde (vgl. u.a. BGH, Beschluss vom 18. Oktober 2007 – 4 StR 481/07 m.w.N.; BGH, Beschluss vom 14. Februar 2007 – 3 StR 459/06 m.w.N.; BGH, Urteil vom 28. April 2006 – 2 StR 174/05; BGH, Beschluss vom 20. Juli 1994 – 2 StR 321/94 m.w.N.). Bei der Prüfung, ob die Anklage die gebotene Umgrenzung leistet, dürfen ggf. die Ausführungen im wesentlichen Ergebnis der Ermittlungen zur Ergänzung und Auslegung des Anklagesatzes herangezogen werden (vgl. u.a. BGH, Urteil vom 9. August 2011 – 1 StR 194/11 m.w.N.; BGH, Urteil vom 28. Oktober 2009 – 1 StR 205/09 m.w.N.; BGH, Urteil vom 28. April 2006 – 2 StR 174/05).

[14] 2. Danach liegen hier keine schweren Mängel der Anklageschrift vor, die zur Unwirksamkeit der Anklage und damit zu einem Verfahrenshindernis führen würden. Es bestehen insbesondere keinerlei Zweifel an dem Umfang der Rechtskraft eines daraufhin ergehenden Urteils. Alle den Angeklagten vorgeworfenen Taten sind nach Tatzeit, Tatort, Verkäufer, Geschädigte(r), Kaufpreis (oder Kaufpreisangebot), Anzahl der verkauften (oder verbindlich angebotenen) Gegenstände und (bei den vollendeten Taten) Art der Bezahlung hinreichend konkretisiert. Es ist danach klar, welche Taten den Angeklagten zur Last gelegt werden. Aus der Anklageschrift ergibt sich eindeutig, dass alle Taten allen Angeklagten als jeweils mittäterschaftlich (§ 25 Abs. 2 StGB) begangene Betrugsfälle angelastet werden, wobei die Anklage die Voraussetzungen einer Bande bejaht.

[15] Soweit in dem angefochtenen Urteil ausgeführt wird, dass eine hinreichende Konkretisierung der einzelnen Handlungen der Angeklagten deshalb fehle, weil nur die jeweilige Bandentätigkeit dargestellt werde, ist auf Folgendes hinzuweisen: Richtig ist, dass, wenn sich mehrere Täter zu einer Bande zusammenschließen, dies nicht zur Folge hat, dass jedes von einem der Mitglieder aufgrund der Bandenabrede begangene Betrugsdelikt den anderen Bandenmitgliedern ohne weiteres als gemeinschaftlich begangene Straftat i.S.d. § 25 Abs. 2 StGB zugerechnet werden kann (vgl. u.a. BGH, Beschluss vom 13. Mai 2003 – 3 StR 128/03). Allein die Bandenmitgliedschaft und ein Handeln im Interesse der Bande ohne konkreten Bezug zu einer von anderen Bandenmitgliedern begangenen Straftat genügt nicht, um eine Strafbarkeit des Bandenmitglieds wegen einer Bandentat zu begründen. Wegen einer Tat, die „aus der Bande heraus" begangen wird, kann als Täter oder Teilnehmer nur bestraft werden, wenn er an dieser konkreten Tat mitgewirkt hat (vgl. u.a. BGH, Beschluss vom 13. Juni 2007 – 3 StR 162/07 m.w.N.).

[16] Diese materiell-rechtliche Frage der Strafbarkeit eines Angeklagten ist von der Problematik der Umgrenzungsfunktion einer Anklageschrift zu trennen. Kann einem Angeklagten nach Ausschöpfung der Beweismöglichkeiten die Begehung einer konkreten Tat nicht nachgewiesen werden, ist er freizusprechen, wenn diese Tat i.S.d. § 264 StPO angeklagt war. Die Verneinung einer Bandenabrede durch den Tatrichter und auch die Nichtannahme eines – hier dann allerdings nahe liegenden – „uneigentlichen Organisationsdeliktes" (vgl. hierzu auch BGH, Beschluss vom 9. November 2011 – 4 StR 252/11 Rn. 12) mögen dazu führen, dass noch strengere Anforderungen an die Feststellung der konkreten Tatbeiträge eines jeden Angeklagten an den jeweiligen Taten zu stellen sind, sie führen aber nicht dazu, dass die vorher zu Recht (im Eröffnungsbeschluss) angenommene Einhaltung der Umgrenzungsfunktion entfällt.

[17] In seinem Hinweis vom 28. Januar 2011 in der Hauptverhandlung ist das Landgericht selbst (noch) zutreffend davon ausgegangen, dass eine insoweit (behauptete) fehlende Konkretisierung unter dem Gesichtspunkt der <u>Informationsfunktion</u> der Anklageschrift zu prüfen ist. Letzterer Frage ist hier jedoch nicht näher nachzugehen, da diesbezügliche etwa bestehende Mängel nicht die Unwirksamkeit der Anklage begründen würden (vgl. u.a. BGH, Beschluss vom 18. Oktober 2007 – 4 StR 481/07 m.w.N.) und durch Hinweise entsprechend § 265 StPO in der Hauptverhandlung geheilt werden können (vgl. u.a. BGH, Urteil vom 9. November 2011 – 1 StR 302/11 Rn. 26; BGH, Urteil vom 28. Oktober 2009 – 1 StR 205/09 m.w.N.). Entscheidend für den vorliegenden Fall ist, dass die einzelnen Taten unverwechselbar dargestellt sind und sowohl die generelle Tätigkeit der einzelnen Angeklagten als auch – soweit als möglich – die konkreten Tatbeiträge näher geschildert werden. Durch die Ausführungen im wesentlichen Ergebnis der Ermittlungen, inwieweit die einzelnen Taten den Angeklagten zuzurechnen sind, wird nicht nur der hinreichende Tatverdacht belegt, den die Strafkammer zutreffend insoweit beim Eröffnungsbeschluss vom 16. September 2010 bejaht hat, sondern auch die Anbindung der Angeklagten an die konkreten Taten.

[18] In diesem Zusammenhang weist der Senat auf Folgendes hin:

[19] Bei einer Tatbegehung als Bandenmitglied oder im Rahmen eines „uneigentlichen Organisationsdeliktes" (vgl. zum Begriff des „Organisationsdeliktes" auch BGH, Beschluss vom 2. November 2007 – 2 StR 384/07 m.w.N.) – beides kommt im vorliegenden Fall durchaus in Betracht – müssen dem einzelnen Täter nicht zwingend Ausführungshandlungen vor Ort gegenüber dem Tatopfer vorgeworfen werden; es

genügt, wenn er an dieser konkreten Tat an anderer Stelle mitgewirkt hat. Eine arbeitsteilige Begehungsweise besteht gerade darin, dass nicht jeder Teilnehmer der Tat jede Handlung selbst vornimmt; ausreichend ist vielmehr, dass jeder aufgrund gemeinsamen Entschlusses seine abgesprochene Aufgabe wahrnimmt mit dem übereinstimmenden Willen, den erhofften Taterfolg zu erreichen. Hierbei hat sich jeder die von ihm gebilligten Tatbeiträge der anderen an der konkreten Tat zurechnen zu lassen. Die unterschiedlichen Tätigkeiten und subjektiven Vorstellungen der Tatbeteiligten können sowohl dazu führen, dass unter Umständen verschiedene Teilnahmeformen (Mittäterschaft, Beihilfe) vorliegen als auch, dass sich der strafrechtlich relevante Sachverhalt konkurrenzrechtlich für den jeweiligen Teilnehmer anders auswirkt.

[20] Die Umgrenzungsfunktion der Anklageschrift kann jedenfalls nicht gebieten, dass für die Bestimmtheit des Anklagevorwurfs i.S.d. § 200 Abs. 1 Satz 1 StPO mehr an Substanz verlangt wird als materiell-rechtlich für einen Schuldspruch erforderlich ist.

Mängel der Anklageschrift, die deren **Wirksamkeit nicht in Frage stellen,** berechtigen auch nicht zur Ablehnung der Eröffnung des Hauptverfahrens. Hält das zur Entscheidung über die Eröffnung des Hauptverfahrens berufene Gericht die Schätzung der Anklagebehörde für unstatthaft oder ungenügend, hat es demzufolge die für erforderlich erachteten Nachermittlungen (Nachberechnungen) entweder selbst vorzunehmen oder auf eine Mängelbeseitigung durch die Staatsanwaltschaft hinzuwirken. Hingegen kommt – auch unbeschadet der Möglichkeit einer neuen Anklageerhebung (vgl. § 156 StPO) – die Ablehnung der Eröffnung des Hauptverfahrens (§ 204 StPO) allein wegen einer aus Sicht des Gerichts nicht tragfähigen **Schätzung** in der Anklage nicht in Betracht.[386] **383**

1. Es fehlt nicht an der in jeder Lage des Verfahrens zu beachtenden Verfahrensvoraussetzung einer wirksamen Anklageschrift und – daran anknüpfend – eines wirksamen Eröffnungsbeschlusses.

Die Staatsanwaltschaft hat in der Anklageschrift die Höhe der Sozialversicherungsbeiträge, die der Angeklagte vorenthalten haben soll (§ 266a StGB), und die Höhe der Lohnsteuer, die der Angeklagte hinterzogen haben soll (§ 370 AO), auf der Grundlage einer Schätzung bestimmt. Hierin erblickt die Revision – u.a. gestützt auf einen Beschluss des OLG Celle vom 19. Juli 2011 (1 Ws 271 – 274/11, wistra 2011, 434) – einen die Wirksamkeit der Anklage tangierenden Mangel, weil eine konkretere Berechnung möglich und daher geboten gewesen sei. Diesem Vorbringen muss der Erfolg versagt bleiben.

Liegt einem Angeklagten Steuerhinterziehung zur Last, sind im Anklagesatz das relevante Verhalten und der Taterfolg i.S.v. § 370 AO anzuführen, einer Berechnungsdarstellung der Steuerverkürzung bedarf es dort hingegen nicht (vgl. BGH, Beschluss vom 27. Mai 2009 – 1 StR 665/08, wistra 2009, 465). Ausführungen zur Schadensberechnung können keinen Beitrag zur Individualisierung der Tat leisten, im Anklagesatz aber mitunter dem Ziel zuwiderlaufen, den Tatvorwurf klar, übersichtlich und verständlich darzustellen (vgl. BGH, aaO; Nr. 110 Abs. 1 RiStBV). Die für Urteile geltenden Darstellungsmaßstäbe können angesichts der unterschiedlichen Anforderungen nicht auf Anklageschriften übertragen werden (BGH, aaO; vgl. auch Hunsmann StRR 2011, 388, 389). Eine Anklageschrift erfüllt daher auch

[386] BGH, Beschluss vom 8.8.2012 – 1 StR 296/12.

dann die für ihre Wirksamkeit erforderliche Individualisierungs- und Umgrenzungsfunktion (vgl. § 200 Abs. 1 Satz 1 StPO), wenn die dem Angeklagten zur Last liegende Höhe der Steuerverkürzung – hier Lohnsteuerhinterziehung bei illegalen Beschäftigungsverhältnissen – auf einer Schätzung (zu deren Zulässigkeit vgl. BGH, Urteil vom 28. Juli 2010 – 1 StR 643/09, wistra 2011, 28) beruht, indes eine genauere Berechnung der Verkürzung möglich gewesen wäre. Für den Straftatbestand des Vorenthaltens und Veruntreuens von Arbeitsentgelt (§ 266a StGB) gilt insoweit nichts Abweichendes.

Zwar ist es mit Blick auf die Informationsfunktion der Anklageschrift regelmäßig angezeigt, im wesentlichen Ermittlungsergebnis (§ 200 Abs. 2 Satz 1 StPO; Nr. 112 RiStBV) die für eine nachvollziehbare Darstellung der Berechnung der Abgabenverkürzung erforderlichen Tatsachenfeststellungen sowie (Steuer)Berechnungen oder Schätzungen anzuführen. Auch erscheint es zweckmäßig, die Ausführungen bereits an den für das Gericht geltenden Maßstäben auszurichten (vgl. dazu BGH, Beschluss vom 10. November 2009 – 1 StR 283/09, NStZ 2010, 635). Fehlen derartige Angaben oder erweisen sie sich als ungenügend, kann dies für sich allein indes die Wirksamkeit der Anklage nicht in Frage stellen, da Mängel der Informationsfunktion ihre Wirksamkeit nicht berühren (vgl. u.a. BGH, Urteile vom 24. Januar 2012 – 1 StR 412/11, wistra 2012, 195 und vom 2. März 2011 – 2 StR 524/10, BGHSt 56, 183 sowie Beschluss vom 18. Oktober 2007 – 4 StR 481/07, wistra 2008, 109, jeweils m.w.N.); insoweit können Fehler auch noch in der Hauptverhandlung durch Hinweise entsprechend § 265 StPO geheilt werden (vgl. BGH, Urteil vom 28. Oktober 2009 – 1 StR 205/09, NJW 2010, 308 m.w.N.).

Mängel der Anklageschrift, die deren Wirksamkeit nicht in Frage stellen, berechtigen auch nicht zur Ablehnung der Eröffnung des Hauptverfahrens (Schneider in KK-StPO, 6. Aufl., § 204 Rn. 5; vgl. auch Meyer-Goßner, StPO, 55. Aufl., § 200 Rn. 27 m.w.N.). Hält das zur Entscheidung über die Eröffnung des Hauptverfahrens berufene Gericht die Schätzung der Anklagebehörde für unstatthaft oder ungenügend, hat es demzufolge die für erforderlich erachteten Nachermittlungen (Nachberechnungen) entweder selbst vorzunehmen oder auf eine Mängelbeseitigung durch die Staatsanwaltschaft hinzuwirken (vgl. insgesamt zu Mängeln, die nicht die Umgrenzungsfunktion der Anklageschrift betreffen Meyer-Goßner, StPO, 55. Aufl., § 200 Rn. 27). Hingegen kommt – auch unbeschadet der Möglichkeit einer neuen Anklageerhebung (vgl. § 156 StPO) – die Ablehnung der Eröffnung des Hauptverfahrens (§ 204 StPO) allein wegen einer aus Sicht des Gerichts nicht tragfähigen Schätzung in der Anklage nicht in Betracht (insoweit zumindest irreführend OLG Celle, Beschluss vom 19. Juli 2011 – 1 Ws 271 – 274/11, wistra 2011, 434, soweit der Beschluss die Zulässigkeit der Ablehnung der Eröffnung des Hauptverfahrens mit „derzeit unzulässigen Schätzungen" der Anklagebehörde begründet, denn dies lässt nicht erkennen, ob es an einem hinreichenden Tatverdacht einer Steuerhinterziehung fehlt).

■ PRAXISBEDEUTUNG

Die vorliegende Entscheidung stellt klar, dass es keinen Grund darstellt, die Eröffnung des Hauptverfahrens abzulehnen, wenn die Anklage anstelle einer möglichen genauen Berechnung nur eine Schätzung von Besteuerungsgrundlagen vornimmt.

b) Zwischenverfahren/Eröffnungsbeschluss/Nachtragsanklage

Ein **Eröffnungsbeschluss** ist **unwirksam**, wenn er nicht von der im Gesetz vorgeschriebenen Anzahl an Richtern erlassen wurde, wobei es nicht auf die Zahl der Unterschriften, sondern nur auf die **Zahl der Richter** ankommt, die bei der Beschlussfassung **mitgewirkt** haben. An dieser Rechtsprechung hält der Senat fest. Er ist hieran auch nicht durch die im Beschluss des 3. Strafsenats des Bundesgerichtshofs vom 29. September 2011 (3 StR 280/11) als entgegenstehend zitierte Rechtsprechung gehindert. Denn der 1. Strafsenat des Bundesgerichtshofs hat in späteren Entscheidungen eine etwaige entgegenstehende frühere Rechtsprechung aus dem Jahr 1977 aufgegeben.[387] **384**

[3] 2. Die Revisionen der Angeklagten G., T. und J. sind unbegründet im Sinne des § 349 Abs. 2 StPO. Insbesondere liegt das Verfahrenshindernis eines fehlenden bzw. unwirksamen Eröffnungsbeschlusses nicht vor.

[4] Ein Eröffnungsbeschluss ist unwirksam, wenn er nicht von der im Gesetz vorgeschriebenen Anzahl an Richtern erlassen wurde, „wobei es nicht auf die Zahl der Unterschriften, sondern nur auf die Zahl der Richter ankommt, die bei der Beschlussfassung mitgewirkt haben" (so bereits BGH, Urteil vom 14. Mai 1957 – 5 StR 145/57, BGHSt 10, 278, 279 m.w.N.). An dieser Rechtsprechung hält der Senat fest. Er ist hieran auch nicht durch die im Beschluss des 3. Strafsenats des Bundesgerichtshofs vom 29. September 2011 (3 StR 280/11) als entgegenstehend zitierte Rechtsprechung gehindert. Denn der 1. Strafsenat des Bundesgerichtshofs hat in späteren Entscheidungen eine etwaige entgegenstehende frühere Rechtsprechung aus dem Jahr 1977 aufgegeben (vgl. Urteil vom 8. Juni 1999 – 1 StR 87/99, NStZ-RR 2000, 34; Beschluss vom 6. April 2005 – 1 StR 60/05); der 4. Strafsenat hält an einer etwaigen entgegenstehenden Rechtsprechung nicht fest.

[5] Da durch die dienstliche Erklärung der drei berufsrichterlichen Mitglieder der Strafkammer des Landgerichts Saarbrücken vom 2. September 2011 bewiesen ist, dass die Eröffnung des Hauptverfahrens von diesen Richtern (mündlich) beschlossen und lediglich der schriftliche Beschluss versehentlich von zwei der Richter nicht unterschrieben wurde, liegt ein Verfahrenshindernis nicht vor.

§ 202a StPO sieht vor, dass das Gericht – nach seinem Ermessen – den Stand des Verfahrens mit den Verfahrensbeteiligten erörtern kann, was neben einer bloßen Strukturierung des weiteren Verfahrens **auch die Vorbereitung einer verfahrensbeendenden Absprache** umfasst. Hierbei kann auch eine **Strafober- und eine Strafuntergrenze angegeben** werden (vgl. § 257c StPO). § 202a StPO begründet für das Gericht weder eine Pflicht, verfahrensfördernde Gespräche zu führen, noch eine solche, bei einem Gespräch bezüglich der Straferwartung zu schweigen. Eine Bindungswirkung entfaltet die Erörterung des Verfahrensstandes nach § 202a StPO nicht.[388] **385**

1. Der Rüge nach § 338 Nr. 3 StPO bleibt der Erfolg versagt; sie ist schon im Ansatz verfehlt. Der Beschwerdeführer sieht die bereits mit Ablehnungsantrag geltend gemachte Befangenheit der Berufsrichter der Strafkammer darin, dass diese

---

387 BGH, Beschluss vom 21.12.2011 – 4 StR 553/11.

388 BGH, Beschluss vom 21.11.2012 – 1 StR 391/12.

sich im Zwischenverfahren konkret zu einem möglichen Strafmaß im Falle einer – dann nicht zustande gekommenen – Verständigung ungefragt geäußert haben. § 202a StPO sieht jedoch gerade vor, dass das Gericht – nach seinem Ermessen – den Stand des Verfahrens mit den Verfahrensbeteiligten erörtern kann, was neben einer bloßen Strukturierung des weiteren Verfahrens auch die Vorbereitung einer verfahrensbeendenden Absprache umfasst (vgl. Meyer-Goßner, StPO, 55. Aufl., § 202a Rn. 2; Ritscher in BeckOK-StPO, § 202a Rn. 4; Reinhart in Radtke/Hohmann, StPO, § 202a Rn. 3). Hierbei kann auch eine Strafober- und eine Strafuntergrenze angegeben werden (vgl. § 257c StPO). § 202a StPO begründet für das Gericht weder eine Pflicht, verfahrensfördernde Gespräche zu führen, noch eine solche, bei einem Gespräch bezüglich der Straferwartung zu schweigen. Eine Bindungswirkung entfaltet die Erörterung des Verfahrensstandes nach § 202a StPO nicht (BGH, Beschluss vom 20. Dezember 2011 – 3 StR 426/11, NStZ-RR 2012, 148), gleich ob der Verfahrensstand mündlich besprochen wurde oder dieser – wie hier – Eingang in eine schriftliche Ausarbeitung gefunden hat, die zum Gegenstand eines Gesprächs mit den Verfahrensbeteiligten gemacht wurde. Nach § 202a Satz 2 StPO ist der Inhalt geführter Erörterungen ohnedies zu dokumentieren (vgl. BGH, Beschluss vom 20. Oktober 2010 – 1 StR 400/10, wistra 2011, 139).

386 Hat das zuständige Gericht mit drei Richtern und damit in ordnungsgemäßer Besetzung die **Eröffnung des Hauptverfahrens** hinsichtlich einer nachgereichten Anklageschrift beschlossen, **ersetzt** dieses Verfahren aber **nicht** einen ordnungsmäßigen **Eröffnungsbeschluss**, zu dessen wesentlichen Förmlichkeiten die schriftliche Abfassung und die Unterzeichnung durch die mitwirkenden Richter gehört.[389]

[2] 1. Das Verfahren im Fall II. 1 der Urteilsgründe war trotz Beschränkung der Revision auf den Rechtsfolgenausspruch (vgl. BGH, Urteil vom 25. Februar 2010 – 4 StR 596/09) nach Aufhebung der entsprechenden Verurteilung entsprechend § 206a StPO einzustellen, weil es insoweit an einem wirksamen Eröffnungsbeschluss fehlt und deshalb ein in der Revisionsinstanz nicht behebbares Verfahrenshindernis vorliegt.

[3] Ein schriftlicher Eröffnungsbeschluss hinsichtlich der der Verurteilung im Fall II. 1 zugrunde liegenden Anklageschrift der Staatsanwaltschaft Köln vom 29. September 2011 findet sich nicht in den Akten. Auch ist nicht wirksam (konkludent) über die Verfahrenseröffnung im Beschluss der Kammer vom 7. Oktober 2011 zur Verbindung mehrerer bei ihr anhängiger Verfahren entschieden worden. Denn an diesem Beschluss haben nur zwei – statt wie erforderlich drei – Berufsrichter mitgewirkt (vgl. BGH StV 2007, 562). Auf der Grundlage der dienstlichen Erklärungen von drei Berufsrichtern der 1. großen Strafkammer des Landgerichts Köln ist allerdings davon auszugehen, dass die Kammer am 5. Oktober 2011 durch diese drei Richter und damit in ordnungsgemäßer Besetzung die Eröffnung des Hauptverfahrens hinsichtlich der nachgereichten Anklageschrift vom 29. September 2011 beschlossen hatte, lediglich die schriftliche Abfassung dieser Entscheidung unterblieben war. Dieses Verfahren ersetzt jedoch nicht einen ordnungsmäßigen Eröffnungsbeschluss, zu dessen wesentlichen Förmlichkeiten die schriftliche Abfassung und die Unterzeichnung durch die mitwirkenden Richter gehört (BGH NStZ 1981, 448; s. auch BGH StV 2001, 457).

---

[389] BGH, Beschluss vom 3.4.2012 – 2 StR 46/12.

c) Zuständigkeit

Ein Richterspruch ist **willkürlich**, wenn er unter keinem denkbaren Aspekt rechtlich vertretbar ist, sodass sich der Schluss aufdrängt, dass er auf sachfremden Erwägungen beruht. Eine **gerichtliche Zuständigkeitsbestimmung** darf sich bei Auslegung und Anwendung der Zuständigkeitsnormen nicht so weit von dem Grundsatz des gesetzlichen Richters entfernen, dass sie nicht mehr zu rechtfertigen ist. Bei der Auslegung und Anwendung des Gesetzes kann von Willkür dann nicht gesprochen werden, wenn sich ein Gericht mit der Rechtslage eingehend auseinandersetzt und seine Auffassung nicht jeden sachlichen Grundes entbehrt. Selbst eine objektiv falsche Anwendung von Zuständigkeitsnormen genügt unter diesen Umständen für eine Verletzung des Art. 101 Abs. 1 Satz 2 GG regelmäßig nicht. Die Jugendschutzkammer (§ 74b GVG) hat ihre sachliche Zuständigkeit damit **nicht willkürlich** angenommen.[390] **387**

[6] 1. Ohne Erfolg beanstandet der Angeklagte, die Jugendschutzkammer habe ihre sachliche Zuständigkeit willkürlich angenommen und ihn dadurch seinem gesetzlichen Richter entzogen (vgl. hierzu u.a. auch BGH, Urteil vom 22. April 1997 – 1 StR 701/96 = BGHSt 43, 53 ff.; BGH, Urteil vom 27. Februar 1992 – 4 StR 23/92 = BGHSt 38, 212 ff.).

[7] Der absolute Revisionsgrund des § 338 Nr. 4 StPO ist nicht gegeben.

[8] a) Der Rüge liegt folgendes Verfahrensgeschehen zugrunde:

[9] Die Staatsanwaltschaft Hechingen hatte am 7. Dezember 2010 wegen der genannten Taten und eines weiteren, in der Hauptverhandlung nach § 154 Abs. 2 StPO eingestellten Vorwurfs Anklage zum Amtsgericht – Strafrichter – Albstadt erhoben. Mit Beschluss vom 12. Mai 2011 lehnte der Strafrichter die Eröffnung des Hauptverfahrens mangels hinreichenden Tatverdachts ab. Auf die hiergegen gerichtete sofortige Beschwerde der Staatsanwaltschaft (§ 210 Abs. 2, § 311 StPO) hob die zuständige Beschwerdekammer des Landgerichts Hechingen mit Beschluss vom 30. Juni 2011 den Ablehnungsbeschluss auf und entschied zugleich, dass die Akten über die Staatsanwaltschaft Hechingen der Großen Jugendkammer – Jugendschutzkammer – des Landgerichts Hechingen zur Entscheidung über die Eröffnung des Hauptverfahrens vorzulegen seien, wobei sie zur Begründung der Vorlage auf die besondere Bedeutung der Sache (§ 24 Abs. 1 Nr. 3 GVG) verwies. Die Staatsanwaltschaft Hechingen legte daraufhin die Akten mit dem Antrag, das Hauptverfahren dort selbst zu eröffnen, der Jugendschutzkammer vor. Die – hinsichtlich der Berufsrichter mit der Beschwerdekammer personenidentisch besetzte – Jugendschutzkammer ließ gegen die schriftsätzlich vorgebrachten Einwände des Verteidigers mit Beschluss vom 8. August 2011 die Anklage zu und eröffnete (vor sich selbst) das Hauptverfahren. In der Hauptverhandlung wurde keine Zuständigkeitsrüge erhoben.

[10] b) Die Rüge ist unbegründet. Die Jugendschutzkammer (§ 74b GVG) hat ihre sachliche Zuständigkeit nicht willkürlich (vgl. hierzu Meyer-Goßner, StPO, 54. Aufl., § 338 Rn. 32) angenommen.

[11] Ein Richterspruch ist willkürlich, wenn er unter keinem denkbaren Aspekt rechtlich vertretbar ist, sodass sich der Schluss aufdrängt, dass er auf sachfremden Erwägungen beruht (BVerfG NJW 1996, 1336; BVerfGE 87, 273, 278 f.; BGH,

[390] BGH, Beschluss vom 7.3.2012 – 1 StR 6/12.

Urteil vom 8. Dezember 1992 – 1 StR 594/92, NJW 1993, 1607 f.). Eine gerichtliche Zuständigkeitsbestimmung darf sich bei Auslegung und Anwendung der Zuständigkeitsnormen nicht so weit von dem Grundsatz des gesetzlichen Richters entfernen, dass sie nicht mehr zu rechtfertigen ist (vgl. BGH, Urteil vom 8. Dezember 1992 – 1 StR 594/92, NJW 1993, 1607 f.). Bei der Auslegung und Anwendung des Gesetzes kann von Willkür dann nicht gesprochen werden, wenn sich ein Gericht mit der Rechtslage eingehend auseinandersetzt und seine Auffassung nicht jeden sachlichen Grundes entbehrt (BVerfG NJW 1996, 1336; BVerfGE 87, 273, 279). Selbst eine objektiv falsche Anwendung von Zuständigkeitsnormen genügt unter diesen Umständen für eine Verletzung des Art. 101 Abs. 1 Satz 2 GG regelmäßig nicht (vgl. BVerfGE 29, 198, 207; 9, 223, 230; ebenso BGH, Urteil vom 13. Februar 1980 – 3 StR 57/80 (S), BGHSt 29, 216, 219).

[12] Bei Anwendung dieser Maßstäbe vermag der Senat in der Bejahung ihrer Zuständigkeit durch die Jugendschutzkammer keine Willkür zu erkennen.

[13] aa) Unbehelflich ist in diesem Zusammenhang der Verweis der Revision auf die personenidentische Besetzung der Jugendschutzkammer mit der Beschwerdekammer. Die Zuständigkeit ist allein nach Maßgabe der Gerichte und Spruchkörper zu beurteilen. Sind diese nach der Geschäftsverteilung mit denselben Richtern besetzt, bleibt die Lösung hieraus etwaig resultierender Konflikte im Einzelfall ausschließlich den §§ 22 ff. StPO vorbehalten, wobei es über die Personenidentität hinaus des Hinzukommens weiterer Umstände bedarf.

[14] bb) Aus der Tatsache, dass die Jugendschutzkammer den Eröffnungsbeschluss als solchen – auch im Hinblick auf die strittige Frage der sachlichen Zuständigkeit – nicht begründet hat, lässt sich der Vorwurf willkürlichen Verhaltens nicht ableiten. Zwar kann eine Entscheidung im Einzelfall willkürlich sein, wenn sie jeder Begründung entbehrt (vgl. BVerfG NJW 1995, 2911 f.; NJW 1996, 1336); dies gilt jedoch nur dann, wenn sich die Gründe nicht schon aus den für die Verfahrensbeteiligten erkennbaren Besonderheiten des Falles ergeben (vgl. BVerfG NJW 1996, 1336). So aber liegt der Fall hier, da durch das vorausgegangene Beschwerdeverfahren, namentlich den sorgfältig begründeten Beschluss vom 30. Juni 2011, die maßgeblichen Erwägungen der Zuständigkeitsbestimmung bereits offengelegt waren. Wie auch das Revisionsvorbringen zeigt, war für alle Verfahrensbeteiligten offensichtlich, dass die Jugendschutzkammer sich diese Begründung bei ihrer Eröffnungsentscheidung zu Eigen gemacht hat.

[15] cc) Die Annahme „besonderer Umstände" i.S.d. § 24 Abs. 1 Nr. 3 GVG erfolgte ebenfalls ohne Willkür.

[16] Die von der Beschwerdekammer aufgeführten und von der Jugendschutzkammer ersichtlich übernommenen Kriterien – u.a. die besondere Stellung des Angeklagten als verbeamteter Lehrer, das lokalmediale Interesse an der Aufklärung vor dem Hintergrund einer aktuellen gesamtgesellschaftlichen Diskussion um Übergriffe in Erziehungsverhältnissen, das öffentliche Aufsehen, welches die Vorfälle in der eher ländlichen Gegend erregten, die Unruhe im Alltag der Schule – sind unter Beachtung der einschlägigen obergerichtlichen Rechtsprechung herangezogen worden. Auch im Hinblick auf die Zuständigkeit der Jugendschutzkammer als eines Jugendgerichts (§§ 26, 74b GVG) wurde rechtsfehlerfrei auf das Kriterium der notwendigen Einvernahme jugendlicher Zeugen abgestellt (§ 26 Abs. 2, 1. Alt. GVG).

[17] Der von der Revision in diesem Zusammenhang vorgebrachte Einwand des Zeitablaufs vermag den Vorwurf der Willkür nicht zu begründen. Auch unter Berücksichtigung der Zeitspanne zwischen den Tatzeiten und der Durchführung des

Strafverfahrens werden die aufgezeigten Kriterien jedenfalls nicht in einem solchen Maße abgeschwächt, dass ihre weitere Berücksichtigung fehlerhaft oder gar willkürlich wäre.

[18] dd) Auch in der Sache trifft der Vorwurf nicht zu, die Jugendschutzkammer habe durch ihre Eröffnungsentscheidung die Bestimmungen über das Vorlageverfahren (§§ 209, 210 StPO) willkürlich umgangen.

[19] Es kann hier dahinstehen, ob ein fehlerhaftes Vorlageverfahren die Annahme von Willkür bei der Bejahung seiner Zuständigkeit bei dem letztlich erkennenden Gericht begründen kann. Dies ist jedenfalls dann nicht der Fall, wenn das Vorlageverfahren seinerseits nicht willkürlich erfolgt ist.

12. Einstellung bei Verfahrenshindernissen – § 206a StPO

Ist eine **Tat nicht** von der zugelassenen **Anklage umfasst** und eine Nachtragsanklage nicht erhoben, ist das Verfahren insoweit gemäß § 206a Abs. 1 StPO einzustellen.[391] **388**

[3] Für die Verurteilung wegen vorsätzlichen Fahrens ohne Fahrerlaubnis fehlt es an einer Verfahrensvoraussetzung. Die geahndete Tat wird – wie der Generalbundesanwalt zutreffend ausgeführt hat – von der zugelassenen Anklage nicht erfasst (vgl. u.a. auch BGH, Beschluss vom 27. April 2004 – 1 StR 466/03, NStZ 2004, 694, 695). Eine Nachtragsanklage (§ 266 StPO) ist nicht erhoben worden; der in der Hauptverhandlung erteilte gerichtliche Hinweis nach § 265 StPO war insoweit nicht ausreichend.

[4] Gemäß § 354 Abs. 1, § 206a Abs. 1 StPO ist das Verfahren demgemäß im genannten Fall einzustellen. Dies führt zu einer entsprechenden Änderung des Schuldspruchs und wegen des Wegfalls der insoweit verhängten Einzelstrafe zum Entfallen der Gesamtstrafe.

Stirbt der Angeklagte vor dem rechtskräftigen Abschluss des Verfahrens, so gilt ein Beschluss gemäß § 206a StPO zum ordnungsgemäßen Abschluss des Verfahrens als geboten. Zuständig hierfür ist das Gericht, bei dem die Sache anhängig ist. Das ist das **Tatgericht** auch dann, wenn zum Zeitpunkt des Todes des Angeklagten zwar das Urteil schon ergangen, die Sache aber noch **nicht** beim **Revisionsgericht anhängig** geworden ist.[392] **389**

[1] I. Das Landgericht München II hat den Angeklagten am 12. Mai 2011 wegen 16 Fällen der Beihilfe zum Mord zu einer Gesamtfreiheitsstrafe verurteilt. Nach den Feststellungen hatte er sich an der Ermordung von über 28.000 Opfern beteiligt, die 1943 in 16 Transporten in das Vernichtungslager Sobibór gebracht worden waren.

[2] Gegen dieses Urteil hatte der Verteidiger Revision eingelegt. Am 17. März 2012 ist der Angeklagte verstorben. Zu diesem Zeitpunkt hatte der Verteidiger bereits die Revisionsanträge angebracht und begründet (§ 344 Abs. 1 StPO), die Sache war dem Senat aber noch nicht vorgelegt worden. Das Landgericht hat das Verfahren

---

391 BGH, Beschluss vom 10.1.2012 – 1 StR 610/11; vgl. hierzu auch BGH, Beschluss vom 28.8.2012 – 5 StR 382/12.

392 BGH, Beschluss vom 10.7.2012 – 1 StR 293/12.

durch Beschluss vom 5. April 2012 gemäß § 206a StPO eingestellt und davon abgesehen, die notwendigen Auslagen des Angeklagten der Staatskasse aufzuerlegen; eine Entscheidung nach dem StrEG unterblieb. Gegen diesen Beschluss hat der Verteidiger des verstorbenen Angeklagten am 12. April 2012 sofortige Beschwerde eingelegt und näher begründet beantragt, diesen Beschluss aufzuheben und die Sache dem Bundesgerichtshof vorzulegen. Mit Schriftsatz vom 22. Mai 2012 legte der Verteidiger dem Senat ihm von der Generalstaatsanwaltschaft München überlassene Teilakten des Verfahrens vor. Zur Verhinderung von Straftaten wie Strafvereitelung oder Verfolgung Unschuldiger solle vorliegend der Senat nach Beiziehung weiterer Akten über die Erledigung des Verfahrens, dessen Kosten, die notwendigen Auslagen des Angeklagten sowie über Entschädigung nach Maßgabe des StrEG entscheiden.

[3] Der Generalbundesanwalt sieht für solche Entscheidungen des Senats in der StPO keine Stütze.

[4] II. Der Senat teilt die Auffassung des Generalbundesanwalts.

[5] 1. Stirbt der Angeklagte vor dem rechtskräftigen Abschluss des Verfahrens, so gilt ein Beschluss gemäß § 206a StPO zum ordnungsgemäßen Abschluss des Verfahrens als geboten (st. Rspr. seit BGH, Beschluss vom 8. Juni 1999 – 4 StR 595/97, BGHSt 45, 108 ff. m.w.N., auch zur gegenteiligen Auffassung, die im Tod des Angeklagten eine genügende „Selbstbeendigung" des Verfahrens sieht; vgl. zusammenfassend Meyer-Goßner, StPO, 55. Aufl., § 206a Rn. 8 m.w.N.).

[6] 2. Zuständig hierfür ist das Gericht, bei dem die Sache anhängig ist. Das ist das Tatgericht auch dann, wenn zum Zeitpunkt des Todes des Angeklagten zwar das Urteil schon ergangen, die Sache aber noch nicht beim Revisionsgericht anhängig geworden ist (vgl. BGH, Beschluss vom 17. Juli 1968 – 3 StR 117/68, BGHSt 22, 213, 217 f.; Seidl in KMR, § 206a Rn. 9, 11, 12; Stuckenberg in LR, 26. Aufl., § 206a Rn. 12). Dies ist erst dann der Fall, wenn sie ihm gemäß § 347 Abs. 2 StPO zur Entscheidung über eine Revision vorgelegt worden ist (BGH, Beschluss vom 2. Juni 1992 – 5 ARs 30/92, BGHSt 38, 307, 308; Kuckein in KK, 6. Aufl., § 347 Rn. 10 m.w.N.). Erst ab diesem Zeitpunkt ist das Revisionsgericht zu der hier in Rede stehenden Entscheidung berufen (BGHSt 22, 213, 218; Momsen in KMR, § 347 Rn. 10; Kuckein aaO Rn. 11 m.w.N.). Es kommt dabei nicht darauf an, ob die Revision bereits begründet worden ist; auch sind hypothetische Überlegungen darüber bedeutungslos, ob die Sache zum Todeszeitpunkt schon beim Revisionsgericht hätte anhängig sein können.

[7] 3. Die Auffassung, Rechtsprechung des Bundesgerichtshofs ergebe, dass – dennoch – hier anstelle des Landgerichts der Senat zu entscheiden hätte, trifft nicht zu:

[8] Die genannte Entscheidung des Bundesgerichtshofs vom 8. Juni 1999 (4 StR 595/97, BGHSt 48, 108) betrifft ein in der Revisions- bzw. Rechtsbeschwerdeinstanz anhängiges Verfahren (aaO 108, 109, 111), in den nachfolgend ergangenen Entscheidungen verhielt es sich ebenso. Dies ergibt sich wiederholt aus den Ausführungen zum Stand des Revisionsverfahrens (vgl. z.B. Beschlüsse vom 5. August 1999 – 4 StR 640/98, vom 18. April 2000 – 5 StR 659/99, vom 16. Mai 2002 – 1 StR 553/01, vom 8. Dezember 2005 – 4 StR 198/05), im Übrigen in der Regel aus der Bezugnahme auf die Entscheidung BGHSt 45, 108. Demgegenüber ist nicht ersichtlich, dass der Bundesgerichtshof je ausdrücklich oder ausweislich des Verfahrensstandes seine Zuständigkeit deshalb bejaht hätte, weil eine Revision bei ihm anhängig zu machen gewesen wäre, wäre der Angeklagte nicht verstorben.

[9] 4. Hat, wie hier, das Landgericht in einer bei ihm anhängigen Sache entschieden, hat über eine hiergegen gerichtete (sofortige) Beschwerde mangels abweichender gesetzlicher Regelung gemäß § 121 Abs. 1 Nr. 2 GVG allein das Oberlandesgericht zu entscheiden.

Dem weiteren Verfahren steht ein **dauerndes Verfahrenshindernis** entgegen, wenn durch **Strafbefehl**, der in seinen Wirkungen einem rechtskräftigen Urteil gleichsteht (§ 410 Abs. 3 StPO), **Strafklageverbrauch** eingetreten ist und der Strafbefehl dieselbe Tat betrifft. Der Begriff der Tat im Sinne des Art. 103 Abs. 3 GG, § 264 Abs. 1 StPO bezeichnet dabei den geschichtlichen und dadurch zeitlich wie sachverhaltlich begrenzten Vorgang, auf den Anklage und Eröffnungsbeschluss hinweisen und innerhalb dessen der Angeklagte als Täter oder Teilnehmer einen Straftatbestand verwirklicht haben soll. Ist das Verfahrenshindernis erst nach Erlass des angefochtenen Urteils eingetreten, ist das Verfahren gemäß § 206a Abs. 1 StPO einzustellen, ohne dass es einer Aufhebung des Urteils bedarf. Denn in diesem Fall handelt es sich nicht um eine Nachprüfung des Urteils, sondern lediglich um die Berücksichtigung eines nach dessen Erlass eingetretenen Ereignisses, das eine neue Verfahrenslage geschaffen hat.[393] **390**

[1] Das Landgericht hat den Angeklagten am 20. Dezember 2011 wegen bewaffneten Handeltreibens mit Betäubungsmitteln in nicht geringer Menge (§ 30a Abs. 2 Nr. 2 BtMG) zu einer Freiheitsstrafe von zwei Jahren und sechs Monaten verurteilt. Auf die zulässige Revision des Angeklagten stellt der Senat das Verfahren nach § 206a Abs. 1 StPO ein, denn zwischenzeitlich ist das endgültige Verfahrenshindernis des Strafklageverbrauchs eingetreten.

[2] 1. Gegenstand des vorliegenden Verfahrens ist der Vorwurf, der Angeklagte habe Mitte Juni 2011 ca. 317 g Marihuana, Wirkstoffgehalt 10,4 % THC, erworben, das er jedenfalls hälftig zur gewinnbringenden Weiterveräußerung bestimmt habe. Er habe das Marihuana zunächst in einem Wald versteckt und es dann in der Nacht vom 1. auf den 2. Juli 2011 unter Benutzung seines Pkw von dort abgeholt. Dabei habe er in der Ablage der Fahrertür ein beidseitig geschliffenes Messer, Klingenlänge 12 cm, griffbereit mit sich geführt. Nach der Abholung sei der Angeklagte, der sich in Begleitung eines Abnehmers befunden habe, mit dem Pkw in eine Polizeikontrolle geraten und festgenommen worden; das transportierte Marihuana sei sichergestellt worden.

[3] Eine dem Angeklagten nach der Festnahme entnommene Blutprobe ergab eine Blutalkoholkonzentration von 1,43 ‰ sowie Hinweise auf Cannabiskonsum. Insoweit leiteten die Strafverfolgungsbehörden ein gesondertes Verfahren wegen des Vorwurfs der Trunkenheit im Verkehr (§ 316 StGB) ein, in dem der Angeklagte durch Strafbefehl des Amtsgerichts Neuss vom 27. Dezember 2011, rechtskräftig seit 19. Januar 2012, zu einer Geldstrafe von 40 Tagessätzen verurteilt wurde.

[4] 2. Der Generalbundesanwalt hat hierzu in seiner Antragsschrift ausgeführt:

> *„Dem weiteren Verfahren steht ein dauerndes Verfahrenshindernis entgegen, weil durch den Strafbefehl des Amtsgerichts Neuss, der in seinen Wirkungen einem rechtskräftigen Urteil gleichsteht (§ 410 Abs. 3 StPO), Strafklageverbrauch eingetreten ist.*

---

[393] BGH, Beschluss vom 3.5.2012 – 3 StR 109/12.

Der Strafbefehl betrifft dieselbe Tat wie das vorliegende Verfahren. Der Begriff der Tat im Sinne des Art. 103 Abs. 3 GG, § 264 Abs. 1 StPO bezeichnet dabei den geschichtlichen und dadurch zeitlich wie sachverhaltlich begrenzten Vorgang, auf den Anklage und Eröffnungsbeschluss hinweisen und innerhalb dessen der Angeklagte als Täter oder Teilnehmer einen Straftatbestand verwirklicht haben soll (vgl. BGH, Beschluss vom 5. März 2009 – 3 StR 566/08, BGHR StPO § 264 Abs. 1 Tatidentität 47). Danach stehen die vom Angeklagten begangene Trunkenheitsfahrt (§ 316 Abs. 1, Abs. 2 StGB) und der von ihm gleichzeitig verwirklichte Besitz von Betäubungsmitteln in nicht geringer Menge im Verhältnis der prozessualen Tatidentität. Denn die Fahrt diente ... gerade dem Transport der Betäubungsmittel, so dass das Mitführen der Betäubungsmittel nicht nur in einem engen zeitlichen und örtlichen Zusammenhang, sondern – darüber hinaus – in einem inneren Beziehungs- oder Bedingungszusammenhang mit dem Fahrvorgang stand (vgl. dazu BGH aaO.; Beschluss vom 27. April 2004 – 1 StR 466/03, BGHR StPO § 264 Abs. 1 Tatidentität 41).

Da der Besitz der für den Weiterverkauf bestimmten hälftigen Menge der Betäubungsmittel in nicht geringer Menge wiederum einen unselbständigen Teilakt des beabsichtigten Handeltreibens mit dieser hälftigen Menge darstellt (vgl. BGH, Beschluss vom 9. November 2011 [richtigerweise 2010] – 4 StR 521/10, NStZ-RR 2011, 90), kann der Angeklagte wegen ... bewaffneten Handeltreibens mit Betäubungsmitteln in nicht geringer Menge (§ 30a Abs. 2 Nr. 2 BtMG) insgesamt nicht bestraft werden. Dies gilt mit Blick auf den hierzu in Tateinheit stehenden Besitz der zum Eigenverbrauch bestimmten hälftigen Menge der Betäubungsmittel in nicht geringer Menge (§ 29a Abs. 1 Nr. 2 BtMG) und den hiervon als subsidiär verdrängten Erwerb dieser Menge (§ 29 Abs. 1 Satz 1 Nr. 1 Alt. 9 BtMG) in entsprechender Weise.

Da das Verfahrenshindernis erst nach Erlass des angefochtenen Urteils eingetreten ist, ist das Verfahren gemäß § 206a Abs. 1 StPO einzustellen, ohne dass es einer Aufhebung des Urteils bedarf. Denn in diesem Fall handelt es sich nicht um eine Nachprüfung des Urteils, sondern lediglich um die Berücksichtigung eines nach dessen Erlass eingetretenen Ereignisses, das eine neue Verfahrenslage geschaffen hat (vgl. BGH, Beschluss vom 17. Juni [Juli] 1968 – 3 StR 117/68, BGHSt 22, 213, 217; Paeffgen, in: SK-StPO, 4. Auflage, § 206a Rn. 8; Schneider, in: KK-StPO, 6. Auflage, § 206a Rn. 4; Stuckenberg, in: LR-StPO, 26. Auflage, § 206a Rn. 15, 17; ferner: Meyer-Goßner, StPO, 54. Auflage, § 206a Rn. 6)."

[5] Dem schließt sich der Senat an. Der Vorgang belegt erneut, dass die oft geübte Praxis, Verkehrsdelikte auch dann gesonderter Bearbeitung zuzuführen, wenn sie im Zusammenhang mit Delikten der allgemeinen Kriminalität begangen wurden, nicht unproblematisch ist.

■ PRAXISBEDEUTUNG

Die Entscheidung bestätigt den Trend, auch bei Betäubungsmitteldelikten, welche mit Straßenverkehrsdelikten zusammenfallen und zwischen beiden ein innerer Beziehungs- und Bedingungszusammenhang besteht, von einer prozessualen Tat auszugehen.

13. Besetzung des Gerichts – §§ 222 f. StPO

Die Entscheidung des Vorsitzenden, den ersten Hauptverhandlungstag nicht mehr als den **nachverlegten** ordentlichen Sitzungstag, sondern als den **vorverlegten (nächsten) ordentlichen Sitzungstag** heranzuziehen, ist nicht zu beanstanden. Unter keinem rechtlichen Gesichtspunkt ist eine nicht mehr vertretbare Entziehung des gesetzlichen Richters durch die **Heranziehung der für den ordentlichen Sitzungstag vorgesehenen Schöffen** gegeben, wenn der Vorsitzende dem von der Rechtsprechung mehrfach hervorgehobenen Grundsatz, dass die Verlegung eines ordentlichen gegenüber der Bestimmung eines außerordentlichen Sitzungstages Vorrang hat, dadurch Rechnung trägt, dass er einen ordentlichen Sitzungstag, wenn dieser zufällig bereits durch einen Fortsetzungstermin belegt ist, verlegt, anstatt einen außerordentlichen Sitzungstag anzuberaumen.[394] 391

Ergänzend bemerkt der Senat zu den erhobenen Besetzungsrügen:

Maßstab für die revisionsgerichtliche Überprüfung ist insofern Willkür (BGH, Beschluss vom 7. Juni 2005 – 2 StR 21/05, BGHSt 50, 132, 137 m.w.N.).

Die Entscheidung des Vorsitzenden, den ersten Hauptverhandlungstag vom 30. September 2011 nicht mehr als den nachverlegten ordentlichen Sitzungstag vom 29. September 2011, sondern als den vorverlegten ordentlichen Sitzungstag vom 4. Oktober 2011 heranzuziehen, ist nicht zu beanstanden. Denn die Zuordnung eines außerplanmäßigen Sitzungstages als vor- oder nachverlegter ordentlicher Sitzungstag ist durch den Vorsitzenden nach denselben Regeln abänderbar wie die Verlegung eines „normalen“ Sitzungstages. Sie wird hier durch die insbesondere im Vermerk des Vorsitzenden vom 15. September 2011 und die von ihm im Hauptverhandlungstermin vom 30. September 2011 dargelegten Gründe getragen.

Die Sache war schon im Hinblick darauf in besonderer Weise eilbedürftig, dass sich die Angeklagten, bei denen die Anwendung von Jugendstrafrecht zumindest in Betracht kam, in Untersuchungshaft befanden und für den 14. Oktober 2011 die Haftprüfung nach §§ 121, 122 StPO anstand. Der Termin für den Beginn der Hauptverhandlung am 30. September 2011 wurde nach Absprache mit den Verteidigern angesetzt; ein anderer Termin war vor der Haftprüfung „nicht möglich“. Dies beruhte ersichtlich – jedenfalls wurde von den Verteidigern in der Revision nichts anderes vorgetragen – auf der Terminslage eines oder der Verteidiger der Angeklagten, denn die Jugendkammer war am 4. Oktober erst ab 12 Uhr mit einem Fortsetzungstermin in anderer Sache befasst; der 29. September wurde erst mit einem anderen Termin belegt, nachdem der Vorsitzende den Beginn der Hauptverhandlung auf den 30. September 2011 bestimmt hatte.

Vor diesem Hintergrund liegt jedenfalls eine unter keinem rechtlichen Gesichtspunkt mehr vertretbare Entziehung des gesetzlichen Richters durch die Heranziehung der für den ordentlichen Sitzungstag vom 4. Oktober 2011 vorgesehenen Schöffen nicht vor, wenn der Vorsitzende – wie hier – dem von der Rechtsprechung mehrfach hervorgehobenen Grundsatz, dass die Verlegung eines ordentlichen gegenüber der Bestimmung eines außerordentlichen Sitzungstages Vorrang hat (vgl. dazu BGH aaO S. 134), dadurch Rechnung trägt, dass er – wie im Hinweis des Bundesgerichtshofs im Beschluss vom 14. Juli 2010 (1 StR 123/10, NStZ-RR 2010, 312,

---

[394] BGH, Beschluss vom 3.7.2012 – 4 StR 66/12.

313) vorgeschlagen – einen „ordentlichen Sitzungstag, wenn dieser zufällig bereits durch einen Fortsetzungstermin belegt ist, verlegt", anstatt einen außerordentlichen Sitzungstag anzuberaumen (so BGH, Beschluss vom 7. Juni 2005 – 2 StR 21/05, BGHSt 50, 132, 136).

14. Höchstdauer einer Unterbrechung – § 229 StPO

392 Auch wenn in einem Termin Verfahrensvorgänge stattfinden, die nach diesen Maßstäben grundsätzlich zur Unterbrechung der Fristen des § 229 StPO geeignet sind, liegt ein Verhandeln zur Sache jedoch dann nicht vor, wenn das Gericht dabei nur formal zum Zwecke der Umgehung dieser Vorschrift tätig wird und der Gesichtspunkt der Verfahrensförderung dahinter als bedeutungslos zurücktritt. **Zur Fristwahrung ungeeignete „Schiebetermine" sind danach etwa anzunehmen,** wenn einheitliche Verfahrensvorgänge willkürlich in mehrere kurze Verfahrensabschnitte zerstückelt und diese auf mehrere Verhandlungstage verteilt werden, nur um hierdurch die zulässigen Unterbrechungsfristen einzuhalten. Aus demselben Grund verstößt es gegen § 229 StPO, wenn aus dem gesamten Verfahrensgang erkennbar wird, dass das Gericht mit der Verhandlung nicht die substantielle Förderung des Verfahrens bezweckt, sondern allein die Wahrung der Unterbrechungsfrist.[395]

[12] Der Beschwerdeführer rügt zu Recht, dass die Hauptverhandlung zwischen dem 19. Mai und dem 1. Juli 2011 – mithin entgegen § 229 Abs. 1 StPO länger als drei Wochen – unterbrochen war.

[13] 1. Der Rüge liegt das folgende Verfahrensgeschehen zugrunde:

[14] Am 17. Mai 2011, dem dritten Tag der Hauptverhandlung, wurde die Beweisaufnahme geschlossen. Der Vertreter der Staatsanwaltschaft und der Verteidiger hielten ihre Schlussvorträge; der Angeklagte hatte das letzte Wort. In dem sodann zur Verkündung des Urteils anberaumten Termin am Donnerstag, 19. Mai 2011, wurde die Beweisaufnahme wiedereröffnet. Es erging der rechtliche Hinweis, dass die Unterbringung des Angeklagten in der Sicherungsverwahrung in Betracht komme. Der Vertreter der Staatsanwaltschaft regte an, dazu einen psychiatrischen Sachverständigen zu hören. Hierauf unterbrach der Vorsitzende die Hauptverhandlung und bestimmte Fortsetzungstermine auf Mittwoch, 8. Juni 2011, Freitag, 10. Juni 2011 und Freitag, 1. Juli 2011.

[15] In der Hauptverhandlung am 8. Juni 2011 wurden zwei polizeiliche Vermerke über die Abnahme von Atemalkoholproben bei den Zeugen P. und Z. verlesen. Am 10. Juni 2011 folgte die Verlesung eines Telefax-Schreibens des Vorsitzenden vom 18. Mai 2011 an die den Geschädigten behandelnden Ärzte sowie der Worte „P-Ethanol 1,9" aus dem hierauf wunschgemäß mitgeteilten Ergebnis einer Blutwertanalyse. Am 1. Juli 2011 nahm die Hauptverhandlung mit der Anhörung des vom Landgericht beauftragten psychiatrischen Sachverständigen ihren Fortgang.

[16] 2. Der Senat teilt die Auffassung des Beschwerdeführers, dass das Landgericht im Termin am 10. Juni 2011 – der, bezogen auf den Fristenlauf, zur Überbrückung der Zeitspanne zwischen dem 19. Mai und dem 1. Juli 2011 allein geeignet und erforderlich war (vgl. KK-Gmel, StPO, 6. Aufl., § 229 Rn. 7) – die Hauptverhand-

[395] BGH, Urteil vom 2.2.2012 – 3 StR 401/11.

lung nicht im Sinne des § 229 Abs. 4 Satz 1 StPO fortgesetzt hat. Das Landgericht hat an diesem Tage nicht, wie danach notwendig, zur Sache verhandelt.

[17] a) Zur Sache wird in einem Fortsetzungstermin allerdings grundsätzlich bereits dann verhandelt, wenn Prozesshandlungen vorgenommen werden oder Erörterungen zu Sach- oder Verfahrensfragen stattfinden, die geeignet sind, das Verfahren inhaltlich auf den Urteilsspruch hin zu fördern und die Sache ihrem Abschluss substantiell näher zu bringen (BGH, Beschluss vom 16. Oktober 2007 – 3 StR 254/07, NStZ 2008, 115). Unter diesen Voraussetzungen ist die Dauer des Termins ebenso wenig von Belang wie die Frage, ob er noch für weitere verfahrensfördernde Handlungen hätte genutzt werden können. Gleichermaßen unschädlich ist es, wenn der Termin zugleich auch der Einhaltung der Unterbrechungsfrist dient (BGH, Urteil vom 3. August 2006 – 3 StR 199/06, NJW 2006, 3077).

[18] Auch wenn in dem Termin Verfahrensvorgänge stattfinden, die nach diesen Maßstäben grundsätzlich zur Unterbrechung der Fristen des § 229 StPO geeignet sind, liegt ein Verhandeln zur Sache jedoch dann nicht vor, wenn das Gericht dabei nur formal zum Zwecke der Umgehung dieser Vorschrift tätig wird und der Gesichtspunkt der Verfahrensförderung dahinter als bedeutungslos zurücktritt (BGH, Urteil vom 25. Juli 1996 – 4 StR 172/96, NJW 1996, 3019; Urteil vom 18. März 1998 – 2 StR 675/97, NStZ-RR 1998, 335). Zur Fristwahrung ungeeignete „Schiebetermine" sind danach etwa anzunehmen, wenn einheitliche Verfahrensvorgänge willkürlich in mehrere kurze Verfahrensabschnitte zerstückelt und diese auf mehrere Verhandlungstage verteilt werden, nur um hierdurch die zulässigen Unterbrechungsfristen einzuhalten (BGH aaO; Beschluss vom 16. Oktober 2007 – 3 StR 254/07, NStZ 2008, 115). Aus demselben Grund verstößt es gegen § 229 StPO, wenn aus dem gesamten Verfahrensgang erkennbar wird, dass das Gericht mit der Verhandlung nicht die substantielle Förderung des Verfahrens bezweckt, sondern allein die Wahrung der Unterbrechungsfrist im Auge hat (vgl. BGH, Beschluss vom 7. April 2011 – 3 StR 61/11, NStZ 2011, 532).

[19] b) So liegt der Fall hier. Der Senat ist von der Richtigkeit des – im Übrigen unwidersprochen gebliebenen – Beschwerdevorbringens überzeugt, dass die Wiedereröffnung der Beweisaufnahme am 19. Mai 2011 und die Anberaumung der drei Folgetermine allein darauf beruhte, dass das Landgericht nachträglich die materiellen Voraussetzungen der Sicherungsverwahrung für klärungsbedürftig hielt und sich veranlasst sah, hierzu ein psychiatrisches Gutachten einzuholen. Dementsprechend hat es mit der Beweiserhebung in dem „Brückentermin" am 10. Juni 2011 nur die Wahrung der Unterbrechungsfrist, nicht aber eine substantielle Förderung des Verfahrens im Auge gehabt. Dass das Landgericht den erhobenen Blutalkoholwert des Geschädigten W. bei der Überprüfung der Glaubwürdigkeit seiner Aussage tatsächlich verwertet hat, bleibt unter diesen Umständen ohne Belang.

[20] Ein deutliches Anzeichen dafür, dass das Landgericht die Einholung und die Verlesung der Auskunft der behandelnden Ärzte unter dem Gesichtspunkt der Sachaufklärung an sich für entbehrlich hielt, ergibt sich schon aus dem Umstand, dass es die Beweisaufnahme bereits geschlossen hatte, ohne den Rückgriff auf diesen – einfachen und überschaubaren – Beweisstoff für erforderlich zu halten. Ebenso sah die Strafkammer beim Wiedereintritt in die Beweisaufnahme am 19. Mai 2011 trotz der vorangegangenen Anfrage bei den behandelnden Ärzten keinen Anlass für den Hinweis, auch diese Beweiserhebung müsse nachgeholt werden. Nicht außer Betracht bleiben kann bei der gebotenen Würdigung der Gesamtheit der Verfahrenstatsachen auch, dass die am 8. Juni 2011 verlesenen Ergebnisse der Atemalkoholproben, die

den erst nachträglich vom Tatgeschehen in Kenntnis gesetzten Zeugen P. und Z. abgenommen worden waren, schon objektiv nicht zur weiteren Aufklärung der Tat- und Schuldfrage beitragen konnten. Selbst wenn damit nicht ein einheitlicher Beweiserhebungsvorgang aufgeteilt wurde, wird im Rahmen der Gesamtschau der insoweit maßgeblichen Vorgänge der Umstand, dass der Hauptverhandlungstermin vom 10. Juni 2011 allein der formalen Wahrung der Unterbrechungsfrist des § 229 Abs. 1 StPO diente, letztlich auch dadurch bestätigt, dass das lediglich aus einem Wort und einer Zahl bestehende Ergebnis der BAK-Bestimmung beim Geschädigten nicht am 8. Juni 2011 zusammen mit den beiden polizeilichen Vermerken über die Atemalkoholproben bei den Zeugen P. und Z. verlesen wurde.

[21] Auch der Generalbundesanwalt erkennt einen sachlich nachvollziehbaren Grund dafür, dass das Landgericht nochmals in die Beweisaufnahme eingetreten ist, nur in der notwendigen Klärung, ob die materiellen Voraussetzungen der Sicherungsverwahrung gegeben waren. Seiner Auffassung, die eingeschobenen Termine seien schon deshalb nicht als „Schiebetermine" anzusehen, weil das Landgericht damit die Aussetzung des Verfahrens vermieden und dem Beschleunigungsgrundsatz Rechnung getragen habe, kann sich der Senat allerdings nicht anschließen. Zu Ende gedacht wäre die Vorschrift des § 229 StPO damit hinfällig.

[22] Besondere Umstände, die ein Beruhen des Urteils auf diesem Verfahrensverstoß ausnahmsweise ausschließen können (vgl. BGH, Urteil vom 5. Februar 1970 – 4 StR 272/68, BGHSt 23, 224), sind nicht ersichtlich.

15. Zwischenrechtsbehelf gegen Anordnung des Vorsitzenden – § 238 Abs. 2 StPO

393 Es begegnet keinen Bedenken, dass ein **Verwertungsverbot** nach einem Rechtsverstoß bei der Informationserhebung oder -verwendung von einem **Widerspruch in der Hauptverhandlung** abhängig gemacht wird. Dies trägt einerseits dem Interesse des Angeklagten an einer möglichst weitreichenden Dispositionsbefugnis Rechnung und gewährleistet andererseits, dass eine Beanstandung sowie die sich daraus ergebenden Rechtsfolgen noch während der Hauptverhandlung geprüft werden können, damit rechtzeitig Klarheit für deren weiteren Verlauf geschaffen wird. Auch die Erforderlichkeit einer Verfahrensrüge im Revisionsverfahren ist unbedenklich, solange an deren Begründung keine überspannten Anforderungen gestellt werden.[396]

[118] c) Nach diesen verfassungsrechtlichen Maßstäben liegt kein Verstoß gegen das Recht auf ein faires Verfahren vor. Der rechtliche Ausgangspunkt des Bundesgerichtshofs entspricht den verfassungsrechtlichen Anforderungen (aa). Auch die Anwendung der Beweisverwertungsgrundsätze im konkreten Fall ist verfassungsrechtlich nicht zu beanstanden (bb).

[119] aa) Die erforderliche Gesamtschau auf das Verfahrensrecht in seiner Auslegung und Anwendung durch die Fachgerichte ergibt nicht, dass rechtsstaatlich zwingende Folgerungen nicht gezogen worden sind oder rechtsstaatlich Unverzichtbares preisgegeben worden ist.

[120] (1) Rechtsgrundlage für die Beweisverwertung in einem strafgerichtlichen Urteil ist § 261 StPO (vgl. BVerfGE 106, 28 <48 f.>; BVerfG, Beschluss der 2. Kam-

[396] BVerfG, Beschluss vom 7.12.2011 – 2 BvR 2500/09 / 2 BvR 1857/10.

mer des Zweiten Senats vom 20. Mai 2010 – 2 BvR 1413/09 –, NJW 2010, S. 2937 <2938>; BGHSt 56, 127 <134>; Rogall, JZ 2008, S. 818 <822 f., 825>). Dem Wortlaut dieser Vorschrift lassen sich keine Anhaltspunkte dafür entnehmen, dass die Verwertung rechtswidrig erhobener oder erlangter Informationen nicht oder nur eingeschränkt zulässig ist (vgl. weiter Rogall, JZ 2008, S. 818 <822 f.>). Die Strafprozessordnung enthält keine allgemeinen Regelungen zu der Frage, welche Rechtsfolgen eine rechtswidrige Erhebung oder Verwendung von Informationen nach sich zieht; dies ist nur ausnahmsweise geregelt (vgl. § 136a Abs. 3 Satz 2 StPO). Auch Verwendungs- und Verwertungsverbote, die nicht an eine rechtswidrige Informationserhebung oder -verwendung anknüpfen, sind jeweils nur für Einzelfälle ausdrücklich angeordnet (vgl. etwa § 100a Abs. 4 Satz 2, § 100c Abs. 5 Satz 3, Abs. 6 Satz 2, § 100d Abs. 5 Nr. 1, § 100i Abs. 2 Satz 2, § 108 Abs. 2 und 3, § 160a Abs. 1 Satz 2, Abs. 2 Satz 3, § 161 Abs. 2 Satz 1, Abs. 3, § 477 Abs. 2 Satz 2 StPO; vgl. zur uneinheitlichen gesetzlichen Terminologie Allgayer/Klein, wistra 2010, S. 130 <130 f.>).

*[**121**] Nach ständiger Rechtsprechung des Bundesgerichtshofs führt ein Rechtsverstoß bei der Beweiserhebung nicht ohne Weiteres zur Unverwertbarkeit der dadurch erlangten Erkenntnisse (vgl. BGHSt 24, 125 <128 ff.>; 38, 214 <219 f.>; 44, 243 <248 f.>). Es bedarf in jedem Einzelfall einer Abwägung der für und gegen die Verwertung sprechenden Gesichtspunkte (vgl. BGHSt 31, 304 <307 f.>; 38, 214 <219 f.>; 44, 243 <248 f.>). Für die Verwertbarkeit spricht stets das staatliche Aufklärungsinteresse, dessen Gewicht im konkreten Fall vor allem unter Berücksichtigung der Verfügbarkeit weiterer Beweismittel, der Intensität des Tatverdachts und der Schwere der Straftat bestimmt wird. Auf der anderen Seite muss berücksichtigt werden, welches Gewicht der Rechtsverstoß hat. Dieses wird im konkreten Fall vor allem dadurch bestimmt, ob der Rechtsverstoß gutgläubig, fahrlässig oder vorsätzlich begangen wurde, welchen Schutzzweck die verletzte Vorschrift hat, ob der Beweiswert beeinträchtigt wird, ob die Beweiserhebung hätte rechtmäßig durchgeführt werden können und wie schutzbedürftig der Betroffene ist. Verwertungsverbote hat der Bundesgerichtshof insbesondere bei grober Verkennung oder bewusster Missachtung der Rechtslage angenommen (vgl. BGHSt 31, 304 <307 ff.>; 34, 39 <52 f.>; 35, 32 <33 f.>; 36, 396 <398 ff.>; 41, 30 <31>; 47, 362 <365 f.>; 48, 240 <248>; 51, 1 <2 f.>; 51, 285 <289 ff.>; BGH, Beschluss vom 30. August 2011 – 3 StR 210/11 –, juris, Rn. 10 ff.). Teilweise macht der Bundesgerichtshof ein Beweisverwertungsverbot davon abhängig, dass der Verwertung der betroffenen Information nach ihrer Einführung in die Hauptverhandlung widersprochen wird („Widerspruchslösung"); ein Angeklagter ohne Verteidiger muss darüber belehrt werden (vgl. BGHSt 38, 214 <225 f.>; 39, 349 <352>; 42, 15 <22 ff.>; 50, 272 <274>; 51, 367 <376>; 52, 38 <41>; 52, 110 <113 f.>; Gössel, in: Löwe-Rosenberg, StPO, Bd. 1, 26. Aufl. 2006, Einl. Abschn. L Rn. 28 ff.). Im Revisionsverfahren bedarf es zur Geltendmachung eines Verwertungsverbots der Erhebung einer Verfahrensrüge (vgl. BGHSt 37, 245 <248>; 47, 362 <365>; 48, 240 <241>; 52, 38<40>; 52, 110 <111>).*

*[**122**] (2) Dies deckt sich auch mit den Anforderungen der Europäischen Menschenrechtskonvention (vgl. zu deren Berücksichtigung BVerfGE 111, 307 <315 ff.>; BVerfG, Urteil des Zweiten Senats vom 4. Mai 2011 – 2 BvR 2365/09 u.a. –, NJW 2011, S. 1931 <1935 f.>). Danach ist die Verwertbarkeit rechtswidrig erlangter Beweise an den Maßstäben des fairen Verfahrens nach Art. 6 Abs. 1 Satz 1 EMRK zu messen. Ob ein Verfahren fair war, ist nach Prüfung der Gesamtumstände zu entscheiden (vgl. EGMR, Urteil vom 25. März 1999 – 25444/94 –, Péllisier und Sassi/Frankreich, NJW 1999, S. 3545 <3545 f.>; EGMR, Urteil vom 11. Juli 2006 – 54810/00 –, Jalloh/Deutschland, NJW 2006, S. 3117 <3122 f.>; EGMR, Urteil vom*

10. März 2009 – 4378/02 –, Bykov/Russland, NJW 2010, S. 213 <215>; EGMR, Urteil vom 1. Juni 2010 – 22978/05 –, Gäfgen/Deutschland, NJW 2010, S. 3145 <3148 ff.>). In diesem Rahmen findet Berücksichtigung, welches Gewicht der Verstoß gegen innerstaatliches Recht oder gegen ein Konventionsrecht hat (vgl. EGMR, Urteil vom 11. Juli 2006 – 54810/00 –, Jalloh/Deutschland, NJW 2006, S. 3117 <3122 f.>). Dies gilt auch für die Verwertung von Beweismitteln, die unter Verletzung von Art. 8 EMRK gewonnen worden sind (vgl. EGMR, Urteil vom 12. Mai 2000 – 35394/97 –, Kahn/Vereinigtes Königreich, JZ 2000, S. 993 <993 f.>; EGMR, Urteil vom 10. März 2009 – 4378/02 –, Bykov/Russland, NJW 2010, S. 213 <215>; Meyer, in: Karpenstein/Mayer, EMRK, 2012, Art. 6 Rn. 228 ff.).

[123] (3) Die Abwägungslösung des Bundesgerichtshofs und die von ihm herangezogenen Kriterien entsprechen den verfassungsrechtlichen Anforderungen, die sich aus dem Recht auf ein faires Verfahren ergeben.

[124] Es begegnet keinen Bedenken, dass ein Verwertungsverbot nach einem Rechtsverstoß bei der Informationserhebung oder -verwendung von einem Widerspruch in der Hauptverhandlung abhängig gemacht wird. Dies trägt einerseits dem Interesse des Angeklagten an einer möglichst weitreichenden Dispositionsbefugnis Rechnung und gewährleistet andererseits, dass eine Beanstandung sowie die sich daraus ergebenden Rechtsfolgen noch während der Hauptverhandlung geprüft werden können, damit rechtzeitig Klarheit für deren weiteren Verlauf geschaffen wird. Auch die Erforderlichkeit einer Verfahrensrüge im Revisionsverfahren ist unbedenklich, solange an deren Begründung keine überspannten Anforderungen gestellt werden (vgl. BVerfGE 63, 45 <70>; 112, 185 <207 ff.>).

[125] Das Bundesverfassungsgericht prüft die von den Fachgerichten vorgenommene Abwägung nicht im Einzelnen nach. Die Beurteilung der Frage, welche Folgen ein möglicher Rechtsverstoß hat und ob er zu einem Beweisverwertungsverbot führt, obliegt in erster Linie den zuständigen Fachgerichten. Das Bundesverfassungsgericht beschränkt sich auf die Kontrolle, ob die Fachgerichte in verfassungsrechtlich erheblicher Weise den Schutzbereich einer verletzten Norm und eines betroffenen Grundrechts verkannt, die weiteren Anforderungen für die Annahme eines Verwertungsverbots nach einem Rechtsverstoß bei der Informationserhebung oder -verwendung überspannt und rechtsstaatliche Mindeststandards gewahrt haben.

[126] bb) Nach diesem verfassungsrechtlichen Prüfungsmaßstab ist die Ablehnung eines Beweisverwertungsverbots im Ausgangsverfahren durch den Bundesgerichtshof nicht zu beanstanden. Es wurden alle relevanten Gesichtspunkte in die Abwägung eingestellt (1). Auch gegen das Abwägungsergebnis bestehen keine verfassungsrechtlichen Bedenken (2).

16. Stellung von Beweisanträgen – § 244 StPO

394 Ein Beweisantrag im Sinne des § 244 Abs. 3 bis 6 StPO setzt die **konkrete und bestimmte Behauptung einer Tatsache** und die **Benennung eines bestimmten Beweismittels** voraus, mit dem der Nachweis der Tatsache geführt werden soll. Bei einem Antrag auf Vernehmung eines Zeugen kommen als Beweisbehauptung nur solche Tatsachen in Betracht, die der benannte Zeuge aus eigener Wahrnehmung bekunden kann.[397]

---

[397] BGH, Beschluss vom 4.12.2012 – 4 StR 372/12.

[10] Ein Beweisantrag im Sinne des § 244 Abs. 3 bis 6 StPO setzt die konkrete und bestimmte Behauptung einer Tatsache und die Benennung eines bestimmten Beweismittels voraus, mit dem der Nachweis der Tatsache geführt werden soll. Bei einem Antrag auf Vernehmung eines Zeugen kommen als Beweisbehauptung nur solche Tatsachen in Betracht, die der benannte Zeuge aus eigener Wahrnehmung bekunden kann (vgl. BGH, Urteil vom 6. Juli 1993 – 5 StR 279/93, BGHSt 39, 251, 253 f.). Ist aus dem Inhalt des Beweisbegehrens ein verbindender Zusammenhang zwischen der Beweisbehauptung und dem benannten Zeugen nicht ohne weiteres erkennbar, ist für das Vorliegen eines Beweisantrages weiterhin erforderlich, dass der Antragsteller näher darlegt, weshalb der Zeuge überhaupt etwas zu dem Beweisthema bekunden können soll (vgl. BGH, Beschlüsse vom 3. November 2010 – 1 StR 497/10, NStZ 2011, 169 Tz. 11 ff.; vom 17. November 2009 – 4 StR 375/09, BGHR StPO § 244 Abs. 6 Beweisantrag 47; vom 22. Juni 1999 – 1 StR 205/99, NStZ 1999, 522; Urteil vom 28. November 1997 – 3 StR 114/97, BGHSt 43, 321, 329 f.; zweifelnd Urteil vom 14. August 2008 – 3 StR 181/08, NStZ 2009, 171 Tz. 13). Die Ausführungen zur Konnexität im weiteren Sinne (zur Terminologie vgl. Schneider, Festschrift Eisenberg 2009, S. 609, 618 ff.) sollen dem Gericht eine sachgerechte Prüfung und Anwendung der Ablehnungsgründe des § 244 Abs. 3 StPO ermöglichen (vgl. BGH, Urteil vom 15. Dezember 2005 – 3 StR 201/05, NStZ 2006, 585, 586; Beschluss vom 22. Juni 1999 – 1 StR 205/99 aaO), wobei hier – anders als bei der Bestimmtheit der von dem benannten Zeugen wahrgenommenen Beweistatsache – der Ablehnungsgrund der völligen Ungeeignetheit des Beweismittels nach § 244 Abs. 3 Satz 2 3. Alt. StPO im Vordergrund steht (vgl. BGH, Urteil vom 23. Oktober 1997 – 5 StR 317/97, NStZ 1998, 97; Schneider aaO). Durch den Bezug auf die völlige Ungeeignetheit, die nur aus dem Beweismittel selbst in Beziehung zu der Beweisbehauptung ohne Rückgriff auf das bisherige Beweisergebnis abgeleitet werden darf (vgl. Becker in Löwe/Rosenberg, StPO, 26. Aufl., § 244 Rn. 232 m.w.N.), werden die unter dem Gesichtspunkt der Konnexität im weiteren Sinne erforderlichen Angaben zugleich auf solche beschränkt, die die Wahrnehmungssituation des benannten Zeugen betreffen. Ausführungen zur inhaltlichen Plausibilität der Beweisbehauptung können dagegen vom Antragsteller in diesem Zusammenhang nicht verlangt werden (vgl. BGH, Beschluss vom 17. November 2009 – 4 StR 375/09 aaO) ….

[12] b) Nach der Rechtsprechung des Bundesgerichtshofs fehlt einem Antrag, mit dem zum Nachweis einer bestimmten Beweistatsache ein bestimmtes Beweismittel bezeichnet wird, die Eigenschaft eines nach § 244 Abs. 3 bis 6 StPO zu bescheidenden Beweisantrages, wenn die Beweisbehauptung ohne jeden tatsächlichen Anhaltspunkt und ohne begründete Vermutung für ihre Richtigkeit aufs Geratewohl ins Blaue hinein aufgestellt wurde (vgl. BGH, Beschluss vom 3. November 2010 – 1 StR 497/10, NStZ 2011, 169 Tz. 7 f.; Urteil vom 4. Dezember 2008 – 1 StR 327/08, NStZ 2009, 226, 227; Beschluss vom 12. März 2008 – 2 StR 549/07, NStZ 2008, 474; Urteil vom 13. Juni 2007 – 4 StR 100/07, NStZ 2008, 52, 53; Beschlüsse vom 4. April 2006 – 4 StR 30/06, NStZ 2006, 405; vom 5. März 2003 – 2 StR 405/02, BGHR StPO § 244 Abs. 6 Beweisantrag 39; vom 5. Februar 2002 – 3 StR 482/01, NStZ 2002, 383; Urteil vom 12. Juni 1997 – 5 StR 58/97, NJW 1997, 2762, 2764; Beschlüsse vom 10. November 1992 – 5 StR 474/92, NStZ 1993, 143, 144; vom 31. März 1989 – 3 StR 486/88, BGHR StPO § 244 Abs. 6 Beweisantrag 8 m.w.N. zur früheren Rspr.; offen gelassen in BGH, Beschlüsse vom 19. September 2007 – 3 StR 354/07, StV 2008, 9; vom 20. Juli 2010 – 3 StR 218/10, StraFo 2010, 466). Ob eine solche nicht ernstlich gemeinte Beweisbehauptung gegeben ist, beur-

teilt sich aus der Sicht eines verständigen Antragstellers auf der Grundlage der von ihm selbst nicht in Frage gestellten Tatsachen (vgl. BGH, Beschluss vom 3. November 2010 – 1 StR 497/10 aaO), wobei zu beachten ist, dass es dem Antragsteller grundsätzlich nicht verwehrt sein kann, auch solche Tatsachen unter Beweis zu stellen, die er lediglich für möglich hält oder nur vermutet (vgl. BGH, Beschlüsse vom 4. April 2006 – 4 StR 30/06 aaO, vom 31. März 1989 – 3 StR 486/88 aaO). Nicht ausreichend ist, dass die bisherige Beweisaufnahme keine Anhaltspunkte für die Richtigkeit der Beweisbehauptung ergeben hat (BGH, Beschluss vom 5. Februar 2002 – 3 StR 482/01 aaO) oder dass die unter Beweis gestellte Tatsache objektiv ungewöhnlich oder unwahrscheinlich erscheint oder eine andere Möglichkeit näher gelegen hätte (BGH, Beschluss vom 12. März 2008 – 2 StR 549/07 aaO). Vielmehr wird für erforderlich gehalten, dass die Bestätigung der Beweisbehauptung aufgrund gesicherter bisheriger Beweisaufnahme offensichtlich unwahrscheinlich sein muss, was etwa anzunehmen sein soll, wenn eine Mehrzahl neutraler Zeugen eine Tatsache übereinstimmend bekundet hat und, ohne Beleg für entsprechende tatsächliche Anhaltspunkte, das Gegenteil in das Wissen eines völlig neu benannten Zeugen oder eines Zeugen gestellt wird, dessen Zuverlässigkeit naheliegenden Zweifeln begegnet (BGH, Beschlüsse vom 12. Juni 1997 – 5 StR 58/97 aaO; vom 5. Februar 2002 – 3 StR 482/01 aaO).

a) Beweisermittlungsantrag

395 **Bezeichnet ein Antrag** auf Einholung eines Sachverständigengutachtens **lediglich** die vom Sachverständigen **erwartete Schlussfolgerung**, aber nicht – auch nicht mittels des Verweises auf ein hohes Aggressionspotential des Angeklagten – die konkreten Tatsachen, an die die Bewertung anknüpfen sollte, liegt lediglich ein **Beweisermittlungsantrag** vor, so dass § 244 Abs. 3 Satz 2 StPO den Maßstab nicht ergibt, an dem sich der ablehnende Beschluss des Landgerichts messen lassen muss. Über den Antrag war demgemäß allein unter dem Gesichtspunkt der Aufklärungspflicht (§ 244 Abs. 2 StPO) zu befinden. Dass es die Aufklärungspflicht geboten hätte, dem Antrag nachzugehen, hat der Angeklagte mit der Aufklärungsrüge nicht geltend gemacht.[398]

[2] 1. Mit seiner Beanstandung des Verfahrens zeigt der Angeklagte keinen durchgreifenden Rechtsfehler auf.

[3] a) Er hat in der Hauptverhandlung den Antrag gestellt, zum Beweis der Tatsache, dass er bei der Tat ohne Schuld oder jedenfalls im Zustand erheblich verminderter Schuldfähigkeit gehandelt habe, ein psychiatrisches Sachverständigengutachten einzuholen. Er hat außerdem seinen Verteidiger in einem anderen Strafverfahren als Zeugen dafür benannt, dass er in der dortigen Hauptverhandlung unangemessen aggressiv reagiert habe.

[4] Das Landgericht hat den Antrag auf Einholung eines Sachverständigengutachtens als Beweisantrag behandelt und mit der Begründung abgelehnt, da dem Sachverständigen die erforderlichen Anknüpfungstatsachen nicht mitgeteilt werden könnten, sei dieser ein völlig ungeeignetes Beweismittel.

---

398 BGH, Beschluss vom 15.12.2011 – 3 StR 365/11.

[5] b) In der Ablehnung des Antrags auf Einholung eines psychiatrischen Sachverständigengutachtens liegt entgegen der Revision kein Verstoß gegen § 244 Abs. 3 Satz 2 StPO.

[6] Diese Vorschrift benennt Gründe, aus denen ein Beweisantrag abgelehnt werden darf. Bei dem Antrag auf Einholung eines Sachverständigengutachtens handelte es sich indes – ebenso wie bei dem Antrag auf Vernehmung des Verteidigers aus dem anderen Verfahren – nicht um einen Beweisantrag; denn er bezeichnete lediglich die vom Sachverständigen erwartete Schlussfolgerung, aber nicht – auch nicht mittels des Verweises auf ein hohes Aggressionspotential des Angeklagten – die konkreten Tatsachen, an die die Bewertung anknüpfen sollte (vgl. BGH, Beschluss vom 7. Juli 1999 – 1 StR 207/99, NStZ 1999, 630, 631; Beschluss vom 18. August 1999 – 1 StR 186/99, NStZ 1999, 632, 633; Urteil vom 13. Juni 2007 – 4 StR 100/07, NStZ 2008, 52, 53; Urteil vom 2. September 2010 – 3 StR 273/10, NStZ 2011, 106, 107). Es lag daher lediglich ein Beweisermittlungsantrag vor, so dass § 244 Abs. 3 Satz 2 StPO den Maßstab nicht ergibt, an dem sich der ablehnende Beschluss des Landgerichts messen lassen muss (BGH, Beschluss vom 16. Juni 1971 – 4 StR 450/70, VRS 41 [1971], 203, 206; Urteil vom 28. November 1997 – 3 StR 114/97, BGHSt 43, 321, 332). Über den Antrag war demgemäß allein unter dem Gesichtspunkt der Aufklärungspflicht (§ 244 Abs. 2 StPO) zu befinden.

[7] Dass es diese geboten hätte, dem Antrag nachzugehen, hat der Angeklagte mit der Aufklärungsrüge nicht geltend gemacht. Im Übrigen ist die unzureichende Bezeichnung der Anknüpfungstatsachen, in der das Landgericht die völlige Ungeeignetheit des Beweismittels gesehen und die es, soweit der Angeklagte Zeugenvernehmung beantragt hat, rechtlich zutreffend als nicht hinreichend konkretisierte Beweisbehauptung eingeordnet hat, zugleich maßgeblich dafür, ob sich dem Landgericht die Erforderlichkeit einer Begutachtung des Angeklagten hätte aufdrängen müssen. Das war weder nach den im Antrag des Angeklagten mitgeteilten Umständen noch nach seinem Revisionsvorbringen der Fall, so dass eine Aufklärungsrüge auch in der Sache keinen Erfolg gehabt hätte.

b) Ablehnung von Beweisanträgen

Das Gericht darf sich in den Urteilsgründen mit dem Inhalt des **Ablehnungsbeschlusses nicht in Widerspruch setzen.**[399] 396

[2] Nach den Feststellungen versetzte der Angeklagte S. dem Geschädigten T. im Rahmen einer „Bestrafungsaktion" in einem Duschraum der Justizvollzugsanstalt B. mehrere Faustschläge. Der Angeklagte M. schlug dem Geschädigten mit dem hölzernen Stiel eines Duschabziehers gegen den Kopf. Der Geschädigte erlitt eine vier cm lange Kopfplatzwunde, zwei Prellmarken auf der Stirn, ein Hämatom am rechten Auge und eine Hautabschürfung an der Schulter.

[3] 1. a) Der Angeklagte S. hat zwei Zeugen zum Beweis dafür benannt, der Geschädigte sei nach dem Duschen im Kopfbereich unverletzt gewesen. Die Zeugen seien zugegen gewesen, als der Geschädigte nach dem Duschen auf dem Weg in seine Zelle von Mithäftlingen angesprochen worden sei. Sie hätten den Geschädigten während des mehrminütigen Streitgesprächs aus kurzer Entfernung gesehen. Der

---

[399] BGH, Beschluss vom 18.9.2012 – 3 StR 302/12.

Angeklagte M. hat einen Bediensteten der Justizvollzugsanstalt zum Beweis dafür benannt, der Geschädigte habe zur Mittagsausgabe keine Verletzungen, insbesondere keine blutende Kopfplatzwunde aufgewiesen. Der Zeuge sei bei der Essensausgabe an den Geschädigten zugegen gewesen.

[4] Das Landgericht hat beide Anträge zurückgewiesen. Zur Begründung hat es ausgeführt, die behaupteten Tatsachen seien aus tatsächlichen Gründen ohne Bedeutung. Ausweislich der Bekundungen der sachverständigen Zeugen Dr. W. und Dr. Z. könne die Wunde auf dem Weg zurück in die Zelle und während der Essensausgabe nicht mehr oder unter dem Haaransatz verdeckt geblutet haben.

[5] b) Die Anträge genügen den an einen Beweisantrag zu stellenden Anforderungen. Ihre Ablehnung durch die Strafkammer hält rechtlicher Nachprüfung nicht stand. Das Gericht darf sich in den Urteilsgründen mit dem Inhalt des Ablehnungsbeschlusses nicht in Widerspruch setzen (st. Rspr.; vgl. etwa BGH, Beschluss vom 20. August 1996 – 4 StR 373/96, BGHR StPO § 244 Abs. 3 Satz 2 Bedeutungslosigkeit 22). Dies ist hier der Fall. Nach den Feststellungen des Urteils blutete die Wunde zunächst so stark, dass der Duschraum verschmutzt wurde. Nachdem der Geschädigte in seinem Haftraum angekommen war, legte er ein Handtuch auf die „immer noch blutende" Kopfplatzwunde. Er entschied sich schließlich, nachdem der Blutfluss auch nach der Essensausgabe nicht zum Erliegen gekommen war, den Notrufknopf zu betätigen. Nach den Bekundungen des Zeugen Dr. W. fiel diesem „gleich an den Haaren klebendes Blut" auf, nachdem der Geschädigte ihm zur Behandlung vorgeführt worden war. Demnach blutete die Wunde ab dem Zeitpunkt der körperlichen Auseinandersetzung in dem Duschraum jedenfalls bis zu dem Notruf durchgehend nicht unerheblich. Mit diesen Feststellungen ist es nicht zu vereinbaren, dass aus der Wunde gerade zu den in diesen Zeitraum fallenden Zeitpunkten, zu denen die benannten Zeugen nach den Beweisbehauptungen den Geschädigten gesehen haben sollen, kein Blut austrat oder dieser Vorgang optisch nicht wahrnehmbar war.

[6] c) Das Urteil beruht auf der fehlerhaften Ablehnung der Beweisanträge. Obwohl das Landgericht sich seine Überzeugung vom Ablauf der Tat auf der Grundlage der Einlassungen der Angeklagten und dem Ergebnis der Beweisaufnahme ohne materiellrechtlichen Fehler gebildet hat, ist nicht mit der erforderlichen Sicherheit auszuschließen, dass die Strafkammer zu einer anderen Beurteilung gelangt wäre, wenn es die beantragten Beweiserhebungen durchgeführt hätte.

397 Soll die Ablehnung eines Beweisantrags im Revisionsverfahrens gerügt werden, kann dies nur dann Erfolg haben, wenn eine **hinreichend bestimmte Beweistatsache** dem Beweisantrag zu Grunde liegt und der Antrag natürlich auch **keine widersprüchlichen Beweisbehauptungen** enthält.[400]

Die vom Angeklagten K. erhobene Rüge, sein Beweisantrag auf Einholung eines Sachverständigengutachtens aus dem „Fachbereich Schlösser und Schlüssel" sei rechtsfehlerhaft abgelehnt worden, hat keinen Erfolg. Ungeachtet der Zulässigkeit dieser Rüge durfte die Strafkammer die Beweiserhebung als ungeeignet ablehnen soweit damit unter Beweis gestellt werden sollte, der Schlüssel passte nicht in dem Sinne zu dem Schloss, als dass es sich mit ihm nicht betätigen ließ. Denn bei der unter Beweis gestellten Tatsache handelt es sich um eine von jedermann ohne be-

[400] BGH, Beschluss vom 23.10.2012 – 1 StR 261/12.

sondere Sachkunde festzustellende (vgl. Becker in Löwe/Rosenberg, StPO 26. Aufl., § 244 Rn. 238 m.w.N.). Soweit der Antrag allerdings dahingehend zu verstehen gewesen sein sollte, es solle bewiesen werden, dass das Schloss zu stark beschädigt gewesen sei, als dass man aus dem Betätigen des Schlosses auf die Zugehörigkeit des hierzu benutzten Schlüssels schließen könne, lag in Ermangelung einer hinreichend bestimmten Beweistatsache schon kein Beweisantrag vor (vgl. BGH, Beschluss vom 13. November 1997 – 1 StR 627/97, NStZ 1998, 209, 210). Denn insoweit enthält der Antrag widersprüchliche Beweisbehauptungen. So wird einerseits vorgetragen, das „einfache Auf-zu-Schloss" sei durch das vorherige Aufbrechen bereits so zerstört gewesen, dass es nicht mehr möglich sei, festzustellen, ob der Schlüssel passte, weswegen das Sachverständigengutachten erbringen werde, der Schlüssel könne dieser Kassette „nicht zweifelsfrei" zugeordnet werden. Andererseits wird behauptet, das Gutachten werde ergeben, dass es sich nicht um den Schlüssel zu der Kassette handele. Eine Rüge mit der Angriffsrichtung, die Strafkammer habe unter Missachtung ihrer Aufklärungspflicht über diesen Beweisermittlungsantrag nicht entschieden, ist nicht erhoben. Im Übrigen wäre auch ein Beruhen des Urteils auf der Behandlung des Antrags auszuschließen. Denn die Strafkammer hat ihre Überzeugung von der Verfügungsgewalt des Angeklagten über die Geldkassette auf dessen – freilich erst im weiteren Verlauf der Hauptverhandlung und nach Stellung des Antrags – erfolgten Angaben hierzu gestützt.

Ein **Beweismittel** ist **völlig ungeeignet** im Sinne des § 244 Abs. 3 Satz 2 StPO, **398**
wenn ungeachtet des bisher gewonnenen Beweisergebnisses nach sicherer Lebenserfahrung feststeht, dass sich mit ihm das im Beweisantrag in Aussicht gestellte Ergebnis nicht erreichen lässt und die Erhebung des Beweises sich deshalb in einer reinen Förmlichkeit erschöpfen müsste. Wird eine Beweiserhebung durch Einholung eines Sachverständigengutachtens beantragt, kommt dies in Betracht, wenn es nicht möglich ist, dem Sachverständigen die tatsächlichen Grundlagen zu verschaffen, deren er für sein Gutachten bedarf. Umgekehrt ist ein Sachverständiger nicht schon dann ein völlig ungeeignetes Beweismittel, wenn er absehbar aus den Anknüpfungstatsachen keine sicheren und eindeutigen Schlüsse zu ziehen vermag.

Eine **zulässige Verfahrensrüge** setzt gemäß § 344 Abs. 2 S. 2 StPO voraus, dass der behauptete Verstoß gegen formelles Recht so konkret und bestimmt vorgetragen wird, dass keine Zweifel verbleiben, welche Verfahrensvorschriften verletzt sein und anhand welcher Norm der gerügte Verstoß geprüft werden soll. Dies gilt namentlich dann, wenn **zwei Vorschriften betroffen sein können, die ähnliche Regelungen enthalten, sich aber im entscheidungserheblichen Punkt doch unterscheiden**: § 245 Abs. 2 Satz 3 StPO erlaubt die Ablehnung eines Beweisantrags – soweit hier von Interesse – nur, wenn zwischen der Beweistatsache und dem Gegenstand der Urteilsfindung kein Zusammenhang besteht; § 244 Abs. 3 Satz 2 StPO lässt hingegen Bedeutungslosigkeit aus tatsächlichen oder rechtlichen Gründen genügen. Da somit der Prüfungsmaßstab des § 245 Abs. 2 Satz 3 StPO aufgrund der unmittelbaren Verfügbarkeit der Beweismittel wesentlich enger ist als der des § 244 Abs. 3 Satz 2 StPO, bedarf es eines konkreten, die Voraussetzungen der als verletzt bezeichneten Norm ausfüllenden Vortrags der Revision.[401]

[5] Die Revision der Staatsanwaltschaft hat mit der Verfahrensrüge Erfolg. Denn das Landgericht hat den auf Einholung eines anthropologischen Identitätsgutach-

[401] BGH, Beschluss vom 1.12.2011 – 3 StR 284/11.

tens gerichteten Beweisantrag der Staatsanwaltschaft unter Verstoß gegen § 244 Abs. 3 Satz 2 StPO abgelehnt.

[6] 1. Dem liegt folgender Verfahrensgang zugrunde:

[7] Die Staatsanwaltschaft hat in der Hauptverhandlung den Antrag gestellt, zum Beweis der Tatsache, dass es sich bei den zur Tatzeit mittels einer Überwachungskamera im Verkaufsraum der Tankstelle aufgezeichneten männlichen Personen um die Angeklagten handele, ein anthropologisches Identitätsgutachten einzuholen. Das Landgericht hat den Antrag mit der Begründung abgelehnt, es handele sich um ein „ungeeignetes Beweismittel" im Sinne des § 244 Abs. 3 Satz 2 StPO, weil es nicht möglich sei, dem Sachverständigen neben dem aus den Aufzeichnungen der Überwachungskamera stammenden „Videomaterial" das für die Begutachtung erforderliche „Vergleichsmaterial" zu verschaffen. Entsprechendes Material könne nur mittels eines Nachstellens der Tat unter Mitwirkung der Angeklagten gewonnen werden. Dazu seien diese nicht bereit.

[8] 2. Diese Begründung trägt die Ablehnung des Beweisantrags nicht; sie ist mit § 244 Abs. 3 Satz 2 StPO nicht vereinbar.

[9] a) Ein Beweismittel ist völlig ungeeignet im Sinne des § 244 Abs. 3 Satz 2 StPO, wenn ungeachtet des bisher gewonnenen Beweisergebnisses nach sicherer Lebenserfahrung feststeht, dass sich mit ihm das im Beweisantrag in Aussicht gestellte Ergebnis nicht erreichen lässt und die Erhebung des Beweises sich deshalb in einer reinen Förmlichkeit erschöpfen müsste (BGH, Beschluss vom 13. März 1997 – 4 StR 45/97, BGHR StPO § 244 Abs. 3 Satz 2 Ungeeignetheit 16; Beschluss vom 15. März 2007 – 4 StR 66/07, NStZ 2007, 476, 477; Beschluss vom 7. August 2008 – 3 StR 274/08, NStZ 2009, 48 f.).

[10] Wird eine Beweiserhebung durch Einholung eines Sachverständigengutachtens beantragt, kommt dies in Betracht, wenn es nicht möglich ist, dem Sachverständigen die tatsächlichen Grundlagen zu verschaffen, deren er für sein Gutachten bedarf. Umgekehrt ist ein Sachverständiger nicht schon dann ein völlig ungeeignetes Beweismittel, wenn er absehbar aus den Anknüpfungstatsachen keine sicheren und eindeutigen Schlüsse zu ziehen vermag. Als Beweismittel eignet er sich vielmehr schon dann, wenn seine Folgerungen die unter Beweis gestellte Behauptung als mehr oder weniger wahrscheinlich erscheinen lassen und hierdurch unter Berücksichtigung des sonstigen Beweisergebnisses Einfluss auf die Überzeugungsbildung des Gerichts erlangen können (BGH, Beschluss vom 13. März 1997 – 4 StR 45/97, BGHR StPO § 244 Abs. 3 Satz 2 Ungeeignetheit 16; Beschluss vom 7. August 2008 – 3 StR 274/08, NStZ 2009, 48, 49 m.w.N.).

[11] Ob eine sachverständige Begutachtung auf der verfügbaren tatsächlichen Grundlage zur Klärung der Beweisbehauptung nach diesen Maßstäben geeignet ist, kann und muss der Tatrichter in Zweifelsfällen im Wege des Freibeweises – etwa durch eine Befragung des Sachverständigen zu den von ihm für eine Begutachtung benötigten Anknüpfungstatsachen – klären (BGH, Beschluss vom 31. Mai 1994 – 1 StR 86/94, BGHR StPO § 244 Abs. 3 Satz 2 Ungeeignetheit 14; Beschluss vom 9. März 1999 – 1 StR 693/98, BGHR StPO § 244 Abs. 3 Satz 2 Ungeeignetheit 20; Beschluss vom 15. März 2007 – 4 StR 66/07, NStZ 2007, 476, 477).

[12] b) Danach vermag die vom Landgericht gegebene Begründung die Ablehnung des Beweisantrags nicht zu rechtfertigen.

[13] Sie stützt sich allein darauf, es fehle an dem notwendigen Vergleichsbildmaterial, das ohne Mitwirkung der Angeklagten auch nicht beschafft werden könne. Da-

mit ist aber nicht belegt, dass ein anthropologischer Sachverständiger nicht in der Lage wäre, aus einem Vergleich des vorhandenen Bildmaterials mit den in der Hauptverhandlung anwesenden Angeklagten sowie mit Lichtbildern und Messungen, deren Herstellung die Angeklagten gemäß § 81b StPO zu dulden haben, nicht zumindest Wahrscheinlichkeitsaussagen zur Identität der Angeklagten mit den durch die Überwachungskamera gefilmten Tätern zu treffen. Auch verhält sich der Ablehnungsbeschluss nicht dazu, ob das vorhandene Bildmaterial trotz seiner nur mäßigen Qualität nach den maßgeblichen Kriterien (vgl. dazu BGH, Urteil vom 15. Februar 2005 – 1 StR 91/04, BGHR StPO § 244 Abs. 2 Sachverständiger 19) nicht doch hinreichende morphologische Merkmale der Täter erkennen lässt, die mit denen der Angeklagten abgeglichen werden könnten. Eine freibeweisliche Klärung dieser Fragen durch Anhörung eines kompetenten Sachverständigen hat das Landgericht nicht vorgenommen.

[14] 3. Auf der fehlerhaften Ablehnung des Beweisantrags beruht das Urteil, weil nicht ausgeschlossen werden kann, dass das Landgericht nach Einholung eines anthropologischen Sachverständigengutachtens zu einer anderen Beurteilung gekommen wäre. Die Voraussetzungen, unter denen in Fällen der fehlerhaft begründeten Ablehnung eines Beweisantrags ausnahmsweise ein Beruhen ausgeschlossen werden kann (BGH, Beschluss vom 12. Januar 2010 – 3 StR 519/09, NStZ-RR 2010, 211, 212 f.), liegen nicht vor.

[15] III. Auf die von der Staatsanwaltschaft erhobene Sachrüge kommt es mithin nicht mehr an. Für die neue Hauptverhandlung weist der Senat darauf hin, dass die Annahme eines Beweisverwertungsverbotes bezüglich der vom Angeklagten C. L. bei der Polizei gemachten Aussage die sichere Feststellung voraussetzt, dieser habe die ihm vor seiner Vernehmung erteilte Belehrung nach § 163a Abs. 4 Satz 2, § 136 Abs. 1 Satz 2 StPO wegen einer akuten psychotischen Störung nicht verstanden (BGH, Urteil vom 12. Oktober 1993 – 1 StR 475/93, BGHSt 39, 349, 351 f.; vgl. auch BGH, Beschluss vom 27. Februar 1992 – 5 StR 190/91, BGHSt 38, 214, 224; Urteil vom 20. Juni 1997 – 2 StR 130/97, NStZ 1997, 609, 610). Dem Beschluss des Bundesgerichtshofs vom 8. November 2006 (1 StR 454/06, BGHR StPO § 136 Belehrung 14) liegt entgegen Stimmen in der Literatur (vgl. Meyer-Goßner, StPO, 54. Aufl., § 136 Rn. 20; LR/Gleß, StPO, 26. Aufl., § 136a Rn. 78) kein anderer rechtlicher Maßstab zugrunde. Vielmehr gelangte der Bundesgerichtshof dort zu einem Beweisverwertungsverbot, weil der Verstoß gegen § 163a Abs. 4 Satz 2, § 136 Abs. 1 Satz 2 StPO mangels jeglicher Anhaltspunkte für eine Belehrung feststand.

Das Tatgericht ist zwar nicht gehalten, die **als wahr unterstellte Tatsache** noch im **399**
Urteil als bedeutsam anzusehen und sie als solche in die Beweiswürdigung einzustellen; es ist daher nicht gehindert, eine zunächst als wahr unterstellte Behauptung **im Urteil als aus tatsächlichen Gründen bedeutungslos zu behandeln**. Auf einen dahingehenden Hinweis darf jedenfalls dann nicht verzichtet werden, wenn es naheliegt, dass der Angeklagte wegen der Wahrunterstellung davon absieht, Beweisanträge zu einem Thema zu stellen, das mit der als wahr unterstellten Tatsache im Zusammenhang steht und das – im Gegensatz zu dieser Tatsache – für die Entscheidung möglicherweise von Bedeutung ist.[402]

---

402 BGH, Beschluss vom 27.3.2012 – 3 StR 31/12.

[4] Der Rüge liegt folgendes Verfahrensgeschehen zugrunde:

[5] Nach der Vernehmung der Zeugin hat die Verteidigung mit insgesamt drei Anträgen im Wesentlichen unter Beweis gestellt, dass der Zeuge B. beim Umzug geholfen und dabei festgestellt habe, dass in dem Anwesen Kameras und Fernseher verschwunden seien, das Objekt sich in einem desolaten Zustand befunden habe und nicht – wie vom Zeugen F. bekundet – vor dem Umzug erhebliche Sanierungs- und Renovierungsarbeiten vorgenommen worden seien; dass der Zeuge Or. kurz darauf nach mündlicher Beauftragung durch die Zeugin H. und Frau R. eine neue Kameraanlage installiert und die Vergütung hierfür nach Rechnungstellung von diesen in bar erhalten habe; dass ab dem Umzug alle das Objekt betreffenden Zahlungen über das von der Zeugin H. benannte Konto abgewickelt worden seien. Das Landgericht hat die Beweisanträge durch in der Hauptverhandlung verkündeten Beschluss mit der Begründung abgelehnt, die unter Beweis gestellten Behauptungen würden so behandelt, als wären sie wahr. Nach der Verkündung eines weiteren Beschlusses nach § 244 Abs. 6 StPO ist die Beweisaufnahme geschlossen und in der Folgezeit auch nicht wieder eröffnet worden. In der Begründung des schriftlichen Urteils hat die Strafkammer ausgeführt, sie halte die Beweisbehauptungen nach Urteilsberatung nunmehr für „unerheblich". Aus den diesbezüglichen Darlegungen ergibt sich, dass das Landgericht die Beweistatsachen als aus tatsächlichen Gründen für die Entscheidung ohne Bedeutung gewertet hat.

[6] 2. Dieses Verfahren steht mit § 244 Abs. 3 Satz 2, Abs. 6 StPO nicht in Einklang.

[7] a) Nach ständiger Rechtsprechung ist das Tatgericht zwar nicht gehalten, die als wahr unterstellte Tatsache noch im Urteil als bedeutsam anzusehen und sie als solche in die Beweiswürdigung einzustellen; es ist daher nicht gehindert, eine zunächst als wahr unterstellte Behauptung im Urteil als aus tatsächlichen Gründen bedeutungslos zu behandeln (BGH, Urteile vom 15. Mai 1979 – 5 StR 746/78, NStZ 1981, 96; vom 2. November 1982 – 5 StR 308/82, NStZ 1983, 357; vom 24. Januar 2006 – 5 StR 410/05, BGHR StPO § 244 Abs. 3 Satz 2 Wahrunterstellung 37; Beschlüsse vom 23. Juli 2008 – 5 StR 285/08, BGHR StPO § 244 Abs. 3 Satz 2 Wahrunterstellung; vom 24. Februar 2009 – 5 StR 605/08, NStZ-RR 2009, 179). Danach soll auch eine Verpflichtung, die Verfahrensbeteiligten vor der Urteilsverkündung auf die geänderte Rechtsauffassung des Gerichts hinzuweisen, grundsätzlich nicht bestehen (a.A. mit beachtlichen Gründen etwa KK-Fischer, 6. Aufl., § 244 Rn. 187; LR-Becker, StPO, 26. Aufl., § 244 Rn. 310 jeweils m.w.N.). Auf einen dahingehenden Hinweis darf jedoch bereits nach der bisherigen Rechtsprechung jedenfalls dann nicht verzichtet werden, wenn es naheliegt, dass der Angeklagte wegen der Wahrunterstellung davon absieht, Beweisanträge zu einem Thema zu stellen, das mit der als wahr unterstellten Tatsache im Zusammenhang steht und das – im Gegensatz zu dieser Tatsache – für die Entscheidung möglicherweise von Bedeutung ist (BGH, Beschluss vom 18. Februar 1982 – 2 StR 798/81, BGHSt 30, 383, 385).

[8] b) Ein derartiger Fall liegt hier vor. Der die Beweisanträge im Wege der Wahrunterstellung zurückweisende Beschluss enthält – für sich rechtsfehlerfrei (LR/Becker aaO Rn. 305 m.w.N.) – keine nähere Begründung. Hätte die Strafkammer die gestellten Beweisanträge in der Hauptverhandlung wegen tatsächlicher Bedeutungslosigkeit der vorgebrachten Beweistatsachen zurückgewiesen, hätte sie dagegen deren Bedeutung für die Entscheidung in freier Würdigung des bisherigen Beweisergebnisses zu beurteilen gehabt und diese Würdigung im Ablehnungsbeschluss im

Einzelnen darlegen müssen (LR/Becker aaO Rn. 225 m.w.N.). Da sie die Änderung ihrer Beurteilung in der Hauptverhandlung nicht offengelegt hat, hat sie entsprechende Ausführungen erst in den schriftlichen Urteilsgründen nachgeschoben. Die Revision legt plausibel dar, dass sich im vorliegenden Fall aufgrund der bestehenden Beweislage und der in Betracht kommenden weiteren Beweisaufnahme bei Kenntnis der in den Urteilsgründen für die Bedeutungslosigkeit der Beweistatsachen angeführten Gründe weitere Verteidigungsmöglichkeiten ergeben hätten. Diese Möglichkeiten – insbesondere, auf zusätzliche, hier nicht fernliegende Beweiserhebungen anzutragen – war der Verteidigung aufgrund des Verfahrensablaufes genommen. Die Verfahrensbeteiligten haben auch aus dem weiteren Geschehen in der Hauptverhandlung nicht schließen können, dass sich die Ansicht der Strafkammer geändert hatte; denn eine weitere Beweisaufnahme hat nicht stattgefunden und das Tatgericht ist ausweislich der Urteilsbegründung erst in der Urteilsberatung zu seiner neuen Auffassung gelangt. Unter diesen Umständen war eine effektive, die berechtigten Interessen des Angeklagten wahrende Verteidigung nicht möglich.

[9] 3. Das Urteil beruht auf dem dargelegten Rechtsfehler (§ 337 StPO); denn es ist nicht mit hinreichender Sicherheit auszuschließen, dass die Entscheidung ohne diesen anders ausgefallen wäre.

Der Beschluss, mit dem ein Beweisantrag wegen **Bedeutungslosigkeit** der behaupteten Tatsache abgelehnt wird, muss die **Erwägungen** anführen, aus denen der Tatrichter ihr aus rechtlichen oder tatsächlichen Gründen keine Bedeutung für den Schuld- oder Rechtsfolgenausspruch beimisst. Geht es dabei um die **Glaubwürdigkeit** einer Zeugin, bedarf es der Begründung, warum die zu beweisende Tatsache das Gericht auch im Falle ihres Nachweises unbeeinflusst ließe. Die Anforderungen an die Begründung entsprechen grundsätzlich den Darlegungserfordernissen bei der Würdigung von durch die Beweisaufnahme gewonnenen.[403] **400**

[2] 1. Die Verurteilung des Angeklagten im Fall II. 1 der Urteilsgründe hat keinen Bestand, weil das Landgericht einen diese Tat betreffenden Beweisantrag auf Einnahme eines Augenscheins unter Verstoß gegen § 244 Abs. 3 Satz 2 StPO abgelehnt hat.

[3] a) Dem liegt folgender Verfahrensgang zugrunde:

[4] Der Angeklagte hat in der Hauptverhandlung den Antrag gestellt, zum Beweis der Tatsache, dass die Geschädigte D. in der Tatnacht nicht wie von ihr behauptet in sein Zimmer habe gelangen können, die Tatörtlichkeit in Augenschein zu nehmen. Diesen Antrag hat das Landgericht wegen Bedeutungslosigkeit abgelehnt. Zur Begründung hat es ausgeführt, die Beweistatsache beeinflusse selbst im Falle ihres Erwiesenseins die Entscheidung nicht, weil sie nur mögliche, nicht aber zwingende Schlüsse darauf zulasse, ob der Angeklagte die Geschädigte sexuell missbraucht habe.

[5] b) Dies hält rechtlicher Prüfung nicht stand.

[6] Nach der ständigen Rechtsprechung des Bundesgerichtshofs muss der Beschluss, mit dem ein Beweisantrag wegen Bedeutungslosigkeit der behaupteten Tatsache abgelehnt wird, die Erwägungen anführen, aus denen der Tatrichter ihr aus recht-

---

403 BGH, Beschluss vom 27.3.2012 – 3 StR 47/12; vgl. zur Frage der Glaubwürdigkeit auch BGH, Beschluss vom 27.3.2012 – 3 StR 49/12.

lichen oder tatsächlichen Gründen keine Bedeutung für den Schuld- oder Rechtsfolgenausspruch beimisst. Geht es wie hier um die Glaubwürdigkeit einer Zeugin, bedarf es der Begründung, warum die zu beweisende Tatsache das Gericht auch im Falle ihres Nachweises unbeeinflusst ließe. Die Anforderungen an die Begründung entsprechen grundsätzlich den Darlegungserfordernissen bei der Würdigung von durch die Beweisaufnahme gewonnenen Indiztatsachen in den Urteilsgründen (BGH, Beschluss vom 19. Oktober 2006 – 4 StR 251/06, NStZ-RR 2007, 84, 85 m.w.N.).

[7] Dem genügt der Beschluss des Landgerichts nicht. Er teilt weder mit, dass das Landgericht den von ihm als möglich bezeichneten Schluss nicht ziehen wolle, noch begründet er diese Entscheidung mit konkreten Erwägungen. Die Bedeutungslosigkeit lag nicht auf der Hand (vgl. BGH, Urteil vom 15. Mai 1990 – 5 StR 594/89, BGHR StPO § 244 Abs. 3 Satz 2 Bedeutungslosigkeit 12), so dass eine fallbezogene Begründung auch nicht unter diesem Aspekt entbehrlich war.

[8] c) Auf diesem Verfahrensfehler beruht der Schuldspruch im Fall II. 1 der Urteilsgründe, denn der Senat vermag nicht auszuschließen, dass das Urteil insoweit bei gesetzeskonformer Behandlung des Beweisantrags anders ausgefallen wäre. Der genannte Schuldspruch unterliegt daher samt den zugehörigen Feststellungen (§ 353 Abs. 2 StPO) der Aufhebung. Sie erfasst die Einsatzstrafe sowie die Gesamtstrafe, die beide erneut zugemessen werden müssen.

401 Der Ablehnungsgrund der **Wahrunterstellung**, der nur bei erheblichen Tatsachen in Betracht kommt, und der Ablehnungsgrund der **Bedeutungslosigkeit schließen einander aus.**[404]

[3] In der Hauptverhandlung beantragte der Verteidiger, zum Beweis dafür, dass es in der Nacht vom 2. auf den 3. Dezember 2009 „geregnet und gestürmt“ habe, einen „Wetterbericht“ des Deutschen Wetterdienstes in Offenbach einzuholen. Hätte der Angeklagte die Gaststätte für längere Zeit verlassen, so hätte er nass werden müssen, was keiner der zu seinem Aufenthalt dort befragten Zeugen erwähnt habe.

[4] Das Landgericht hat den Antrag mit der Begründung abgelehnt, die unter Beweis gestellte Tatsache könne so behandelt werden, als wäre sie wahr. Insbesondere ergebe sich aus einem Polizeibericht, dass „Nieselregen“ geherrscht habe. Im Übrigen sei die behauptete Tatsache bedeutungslos, weil die Strafkammer „aus der Indizwirkung dieses Umstands die gewünschte Beweisbehauptung nicht zu ziehen“ beabsichtige.

[5] Im Urteil hat das Landgericht sodann die Einlassung des Angeklagten, es habe außerordentlich schlechtes Wetter geherrscht, als widerlegt angesehen. Der Polizeibericht stelle für die Tatzeit „lediglich Nieselregen“ fest, gegen den sich der Angeklagte überdies noch durch einen Regenschirm oder durch Bedecken des Kopfes mit einer Jacke hätte schützen können.

[6] 2. Der Generalbundesanwalt hat hierzu in seiner Antragsschrift ausgeführt:

„Die Sachbehandlung des Beweisantrags begegnet – in mehrfacher Hinsicht – durchgreifenden rechtlichen Bedenken.

Der Ablehnungsgrund der Wahrunterstellung, der nur bei erheblichen Tatsachen in Betracht kommt, und der Ablehnungsgrund der Bedeutungslosigkeit schließen

[404] BGH, Beschluss vom 2.10.2012 – 3 StR 366/12.

einander aus (BGH NStZ-RR 2003, 269; BGH NStZ 2004, 51; Meyer-Goßner, StPO 55. Aufl. § 244 Rn. 70; Fischer in KK StPO, 6. Aufl. § 244 Rn. 185 m.w.N.). Mit Recht beanstandet der Beschwerdeführer, dass die Kammer die Beweisbehauptung nicht in ihrer vollen, aus Sinn und Zweck sich ergebenden Bedeutung als wahr behandelt, sondern in unzulässiger Weise eingeengt hat (vgl. BGHR StPO § 244 Abs. 3 Satz 2 Wahrunterstellung 6; Meyer-Goßner, StPO 55. Aufl. § 244 Rn. 71 m.w.N.). Das Gericht hat die unter Beweis gestellte Tatsache, dass es in der fraglichen Nacht geregnet und gestürmt habe, unzulässig abgeändert, indem es unterstellt, es hätte lediglich Nieselregen geherrscht, mithin von einer niedrigeren Niederschlagsintensität ausgeht. Die Niederschlagsmenge war – aus Sicht der Verteidigung – jedoch ersichtlich entscheidend für die Frage, ob der Angeklagte bei Regenwetter sich zum Tatort hätte begeben können, ohne dass seine Kleidung durchnässt gewesen wäre, was den in der Gaststätte befindlichen Besuchern – nach Auffassung der Revision jedoch aufgefallen wäre.

Dass das Landgericht in seinem angefochtenen Beschluss nicht mitteilt, ob es die Beweisbehauptung aus tatsächlichen oder rechtlichen Gründen für bedeutungslos erachtet, begegnet grundsätzlich erheblichen rechtlichen Bedenken (vgl. Meyer-Goßner, StPO 55. Aufl. § 244 Rn. 43a m.w.N.). Wird die Bedeutungslosigkeit aus tatsächlichen Umständen gefolgert, wovon vorliegend auszugehen ist, so müssen die Tatsachen angegeben werden, aus denen sich ergibt, warum die unter Beweis gestellte Tatsache, selbst wenn sie erwiesen wäre, die Entscheidung des Gerichts nicht beeinflussen könnte (vgl. Senat, Beschluss vom 22. Nov. 2007 – 3 StR 430/07); auch dies hat das Landgericht versäumt.“

[7] Dem schließt sich der Senat an.

c) Hinzuziehung von Sachverständigen

TOPENTSCHEIDUNG ■

Ein **Beweismittel ist völlig ungeeignet** im Sinne des § 244 Abs. 3 Satz 2 StPO, wenn ungeachtet des bisher gewonnenen Beweisergebnisses nach sicherer Lebenserfahrung feststeht, dass sich mit ihm das im Beweisantrag in Aussicht gestellte Ergebnis nicht erreichen lässt und die Erhebung des Beweises sich deshalb in einer reinen Förmlichkeit erschöpfen müsste. Wird eine Beweiserhebung durch Einholung eines Sachverständigengutachtens beantragt, kommt dies in Betracht, wenn es nicht möglich ist, dem Sachverständigen die tatsächlichen Grundlagen zu verschaffen, deren er für sein Gutachten bedarf. Umgekehrt ist ein Sachverständiger nicht schon dann ein völlig ungeeignetes Beweismittel, wenn er absehbar aus den Anknüpfungstatsachen keine sicheren und eindeutigen Schlüsse zu ziehen vermag. Als Beweismittel eignet er sich vielmehr schon dann, wenn seine Folgerungen die unter Beweis gestellte Behauptung als mehr oder weniger wahrscheinlich erscheinen lassen und hierdurch unter Berücksichtigung des sonstigen Beweisergebnisses Einfluss auf die Überzeugungsbildung des Gerichts erlangen können.[405] **402**

[5] Die Revision der Staatsanwaltschaft hat mit der Verfahrensrüge Erfolg. Denn das Landgericht hat den auf Einholung eines anthropologischen Identitätsgutach-

---

[405] BGH, Beschluss vom 1.12.2011 – 3 StR 284/11; vgl. auch BGH, Beschluss vom 14.3.2012 – 5 StR 28/12.

tens gerichteten Beweisantrag der Staatsanwaltschaft unter Verstoß gegen § 244 Abs. 3 Satz 2 StPO abgelehnt.

[6] 1. Dem liegt folgender Verfahrensgang zugrunde:

[7] Die Staatsanwaltschaft hat in der Hauptverhandlung den Antrag gestellt, zum Beweis der Tatsache, dass es sich bei den zur Tatzeit mittels einer Überwachungskamera im Verkaufsraum der Tankstelle aufgezeichneten männlichen Personen um die Angeklagten handele, ein anthropologisches Identitätsgutachten einzuholen. Das Landgericht hat den Antrag mit der Begründung abgelehnt, es handele sich um ein „ungeeignetes Beweismittel" im Sinne des § 244 Abs. 3 Satz 2 StPO, weil es nicht möglich sei, dem Sachverständigen neben dem aus den Aufzeichnungen der Überwachungskamera stammenden „Videomaterial" das für die Begutachtung erforderliche „Vergleichsmaterial" zu verschaffen. Entsprechendes Material könne nur mittels eines Nachstellens der Tat unter Mitwirkung der Angeklagten gewonnen werden. Dazu seien diese nicht bereit.

[8] 2. Diese Begründung trägt die Ablehnung des Beweisantrags nicht; sie ist mit § 244 Abs. 3 Satz 2 StPO nicht vereinbar.

[9] a) Ein Beweismittel ist völlig ungeeignet im Sinne des § 244 Abs. 3 Satz 2 StPO, wenn ungeachtet des bisher gewonnenen Beweisergebnisses nach sicherer Lebenserfahrung feststeht, dass sich mit ihm das im Beweisantrag in Aussicht gestellte Ergebnis nicht erreichen lässt und die Erhebung des Beweises sich deshalb in einer reinen Förmlichkeit erschöpfen müsste (BGH, Beschluss vom 13. März 1997 – 4 StR 45/97, BGHR StPO § 244 Abs. 3 Satz 2 Ungeeignetheit 16; Beschluss vom 15. März 2007 – 4 StR 66/07, NStZ 2007, 476, 477; Beschluss vom 7. August 2008 – 3 StR 274/08, NStZ 2009, 48 f.).

[10] Wird eine Beweiserhebung durch Einholung eines Sachverständigengutachtens beantragt, kommt dies in Betracht, wenn es nicht möglich ist, dem Sachverständigen die tatsächlichen Grundlagen zu verschaffen, deren er für sein Gutachten bedarf. Umgekehrt ist ein Sachverständiger nicht schon dann ein völlig ungeeignetes Beweismittel, wenn er absehbar aus den Anknüpfungstatsachen keine sicheren und eindeutigen Schlüsse zu ziehen vermag. Als Beweismittel eignet er sich vielmehr schon dann, wenn seine Folgerungen die unter Beweis gestellte Behauptung als mehr oder weniger wahrscheinlich erscheinen lassen und hierdurch unter Berücksichtigung des sonstigen Beweisergebnisses Einfluss auf die Überzeugungsbildung des Gerichts erlangen können (BGH, Beschluss vom 13. März 1997 – 4 StR 45/97, BGHR StPO § 244 Abs. 3 Satz 2 Ungeeignetheit 16; Beschluss vom 7. August 2008 – 3 StR 274/08, NStZ 2009, 48, 49 m.w.N.).

[11] Ob eine sachverständige Begutachtung auf der verfügbaren tatsächlichen Grundlage zur Klärung der Beweisbehauptung nach diesen Maßstäben geeignet ist, kann und muss der Tatrichter in Zweifelsfällen im Wege des Freibeweises – etwa durch eine Befragung des Sachverständigen zu den von ihm für eine Begutachtung benötigten Anknüpfungstatsachen – klären (BGH, Beschluss vom 31. Mai 1994 – 1 StR 86/94, BGHR StPO § 244 Abs. 3 Satz 2 Ungeeignetheit 14; Beschluss vom 9. März 1999 – 1 StR 693/98, BGHR StPO § 244 Abs. 3 Satz 2 Ungeeignetheit 20; Beschluss vom 15. März 2007 – 4 StR 66/07, NStZ 2007, 476, 477).

[12] b) Danach vermag die vom Landgericht gegebene Begründung die Ablehnung des Beweisantrags nicht zu rechtfertigen.

[13] Sie stützt sich allein darauf, es fehle an dem notwendigen Vergleichsbildmaterial, das ohne Mitwirkung der Angeklagten auch nicht beschafft werden könne.

Damit ist aber nicht belegt, dass ein anthropologischer Sachverständiger nicht in der Lage wäre, aus einem Vergleich des vorhandenen Bildmaterials mit den in der Hauptverhandlung anwesenden Angeklagten sowie mit Lichtbildern und Messungen, deren Herstellung die Angeklagten gemäß § 81b StPO zu dulden haben, nicht zumindest Wahrscheinlichkeitsaussagen zur Identität der Angeklagten mit den durch die Überwachungskamera gefilmten Tätern zu treffen. Auch verhält sich der Ablehnungsbeschluss nicht dazu, ob das vorhandene Bildmaterial trotz seiner nur mäßigen Qualität nach den maßgeblichen Kriterien (vgl. dazu BGH, Urteil vom 15. Februar 2005 – 1 StR 91/04, BGHR StPO § 244 Abs. 2 Sachverständiger 19) nicht doch hinreichende morphologische Merkmale der Täter erkennen lässt, die mit denen der Angeklagten abgeglichen werden könnten. Eine freibeweisliche Klärung dieser Fragen durch Anhörung eines kompetenten Sachverständigen hat das Landgericht nicht vorgenommen.

PRAXISBEDEUTUNG ■

Die vorstehende Entscheidungen gibt mit Ihren Hinweisen zur Bescheidung eines Beweisantrags auf Sachverständigenbeweis hervorragende Hinweise, welche bei der Formulierung künftiger Anträge dringend Beachtung finden sollten!

17. Urkundenbeweis/Grundsatz der persönlichen Vernehmung

Für die **Zulässigkeit einer Rüge** hinsichtlich eines **Verstoßes gegen § 250 StPO** bedarf es keines Vortrags, dass in der Hauptverhandlung gegen die Anordnung des Vorsitzenden, einen Bericht zu verlesen, durch den Angeklagten oder seinen Verteidiger gemäß § 238 Abs. 2 StPO auf Entscheidung angetragen worden ist. **403**

Sollte der Vorsitzende **§ 251 Abs. 1 StPO** herangezogen haben, so bedurfte seine Anordnung schon wegen der mit ihr verbundenen Kompetenzüberschreitung keiner Beanstandung nach § 238 Abs. 2 StPO.[406]

[2] I. Die Revision beanstandet zu Recht, das Landgericht habe seiner Entscheidung unter Verstoß gegen § 250 StPO Erkenntnisse zugrunde gelegt, die nicht durch Verlesung in die Hauptverhandlung hätten eingeführt werden dürfen.

[3] 1. Der Rüge liegt folgender Verfahrensgang zugrunde:

[4] Das Landgericht vernahm im Verlauf der eintägigen Hauptverhandlung die Nebenklägerin zu den Tatvorwürfen. Während dieser Vernehmung wurde auf Anordnung des Vorsitzenden in Auszügen ein Bericht über die psychotraumatologische und allgemeinpsychiatrische Behandlung der Nebenklägerin verlesen, der von Ärzten eines Krankenhauses in der Trägerschaft einer Gesellschaft mit beschränkter Haftung erstellt worden war. Die Verlesung wurde von keinem Verfahrensbeteiligten als unzulässig beanstandet. Ein Gerichtsbeschluss über die Verlesung erging nicht. In den Urteilsgründen zog das Landgericht den Bericht als Beleg für die Folgen der Taten und für die Glaubhaftigkeit der Angaben der Nebenklägerin heran, die in wesentlichen Teilen in Widerspruch zu denen des überwiegend nicht geständigen

---

406 BGH, Beschluss vom 25.10.2011 – 3 StR 315/11.

Angeklagten standen. Es führte aus, der Umstand, dass die Nebenklägerin von Vergewaltigungen des Angeklagten nicht sogleich berichtet habe, sei auf ihre erhebliche Traumatisierung zurückzuführen, die durch den mittels Verlesung in die Hauptverhandlung eingeführten Bericht bestätigt worden sei.

[5] 2. Dies beanstandet die Revision zu Recht.

[6] a) Entgegen der Auffassung des Generalbundesanwalts ist die Rüge zulässig erhoben. Es bedurfte keines Vortrags, dass in der Hauptverhandlung gegen die Anordnung des Vorsitzenden, den Bericht zu verlesen, durch den Angeklagten oder seinen Verteidiger gemäß § 238 Abs. 2 StPO auf Entscheidung der gesamten Kammer angetragen worden sei; denn ein entsprechender Antrag ist nicht Voraussetzung dafür, dass der Verstoß gegen § 250 StPO mit der Revision zulässig geltend gemacht werden kann.

[7] Dem Protokoll der Hauptverhandlung lässt sich nicht entnehmen, auf welcher rechtlichen Grundlage der Bericht „auszugsweise" verlesen wurde. Es erscheint bereits fraglich, ob ein (verteidigter) Angeklagter in einem Fall, in dem hierfür mehrere Verfahrensvorschriften in Betracht kommen, überhaupt verpflichtet sein kann zu prüfen, auf welche Norm der Vorsitzende sich gestützt haben könnte, und ihm, wenn insoweit (auch) eine Vorschrift in Betracht kommt, deren fehlerhafte Anwendung nur nach Anrufung des Gerichts nach § 238 Abs. 2 StPO mit der Revision gerügt werden kann, obliegt, vorsorglich diesen Zwischenrechtsbehelf zu erheben. Doch kann dies dahinstehen; denn die Verletzung beider Bestimmungen, auf die sich der Vorsitzende hier gestützt haben könnte, kann auch ohne Vorgehen nach § 238 Abs. 2 StPO mit der Revision zulässig beanstandet werden. Im Einzelnen:

[8] aa) Sollte der Vorsitzende – wofür allerdings nichts ersichtlich ist und was angesichts der Umstände eher fernliegt – § 251 Abs. 1 StPO herangezogen haben, so bedurfte seine Anordnung schon wegen der mit ihr verbundenen Kompetenzüberschreitung keiner Beanstandung nach § 238 Abs. 2 StPO.

[9] (1) Gemäß § 251 Abs. 4 Satz 1 StPO obliegt es nicht dem Vorsitzenden, sondern dem gesamten Spruchkörper, über die Verlesung nach § 251 Abs. 1 StPO zu beschließen. Bedarf aber eine Maßnahme in der Hauptverhandlung von vornherein eines Gerichtsbeschlusses, so ist schon der Anwendungsbereich des § 238 Abs. 1 StPO nicht eröffnet und es besteht demgemäß kein Anlass für ein Verfahren nach § 238 Abs. 2 StPO. Dieses kann damit auch nicht Voraussetzung einer zulässigen Rüge im Revisionsverfahren sein (vgl. BGH, Urteil vom 8. Oktober 1953 – 5 StR 245/53, BGHSt 4, 364, 366; Beschluss vom 20. Juli 2011 – 3 StR 44/11, NStZ 2011, 647). Einen Verstoß gegen § 250 StPO wegen einer kompetenzwidrigen Anordnung des Vorsitzenden auf der Grundlage des § 251 Abs. 1 StPO konnte der Angeklagte daher mit der Revision auch dann geltend machen, wenn er diese Verfahrensweise in der Hauptverhandlung nicht gemäß § 238 Abs. 2 StPO beanstandet hatte (BGH, Urteil vom 11. Februar 1999 – 4 StR 657/98, NJW 1999, 1724, 1725, insoweit nicht abgedruckt in BGHSt 44, 361 ff.; vgl. auch BGH, Beschluss vom 25. September 1979 – 5 StR 531/79; Beschluss vom 26. Februar 1988 – 4 StR 51/88, NStZ 1988, 283; Beschluss vom 14. März 2000 – 4 StR 3/00, BGHR StPO § 251 Abs. 4 Gerichtsbeschluss 4).

[10] (2) Dies gilt auch dann, wenn der Rechtsprechung des 1. Strafsenats zuzustimmen wäre, wonach die Verletzung eines Rechts, auf das der Angeklagte nach seinem Belieben verzichten kann, mit der Revision nur rügbar ist, wenn der Angeklagte zuvor nach § 238 Abs. 2 StPO auf eine Entscheidung des gesamten Spruchkörpers angetragen hat (BGH, Beschluss vom 14. Dezember 2010 – 1 StR 422/10, NStZ

2011, 300, 301). Zwar folgt aus § 251 Abs. 1 Nr. 1 StPO, dass der Angeklagte unter den dort näher bestimmten Umständen auf die Einhaltung des Grundsatzes der persönlichen Vernehmung nach § 250 StPO verzichten kann. § 251 Abs. 1 Nr. 1 StPO lässt aber einen Verzicht des Angeklagten (und seines Verteidigers) nicht genügen, sondern fordert ausdrücklich das Einverständnis der Staatsanwaltschaft und eine durch Beschlussfassung dokumentierte Ermessensentscheidung des gesamten Spruchkörpers zugunsten der Verlesung. Steht die Abweichung von einem Prozessgrundsatz unter solchen qualifizierten Voraussetzungen, so gibt das Gesetz damit zu erkennen, dass von seiner Einhaltung nicht formlos durch allseitiges Schweigen auf eine Anordnung des Vorsitzenden abgesehen werden kann. Entsprechend greifen die Erwägungen des 1. Strafsenats in dieser Konstellation nicht, ohne dass der Senat entscheiden müsste, ob er sich dem vom 1. Strafsenat vertretenen Ansatz als solchem anzuschließen vermöchte.

[11] bb) Aber auch dann, wenn sich der Vorsitzende – was näher liegt – für die teilweise Verlesung des Berichts auf § 256 Abs. 1 Nr. 1 Buchst. a oder Nr. 2 StPO gestützt haben sollte, könnte der Angeklagte mit seiner Revision zulässig geltend machen, dass die Voraussetzungen dieser Bestimmungen für die Verlesung des Berichts nicht vorgelegen haben, obwohl er dies in der Hauptverhandlung nicht durch Anrufung des Gerichts nach § 238 Abs. 2 StPO beanstandet hat (im Ergebnis ebenso BGH, Urteil vom 11. Februar 1999 – 4 StR 657/98, NJW 1999, 1724, 1725, insoweit nicht abgedruckt in BGHSt 44, 361 ff.).

[12] Zwar trifft die Anordnung über die Verlesung eines Schriftstücks nach § 256 Abs. 1 StPO der Vorsitzende im Rahmen seiner Sachleitungsbefugnis nach § 238 Abs. 1 StPO (Meyer-Goßner, StPO, 54. Aufl., § 256 Rn. 29). Soweit er hierbei über die Zulässigkeit der Verlesung befindet, hat er indes nach den bindenden Vorgaben des § 256 Abs. 1 StPO die gegebenen Verfahrenstatsachen unter die tatbestandlichen Voraussetzungen der Norm zu subsumieren. Es handelt sich insoweit mithin um die Anwendung zwingenden Rechts. Die Verletzung zwingenden Rechts oder das Unterlassen unverzichtbarer Maßnahmen durch den Vorsitzenden kann ein Revisionsführer nach der Rechtsprechung des Bundesgerichtshofs aber auch dann rügen, wenn er in der tatrichterlichen Hauptverhandlung nicht nach § 238 Abs. 2 StPO vorgegangen ist (BGH, Urteil vom 7. März 1996 – 4 StR 737/95, BGHSt 42, 73, 77 f.; Beschluss vom 9. März 2010 – 4 StR 606/09, BGHSt 55, 65, 69; s. etwa auch BGH, Urteil vom 11. November 2009 – 5 StR 530/08, BGHSt 54, 184, 185; Beschluss vom 27. April 2010 – 5 StR 460/08, StV 2010, 562; Beschluss vom 18. Januar 2011 – 3 StR 504/10, NStZ-RR 2011, 151). Es liegt somit keine Fallgestaltung vor, in der die Rechtsprechung die Erhebung eines Zwischenrechtsbehelfs nach § 238 Abs. 2 StPO deshalb als Zulässigkeitsvoraussetzung einer späteren entsprechenden Revisionsrüge erachtet, weil dem Vorsitzenden bei der Bewertung der tatbestandlichen Voraussetzungen seiner prozessleitenden Anordnung ein Beurteilungsspielraum oder auf der Rechtsfolgenseite Ermessen zusteht, und die rechtsmittelbefugten anderen Prozessbeteiligten durch die Nichtbeanstandung der Maßnahme zu erkennen gegeben haben, dass sie den dem Vorsitzenden zustehenden Entscheidungsspielraum durch seine Anordnung nicht in unzulässiger Weise als überschritten ansehen (BGH, Urteil vom 16. November 2006 – 3 StR 139/06, BGHSt 51, 144, 148; Beschluss vom 27. April 2010 – 1 StR 155/10; noch offen BGH, Urteil vom 27. Oktober 2005 – 4 StR 235/05, BGHR StPO § 55 Abs. 1 Verfolgung 7; vgl. auch BGH, Beschluss vom 9. März 2010 – 4 StR 606/09, BGHSt 55, 65, 69: „Bewertung der tatsächlichen Grundlagen" eines Verlöbnisses im Hinblick auf § 52 Abs. 1 Nr. 1, Abs. 3 Satz 1 StPO). Die Revision macht nicht geltend, der Vorsitzende habe das ihm durch § 256

Abs. 1 StPO eingeräumte Ermessen („Verlesen werden können ...") in unzulässiger Weise ausgeübt, sondern vielmehr, dass er die zwingenden tatbestandlichen Voraussetzungen für eine Verlesung nach dieser Vorschrift verkannt habe.

[13] Hinzu kommt hier folgendes: Wird gemäß § 256 Abs. 1 Nr. 2 StPO ein ärztliches Attest verlesen, so wird sich regelmäßig erst in der Urteilsberatung ergeben, ob das Gericht das Schriftstück allein zum Nachweis einer Körperverletzung, die nicht zu den schweren gehört, heranzieht oder – unter Überschreitung der durch die Bestimmung gezogenen Grenzen – unzulässig als Beleg für darüber hinausgehende Umstände verwertet. Für den Angeklagten wird ein solcher Rechtsfehler erst aus den schriftlichen Urteilsgründen ersichtlich, mithin zu einem Zeitpunkt, zu dem er von dem Zwischenrechtsbehelf des § 238 Abs. 2 StPO keinen Gebrauch mehr machen kann. Dieser kann daher schwerlich Zulässigkeitsvoraussetzung einer Rüge der Verletzung des § 250 StPO sein (vgl. BGH, Beschluss vom 11. Dezember 2008 – 3 StR 429/08, BGHR StPO § 59 Abs. 1 Rügevoraussetzungen 2; ähnlich BGH, Urteil vom 29. März 1955 – 2 StR 406/54, BGHSt 7, 281, 282 f.). Zwar lag der Sachverhalt hier ausnahmsweise anders, weil der verlesene Bericht keine Aussagen zu einer Körperverletzung enthielt, die nicht zu den schweren zählt, so dass seine Verlesung nicht auf § 256 Abs. 1 Nr. 2 StPO gestützt werden konnte. Dies rechtfertigt indes keine Relativierung obiger Überlegungen; denn im Interesse der Rechtsklarheit muss die Frage, ob die zulässige Rüge einer Verletzung von § 256 Abs. 1 Nr. 2, § 250 StPO die Erhebung des Zwischenrechtsbehelfs nach § 238 Abs. 2 StPO in der tatrichterlichen Hauptverhandlung voraussetzt, nicht nach – tatsächlich schwer abgrenzbaren – Einzelfallumständen entschieden, sondern einheitlich behandelt werden.

18. Selbstleseverfahren – § 249 Abs. 2 StPO

404 Für die Erhebung einer **Verfahrensrüge**, das **Selbstleseverfahren** betreffend, ist **Zulässigkeitsvoraussetzung**, dass im Verfahren vor dem Tatgericht eine **Entscheidung gemäß § 238 Abs. 2 StPO** herbeiführt wurde.[407]

[9] 2. Die Revision macht geltend, das angeordnete Selbstleseverfahren sei nicht ordnungsgemäß durchgeführt worden. Innerhalb von vier Tagen, darunter ein Wochenende, hätte das Gericht insgesamt 674 Seiten (vielfach mit wenigen Zeilen beschriebene Rechnungen) nicht ordnungsgemäß zur Kenntnis nehmen können.

[10] Eine Entscheidung gemäß § 238 Abs. 2 StPO (vgl. allgemein zu Notwendigkeit der Herbeiführung eines Gerichtsbeschlusses als Zulässigkeitsvoraussetzung einer ein Selbstleseverfahren betreffenden Verfahrensrüge BGH, Beschluss vom 14. Dezember 2010 – 1 StR 422/10, NStZ 2011, 300, 301) ist nicht herbeigeführt worden.

[11] Die Revision ist der Auffassung, § 238 Abs. 2 StPO sei hier deshalb unanwendbar, weil es nur um die Frage gehe, ob die Mitglieder der Strafkammer, insbesondere die Schöffen, die Urkunden in der gebotenen Intensität zur Kenntnis genommen hätten. Darüber hinaus sei die sog. Widerspruchslösung hier schon im Ansatz unanwendbar, da dem Verfahren eine Verständigung zu Grunde liege.

[12] Beides ist unzutreffend.

---

[407] BGH, Beschluss vom 23.5.2012 – 1 StR 208/12.

[13] a) Ist, wie hier, eine ordnungsgemäße Durchführung des Selbstleseverfahrens durch das Hauptverhandlungsprotokoll belegt, kann erfolgreiches Revisionsvorbringen nicht auf Überlegungen zu einer – jedenfalls objektiv – fehlenden „Wahrhaftigkeit" der zu Grunde liegenden richterlichen Erklärungen gestützt werden (zum umgekehrten Fall, dass das Hauptverhandlungsprotokoll die gebotene Kenntnisnahme durch die Richter nicht belegt vgl. BGH, Beschluss vom 15. März 2011 – 1 StR 33/11, StV 2011, 462, 463).

[14] b) Es ist auch nicht ersichtlich, warum eine vorangegangene Verständigung eine sonst für eine Verfahrensrüge notwendige Voraussetzung entfallen lassen könnte. Auch die Revision nennt keine Gründe, die nach ihrer Auffassung die von ihr aufgestellte gegenteilige Behauptung stützen könnten.

[15] Im Übrigen entbehrte die Behauptung, es sei „nicht plausibel, dass u.a. ein Glasermeister, der an Werktagen in aller Regel arbeitet, von dem ihm zum Selbstlesen zugewiesenen Urkunden und Schriftstücken" ordnungsgemäß im Selbstleseverfahren Kenntnis genommen hätte, jeglicher Grundlage.

Eine **Sachverhandlung** im Sinne der **Unterbrechungsvorschriften** liegt vor, wenn die Verhandlung den **Fortgang der zur Urteilsfindung führenden Sachverhaltsaufklärung** betrifft.[408] **405**

[3] 1. Den Verfahrensrügen liegt folgender Sachverhalt zugrunde:

[4] Der Vorsitzende der Strafkammer verfügte mit Erlass des Eröffnungsbeschlusses und Terminsanberaumung, dass von der Verlesung von 520 in einer „Selbstleseliste" angeführten Urkunden nach § 249 Abs. 2 StPO in der Hauptverhandlung abgesehen werden solle. Die Selbstleseliste wurde den Verfahrensbeteiligten mit dem Zusatz mitgeteilt, dass bereits jetzt für die Verteidiger, die Angeklagten und den Sitzungsvertreter der Staatsanwaltschaft Gelegenheit bestehe, diese Urkunden nach Terminsvereinbarung auf der Geschäftsstelle einzusehen.

[5] Im ersten Hauptverhandlungstermin bestätigten alle Verfahrensbeteiligten, dass sie die Selbstleseliste erhalten hätten. Der Vorsitzende ordnete bis zum elften Hauptverhandlungstag, dem 20. Dezember 2011, gemäß § 249 Abs. 2 Satz 1 StPO hinsichtlich weiterer Urkunden das Selbstleseverfahren an, darunter auch schriftliche Angaben von Zeugen, deren Verlesung die Strafkammer gemäß § 251 Abs. 1 Nr. 1 StPO mit Zustimmung der Verfahrensbeteiligten zuvor beschlossen hatte.

[6] In dem nachfolgenden Hauptverhandlungstermin am 3. Januar 2012, der von 7.50 Uhr bis 7.55 Uhr dauerte, wurden zunächst antragsgemäß zwei Pflichtverteidiger anstelle der abwesenden Pflichtverteidiger beigeordnet. Anschließend erklärten die Schöffen und die Berufsrichter jeder für sich, dass sie vom Wortlaut der in der Selbstleseliste genannten Urkunden und der weiteren Urkunden, für die im Laufe der Hauptverhandlung das Selbstleseverfahren angeordnet worden war, durch Lesen Kenntnis genommen hätten. Es wurde des Weiteren festgestellt, dass die übrigen Verfahrensbeteiligten Gelegenheit hatten, vom Wortlaut all dieser Urkunden selbst Kenntnis zu nehmen. Sodann ordnete der Vorsitzende zusammenfassend an, dass von der Verlesung vorgenannter Urkunden und Schriftstücke nach „§ 249 Abs. 2 Satz 1 StPO" abgesehen werde. Die Hauptverhandlung wurde danach unterbrochen und am 1. Februar 2012 fortgesetzt.

---

[408] BGH, Urteil vom 28.11.2012 – 5 StR 412/12.

[7] 2. Eine Verletzung der Vorschriften über die Höchstdauer der Unterbrechung der Hauptverhandlung gemäß § 229 Abs. 1, 2 und 4 Satz 1 StPO liegt nicht vor.

[8] a) Der Senat erachtet die Anordnungen und Feststellungen des Vorsitzenden im Hauptverhandlungstermin vom 3. Januar 2012 zur Durchführung des Selbstleseverfahrens (§ 249 Abs. 2 Sätze 1 und 3 StPO) als Sachverhandlung im Sinne der Unterbrechungsvorschriften. Eine solche liegt vor, wenn die Verhandlung den Fortgang der zur Urteilsfindung führenden Sachverhaltsaufklärung betrifft (BGH, Urteil vom 11. Juli 2008 – 5 StR 74/08 – und Beschluss vom 22. Juni 2011 – 5 StR 190/11, BGHR StPO § 229 Abs. 1 Sachverhandlung 9 und 13 m.w.N.).

[9] b) Entgegen der Entscheidung des 3. Strafsenats des Bundesgerichtshofs (Beschluss vom 16. Oktober 2007 – 3 StR 254/07, BGHR StPO § 229 Abs. 1 Sachverhandlung 8) stellen allein die Feststellungen des Vorsitzenden nach § 249 Abs. 2 Satz 3 StPO schon eine inhaltliche Sachverhandlung dar. Die Feststellung, dass außerhalb der Hauptverhandlung eine Beweiserhebung durch Selbstlesung einer Urkunde stattgefunden hat, erschöpft sich nicht in deren Protokollierung (vgl. hierzu Winkler, jurisPR-StrafR 6/2008 Anm. 1), sondern betrifft den Fortgang der zur Urteilsfindung führenden Sachaufklärung. Die Berufsrichter und die Schöffen geben auf Nachfrage des Vorsitzenden regelmäßig – wie auch hier – die festzustellende Erklärung ab, dass sie vom Wortlaut der Urkunde Kenntnis genommen haben; gleiches gilt für die Erklärung der übrigen Verfahrensbeteiligten, dass sie hierzu Gelegenheit hatten. Erst mit dem Akt der Feststellung durch den Vorsitzenden ist nach § 249 Abs. 2 Satz 3 StPO dieser Teil einer Beweisaufnahme durch das Selbstleseverfahren abgeschlossen. Die Urkunde kann dann zum Gegenstand von Erklärungen (§ 257 StPO) gemacht werden. Dem Tatgericht ist es ohne die abschließende Feststellung verwehrt, die Urkunde zur Urteilsfindung heranzuziehen (§ 261 StPO, vgl. BGH, Beschluss vom 28. Januar 2010 – 5 StR 169/09, BGHSt 55, 31, 32).

[10] c) Der Senat ist – abweichend von den Ausführungen des Generalbundesanwalts in der Hauptverhandlung – nicht gehalten, gemäß § 132 Abs. 2 und 3 GVG beim 3. Strafsenat des Bundesgerichtshofs anzufragen, ob er an seiner entgegenstehenden Rechtsauffassung festhält, weil der prozessuale Sachverhalt eine Besonderheit aufweist.

[11] Der Vorsitzende der Strafkammer hat zwar teilweise hinsichtlich in der Hauptverhandlung vorausgegangener Anordnungen des Selbstleseverfahrens die Feststellungen nach § 249 Abs. 2 Satz 3 StPO getroffen; eine insoweit auch getroffene wiederholte Anordnung mag ohne verfahrensrechtlichen Gehalt sein. In Bezug auf die Selbstleseliste lag aber noch keine Anordnung des Selbstleseverfahrens durch den Vorsitzenden vor, die in der Hauptverhandlung erfolgen muss, deren Inbegriff (§ 261 StPO) sie mitbestimmt. Die Verfügung des Vorsitzenden in der Terminsanberaumung, dass von der Verlesung der in dieser Liste angeführten Urkunden gemäß § 249 Abs. 2 StPO abgesehen werden solle, stellt noch keine Anordnung im Sinne dieser Vorschrift, sondern lediglich eine Vorankündigung zur Verfahrensgestaltung dar (vgl. auch Mosbacher in Löwe/Rosenberg, StPO, 26. Aufl., § 249 Rn. 68, 69). Jedenfalls insoweit bedurfte es – anders als etwa bei einem Beschluss nach § 247a StPO (vgl. BGH, Beschluss vom 28. September 2011 – 5 StR 315/11, StV 2012, 65) – in der Hauptverhandlung nach § 249 Abs. 2 Satz 3 StPO neben den gebotenen Feststellungen im Zusammenhang mit der Kenntnisnahme von den Urkunden noch einer Anordnung des Vorsitzenden. Diese erfolgte ausdrücklich – so dass es auf eine etwa mögliche konkludente Anordnung nicht ankommt – in dem hier in Streit stehenden Hauptverhandlungstermin vom 3. Januar 2012. Hierdurch unterscheidet

sich der prozessuale Sachverhalt von dem vom 3. Strafsenat des Bundesgerichtshofs entschiedenen Fall, in dem die Anordnung des Selbstleseverfahrens an einem früheren Hauptverhandlungstag getroffen worden war und lediglich dessen Vollzug protokolliert wurde. Dass die Anordnung der Feststellung des Vollzugs des Selbstleseverfahrens durch Kenntnisnahme und Gelegenheit hierzu nicht vorausging, sondern ihr nachfolgte, ist zwar strukturell ungeschickt (vgl. BGH, Beschluss vom 28. August 2012 – 5 StR 251/12, NJW 2012, 3319, zum Abdruck in BGHSt bestimmt), indes unschädlich (vgl. BGH, Beschluss vom 10. Januar 2012 – 1 StR 587/11, NStZ 2012, 346, 347).

[12] Die Anordnung des Selbstleseverfahrens nach § 249 Abs. 2 Satz 1 StPO stellt unzweifelhaft eine Sachverhandlung dar, in gleicher Weise wie eine Beweisanordnung (vgl. BGH, Urteil vom 19. April 2000 – 3 StR 442/99, NJW 2000, 2754: Beauftragung eines Sachverständigen), die Entgegennahme von die Sachverhaltsaufklärung betreffenden Verteidigeranträgen (BGH, Beschluss vom 6. Juli 2000 – 5 StR 613/99, BGHR StPO § 229 Abs. 1 Sachverhandlung 5) oder die Ladung von Zeugen nach einem gestellten Beweisantrag (BGH, Urteil vom 19. August 2010 – 3 StR 98/10, BGHR StPO § 229 Abs. 1 Sachverhandlung 11). Allein die kurze Dauer des Termins am 3. Januar 2012 steht bei dem inhaltlichen Gehalt der Verhandlung der Annahme einer Sachverhandlung nicht entgegen (vgl. BGH, Beschlüsse vom 7. April 2011 – 3 StR 61/11 – und vom 22. Juni 2011 – 5 StR 190/11, BGHR StPO § 229 Abs. 1 Sachverhandlung 12 und 13).

Über den Widerspruch des Verteidigers hinsichtlich der Anordnung des Selbstleseverfahrens ist durch **Gerichtsbeschluss** zu entscheiden. Der durch das Unterbleiben eines Gerichtsbeschlusses trotz Widerspruchs gegen die Anordnung des Selbstleseverfahrens begründete Verstoß gegen § 249 Abs. 2 Satz 2 StPO kann grundsätzlich mit der Revision gerügt werden. Entgegen einer verbreiteten Ansicht im Schrifttum ist auch nicht regelmäßig auszuschließen, dass das Urteil auf einem solchen Verstoß beruht. Vielmehr ist stets die Möglichkeit in Betracht zu ziehen, dass aufgrund des Gerichtsbeschlusses vom Selbstleseverfahren Abstand genommen worden wäre.[409] **406**

[7] Der Beschwerdeführer beanstandet mit Recht einen Verstoß bei der Anordnung des Selbstleseverfahrens. Über den Widerspruch des Verteidigers ist nicht durch Gerichtsbeschluss entschieden worden. Dies war nach § 249 Abs. 2 Satz 2 StPO geboten, und zwar ungeachtet dessen, dass der Widerspruch hier bereits vor der eigentlichen Vorsitzendenanordnung, indes nach deren ausdrücklicher Ankündigung erhoben worden ist. Dies gilt jedenfalls angesichts der strukturell allzu spät erst nach Feststellung der Selbstlesemodalitäten getroffenen ausdrücklichen Vorsitzendenanordnung.

[8] Dass der klar und unbedingt, nicht etwa nur vorläufig erklärte und später ausweislich des Revisionsvorbringens weder in Frage gestellte noch gar zurückgenommene Widerspruch nach Erlass der schließlich allein vom Vorsitzenden getroffenen Anordnung des Selbstleseverfahrens nicht wiederholt worden ist, begründet bei dem hier gegebenen Verfahrensablauf nicht etwa einen Verlust der Revisionsrüge.

[9] b) Der durch das Unterbleiben eines Gerichtsbeschlusses trotz Widerspruchs gegen die Anordnung des Selbstleseverfahrens begründete Verstoß gegen § 249 Abs. 2

[409] BGH, Beschluss vom 28.8.2012 – 5 StR 251/12.

Satz 2 StPO kann grundsätzlich mit der Revision gerügt werden. Entgegen einer verbreiteten Ansicht im Schrifttum (vgl. etwa Meyer-Goßner, StPO, 55. Aufl., § 249 Rn. 31; Mosbacher in LR-StPO, 26. Aufl., § 249 Rn. 110; Frister in SK-StPO, 4. Aufl., § 249 Rn. 116; Eisenberg, Beweisrecht der StPO, 7. Aufl., Rn. 2069) ist auch nicht regelmäßig auszuschließen, dass das Urteil auf einem solchen Verstoß beruht. Vielmehr ist stets die Möglichkeit in Betracht zu ziehen, dass aufgrund des Gerichtsbeschlusses vom Selbstleseverfahren Abstand genommen worden wäre. Da der gemäß § 249 Abs. 2 Satz 2 StPO erhobene Widerspruch lediglich das Absehen von der Verlesung – mithin die Art der Beweiserhebung und nicht die Verwertung der Urkunden als solche – betrifft, ist mit dem Revisionsvortrag bei der Beruhensprüfung darauf abzustellen, ob ausgeschlossen werden kann, dass für den Fall alternativer Verlesung nach § 249 Abs. 1 StPO der in dem mangelhaft angeordneten Selbstleseverfahren eingeführten Urkunden ein abweichendes Beweisergebnis denkbar wäre, und zwar namentlich infolge hierbei erhobener erheblicher Einwände von Verfahrensbeteiligten. Eine derartige Prüfung vermag nicht ohne weiteres stets einen Ausschluss des Beruhens des Urteils auf dem Verstoß zu rechtfertigen. Bereits aus dem unter anderem in §§ 250, 261, 264 StPO zum Ausdruck kommenden Prinzip der Mündlichkeit der Beweisaufnahme, das auch gewährleisten soll, dass der Prozessstoff den Beteiligten zur Kenntnis gebracht und zur Diskussion gestellt wird (vgl. hierzu etwa Pfeiffer/Hannich in KK-StPO, 6. Aufl., Einl. Rn. 8), lässt sich der Ausnahmecharakter des Selbstleseverfahrens – gegenüber dem Regelfall der Urkundenverlesung in der Hauptverhandlung gemäß § 249 Abs. 1 StPO – ableiten. Dieser findet in der speziell für das Selbstleseverfahren als besondere Form der Einführung von Urkunden geregelten Widerspruchsmöglichkeit und dem durch den Widerspruch begründeten Erfordernis eines Gerichtsbeschlusses seinen gesetzlichen Ausdruck.

[10] Vor dem Hintergrund dieser gesetzlichen Wertung ist grundsätzlich davon auszugehen, dass die Verlesung jenseits prozessökonomischer Erwägungen die im Vergleich zum Selbstleseverfahren vorzugswürdige Methode der Einführung von Beweisstoff in die Hauptverhandlung darstellt. Dies dürfte letztlich auch der Vorstellung des historischen Gesetzgebers entsprechen. Zwar war das Selbstleseverfahren im Gesetzgebungsverfahren, wonach unter anderem die bis dahin geltende Voraussetzung des Verzichts aller Prozessbeteiligten auf die Urkundenverlesung gestrichen wurde, ursprünglich als gleichwertige Alternative zu der Verlesung in der Hauptverhandlung konzipiert (vgl. Regierungsentwurf BT-Drucks. 10/1313 S. 28). In der Begründung der dann Gesetz gewordenen Beschlussempfehlung des Rechtsausschusses, durch die die Widerspruchsmöglichkeit in den Entwurf eingebracht wurde, wird jedoch darauf abgestellt, dass „der Staatsanwaltschaft, dem Angeklagten und dem Verteidiger eine formalisierte Einflussnahme auf die Entscheidung darüber, ob von der Verlesung abgesehen werden soll, weiterhin ermöglicht werden sollte" (BT-Drucks. 10/6592 S. 22). Mit der Einfügung des § 249 Abs. 2 Satz 2 StPO in den ursprünglichen Entwurf hat der Gesetzgeber somit am Ausnahmecharakter des Selbstleseverfahrens festgehalten und einer mit ihm verbundenen gewissen Beeinträchtigung der Teilhaberechte von Verfahrensbeteiligten Rechnung getragen. Dementsprechend hat auch der Bundesgerichtshof schon zum Ausdruck gebracht, dass mit dem Selbstleseverfahren potentielle Einbußen der Qualität des Urkundenbeweises verbunden sind, die der Gesetzgeber allerdings in Kauf genommen hat und die daher von den Verfahrensbeteiligten prinzipiell zu akzeptieren sind (BGH, Beschluss vom 14. September 2010 – 3 StR 131/10, Rn. 13, NStZ-RR 2011, 20).

[11] Neben normativen Überlegungen streiten auch rein tatsächliche Erwägungen dafür, ein Beruhen des Urteils auf einem Verstoß gegen § 249 Abs. 2 Satz 2 StPO

nicht von vornherein als ausgeschlossen anzusehen. Eine Verlesung in der Hauptverhandlung kann den Verfahrensbeteiligten eine Chance geben, eher zu erkennen, welchen Urkunden oder Urkundeninhalten das Gericht besondere Bedeutung beimisst. Insbesondere ergibt sich durch die Verlesung die Gelegenheit für Erörterungen in unmittelbarem Zusammenhang mit der Einführung des jeweiligen Beweismittels (vgl. Krahl, GA 1998, 329, 336). Schwächen des Selbstleseverfahrens werden auch nicht etwa durch – jenseits des freilich in vielen Umfangsverfahren besonders wichtigen Gesichtspunkts der Prozessökonomie – denkbare Vorteile gegenüber dem Verlesen in der Hauptverhandlung ausgeglichen. Denn es bleibt neben den Richtern auch dem Staatsanwalt, dem Verteidiger und dem Angeklagten in der Regel unbenommen, in der Hauptverhandlung verlesene Urkunden selbst noch einmal zu lesen.

[12] c) Im zu entscheidenden Fall kann gleichwohl ausgeschlossen werden, dass das Urteil auf dem gerügten Verstoß beruht. Dies kann zwar nicht schon daraus gefolgert werden, dass in der Revisionsbegründung nicht angegeben ist, in welcher Weise sich die Art der Beweiserhebung, also die Einführung der dem Urteil zugrunde liegenden Urkunden im Selbstleseverfahren statt durch Verlesung, auf das Beweisergebnis ausgewirkt hat und welche anderweitigen Erkenntnisse im Fall des Verlesens zu gewinnen gewesen wären (vgl. BGH, Beschluss vom 14. Januar 2010 – 1 StR 587/09, Rn. 28, StV 2012, 74). In Anbetracht der im Urteil der Beweiswürdigung zugrunde gelegten Urkundeninhalte ist indessen nicht ansatzweise ersichtlich, wie eine Verlesung in der Hauptverhandlung zu einer anderen Bewertung der eingeführten Telefongespräche und Observationsberichte hätte führen sollen. Insbesondere angesichts der Vielzahl der aus diesen gewonnenen Indizien, für die es durchweg auf Formulierungsdetails nicht angekommen ist, ist nicht vorstellbar, dass diese seitens der Strafkammer nach Verlesung in der Hauptverhandlung anders als geschehen hätten bewertet werden können oder dass der Angeklagte durch Aufdeckung von Missverständnissen oder die Abgabe von entlastenden Erklärungen für das dokumentierte Verhalten die Schlussfolgerungen der Strafkammer ernsthaft hätte in Frage stellen können. Insoweit fällt zusätzlich ins Gewicht, dass die durch die im Selbstleseverfahren eingeführten Urkunden gewonnenen Erkenntnisse zu einem erheblichen Teil durch Zeugenaussagen, im Fall II.4 der Urteilsgründe auch durch objektive Beweismittel maßgeblich gestützt werden.

Ziel eines **Selbstleseverfahrens** ist es, den Inhalt von Urkunden auch ohne ihre Verlesung zum Gegenstand der Hauptverhandlung zu machen. Hierfür ist bedeutungslos, ob die **Erklärung der Richter**, vom Wortlaut der Urkunden Kenntnis genommen zu haben, darauf beruht, dass sie die Urkunden vor oder nach der Anordnung des Selbstleseverfahrens gelesen haben. Es genügt daher, wenn die Urkunden schon zuvor, etwa bei der Prüfung der Eröffnungsentscheidung, gelesen wurden. **407**

Urkunden und sonstige Schriftstücke sind aber nur dann im Blick auf ein **Selbstleseverfahren ordnungsgemäß** in die Hauptverhandlung **eingeführt**, wenn nach dessen Durchführung (als wesentliche Verfahrensförmlichkeit, §§ 273, 274 StPO) zu Protokoll festgestellt ist, dass die Mitglieder des Gerichts vom Wortlaut der Urkunden und/oder sonstigen Schriftstücke Kenntnis genommen haben und die übrigen Verfahrensbeteiligten hierzu Gelegenheit hatten (§ 249 Abs. 2 Sätze 1 und 3 StPO).[410]

[410] BGH, Beschluss vom 10.1.2012 – 1 StR 587/11.

[2] 1. Ausweislich des Protokolls der Hauptverhandlung verkündete der Vorsitzende folgende, „Beschluss" genannte Anordnung und Feststellungen:

> *„Die im Sonderband TKÜ-Band enthaltenen Gesprächsprotokolle werden im Selbstleseverfahren eingeführt, das Gericht hatte Gelegenheit, hiervon Kenntnis zu nehmen, alle übrigen Verfahrensbeteiligten hatten ebenfalls Gelegenheit dazu".*

[3] 2. Hieran knüpft die Revision an. Sie hält § 261 StPO für verletzt. Die Protokolle seien im Urteil verwertet, obwohl die Mitglieder des Gerichts vom Wortlaut der Protokolle keine Kenntnis erlangt hätten. Dies ergebe sich daraus, dass entgegen § 249 Abs. 2 Satz 3 StPO nicht festgestellt sei, dass die Richter von den Protokollen Kenntnis genommen hätten.

[4] 3. Hier wurde ein Selbstleseverfahren angeordnet und wegen früheren Geschehens sogleich als durchgeführt erklärt. Der Senat hat zunächst geprüft, ob dies den Anforderungen an ein Selbstleseverfahren entsprechen kann. Für die Rüge einer Verletzung von Bestimmungen, die im Zusammenhang mit einem Selbstleseverfahren zu beachten sind, wäre in dieser Form schwerlich Raum, wenn von vorneherein kein ordnungsgemäßes Selbstleseverfahren vorläge.

[5] Ein Selbstleseverfahren ist – auch – in der geschilderten Weise möglich. Ziel eines Selbstleseverfahrens ist es, den Inhalt von Urkunden auch ohne ihre Verlesung zum Gegenstand der Hauptverhandlung zu machen. Hierfür ist bedeutungslos, ob die Erklärung der Richter, vom Wortlaut der Urkunden Kenntnis genommen zu haben, darauf beruht, dass sie die Urkunden vor oder nach der Anordnung des Selbstleseverfahrens gelesen haben. Es genügt daher, wenn die Urkunden schon zuvor, etwa bei der Prüfung der Eröffnungsentscheidung, gelesen wurden. Soweit Richter die Urkunden nicht ohnehin unabhängig vom Selbstleseverfahren gelesen haben, wie z.B. möglicherweise ein zweiter Beisitzer oder ein Ergänzungsrichter und regelmäßig Schöffen, genügt es dementsprechend, wenn dies, etwa im Vorgriff auf ein beabsichtigtes Selbstleseverfahren schon vor dessen Anordnung, parallel zur Hauptverhandlung oder auch schon vor der Hauptverhandlung geschieht (vgl. Ganter in Graf, StPO § 249 Rn. 24; Diemer in KK 6. Aufl., § 249 Rn. 36).

[6] Die übrigen Verfahrensbeteiligten müssen sich nicht darauf verweisen lassen, dass sie schon zuvor Gelegenheit zum Lesen der Urkunden gehabt hätten (Mosbacher in Löwe/Rosenberg, StPO, 26. Aufl., § 249 Rn. 79). Da sie aber auf die Kenntnisnahme vom Inhalt der Urkunden sogar ganz verzichten können (vgl. BGH, Beschluss vom 14. Dezember 2010 – 1 StR 422/10, NStZ 2011, 300 m.w.N.), genügt – auch von der Revision nicht in Frage gestellt – die in der Hauptverhandlung unwidersprochen gebliebene Feststellung des Vorsitzenden, die übrigen Verfahrensbeteiligten hätten bereits ausreichende Gelegenheit zur Kenntnisnahme gehabt.

[7] 4. Nach alledem liegt im Ansatz ein prozessordnungsgemäßes Selbstleseverfahren vor.

[8] Urkunden und sonstige Schriftstücke sind aber nur dann im Blick auf ein Selbstleseverfahren ordnungsgemäß in die Hauptverhandlung eingeführt, wenn nach dessen Durchführung (als wesentliche Verfahrensförmlichkeit, §§ 273, 274 StPO) zu Protokoll festgestellt ist, dass die Mitglieder des Gerichts vom Wortlaut der Urkunden und/oder sonstigen Schriftstücke Kenntnis genommen haben und die übrigen Verfahrensbeteiligten hierzu Gelegenheit hatten (§ 249 Abs. 2 Sätze 1 und 3 StPO). Die hier allein getroffene – auf Grund ihrer Eindeutigkeit auch keiner zu einem anderen Ergebnis führenden Auslegung zugängliche – Feststellung, die Mitglieder des Gerichts hätten Gelegenheit zur Kenntnisnahme gehabt, wird den Anfor-

derungen des Gesetzes nicht gerecht (vgl. nur BGH, Beschluss vom 15. März 2011 – 1 StR 33/11, NStZ-RR 2011, 253, 255 m.w.N.).

[9] 5. Ein Urteil beruht (§ 337 Abs. 1 StPO) auf dem aufgezeigten Mangel, wenn nicht auszuschließen ist, dass wesentliche Urteilsfeststellungen durch die nicht in einem ordnungsgemäß durchgeführten Selbstleseverfahren in die Hauptverhandlung eingeführten Urkunden und/oder Schriftstücke beeinflusst worden sind. Allein der Umstand, dass das Selbstleseverfahren durchgeführt worden ist, belegt die Bedeutung der Urkunden und/oder Schriftstücke für die Urteilsfeststellungen nicht (vgl. schon Kempf, StV 1987, 215, 221, 222), selbst die bloße Erwähnung eines Beweismittels bei der gelegentlich anzutreffenden, rechtlich nicht gebotenen und daher überflüssigen floskelhaften Aufzählung der Beweismittel besagt nicht notwendig, dass sich aus ihm etwas Wesentliches für die Urteilsfindung ergeben haben muss (Engelhardt in KK StPO, 6. Aufl., § 267 Rn. 13 m.w.N.). Maßgeblich sind letztlich die Umstände des Einzelfalls, insbesondere die konkreten Ausführungen zur Beweiswürdigung (vgl. BGH aaO).

19. Verlesung früherer Aussagen/Vernehmung des Ermittlungsrichters nach Zeugnisverweigerung/sonstiger Urkundenbeweis – §§ 251 ff. StPO

Die **Zulässigkeit der Verfahrensrüge** eines Verstoßes gegen § **252 StPO** setzt nicht den Vortrag voraus, der zeugnisverweigerungsberechtigte Zeuge habe nicht nach qualifizierter Belehrung auf das Verwertungsverbot verzichtet. **408**

Die **qualifizierte Belehrung** über Möglichkeit und Rechtsfolgen eines Verzichts auf das Verwertungsverbot gemäß § 252 StPO sowie die daraufhin abgegebene Verzichtserklärung eines zeugnisverweigerungsberechtigten Zeugen sind als **wesentliche Förmlichkeiten** des Verfahrens in das Hauptverhandlungsprotokoll aufzunehmen (§ 273 Abs. 1 StPO).

Ist auf das **Verwertungsverbot aus § 252 StPO wirksam verzichtet** worden, ist die frühere Aussage des zeugnisverweigerungsberechtigten Zeugen nach allgemeinen Regeln verwertbar; dies schließt eine Verlesung gemäß § 251 Abs. 2 Nr. 3 StPO ein.[411]

[5] In den Urteilsgründen hat das Landgericht ausgeführt:

> *„Die richterlichen Aussagen wurden im Einvernehmen aller Beteiligten verlesen, da die beiden Frauen (...) von ihrem (...) Aussageverweigerungsrecht Gebrauch gemacht haben. Beiden Zeuginnen war dabei sehr wohl bewusst und bekannt, dass dann gleichwohl ihre Angaben, die sie zuvor vor dem jeweiligen Ermittlungsrichter gemacht hatten, in die Hauptverhandlung eingeführt werden können und auch eingeführt werden."*

[6] 2. Die hiergegen gerichtete Verfahrensrüge einer Verletzung des § 252 StPO ist entgegen der Ansicht des Generalbundesanwalts nicht unzulässig. Dieser hat ausgeführt, § 344 Abs. 2 Satz 2 StPO hätte den Vortrag des Revisionsführers verlangt, dass die Zeuginnen auf das Beweisverwertungsverbot des § 252 StPO nicht wirksam verzichtet hatten. Der Senat teilt diese Ansicht nicht.

---

[411] BGH, Beschluss vom 13.6.2012 – 2 StR 112/12.

[7] Aus § 252 StPO ergibt sich, wenn ein Zeuge unter Berufung auf sein Zeugnisverweigerungsrecht in der Hauptverhandlung die Aussage verweigert, grundsätzlich ein umfassendes Verwertungsverbot (vgl. BGHSt 29, 230, 232; 32, 25, 29). Eine Ausnahme gilt nach ständiger Rechtsprechung insoweit nur für eine Vernehmung eines Richters als Zeuge über eine frühere Aussage der Auskunftsperson, wenn diese bei jener früheren Vernehmung über ihr Zeugnisverweigerungsrecht ordnungsgemäß belehrt worden war (BGHSt 32, 25, 29; 36, 384, 385; 46, 189, 195; st. Rspr.). Weitergehend erlaubt der Bundesgerichtshof in ständiger Rechtsprechung eine Verwertung früherer Aussagen, wenn der verweigerungsberechtigte Zeuge nach ausdrücklicher, qualifizierter Belehrung hierüber mitteilt, er mache von seinem Zeugnisverweigerungsrecht Gebrauch, gestatte jedoch die Verwertung jener früheren Aussage (BGHSt 45, 203; BGH NStZ 2007, 352; vgl. dazu Meyer-Goßner, StPO, 55. Aufl., § 252 Rn. 16a m.z.N.). Es handelt sich insoweit folglich um eine in der Rechtsprechung entwickelte eng begrenzte Ausnahme von dem gesetzlichen Verwertungsverbot. Nach Ansicht des Senats würde es die Regelung des § 344 Abs. 2 Satz 2 StPO unzulässig überdehnen, für die Zulässigkeit der Geltendmachung eines Verstoßes gegen § 252 StPO den Vortrag einer Negativtatsache durch den Revisionsführer zu verlangen, wonach die Voraussetzungen dieser Ausnahme nicht gegeben sind.

[8] 3. Die Rüge ist auch begründet. Da die früheren richterlichen Aussagen der beiden Zeuginnen nicht durch Vernehmung des Richters, sondern durch Verlesung eingeführt wurden, wäre hierzu ein ausdrücklicher Verzicht der Zeuginnen auf das Verwertungsverbot gemäß § 252 StPO erforderlich gewesen. Hieran fehlt es. Durch den Inhalt des Hauptverhandlungsprotokolls ist bewiesen, dass eine qualifizierte Belehrung der Zeuginnen S. und M. L. nicht erfolgte und dass diese auch nicht ausdrücklich ihr Einverständnis mit der Verwertung ihrer Aussagen erklärt haben. Hierbei handelt es sich um wesentliche Förmlichkeiten des Verfahrens (§ 273 Abs. 1 StPO); das Schweigen des Protokolls beweist, dass sie nicht stattgefunden haben.

409 Gemäß § 252 StPO darf die Aussage eines vor der Hauptverhandlung vernommenen Zeugen, der erst in der Hauptverhandlung von seinem Zeugnisverweigerungsrecht Gebrauch macht, nicht verlesen werden. Nach ständiger Rechtsprechung lässt **§ 252 StPO** zwar die **Vernehmung der richterlichen Vernehmungsperson** als Zeuge zu. Im Rahmen dieser Beweisaufnahme darf das richterliche Vernehmungsprotokoll als Vorhalt genutzt werden. Zulässiges **Beweismittel** ist aber **immer nur** die **auf die Erinnerung gegründete Aussage des richterlichen Zeugen**, nicht dagegen das Protokoll.[412]

■ TOPENTSCHEIDUNG

410 Das **anlässlich einer polizeilichen Vernehmung** von einem Zeugen den Polizeibeamten **übergebene Tonband**, auf welchem ein Gespräch mit mutmaßlichen Tatbeteiligten aufgezeichnet ist, ist **Teil der Vernehmung**. Insoweit ist die Sachlage nicht anders, als wenn der Zeuge den Inhalt eines Schriftstücks mündlich wiedergegeben hätte. Auf die Art des die Information enthaltenden Speichermediums kommt es dabei nicht an.[413]

---

[412] BGH, Beschluss vom 11.4.2012 – 3 StR 108/12.
[413] BGH, Beschluss vom 23.10.2012 – 1 StR 137/12.

[4] 1. Der Rüge liegt folgendes Verfahrensgeschehen zugrunde:

[5] a) Am 16. November 1993 war ein Bruder der Angeklagten F., der Cu., um 21.15 Uhr bei der Polizei erschienen und hatte Angaben gemacht. In der mit „Zeugen-Vernehmung" überschriebenen Niederschrift hierzu, die als „Ende der Vernehmung: 22.15 Uhr" ausweist und vom Zeugen unterschrieben ist, ist ausgeführt:

[6] „Freiwillig zur Dienststelle gekommen, gibt Cu. ... als Zeuge folgendes an: Ich komme hierher und möchte mitteilen, dass meine Mutter und meine Schwester, wh. ..., mit dem gewaltsamen Tod meines Vaters zu tun haben dürften. ... Heute abend habe ich wieder ein Streitgespräch mit meiner Mutter geführt. ... Das Gespräch am heutigen Abend habe ich auf Kassette aufgenommen, ich bin der Meinung, dass es verdächtige Äußerungen meiner Mutter beinhaltet. ..."

[7] Der Zeuge Cu. hat sich in der Hauptverhandlung auf sein Zeugnisverweigerungsrecht (§ 52 StPO) berufen und einer Verwertung der seinerzeitigen polizeilichen Vernehmung widersprochen. Der vom Vorsitzenden angekündigten Verlesung der das Gespräch zwischen dem Zeugen Cu. und seiner Mutter in die deutsche Sprache übersetzten Verschriftung des vom Zeugen übergebenen Tonbandes hat die Verteidigung der beiden Angeklagten widersprochen. Der Widerspruch wurde durch Beschluss der Strafkammer als unbegründet zurückgewiesen. Das Tonband sei nicht Bestandteil der Vernehmung des Zeugen, auf dieses sei in der Vernehmung auch nicht Bezug genommen worden, anders als bei einem Schriftstück sei die Tonbandaufnahme nicht unmittelbar wahrnehmbar gewesen, überdies sei das Beweismittel spontan und auf eigene Initiative des Zeugen entstanden. Auch die Heimlichkeit der Aufzeichnung führe nicht zur Unverwertbarkeit der Tonbandaufzeichnung. Die Verschriftung des Gesprächs zwischen dem Zeugen Cu. und seiner Mutter wurde sodann – nach dahingehender Verfügung des Vorsitzenden – verlesen und als Beweismittel im Urteil abgehandelt.

[8] b) Hierin erblickt die Verteidigung einen Verstoß gegen § 252 StPO. Soweit das Landgericht ein Verwertungsverbot auch mit Blick auf die Heimlichkeit der Tonbandaufnahme verneint hat, hat die Revision dies ausdrücklich nicht gerügt (RB S. 29).

[9] 2. In dem durch die Revisionsführer bestimmten Prüfungsumfang (zur Maßgeblichkeit der „Angriffsrichtung" einer Rüge vgl. auch BGH, Beschluss vom 12. September 2007 – 1 StR 407/07; BGH, Beschluss vom 29. August 2006 – 1 StR 371/06; BGH, Urteil vom 26. August 1998 – 3 StR 256/98; Cirener/Sander JR 2006, 300) bleibt das Revisionsvorbringen ohne Erfolg. Zwar sieht die Revision in der Verlesung und Verwertung der Verschriftung des auf Tonband aufgezeichneten Gesprächs mit Recht einen Verstoß gegen § 252 StPO. Der Senat kann aber ausschließen, dass das Urteil auf dem aufgezeigten Rechtsfehler beruht.

[10] a) Die Verlesung und Verwertung der Verschriftung des vom Zeugen Cu. übergebenen Tonbandes verletzen § 252 StPO, wonach die Aussage eines vor der Hauptverhandlung vernommenen Zeugen, der erst in der Hauptverhandlung von seinem Zeugnisverweigerungsrecht Gebrauch macht, nicht verlesen werden darf.

[11] Das übergebene Tonband ist Teil der Vernehmung, auf die sich das Verwertungsverbot bezieht. Nach den vom Bundesgerichtshof entwickelten Grundsätzen (BGH, Beschluss vom 30. Juli 1968 – 2 StR 136/68, BGHSt 22, 219), die in der Literatur Zustimmung erfahren haben (Sander/Cirener in Löwe/Rosenberg, StPO, 26. Aufl., § 252 Rn. 36; Ganter in BeckOK-StPO, Ed. 14, § 252 Rn. 20; Diemer in KK-StPO, 6. Aufl., § 252 Rn. 3) und von denen abzuweichen der Senat keinen

Anlass sieht, erstreckt sich das Verwertungsverbot des § 252 StPO auch auf Schriftstücke, die der aussageverweigerungsberechtigte Zeuge bei seiner Vernehmung übergeben hat und auf die er sich – wie es der Zeuge Cu. hier ausweislich der von der Revision mitgeteilten Niederschrift vom 16. November 1993 tat – bezogen hat (vgl. z.B. auch BGH, Urteil vom 14. Juni 2005 – 1 StR 338/04; BGH, Beschluss vom 28. August 2000 – 5 StR 300/00; BGH, Beschluss vom 31. März 1998 – 5 StR 13/98). Solche Schriftstücke werden Bestandteil der Aussage. Die Sachlage ist nicht anders, als wenn ein Zeuge den Inhalt des Schriftstücks mündlich wiedergegeben hätte (BGH, Beschluss vom 29. November 1995 – 5 StR 531/95). In gleicher Weise gilt dies für die hier relevante Tonbandaufzeichnung über ein vom Zeugen mitgehörtes Gespräch, dessen Inhalt der Zeuge bei seiner Aussage hätte wiedergeben können. Auf das die Beweisinformation enthaltende Speichermedium kann es grundsätzlich nicht ankommen; denn auch andere Beweisstücke als Schriftstücke können – weil der Sache nach einer Aussage bei einer Vernehmung gleichstehend – einem Verwertungsverbot unterliegen (vgl. Sander/Cirener, aaO). Anderes kann sich auch nicht daraus ergeben, dass der Inhalt einer Tonbandaufzeichnung nicht unmittelbar wahrnehmbar ist, denn Gleiches würde etwa auch für ein in einer fremden Sprache verfasstes Schriftstück gelten, ohne dass sich daraus die Zulässigkeit der Verwertung dieses Beweismittels begründen ließe.

[12] Eine Verwertbarkeit der Tonbandaufnahme ergibt sich auch nicht daraus, dass diese – wie die Strafkammer in dem Verwerfungsbeschluss formuliert – spontan, aus eigener Initiative des Zeugen und ohne gezielte Nachfrage der Ermittlungsbeamten entstanden ist. Zwar sind vom Verwertungsverbot des § 252 StPO solche Äußerungen ausgenommen, die außerhalb einer Vernehmung gemacht worden sind, die also nicht im Zusammenhang mit einer Vernehmung gemacht wurden (vgl. BGH, Urteil vom 14. Juni 2005 – 1 StR 338/04; BGH, Urteil vom 10. Februar 2000 – 4 StR 616/99; Ganter in BeckOK-StPO, Ed. 14, § 252 Rn. 15). Derlei liegt hier aber nicht vor, wie die von der Revision mitgeteilte Niederschrift über die einstündige, als „Zeugenvernehmung" und „Vernehmung" bezeichnete Aussage des Zeugen bei der Polizei belegt. In den Urteilsgründen ist gleichfalls ausgeführt, dass die Tonbandkassette vom Zeugen „im Rahmen seiner polizeilichen Vernehmung" übergeben wurde (UA S. 52). Das „freiwillige Erscheinen" des Zeugen vermag ebenso wenig wie die unterlassene Zeugenbelehrung eine vom Verwertungsverbot nicht umfasste Spontanäußerung im Sinne der angesprochenen Rechtsprechung zu begründen. Das übergebene Tonband und die daraus gefertigte Verschriftung sind damit vom Verwertungsverbot des § 252 StPO erfasst.

[13] b) Das Urteil beruht indes nicht auf dem aufgezeigten Rechtsfehler (§ 337 Abs. 1 StPO). Der Senat kann ausschließen, dass der Urteilsspruch bei zutreffender Gesetzesanwendung in einer den Angeklagten günstigeren Weise ausgefallen sein könnte.

■ PRAXISBEDEUTUNG

Die vorliegende Entscheidung regelt den zuweilen in der Praxis vorkommenden Sachverhalt. Dass Zeugen anlässlich einer Vernehmung Dinge übergeben, welche nach deren Auffassung Beweismittel sein könnten. Der vorliegende Fall war insoweit deswegen besonders, weil der Zeuge ohne Rechtfertigung eine Aufzeichnung des nichtöffentlich gesprochenen Wortes der Beschuldigten angefertigt hatte und diese übergab. Unabhängig von der Verwertungsproblematik im Zusammenhang mit dem Verstoß gegen § 201 StGB ergab sich zusätzlich die nun entschiedene Frage, dass auch solche anlässlich der Vernehmung übergebene Aufzeichnungen vom Schutzbereich einer späteren Zeugnisverweigerung umfasst sind.

Die Vorschrift des § **252 StPO** ist grundsätzlich **auch auf Berufsgeheimnisträger** i.S.v. § 53 StPO **anwendbar.** Nach der Rechtsprechung des Bundesgerichtshofs darf aber der Ermittlungsrichter über den Inhalt der Aussage eines gemäß § 53 Abs. 1 Nr. 3 StPO zur Verweigerung des Zeugnisses berechtigten **Arztes** vernommen werden, die dieser vor dem Ermittlungsrichter gemacht hat, wenn der Arzt bei dieser Aussage gemäß § 53 Abs. 2 StPO von der **Verpflichtung zur Verschwiegenheit entbunden** war; **§ 252 StPO ist dann nicht anwendbar.**[414] **411**

1. Die Rüge einer Verletzung des § 252 StPO ist unbegründet.

a) Dieser Rüge liegt folgendes Prozessgeschehen zugrunde:

Der Angeklagten liegt zur Last, ihrem Ehemann mit einem Butterflymesser zwei Stichverletzungen in den linken Oberkörperbereich versetzt zu haben, nachdem dieser sich schützend vor seine neue Partnerin gestellt hatte, der die Angeklagte als Nebenbuhlerin das Gesicht zerschneiden wollte. Der Geschädigte – als Ehemann der Angeklagten gemäß § 52 Abs. 1 Nr. 2 StPO zur Verweigerung des Zeugnisses berechtigt – hatte zunächst die ihn behandelnden Ärzte von der Schweigepflicht entbunden. In der Hauptverhandlung machten dann sowohl der Geschädigte (gemäß § 52 StPO, UA S. 28) als auch die behandelnden Ärzte (gemäß § 53 Abs. 1 Satz 1 Nr. 3 StPO, UA S. 38), gegenüber denen der Geschädigte mittlerweile die Entbindung von der Schweigepflicht widerrufen hatte, von ihrem Zeugnisverweigerungsrecht Gebrauch. Das Landgericht hat deshalb die Angaben des behandelnden Arztes Dr. S. über die Verletzungen des Geschädigten dadurch in die Hauptverhandlung eingeführt, dass es die polizeiliche Vernehmungsbeamtin K. zu den von diesem im Rahmen einer polizeilichen Vernehmung gemachten Angaben vernommen hat (UA S. 39 ff.). Zum Zeitpunkt seiner polizeilichen Vernehmung waren die behandelnden Ärzte vom Geschädigten von der Schweigepflicht entbunden gewesen (UA S. 40). Das Landgericht hat die auf diese Weise in die Hauptverhandlung eingeführten Angaben des Arztes Dr. S. über die Verletzungen des Geschädigten dem Urteil auch zugrunde gelegt (UA S. 41).

b) Entgegen der Annahme der Revision stand der Verwertung dieser Angaben kein sich aus § 252 StPO ergebendes Verwertungsverbot entgegen.

aa) Zwar ist die Vorschrift des § 252 StPO grundsätzlich auch auf Berufsgeheimnisträger i.S.v. § 53 StPO anwendbar (vgl. BGH, Urteil vom 20. November 1962 – 5 StR 462/62, BGHSt 18, 146; Beschluss vom 24. September 1996 – 5 StR 441/96, StV 1997, 233). Nach der Rechtsprechung des Bundesgerichtshofs, an der der Senat festhält, darf aber der Ermittlungsrichter über den Inhalt der Aussage eines gemäß § 53 Abs. 1 Nr. 3 StPO zur Verweigerung des Zeugnisses berechtigten Arztes vernommen werden, die dieser vor dem Ermittlungsrichter gemacht hat, wenn der Arzt bei dieser Aussage gemäß § 53 Abs. 2 StPO von der Verpflichtung zur Verschwiegenheit entbunden war; § 252 StPO ist dann nicht anwendbar (BGHSt 18, 146;

---

[414] BGH, Beschluss vom 20.12.2011 – 1 StR 547/11.

BGH StV 1997, 233; glA Meyer-Goßner, StPO, 54. Aufl., § 53 Rn. 49 und § 252 Rn. 3; Diemer in KK-StPO, 6. Aufl., § 252 Rn. 6; Ignor/Bertheau in Löwe/Rosenberg, 26. Aufl., § 53 Rn. 83; Neubeck in KMR-StPO § 53 Rn. 41; Sander/Cirener in Löwe/Rosenberg, 26. Aufl., § 252 Rn. 4; aA OLG Hamburg, NJW 1962, 689, 691; Geppert, Jura 1988, 305, 311 f.; Eb. Schmidt JR 1963, 267).

Grund hierfür ist, dass in einem solchen Fall der Pflichtenwiderstreit, auf den das Verwertungsverbot des § 252 StPO Rücksicht nimmt, nicht auftreten kann (zutr. Diemer aaO). Denn durch das Zeugnisverweigerungsrecht des § 53 StPO wird der Berufsgeheimnisträger geschützt und nicht diejenige Person, die ihn von der Schweigepflicht entbinden kann. Ihr Recht beschränkt sich darauf, darüber zu entscheiden, ob sie den Berufsgeheimnisträger von der Schweigepflicht entbindet oder nicht. Sie hat indes keinen Anspruch darauf, dass der Berufsgeheimnisträger die Aussage verweigert und das Gericht nicht verwertet, was er gleichwohl ausgesagt hat (BGHSt 18, 146, 147). War der Berufsgeheimnisträger zum Zeitpunkt seiner Aussage vor dem Ermittlungsrichter von der Schweigepflicht befreit, befand er sich nicht in einem Pflichtenwiderstreit zwischen Wahrheitspflicht und Schweigepflicht.

bb) Für die hier vorliegende Fallkonstellation, dass der zunächst von der Schweigepflicht entbundene Berufsgeheimnisträger im Ermittlungsverfahren seine Angaben nicht vor einem Ermittlungsrichter, sondern im Rahmen einer polizeilichen Vernehmung gemacht hat, führt ebenfalls nicht zum Vorliegen eines Verwertungsverbots gemäß § 252 StPO. Denn die Verwertbarkeit der Angaben der Vernehmungsperson ergibt sich im Fall der Vernehmung einer jedenfalls zu diesem Zeitpunkt von der Schweigepflicht entbundenen Person nicht erst aus der besonderen Bedeutung der richterlichen gegenüber einer sonstigen Vernehmung (vgl. dazu BGHSt 49, 72, 77; Meyer-Goßner, StPO, 54. Aufl., § 252 Rn. 14 m.w.N.), sondern bereits daraus, dass die Vorschrift des § 252 StPO mangels der von ihr vorausgesetzten Pflichtenkollision des bei seiner Vernehmung im Ermittlungsverfahren von seiner Schweigepflicht entbundenen Berufsgeheimnisträgers von vornherein nicht anwendbar ist (vgl. BGH StV 1997, 233). Die vom Zeugen Dr. S. nach Entbindung von seiner ärztlichen Schweigepflicht im Rahmen einer polizeilichen Vernehmung gemachten Angaben durften daher auch nach Widerruf der Entbindungserklärung seitens des Geschädigten durch Vernehmung der polizeilichen Vernehmungsbeamtin in die Hauptverhandlung eingeführt und im Urteil verwertet werden.

■ PRAXISBEDEUTUNG

Die vorstehende Entscheidung bestätigt, dass § 252 StPO nur dann einschlägig ist, wenn das Zeugnisverweigerungsrecht bereits zum Zeitpunkt der Vernehmung bestanden hat. War dies nicht der Fall, kann die frühere Aussage durch Vernehmung der Verhörsperson wie auch durch Verlesung verwertet werden.

412 **Frühere Vernehmungen** eines die Aussage gemäß § 52 StPO verweigernden Zeugen dürfen grundsätzlich nicht verwertet werden. Nach ständiger Rechtsprechung des Bundesgerichtshofs darf dann nur dasjenige herangezogen werden, was ein vernehmender Richter über die vor ihm gemachten Angaben des über sein Zeugnisverweigerungsrecht ordnungsgemäß belehrten Zeugen aus seiner Erinnerung bekundet. Hierzu darf ihm sein Vernehmungsprotokoll – notfalls durch Verlesen – vorgehalten werden. Dies darf allerdings nicht dazu führen, den Inhalt der Niederschrift selbst für die Beweiswürdigung heranzuziehen. **Verwertbar** ist vielmehr nur das, was auf den Vorhalt hin in die **Erinnerung des Richters** zurückkehrt, und es genügt nicht, wenn er lediglich erklärt, er habe die Aussage richtig aufgenommen.[415]

[4] 2. Der Verfahrensrüge, das Landgericht habe gegen die §§ 261, 252, 52 StPO verstoßen, liegt folgendes Prozessgeschehen zugrunde:

[5] Der geschädigte Ehemann der Angeklagten hat in der Hauptverhandlung als Zeuge lediglich bekundet, er habe „seiner Ehefrau absolut verziehen", und sich im Übrigen auf sein Zeugnisverweigerungsrecht berufen (§ 52 Abs. 1 Nr. 2 StPO). Das Landgericht hat daher den Ermittlungsrichter zeugenschaftlich dazu gehört, was M. H. ihm gegenüber im Rahmen der am Tag nach der Tat durchgeführten Vernehmung – als mit der Angeklagten verheirateter Zeuge ordnungsgemäß belehrt – angegeben hat. Dieser hat zwar ausgesagt, keine genaueren Erinnerungen an den ihm berichteten Geschehensablauf mehr zu haben. Neben den äußeren Umständen der Vernehmung konnte er aber noch das Kerngeschehen schildern, nämlich dass es sich um eine eheliche Auseinandersetzung gehandelt habe, in deren Verlauf die Angeklagte ein Messer geholt und ihr Ehemann ihr dies wegzunehmen versucht habe. Nach der Darstellung M. H. „seien beide gestanden, als es zu dem Stich gekommen sei" (UA S. 24, 26). Im Übrigen habe er nur das protokolliert, was der Zeuge ausgesagt hat. Das Protokoll der ermittlungsrichterlichen Vernehmung M. H. war dem Ermittlungsrichter in der Hauptverhandlung vorgehalten, aber nicht verlesen worden. Dennoch hat das Landgericht die Ansicht vertreten, dass in einer Konstellation wie der vorliegenden – Ermittlungsrichter erinnert sich an das Kerngeschehen und gibt an, dass das Protokollierte auch so ausgesagt wurde – eine ergänzende Verwertung der protokollierten Aussage (zumindest teilweise [UA S. 4]) zulässig sei (UA S. 27). Es hat sich insbesondere aufgrund „der über den Ermittlungsrichter eingeführten Aussage des Zeugen H." von der festgestellten Tat der Angeklagten überzeugt (UA S. 33).

[6] 3. a) Die Revision hält dies vor allem deswegen für rechtsfehlerhaft, weil der Inhalt des ermittlungsrichterlichen Protokolls nur vorgehalten, jedoch „zu keinem Zeitpunkt formell in Gänze in das Verfahren eingeführt wurde". Es reiche im Übrigen nicht aus, wenn der Richter bekunde, dass die damalige Aussage richtig aufgenommen worden sei.

[7] b) Auch der Generalbundesanwalt sieht die Verfahrensrüge als begründet an. Denn das Geschehen direkt nach der Tat, während dessen M. H. seine Frau zu Boden ringen konnte, so dass diese sich in gebückter Haltung vor ihm befand und sich Blut auf ihren Kopf- und Brustbereich ergoss, habe das Landgericht bei der bestehenden Beweislage nur aufgrund der protokollierten Angaben des Geschädigten beim Ermittlungsrichter feststellen können.

[8] 4. Die Verfahrensrüge ist zwar zulässig erhoben (§ 344 Abs. 2 Satz 2 StPO; vgl. BGH, Beschluss vom 4. April 2001 – 5 StR 604/00, StV 2001, 386), aber im Ergebnis unbegründet. Denn das Urteil beruht auf dem geltend gemachten Verfahrensfehler jedenfalls nicht (§ 337 Abs. 1 StPO).

[9] a) Allerdings trifft es zu, dass frühere Vernehmungen eines die Aussage gemäß § 52 StPO verweigernden Zeugen grundsätzlich nicht verwertet werden dürfen. Nach ständiger Rechtsprechung des Bundesgerichtshofs darf dann nur das herangezogen werden, was ein vernehmender Richter über die vor ihm gemachten Angaben

[415] BGH, Urteil vom 21.3.2012 – 1 StR 43/12.

des über sein Zeugnisverweigerungsrecht ordnungsgemäß belehrten Zeugen aus seiner Erinnerung bekundet. Hierzu darf ihm sein Vernehmungsprotokoll – notfalls durch Verlesen – vorgehalten werden. Dies darf allerdings nicht dazu führen, den Inhalt der Niederschrift selbst für die Beweiswürdigung heranzuziehen. Verwertbar ist vielmehr nur das, was auf den Vorhalt hin in die Erinnerung des Richters zurückkehrt, und es genügt nicht, wenn er lediglich erklärt, er habe die Aussage richtig aufgenommen (BGH, Urteil vom 2. April 1958 – 2 StR 96/58, BGHSt 11, 338, 341; BGH, Urteil vom 7. Oktober 1966 – 1 StR 305/66, BGHSt 21, 149, 150; BGH, Urteil vom 30. März 1994 – 2 StR 643/93, StV 1994, 413; BGH, Beschluss vom 4. April 2001 – 5 StR 604/00, StV 2001, 386).

[10] b) Nach diesen Grundsätzen hat das Landgericht bei seiner Beweiswürdigung ohne Rechtsfehler berücksichtigt, woran sich der Ermittlungsrichter bei seiner eigenen Zeugenvernehmung erinnern konnte. Hierzu gehörten insbesondere wesentliche Teile des Kerngeschehens, nämlich dass die Angeklagte im Rahmen einer ehelichen Auseinandersetzung ein Messer geholt habe und sie sowie ihr Ehemann sich gegenüber gestanden hätten, als es zu dem Messerstich kam.

[11] c) Soweit das Landgericht für die vorliegende Fallgestaltung eine diese Erinnerung ergänzende Verwertung der protokollierten Aussage als (zumindest teilweise) zulässig angesehen hat, steht diese Auffassung mit der dargestellten Rechtsprechung des Bundesgerichtshofs zwar nicht im Einklang. Der Senat kann aber ausschließen, dass sich dies auf das gefällte Urteil ausgewirkt hat. Denn das Landgericht hat allenfalls die Darstellung M. H., nach dem Stich habe er seine Frau zu Boden gerungen und diese habe sich dann in gebückter Haltung vor ihm befunden (UA S. 12; oben 3. b), und somit einen für die Gesamtwürdigung der Beweise wenig bedeutsamen Umstand dem ermittlungsrichterlichen Vernehmungsprotokoll entnommen.

20. Verständigung im Strafverfahren – § 243 Abs. 4 S. 1, §§ 257c, 273 Abs. 1a S. 3, § 302 Abs. 1 S. 2 StPO

413 Zu Fragen des **Deals** sind, nachdem auch die Diskussion zu diesen Fragen auf dem Juristentag 2010 in Berlin durchaus weiter kontrovers geblieben ist, inzwischen weitere oberstgerichtliche Entscheidungen ergangen, welche insbesondere die Reichweite einzelner Vereinbarungen, vor allem aber auch deren Grenzen aufzeigen.

414 Es gibt keine forensische Erfahrung, wonach bei einem **Geständnis** stets oder jedenfalls dann, wenn es im Rahmen einer **Verständigung** abgelegt wurde, ohne weiteres regelmäßig mit einer wahrheitswidrigen Selbstbelastung zu rechnen sei.[416]

[4] 1. Die Revision meint, die Bewertung des Geständnisses des Angeklagten als glaubhaft beruhe auf unzureichender Grundlage. Die maßgeblichen Vernehmungen des Angeklagten und von Zeugen hätten, wie sich aus der mitgeteilten jeweiligen Dauer der einzelnen Verfahrensabschnitte ergibt, insgesamt nur 83 Minuten gedauert, abzüglich noch der für zugleich durchgeführte formale Vorgänge benötigten Zeit.

[5] Das Vorbringen versagt.

---

[416] BGH, Beschluss vom 23.5.2012 – 1 StR 208/12.

[6] Die Revision erwähnt in diesem Zusammenhang schon nicht, dass die Feststellungen auch auf ein umfangreiches Selbstleseverfahren gestützt sind. Auch unabhängig davon ist der Senat nicht der Auffassung, schon der genannte zeitliche Rahmen ergäbe, dass Feststellungen zu einem Geständnis hinsichtlich eines – zumal für eine Wirtschaftsstrafkammer – leicht erfassbaren Sachverhalts und zu dessen Überprüfung nicht Ergebnis der Hauptverhandlung (§ 261 StPO) sein könnten. Sollte die Revision dahin zu verstehen sein, der Senat möge den Ablauf der Hauptverhandlung im Detail überprüfen, um so festzustellen, dass speziell vorliegend keine ordnungsgemäße Beweiserhebung vorliegen könne, wäre verkannt, dass das Revisionsgericht Gang und Inhalt der Beweisaufnahme nicht rekonstruiert (vgl. schon BGH, Urteil vom 7. Oktober 1966 – 1 StR 305/66, BGHSt 21, 149, 151 m.w.N.). Sollte darüber hinaus zum Ausdruck gebracht sein, ein im Rahmen einer Verständigung (§ 257c StPO) abgelegtes Geständnis sei schon im Ansatz intensiver zu überprüfen als ein nicht im Rahmen einer Verständigung abgelegtes Geständnis, wäre dem ebenfalls nicht zu folgen. Die Beweiswürdigung hat stets auch solche Gesichtspunkte erkennbar zu erwägen, die auf Grund der Urteilsfeststellungen nahe liegen und die gegen das gefundene Ergebnis sprechen können.

[7] Es gibt keine forensische Erfahrung, wonach bei einem Geständnis stets oder jedenfalls dann, wenn es im Rahmen einer Verständigung abgelegt wurde, ohne weiteres regelmäßig mit einer wahrheitswidrigen Selbstbelastung zu rechnen sei. Dies gilt auch dann, wenn – wie nach Auffassung der Revision möglicherweise hier – der Angeklagte durch ein unwahres Geständnis Sohn und/oder Lebensgefährtin vor einer Bestrafung schützen würde. Allein die gesetzlichen Wertungen in § 52 StPO, § 35 Abs. 1 Satz 1 StGB und § 258 Abs. 6 StGB können die für eine solche Annahme erforderlichen konkreten Anhaltspunkte nicht ersetzen. Derartige konkrete Anhaltspunkte sind hier weder vorgetragen noch ersichtlich. Allein die (theoretische) Denkbarkeit eines Geschehensablaufs führt nicht dazu, dass er zu erörtern wäre (st. Rspr.; vgl. nur BGH, Urteil vom 20. September 2011 – 1 StR 120/11, NStZ-RR 2012, 72, 73 m.w.N.).

[8] Soweit die Revision zugleich auch § 244 Abs. 2 StPO für verletzt hält, ist entgegen § 344 Abs. 2 Satz 2 StPO weder mitgeteilt, welcher Beweismittel sich die Strafkammer noch hätte bedienen sollen, noch mitgeteilt, welche konkreten Erkenntnisse davon zu erwarten gewesen wären.

Ein telefonischer Hinweis des Strafkammervorsitzenden an den Verteidiger, der Angeklagte könne im Falle einer geständigen Einlassung mit einer Aussetzung der Freiheitsstrafe zur Bewährung rechnen, führt nicht zu einer **Bindung der Strafkammer**. Eine solche ergibt sich erst aus einer **Verständigung nach § 257c Abs. 3 S. V StPO**, nicht jedoch aus den verschiedenen, zuvor möglichen Formen der Kommunikation des Gerichts mit den Verfahrensbeteiligten (§§ 202a, 212, 257b StPO). Auch ein berechtigtes Vertrauen des Angeklagten oder eines anderen Verfahrensbeteiligten dahin, dass von der Einschätzung der Bewährungsfrage nicht abgewichen wird, solange keine entsprechender Hinweis erteilt worden ist, kann regelmäßig durch ein erkennbar im Rahmen der Terminsvorbereitung geführtes Telefonat nicht entstehen.[417] **415**

[417] BGH, Beschluss vom 20.12.2011 – 3 StR 426/11.

Ergänzend bemerkt der Senat:

Der telefonische Hinweis des Strafkammervorsitzenden an den Verteidiger, der Angeklagte könne im Falle einer geständigen Einlassung mit einer Aussetzung der Freiheitsstrafe zur Bewährung rechnen, hat nicht zu einer Bindung der Strafkammer geführt. Eine solche ergibt sich erst aus einer Verständigung nach § 257c Abs. 3 Satz 4 StPO, nicht jedoch aus den verschiedenen, zuvor möglichen Formen der Kommunikation des Gerichts mit den Verfahrensbeteiligten (§§ 202a, 212, 257b StPO).

Auch ein berechtigtes Vertrauen des Angeklagten oder eines anderen Verfahrensbeteiligten dahin, dass von der Einschätzung der Bewährungsfrage nicht abgewichen wird, solange kein entsprechender Hinweis erteilt worden ist (vgl. dazu BGH, Urteil vom 30. Juni 2011 – 3 StR 39/11, NJW 2011, 3463), konnte durch dieses erkennbar im Rahmen der Terminsvorbereitung geführte Telefonat nicht entstehen.

Soweit die Revision beanstandet, dass der Vorsitzende entgegen der Verpflichtung aus § 243 Abs. 4 StPO die Erörterung mit dem Verteidiger nicht in der Hauptverhandlung mitgeteilt hat, könnte das Urteil auf einem solchen Fehler nicht beruhen, weil der Angeklagte alsbald durch seinen Verteidiger von ihr unterrichtet worden war. Der Senat kann daher offen lassen, ob er der Auffassung folgen würde, dass nur solche Erörterungen der Mitteilungspflicht unterliegen, die entweder von dem gesamten Spruchkörper in der Besetzung außerhalb der Hauptverhandlung oder von einem seiner Mitglieder aufgrund entsprechender Beratung und ausdrücklichen Auftrags des Gerichts geführt worden sind (vgl. BGH, Beschluss vom 20. Oktober 2010 – 1 StR 400/10, BGHR StPO § 243 Abs. 4 Hinweis 1).

416 Bei einer **Hauptverhandlung gegen mehrere Angeklagte** können im Grundsatz Verständigungsgespräche mit allen Angeklagten (bzw. deren Verteidigern) zugleich durchgeführt werden. Werden sie nicht mit allen Angeklagten geführt, besteht Anlass, dem Anschein, der Richter sei möglicherweise gegenüber den nicht an den Gesprächen beteiligten Angeklagten voreingenommen, durch alsbaldige **Offenlegung der Gespräche in der Hauptverhandlung** entgegenzuwirken. Gleichzeitige Gespräche mit den Angeklagten einer laufenden Hauptverhandlung und Angeklagten einer künftigen oder auch parallelen Hauptverhandlung sind dagegen schon wegen des meist unterschiedlichen Verfahrensstandes und des damit naheliegend verbundenen nicht gleichen Kenntnisstandes der Beteiligten kaum sinnvoll.[418]

[12] (1) Bei einer Hauptverhandlung gegen mehrere Angeklagte können im Grundsatz Verständigungsgespräche mit allen Angeklagten (bzw. deren Verteidigern) zugleich durchgeführt werden. Werden sie nicht mit allen Angeklagten geführt, besteht Anlass, dem genannten Anschein gegenüber den nicht an den Gesprächen beteiligten Angeklagten durch alsbaldige Offenlegung der Gespräche in der Hauptverhandlung entgegenzuwirken. Gleichzeitige Gespräche mit den Angeklagten einer laufenden Hauptverhandlung und Angeklagten einer künftigen oder auch parallelen Hauptverhandlung sind dagegen schon wegen des nicht gleichen Verfahrensstandes und des damit naheliegend verbundenen nicht gleichen Kenntnisstandes der Beteiligten kaum sinnvoll. Ein einheitlicher Kenntnisstand fehlt auch in Fällen, bei denen dieselben (Berufs-)Richter mitwirken, jedenfalls den in die Gespräche ebenfalls einzubeziehenden Schöffen, die bei noch nicht terminierten Sachen sogar noch nicht

[418] BGH, Beschluss vom 9.2.2012 – 1 StR 438/11.

einmal feststehen. Daher kann ein „verständiger", zumal anwaltlich beratener Angeklagter eines anderen Verfahrens, anders als möglicherweise ein Mitangeklagter desselben Verfahrens, allein daraus, dass solche Gespräche ohne ihn stattgefunden haben, nicht die Besorgnis ableiten, der Richter sei ihm gegenüber in irgend einer Weise voreingenommen.

[13] (2) Dies ändert nichts an der Notwendigkeit, auch in solchen Fällen in die Würdigung einer entscheidungserheblichen (Zeugen-)Aussage eines Tatbeteiligten eine vorangegangene Verständigung in dem gegen ihn wegen derselben Tat durchgeführten Verfahren einzubeziehen (st. Rspr.; vgl. zuletzt BGH, Urteil vom 29. November 2011 – 1 StR 287/11 Rn. 14 m.w.N.). Dies beruht nicht auf der Sorge, er könne dabei in irgendeiner Weise zu künftiger Falschbelastung anderer Tatverdächtiger aufgefordert worden sein. Es geht vielmehr um etwaige Anhaltspunkte dafür, ob er im Blick auf eine vorangegangene oder im Raum stehende Verständigung in seinem Verfahren irrig glauben könnte, eine Falschaussage zu Lasten des Angeklagten sei für ihn besser als eine wahre Aussage zu dessen Gunsten.

[14] Da die Möglichkeit eines solchen Irrtums nicht davon abhängt, ob die Verfahren gegen ihn und den jetzigen Angeklagten verbunden sind oder waren oder getrennt wurden, ist eine gebotene Würdigung von Verständigungsgesprächen mit dem Zeugen von derartigen Fragen unabhängig. Was zu würdigen ist, ist auch in die Hauptverhandlung einzuführen. Geht es um Verständigungsgespräche in einer anderen, sei es auch unter Mitwirkung derselben Richter durchgeführten Hauptverhandlung, kann dies nicht in Anwendung von § 243 Abs. 4 StPO geschehen. Soweit es um die Klärung etwaiger Fehlvorstellungen des Zeugen geht, wird dies vielmehr sinnvollerweise vor allem durch dessen Befragung geschehen. Ohne dass es hier darauf ankäme, könnte es dabei zweckmäßig sein, ihm Vorhalte aus dem einschlägigen Teil der Niederschrift der gegen ihn geführten Hauptverhandlung (§ 273 Abs. 1a StPO) zu machen (vgl. auch BGH, Beschluss vom 6. November 2007 – 1 StR 370/07 Rn. 14, StV 2008, 60, insoweit in BGHSt 52, 78, 81 nicht abgedruckt), sodass es die Vorbereitung der Vernehmung fördern könnte, wenn das Gericht den Verfahrensbeteiligten schon vorab entsprechende Ablichtungen überlässt.

[15] (3) Hier bestand zu einer entsprechenden Befragung der Zeugen oder gar einer weitergehenden Klärung aber kein Anlass; nachdem keiner der in dem Parallelverfahren angeklagten Tatbeteiligten Angaben zur Sache gemacht hatte – anders als der Angeklagte, dessen Strafe wegen seiner Zeugenaussage im Parallelverfahren gemäß § 46b StGB gemildert wurde –, waren auch keine den (geständigen) Angeklagten belastenden Aussagen dieser Zeugen zu würdigen.

Wenngleich es von Verfassungs wegen grundsätzlich nicht zu beanstanden ist, dass nach der auch im Freibeweisverfahren gebotenen Sachaufklärung nicht zu beseitigende Zweifel am Vorliegen von Verfahrenstatsachen grundsätzlich zulasten des Angeklagten gehen, so findet das vom Angeklagten grundsätzlich zu tragende Risiko der Unaufklärbarkeit des Sachverhalts aber dort seine Grenze, wo die **Unaufklärbarkeit des Sachverhalts** und dadurch entstehende Zweifel des Gerichts ihre Ursache in einem **Verstoß gegen eine gesetzlich angeordnete Dokumentationspflicht** finden.[419] **417**

[419] BVerfG, Kammerbeschluss vom 5.3.2012 – 2 BvR 1464/11.

[21] 1. Die vorliegende Verfassungsbeschwerde wendet sich gegen die Art und Weise der Prüfung des Zustandekommens (also des „ob") einer Verfahrensabsprache vor dem Amtsgericht Pirna durch die Rechtsmittelgerichte als Vorfrage der Entscheidung über die (Un-)Wirksamkeit des von dem Beschwerdeführer erklärten Rechtsmittelverzichts. Der etwaige Inhalt der von ihm behaupteten Verständigung vor dem Amtsgericht Pirna ist ebenso wenig Gegenstand der Verfassungsbeschwerde wie die Verfassungsmäßigkeit urteilsbezogener Verfahrensabsprachen im Strafprozess. Die vom Bundesverfassungsgericht bislang nicht entschiedene Frage der Vereinbarkeit solcher Absprachen (vgl. dazu lediglich BVerfG, Beschluss der 3. Kammer des Zweiten Senats vom 27. Januar 1987 – 2 BvR 1133/86 –, NJW 1987, S. 2662 f.) und ihrer gesetzlichen Regelung mit dem Grundgesetz ist im vorliegenden Verfahren somit nicht entscheidungserheblich und kann deshalb offen bleiben.

[22] 2. Der Beschluss des Oberlandesgerichts Dresden vom 19. April 2011 verletzt den Beschwerdeführer in seinem Grundrecht aus Art. 2 Abs. 2 Satz 2 in Verbindung mit Art. 20 Abs. 3 GG.

[23] a) Als ein unverzichtbares Element der Rechtsstaatlichkeit des Strafverfahrens gewährleistet das Recht auf ein faires Verfahren dem Beschuldigten, prozessuale Rechte und Möglichkeiten mit der erforderlichen Sachkunde wahrnehmen und Übergriffe der staatlichen Stellen oder anderer Verfahrensbeteiligter angemessen abwehren zu können (vgl. BVerfGE 38, 105 <111>; 122, 248 <271 f.>). Soweit sie verfassungsrechtlich nicht bereits anderweitig erfasst werden, stellt das Prozessgrundrecht auf ein faires Verfahren zudem Mindestanforderungen für eine zuverlässige Sachverhaltsaufklärung auf (vgl. BVerfGE 57, 250 <274 f.>; 70, 297 <308>; 122, 248 <270>).

[24] b) Diesen Anforderungen wird der angegriffene Beschluss des Oberlandesgerichts Dresden vom 19. April 2011 nicht gerecht. Der Beschluss weicht in einer Weise von den obergerichtlichen Anforderungen an die richterliche Sachaufklärung ab, die verfassungsrechtlich nicht mehr hinnehmbar ist. Das Oberlandesgericht hätte nicht von einer weiteren Sachaufklärung absehen und verbleibende Zweifel nicht im Ergebnis zulasten des Beschwerdeführers werten dürfen.

[25] aa) Es hätte jedenfalls der augenfälligen Ungereimtheit in der dienstlichen Erklärung der Sitzungsvertreterin der Staatsanwaltschaft nachgehen müssen, die primär das Ziel einer Aufrechterhaltung der Untersuchungshaft verfolgt und für den Fall einer Aufhebung des Haftbefehls die Einlegung einer Beschwerde angekündigt haben will, aber in der Hauptverhandlung die Aufhebung des Haftbefehls beantragte. Ferner hätte das Oberlandesgericht Stellungnahmen der Schöffen und der Urkundsbeamtin einholen müssen, nachdem die damalige Verteidigerin plausibel und widerspruchsfrei erklärt hatte, die Gespräche seien im Sitzungssaal fortgesetzt worden, und die dienstliche Stellungnahme des Vorsitzenden ohne sachlichen Gehalt geblieben war.

[26] bb) Schließlich hätte das Oberlandesgericht verbleibende Zweifel nicht zulasten des Beschwerdeführers werten dürfen. Zwar ist es grundsätzlich verfassungsrechtlich nicht zu beanstanden, dass nach der auch im Freibeweisverfahren gebotenen Sachaufklärung nicht zu beseitigende Zweifel am Vorliegen von Verfahrenstatsachen grundsätzlich zulasten des Angeklagten gehen. Das dort vom Angeklagten grundsätzlich zu tragende Risiko der Unaufklärbarkeit des Sachverhalts findet aber dort seine Grenze, wo die Unaufklärbarkeit des Sachverhalts und dadurch entstehende Zweifel des Gerichts ihre Ursache in einem Verstoß gegen eine gesetzlich angeordnete Dokumentationspflicht finden (vgl. BVerfGK 16, 1 <18>).

Die **Zustimmungserklärung der Staatsanwaltschaft** zu dem Verständigungsvorschlag des Gerichts ist als gestaltende Prozesserklärung unanfechtbar und unwiderruflich. Das **Entfallen der Bindungswirkung** der Verständigung für das Gericht nach § 257c Abs. 4 Satz 1 StPO tritt nicht kraft Gesetzes ein, sondern erfordert eine dahingehende gerichtliche Entscheidung.[420] 418

[11] 2. Im Zusammenhang mit der Verständigung nach § 257c StPO macht die Revision einen Verstoß gegen die §§ 257c, 261, 267 StPO geltend. Sie beanstandet, das Landgericht habe trotz des von der Staatsanwaltschaft erklärten Widerrufs der Zustimmung zu dem gerichtlichen Verständigungsvorschlag in den Urteilsgründen nicht ausgeführt, ob und aus welchen Gründen es an der Verständigung habe festhalten wollen. Die in der Hauptverhandlung neu zutage getretenen Umstände – die erheblichen psychischen Tatfolgen für die Nebenklägerin und das erst im weiteren Verlauf der Hauptverhandlung nach Intervention der Staatsanwaltschaft erfolgte Eingeständnis des erzwungenen Analverkehrs durch den Angeklagten – hätten der Strafkammer Anlass geben müssen, den der Verständigung zugrunde gelegten Strafrahmen zu verlassen.

[12] Der Rüge bleibt der Erfolg versagt.

[13] a) Nach der Konzeption des § 257c StPO kommt eine Verständigung über das Ergebnis des Verfahrens durch einen Vorschlag des Gerichts und die Zustimmungserklärungen des Angeklagten sowie der Staatsanwaltschaft zustande. Das Gericht gibt nach § 257c Abs. 3 Satz 1 StPO den Inhalt einer möglichen Verständigung bekannt und macht dabei regelmäßig von der Möglichkeit Gebrauch, gemäß § 257c Abs. 3 Satz 2 StPO eine Strafober- und Strafuntergrenze anzugeben (vgl. BGH, Urteil vom 17. Februar 2011 – 3 StR 426/10, NStZ 2011, 648; Beschluss vom 16. März 2011 – 1 StR 60/11, StV 2012, 134, 135). Für die in § 257c Abs. 3 Satz 4 StPO als Vorschlag bezeichnete Bekanntgabe hat das Gericht das vom Angeklagten im Rahmen der Verständigung erwartete Prozessverhalten, bei dem es sich in aller Regel um ein Geständnis handeln wird (§ 257c Abs. 2 Satz 2 StPO), genau zu bezeichnen und unter antizipierender Berücksichtigung dieses Verhaltens und Beachtung der Vorgaben des materiellen Rechts eine strafzumessungsrechtliche Bewertung des Anklagevorwurfs vorzunehmen (vgl. Entwurf der Bundesregierung für ein Gesetz zur Regelung der Verständigung im Strafverfahren, BT-Drucks. 16/12310 S. 14; Niemöller in Niemöller/Schlothauer/Weider, Gesetz zur Verständigung im Strafverfahren, § 257c Rn. 56). Die Verständigung kommt gemäß § 257c Abs. 3 Satz 4 StPO zustande, wenn der Angeklagte und die Staatsanwaltschaft dem gerichtlichen Verständigungsvorschlag zustimmen. Die Zustimmungserklärung der Staatsanwaltschaft ist als gestaltende Prozesserklärung (vgl. Meyer-Goßner, StPO, 54. Aufl., Einleitung, Rn. 95, 102, 116) unanfechtbar und unwiderruflich (vgl. Niemöller aaO, Rn. 28; Altvater, Festschrift für Rissing-van Saan, 2011, S. 26; Meyer-Goßner aaO, § 257c, Rn. 25). Die Staatsanwaltschaft hat auch dann von sich aus keine Möglichkeit, die getroffene Verständigung mit der daraus resultierenden Bindungswirkung für das Gericht nachträglich zu Fall zu bringen, wenn sie die Voraussetzungen des § 257c Abs. 4 Satz 1 und 2 StPO für ein Entfallen der Bindungswirkung als gegeben ansieht (vgl. Niemöller aaO, Rn. 39, 111; Altvater aaO; Eschelbach in Graf, StPO, § 257c, Rn. 30; Velten in SK-StPO, 4. Aufl., § 257c, Rn. 25; Ambos/Ziehn in Radtke/Hohmann, StPO, § 257c, Rn. 35).

---

420 BGH, Urteil vom 21.6.2012 – 4 StR 623/11.

[14] b) Das Entfallen der Bindungswirkung der Verständigung für das Gericht tritt ungeachtet des insoweit unklaren Wortlauts des § 257c Abs. 4 Satz 1 StPO nicht kraft Gesetzes von selbst ein, sondern erfordert eine dahingehende gerichtliche Entscheidung. Die Prüfung, ob eine mit dem materiellen Recht in Einklang stehende Ahndung auch bei veränderter Beurteilungsgrundlage noch im Rahmen der getroffenen Verständigung möglich ist, liegt im Verantwortungsbereich des Gerichts. Um ein materiell-rechtlich richtiges und gerechtes Urteil zu gewährleisten (BT-Drucks. 16/12310 S. 14), räumt § 257c Abs. 4 StPO dem Gericht die Befugnis ein, sich unter den in § 257c Abs. 4 Satz 1 und 2 StPO geregelten Voraussetzungen aus der Bindung durch die Verständigung zu lösen. Das Abweichen von der Verständigung ist das Gegenstück zu dem gerichtlichen Verständigungsvorschlag und stellt sich der Sache nach als Widerruf der zum Bestandteil der Verständigung gewordenen Strafrahmenzusage dar. Dies macht eine entsprechende Entscheidung des Gerichts erforderlich (vgl. Niemöller aaO, Rn. 113; BT-Drucks. 16/12310 S. 15; a.A. Altvater aaO, S. 24). Die Notwendigkeit einer gerichtlichen Entscheidung folgt zudem aus der Regelung des § 257c Abs. 4 Satz 1 StPO, die das Entfallen der Bindung an die Verständigung unter anderem davon abhängig macht, dass das Gericht wegen der veränderten Beurteilungsgrundlage zu der Überzeugung gelangt, dass der in Aussicht gestellte Strafrahmen nicht mehr tat- oder schuldangemessen ist. Für die danach erforderliche Überzeugungsbildung bedarf es zwingend einer gerichtlichen Entscheidung. Die Entscheidung über das Abweichen von der Verständigung ist nach § 257c Abs. 4 Satz 4 StPO unverzüglich mitzuteilen, um dem Angeklagten und den weiteren Verfahrensbeteiligten – insbesondere mit Blick auf das mit dem Entfallen der Bindung des Gerichts an die Verständigung gemäß § 257c Abs. 4 Satz 3 StPO verknüpfte Verwertungsverbot für ein im Zuge der Verständigung abgelegtes Geständnis des Angeklagten – die Möglichkeit zu geben, ihr Prozessverhalten auf die neue Verfahrenslage einzurichten (vgl. BT-Drucks. 16/12310 S. 15).

[15] c) Ein Abweichen von der Verständigung setzt unter anderem voraus, dass das Gericht wegen der veränderten Beurteilungsgrundlage zu der Überzeugung gelangt, dass der in Aussicht gestellte Strafrahmen nicht mehr tat- oder schuldangemessen ist. Dies ist in § 257c Abs. 4 Satz 1 StPO ausdrücklich geregelt, gilt in gleicher Weise aber auch für die Fälle des § 257c Abs. 4 Satz 2 StPO. Gegenstand der in § 257c Abs. 4 Satz 2 StPO angesprochenen Prognose ist die strafzumessungsrechtliche Bewertung, die das Gericht bei seiner Zusage der Strafrahmengrenzen unter antizipierender Berücksichtigung des nach dem Inhalt des Verständigungsvorschlags erwarteten Prozessverhaltens des Angeklagten vorgenommen hat. Von einem nicht der Prognose entsprechenden Verhalten des Angeklagten, das ein Abweichen von der Verständigung zu rechtfertigen vermag, kann daher nur dann die Rede sein, wenn das von der Erwartung abweichende tatsächliche Prozessverhalten aus der Sicht des Gerichts der Strafrahmenzusage die Grundlage entzieht.

[16] Bei der Beantwortung der Frage, ob die in Aussicht gestellten Strafrahmengrenzen auch auf veränderter Beurteilungsgrundlage eine tat- und schuldangemessene Ahndung ermöglichen, kommt dem Gericht – wie auch sonst bei Wertungsakten im Bereich der Strafzumessung – ein weiter Beurteilungsspielraum zu, der erst überschritten ist, wenn der zugesagte Strafrahmen nicht mehr mit den Vorgaben des materiellen Rechts in Einklang zu bringen ist. Dies wäre etwa anzunehmen, wenn die Strafrahmenzusage sich unter Berücksichtigung von neu eingetretenen oder erkannten Umständen oder des tatsächlichen Prozessverhaltens des Angeklagten so weit von dem Gedanken eines gerechten Schuldausgleichs entfernte, dass sie als unvertretbar erschiene. In diesem Fall wäre das Gericht jedenfalls aus Gründen sachlichen Rechts

verpflichtet, von der getroffenen Verständigung abzuweichen. Da die Anforderungen des materiellen Strafrechts im Rahmen einer Verständigung nach § 257c StPO nicht disponibel sind (vgl. nur BT-Drucks. 16/12310 S. 7 ff., 13 f.), wäre ein auf der Grundlage der Verständigung ergehendes Urteil sachlich-rechtlich fehlerhaft. Ob in einem Festhalten an der Verständigung bei nach Maßgabe von § 257c Abs. 4 Satz 1 und 2 StPO unvertretbar gewordener Strafrahmenzusage zugleich ein Verfahrensverstoß gegen § 257c Abs. 4 StPO läge, kann der Senat dahinstehen lassen. Denn im vorliegenden Fall hat das Landgericht den ihm im Rahmen des § 257c Abs. 4 StPO zukommenden Beurteilungsrahmen nicht überschritten. Die Revision der Staatsanwaltschaft zeigt keine nach § 257c Abs. 4 Satz 1 und 2 StPO neu in die strafzumessungsrechtliche Bewertung einzubeziehenden Umstände auf, die geeignet sind, die Vertretbarkeit der von der Strafkammer in ihrem Verständigungsvorschlag in Aussicht gestellten Strafober- und Strafuntergrenze in Frage zu stellen. Dies gilt sowohl für den Umstand, dass der Angeklagte den gewaltsam erzwungenen Analverkehr erst im weiteren Verlauf der Hauptverhandlung glaubhaft eingeräumt hat, als auch für die erheblichen psychischen Folgen der Tat für die Nebenklägerin.

[17] d) Ausführungen in den Urteilsgründen zum Festhalten an oder Abweichen von der Verständigung sind entgegen der Ansicht der Revision nicht erforderlich. Während in dem Referentenentwurf des Bundesjustizministeriums für ein Gesetz zur Regelung der Verständigung im Strafverfahren ursprünglich die Feststellung in den Urteilsgründen vorgesehen war, dass dem Urteil eine Verständigung zugrunde liegt (vgl. Referentenentwurf S. 6 f. bei Niemöller aaO, Anhang 4), verlangt die Gesetz gewordene Regelung des § 267 Abs. 3 Satz 5 StPO lediglich die Angabe, dass dem Urteil eine Verständigung (§ 257c StPO) vorausgegangen ist. Die Vorschrift soll auch für die Urteilsgründe Transparenz herstellen (vgl. BT-Drucks. 16/12310 S. 15). Die Darstellung des Inhalts der Verständigung ist dabei nicht geboten. Insoweit findet die notwendige Dokumentation gemäß § 273 Abs. 1a Satz 1 StPO in der Sitzungsniederschrift statt, welche die Grundlage einer vom Revisionsgericht auf Verfahrensrüge hin gegebenenfalls vorzunehmenden Prüfung des Verfahrens nach § 257c StPO bildet (vgl. BGH, Beschlüsse vom 11. Oktober 2010 – 1 StR 359/10, NStZ 2011, 170; vom 19. August 2010 – 3 StR 226/10, BGHR StPO § 267 Abs. 3 Satz 5 Offenlegung 1; vom 13. Januar 2010 – 3 StR 528/09, NStZ 2010, 348). Für das Abrücken von der Verständigung nach § 257c Abs. 4 StPO verbleibt es mangels einer anderen gesetzlichen Regelung bei dem Grundsatz, dass Verfahrensvorgänge im Urteil nicht zu erörtern sind (vgl. BGH, Beschlüsse vom 27. Mai 2009 – 1 StR 99/09, NJW 2009, 2612, 2613; vom 8. Mai 2007 – 1 StR 202/07, NStZ-RR 2007, 244; a.A. für § 257c Abs. 4 Meyer-Goßner aaO, § 267, Rn. 23a; Velten aaO, § 257c, Rn. 41). Die Mitteilung nach § 257c Abs. 4 Satz 4 StPO über die Entscheidung zum Abgehen von der Verständigung und deren Gründe ist gemäß § 273 Abs. 1a Satz 2 StPO in das Sitzungsprotokoll aufzunehmen und nimmt an dessen Beweiskraft teil.

PRAXISBEDEUTUNG ■

Die vorstehende Entscheidung war mehr als überfällig, um damit auch die Rolle der Staatsanwaltschaft bei einem Deal näher zu klären. Auch die Frage, wie eine eingetretene Bindungswirkung für das Gericht wieder entfallen kann und was in diesem Zusammenhang prozessual zu beachten ist, ist nun näher ausgeführt.

419 Die **Bindung des Gerichts** an eine **Verständigung** entfällt gemäß § 257c Abs. 4 Satz 1 StPO erst dann, wenn rechtlich oder tatsächlich bedeutsame Umstände übersehen worden sind oder sich ergeben haben und das Gericht deswegen zu der Überzeugung gelangt, dass der in Aussicht gestellte Strafrahmen nicht mehr tat- oder schuldangemessen ist.[421]

2. Die Revision ist der Ansicht, dass wegen der Veränderung des rechtlichen Gesichtspunkts „Beihilfe statt Mittäterschaft" in den zehn Fällen der Steuerhinterziehung die Bindung des Gerichts an die Verständigung gemäß § 257c Abs. 4 Satz 1 StPO entfallen sei und dass das Landgericht diesen Umstand in den Urteilsgründen bei der Strafzumessung zum Ausdruck hätte bringen müssen.

3. Es bedarf keiner abschließenden Entscheidung, ob die Verfahrensrüge schon deshalb den Anforderungen des § 344 Abs. 2 Satz 2 StPO nicht entspricht, weil die Revision sich nicht dazu verhält, ob auch die Angeklagte in der Hauptverhandlung nach dem rechtlichen Hinweis des Gerichts den in der Verständigung für die Gesamtstrafe vereinbarten Strafrahmen nach wie vor für schuldangemessen erachtet und die Verständigung weiterhin für bindend angesehen hat. Hierfür spricht, dass die Verteidigung – was von der Revision ebenfalls nicht mitgeteilt wird – in ihrem Schlussvortrag eine in der Mitte des vereinbarten Rahmens liegende Gesamtfreiheitsstrafe von einem Jahr und sechs Monaten beantragt hat. Die Rüge hat – ihre Zulässigkeit unterstellt – jedenfalls in der Sache keinen Erfolg.

a) Die abweichende rechtliche Einstufung der Tatbeiträge der Angeklagten bei den Steuerstraftaten durch das Gericht führte – entgegen der Auffassung der Revision – nicht zum Entfallen der Bindungswirkung der Verständigung.

Die Bindung des Gerichts an eine Verständigung entfällt gemäß § 257c Abs. 4 Satz 1 StPO erst dann, wenn rechtlich oder tatsächlich bedeutsame Umstände übersehen worden sind oder sich ergeben haben und das Gericht deswegen zu der Überzeugung gelangt, dass der in Aussicht gestellte Strafrahmen nicht mehr tat- oder schuldangemessen ist. Dabei liegt die Prüfung und Entscheidung, ob eine mit dem materiellen Recht in Einklang stehende Ahndung auch bei veränderter Beurteilungsgrundlage noch im Rahmen der getroffenen Verständigung möglich ist, im Verantwortungsbereich des Gerichts (vgl. BGH, Urteil vom 21. Juni 2012 – 4 StR 623/11, NJW 2012, 3113). In § 257c Abs. 4 Satz 1 StPO ist ausdrücklich geregelt, dass ein Abweichen von der Verständigung und damit ein Entfallen der Bindung an diese unter anderem voraussetzt, dass das Gericht wegen der veränderten Beurteilungsgrundlage zu der Überzeugung gelangt, der in Aussicht gestellte Strafrahmen sei nicht mehr tat- oder schuldangemessen. Dies war hier ersichtlich nicht der Fall.

b) Das Landgericht durfte die hier für die Gesamtstrafe gemäß § 257c Abs. 3 Satz 2 StPO in Aussicht gestellten Strafrahmengrenzen nach dem Hinweis gemäß § 265 Abs. 1 StPO zur rechtlichen Einstufung der Mitwirkung der Angeklagten an den Steuerhinterziehungsdelikten lediglich als Beihilfe statt als Mittäterschaft weiterhin als tat- und schuldangemessen ansehen.

aa) Bei der Beantwortung der Frage, ob die in Aussicht gestellten Strafrahmengrenzen auch auf veränderter Beurteilungsgrundlage eine tat- und schuldangemessene Ahndung ermöglichen, kommt dem Gericht wie auch sonst bei Wertungsakten im Bereich der Strafzumessung ein weiter Beurteilungsspielraum zu, der erst überschrit-

[421] BGH, Beschluss vom 25.10.2012 – 1 StR 421/12.

ten ist, wenn die zugesagte Strafober- oder die zugesagte Strafuntergrenze nicht mehr mit den Vorgaben des materiellen Rechts in Einklang zu bringen ist. Dies wäre etwa anzunehmen, wenn die Strafrahmenzusage sich unter Berücksichtigung von neu eingetretenen oder erkannten Umständen so weit von dem Gedanken eines gerechten Schuldausgleichs entfernte, dass sie als unvertretbar erschiene. In diesem Fall wäre das Gericht jedenfalls aus Gründen sachlichen Rechts verpflichtet, von der getroffenen Verständigung abzuweichen.

bb) So verhält es sich hier indes nicht.

(1) Der Schuldgehalt einer gewichtigen Beihilfetat kann sogar größer sein als der einer mittäterschaftlichen Tatbeteiligung, die sich auf weniger gewichtige Tatbeiträge beschränkt. Das Landgericht durfte deshalb bei der Bewertung des Schuldgehalts der nunmehr von ihm als Beihilfe eingestuften Tatbeiträge der Angeklagten der „Intensität der jeweiligen Unterstützungshandlung" (UA S. 49) besondere Bedeutung beimessen.

(2) Gewicht hatte hier auch der Umstand, dass sich die Verständigung gemäß § 257c StPO nicht auf die für die zehn Steuerdelikte festzusetzenden Einzelstrafen bezog, sondern lediglich auf die insgesamt zu verhängende Gesamtstrafe. In die Gesamtstrafenbildung waren jedoch auch die Einzelstrafen für 50 Fälle der Beihilfe zum Vorenthalten und Veruntreuen von Arbeitsentgelt (§ 266a StGB) – darunter dann auch die zweifach verwirkte Einsatzstrafe von zehn Monaten Freiheitsstrafe – einzubeziehen, die von der veränderten rechtlichen Einstufung der Tatbeteiligung bei den Steuerdelikten nicht betroffen waren.

4. Einer ausdrücklichen Darlegung, aus welchen Gründen das Tatgericht die der Verständigung zugrunde gelegten Strafrahmengrenzen für die Gesamtstrafe auch auf der Grundlage veränderter Bewertung der Tatbeteiligung bei den Steuerdelikten als Beihilfe statt Mittäterschaft weiterhin für tat- und schuldangemessen erachtet und deswegen an der Verständigung festgehalten hat, bedurfte es in den Urteilsgründen nicht (vgl. BGH, Urteil vom 21. Juni 2012 – 4 StR 623/11, NJW 2012, 3113).

Maßgeblich ist lediglich, ob sich die verhängte Strafe von ihrer Bestimmung gelöst hat, gerechter Schuldausgleich zu sein. Dies ist hier bei der moderaten Gesamtfreiheitsstrafe von einem Jahr und vier Monaten, in die auch die 50 Einzelstrafen wegen Beihilfe zum Vorenthalten und Veruntreuen von Arbeitsentgelt eingeflossen sind, nicht der Fall.

Jedenfalls wenn Urteilsgründe zu Verständigungen mit dem Angeklagten nichts ergeben und das Urteil auch keinen Hinweis gemäß § 267 Abs. 3 Satz 5 StPO enthält, ist, um die Beweiswürdigung im Blick auf Verständigungen durch das Revisionsgericht zur Überprüfung zu stellen, die Erhebung einer **Verfahrensrüge** erforderlich. Es ist jedenfalls in der Regel geboten, in die Würdigung einer entscheidungserheblichen Aussage eines Tatbeteiligten eine vorangegangene oder im Raum stehende Verständigung in dem gegen ihn wegen desselben Tatkomplexes durchgeführten Verfahren – gleichgültig, ob es Teil des Verfahrens gegen den Angeklagten oder formal eigenständig ist – erkennbar einzubeziehen und nachvollziehbar zu behandeln, ob der Tatbeteiligte im Blick auf die ihn betreffende Verständigung irrig glauben könnte, eine Falschaussage zu Lasten des Angeklagten sei für ihn besser als eine wahre Aussage zu dessen Gunsten.[422] **420**

[422] BGH, Beschluss vom 6.3.2012 – 1 StR 17/12.

[3] 2. Seine Revision hat mit einer Verfahrensrüge Erfolg. Er macht zutreffend geltend, die Strafkammer habe in ihre Würdigung der Aussagen von Sh. und K. S. nicht erkennbar einbezogen, dass deren Verurteilungen eine Verständigung (§ 257c StPO) voraus ging.

[4] a) Die Urteilsgründe ergeben zu Verständigungen mit dem Angeklagten Sh. S. und dem ehemaligen Mitangeklagten K. S. nichts. Das Urteil enthält auch hinsichtlich Sh. S. keinen Hinweis gemäß § 267 Abs. 3 Satz 5 StPO (i.V.m. § 267 Abs. 4 Satz 2 StPO). Um gleichwohl die Beweiswürdigung im Blick auf Verständigungen durch das Revisionsgericht zur Überprüfung zu stellen, war hier die Erhebung einer Verfahrensrüge erforderlich (BGH, Beschluss vom 22. Februar 2012 – 1 StR 349/11; Beschluss vom 6. November 2007 – 1 StR 370/07, BGHSt 52, 78, 79, 81).

[5] b) Die Revision trägt in diesem Zusammenhang zutreffend vor, dass sich im Verlauf der Hauptverhandlung beide Angeklagte S. nach entsprechenden Gesprächen mit einem vom Gericht für den Fall von Geständnissen genannten Strafrahmen einverstanden erklärten (§ 257c StPO) und noch vor der Abtrennung des Verfahrens gegen K. S. Erklärungen zur Sache abgaben. Der Angeklagte und sein Verteidiger hatten demgegenüber eine Verständigung abgelehnt.

[6] c) Es ist jedenfalls in der Regel geboten, in die Würdigung einer entscheidungserheblichen Aussage eines Tatbeteiligten eine vorangegangene oder im Raum stehende Verständigung in dem gegen ihn wegen desselben Tatkomplexes durchgeführten Verfahren – gleichgültig, ob es Teil des Verfahrens gegen den Angeklagten oder formal eigenständig ist – erkennbar einzubeziehen (vgl. BGH, Beschluss vom 22. Februar 2012 – 1 StR 349/11; Beschluss vom 9. Februar 2012 – 1 StR 438/11; Beschluss vom 6. November 2007 – 1 StR 370/07, BGHSt 52, 78, 82 f. m.w.N.) und nachvollziehbar zu behandeln, ob der Tatbeteiligte im Blick auf die ihn betreffende Verständigung irrig glauben könnte, eine Falschaussage zu Lasten des Angeklagten sei für ihn besser als eine wahre Aussage zu dessen Gunsten (BGH aaO). Gründe des Einzelfalls, die derartige Erörterungen hier gleichwohl entbehrlich erscheinen ließen, sind nicht ersichtlich.

21. Schlussvorträge, Letztes Wort – § 258 StPO

421 Steht nach erwiesenem Revisionsvorbringen fest, dass einem Angeklagten, nachdem das Gericht noch einmal in die **Beweisaufnahme** eingetreten war, **nicht** erneut **Gelegenheit** zu seinem **Letzten Wort** gegeben wurde, ist ein **Verfahrensfehler** gegeben. Allerdings kann darauf der Schuldspruch nicht beruhen, wenn das Gericht ausschließen kann, dass der Angeklagte in einem neuerlichen Letzten Wort Erhebliches hätte bekunden können.[423]

[1] Das Landgericht hat den Angeklagten E. wegen Beihilfe zum unerlaubten Handeltreiben mit Betäubungsmitteln in nicht geringer Menge in vier Fällen zu einer Gesamtfreiheitsstrafe von drei Jahren verurteilt. Seine hiergegen gerichtete Revision hat mit der Rüge der Nichtgewährung des letzten Wortes (§ 258 Abs. 2 StPO) in dem erkannten Umfang Erfolg. Ansonsten ist sie gemäß § 349 Abs. 2 StPO unbegründet.

---

[423] BGH, Beschluss vom 17.7.2012 – 5 StR 253/12.

[2] Nach dem erwiesenen Revisionsvorbringen (vgl. auch die Gegenerklärung der Staatsanwaltschaft) hatte der Angeklagte zwar das letzte Wort; nach einer Verhandlungsunterbrechung wurde aber, wie das Hauptverhandlungsprotokoll ausweist, die „Sach- und Rechtslage“ mit den Verfahrensbeteiligten erörtert, ohne dass dem Angeklagten danach abermals das letzte Wort gewährt worden wäre. Damit steht fest, dass das Gericht erneut zur Sache verhandelt hat (vgl. auch BGH, Beschluss vom 4. Februar 2010 – 1 StR 3/10, NStZ-RR 2010, 152).

[3] Auf dem dargelegten Verfahrensfehler kann jedoch der Schuldspruch nicht beruhen. Der Senat kann angesichts der Aussage des Angeklagten in seinem „letzten Wort“, dass er sich von den Taten distanziere und diese bereue, in Verbindung mit der ansonsten gegebenen klaren Beweislage ausschließen, dass der Angeklagte in einem – erneuten – letzten Wort etwas insofern Erhebliches hätte bekunden können.

[4] Dagegen kann der Ausspruch über die Einzelstrafen und die Gesamtstrafe auf dem Verfahrensfehler beruhen. Es ist nicht ausgeschlossen, dass der Angeklagte, wäre ihm das letzte Wort erneut erteilt worden, Ausführungen gemacht hätte, die die Strafzumessung zu seinen Gunsten beeinflusst hätten.

Es kann dahinstehen, ob ein **Verfahrensfehler** überhaupt vorliegt oder ob die Beschränkung der Strafverfolgung gemäß § 154a Abs. 2 StPO durch einen unmittelbar vor dem Urteil verkündeten Beschluss auch dann noch Teil der abschließenden Entscheidung des Gerichts ist, wenn die Zustimmungserklärung der Staatsanwaltschaft nach protokolliertem Wiedereintritt in die Beweisaufnahme unmittelbar vorher erteilt worden ist.[424] **422**

[4] 2. Auch die Rüge der Verletzung des § 258 Abs. 2 StPO hat keinen Erfolg. Der Rüge liegt folgender Verfahrensgang zu Grunde:

[5] Am dritten und letzten Hauptverhandlungstag war die Beweisaufnahme geschlossen worden, die Staatsanwaltschaft und der Verteidiger stellten ihre Anträge, dann hatte der Angeklagte das letzte Wort. Er erklärte: „Ich habe nichts mehr zu sagen“. Nach Unterbrechung und Fortsetzung der Hauptverhandlung wurde erneut in die Beweisaufnahme eingetreten. Die Staatsanwaltschaft beantragte im Fall 1 der Anklage die Tat auf den besonders schweren Raub in Tateinheit mit gefährlicher Körperverletzung zu beschränken. Die Verteidigung gab keine Stellungnahme ab. Es erging ein entsprechender Gerichtsbeschluss. Unmittelbar danach wurde das Urteil verkündet.

[6] Es kann dahinstehen, ob ein Verfahrensfehler überhaupt vorliegt oder ob die Beschränkung der Strafverfolgung gemäß § 154a Abs. 2 StPO durch einen unmittelbar vor dem Urteil verkündeten Beschluss auch dann noch Teil der abschließenden Entscheidung des Gerichts ist, wenn die Zustimmungserklärung der Staatsanwaltschaft nach protokolliertem Wiedereintritt in die Beweisaufnahme unmittelbar vorher erteilt worden ist (vgl. Senatsbeschluss vom 27. März 2001 – 4 StR 414/00, BGHR StPO § 258 Abs. 3 Wiedereintritt 13). Der Senat kann unter den besonderen Umständen des vorliegenden Falles ausschließen, dass das Urteil auf dem Verstoß beruht.

[7] Der Angeklagte war hinsichtlich des Falles 1 der Anklage bzw. der Urteilsgründe geständig. Er hatte, als ihm zuvor das letzte Wort erteilt worden war, aus-

[424] BGH, Beschluss vom 1.8.2012 – 4 StR 257/12.

drücklich erklärt, nichts mehr sagen zu wollen. Anhaltspunkte dafür, dass er Ausführungen gemacht hätte, wenn ihm das letzte Wort nochmals erteilt worden wäre, sind nicht ersichtlich.

22. Urteilsabfassung – §§ 261 ff. StPO

423 Das Vorgehen des Landgerichts, die zwar der Strafkammer, nicht aber dem erkennenden Spruchkörper angehörende Richterin „zur Entlastung" des Berichterstatters „ebenfalls mitschreiben" zu lassen, erscheint unter dem Blickwinkel eines möglichen **Verstoßes gegen § 261 StPO** nicht unbedenklich.[425]

Im Übrigen erscheint das Vorgehen des Landgerichts, die zwar der Strafkammer, nicht aber dem erkennenden Spruchkörper angehörende Richterin „zur Entlastung" des Berichterstatters „ebenfalls mitschreiben" zu lassen, unter dem Blickwinkel eines möglichen – hier von den Revisionen nicht gerügten – Verstoßes gegen § 261 StPO nicht unbedenklich. Anders als Ton- und Filmaufnahmen, die als Gedächtnisstütze des Gerichts grundsätzlich zulässig sind (vgl. Meyer-Goßner StPO 54. Aufl. 2011 § 169 GVG Rn. 11), sind Auswahl und Inhalt der Mitschrift von Vorgängen in der Hauptverhandlung von den subjektiven Wahrnehmungen und Bewertungen des betreffenden Richters geprägt. Es handelt sich dabei um einen höchstpersönlichen Akt, der den „Inbegriff der Verhandlung" aufbereitet und konkretisiert und die Grundlage für die Beratung und Urteilsfassung bildet. In dieser Funktion obliegt die Anfertigung von Mitschriften gemäß § 261 StPO allein den Mitgliedern des erkennenden Gerichts und kann nicht auf Dritte delegiert werden.

424 Soweit die Revision eine Erörterung von Widersprüchen in den Angaben eines Zeugen im Ermittlungsverfahren vermisst und sich dazu auf die bei den Akten befindlichen Vernehmungsprotokolle beruft, handelt es sich um urteilsfremdes Vorbringen, dessen Beachtung das **Rekonstruktionsverbot** entgegensteht.[426]

a) Beweiswürdigung

■ TOPENTSCHEIDUNG

425 Kann der Tatrichter auf der Grundlage der Gesamtbewertung aller Umstände Zweifel an der subjektiven Tatseite nicht überwinden, so hat das Revisionsgericht dies regelmäßig hinzunehmen, denn die **Beweiswürdigung** ist vom Gesetz **dem Tatrichter übertragen** (§ 261 StPO). Gleichermaßen Sache des Tatrichters ist es, die Bedeutung und das Gewicht der einzelnen be- oder entlastenden Indizien in der **Gesamtwürdigung des Beweisergebnisses** zu bewerten. Ist diese Bewertung nach den dargestellten rechtlichen Maßstäben vertretbar, so kann das Revisionsgericht nicht auf der Grundlage einer abweichenden Beurteilung der Bedeutung einer Indiztatsache in die Überzeugungsbildung des Tatrichters eingreifen.[427]

---

[425] BGH, Beschluss vom 23.11.2012 – 2 StR 112/11.

[426] BGH, Beschluss vom 22.8.2012 – 4 StR 211/12.

[427] BGH, Urteil vom 20.9.2012 – 3 StR 158/12; vgl. hierzu auch BGH, Beschluss vom 24.5.2012 – 5 StR 52/12; BGH, Beschluss vom 23.5.2012 – 5 StR 174/12; zur Beweiswür-

[4] 2. Die Beweiswürdigung zur subjektiven Tatseite hält rechtlicher Überprüfung nicht stand.

[5] a) Bedingt vorsätzliches Handeln setzt voraus, dass der Täter den Eintritt des tatbestandlichen Erfolges als möglich und nicht ganz fern liegend erkennt, weiter, dass er ihn billigt oder sich um des erstrebten Zieles willen mit der Tatbestandsverwirklichung zumindest abfindet. Da die Schuldformen des bedingten Vorsatzes und der bewussten Fahrlässigkeit im Grenzbereich eng beieinander liegen, müssen vor der Annahme bedingten Vorsatzes beide Elemente der inneren Tatseite, also sowohl das Wissens- als auch das Willenselement, umfassend geprüft und gegebenenfalls durch tatsächliche Feststellungen belegt werden (vgl. BGH, Urteil vom 28. Januar 2010 – 3 StR 533/09, NStZ-RR 2010, 144). Hierzu bedarf es einer Gesamtschau aller objektiven und subjektiven Tatumstände des Einzelfalles, in welche vor allem die objektive Gefährlichkeit der Tathandlung, die konkrete Angriffsweise des Täters, seine psychische Verfassung bei der Tatbegehung und seine Motivationslage mit einzubeziehen sind (BGH, Urteile vom 22. März 2012 – 4 StR 558/11, NJW 2012, 1524; vom 23. Februar 2012 – 4 StR 608/11, NStZ 2012, 443; vom 27. August 2009 – 3 StR 246/09, NStZ-RR 2009, 372).

[6] Kann der Tatrichter auf der Grundlage dieser Gesamtbewertung aller Umstände Zweifel an der subjektiven Tatseite nicht überwinden, so hat das Revisionsgericht dies regelmäßig hinzunehmen, denn die Beweiswürdigung ist vom Gesetz dem Tatrichter übertragen (§ 261 StPO). Es obliegt allein ihm, sich unter dem umfassenden Eindruck der Hauptverhandlung ein Urteil über die Schuld oder Unschuld des Angeklagten zu bilden. Seine Schlussfolgerungen brauchen nicht zwingend zu sein; es genügt, dass sie möglich sind. Die revisionsgerichtliche Prüfung beschränkt sich allein darauf, ob dem Tatrichter Rechtsfehler unterlaufen sind. Das ist in sachlich-rechtlicher Hinsicht der Fall, wenn die Beweiswürdigung widersprüchlich, unklar oder lückenhaft ist, gegen Denkgesetze oder gesicherte Erfahrungssätze verstößt oder an die Überzeugung von der Schuld des Angeklagten überhöhte Anforderungen stellt. Liegen solche Rechtsfehler nicht vor, hat das Revisionsgericht die tatrichterliche Überzeugungsbildung auch dann hinzunehmen, wenn eine abweichende Würdigung der Beweise möglich oder sogar näher liegend gewesen wäre (st. Rspr.; vgl. nur BGH, Urteil vom 26. April 2012 – 4 StR 599/11 m.w.N.).

[7] Gleichermaßen Sache des Tatrichters ist es, die Bedeutung und das Gewicht der einzelnen be- oder entlastenden Indizien in der Gesamtwürdigung des Beweisergebnisses zu bewerten. Ist diese Bewertung nach den dargestellten rechtlichen Maßstäben vertretbar, so kann das Revisionsgericht nicht auf der Grundlage einer abweichenden Beurteilung der Bedeutung einer Indiztatsache in die Überzeugungsbildung des Tatrichters eingreifen (BGH, Urteil vom 9. Juni 2005 – 3 StR 269/04, NJW 2005, 2322, 2326). Dies muss insbesondere auch dann gelten, wenn der Tatrichter im Rahmen der Prüfung des bedingten Tötungsvorsatzes Gewalthandlungen des Täters festgestellt hat, die für das Opfer objektiv lebensbedrohlich sind. Zwar hat der Bundesgerichtshof die auf der Grundlage der dem Täter bekannten Umstände zu bestimmende objektive Gefährlichkeit der Tathandlung als wesentlichen Indikator sowohl für das Wissens- als auch für das Willenselement des bedingten Vorsatzes angesehen (BGH, Urteil vom 23. Februar 2012 – 4 StR 608/11, NStZ 2012, 443) und bei äußerst gefährlichen Gewalthandlungen das Vorliegen beider Elemente

digung und Feststellungen im Hinblick auf einen evtl. (bedingten) Tötungsvorsatz vgl. BGH, Urteil vom 20.9.2012 – 3 StR 140/12.

als naheliegend bezeichnet (BGH, Urteile vom 28. Januar 2010 – 3 StR 533/09, NStZ-RR 2010, 144; vom 22. März 2012 – 4 StR 558/11, NJW 2012, 1524; vom 27. August 2009 – 3 StR 246/09, NStZ-RR 2009, 372). Dies bedeutet jedoch nicht, dass der Tatrichter der objektiven Gefährlichkeit der Tathandlung bei der Prüfung der subjektiven Tatseite von Rechts wegen immer die ausschlaggebende indizielle Bedeutung beizumessen hätte. Darin läge vielmehr eine vom Einzelfall gelöste Festlegung des Beweiswerts und der Beweisrichtung eines im Zusammenhang mit derartigen Delikten immer wieder auftretenden Indizes, die einer unzulässigen Beweisregel nahekäme und deshalb dem Grundsatz der freien richterlichen Beweiswürdigung (§ 261 StPO) widerspräche.

[8] Nach alledem ist es bei der Prüfung des bedingten Tötungsvorsatzes – nicht anders als sonst bei der Würdigung der Beweise – aus revisionsrechtlicher Sicht erforderlich, aber auch ausreichend, sämtliche objektiven und subjektiven, für und gegen den Angeklagten sprechenden Umstände des Einzelfalles in eine individuelle Gesamtschau einzubeziehen und zu bewerten. Dies gilt auch für solche Beweisanzeichen, die sich auf den ersten Blick als ambivalent darstellen, die also dem Tatrichter, je nachdem, wie er sie im Einzelfall bewertet, rechtlich zulässige Schlüsse sowohl zu Gunsten als auch zu Lasten des Angeklagten ermöglichen. Eine rechtlich vertretbare tatrichterliche Entscheidung darüber, in welchem der möglichen, zueinander in einem Gegensatz stehenden Beweiszusammenhänge ein solcher Umstand im konkreten Fall indizielle Bedeutung entfaltet, ist vom Revisionsgericht hinzunehmen. Der Tatrichter kann in einem solchen Falle nicht gehalten sein, denselben Umstand nochmals in dem anderen Beweiszusammenhang zu erwägen und damit Gefahr zu laufen, sich zu seinem anderweitig gewonnenen Ergebnis zu Gunsten oder zu Lasten des Angeklagten in Widerspruch zu setzen (vgl. BGH, Urteil vom 9. Juni 2005 – 3 StR 269/04, NJW 2005, 2322, 2326).

[9] b) Auch unter Berücksichtigung dieses tatrichterlichen Bewertungsspielraums werden die Ausführungen des Landgerichts den Anforderungen an die Prüfung des bedingten Tötungsvorsatzes nicht gerecht.

[10] Zwar entzieht es sich revisionsgerichtlicher Kontrolle, mit welcher Bewertung und in welchem Beweiszusammenhang das Landgericht vorliegend das ambivalente Indiz, dass der Angeklagte nicht gezielt auf den Nebenkläger eingestochen, sondern eine Vielzahl unkontrollierter und unkoordinierter Stichbewegungen ausgeführt hat, in seine Gesamtwürdigung eingestellt hat. Doch erweisen sich die Urteilsgründe in der Frage, welche indizielle Bedeutung der den Tätlichkeiten vorangegangenen Ankündigung des Angeklagten, wer Stress mache, den steche er ab, beizumessen ist, als teilweise widersprüchlich und lückenhaft. Denn während das Landgericht aus dieser von einem Vorzeigen des Messers mit ausgefahrener Klinge am ausgestreckten Arm begleiteten Bemerkung im Zusammenhang mit der später zum Nachteil eines weiteren Geschädigten verübten Tat die sowohl für das kognitive als auch für das voluntative Vorsatzelement wesentliche Folgerung gezogen hat, dem Angeklagten sei die Möglichkeit, mit dem Messer nicht nur verletzende, sondern auch tödliche Stiche versetzen zu können, bewusst und er sei hierzu jedenfalls grundsätzlich auch bereit gewesen, hat es ihr für die Tat zum Nachteil des Nebenklägers die allein für das Wissenselement bedeutsame Kenntnis um die Eignung des Messers zur Beibringung tödlicher Verletzungen entnommen. Bestand aber bereits vor Beginn der Tätlichkeiten eine grundsätzliche Bereitschaft des Angeklagten, im Rahmen der erwarteten Auseinandersetzung gegebenenfalls auch tödliche Stiche zu versetzen, dann bedurfte es der Erörterung, warum der Angeklagte erst bei der Tat zum Nachteil des anderen

Geschädigten, dagegen noch nicht schon bei der vorangegangenen Tat zum Nachteil des Nebenklägers die Gefahr eines möglichen Todeseintritts in Kauf nahm.

[11] Auf diesem Rechtsfehler beruht das Urteil. Entgegen der Auffassung des Generalbundesanwalts kann den Feststellungen nicht entnommen werden, dass der Angeklagte von einem möglichen Tötungsversuch zurückgetreten wäre. Zwar lässt sich den Urteilsgründen entnehmen, dass der Angeklagte wahrnahm, wie der Nebenkläger sich aufrichtete, sich aber gleichwohl abwandte und davonging. Doch wurden Feststellungen zu der Vorstellung des Angeklagten über die Folgen der von ihm gesetzten Stiche, die Schlüsse auf einen möglichen Rücktrittshorizont zuließen, nicht getroffen.

PRAXISBEDEUTUNG ■

Die Beweiswürdigung des Tatrichter stößt insbesondere bei Verteidigern immer wieder auf nicht unwesentliche Kritik. In der vorliegenden Entscheidung werden einem Revisionsführer klare Hinweise gegeben, ob es sich überhaupt lohnt, eine entsprechende Revisionsrüge zu erheben und worauf diese gestützt werden könnte.

TOPENTSCHEIDUNG ■

Das Revisionsgericht hat es regelmäßig hinzunehmen, wenn der Tatrichter einen Angeklagten freispricht, weil er Zweifel an seiner Täterschaft nicht zu überwinden vermag. Denn die **Beweiswürdigung** ist Sache des Tatrichters. Ihm obliegt es, das Ergebnis der Hauptverhandlung festzustellen und zu würdigen. Die revisionsgerichtliche Prüfung beschränkt sich allein darauf, ob dem Tatrichter **Rechtsfehler** unterlaufen sind. Das ist in sachlich-rechtlicher Hinsicht der Fall, wenn die Beweiswürdigung widersprüchlich, unklar oder lückenhaft ist oder gegen Denkgesetze oder gesicherte Erfahrungssätze verstößt. Insbesondere sind die Beweise erschöpfend zu würdigen. Das Urteil muss erkennen lassen, dass der Tatrichter solche Umstände, die geeignet sind, die Entscheidung zu Gunsten oder zu Ungunsten des Angeklagten zu beeinflussen, erkannt und in seine Überlegungen einbezogen hat. Aus den Urteilsgründen muss sich ferner ergeben, dass die einzelnen Beweisergebnisse nicht nur isoliert gewertet, sondern in eine umfassende Gesamtwürdigung eingestellt wurden. Rechtsfehlerhaft ist eine Beweiswürdigung schließlich dann, wenn an die zur Verurteilung erforderliche Gewissheit überspannte Anforderungen gestellt sind. Es ist weder im Hinblick auf den Zweifelssatz noch sonst geboten, zu Gunsten des Angeklagten von Annahmen auszugehen, für deren Vorliegen das Beweisergebnis keine konkreten tatsächlichen Anhaltspunkte erbracht hat.[428] **426**

[428] BGH, Urteil vom 26.4.2012 – 4 StR 599/11; vgl. hierzu auch BGH, Urteil vom 7.11.2012 – 5 StR 322/12.

■ **PRAXISBEDEUTUNG**

Die vorliegende Entscheidung fasst in beispielhafter Weise alle Möglichkeiten zusammen, die als Fehler einer Beweiswürdigung auftreten können. Daran muss sich jedes Urteil messen lassen; hieran können auch die Erfolgsaussichten einer Revision relativ klar bemessen werden.

427 Die zur **richterlichen Überzeugungsbildung** erforderliche persönliche Gewissheit setzt **objektive Grundlagen** voraus. Diese müssen aus rationalen Gründen den Schluss erlauben, dass das festgestellte Geschehen mit hoher Wahrscheinlichkeit mit der Wirklichkeit übereinstimmt. Das ist der Nachprüfung durch das Revisionsgericht zugänglich. Deshalb müssen die Urteilsgründe erkennen lassen, dass die Beweiswürdigung auf einer **tragfähigen, verstandesmäßig einsehbaren Tatsachengrundlage** beruht und die vom Gericht gezogene Schlussfolgerung nicht etwa nur eine Annahme ist oder sich als bloße Vermutung erweist, die letztlich nicht mehr als einen Verdacht zu begründen vermag.[429]

[12] 3. Die Beweiswürdigung des Landgerichts hält revisionsrechtlicher Überprüfung nicht stand. Die von der Strafkammer angeführten Indizien sind weder für sich genommen noch in ihrer Gesamtheit geeignet, eine tragfähige Grundlage für eine Verurteilung des Angeklagten zu bilden. Insbesondere ist eine aussagekräftige Identifizierung des Angeklagten hinsichtlich beider Tatkomplexe nicht belegt. Zudem ist die Beweiswürdigung in erheblicher Weise lückenhaft.

[13] Die zur richterlichen Überzeugungsbildung erforderliche persönliche Gewissheit setzt objektive Grundlagen voraus. Diese müssen aus rationalen Gründen den Schluss erlauben, dass das festgestellte Geschehen mit hoher Wahrscheinlichkeit mit der Wirklichkeit übereinstimmt. Das ist der Nachprüfung durch das Revisionsgericht zugänglich. Deshalb müssen die Urteilsgründe erkennen lassen, dass die Beweiswürdigung auf einer tragfähigen, verstandesmäßig einsehbaren Tatsachengrundlage beruht und die vom Gericht gezogene Schlussfolgerung nicht etwa nur eine Annahme ist oder sich als bloße Vermutung erweist, die letztlich nicht mehr als einen Verdacht zu begründen vermag (BGH, Beschlüsse vom 12. Dezember 2001 – 5 StR 520/01, StV 2002, 235, und vom 8. November 1996 – 2 StR 534/96, BGHR StPO § 261 Überzeugungsbildung 26, jeweils m.w.N.). Diesen Anforderungen wird das angefochtene Urteil nicht gerecht.

[14] a) Zum Überfall auf die Postbank-Filiale

[15] aa) Die Strafkammer hat nicht hinreichend bedacht, dass der Identifizierung des Angeklagten durch die Zeugin Sc. aufgrund erheblicher Mängel der Wiedererkennungsleistung nur ein äußerst geringer Beweiswert zukommt. Dieser ist – was die Strafkammer im Grundsatz richtig erkannt hat – bereits dadurch stark herabgesetzt, dass die Zeugin den Angeklagten lediglich auf einer Einzelbildvorlage erkannt hat (vgl. BGH, Urteil vom 19. November 1997 – 2 StR 470/97, BGHR StPO § 261 Identifizierung 13; Beschluss vom 18. August 1993 – 5 StR 477/93). Dieser Umstand wiegt umso schwerer, als die Zeugin – was das Landgericht ebenfalls im Grundsatz nicht verkannt hat – den Angeklagten weder in der sequentiellen Licht-

[429] BGH, Beschluss vom 25.9.2012 – 5 StR 372/12.

bildvorlage noch in der Videowahlgegenüberstellung identifizieren konnte (vgl. BGH, Beschluss vom 1. Oktober 2008 – 5 StR 439/08, BGHR StPO § 261 Identifizierung 17), da dies Zweifel an ihrer Fähigkeit zur Wiedererkennung des Täters weckt und zusätzlichen Anlass zu der Annahme gibt, die Zeugin könnte durch den mit der Einzellichtbildvorlage verbundenen suggestiven Effekt beeinflusst worden sein.

[16] Soweit das Landgericht in dem von der Zeugin angegeben Grad ihrer subjektiven Sicherheit einen die Zuverlässigkeit der Wiedererkennungsleistung steigernden und die vorgenannten Mängel jedenfalls teilweise aufwiegenden Gesichtspunkt erachtet, begegnet dies durchgreifenden rechtlichen Bedenken. Durch die anlässlich der Einzelbildvorlage geäußerte Einschätzung der Zeugin, sie sei sich hinsichtlich der Identifizierung zu 85 % sicher, wird die Verlässlichkeit der Wiedererkennung nicht gesteigert, sondern über die auch vom Landgericht anerkannten Mängel hinaus zusätzlich herabgesetzt (vgl. BGH, Beschlüsse vom 21. Juli 2009 – 5 StR 235/09, NStZ 2010, 53, und vom 1. Oktober 2008 – 5 StR 439/08, BGHR StPO § 261 Identifizierung 17). Denn durch diese Äußerung hat die Zeugin selbst Zweifel hinsichtlich des Erkennens benannt, über die sich das Tatgericht nicht ohne weiteres hinwegsetzen darf (BGH aaO). Einer Einstufung der Wiederkennungsleistung als zuverlässig steht insoweit entgegen, dass das Ausmaß der Unsicherheit aufgrund der Prozentangabe der Zeugin kaum objektivierbar ist.

[17] Im Hinblick auf die von der Zeugin anlässlich der Identifizierung in der ersten Hauptverhandlung geäußerte Sicherheit lässt das Landgericht zum einen außer Acht, dass insoweit eine verstärkte Suggestibilität der Identifizierungssituation bestand (vgl. BGH, Beschluss vom 25. Januar 2006 – 5 StR 593/05, NStZ-RR 2006, 212). Zum anderen hat die Strafkammer nicht erkennbar bedacht, dass es sich hierbei vor dem Hintergrund der Einzellichtbildvorlage vom 22. April 2010 um ein wiederholtes Wiedererkennen handelte, dessen Verlässlichkeit wegen der Beeinflussung durch die Situation des ersten Wiedererkennens und der durch diese bedingten Überlagerung des ursprünglichen Erinnerungsbildes deutlich vermindert ist (BGH, Urteil vom 28. Juni 1961 – 2 StR 194/61, BGHSt 16, 204, 205 f.; vgl. ferner BGH, Urteil vom 19. November 1997 – 2 StR 470/97, BGHR StPO § 261 Identifizierung 13). Das Landgericht hätte daher in seine Bewertung einstellen müssen, dass sich die Zeugin unbewusst an der Einzellichtbildvorlage orientiert haben könnte.

[18] Schließlich ist auch das uneingeschränkte Heranziehen der von der Zeugin Sc. abgegebenen „differenzierten" Personenbeschreibung als Beleg für die Zuverlässigkeit der Wiedererkennungsleistung problematisch, da diese gerade keine besonders kennzeichnenden Merkmale enthält und auf eine sehr große Anzahl von Personen – insbesondere auch aus dem Umfeld des verurteilten Täters So. – zutreffen dürfte.

[19] bb) Auch soweit die Strafkammer der von ihr vorgenommenen Gesamtschau der Indizien die Überzeugung zugrunde legt, der Zeuge S. habe den Täter mit dem Hammer zutreffend als seinen Kunden vom Vormittag wahrgenommen, erörtert sie nicht hinreichend die Zuverlässigkeit dieser Identifizierungsleistung. Hierzu hätte in besonderem Maße Anlass bestanden, da der Täter maskiert war und der Zeuge ihn lediglich anhand seines „Auftretens", seiner Stimme und seiner Augen wiedererkannt haben will, ihn aber andererseits zehn Tage nach der Tat auf einem aktuellen Foto nicht identifizieren konnte. Insbesondere wäre zu hinterfragen gewesen, ob es sich bei den vom Landgericht mehrfach in Bezug genommenen „unruhigen Augen" tatsächlich um das besondere Kennzeichen einer Person oder aber um einen situationsbedingten, etwa aus Aufregung resultierenden Zustand handelt. Auch hin-

sichtlich der Personenbeschreibung des Zeugen S. gilt, dass diese kaum geeignet ist, eine Person aus dem Umfeld des festgestellten Täters So. in unterscheidbarer Weise kenntlich zu machen.

[20] cc) Angesichts des danach gravierend verringerten Beweiswerts der Identifizierungen des Angeklagten, auf die das Landgericht seine Überzeugung maßgeblich stützt, fehlt es insgesamt an einer ausreichenden Tatsachengrundlage, die den Schluss auf die für die Überzeugungsbildung erforderliche hohe Wahrscheinlichkeit der Täterschaft des Angeklagten zuließe. Die übrigen von der Strafkammer angeführten Gesichtspunkte vermögen auch in ihrer Gesamtheit nicht mehr als einen Verdacht zu begründen (vgl. BGH, Beschluss vom 8. November 1996 – 2 StR 534/96, BGHR StPO § 261 Überzeugungsbildung 26). Dass der Angeklagte zwei Tage nach der Tat mit dem Fluchtfahrzeug – in dem sich Tatwerkzeug und ein Teil der Beute befanden – gesehen wurde, belegt letztlich nicht mehr, als dass er dem Bekanntenkreis der Täter zuzurechnen ist. Der Angeklagte wurde nach den Urteilsgründen offenbar nur ein einziges Mal mit dem Fahrzeug gesehen. Das Landgericht geht selbst nicht davon aus, „dass der Peugeot 307 dem Angeklagten exklusiv zur Verfügung stand" (UA S. 29), und hält es für möglich, dass er „auch weiteren Personen, welche die Polizei … der Tätergruppierung aus dem Neuköllner Kiez zurechnet, zur Verfügung stand" (UA S. 29). Das Auskundschaften von Bankfilialen etwa fünf Monate nach der Tat mag zwar eine allgemeine Tatgeneigtheit des Angeklagten erkennen lassen; ein hieraus gezogener Schluss auf die Täterschaft hinsichtlich der abgeurteilten Taten erweist sich jedoch mangels konkreten Bezugs zum Tatgeschehen auch im Zusammenhang mit den anderen Indizien lediglich als bloße Vermutung.

[21] dd) Schließlich enthält die Beweiswürdigung der Strafkammer auch hinsichtlich des Ausschlusses der nach der Spurenlage in Betracht kommenden Alternativtäter A. und T. einen bereits für sich genommen durchgreifenden Erörterungsmangel. Während sich in dem sichergestellten Pkw Peugeot keinerlei DNA-Spuren des Angeklagten fanden, wurden an beiden Sturmhauben Schuppenspuren des Mittäters So. festgestellt. Darüber hinaus wurden an einer Sturmhaube Schuppenspuren eines A. und eines T. vorgefunden. A. und T. sind dem Urteil zufolge „nach Erkenntnissen der Polizei bereits einschlägig strafrechtlich in Erscheinung getreten" (UA S. 30). Zwar erörtert das Landgericht in diesem Zusammenhang, weshalb der Angeklagte trotz dieser Spurenlage als Täter in Betracht komme. Mit einer möglichen Täterschaft der Spurenverursacher A. und T. setzt sich das Urteil jedoch in keiner Weise auseinander. Eine Begründung dafür, dass A. und T. „als Täter mit dem Zimmermannshammer – statt des Angeklagten – zur sicheren Überzeugung der Kammer" ausscheiden, findet sich im Urteil nicht.

428 **Sache des Tatrichters** ist es, die **Bedeutung und das Gewicht der** einzelnen be- oder entlastenden **Indizien** in der **Gesamtwürdigung** des Beweisergebnisses **zu bewerten.** Ist diese Bewertung nach den dargestellten rechtlichen Maßstäben vertretbar, so kann das Revisionsgericht nicht auf der Grundlage einer abweichenden Beurteilung der Bedeutung einer Indiztatsache in die Überzeugungsbildung des Tatrichters eingreifen.[430]

[4] 2. Die Beweiswürdigung zur subjektiven Tatseite hält rechtlicher Überprüfung nicht stand.

---

430 BGH, Urteil v. 20.9.2012 – 3 StR 158/12; vgl. auch BGH, Urteil vom 24.10.2012 – 2 StR 253/12.

[5] a) Bedingt vorsätzliches Handeln setzt voraus, dass der Täter den Eintritt des tatbestandlichen Erfolges als möglich und nicht ganz fern liegend erkennt, weiter, dass er ihn billigt oder sich um des erstrebten Zieles willen mit der Tatbestandsverwirklichung zumindest abfindet. Da die Schuldformen des bedingten Vorsatzes und der bewussten Fahrlässigkeit im Grenzbereich eng beieinander liegen, müssen vor der Annahme bedingten Vorsatzes beide Elemente der inneren Tatseite, also sowohl das Wissens- als auch das Willenselement, umfassend geprüft und gegebenenfalls durch tatsächliche Feststellungen belegt werden (vgl. BGH, Urteil vom 28. Januar 2010 – 3 StR 533/09, NStZ-RR 2010, 144). Hierzu bedarf es einer Gesamtschau aller objektiven und subjektiven Tatumstände des Einzelfalles, in welche vor allem die objektive Gefährlichkeit der Tathandlung, die konkrete Angriffsweise des Täters, seine psychische Verfassung bei der Tatbegehung und seine Motivationslage mit einzubeziehen sind (BGH, Urteile vom 22. März 2012 – 4 StR 558/11, NJW 2012, 1524; vom 23. Februar 2012 – 4 StR 608/11, NStZ 2012, 443; vom 27. August 2009 – 3 StR 246/09, NStZ-RR 2009, 372).

[6] Kann der Tatrichter auf der Grundlage dieser Gesamtbewertung aller Umstände Zweifel an der subjektiven Tatseite nicht überwinden, so hat das Revisionsgericht dies regelmäßig hinzunehmen, denn die Beweiswürdigung ist vom Gesetz dem Tatrichter übertragen (§ 261 StPO). Es obliegt allein ihm, sich unter dem umfassenden Eindruck der Hauptverhandlung ein Urteil über die Schuld oder Unschuld des Angeklagten zu bilden. Seine Schlussfolgerungen brauchen nicht zwingend zu sein; es genügt, dass sie möglich sind. Die revisionsgerichtliche Prüfung beschränkt sich allein darauf, ob dem Tatrichter Rechtsfehler unterlaufen sind. Das ist in sachlichrechtlicher Hinsicht der Fall, wenn die Beweiswürdigung widersprüchlich, unklar oder lückenhaft ist, gegen Denkgesetze oder gesicherte Erfahrungssätze verstößt oder an die Überzeugung von der Schuld des Angeklagten überhöhte Anforderungen stellt. Liegen solche Rechtsfehler nicht vor, hat das Revisionsgericht die tatrichterliche Überzeugungsbildung auch dann hinzunehmen, wenn eine abweichende Würdigung der Beweise möglich oder sogar näher liegend gewesen wäre (st. Rspr.; vgl. nur BGH, Urteil vom 26. April 2012 – 4 StR 599/11 m.w.N.).

[7] Gleichermaßen Sache des Tatrichters ist es, die Bedeutung und das Gewicht der einzelnen be- oder entlastenden Indizien in der Gesamtwürdigung des Beweisergebnisses zu bewerten. Ist diese Bewertung nach den dargestellten rechtlichen Maßstäben vertretbar, so kann das Revisionsgericht nicht auf der Grundlage einer abweichenden Beurteilung der Bedeutung einer Indiztatsache in die Überzeugungsbildung des Tatrichters eingreifen (BGH, Urteil vom 9. Juni 2005 – 3 StR 269/04, NJW 2005, 2322, 2326). Dies muss insbesondere auch dann gelten, wenn der Tatrichter im Rahmen der Prüfung des bedingten Tötungsvorsatzes Gewalthandlungen des Täters festgestellt hat, die für das Opfer objektiv lebensbedrohlich sind. Zwar hat der Bundesgerichtshof die auf der Grundlage der dem Täter bekannten Umstände zu bestimmende objektive Gefährlichkeit der Tathandlung als wesentlichen Indikator sowohl für das Wissens- als auch für das Willenselement des bedingten Vorsatzes angesehen (BGH, Urteil vom 23. Februar 2012 – 4 StR 608/11, NStZ 2012, 443) und bei äußerst gefährlichen Gewalthandlungen das Vorliegen beider Elemente als naheliegend bezeichnet (BGH, Urteile vom 28. Januar 2010 – 3 StR 533/09, NStZ-RR 2010, 144; vom 22. März 2012 – 4 StR 558/11, NJW 2012, 1524; vom 27. August 2009 – 3 StR 246/09, NStZ-RR 2009, 372). Dies bedeutet jedoch nicht, dass der Tatrichter der objektiven Gefährlichkeit der Tathandlung bei der Prüfung der subjektiven Tatseite von Rechts wegen immer die ausschlaggebende

indizielle Bedeutung beizumessen hätte. Darin läge vielmehr eine vom Einzelfall gelöste Festlegung des Beweiswerts und der Beweisrichtung eines im Zusammenhang mit derartigen Delikten immer wieder auftretenden Indizes, die einer unzulässigen Beweisregel nahekäme und deshalb dem Grundsatz der freien richterlichen Beweiswürdigung (§ 261 StPO) widerspräche.

[8] Nach alledem ist es bei der Prüfung des bedingten Tötungsvorsatzes – nicht anders als sonst bei der Würdigung der Beweise – aus revisionsrechtlicher Sicht erforderlich, aber auch ausreichend, sämtliche objektiven und subjektiven, für und gegen den Angeklagten sprechenden Umstände des Einzelfalles in eine individuelle Gesamtschau einzubeziehen und zu bewerten. Dies gilt auch für solche Beweisanzeichen, die sich auf den ersten Blick als ambivalent darstellen, die also dem Tatrichter, je nachdem, wie er sie im Einzelfall bewertet, rechtlich zulässige Schlüsse sowohl zu Gunsten als auch zu Lasten des Angeklagten ermöglichen. Eine rechtlich vertretbare tatrichterliche Entscheidung darüber, in welchem der möglichen, zueinander in einem Gegensatz stehenden Beweiszusammenhänge ein solcher Umstand im konkreten Fall indizielle Bedeutung entfaltet, ist vom Revisionsgericht hinzunehmen. Der Tatrichter kann in einem solchen Falle nicht gehalten sein, denselben Umstand nochmals in dem anderen Beweiszusammenhang zu erwägen und damit Gefahr zu laufen, sich zu seinem anderweitig gewonnenen Ergebnis zu Gunsten oder zu Lasten des Angeklagten in Widerspruch zu setzen (vgl. BGH, Urteil vom 9. Juni 2005 – 3 StR 269/04, NJW 2005, 2322, 2326).

[9] b) Auch unter Berücksichtigung dieses tatrichterlichen Bewertungsspielraums werden die Ausführungen des Landgerichts den Anforderungen an die Prüfung des bedingten Tötungsvorsatzes nicht gerecht.

[10] Zwar entzieht es sich revisionsgerichtlicher Kontrolle, mit welcher Bewertung und in welchem Beweiszusammenhang das Landgericht vorliegend das ambivalente Indiz, dass der Angeklagte nicht gezielt auf den Nebenkläger eingestochen, sondern eine Vielzahl unkontrollierter und unkoordinierter Stichbewegungen ausgeführt hat, in seine Gesamtwürdigung eingestellt hat. Doch erweisen sich die Urteilsgründe in der Frage, welche indizielle Bedeutung der den Tätlichkeiten vorangegangenen Ankündigung des Angeklagten, wer Stress mache, den steche er ab, beizumessen ist, als teilweise widersprüchlich und lückenhaft. Denn während das Landgericht aus dieser von einem Vorzeigen des Messers mit ausgefahrener Klinge am ausgestreckten Arm begleiteten Bemerkung im Zusammenhang mit der später zum Nachteil eines weiteren Geschädigten verübten Tat die sowohl für das kognitive als auch für das voluntative Vorsatzelement wesentliche Folgerung gezogen hat, dem Angeklagten sei die Möglichkeit, mit dem Messer nicht nur verletzende, sondern auch tödliche Stiche versetzen zu können, bewusst und er sei hierzu jedenfalls grundsätzlich auch bereit gewesen, hat es ihr für die Tat zum Nachteil des Nebenklägers die allein für das Wissenselement bedeutsame Kenntnis um die Eignung des Messers zur Beibringung tödlicher Verletzungen entnommen. Bestand aber bereits vor Beginn der Tätlichkeiten eine grundsätzliche Bereitschaft des Angeklagten, im Rahmen der erwarteten Auseinandersetzung gegebenenfalls auch tödliche Stiche zu versetzen, dann bedurfte es der Erörterung, warum der Angeklagte erst bei der Tat zum Nachteil des anderen Geschädigten, dagegen noch nicht schon bei der vorangegangenen Tat zum Nachteil des Nebenklägers die Gefahr eines möglichen Todeseintritts in Kauf nahm.

[11] Auf diesem Rechtsfehler beruht das Urteil. Entgegen der Auffassung des Generalbundesanwalts kann den Feststellungen nicht entnommen werden, dass der Angeklagte von einem möglichen Tötungsversuch zurückgetreten wäre. Zwar lässt sich

den Urteilsgründen entnehmen, dass der Angeklagte wahrnahm, wie der Nebenkläger sich aufrichtete, sich aber gleichwohl abwandte und davonging. Doch wurden Feststellungen zu der Vorstellung des Angeklagten über die Folgen der von ihm gesetzten Stiche, die Schlüsse auf einen möglichen Rücktrittshorizont zuließen, nicht getroffen.

Die Rechtsprechung stellt besondere Anforderungen an die Beweiswürdigung in Konstellationen, in denen „**Aussage gegen Aussage**" steht. Erforderlich sind insbesondere eine sorgfältige **Inhaltsanalyse** der Angaben, eine möglichst genaue Prüfung der **Entstehungsgeschichte** der belastenden Aussage, eine Bewertung des feststellbaren **Aussagemotivs**, sowie eine Prüfung von **Konstanz, Detailliertheit und Plausibilität** der Angaben.[431] **429**

[5] Die Revisionen bleiben ohne Erfolg.

[6] 1. Die Formalrügen, das Landgericht habe einen Beweisantrag auf Einholung eines aussagepsychologischen Sachverständigengutachtens zu Unrecht abgelehnt, sind aus den Gründen der Zuschrift des Generalbundesanwalts vom 2. Dezember 2011 unbegründet.

[7] 2. Auch die Sachbeschwerden zeigen keinen Rechtsfehler auf.

[8] a) Das Landgericht hat sich rechtsfehlerfrei die Überzeugung gebildet, die Nebenklägerin habe den Angeklagten zu Unrecht belastet. Dies ist nur in einer Gesamtschau aller Umstände möglich. Die Urteilsgründe lassen nicht besorgen, dass die Strafkammer die erforderliche Gesamtwürdigung (BGH, Urteil vom 10. August 2011 – 1 StR 114/11, NStZ 2012, 110, 111) versäumt hat.

[9] b) Die Rechtsprechung stellt besondere Anforderungen an die Beweiswürdigung in Konstellationen, in denen „Aussage gegen Aussage" steht (vgl. BGH, Urteil vom 29. Juli 1998 – 1 StR 94/98, BGHSt 44, 153, 158 f.). Erforderlich sind insbesondere eine sorgfältige Inhaltsanalyse der Angaben, eine möglichst genaue Prüfung der Entstehungsgeschichte der belastenden Aussage (BGH, Beschluss vom 21. April 2005 – 4 StR 89/05), eine Bewertung des feststellbaren Aussagemotivs (vgl. BGH, Urteil vom 10. April 2003 – 4 StR 73/03), sowie eine Prüfung von Konstanz, Detailliertheit und Plausibilität der Angaben. Dem wird das angefochtene Urteil gerecht. Erörterungslücken hinsichtlich wesentlicher Aspekte, Unklarheiten oder Widersprüche liegen nicht vor. Hervorzuheben ist nur Folgendes:

[10] aa) Zwar wäre die Annahme fehlender „Detailliertheit" der Zeugenaussage zum eigentlichen Tatgeschehen für sich genommen zweifelhaft. Das Landgericht hat aber erläutert, dass das Kerngeschehen im Verhältnis zu den Hintergründen und dem Randgeschehen innerhalb der breiten Sachdarstellung der Nebenklägerin, die das Landgericht – unnötigerweise in sämtlichen Einzelheiten – im Urteilstext mitgeteilt hat, geringen Raum eingenommen hat. Dies ist rechtlich nicht zu beanstanden.

[11] bb) Es ist auch nicht zu besorgen, dass das Landgericht frühere sexuelle Übergriffe des Angeklagten gegenüber anderen Frauen nicht ausreichend berücksichtigt hat. Diese sind im Urteil erwähnt. Einer breiteren Darstellung bedurfte es von Rechts wegen nicht (§ 267 Abs. 5 Satz 1 StPO). Das Landgericht hat bedacht, dass sich der Angeklagte bei früheren Vorfällen anders verhalten hat, als es ihm nun vor-

[431] BGH, Urteil vom 7.3.2012 – 2 StR 565/11; vgl. hierzu auch BGH, Urteil vom 6.12.2012 – 4 StR 360/12; BGH, Beschluss vom 23.5.2012 – 5 StR 174/12.

geworfen wird; so hat er keine Gewalt angewendet und den seinen sexuellen Handlungen entgegenstehenden Willen der Frauen stets respektiert, sobald dieser geäußert wurde.

[12] cc) Es war nicht erforderlich, weitergehende Feststellungen zum Vorleben und zur Persönlichkeit des Angeklagten zu treffen. Es ist nicht ersichtlich, dass hieraus ein aussagekräftiges Indiz für die Richtigkeit des strafrechtlichen Vorwurfs zu gewinnen gewesen wäre.

[13] dd) Auch soweit die Strafkammer darauf hingewiesen hat, dass die Nebenklägerin ein Rachemotiv für eine Falschbelastung des Angeklagten gehabt habe, liegt kein Rechtsfehler vor. Die Existenz eines solchen Motivs besagt zwar für sich genommen noch nicht, dass die Nebenklägerin aus diesem Rachegedanken heraus tatsächlich einen unwahren Vorwurf erhoben hat. In der Zusammenschau mit weiteren Umständen, wie dem auffälligen Verhalten der Nebenklägerin nach dem 6. April 2009, die anfangs noch unbeeinträchtigt weiter mit dem Angeklagten zusammengearbeitet hatte, später aber angeblich schwer traumatisiert war, gewinnt das Vorhandensein eines Falschbelastungsmotivs jedoch an Beweisbedeutung.

430 Wegen ihrer inzwischen **anerkannten Standardisierung** bedarf die bei der **DNA-Analyse** verwendete Untersuchungsmethode – wie auch diejenigen bei anderen standardisierten Untersuchungsmethoden, etwa bei der Blutalkoholbestimmung oder der Daktyloskopie – als solche keiner näheren Darlegung in den Urteilsgründen mehr.[432]

4. Auch die näher ausgeführte Sachrüge deckt keinen Rechtsfehler zum Nachteil des Angeklagten auf. Insbesondere erweist sich die sorgfältige, auf eine Vielzahl gewichtiger Indizien – z.B. die Freundschaft des Angeklagten zu dem hinsichtlich seiner eigenen Tatbeteiligung geständigen Z.S., die durch die ausgetauschten SMS-Kurznachrichten belegte Verabredung des Angeklagten mit K. am Tattagmorgen, die auf den fast zwei Meter großen Angeklagten passende Täterbeschreibung durch das Entführungsopfer und weitere Zeugen, die Kombination von Opfer-DNA und Fingerabdruck des Angeklagten auf dem Klebeband-Agglomerat – gestützte Beweiswürdigung des Landgerichts entgegen der Ansicht der Revision als rechtsfehlerfrei.

a) Dies gilt auch bezüglich der DNA-Spur (Kern-DNA), die einer am Tatort gefundenen Zigarettenkippe anhaftete und mit einer biostatistischen Wahrscheinlichkeit von 1:28 Billionen in der Vergleichspopulation vorkommt. Denn bei der vorliegenden Fallgestaltung war es ausreichend, allein dieses Ergebnis der Analyse im Urteil anzugeben, ohne die verwendete Untersuchungsmethodik und die anschließende Wahrscheinlichkeitsberechnung betreffend die Merkmalskombination darzustellen.

aa) Hinsichtlich der Methodik entspricht dies ständiger Rechtsprechung des Bundesgerichtshofs. Wegen ihrer inzwischen anerkannten Standardisierung bedarf die bei der DNA-Analyse verwendete Untersuchungsmethode – wie auch diejenigen bei anderen standardisierten Untersuchungsmethoden, etwa bei der Blutalkoholbestimmung oder der Daktyloskopie – als solche keiner näheren Darlegung in den Urteilsgründen mehr (vgl. BGH, Beschlüsse vom 3. Mai 2012 – 3 StR 46/12 und vom 12. Oktober 2011 – 2 StR 362/11).

---

[432] BGH, Beschluss vom 23.10.2012 – 1 StR 377/12; vgl. auch BGH, Beschlüsse vom 3.5.2012 – 3 StR 46/12 und vom 12.10.2011 – 2 StR 362/11.

bb) Anders soll es sich in bestimmten Konstellationen bei der sich daran anknüpfenden Wahrscheinlichkeitsberechnung verhalten (BGH, Beschlüsse vom 3. Mai 2012 – 3 StR 46/12 m.w.N., 6. März 2012 – 3 StR 41/12 und vom 12. Oktober 2011 – 2 StR 362/11). Danach bedarf es in Fällen, in denen diese Berechnung Besonderheiten aufweist, der Darlegung der Berechnungsgrundlagen, um dem Revisionsgericht die Nachprüfung der Schlüssigkeit und Richtigkeit der Berechnung zu ermöglichen (vgl. BGH, Beschluss vom 3. Mai 2012 – 3 StR 46/12). Das ist regelmäßig der Fall, wenn der Angeklagte einer fremden Ethnie angehört (BGH, Beschluss vom 3. Mai 2012 – 3 StR 46/12) oder wenn wegen sonstiger Besonderheiten bei der Vergleichspopulation infolge des Vorhandenseins mehrerer DNA-Merkmale (vgl. BGH, Beschluss vom 26. Mai 2009 – 1 StR 597/08; Urteil vom 12. August 1992 – 5 StR 239/92, BGHSt 38, 320 ff.) die Anwendung der sog. Produktregel für unabhängige Merkmale in Betracht kommt (vgl. hierzu BGH, Beschluss vom 3. Mai 2012 – 3 StR 46/12; s. auch BGH, Beschluss vom 5. Februar 1992 – 5 StR 677/91, NStZ 1992, 601, 602). Hier liegen derartige Besonderheiten jedoch nicht vor.

Zwar hat der Bundesgerichtshof die Auffassung vertreten, bei einem festgestellten Seltenheitswert im Millionenbereich könne allein das Ergebnis eines DNA-Vergleichsgutachtens für die **tatrichterliche Überzeugungsbildung** dahin ausreichen, die Tatortspur stamme vom Angeklagten. Dem ist umgekehrt jedoch nicht zu entnehmen, ein solcher Schluss sei – was allein zu einer anderen Beurteilung der Beruhensfrage führen könnte – ab einer bestimmten Wahrscheinlichkeit in jedem Falle als zwingend anzusehen.[433] **431**

[5] 2. Zu der Überzeugung, der Angeklagte sei einer der drei Täter gewesen, gelangt das Landgericht aufgrund folgender Überlegungen:

[6] Ein „starkes Indiz" hierfür sei die DNA-Spur auf dem von den Tätern hinterlassenen Zigarettenrest. Auch die Personenbeschreibungen der Geschädigten sprächen „letztlich ... nicht gegen die Täterschaft des Angeklagten". „Insgesamt" habe es sich von der Täterschaft des Angeklagten überzeugt aufgrund der gesicherten DNA-Spur „sowie der Art und Weise, wie der Zigarettenrest während der Tat ... [in das Wohnzimmer der Geschädigten] gelangt sein muss."

[7] Dies begegnet durchgreifenden rechtlichen Bedenken, denn aus den – im Übrigen rechtsfehlerfrei festgestellten – Umständen, unter denen der Zigarettenrest in die Wohnung der Geschädigten gelangte, ergeben sich keine (zusätzlichen) Beweisanzeichen, die für die Identität des Angeklagten als einer der drei Täter sprechen könnten. Andererseits misst das Landgericht den Personenbeschreibungen der Geschädigten für die Frage der Identifizierung der Täter offensichtlich keinen Beweiswert zu; die DNA-Spur erachtet es schließlich nur als ein „starkes", für den Nachweis der Täterschaft des Angeklagten für sich allein indes nicht ausreichendes Indiz.

[8] 3. Der Senat sieht sich nicht in der Lage, ein Beruhen des Urteils auf dem Mangel mit der Erwägung auszuschließen, das Landgericht hätte bereits dem Umstand, dass die am Zigarettenrest gesicherte DNA mit sehr hoher Wahrscheinlichkeit vom Angeklagten herrührt, einen ausschlaggebenden Beweiswert beimessen müssen. Auch die Rechtsprechung des Bundesgerichtshofs geht davon aus, dass das Ergebnis eines DNA-Vergleichsgutachtens nur als ein – wenn auch bedeutsames – Indiz anzu-

433 BGH, Beschluss vom 6.3.2012 – 3 StR 41/12.

sehen ist, das der Würdigung im Zusammenhang mit anderen für die Täterschaft sprechenden Beweisanzeichen bedarf; denn ein solches Gutachten enthält lediglich eine abstrakte, biostatistisch begründete Aussage über die Häufigkeit der festgestellten Merkmale bzw. Merkmalskombinationen innerhalb einer bestimmten Population (Urteil vom 12. August 1992 – 5 StR 239/92, BGHSt 38, 320). Zwar hat der Bundesgerichtshof in einer späteren Entscheidung abweichend hiervon die Auffassung vertreten, bei einem festgestellten Seltenheitswert im Millionenbereich könne allein das Ergebnis eines DNA-Vergleichsgutachtens für die tatrichterliche Überzeugungsbildung dahin ausreichen, die Tatortspur stamme vom Angeklagten (Beschluss vom 21. Januar 2009 – 1 StR 722/08, NJW 2009, 1159). Dem ist umgekehrt jedoch nicht zu entnehmen, ein solcher Schluss sei – was allein zu einer anderen Beurteilung der Beruhensfrage führen könnte – ab einer bestimmten Wahrscheinlichkeit in jedem Falle als zwingend anzusehen. Darüber hinaus bleiben dem Senat auch Zweifel, ob die in dieser Entscheidung aufgeführten Gründe die Aufgabe der überkommenen Rechtsprechung überhaupt rechtfertigen konnten; denn die zwischenzeitlich erreichte Standardisierung der molekulargenetischen Untersuchungsmethoden hat zwar die Zuverlässigkeit der Feststellung übereinstimmender Merkmale in Probe und Vergleichsprobe erhöht, indes nichts an der das genannte Urteil vom 12. August 1992 tragenden Erwägung geändert, dass am Ende nur eine Aussage über abstrakte biostatistische Wahrscheinlichkeiten steht.

[9] 4. Für die neue Verhandlung und Entscheidung weist der Senat vorsorglich auf Folgendes hin:

[10] Zwar ist das in der forensischen Praxis gebräuchliche PCR-Verfahren, das dazu dient, aus der Probe sowie aus der Vergleichsprobe jeweils eine bestimmte Anzahl in der Kern-DNA auftretender Systeme (sog. short tandem repeats; STR) eindeutig zu identifizieren und so einen Vergleich zu ermöglichen, inzwischen in seinen Abläufen so weit standardisiert, dass es im Urteil keiner Darlegungen hierzu bedarf. Dies gilt jedoch nicht für die an die so gewonnenen Daten anknüpfende Wahrscheinlichkeitsberechnung, denn sie erfordert zunächst die Auswahl einer in Betracht kommenden Vergleichspopulation und beispielsweise Überlegungen zur Anwendbarkeit der sog. Produktregel. Um dem Revisionsgericht eine Überprüfung der Berechnung auf ihre Plausibilität zu ermöglichen, verlangt der Bundesgerichtshof deshalb in ständiger Rechtsprechung die Mitteilung der Berechnungsgrundlagen im Urteil (Beschluss vom 12. Oktober 2011 – 2 StR 362/11, NStZ-RR 2012, 53; Beschluss vom 21. Januar 2009 – 1 StR 722/08, NJW 2009, 1159; Beschluss vom 5. Februar 1992 – 5 StR 677/91, NStZ 1992, 601; Urteil vom 12. August 1992 – 5 StR 239/92, BGHSt 38, 320). Hierzu gehören neben Verbreitungswahrscheinlichkeiten auch die eindeutige Kennzeichnung der verglichenen Systeme (Basenfolgemuster), die Zahl der Wiederholungen in den beiden zugehörigen Allelen sowie eine hinreichend deutliche Umschreibung der herangezogenen Vergleichspopulation.

432 Ein Antrag auf Beweiserhebung zur **Nichtidentität der DNA-Merkmale** eines Angeklagten mit den unter **Aliaspersonalien** gespeicherten DNA-Proben und der Tatortspur wird regelmäßig unzulässig sein, da ihm eine wahrheitswidrige Behauptung zugrunde liegen dürfte.[434]

[434] BGH, Beschluss vom 25.4.2012 – 5 StR 444/11.

[8] a) Es liegt nicht fern, dass die Strafkammer zu einer Behandlung des Antrags gemäß § 244 Abs. 3, 4 und 6 StPO von vornherein nicht verpflichtet war, weil es dem Beweisbegehren an einer bestimmten Beweisbehauptung im Sinne erweitert verstandener Konnexität mangelte (vgl. BGH, Urteil vom 10. Juni 2008 – 5 StR 38/08, BGHSt 52, 284; Beschluss vom 3. November 2010 – 1 StR 497/10, BGHR StPO § 244 Abs. 3 Konnexität 1). Die Frage muss hier nicht abschließend entschieden werden.

[9] b) Bei Antragstellung hat der gravierende Verdacht einer wider besseres Wissen und damit rechtsmissbräuchlich aufgestellten Beweisbehauptung bestanden.

[10] aa) Das Antragsvorbringen erschöpfte sich nach erfolgter Beweiserhebung zur Täterschaft des Angeklagten allein darin, die Identität seines DNA-Musters mit dem unter der Führungspersonalie „S. D. geb. 1982" abgelegten unter Antritt eines Sachverständigenbeweises zu widerlegen. Dagegen stand deutlich die bisher in der Hauptverhandlung gewonnene Beweislage. Über die in dem beanstandeten Beschluss aufgeführten Indizien hinaus war Identität der im Jahre 2004 abgenommenen und unter den Personalien „S. D. geb. 1982" abgelegten Fingerabdrücke nicht nur mit den Fingerabdrücken der Person gegeben, gegen die unter den Personalien des Angeklagten im Jahre 2008 wegen Wohnungseinbruchsdiebstahls ermittelt und eine Freiheitsstrafe verhängt worden war, sondern darüber hinaus – wie sich aus einem in der Revisionsbegründung vorgelegten Vermerk des Ermittlungsführers ergibt – auch mit den dem Angeklagten im hiesigen Verfahren abgenommenen Fingerabdrücken festgestellt worden. Der Angeklagte hatte zudem im Rahmen seiner Einlassung zu seinen persönlichen Verhältnissen die wegen des Wohnungseinbruchsdiebstahls im Jahre 2008 ergangene – auf einem damaligen Geständnis beruhende – Verurteilung als seine anerkannt.

[11] bb) Bei dieser erdrückenden Beweislage drängte sich auf, dass dem Antrag auf Beweiserhebung zur Nichtidentität der DNA-Merkmale des Angeklagten mit den unter den Aliaspersonalien gespeicherten DNA-Proben und der Tatortspur eine bewusst wahrheitswidrige Behauptung zugrunde lag. Dies galt mindestens aus Sicht des Angeklagten, der ja wissen musste, ob ihm anlässlich des Wohnungseinbruchs 2008 eine Speichelprobe entnommen worden und ob er im Fall 1 am Tatort gewesen war. Wenn der Senat dem Antrag mit Blick auf den für den Antragsteller offenkundigen, von ihm auch im Revisionsverfahren nicht beseitigten schwerwiegenden Verdacht nicht schon von vornherein die Beweisantragsqualität abgesprochen hat, war er jedenfalls nicht gehalten, ohne weiteres von einem Beweisantrag auszugehen. Vielmehr durfte er dem Verdacht im Freibeweisverfahren weiter nachgehen.

[12] cc) Der Senat hat hierzu das erwähnte Sachverständigengutachten eingeholt (vgl. zur Möglichkeit solchen Vorgehens im Revisionsrechtszug, bislang freilich in etwas anders gelagerten Fallkonstellationen: BGH, Urteile vom 24. November 1992 – 5 StR 500/92, BGHSt 39, 49, 53; 29. April 1997 – 1 StR 511/95, BGHSt 43, 66, 72; 30. Juli 1999 – 1 StR 618/98, BGHSt 45, 164, 166 f.; 22. April 2004 – 5 StR 534/02, NStZ-RR 2004, 270, 271; 15. Februar 2005 – 1 StR 91/04, StV 2005, 374). Dadurch hat sich der Verdacht sicher bestätigt. Dementsprechend handelt es sich bei dem Antrag, dessen Bescheidung die Revision beanstandet, nicht um einen nach Maßgabe des § 244 Abs. 3, 4 und 6 StPO zu behandelnden Beweisantrag, sondern um einen tatsächlich nicht zum Zwecke der Wahrheitsermittlung, sondern sachwidriger Prozesstaktik gestellten missbräuchlichen Scheinbeweisantrag. Es fehlt daher erwiesenermaßen an einer Verletzung des Beweisantragsrechts.

■ **PRAXISBEDEUTUNG**

Vorliegend hat das Revisionsgericht im Freibeweisverfahren festgestellt, dass die Beweisbehauptung des Angeklagten unzutreffend und damit der Beweisantrag unzulässig war. Das revisionsgerichtliche Vorgehen war ausnahmsweise zulässig, weil es nur um die Erforschung der Umstände ging, welche die Zulässigkeit, den Fortgang oder die Gestaltung des Verfahrens betreffen.

433 Die **Beweiswürdigung** ist zwar **grundsätzlich Sache des Tatgerichts**; der revisionsgerichtlichen Überprüfung unterliegt aber, ob dem Tatgericht dabei **Rechtsfehler** unterlaufen sind. Dies ist etwa der Fall, wenn die Beweiswürdigung widersprüchlich, unklar oder lückenhaft ist oder gegen Denkgesetze oder gesicherte Erfahrungssätze verstößt. Aus den Urteilsgründen muss sich auch ergeben, dass die einzelnen Beweisergebnisse nicht nur isoliert gewertet, sondern in eine **umfassende Gesamtwürdigung** eingestellt wurden. Insoweit sind an die Bewertung der Einlassung des Angeklagten die gleichen Anforderungen zu stellen wie an die Beurteilung sonstiger Beweismittel.[435]

[4] 2. Die den Feststellungen zugrunde liegende Beweiswürdigung der Kammer hält revisionsrechtlicher Überprüfung nicht stand. Die Beweiswürdigung ist zwar grundsätzlich Sache des Tatgerichts; der revisionsgerichtlichen Überprüfung unterliegt aber, ob dem Tatgericht dabei Rechtsfehler unterlaufen sind. Dies ist etwa der Fall, wenn die Beweiswürdigung widersprüchlich, unklar oder lückenhaft ist oder gegen Denkgesetze oder gesicherte Erfahrungssätze verstößt (st. Rspr.; vgl. BGH NStZ-RR 2004, 238; 2005, 147, NJW 2006, 925, 928). Aus den Urteilsgründen muss sich auch ergeben, dass die einzelnen Beweisergebnisse nicht nur isoliert gewertet, sondern in eine umfassende Gesamtwürdigung eingestellt wurden (st. Rspr.; vgl. BGHR StPO § 261 Beweiswürdigung 2, 11; Beweiswürdigung, unzureichende 1; BGH NStZ 2002, 48; NStZ-RR 2004, 238). Insoweit sind an die Bewertung der Einlassung des Angeklagten die gleichen Anforderungen zu stellen wie an die Beurteilung sonstiger Beweismittel (BGH, Urteil vom 6. November 2003 – 4 StR 270/03 – NStZ-RR 2004, 88 m.w.N.). Daran fehlt es hier.

[5] a) Der Angeklagte hat nicht in Abrede gestellt, den Geschädigten gestochen zu haben. Er hat sich jedoch dahin eingelassen, der Geschädigte habe ihn mit der Faust auf die linke Augenbraue geschlagen, so dass er mit dem Fahrrad auf den Gehweg geraten und dort zu Boden gestürzt sei. Er habe versucht aufzustehen, sei aber von dem Geschädigten mit Schlägen auf den Hinterkopf jeweils wieder „heruntergeschlagen" worden. Möglicherweise habe ihn auch dessen Freund G. geschlagen oder getreten. Er sei dabei mehrfach etwa einen halben Meter weiter gerutscht und in eine Hecke geraten. Dann sei er in die Hocke gekommen, habe ein Messer gezogen, sich ruckartig aufgerichtet und zugestochen.

[6] b) Das Landgericht hat diese Einlassung des Angeklagten rechtsfehlerhaft schon für sich genommen als insgesamt unglaubhaft und widerlegt angesehen.

---

[435] BGH, Beschluss vom 27.9.2012 – 2 StR 349/12; vgl. auch BGH, Beschluss vom 24.10.2012 – 5 StR 393/12.

[7] aa) Da die bei dem Angeklagten festgestellten Schwellungen am rechten Jochbein und an der linken Augenbraue sowie ein abgebrochener Schneidezahn nicht von einem Schlag ins Gesicht herrühren können, ist das Landgericht davon ausgegangen, dass die Einlassung des Angeklagten mit dem festgestellten Verletzungsbild unvereinbar sei (UA S. 13, 14). Die Erörterungen des Gerichts bleiben jedoch lückenhaft, da es nach der Einlassung des Angeklagten naheliegende andere Ursachen für die festgestellten Verletzungen nicht berücksichtigt hat (vgl. auch BGH, Beschluss vom 3. April 2002 – 3 StR 33/02 – NStZ 2002, 494, 495; BGHR StPO § 261 Beweiswürdigung, unzureichende 5), wie etwa den Umstand, dass der Angeklagte, während er zu Boden schaute, durch zahlreiche Schläge auf den Hinterkopf „heruntergeschlagen" wurde. Auch wenn sich der Angeklagte auf allen „Vieren" befunden haben will, schließt dies Gesichtsverletzungen der festgestellten Art nicht aus.

[8] Im Hinblick auf das von einem kantigen Gegenstand herrührende Hämatom hinter dem Ohr des Angeklagten lässt allein der vom Landgericht bedachte Umstand, dass der Angeklagte den Einsatz eines Schlagwerkzeugs ausdrücklich verneint und im Übrigen „nur vermutet" hat (UA S. 14), auch getreten worden zu sein, nicht die Schlussfolgerung zu, seine Einlassung wäre mit dem Verletzungsbild unvereinbar.

[9] bb) Jedenfalls aber hat sich das Landgericht bei der Bewertung der für die Einlassung des Angeklagten sprechenden objektiven Beweistatsachen rechtsfehlerhaft darauf beschränkt, diese Indizien gesondert zu erörtern und auf ihren jeweiligen Beweiswert zu prüfen, anstatt sie in eine umfassende Gesamtwürdigung einzustellen.

[10] Insoweit hat das Landgericht ausgeführt, die kleinen Löcher im T-Shirt des Angeklagten könnten zwar von einem Sturz in die tatortnahe dornige Hecke stammen; sie ließen sich aber zur Überzeugung des Gerichts keiner bestimmten Hecke zuordnen (UA S. 14). Die grünfarbigen Antragungen an der Hose des Angeklagten könnten nicht von einem Sturz in die Hecke stammen, da die Blätter zu klein seien und die Hecke bei einem Sturz nachgebe (UA S. 14). Die Pflanzenpartikel an der rechten Gesäß- und Vordertasche der Hose des Angeklagten stammten zwar – was das Gericht als wahr zugrunde gelegt hat – von der tatortnahen dornigen Hecke. Dies lasse aber keine Schlussfolgerung dahingehend zu, dass der Angeklagte zur Tatzeit in die Hecke gefallen sei (UA S. 15). Schließlich lasse sich auch nicht mit Gewissheit feststellen, dass die kleinen Kratzer im Gesicht des Angeklagten von einem Sturz in eine Hecke herrührten; jedenfalls aber ließen sie nicht den zwingenden Schluss zu, dass sie zur Tatzeit am Tatort entstanden seien (UA S. 15).

[11] Es begegnet schon Bedenken, dass das Landgericht an dieser Stelle – ohne den Widerspruch zu erläutern – unterstellt hat, die Einlassung des Angeklagten ginge dahin, er sei in die Hecke „gestürzt"; auch hat das Landgericht nicht erkennbar bedacht, dass es keinen tatsächlichen Anhalt dafür gibt, wie der Angeklagte (versehentlich oder absichtlich) vor oder nach der Tat mit der tatortnahen Hecke in Kontakt gekommen sein könnte.

[12] Vor allem aber fehlt es an einer erforderlichen Gesamtwürdigung, die erkennen lässt, dass die einzelnen Indizien, die für sich genommen einen geringen Beweiswert haben mögen, im Zusammenhang mit den anderen gesehen und auch zueinander in Bezug gesetzt worden sind. Die vom Landgericht floskelhaft erwähnte Gesamtschau (UA S. 15) wird dem nicht gerecht.

[13] 3. Die aufgezeigten Mängel können die Urteilsbildung beeinflusst haben.

434 Die durch das Landgericht vorgenommene Beweiswürdigung betreffend die sexuellen Übergriffe des Angeklagten hält rechtlicher Prüfung nicht stand. Angesichts der vorliegenden Aussage-gegen-Aussage-Konstellation hätte das Landgericht im Wege einer **umfassenden Gesamtwürdigung** alle möglicherweise entscheidungsbeeinflussenden Umstände darstellen und in seine Überlegung einbeziehen müssen.[436]

[2] 1. Die durch das Landgericht vorgenommene Beweiswürdigung betreffend die sexuellen Übergriffe des Angeklagten vom 5./6. Februar 2010 hält rechtlicher Prüfung nicht stand. Angesichts der vorliegenden Aussage-gegen-Aussage-Konstellation hätte das Landgericht im Wege einer umfassenden Gesamtwürdigung alle möglicherweise entscheidungsbeeinflussenden Umstände darstellen und in seine Überlegung einbeziehen müssen (vgl. BGH, Urteil vom 29. Juli 1998 – 1 StR 94/98, BGHSt 44, 153, 158 f., Beschlüsse vom 16. Juli 2009 – 5 StR 84/09, vom 27. April 2010 – 5 StR 127/10, und vom 22. Mai 2012 – 5 StR 15/12, StraFo 2012, 269, jeweils m.w.N.). Daran fehlt es hier.

[3] Das Landgericht bescheinigt der Nebenklägerin „hohe Aussagekonstanz" (UA S. 14). Dies steht in deutlichem Widerspruch zu dem Umstand, dass die Nebenklägerin bei ihrer vier Tage nach dem Geschehen erstatteten Strafanzeige durch den Angeklagten vollführte sexuelle Übergriffe gar nicht erwähnte, vielmehr rund zwei Wochen zurückliegende Schläge gegen ihr Ohr sowie eine Nötigung zum Drogenkonsum am Tatabend mitteilte. Bei ihrer polizeilichen Vernehmung vom 2. März 2010 bekundete sie erstmals „einen erzwungenen Geschlechtsverkehr", was sie bei einer Vernehmung vom 12. April 2010 dahin erweiterte, dass der Angeklagte auf sie uriniert und ihr befohlen habe, das nasse Oberteil während eines (von mindestens zehn) Geschlechtsakts nicht auszuziehen; in einer staatsanwaltschaftlichen Vernehmung vom 28. September 2010 gab sie dann ergänzend an, der Angeklagte habe eine Substanz gemischt und auf ihre Scheide aufgetragen, wonach er seinen Hund veranlasst habe, an ihrer Scheide zu lecken (UA S. 14).

[4] Bereits angesichts dieses das Kerngeschehen betreffenden auffälligen Aussageverhaltens waren eine eingehende Darstellung und Würdigung der Bekundungen der einzigen Belastungszeugin einschließlich der näheren Umstände der Anzeigeaufnahme und der weiteren Aussageentwicklung unabdingbar, um dem Revisionsgericht eine Nachprüfung in rechtlicher Hinsicht zu ermöglichen (vgl. zur Beweiswürdigung in einschlägigen Fällen BGH, Urteil vom 23. Oktober 2002 – 1 StR 274/02, NStZ 2003, 165 m.w.N.). Dem werden die rudimentären Ausführungen des Landgerichts nicht gerecht. Soweit das Landgericht in diesem Zusammenhang darauf abstellt, dass die Zeugin das einmal geschilderte Geschehen bei ihren Vernehmungen stets wiederholt und „lediglich um einzelne Details ergänzt" habe, die die rechtliche Qualität nicht verändert hätten, trifft dies im Übrigen auf den Inhalt der Strafanzeige offensichtlich und auf die zweite Aussage („einen" erzwungenen Geschlechtsakt) möglicherweise nicht zu. Zudem liegt auf der Hand, dass die hinzugekommenen überaus erniedrigenden Einzelhandlungen den Unrechts- und Schuldgehalt der Tat beträchtlich erhöhen. Ferner hätte die von der Nebenklägerin gegebene Erklärung der kritischen Nachprüfung bedurft, sie habe erst Vertrauen zu den sie vernehmenden Personen fassen müssen. Das gilt etwa mit Blick darauf, dass

[436] BGH, Beschluss vom 30.8.2012 – 5 StR 394/12.

die Nebenklägerin auch Vertrauenspersonen (Mutter und ehemalige Schwiegermutter) von sexuellen Übergriffen nichts gesagt hat (UA S. 17).

[5] Die Sache bedarf deshalb neuer Verhandlung und Entscheidung.

b) Urteilsbegründung

Wenn ein Zeuge von seinem **Aussageverweigerungsrecht** gemäß § 52 StPO Gebrauch gemacht hat und auch ausgeschlossen werden kann, dass entsprechende Angaben des Zeugen im Wege der Vernehmung einer Verhörsperson eingeführt worden sein können, die **Kammer sich ungeachtet dessen in ihrem Urteil** aber ausdrücklich auf die **Aussage des Zeugen stützt,** kann ein Verstoß gegen § 261 StPO nicht ausgeschlossen werden.[437] **435**

[4] 2. Die formgerecht ausgeführte Verfahrensrüge der Verletzung des § 261 StPO dringt durch. Ausweislich der Sitzungsniederschrift hat der Sohn des Angeklagten nicht zur Sache ausgesagt, sondern nach seiner Belehrung als Zeuge von seinem Aussageverweigerungsrecht gemäß § 52 StPO Gebrauch gemacht. Der Senat vermag auch auszuschließen, dass entsprechende Angaben des Sohnes im Wege der Vernehmung einer Verhörsperson eingeführt worden sein können. Denn ungeachtet dessen, dass sich dafür kein Anhalt findet (s. auch § 252 StPO), hat sich die Kammer ausdrücklich auf die Aussage des Sohnes gestützt (vgl. auch BGH, Beschluss vom 9. Februar 2010 – 4 StR 355/09, NStZ 2010, 409; Beschluss vom 7. Mai 2012 – 5 StR 210/12, NStZ-RR 2012, 257). Die Kammer hat damit ein nicht in die Verhandlung eingeführtes Beweismittel berücksichtigt.

[5] Auf diesem Verfahrensverstoß beruht das Urteil (§ 337 Abs. 1 StPO). Obgleich das Landgericht die Angaben der Geschädigten auch einer gesonderten Glaubhaftigkeitsbeurteilung unterzogen hat, ist nicht auszuschließen, dass es ohne die Verwertung der tatsächlich nicht erfolgten Angaben des Sohnes zu einem anderen Ergebnis gelangt wäre. Dies gilt insbesondere vor dem Hintergrund der hier gegebenen besonderen Anforderungen an die Beweiswürdigung. In einem Fall, in dem – wie vorliegend – unmittelbar tatbezogene weitere Beweismittel fehlen und damit Aussage gegen Aussage steht, kann zwar allein auf der Grundlage der Angaben des einzigen Belastungszeugen verurteilt werden, wenn das Tatgericht von der Glaubhaftigkeit der Aussage nach einer besonderen Glaubwürdigkeitsprüfung dieses einzigen Zeugen überzeugt ist. Dies erfordert aber, dass das Tatgericht alle Umstände, welche die Entscheidung zugunsten oder zuungunsten des Angeklagten beeinflussen können, in seine Überlegungen einbezogen und eine Gesamtwürdigung aller auch außerhalb der Aussage liegenden Indizien vorgenommen hat (st. Rspr. vgl. nur BGH, Beschluss vom 22. April 1987 – 3 StR 141/87, BGHR StPO § 261 Beweiswürdigung; Beschluss vom 18. Juni 1997 – 2 StR 140/97, NStZ-RR 1998, 16). Unter Beachtung dessen kann nicht ausgeschlossen werden, dass das Landgericht insgesamt zu einer anderen Beurteilung der Glaubwürdigkeit der Geschädigten gelangt wäre, wenn es nicht gestützt auf die angeblichen Angaben des Sohnes schon die Einlassung des Angeklagten als widerlegt und gleichzeitig die entgegenstehende Aussage der Geschädigten zu Fall II. 1 als bestätigt erachtet hätte (vgl. auch BGH, Beschluss vom 16. Juli 2009 – 5 StR 84/09).

---

[437] BGH, Beschluss vom 12.9.2012 – 2 StR 219/12.

436 Die Anforderungen an die **Darlegungen** in einem Urteil **zur Überprüfung und Bewertung sachverständiger Äußerungen** durch das Gericht sind nicht immer gleich. Liegt ein in sich stimmiges, in seinen Feststellungen und Beurteilungen ohne weiteres nachvollziehbares Sachverständigengutachten vor, werden häufig nach dessen Darstellung knappe Ausführungen genügen, aus denen insbesondere folgt, dass sich das Gericht erkennbar bewusst war und danach entschieden hat, dass es allein seine Aufgabe ist, das abschließende normative Urteil über die Einsichts- oder Steuerungsfähigkeit zu treffen, auch wenn es dem Sachverständigen letztlich uneingeschränkt folgt. Unnötige Wiederholungen sind auch in diesem Bereich zu vermeiden. Anders ist es, wenn die sachverständigen Äußerungen zur Steuerungsfähigkeit nicht ohne weiteres nachvollziehbar sind, Lücken aufweisen oder im Widerspruch zu sonstigen Feststellungen und Bewertungen der Strafkammer stehen.[438]

[29] b) Den danach an die Darlegungen zur Feststellung erheblich verminderter Steuerungsfähigkeit zu stellenden Anforderungen genügen die Urteilsgründe hier nicht.

[30] Das angefochtene Urteil beschränkt sich im Wesentlichen darauf, das Ergebnis des Sachverständigengutachtens zu referieren und sich diesem pauschal anzuschließen, bis auf einen Punkt, ohne sich mit dieser Abweichung allerdings weiter auseinanderzusetzen. Dies genügt im vorliegenden Fall nicht.

[31] Die Anforderungen an die Darlegungen in einem Urteil zur Überprüfung und Bewertung sachverständiger Äußerungen durch das Gericht sind nicht immer gleich. Liegt ein in sich stimmiges, in seinen Feststellungen und Beurteilungen ohne weiteres nachvollziehbares Sachverständigengutachten vor, werden häufig nach dessen Darstellung knappe Ausführungen genügen, aus denen insbesondere folgt, dass sich das Gericht erkennbar bewusst war und danach entschieden hat, dass es allein seine Aufgabe ist, das abschließende normative Urteil über die Einsichts- oder Steuerungsfähigkeit zu treffen, auch wenn es dem Sachverständigen letztlich uneingeschränkt folgt. Unnötige Wiederholungen sind auch in diesem Bereich zu vermeiden.

[32] Anders ist es, wenn die sachverständigen Äußerungen zur Steuerungsfähigkeit nicht ohne weiteres nachvollziehbar sind, Lücken aufweisen oder im Widerspruch zu sonstigen Feststellungen und Bewertungen der Strafkammer stehen. So liegt es – ausgehend von der Darstellung des Sachverständigengutachtens in den Urteilsgründen – hier.

[33] Dass sich der Angeklagte während der gesamten, sich über Stunden erstreckenden – jedenfalls hinsichtlich des Vorwurfs der Beihilfe zum Handeltreiben – Tathandlung in Folge akuter Intoxikation in einem Zustand erheblich verminderter Steuerungsfähigkeit befunden hat, ist anhand der Urteilsgründe nicht nachvollziehbar und damit einer revisionsrechtlichen Überprüfung schon nicht zugänglich. Der zwar bedeutsame, aber kontrollierte – der Angeklagte kam am Wochenende, wenn sein Sohn bei ihm war, ohne Betäubungsmittel aus – Betäubungsmittelkonsum allein belegt dies nicht. Schwerste Persönlichkeitsveränderungen liegen, wie die Strafkammer zu § 64 StGB festgestellt hat, nicht vor.

[34] Dass der letzte Konsum vor der Festnahme des Angeklagten, der regelmäßig Kokain zu sich nahm, für ihn außergewöhnlich war und zu seiner Vergiftung in einem Grade geführt hätte, die zu einer erheblichen Verminderung der Steuerungs-

[438] BGH, Urteil vom 17.4.2012 – 1 StR 15/12.

fähigkeit führte, ist nicht belegt. Welchen Einfluss der Alkoholkonsum des Angeklagten (bis zur Tat schließlich zwei Flaschen Portwein am Tag) dabei hatte, wird nicht erörtert (zum Zusammenwirken von Kokain und Alkohol vgl. BGH, Beschluss vom 26. Mai 2000 – 4 StR 131/00, BGHR StGB § 21 Ursachen, mehrere 15). Die Blutalkoholkonzentration zum Zeitpunkt der Blutentnahme wird schon nicht mitgeteilt. Auf die mögliche Bedeutung der sonstigen im Blutplasma festgestellten Wirkstoffe wird nicht eingegangen. Im Übrigen sprechen die Feststellungen der Strafkammer dafür, dass der letzte Konsum von Kokain vor der Festnahme des Angeklagten erst nach Antritt der Kurierfahrt und insbesondere nach Grenzübertritt (Einnahme vor der Festnahme auf einem Autobahnparkplatz) mit den Betäubungsmitteln stattfand, also wesentliche Teile der Tathandlung überhaupt nicht tangierte.

c) Verteidigungsverhalten eines Angeklagten

Auch wenn ein Angeklagter durch **unzutreffende Angaben** versucht hat, das **Gericht** **437**
über eine berufliche Beschäftigung zur Tatzeit „**zu täuschen**, um sich ein falsches Alibi zu verschaffen", hat der die Grenzen prozessual zulässigen Verteidigungsverhaltens selbst dann nicht überschritten, wenn er dadurch den Tatverdacht zwangsläufig auf sonstige in Betracht kommende Personen als Alternativtäter lenken wollte. Die auf diesen Umstand gestützte Formulierung des Gerichts, dass der Angeklagte die Tat nach einer erfolgreich abgeschlossenen Drogenentwöhnungsbehandlung „scheinbar grundlos begangen" habe, begründet die Besorgnis, dass dem Angeklagten die Tatbegehung als solche straferhöhend angelastet wurde.[439]

Unzulässig ist, aus dem ursprünglichen, einem Schweigen gleichzusetzenden, pau- **438**
schalen Abstreiten der Tat durch den Angeklagten einen Schluss zu dessen Nachteil zu ziehen.[440]

[4] Die Angabe des Angeklagten gegenüber der Polizei unmittelbar nach der Tat hat die Strafkammer als „ein nicht unwesentliches Indiz für die Täterschaft des Angeklagten" (UA S. 8) angesehen. Erst im Rahmen der Hauptverhandlung hatte er sich auf Notwehr berufen.

[5] Demgegenüber hatte sich der Angeklagte bei einer anderen Auseinandersetzung im Januar 2004 zunächst mit einem Bierkrug verteidigt und war danach zum Gegenangriff übergegangen. Aber im Gegensatz zu der vorliegenden Tat sei er damals am Tatort geblieben und habe sich gegenüber der eintreffenden Polizei sofort auf Notwehr berufen (UA S. 8).

[6] Auf die Verfahrensrügen, welche überwiegend nicht den Anforderungen des § 344 Abs. 2 StPO genügen, kommt es nicht an, nachdem bereits die Sachrüge zur Aufhebung des landgerichtlichen Urteils führt.

[7] Der Senat versteht die Ausführungen in dem angefochtenen Urteil so, dass die Berufung des Angeklagten auf das Vorliegen einer Notwehrsituation deswegen nicht überzeugend gewesen sei, weil er bei einem einige Jahre zurückliegenden Vorfall sich sogleich auf Notwehr berufen, während er hier zunächst eine Tatbeteiligung abgestritten habe. Danach ist zu besorgen, dass der Tatrichter aus dem ursprünglichen, einem Schweigen gleichzusetzenden pauschalen Abstreiten einer Tatbeteiligung durch

---

439 BGH, Beschluss vom 9.10.2012 – 5 StR 453/12.

440 BGH, Beschluss vom 5.9.2012 – 1 StR 324/12.

den Angeklagten einen Schluss zu dessen Nachteil gezogen hat. Solches wäre unzulässig (BGHSt 38, 302, 305, 307; BGH StV 1994, 413, vgl. auch Eschelbach in Graf, StPO, 2. Aufl. 2012, § 261 Rn. 16 m.w.N.). Nichts anderes gilt auch dann, wenn – wie hier – der Angeklagte sich in einem früheren Verfahren von Beginn an auf Notwehr berufen hat.

[8] Selbst wenn die Formulierung „... ist ein nicht unwesentliches Indiz für die Täterschaft ..." darauf hindeutet, dass die Überzeugung der Strafkammer nicht allein auf seinem Aussageverhalten beruht, kann der Senat, dem eine eigene Beweiswürdigung verwehrt ist, nicht ausschließen, dass die Strafkammer ohne Berücksichtigung dieses Umstands zu einem anderen Ergebnis gekommen wäre.

d) Richterliche Überzeugungsbildung

439 Hat der Tatrichter seine **Überzeugung von der Rechtswidrigkeit der Tat** ausdrücklich auch auf vermeintlich verlesene Bekundungen eines Zeugen aus dessen kriminalpolizeilicher Vernehmung gestützt, obschon die hierüber gefertigte Niederschrift in der Hauptverhandlung zu Beweiszwecken nicht verlesen wurde, liegt hierin ein durchgreifender Rechtsfehler.[441]

Im Fall II. 2.2.1 der Urteilsgründe greift die vom Angeklagten erhobene Inbegriffsrüge (§ 261 StPO) durch. Der Generalbundesanwalt hat hierzu in seiner Antragsschrift ausgeführt:

> *„Aus der vom Beschwerdeführer zitierten Urteilspassage auf UA S. 27 ergibt sich, dass das Landgericht seine Überzeugung von der Rechtswidrigkeit der Tat ausdrücklich auch auf vermeintlich verlesene Bekundungen des Zeugen H. aus dessen kriminalpolizeilicher Vernehmung gestützt hat, obschon die hierüber gefertigte Niederschrift in der Hauptverhandlung zu Beweiszwecken nicht verlesen wurde. Hierin liegt ein durchgreifender Rechtsfehler, weil das Landgericht in seiner Beweiswürdigung auf diesen hauptverhandlungsfremden Umstand abgestellt hat. Zwar hat es zu diesem Beweisthema zusätzlich den Vernehmungsbeamten S. zeugenschaftlich gehört; jedoch hat es dessen Bekundungen lediglich ergänzend zu den vermeintlich verlesenen Angaben des H. berücksichtigt. Ausgehend hiervon kann ein Beruhen des Urteils auf diesem Beweiswürdigungsfehler nicht ausgeschlossen werden; denn der einschlägigen Urteilspassage kann nicht mit der erforderlichen Sicherheit entnommen werden, dass der Zeuge S. anlässlich der Vernehmung in der Hauptverhandlung neben seinen ergänzenden Angaben auch vollumfänglich die ihm gegenüber seinerzeit erfolgten Bekundungen des H. zum Tatverlauf wiedergegeben hat."*

[3] Dem folgt der Senat. Der Rechtsfehler führt zur Aufhebung des Schuldspruchs im Fall II. 2.2.1 der Urteilsgründe, der insoweit verhängten Einzelstrafe und des Gesamtstrafausspruchs.

440 Hat der Tatrichter für seine **Überzeugungsbildung** auch den Inhalt einer ermittlungsrichterlichen Einvernahme der Nebenklägerin herangezogen, die nicht im Umfang ihrer Verwertung zum Inbegriff der Hauptverhandlung gehört hat, lieg darin ein Verstoß gegen § 261 StPO, welcher zur Aufhebung des Urteils führt.[442]

---

[441] BGH, Beschluss vom 12.1.2012 – 5 StR 436/11.
[442] BGH, Beschluss vom 25.4.2012 – 4 StR 30/12.

[2] Das Landgericht hat den Schuldspruch gegen den nicht geständigen Angeklagten auf die für glaubhaft erachteten Angaben der Nebenklägerin in der Hauptverhandlung gestützt. Dabei hat es – wie der Angeklagte zulässig (§ 344 Abs. 2 Satz 2 StPO) rügt – für seine Überzeugungsbildung auch den Inhalt einer ermittlungsrichterlichen Einvernahme der Nebenklägerin herangezogen, die nicht im Umfang ihrer Verwertung zum Inbegriff der Hauptverhandlung gehört hat. Der darin liegende Verstoß gegen § 261 StPO führt zur Aufhebung des Urteils.

[3] 1.Das Landgericht hat zu dem Aussageverhalten der Nebenklägerin im Ermittlungsverfahren das Folgende festgestellt:

[4] a) Nachdem die Nebenklägerin am 1. Dezember 2010 mehrfach von dem Angeklagten telefonisch bedrängt worden war, erstattete sie in Begleitung einer Freundin Anzeige bei der Polizeiinspektion S. Bei dieser Gelegenheit schilderte sie erstmalig die dem Schuldspruch zugrunde liegenden Vorgänge. Ihre Angaben wichen dabei nur in wenigen – vom Landgericht für unbedeutend erachteten – Randdetails von ihrer Einlassung in der Hauptverhandlung ab (UA S. 10). Bei einer kriminalpolizeilichen Einvernahme am 3. Dezember 2010 äußerte sich die Nebenklägerin erneut zu den Tatvorwürfen, wobei ihre Angaben den Schilderungen bei der Anzeigeerstattung „sehr ähnelten". Außerdem fügte sie noch verschiedene Details hinzu, die in den Urteilsgründen im Einzelnen dargestellt werden (UA S. 11). Am 15. Februar 2011 wurde die Nebenklägerin von der Ermittlungsrichterin bei dem Amtsgericht Frankenthal vernommen. Ihre dortigen Angaben „entsprachen wiederum weitgehend der im Rahmen ihrer ursprünglichen polizeilichen Vernehmung gemachten Aussage". Ergänzend werden in den Urteilsgründen einzelne Passagen in wörtlicher Rede wiedergegeben (UA S. 11). Weiter wird angeführt, dass die Schilderung der Nebenklägerin zu Fall III. 4. „relativ knapp" ausgefallen und die einleitende Sequenz zu Fall III. 5. nur „oberflächlich beschrieben" worden sei (UA S. 12).

[5] b)Bei der sehr ausführlichen Beurteilung der Glaubhaftigkeit der Angaben der Nebenklägerin kommt das Landgericht zu dem Ergebnis, dass die Entwicklung der Aussage im zeitlichen Verlauf für ihren Realitätsbezug spreche. Eine Gesamtschau der Bekundungen der Nebenklägerin lasse ein Ausmaß an Konstanz erkennen, wie es bei zuverlässigen, erlebnisgespeisten Berichten zu erwarten sei (UA S. 21). Die nochmals im Einzelnen dargestellten Abweichungen zwischen den jeweiligen Aussagen seien dem Zeitablauf geschuldet oder beträfen Randereignisse. Nennenswerte Auffälligkeiten hätten sich nur hinsichtlich zweier zum Kerngeschehen gehörender Details ergeben. Dabei seien Widersprüche in den Schilderungen zu Fall III. 3. bei Polizei und Ermittlungsrichterin von der Nebenklägerin schon vor dem Amtsgericht teilweise aufgeklärt (UA S. 22) und schließlich in der Hauptverhandlung auf Vorhalt früherer Aussageprotokolle umfassend erläutert worden (UA S. 23). Soweit die Nebenklägerin bei ihrer ermittlungsrichterlichen Vernehmung zu einem zentralen Punkt (vaginaler Geschlechtsverkehr im Fall III. 5.) abweichend ausgesagt habe, liege darin kein ausreichender Hinweis auf einen allgemeinen Mangel an Glaubhaftigkeit, zumal die fragliche Unstimmigkeit erst gegen Ende der ausgedehnten und sicherlich erschöpfenden Vernehmung vor der Ermittlungsrichterin aufgetreten sei (UA S. 23 f.).

[6] 2.Die Aussage der Nebenklägerin vor der Ermittlungsrichterin bei dem Amtsgericht Frankenthal vom 15. Februar 2011 war nicht in dem Umfang ihrer Verwertung Gegenstand der Hauptverhandlung (§ 261 StPO).

[7] Wie sich aus dem schon durch das Hauptverhandlungsprotokoll bewiesenen Vortrag des Revisionsführers ergibt, wurde die Vernehmungsniederschrift nicht in

der Hauptverhandlung verlesen und auch die vernehmende Ermittlungsrichterin nicht als Zeugin gehört. Der Senat schließt aus, dass das Landgericht seine Überzeugung vom Inhalt der ermittlungsrichterlichen Vernehmung durch Vorhalte gewonnen hat, die der Nebenklägerin in der Hauptverhandlung gemacht worden sind.

[8] Durch seine Feststellung, dass die Angaben der Nebenklägerin bei ihrer ermittlungsrichterlichen Einvernahme weitgehend der im Rahmen ihrer ursprünglichen polizeilichen Vernehmung gemachten Aussage entsprachen (UA S. 11), die ihrerseits nur in Randdetails von den die Verurteilung tragenden Bekundungen der Nebenklägerin in der Hauptverhandlung abwich (UA S. 10), hat das Landgericht zu erkennen gegeben, dass es den gesamten das Tatgeschehen betreffenden Vernehmungsinhalt zur Kenntnis genommen und gewürdigt hat. Dies ergibt sich auch aus den wörtlichen Zitaten und der zusammenfassenden Bewertung ganzer Aussageabschnitte als „relativ knapp" oder „oberflächlich". Das Protokoll der ermittlungsrichterlichen Vernehmung vom 15. Februar 2011 besteht aus sieben eng beschriebenen Seiten. Wie sich aus den übereinstimmenden dienstlichen Stellungnahmen des Vorsitzenden und der Berichterstatterin sowie der Gegenerklärung des Sitzungsvertreters der Staatsanwaltschaft ergibt, wurden der Nebenklägerin nur von der Verteidigung Vorhalte aus diesem Protokoll gemacht. Dabei ging es vornehmlich darum, Widersprüche und Unstimmigkeiten aufzuzeigen. Der Umfang der Vernehmungsniederschrift und die Zielrichtung der Vorhalte schließen aus, dass sich das Landgericht auf diesem Wege die Überzeugung verschafft haben kann, die seine umfassenden Feststellungen zu dem Inhalt der ermittlungsrichterlichen Vernehmung und dessen Übereinstimmung mit früheren Aussagen tragen (vgl. BGH, Beschluss vom 25. April 1991 – 5 StR 164/91, MDR 1991, 704 bei Holtz; Beschluss vom 11. August 1987 – 5 StR 162/87, StV 1987, 421).

[9] 3. Das Urteil beruht auch auf diesem Rechtsfehler (§ 337 Abs. 1 StPO), weil die nicht nur theoretische Möglichkeit besteht, dass es bei richtiger Anwendung des Gesetzes anders ausgefallen wäre (BGH, Urteil vom 6. August 1987 – 4 StR 333/87, NJW 1988, 1223, 1224). Das Landgericht hat in den Bekundungen der Nebenklägerin eine weitreichende Konstanz festgestellt und dabei auch die ermittlungsrichterliche Vernehmung in den Blick genommen. Diese Feststellung hat mit dazu beigetragen, dass sich das Landgericht schließlich von der Glaubhaftigkeit der Angaben der Nebenklägerin und damit der Schuld des Angeklagten überzeugen konnte.

441 Nach § 264 StPO muss das Gericht die in der Anklage bezeichnete Tat so, wie sie sich nach dem Ergebnis der Hauptverhandlung darstellt, unter allen rechtlichen Gesichtspunkten aburteilen. Es ist verpflichtet, den **Unrechtsgehalt der Tat voll auszuschöpfen**, sofern keine rechtlichen Hindernisse im Wege stehen. Der Tatbegriff des § 264 Abs. 1 StPO entspricht dabei demjenigen des § 200 Abs. 1 Satz 1 StPO.[443]

[10] a) Nach § 264 StPO muss das Gericht die in der Anklage bezeichnete Tat so, wie sie sich nach dem Ergebnis der Hauptverhandlung darstellt, unter allen rechtlichen Gesichtspunkten aburteilen. Es ist verpflichtet, den Unrechtsgehalt der Tat voll auszuschöpfen, sofern keine rechtlichen Hindernisse im Wege stehen (BGH, Beschluss vom 9. November 1972 – 4 StR 457/71, BGHSt 25, 72). Der Tatbegriff des § 264 Abs. 1 StPO entspricht dabei demjenigen des § 200 Abs. 1 Satz 1 StPO (BGH, Beschluss vom 30. März 2011 – 4 StR 42/11).

---

[443] BGH, Beschluss vom 20.3.2012 – 1 StR 648/11.

[11] b) Die Feststellungen des Landgerichts legen es nahe, dass sich der Angeklagte nicht nur wegen Nötigung (§ 240 StGB) zum Nachteil der Geschädigten H., sondern auch wegen einer tateinheitlich begangenen gefährlichen Körperverletzung (§ 224 Abs. 1 Nr. 5 StGB) strafbar gemacht hat.

[12] Nach den Feststellungen bemächtigte sich der Angeklagte der Geschädigten zwar zunächst nicht, um sie zur Duldung des Geschlechtsverkehrs zu nötigen. Jedoch können Würgegriffe am Hals lebensgefährlich sein, wobei allerdings nicht jeder Griff an den Hals ausreicht. Von maßgeblicher Bedeutung sind hierbei vielmehr Dauer und Stärke der Einwirkung, die zwar nicht dazu führen muss, dass das Opfer der Körperverletzung tatsächlich in Lebensgefahr gerät. Erforderlich, aber auch genügend ist, dass die Art der Behandlung durch den Täter nach den Umständen des Einzelfalls geeignet ist, das Leben des Opfers zu gefährden; einer konkreten Gefährdung bedarf es nicht (st. Rspr.; BGH, Urteil vom 25. Februar 2010 – 4 StR 575/09, NStZ-RR 2010, 176).

[13] Dazu hat das Landgericht keine Feststellungen getroffen, obgleich der fehlende Strafantrag der Geschädigten nur einer Verurteilung wegen vorsätzlicher Körperverletzung, nicht auch wegen gefährlicher Körperverletzung entgegengestanden hätte. Schließlich hat der Angeklagte nach den Feststellungen des Landgerichts mit dem Würgen auch erfolgreich den Zweck verfolgt, von der Geschädigten in Erfahrung zu bringen, wer das Schloss an der Wohnungstür ausgetauscht und weshalb sie seinen Telefonanruf am Nachmittag nicht angenommen hatte, so dass insoweit eine vollendete Nötigung vorliegt, für deren Verfolgung es keines Strafantrags bedarf.

[14] An der Aburteilung dieses Verhaltens unter diesen rechtlichen Gesichtspunkten war das Landgericht nicht gehindert, auch wenn die Geschädigte offenbar keinen Strafantrag gestellt und die Staatsanwaltschaft das besondere öffentliche Interesse an einer Strafverfolgung verneint hat.

[15] Danach konnte vorliegend mangels Strafantrags zwar keine Verurteilung wegen vorsätzlicher Körperverletzung ergehen; dies betrifft aber nicht die (mögliche) Nötigung der Geschädigten und eine eventuell vorliegende gefährliche Körperverletzung durch das Würgen.

[16] Diese von der Anklage umfassten Tathandlungen hatte das Gericht – ggf. unter Erfüllung seiner Hinweispflicht nach § 265 Abs. 1 StPO (vgl. BGH, Urteil vom 20. Februar 2003 – 3 StR 222/02, BGHSt 48, 221, 223) – bei seiner Urteilsfindung in tatsächlicher und rechtlicher Hinsicht umfassend zu prüfen. Dieser Pflicht ist das Landgericht vorliegend jedoch rechtsfehlerhaft nicht nachgekommen. Dies stellt nicht nur eine Verletzung der Verfahrensvorschrift des § 264 StPO dar, sondern auch einen sachlich-rechtlichen Mangel, auf dem das Urteil beruht (vgl. BGH, Urteile vom 10. Dezember 1974 – 5 StR 578/74 und vom 16. Dezember 1982 – 4 StR 644/82, NStZ 1983, 174 m.w.N.).

Behauptete Widersprüche zwischen dem Inhalt des Urteils und den Akten oder dem Verlauf der Hauptverhandlung sind, wenn sie sich nicht aus den Urteilsgründen selbst ergeben, für sich allein regelmäßig revisionsrechtlich unerheblich. Eine **Rekonstruktion der tatrichterlichen Beweisaufnahme** durch das Revisionsgericht **widerspricht** der **Ordnung des Revisionsverfahrens**. Im Übrigen sind nur hilfsweise angebrachte Verfahrensrügen nicht zulässig.[444] **442**

[444] BGH, Beschluss vom 23.8.2012 – 1 StR 389/12.

[10] Mit den Verfahrensrügen wird der Sache nach geltend gemacht, das Urteil sei auch auf der Grundlage der dort niedergelegten Ausführungen des Sachverständigen aufzuheben, also auch dann, wenn dies nicht schon Folge der für geboten erachteten Rekonstruktion der Beweisaufnahme sei. Dem steht aber bereits entgegen, dass nur für den Fall der Erfolglosigkeit anderen Vorbringens, also hilfsweise angebrachte Verfahrensrügen, nicht zulässig sind (BGH, Beschluss vom 22. Februar 2012 – 1 StR 349/11 m.w.N.).

[11] Die Rügen blieben aber auch erfolglos, wenn sie nicht nur hilfsweise angebracht wären.

[12] 1. Vorliegend wurde kein Sicherungs-, sondern ein Strafverfahren durchgeführt. Die zugelassene Anklage ist demgemäß von (sei es auch erheblich verminderter) Schuldfähigkeit ausgegangen. Auf die Möglichkeit eines anklagegemäßen Urteils muss nicht hingewiesen werden, unabhängig davon, ob Verfahrensbeteiligte – sei es auch die Staatsanwaltschaft – wegen ihrer Bewertung der Beweisaufnahme ein von der Anklage abweichendes Urteil beantragen.

[13] 2. Allerdings entsprechen die im Urteil mitgeteilten Ausführungen des Sachverständigen in der Hauptverhandlung nicht dem Ergebnis seines vorbereitenden schriftlichen Gutachtens. Dieses kann aber nicht Urteilsgrundlage sein, sondern allein das in der Hauptverhandlung erstattete Gutachten (BGH, Beschluss vom 12. Februar 2008 – 1 StR 649/07). Für dessen Würdigung kann es jedoch bedeutsam sein, wenn der Sachverständige im Laufe des Verfahrens seine Meinung geändert hat (BGH, Beschluss vom 12. September 2007 – 1 StR 407/07). Ohne dass damit notwendig jeder denkbare Einzelfall – dessen Umstände stets maßgeblich sind – erfasst wäre, lassen sich jedenfalls die folgenden Fallgestaltungen unterscheiden:

[14] a) Sind in ihrer Bedeutung klar erkennbare neue Erkenntnisse angefallen (etwa wenn sich für die Beurteilung seines innerpsychischen Zustands wichtige Angaben des Angeklagten als falsch erwiesen haben [vgl. z.B. BGH, Urteile vom 28. August 2007 – 1 StR 268/07 und 31. Mai 2005 – 1 StR 290/04]), bedürfte eine hierauf beruhende Änderung der Auffassung des Sachverständigen keiner besonderen Erklärung.

[15] b) Beruhte die Änderung auf für die übrigen Verfahrensbeteiligten weniger offenkundigen Erkenntnissen (etwa wenn der Sachverständige wegen Unterschieden des Aussageverhaltens in der Hauptverhandlung und bei der Exploration die Glaubwürdigkeit des Zeugen nunmehr anders einschätzt [vgl. z.B. BGH, Urteil vom 5. Dezember 1995 – 1 StR 580/95]), müssten sich allein daraus – ebenfalls – noch keine Bedenken gegen das in der Hauptverhandlung erstattete Gutachten ergeben. Die für die Änderung maßgeblichen Gesichtspunkte wären aber eingehender als die für jedermann erkennbare Änderung von Erkenntnissen zu erläutern und sollten zweckmäßigerweise – zumindest knapp – auch in den Urteilsgründen dargelegt werden (vgl. schon BGHSt 8, 113, 116 m.w.N.).

[16] c) In einem – nach forensischer Erfahrung allenfalls seltenen – Fall, in dem ein Sachverständiger überhaupt keinen (nachvollziehbaren) Grund für die Änderung seiner Auffassung nennen könnte, würde dies allerdings Zweifel an seiner Sachkunde wecken und die Hinzuziehung eines weiteren Sachverständigen nahelegen. Jedenfalls könnten danach die Ausführungen dieses Sachverständigen allein schwerlich maßgebliche Grundlage richterlicher Überzeugungsbildung sein.

[17] 3. Daraus folgt für den vorliegenden Fall:

[18] a) Die Entscheidung über Verfahrensrügen, die auf Unterschiede zwischen einem vorbereitenden und dem in der Hauptverhandlung erstatteten Gutachten

gestützt sind (vgl. BGHSt aaO), erfordert regelmäßig einen inhaltlichen Vergleich zwischen den beiden Gutachten. Nur so ist zuverlässig feststellbar, ob beide Gutachten auf identischer tatsächlicher Grundlage erstattet sind, oder ob sich die Differenzen aus unterschiedlichen tatsächlichen Grundlagen ohne weiteres von selbst erklären. Während sich jedoch die Grundlagen des in der Hauptverhandlung erstatteten Gutachtens regelmäßig aus den Urteilsgründen ergeben, ist dies hinsichtlich einer durch den weiteren Verfahrensablauf überholten Grundlage eines früheren Gutachtens nicht stets notwendig der Fall.

[19] Dementsprechend hat der Revisionsführer in einem solchen Fall regelmäßig jedenfalls den wesentlichen Kern des ursprünglichen Gutachtens vorzutragen (§ 344 Abs. 2 Satz 2 StPO) und kann sich nicht auf die Mitteilung beschränken, das ursprüngliche Gutachten sei zu einem anderen Ergebnis gekommen.

[20] b) So verhält es sich aber hier. Es ist lediglich ein Satz aus dem schriftlichen Gutachten mitgeteilt („Damit gehe ich ... von einer Aufhebung der Steuerungsfähigkeit im Sinne des § 20 StGB aus"), ohne dass Weiteres dargelegt wird. Dieses Vorbringen genügt aus den genannten Gründen den Anforderungen von § 344 Abs. 2 Satz 2 StPO nicht. Daran ändert sich auch nichts durch den Vortrag, „aus Sicht der Verteidigung (sei) keine Abweichung zum schriftlichen Vorgutachten festzustellen." Die Feststellung, dass keine wesentliche Abweichung vorliegt, kann zwar Ergebnis einer Überprüfung des schriftlichen Gutachtens einerseits und der Urteilsgründe andererseits durch das Revisionsgericht sein. Eine entsprechende Bewertung durch den Verteidiger kann jedoch den Vortrag konkreter, ohne Bezugnahme auf den Akteninhalt aus sich heraus verständlicher Tatsachen, die zu diesem Ergebnis führen sollen, nicht ersetzen (vgl. BGH, Beschluss vom 24. Oktober 2006 – 1 StR 503/06 m.w.N.).

[21] Die genannten Rügen sind daher (auch noch aus diesem Grunde) nicht ordnungsgemäß angebracht.

PRAXISTIPP ■

Die vorliegende Entscheidung macht deutlich, dass es im Revisionsverfahren nicht einfach ausreicht, irgendeinen vermeintlichen Fehler im Urteil zu rügen. Gerade wenn es um Verfahrensrügen geht, ist der Revisionsführer mehr als verpflichtet, genau zu prüfen, welche Verfahrensdetails und Einzelheiten zu Beweisfragen und -ergebnissen er vortragen muss, um allein mit seinem Vortrag dem Revisionsgericht die Nachprüfung zu ermöglichen (vgl. § 344 Abs. 2 S. 2 StPO). Soweit für diese speziellen Fragen das eigene Fachwissen möglicherweise nicht vollkommen ausreichend ist, erscheint fast „fahrlässig", nicht zusätzlich revisionserfahrene Hilfe beizuziehen.

In einem Fall, in dem **Aussage gegen Aussage** steht, müssen die Urteilsgründe erkennen lassen, dass das Tatgericht **alle Umstände**, welche die Entscheidung zugunsten oder zuungunsten des Angeklagten zu beeinflussen geeignet sind, erkannt, in seine **Überlegungen einbezogen** und auch in einer **Gesamtschau gewürdigt** hat.[445] **443**

[445] BGH, Beschluss vom 14.12.2012 – 1 StR 501/11.

[13] Soweit die Revision im Rahmen einer Aufklärungsrüge die Behauptung aufstellt, das Landgericht habe die von der Zeugin F. Ö. im Ermittlungsverfahren gemachten Angaben in wesentlichen Teilen nicht zum Gegenstand der Beweisaufnahme gemacht und dadurch gegen § 244 Abs. 2 StPO verstoßen (zu den Voraussetzungen einer solchen Rüge vgl. BGH, Urteil vom 6. Februar 2002 – 1 StR 506/01), trifft dies nicht zu. Vielmehr hat das Landgericht in den Urteilsgründen nach der Schilderung der Angaben der Zeugin Ö. in der Hauptverhandlung (UA S. 19–23) die „Aussagequalität" einer eingehenden Untersuchung unterzogen. Dabei hat es auch die Aussagen der Zeugin in der Hauptverhandlung mit denen bei der Anzeigeerstattung am 11. April 2010 und mit denen bei einer weiteren polizeilichen Vernehmung am 29. Juni 2010 verglichen. Hierzu hat es ausweislich der Urteilsgründe die jeweiligen Vernehmungsbeamten als Zeugen vernommen und deren Angaben in den Urteilsgründen wiedergegeben (UA S. 23–25). Die auf der Basis des Vergleichs der Angaben der Zeugin F. Ö. vorgenommene Wertung des Landgerichts, deren Aussage sei „von Anfang an logisch, konsistent und detailliert gewesen, (habe) Einzelheiten und psychische Vorgänge enthalten und (sei) konstant gewesen", ist rechtlich nicht zu beanstanden. Entgegen der Auffassung der Revision stellt es keinen „Wechsel in der Beschreibung, wie es zur Tat gekommen" ist, dar, wenn F. Ö. bei der ersten Vernehmung als Grund für die Tat lediglich angegeben hat, der Angeklagte habe ihr „im Streit" die Kehle zugedrückt, und die Eifersucht des Angeklagten als Tatmotiv erst bei späteren Vernehmungen erwähnt hat.

[14] 2. Auch die Sachrüge, mit der im Wesentlichen die Beweiswürdigung des Landgerichts beanstandet wird, deckt keinen den Angeklagten beschwerenden Rechtsfehler auf.

[15] a) Die Beweiswürdigung ist Sache des Tatgerichts. Ihm allein obliegt es, das Ergebnis der Hauptverhandlung festzustellen und zu würdigen (BGHSt 21, 149, 151). Seine Schlussfolgerungen brauchen nicht zwingend zu sein, es genügt, dass sie möglich sind (BGHSt 29, 18, 20). Die revisionsgerichtliche Prüfung ist darauf beschränkt, ob dem Tatgericht Rechtsfehler unterlaufen sind. Das ist in sachlichrechtlicher Hinsicht der Fall, wenn die Beweiswürdigung widersprüchlich, unklar oder lückenhaft ist oder gegen die Denkgesetze oder gesicherte Erfahrungssätze verstößt (st. Rspr.; vgl. BGHR StPO § 261 Beweiswürdigung 2, 16; BGH, Urteil vom 27. Juli 1994 – 3 StR 225/94, StV 1994, 580). Derartige Rechtsfehler werden durch die Revision nicht aufgedeckt.

[16] b) Das Landgericht hat im Rahmen der Beweiswürdigung auch in den Blick genommen, dass für das eigentliche Tatgeschehen außer der Belastungszeugin F. Ö. keine weiteren Tatzeugen vorhanden waren und die von ihr geschilderten (UA S. 20) Druckstellen am Hals von Dritten nicht wahrgenommen worden waren (UA S. 37).

[17] In einem solchen Fall, in dem Aussage gegen Aussage steht, müssen die Urteilsgründe erkennen lassen, dass das Tatgericht alle Umstände, welche die Entscheidung zugunsten oder zuungunsten des Angeklagten zu beeinflussen geeignet sind, erkannt, in seine Überlegungen einbezogen (vgl. BGHR StPO § 261 Beweiswürdigung 1, 13; StGB § 177 Abs. 1 Beweiswürdigung 15) und auch in einer Gesamtschau gewürdigt hat (st. Rspr.; vgl. nur BGHR StPO § 261 Beweiswürdigung 14; BGH, Beschluss vom 12. November 1998 – 4 StR 511/98, NStZ-RR 1999, 139). Dies hat das Landgericht hier rechtsfehlerfrei getan.

[18] aa) Das Landgericht hat die Aussage der Belastungszeugin F. Ö. „auf aussageimmanente Qualitätsmerkmale wie logische Konsistenz, quantitativen Detailreichtum, Schilderung ausgefallener Einzelheiten und psychischer Vorgänge, deliktsspezi-

fische Aussageelemente, auf Konstanz und Motivation unter Berücksichtigung der Persönlichkeit" überprüft und hat dabei die Überzeugung gewonnen, dass ihre Angaben einem persönlichen Erleben entsprechen und deshalb glaubhaft sind.

[19] Zur Überprüfung der Qualität der Aussage der F. Ö. hat das Landgericht deren Aussagen im Ermittlungsverfahren mit den Angaben in der Hauptverhandlung verglichen. Es hat dabei festgestellt, dass die Angaben von Anfang an detailreich und konstant gewesen waren. Zu keinem Zeitpunkt habe F. Ö. Angaben, die sie gegenüber dritten Personen oder gegenüber den Ermittlungsbehörden gemacht habe, korrigiert oder auch nur korrigieren wollen (UA S. 58). Den erkennbar fehlenden Belastungseifer von F. Ö. hat das Landgericht ebenso in die Gesamtwürdigung einbezogen wie die „rechtsmedizinische Plausibilität" der von ihr geschilderten Verletzungen und den Umstand, dass der Angeklagte F. Ö. bereits mehrfach verletzt und – unter Zeugen – auch mit Gesten bedroht hatte.

[20] bb) Den bedeutsamen Umstand, dass objektive Spuren für das Würgen nicht gesichert werden konnten, hat das Landgericht eingehend erörtert. Es hat dabei berücksichtigt, dass F. Ö. angeben hatte, die durch das Würgen entstandenen Hautrötungen seien zwei Tage sichtbar gewesen. Um diese zu verbergen, habe sie ein Halstuch getragen. Die Tatsache, dass F. Ö. tatsächlich einen Schal getragen habe, hat deren Mutter als Zeugin bestätigt.

[21] cc) Mit dem Umstand, dass F. Ö. auch anhand eines Kalenders den Zeitpunkt der Tatbegehung nicht genauer eingrenzen konnte als durch Angabe der Woche vom 22. bis 26. März 2010, hat das Landgericht ebenfalls eingehend erörtert (UA S. 43 ff.). Es hat dabei ebenso berücksichtigt, dass die Tage der F. Ö. als Hausfrau eintönig verlaufen waren, wie, dass die Vernehmungsbeamtin bei der Anzeigeerstattung nicht den Versuch unternommen hatte, sie zu einer näheren Festlegung zu veranlassen. Samstag und Sonntag konnte F. Ö. als Tattag ausschließen, weil ihre Kinder in der Schule gewesen seien.

[22] dd) Die Möglichkeit einer Falschbelastung des Angeklagten durch F. Ö. hat das Landgericht ebenfalls erörtert und im Rahmen der Gesamtwürdigung rechtsfehlerfrei verneint. Es hat dabei nicht nur Eifersucht, sondern auch finanzielle Gründe als mögliches Falschbelastungsmotiv in den Blick genommen. Dabei hat das Landgericht auch berücksichtigt, dass F. Ö. den Angeklagten nicht nur be-, sondern auch entlastet habe, indem sie insbesondere darauf hingewiesen habe, dass der Angeklagte sie nicht habe umbringen wollen, weil er sie „doch so geliebt habe". Auch habe sie geschildert, dass der Angeklagte, „nachdem sie wieder zu sich gekommen sei, nicht mehr tätlich geworden sei, obwohl er ohne weiteres die Gelegenheit dazu gehabt hätte".

[23] ee) Schließlich hat das Landgericht in die Gesamtwürdigung der für und gegen eine Tatbegehung des Angeklagten sprechenden Umstände auch einbezogen, dass der Angeklagte F. Ö. bereits im Januar 2010 geschlagen, getreten und später auch noch bedroht hatte und von F. Ö. wegen dieser Vorgänge zu Recht angezeigt worden war.

[24] ff) Den Grund für den „auffälligen" (UA S. 45) Umstand, dass F. Ö. mit dem Angeklagten nach dessen „Würgeangriff" weiter in einer Wohnung zusammengelebt und ihn – weil er im Jahr 2009 seinen Führerschein verloren hatte – abends und nachts zu den Gaststätten gefahren hat, in denen der Angeklagte als Automatenaufsteller Geldspielautomaten aufgestellt hatte, hat das Landgericht ebenso wie den Grund für die späte Anzeigerstattung in ihrer Einschüchterung durch den Angeklagten gesehen (UA S. 45). Dies ist revisionsrechtlich nicht zu beanstanden, zumal sich

die Angabe der F. Ö., sie habe erst am 11. April 2010 den Mut gefunden, den Angeklagten anzuzeigen, weil ihr an diesem Tag die Hilfe und Unterstützung der Familie und ihrer Freundinnen zuteil geworden sei, mit den Wahrnehmungen der Zeuginnen C. sowie F. und Ka. K. deckte (UA S. 41).

444 Die bloße **Wiedergabe der Befundanalyse** eines Sachverständigen reicht als Grundlage für die eine Unterbringung nach § 63 StGB tragenden tatrichterlichen Feststellungen nicht aus. Denn sie ermöglicht nicht eine revisionsrechtliche Überprüfung, ob das Tatgericht zutreffend die Voraussetzungen dieser den Angeklagten besonders schwer belastenden Maßregel angenommen hat. Die Urteilsgründe erlauben dem Senat auch unter Berücksichtigung ihres Gesamtzusammenhangs nicht die Nachprüfung, ob das Landgericht eine erhebliche Verminderung oder einen Ausschluss der Schuldfähigkeit des Angeklagten bei Begehung der abgeurteilten Taten, wie für eine Unterbringung nach § 63 StGB erforderlich, rechtsfehlerfrei positiv festgestellt hat. Die **Diagnose einer Schizophrenie** führt für sich allein genommen nicht zur Feststellung einer generellen oder zumindest längere Zeiträume überdauernden gesicherten erheblichen Beeinträchtigung der Steuerungsfähigkeit. Ob sich der Angeklagte bei Begehung der längere Zeit zurückliegenden Taten jeweils in einem **akuten Schub** seiner Krankheit befand, zu deren Beginn, Entwicklung und sonstigen Auswirkungen auf das Leben des Angeklagten zudem nichts Genaueres festgestellt ist, ist im Urteil ebenso wenig belegt wie ein spezifischer Zusammenhang zwischen der Psychose und den einzelnen Taten, insbesondere den für die Maßregelanordnung maßgeblichen Sexualverbrechen.[446]

[3] 2. Der Freispruch des Angeklagten und die Anordnung, ihn in einem psychiatrischen Krankenhaus unterzubringen, haben dagegen keinen Bestand, da die Voraussetzungen der §§ 20, 63 StGB im angefochtenen Urteil nicht hinlänglich dargelegt sind.

[4] a) Das Landgericht hat zur Begründung ausgeführt, der Angeklagte leide seit mehreren Jahren an einer schizophrenen Psychose (ICD 10: F 20). Er unterliege einem religiösen Wahn. Daneben leide er seit vielen Jahren auch an einem Missbrauch von Cannabinoiden (ICD 10: F 13.1). Der Angeklagte habe die Taten jeweils unter dem Einfluss der schizophrenen Psychose begangen, wobei nicht ausgeschlossen werden könne, dass seine Steuerungsfähigkeit bei Begehung der jeweiligen Taten aufgehoben im Sinne des § 20 StGB gewesen sei; mit Sicherheit sei sie jedoch erheblich vermindert im Sinne des § 21 StGB gewesen. Der Cannabisgebrauch habe für die Begehung der Taten eine allenfalls untergeordnete Bedeutung gehabt. Das Landgericht ist dabei, ohne die diagnostische Bewertung näher zu erläutern, den von ihm als überzeugend angesehenen Ausführungen der Sachverständigen gefolgt.

[5] b) Die bloße Wiedergabe der Befundanalyse eines Sachverständigen reicht als Grundlage für die eine Unterbringung nach § 63 StGB tragenden tatrichterlichen Feststellungen nicht aus. Denn sie ermöglicht nicht eine revisionsrechtliche Überprüfung, ob das Tatgericht zutreffend die Voraussetzungen dieser den Angeklagten besonders schwer belastenden Maßregel angenommen hat. Die Urteilsgründe erlauben dem Senat auch unter Berücksichtigung ihres Gesamtzusammenhangs nicht die Nachprüfung, ob das Landgericht eine erhebliche Verminderung oder einen Ausschluss der Schuldfähigkeit des Angeklagten bei Begehung der abgeurteilten Taten,

---

446 BGH, Beschluss vom 24.4.2012 – 5 StR 150/12.

wie für eine Unterbringung nach § 63 StGB erforderlich (BGH, Urteil vom 6. März 1986 – 4 StR 40/86, BGHSt 34, 22, 26), rechtsfehlerfrei positiv festgestellt hat. Die Diagnose einer Schizophrenie führt für sich allein genommen nicht zur Feststellung einer generellen oder zumindest längere Zeiträume überdauernden gesicherten erheblichen Beeinträchtigung der Steuerungsfähigkeit (vgl. BGH, Beschlüsse vom 2. Oktober 2007 – 3 StR 412/07, NStZ-RR 2008, 39 und vom 31. August 2010 – 3 StR 260/10). Ob sich der Angeklagte bei Begehung der längere Zeit zurückliegenden Taten jeweils in einem akuten Schub seiner Krankheit befand, zu deren Beginn, Entwicklung und sonstigen Auswirkungen auf das Leben des Angeklagten zudem nichts Genaueres festgestellt ist, ist im Urteil ebenso wenig belegt wie ein spezifischer Zusammenhang zwischen der Psychose und den einzelnen Taten, insbesondere den für die Maßregelanordnung maßgeblichen Sexualverbrechen.

Nach ständiger Rechtsprechung des Bundesgerichtshofs ist vor der Verwertung einer **gerichtskundigen Tatsache** in aller Regel ein Hinweis zu erteilen, das Tatgericht werde sie (möglicherweise) seiner Entscheidung als offenkundig zugrunde. Hierdurch soll dem Angeklagten rechtliches Gehör (Art. 103 Abs. 1 GG) gewährt und ihm insbesondere die Möglichkeit wirksamer Verteidigung eröffnet werden. Ein solcher Hinweis ist vorliegend nicht gegeben worden. Dies folgt allerdings nicht schon daraus, dass das Hauptverhandlungsprotokoll insoweit schweigt. Denn die Erörterung einer gerichtskundigen Tatsache gehört nicht zu den wesentlichen Förmlichkeiten, deren Beachtung das Protokoll ersichtlich machen muss.[447] **445**

[8] b) Diese – zulässig erhobene (§ 344 Abs. 2 Satz 2 StPO) – Rüge greift durch (§ 349 Abs. 4 StPO).

[9] aa) Nach ständiger Rechtsprechung des Bundesgerichtshofs ist vor der Verwertung einer gerichtskundigen Tatsache in aller Regel ein Hinweis zu erteilen, das Tatgericht werde sie (möglicherweise) seiner Entscheidung als offenkundig zugrunde legen (BGH, Urteil vom 3. November 1994 – 1 StR 436/94, BGHR StPO § 261 Gerichtskundigkeit 2; ebenso Alsberg/Nüse/Meyer, Der Beweisantrag im Strafprozeß, 5. Aufl., S. 570 f. m.w.N.). Hierdurch soll dem Angeklagten rechtliches Gehör (Art. 103 Abs. 1 GG) gewährt und ihm insbesondere die Möglichkeit wirksamer Verteidigung eröffnet werden (BGH, Urteil vom 29. März 1994 – 1 StR 12/94, BGHR StPO § 261 Gerichtskundigkeit 1; s. auch BGH, Beschluss vom 8. Dezember 2005 – 4 StR 198/05, BGHR StPO § 244 Abs. 3 Satz 2 Offenkundigkeit 3).

[10] bb) Ein solcher Hinweis ist vorliegend nicht gegeben worden. Dies folgt allerdings nicht schon daraus, dass das Hauptverhandlungsprotokoll insoweit schweigt. Denn die Erörterung einer gerichtskundigen Tatsache gehört nicht zu den wesentlichen Förmlichkeiten, deren Beachtung das Protokoll ersichtlich machen muss (BGH, Beschluss vom 6. Februar 1990 – 2 StR 29/89, BGHSt 36, 354, 359 f.).

[11] Der geltend gemachte Verfahrensfehler wird jedoch durch die vom Senat eingeholten dienstlichen Erklärungen bewiesen. Nach der Stellungnahme der Vorsitzenden Richterin vom 10. April 2012 „hat sich die Kammer nicht veranlasst gesehen, noch einmal ausdrücklich darauf hinzuweisen, dass die Annahme eines stattgefundenen Geschlechtsverkehrs mit“ dem gynäkologischen „Untersuchungsergebnis durchaus zu vereinbaren sein kann“. In vergleichbarer Weise haben sich die beisitzenden

[447] BGH, Beschluss vom 27.7.2012 – 1 StR 68/12.

Richterinnen in ihren Stellungnahmen vom 10. bzw. 13. April 2012 geäußert. Die staatsanwaltschaftlichen Sitzungsvertreter haben sich diesbezüglich nicht mehr erinnern können.

[12] cc) Der Senat vermag nicht auszuschließen, dass der Schuldspruch wegen der zu II. B.2. festgestellten Tat auf dem Verfahrensfehler beruht, weil der vom Landgericht als gerichtskundig angesehene Umstand (Dauer der Nachweisbarkeit von Spermatozoen) für die Frage, ob es zum Tatzeitpunkt überhaupt zum Geschlechtsverkehr gekommen ist, bedeutsam sein kann. Anders verhielte es sich zwar, wenn dies den Einlassungen des Angeklagten entnommen werden könnte. Hierzu erweisen sich diese aber als zu unsicher.

[13] 2. Die zu II. B.1. und 3. der Urteilsgründe festgestellten Taten richteten sich zwar ebenfalls gegen Y. Ebenso wie beim Fall II. B.4. der Urteilsgründe, den der Angeklagte gestanden hat, vermag der Senat insofern aber auszuschließen, dass sich der dargelegte Verfahrensfehler – namentlich auf die zugrunde liegende Beweiswürdigung – ausgewirkt hat. Denn das Landgericht hat die Verurteilung jeweils auf eine sorgfältige Würdigung der erzielten Beweisergebnisse gestützt und hierbei berücksichtigt, dass der Angeklagte einen der Vorwürfe (Fall zu II. B.1. der Urteilsgründe) – wenn auch in abgeschwächter Form – selbst eingeräumt hat.

[14] 3. Die Aufhebung des Schuldspruchs im Fall II. B.2. der Urteilsgründe zieht den Wegfall der für diese Tat verhängten Einzelstrafe von zwei Jahren und neun Monaten sowie, da es sich dabei um die Einsatzstrafe handelt, die Aufhebung des Ausspruchs über die Gesamtstrafe nach sich. Die übrigen gegen den bereits zuvor wegen mehrerer Körperverletzungen verurteilten Angeklagten verhängten Einzelstrafen (neun- und sechsmonatige Freiheitsstrafe, Geldstrafe vom 90 Tagessätzen zu je 5 €) können bestehen bleiben.

23. Kognitionspflicht – § 264 StPO

446 Die **Tat als Gegenstand der Urteilsfindung** (§ 264 Abs. 1 StPO) ist der geschichtliche Vorgang, auf den Anklage und Eröffnungsbeschluss hinweisen und innerhalb dessen der Angeklagte einen Straftatbestand verwirklicht haben soll. Es handelt sich dabei um einen eigenständigen Begriff, der weiter ist als derjenige der Handlung im Sinne des sachlichen Rechts. Zur Tat im prozessualen Sinn gehört das gesamte Verhalten des Täters, soweit es nach der Auffassung des Lebens einen einheitlichen Vorgang darstellt. Somit umfasst der Lebensvorgang, aus dem die zugelassene Anklage einen strafrechtlichen Vorwurf herleitet, **alle damit zusammenhängenden und darauf bezüglichen Vorkommnisse**, selbst wenn diese Umstände in der Anklageschrift nicht ausdrücklich erwähnt sind.[448]

[16] Das freisprechende Urteil des Landgerichts hat keinen Bestand.

[17] 1. Es kann dahinstehen, ob das Landgericht eine Notwehrsituation rechtsfehlerfrei festgestellt hat.

[18] 2. Denn das Urteil verfällt schon deshalb der Aufhebung, da das Landgericht das Tatgeschehen, die angeklagte Tat im Sinne von § 264 StPO, nicht unter allen tatsächlichen und strafrechtlichen Gesichtspunkten gewürdigt hat; es hat seiner Kognitionspflicht nicht genügt.

---

[448] BGH, Urteil vom 7.2.2012 – 1 StR 542/11.

[19] Dies ist auf die Rüge der Verletzung materiellen Rechts hin zu berücksichtigen. Ob es einer Verfahrensrüge bedurft hätte, wenn der nicht beachtete Teil gemäß § 154a StPO ausgeschieden gewesen wäre, kann dahinstehen (Sachrüge genügt: BGH, Urteil vom 18. Juli 1995 – 1 StR 320/95; Verfahrensrüge erforderlich: BGH, Urteil vom 14. Dezember 1995 – 4 StR 370/95 –, BGHR StPO § 154a III Wiedereinbeziehung 3). Denn eine Teileinstellung ist hier nicht erfolgt, auch nicht – in Verkennung der Rechtslage – gemäß § 154 StPO (die dann als Beschränkung gemäß § 154a StPO anzusehen wäre).

[20] Die bisherigen Feststellungen begründen den hinreichenden Verdacht, dass sich der Angeklagte eines versuchten (§ 22 StGB) Vergehens des Erwerbs von Betäubungsmitteln gemäß § 29 Abs. 1 Nr. 1 BtMG oder gar eines versuchten Verbrechens gemäß § 30a Abs. 2 Nr. 2 BtMG (Sich-Verschaffen von Betäubungsmitteln in nicht geringer Menge unter Mitführung eines Gegenstandes, der seiner Art nach zur Verletzung von Menschen geeignet und bestimmt ist) schuldig gemacht hat. Die Vorgänge im Zusammenhang mit dem Versuch des Erwerbs von Betäubungsmitteln und der Messerstich zur Abwehr des Angriffs mit dem Schlagring bilden einen einheitlichen Lebenssachverhalt.

[21] Die Tat als Gegenstand der Urteilsfindung (§ 264 Abs. 1 StPO) ist der geschichtliche Vorgang, auf den Anklage und Eröffnungsbeschluss hinweisen und innerhalb dessen der Angeklagte einen Straftatbestand verwirklicht haben soll. Hierbei handelt es sich um einen eigenständigen Begriff; er ist weiter als derjenige der Handlung im Sinne des sachlichen Rechts. Zur Tat im prozessualen Sinn gehört – unabhängig davon, ob Tateinheit (§ 52 StGB) oder Tatmehrheit (§ 53 StGB) vorliegt – das gesamte Verhalten des Täters, soweit es nach der Auffassung des Lebens einen einheitlichen Vorgang darstellt. Somit umfasst der Lebensvorgang, aus dem die zugelassene Anklage einen strafrechtlichen Vorwurf herleitet, alle damit zusammenhängenden und darauf bezüglichen Vorkommnisse, selbst wenn diese Umstände in der Anklageschrift nicht ausdrücklich erwähnt sind. Bei der Beurteilung des Tatumfangs kommt es auf die Umstände des Einzelfalles an. Entscheidend ist, ob zwischen den in Betracht kommenden Verhaltensweisen – unter Berücksichtigung ihrer strafrechtlichen Bedeutung – ein enger sachlicher Zusammenhang besteht; selbst zeitliches Zusammentreffen der einzelnen Handlungen ist weder erforderlich noch ausreichend (vgl. zu allem BGH, Urteil vom 17. März 1992 – 1 StR 5/92 –, BGHR StPO § 264 I Tatidentität 21; BGH, Urteil vom 23. September 1999 – 4 StR 700/98 –, BGHSt 45, 211, 212 f. = BGHR StPO § 264 I Tatidentität 30; BGH, Urteil vom 14. März 2001 – 3 StR 446/00 –, BGHR StPO § 264 I Tatidentität 32; BGH, Urteil vom 9. August 2011 – 1 StR 194/11 – Rn. 16 f.; BGH, Urteil vom 24. Januar 2012 – 1 StR 412/11 –, Rn. 13; BVerfG, Beschluss vom 28. August 2003 – 2 BvR 1012/01).

[22] Gemessen hieran, besteht zwischen der Herbeiführung der Stichverletzung und dem versuchten Erwerb der Betäubungsmittel eine ausreichende Verknüpfung.

[23] Die körperliche Auseinandersetzung stellt sich als Eskalation des Geschehens um den versuchten Erwerb von 200 Gramm Marihuana dar. Sie ist noch dessen Teil. W. wollte mit dem Faustschlag die Rückgabe des als Pfand für den Kaufpreis übergebenen Mobiltelefons gewaltsam durchsetzen. Auch wenn der Versuch, sich Betäubungsmittel zu verschaffen, mit der Rückkehr des W. ohne das bestellte Marihuana auch für den Angeklagten erkennbar endgültig gescheitert war, ist der Kampf um das Handy mit dem Erwerbsversuch situativ, d.h. sachlich, räumlich, persönlich und zeitlich so eng verbunden, dass von Tatidentität und sogar von natürlicher Hand-

lungseinheit im Sinne von § 52 StGB (vgl. BGH, Beschluss vom 11. Dezember 2007 – 4 StR 576/07 – Rn. 3, Wegnahme eines Handys nach vollendeter schwerer räuberischer Erpressung) auszugehen ist. Die Mitteilung über das Scheitern der – angeblichen – Bemühungen, an Marihuana zu kommen und den behaupteten Verlust des Geldes ging unmittelbar in die gewaltsame Auseinandersetzung um das Mobiltelefon über. Die Aburteilung in verschiedenen erstinstanzlichen Verfahren würde den hier zu beurteilenden Lebenssachverhalt unnatürlich aufspalten.

[24] Das Landgericht hätte deshalb – wie von der Revision vorgetragen – nach einem Hinweis auf die Veränderung des rechtlichen Gesichtspunkts (§ 265 StPO) gemäß § 264 StPO von Amts wegen, also auch ohne einen entsprechenden Antrag der Staatsanwaltschaft und ohne Bindung an die Einschätzung des Sitzungsvertreters der Staatsanwaltschaft, den Unrechtsgehalt der prozessualen Tat auch im Hinblick auf das Betäubungsmittelgeschäft ausschöpfen müssen. Innerhalb derselben prozessualen Tat ist der Verfolgungswille der Staatsanwaltschaft grundsätzlich unteilbar (vgl. BGH, Urteil vom 14. März 2001 – 3 StR 446/00 –, BGHR StPO § 264 I Tatidentität 32).

24. Veränderung des rechtlichen Gesichtspunkts – § 265 StPO

447 Will das Gericht im Urteil von einer **anderen Teilnahmeform** ausgehen als die unverändert zugelassene Anklage, muss es den Angeklagten **nach § 265 Abs. 1 StPO zuvor darauf hinweisen** und ihm Gelegenheit geben, seine Verteidigung darauf einzurichten. Das gilt auch bei einer Verurteilung wegen Alleintäterschaft statt.[449]

[2] 1. Die Revision hat mit der auf eine Verletzung von § 265 Abs. 1 StPO gestützten Verfahrensbeschwerde Erfolg. Die unverändert zugelassene Anklage vom 16. Juli 2009 legte dem Angeklagten zur Last, gemeinschaftlich mit dem nicht revidierenden heranwachsenden Mitangeklagten S. ein Gebäude, das der Wohnung von Menschen dient, in Brand gesetzt zu haben. Am letzten Tag der Hauptverhandlung wurden beide Angeklagte darauf hingewiesen, dass eine Verurteilung wegen Brandstiftung nach § 306 StGB und der Angeklagte R., dass eine Verurteilung wegen Anstiftung zur Brandstiftung nach § 306 StGB in Betracht kommt. Anschließend verurteilte die Jugendkammer den Angeklagten R. wegen in Alleintäterschaft begangener Brandstiftung, während sie des Mitangeklagten S. insoweit freisprach.

[3] Diese Verfahrensweise verletzt § 265 Abs. 1 StPO. Will das Gericht im Urteil von einer anderen Teilnahmeform ausgehen als die unverändert zugelassene Anklage, muss es den Angeklagten nach § 265 Abs. 1 StPO zuvor darauf hinweisen und ihm Gelegenheit geben, seine Verteidigung darauf einzurichten. Das gilt auch bei einer Verurteilung wegen Alleintäterschaft statt Mittäterschaft (vgl. BGH, Beschluss vom 16. Februar 1989 – 1 StR 24/89, BGHR StPO § 265 Abs. 1 Hinweispflicht 5; Beschluss vom 17. Mai 1990 – 1 StR 157/90, NStZ 1990, 449; Urteil vom 24. Oktober 1995 – 1 StR 474/95, StV 1997, 64; Beschluss vom 17. Januar 2001 – 2 StR 438/00, StV 2002, 236; Beschluss vom 14. Oktober 2008 – 4 StR 260/08, NStZ 2009, 105). Gegenüber dem Vorwurf der Alleintäterschaft ist regelmäßig eine andere Verteidigung geboten als gegenüber dem der Mittäterschaft.

[4] Der Senat kann nicht ausschließen, dass das Urteil auf diesem Verstoß beruht.

---

[449] BGH, Beschluss vom 22.3.2012 – 4 StR 651/11.

25. Urteilsgründe – § 267 StPO

Nach § 267 Abs. 1 StPO müssen die **Urteilsgründe** zwar lediglich die für erwiesen erachteten **Tatsachen angeben,** in denen die **gesetzlichen Merkmale der Straftat** gefunden werden, und ggf. die beweiserheblichen Indiztatsachen benennen; der Tatrichter hat indes aus sachlichrechtlichen Gründen auch die seiner Überzeugung zugrundeliegende **Beweiswürdigung in den Urteilsgründen darzustellen,** um dem Revisionsgericht die Nachprüfung der Entscheidung auf Rechtsfehler zu ermöglichen.[450] **448**

[3] 2. Das Urteil hält sachlichrechtlicher Überprüfung nicht stand, weil die Feststellung des Landgerichts, die Anleger hätten die Aktien aufgrund einer Täuschung erworben, durch die Beweiswürdigung nicht belegt ist. Auf die Verfahrensrüge kommt es deshalb nicht an.

[4] Nach § 267 Abs. 1 StPO müssen die Urteilsgründe zwar lediglich die für erwiesen erachteten Tatsachen angeben, in denen die gesetzlichen Merkmale der Straftat gefunden werden, und ggf. die beweiserheblichen Indiztatsachen benennen; der Tatrichter hat indes aus sachlichrechtlichen Gründen auch die seiner Überzeugung zugrundeliegende Beweiswürdigung in den Urteilsgründen darzustellen, um dem Revisionsgericht die Nachprüfung der Entscheidung auf Rechtsfehler zu ermöglichen (vgl. KK/Engelhardt, StPO, 6. Aufl., § 267 Rn. 12 m.w.N.). Hieran fehlt es vorliegend.

[5] Das Landgericht hat in einer 103seitigen Tabelle die 662 Geschädigten sowie die Daten und Summen der jeweiligen Aktienkäufe (einzelne Geschädigte erwarben mehrfach Aktien) aufgeführt. Seine Überzeugung hat es auf das „glaubhafte Geständnis" des Angeklagten gestützt (UA S. 149), das es durch die weitere Beweisaufnahme als „bestätigt und ergänzt" angesehen hat (UA S. 151). Diese weitere Beweisaufnahme hat sich zum einen auf die dominante Stellung des Angeklagten in der Firmengruppe, deren desolate finanzielle Situation ab Anfang 2006 und die Vorgaben des Angeklagten zum Aktienvertrieb erstreckt; zum anderen hat die ermittelnde Polizeibeamtin bekundet, sie habe die „Zahl der Anleger und die Summe der von ihnen geleisteten Zahlungen", die Gegenstand der Anklage geworden und vom Angeklagten glaubhaft gestanden waren, zusammengestellt.

[6] Damit bleibt offen, auf welche Weise sich das Landgericht die Überzeugung davon verschafft hat, dass die 662 Geschädigten zu ihren Aktienkäufen jeweils durch einen dem Angeklagten zuzurechnenden, täuschungsbedingten Irrtum über Tatsachen veranlasst worden sind. Der Angeklagte konnte nur seine Intention gestehen, die Anleger durch seine Telefonverkäufer mittels falscher Angaben über die wirtschaftliche Situation und Entwicklung der Firmengruppe zum Kauf von Aktien verleiten zu lassen. Wie sich die einzelnen Verkaufsgespräche abgespielt und aufgrund welcher (Fehl)Vorstellungen die Anleger, die schon mehrere Jahre zuvor in entsprechende Aktien investiert hatten, ohne dass es zwischenzeitlich zum Börsengang gekommen war, letztlich ihren neuerlichen Kaufentschluss gefasst haben, hätte der Angeklagte nur bekunden können, wenn ihm die unmittelbar Beteiligten darüber etwas berichtet hätten. Hierzu ist indes nichts festgestellt, solches liegt auch nicht nahe. Nach den Urteilsgründen hat das Landgericht weder einen Telefonver-

---

[450] BGH, Beschluss vom 31.1.2012 – 3 StR 285/11.

käufer noch einen der Geschädigten über die Anbahnung und den Abschluss eines Aktienkaufs vernommen. Es erscheint angesichts der festgestellten Bemühungen des Angeklagten zwar durchaus naheliegend, dass Anleger den Kaufentschluss täuschungsbedingt gefasst haben; indes sind auch andere Motivationen denkbar. Die Annahme, es habe sich jeweils um Aktienkäufe aufgrund einer vom Angeklagten initiierten Täuschung der Anleger gehandelt, erweist sich damit letztlich als unbelegte Vermutung.

[7] An dieser Beurteilung ändert der Umstand, dass dem Urteil eine Verständigung zugrunde gelegen hat, nichts. Die Möglichkeit des Gerichts, sich mit den Verfahrensbeteiligten über das Ergebnis des Verfahrens zu verständigen (§ 257c Abs. 1 Satz 1 StPO), berührt die gerichtliche Pflicht zur Aufklärung des Sachverhalts und zur Ermittlung der Wahrheit nicht (§ 257c Abs. 1 Satz 2 StPO). Die Bereitschaft eines Angeklagten, wegen eines bestimmten Sachverhalts eine Strafe hinzunehmen, die das gerichtlich zugesagte Höchstmaß nicht überschreitet, entbindet nicht von dieser Pflicht. Nur ein Sachverhalt, der auf einer Überzeugungsbildung des Gerichts unter vollständiger Ausschöpfung des Beweismaterials beruht, kann die Grundlage einer Verurteilung bilden (BGH, Beschluss vom 22. September 2011 – 2 StR 383/11, NStZ-RR 2012, 52 m.w.N.). Dies gilt auch für die Darlegung der der Überzeugungsbildung zugrundeliegenden Beweiswürdigung in den Urteilsgründen. Es gibt angesichts des klaren Wortlauts des Gesetzes und der Gesetzgebungsmaterialien (BT-Drucks. 16/12310 S.13) keinen Anlass, die diesbezüglichen Maßstäbe für den Fall einer Verständigung zu relativieren.

[8] 3. Für das weitere Verfahren weist der Senat auf Folgendes hin: Es wird sich empfehlen, den Verhandlungsstoff auf die gravierendsten Anklagevorwürfe zu beschränken (§ 154a Abs. 2 StPO), und diese mit der gebotenen Sorgfalt aufzuklären. Im Falle des Tatnachweises ist eine Strafe in der im angefochtenen Urteil festgesetzten Höhe durchaus auch dann vertretbar, wenn sich der Schuldspruch auf diese Vorwürfe beschränkt. Einer Erstreckung der Verurteilung auf die – eventuellen – Taten zum Nachteil aller 662 Anleger bedarf es hierzu nicht.

449 Nach § 267 Abs. 1 Satz 1 StPO muss jedes **Strafurteil aus sich heraus verständlich** sein. Soweit gebotene eigene Urteilsfeststellungen oder Würdigungen durch Bezugnahmen ersetzt werden, fehlt es – mit Ausnahme des in § 267 Abs. 1 Satz 3 StPO geregelten Falles – verfahrensrechtlich an einer Urteilsbegründung und sachlichrechtlich an der Möglichkeit der Nachprüfung durch das Revisionsgericht.[451]

450 Stehen die **Feststellungen** zur Tatzeit in einem **unauflösbaren Widerspruch** mit weiteren Feststellungen, der auch nicht mit einem offensichtlichen Schreibfehler oder Fassungsversehen erklärt werden kann, ist ein Rechtsfehler gegeben, welcher insoweit zur Aufhebung des Urteils führen kann.[452]

[10] Die Revision des Angeklagten führt mit der Sachrüge zur Aufhebung des Schuldspruchs in den Fällen II. 1 und II. 5 sowie im Gesamtstrafenausspruch. Im Übrigen bleibt sie – auch mit den Verfahrensrügen, die aus den vom Generalbundesanwalt zutreffend dargelegten Gründen versagen – ohne Erfolg.

[11] 1. Die Verurteilung im Fall II. 1 der Urteilsgründe hält rechtlicher Nachprüfung nicht stand. Die Feststellungen zur Tatzeit stehen in einem unauflösbaren

---

[451] BGH, Beschluss vom 22.8.2012 – 1 StR 317/12.

[452] BGH, Beschluss vom 11.7.2012 – 2 StR 546/11.

Widerspruch mit weiteren Feststellungen, der auch nicht mit einem offensichtlichen Schreibfehler oder Fassungsversehen erklärt werden kann.

[12] Einleitend führt das Urteil aus, dass die sexuellen Übergriffe des Angeklagten auf Arbeitskolleginnen, darunter die beiden Nebenklägerinnen, im Sommer 2009 begannen. Die erste Tat zum Nachteil der Zeugin V. datiert das Landgericht allerdings auf Februar 2009 und damit auf einen Zeitpunkt, zu dem nach den vorangegangenen Feststellungen die Übergriffe des Angeklagten auf seine Arbeitskolleginnen noch gar nicht begonnen hatten.

[13] Dabei handelt es sich ersichtlich nicht um ein Schreibversehen. Das Landgericht ordnet die abgeurteilten Fälle chronologisch, beginnend mit der ersten Tat im Februar 2009 und endend mit der letzten im März 2010; wäre das Landgericht nach der Beweisaufnahme davon ausgegangen, die Tat hätte sich im Februar 2010 ereignet, hätte es dieses Geschehen unmittelbar vor der letzten Tat in den Urteilsgründen dargelegt. Gegen eine Annahme, die Strafkammer sei eigentlich von einem Tatzeitpunkt im Februar 2010 ausgegangen, und habe die Tat in den Urteilsgründen nur versehentlich auf den Februar 2009 datiert, spricht im Übrigen auch die Wertung des Landgerichts in der Begründung des Gesamtstrafenausspruchs, zu Lasten des Angeklagten sei auch der Tatzeitraum von rund einem Jahr zu berücksichtigen (UA S. 27). Bei einem Tatzeitpunkt im Februar 2010 läge zwischen der ersten und der letzten Tat lediglich ein halbes Jahr.

[14] Der festgestellte Widerspruch lässt sich auch nicht dadurch nachvollziehbar auflösen, dass man von einem Fassungsversehen hinsichtlich des Beginns der Übergriffe im Sommer 2009 ausgeht. In diesem Fall müsste man zugrunde legen, dass festgestellt wäre, der Angeklagte habe bereits im Sommer 2008 angefangen, sich Arbeitskolleginnen durch Öffnen des BHs zu nähern. Dagegen spricht schon der Umstand, dass die Nebenklägerin V. erst im Jahr 2008 ihre Ausbildung in dem Lebensmittelmarkt aufgenommen hatte und jegliche Anhaltspunkte für unmittelbar danach einsetzende Übergriffe fehlen. Auch erscheint es wenig lebensnah, dass bei einem Beginn der Übergriffe im Sommer 2008 eine erste als verfolgungswürdig angesehene Tat (erst) im Februar 2009 und die weiteren dann erst beginnend im Herbst 2009 begangen worden wären.

[15] Der festgestellte Widerspruch kann auch nicht dahinstehen, da die Nämlichkeit der Tat auch durch die Tatzeit bestimmt ist und der Angeklagte im Falle der Begehung der Tat im Februar 2010 Gefahr laufen könnte, insoweit erneut der Strafverfolgung unterzogen zu werden. Hinzu kommt, dass die Strafkammer bei der Bemessung der Gesamtstrafe zu Lasten des Angeklagten von einem (längeren) Tatzeitraum von rund einem Jahr ausgegangen ist und dies – wie dargelegt – bei einer Tatbegehung im Februar nicht zuträfe.

[16] 2. Die widersprüchlichen Feststellungen zur zeitlichen Einordnung des Tatgeschehens im Fall II. 1 der Urteilsgründe bedingen auch die Aufhebung im Fall II. 5. Das Landgericht hat seine Überzeugung von beiden Tatgeschehen im Wesentlichen auf die Angaben der Nebenklägerin V. gestützt, die diese zu ihrem Nachteil begangenen Handlungen des Angeklagten (und damit auch die jeweilige Tatzeiten) wie festgestellt geschildert habe. Es ist deshalb davon auszugehen, dass sie im Fall II. 1 der Urteilsgründe Angaben zur Tatzeit gemacht hat, die im Widerspruch zu den vom Landgericht festgestellten Beginn der Übergriffe des Angeklagten gegenüber seinen Arbeitskolleginnen stehen. Den Urteilsausführungen ist zwar nicht im Einzelnen zu entnehmen, auf wessen Bekundungen die Feststellung hierzu beruht. Ungeachtet dessen hätte sich das Landgericht mit diesem Widerspruch, der die Glaubhaftigkeit

der Angaben der Zeugin V. insgesamt in Frage stellen kann, auseinandersetzen müssen. Letztlich kann der Senat nicht ausschließen, dass die Strafkammer – hätte sie dies in ihre Erwägungen einbezogen – zu einem anderen Ergebnis bei der Würdigung der Angaben der Zeugin V. gelangt wäre.

451 **§ 267 Abs. 1 Satz 1 StPO** verlangt eine in sich **geschlossene Darstellung** der vom Gericht **zur Urteilsgrundlage gemachten Feststellungen. Bezugnahmen** auf außerhalb der Urteilsgründe befindliche Aktenteile sind nur ausnahmsweise zulässig (vgl. § 267 Abs. 1 Satz 3 und Abs. 4 Satz 1 StPO). Auf mit dem früheren Urteil aufgehobene, also nicht mehr existente Feststellungen, verbietet sich eine Bezugnahme von selbst. Auch die Feststellungen zu den persönlichen und wirtschaftlichen Verhältnissen des Angeklagten im aufgehobenen ersten Urteil müssen vom neuen Tatrichter neu getroffen werden. Eine Bezugnahme wird auch nicht dadurch zulässig, dass sie mit dem Hinweis verbunden wird, die neue Hauptverhandlung habe zu denselben Feststellungen geführt. Waren die **Strafzumessungserwägungen** des ersten Tatrichters vollumfänglich aufgehoben durfte auf sie ebenfalls nicht, auch nicht bei der Strafrahmenwahl, Bezug genommen werden. Nicht mehr existente Strafzumessungserwägungen können nicht Gegenstand einer Bezugnahme sein.[453]

[9] 2. Der ergänzte Schuldspruch im jetzigen Urteil ist rechtsfehlerfrei (vgl. oben II. 2.). Der Strafausspruch leidet jedoch an durchgreifenden Rechtsfehlern. Das Landgericht hat rechtsfehlerhaft sowohl davon abgesehen, notwendige eigene Feststellungen zu treffen als auch unzulässiger Weise auf aufgehobene – und damit nicht mehr existente – Strafzumessungserwägungen Bezug genommen.

[10] Das Landgericht hat in seinem Urteil zur Vermeidung unnötiger Wiederholungen „hinsichtlich der persönlichen Verhältnisse des Angeklagten" (u.a. Vorstrafen) auf Blatt 18–24 des Urteils vom 22. Dezember 2010 Bezug genommen und mitgeteilt, dass sich keine von dessen Feststellungen abweichenden bzw. ergänzenden Erkenntnisse ergeben haben (UA S. 5).

[11] Im Rahmen der Strafzumessung wird ausgeführt, dass bei den Fällen des Betruges vom Strafrahmen des § 263 Abs. 3 StGB auszugehen sei. Zur Begründung wird angeführt: „Da hinsichtlich der entsprechenden Einordnung ... im Urteil vom 22.12.2010 im Revisionsverfahren keine Rechtsfehler festgestellt worden sind, wird auch insoweit auf die entsprechenden Ausführungen unter Ziffer E (Blatt 176) des vorbezeichneten Urteils Bezug genommen. Dies gilt gleichermaßen für die Strafrahmen für die Vergehen der falschen Angaben, des Bankrotts und des Fahrens ohne Fahrerlaubnis" (UA S. 8).

[12] 3. § 267 Abs. 1 Satz 1 StPO verlangt eine in sich geschlossene Darstellung der vom Gericht zur Urteilsgrundlage gemachten Feststellungen. Bezugnahmen auf außerhalb der Urteilsgründe befindliche Aktenteile sind nur ausnahmsweise zulässig (vgl. § 267 Abs. 1 Satz 3 und Abs. 4 Satz 1 StPO). Auf mit dem früheren Urteil aufgehobene, also nicht mehr existente Feststellungen, verbietet sich eine Bezugnahme von selbst. Auch die Feststellungen zu den persönlichen und wirtschaftlichen Verhältnissen des Angeklagten im aufgehobenen ersten Urteil müssen vom neuen Tatrichter neu getroffen werden. Eine Bezugnahme wird auch nicht dadurch zulässig, dass sie mit dem Hinweis verbunden wird, die neue Hauptverhandlung habe zu den-

[453] BGH, Beschluss vom 25.9.2012 – 1 StR 212/12.

selben Feststellungen geführt (vgl. im Einzelnen KK-StPO Engelhardt 6. Aufl., Rn. 4 zu § 267 m.w.N.).

[13] Der Senat hat in seinem Beschluss vom 20. Oktober 2011 (1 StR 354/11) ausdrücklich das angefochtene Urteil im Ausspruch über die Einzelstrafen sowie im Gesamtstrafenausspruch mit den Feststellungen aufgehoben (vgl. zur Tenorierung bei Aufhebung von Feststellungen durch das Revisionsgericht BGH, Beschluss vom 28. März 2007 – 2 StR 62/07).

[14] Danach waren die Feststellungen zu den persönlichen Verhältnissen des Angeklagten aufgehoben und der neue Tatrichter durfte hierauf nicht Bezug nehmen.

[15] Aber auch die Strafzumessungserwägungen des ersten Tatrichters waren vollumfänglich aufgehoben und es durfte auf sie nicht, auch nicht – wie hier – bei der Strafrahmenwahl, Bezug genommen werden. Nicht mehr existente Strafzumessungserwägungen können nicht Gegenstand einer Bezugnahme sein (vgl. u.a. BGH, Beschluss vom 25. November 2010 – 3 StR 431/10; BGH, Beschluss vom 12. Mai 2009 – 4 StR 130/09; BGH, Beschluss vom 26. Mai 2004 – 4 StR 149/04).

[16] Das Landgericht hat im angefochtenen Urteil keine eigenen, mit einer eigenständigen Beweiswürdigung belegte Feststellungen zur gewerbsmäßigen Handlungsweise des Angeklagten getroffen (vgl. hierzu auch BGH, Beschluss vom 29. Mai 2012 – 3 StR 156/12) und keine eigenen Strafzumessungserwägungen bei der Strafrahmenwahl angestellt. Dieser Rechtsfehler führt zur Aufhebung der Einzelstrafen sowie des Gesamtstrafenausspruchs; denn bereits das Fehlen eigener entscheidungserheblicher Feststellungen des Tatrichters ist ein sachlich-rechtlicher Mangel, der auf die Sachrüge hin zu beachten ist (vgl. BGH aaO). Dies gilt aber auch soweit in unzulässiger Weise auf aufgehobene Strafzumessungserwägungen Bezug genommen wurde. Der Senat kann nicht mit Sicherheit ausschließen, dass auf diesen Rechtsfehlern der gesamte Strafausspruch beruht.

[17] 4. Der Senat weist vorsorglich darauf hin, dass die Aufhebung eines tatrichterlichen Urteils durch das Revisionsgericht allein im Strafausspruch grundsätzlich nicht die Frage der Kompensation einer bis zur revisionsgerichtlichen Entscheidung eingetretenen rechtsstaatswidrigen Verfahrensverzögerung erfasst (vgl. BGH, Urteil vom 27. August 2009 – 3 StR 250/09 = BGHSt 54, 135).

Die **Strafbemessung** ist grundsätzlich **Sache des Tatrichters**, so dass das Revisionsgericht nur bei Vorliegen eines Rechtsfehlers eingreifen darf. Ein solcher kann etwa dann gegeben sein, wenn die Begründung für die verhängte Strafe dem Revisionsgericht die ihm obliegende **sachlichrechtliche Nachprüfung nicht ermöglicht**, die **Erwägungen des Tatrichters in sich fehlerhaft** sind oder sich **die Strafe von ihrer Bestimmung, gerechter Schuldausgleich zu sein, nach oben oder unten löst**. Gemäß § 46 Abs. 2 Satz 1 StGB hat das Gericht die Umstände gegeneinander abzuwägen, die für und gegen den Täter sprechen. Dies bedeutet indes nicht, dass jeder derartige Umstand der ausdrücklichen Erörterung in den Urteilsgründen bedarf und dass die Nichterörterung stets einen Rechtsfehler begründet. Das Gericht ist vielmehr lediglich verpflichtet, in den Urteilsgründen die für die Strafzumessung bestimmenden Umstände darzulegen (§ 267 Abs. 3 Satz 1 StPO); eine **erschöpfende Aufzählung aller Strafzumessungserwägungen ist weder vorgeschrieben noch möglich**. Was als wesentlicher Strafzumessungsgrund anzusehen ist, ist unter Berücksichtigung der Besonderheiten des Einzelfalls vom Tatrichter zu entscheiden.[454] 452

[454] BGH, Beschluss vom 2.8.2012 – 3 StR 132/12.

[3] 1. Die Strafbemessung ist grundsätzlich Sache des Tatrichters, so dass das Revisionsgericht nur bei Vorliegen eines Rechtsfehlers eingreifen darf. Ein solcher kann etwa dann gegeben sein, wenn die Begründung für die verhängte Strafe dem Revisionsgericht die ihm obliegende sachlichrechtliche Nachprüfung nicht ermöglicht, die Erwägungen des Tatrichters in sich fehlerhaft sind oder sich die Strafe von ihrer Bestimmung, gerechter Schuldausgleich zu sein, nach oben oder unten löst (vgl. Fischer, StGB, 59. Aufl., § 46 Rn. 20 ff.; KK-Engelhardt, 6. Aufl., § 267 Rn. 25 m.w.N.). Gemäß § 46 Abs. 2 Satz 1 StGB hat das Gericht die Umstände gegeneinander abzuwägen, die für und gegen den Täter sprechen. Dies bedeutet indes nicht, dass jeder derartige Umstand der ausdrücklichen Erörterung in den Urteilsgründen bedarf und dass die Nichterörterung stets einen Rechtsfehler begründet. Das Gericht ist vielmehr lediglich verpflichtet, in den Urteilsgründen die für die Strafzumessung bestimmenden Umstände darzulegen (§ 267 Abs. 3 Satz 1 StPO); eine erschöpfende Aufzählung aller Strafzumessungserwägungen ist weder vorgeschrieben noch möglich. Was als wesentlicher Strafzumessungsgrund anzusehen ist, ist unter Berücksichtigung der Besonderheiten des Einzelfalls vom Tatrichter zu entscheiden (vgl. BGH, Urteil vom 23. November 1994 – 3 StR 311/94, NStE Nr. 42 zu § 267 StPO m.w.N.; Meyer-Goßner, StPO, 55. Aufl., § 267 Rn. 18).

[4] 2. Nach diesen Maßstäben ist ein revisionsrechtlich bedeutsamer Fehler der Strafbemessung hier nicht ersichtlich.

[5] a) Zunächst ist mit Blick auf den Gesamtzusammenhang der Urteilsgründe nicht zu besorgen, dass das Landgericht innerhalb des nach zweifacher Milderung gewählten Strafrahmens ausschließlich für den Angeklagten sprechende Gesichtspunkte erwogen und gleichwohl eine im oberen Bereich des Strafrahmens angesiedelte Strafe verhängt hat (vgl. BGH, Beschluss vom 15. Januar 2003 – 2 StR 463/02, BGHR StGB § 46 Abs. 1 Begründung 23). Vielmehr hat das Landgericht auch gegen den Angeklagten sprechende Umstände festgestellt, diese aber ersichtlich lediglich nicht als bestimmend im Sinne von § 267 Abs. 3 Satz 1 StPO angesehen und daher in den schriftlichen Urteilsgründen bei der Strafzumessung nicht angeführt. Dies ergibt sich bereits aus der Formulierung, es habe besondere Umstände zu seinen Lasten nicht feststellen können. Hinzuweisen ist etwa auf folgende Gesichtspunkte, die im Sinne von § 46 Abs. 2 StGB gegen den Angeklagten sprechen: So nahm das Opfer den Angeklagten unmittelbar nach dessen Einreise aus Brasilien in seine Wohnung auf, gewährte ihm mehrere Wochen lang Unterkunft und führte mit ihm eine Liebesbeziehung. Nach einer tätlichen Auseinandersetzung mit dem Opfer stach der Angeklagte mehrfach auf dieses ein, brachte ihm dabei (mindestens) drei Stichverletzungen in den Hals bei und fügte dem nunmehr am Boden Liegenden mit einem Zimmermannshammer fünfzehn Kopfverletzungen zu, die zu trümmerartigen Brüchen des Hirnschädels und zum Tode führten. Diese besonderen Tatmodalitäten zu Lasten des Angeklagten zu berücksichtigen, begegnet hier keinen rechtlichen Bedenken, da auch der im Sinne des § 21 StGB erheblich vermindert schuldfähige Täter für die von ihm begangene Tat in ihrer konkreten Ausgestaltung verantwortlich ist, so dass für eine strafschärfende Verwertung der Handlungsintensität Raum bleibt, wenn auch nur nach dem Maß der geminderten Schuld (st. Rspr.; vgl. nur BGH, Beschluss vom 29. Juni 2000 – 1 StR 223/00, StV 2001, 615, 616).

[6] b) Danach besteht entgegen der Ansicht des Generalbundesanwalts kein Widerspruch zwischen der verhängten Freiheitsstrafe und der tatrichterlichen Bewertung der für und gegen den Angeklagten sprechenden Umstände. Namentlich kann den Urteilsgründen nicht entnommen werden, dass Strafschärfungsgründe gänzlich fehl-

ten (vgl. BGH, Beschluss vom 15. Januar 2003 – 2 StR 463/02, BGHR StGB § 46 Abs. 1 Begründung 23) oder diese dem Landgericht bei der Strafzumessung völlig aus dem Blick geraten wären. Deshalb liegt auch eine rechtsfehlerhafte Lücke in der Begründung der Strafbemessung nicht vor. Die vom Generalbundesanwalt für seine gegenteilige Ansicht herangezogene Entscheidung des Bundesgerichtshofes (BGH, Beschluss vom 17. Juli 2009 – 5 StR 241/09, NStZ-RR 2009, 336) hatte die Verhängung einer Strafe zum Gegenstand, die innerhalb des Regelstrafrahmens des § 250 Abs. 2 StGB als „eine beträchtliche Übersetzung der erheblichen Mindeststrafe" unbegründet geblieben war. Hier ist dagegen die Strafe einem Strafrahmen entnommen, der sich infolge zweifacher Milderung des Regelstrafrahmens ergeben hatte. In diesen Fällen kann das Gewicht, das den Milderungsgründen zukommt, schon durch die Anwendung des Ausnahmestrafrahmens so weit relativiert sein, dass es innerhalb dieses Strafrahmens kaum noch mildernde Wirkung zu entfalten vermag und die gegen den Täter sprechenden Umstände, insbesondere die Schwere der Tat, eine Strafe im oberen Bereich des gemilderten Strafrahmens rechtfertigen (vgl. BGH, Urteil vom 21. April 1987 – 1 StR 77/87, BGHSt 34, 355, 359 ff.).

a) Aufklärungsgrundsatz

Das deutsche Strafprozessrecht wird von dem **Grundsatz** beherrscht, dass die Gerichte von Amts wegen den wahren **Sachverhalt aufzuklären** haben (§ 244 Abs. 2 StPO). Auf dieser Grundlage (§ 261 StPO) ist der Schuldspruch zu treffen und sind die entsprechenden Rechtsfolgen festzusetzen. Dieser Grundsatz darf – schon wegen der Gesetzesbindung des Richters (Art. 20 Abs. 3 GG) – nicht dem Interesse an einer einfachen und schnellstmöglichen Erledigung des Verfahrens geopfert werden. Es ist daher unzulässig, dem Urteil einen Sachverhalt zu Grunde zu legen, der nicht auf einer **Überzeugungsbildung** unter vollständiger Ausschöpfung des Beweismaterials beruht. Dies gilt auch dann, wenn sich der Angeklagte – unter Umständen im Rahmen einer Verfahrensabsprache – geständig zeigt.[455] **453**

[3] 1. Das Landgericht hat bei der Verurteilung der Angeklagten wegen „Bildung einer kriminellen Vereinigung" und – mit Ausnahme des Mitangeklagten Ku. – wegen zahlreicher mitverwirklichter Äußerungs- und Propagandadelikte unter anderem Feststellungen zu 150 Liedern größtenteils rechtsradikalen Inhalts getroffen, deren textliche Darstellung – teilweise in deutscher Übersetzung der englischen Originalfassung – über siebzig Urteilsseiten umfasst. Es hat weiter bei einem Großteil der Angeklagten über einen Zeitraum von mehr als einem halben Jahr mit minutengenauer Darstellung der Spielzeiten eine Vielzahl von über das „Widerstand-Radio" gesendeten Liedern und Äußerungen der Angeklagten nach Datum und Uhrzeit festgestellt. Im Rahmen der Beweiswürdigung hat es lediglich ausgeführt, die getroffenen Feststellungen beruhten „auf den glaubhaften geständigen Einlassungen der Angeklagten in der Hauptverhandlung, den verlesenen Registerauszügen und den glaubhaften Bekundungen der Zeugen KOK Scha. und KOK Sto., die insbesondere über den Gang des Ermittlungsverfahrens berichtet haben."

[4] 2. Das Landgericht hat sich damit – auf die Sachrüge beachtlich – seine Überzeugung von der Täterschaft der Angeklagten auf unzureichender Basis verschafft. Hierzu gilt:

[455] BGH, Beschluss vom 7.2.2012 – 3 StR 335/11.

[5] a) Das deutsche Strafprozessrecht wird von dem Grundsatz beherrscht, dass die Gerichte von Amts wegen den wahren Sachverhalt aufzuklären haben (§ 244 Abs. 2 StPO). Auf dieser Grundlage (§ 261 StPO) ist der Schuldspruch zu treffen und sind die entsprechenden Rechtsfolgen festzusetzen. Dieser Grundsatz darf – schon wegen der Gesetzesbindung des Richters (Art. 20 Abs. 3 GG) – nicht dem Interesse an einer einfachen und schnellstmöglichen Erledigung des Verfahrens geopfert werden. Es ist daher unzulässig, dem Urteil einen Sachverhalt zu Grunde zu legen, der nicht auf einer Überzeugungsbildung unter vollständiger Ausschöpfung des Beweismaterials beruht. Dies gilt auch dann, wenn sich der Angeklagte – unter Umständen im Rahmen einer Verfahrensabsprache – geständig zeigt. Zwar unterfällt auch die Bewertung eines Geständnisses dem Grundsatz der freien richterlichen Beweiswürdigung. Das Tatgericht muss allerdings, will es die Verurteilung des Angeklagten auf dessen Einlassung stützen, von deren Richtigkeit überzeugt sein (BGH, Urteil vom 10. Juni 1998 – 2 StR 156/98, BGHR StPO § 261 Überzeugungsbildung 31). Es ist deshalb stets zu untersuchen, ob das abgelegte Geständnis mit dem Ermittlungsergebnis zu vereinbaren ist, ob es in sich stimmig ist und ob es die getroffenen Feststellungen trägt (st. Rspr.; vgl. etwa BGH, Beschluss vom 11. Dezember 2008 – 3 StR 21/08, NStZ 2009, 467 m.w.N.). Die Beschränkung der Beweiswürdigung im Wesentlichen auf den bloßen Hinweis, der Angeklagte sei geständig gewesen, genügt insbesondere dann nicht, wenn aufgrund der Komplexität und der zahlreichen Details des festgestellten Sachverhalts Zweifel bestehen können, dass der Angeklagte an das Tatgeschehen eine auch in den Einzelheiten genügende Erinnerung hat (BGH, Beschluss vom 5. Dezember 1995 – 4 StR 698/95, StV 1996, 214, 215).

[6] b) Nach diesen Maßstäben hält die Beweiswürdigung rechtlicher Prüfung nicht stand. Das Landgericht hat es ausweislich der Urteilsgründe unterlassen, die Geständnisse der Angeklagten näher zu verifizieren. Damit beruht seine Überzeugung nicht auf einer tragfähigen Grundlage. Insbesondere mit Blick auf die jeweils genauen Texte einer großen Zahl teilweise fremdsprachiger Lieder sowie die Frage, welcher Angeklagte genau bei welcher Moderation genau welche Lieder zu Gehör brachte, liegt es auf der Hand, dass die Angeklagten sich insoweit nicht an die exakten Einzelheiten des zudem einige Zeit zurückliegenden Geschehens erinnern konnten.

454 **Rechtsfehlerhaft** ist es, wenn sich das Tatgericht bei seiner **Beweiswürdigung** darauf **beschränkt,** die einzelnen Belastungsindizien gesondert zu erörtern und auf ihren jeweiligen Beweiswert zu prüfen, **ohne eine Gesamtabwägung** aller für und gegen die Täterschaft sprechenden Umstände vorzunehmen. Der revisionsgerichtlichen Überprüfung unterliegt auch, ob überspannte Anforderungen an die für die Verurteilung erforderliche Gewissheit gestellt worden sind.[456]

[6] 2. Das Landgericht hat „unter Beachtung des Grundsatzes zu Gunsten des Angeklagten“ seinen Feststellungen „mangels weiterer Erkenntnisse zunächst und hauptsächlich die insoweit geständige Einlassung des Angeklagten zu Grunde gelegt.“ Die Einlassung des Angeklagten, er habe bei F. 120 Gramm Kokain bestellt, wovon 100 Gramm zum Weiterverkauf und 20 Gramm zum Eigenkonsum bestimmt gewesen seien, habe sich nicht mit der zu einer Verurteilung ausreichenden Sicherheit dahingehend widerlegen lassen, dass er die gesamte Menge von

[456] BGH, Beschluss vom 8.8.2012 – 1 StR 88/12.

645 Gramm auf Kommission angekauft und übernommen habe, um dieses gewinnbringend weiterzuverkaufen.

[7] Hinsichtlich des Umstandes, dass der Lieferant F. in dem gegen ihn selbst geführten Strafverfahren angegeben hatte, er habe die Gesamtmenge von 645 Gramm Kokain an den Angeklagten verkauft, hat sich die Strafkammer „ohne weitere zwingende Hinweise zu Lasten des Angeklagten" nicht in der Lage gesehen, dies als richtig anzunehmen, weil es für F. „im Hinblick auf den gegen ihn erhobenen Strafvorwurf des unerlaubten Handeltreibens in nicht geringer Menge zumindest nach seiner eigenen Einschätzung ohne ihm günstige Bedeutung gewesen sein mag, etwaige weitere Abnehmer zu benennen." Förmlich hierüber Beweis erhoben hatte die Strafkammer nicht, nachdem F. im Strafverfahren gegen den Angeklagten gemäß § 55 StPO von seinem Aussageverweigerungsrecht Gebrauch gemacht hatte.

[8] Nach Auffassung der Strafkammer sprachen auch die durch die Lichtbilder dokumentierten Portionierungen des aufgefundenen Kokaingemischs nicht gegen die Einlassung des Angeklagten, er habe auf Wunsch des F. die restliche (nicht für ihn bestimmte) Menge in verschiedene Portionen aufgeteilt, wobei das Landgericht jedoch auch erkannt hat, dass sich ein Sinn dieses Vorgehens „insoweit nicht eindeutig" erweist.

[9] Für die Strafkammer erschien zwar auch ein Handeltreiben des Angeklagten mit einer großen Menge nicht ausgeschlossen; deutliche Hinweise hierauf sah sie aber nicht, auch nicht unter Berücksichtigung des Inhalts der Aussage des Verdeckten Ermittlers, der vom Angebot des Angeklagten zum Verkauf größerer Mengen berichtet hatte. Hierbei hat die Strafkammer zusätzlich berücksichtigt, dass der Angeklagte nach seinem Auftreten in der Hauptverhandlung zu großspurigem Vorbringen neigt, weshalb ohne weiteres auch eine Übertreibung durch ihn zu bedenken ist, um sich wichtig zu machen.

[10] 3. Die vom Landgericht vorgenommene Beweiswürdigung hält sachlich-rechtlicher Nachprüfung nicht stand.

[11] a) Das Revisionsgericht hat es grundsätzlich hinzunehmen, wenn das Tatgericht einen Angeklagten von einem Tatvorwurf freispricht oder vorliegend wegen Teilen einer Tat nicht verurteilt, weil es insoweit Zweifel an dessen Tathandlungen und subjektivem Täterwillen hat bzw. diese nicht zu überwinden vermag. Die Beweiswürdigung ist Sache des Tatgerichts. Die revisionsgerichtliche Prüfung beschränkt sich darauf, ob dem Tatgericht Rechtsfehler unterlaufen sind. Dies ist in sachlich-rechtlicher Hinsicht etwa der Fall, wenn die Beweiswürdigung widersprüchlich, unklar oder lückenhaft ist oder gegen Denkgesetze oder gesicherte Erfahrungssätze verstößt. Rechtsfehlerhaft ist es auch, wenn sich das Tatgericht bei seiner Beweiswürdigung darauf beschränkt, die einzelnen Belastungsindizien gesondert zu erörtern und auf ihren jeweiligen Beweiswert zu prüfen, ohne eine Gesamtabwägung aller für und gegen die Täterschaft sprechenden Umstände vorzunehmen. Der revisionsgerichtlichen Überprüfung unterliegt auch, ob überspannte Anforderungen an die für die Verurteilung erforderliche Gewissheit gestellt worden sind (st. Rspr.; BGH, Urteile vom 1. Juli 2008 – 1 StR 654/07, Rn. 18; vom 27. April 2010 – 1 StR 454/09, NStZ 2011, 108, 109 und vom 1. Februar 2011 – 1 StR 408/10, Rn. 15).

[12] b) Zwar hat das Landgericht vorliegend die den Angeklagten belastenden Indizien dargestellt und im Einzelnen gewürdigt. Deren Bewertung genügt den vorstehenden Grundsätzen jedoch nicht.

[13] So hat die Strafkammer keinen nachvollziehbaren Grund dafür gesehen, weshalb der Angeklagte das ihm nach seiner Einlassung nur zur kurzfristigen Aufbe-

wahrung übergebene Kokaingemisch in völlig unterschiedliche Portionen von 132 Gramm, 148,5 Gramm, 241 Gramm und 24,1 Gramm aufteilte und abpackte, zumal keine dieser Portionen derjenigen von 20 Gramm entsprach, welche er neben der an den Verdeckten Ermittler verkauften Teilmenge von 100 Gramm für sich erworben hatte. Das Landgericht hat dabei verkannt, dass dieses Indiz auf eine eigene Weiterverwendung des Rauschgifts hindeutet.

[14] c) Das Landgericht beschränkt sich im Übrigen rechtsfehlerhaft darauf, die einzelnen Belastungsindizien gesondert zu erörtern und auf ihren jeweiligen Beweiswert zu prüfen. Es setzt sich hingegen nicht damit auseinander, ob die Belastungsindizien, die für sich genommen zum Beweis der Täterschaft nicht ausreichen, in ihrer Gesamtheit die für eine Verurteilung notwendige Überzeugung hätten begründen können (vgl. BGH, Urteil vom 24. Juni 2004 – 4 StR 15/04, wistra 2004, 432 m.w.N.).

[15] Hinsichtlich der Auskunftsverweigerung F.s wäre die als unwiderlegbar hingenommene Einlassung des Angeklagten bezüglich der behaupteten Bitte F.s um kurzfristige Aufbewahrung des Kokaingemischs nicht ohne weiteres als unwiderlegbar hinzunehmen, sondern den Angaben F.s in seinem eigenen Strafverfahren gegenüber zu stellen gewesen. Die bloßen Vermutungen der Strafkammer, ob und welche Bedeutung entsprechende Angaben für F. in seinem eigenen Strafverfahren gehabt haben könnten, können jedenfalls nicht ausschließen, dass dessen Angaben, mit denen er sich auch eines größeren Handelsumfangs belastete, zutreffend waren. Die neu zur Entscheidung berufene Kammer wird auch der Frage nachzugehen haben, ob F. noch immer ein Auskunftsverweigerungsrecht zusteht.

[16] Schließlich wäre in diesem Gesamtzusammenhang auch noch zu erörtern gewesen, dass der Angeklagte nach der Durchsuchung und Beschlagnahme des Kokains gegenüber dem Polizeibeamten P. äußerte, 20 Minuten später sei nichts mehr in der Wohnung gewesen, was er aber eigentlich nicht wissen konnte; denn nach seiner Einlassung war mit F. nichts Genaues ausgemacht, wann dieser das Kokain wieder abholen sollte.

[17] 4. Hinsichtlich der Tat Ziffer 4 war daher der Schuldspruch mit den Feststellungen aufzuheben. Der neue Tatrichter wird insoweit die Feststellungen neu zu treffen haben. Falls die Hauptverhandlung erneut ergeben sollte, dass hinsichtlich der beim Angeklagten sichergestellten Menge ein Handeltreiben nicht in Betracht kommt, wird sich die Strafkammer damit auseinandersetzen müssen, ob der Angeklagte neben dem unerlaubten Besitz sich nicht doch auch tateinheitlich wegen Beihilfe zum unerlaubten Handeltreiben strafbar gemacht hat; denn es liegt nicht nahe und wäre daher zu erörtern gewesen, weshalb der Lieferant F. eine solch große Menge zum Eigenverbrauch vorhalten wollte, zumal dann auch das vom Angeklagten vorgenommene Aufteilen dieser Menge keinerlei Sinn gemacht hätte.

b) Bezugnahme auf bzw. Auseinandersetzung mit Sachverständigem

455 Ist dem Tatrichter mangels Sachkunde eine eigene Auseinandersetzung mit dem Inhalt des Gutachtens eines Sachverständigen nicht möglich, so genügt es, dass er sich von der **Sachkunde des Gutachters überzeugt** und sich danach dem Ergebnis des Gutachtens anschließt. Jedoch muss er in diesem Falle die **wesentlichen Anknüpfungspunkte und Schlussfolgerungen des Sachverständigen im Urteil so wiedergeben,** wie dies zum Verständnis des Gutachtens und zur Beurteilung seiner Schlüssigkeit und sonstiger Rechtsfehlerfreiheit erforderlich ist. Der Umfang der

Darlegungspflicht richtet sich dabei nach der jeweiligen Beweislage und der Bedeutung, die der Beweisfrage für die Entscheidung zukommt. Für **DNA-Vergleichsgutachten** gilt nichts anderes.[457]

[1] Das Landgericht hat den Angeklagten wegen Totschlags zu der Freiheitsstrafe von dreizehn Jahren verurteilt. Die Revision des Angeklagten rügt die Verletzung sachlichen Rechts und beanstandet das Verfahren. Das Rechtsmittel hat mit der Sachrüge Erfolg; auf die Verfahrensrügen kommt es deshalb nicht an.

[2] Das Urteil hat keinen Bestand, denn die Annahme des Landgerichts, der Angeklagte sei der Täter, entbehrt einer sie tragenden rechtsfehlerfreien Beweiswürdigung.

[3] 1. Nach den Feststellungen unterhielten der Angeklagte und die später getötete E., in Spanien eine Beziehung, die Frau E. aber schließlich beendete. Im November 2010 übersiedelte sie nach Düsseldorf. Der Angeklagte wollte die Trennung nicht akzeptieren und versuchte mehrfach, auch unter Drohungen, Frau E. zur Fortsetzung der Beziehung zu bewegen. Spätestens am 17. Februar 2011 reiste er nach Düsseldorf, machte dort ihren Aufenthalt ausfindig und wartete am Abend des Folgetags auf der Straße vor ihrer Wohnung auf ihre Heimkehr. Frau E. erschien gegen 20.00 Uhr. Der Angeklagte trat auf sie zu und begann, neben ihr her zu gehen. Als sie ihn zum Weggehen aufforderte, ergriff er ihren Oberarm. Frau E. begann zu schreien und versuchte, sich dem Zugriff des Angeklagten zu entwinden. Dabei geriet sie in eine knieende Position vor dem Angeklagten, der ihr darauf mit Wucht in das Gesicht trat. Sie fiel nach hinten auf den Rücken und blieb auf der Straße liegen. Nun zog der Angeklagte ein mitgeführtes Küchenmesser hervor, „rammte" es Frau E., um sie zu töten, in den rechten Unterbauch und ergriff sodann die Flucht. Der Stich eröffnete die große rechte Beckenvene, weshalb Frau E. wenig später infolge Verblutens verstarb. Der Angeklagte wurde wegen der Tat später in Spanien festgenommen und am 28. März 2011 an die Bundesrepublik Deutschland ausgeliefert.

[4] 2. Aussagen mehrerer Tatzeugen ergaben keine Hinweise auf die Identität des Täters. Das Landgericht hat sich von der Täterschaft des Angeklagten überzeugt aufgrund einer Gesamtschau der nachfolgenden Beweisanzeichen:

[5] Am Griff des Tatmessers sowie an der von Frau E. getragenen Jacke sei nach den Ausführungen der angehörten Sachverständigen Spurenmaterial isoliert worden, das „in allen 16 untersuchten Systemen" mit den molekulargenetischen Eigenschaften des Angeklagten übereinstimme. „Unter Anwendung biostatistischer Berechnungsmethoden" ergebe sich „so" eine Wahrscheinlichkeit von eins zu mehr als zehn Milliarden, dass die Spuren vom Angeklagten herrührten. Desweiteren habe der Angeklagte am Morgen des Tattages Frau E. am Telefon (erneut) damit gedroht, sie umzubringen, wenn sie nicht zu ihm zurückkomme, und geäußert, heute sei ihr „letzter Tag". Schließlich hätten auch mehrere Zeugen bestätigt, dass der Angeklagte am Tattag in Düsseldorf gewesen sei und sich (allerdings insoweit erfolglos) nach dem Aufenthalt von Frau E. erkundigt habe.

[6] 3. Diese der Feststellung der Täterschaft des Angeklagten zugrunde liegende Beweiswürdigung enthält wesentliche Darlegungsmängel, die durchgreifende rechtliche Bedenken gegen ihre Tragfähigkeit begründen.

[457] BGH, Beschluss vom 3.5.2012 – 3 StR 46/12.

[7] a) Das Urteil verhält sich nicht hinreichend zu den Berechnungsgrundlagen, aus denen abzuleiten ist, dass das am Tatort gesicherte Spurenmaterial mit einer Wahrscheinlichkeit von mehr als 1 : 10 Milliarden vom Angeklagten herrührt.

[8] aa) Ist dem Tatrichter mangels Sachkunde eine eigene Auseinandersetzung mit dem Inhalt des Gutachtens eines Sachverständigen nicht möglich, so genügt es allerdings, dass er sich von der Sachkunde des Gutachters überzeugt und sich danach dem Ergebnis des Gutachtens anschließt (st. Rspr.; vgl. BGH, Beschluss vom 7. Mai 1996 – 1 StR 170/96, NStZ-RR 1996, 258). Jedoch muss er in diesem Falle die wesentlichen Anknüpfungspunkte und Schlussfolgerungen des Sachverständigen im Urteil so wiedergeben, wie dies zum Verständnis des Gutachtens und zur Beurteilung seiner Schlüssigkeit und sonstiger Rechtsfehlerfreiheit erforderlich ist (BGH aaO; Beschluss vom 2. Oktober 2007 – 3 StR 412/07, NStZ-RR 2008, 39; Beschluss vom 8. April 2003 – 3 StR 79/03, NStZ-RR 2003, 232; Urteil vom 15. Januar 2003 – 5 StR 223/02, NStZ 2003, 307). Der Umfang der Darlegungspflicht richtet sich dabei nach der jeweiligen Beweislage und der Bedeutung, die der Beweisfrage für die Entscheidung zukommt (BGH, Beschluss vom 7. Mai 1996 – 1 StR 170/96, NStZ-RR 1996, 258).

[9] Für DNA-Vergleichsgutachten gilt nichts anderes. Zwar ist das in der forensischen Praxis gebräuchliche PCR-Verfahren, das dazu dient, aus der Probe sowie aus der Vergleichsprobe jeweils eine bestimmte Anzahl in der Kern-DNA auftretender Systeme (sog. short tandem repeats; STR) eindeutig zu identifizieren, um so (zunächst) Übereinstimmungen festzustellen, inzwischen in seinen Abläufen so weit standardisiert, dass es im Urteil keiner näheren Darlegungen hierzu bedarf. Kein in diesem Sinne standardisiertes Verfahren ist aber die im zweiten Schritt an die so gewonnenen Daten anknüpfende Wahrscheinlichkeitsberechnung, denn die Aussage darüber, mit welcher statistischen Häufigkeit ein bestimmtes Merkmal oder eine bestimmte Merkmalskombination auftritt, hängt zunächst von einer wertenden Entscheidung des Gutachters ab, welche Vergleichspopulation er ausgehend von der genetischen Herkunft des Täters heranzieht und inwieweit er aufgrund voneinander unabhängiger Vererbung der übereinstimmenden Merkmale die sog. Produktregel anwendet. Um dem Revisionsgericht eine Überprüfung der Wahrscheinlichkeitsberechnung auf ihre Plausibilität zu ermöglichen, verlangt der Bundesgerichtshof deshalb in ständiger Rechtsprechung die Mitteilung ihrer Grundlagen im Urteil (Beschluss vom 6. März 2012 – 3 StR 41/12; Beschluss vom 12. Oktober 2011 – 2 StR 362/11, NStZ-RR 2012, 53; Beschluss vom 21. Januar 2009 – 1 StR 722/08, NJW 2009, 1159; Beschluss vom 5. Februar 1992 – 5 StR 677/91, NStZ 1992, 601; Urteil vom 12. August 1992 – 5 StR 239/92, BGHSt 38, 320). Hierzu gehören – zumindest wenn der Angeklagte einer fremden Ethnie angehört – eine hinreichend deutliche Umschreibung der zum Vergleich herangezogenen Bevölkerungsgruppe sowie jedenfalls die Häufigkeit der einzelnen als übereinstimmend festgestellten Merkmale in dieser Vergleichspopulation sowie eine Aussage dazu, inwieweit in wissenschaftlich zulässiger Weise die sog. Produktregel zur Anwendung kam.

[10] bb) Diesen Maßstäben wird hier die bloße Mitteilung im Urteil, unter Anwendung biostatistischer Berechnungsmethoden ergebe sich eine Wahrscheinlichkeit von eins zu mehr als zehn Milliarden, nicht gerecht. Weder werden die Faktoren erkennbar, auf denen dieses rechnerische Ergebnis beruht, noch wird ersichtlich, inwieweit der Gutachter bei der Auswahl der Vergleichspopulation mögliche aus der ethnischen Herkunft des Angeklagten – eines marokkanischen Staatsangehörigen – herrührende Besonderheiten berücksichtigt hat.

[11] b) Auf dem Rechtsfehler beruht das Urteil.

[12] Allerdings ergibt sich allein schon aus der Aussage der Sachverständigen, die am Tatort gesicherte DNA stimme in allen 16 untersuchten Systemen mit der des Angeklagten überein, ein deutliches – wenngleich gegenüber der rechtsfehlerfreien Feststellung auch der biostatistischen Häufigkeit der ermittelten Merkmale in seiner Aussagekraft eingeschränktes – Beweisanzeichen für die Täterschaft des Angeklagten. Der Senat hat daher erwogen, ob das Landgericht bei der Würdigung der Beweise auch dann zu keinem anderen Ergebnis gelangt wäre, wenn es statt der für die Urheberschaft des Angeklagten als Spurenleger sprechenden biostatistischen Häufigkeit der Merkmalskombination lediglich die von der Sachverständigen bekundeten Übereinstimmungen in den untersuchten Systemen berücksichtigt hätte.

[13] Jedoch hielte die Beweiswürdigung für diesen Fall aus anderen Gründen der revisionsrechtlichen Überprüfung nicht stand; denn jedenfalls angesichts des geringeren Beweiswerts einer bloßen Übereinstimmung des jeweiligen DNA-Materials in den untersuchten Systemen käme es dann maßgeblich auf die anderen vom Landgericht herangezogenen Indizien an. Soweit sich das Landgericht indes tragend auch darauf stützt, der Angeklagte habe Frau E. am Morgen des Tattages telefonisch mit dem Tode bedroht, bleibt die Beweiswürdigung ihrerseits lückenhaft. Wie es zu dieser Feststellung gelangt ist, teilt das Landgericht nicht mit. Insbesondere beruht sie ersichtlich nicht auf den von der Zeugin H. wiedergegebenen Äußerungen von Frau E., der Angeklagte trachte ihr nach dem Leben, denn nach dem Gesamtzusammenhang des Urteils fand das geschilderte – überdies wohl eher allgemein gehaltene – Gespräch bereits etwa zwei Wochen vor der Tat statt.

Kommt das **Tatgericht** zu einem **anderen Ergebnis** als der **Sachverständige,** muss es **456**
sich konkret mit den Ausführungen des Sachverständigen auseinandersetzen, um zu belegen, dass es über das bessere Fachwissen verfügt.[458]

[5] 2. Die Beweiswürdigung hält revisionsrechtlicher Überprüfung nicht stand. Das Landgericht hat seine Überzeugung vom Tathergang und der Täterschaft des die Taten bestreitenden Angeklagten alleine auf die Angaben der Nebenklägerin gestützt. Es weist zwar auf die besonderen, an diese Beweiskonstellation zu stellenden Anforderungen hin (vgl. BGH, Beschlüsse vom 22. April 1987 – 3 StR 141/87 – und vom 18. Juni 1997 – 2 StR 140/97, BGHR StPO § 261 Beweiswürdigung 1 und 14); gleichwohl genügen die Urteilsgründe diesen Anforderungen nicht. Sie machen vielmehr nicht in einer für das Revisionsgericht nachvollziehbaren Weise deutlich, dass die Jugendschutzkammer alle zur Beeinflussung der Entscheidung geeigneten Umstände in einer für das Revisionsgericht nachvollziehbaren Weise in die Überzeugungsbildung einbezogen hat.

[6] a) Zwar ist das Tatgericht nicht gehalten, einem Sachverständigen zu folgen. Kommt es aber zu einem anderen Ergebnis, so muss es sich konkret mit den Ausführungen des Sachverständigen auseinandersetzen, um zu belegen, dass es über das bessere Fachwissen verfügt (vgl. BGH, Urteil vom 12. Juni 2001 – 1 StR 190/01). Es muss insbesondere auch dessen Stellungnahme zu den Gesichtspunkten wiedergeben, auf die es seine abweichende Auffassung stützt (BGH, Urteil vom 20. Juni 2000 – 5 StR 173/00, NStZ 2000, 550). Aus den im Urteil wiedergegebenen Aus-

[458] BGH, Beschluss vom 19.6.2012 – 5 StR 181/12.

führungen der Sachverständigen wird deutlich, weshalb sie von einer Reduzierung der „Qualität des Aussagematerials" in der Hauptverhandlung ausgegangen ist, aufgrund derer sie nicht mehr an ihrer Einschätzung im schriftlichen Gutachten festhalten könne (UA S. 19). Die Mutmaßung der Sachverständigen, das Aussageverhalten der Nebenklägerin könne „aufgrund des großen Zeitintervalls" zwischen polizeilicher Vernehmung und Exploration einerseits und Hauptverhandlung andererseits oder mit dem schwierigen Lebensabschnitt erklärbar sein, in dem sich die Nebenklägerin befinde, ändert nichts an der – in einem unaufgelösten Widerspruch zitierten – Wertung der Sachverständigen, dass die Reduktion des Aussagematerials mit gutachterlichen Methoden nicht durch Vergessensprozesse erklärt werden könne.

[7] Die Jugendschutzkammer stellt dieser Würdigung der Sachverständigen eine eigene Beweiswürdigung gegenüber, ohne sich dabei aber mit der von der Sachverständigen festgestellten Reduzierung der Aussagequalität der Nebenklägerin in der Hauptverhandlung auseinanderzusetzen. Jedenfalls in den Fällen, in denen die Aussage des Tatopfers das einzige Beweismittel ist, hat das Tatgericht eine besonders sorgfältige Beweiswürdigung unter Berücksichtigung der aussagepsychologischen Glaubwürdigkeitskriterien vorzunehmen (Brause, NStZ 2007, 505, 506). Das Landgericht beruft sich insoweit darauf, dass es anders als die Sachverständige die Frage der Glaubwürdigkeit der Nebenklägerin nicht aufgrund aussagepsychologischer Instrumentarien zu entscheiden habe, sondern nach dem Grundsatz der freien Beweiswürdigung (§ 261 StPO). Indes hatte das Landgericht dabei aussagepsychologische Glaubwürdigkeitskriterien zu beachten; es hat diese in verschiedenen Bereichen auch selbst angewendet. Bei seiner Prüfung, die demnach substantiell denselben Kriterien zu folgen hatte wie diejenige der Sachverständigen, musste es sich mit deren Einwänden auseinandersetzen.

[8] b) Das Landgericht stützt seine Beweiswürdigung vor allem auf das sachliche und keine überschießende Belastungstendenz zeigende Aussageverhalten der Geschädigten, das Fehlen von Falschbelastungsmotiven, die spontane Offenbarung des Geschehens zunächst gegenüber Freundinnen und die Schilderung „sehr origineller Details" (UA S. 21, 23). Insoweit werden allerdings nur zwei Details genannt, die gerade nicht den Verurteilungsfall betreffen. Überdies bezieht sich eines dieser Details (der Angeklagte habe anlässlich eines sexuellen Übergriffs ihr gegenüber geäußert, nicht er, sondern der Fuß der zwischen den beiden im Bett liegenden kleinen Halbschwester habe sie im Genitalbereich berührt) auf einen Vorfall, bei dem sich – jedenfalls nach der nachvollziehbaren Auffassung der Sachverständigen, der das Landgericht insoweit nicht widerspricht – nicht ausschließen lässt, dass es hier zu einer Fehlinterpretation der Nebenklägerin gekommen ist. Darüber hinaus sind die Schilderungen der Nebenklägerin zu diesem Vorfall an verschiedenen Stellen des Urteils unterschiedlich wiedergegeben („sie habe dann bemerkt, dass ihr Vater mit seinem Penis sie in ihrem Genitalbereich berührt habe", UA S. 16; anlässlich eines Vorfalls, bei dem sie mit dem Angeklagten und ihrer kleinen Halbschwester im Ehebett lag, habe sie „etwas festes" an ihrem Oberschenkel gespürt, was sie als den Penis des Angeklagten interpretierte, UA S. 25). Ob insoweit eine Inkonstanz der Angaben der Nebenklägerin vorlag, mit der sich das Urteil hätte auseinandersetzen müssen, bleibt unklar.

[9] c) Die Jugendschutzkammer befasst sich mit verschiedenen Mängeln der Zeugenaussage (Probleme bei der zeitlichen Einordnung der Taten, Widersprüche hinsichtlich des Tatorts) und erklärt diese – ohne Rücksicht auf die Einschätzung der Sachverständigen – im Ergebnis mit Vergessens- und Verschmelzungsprozessen. Die

von der Nebenklägerin abgegebene inkonstante Schilderung hinsichtlich eines Eindringens des Angeklagten mit dem Finger in ihre Scheide führt die Jugendschutzkammer auf Schwierigkeiten der Nebenklägerin hinsichtlich sexueller Begrifflichkeiten zurück. Indes befasst sich das Urteil in keiner Weise mit der Bekundung der Mutter der Nebenklägerin, diese habe ihr unter anderem mitgeteilt, der Angeklagte habe „sein ‚Ding' bei ihr reingemacht" (UA S. 13). Eine solche Darstellung der Nebenklägerin gegenüber ihrer Mutter wäre kaum mit mangelnden Begrifflichkeiten zu erklären. Die Beweiswürdigung der Jugendschutzkammer ist mithin auch insoweit lückenhaft.

[10] d) Ohne dass dies den Angeklagten für sich beschwert, bleibt die Beweiswürdigung auch in ihrer Gesamtheit widersprüchlich, weil kaum erklärlich ist, weshalb das Landgericht bei seiner insgesamt positiven Beurteilung der Glaubhaftigkeit der Angaben der Nebenklägerin hinsichtlich der weiteren Tatvorwürfe nicht zu Mindestfeststellungen gelangt ist, die insoweit einer umfassenden Freisprechung entgegengestanden hätten.

[11] 3. Das angefochtene Urteil war demnach insgesamt aufzuheben, soweit der Angeklagte verurteilt worden ist. Wenngleich der Teilfreispruch Bestand hat, wird das neue Tatgericht allein zur Überprüfung des einzigen verbleibenden Anklagevorwurfs den Wahrheitsgehalt der belastenden Angaben der Nebenklägerin in ihrer Gesamtheit zu überprüfen haben. Die Aufhebung umfasst notwendigerweise auch die Kompensationsentscheidung, für die das Urteil keinerlei Begründung gibt.

c) Freisprechendes Urteil

Zwar ist der Tatrichter auch bei **freisprechenden Urteilen** verpflichtet, **Feststellungen zu Werdegang, Vorleben und Persönlichkeit des Angeklagten** zu treffen und im Urteil mitzuteilen, wenn diese für die Beurteilung des Tatvorwurfs eine Rolle spielen können und deshalb zur Überprüfung des Freispruchs durch das Revisionsgericht erforderlich sind. Hier bestand jedoch keine Notwendigkeit, etwa die wirtschaftlichen Verhältnisse oder den beruflichen Werdegang des Angeklagten in den Blick zu nehmen, da der Tatvorwurf ein Verhalten in dessen privatem Lebensbereich betrifft.[459] **457**

[11] Der Freispruch hält sachlich-rechtlicher Prüfung stand.

[12] 1. Die Ausführungen des Landgerichts werden den gemäß § 267 Abs. 5 Satz 1 StPO an ein freisprechendes Urteil zu stellenden Darstellungsanforderungen gerecht.

[13] a) Soweit die Staatsanwaltschaft rügt, das angefochtene Urteil enthalte nur unzureichende Feststellungen zu den persönlichen und wirtschaftlichen Verhältnissen, liegt darin kein Rechtsfehler. Zwar ist der Tatrichter auch bei freisprechenden Urteilen verpflichtet, Feststellungen zu Werdegang, Vorleben und Persönlichkeit des Angeklagten zu treffen und im Urteil mitzuteilen, wenn diese für die Beurteilung des Tatvorwurfs eine Rolle spielen können und deshalb zur Überprüfung des Freispruchs durch das Revisionsgericht erforderlich sind (BGHSt 52, 314, 315; BGH, NStZ 2010, 529, 530). Hier bestand jedoch keine Notwendigkeit, etwa die wirtschaftlichen Verhältnisse oder den beruflichen Werdegang des Angeklagten in den Blick zu nehmen, da der Tatvorwurf ein Verhalten in dessen privatem Lebensbereich

[459] BGH, Urteil vom 7.3.2012 – 2 StR 640/11.

betrifft. Soweit für einen Tatnachweis der Gestaltung sonstiger außerehelicher sexueller Annäherungen an Frauen Bedeutung zukommen konnte, hat sich die Strafkammer mit diesem Aspekt seiner Persönlichkeit unter Bezugnahme auf die Angaben mehrerer hierzu gehörter Zeuginnen auseinandergesetzt (UA S. 16).

[14] b) Entgegen dem Revisionsvorbringen weisen die Urteilsgründe auch im Hinblick auf den psychischen Zustand der Nebenklägerin und auf die Auswirkungen ihrer Kontaktängste keinen Darstellungsmangel auf. Hierzu hat die Kammer festgestellt, dass die Nebenklägerin aufgrund traumatischer Ereignisse in ihrer Jugend an einer neurotischen Depression, einer Persönlichkeitsstörung und einer sozialen Phobie litt. Diese Erkrankung hatte zur Folge, dass die Nebenklägerin bei ihr unerwünschten körperlichen Annäherungen zunächst nichts sagte, sich nicht bewegte und auch nicht auf andere Weise zum Ausdruck brachte, dass sie die Berührung ablehnte (UA S. 6 f., 14). Dass eine noch eingehendere Beschreibung ihres Zustands in Situationen, in denen die Nebenklägerin in eine innere Starre verfiel, nach dem Ergebnis der Beweisaufnahme überhaupt möglich gewesen wäre, ist fernliegend. Die Urteilsgründe geben neben der Erörterung der gutachterlichen Stellungnahme des gerichtlichen Sachverständigen und neben den zusammengefassten Angaben der langjährigen Therapeutin der Nebenklägerin jedenfalls deren eigene Darstellung zu ihrem inneren Abschalten in noch hinreichendem Umfang wieder.

[15] c) Die weitere Beanstandung, der Inhalt eines zwischen dem Angeklagten und seiner Ehefrau sowie der Nebenklägerin und ihrem Ehemann geführten „Vierergesprächs" sei nicht ausführlich dargestellt worden, greift ebenfalls nicht durch. Nach den Feststellungen fand am 1. Dezember 1999 zwar ein Gespräch zwischen beiden Ehepaaren statt, nachdem es am Vortag zu dem weiteren – nicht von der Anklage erfassten – körperlichen Übergriff des Angeklagten gegenüber der Nebenklägerin gekommen war. In dieser Unterredung erklärte der Angeklagte, „dass ihm alles sehr leid tue", und er versprach, sich künftig der Nebenklägerin nicht mehr zu nähern (UA S. 10). Dass dem Angeklagten bei diesem Gespräch näher erläutert worden wäre, was es mit der psychischen Befindlichkeit und den Ängsten der Nebenklägerin vor Berührungen auf sich hatte, hat das Landgericht jedoch ebenso wenig festzustellen vermocht wie eine sonstige Kenntnisnahme des Angeklagten von einer seelischen Störung der Nebenklägerin. Diese und ihr Ehemann unterrichteten – ihren eigenen vom Landgericht zusammenfassend wiedergegebenen Angaben in der Hauptverhandlung zufolge – den Angeklagten hierüber nicht (UA S. 11, 14 f.). Daher war die Strafkammer zu einer umfänglicheren inhaltlichen Wiedergabe der Unterredung nicht gehalten.

[16] 2. Auch die Beweiswürdigung als solche ist revisionsrechtlich nicht zu beanstanden.

[17] a) Gemäß § 261 StPO entscheidet über das Ergebnis der Beweisaufnahme das Gericht. Spricht es einen Angeklagten frei, weil es Zweifel an seiner Täterschaft nicht zu überwinden vermag, so ist dies durch das Revisionsgericht in der Regel hinzunehmen. Die Beweiswürdigung ist Sache des Tatrichters. Die revisionsgerichtliche Prüfung beschränkt sich darauf, ob dem Tatrichter bei der Beweiswürdigung Rechtsfehler unterlaufen sind. Das ist dann der Fall, wenn die Beweiswürdigung von einem rechtlich unzutreffenden Ansatz ausgeht, etwa hinsichtlich des Umfangs und der Bedeutung des Zweifelssatzes, wenn sie lückenhaft, widersprüchlich oder unklar ist, gegen Gesetze der Logik oder gesicherte Erfahrungssätze verstößt oder wenn an die zur Verurteilung erforderliche Gewissheit überspannte Anforderungen gestellt werden (st. Rspr., vgl. Senat, NStZ 2010, 102, 103 m.w.N.).

[18] b) Solche Rechtsfehler liegen hier nicht vor. Das Landgericht hat alle relevanten Umstände berücksichtigt und jedenfalls mögliche Schlussfolgerungen gezogen.

[19] aa) Dies gilt insbesondere, soweit es vorsätzliches Handeln des Angeklagten hinsichtlich des Tatbestandes des sexuellen Missbrauchs einer widerstandsunfähigen Person gemäß § 179 Abs. 1 StGB nicht festzustellen vermochte. Aufgrund der psychischen Disposition der Nebenklägerin und ihres Zustandes einer inneren Erstarrung bei der Anbahnung ihr unerwünschter körperlicher Kontakte ist die Schlussfolgerung des Landgerichts revisionsrechtlich nicht zu beanstanden, dass es für Außenstehende und somit auch für den Angeklagten nicht zu erkennen war, worauf die Passivität der Nebenklägerin beruhte. Bei Prüfung des Vorsatzes des Angeklagten in Bezug auf eine Widerstandsunfähigkeit der Nebenklägerin konnte das Landgericht auch den Umstand berücksichtigen, dass die Nebenklägerin während der sexuellen Annäherungen des Angeklagten aus ihrem Zustand der Starre jeweils wieder zu sich kam und sodann die Übergriffe verbal und körperlich abwehrte. Der Angeklagte hätte daher erkannt haben müssen, dass die Nebenklägerin nur bei der Anbahnung und in den ersten Momenten seiner sexuellen Annäherung ihre von ihm im weiteren Verlauf erfahrene grundsätzliche Abwehrbereitschaft nicht umsetzen konnte. Hierfür bieten die Urteilsgründe keine Anhaltspunkte.

[20] bb) Entgegen dem Revisionsvorbringen enthält das angefochtene Urteil keine Lücke in der Beweiswürdigung, soweit es sich mit den Angaben der Zeuginnen H., He., G., Ro., B. und F. befasst. Nach den knapp zusammengefassten Aussagen dieser Zeuginnen hat der Angeklagte außereheliche sexuelle Annäherungsversuche nicht gewaltsam durchgeführt und von solchen Abstand genommen, soweit sie nicht erwidert wurden, bzw., wenn ihm deren Unerwünschtheit signalisiert wurde. Vor diesem Hintergrund ist nicht ersichtlich, inwiefern sich dem Tatrichter bei einer detaillierten Würdigung der Aussagen dieser Zeuginnen relevante, dem Angeklagten nachteilige Schlüsse hätten aufdrängen müssen.

[21] Soweit die Staatsanwaltschaft bemängelt, das Landgericht habe die Aussage der Zeugin Re. nicht in ihre Beweiswürdigung eingestellt, zeigt sie mit ihrer allein auf die Sachbeschwerde gestützten Revision keinen Rechtsfehler auf. Denn für die sachlich-rechtliche Nachprüfung steht dem Revisionsgericht allein die Urteilsurkunde zur Verfügung (BGHSt 35, 238, 241; Meyer-Goßner, StPO, 54. Aufl., § 337 Rn. 22). Aus den Urteilsgründen, die diese Zeugin nicht erwähnen, ergibt sich eine Lückenhaftigkeit der Beweiswürdigung indes nicht.

[22] cc) Im Übrigen wird zu den weiteren Beanstandungen der Revisionen auf die auch insoweit zutreffenden Ausführungen in der Antragsschrift des Generalbundesanwalts verwiesen.

[23] 3. Schließlich ist auch die rechtliche Würdigung der Strafkammer nicht zu beanstanden.

[24] Aufgrund der getroffenen Feststellungen hat das Landgericht in beiden Anklagefällen zutreffend bereits den objektiven Tatbestand des § 177 Abs. 1 Nr. 3 StGB verneint, da die Nebenklägerin jeweils nicht erst unter dem Eindruck eines schutzlosen Ausgeliefertseins auf einen ihr grundsätzlich möglichen Widerstand verzichtet hat, sondern schon aufgrund ihrer psychischen Disposition vor Beginn der sexuellen Handlungen des Angeklagten vorübergehend widerstandsunfähig war. Damit fehlte es an dem für den objektiven Tatbestand des § 177 Abs. 1 Nr. 3 StGB erforderlichen funktionalen und finalen Zusammenhang zwischen objektivem Nötigungselement, Opferverhalten und Täterhandlung (zu dieser Voraussetzung vgl.

BGHSt 50, 359, 368; BGH, Beschluss vom 21. Dezember 2011 – 4 StR 404/11 Rn. 15 m.w.N.).

[25] Eine Versuchsstrafbarkeit war entgegen der Auffassung beider Beschwerdeführerinnen nicht in Betracht zu ziehen. Der subjektive Tatbestand des § 177 Abs. 1 Nr. 3 StGB setzt zumindest bedingten Vorsatz dahingehend voraus, dass das Tatopfer in die sexuelle Handlung nicht einwilligt und es gerade im Hinblick auf seine Schutzlosigkeit auf möglichen Widerstand verzichtet (vgl. BGHSt 50, 359, 368). Gegen ein solches Ausnutzungsbewusstsein spricht entscheidend, dass der Angeklagte mit der Vornahme sexueller Handlungen sofort aufhörte, sobald die Nebenklägerin ihre Ablehnung zum Ausdruck gebracht hatte.

458 Bei einem **Freispruch** unterliegt der Überprüfung auch, ob der Tatrichter überspannte **Anforderungen an die für die Verurteilung erforderliche Gewissheit** gestellt hat. Schließlich kann ein Rechtsfehler in einem solchen Fall auch darin liegen, dass das Tatgericht nach den Feststellungen nicht naheliegende Schlussfolgerungen gezogen hat, ohne tragfähige Gründe anzuführen, die dieses Ergebnis stützen können. Denn es ist weder im Hinblick auf den **Zweifelssatz** noch sonst geboten, zu Gunsten eines Angeklagten Tatvarianten zu unterstellen, für deren Vorliegen keine zureichenden tatsächlichen Anhaltspunkte vorhanden sind.[460]

Das Revisionsgericht muss es grundsätzlich hinnehmen, wenn der Tatrichter einen Angeklagten freispricht, weil er Zweifel an seiner Täterschaft nicht zu überwinden vermag. Die Beweiswürdigung ist Sache des Tatrichters. Ihm allein obliegt es, das Ergebnis der Hauptverhandlung festzustellen und zu würdigen (BGH, Urteil vom 7. Oktober 1966 – 1 StR 305/66, BGHSt 21, 149, 151). Seine Schlussfolgerungen brauchen nicht zwingend zu sein, es genügt, dass sie möglich sind (Senatsbeschluss vom 7. Juni 1979 – 4 StR 441/78, BGHSt 29, 18, 20). Die revisionsgerichtliche Prüfung beschränkt sich darauf, ob dem Tatrichter Rechtsfehler unterlaufen sind. Das ist in sachlich-rechtlicher Hinsicht der Fall, wenn die Beweiswürdigung widersprüchlich, unklar oder lückenhaft ist oder gegen die Denkgesetze oder gesicherte Erfahrungssätze verstößt (st. Rspr.; vgl. nur BGH, Urteil vom 6. November 1998 – 2 StR 636/97, BGHR StPO § 261 Beweiswürdigung 16 m.w.N.). Bei einem Freispruch unterliegt der Überprüfung auch, ob der Tatrichter überspannte Anforderungen an die für die Verurteilung erforderliche Gewissheit gestellt hat. Schließlich kann ein Rechtsfehler in einem solchen Fall auch darin liegen, dass das Tatgericht nach den Feststellungen nicht naheliegende Schlussfolgerungen gezogen hat, ohne tragfähige Gründe anzuführen, die dieses Ergebnis stützen können. Denn es ist weder im Hinblick auf den Zweifelssatz noch sonst geboten, zu Gunsten eines Angeklagten Tatvarianten zu unterstellen, für deren Vorliegen keine zureichenden tatsächlichen Anhaltspunkte vorhanden sind (st. Rspr.; vgl. nur BGH, Urteil vom 24. Januar 2008 – 5 StR 253/07, NStZ 2008, 575 m.w.N.). Erkennt der Tatrichter auf Freispruch, obwohl nach dem Ergebnis der Hauptverhandlung gegen den Angeklagten ein ganz erheblicher Tatverdacht besteht, muss er in seine Beweiswürdigung und deren Darlegung die ersichtlich möglicherweise wesentlich gegen den Angeklagten sprechenden Umstände und Erwägungen einbeziehen und in einer Gesamtwürdigung betrachten (BGH, Urteil vom 13. Februar 1974 – 2 StR 552/73, BGHSt 25, 285, 286; BGH, Urteil vom 24. Januar 2008 aaO).

---

[460] BGH, Beschluss vom 23.2.2012 – 4 StR 602/11; vgl. hierzu auch BGH, Urteil vom 10.10.2012 – 5 StR 316/12; BGH, Urteil vom 16.8.2012 – 3 StR 180/12.

[11] 2. Diesen rechtlichen Anforderungen wird die Beweiswürdigung im vorliegenden Fall nicht gerecht. Soweit das Landgericht eine Verurteilung wegen einer Sexualstraftat zum Nachteil der M. abgelehnt hat, ist sie lücken- und damit rechtsfehlerhaft.

[12] a) Das Landgericht stützt seine Zweifel an der Richtigkeit der Angaben des Tatopfers zu diesem Teil des Geschehensablaufs auf angeblich nicht auflösbare Unklarheiten in dessen Aussage zum zeitlichen Ablauf. Dabei geht es davon aus, dass der Angeklagte mit M. gegen 2.30 Uhr vom Tatort in Richtung Rostock abgefahren sein müsse. In der Aussage des Opfers finde sich keine Erklärung für den Zeitraum zwischen 1.30 Uhr und dieser Abfahrt um 2.30 Uhr. Für diese Annahme fehlt es jedoch an einer tragfähigen Grundlage. Der Zeuge J., dessen Angaben die Strafkammer ersichtlich für glaubhaft hält, hat bereits um 0.30 Uhr Stimmen von zwei Personen, darunter die des Angeklagten, gehört und „wenig später" das Klappen von Autotüren sowie das Wegfahren eines Pkw VW Golf wahrgenommen. Diese Aussage hat das Landgericht bei seiner zeitlichen Rekonstruktion der Geschehensabläufe bis zum Auftauchen des Angeklagten und des Tatopfers auf dem Gelände der Tankstelle in Rostock gegen 4.18 Uhr nicht bedacht. Legt man die Aussage des Zeugen J. zu Grunde, entbehrt sowohl die Annahme, der Angeklagte und die Geschädigte seien erst um 2.30 Uhr vom Tatort abgefahren, als auch die Unterstellung eines ungeklärten Geschehensablaufs zwischen 1.30 und 2.30 Uhr einer Grundlage.

[13] b) Es kommt hinzu, dass das Schwurgericht bei der Würdigung der Aussage des Tatopfers nicht berücksichtigt hat, dass dessen Angaben zum Vorwurf einer Sexualstraftat in gewichtigen Beweisanzeichen außerhalb der Aussage eine Stütze finden. So hat es unerwähnt gelassen, dass dem Zeugen J. und auch einem am Tatort ermittelnden Polizeibeamten am nächsten Tag zwei parallel verlaufende Schleifspuren über den Hof des Anwesens in R. bis zu dem mit Gras bewachsenen Garten auffielen, die nach seiner sicheren Erinnerung am Vorabend noch nicht vorhanden gewesen waren. Diese Spuren können zwanglos mit der Aussage des Tatopfers in Einklang gebracht werden, es sei durch das Würgen im Pkw bewusstlos geworden und erst auf der Wiese wieder zu sich gekommen. Auch das Auffinden des Slips des Opfers an dem von diesem angegebenen Tatort hat das Landgericht lediglich zur Widerlegung der Einlassung des Angeklagten herangezogen, der einvernehmlichen Geschlechtsverkehr behauptet hat, jedoch nicht – was geboten gewesen wäre – auch bei der Würdigung der Glaubhaftigkeit der Aussage des Tatopfers.

[14] c) Vor diesem Hintergrund und unter Berücksichtigung der von der Strafkammer selbst erwogenen, für die Richtigkeit der Aussage von M. sprechenden Umstände, etwa den tatsächlich vorhandenen Spuren von Erbrochenem auf der Rückbank des Fahrzeugs und den ihre Angaben bestätigenden Verletzungsspuren an ihrem Körper kann der Senat nicht ausschließen, dass das Landgericht bei einer rechtsfehlerfreien Beweiswürdigung zu einer abweichenden Bewertung der Aussage des Opfers gelangt wäre. Dabei hätte sich das Landgericht zudem mit der Frage auseinandersetzen müssen, ob die Unsicherheiten der Zeugin hinsichtlich der genauen zeitlichen Einordnung ihre Ursache naheliegend in ihrer psychischen Verfassung nach einem tatsächlich erlebten Geschehen hatten und nicht in dem Bestreben, den Angeklagten wahrheitswidrig zu belasten.

Das Revisionsgericht hat es grundsätzlich hinzunehmen, wenn das Tatgericht einen **Angeklagten freispricht**, weil es **Zweifel** an dessen **Täterschaft** oder der strafbaren Beteiligung an einer Tat nicht zu überwinden vermag. Die **revisionsrechtliche Überprüfung** beschränkt sich darauf, ob dem Tatgericht Rechtsfehler unterlaufen sind. **459**

Dies ist in sachlich-rechtlicher Hinsicht etwa dann der Fall, wenn die Beweiswürdigung widersprüchlich, unklar oder lückenhaft ist oder gegen Denkgesetze oder gesicherte Erfahrungssätze verstößt.[461]

[1] Das Landgericht hat die Angeklagte vom Vorwurf des schweren räuberischen Diebstahls aus tatsächlichen Gründen freigesprochen. Hiergegen wendet sich die Staatsanwaltschaft mit ihrer auf die Rüge der Verletzung materiellen Rechts gestützten Revision. Das vom Generalbundesanwalt vertretene Rechtsmittel hat Erfolg.

[2] 1. Das Landgericht hat folgende Feststellungen und Wertungen getroffen:

[3] a) Weil sie Geld zum Drogenerwerb benötigten, beschlossen die Mitangeklagte T. und Ku., einen vorgetäuschten Überfall auf eine Spielhalle zu begehen. T. kannte die als Spielhallenaufsicht tätige Angeklagte R., die in den Tatplan eingeweiht werden sollte. T. hatte Ku., der die Tat mit der ungeladenen Schreckschusspistole ausführen sollte, schon früher über die ihr bekannten Alarmsysteme informiert. B. sollte während der Tatausführung im Fluchtfahrzeug verbleiben. T. betrat die Spielhalle, um die Angeklagte R. über ihr Vorhaben in Kenntnis zu setzen. Die Angeklagte „wollte zunächst nicht mitmachen". Wie sie auf einen von T. versprochenen Beuteanteil reagierte, konnte „nicht abschließend geklärt werden: Zwar hat sie sich nicht im eigenen Interesse an der Tat beteiligt und die Tat nicht als eigene gewollt. Offen ist aber, ob sie eingewilligt hat, den ‚Überfall' einfach über sich ergehen zu lassen und damit eine fremde Tat zu fördern, oder ob sie sich gänzlich geweigert hat, den ‚Überfall' zu dulden" (UA S. 30).

[4] Nach diesem Gespräch verblieb T. „noch einige Zeit" in der Spielhalle. Als sich gegen 5.30 Uhr in ihrem Spielhallenbereich kein weiterer Gast mehr aufhielt, informierte sie Ku., der maskiert mit vorgehaltener Schreckschusspistole die Angeklagte aufforderte, das Geld aus der Kasse und dem Tresor – insgesamt 943 € – in eine Tasche zu packen. Die Angeklagte kam dem Verlangen Ku.s nach. Währenddessen verließ T. den Spielhallenbereich, ging in einen weiteren – abgetrennten – Bereich und erklärte gegenüber zwei Kunden, dass im anderen Spielhallenbereich gerade ein Überfall stattfinde. Als Ku. mit der Tatbeute die Spielhalle verließ, richtete er die Schreckschusspistole drohend auf die nunmehr in der Nähe des Eingangs wartenden Kunden, um sich den Besitz des Geldes zu sichern. Die Tatbeute wurde später unter den Mitangeklagten aufgeteilt; die Angeklagte R. war bei der Aufteilung des Geldes nicht anwesend und erhielt auch im Nachhinein keinen Anteil.

[5] b) Die Jugendkammer hat zugunsten von T., Ku. und B. angenommen, dass sie der Ansicht gewesen seien, die Angeklagte R. „lasse den ‚Überfall' einfach über sich ergehen". Zugunsten der Angeklagten nahm das Landgericht hingegen an, dass diese sich „gänzlich geweigert habe, den ‚Überfall' zu dulden".

[6] Die Angeklagte R. habe sich dahingehend eingelassen, dass T. sie in der Spielhalle aufgesucht und ihr vorgeschlagen habe, bei einem von Ku. auszuführenden fingierten Überfall mitzumachen. Dies habe sie jedoch abgelehnt. T. habe daraufhin an einem Spielautomaten gespielt; plötzlich habe eine maskierte Person vor ihr gestanden, von der sie angenommen habe, sie sei Ku. Die Person habe sie zur Kasse und zum Tresor dirigiert, wo sie ihr das Geld ausgehändigt habe. Von der Beute habe sie nichts erhalten; sie habe T. deswegen auch nicht angerufen oder zur Rede gestellt.

[461] BGH, Beschluss vom 26.4.2012 – 5 StR 82/12.

[7] T. habe demgegenüber angegeben, die Angeklagte R. habe zunächst abgelehnt, bei dem Überfall mitzumachen. Nach Versprechen eines Beuteanteils habe die Angeklagte jedoch eingewilligt, den Überfall zu dulden. Einen Anteil an der Beute habe sie aber nicht erhalten; die Angeklagte R. habe sie auch nicht mehr auf den Überfall oder einen Beuteanteil angesprochen, als sie einige Zeit später nochmals in der Spielhalle gewesen sei.

[8] Nach Bekundung Ku.s habe T. ihm und B. mitgeteilt, dass die Angeklagte R. gegen den fingierten Überfall keine Einwände habe.

[9] c) Die Jugendkammer vermochte sich von der Einwilligung der Angeklagten nicht zu überzeugen. Dafür spreche zwar, dass diese nach der Tat weder T. noch einen anderen Beteiligten zur Rede gestellt habe. Ausweislich der Videoaufzeichnung sei sie während der Tatausführung „ruhig vorgegangen" und habe noch danach „ruhig" mit T. gesprochen. Von ihrer Gestik her habe sie nicht den Eindruck erweckt, unter Zwang zu handeln. Für die Sachverhaltsvariante, dass die Angeklagte sich gänzlich geweigert habe, an dem fingierten Überfall mitzuwirken, spreche aber, dass ihr im Tresorraum das Geld bei der Übergabe an Ku. heruntergefallen sei und dass sie – nach den Angaben eines unbeteiligten Zeugen – nach der Tat am ganzen Körper gezittert habe. Diese Nervosität deute auf ein Handeln unter Zwang hin. In der Gesamtschau komme keinem der „vorerwähnten Beweismittel" ein solches Gewicht zu, dass sich eine der Sachverhaltsvarianten sicher feststellen lasse.

[10] 2. Die durch die Jugendkammer vorgenommene Beweiswürdigung hält sachlich-rechtlicher Nachprüfung nicht stand.

[11] a) Das Revisionsgericht hat es grundsätzlich hinzunehmen, wenn das Tatgericht einen Angeklagten freispricht, weil es Zweifel an dessen Täterschaft oder einer strafbaren Beteiligung an einer Tat nicht zu überwinden vermag. Die revisionsrechtliche Überprüfung beschränkt sich darauf, ob dem Tatgericht Rechtsfehler unterlaufen sind. Dies ist in sachlich-rechtlicher Hinsicht etwa dann der Fall, wenn die Beweiswürdigung widersprüchlich, unklar oder lückenhaft ist oder gegen Denkgesetze oder gesicherte Erfahrungssätze verstößt (BGH, Urteile vom 2. Dezember 2005 – 5 StR 119/05, NJW 2006, 925, 928, insoweit in BGHSt 50, 299 nicht abgedruckt, und vom 18. September 2008 – 5 StR 224/08, NStZ 2009, 401). Solche Rechtsfehler liegen hier vor.

[12] b) Die eher dürftigen Erwägungen, mit denen das Landgericht den Nachweis einer Beteiligung der Angeklagten R. an der Tat der Mitangeklagten T., Ku. und B. verneint hat, sind lückenhaft. Das Landgericht erörtert maßgebliche Umstände nicht, die für eine strafbare Beteiligung der Angeklagten sprechen.

[13] aa) Es fehlt bereits an einer Darstellung, wie es zur Aufklärung der Tat gekommen ist. Den Urteilsgründen ist in ihrer Gesamtheit zu entnehmen, dass die Tat zunächst unaufgeklärt blieb. Warum die Angeklagte, wenn sie mit einem fingierten Überfall nicht einverstanden war, gegenüber den hinzugerufenen Polizeibeamten die Täterschaft der ihr bekannten Täter T. und Ku. nicht sogleich offenbarte, bleibt unerörtert. Auch werden der Inhalt und die Entwicklung ihrer Aussage nach Aufdeckung der Tatbeteiligung der Mitangeklagten nicht wiedergegeben.

[14] bb) Darüber hinaus schweigen die Urteilsgründe dazu, warum die Angeklagte, wenn sie nicht beteiligt war, während der Tatausführung nicht den vorhandenen Alarm auslöste. Wie sich die Angeklagte insoweit eingelassen hat, wird nicht mitgeteilt. Unerörtert bleibt auch, warum T. sich in der zugunsten der Angeklagten angenommenen Variante weiter auf den Überfall einließ, wenn sie damit rechnen musste,

dass die eine Mitwirkung an dem fingierten Überfall verweigernde Angeklagte den Alarm auslösen könnte. Ebenso wenig erwägt das Landgericht, warum T. – bei einer solch veränderten Sachlage – kurz vor der Tatausführung Ku. nicht informiert oder ihm gar – nach dessen Einlassung – wahrheitswidrig mitgeteilt haben sollte, dass die Angeklagte gegen den Tatplan keine Einwände habe, wenn das Gegenteil der Fall war. Es hätte sich geradezu aufgedrängt, dass T. für diesen Fall den die Tat unmittelbar ausführenden Ku. von der eingetretenen Komplikation in Kenntnis setzte.

[15] 3. Das Tatgeschehen bedarf demnach neuer Aufklärung und Bewertung. Der Senat weist die Sache, da sie nur noch eine erwachsene Angeklagte betrifft, an eine allgemeine Strafkammer zurück.

460 Der Freispruch hat keinen Bestand. Die Ausführungen des Landgerichts werden den gemäß **§ 267 Abs. 5 Satz 1 StPO** an ein **freisprechendes Urteil** zu stellenden **Anforderungen** in mehrfacher Hinsicht nicht gerecht. Zum einen enthalten die Urteilsgründe keine Feststellungen zu Werdegang, Vorleben und Persönlichkeit des Angeklagten. Das Landgericht hat auch **keine** den Anforderungen an ein freisprechendes Urteil entsprechende **Würdigung der Beweise** vorgenommen. Ferner begegnet die – losgelöst vom Ergebnis der Beweisaufnahme im Übrigen – erfolgte Bewertung der Einlassung des Angeklagten in der Hauptverhandlung vor dem Hintergrund der in den Urteilsgründen erwähnten Verständigung als nicht glaubhaft durchgreifenden rechtlichen Bedenken.[462]

Der Freispruch hat keinen Bestand. Die Ausführungen des Landgerichts werden den gemäß § 267 Abs. 5 Satz 1 StPO an ein freisprechendes Urteil zu stellenden Anforderungen in mehrfacher Hinsicht nicht gerecht.

[7] 1. Zum einen enthalten die Urteilsgründe keine Feststellungen zu Werdegang, Vorleben und Persönlichkeit des Angeklagten.

[8] a) Solche Feststellungen sind zwar in erster Linie bei verurteilenden Erkenntnissen notwendig, um nachvollziehen zu können, ob der Tatrichter die wesentlichen Anknüpfungstatsachen für die Strafzumessung (§ 46 Abs. 1 Satz 2, Abs. 2 Satz 2 StGB) ermittelt und berücksichtigt hat. Aber auch bei freisprechenden Urteilen ist der Tatrichter aus sachlich-rechtlichen Gründen zumindest dann zu solchen Feststellungen verpflichtet, wenn diese für die Beurteilung des Tatvorwurfs eine Rolle spielen können und deshalb zur Überprüfung des Freispruchs durch das Revisionsgericht auf Rechtsfehler hin notwendig sind; das ist auch dann der Fall, wenn vom Tatrichter getroffene Feststellungen zum Tatgeschehen ohne solche zu den persönlichen Verhältnissen nicht in jeder Hinsicht nachvollziehbar und deshalb lückenhaft sind. So liegt es hier.

[9] b) Die Notwendigkeit, die persönlichen Verhältnisse des Angeklagten umfassend in den Blick zu nehmen und nähere Feststellungen zu dessen Lebenslauf, Werdegang und Persönlichkeit zu treffen und in den Urteilsgründen darzulegen, ergibt sich im vorliegenden Fall bereits aus der ihm zum Vorwurf gemachten Straftat. Sie beruht auf einer Handlung, die sich im familiären, häuslichen Bereich ereignet haben soll. Ist ein solcher Vorwurf, wie hier, von erheblichem Gewicht, liegt es nahe, dass der

---

[462] BGH, Beschluss vom 25.10.2012 – 4 StR 170/12; vgl. hierzu auch BGH, Urteil vom 11.1.2012 – 2 StR 482/11; BGH, Urteil vom 1.3.2012 – 3 StR 434/11.

Persönlichkeitsentwicklung der Beteiligten, insbesondere des der Tat Beschuldigten, und seinen individuellen Lebensumständen Bedeutung auch für die Beurteilung des Tatvorwurfs zukommen kann. Dies gilt nicht nur, wenn der Verdacht einer Straftat gegen die sexuelle Selbstbestimmung besteht, sondern gleichermaßen, wenn der Vorwurf eine Gewalttat im Verhältnis von Eltern bzw. Erziehungsberechtigten zu ihren Kindern zum Gegenstand hat. Schon deshalb waren insoweit detaillierte Feststellungen geboten, die genaueren Aufschluss über die Persönlichkeit des Angeklagten und dessen Lebensumstände hätten geben können, was gegebenenfalls – etwa im Hinblick auf eine mögliche Überlastungssituation – Rückschlüsse auf den Tatvorwurf zugelassen hätte.

[10] c) Auch vor dem Hintergrund der wenigen zum Tatvorwurf getroffenen Feststellungen hätten die persönlichen Verhältnisse des Angeklagten nicht unerörtert bleiben dürfen. Danach zeigten sich bei Jason am Vormittag des 16. September 2009 blaue Flecken im Gesicht. Auf der Festplatte des Computers der Mutter des Tatopfers wurde ein von dem Angeklagten am 11./12. September 2009 aufgenommener Videofilm sichergestellt, auf dem Jason mit massiven Hämatomen zu sehen ist. Dass eingehende Feststellungen zum persönlichen Hintergrund – auch unter Berücksichtigung der gegen die Mutter des Tatopfers erhobenen Vorwürfe der Misshandlung von Schutzbefohlenen – hier möglicherweise geeignet gewesen wären, angesichts der schwierigen Beweislage den gegen den Angeklagten erhobenen Tatvorwurf zu erhellen, liegt jedenfalls nicht fern.

[11] 2. Das Landgericht hat auch keine den Anforderungen an ein freisprechendes Urteil entsprechende Würdigung der Beweise vorgenommen.

[12] a) Es ist regelmäßig verfehlt, die Einlassung des Angeklagten und die Aussagen sämtlicher Zeugen und Sachverständigen der Reihe nach und in ihren Einzelheiten mitzuteilen. Das kann die Besorgnis begründen, der Tatrichter sei davon ausgegangen, eine breite Darstellung der erhobenen Beweise könne die gebotene eigenverantwortliche Würdigung ersetzen. Darin liegt regelmäßig ein Rechtsfehler (BGH, Beschluss vom 6. Mai 1998 – 2 StR 57/98, NStZ 1998, 475; vgl. auch BGH, Beschluss vom 16. Dezember 2003 – 3 StR 417/03, wistra 2004, 150). Vielmehr muss eine rechtsfehlerfreie Beweiswürdigung eine Abwägung und Gewichtung der einzelnen Beweise enthalten (BGH, Beschluss vom 6. Mai 1998 – 2 StR 57/98, aaO). Eine solche lassen die Urteilsgründe hier nicht erkennen.

[13] b) Die Ausführungen des Landgerichts durften sich nicht darin erschöpfen, die Einlassungen des Angeklagten in der Hauptverhandlung und im Ermittlungsverfahren ebenso wie die Aussagen seiner Lebensgefährtin in wesentlichen Teilen wörtlich in die Urteilsgründe aufzunehmen. Entsprechendes gilt für die Bekundungen der gerichtsmedizinischen Sachverständigen, denen die Strafkammer zwar ausweislich der Urteilsgründe gefolgt ist, deren Erkenntnisse aber weder im Hinblick auf einzelne den Angeklagten belastende Indiztatsachen gewichtet oder mit dem Beweisergebnis im Übrigen in Beziehung gesetzt werden.

[14] c) Ferner begegnet die – losgelöst vom Ergebnis der Beweisaufnahme im Übrigen – erfolgte Bewertung der Einlassung des Angeklagten in der Hauptverhandlung vor dem Hintergrund der in den Urteilsgründen erwähnten Verständigung als nicht glaubhaft durchgreifenden rechtlichen Bedenken.

[15] Wie der Bundesgerichtshof schon mehrfach betont hat, darf eine Verständigung über das Strafmaß nicht dazu führen, dass ein so zustande gekommenes Geständnis dem Schuldspruch zu Grunde gelegt wird, ohne dass sich der Tatrichter von dessen Richtigkeit überzeugt (vgl. nur BGH, Beschluss vom 15. Januar 2003 –

1 StR 464/02, BGHSt 48, 161, 167). Auch für die Bewertung eines Geständnisses gilt der Grundsatz der freien Beweiswürdigung (Senatsbeschluss vom 19. August 1993 – 4 StR 627/92, BGHSt 39, 291, 303; zur Darlegung in den Urteilsgründen BGH, Urteil vom 10. Juni 1998 – 2 StR 156/98, NJW 1999, 370, 371 m.w.N.). Mag die Bewertung der Strafkammer, die Einlassung des Angeklagten vermittle den Eindruck eines mit einem bestimmten Ziel zusammengestellten Konstrukts, danach für sich genommen aus Rechtsgründen nicht zu beanstanden sein, so liegt, worauf der Generalbundesanwalt zutreffend hingewiesen hat, der Rechtsfehler darin, dass das Landgericht bei dieser Erwägung stehen geblieben ist und die einander widersprechenden Einlassungen des Angeklagten weder im Einzelnen einer Bewertung unterzogen noch mit dem übrigen Beweisergebnis in Beziehung gesetzt hat. Damit hat es sich den Blick dafür verstellt, dass Teile der Angaben des Angeklagten, etwa in Zusammenschau mit den Ausführungen der medizinischen Sachverständigen, geeignet sein könnten, diesen im Sinne des Anklagevorwurfs zu belasten. Abgesehen davon hätte es im vorliegenden Fall – über die Mindestanforderungen des § 267 Abs. 3 Satz 5 StPO hinaus (vgl. Meyer-Goßner, StPO, 55. Aufl., § 267 Rn. 23a m.w.N.) – der Mitteilung von Einzelheiten zum Inhalt der erwähnten Verständigung bedurft, um die Beweiswürdigung der Strafkammer zum Einlassungsverhalten des Angeklagten ausreichend auf Rechtsfehler überprüfen zu können (vgl. dazu BGH, Beschluss vom 6. November 2007 – 1 StR 370/07, BGHSt 52, 78, 82 ff.).

461 Bei einem **Freispruch** aus **tatsächlichen Gründen** sind regelmäßig in einer **geschlossenen Darstellung** die **als erwiesen angesehenen Tatsachen** festzustellen, ehe in der Beweiswürdigung darzulegen ist, warum die für einen Schuldspruch erforderlichen Feststellungen nicht getroffen werden konnten. Desweiteren ist eine Gesamtwürdigung aller für und gegen eine Täterschaft der Angeklagten sprechenden Indizien erforderlich und zu prüfen, ob bei einer **Gesamtschau** eine Vielzahl einzelner Gesichtspunkte auf Grund ihrer Häufung und gegenseitigen Durchdringung möglicherweise die Überzeugung von der Richtigkeit des Anklagevorwurfs vermitteln kann.[463]

[5] Die Revisionen haben (schon) mit der Sachrüge Erfolg:

[6] 1. Bezüglich des Überfalls beruht dies darauf, dass das Urteil keine genügende Grundlage einer revisionsgerichtlichen Überprüfung ist.

[7] Bei einem Freispruch aus tatsächlichen Gründen sind regelmäßig in einer geschlossenen Darstellung die als erwiesen angesehenen Tatsachen festzustellen, ehe in der Beweiswürdigung darzulegen ist, warum die für einen Schuldspruch erforderlichen Feststellungen nicht getroffen werden konnten (st. Rspr.; vgl. zusammenfassend nur BGH, Urteil vom 24. Juli 2008 – 3 StR 261/08, b. Cierniak/Zimmermann NStZ-RR 2011, 225, 232). Die Strafkammer teilt dagegen nach dem Anklageinhalt protokollartig das (wohl) gesamte Beweisergebnis in allen Details mit, auch soweit sie offenbar für die Entscheidung über Verurteilung oder Freispruch keine Bedeutung haben können, wie etwa – um nur ein Beispiel zu nennen – Hinweise eines Sanitäters an einen Arzt zu einem möglichen Sonnenbrand R.s. Eingefügt in diese Darlegungen sind immer wieder beweiswürdigende Überlegungen, die meist jeweils streng auf die zuvor geschilderten Teile der Beweisergebnisse begrenzt sind. Die Staatsanwaltschaft und der Generalbundesanwalt haben zutreffend insgesamt (nur) etwa zehn, auf mehr als fünfzig Urteilsseiten verstreute Passagen aufgezählt – meist

---

[463] BGH, Urteil vom 29.11.2011 – 1 StR 287/11.

nicht mehr als ein Absatz, manchmal nur einzelne Sätze –, die als Sachverhaltsfeststellungen zu bewerten sind. Abgesehen von der Notwendigkeit, diese Bruchstücke aus den umfangreichen Ausführungen herauszufiltern, ist es insgesamt kaum möglich, sie zu einer in sich geschlossenen, einer revisionsrechtlichen Überprüfung zugänglichen Sachverhaltsfeststellung zusammenzufassen.

[8] 2. Ein weiterer Rechtsfehler liegt darin, dass die Strafkammer die erforderliche Gesamtwürdigung aller für und gegen eine Täterschaft der Angeklagten sprechenden Indizien (vgl. BGH aaO m.w.N.) unterlassen hat, die – in ihrer Vielzahl vom Generalbundesanwalt zutreffend hinsichtlich sämtlicher Angeklagter umfangreich und im Detail dargelegt – weitgehend allenfalls isoliert bewertet sind. Bei einer Gesamtschau könnte eine Vielzahl einzelner Gesichtspunkte auf Grund ihrer Häufung und gegenseitigen Durchdringung möglicherweise die Überzeugung von der Richtigkeit des Anklagevorwurfs vermitteln (BGH aaO).

[9] 3. Der Angeklagte B. hat „im Laufe der Hauptverhandlung" zunächst mündlich und am zehnten Verhandlungstag schriftlich über seinen Verteidiger folgendes erklärt:

Er sei von einem Mitglied der „Hells Angels" beauftragt worden, in Re. bei einer „Abreibung ... Schmiere zu stehen" und erforderlichenfalls einzugreifen. Der Tatort sei ihm genannt worden, sonst nichts. Die Täter der Abreibung seien ihm ebenso unbekannt gewesen wie Dr. S. und M. Er habe aus der Ferne beobachtet, wie zwei Männer R. angriffen. Als diesem eine Frau zu Hilfe kam, seien die Männer geflüchtet, worauf auch er (der Angeklagte) geflüchtet sei. Sonst wisse er nichts.

[10] a) Die Strafkammer hält für möglich, dass der Angeklagte mit der Tat nichts zu tun hatte und er sich mit diesen Angaben zu Unrecht belastet habe. Der Verteidiger habe vor Abgabe der Erklärung auf Gespräche mit der Staatsanwaltschaft verwiesen, „in die das Gericht bewusst nicht einbezogen ... und über deren Inhalt ... Stillschweigen vereinbart worden sei". Der Angeklagte wolle bald aus der Untersuchungshaft entlassen werden. Zumal, da der Staatsanwalt (in der Hauptverhandlung) erklärt habe, nach der bisherigen Beweisaufnahme komme nur eine Bewährungsstrafe wegen Beihilfe zu gefährlicher Körperverletzung in Betracht, sei, so folgert die Strafkammer, insgesamt eindeutig, dass die Staatsanwaltschaft „eine Bewährungsstrafe in Aussicht gestellt" habe. Es liege daher nicht fern, dass der Angeklagte, um das Verfahren gegen sich entsprechend zu beenden, wahrheitswidrig die genannten Angaben gemacht habe.

[11] b) Hierzu bemerkt der Senat:

[12] (1) Verständigungen können außerhalb der Hauptverhandlung vorbereitet werden, jedoch ist dann hierüber Transparenz in der Hauptverhandlung herzustellen. Das Transparenzgebot kennzeichnet das Verfahren über eine Verständigung im Strafverfahren insgesamt (vgl. zusammenfassend auch Niemöller/Schlothauer/Weider, Verständigung im Strafverfahren D Rn. 49 ff. m.w.N., auch aus den Gesetzgebungsmaterialien), wie sich aus einer Reihe von Bestimmungen über hieraus erwachsende Pflichten des Gerichts ergibt (vgl. § 202a Satz 2 StPO, § 212 StPO, § 243 Abs. 4 StPO, § 257c Abs. 3 StPO, § 267 Abs. 3 Satz 5 StPO, § 273 Abs. 1a StPO).

[13] Eine spezielle gesetzliche Regelung für nur zwischen Staatsanwaltschaft und Verteidigung im Rahmen des (Zwischen- oder) Hauptverfahrens außerhalb der Hauptverhandlung geführte Gespräche, die letztlich das Ziel haben, die Hauptverhandlung abzukürzen, gibt es nicht. Jedoch hat die Staatsanwaltschaft im Ermittlungsverfahren zur Verfahrensförderung mit anderen Verfahrensbeteiligten (nahe-

liegend häufig der Verteidigung) geführte Gespräche aktenkundig zu machen (§ 160b Satz 2 StPO), besonders sorgfältig, wenn eine Verständigung i.S.d. § 257c angestrebt wird (vgl. Meyer-Goßner, StPO, 54. Aufl., § 160b Rn. 8).

[14] All dies spricht dafür, dass auch derartige Gespräche offen zu legen sind, zumal das Gericht sonst nach solchen Gesprächen abgegebene Erklärungen des Angeklagten nicht auf umfassender Grundlage würdigen könnte. Dies würde im Übrigen in besonderem Maße gelten, wenn solche Gespräche bei einer gegen mehrere Angeklagte geführten Hauptverhandlung nur mit der Verteidigung eines Angeklagten geführt würden, dessen anschließende Aussagen dann die übrigen Angeklagten belasten (vgl. BGHSt 52, 78, 83; 48, 161, 168).

[15] Dies ist hier aber nicht einschlägig, da B. erklärt hat, Dr. S. und M. nicht zu kennen. Im Übrigen ist hier im Ergebnis durch die genannte Erklärung des Verteidigers die gebotene Klarstellung jedenfalls ansatzweise, wenn auch im Hinblick auf das vereinbarte Stillschweigen über den näheren Inhalt des Gesprächs nicht in vollem Umfang (vgl. § 273 Abs. 1a StPO) erfolgt. Der Senat braucht alledem aber nicht näher nachzugehen, weil in diesem Zusammenhang insgesamt die Möglichkeit eines den Angeklagten begünstigenden Rechtsfehlers nicht zu erkennen ist.

26. Schriftliches Urteil, Urteilsabsetzungsfrist und Verhinderung eines Richters – § 275 StPO

462 Ist ein Urteil nach der Hauptverhandlung rechtzeitig innerhalb der Frist des **§ 275 Abs. 1 Satz 2 StPO** von allen berufsrichterlichen Mitgliedern der Strafkammer unterschrieben worden, die Urteilsurkunde danach jedoch nicht mehr auffindbar und auch ungeklärt, ob die Urkunde auf den Weg zur Geschäftsstelle gebracht worden ist, ist auf die Revision hin das Urteil aufzuheben.[464]

[1] Das nach elftägiger Hauptverhandlung am 20. September 2011 verkündete Urteil gelangte am 25. Januar 2012 mit Gründen zu den Akten. Das war verspätet; die Frist des § 275 Abs. 1 Satz 2 StPO hatte am 22. November 2011 geendet.

[2] Dass Hinderungsgründe im Sinne des § 275 Abs. 1 Satz 4 StPO vorgelegen hätten oder dass das Urteil rechtzeitig auf den Weg zur Geschäftsstelle gebracht worden wäre, ist nicht ersichtlich; dies ergibt sich insbesondere auch nicht aus den dienstlichen Erklärungen der berufsrichterlichen Mitglieder der Strafkammer. Danach haben zwar alle Richter das Urteil bereits bis zum 8. November 2011 unterzeichnet, konnten sich aber, als das Fehlen der Urteilsurkunde am 24. Januar 2012 bemerkt wurde, nicht mehr an deren weiteren Verbleib erinnern. Daraufhin haben sie das auf dem Computer abgespeicherte Urteil erneut ausgedruckt und unterzeichnet.

[3] Ob an der Rechtsprechung, wonach das unterschriebene Urteil rechtzeitig zu den Akten gebracht worden ist, wenn es vor Fristablauf auf den Weg zur Geschäftsstelle gebracht worden ist (vgl. BGH, Urteil vom 5. Juli 1979 – 4 StR 272/79, BGHSt 29, 43, 45; Beschlüsse vom 4. Oktober 1989 – 3 StR 155/89 – und vom 24. August 1994 – 1 StR 74/94, BGHR StPO § 275 Abs. 1 Satz 1 Akten 1 und 2), auch dann festzuhalten ist, wenn die Urteilsurkunde verloren gegangen ist, kann der Senat bei dieser Sachlage dahinstehen lassen.

---

[464] BGH, Beschluss vom 22.5.2012 – 5 StR 229/12.

Mit der mündlichen **Bekanntgabe von Formel und Gründen** ist in der anhängigen Sache das **Urteil ergangen**; es ist danach für das erkennende Gericht **nicht mehr abänderbar oder ergänzbar**. Für einen Wiedereintritt in die Hauptverhandlung sowie eine erneute Urteilsberatung und -verkündung gibt es deshalb – unbeschadet der Identität der Urteilsformel – keinen Raum.[465] **463**

[2] I. Die Strafkammer verkündete am 11. Januar 2012 zunächst ein Urteil ohne dem Angeklagten zuvor das letzte Wort gewährt zu haben. Nach Verlesung der Urteilsformel und mündlicher Mitteilung der Gründe, ferner nach einer Entscheidung über die Fortdauer der Untersuchungshaft und der Rechtsmittelbelehrung bemerkte die Schwurgerichtskammer ihr Versäumnis. Sie beschloss daraufhin gegen den Widerspruch der Verteidigung, erneut in die Hauptverhandlung einzutreten, um die versäumte Prozesshandlung nachzuholen. Nach Wiederholung der Schlussvorträge wurde dem Angeklagten das letzte Wort gewährt. Daraufhin verkündete die Strafkammer nach Beratung ein weiteres Urteil mit demselben Tenor.

[3] II. Die Rüge der Fehlerhaftigkeit dieses Verfahrens ist begründet.

[4] 1. Das zuletzt ergangene Urteil kann keinen Bestand haben, wobei offen bleiben kann, ob es, wie die Revision meint, von vornherein unwirksam ist und wegen Nichtigkeit nur in deklaratorischer Weise aufzuheben ist, oder ob es an einem Rechtsfehler leidet, der aufgrund der Revision zur förmlichen Aufhebung zwingt (vgl. BGH, Urteil vom 24. Januar 1984 – 1 StR 874/83, NStZ 1984, 279).

[5] Mit der mündlichen Bekanntgabe von Formel und Gründen war in der anhängigen Sache das Urteil ergangen; es war danach für das erkennende Gericht nicht mehr abänderbar oder ergänzbar. Für einen Wiedereintritt in die Hauptverhandlung sowie eine erneute Urteilsberatung und -verkündung war – unbeschadet der Identität der Urteilsformel – kein Raum.

[6] Das Ziel nachträglich einen Verfahrensfehler formal zu „heilen“, womit aber zugleich dem Angeklagten eine Rechtsmittelmöglichkeit versagt werden sollte, rechtfertigt eine solche Verfahrensweise nicht. Ein Fehler im Verfahren kann nicht dadurch geheilt werden, dass andere Verfahrensregeln von erheblicher Bedeutung verletzt werden.

[7] 2. Hinsichtlich des zuerst ergangenen Urteils hat die Revision mit der Verfahrensrüge des Fehlens schriftlicher Entscheidungsgründe Erfolg (§ 338 Nr. 7 StPO).

[8] Mit den gemäß §§ 267, 275 Abs. 1 StPO zu den Akten zu bringenden schriftlichen Urteilsgründen bezeugen die beteiligten Berufsrichter durch ihre Unterschrift, dass es sich bei der Niederschrift um die Urteilsgründe handelt, die das Gericht aufgrund der Beratung und Abstimmung des Urteils in der Hauptverhandlung gewonnen hat. Die hier vorhandene Urteilsurkunde bezieht sich auf das zuletzt verkündete Urteil, auch wenn ihr Inhalt darüber nicht unmittelbar Aufschluss gibt. Dies folgt jedoch aus der Vorgehensweise des Landgerichts, das nach Wiedereintritt in die Hauptverhandlung, erneuter Entgegennahme der Schlussvorträge und Gewährung des letzten Wortes an den Angeklagten das Urteil beraten und verkündet hat. Die spätere Formulierung der schriftlichen Urteilsbegründung war unter Berücksichtigung der nachträglichen Prozesshandlungen erfolgt (Art. 103 Abs. 1 GG, § 261 StPO); sie kann nach Lage der Dinge nur auf der letzten Urteilsberatung beruhen. Dann aber fehlt eine alleine dem zuerst verkündeten Urteil zuzuordnende Urteilsurkunde. Das erste Urteil war deshalb ebenfalls aufzuheben (vgl. BGH aaO).

---

[465] BGH, Beschluss vom 23.10.2012 – 2 StR 285/12.

27. Rechtsmittel: Einlegung, Beschränkung, Rücknahme und Entscheidung – §§ 296 ff. StPO

464 Hat das Landgericht die Revision als unzulässig verworfen, obgleich es zu dieser Entscheidung nicht befugt war, hebt das Revisionsgericht den landgerichtlichen Beschluss auf und verwirft – sofern die Voraussetzungen hierzu gegeben sind – selbst die Revision als unzulässig. Die **Befugnis des Landgerichts zur Verwerfung der Revision** ist auf **diejenigen Fälle beschränkt**, in denen der Beschwerdeführer die für die Einlegung und Begründung des Rechtsmittels **vorgeschriebenen Formen und Fristen nicht gewahrt** hat (§ 346 Abs. 1 StPO). Kann sich die Unzulässigkeit der Revision aber aus einem anderen Grund ergeben, so hat allein das Revisionsgericht zu entscheiden, das sich nach § 349 Abs. 1 StPO umfassend mit dem Gesamtkomplex der Zulässigkeit befassen muss. Dies gilt auch dann, wenn ein solcher Grund mit Mängeln der Form- und Fristeinhaltung zusammentrifft.[466]

465 **Beschränkt** sich eine **Rechtsmittelschrift** in ihren **rechtlichen Ausführungen** auf den einzigen Satz, dass „unter Beachtung der verhängten Einsatzstrafen eine Freiheitsstrafe von zwei Jahren und sechs Monaten" unvertretbar sei, gibt sie deutlich zu erkennen, dass sie sich allein gegen das als zu gering /oder zu hoch empfundene Gesamtstrafübel wendet. Daran ändert nichts, wenn im Übrigen zunächst umfassend die Aufhebung des Urteils im Rechtsfolgenausspruch beantragt wurde.[467]

[6] Der Revision der Staatsanwaltschaft bleibt der Erfolg versagt.

[7] 1. Das Rechtsmittel, das die Staatsanwaltschaft mit Schreiben vom 16. November 2011 begründet hat, ist wirksam auf die Anfechtung des Gesamtstrafenausspruchs beschränkt worden. Zwar wird umfassend die Aufhebung des Urteils im „Rechtsfolgenausspruch" beantragt, doch enthält die insgesamt dürftige Revisionsbegründung keinerlei Hinweis darauf, dass und aus welchem Grund die Festsetzung der Einzelstrafen als rechtsfehlerhaft angesehen wird. Sie beschränkt sich in ihren rechtlichen Ausführungen auf den einzigen Satz, dass „unter Beachtung der verhängten Einsatzstrafen eine Freiheitsstrafe von lediglich zwei Jahren und sechs Monaten" unvertretbar sei. Damit gibt sie deutlich zu erkennen, dass sie sich allein gegen das als zu gering empfundene Gesamtstrafübel wendet. Eine Revisionsbeschränkung auf den Gesamtstrafenausspruch ist im Übrigen grundsätzlich nicht zu beanstanden (BGH NStZ-RR 2000, 13), wobei mögliche Fehler bei der Bemessung von Einzelstrafen der Beschränkung nicht entgegenstehen (BGHR StPO § 318 Strafausspruch 2).

[8] 2. Der Gesamtstrafenausspruch hält revisionsrechtlicher Prüfung stand. Die Strafzumessung ist grundsätzlich Sache des Tatrichters, der dabei auf der Grundlage des umfassenden Eindrucks, den er in der Hauptverhandlung von der Tat und der Täterpersönlichkeit gewonnen hat, die wesentlichen entlastenden und belastenden Umstände festzustellen, zu bewerten und gegeneinander abzuwägen hat. Das Revisionsgericht kann nur dann eingreifen, wenn die Zumessungserwägungen in sich fehlerhaft sind, wenn die Bemessung der Strafe gegen rechtlich anerkannte Strafzwecke verstößt oder wenn sich die verhängte Strafe nach oben oder unten von ihrer Bestimmung löst, gerechter Schuldausgleich zu sein; eine ins einzelne gehende Rich-

---

[466] BGH, Beschluss vom 9.5.2012 – 4 StR 649/11.
[467] BGH, Beschluss vom 28.3.2012 – 2 StR 16/12.

tigkeitskontrolle ist ausgeschlossen. Diese Grundsätze gelten auch für die Bildung der Gesamtstrafe (BGHR StGB § 54 Abs. 1 Bemessung 11).

Ist **nach Aktenlage**, insbesondere auch den Ausführungen des Vorsitzenden der Straf- **466** kammer davon auszugehen, dass der **Rechtsmittelverzicht vom Verurteilten** zeitlich **vor Einlegung der Revision erklärt** wurde, hat dieser **wirksam** einen Rechtsmittelverzicht erklärt, so dass die Rechtsmitteleinlegung seines Verteidigers nach eingetretener Rechtskraft des Urteils unwirksam ist. Ein trotz Rechtsmittelverzichts eingelegtes Rechtsmittel ist als unzulässig zu verwerfen, wenn – wie hier – die Wirksamkeit des Verzichts nicht bestritten wird. Anhaltspunkte dafür, dass der Rechtsmittelverzicht unwirksam sein könnte, sind nicht ersichtlich. Der wirksame Rechtsmittelverzicht führt daher zur Unzulässigkeit der Revision.[468]

[1] Die Revision des Angeklagten ist als unzulässig zu verwerfen (§ 349 Abs. 1 StPO).

[2] Durch am 25. Oktober 2011 beim Landgericht mit Posteinlauf eingegangenes Schreiben vom 21. Oktober 2011 hat der Angeklagte ausdrücklich auf Rechtsmittel verzichtet („... mein Urteil ... hiermit vollkommen annehme und nicht in Revision gehe"). Mit am selben Tag, jedoch erst nach 18.00 Uhr, eingegangenem Fax-Schreiben hat der Verteidiger des Angeklagten Revision eingelegt. Im Schreiben vom 12. März 2012 hat der Angeklagte dazu mitgeteilt, dass er „keine Revision möchte und das Urteil vom 18. Oktober 2011 nochmals annehme".

[3] Nach Aktenlage, insbesondere auch den Ausführungen des Vorsitzenden der Strafkammer (SA Bl. 943, 944) ist davon auszugehen, dass der Rechtsmittelverzicht zeitlich vor Einlegung der Revision erklärt wurde. Hat der Verurteilte wirksam einen Rechtsmittelverzicht erklärt, ist die Rechtsmitteleinlegung seines Verteidigers nach eingetretener Rechtskraft des Urteils unwirksam (vgl. u.a. BGH NStZ 1986, 208; BGH NJW 1978, 330). Ein trotz Rechtsmittelverzichts eingelegtes Rechtsmittel ist als unzulässig zu verwerfen, wenn – wie hier – die Wirksamkeit des Verzichts nicht bestritten wird (vgl. u.a. Meyer-Goßner, StPO, 54. Aufl., § 302 Rn. 26). Anhaltspunkte dafür, dass der Rechtsmittelverzicht unwirksam sein könnte, sind nicht ersichtlich. Der wirksame Rechtsmittelverzicht führt daher zur Unzulässigkeit der Revision.

Grundsätzlich ist ein auf einem Irrtum beruhender oder durch Täuschung oder **467** Drohung herbeigeführter Rechtsmittelverzicht nicht anfechtbar oder kann auch sonst nicht zurückgenommen oder widerrufen werden.[469]

[2] Die (dagegen gerichtete) Revision ist unzulässig, da der Angeklagte wirksam auf Rechtsmittel verzichtet hat.

[3] I. 1. Zum Verfahrensablauf:

[4] Nach der Urteilsverkündung wurde der Angeklagte vom Vorsitzenden der Strafkammer gemäß § 35a Satz 1 StPO belehrt.

[5] Nach dreiminütiger Unterbrechung erklärten „der Angeklagte, sein Verteidiger, der Nebenklägervertreter namens und in Vollmacht des Nebenklägers und der Vertreter der Staatsanwaltschaft: ‚Rechtsmittelverzicht'".

---

[468] BGH, Beschluss vom 25.4.2012 – 1 StR 80/12.

[469] BGH, Beschluss vom 22.8.2012 – 1 StR 170/12.

[6] Eine neue Verteidigerin legte innerhalb der Frist des § 341 Abs. 1 StPO Revision ein. Sie trägt vor, der Rechtsmittelverzicht sei gemäß § 302 Abs. 1 Satz 2 StPO unwirksam. Denn dem Urteil sei eine Verständigung gemäß § 257c StPO vorausgegangen, weshalb auch gemäß § 35a Satz 3 StPO qualifiziert hätte belehrt werden müssen.

[7] Dieser Vortrag basiere auf den Angaben des Angeklagten sowie – jeweils mittels einer „eidesstattlichen Versicherung" untermauert – seiner Eltern, seiner Schwester, seines Schwagers und zweier Bekannter der Familie. Danach habe der frühere Verteidiger erklärt, der Angeklagte müsse ein Geständnis im Sinne der Anklage abgeben. Ob das Geständnis stimme oder nicht, sei egal. Nach einem Gespräch der Verfahrensbeteiligten – ohne den Angeklagten – am 19. Oktober 2011 habe der Verteidiger dem Angeklagten erklärt, es habe ein guter „Deal" über ein Strafmaß von zehn Jahren getroffen werden können. Den Eltern und der Schwester habe der Verteidiger bei einem Gespräch in seinen Kanzleiräumen am 25. Oktober 2011 erklärt, es sei sehr schwierig gewesen, bei zwei Mordmerkmalen zehn Jahre auszuhandeln, weil der Staatsanwalt zwölf bis dreizehn Jahre gewollt habe. Das Gespräch, das er am 19. Oktober 2011 mit dem Gericht und dem Staatsanwalt geführt habe, sei zwar nicht schriftlich dokumentiert, der „Deal" gelte aber. Der Angeklagte habe unter dem Druck, nicht eine noch höhere Strafe zu „kassieren", ein falsches Geständnis abgelegt. Während der kurzen Unterbrechung nach der Urteilsverkündung und der Rechtsmittelbelehrung (am 27. Oktober 2011) habe der Verteidiger auf den Angeklagten eingeredet: „Du musst das Urteil jetzt annehmen, das ist so vereinbart, und auf Rechtsmittel verzichten. Tust du das nicht, kriegst Du zwölf Jahre, weil der Staatsanwalt dann auch keine Erklärung abgibt."

[8] Die Sitzungsniederschrift enthält entgegen § 273 Abs. 1a Satz 1 bzw. Satz 3 StPO weder einen Vermerk über den wesentlichen Ablauf und Inhalt sowie das Ergebnis einer Verständigung (Satz 1) noch dazu, dass eine Verständigung nicht stattgefunden hat (Satz 3).

[9] 2. Mit der Gegenerklärung der Staatsanwaltschaft auf die Revisionsbegründungsschrift wurden dienstliche Stellungnahmen der drei Berufsrichter und des Sitzungsvertreters der Staatsanwaltschaft vorgelegt. Danach fand am 19. Oktober 2011 auf Bitte des damaligen Verteidigers ein Rechtsgespräch – an dem auch die Schöffen teilnahmen – statt. Der Staatsanwalt habe geäußert, dass er an einen Antrag auf Verurteilung wegen versuchten Mordes zu einer Freiheitsstrafe von zwölf Jahren denke. Die Kammer habe angedeutet, dass dies vielleicht etwas zu hoch gegriffen sei. Eine Verurteilung im zweistelligen Bereich sei nach dem bisherigen Gang der Hauptverhandlung aber realistisch. Der Verteidiger habe eine Verurteilung im einstelligen Bereich angestrebt. Eine Freiheitsstrafe von neun Jahren elf Monaten könne er seinem Mandanten eventuell vermitteln. Eine derart nach „kosmetischen" Gesichtspunkten bestimmte Strafe habe die Strafkammer abgelehnt. Sie habe noch darauf hingewiesen, dass auch eine im Verlauf des Verfahrens abgegebene Erklärung, die als Geständnis und/oder Schuldeinsicht gewertet werden kann, eine strafmildernde Bedeutung hätte. Die Festlegung einer Strafuntergrenze oder einer Strafobergrenze sei nicht erfolgt. Das Urteil beruhe nicht auf einer Absprache, auch nicht auf einer informellen Absprache. Nie sei mit einer Freiheitsstrafe von zwölf Jahren, etwa im Zusammenhang mit einem Rechtsmittelverzicht, gedroht worden. Der Angeklagte sei bei der Rechtsmittelbelehrung ausdrücklich darauf hingewiesen worden, dass er nun eine Woche Zeit habe, sich zu überlegen, ob er Rechtsmittel einlegen wolle. Der Verteidiger habe um Unterbrechung gebeten. Nach dieser sei der Rechtsmittelverzicht erklärt worden.

[10] Der Senat holte noch eine Stellungnahme des Verteidigers, der beim Landgericht tätig war, dazu ein, ob Rechtsgespräche stattgefunden haben, wie es ggf. dazu kam, wer beteiligt war sowie welchen Verlauf und welches Ergebnis diese Erörterungen hatten. Sie hat folgenden Wortlaut:

> *„Im seinerzeitigen Verfahren sind zu keinem Zeitpunkt Absprachen gemäß § 257c StPO vorangegangen. Eine Verständigung gemäß § 273 Abs. 1a Satz 3 StPO hat nicht stattgefunden; am vorletzten Verhandlungstag, den 19.10.2011 wurde die Sitzung von 9.13 Uhr bis 10.05 Uhr unterbrochen, da dringender Beratungsbedarf bestand. Die durch den Unterzeichner abgegebene Erklärung beinhaltete ein pauschales Geständnis; der Angeklagte machte sich diese Erklärung zu Eigen. Es wurde auf Initiative bzw. Anregung der Verteidigung ein Gespräch im Beratungszimmer geführt, jedoch nicht im Sinne einer verfahrensbeendenden Absprache. Beteiligt an diesem Gespräch war die Kammer, Staatsanwaltschaft und die Verteidigung. Es wurden die jeweiligen Rechtsauffassungen diskutiert, hinsichtlich eines zu findenden Strafmaßes wurden lediglich die jeweiligen Argumente ausgetauscht."*

[11] In seinem Schlussantrag beantragte der Staatsanwalt eine Verurteilung wegen versuchten Mordes zu einer Freiheitsstrafe von elf Jahren, der Verteidiger eine Freiheitsstrafe von neun Jahren.

[12] II. Es ist damit erwiesen, dass die Verurteilung auf keiner Verständigung beruht. Ein Rechtsmittelverzicht ist damit zulässig.

[13] III. Zur Wirksamkeit des in diesem Verfahren beim Landgericht erklärten Verzichts auf Rechtsmittel hat der Generalbundesanwalt in seiner Antragsschrift vom 30. März 2012 ausgeführt:

> *„Der im Anschluss an die Urteilsverkündung nach Rücksprache mit seinem ehemaligen Verteidiger erklärte Rechtsmittelverzicht des Angeklagten (§ 302 Abs. 1 StPO) ist auch nicht wegen der Art und Weise seines Zustandekommens oder wegen schwerwiegender Willensmängel, etwa weil der Angeklagte sich der Tragweite seiner Erklärung nicht bewusst war, unwirksam.*
>
> *Grundsätzlich ist ein auf einem Irrtum beruhender oder durch Täuschung oder Drohung herbeigeführter Rechtsmittelverzicht nicht anfechtbar oder kann auch sonst nicht zurückgenommen oder widerrufen werden (st. Rspr., vgl. nur Senat, Beschl. vom 25. Oktober 2005 – 1 StR 416/05 m.w.N.; BGHR StPO § 302 Abs. 1 Satz 1 Rechtsmittelverzicht 1, 4, 8, 12). Daher ist die mit Schriftsatz vom 17.11. 2011 (SA Bd. IV, Bl. 740 f.) erfolgte Anfechtung des Rechtsmittelverzichts unbehelflich. Nur in eng begrenztem Umfang erkennt die Rechtsprechung Ausnahmen an (vgl. dazu BGHSt 45, 51, 53 m.w.N.). Ein solcher Ausnahmefall, in dem die Berücksichtigung von Willensmängeln in Betracht kommt, ist hier nicht gegeben. Zwingende Gründe der Rechtssicherheit lassen die Berücksichtigung von Willensmängeln – zumal eines Irrtums im Beweggrund jedenfalls dann nicht zu, wenn sie nicht die Folge einer (durch das Gericht zu verantwortenden) Drohung oder einer unrichtigen richterlichen Auskunft sind (BGHR Rechtsmittelverzicht 8). So liegt es nach dem Revisionsvortrag auch hier. Der Revisionsführer hat lediglich behauptet, dass sein früherer Verteidiger auf ihn eingeredet und unter Druck gesetzt habe (RB S. 4, 13). Auch in der behaupteten Empfehlung des früheren Verteidigers, das aus seiner Sicht milde Urteil anzunehmen, weil sonst (bei Revision der Staatsanwaltschaft) mit einer höheren Strafe zu rechnen sei, ist weder eine Drohung noch eine Täuschung zu sehen (vgl. BGH, NStZ-RR 2003, 100) und stellt somit keine unzulässige Willensbeeinflussung dar. Ob eine Anfechtung des Rechtsmittelver-*

zichts bei Drohung oder Irreführung durch den Verteidiger überhaupt möglich wäre, kann daher offenbleiben. Auch hat das Gericht die Erklärung nicht durch unlautere Mittel erlangt, etwa weil dem Angeklagten vom Gericht eine Rechtsmittelverzichtserklärung abverlangt wurde, ohne dass ihm gleichzeitig angeboten worden wäre, sich zuvor eingehend mit dem Verteidiger zu beraten (BGH, NStZ-RR 1997, 305). Im Übrigen ist der Beschwerdeführer auch insoweit den Beweis derartiger Einwirkungen schuldig geblieben. Nichts hätte näher gelegen, als eine Erklärung des früheren Verteidigers herbeizuschaffen.

Dass der Beschwerdeführer bei seiner daraufhin abgegebenen Verzichtserklärung der Tragweite seiner Erklärung nicht bewusst gewesen sein will, ist nicht glaubhaft. Es ist auf der Grundlage des Vorbringens des Beschwerdeführers selbst des weiteren aber auch nichts dafür zu ersehen, dass der Angeklagte nicht verhandlungsfähig war. Die Verhandlungsfähigkeit wird in der Regel nur durch schwere körperliche oder seelische Mängel ausgeschlossen; auf die Geschäftsfähigkeit im Sinne des bürgerlichen Rechts kommt es nicht an (BGHR StPO § 302 Abs. 1 Satz 1 Rechtsmittelverzicht 3, 16). Allein das Bestehen eines psychischen Drucks genügt nicht (vgl. auch Senat, NStZ-RR 2005, 261). Wenn aber weder das Landgericht Zweifel an der Verhandlungsfähigkeit des Angeklagten hatte noch solche von der Verteidigung geltend gemacht worden sind, so kann diese grundsätzlich auch vom Revisionsgericht ohne Bedenken bejaht werden (vgl. BGHR StPO § 302 Abs. 1 Satz 1 Rechtsmittelverzicht 16).

Vielmehr ergibt sich aus dem Revisionsvorbringen, dass dem Angeklagten die Bedeutung des Rechtsmittelverzichts bekannt war, er also jedenfalls das Wissen, das erforderlich ist, um eine eigenverantwortliche Entscheidung zu treffen, bereits hatte. Dass er letztlich zum Zeitpunkt der Abgabe der Erklärung Angst vor einer noch höheren Strafe hatte und daher – unter psychischen Druck stehend – auf Rechtsmittel verzichtet hat, zeigt gerade, dass er sich der Bedeutung und Tragweite seiner Erklärung bewusst war. Dass der Angeklagte etwa ihre Abgabe nachträglich bereut hat, vermag an ihrer Wirksamkeit erst recht nichts zu ändern. Infolge des wirksamen Verzichts ist das Urteil des Landgerichts Aschaffenburg vom 27. Oktober 2011 in Rechtskraft erwachsen. Die dagegen eingelegte Revision ist somit nach § 349 Abs. 1 StPO als unzulässig zu verwerfen."

[14] Dem tritt der Senat bei.

28. Zulässigkeit von Revisionsrügen, Fristen

a) Revisionsfristen

468 Soweit eine Revision bereits **fristgerecht begründet** wurde, ist ein **Wiedereinsetzungsantrag** mit dem Ziel, weitere Verfahrensrügen geltend machen zu können, **unzulässig.**[470]

[1] Das Landgericht hat den Angeklagten wegen Vergewaltigung in Tateinheit mit Körperverletzung zu einer Freiheitsstrafe von zwei Jahren und sechs Monaten verurteilt. Hiergegen richtet sich die auf Verfahrensrügen und die Beanstandung der

---

[470] BGH, Beschluss vom 7.2.2012 – 4 StR 552/11; vgl. auch BGH, Beschluss vom 25.9.2012 – 1 StR 361/12; BGH, Beschluss vom 24.10.2012 – 5 StR 311/12.

Anwendung des materiellen Rechts gestützte Revision des Angeklagten. Rechtsanwalt G. hat zudem die Wiedereinsetzung in die Revisionsbegründungsfrist beantragt. Das Rechtsmittel und der Wiedereinsetzungsantrag haben keinen Erfolg.

[2] 1. Der Wiedereinsetzungsantrag ist unzulässig.

[3] Da das Rechtsmittel des Angeklagten fristgerecht mit mehreren Verfahrensrügen sowie der Sachrüge begründet wurde, hat der Angeklagte keine Frist versäumt; bereits dies führt zur Unzulässigkeit des Wiedereinsetzungsantrags (vgl. BGH, Beschluss vom 21. Dezember 2011 – 4 StR 553/11 m.w.N.). Soweit Rechtsanwalt G. geltend macht, dass ihm trotz eines entsprechenden Antrags die Akte zur Einsicht in das Sitzungsprotokoll nicht überlassen wurde, hat er nach Gewährung der Akteneinsicht (SA Bd. III Bl. 131 R, 136, 137) die – nach seinem Antrag versäumte – Handlung nicht nachgeholt.

[4] 2. Die Revision des Angeklagten ist aus den vom Generalbundesanwalt in der Antragsschrift vom 27. Dezember 2011 dargelegten Gründen erfolglos (§ 349 Abs. 2 StPO). Ergänzend bemerkt der Senat hierzu lediglich:

[5] Die von Rechtsanwalt M. erhobene 2. Verfahrensrüge (Revisionsbegründung vom 8. Juli 2011, S. 5 ff.) ist auch deshalb unzulässig, weil das schriftliche Gutachten des Sachverständigen nicht vollständig mitgeteilt wird; zur 7. Verfahrensrüge (S. 18 ff. der Revisionsbegründung) wurden die in dem Beweisantrag aufgeführten Lichtbilder nicht vorgelegt. Die 8. Verfahrensrüge (S. 22 ff. der Revisionsbegründung) ist auch deshalb unzulässig (§ 344 Abs. 2 Satz 2 StPO), weil die Revision nicht mitteilt, dass – und in welchem Umfang – die Zeugin zunächst in öffentlicher Hauptverhandlung Angaben zur Sache gemacht hat.

Eine **Wiedereinsetzung** zur Geltendmachung von **Verfahrensrügen** durch einen **neuen** **469**
Verteidiger kommt **nicht in Betracht,** wenn die Revision mit einer rechtzeitig erhobenen Sachrüge frist- und formgerecht begründet ist.[471]

Das Wiedereinsetzungsgesuch ist bereits deshalb unzulässig, weil die Revision des Angeklagten infolge der rechtzeitig erhobenen Sachrüge frist- und formgerecht begründet worden ist (vgl. BGHSt 1, 44; BGHR StPO § 44 Verfahrensrüge 3, 7; BGH, Beschluss vom 15. März 2001 – 3 StR 57/01). In solchen Fällen kommt eine Wiedereinsetzung in den vorigen Stand zur Nachholung von Verfahrensrügen nur ausnahmsweise bei besonderen Verfahrenslagen in Betracht, in denen dies zur Wahrung des Anspruchs des Beschwerdeführers auf rechtliches Gehör (Art. 103 Abs. 1 GG) unerlässlich erscheint (vgl. BGHR StPO § 44 Verfahrensrüge 8; Beschluss vom 25. September 2007 – 1 StR 432/07). Eine solche Ausnahmesituation liegt nicht vor. Insbesondere genügt es hierfür nicht, dass sich für den Angeklagten nunmehr ein bislang am Verfahren nicht beteiligter Rechtsanwalt als Verteidiger gemeldet hat. Denn bei der Revision des Angeklagten handelt es sich unabhängig von der Anzahl der Verteidiger um ein einheitliches Rechtsmittel mit einer einheitlichen Begründungsfrist (§ 37 Abs. 2 StPO; vgl. BGHR StPO § 345 Abs. 1 Fristbeginn 4).

Dem Antrag auf **Wiedereinsetzung** in den vorigen Stand, um **weiteren ergänzenden** **470**
Revisionsvortrag anbringen zu können, steht schon der insoweit rechtskräftige Verfahrensabschluss entgegen.[472]

---

[471] BGH, Beschluss vom 23.8.2012 – 1 StR 346/12.

[472] BGH, Beschluss vom 23.5.2012 – 5 StR 153/12.

[1] Der Senat hat die Revision des Verurteilten gegen das Urteil des Landgerichts Leipzig vom 14. November 2011 mit Beschluss vom 12. April 2012 gemäß § 349 Abs. 2 StPO als unbegründet verworfen. Hiergegen hat der Verurteilte – verbunden mit Anträgen auf „Verteidigerwechsel" und Wiedereinsetzung in den vorigen Stand – eine Anhörungsrüge gemäß § 356a StPO erhoben. Zur Wiedereinsetzung trägt er vor, dass er das rechtliche Gehör nur mit Hilfe eines neuen, ihm beizuordnenden Rechtsanwalts nachholen könne.

[2] Dem Antrag auf Wiedereinsetzung in den vorigen Stand, um weiteren ergänzenden Revisionsvortrag anbringen zu können, steht schon der insoweit rechtskräftige Verfahrensabschluss entgegen (vgl. BGH, Beschluss vom 30. November 2011 – 1 StR 528/11).

[3] Die Anhörungsrüge (§ 356a StPO) ist unbegründet. Die Revisionsbegründungsschrift des Verurteilten war Gegenstand der Senatsberatung. Eine Verletzung rechtlichen Gehörs liegt nicht vor. Der Senat hat bei seiner Entscheidung weder Tatsachen oder Beweisergebnisse verwertet, zu denen der Verurteilte nicht gehört worden wäre, noch hat er bei der Entscheidung zu berücksichtigendes Vorbringen des Verurteilten übergangen.

b) Zulässigkeit von Revisionsrügen

471 **Verfahrensrügen** im Hinblick auf **Sachverständigengutachten** sind unzulässig, sofern nicht ein schriftliches Gutachten des Sachverständigen dabei vollständig mitgeteilt wird. **Beweisantragsrügen** im Zusammenhang mit **bereits vernommenen Zeugen** sind unzulässig, soweit nicht mitgeteilt wird, dass – und in welchem Umfang – der Zeuge in öffentlicher Hauptverhandlung Angaben zur Sache gemacht hat.[473]

[1] Das Landgericht hat den Angeklagten wegen Vergewaltigung in Tateinheit mit Körperverletzung zu einer Freiheitsstrafe von zwei Jahren und sechs Monaten verurteilt. Hiergegen richtet sich die auf Verfahrensrügen und die Beanstandung der Anwendung des materiellen Rechts gestützte Revision des Angeklagten. Rechtsanwalt G. hat zudem die Wiedereinsetzung in die Revisionsbegründungsfrist beantragt. Das Rechtsmittel und der Wiedereinsetzungsantrag haben keinen Erfolg.

[2] 1. Der Wiedereinsetzungsantrag ist unzulässig.

[3] Da das Rechtsmittel des Angeklagten fristgerecht mit mehreren Verfahrensrügen sowie der Sachrüge begründet wurde, hat der Angeklagte keine Frist versäumt; bereits dies führt zur Unzulässigkeit des Wiedereinsetzungsantrags (vgl. BGH, Beschluss vom 21. Dezember 2011 – 4 StR 553/11 m.w.N.). Soweit Rechtsanwalt G. geltend macht, dass ihm trotz eines entsprechenden Antrags die Akte zur Einsicht in das Sitzungsprotokoll nicht überlassen wurde, hat er nach Gewährung der Akteneinsicht (SA Bd. III Bl. 131 R, 136, 137) die – nach seinem Antrag versäumte – Handlung nicht nachgeholt.

[4] 2. Die Revision des Angeklagten ist aus den vom Generalbundesanwalt in der Antragsschrift vom 27. Dezember 2011 dargelegten Gründen erfolglos (§ 349 Abs. 2 StPO). Ergänzend bemerkt der Senat hierzu lediglich:

---

[473] BGH, Beschluss vom 7.2.2012 – 4 StR 552/11.

[5] Die von Rechtsanwalt M. erhobene 2. Verfahrensrüge (Revisionsbegründung vom 8. Juli 2011, S. 5 ff.) ist auch deshalb unzulässig, weil das schriftliche Gutachten des Sachverständigen nicht vollständig mitgeteilt wird; zur 7. Verfahrensrüge (S. 18 ff. der Revisionsbegründung) wurden die in dem Beweisantrag aufgeführten Lichtbilder nicht vorgelegt. Die 8. Verfahrensrüge (S. 22 ff. der Revisionsbegründung) ist auch deshalb unzulässig (§ 344 Abs. 2 Satz 2 StPO), weil die Revision nicht mitteilt, dass – und in welchem Umfang – die Zeugin zunächst in öffentlicher Hauptverhandlung Angaben zur Sache gemacht hat.

[6] Da die Strafkammer dem Tatopfer ein Schmerzensgeld von 5000 € zugesprochen hat, umfasst die Feststellung, dass der Angeklagte der Adhäsionsklägerin zum Ersatz des immateriellen Schadens verpflichtet ist, nur den „weiteren" immateriellen Schaden. Entsprechend hat der Senat das offensichtliche Fassungsversehen im landgerichtlichen Urteilstenor ergänzt.

Rügt der Revisionsführer die **Verletzung des Beweisantragsrechts**, muss er – neben dem abgelehnten Beweisantrag und dem Ablehnungsbeschluss – auch für die Prüfung der Rüge etwaig notwendige, weitere Verfahrenstatsachen vollständig vortragen. Darunter zählt auch, dass der abgelehnte Beweisantrag in einem späteren Hauptverhandlungstermin erneut gestellt und dann neu beschieden worden ist Dieser Vortrag ist notwendig, da die neue Bescheidung eines wiederholt gestellten Antrags etwaige Fehler der ersten Ablehnung heilen kann. Unbeachtlich bleibt, dass der geschilderte Verfahrensablauf in der bezeichneten Revisionsrechtfertigungsschrift den Gegenstand einer weiteren Rüge bildet; in diesem Zusammenhang scheidet auch ein Rückgriff auf das Revisionsvorbringen eines weiteren Verteidigers aus. Es ist nicht die Aufgabe des Revisionsgerichts, den Revisionsvortrag innerhalb eines umfangreichen Revisionsvorbringens oder aus anderen Unterlagen zusammenzufügen oder zu ergänzen.[474] **472**

Unbeachtlich bleibt, dass der geschilderte Verfahrensablauf in der bezeichneten Revisionsrechtfertigungsschrift den Gegenstand einer weiteren – ihrerseits unzulässigen – Rüge bildet; auch ein Rückgriff auf das Revisionsvorbringen des weiteren Verteidigers, Rechtsanwalt G., scheidet aus. Es ist nicht die Aufgabe des Revisionsgerichts, den Revisionsvortrag innerhalb eines umfangreichen Revisionsvorbringens oder aus anderen Unterlagen zusammenzufügen oder zu ergänzen (BGH, Beschluss vom 25. September 1986 – 4 StR 496/86, BGHR StPO § 344 Abs. 2 Satz 2 Formerfordernis 1; Urteil vom 30. April 1999 – 3 StR 215/98; Beschluss vom 7. April 2005 – 5 StR 532/04, NStZ 2005, 463).

2. Soweit der Verteidiger Rechtsanwalt H. die Nichteinhaltung einer von der Kammer konstatierten Wahrunterstellung rügt, ist auch diese Rüge unzulässig erhoben. Auch hier genügt der Vortrag nicht den Anforderungen des § 344 Abs. 2 Satz 2 StPO, weil zwar der Ablehnungsbeschluss der Jugendschutzkammer vom 5. September 2011 mitgeteilt wird, vom zugrunde liegenden Beweisantrag aus dem Schriftsatz vom 3. September 2011 jedoch nur Beweisbehauptung und Beweismittel, nicht aber die zum Verständnis des Antrags bedeutsame Antragsbegründung. Zwar kann der Umfang des notwendigen Vortrages – insbesondere zum Beweisantrag – beim Vorwurf der Nichteinhaltung einer Wahrunterstellung je nach Angriffsrichtung der Rüge divergieren; bei der Rüge der Verletzung des Beweisantragsrechts ist die (voll-

[474] BGH, Beschluss vom 22.2.2012 – 1 StR 647/11.

ständige) Mitteilung des Beweisantrages jedoch erforderlich (vgl. BGH, Urteil vom 6. Juli 1983 – 2 StR 222/83, BGHSt 32, 44, 46). Bei der hier vorliegenden Fallgestaltung hätte der Revisionsführer auch die Begründung des Beweisantrages bereits deshalb vortragen müssen, weil sich allein aus der angegebenen Beweistatsache keine sichere Zuordnung des Beweisbegehrens zu einem der verschiedenen, gleichartigen Tatgeschehen – wiederholter Oralverkehr des Angeklagten an einem Jugendlichen – treffen lässt. Auf dieser Basis kann das Revisionsgericht nicht überprüfen, ob der behauptete Widerspruch der Wahrunterstellung zu den späteren Urteilsfeststellungen tatsächlich besteht, zumal hinsichtlich der unter Beweis gestellten Tatsache bei den einzelnen Fällen unterschiedliche Feststellungen getroffen worden sind.

3. Die von beiden Verteidigern erhobenen Rügen betreffend die Ablehnung mehrerer, auf eine psychologische Begutachtung der Zeugen P S. und K. sowie auf eine psychiatrische Begutachtung des Zeugen K. gerichteter Beweisanträge ist bereits deshalb unzulässig, weil nicht mitgeteilt wird, ob die Zeugen oder gegebenenfalls deren gesetzliche Vertreter (vgl. dazu Senge in Karlsruher Kommentar zur StPO, 6. Aufl., § 81c Rn. 8) sich mit einer solchen Untersuchung einverstanden erklärt haben. Ohne Einverständniserklärung wären die beantragten Untersuchungen bereits wegen Unzulässigkeit der Beweiserhebung abzulehnen gewesen (vgl. dazu BGH, Urteil vom 18. September 1990 – 5 StR 184/90, BGHR StPO § 244 Abs. 3 Satz 1 Unzulässigkeit 5; Beschluss vom 25. September 1990 – 5 StR 401/90, BGHR StPO § 244 Abs. 3 Satz 1 Unzulässigkeit 6).

473 Eine Rüge entspricht nicht den **Voraussetzungen des § 344 Abs. 2 S. 2 StPO** und ist deshalb bereits **unzulässig**, wenn mit ihr kein bestimmter Verfahrensverstoß behauptet wird. Dies gilt umso mehr, wenn zwei Sachverhaltsvarianten zur Begründung vorgetragen werden, welche sich gegenseitig ausschließen.[475]

[2] Die auf mehrere Verfahrensrügen und die ausgeführte Sachrüge gestützte Revision des Angeklagten ist aus den in der Antragsschrift des Generalbundesanwalts vom 30. August 2011 dargelegten Gründen unbegründet im Sinne von § 349 Abs. 2 StPO. Ergänzend bemerkt der Senat zu den nachfolgend näher bezeichneten Verfahrensrügen Folgendes:

[3] 1. Rüge eines Verstoßes gegen § 229 Abs. 2 i.V.m. Abs. 3 StPO (RB Ziffer VI)

[4] a) Die Revision macht einen Verstoß gegen § 229 Abs. 2 i.V.m. Abs. 3 StPO geltend, der darin liege, dass „die dort gesetzlich vorgeschriebenen Fristen nicht eingehalten“ worden seien. Gegenstand der Rüge ist eine Unterbrechung der Hauptverhandlung wegen einer vom Angeklagten behaupteten Erkrankung im Bereich der Lendenwirbelsäule. Die Revision stützt den von ihr angenommenen Verstoß auf einen Alternativsachverhalt. Entweder sei der Angeklagte zum Zeitpunkt der Fortsetzung der Hauptverhandlung noch nicht gesund oder aber sei er gar nicht krank gewesen, und habe seine Krankheit nur vorgetäuscht (RB S. 267).

[5] b) Die Rüge entspricht nicht den Voraussetzungen des § 344 Abs. 2 Satz 2 StPO und ist deshalb bereits unzulässig, denn mit ihr wird kein bestimmter Verfahrensverstoß behauptet. Wie der Generalbundesanwalt zutreffend ausgeführt hat, schließen sich beide Sachverhaltsvarianten gegenseitig aus. Letztlich wird das Revisionsgericht lediglich aufgefordert zu prüfen, ob in irgendeiner Richtung ein Verstoß

---

[475] BGH, Beschluss vom 12.1.2012 – 1 StR 373/11.

gegen die Vorschrift des § 229 StPO vorliege. Damit lässt das Revisionsvorbringen eine bestimmte Angriffsrichtung nicht erkennen.

[6] Der Angeklagte war auch in der Lage, klar anzugeben, ob er seine Krankheit lediglich vorgetäuscht hatte oder nicht. Er wusste selbst am besten, welche Krankheitssymptome er verspürte, als er – wie im Observationsbericht und im daraufhin gegen ihn ergangenen Haftbefehl festgestellt – Müllsäcke mit einem Gewicht von 25 kg eine Treppe hinuntertrug, Einkaufs-, Schul- und Sporttaschen zwischen Auto und Haus hin- und herschleppte, täglich mit einem Porsche Carrera am Straßenverkehr teilnahm und über drei Stunden in gebückter Haltung den Garagenvorplatz reinigte.

[7] 2. Rüge der Verletzung des § 244 Abs. 3 StPO im Hinblick auf die Zurückweisung eines Beweisantrages wegen Prozessverschleppung (RB Ziffer II 3)

[8] Die Beanstandung der Revision, das Landgericht habe den Antrag auf Einholung eines Gutachtens eines Schriftsachverständigen, mit dem bewiesen werden sollte, der Zeuge C. habe bestimmte Schriftstücke eigenhändig unterschrieben, zu Unrecht wegen Prozessverschleppungsabsicht gemäß § 244 Abs. 3 StPO abgelehnt, dringt nicht durch. Ergänzend zu den Ausführungen des Generalbundesanwalts zum Vorliegen eines Beweisermittlungsantrags, zur Reichweite der Aufklärungspflicht und zum jedenfalls fehlenden Beruhen bemerkt der Senat Folgendes:

[9] Die Erwägungen der Strafkammer tragen auch die von ihr gezogenen Schlüsse, der Antrag auf Einholung eines Schriftsachverständigengutachtens sei allein zum Zweck der Prozessverschleppung im Sinne von § 244 Abs. 3 Satz 2 Var. 6 StPO gestellt worden und die beantragte Beweiserhebung habe nichts Sachdienliches zu Gunsten des Angeklagten erbringen können. Die Strafkammer konnte hierbei dem Umstand, dass der Angeklagte zunächst versucht hatte, das Erscheinen des Zeugen C. – als sachnäheres Beweismittel – und dessen Aussage vor Gericht zu verhindern, und den Zeugen dazu sogar persönlich in Italien aufgesucht hatte, maßgebliche Bedeutung beimessen. Nachdem dieser Verdunkelungsversuch gescheitert war und als nach einer Hauptverhandlung mit einer Dauer von über einem Jahr eine insgesamt erdrückende Beweislage gegen den Angeklagten bestand, durfte die Strafkammer den Antrag auf Einholung eines Gutachtens eines Schriftsachverständigen als allein zum Zwecke der Verfahrensverzögerung gestellt ansehen. Dabei konnte sie in ihre Bewertung einbeziehen, dass keiner der hierzu bisher vernommenen Zeugen – danach angefallene abweichende Erkenntnisse sind weder von der Revision behauptet worden noch aus den Urteilsgründen ersichtlich – Angaben im Sinne der Beweisbehauptung gemacht hatte und sowohl der Zeuge C. als auch der Zeuge V. vehement bestritten hatten, dass die Firma T. Vertragsverhältnisse mit deutschen Firmen bezüglich des Vorhabens der P. GmbH eingegangen waren. Hinzu kommt, dass der vom Beweisantrag umfasste Generalunternehmervertrag zwischen der Firma T. und der Z. in der Ausfertigung des Zeugen Z. gerade keinen Firmenstempel der Firma T. und keine Unterschrift des Zeugen C. aufwies.

[10] Nicht zu beanstanden ist auch die Überzeugung der Strafkammer, die Wahlverteidigerin – auf die es bei dem von ihr gestellten Antrag ankommt – habe die Nutzlosigkeit der beantragten Beweiserhebung sowie die damit verbundene Verfahrensverzögerung erkannt und sie habe mit ihrem Antrag auch ausschließlich die Verzögerung des Verfahrensabschlusses bezweckt (vgl. dazu BGH, Beschluss vom 9. Mai 2007 – 1 StR 32/07 Rn. 16, BGHSt 51, 333, 336). Die Strafkammer durfte bei ihrer Würdigung den bisherigen Verfahrensverlauf berücksichtigen (BGH aaO Rn. 16).

[11] 3. Rüge eines Verstoßes gegen § 258 Abs. 1 StPO (RB Ziffer V)

[12] a) Die Rüge, der Wahlverteidigerin sei keine Gelegenheit gegeben worden, einen Schlussvortrag zu halten (§ 258 Abs. 1 StPO), greift nicht durch.

[13] Wie die Revision selbst vorträgt, war die Wahlverteidigerin, Rechtsanwältin R., an dem Hauptverhandlungstag, für den die Plädoyers der Verteidigung geplant waren, erkrankt. Damit scheidet ein Verstoß gegen § 258 Abs. 1 StPO aus; denn einem in der Hauptverhandlung nicht anwesenden Verteidiger kann keine Gelegenheit zum Schlussvortrag gegeben werden (vgl. auch BayObLG – Urteil vom 20. März 1981 – RReg. 1 St 13/81, VRS 61, 128; Gollwitzer in Löwe/Rosenberg, StPO, 26. Aufl., § 258 Rn. 12).

[14] b) Die Verfahrensbeanstandung bleibt auch dann ohne Erfolg, wenn mit ihr zugleich ein Verstoß gegen § 338 Nr. 8 StPO geltend gemacht werden sollte, der darin liegen soll, dass der im Hinblick auf die Erkrankung der Wahlverteidigerin gestellte Antrag der Pflichtverteidigerin auf Unterbrechung der Hauptverhandlung durch Gerichtsbeschluss zurückgewiesen wurde.

[15] aa) Die Rüge wäre mit dieser Angriffsrichtung bereits unzulässig, weil sie dann den Anforderungen des § 344 Abs. 2 Satz 2 StPO nicht entspräche.

[16] Es fehlen jegliche Angaben zu Art, Umfang und tatsächlicher Dauer der Erkrankung der Wahlverteidigerin sowie dazu, ob innerhalb der Unterbrechungsfrist des § 229 Abs. 1 StPO eine Fortsetzung der Hauptverhandlung noch möglich gewesen wäre. Auch wird nicht mitgeteilt, aus welchem Grund der weitere Wahlverteidiger des Angeklagten, Rechtsanwalt Dr. E., nicht an der Stelle der erkrankten Wahlverteidigerin R. an der Hauptverhandlung hätte teilnehmen und einen Schlussvortrag halten können.

[17] bb) Die Rüge wäre jedenfalls unbegründet, denn der Beschluss der Strafkammer, die Hauptverhandlung trotz der Erkrankung der Wahlverteidigerin nicht zu unterbrechen, hält rechtlicher Nachprüfung stand. Ein Zuwarten mit dem Abschluss der Hauptverhandlung, bis eine Sitzung mit der Wahlverteidigerin hätte durchgeführt werden können, war nicht geboten.

[18] Der Angeklagte war durch die anwesende Pflichtverteidigerin, die auch einen Schlussvortrag gehalten hat, ordnungsgemäß verteidigt. Die Pflichtverteidigerin hatte, von wenigen Ausnahmen abgesehen, den Angeklagten an sämtlichen Hauptverhandlungstagen verteidigt, was für die Wahlverteidigerin gerade nicht zutrifft, denn sie war bereits vorher an mehr als der Hälfte der Hauptverhandlungstage nicht anwesend gewesen. Entgegen der Auffassung der Revision lässt sich weder aus der Länge des von der Pflichtverteidigerin gehaltenen Schlussvortrags noch aus dem von ihr gestellten Unterbrechungsantrag schließen, die Pflichtverteidigerin sei zu einem ordnungsgemäßen Schlussvortrag nicht in der Lage gewesen. Auch werden keine Gründe vorgetragen und sind auch sonst nicht ersichtlich, die einer Wahrnehmung dieses Sitzungstages und einem Schlussvortrag durch den weiteren Wahlverteidiger des Angeklagten, Rechtsanwalt Dr. E., entgegengestanden hätten. Dieser Verteidiger genoss, wie dem Revisionsvortrag zu entnehmen ist, ebenfalls das umfassende Vertrauen des Angeklagten.

[19] Auch sonst lässt die vom Landgericht vorgenommene Abwägung zwischen dem Interesse des Angeklagten an einem Zuwarten und dem Beschleunigungsgrundsatz (vgl. Artikel 6 Abs. 1 Satz 1 MRK) bei der Ablehnung einer Unterbrechung der Hauptverhandlung bis zur Genesung der Wahlverteidigerin Rechtsfehler nicht erkennen. Das Landgericht weist in dem Ablehnungsbeschluss ausdrücklich darauf

hin, dass es bereits die Unterbrechung bis zu dem Tag, an dem die Wahlverteidigerin wegen einer Erkrankung nicht teilnehmen konnte, mit Rücksicht auf deren Verhinderung am vorherigen Verhandlungstag vorgenommen hatte. Ein weiteres Zuwarten war dem Landgericht angesichts der ordnungsgemäßen Verteidigung durch die Pflichtverteidigerin auch schon deshalb nicht zumutbar, weil nicht absehbar war, wann ein neuer Hauptverhandlungstag mit der Wahlverteidigerin durchführbar sein würde (vgl. auch BGH, Beschluss vom 9. November 2006 – 1 StR 474/06, wistra 2007, 228).

[20] 4. Rüge eines Verstoßes gegen §§ 338 Nr. 8 i.V.m. § 141 StPO (RB Ziffer IV)

[21] Die Rüge, das Landgericht habe dem Angeklagten zu Unrecht entgegen seinem ausdrücklichen Willen nicht seine beiden Wahlverteidiger, Rechtsanwältin R. und Rechtsanwalt Dr. E., sondern Rechtsanwältin Dr. S als Pflichtverteidigerin beigeordnet, versagt ebenfalls.

[22] a) Die Verfahrensrüge genügt aus den zutreffenden Erwägungen in der Antragsschrift des Generalbundesanwalts bereits nicht den Anforderungen des § 344 Abs. 2 Satz 2 StPO und ist deshalb unzulässig.

[23] b) Die Rüge könnte auch in der Sache keinen Erfolg haben. Denn die Beiordnung von Rechtsanwältin Dr. S. als Pflichtverteidigerin hatte nicht zur Folge, dass die Wahlverteidiger ihr Mandat niederlegten. Vielmehr wurde der Angeklagte nunmehr sogar durch drei Verteidiger, nämlich zwei Wahlverteidiger und eine Pflichtverteidigerin, verteidigt. Es ist nicht ersichtlich, dass die Verteidigung des Angeklagten durch drei statt einen Verteidiger für den Angeklagten von Nachteil gewesen sein könnte. Vielmehr bestätigen bereits die vielen Abwesenheitszeiten der beiden Wahlverteidiger, die während der von Juli 2009 bis September 2010 dauernden Hauptverhandlung jeweils von Frankfurt am Main nach Potsdam zu den Hauptverhandlungsterminen reisen mussten, dass die Beiordnung von Rechtsanwältin Dr. S. neben diesen beiden Wahlverteidigern sachgerecht war.

[24] 5. Rüge eines Verstoßes gegen § 222b StPO i.V.m. § 338 Nr. 1 Buchst. b StPO (RB Ziffer IV)

[25] Die Revision rügt, es liege ein Verstoß gegen § 222b StPO i.V.m. § 338 Nr. 1 Buchst. b StPO vor, weil „über eine Besetzungsrüge nicht entschieden wurde.“ Sie meint, der absolute Revisionsgrund der fehlerhaften Besetzung des Gerichts liege bereits deswegen vor, weil der Einwand der vorschriftsmäßigen Besetzung im Sinne des § 338 Nr. 1 Buchst. b 1. Alt. StPO übergangen worden sei.

[26] Mit dieser Angriffsrichtung versagt die Rüge, worauf der Generalbundesanwalt in seiner Antragsschrift zutreffend hinweist, bereits im Ansatz. Denn das Übergehen eines Besetzungseinwandes stellt lediglich eine Zulässigkeitsvoraussetzung der Besetzungsrüge nach § 338 Nr. 1 StPO dar. Eine solche Rüge kann aber nur dann Erfolg haben, wenn die Besetzung tatsächlich vorschriftswidrig war. Dies wird hier indes gerade nicht behauptet. Vielmehr macht die Revision allein geltend, ein absoluter Revisionsgrund liege deshalb vor, weil über den erhobenen Besetzungseinwand nicht entschieden worden sei.

[27] Etwaige Zweifel an der Angriffsrichtung dieser Rüge hat die Revision spätestens in ihrer Gegenerklärung zur Antragsschrift des Generalbundesanwalts ausgeräumt. Dort stellt die Revision nochmals klar, dass es in dem vorliegenden Fall, in dem das Gericht einen Besetzungseinwand übergangen habe (§ 338 Nr. 1 Buchst. b 1. Alt. StPO), „nicht um die Überprüfung der Entscheidung der erkennenden Kammer“ gehe, sondern allein darum, dass der Besetzungseinwand übergangen worden

sei. Die Revision vertritt dabei die (unzutreffende) Auffassung, eine „inhaltliche Überprüfung des Besetzungseinwandes" sei dem Revisionsgericht hier verwehrt, weil eine solche nur erfolgen könne, wenn die erkennende Strafkammer eine Entscheidung getroffen habe.

■ **PRAXISTIPP**

Die vorliegende Entscheidung erging aufgrund einer Revisionsschrift, welche das Paradebeispiel darstellt, was man als Revisionsverteidiger im Regelfall nicht tun sollte: alle und jede Verfahrensfragen und -entscheidungen anzugreifen und in ihrer Rechtmäßigkeit in Zweifel zu ziehen. In Fällen von 5 oder mehr als 10 Rügen droht eigentlich immer die vielleicht eine durchgreifende und damit erfolgreiche Rüge möglicherweise an „Schlagkraft" zu verlieren. In vielen Fällen ist weniger mehr, zumal dann die Argumentationsmöglichkeiten im Hinblick auf nur eine oder zwei Rügen bedeutend klarer werden können – erst Recht gilt dies, wenn von 10 Rügen vielleicht gar 8 oder 9 unzureichend im Sinne von § 344 Abs. 2 S. 2 StPO begründet sind! (Vgl. hierzu auch die nachfolgende Entscheidung.)

474 Hat ein Angeklagter bereits **mit Einlegung der Revision** die **allgemeine Sachrüge erhoben**, ist das Rechtsmittel ordnungsgemäß begründet. In der Erhebung der uneingeschränkten allgemeinen Sachrüge ist regelmäßig die Erklärung zu sehen, dass das Urteil insgesamt angefochten wird. Eines besonders hervorgehobenen Revisionsantrags bedarf es dann nicht. Eine Begründung der Sachrüge ist nicht vorgeschrieben.[476]

475 Eine **zulässige Verfahrensrüge** setzt gemäß § 344 Abs. 2 S. 2 StPO voraus, dass der **behauptete Verstoß** gegen formelles Recht so **konkret** und **bestimmt vorgetragen** wird, dass keine Zweifel verbleiben, welche Verfahrensvorschriften verletzt sein sollen und anhand welcher Norm der gerügte Verstoß geprüft werden soll.[477]

[17] Die Revision des Angeklagten B. ist näher ausgeführt auf die Verletzung formellen und materiellen Rechts gestützt, die Revision des Angeklagten M. auf die näher ausgeführte Sachrüge. Die Revisionen bleiben erfolglos (§ 349 Abs. 2 StPO).

[18] I. Verfahrensrüge(n) des Angeklagten B.:

[19] Das Vorbringen, „diverse" Beweisanträge seien zurückgewiesen und Hilfsbeweisanträge „zum Teil" nicht beschieden, genügt nicht den Anforderungen von § 344 Abs. 2 Satz 2 StPO und wäre unbegründet.

[20] 1. Die Strafkammer hat die von der Revision genannten Anträge mit einzelfallbezogener Begründung (z.B. wegen Bedeutungslosigkeit, Wahrunterstellung u.a.) abgelehnt.

[21] Nach dem Revisionsvorbringen sollen sämtliche Beschlüsse im Kern (offenbar) deshalb fehlerhaft sein, weil die Strafkammer die von ihr erhobenen Beweise nach Auffassung der Revision falsch gewürdigt hat. Insoweit, so die Revision selbst, „vermengt sich die … Prozessrüge mit der Sachrüge". Auf die Ablehnung der einzelnen Anträge geht die Revision nur vereinzelt konkret ein.

---

[476] BGH, Beschluss vom 20.11.2012 – 4 StR 443/12.

[477] BGH, Beschluss vom 25.9.2012 – 1 StR 407/12.

[22] Bei einer Reihe dieser Anträge handelte es sich nicht um Beweisanträge, sondern Beweisermittlungsanträge:

[23] a) Der Antrag auf Vernehmung sämtlicher in der Anklage aufgeführten (§ 200 Abs. 1 Satz 2 StPO), aber noch nicht vernommenen Zeugen nennt kein Beweisthema. Auch verdeutlicht das Revisionsvorbringen entgegen § 344 Abs. 2 Satz 2 StPO nicht, um welche Zeugen es sich konkret handelt.

[24] b) Der Zeuge W. sollte bekunden, er hätte „entweder bei einer Baufirma oder einer Nutzfahrzeugshandelsfirma" Fahrzeuge abgeholt, und dabei im Auftrag M.s entweder „in dessen eigenem oder fremden Namen" gehandelt. Sind mehrere, sich gegenseitig ausschließende Tatsachen in das Wissen eines Zeugen gestellt, fehlt auch bei einem einheitlichen Beweisziel eine bestimmte Tatsachenbehauptung (BGH, Beschluss vom 13. November 1997 – 1 StR 627/97 m.w.N.).

[25] c) Der Antrag, zum Beweis des Herkunftsorts der Lieferungen des ersten Halbjahres 2009 die „entsprechenden Frachtpapiere" zu verlesen, hätte erfordert, die einschlägigen Dokumente erst aus einer Vielzahl vergleichbarer Dokumente herauszusuchen (vgl. BGH, Beschluss vom 24. August 1999 – 1 StR 672/98 m.w.N.).

[26] d) Ob der Antrag auf erneute Vernehmung eines Zeugen ein Beweisantrag ist, hängt davon ab, wozu er bereits ausgesagt hatte (BGH, Urteil vom 21. März 2002 – 5 StR 566/01 m.w.N.). Hierzu ist jedoch nichts vorgetragen.

[27] Eine Verletzung der Aufklärungspflicht durch Zurückweisung dieser Anträge (vgl. BGH, Beschluss vom 13. November 1997 – 1 StR 627/97 m.w.N.) ist weder ausdrücklich noch der Sache nach in zulässiger Form geltend gemacht. Es ist weder vorgetragen noch ersichtlich, was die Strafkammer zu weiteren Beweiserhebungen gedrängt hätte.

[28] 2. Die Behauptung, Hilfsbeweisanträge seien im Urteil übergangen, ist unbehelflich, da deren Inhalt nicht mitgeteilt ist.

[29] 3. Auch hinsichtlich der verbleibenden Anträge ist es nicht Aufgabe des Revisionsgerichts, aus dem insgesamt pauschal gehaltenen Revisionsvorbringen und den Urteilsgründen Teile herauszufiltern, die zu einer hinreichend angebrachten Rüge zusammengefügt werden könnten. Dann bestimmte statt des hierzu berufenen Revisionsführers das Revisionsgericht selbst den Gegenstand seiner Überprüfung.

[30] 4. Selbst wenn man – in welchem Umfang auch immer – einzelne Verfahrensrügen für zulässig erhoben hielte (was, wie dargelegt, zu verneinen ist), wären sie unbegründet, wie dies der Generalbundesanwalt zutreffend ausgeführt hat.

Die zur Begründung einer Revision erhobene Behauptung, **Hilfsbeweisanträge** seien **476**
im Urteil übergangen, ist unbehelflich, wenn deren **Inhalt nicht mitgeteilt** ist. Soll die gerichtliche Entscheidung von „Beweisanträgen" gerügt werden, ist die Rüge jedenfalls unbegründet, soweit es sich bei diesen Anträgen mangels Beweisthema nur um Beweisermittlungsanträge handelte.[478]

[17] Die Revision des Angeklagten B. ist näher ausgeführt auf die Verletzung formellen und materiellen Rechts gestützt, die Revision des Angeklagten M. auf die näher ausgeführte Sachrüge. Die Revisionen bleiben erfolglos (§ 349 Abs. 2 StPO).

---

478 BGH, Beschluss vom 25.9.2012 – 1 StR 407/12.

[18] I. Verfahrensrüge(n) des Angeklagten B.:

[19] Das Vorbringen, „diverse" Beweisanträge seien zurückgewiesen und Hilfsbeweisanträge „zum Teil" nicht beschieden, genügt nicht den Anforderungen von § 344 Abs. 2 Satz 2 StPO und wäre unbegründet.

[20] 1. Die Strafkammer hat die von der Revision genannten Anträge mit einzelfallbezogener Begründung (z.B. wegen Bedeutungslosigkeit, Wahrunterstellung u.a.) abgelehnt.

[21] Nach dem Revisionsvorbringen sollen sämtliche Beschlüsse im Kern (offenbar) deshalb fehlerhaft sein, weil die Strafkammer die von ihr erhobenen Beweise nach Auffassung der Revision falsch gewürdigt hat. Insoweit, so die Revision selbst, „vermengt sich die ... Prozessrüge mit der Sachrüge". Auf die Ablehnung der einzelnen Anträge geht die Revision nur vereinzelt konkret ein.

[22] Bei einer Reihe dieser Anträge handelte es sich nicht um Beweisanträge, sondern Beweisermittlungsanträge:

[23] a) Der Antrag auf Vernehmung sämtlicher in der Anklage aufgeführten (§ 200 Abs. 1 Satz 2 StPO), aber noch nicht vernommenen Zeugen nennt kein Beweisthema. Auch verdeutlicht das Revisionsvorbringen entgegen § 344 Abs. 2 Satz 2 StPO nicht, um welche Zeugen es sich konkret handelt.

[24] b) Der Zeuge W. sollte bekunden, er hätte „entweder bei einer Baufirma oder einer Nutzfahrzeugshandelsfirma" Fahrzeuge abgeholt, und dabei im Auftrag M.s entweder „in dessen eigenem oder fremden Namen" gehandelt. Sind mehrere, sich gegenseitig ausschließende Tatsachen in das Wissen eines Zeugen gestellt, fehlt auch bei einem einheitlichen Beweisziel eine bestimmte Tatsachenbehauptung (BGH, Beschluss vom 13. November 1997 – 1 StR 627/97 m.w.N.).

[25] c) Der Antrag, zum Beweis des Herkunftsorts der Lieferungen des ersten Halbjahres 2009 die „entsprechenden Frachtpapiere" zu verlesen, hätte erfordert, die einschlägigen Dokumente erst aus einer Vielzahl vergleichbarer Dokumente herauszusuchen (vgl. BGH, Beschluss vom 24. August 1999 – 1 StR 672/98 m.w.N.).

[26] d) Ob der Antrag auf erneute Vernehmung eines Zeugen ein Beweisantrag ist, hängt davon ab, wozu er bereits ausgesagt hatte (BGH, Urteil vom 21. März 2002 – 5 StR 566/01 m.w.N.). Hierzu ist jedoch nichts vorgetragen.

[27] Eine Verletzung der Aufklärungspflicht durch Zurückweisung dieser Anträge (vgl. BGH, Beschluss vom 13. November 1997 – 1 StR 627/97 m.w.N.) ist weder ausdrücklich noch der Sache nach in zulässiger Form geltend gemacht. Es ist weder vorgetragen noch ersichtlich, was die Strafkammer zu weiteren Beweiserhebungen gedrängt hätte.

[28] 2. Die Behauptung, Hilfsbeweisanträge seien im Urteil übergangen, ist unbehelflich, da deren Inhalt nicht mitgeteilt ist.

[29] 3. Auch hinsichtlich der verbleibenden Anträge ist es nicht Aufgabe des Revisionsgerichts, aus dem insgesamt pauschal gehaltenen Revisionsvorbringen und den Urteilsgründen Teile herauszufiltern, die zu einer hinreichend angebrachten Rüge zusammengefügt werden könnten. Dann bestimmte statt des hierzu berufenen Revisionsführers das Revisionsgericht selbst den Gegenstand seiner Überprüfung.

477 **Widersprüchlicher Tatsachenvortrag** im Revisionsvorbringen kann zur Unzulässigkeit der Rüge führen, wenn beispielsweise gerügt wird, es sei unterlassen worden, dem Angeklagten zu eröffnen, dass er sich zu den Vorwürfen äußern könne. Wenn dann im Übrigen vorgebracht wird, dass nur die Angaben des Angeklagten bestimmte Feststellungen des Gerichts ermöglicht hätten, steht dies zur Ausgangsbehauptung im Widerspruch, wonach er keine Gelegenheit zur Äußerung gehabt hätte.[479]

[6] Seine Revision ist auf die Sachrüge und eine Verfahrensrüge gestützt, die den Strafausspruch im Fall B.II betrifft; hierauf beziehen sich auch die Ausführungen zur Sachrüge. Die Revision bleibt erfolglos, jedoch war noch die Festsetzung der Tagessatzhöhe nachzuholen.

[7] 1. Die Schuldsprüche enthalten keine den Angeklagten benachteiligenden Rechtsfehler. Die Annahme von Tateinheit bei auf nacheinander erfolgten Angriffen auf verschiedene Personen ist zwar unzutreffend (st. Rspr., vgl. zuletzt BGH, Urteil vom 29. März 2012 – 3 StR 422/11; zusammenfassend Fischer, StGB, 59. Aufl., vor § 52 Rn. 7 jew. m.w.N.), beschwert den Angeklagten aber nicht.

[8] 2. Zum Strafausspruch:

[9] a) Der Verfahrensrüge liegt Folgendes zu Grunde:

[10] Die Anklage ging noch davon aus, dass der Angeklagte im Lokal das Geschehen abgesichert, aber nicht selbst zugeschlagen hatte. Nach dem Plädoyer der Staatsanwältin erging der Hinweis, dass er der Schläger gewesen sein könnte.

[11] Die Revision hält § 265 Abs. 1 StPO für verletzt. Dem Angeklagten sei nicht eröffnet worden, dass er sich zu diesen Vorwürfen äußern könne. Auch die Staatsanwältin habe ihren Antrag nicht wiederholt. Hätte sich der Angeklagte geäußert, wäre er vielleicht niedriger bestraft worden.

[12] Es ist fraglich, ob die behauptete fehlende Verteidigungsmöglichkeit ordnungsgemäß gerügt ist (1). Jedenfalls ist die Rüge unbegründet (2). Es verhilft der Revision auch nicht zum Erfolg, dass die Staatsanwältin nach dem Hinweis nicht erneut plädierte (3).

[13] (1) Zur Zulässigkeit der Rüge:

[14] (a) Der Senat teilt nicht die Auffassung, dass der Anklageinhalt mitzuteilen gewesen wäre (§ 344 Abs. 2 Satz 2 StPO). Ihn muss das Revisionsgericht bei der Rüge kennen, ein gebotener Hinweis sei unterblieben, da diese einen Vergleich zwischen Anklage und Urteil erfordert. Ist gerügt, nach einem Hinweis habe nicht ordnungsgemäß Gelegenheit zur Verteidigung bestanden, ist dieser Vergleich dagegen nicht erforderlich.

[15] (b) Das Revisionsvorbringen erscheint jedoch widersprüchlich. In der als Einheit zu wertenden Revisionsbegründung (vgl. BGH, Beschluss vom 22. Februar 2012 – 1 StR 349/11 m.w.N.) ist zur Begründung der Sachrüge (u.a.) ausgeführt, es sei unzureichend gewürdigt, dass nur die Angaben des Angeklagten die Feststellung ermöglicht hätten, dass er der Schläger war. Wenn aber diese Feststellung auf den Angaben des Angeklagten beruht, hatte er auch Gelegenheit, sich hierzu zu äußern. Damit ist die Behauptung, er habe diese Gelegenheit nicht gehabt, unvereinbar. Widersprüchlicher Tatsachenvortrag kann aber von vorneherein nicht Grundlage einer erfolgreichen Rüge sein (vgl. BGH, Beschlüsse vom 29. Juni 2010 – 1 StR 157/10 und 22. Januar 2008 – 1 StR 607/07 jew. m.w.N.).

---

479 BGH, Beschluss vom 9.8.2012 – 1 StR 323/12.

478 Soweit die Revision geltend macht, die Strafkammer habe das in der Hauptverhandlung verlesene Einsatzprotokoll der Feuerwehr unter Verstoß gegen **§ 261 StPO** nicht verlesen, erweist sich die Rüge bereits als unzulässig, da der Inhalt des Protokolls in der Revisionsbegründung nicht mitgeteilt wird.[480]

Ergänzend zum Verwerfungsantrag des Generalbundesanwalts bemerkt der Senat:

Auch die Ablehnung der Hilfsbeweisanträge auf Einholung einer Einwohnermeldeauskunft sowie auf Verlesung des Anwaltsschriftsatzes vom 24. März 2011 wegen tatsächlicher Bedeutungslosigkeit der jeweiligen Beweisbehauptungen begegnet keinen rechtlichen Bedenken. Soweit die Revision geltend macht, die Strafkammer habe das in der Hauptverhandlung verlesene Einsatzprotokoll der Feuerwehr unter Verstoß gegen § 261 StPO bei ihrer Entscheidung nicht verwertet, erweist sich die Rüge bereits als unzulässig, da der Inhalt des Protokolls in der Revisionsbegründung nicht mitgeteilt wird (§ 344 Abs. 2 Satz 2 StPO). Hinsichtlich des in Augenschein genommenen Lichtbilds vom Tatanwesen ist die gleichlautende Verfahrensbeanstandung unbegründet. Da das Lichtbild keine Rückschlüsse auf den tatsächlichen Inhalt der vom Zeugen W. gemachten Videoaufnahmen zulässt, war die Strafkammer nicht gehalten, sich mit der Aufnahme in den Urteilsgründen näher auseinanderzusetzen. Dass das Lichtbild im Urteil keine Erwähnung findet, vermag daher eine Verletzung des § 261 StPO nicht zu belegen.

479 Der Beschwerdeführer, der eine **Verletzung des Verfahrensrechts** geltend machen will, muss die den Mangel enthaltenden Tatsachen angeben. Dies hat so vollständig und genau zu geschehen, dass das Revisionsgericht aufgrund der Rechtfertigungsschrift prüfen kann, ob ein Verfahrensfehler vorliegt, wenn die behaupteten Tatsachen bewiesen werden.[481]

[9] b) Dieses Vorbringen entspricht nicht den Anforderungen des § 344 Abs. 2 Satz 2 StPO.

[10] Danach muss der Beschwerdeführer, der eine Verletzung des Verfahrensrechts geltend machen will, die den Mangel enthaltenden Tatsachen angeben. Dies hat so vollständig und genau zu geschehen, dass das Revisionsgericht aufgrund der Rechtfertigungsschrift prüfen kann, ob ein Verfahrensfehler vorliegt, wenn die behaupteten Tatsachen bewiesen werden (BGH, Urteil vom 15. November 2001 – 4 StR 215/01, NStZ 2002, 216; Urteil vom 6. Februar 1980 – 2 StR 729/79, BGHSt 29, 203).

[11] Die Darstellung des prozessualen Geschehens ist unvollständig, weil nicht im Einzelnen mitgeteilt wird, von wem, wann und in welchem Umfang der neue Verteidiger über den Inhalt der bisherigen Aussagen unterrichtet worden ist. Dies war hier erforderlich, weil die Frage, ob eine Aussetzung oder Unterbrechung der Hauptverhandlung geboten war, nur beurteilt werden kann, wenn feststeht, welche Informationen über den bisherigen Verfahrensgang dem neuen Verteidiger zur Verfügung standen. Dazu bedurfte es nicht nur näherer Angaben zum Zeitpunkt und zum Inhalt der erfolgten Unterrichtung, sondern auch zur Person des Unterrichtenden, weil daraus Schlüsse auf die Vollständigkeit und Zuverlässigkeit der übermittelten Informationen gezogen werden können.

---

[480] BGH, Beschluss vom 12.1.2012 – 4 StR 509/11.
[481] BGH, Urteil vom 30.8.2012 – 4 StR 108/12.

[12] Der in der Revisionshauptverhandlung von dem Wahlverteidiger erhobene Einwand, ihm sei ein weiter gehendes Vorbringen nicht möglich gewesen, weil er erst in der Revisionsinstanz beauftragt worden sei und sein Mandant über keine näheren Informationen verfügt habe, führt zu keinem anderen Ergebnis. Unter diesen Umständen hätte der Wahlverteidiger bei dem nach wie vor beigeordneten Pflichtverteidiger Erkundigungen einholen können und müssen, um den geltend gemachten Verfahrensmangel ausreichend mit Tatsachen zu belegen (vgl. BVerfG, Beschluss vom 22. September 2005 – 2 BvR 93/05; BGH, Beschluss vom 23. November 2004 – 1 StR 379/04, NStZ 2005, 283, 284). ...

[13] Ein nach § 145 Abs. 1 Satz 1 StPO neu bestellter Verteidiger hat als unabhängiges Organ der Rechtspflege grundsätzlich selbst zu beurteilen, ob er für die Erfüllung seiner Aufgabe hinreichend vorbereitet ist (BGH, Beschlüsse vom 24. Juni 2009 – 5 StR 181/09, NStZ 2009, 650; vom 24. Juni 1998 – 5 StR 120/98, BGHR StPO § 265 Abs. 4 Verteidigung, angemessene 5; Urteil vom 24. November 1999 – 3 StR 390/99, wistra 2000, 146, 147). Hält er die ihm verbleibende Vorbereitungszeit für nicht ausreichend, kann er durch einen Antrag nach § 145 Abs. 3 StPO eine Unterbrechung oder Aussetzung der Hauptverhandlung erzwingen. Dies ist nicht geschehen. Zwar hat das Gericht über die Frage, ob die Fürsorgepflicht eine Aussetzung der Hauptverhandlung nach § 265 Abs. 4 StPO gebietet, unabhängig von Anträgen und Erklärungen der Beteiligten zu entscheiden, doch kommt bei dieser Entscheidung der Einschätzung des neu bestellten Verteidigers und seinem Prozessverhalten eine maßgebliche Bedeutung zu. Stellt der neue Verteidiger seine Fähigkeit zu sachgerechter Verteidigung nicht in Frage, will er vielmehr die Hauptverhandlung ohne zeitliche Verzögerung fortsetzen und gibt auch der Angeklagte nicht zu erkennen, dass er mehr Zeit zur Vorbereitung der Verteidigung benötigt, so ist das Gericht in der Regel nicht dazu berufen, seine Auffassung von einer angemessenen Vorbereitungszeit gegen den Verteidiger durchzusetzen und von diesem nicht angestrebte prozessuale Maßnahmen zu treffen (vgl. BGH, Beschluss vom 24. Juni 2009 – 5 StR 181/09, NStZ 2009, 650, 651; Urteil vom 2. November 1976 – 1 StR 590/76, MDR 1977, 767, 768; Urteil vom 25. Juni 1965 – 4 StR 309/65, NJW 1965, 2164, 2165).

[18] Ein solcher Fall liegt hier vor. Wie sich aus dem Revisionsvorbringen ergibt, war die Entscheidung des neuen Verteidigers, nicht nach § 145 Abs. 3 StPO vorzugehen und keinen Aussetzungsantrag zu stellen, von der Erwägung geleitet, dass es unter den gegebenen Umständen den Interessen des Angeklagten eher entspricht, die bereits begonnene Hauptverhandlung in einem Durchgang zu Ende zu bringen. Der Angeklagte hat dieser ihm mitgeteilten Abwägung nicht widersprochen und auch seinerseits keinen Aussetzungs- oder Unterbrechungsantrag gestellt. Bei dieser Sachlage war das Landgericht nur dann gehalten, von Amts wegen eine Aussetzung oder Unterbrechung der Hauptverhandlung anzuordnen, wenn sich die dem Prozessverhalten des Angeklagten und seines Verteidigers zu entnehmende Einschätzung der Sach- und Rechtslage als evident interessenwidrig dargestellt hätte und ohne diese Maßnahmen eine effektive Verteidigung (Art. 6 Abs. 3c MRK) unter keinem Gesichtspunkt mehr gewährleistet gewesen wäre (vgl. BGH, Urteil vom 25. Oktober 1963 – 4 StR 404/63, VRS 26, 46, 47). Dies war jedoch nicht der Fall. Den Anklagevorwürfen lagen übersichtliche Lebenssachverhalte zugrunde. Zentrales Beweismittel waren die Angaben der Nebenklägerin, die nach dem Verteidigerwechsel nochmals vernommen wurde. Zu diesem Zeitpunkt hatte der neue Verteidiger 14 Tage Zeit, sich in den Fall einzuarbeiten und die ihm erteilten Informationen zu ihren bisherigen Angaben sowie dem übrigen Beweisergebnis auszuwerten und ge-

gebenenfalls zu ergänzen. Die Revision trägt nicht vor, dass bei der erneuten Vernehmung der Nebenklägerin Fragen oder Vorhalte des Verteidigers zurückgewiesen worden sind. Der Umstand, dass sich der Verteidiger in der Lage sah, gegen die Nebenklägerin eine Strafanzeige zu erstatten und diese Anzeige vor deren nochmaliger Vernehmung in der Hauptverhandlung zu verlesen, lässt erkennen, dass er den bisherigen Angaben der Nebenklägerin entgegenzutreten vermochte. Schließlich wurde auch die als belastendes Beweismittel herangezogene Audioaufzeichnung durch die Verlesung ihrer Verschriftlichung ein zweites Mal zum Gegenstand der Hauptverhandlung gemacht.

480 Die **Verfahrensrüge**, das erkennende Gericht sei mit den Schöffen **nicht ordnungsgemäß besetzt** gewesen, ist schon nicht zulässig erhoben (§ 344 Abs. 2 Satz 2 StPO). Die Revision beanstandet, dass der Schöffenwahlausschuss für die Wahlperiode 2009 bis 2013 bei der **Bestimmung der Hauptschöffen** für das Landgericht Köln keine Wahl im Sinne von § 42 GVG durchgeführt, sondern man lediglich die in der Vorschlagsliste aufgeführten Schöffen anhand ihrer Platzziffern im Wege eines Abzählverfahrens bzw. in rastermäßigen Schritten (10er, 20er, oder 30er bzw. 1er, 2er und 3er Ketten) übernommen habe. Hierzu teilt sie zwar die Ergebnisse für die Bezirke 1 bis 9 mit, welche die insgesamt 154 für das Landgericht Köln gewählten Hauptschöffen anhand ihrer aus der Vorschlagsliste stammenden Platzziffern ausweisen. Es hätte darüber hinaus aber auch der Mitteilung bedurft, aus welchem Bezirk die beiden mitwirkenden Schöffen stammten oder zumindest der Mitteilung ihrer Platzziffer. Denn jedenfalls die Platzziffern der im Bezirk 7 gewählten Schöffen weisen die von der Revision behauptete Regelmäßigkeit nicht auf. Der Senat kann folglich nicht erkennen, ob die mitwirkenden Schöffen von dem behaupteten Mangel betroffen sein konnten.[482]

481 Die Rüge ist bereits unzulässig; sie genügt nicht den Anforderungen des § 344 Abs. 2 Satz 2 StPO. Der Senat teilt dabei aber nicht die Auffassung, die Rüge scheitere bereits daran, dass das Protokoll nicht mitgeteilt ist. Die Rüge ist aber deswegen unzulässig, weil nicht vorgetragen ist, dass der als **Voraussetzung** für eine derartige **Verfahrensrüge erforderliche Gerichtsbeschluss** (§ 238 Abs. 2 StPO) eingeholt wurde.[483]

482 Die Verfahrensrüge, mit der ein **Verstoß gegen § 105 Abs. 1 Satz 1 StPO** und ein **Verwertungsverbot** für die im Zuge der Durchsuchung aufgefundenen Beweismittel geltend gemacht wird, ist nicht zulässig erhoben (§ 344 Abs. 2 Satz 2 StPO). Die Revision teilt den Inhalt des polizeilichen Vermerks vom 26. Januar 2010 nicht mit, auf den in den Gründen des Durchsuchungsbeschlusses ergänzend Bezug genommen wird. Jedenfalls für die Frage, ob eine Rechtswidrigkeit des Beschlusses ein Verwertungsverbot für die bei der Durchsuchung aufgefundenen Beweismittel nach sich zöge, käme es auf den Inhalt dieses Vermerks an.[484]

Ergänzend bemerkt der Senat:

1. Die Rüge, das Landgericht habe die §§ 250, 251 StPO durch die Verlesung des Protokolls der polizeilichen Vernehmung des Zeugen Ba. vom 8. April 2010 verletzt, greift nicht durch. Die Angaben des Zeugen, der in der Hauptverhandlung

---

482 BGH, Beschluss vom 22.12.2011 – 2 StR 483/11.
483 BGH, Beschluss vom 8.6.2011 – 1 StR 126/11.
484 BGH, Beschluss vom 24.1.2012 – 4 StR 493/11.

gemäß § 55 StPO die Auskunft verweigert hat, sind durch Vernehmung der Zeugen KHK S. und KHK B. in die Hauptverhandlung eingeführt worden. Das Vernehmungsprotokoll vom 8. April 2010 ist ausweislich der Urteilsgründe zum Zwecke der Feststellung der inhaltlichen Übereinstimmung der Angaben der Zeugen KHK S. und KHK B. mit diesem Protokoll verlesen worden, nachdem sich in der Hauptverhandlung Zweifel an der Zuverlässigkeit des Zeugen KHK S. ergeben hatten. Da somit das Landgericht die Aussage des Zeugen Ba. rechtsfehlerfrei durch die Vernehmung der Vernehmungsbeamten und nicht durch die Verlesung des Protokolls „ersetzt" und die Verlesung lediglich der Überprüfung der Glaubhaftigkeit der Angaben des Zeugen KHK S. gedient hat, ist der in § 250 StPO niedergelegte Grundsatz der Unmittelbarkeit nicht verletzt.

2. Die Verfahrensrüge, mit der ein Verstoß gegen § 105 Abs. 1 Satz 1 StPO und ein Verwertungsverbot für die im Zuge der Durchsuchung aufgefundenen Beweismittel geltend gemacht wird, ist nicht zulässig erhoben (§ 344 Abs. 2 Satz 2 StPO). Die Revision teilt den Inhalt des polizeilichen Vermerks vom 26. Januar 2010 nicht mit, auf den in den Gründen des Durchsuchungsbeschlusses ergänzend Bezug genommen wird. Jedenfalls für die Frage, ob eine Rechtswidrigkeit des Beschlusses ein Verwertungsverbot für die bei der Durchsuchung aufgefundenen Beweismittel nach sich zöge, käme es auf den Inhalt dieses Vermerks an (vgl. BGH, Urteil vom 18. April 2007 – 5 StR 546/06, BGHSt 51, 285, 289 f.).

3. Die Anordnung der Einziehung der Plastikdose mit blauem Deckel, des Küchenmessers und der Schachtel mit Röhrchen D + G hält rechtlicher Prüfung nicht stand. Aus dem Urteil ergeben sich keine Anhaltspunkte dafür, dass die genannten Gegenstände durch eine vorsätzliche Straftat hervorgebracht oder zu ihrer Begehung oder Vorbereitung gebraucht worden oder bestimmt gewesen sind. Soweit das Landgericht die Gegenstände als „Konsumutensilien" bezeichnet hat (UA S. 44), fehlt es an einer Begründung hierfür. Bei den in Rede stehenden Gegenständen erschließt sich eine solche Zweckbestimmung auch nicht ohne Weiteres. Der Senat schließt aus, dass in einer neuen Hauptverhandlung noch Umstände festgestellt werden könnten, welche die Einziehung rechtfertigen würden. Er sieht deshalb von einer Zurückverweisung der Sache an das Landgericht ab und lässt die Einziehung entfallen.

Die Revision des Angeklagten ist unzulässig, weil sie nicht fristgerecht begründet **483**
worden ist (§§ 344, 345 StPO). Die **Revisionsbegründung** vom 29. April 2011 war **entgegen § 345 Abs. 2 StPO nicht vom Pflichtverteidiger**, sondern von einem von diesem bevollmächtigten, mit ihm in Bürogemeinschaft verbundenen und für einen Mitangeklagten als Pflichtverteidiger bestellten Rechtsanwalt unterzeichnet; auf diesen konnte der Pflichtverteidiger des Angeklagten seine Befugnisse nicht wirksam übertragen.[485]

[1] Das Landgericht hat den Angeklagten wegen Landfriedensbruchs in Tateinheit mit Widerstand gegen Vollstreckungsbeamte und mit gefährlicher Körperverletzung zu einer zur Bewährung ausgesetzten Freiheitsstrafe von zwei Jahren verurteilt. Die hiergegen gerichtete Revision ist unzulässig, weil sie nicht fristgerecht begründet wurde (§ 345 Abs. 1 und 2 StPO), und der Antrag auf Wiedereinsetzung in die

485 BGH, Beschluss vom 8.12.2011 – 4 StR 430/11.

Revisionsbegründungsfrist keinen Erfolg hat. Er ist nicht zulässig (§ 45 Abs. 1 Satz 1 StPO).

[2] 1. Mit Schriftsatz seines Pflichtverteidigers vom 6. Januar 2011 hat der Angeklagte form- und fristgerecht Revision gegen das Urteil des Landgerichts vom selben Tag eingelegt. Sein Rechtsmittel hat er mit dem innerhalb der Frist des § 345 Abs. 1 Satz 2 StPO beim Landgericht eingegangenen Schriftsatz vom 29. April 2011 begründet und die Verletzung formellen und materiellen Rechts gerügt. Dieser Schriftsatz war jedoch nicht vom Pflichtverteidiger, sondern von dem mit diesem in Bürogemeinschaft verbundenen Rechtsanwalt R., dem Pflichtverteidiger des ebenfalls revisionsführenden Mitangeklagten B., mit dem Vermerk „für den ortsabwesenden Rechtsanwalt" unterzeichnet worden.

[3] Mit am selben Tag beim Landgericht eingegangenem Schriftsatz seines Verteidigers vom 22. August 2011 hat der Angeklagte Wiedereinsetzung in den vorigen Stand wegen Versäumung der Frist zur Revisionsbegründung beantragt und hierzu ausgeführt, sein Verteidiger habe den Schriftsatz vom 29. April 2011 aufgrund von Ortsabwesenheit per E-Mail an sein Büro übersandt und gebeten, diesen von einem Kollegen unterschreiben zu lassen. Dabei habe sein Verteidiger weder die Formvorschrift des § 345 Abs. 2 StPO noch den Umstand bedacht, dass die anderen Kollegen ebenfalls in dem Verfahren Mitangeklagte vertreten hätten. Er habe seinen Verteidiger „sowohl mit der Fristenkontrolle als auch der Ausfertigung der Revision" beauftragt. Dem Wiedereinsetzungsantrag war eine vom Pflichtverteidiger unterzeichnete Revisionsbegründung beigefügt.

[4] 2. Der Wiedereinsetzungsantrag hat keinen Erfolg. Wiedereinsetzung in den vorigen Stand ist auf Antrag demjenigen zu gewähren, der ohne Verschulden verhindert war, eine Frist einzuhalten (§ 44 Satz 1 StPO). Der Antrag ist binnen einer Woche nach Wegfall des Hindernisses zu stellen (§ 45 Abs. 1 Satz 1 StPO); innerhalb der Wochenfrist muss der Antragsteller auch Angaben über den Zeitpunkt des Wegfalls des Hindernisses machen (vgl. Meyer-Goßner, StPO, 54. Aufl., § 45 Rn. 5 m.w.N.). An dieser Zulässigkeitsvoraussetzung fehlt es hier. Der Antrag enthält keine Angaben dazu, wann das Hindernis, das der Fristwahrung entgegenstand, weggefallen ist (vgl. BGH, Beschlüsse vom 8. April 2003 – 3 StR 30/03 und vom 13. September 2005 – 4 StR 399/05, NStZ 2006, 54, 55; Meyer-Goßner, aaO). Entscheidend für den Fristbeginn ist der Zeitpunkt der Kenntnisnahme durch den Angeklagten (BGH, Beschlüsse vom 3. April 1992 – 2 StR 114/92 und vom 13. September 2005, aaO). Wann diesem die Versäumung der Revisionsbegründungsfrist bekannt geworden ist, wird ungeachtet des erheblichen Zeitablaufs nicht vorgetragen. Jedenfalls in den Fällen, in denen wie hier die Wahrung der Frist des § 45 Abs. 1 StPO nach Aktenlage nicht offensichtlich ist, gehört zur formgerechten Anbringung des Wiedereinsetzungsantrags, dass der Antragsteller mitteilt, wann das Hindernis, das der Fristwahrung entgegenstand, weggefallen ist (BGH, Beschlüsse vom 26. Februar 1991 – 1 StR 737/ 90, BGHR StPO § 45 Abs. 2 Tatsachenvortrag 7 m.w.N., und vom 5. August 2010 – 3 StR 269/10, NStZ-RR 2010, 378 m.N.). Dies gilt selbst dann, wenn der Verteidiger ein eigenes Verschulden geltend macht, das dem Angeklagten nicht zuzurechnen wäre (BGH, Beschluss vom 4. August 2010 – 2 StR 365/10).

[5] 3. Die Revision des Angeklagten ist unzulässig, weil sie nicht fristgerecht begründet worden ist (§§ 344, 345 StPO). Die Revisionsbegründung vom 29. April 2011 war entgegen § 345 Abs. 2 StPO nicht vom Pflichtverteidiger, sondern von einem von diesem bevollmächtigten, mit ihm in Bürogemeinschaft verbundenen und

für einen Mitangeklagten als Pflichtverteidiger bestellten Rechtsanwalt unterzeichnet; auf diesen konnte der Pflichtverteidiger des Angeklagten seine Befugnisse nicht wirksam übertragen (vgl. BGH, Beschlüsse vom 27. September 1989 – 2 StR 434/89, BGHR StPO § 349 Abs. 1 Einlegungsmangel 2 m.w.N., vom 16. Dezember 1994 – 2 StR 461/94, NStZ 1995, 356 f., und vom 17. Mai 1995 – 3 StR 45/95, NStZ 1996, 21 [bei Kusch]). Anhaltspunkte dafür, dass Rechtsanwalt R. entgegen dem Verbot der Mehrfachverteidigung gemäß § 146 StPO als allgemeiner Vertreter des Pflichtverteidigers gemäß § 53 Abs. 2 BRAO tätig geworden war, sind nicht ersichtlich; solches wird auch nicht geltend gemacht.

Die eingelegte Revision entspricht nicht den **Formerfordernissen des § 345 Abs. 2 StPO** und ist deshalb unzulässig im Sinne von § 349 Abs. 1 StPO. Aus der Fassung der Revisionsbegründungsschrift ergibt sich, dass der **Rechtsanwalt nicht** – wie nach ständiger Rechtsprechung erforderlich – die **volle Verantwortung** für ihren Inhalt übernommen hat. Vielmehr nehmen sämtliche Formulierungen sprachlich auf die Auffassung des Angeklagten Bezug („Herr G. rügt ...", „möchte vortragen", „bleibt bei seiner Darstellung", „ist der Überzeugung"), und die Schrift enthält keine eigenständigen Ausführungen des unterzeichnenden Rechtsanwalts.[486] **484**

29. Revisionsrügen nach § 338 StPO

Die nachstehenden Rügen heben die alltäglichen Fragen, mit denen die Revisionsrechtsprechung befasst wird, nur in besonderer Weise hervor. Allerdings sollte sich ein Verteidiger im Rahmen einer **Revisionsbegründung** vorher klar werden, ob er eine Rüge nach den Sonderbestimmungen des § 338 StPO oder als „normale" Verfahrensrüge erheben will. Nicht hilfreich und zumeist auch nicht weiterführend ist es regelmäßig, ein und dieselbe Rüge unter verschiedenen „Vorzeichen" geltend zu machen. **485**

a) § 338 Nr. 1 StPO

Zu den darzulegenden Tatsachen gehört im Fall des § 338 Nr. 1b StPO auch der rechtzeitig erhobene Besetzungseinwand. Eine nicht ordnungsgemäße Besetzung im Sinne des **§ 338 Nr. 1 StPO** kann sich daraus ergeben, dass der ihr zugrunde liegende **Geschäftsverteilungsplan** wegen eines Verstoßes gegen § 354 Abs. 2 StPO **rechtswidrig** ist. Die **Regelung der Zuständigkeit** als solche ist – anders als ihre Anwendung – durch das Revisionsgericht nicht nur auf Willkür, sondern in vollem Umfang auf ihre Rechtmäßigkeit zu überprüfen.[487] **486**

Die Rüge, das Gericht sei in der Person des Vorsitzenden nicht ordnungsgemäß besetzt gewesen, ist unzulässig. Dem Revisionsvorbringen ist nicht zu entnehmen, ob der gemäß § 338 Nr. 1b, §§ 222a, 222b StPO erforderliche Besetzungseinwand rechtzeitig erhoben wurde. Die Formulierung „in der Vernehmung des Angeklagten" lässt nicht erkennen, ob der Einwand, wie es nach § 222b Abs. 1 Satz 1 StPO geboten ist, bereits vor Beginn der Vernehmung des Angeklagten zur Sache ange-

[486] BGH, Beschluss vom 27.3.2012 – 2 StR 83/12.
[487] BGH, Beschluss vom 28.11.2012 – 5 StR 416/12.

bracht wurde. Die Verfahrenstatsachen sind indessen so vollständig anzugeben, dass das Revisionsgericht allein anhand der Revisionsbegründung in die Lage versetzt wird, darüber – unter der Voraussetzung der Erweisbarkeit – vollständig zu entscheiden (vgl. Kuckein in KK, 6. Aufl., § 344 Rn. 39 m.w.N.). Zu den darzulegenden Tatsachen gehört im Fall des § 338 Nr. 1b StPO auch der rechtzeitig erhobene Besetzungseinwand (BGH, Beschluss vom 25. Juli 2002 – 3 StR 41/02, NJW 2002, 3717; Kuckein aaO § 338 Rn. 16 und § 344 Rn. 45 m.w.N.).

Der Senat bemerkt allerdings, dass eine Geschäftsverteilung wie die hier vorliegende durchaus geeignet sein kann, die Rüge des § 338 Nr. 1 StPO zu begründen. Zwar ist ein Richter nicht etwa allein deshalb kraft Gesetzes oder wegen Besorgnis der Befangenheit von der Ausübung des Richteramts in einer vom Revisionsgericht zurückverwiesenen Sache ausgeschlossen, weil er bereits an der aufgehobenen Entscheidung mitgewirkt hatte (vgl. BGH, Beschlüsse vom 18. Mai 1994 – 3 StR 628/93, NStZ 1994, 447; vom 27. August 1991 – 1 StR 438/91, NStZ 1991, 595, und vom 27. April 1972 – 4 StR 149/72, BGHSt 24, 336; Urteil vom 9. September 1966 – 4 StR 261/66, BGHSt 21, 142). Dessen ungeachtet kann sich eine nicht ordnungsgemäße Besetzung im Sinne des § 338 Nr. 1 StPO daraus ergeben, dass der ihr zugrunde liegende Geschäftsverteilungsplan wegen eines Verstoßes gegen § 354 Abs. 2 StPO rechtswidrig ist (vgl. Kuckein aaO, § 354 Rn. 30). Die Regelung der Zuständigkeit als solche ist – anders als ihre Anwendung – durch das Revisionsgericht nicht nur auf Willkür, sondern in vollem Umfang auf ihre Rechtmäßigkeit zu überprüfen (BGH, Beschluss vom 4. August 2009 – 3 StR 174/09, StV 2010, 294). Dabei ist nicht nur das Gebot einer Zuteilung der einzelnen Sachen nach allgemeinen abstrakten Merkmalen (vgl. Diemer in KK, 6. Aufl., § 21e GVG Rn. 11 m.w.N.) zu beachten; es ist auch festzustellen, ob der Geschäftsverteilungsplan mit sonstigen die gerichtliche Zuständigkeit betreffenden gesetzlichen Vorschriften in Einklang steht. Ist aber aufgrund eines Geschäftsverteilungsplans die Bearbeitung vom Revisionsgericht zurückverwiesener Sachen einer bestimmten Strafkammer, ohne dass hierzu eine durch personelle Engpässe oder sonstige besondere Umstände begründete Notwendigkeit bestanden hätte, einer mit solchen Richtern besetzten Strafkammer zugewiesen, die zuvor aufgrund einer anderen Kammerzugehörigkeit regelmäßig an den in Rede stehenden zurückverwiesenen Sachen beteiligt waren, so liegt die Annahme einer rechtswidrigen Umgehung der Vorschrift des § 354 Abs. 2 StPO ausgesprochen nahe (vgl. Kuckein aaO). Deren Ziel ist es zu gewährleisten, dass eine vom Revisionsgericht zurückverwiesene Sache jedenfalls in der Regel von anderen Richtern bearbeitet wird (BGH, Beschluss vom 27. April 1972 – 4 StR 149/72, BGHSt 24, 336), um so den Anschein der Voreingenommenheit zu vermeiden, der entstehen könnte, wenn stets dieselben Richter, die an dem angefochtenen Urteil mitgewirkt haben, auch gehalten wären, über die zurückverwiesene Sache zu entscheiden (Kuckein aaO, Rn. 29). Zwar hat der Gesetzgeber insofern bewusst in Kauf genommen, dass im Einzelfall an der neuen Entscheidung auch ein Richter mitwirkt, der schon an der aufgehobenen Entscheidung beteiligt war (BGH aaO). Durch eine Geschäftsverteilung, die dies zur Regel macht und so in die Beteiligung eines bereits an der aufgehobenen Entscheidung mitwirkenden Richters an den zurückverwiesenen Verfahren einer Strafkammer einmündet, wird indessen der Regelungsgehalt des § 354 Abs. 2 StPO bezogen auf Verfahren der betroffenen Strafkammer vollständig ausgehöhlt.

b) § 338 Nr. 3 StPO

In der richterlichen Bewertung der Falschaussage des Angeklagten im abgetrennten Verfahren gegen den Haupttäter liegt noch keine **Vorbefassung**, die vorliegend dazu zwänge, die Unparteilichkeit der Berufsrichter aus Sicht des Angeklagten in Frage zu stellen.[488] **487**

Der absolute Revisionsgrund des § 338 Nr. 2 StPO liegt nicht vor. Zwar ist das Ermittlungsverfahren gegen den Angeklagten bis zur Einstellung nach § 154 Abs. 1 StPO auch wegen seiner Falschaussage im Verfahren gegen den Haupttäter N. geführt worden. Auch insoweit sind die Berufsrichter indes allein dadurch, dass sie diese Falschaussage entgegengenommen haben, nicht als vernommene Zeugen im Sinne des § 22 Nr. 5 StPO anzusehen (vgl. BGH, Urteil vom 8. Dezember 1999 – 5 StR 32/99, BGHSt 45, 342, 352 f.). Eine nach § 261 StPO unzulässige Verwertung eigener Wahrnehmungen der Berufsrichter in einer Haftprüfung zum Erscheinungsbild des Angeklagten (vgl. UA S. 19, 57; dazu BGH, Urteil vom 9. Dezember 1999 – 5 StR 312/99, BGHSt 45, 354) hat der Angeklagte nicht gerügt; ein Beruhen des Urteils hierauf wäre auch höchst zweifelhaft.

Auch die Voraussetzungen des § 338 Nr. 3 StPO sind nicht erfüllt. In der richterlichen Bewertung der Falschaussage im Verfahren gegen den Haupttäter N. liegt noch keine Vorbefassung, die vorliegend dazu zwänge, die Unparteilichkeit der Berufsrichter aus Sicht des Angeklagten in Frage zu stellen. Dies gilt ungeachtet dessen, dass bei der sachlich engen Verknüpfung zwischen den Verfahren hier eine eigene abweichende Selbsteinschätzung der Berufsrichter (vgl. § 26 Abs. 3, § 30 StPO) mit der Folge abweichender Beurteilung nicht undenkbar erschienen wäre. Zwingend war sie aber jedenfalls nicht.

c) § 338 Nr. 4 StPO

Bei der **Rüge der örtlichen Unzuständigkeit** des Gerichts (§ 338 Nr. 4 StPO) müssen die Tatsachen, die den behaupteten Verfahrensmangel begründen, so vollständig und genau mitteilt werden, dass das Revisionsgericht auf Grund der Rechtfertigungsschrift prüfen kann, ob ein Verfahrensfehler vorliegt, wenn die behaupteten Tatsachen bewiesen werden, nämlich neben den im Hinblick auf § 16 StPO zur **Vermeidung einer Rügepräklusion** erforderlichen Tatsachen **alle Umstände**, die für die gerichtliche Zuständigkeitsbestimmung **im Zeitpunkt des Eröffnungsbeschlusses maßgeblich** waren.[489] **488**

[8] 1. Die von der Revision erhobene Rüge der örtlichen Unzuständigkeit des Landgerichts (§ 338 Nr. 4 StPO) bleibt erfolglos.

[9] a) Es bestehen bereits Bedenken, ob die Rüge zulässig erhoben worden ist. Der Beschwerdeführer muss die Tatsachen, die den behaupteten Verfahrensmangel begründen, so vollständig und genau mitteilen, dass das Revisionsgericht auf Grund der Rechtfertigungsschrift prüfen kann, ob ein Verfahrensfehler vorliegt, wenn die behaupteten Tatsachen bewiesen werden (BGH, Beschluss vom 23. September 2008 –

---

488 BGH, Beschluss vom 27.11.2012 – 5 StR 492/12.
489 BGH, Beschluss vom 24.10.2012 – 1 StR 485/12.

1 StR 484/08). Bei der Rüge der örtlichen Unzuständigkeit des erkennenden Gerichts sind dies neben den im Hinblick auf § 16 StPO zur Vermeidung einer Rügepräklusion erforderlichen Tatsachen (vgl. BGH, Beschluss vom 21. April 1994 – 4 StR 136/94, BGHSt 40, 120 ff.) alle Umstände, die für die gerichtliche Zuständigkeitsbestimmung im Zeitpunkt des Eröffnungsbeschlusses maßgeblich waren. Der Beschwerdeführer darf sich insbesondere nicht auf die Anklage beschränken, sondern muss alle für die Zuständigkeitsbestimmung relevanten Erkenntnisse des Ermittlungsverfahrens (vgl. dazu BGH, Beschluss vom 31. März 2011 – 3 StR 460/10) vortragen.

[10] Diesen Anforderungen genügt das Revisionsvorbringen nicht. Die vollständig vorgelegte Anklageschrift enthält zwar eine geraffte Darstellung des wesentlichen Ergebnisses der Ermittlungen, darunter die Aussage des Zeugen Ö. bei seiner polizeilichen Vernehmung, das erste Treffen mit der Angeklagten habe „vor der Haustür zur Wohnung von I." stattgefunden (Anklageschrift S. 7), darüber hinaus jedoch keine Anhaltspunkte zum ersten Treffpunkt. Demgegenüber sind den Ermittlungsakten zahlreiche weitere Umstände zu entnehmen, die für die gerichtliche Zuständigkeitsbestimmung von Bedeutung waren: Neben der dargelegten Aussage des Zeugen Ö. (Anklageschrift S. 7) enthielten sie den seinerzeitigen Wohnsitz des Zeugen I., die M. straße in A. (EA Bd. I, Bl. 13). In seiner ermittlungsrichterlichen Vernehmung hatte der Zeuge Ö. wiederholt, das erste Treffen habe „vor dem Haus in dem B. [der Zeuge I.] wohnt", stattgefunden (EA Bd. I, Bl. 40). Der Zeuge K. hatte in seiner ermittlungsrichterlichen Vernehmung angegeben, das erste Treffen sei „bei B., in der H. Straße" gewesen (EA Bd. I, Bl. 45). Demgegenüber hatte der Zeuge I. im Rahmen seiner polizeilichen Vernehmung zunächst ausgesagt, das erste Treffen habe in A. „in der Nähe des Südbahnhofs in einer Anlage, wo sich auch Parkplätze und ein Kinderspielplatz befinden", stattgefunden (EA Bd. I, Bl. 14). In seiner ermittlungsrichterlichen Vernehmung hatte I. erklärt, er habe gemeinsam mit der Angeklagten die Zeugen Ö. und K. abgeholt und sei dann erst zum Spielplatz am Südbahnhof gefahren (EA Bd. I, Bl. 53). Das Revisionsvorbringen zeigt all diese Umstände nicht auf.

[11] b) Dessen ungeachtet ist die Rüge jedenfalls unbegründet. Das Landgericht hat seine örtliche Zuständigkeit nicht mit Unrecht angenommen.

[12] Die Revision überspannt bereits die Anforderungen an das Maß der Gewissheit, die sich das Gericht hinsichtlich der zuständigkeitsbegründenden Umstände verschaffen muss. Diese Umstände müssen nicht „geklärt" sein; vielmehr genügt es, wenn im Zeitpunkt der Eröffnungsentscheidung hinreichende Anhaltspunkte für die Zuständigkeit vorliegen (vgl. BGH, Beschluss vom 31. März 2011 – 3 StR 460/10).

[13] Das ist hier der Fall. Die Angaben der Zeugen I., Ö. und K. im Verlauf des Ermittlungsverfahrens belegen – ungeachtet der im Einzelnen divergierenden Ortsangaben innerhalb A.s –, dass das erste Gespräch in A. stattgefunden hat.

[14] Entgegen der Rechtsansicht der Revision blieben die Handlungen der Angeklagten beim ersten Treffen in A. auch nicht im Vorbereitungsstadium stecken. Vielmehr hat die Angeklagte bereits unmittelbar dazu angesetzt, die Zeugen I., Ö. und K. zur Ermordung ihres Ehemannes anzustiften.

[15] In diesem Zusammenhang ist ohne Bedeutung, dass in der Anklageschrift (S. 12) von der „spätestens nach Bekanntgabe der aktuellen Wohnanschrift des zu tötenden D. auch hinreichend konkretisierten Tat" die Rede ist. Die hierzu von der Revision vorgegebene Deutung, die Staatsanwaltschaft selbst sei hinsichtlich des ersten Gesprächs noch nicht von einer versuchten Anstiftungshandlung ausge-

gangen, ist, schon weil von der Staatsanwaltschaft auch eine frühere Konkretisierung in den Raum gestellt wird („spätestens"), keineswegs zwingend.

[16] Nach den für die Eröffnungsentscheidung maßgeblichen Angaben der Zeugen I., Ö. und K. im Ermittlungsverfahren bestanden indes hinreichende Anhaltspunkte dafür, dass die Angeklagte ihren Tötungsentschluss bereits im ersten Gespräch endgültig und bedingungslos entäußert hatte. Sie hatte Ö. und K. aufgefordert, ihren früheren Ehemann zu töten, ihnen dafür einen Betrag von 2.000 Euro zugesichert und einen Vorschuss von 1.000 Euro direkt übergeben. Dass sie Details, etwa die aktuelle Adresse ihres früheren Ehemannes und die Absprache in einer von ihr als notwendig erachteten eigenen Alibibehauptung einer weiteren Besprechung klarstellen wollte, ändert hieran nichts. Wie die Angeklagte wusste, war das potenzielle Opfer jedenfalls dem Zeugen I. namentlich und vom Sehen her bekannt. Nach ihrer Vorstellung bestand damit zumindest die Möglichkeit, dass sich Ö. und K. über I. Zugang zu ihrem früheren Ehemann verschafften.

d) § 338 Nr. 5 StPO

Das Gericht kann, wenn die **Hauptverhandlung gegen mehrere Angeklagte** stattfindet, einem Angeklagten sowie seinem notwendigen Verteidiger auf Antrag gestatten, sich **während einzelner Verhandlungsteile zu entfernen,** wenn er von diesen nicht betroffen ist. In dem Beschluss sind die Verhandlungsteile zu bezeichnen, für die die Erlaubnis gilt (§ 231c Satz 1 und 2 StPO). Danach ist bereits dann rechtsfehlerhaft in Abwesenheit des Angeklagten verhandelt worden (§ 338 Nr. 5 StPO), wenn die in dem Beschluss über die Befreiung festgelegte inhaltliche Begrenzung des Verhandlungsgegenstandes nicht eingehalten worden ist.[490] **489**

[2] Das Urteil muss aufgehoben werden, weil das Landgericht den Angeklagten in rechtsfehlerhafter Weise während einzelner Teile der Verhandlung beurlaubt hat (§ 230 Abs. 1, §§ 231c, 338 Nr. 5 StPO).

[3] 1. Der Verfahrensrüge liegt folgender Sachverhalt zugrunde:

[4] Das Landgericht hat den Angeklagten auf seinen Antrag für die Hauptverhandlungstage am 30. Mai 2011 und 1. Juni 2011 beurlaubt, da an diesen Tagen die Beweisaufnahme zum Anklagevorwurf III. 5 durchgeführt werden sollte und der Angeklagte von diesen „Verhandlungsteilen nicht betroffen" ist. Am 30. Mai 2011 beantragten die Verteidiger von drei Mitangeklagten, die Ergebnisse der Telefonüberwachung weder durch Verlesung der Gesprächsprotokolle noch durch Augenscheinseinnahme der Tonbandmitschnitte in die Hauptverhandlung einzuführen und zu verwerten, und begründeten dies damit, die Voraussetzungen für eine Überwachung der Telekommunikation hätten zum Zeitpunkt der ersten Anordnung nicht vorgelegen. Die Strafkammer hat mit Beschluss vom selben Tag die Anträge „zurückgewiesen und die Durchführung der diesbezüglichen Beweisaufnahme angeordnet".

[5] 2. Die Verfahrensweise der Kammer hält rechtlicher Nachprüfung nicht stand.

[6] a) Das Gericht kann, wenn die Hauptverhandlung gegen mehrere Angeklagte stattfindet, einem Angeklagten sowie seinem notwendigen Verteidiger auf Antrag gestatten, sich während einzelner Verhandlungsteile zu entfernen, wenn er von die-

---

[490] BGH, Beschluss vom 16.2.2012 – 3 StR 462/11.

sen nicht betroffen ist. In dem Beschluss sind die Verhandlungsteile zu bezeichnen, für die die Erlaubnis gilt (§ 231c Satz 1 und 2 StPO).

[7] b) Danach ist bereits dann rechtsfehlerhaft in Abwesenheit des Angeklagten verhandelt worden (§ 338 Nr. 5 StPO), wenn die in dem Beschluss über die Befreiung festgelegte inhaltliche Begrenzung des Verhandlungsgegenstandes nicht eingehalten worden ist. So liegt es hier bezüglich der Sitzung vom 30. Mai 2011, in der über den im Beschluss bezeichneten Umfang hinaus zwei Verwertungswidersprüche entgegengenommen und beschieden worden sind.

[8] c) Zudem war der Angeklagte von diesem Verhandlungsteil, der in seiner Abwesenheit stattgefunden hat, betroffen. Anders wäre es nur gewesen, wenn ausgeschlossen werden könnte, dass die während seiner Abwesenheit behandelten Verfahrensfragen auch nur mittelbar die gegen ihn erhobenen Vorwürfe berührten und damit auch nur potentiellen Einfluss auf Schuld- oder Rechtsfolgenausspruch gegen den Angeklagten hatten (BGH, Beschluss vom 5. Februar 2009 – 4 StR 609/08, NStZ 2009, 400). Dies ist nicht möglich. Die Anträge dienten dem Ziel, die Ergebnisse der Telekommunikationsüberwachung nicht in die Hauptverhandlung einzuführen. Diese waren aber erkennbar nicht nur geeignet, die die Tatvorwürfe des Handeltreibens mit Betäubungsmitteln bestreitenden Mitangeklagten zu belasten. Die Art und das Ergebnis von deren Verteidigungsbemühungen konnten vielmehr durchaus Bedeutung auch für den Angeklagten gewinnen, obwohl sich dieser zum Anklagevorwurf geständig eingelassen und die Mitangeklagten belastet hatte. Der Inhalt der Telekommunikation konnte dazu dienen, seine Darstellung des Tatgeschehens zu bestätigen, was für die Glaubhaftigkeit seiner Einlassung und für die gerichtliche Entscheidung darüber von Bedeutung hätte sein können, ob er damit Aufklärungshilfe im Sinne von § 31 BtMG geleistet hatte.

[9] d) Der Bundesgerichtshof hat wiederholt darauf hingewiesen, dass von der Möglichkeit der Beurlaubung nach § 231c StPO nur äußerst vorsichtig Gebrauch gemacht werden sollte, weil diese Verfahrensmaßnahme leicht einen absoluten Revisionsgrund schaffen kann (BGH, Beschluss vom 6. August 2009 – 3 StR 547/08, NStZ 2010, 289 m.w.N.).

e) § 338 Nr. 6 StPO

490 Es kann dahinstehen, ob – im Hinblick auf die völlige Unwesentlichkeit – durch die **Verlesung der Aussagegenehmigung** für den Zeugen P. (Haftrichter) in nicht öffentlicher Verhandlung überhaupt die **Vorschriften über die Öffentlichkeit des Verfahrens** (§ 338 Nr. 6 StPO) verletzt wurden. Der Bestand des Urteils wird hiervon jedenfalls nicht berührt, weil ein Einfluss des etwaigen Verfahrensfehlers auf das Urteil denkgesetzlich ausgeschlossen ist.[491]

Ergänzend zu den zutreffenden Ausführungen des Generalbundesanwalts merkt der Senat im Hinblick auf den Schriftsatz der Verteidigung des Angeklagten E. vom 19. März 2012 an:

1. Es kann dahinstehen, ob – im Hinblick auf die völlige Unwesentlichkeit – durch die Verlesung der Aussagegenehmigung für den Zeugen P. (Haftrichter) in nicht öffentlicher Verhandlung überhaupt die Vorschriften über die Öffentlichkeit

---

[491] BGH, Beschluss vom 21.3.2012 – 1 StR 34/12.

des Verfahrens (§ 338 Nr. 6 StPO) verletzt wurden. Der Bestand des Urteils wird hiervon jedenfalls nicht berührt, weil ein Einfluss des etwaigen Verfahrensfehlers auf das Urteil denkgesetzlich ausgeschlossen ist (vgl. u.a. BGH, Beschluss vom 25. Juli 1995 – 1 StR 342/95; BGH, Beschluss vom 31. Juli 1992 – 4 StR 250/92). Entscheidend ist, dass der Zeuge zuvor bereits ausgesagt hatte. Nur die Aussage, nicht aber die Aussagegenehmigung wird zur Urteilsfindung verwertet. Die Verlesung einer Aussagegenehmigung, die auch mündlich erteilt werden kann und den Rechtskreis des Angeklagten nicht berührt (vgl. u.a. BGH NJW 1952, 151), ist nicht geboten und daher entbehrlich. Ihr Vorliegen kann im Übrigen auch von dem Zeugen selbst bei seiner Vernehmung mitgeteilt worden sein (wozu sich die Revision nicht verhält, § 344 Abs. 2 Satz 2 StPO). Denn die mit Schreiben vom 14. Juli 2011 erbetene Aussagegenehmigung war bereits am 18. Juli 2011 schriftlich erteilt worden (vgl. Anlage 18 zum Protokoll vom 27. Juli 2011). Da der Zeuge P. erst am 26. Juli 2011 vernommen wurde, lag zum Zeitpunkt seiner Vernehmung die Aussagegenehmigung bereits vor.

Eine fehlende Aussagegenehmigung würde ohnehin nur zu einem Beweisgewinnungs-, aber nicht zu einem Beweisverwertungsverbot führen. Auch daraus ergibt sich, dass auf einer – unterstellt verfahrensfehlerhaften – Verlesung einer erteilten Aussagegenehmigung das Urteil denkgesetzlich nicht beruht.

f) § 338 Nr. 8 StPO

Das Gericht ist verpflichtet, eine **schriftliche Stellungnahme des Angeklagten zur Kenntnis zu nehmen**. Insofern war die Verfahrensweise, eine Entgegennahme der Erklärung abzulehnen und diese gar zu zerreißen, fehlerhaft.[492] **491**

[9] Die Revisionen der betroffenen Angeklagten beanstanden im Wesentlichen, dass der Antrag auf Verlesung ohne jegliche Prüfung des Erklärungsinhalts abgelehnt worden sei, dass auch ein schriftliches Geständnis unter dem Gesichtspunkt der Aufklärungspflicht zum Gegenstand des Urteils gemacht werden müsse und dass der Anspruch auf rechtliches Gehör zumindest erfordert hätte, die Stellungnahme zum Aktenbestandteil zu machen oder inhaltlich zur Kenntnis nehmen.

[10] Es trifft zu, dass das Gericht verpflichtet ist, eine schriftliche Stellungnahme des Angeklagten zur Kenntnis zu nehmen (vgl. BGH, Beschluss vom 27. März 2008 – 3 StR 6/08, BGHSt 52, 175, 178). Insofern war die Verfahrensweise, eine Entgegennahme der Erklärung abzulehnen und diese gar zu zerreißen, fehlerhaft. Jedoch führt dies nicht zur Begründetheit der Rügen, da die Verteidigung nicht in einem für die Entscheidung wesentlichen Punkt (§ 338 Nr. 8 StPO) beschränkt ist. Denn eine kausale Beziehung zwischen der fehlerhaft unterbliebenen Kenntnisnahme und dem Urteil ergibt sich bei der konkreten Sachlage nicht (s. BGH, Beschluss vom 11. November 2004 – 5 StR 299/03, BGHSt 49, 317, 327 f.; Urteil vom 24. November 1999 – 3 StR 390/99, BGHR StPO § 338 Nr. 8 Beschränkung 6). Aus den mit den Revisionen vorgelegten schriftlichen Stellungnahmen der Angeklagten Ö.K. und K.K. drängen sich keine Beweistatsachen oder Beweismittel auf, denen die Kammer hätte nachgehen müssen. Auch die Revisionen machen solche nicht geltend. Im Übrigen gebot die Pflicht zur Amtsaufklärung auch nicht, die Schreiben der beiden

[492] BGH, Beschluss vom 18.9.2012 – 3 StR 348/12.

Angeklagten, die sich später selbst noch in der Hauptverhandlung eingelassen haben, zu verlesen (vgl. BGH, Beschluss vom 27. März 2008 – 3 StR 6/08, BGHSt 52, 175, 180 f.).

[11] c) Die vom Angeklagten S. erhobene Verfahrensrüge, die Kammer habe ihn sowie den Angeklagten A. durch Täuschung und unzulässigen Zwang (§ 136a Abs. 1 StPO) zu Einlassungen veranlasst, hat im Ergebnis ebenfalls keinen Erfolg.

[12] Allerdings ist der Revision zuzugeben, dass aus sich heraus nicht ohne Weiteres die Gründe dafür ersichtlich sind, dass der Vorsitzende nach einer Einlassung des Angeklagten A. alle vier anderen zu diesem Zeitpunkt von ihrem Schweigerecht Gebrauch machenden Angeklagten während einer Sitzungsunterbrechung in Gewahrsam nehmen ließ. Eine allein in Betracht kommende Ingewahrsamnahme nach § 231 Abs. 1 Satz 2 StPO setzt voraus, dass Anhaltspunkte dafür bestehen, der Angeklagte werde sich aus der Verhandlung entfernen (vgl. OLG Frankfurt, Beschluss vom 12. Mai 2003 – 3 Ws 498/03, NStZ-RR 2003, 329, 330; Meyer-Goßner, StPO, 55. Aufl., § 231 Rn. 3; LR/Becker, StPO, 26. Aufl., § 231 Rn. 2, 4). Es erscheint zweifelhaft, ob allein die geständige Einlassung des Angeklagten A. eine entsprechende Prognose begründen konnte, nachdem die in Freiheit befindlichen Angeklagten zu den vorangegangenen Hauptverhandlungsterminen erschienen waren und der Nebenkläger die Tatvorwürfe in seiner Zeugenaussage bereits bestätigt hatte. Jedoch lässt sich hieraus nicht entnehmen, dass der Gewahrsam gezielt zur Herbeiführung einer Einlassung angeordnet wurde und diese damit unverwertbar war (vgl. BGH, Urteil vom 19. Juli 1995 – 2 StR 758/94, NJW 1995, 2933, 2936 m.w.N.). Zudem liegt ein ursächlicher Zusammenhang zwischen dem Gewahrsam und der Einlassung des Angeklagten S. deshalb nicht nahe, weil dieser erst sechs Tage nach dem – knapp eine Stunde dauernden – Gewahrsam Angaben machte.

492 **Straftaten,** die **erst durch die Aussage selbst begangen** wurden, können ein Auskunftsverweigerungsrecht des Zeugen gemäß § 55 StPO nicht begründen. Dies hat die Strafkammer an sich auch nicht verkannt. Ihre Auffassung, hier gelte anderes, weil die Zeugin durch die Anfertigung der schriftlichen Erklärung den Versuch einer Strafvereitelung zugunsten des Angeklagten begangen habe, hält rechtlicher Überprüfung nicht stand. Die Herstellung eines schriftlichen Textes, den der Zeuge als seine Aussage bei seiner Vernehmung verlesen will und abliest, enthält keinen über die falsche Aussage hinausgehenden Unrechtsgehalt. Bei der Anfertigung der Erklärung handelt es sich also um eine straflose Vorbereitungshandlung.[493]

[6] 3. Die Revision des Angeklagten ist auf die näher ausgeführte Sachrüge und auf Verfahrensrügen gestützt. Sie hat mit einer Verfahrensrüge weitgehend Erfolg (§ 349 Abs. 4 StPO), mit der geltend gemacht ist, dass die Möglichkeit der Verteidigung, eine für die Beweiswürdigung der Strafkammer wesentliche Zeugin zu befragen, durch die Zubilligung eines Auskunftsverweigerungsrechts rechtsfehlerhaft eingeschränkt worden sei.

[7] a) Folgendes liegt zugrunde:

[8] Der Angeklagte hat sich darauf berufen, dass ihm die Intensität der Erkrankung seines Sohnes, insbesondere dessen Tötungsphantasien, unbekannt gewesen seien. Die Strafkammer hält diese Angabe aufgrund der Aussage der Zeugin L. für wider-

[493] BGH, Beschluss vom 22.3.2012 – 1 StR 359/11.

legt. Diese ist als Mitglied des bei der Johanniter Unfallhilfe angegliederten Kriseninterventionsteams Stuttgart ehrenamtlich tätig. Sie war noch am Tag des Amoklaufs von der Polizei gebeten worden, der Familie K. als Krisenbetreuerin zur Seite zu stehen, nachdem sämtliche Polizeikräfte, die derartige Aufgaben wahrnehmen konnten, für die Betreuung der überlebenden Tatopfer und von Angehörigen der Tatopfer eingesetzt waren. Frau L. kam der Bitte der Polizei nach. Zwischen ihr und der Familie K. entwickelte sich ein Vertrauensverhältnis, das dazu führte, dass sie (auf Honorarbasis) ihre Tätigkeit für die Familie K. auch noch fortsetzte, als sie nicht mehr auf die Bitte der Polizei hin tätig war.

[9] Die Vernehmung der Zeugin L. in der Hauptverhandlung gestaltete sich wie folgt:

[10] Im Hauptverhandlungstermin vom 11. November 2010 gab sie an, der Angeklagte habe ihr bereits am dritten Tag nach dem Amoklauf berichtet, dass er im Jahre 2008 im Klinikum We. über Tötungsphantasien seines Sohnes unterrichtet worden sei. Nachdem das Gericht, der Vertreter der Staatsanwaltschaft und einige Nebenklägervertreter die Zeugin befragt hatten, wurde die Vernehmung am Nachmittag des 11. November 2010 bis zum 23. November 2010 unterbrochen. Den Verteidigern war das Fragerecht bis zu diesem Zeitpunkt noch nicht weitergegeben worden.

[11] Zu Beginn der Fortsetzung ihrer Vernehmung im Hauptverhandlungstermin vom 23. November 2010 verlas die Zeugin eine von ihr mitgebrachte, vorgefertigte schriftliche Erklärung. Danach habe sie nicht durch den Angeklagten, sondern erst durch ein Sachverständigengutachten im August 2009 von den Tötungsphantasien T. K. s erfahren.

[12] Nach kurzer Unterbrechung der Hauptverhandlung gab der Vertreter der Staatsanwaltschaft bekannt, dass er soeben ein Ermittlungsverfahren gegen die Zeugin, unter anderem wegen des Verdachts der versuchten Strafvereitelung, eingeleitet habe. Daraufhin gewährte der Vorsitzende der Zeugin – unter entsprechender Belehrung – ein umfassendes Auskunftsverweigerungsrecht. Die Vernehmung wurde erneut bis zum 16. Dezember 2010 unterbrochen.

[13] Zu Beginn dieses Fortsetzungstermins widerrief die Zeugin nach erneuter Belehrung ihre Angaben vom 23. November 2010 und bestätigte die Richtigkeit ihrer ursprünglichen Aussage vom 11. November 2010. Weitere Angaben machte sie nicht und berief sich auf das Auskunftsverweigerungsrecht. Neben weiterem, hier nicht entscheidungserheblichem Prozessgeschehen widersprachen die Verteidiger im Termin vom 16. Dezember 2010 der Verwertung der Angaben der Zeugin L. wegen des Fehlens jeder Möglichkeit zur Fragestellung an die Zeugin L.

[14] Den Widerspruch der Verteidiger wies das Gericht mit Beschluss vom 21. Dezember 2010 zurück. Zur Begründung führte das Gericht aus, die Belehrung über das Auskunftsverweigerungsrecht sei erfolgt, weil der Vertreter der Staatsanwaltschaft zureichende Anhaltspunkte für eine Straftat (hier: der versuchten Strafvereitelung) gesehen und ein Ermittlungsverfahren gegen die Zeugin eingeleitet habe; das Gericht sei zur korrekten Belehrung verpflichtet gewesen. Zu dieser Belehrungspflicht hatte die Kammer bereits am 16. Dezember 2010 in anderem Zusammenhang ausgeführt, die Zeugin sei verdächtig, die Erklärung nach dem Beginn ihrer Vernehmung am 11. November 2010 als Teil einer Strafvereitelungshandlung angefertigt zu haben. Weil die Zeugin L. zu diesem Zeitpunkt bereits benannt gewesen sei, könnte durch die Anfertigung der Erklärung die Grenze zum strafbaren Versuch bereits überschritten sein.

[15] Die Verteidigung hatte zu keiner Zeit Gelegenheit, die Zeugin L. zu befragen.

[16] b) Dies beanstandet die Revision zu Recht.

[17] Straftaten, die erst durch die Aussage selbst begangen wurden, können ein Auskunftsverweigerungsrecht des Zeugen gemäß § 55 StPO nicht begründen (h.M., vgl. BGHSt 50, 318 ff.; BGH bei Dallinger, MDR 1958, 14; Ignor/Bertheau in LR-StPO, 26. Aufl., § 55 Rn. 12). Dies hat die Strafkammer an sich auch nicht verkannt. Ihre Auffassung, hier gelte anderes, weil die Zeugin durch die Anfertigung der schriftlichen Erklärung den Versuch einer Strafvereitelung zugunsten des Angeklagten begangen habe, hält rechtlicher Überprüfung nicht stand. Die Herstellung eines schriftlichen Textes, den der Zeuge als seine Aussage bei seiner Vernehmung verlesen will und abliest, enthält keinen über die falsche Aussage hinausgehenden Unrechtsgehalt. Bei der Anfertigung der Erklärung handelt es sich also um eine straflose Vorbereitungshandlung (vgl. BGH, Urteil vom 17. März 1982 – 2 StR 314/81, BGHSt 31, 10 ff.; BGH, Urteil vom 18. März 1982 – 4 StR 565/81, JZ 1982, 434 f.).

[18] Die Entscheidungen, auf die sich die Strafkammer zum Beleg ihrer gegenteiligen Auffassung beruft, ergeben nichts anderes. In einem Fall (BayObLG, Beschluss vom 1. April 1999 – 5 St RR 49/99) hatte nicht der Zeuge selbst seine Falschaussage vorbereitet, sondern ein außenstehender Dritter versucht, einen Zeugen zu einer Falschaussage zu veranlassen. In einer weiteren von der Strafkammer herangezogenen Entscheidung (OLG Karlsruhe, Beschluss vom 25. November 1992 – 2 Ss 195/92, MDR 1993, 368) hatte ein Bekannter des Angeklagten schriftliche Falscherklärungen angefertigt und diese über die gutgläubige Verteidigerin zu den Akten gegeben, um seine Benennung als Zeuge zu erreichen. Hier liegt der Unterschied zur vorherigen Fallgestaltung darin, dass der Zeuge durch seine inhaltlich falsche schriftliche Erklärung seine Vernehmung erst herbeigeführt hat, während die Zeugin L. ihre ohnehin vorgesehene Vernehmung vorbereitet hat. Die schriftliche Erklärung der Zeugin war für ihre Vernehmung nicht kausal.

[19] Eine versuchte Strafvereitelung könnte daher allenfalls in der Aussage der Zeugin selbst liegen, die, wie dargelegt, ein Auskunftsverweigerungsrecht nicht begründen kann. Auf die Frage, ob die Zeugin durch ihre Aussage vom 16. Dezember 2010 von einem etwaigen Versuch der Strafvereitelung zurückgetreten sein könnte, kommt es daher nicht mehr an.

[20] c) Ob die Rüge der Verletzung des Fragerechts rechtlich an § 338 Nr. 8 StPO oder – wie die Revision meint – an Art. 6 MRK i.V.m. Art. 1, 2 Abs. 1 GG i.V.m. Art. 20 Abs. 3 GG zu messen ist, bedarf keiner Entscheidung, da jedenfalls die Voraussetzungen beider Rügen im Hinblick auf § 344 Abs. 2 Satz 2 StPO vollständig vorgetragen worden sind.

[21] d) Der Frage, ob das der Zeugin zu Unrecht zugebilligte Auskunftsverweigerungsrecht rechtlich anders zu gewichten wäre, wenn die Strafkammer, die dies geprüft hat, ihr zu Unrecht ein generelles Zeugnisverweigerungsrecht verweigert hätte, brauchte der Senat nicht nachzugehen. Die Feststellungen der Kammer haben keine zureichenden Anhaltspunkte für eine öffentlich-rechtliche Verpflichtung oder eine Zugehörigkeit der Zeugin zu den durch § 53 Abs. 1 Satz 1, § 53a StPO privilegierten Berufsgruppen ergeben. Wie sich aus der Aufzählung der aussageverweigerungsberechtigten Personen in § 53 Abs. 1 Satz 1 Nr. 3–3b StPO ergibt, steht nach gesetzlicher Wertung nicht jedem Berater, der berufsmäßig oder ehrenamtlich in schwierigen Situationen Hilfe leistet, ein Zeugnisverweigerungsrecht zu. Diese Wertentscheidung des Gesetzgebers kann nicht im Wege extensiver Auslegung des Gesetzes abgeändert werden (s.a. Huber in Graf (Hrsg.),

[22] e) Der aufgezeigte Mangel führt zur weitgehenden Aufhebung des Urteils. Ein Zusammenhang zwischen der für die Verteidigung fehlenden Möglichkeit, die Zeugin L. zu befragen, und den Feststellungen zum Geschehen vom 11. März 2009 in der A. Schule in Winnenden und den nachfolgenden Ereignissen dieses Tages (Tenor) ist jedoch denknotwendig ausgeschlossen. Auch die sonstigen Verfahrensrügen haben keinen Bezug zu diesen Feststellungen. Da sie auch sonst fehlerfrei getroffen sind, können diese bestehen bleiben (§ 349 Abs. 2 StPO).

30. Beschwerde gegen Entscheidung eines Senatsvorsitzenden des BGH

Die Beschwerde ist unzulässig. Gegen die **Entscheidung des Senatsvorsitzenden gemäß § 350 Abs. 3 StPO** ist ein **Rechtsmittel nicht statthaft**. Der Zulässigkeit einer Beschwerde steht entgegen, dass Entscheidungen des Bundesgerichtshofs nach § 304 Abs. 4 Satz 1 StPO nicht anfechtbar sind; dies gilt auch für Entscheidungen eines Senatsvorsitzenden des Bundesgerichtshofs.[494] **493**

[1] Der Vorsitzende hat mit Verfügung vom 24. Mai 2012 die Pflichtverteidigerin des Angeklagten, Rechtsanwältin K. aus E., als Verteidigerin für die Hauptverhandlung vor dem Bundesgerichtshof bestellt. Mit Schreiben vom 26. Mai 2012, beim Bundesgerichtshof eingegangen am 1. Juni 2012, hat der Angeklagte mitgeteilt, dass er Rechtsanwältin K. „das Mandat entzogen" habe, da kein Vertrauensverhältnis mehr bestehe, und er jetzt von Rechtsanwalt R. aus W. unter dem 3. Mai 2012 hatte der Angeklagte bei der Vorsitzenden der Strafkammer des Landgerichts beantragt, Rechtsanwältin K. zu entpflichten und ihm Rechtsanwalt R. beizuordnen. Die Vorsitzende hat dies mit Verfügung vom 5. Juni 2012 nach Anhörung von Rechtsanwältin K. abgelehnt, weil keine Anhaltspunkte für eine nachhaltige Störung des Vertrauensverhältnisses ersichtlich seien. Gegen die Verfügung vom 24. Mai 2012 hat der Angeklagte Beschwerde eingelegt und beantragt, Rechtsanwältin K. als Verteidigerin für die Hauptverhandlung vor dem Bundesgerichtshof zu entpflichten und an ihrer Stelle Rechtsanwalt R. zu bestellen.

[2] Die Beschwerde ist unzulässig. Gegen die Entscheidung des Senatsvorsitzenden gemäß § 350 Abs. 3 StPO ist ein Rechtsmittel nicht statthaft. Der Zulässigkeit einer Beschwerde steht entgegen, dass Entscheidungen des Bundesgerichtshofs nach § 304 Abs. 4 Satz 1 StPO nicht anfechtbar sind; dies gilt auch für Entscheidungen eines Senatsvorsitzenden des Bundesgerichtshofs (BGH, Beschluss vom 27. April 2001 – 3 StR 112/01, NStZ 2001, 551; Meyer-Goßner, StPO, 54. Aufl., § 304 Rn. 10).

31. Rücknahme der Revision

Wird die Wirksamkeit einer Rechtsmittelrücknahme von einem Verfahrensbeteiligten bestritten, ist in der Regel eine feststellende Klärung durch förmliche Entscheidung des Rechtsmittelgerichts angezeigt. An die danach wirksame Rücknahme der Revision ist der Beschuldigte gebunden; sie ist unwiderruflich und unanfechtbar. Der Wiedereinsetzungsantrag eines Beschuldigten ist regelmäßig unzulässig.[495] **494**

---

494 BGH, Beschluss vom 19.6.2012 – 4 StR 77/12.

495 BGH, Beschluss vom 19.6.2012 – 3 StR 190/12.

[2] Der Generalbundesanwalt hat in seiner Antragsschrift Folgendes ausgeführt:

„Wird die Wirksamkeit einer Rechtsmittelrücknahme von einem Verfahrensbeteiligten bestritten, ist in der Regel eine feststellende Klärung durch förmliche Entscheidung des Rechtsmittelgerichts angezeigt (BGH NStZ 2001, 104; BGHR StPO § 302 Abs. 1 Satz 1 Rechtsmittelverzicht 8). Diese führt hier zur deklaratorischen Feststellung, dass die Revision des Beschuldigten vom 16. Dezember 2011 am 23. Februar 2012 durch seinen Verteidiger, Rechtsanwalt V., wirksam zurückgenommen wurde.

1. Der Verteidiger war zur Rechtsmittelrücknahme wirksam ermächtigt. Dies ergibt sich schlüssig aus seinem Vortrag mit Schriftsatz vom 14. März 2012 (Bl. 97, Band II d. A.). Danach musste der Verteidiger unmissverständlich nach einer Diskussion der Erfolgsaussichten davon ausgehen, dass die Revision nicht durchgeführt werden soll. Zweifel an der Darstellung des Verteidigers bestehen nicht und ergeben sich auch nicht daraus, dass sich der Beschuldigte von der Revisionsrücknahme überrascht zeigt und eine Ermächtigung in Abrede stellt. Für die gemäß § 302 Abs. 2 StPO erforderliche ausdrückliche Ermächtigung ist eine bestimmte Form nicht vorgeschrieben. Sie kann auch mündlich erfolgen und braucht nicht ausdrücklich erklärt zu werden (BGHR StPO § 302 Abs. 2 Rücknahme 6). Für den Nachweis der Ermächtigung, der noch nach Abgabe der Erklärung geführt werden kann, genügt die anwaltliche Versicherung des Verteidigers (BGH NStZ-RR 2010, 55; NStZ-RR 2005, 211, 212; NStZ 2001, 104; BGH, Beschluss vom 13. September 2007 – 4 StR 394/07).

Bedenken gegen die Rechtswirksamkeit der Ermächtigung ergeben sich nicht deshalb, weil die Steuerungsfähigkeit des Beschuldigten nach den Urteilsfeststellungen im Tatzeitpunkt nicht sicher ausschließbar vollständig aufgehoben war (UA S. 14). Eine wirksame Ermächtigung setzt lediglich voraus, dass der Ermächtigende bei Abgabe seiner Erklärung verhandlungsfähig im Sinne des Strafverfahrensrechts und in der Lage ist, die Bedeutung von Prozesserklärungen zu erkennen (BGH NStZ 83, 280). Weder die Urteilsgründe noch das Hauptverhandlungsprotokoll ergeben einen Hinweis darauf, dass der Beschuldigte verhandlungsunfähig war. Er hat aktiv an der Verhandlung mitgewirkt und sich zum Tatvorwurf eingelassen. Hatte das Tatgericht – wie hier – keine Zweifel an der Verhandlungsfähigkeit des Angeklagten, so kann diese grundsätzlich auch vom Revisionsgericht bejaht werden (Senat NStZ-RR 2002, 101 f.; BGH NStZ 1984, 181; NStZ 1996, 297). Hinzu kommt, dass die Einsichtsfähigkeit des Beschuldigten ausweislich der Urteilsfeststellungen zum Tatzeitpunkt weder erheblich vermindert noch aufgehoben war, und der Beschuldigte trotz seiner wahnhaften Erkrankung moralische Normen und Werte nennen und begründen konnte (UA S. 13). Anhaltspunkte dafür, dass sich nach der Hauptverhandlung Änderungen im psychischen Zustand des Beschuldigten ergeben haben, die eine abweichende Beurteilung rechtfertigen könnten, liegen nicht vor.

Die am 5. März 2012 beim Landgericht Oldenburg eingegangene und als Widerruf anzusehende Erklärung des Beschuldigten, wonach er mit seinem Verteidiger keine Absprache betreffend die Rücknahme der Revision getroffen habe und Rechtsanwalt V. keine ‚Auftragsbestätigung hinsichtlich der Aufhebung der Revision' erhalte, vermag nicht zum Erlöschen der dem Verteidiger erteilten Ermächtigung zu führen, weil sie nicht vor der Rücknahmeerklärung bei Gericht eingegangen ist (vgl. Meyer-Goßner StPO 54. Aufl. § 303 Rdnr. 35 m.w.N.).

2. An die danach wirksame Rücknahme der Revision ist der Beschuldigte gebunden; sie ist unwiderruflich und unanfechtbar (BGH NStZ 1983, 280, 281). Der Wiedereinsetzungsantrag des Beschuldigten ist unzulässig. Das Revisionsverfahren ist durch die wirksame Rücknahme des Rechtsmittels abgeschlossen (BGH NStZ-RR 2010, 55; NStZ 2001, 104).

3. Im Übrigen wäre die Revision bei unterstellter Unwirksamkeit der Rücknahme unzulässig, weil sie entgegen § 344 StPO nicht begründet worden ist (vgl. BGHR StPO § 302 Abs. 2 Rücknahme 3). Die Voraussetzungen für eine Wiedereinsetzung in den vorigen Stand wegen Versäumung der Revisionsbegründungsfrist lägen mangels formgerechtem Antrag (§§ 45 Abs. 2 Satz 2, 344 Abs. 1, 2 Satz 1, 345 Abs. 2 StPO) nicht vor."

[3] Dem schließt sich der Senat an.

32. Verletzung des rechtlichen Gehörs/Anhörungsrüge – § 356a StPO

Wie bereits in den Vorjahren wurde das Institut der **Anhörungsrüge** in zahlreichen Fällen genutzt. Allerdings ist auch im vergangenen Jahr **kein Fall** bekannt geworden, in dem eine solche Rüge **erfolgreich** war. **495**

Eine **Gegenvorstellung** gegen einen nach **§ 349 Abs. 2 StPO** ergangenen Beschluss ist als solche **nicht statthaft.** Ein derartiger Beschluss kann grundsätzlich weder aufgehoben noch abgeändert oder ergänzt werden. Als Antrag nach § 356a StPO ist der Rechtsbehelf wegen Verfristung gemäß § 356a Satz 2 StPO unzulässig. Der Senat kann daher offen lassen, ob auch eine Verletzung des verfassungsrechtlich gewährleisteten Rechts auf den gesetzlichen Richter in entsprechender Anwendung des § 356a StPO in dem dort für die Anhörungsrüge geregelten Verfahren geltend gemacht werden kann.[496] **496**

Das **Ablehnungsgesuch** des Verurteilten ist **verspätet** und daher **unzulässig.** Entscheidet das Gericht außerhalb der Hauptverhandlung im Beschlusswege (hier gemäß § 349 Abs. 2 StPO), so kann ein Ablehnungsgesuch in entsprechender Anwendung des § 25 Abs. 2 Satz 2 StPO **nur so lange statthaft vorgebracht werden,** bis die Entscheidung ergangen ist. Etwas anderes gilt auch dann nicht, wenn die Ablehnung mit einem Antrag nach § 356a StPO verbunden wird, der sich deswegen als unbegründet erweist, weil die gerügte Verletzung des Art. 103 Abs. 1 GG nicht vorliegt, so dass insoweit nicht mehr in eine erneute Sachprüfung einzutreten ist. Denn § 356a StPO verfolgt allein den Zweck, dem Revisionsgericht, das in der Sache entschieden hat, Gelegenheit zu geben, im Falle des Verstoßes gegen den Anspruch auf rechtliches Gehör diesem Mangel durch erneute Sachprüfung selbst abzuhelfen, um hierdurch ein Verfassungsbeschwerdeverfahren zu vermeiden. Dieser Rechtsbehelf dient hingegen nicht dazu, einem unzulässigen Ablehnungsgesuch durch die unzutreffende Behauptung einer Verletzung des Art. 103 Abs. 1 GG doch noch Geltung zu verschaffen.[497] **497**

Es ist zweifelhaft, ob ohne Kenntnis der allein maßgeblichen schriftlichen Urteilsgründe, lediglich aufgrund der **mündlichen Eröffnung der Urteilsgründe** **498**

[496] BGH, Beschluss vom 13.3.2012 – 2 StR 19/12; vgl. auch BGH, Beschluss vom 11.9.2012 – 4 StR 195/12.

[497] BGH, Beschluss vom 2.5.2012 – 1 StR 152/11.

durch den Vorsitzenden, der **nur die Bedeutung einer vorläufigen Unterrichtung** der Verfahrensbeteiligten zukommt, die vom Gesetz in § 356a Satz 1 StPO vorgeschriebene Entscheidungserheblichkeit der behaupteten Gehörsverletzung nachgewiesen werden kann. Nichts anderes gilt für eine Presseerklärung, in der die Öffentlichkeit vorrangig über das Ergebnis einer Entscheidung unterrichtet wird.

Dem braucht der Senat jedoch nicht weiter nachzugehen, da die Anhörungsrügen unbegründet sind.[498]

499 Dass ein **Senat die Rechtsansicht des Verurteilten** zwar zur Kenntnis genommen hat, ihr aber **nicht gefolgt** ist, stellt **keine Verletzung** des rechtlichen **Gehörs** dar.[499]

500 § 356a S. 1 StPO setzt voraus, dass das Revisionsgericht den **Anspruch auf rechtliches Gehör** in entscheidungserheblicher Weise **verletzt** hat.[500]

501 Zum Rechtsweg i.S.d. § 90 Abs. 2 S. 1 BVerfGG gehört die **Anhörungsrüge,** soweit sie statthaft ist. Sie ist **nicht statthaft,** wenn dem letztinstanzlich entscheidenden Gericht kein neuer, eigenständiger Gehörsverstoß, sondern allein die Nichtbehebung eines **Gehörsverstoßes der Vorinstanz** zur Last gelegt wird.[501]

[3] 2. Die Verfassungsbeschwerde wird nicht zur Entscheidung angenommen, weil sie unzulässig ist. Es kann offenbleiben, ob ein Rechtsschutzinteresse des zwischenzeitlich aus der Haft entlassenen Beschwerdeführers fortbesteht. Die Verfassungsbeschwerde ist jedenfalls mangels Erschöpfung des Rechtswegs unzulässig. Zum Rechtsweg gehört, sofern statthaft, die Anhörungsrüge (vgl. BVerfGE 122, 190 <198>), die dem Beschwerdeführer hier nach § 33a StVollzG offenstand. Dieser Rechtsbehelf muss auch im Fall eines massiven Gehörsverstoßes ausgeschöpft werden, bevor mit Aussicht auf Erfolg Verfassungsbeschwerde erhoben werden kann.

[4] a) Zwar ist eine Anhörungsrüge nicht statthaft, wenn dem letztinstanzlich entscheidenden Gericht kein neuer, eigenständiger Gehörsverstoß, sondern allein die Nichtbehebung eines Gehörsverstoßes der Vorinstanz zur Last gelegt wird (vgl. BVerfGK 13, 496<499>). Ein solcher Fall liegt hier jedoch nicht vor, denn das Oberlandesgericht hat nicht nur dem geltend gemachten Gehörsverstoß seitens des Landgerichts nicht abgeholfen, sondern seinerseits seine Entscheidung auf den Inhalt der, auch im Rechtsbeschwerdeverfahren dem Beschwerdeführer nicht zugänglich gemachten, Rückäußerung der Justizvollzugsanstalt im Verfahren vor dem Landgericht gestützt.

[5] b) Die Anhörungsrüge war auch nicht wegen offensichtlicher Aussichtslosigkeit (vgl. BVerfGE 126, 1 <18>; BVerfGK 7, 115 <116>; 7, 403 <407>; 9, 390 <394>) entbehrlich.

502 Auch in Verbindung mit einer **Anhörungsrüge** kann ein ansonsten **unzulässiges Ablehnungsgesuch** nicht mehr statthaft vorgebracht werden.[502]

[4] Der Senat braucht vorliegend nicht zu entscheiden, ob das Ablehnungsgesuch des Verurteilten verspätet und deshalb unstatthaft ist. Entscheidet das Gericht

---

[498] BGH, Beschluss vom 25.9.2012 – 1 StR 534/11.
[499] BGH, Beschluss vom 22.10.2012 – 1 StR 534/11.
[500] BGH, Beschluss vom 24.7.2012 – 1 StR 481/11.
[501] BVerfG, Kammerbeschluss vom 10.10.2012 – 2 BvR 1218/10.
[502] BGH, Beschluss vom 15.11.2012 – 3 StR 239/12.

außerhalb der Hauptverhandlung im Beschlusswege – wie hier gemäß § 349 Abs. 2 StPO –, so kann ein Ablehnungsgesuch in entsprechender Anwendung des § 25 Abs. 2 Satz 2 StPO nur so lange statthaft vorgebracht werden, bis die Entscheidung ergangen ist (§ 26a Abs. 1 Nr. 1 StPO). Etwas anderes gilt grundsätzlich auch dann nicht, wenn die Ablehnung mit einer Anhörungsrüge gemäß § 356a StPO verbunden wird, die sich jedoch – wie hier (s. unten 2.) – deswegen als unbegründet erweist, weil die gerügte Verletzung des Art. 103 Abs. 1 GG nicht vorliegt, so dass nicht mehr in eine erneute Sachprüfung einzutreten ist, ob der Anspruch auf rechtliches Gehör in entscheidungserheblicher Weise verletzt worden ist. Denn § 356a StPO verfolgt allein den Zweck, dem Revisionsgericht, das in der Sache entschieden hat, Gelegenheit zu geben, im Falle eines Verstoßes gegen den Anspruch auf rechtliches Gehör diesem Mangel durch erneute Sachprüfung selbst abzuhelfen, und hierdurch die Notwendigkeit eines Verfassungsbeschwerdeverfahrens zu vermeiden. Dagegen dient er nicht dazu, einem unzulässigen Ablehnungsgesuch durch die unzutreffende Behauptung einer Verletzung des Art. 103 Abs. 1 GG doch noch Geltung zu verschaffen (vgl. BGH, Beschluss vom 13. Februar 2007 – 3 StR 425/06, NStZ 2007, 416, 417 m.w.N.; BVerfG, Beschluss vom 20. Juni 2007 – 2 BvR 746/07; LR/Siolek, StPO, 26. Aufl., § 26a Rn. 37). Ob Entsprechendes gilt, wenn – wie vorliegend – die Ablehnung im Anhörungsrügeverfahren gegen einen Richter angebracht wird, der – aus denselben Gründen – schon im Revisionsverfahren abgelehnt worden, indes (hier: wegen Urlaubs) nicht an der Revisionsentscheidung beteiligt gewesen ist, kann jedoch dahinstehen.

33. Adhäsionsverfahren

Das Rechtsmittel gegen die **Adhäsionsentscheidung** ist schon deshalb unzulässig, weil der Verletzte einer Straftat die **Befugnis zur Urteilsanfechtung nur erwirbt,** wenn er nach § 395 StPO zum **Anschluss als Nebenkläger berechtigt** ist und sich der öffentlichen Klage rechtswirksam angeschlossen hat.[503] 503

[3] Auf den Adhäsionsantrag wurde der Angeklagte verurteilt, an den geschädigten Adhäsionskläger S. D. EUR 600,00 Schmerzensgeld zu zahlen. Von der Entscheidung über den weitergehenden Adhäsionsantrag hat das Landgericht abgesehen.

[4] Mit Schreiben vom 9. Juli 2011 legte der Adhäsionskläger „sofortige Beschwerde gegen solches irrwitziges Urteil" ein. Mit Beschluss vom 17. August 2011 hat das Landgericht das als Revision behandelte Rechtsmittel des Adhäsionsklägers gemäß § 346 Abs. 1 StPO wegen Versäumung der Frist zur Revisionseinlegung als unzulässig verworfen. Gegen diesen Beschluss, dessen Zustellungsdatum nicht festzustellen ist, wendet sich der Adhäsionskläger mit seinem „Einspruch" vom 3. September 2011.

[5] In seiner Antragsschrift hat der Generalbundesanwalt u.a. ausgeführt:

> *„Das Rechtsmittel ist schon deshalb unzulässig, weil der Verletzte einer Straftat die Befugnis zur Urteilsanfechtung nur erwirbt, wenn er nach § 395 StPO zum Anschluss als Nebenkläger berechtigt ist <u>und</u> sich der öffentlichen Klage rechtswirksam angeschlossen hat (§ 396 StPO). Letzteres ist vorliegend jedoch nicht der Fall.*

---

503 BGH, Beschluss vom 1.2.2012 – 2 StR 581/11.

Allerdings ist der Beschluss, mit dem das Landgericht die Revision des Adhäsionsklägers als unzulässig verworfen hat, aufzuheben, weil das Landgericht zu dieser Entscheidung nicht befugt war. Seine Befugnis zur Verwerfung der Revision ist auf diejenigen Fälle beschränkt, in denen der Beschwerdeführer die für die Einlegung und Begründung des Rechtsmittels vorgeschriebenen Formen und Fristen nicht gewahrt hat (§ 346 Abs. 1 StPO). Soweit die Revision dagegen aus einem anderen Grund als unzulässig zu verwerfen ist, steht die Befugnis hierzu allein dem Revisionsgericht zu (vgl. Meyer-Goßner, StPO, 51. Aufl. § 346 Rn. 2 m.w.N.).“

[6] Dem schließt sich der Senat an.

504 Der Adhäsionsausspruch hat keinen Bestand, da er nicht rechtsfehlerfrei begründet ist. Die Kammer hat dazu lediglich ausgeführt, sie halte „es für angemessen, aber auch ausreichend, dem Nebenkläger ein Schmerzensgeld in Höhe von 10.000 € zuzubilligen“. Eine solche **floskelhafte Begründung** ist hier **keine tragfähige Grundlage** für die **Bestimmung der Schmerzensgeldhöhe**. Es wird nicht deutlich, in welchem Zusammenhang die konkrete Tat zu dem ausgeurteilten Betrag steht und welche Gesichtspunkte die Kammer bei der Bemessung berücksichtigt hat. Der Erlass eines Grundurteils oder die Zurückverweisung allein zur erneuten Entscheidung über den Adhäsionsantrag kommt hier nicht in Betracht.[504]

505 Die Entscheidung über einen Adhäsionsantrag muss dem Revisionsgericht die Nachprüfung ermöglichen, ob der **zuerkannte Anspruch** dem **Grunde** und der **Höhe** nach **rechtsfehlerfrei bestimmt** worden ist; insoweit bedarf es entsprechender Ausführungen in der Entscheidung.[505]

506 Bei der Entscheidung über einen Adhäsionsausspruch ist es regelmäßig erforderlich, die **persönlichen und wirtschaftlichen Verhältnisse des Angeklagten und der Nebenklägerin** zu erörtern. Eine Zurückverweisung allein zur Entscheidung über einen Adhäsionsantrag soll regelmäßig unterbleiben.[506]

[3] 1. Das Landgericht hat den Angeklagten auf der Grundlage von § 823 Abs. 1 i.V.m. § 253 Abs. 2 BGB unter Berücksichtigung der von ihm bereits gezahlten 1.000 Euro verurteilt, an die Nebenklägerin ein Schmerzensgeld in Höhe von (noch) 5.000 Euro nebst 5 % Zinsen über dem jeweiligen Basiszinssatz seit dem 2. August 2010 zu zahlen. Zur Begründung hat es ausgeführt, der Angeklagte habe Leben und Gesundheit der Nebenklägerin ganz erheblich verletzt; beim Würgen habe sie Todesangst verspürt. Eine billige Entschädigung in Höhe von 6.000 Euro sei daher angemessen.

[4] 2. Diese Begründung trägt den Adhäsionsausspruch schon deshalb nicht, weil die Strafkammer, wie es regelmäßig erforderlich ist (vgl. BGH, Beschluss vom 7. Juli 2010 – 2 StR 100/10, NStZ-RR 2010, 344), die persönlichen und wirtschaftlichen Verhältnisse des Angeklagten und der Nebenklägerin nicht erörtert hat. Ob sich im Einzelfall eine ausreichende Begründung aus dem Gesamtzusammenhang der Urteilsgründe ergeben kann (so BGH, Urteil vom 27. September 1995 – 3 StR 338/95, BGHR StPO § 404 Abs. 1 Entscheidung 4) oder ausdrückliche Feststellungen für eine gerechte

---

[504] BGH, Beschluss vom 18.9.2012 – 3 StR 348/12.

[505] BGH, Beschluss vom 22.12.2011 – 4 StR 600/11.

[506] BGH, Beschluss vom 23.2.2012 – 4 StR 602/11.

Festsetzung des Schmerzensgeldes immer unabdingbar sind (so Senatsbeschluss vom 14. Mai 1996 – 4 StR 174/96, StV 1997, 302), kann hier offen bleiben. Aus dem angefochtenen Urteil ergeben sich weder die Höhe der Einkünfte des freiberuflich tätigen Angeklagten und seine sonstigen Vermögensumstände noch Näheres über die wirtschaftlichen Verhältnisse der Nebenklägerin. Angesichts der Höhe des zugesprochenen Schmerzensgeldes hätte es hierzu entsprechender Feststellungen bedurft. Ohne sie lässt sich die Möglichkeit nicht ausschließen, dass die Verpflichtung zur Zahlung des zuerkannten Betrages für den Angeklagten eine unbillige Härte bedeutet.

[5] 3. Der Senat hat die Sache zu neuer Verhandlung und Entscheidung über den Adhäsionsantrag zurückverwiesen.

[6] a) Zwar soll regelmäßig eine Zurückverweisung allein zur Entscheidung über einen Adhäsionsantrag unterbleiben. In Fällen der Rechtsfehlerhaftigkeit des Adhäsionsausspruchs soll vielmehr regelmäßig von einer Entscheidung über die Entschädigung des Verletzten ganz abgesehen werden (st. Rspr.; vgl. BGH, Beschluss vom 27. März 1987 – 2 StR 106/87, NStZ 1988, 237, 238; Beschluss vom 3. Juni 1988 – 2 StR 244/88, NStZ 1988, 470, 471; Beschluss vom 30. Oktober 1992 – 3 StR 478/92, NStZ 1993, 145; Beschluss vom 30. April 1993 – 3 StR 169/93, bei Kusch NStZ 1994, 26; Beschluss vom 7. Juli 2010 – 2 StR 100/10, NStZ-RR 2010, 344, Tz. 5), es sei denn, im Rahmen der Zubilligung eines Schmerzensgeldes erstreckt sich der Rechtsfehler lediglich auf dessen Bemessung, weshalb die Entscheidung zumindest dem Grunde nach aufrecht erhalten bleiben kann (BGH, Beschluss vom 14. Oktober 1998 – 2 StR 436/98, BGHSt 44, 202, 204). Diese Rechtsprechung trägt dem gesetzgeberischen Willen Rechnung, das Adhäsionsverfahren möglichst reibungslos in das Strafverfahren einzufügen (vgl. schon OGH, Urteil vom 17. Mai 1949 – StS 158/48, OGHSt 2, 46, 47 zum Anhangsverfahren nach §§ 438 ff. StPO a.F.). Dieses Ziel würde verfehlt, wenn der Strafrichter in einem Fall der Zurückverweisung zu neuer Entscheidung allein über die Entschädigung des Verletzten nur noch über – möglicherweise komplizierte – zivilrechtliche Fragen zu befinden hätte. So liegt der Fall hier aber nicht.

[7] b) Zwar hat der Angeklagte lediglich den Ausspruch über die Entschädigung der Verletzten angegriffen. Jedoch hat der Senat die angefochtene Entscheidung mit Urteil vom 23. Februar 2012 auf die Revision der Staatsanwaltschaft mit den Feststellungen aufgehoben und die Sache zu neuer Verhandlung und Entscheidung an das Landgericht zurückverwiesen. Damit hat der Tatrichter Gelegenheit, nach Zurückverweisung auf beide Rechtsmittel über den strafrechtlichen und den zivilrechtlichen Teil der Sache insgesamt einheitlich neu zu entscheiden. Mit der stattgebenden Entscheidung über die Revision des Angeklagten wird der Tatrichter auch nicht mit der (ausschließlichen) Entscheidung komplexer zivilrechtlicher Fragen belastet, zumal der Mangel in den Feststellungen unschwer behoben werden kann. Dass über die Revision des Angeklagten im Beschlusswege und über das Rechtsmittel der Staatsanwaltschaft durch Urteil entschieden worden ist, steht der Zurückverweisung zur neuen Entscheidung auch über die Entschädigung des Tatopfers nicht entgegen.

34. Nebenklage

Wie auch in den vergangenen Jahren ist im Berichtszeitraum wieder eine größere Anzahl von **Nebenklägerrevisionen** als **unzulässig** zurückgewiesen worden, weil die **erstrebten Ziele**, meist eine Änderung des Strafmaßes, **nach § 400 Abs. 1 StPO ausgeschlossen** waren. Beispielhaft sei die nachfolgende Entscheidung angeführt: **507**

508 Auch das **Revisionsvorbringen des Nebenklägers** muss den Vorgaben des **§ 344 Abs. 2 StPO** genügen. Für eine zulässige Sachrüge ist es daher erforderlich, dass dem Vortrag des Revisionsführers zweifelsfrei entnommen werden kann, dass eine Überprüfung des Urteils in sachlich-rechtlicher Hinsicht begehrt wird. Daran fehlt es, wenn lediglich der tatsächliche Umfang und das Ziel der Revision dargelegt wird und jede weitere Begründung fehlt.[507]

509 Gemäß § 400 Abs. 1 StPO kann der Nebenkläger ein Urteil **nicht** mit dem Ziel anfechten, dass **eine andere Rechtsfolge der Tat verhängt** oder dass der Angeklagte wegen einer Gesetzesverletzung verurteilt wird, die nicht zum Anschluss als Nebenkläger berechtigt. Die Begründung der Revision des Nebenklägers muss daher erkennen lassen, dass er mit seinem Rechtsmittel ein **zulässiges Ziel verfolgt,** also einen **bisher unterbliebenen Schuldspruch** des Angeklagten (auch) **wegen einer Straftat angreift,** die die **Berechtigung** des Nebenklägers **zum Anschluss** an das Verfahren **begründet;** wird eine derartige Präzisierung bis zum Ablauf der Revisionsbegründungsfrist nicht vorgenommen, ist das Rechtsmittel unzulässig.[508]

[1] Das Landgericht hat den Angeklagten T. wegen besonders schweren Raubes in Tateinheit mit gefährlicher Körperverletzung zu einer Freiheitsstrafe von zwei Jahren und den Angeklagten R. wegen schweren Raubes in Tateinheit mit gefährlicher Körperverletzung zu einer Freiheitsstrafe von einem Jahr und zehn Monaten verurteilt und die Vollstreckung jeweils zur Bewährung ausgesetzt.

[2] Zur Revision des Nebenklägers hat der Generalbundesanwalt in seiner Antragsschrift ausgeführt:

> *„Die Revision des Nebenklägers ist unzulässig. Gemäß § 400 Abs. 1 StPO kann der Nebenkläger ein Urteil nicht mit dem Ziel anfechten, dass eine andere Rechtsfolge der Tat verhängt oder dass der Angeklagte wegen einer Gesetzesverletzung verurteilt wird, die nicht zum Anschluss als Nebenkläger berechtigt. Die Begründung der Revision des Nebenklägers muss daher erkennen lassen, dass er mit seinem Rechtsmittel ein zulässiges Ziel verfolgt, also einen bisher unterbliebenen Schuldspruch des Angeklagten (auch) wegen einer Straftat, die die Berechtigung des Nebenklägers zum Anschluss an das Verfahren begründet; wird eine derartige Präzisierung bis zum Ablauf der Revisionsbegründungsfrist nicht vorgenommen, ist das Rechtsmittel unzulässig (vgl. Meyer-Goßner, StPO, 55. Aufl., § 400 Rdn. 6 m.w.N.). So liegt es hier. Der Nebenkläger hat lediglich die allgemeine Sachrüge erhoben. Weitere Ausführungen, aus denen sich das Ziel seines Rechtsmittels entnehmen ließe, sind bis zum Ablauf der Revisionsbegründungsfrist nicht eingegangen. Die Revision des Nebenklägers ist daher zu verwerfen."*

[3] Dem schließt sich der Senat an.

510 Sowohl die **Feststellung der Nebenklageberechtigung** als auch die **Beistandsbestellung** durch das erstinstanzliche Gericht nach § 397a Abs. 1 StPO wirken bis zum rechtskräftigen Abschluss des Verfahrens fort und erstrecken sich somit auch auf die Revisionsinstanz.[509]

---

507 BGH, Beschluss vom 24.10.2012 – 4 StR 325/12.

508 BGH, Beschluss vom 28.8.2012 – 3 StR 360/12; vgl. hierzu auch BGH, Beschluss vom 13.11.2012 – 3 StR 393/12.

509 BGH, Beschluss vom 23.8.2012 – 2 StR 322/12.

[2] Zu der hiergegen eingelegten Revision des Nebenklägers hat der Generalbundesanwalt in seiner Antragsschrift folgendes ausgeführt:

„1. Die auf die Verletzung materiellen Rechts gestützte Revision des Nebenklägers ist unzulässig im Sinne von § 349 Abs. 1 StPO. Nach § 400 Abs. 1 StPO kann der Nebenkläger ein Urteil nicht mit dem Ziel anfechten, dass eine andere Rechtsfolge verhängt wird oder der Angeklagte wegen einer Gesetzesverletzung verurteilt wird, die nicht zum Anschluss als Nebenkläger berechtigt. Die Begründung der Revision des Nebenklägers muss daher erkennen lassen, dass er mit seinem Rechtsmittel ein zulässiges Ziel verfolgt, also einen bisher unterbliebenen Schuldspruch des Angeklagten (auch) wegen einer Straftat, die die Berechtigung des Nebenklägers zum Anschluss an das Verfahren begründet; wird eine derartige Präzisierung bis zum Ablauf der Revisionsbegründungsfrist nicht vorgenommen, ist das Rechtsmittel unzulässig (BGH NStZ 2007, 700; BGH NStZ-RR 2009, 253; Meyer-Goßner StPO 54. Aufl. § 400 Rn. 6 m.w.N.). So liegt es hier. Der Nebenkläger hat entgegen § 344 Abs. 1 StPO keinen Antrag gestellt und lediglich die allgemeine Sachrüge erhoben, sodass das Ziel seines Rechtsmittels nicht erkennbar ist; insbesondere lässt die Revisionsbegründung nicht erkennen, dass mit der Sachrüge beanstandet werden soll, der Angeklagte sei zu Unrecht nicht wegen versuchten Mordes verurteilt worden – zumal weder die Anklage hiervon ausging (SA III Bl. 545) noch der Nebenkläger einen entsprechenden Schuldspruch beantragt hat (PB Bl. 20).

2. Die Anträge des Nebenklägers auf Zulassung der Nebenklage und Beiordnung von Rechtsanwältin S. als Beistand sind gegenstandslos. Der Nebenkläger hat sich mit am 19. Juli 2011 beim Landgericht eingegangenem Schriftsatz dem Verfahren angeschlossen und die Beiordnung beantragt (SA II Bl. 382). Die Anschlusserklärung ist mit Erhebung der öffentlichen Klage am 30. September 2011 wirksam geworden (§ 396 Abs. 1 Satz 2 StPO). Das Landgericht hat mit Beschluss vom 26. Oktober 2011 nach § 396 Abs. 2 StPO die Berechtigung zum Anschluss als Nebenkläger im Sinne des § 395 Abs. 1 Nr. 2 StPO festgestellt und Rechtsanwältin S. gem. § 397a Abs. 1 Nr. 1 StPO als Beistand bestellt. Sowohl die Feststellung der Nebenklageberechtigung (BGH NStZ 2012, 466) als auch die Beistandsbestellung durch das erstinstanzliche Gericht nach § 397a Abs. 1 StPO (BGH NStZ 2010, 714) wirken bis zum rechtskräftigen Abschluss des Verfahrens fort und erstrecken sich somit auch auf die Revisionsinstanz (BGH NStZ 2000, 552; BGH NStZ-RR 2009, 253).“

[3] Diesen zutreffenden Ausführungen schließt sich der Senat an.

Nach dem **Tod des Opfers** kann sich die Berechtigung zum Anschluss als **Nebenkläger** allein aus § 395 Abs. 2 Nr. 1 StPO ergeben.[510] **511**

[1] 1. Das Rechtsmittel des Nebenklägers ist unzulässig, soweit er den (Teil-)Freispruch der Angeklagten angreift.

[2] Nach § 400 Abs. 1 StPO kann der Nebenkläger das Urteil nicht mit dem Ziel anfechten, dass der Angeklagte wegen einer Gesetzesverletzung verurteilt wird, die nicht zum Anschluss des Nebenklägers berechtigt. Nach dem Tod des Opfers kann sich die Berechtigung zum Anschluss als Nebenkläger nach der Rechtsprechung des

---

510 BGH, Beschluss vom 9.10.2012 – 4 StR 350/12.

Bundesgerichtshofs allein aus § 395 Abs. 2 Nr. 1 StPO ergeben (vgl. BGH, Beschlüsse vom 13. Mai 1998 – 3 StR 148/98, BGHSt 44, 97, 99; vom 13. Juni 2002 – 4 StR 95/02, DAR 2002, S. 421; vom 10. Januar 2006 – 4 StR 490/05, NStZ 2006, S. 351, und vom 11. Oktober 2011 – 5 StR 396/11, StraFo 2012, S. 67; KK-Senge, StPO, 6. Aufl., § 395 Rn. 9 m.w.N.). Rechtswidrige Taten im Sinne dieser Vorschrift sind Straftaten gegen das Leben sowie solche, die durch den Tötungserfolg qualifiziert sind. Hieran fehlt es, soweit die Revision wegen der am 17. September 2010 festgestellten Verletzungen des Kindes die Verurteilung der Angeklagten wegen Misshandlung eines Schutzbefohlenen nach § 225 StGB erstrebt.

512 Die Erhebung der **allgemeinen Sachrüge genügt nicht**, um die Zulässigkeit des Rechtsmittels eines Nebenklägers feststellen zu können[511].

[1] Das Landgericht hat die Angeklagte S. wegen versuchten schweren Raubes zu einer Freiheitsstrafe von drei Jahren verurteilt und eine Einziehungsentscheidung getroffen. Gegen dieses Urteil wendet sich die Nebenklägerin mit ihrer Revision. Das Rechtsmittel ist unzulässig.

[2] Die Beschwerdeführerin hat ihren Antrag, das Urteil aufzuheben, mit der allgemeinen Sachrüge begründet. Sie hat damit entgegen § 344 Abs. 1 StPO nicht angegeben, inwieweit sie das Urteil anficht und dessen Aufhebung beantragt. Es bleibt offen, ob die Nebenklägerin sich gegen die Nichtverurteilung der Angeklagten wegen versuchten besonders schweren Raubes mit Todesfolge wendet oder ob sie – was gemäß § 400 Abs. 1 StPO unzulässig ist – lediglich den Rechtsfolgenausspruch beanstanden will. Die Erhebung der allgemeinen Sachrüge genügt nach der ständigen Rechtsprechung des Bundesgerichtshofs nicht, um die Zulässigkeit des Rechtsmittels eines Nebenklägers feststellen zu können (vgl. BGHR StPO § 400 Abs. 1 Zulässigkeit 2, 5, 10; BGH, Beschluss vom 6. März 2001 – 4 StR 505/00, NStZ-RR 2002, 104; BGH, Beschluss vom 11. März 2004 – 3 StR 493/03, NStZ-RR 2005, 262; Meyer-Goßner, StPO, 54. Aufl., § 400 Rn. 6 m.w.N.). Daher muss die Revision als unzulässig verworfen werden.

513 Der erhobenen öffentlichen Klage können sich die Eltern, Kinder, Geschwister und Ehegatten oder Lebenspartner eines durch eine rechtswidrige Tat Getöteten anschließen (§ 395 Abs. 2 Nr. 1 StPO); dies gilt nicht für die **Stieftochter des Tatopfers**. Die Beschwerdeführerin gehört **nicht** zu dem **nebenklageberechtigten Personenkreis** und kann deshalb auch kein Rechtsmittel einlegen.[512]

[1] Das Landgericht hat den Angeklagten wegen Totschlags zu einer Freiheitsstrafe von acht Jahren verurteilt und eine Einziehungsentscheidung getroffen. Ferner hat es seine Unterbringung in einer Entziehungsanstalt angeordnet und bestimmt, dass von der Strafe ein Jahr und sechs Monate vor der Maßregel zu vollziehen sind. Die Beschwerdeführerin erstrebt mit ihrer Revision vorrangig eine Verurteilung des Angeklagten wegen Mordes.

[2] Die Revision ist unzulässig; denn der Beschwerdeführerin fehlt die Befugnis zum Anschluss als Nebenklägerin.

---

511 BGH, Beschluss vom 27.9.2012 – 2 StR 208/12.

512 BGH, Beschluss vom 14.2.2012 – 3 StR 7/12; zum beschränkten Kreis der Nebenklageberechtigten, auch abhängig von einzelnen einem Angeklagten vorgeworfenen Taten, vgl. BGH, Beschluss vom 21.11.2012 – 2 StR 311/12.

[3] Der Generalbundesanwalt hat in seiner Antragsschrift hierzu ausgeführt:

„Der erhobenen öffentlichen Klage können sich die Eltern, Kinder, Geschwister und Ehegatten oder Lebenspartner eines durch eine rechtswidrige Tat Getöteten anschließen (§ 395 Abs. 2 Nr. 1 StPO). Bei der Beschwerdeführerin handelt es sich jedoch um die Stieftochter des Tatopfers. Dies ergibt sich aus der Anschlusserklärung des Nebenklägervertreters vom 26.05.2011 (Bd. IV, Bl. 10). Entgegen der darin geäußerten Ansicht ergibt sich aus dem Beschluss des Bundesgerichtshofs vom 15.09.1995 – 3 StR 328/95 – ausdrücklich, dass der Stiefvater eines Getöteten nicht zu den nebenklageberechtigten Personen im Sinne des § 395 Abs. 2 Nr. 1 StPO gehört (vgl. auch Meyer-Goßner, StPO, 54. Aufl., § 395 Rn. 8) und auch eine gleichwohl erfolgte Zulassung eine Nebenklägerstellung nicht begründen kann. Mithin gehört auch die Beschwerdeführerin nicht zu dem nebenklageberechtigten Personenkreis und kann deshalb auch kein Rechtsmittel einlegen."

[4] Dem stimmt der Senat zu.

Weil gemäß § 400 Abs. 1 StPO ein Nebenkläger ein Urteil nicht mit dem Ziel anfechten kann, dass eine andere Rechtsfolge wegen der Tat verhängt wird, bedarf seine Revision **eines genauen Antrags oder einer Begründung**, die deutlich macht, dass eine **Änderung des Schuldspruchs** hinsichtlich eines **Nebenklagedelikts** verfolgt wird.[513] **514**

Anders als im Falle einer lediglich feststellenden Entscheidung über die Zulässigkeit der Anschlusserklärung in den Fällen des § 396 Abs. 2 Satz 1 StPO, die das Rechtsmittelgericht nicht bindet, ist die durch das Tatgericht nach § 395 Abs. 3 i.V.m. § 396 Abs. 2 Satz 2 StPO **festgestellte Nebenklageberechtigung konstitutiv**.[514] **515**

[1] Das Landgericht hat den Angeklagten vom Vorwurf der Untreue freigesprochen. Hiergegen wendet sich der Nebenkläger mit seiner auf die Beanstandung formellen wie sachlichen Rechts gestützten Revision ohne Erfolg (§ 349 Abs. 2 StPO).

[2] 1. Die Revision ist zulässig. Die von Amts wegen durch das Revisionsgericht zu prüfende Rechtsmittelbefugnis des Nebenklägers ist hier gegeben.

[3] a) Anders als im Falle einer lediglich feststellenden Entscheidung über die Zulässigkeit der Anschlusserklärung in den Fällen des § 396 Abs. 2 Satz 1 StPO, die das Rechtsmittelgericht nicht bindet (BGH, Beschluss vom 18. Oktober 1995 – 2 StR 470/95, BGHSt 41, 288, 289), ist die durch das Tatgericht nach § 395 Abs. 3 i.V.m. § 396 Abs. 2 Satz 2 StPO festgestellte Nebenklageberechtigung konstitutiv (Meyer-Goßner, StPO, 54. Aufl., § 396 Rn. 14 aE). Ob sich die Bindung auch auf die formellen Anschlussvoraussetzungen erstreckt (vgl. Meyer-Goßner aaO, Rn. 19), bedarf im vorliegenden Fall keiner Entscheidung, weil diese hier unzweifelhaft gegeben sind.

[4] Der Nebenkläger ist Verletzter der von der Staatsanwaltschaft angeklagten Untreuehandlung. Nach § 395 Abs. 3 StPO kann ausnahmsweise auch die Untreue gemäß § 266 StGB zum Nebenklageanschluss berechtigen. Mit der Neufassung des § 395 Abs. 3 StPO durch das Zweite Opferrechtsreformgesetz vom 1. Oktober 2009 (BGBl. I S. 2280) wurde ein Auffangtatbestand für die Nebenklagebefugnis von Opfern mit besonders schwerwiegenden Tatfolgen geschaffen (vgl. BT-Drucks.

---

[513] BGH, Beschl. v. 8.11.2010 – 5 StR 478/10.

[514] BGH, Beschluss vom 9.5.2012 – 5 StR 523/11.

16/12098, S. 9, 30 f.). Entsprechend dem Wortlaut der Vorschrift sind nunmehr alle rechtswidrigen Taten grundsätzlich anschlussfähig. Auch den Gesetzesmaterialien ist zu entnehmen, dass besonderer Wert auf einen nicht abschließenden Regelungsbereich des § 395 Abs. 3 StPO gelegt worden ist (BT-Drucks. aaO, S. 30). Dieses Normverständnis liegt auch der – überwiegend kritischen – Rezeption im Schrifttum zugrunde (vgl. nur Hilger, GA 2009, 657, 658; Weigend in Festschrift Schöch 2009, S. 947, 956; Safferling, ZStW 2010, 87, 95; Bung, StV 2009, 430, 435; Hermann, ZIS 2010, 236, 241).

[5] b) Eine Prüfung, ob das Tatgericht den besonderen Grund als materielle Anschlussvoraussetzung im Sinne der § 395 Abs. 3, § 396 Abs. 2 Satz 2 StPO rechtsfehlerfrei angenommen hat, ist dem Revisionsgericht dagegen nicht eröffnet. Mit der vom Landgericht vorgenommenen Zulassungsentscheidung nach § 396 Abs. 2 Satz 2 StPO ist dessen Vorliegen für das Revisionsgericht bindend festgestellt.

[6] aa) Der als Korrektiv zur ansonsten uferlosen Weite der Norm (vgl. BT-Drucks. 16/12098, S. 29) geschaffene materielle Anschlussgrund erfordert, dass besondere Gründe den Anschluss zur Wahrnehmung der Interessen des Verletzten gebieten. Maßgeblich für die Zuerkennung der privilegierten Rechtsstellung eines Nebenklägers ist die im Einzelfall zu prüfende prozessuale Schutzbedürftigkeit des möglicherweise durch die Tat Verletzten. Eine solche ist in aller Regel bei rechtswidrigen Taten nach §§ 242, 263 und 266 StGB ausgeschlossen.

[7] (1) Durch die Neuregelung des Rechts der Nebenklage sollte – über die durch das Opferschutzgesetz vom 18. Dezember 1986 (BGBl. I S. 2496) generell erstrebte Verbesserung der Rechtsstellung sämtlicher möglicher Verletzter hinaus (BT-Drucks. 10/5305, S. 8) – staatlichen Schutzpflichten für besonders schutzwürdige Verletzte entsprochen werden (BT-Drucks. aaO, S. 11; vgl. hierzu Weigend aaO, S. 957 f.). Diese besondere Schutzbedürftigkeit antizipierte der Gesetzgeber bei den vom Katalog des § 395 Abs. 1 StPO erfassten Taten. Aber auch der damals eingeführte Absatz 3, ursprünglich auf die fahrlässige Körperverletzung (§ 229 StGB) beschränkt, trug diesem Regelungskonzept Rechnung. Anerkannt werden sollte eine Nebenklageberechtigung danach im Einzelfall etwa bei schweren Tatfolgen (BT-Drucks. aaO, S. 12). Daran hat auch der Gesetzgeber des 2. Opferrechtsreformgesetzes vom 29. Juli 2009 (BGBl. I S. 2280) im Grundsatz festgehalten (vgl. BT-Drucks. 16/12098, S. 29 ff.; systemfremd bleibt freilich § 395 Abs. 1 Nr. 6 StPO).

[8] (2) Anhaltspunkte für die notwendige besondere Schutzbedürftigkeit können nach dem Willen des Gesetzgebers schwere Folgen der Tat darstellen, etwa durch Aggressionsdelikte ausgelöste körperliche oder seelische Schäden sowie Traumata oder Schockzustände, die bereits eingetreten oder zu erwarten sind. In Betracht zu ziehen ist ferner eine im Verfahren möglicherweise notwendige Abwehr von Schuldzuweisungen durch den Angeklagten (vgl. BT-Drucks. 10/5305, S. 11; BT-Drucks. 16/12098, S. 12, 29 ff.; vgl. hierzu bereits Rieß, Gutachten C zum 55. DJT, 1984, Rn. 120; Weigend aaO, S. 958; Böttcher in Festschrift Widmaier, 2008, S. 81, 82).

[9] (3) Allein das wirtschaftliche Interesse eines möglichen Verletzten an der effektiven Durchsetzung zivilrechtlicher Ansprüche gegen den Angeklagten ist zur Begründung besonderer Schutzbedürfnisse unzureichend. Hierfür stellt das Zivilprozessrecht hinreichende Möglichkeiten zur Verfügung (vgl. BVerfG [Kammer], NJW 1988, 405), welche durch die ohnehin bestehenden Möglichkeiten des Adhäsionsverfahrens (§§ 403 ff. StPO) und die Verletztenbefugnisse nach §§ 406d ff. StPO strafprozessual bereits erheblich zu Lasten des Angeklagten erweitert werden. Der

anderenfalls gerade in umfangreichen Betrugsverfahren mit zahlreichen möglichen Verletzten verursachte zeitliche und organisatorische Aufwand ist regelmäßig geeignet, vorrangigen Zielen des Strafverfahrens sowie dem Gebot zügiger Verfahrensführung zuwiderzulaufen (vgl. BGH, Beschluss vom 15. April 2010 – 5 StR 96/10, wistra 2010, 272). Einer solchen ersichtlich nicht beabsichtigten Wesensänderung der Nebenklage hat der Gesetzgeber gerade durch das beibehaltene materielle Anschlusserfordernis entgegengewirkt (aA Herrmann, ZIS 2010, 236, 241).

[10] bb) Die Entscheidung des Landgerichts nach § 395 Abs. 3 StPO wird ersichtlich diesem rechtlichen Maßstab nicht gerecht. Die dem Angeklagten zur Last gelegte Untreue betraf in besonderem Maße in der Schweiz angelegtes Wertpapierdepotvermögen in Millionenhöhe, das der Nebenkläger „den deutschen Steuerbehörden verheimlichte“ (UA S. 7). Ausweislich seiner Anschlusserklärung ist er durch die Tat in einen „wirtschaftlichen Engpass“ geraten. Damit ist kein besonderer Grund dargetan (vgl. auch BGH, Beschluss vom 2. August 2011 – 1 StR 633/10). Denkbar wäre allenfalls eine zu besonderer Schutzbedürftigkeit führende gravierende Beweisnot, die durch einen Auslandsbezug begründet sein kann und eine nur von den Strafgerichten herbeizuführende Rechtshilfe erforderlich macht. Hierauf hat das Landgericht seine Zulässigkeitsentscheidung aber nicht gestützt.

[11] cc) Gleichwohl bindet der Beschluss nach § 396 Abs. 2 Satz 2 i.V.m. § 395 Abs. 3 StPO das Revisionsgericht und begründet so die notwendige Zulässigkeitsvoraussetzung für das Revisionsverfahren. Dies folgt zunächst aus der Systematik des Regelungsregimes der Nebenklage, weil nach § 396 Abs. 2 Satz 2 Halbsatz 2 StPO die Entscheidung über den materiellen Anschlussgrund (§ 395 Abs. 3 StPO) unanfechtbar ist. Einer revisionsgerichtlichen Nachprüfung ist sie daher entzogen (§ 336 Satz 2 StPO). Gleiches gilt für eine rügeunabhängige Überprüfung, etwa im Wege der von Amts wegen gebotenen Nachprüfung der Zulässigkeitsvoraussetzungen der Revision. Der Gesetzgeber hat eine eigene Bewertung der besonderen Gründe durch das Revisionsgericht und damit eine nachträgliche oder rückwirkende Änderung der wertenden Entscheidung des mit der Sache zuvor befassten Gerichts bewusst ausschließen wollen (vgl. BT-Drucks. 10/5305, S. 13). Anderenfalls wäre – gerade mit Blick auf die maßgeblich vom Gesetzgeber erstrebte verbesserte Rechtsstellung des Verletzten (BT-Drucks. aaO, S. 3) – eine Regelung über die Folgen in der Rechtsmittelinstanz aberkannter besonderer Gründe zu erwarten gewesen. Daher streitet auch der Gesichtspunkt des Vertrauensschutzes für die gesetzliche Konzeption einer Unabänderbarkeit der Entscheidung.

[12] 2. In der Sache bleibt der Revision indes aus den zutreffenden, hilfsweise ausgeführten Gründen der Antragsschrift des Generalbundesanwalts vom 19. März 2012 der Erfolg versagt (§ 349 Abs. 2 StPO).

35. Strafvollstreckung – §§ 449 ff. StPO

Strafreste, deren **Aussetzung widerrufen** worden ist, nehmen nicht an der durch § 454b Abs. 2 Satz 1 StPO in Verbindung mit §§ 57, 57a StGB gewährleisteten gemeinsamen Aussetzungsentscheidung teil (§ 454b Abs. 2 Satz 2 StPO) und sind deshalb regelmäßig der Vorwegvollstreckung überantwortet.[515] **516**

[515] BGH, Beschluss vom 9.2.2012 – 5 AR (VS) 40/11.

517 War eine örtlich und sachlich **zuständige Strafvollstreckungskammer** vor Verlegung eines Untergebrachten mit einer Sache **bereits befasst** i.S.d. § 462a Abs. 1 Satz 1 StPO, bleibt sie zuständig, bis sie die konkrete Sachfrage abschließend entschieden hat.[516]

■ PRAXISBEDEUTUNG

Bislang ist die Unterbrechung der Vollstreckung einer Freiheitsstrafe gesetzlich nicht geregelt. Der Verteidiger sollte daher nicht davor zurückscheuen, auch im Sinne der Interessen des Mandanten sich für die entsprechende Auslegung der Vollstreckungsregeln einzusetzen (vgl. insbes. § 43 Abs. 4 StVollstrO).

36. Nachträgliche Gesamtstrafe – § 460 StPO

518 Die **nachträgliche Gesamtstrafenbildung** gemäß § 460 StPO setzt voraus, dass jemand durch **verschiedene rechtskräftige Urteile zu Strafen verurteilt** worden ist und dabei die Vorschriften über die Zuerkennung einer Gesamtstrafe außer Betracht geblieben sind.[517]

[5] Der Antrag der 11. Kleinen Strafkammer des Landgerichts Mannheim auf Gerichtsstandsbestimmung ist zurückzuweisen. Der Bundesgerichtshof ist zwar das gemeinschaftliche obere Gericht der über die Zuständigkeit streitenden Landgerichte Mannheim (OLG-Bezirk Karlsruhe) und Stuttgart (OLG-Bezirk Stuttgart). Die Bestimmung des zuständigen Gerichts nach § 14 StPO ist jedoch abzulehnen, wenn keines der streitbeteiligten Gerichte zuständig ist (vgl. BGHR StPO § 462a Abs. 1 Befasstsein 2). Dies ist vorliegend der Fall, da die vom Landgericht Mannheim angestrebte nachträgliche Gesamtstrafenbildung im Beschlusswege gemäß § 460 StPO derzeit nicht möglich ist.

[6] Die nachträgliche Gesamtstrafenbildung gemäß § 460 StPO setzt voraus, dass jemand durch verschiedene rechtskräftige Urteile zu Strafen verurteilt worden ist und dabei die Vorschriften über die Zuerkennung einer Gesamtstrafe außer Betracht geblieben sind. Zwar ist die Einzelfreiheitsstrafe von zehn Monaten wegen Wohnungseinbruchsdiebstahls aus dem Berufungsurteil des Landgerichts Mannheim vom 2. November 2009 für sich genommen rechtskräftig. Ein rechtskräftiges Urteil, das diese Einzelstrafe enthält, liegt jedoch nicht vor, da auch das auf die Aufhebung durch das Oberlandesgericht Karlsruhe ergangene neue Berufungsurteil des Landgerichts Mannheim vom 29. Juli 2010 nicht rechtskräftig geworden ist und die auf die erneute Aufhebung durch das Oberlandesgericht Karlsruhe erforderlich gewordene neue Entscheidung der nunmehr zuständigen Berufungskammer noch aussteht. Zutreffend ist das Landgericht Stuttgart daher auch davon ausgegangen, dass es die Einzelfreiheitsstrafe von zehn Monaten nicht gemäß § 55 StGB in seine Gesamtstrafenbildung im Urteil vom 21. Juni 2011 hat einbeziehen dürfen (vgl. auch Senat, Beschluss vom 8. Juli 2005 – 2 StR 120/05, BGHSt 50, 188, 191 f.; BGH, NStZ-RR 2011, 306).

[516] BGH, Beschluss vom 4.9.2012 – 2 ARs 327/12.
[517] BGH, Beschluss vom 22.12.2011 – 2 ARs 458/11.

37. Faires Verfahren

Maßnahmen, die den **freien Kontakt** zwischen dem Beschuldigten und seinem **Verteidiger behindern**, berühren das Recht auf ein faires Verfahren. Werden die das Recht auf ein faires Verfahren ausgestaltenden Vorschriften der StPO missachtet oder berücksichtigen die Gerichte die Tragweite des Rechtsstaatsgebots nicht hinreichend, so ist das Recht auf ein faires Verfahren verletzt.[518] **519**

Die erhobene **Rüge eines Fairnessverstoßes** ist **unzulässig**. Der erst nach dem Plädoyer der Staatsanwaltschaft erteilte Hinweis des Landgerichts auf veränderte Konkurrenzen hätte, wenn die Verteidigung ihn als verspätet beanstanden wollte, einen Zwischenrechtsbehelf erfordert: Die als Maßnahme der Verhandlungsleitung unmittelbar danach ergangene Aufforderung an den Verteidiger, den Schlussvortrag zu halten, wäre gemäß § 238 Abs. 2 StPO zu beanstanden gewesen, anstatt – wie geschehen – widerspruchslos den Schlussvortrag zu halten.[519] **520**

[2] 1. Das Landgericht hat sich im Wesentlichen auf der Grundlage der Verurteilung des Drogenkuriers O. durch das Amtsgericht Heggen und Fröland (Norwegen) am 29. April 2008 sowie der in großem Umfang ausgewerteten Geodaten der durch O. genutzten Mobiltelefone sowie dessen mit dem Angeklagten geführten Telefongespräche rechtsfehlerfrei davon überzeugt, dass der Angeklagte im Dezember 2007 mindestens 500 g sowie 987 g Kokain höherer Konzentration von Hamburg nach Oslo exportieren ließ. Die dieserhalb gefundenen Schuld- und Strafaussprüche (je vier Jahre Freiheitsstrafe) sind beanstandungsfrei.

[3] Die in diesem Zusammenhang erhobene Rüge eines Fairnessverstoßes ist unzulässig. Der erst nach dem Plädoyer der Staatsanwaltschaft erteilte Hinweis des Landgerichts auf veränderte Konkurrenzen hätte, wenn die Verteidigung ihn als verspätet beanstanden wollte, einen Zwischenrechtsbehelf erfordert: Die als Maßnahme der Verhandlungsleitung unmittelbar danach ergangene Aufforderung an den Verteidiger, den Schlussvortrag zu halten, wäre gemäß § 238 Abs. 2 StPO zu beanstanden gewesen (vgl. Meyer-Goßner, StPO, 54. Aufl., § 238 Rn. 22), anstatt – wie geschehen – widerspruchslos den Schlussvortrag zu halten.

38. Nachteilsausgleich bei unangemessener Dauer von Ermittlungs- und Gerichtsverfahren

Maßstab für die **Kompensationsentscheidung** ist der Umfang der staatlich zu verantwortenden Verzögerung, das Maß des Fehlverhaltens der Strafverfolgungsorgane sowie die Auswirkung all dessen auf den einzelnen Angeklagten.[520] **521**

[7] 3. Die mit der allgemeinen Sachrüge geführte Revision des Angeklagten F. führt – ebenso wie die insoweit zu seinen Gunsten wirkende Revision der Staatsanwaltschaft (§ 301 StPO) – zu einer Änderung der Kompensationsentscheidung; im Übrigen ist sie unbegründet. Das Landgericht hat als Ausgleich für Verzögerungen bei den Angeklagten angeordnet, dass jeweils fünf Monate der verhängten Freiheits-

---

[518] BVerfG, Kammerbeschluss vom 7.3.2012 – 2 BvR 988/10.

[519] BGH, Beschluss vom 10.1.2012 – 5 StR 508/11.

[520] BGH, Urteil vom 13.3.2012 – 5 StR 411/11.

strafe als vollstreckt gelten. Sie hat das damit begründet, dass die Sache nahezu vier Jahre unbearbeitet blieb.

[8] Dies begegnet hier deshalb durchgreifenden Bedenken, weil es den individuellen Auswirkungen der rechtsstaatswidrigen Verfahrensverzögerung auf die einzelnen Angeklagten nicht hinreichend Rechnung trägt. Maßstab für die Kompensationsentscheidung ist der Umfang der staatlich zu verantwortenden Verzögerung, das Maß des Fehlverhaltens der Strafverfolgungsorgane sowie die Auswirkung all dessen auf den einzelnen Angeklagten (vgl. BGH, Urteil vom 21. April 2011 – 3 StR 50/11, NStZ-RR 2011, 239). Hier hätte aber im Blick auf den Angeklagten F. bedacht werden müssen, dass dieser aufgrund seiner Inhaftierung im besonderen Maße von der Verfahrensverzögerung berührt war, weil er in dieser Phase keine Vollzugslockerungen erlangen konnte, obwohl er Erstverbüßer war. Zwar hat das Landgericht die Haftsituation und insbesondere die nur geringe Reststrafaussetzung schon im Rahmen der Strafzumessung berücksichtigt. Da sie aber als besondere Auswirkung der rechtsstaatswidrigen Verfahrensverzögerung ein zusätzlich erschwerendes Gewicht verleiht, hätte sich dieser Gesichtspunkt auch im Rahmen der Kompensationsentscheidung auswirken müssen. Um weitere Verzögerungen zu vermeiden, ändert der Senat die Kompensationsentscheidung dahingehend ab, dass bei dem Angeklagten F. neun Monate der verhängten Freiheitsstrafe als vollstreckt gelten.

522 Nicht jede Verzögerung des Strafverfahrens verletzt den Beschuldigten in seinem Recht auf ein faires rechtsstaatliches Verfahren, sondern nur eine von den **Strafverfolgungsorganen zu verantwortende erhebliche Verzögerung**. Ob eine solche Verfahrensverzögerung vorliegt, richtet sich nach den besonderen Umständen des Einzelfalls. Keine Berücksichtigung finden dabei Verfahrensverzögerungen, die **durch den Beschuldigten selbst oder die Verteidigung**, sei es auch durch zulässiges Prozessverhalten, verursacht wurden. Ein Beschwerdeführer muss über das Erfordernis einer Rechtswegerschöpfung ieS hinaus alle ihm zumutbaren prozessualen Möglichkeiten ergreifen, um Rechtsschutz bereits durch die Fachgerichte zu erreichen. Im Strafverfahren verlangt der Grundsatz der Subsidiarität, einen Grundrechtsverstoß des Tatgerichts in hinreichender Weise im Revisionsverfahren zu rügen. Will ein Revisionsführer das Vorliegen einer rechtsstaatswidrigen Verfahrensverzögerung im Zeitraum bis zum Ablauf der Revisionsbegründungsfrist geltend machen, so muss er grundsätzlich eine **Verfahrensrüge erheben**, soweit nicht bereits aus den Gründen des tatrichterlichen Urteils eine solche Verzögerung ersichtlich ist.[521]

■ PRAXISBEDEUTUNG

Während bislang galt, dass Verfahrensverzögerungen, welche durch zulässiges Prozessverhalten eines Angeklagten verursacht wurden, auch bei der Beurteilung der insgesamt unangemessenen Dauer des Verfahrens mitrechnen, hat das BVerfG mit dem vorliegenden Beschluss dies nun umgekehrt entschieden. Mithin wird die Verteidigung zu bedenken haben, ob eher eine Kompensation bei Verfahrensverzögerung oder die Verzögerung des Verfahrens im Hinblick auf die Verteidigungsstrategie hingenommen werden soll (oder gar beabsichtigt ist).

---

[521] BVerfG, Kammerbeschluss vom 25.9.2012 – 2 BvR 2819/11.

Wenn schon bis zum ersten Hauptverhandlungstermin eine Verfahrensverzögerung von einem Jahr und drei Monaten vorlag und auch danach das **Verfahren nicht zügig weitergeführt** wurde, erscheint als **Kompensation** für die rechtsstaatswidrige Verfahrensverzögerung eine Anrechnung von sechs Monaten auf die verhängte Freiheitsstrafe angemessen.[522] 523

39. Besetzung des Gerichts, Richter(selbst)ablehnung wegen ungeklärter Besetzung des Spruchkörpers

Seit Jahresbeginn 2012 ist die bereits seit 1.2.2011 entstandene **Vakanz im Vorsitz des 2. Strafsenats des BGH,** welche durch die nicht vorgenommene Besetzung des Postens des Vorsitzenden entstanden war (Konkurrentenstreit), durch Beschluss des Präsidiums des BGH dadurch geklärt worden, dass der damalige Vorsitzende des 4. Strafsenats in Personalunion auch mit der Führung der Geschäfte des Vorsitzenden des 2. Strafsenats beauftragt worden war. Nach Pensionierung dieses Vorsitzenden zum 30.6.2012 wurde der Vorsitzende des 3. Strafsenats an dessen Stelle zugleich auch mit der Wahrnehmung der Geschäfte des 2. Strafsenats betraut. In dieser Situation bezweifelten drei der sechs Bundesrichter die Richtigkeit der Besetzung des Senats, weshalb es **einander widersprechende Entscheidungen des Senats** und in der Folge auch zahlreiche Richterablehnungen und Selbstablehnungen gab. 524

Die nachfolgenden Entscheidungen geben nur einen kleinen Teil der dadurch entstandenen Judikate wieder.

Der **Senat ist nicht ordnungsgemäß** besetzt. Der Geschäftsverteilungsplan, mit dem Vorsitzender Richter am Bundesgerichtshof Dr. Ernemann ab 1. Januar 2012 dem 2. Strafsenat als Vorsitzender zugewiesen ist, steht mit Art. 101 Abs. 1 Satz 2 GG nicht in Einklang. Das hat der Senat, auch ohne dass eine ausdrückliche Besetzungsrüge vorliegt, von Amts wegen zu prüfen. Dies führt zur Aussetzung der Hauptverhandlung.[523] 525

Korrigierende Entscheidung des Beschlusses vom 11.1.2012 (Rn. 525) durch Urteil vom 8.2.2012.[524] 526

[9] Der Senat hatte die Revisionshauptverhandlung mit Beschluss vom 11. Januar 2012 ausgesetzt. Dies beruhte auf der Ansicht des Senats, er sei in der Person des Vorsitzenden Richters am Bundesgerichtshof Dr. Ernemann nicht ordnungsgemäß besetzt, weil dieser seit 1. Januar 2012 zugleich geschäftsplanmäßiger Vorsitzender des 4. Strafsenats ist. Der Senat hat daher dem Präsidium des Bundesgerichtshofs Gelegenheit gegeben, durch eine Änderung der Geschäftsverteilung Abhilfe zu schaffen. Mitglied des Präsidiums ist auch der Vorsitzende des 2. und 4. Strafsenats.

---

522 BGH, Beschluss vom 4.7.2012 – 5 StR 242/12.

523 BGH, Beschluss vom 11.1.2012 – 2 StR 346/11; die vorstehende Entscheidung wurde durch das Urteil vom 8.2.2012 modifiziert – vgl. nachstehende Entscheidung (Rn. 526). Siehe im Übrigen hierzu auch BGH, Beschluss vom 23.5.2012 – 5 StR 145/12; BGH, Beschluss vom 27.7.2012 – 1 StR 218/12; zur Verzögerung im Revisionsverfahren vgl. BGH, Beschluss vom 19.6.2012 – 4 StR 83/12. Die Rechtsmeinung des ebenfalls durch den Doppelvorsitz *Ernemann* betroffenen 4. Strafsenats ergibt sich aus BGH, Beschluss vom 23.10.2012 – 4 StR 292/12.

524 BGH, Urteil vom 8.2.2012 – 2 StR 346/12.

[10] Das Präsidium des Bundesgerichtshofs, dem die Entscheidung des Senats in vollem Wortlaut vorlag, hat mit nicht begründetem Beschluss vom 18. Januar 2012 einstimmig entschieden, dass an dem Beschluss vom 15. Dezember 2011, mit dem VRiBGH Dr. Ernemann der Vorsitz des 2. und zugleich des 4. Strafsenats übertragen worden ist, festgehalten wird.

[11] Nach der Beschlussfassung hat das Präsidium drei Richter des Senats, die an der Entscheidung vom 11. Januar 2012 beteiligt waren, jeweils einzeln angehört; von der Anhörung der weiteren Richter wurde abgesehen. Gegenstand der Befragungen war unter anderem, wie der Senat, aber auch der einzelne Richter mit der mitgeteilten Entscheidung des Präsidiums umgehen werde.

[12] II. Der Senat gibt dem Verfahren Fortgang. Er ist allerdings weiterhin der Ansicht, dass er nicht ordnungsgemäß besetzt ist. Insoweit gelten die Gründe aus dem Beschluss vom 11. Januar 2012 unverändert fort.

[13] Der Senat sieht aber nach der Entscheidung des Präsidiums, keine Maßnahmen zur Änderung des Geschäftsverteilungsplans zu ergreifen, keine rechtliche Möglichkeit, den Verfahrensbeteiligten in überschaubarer Zeit zu einer Entscheidung durch ein ordnungsmäßig besetztes Revisionsgericht zu verhelfen.

[14] Der Senat hat erwogen, wegen der grundsätzlichen Bedeutung der Sache den Großen Senat für Strafsachen anzurufen, hiervon aber letztlich abgesehen. Das Präsidium hat seine Entscheidung vom 18. Januar 2012 nicht begründet; daher ist offen geblieben, welche Gründe das Präsidium bewogen haben, auf Änderungen der Geschäftsverteilung zu verzichten.

[15] Sollte dem die Ansicht zugrunde liegen, Beschlüsse eines gerichtlichen Präsidiums zur Geschäftsverteilung seien regelmäßig bindend, so dass die Spruchkörper des Gerichts nicht befugt seien, im fachgerichtlichen Verfahren die Gesetzmäßigkeit ihrer Besetzung zu prüfen und darüber zu entscheiden, würde dem der Senat nicht folgen. Diese – möglicherweise aus der Entscheidung des Bundesverwaltungsgerichts vom 28. November 1975 – VII C 47.73 (BVerwGE 50, 11) abgeleitete – Ansicht stünde – worauf der Senat in seinem Beschluss vom 18. Januar 2012 bereits tragend hingewiesen hat – in deutlichem Widerspruch zum Plenumsbeschluss des Bundesverfassungsgerichts vom 8. April 1997 – 1 PBvU 1/95, wonach jeder Spruchkörper bei auftretenden Bedenken die Ordnungsmäßigkeit seiner Besetzung von Amts wegen zu prüfen und darüber zu entscheiden hat (BVerfGE 95, 322, 330; vgl. schon BVerwG, Beschluss vom 7. April 1981 – 7 B 80/81, NJW 1982, 900). Wenn man gleichwohl annähme, die Spruchkörper des Gerichts seien nicht befugt, die Gesetz- und Verfassungsmäßigkeit ihrer Besetzung im Rahmen des fachgerichtlichen Verfahrens auch mit Blick auf den Geschäftsverteilungsplan zu prüfen, wäre für das Präsidium auch eine Entscheidung des Großen Senats für Strafsachen unbeachtlich.

[16] Andere eigene Möglichkeiten, den Verfahrensbeteiligten entsprechend der Rechtsansicht des Senats Rechtsschutz durch ein ordnungsgemäß besetztes Gericht zu verschaffen, hat der Senat nicht gesehen.

[17] Bei dieser Sachlage, die sich dem Senat in allen bei ihm anhängigen Verfahren gleichermaßen stellt, hält er es für geboten, über sämtliche bei ihm eingelegte Revisionen in der Sache zu entscheiden, auch wenn er sich weiterhin nicht für ordnungsgemäß besetzt hält. Maßgebend für diese Entscheidung, die ungeachtet des Ausgangs der Rechtsmittel zu treffen war, war namentlich die Erwägung, dem rechtsstaatlichen Beschleunigungsgebot Rechnung zu tragen und in angemessener Zeit zu einer – gegebenenfalls mit der Verfassungsbeschwerde überprüfbaren – Entscheidung zu gelangen. Die Alternative, die Sache bis zu einer weiteren Klärung, etwa durch

erneute Vorlage an das Präsidium oder bis zum vorläufigen Ende der Doppelbesetzung Ende Juni 2012, ruhen zu lassen, würde nicht nur zu einem nicht hinnehmbaren zeitweiligen, partiellen Stillstand der Strafrechtspflege führen. Sie bedeutete zudem eine nicht in den Verantwortungsbereich der Betroffenen fallende Rechtsschutzverweigerung, die mit dem verfassungsrechtlichen Gebot der Rechtsschutzgewährung nicht in Einklang stünde. Dass das Präsidium Rechtsprechung des Senats nicht umgesetzt hat, darf nicht zu Lasten der Rechtsmittelführer gehen.

[18] Aus diesem Grund hatte bei dieser besonderen Fallkonstellation die richterliche Unabhängigkeit nach Art. 97 Abs. 1 GG partiell zurückzustehen. Danach ist zwar gewährleistet, dass die Richter unabhängig und nur dem Gesetz unterworfen sind. Im Bereich richterlicher Tätigkeit sind Richter demnach an keine Weisungen und nur an das Gesetz gebunden. Dies bedeutet Freiheit und Pflicht jeden Richters zu eigenverantwortlicher Entscheidung im Rahmen von Gesetz und Recht. Diese Freiheit sieht der Senat im konkreten Fall eingeschränkt, weil er nach der Entscheidung des Präsidiums gehalten ist, in seiner Meinung nach verfassungswidriger Besetzung zu entscheiden. Er nimmt es nach umfassender Abwägung hin, weil er zum einen ausdrücklich auf den Fortbestand seiner Rechtsansicht hinweisen kann und den Angeklagten zum anderen mit der Verfassungsbeschwerde eine weitere Rechtsschutzmöglichkeit offen steht.

Der **Senat** ist mit Vorsitzendem Richter am Bundesgerichtshof Dr. Ernemann sowie 527
den Richtern am Bundesgerichtshof Prof. Dr. Fischer, Dr. Appl, Prof. Dr. Schmitt und Prof. Dr. Krehl **vorschriftsmäßig besetzt.** Das Recht des Angeklagten auf den gesetzlichen Richter (Art. 101 Abs. 1 Satz 2 GG) ist gewahrt. Das Präsidium des Bundesgerichtshofs hat in Wahrnehmung der ihm nach § 21e Abs. 1 Satz 1 GVG obliegenden Aufgabe (siehe Meyer-Goßner 54. Aufl. § 21f GVG Rn. 3) dem Vorsitzenden Richter am Bundesgerichtshof Dr. Ernemann – zusätzlich zum Vorsitz im 4. Strafsenat – den Vorsitz im 2. Strafsenat zugewiesen und bestimmt, dass im Kollisionsfall die Tätigkeit im 2. Strafsenat vorgeht. Es hat bei dieser Regelung in willkürfreier Auslegung des § 21 Abs. 2 Satz 1 GVG und unter Berücksichtigung der dazu ergangenen höchstrichterlichen Rechtsprechung (vgl. BGH NJW 2006, 154; BSG NJW 2007, 2717; BVerwG NJW 1986, 1366) angenommen, dass nach Ausscheiden der früheren Vorsitzenden des 2. Strafsenats aus dem Dienst am 31. Januar 2010 und anschließender Vakanz im Vorsitz jedenfalls mit Beginn des Geschäftsjahres 2012 keine vorübergehende Verhinderung des Vorsitzenden im Sinne dieser Vorschrift mehr gegeben ist, die eine weitere Vertretung im Vorsitz des 2. Strafsenates zuließe. Vorsitzender Richter am Bundesgerichtshof Dr. Ernemann nimmt die ihm zugewiesene Aufgabe als Vorsitzender des 2. Strafsenates des Bundesgerichtshofs in dem vom Gesetz vorausgesetzten und in der Sache gebotenen Umfang wahr. Nach dem Geschäftsverteilungsplan des 2. Strafsenats steht er allen Spruchgruppen als Vorsitzender vor. Dass die Richter am Bundesgerichtshof Prof. Dr. Fischer, Dr. Appl, Prof. Dr. Schmitt und Prof. Dr. Krehl im vorliegenden Fall zur Entscheidung berufen sind, ergibt sich aus der senatsinternen Geschäftsverteilung vom 28. Dezember 2011, welche die Sache der Spruchgruppe 1 in dieser personellen Besetzung zuweist.[525]

Schließlich entschied das **Bundesverfassungsgericht** durch Beschluss vom 23.5. 528
2012:[526]

---

525 BGH, Urteil vom 11.1.2012 – 2 StR 482/11; vgl. weiterhin Beschluss vom 9.5.2012 – 2 StR 25/12; 2 StR 122/12; 2 StR 61/12; 2 StR 166/12; 2 StR 622/11.

526 BVerfG, Kammerbeschluss vom 23.5.2012 – 2 BvR 610/12, 2 BvR 625/12.

Die verfassungsgerichtliche Prüfung ist vorliegend nicht darauf beschränkt, ob die Anwendung und Auslegung von Zuständigkeitsnormen willkürlich oder offensichtlich unhaltbar ist (vgl. BVerfG, 27.04.2007, 2 BvR 1674/06, BVerfGK 11, 62 <71>) oder die angegriffenen Entscheidungen Bedeutung und Tragweite der Verfassungsgarantie grundlegend verkennen (vgl. BVerfG, aaO). Vielmehr sind die die ***Überprüfung des Geschäftsverteilungsplans*** *selbst betreffenden Rügen unmittelbar an den Gewährleistungen des Art. 101 Abs. 1 Satz 2 GG zu messen (vgl BVerfG, 16.02.2005, 2 BvR 581/03, juris, Rn. 22).*

Die ***Überbeanspruchung eines Richters*** *– unabhängig davon, ob eine solche tatsächlich vorliegt – führt grundsätzlich nicht zu einem Verstoß gegen den Anspruch auf den gesetzlichen Richter, weil eine dienstliche Überlastung den Richter nicht dazu zwingt, ein überobligatorisches Arbeitspensum zu erfüllen.*

Von der Gewähr eines unabhängigen Richters aus Art. 101 Abs. 1 Satz 2 GG ist die dem Richter selbst garantierte richterliche Unabhängigkeit aus Art. 97 GG zu unterscheiden, die ihm ein Abwehrrecht gegen eine überfordernde Einflussnahme bei der Zuweisung des Arbeitspensums einräumt. Er ist nicht verpflichtet, sämtliche ihm nach dem Geschäftsverteilungsplan übertragenen Aufgaben in vollem Umfang sofort und ohne Beschränkung seines zeitlichen Einsatzes zu erledigen (vgl. OVG Münster, 14.11.2005, 1 A 494/04, juris, Rn. 20). Überschreitet das zugewiesene Arbeitspensum die so zu bestimmende Arbeitsleistung – auch unter Berücksichtigung zumutbarer Maßnahmen wie zum Beispiel eines vorübergehenden erhöhten Arbeitseinsatzes – erheblich, kann der Richter nach pflichtgemäßer Auswahl unter sachlichen Gesichtspunkten die Erledigung der ein durchschnittliches Arbeitspensum übersteigenden Angelegenheiten zurückstellen. Die ***richterliche Unabhängigkeit*** *bleibt dabei gewährleistet, da der Richter – nach entsprechender Anzeige der Überlastung – für die nach pflichtgemäßer Auswahl zurückgestellten Aufgaben und die dadurch begründete verzögerte Bearbeitung dienstaufsichtsrechtlich nicht zur Verantwortung gezogen werden kann (vgl. auch BGH, 03.12.2009, RiZ(R) 1/09, juris, Rn. 35).*

Ob sich ein überdurchschnittlich leistungsfähiger oder leistungsbereiter Richter darauf beruft oder sein erhöhtes Leistungsvermögen zur Bewältigung etwaiger überobligatorischer Aufgaben einsetzt, ist diesem überlassen. Auch wenn Art. 101 Abs. 1 S. 2 GG dem Rechtssuchenden die Gewähr eines unabhängigen Richters bietet, macht ihn das nicht zum Interessenwalter des Richters. Er kann nicht eine aus dessen Arbeitsbelastung abgeleitete Beeinträchtigung der richterlichen Unabhängigkeit geltend machen.

Zu den Voraussetzungen einer Verletzung des Anspruchs auf Rechtsschutz in angemessener Zeit, die sich durch eine infolge richterlicher Überlastung hervorgerufenen belastungsbedingten Erledigungsverzögerungen ergeben kann, vgl. BVerfG, 2.3.1993, 1 BvR 249/92, BVerfGE 88, 118 <123 f> – hier jedoch weder vorgetragen noch ersichtlich.

Des Weiteren kann auch dem Einwand der Beschwerdeführer, dass der richtunggebende Einfluss des Vorsitzenden Richters des 2. Strafsenats infolge des ihm zugewiesenen Doppelvorsitzes nicht mehr gewährleistet sei, nicht gefolgt werden:

Ein Vorsitzender soll aufgrund seiner Sachkunde, Erfahrung und Menschenkenntnis in der Lage sein, den richtunggebenden Einfluss durch geistige Überzeugungskraft auszuüben (VGH Kassel, 26.11.1992, 1 TG 1792/92, juris, Rn. 16). Seine Fähigkeit, auf die Rechtsprechung des ihm anvertrauten Spruchkörpers Einfluss zu nehmen, kann daher nicht von einer überlegenden inhaltlichen Kenntnis des *zu entscheidenden Falles abhängen. Vielmehr erfordert jede Beratung und Entscheidung eines Spruchkörpers, dass alle Mitglieder – und nicht etwa nur der Berichterstatter und der Vorsitzende – vollständig über den Streitstoff informiert sind. Bei der Rechtsfindung im konkreten Fall sind Aufgabe, Leistung und Verantwortung aller Mitglieder des erkennenden Gerichts völlig gleich (vgl. BVerfG, 04.06.1969, 2 BvR 429/65, BVerfGE 26, 72 <76>).*

Erklärungen eines Richters nach § **30 StPO** sind gegenstandlos, wenn er wegen Urlaubsabwesenheit an der **späteren Entscheidung nicht mitwirkt.**[527] **529**

[1] I. Der Beschwerdeführer hat die Besetzung des Senats mit dem Vorsitzenden Richter am Bundesgerichtshof Dr. Ernemann im Hinblick auf den Senatsbeschluss vom 11. Januar 2012 – 2 StR 346/11 – beanstandet und nach Mitteilung der Besetzung des Senats diesen Vorsitzenden sowie die Richter am Bundesgerichtshof Dr. Appl, Dr. Berger, Dr. Eschelbach und Dr. Ott wegen Besorgnis der Befangenheit abgelehnt, weil der Senat in der Sache 2 StR 346/11 zur Sache entschieden hat, nachdem seine Annahme einer fehlerhaften Besetzung nicht zu einer Änderung der Geschäftsverteilung durch das Präsidium des Bundesgerichtshofs geführt hat und einzelne Richter des Senats vom Präsidium dazu angehört worden waren. Er hat die Besorgnis geäußert, dass die abgelehnten Richter dadurch in ihrer Auffassung zur Besetzungsfrage beeinflusst worden seien. Nach Mitteilung dienstlicher Äußerungen der abgelehnten Richter hat der Beschwerdeführer die Ablehnung des Richters am Bundesgerichtshof Dr. Eschelbach zurückgenommen.

[2] Richter am Bundesgerichtshof Prof. Dr. Krehl hat am 31. Mai, 26. Juni 2012 und 16. Oktober 2012 gemäß § 30 StPO jeweils Umstände angezeigt, die nach seiner Ansicht eine Ablehnung wegen Besorgnis der Befangenheit rechtfertigen könnten. Dabei geht es im Kern um die Erledigung von anderen Revisionsverfahren, in denen er Erklärungen nach § 30 StPO abgegeben hatte, in seiner durch Krankheit bedingten Abwesenheit, ferner um darauf bezogene Äußerungen des Richters am Bundesgerichtshof Dr. Appl, sowie um die Unterrichtung des Präsidenten des Bundesgerichtshofs vom Inhalt der dienstlichen Erklärungen. Richter am Bundesgerichtshof Prof. Dr. Krehl hat auf die Möglichkeit hingewiesen, es könne der Eindruck entstehen, dass seitens des Präsidenten des Bundesgerichtshofs oder durch das Präsidium auf Zwischenentscheidungen in Revisionsverfahren Einfluss genommen werde.

[3] Der Beschwerdeführer hat diese Erklärungen zum Anlass genommen, seine Ablehnung des Richters am Bundesgerichtshof Dr. Appl auch auf die ihm zugeschriebenen Äußerungen und dessen Aktenvorlage an den Präsidenten des Bundesgerichtshofs wegen von ihm als unzutreffend bezeichneter anwaltlicher Behauptungen über fehlerhafte Äußerungen und Diensthandlungen zur Prüfung im Wege der Selbstanzeige zu erstrecken.

[4] II. Die Erklärungen des Richters am Bundesgerichtshof Prof. Dr. Krehl nach § 30 StPO sind gegenstandlos, weil er wegen Urlaubsabwesenheit an dieser Entscheidung nicht mitwirkt. Der Spruchgruppe, die zur Sachentscheidung über die Revision des Beschwerdeführers berufen ist, gehört er nicht an.

[5] III. 1. Die Ablehnung des Vorsitzenden Richters am Bundesgerichtshof Dr. Ernemann ist gegenstandslos, weil er nach Ausscheiden aus dem aktiven Dienst nicht mehr am Verfahren mitwirkt.

---

[527] BGH, Beschluss vom 22.11.2012 – 2 StR 28/12.

[6] 2. Die Ablehnung der Richter am Bundesgerichtshof Dr. Appl, Dr. Berger und Dr. Ott ist unbegründet. Es liegt aus der Sicht eines vernünftigen Revisionsführers kein Grund zur Besorgnis ihrer Befangenheit vor.

[7] Welche Ansicht sie zur Frage der ordnungsgemäßen Besetzung des Senats zurzeit des Ablehnungsgesuchs vertreten haben, ist ohne Belang. Selbst aus der Fehlerhaftigkeit einer Rechtsmeinung zu dieser Frage ergäbe sich nicht die Besorgnis der Befangenheit.

[8] Eine unsachliche Beeinflussung der genannten Richter bei ihrer Entscheidung über die Besetzungsfrage durch das Präsidium liegt nicht vor (vgl. BVerfG, Beschluss vom 23. Mai 2012 – 2 BvR 610, 625/12, NJW 2334, 2337; BGH, Beschlüsse vom 9. Mai 2012 – 2 StR 620/11 und 2 StR 25/12, vom 20. Juni 2012 – 2 StR 61/12 sowie 2 StR 166/12).

[9] Die Bitte des Richters am Bundesgerichtshof Dr. Appl an den Präsidenten des Bundesgerichtshofs im Wege einer Selbstanzeige, die aus seiner Sicht gegen ihn gerichteten Vorwürfe zu überprüfen, rechtfertigt kein Misstrauen gegen seine Unparteilichkeit bei der Entscheidung über das Rechtsmittel des Beschwerdeführers.

40. Gerichtsverfassungsgesetz (GVG)

530 Eine Rüge, mit welcher beanstandet wird, eine Strafkammer habe nicht erneut ihre **Besetzung** mit zwei Berufsrichtern geprüft und eine Besetzung mit drei Berufsrichtern beschlossen, nachdem sie in der Hauptverhandlung einen Hinweis auf die mögliche Anordnung einer Unterbringung in einem psychiatrischen Krankenhaus (§ 63 StGB) gegeben hatte, bleibt erfolglos. Sowohl nach Wortlaut und Systematik des § 76 GVG als auch nach der Intention des Gesetzgebers (vgl. BT-Drucks. 17/6905 S. 10, 12) ist eine begonnene Hauptverhandlung in der ursprünglich beschlossenen Besetzung zu Ende zu führen. Ein erneuter Beschluss über die Kammerbesetzung ist nach Beginn der Hauptverhandlung gemäß § 76 Abs. 5 GVG nur unter den Voraussetzungen möglich, dass die Sache vom Revisionsgericht zurückverwiesen oder die Hauptverhandlung ausgesetzt worden ist.[528]

531 Die **Aufrechterhaltung der Ordnung** im gerichtlichen Verfahren umfasst auch den **störungsfreien äußeren Ablauf der Sitzung** und die ungehinderte Entscheidungsfindung. Die Ausgestaltung des Strafprozesses ist am Recht auf ein faires Verfahren zu messen, wenn und soweit keine spezielle verfassungsrechtliche Gewährleistung existiert. Das Recht auf ein faires Verfahren ist erst dann verletzt, wenn eine Gesamtschau auf das Verfahrensrecht ergibt, dass rechtsstaatlich zwingende Folgerungen nicht gezogen worden sind oder rechtsstaatlich Unverzichtbares preisgegeben worden ist.

Der **Verfassungsgrundsatz der Öffentlichkeit** mündlicher Verhandlungen **gilt nicht ausnahmslos**; einer unbegrenzten Öffentlichkeit der Verhandlung kann die Funktionstüchtigkeit der Rechtspflege entgegenstehen. Darüber hinaus kann die Öffentlichkeit aus zwingenden Gründen des Gemeinwohls auch dort ganz oder teilweise ausgeschlossen werden, wo sie nach der Verfassung grundsätzlich geboten ist.[529]

---

[528] BGH, Beschluss vom 14.11.2012 – 3 StR 335/12.

[529] BVerfG, Kammerbeschluss vom 14.3.2012 – 2 BvR 2405/11.

PRAXISBEDEUTUNG ■

Die Verletzung des Öffentlichkeitsgrundsatzes, welche auch in der nachfolgenden Entscheidung thematisiert ist, stellt grundsätzlich einen absoluten Revisionsgrund dar, jedoch nicht, soweit es nur um die Regelung von Zugangsmodalitäten geht. Das BVerfG bestätigt dies in dem vorstehenden Beschluss, wobei dem Gerichtspräsidenten als Hausherrn des Gerichts ein gewisses Ermessen eingeräumt wird.

Nach § **171b GVG** darf die **Öffentlichkeit** auch während der **Verlesung des Anklagesatzes** von der Verhandlung ausgeschlossen werden.[530] **532**

[5] 1. Die Staatsanwaltschaft beanstandet gemäß § 338 Nr. 6 StPO den Ausschluss der Öffentlichkeit bei der Verlesung des Anklagesatzes und macht geltend, § 171b GVG lasse eine Beschränkung der Öffentlichkeit während der Anklageverlesung nicht zu.

[6] a) Die Rüge ist zulässig erhoben (§ 344 Abs. 2 Satz 2 StPO). Da die Beanstandung des Verfahrens die prinzipielle Reichweite der Ausschließungsbefugnis nach § 171b GVG zum Gegenstand hat, sind die Einzelheiten der im Zusammenhang mit der Ausschließungsentscheidung der Strafkammer angefallenen Unterlagen, deren Vortrag der Generalbundesanwalt und die Verteidigung vermissen, für die Entscheidung über die Verfahrensrüge ohne Bedeutung.

[7] b) Die Regelung des § 171b Abs. 3 GVG i.V.m. § 336 Satz 2 StPO steht der erhobenen Rüge nicht entgegen. Gemäß § 171b Abs. 3 GVG unanfechtbar und daher gemäß § 336 Satz 2 StPO der revisionsgerichtlichen Überprüfung entzogen ist die gerichtliche Entscheidung darüber, ob die in § 171b Abs. 1 Satz 1 GVG normierten tatbestandlichen Voraussetzungen für einen Ausschluss der Öffentlichkeit im Einzelfall vorliegen (vgl. BGH, Urteil vom 21. Februar 1989 – 1 StR 786/88, BGHR GVG § 171b Abs. 1 Dauer 1; Beschluss vom 19. Dezember 2006 – 1 StR 268/06, StV 2007, 514; vgl. auch den Entwurf der Bundesregierung für ein Erstes Gesetz zur Verbesserung der Stellung des Verletzten im Strafverfahren, BT-Drucks. 10/5305 S. 23 f.). Damit ist es dem Revisionsgericht verwehrt, die Begründung einer nach § 171b GVG ergangenen Entscheidung inhaltlich zu überprüfen (vgl. Wickern in Löwe-Rosenberg, StPO, 26. Aufl., § 171b GVG, Rn. 25). Die Rüge der Staatsanwaltschaft zielt indessen nicht auf die Tragfähigkeit der von der Strafkammer für ihre Ausschließungsanordnung angeführten Gründe, sondern stellt die generelle Befugnis für den Ausschluss der Öffentlichkeit während der Verlesung des Anklagesatzes in Frage. Diese Beanstandung wird von § 171b Abs. 3 GVG nicht ausgeschlossen.

[8] c) Die Rüge ist unbegründet. Nach § 171b GVG darf die Öffentlichkeit auch während der Verlesung des Anklagesatzes von der Verhandlung ausgeschlossen werden.

[9] Die Vorschrift des § 171b GVG knüpft an den Begriff der Verhandlung vor dem erkennenden Gericht in § 169 Satz 1 GVG an und lässt beim Vorliegen der Voraussetzungen des § 171b Abs. 1 Satz 1 GVG einen Ausschluss der Öffentlichkeit für sämtliche Abschnitte der Hauptverhandlung zu (vgl. BGH, Beschluss vom 10. März 1992 – 1 StR 105/92, BGHR GVG § 171b Abs. 1 Dauer 5; Wickern aaO, Rn. 21).

---

[530] BGH, Urteil vom 21.6.2012 – 4 StR 623/11.

Die Ausschließungsbefugnis nach § 171b GVG reicht nicht weniger weit als bei den Ausschlusstatbeständen des § 171a GVG und § 172 GVG, für welche ausdrücklich normiert ist, dass die Öffentlichkeit für die (Haupt-)Verhandlung oder einen Teil davon ausgeschlossen werden kann. Dafür spricht auch die Entstehungsgeschichte des § 171b GVG. Durch die Schaffung des § 171b GVG sollte der bis dahin in § 172 Nr. 2 GVG in der Fassung vom 9. Mai 1975 geregelte Schutz des persönlichen Lebensbereichs eines Prozessbeteiligten oder Zeugen durch eine Änderung des Abwägungsmaßstabs zugunsten des Persönlichkeitsschutzes verbessert, der Ausschluss der Öffentlichkeit bei Erörterung von Umständen aus dem persönlichen Lebensbereich aus dem Zusammenhang der übrigen Ausschlussgründe gelöst und plakativ an die Spitze gestellt werden (vgl. Gesetzentwurf der Bundesregierung, BT-Drucks. 10/5305 S. 23). Dafür, dass bei dem neu in das Gerichtsverfassungsgesetz aufgenommenen § 171b GVG – anders als bei § 172 GVG – bestimmte Verfahrensabschnitte der Hauptverhandlung von der Ausschließungsbefugnis ausgenommen sein sollten, bietet die Entstehungsgeschichte keinen Anhalt. Das Gesetz enthält in § 173 GVG lediglich für die Urteilsverkündung eine besondere Regelung, wonach die Verlesung der Urteilsformel stets öffentlich zu erfolgen hat und der Ausschluss der Öffentlichkeit während der Eröffnung der Urteilsgründe einen besonderen Beschluss des Gerichts nach §§ 171b, 172 GVG erfordert. Die eine Gegenausnahme zu den Ausschließungstatbeständen der §§ 171a, 171b und 172 GVG beinhaltende Bestimmung des § 173 GVG ist entgegen der Ansicht der Revision einer ausdehnenden, ihren Anwendungsbereich auf andere Verfahrensvorgänge erstreckenden Auslegung nicht zugänglich.

[10] Die Hauptverhandlung beginnt mit dem Aufruf der Sache (§ 243 Abs. 1 Satz 1 StPO) und umfasst nach § 243 Abs. 3 Satz 1 StPO die Verlesung des Anklagesatzes. Die Verlesung ist ein Teil der Verhandlung, für den bei Vorliegen der gesetzlichen Voraussetzungen die Öffentlichkeit ausgeschlossen werden darf (vgl. für § 172 GVG RG, Urteil vom 13. Mai 1927 – 1. D 392/1927; Wickern aaO, § 172 GVG, Rn. 39). Auch bei der Verlesung des Anklagesatzes können Umstände aus dem persönlichen Lebensbereich eines Prozessbeteiligten, Zeugen oder durch eine rechtswidrige Tat Verletzten zur Sprache kommen, die einen Ausschluss der Öffentlichkeit nach § 171b Abs. 1 Satz 1 GVG zu rechtfertigen vermögen, weil deren öffentliche Erörterung schutzwürdige Interessen verletzen würde, ohne dass das Interesse an der öffentlichen Erörterung dieser Umstände überwiegt. Etwas anderes ergibt sich entgegen der Auffassung der Revision weder aus dem Umstand, dass der Inhalt des Anklagesatzes auf einer vorläufigen Bewertung des Ermittlungsergebnisses durch die Staatsanwaltschaft beruht, noch aus der verfahrensrechtlichen Funktion des Anklagesatzes zur Umgrenzung und Konkretisierung des Verfahrensgegenstandes.

533 Nach § **142 Abs. 1 Nr. 3**, Abs. 2, § 145 Abs. 2 **GVG** dürfen **Amtsanwälte** das Amt der Staatsanwaltschaft nur bei den Amtsgerichten wahrnehmen. In Verhandlungen vor den Landgerichten dürfen ihnen – unabhängig von ihrer persönlichen Qualifikation – Verfahrensrechte der Staatsanwaltschaft nicht übertragen werden, auch nicht unter Aufsicht eines Staatsanwaltes. Das gesetzliche **Verbot für Amtsanwälte**, Verfahrensrechte der Staatsanwaltschaft **vor den Landgerichten** wahrzunehmen, darf nicht durch die Einräumung eines umfassenden Fragerechts in der Hauptverhandlung nach § 240 Abs. 2 Satz 1 StPO umgangen werden.[531]

---

[531] BGH, Beschluss vom 29.11.2011 – 3 StR 281/11.

Ergänzend bemerkt der Senat zur Rüge der Verletzung von § 240 StPO, § 142 Abs. 1 Nr. 2, § 145 Abs. 2 GVG, Art. 6 MRK:

a) Der Generalbundesanwalt macht geltend, die Beanstandung sei unzulässig, „soweit" der Revisionsführer bestimmte Äußerungen und Verhaltensweisen der Oberamtsanwältin und des Sitzungsvertreters der Staatsanwaltschaft behauptet, da die Richtigkeit dieser Behauptungen ohne eine dem Revisionsgericht verschlossene Rekonstruktion der Hauptverhandlung nicht geklärt werden könne. Dem vermag der Senat nicht zu folgen. Das Verbot der Rekonstruktion der Hauptverhandlung betrifft zum einen das im Urteil festzustellende Ergebnis der Beweisaufnahme, soweit es nicht – wie etwa der Wortlaut von Urkunden – der unmittelbaren Kenntnisnahme durch das Revisionsgericht offensteht. Es gilt daher etwa für den Inhalt der Einlassung des Angeklagten oder der Aussagen von Zeugen und Sachverständigen (BGH, Urteil vom 7. Oktober 1966 – 1 StR 305/66, BGHSt 21, 149, 151; KK/Kuckein, StPO, 6. Aufl., § 351 Rn. 10). Zum anderen hat eine Rekonstruktion von Verfahrensvorgängen zu unterbleiben, die als wesentliche Förmlichkeiten der Hauptverhandlung (§ 273 Abs. 1, 1a StPO) protokollierungspflichtig sind und daher allein durch die Sitzungsniederschrift bewiesen werden können (§ 274 Abs. 1 Satz 1 StPO; Meyer-Goßner, StPO, 54. Aufl., § 274 Rn. 8). Alle anderen Verfahrensvorgänge in der Hauptverhandlung sind dagegen, soweit entscheidungserheblich, durch das Revisionsgericht im Freibeweis aufzuklären (s. etwa BGH, Urteil vom 13. Dezember 1967 – 2 StR 544/67, BGHSt 22, 26, 28; Meyer-Goßner aaO). Das gälte daher auch für die vom Revisionsführer behaupteten Äußerungen der Oberamtsanwältin und des Sitzungsvertreters der Staatsanwaltschaft, soweit sie nicht protokollierungspflichtig waren. So sieht es im Übrigen auch der Vertreter des Generalbundesanwalt, wenn er im Gegensatz zu seinen Ausführungen zur Zulässigkeit der Rüge deren Unbegründetheit auch aus der Darstellung der Vorgänge in der Hauptverhandlung herleiten will, die der Sitzungsvertreter der Staatsanwaltschaft in der Revisionsgegenerklärung vom 7. Juli 2011 abgegeben hat.

b) Die Rüge bleibt indes ohne Erfolg. Allerdings hat das Landgericht – wie durch das Protokoll belegt wird – der Oberamtsanwältin gesetzeswidrig in der Hauptverhandlung Verfahrensrechte eingeräumt, indem es sie umfassend hat Fragen an Beweispersonen stellen lassen. Nach § 142 Abs. 1 Nr. 3, Abs. 2, § 145 Abs. 2 GVG dürfen Amtsanwälte das Amt der Staatsanwaltschaft nur bei den Amtsgerichten wahrnehmen. In Verhandlungen vor den Landgerichten dürfen ihnen – unabhängig von ihrer persönlichen Qualifikation – Verfahrensrechte der Staatsanwaltschaft nicht übertragen werden, auch nicht unter Aufsicht eines Staatsanwaltes (vgl. KK/Schmidt/Schoreit, StPO, 6. Aufl., § 145 GVG Rn. 6). Dies ergibt sich schon daraus, dass einem Rechtsreferendar gemäß § 142 Abs. 3 GVG im Einzelfall die Wahrnehmung der Aufgaben eines Staatsanwalts unter dessen Aufsicht beim Landgericht übertragen werden kann, während eine entsprechende gesetzliche Regelung für Amtsanwälte fehlt.

Das gesetzliche Verbot für Amtsanwälte, Verfahrensrechte der Staatsanwaltschaft vor den Landgerichten wahrzunehmen, darf nicht durch die Einräumung eines umfassenden Fragerechts in der Hauptverhandlung nach § 240 Abs. 2 Satz 1 StPO umgangen werden. Der Vorsitzende kann nicht prozessbeteiligten Personen lediglich gestatten, einzelne Fragen unmittelbar an den Angeklagten, einen Zeugen oder einen Sachverständigen zu richten, wenn er dies nach pflichtgemäßem Ermessen im Interesse der Wahrheitsfindung für zweckmäßig hält und dadurch die berechtigten Interessen anderer Verfahrensbeteiligter nicht beeinträchtigt werden (LR/Becker,

StPO, 26. Aufl., § 240 Rn. 9). Die Einräumung des Fragerechts bezieht sich dabei aber stets auf einzelne Fragen; sie darf nicht zu einer Übertragung von gesetzlich nicht vorgesehenen generellen Teilnahme- und Fragerechten an einen unzuständigen Amtsträger führen. Dem steht nicht entgegen, dass nach teilweise vertretener Ansicht Amtsanwälte in Verfahren, die sie nicht selbständig bearbeiten dürfen, als Ermittlungsassistenten zur Unterstützung des Staatsanwalts herangezogen werden können (LR/Franke, StPO, 26. Aufl., § 142 GVG Rn. 30). Denn im Falle einer solchen Zuarbeit verbleibt die Wahrnehmung der Rechte der Anklagebehörde bei dem sachbearbeitenden Staatsanwalt.

Das angefochtene Urteil beruht jedoch nicht auf dem Verfahrensverstoß. Die Strafkammer hat sich ausweislich der Urteilsgründe ihre Überzeugung von den getroffenen Feststellungen aufgrund der in der Hauptverhandlung vernommenen Zeugen und verlesenen Urkunden verschafft. Der Senat schließt aus, dass die Wahrnehmung von Verfahrensrechten durch die Oberamtsanwältin sich auf das Urteil ausgewirkt hat. Der pauschale Vortrag der Revision, der Angeklagte sei in seinen Rechten verletzt worden, weil die Zeugen und Sachverständigen durch die Fragen der nicht frageberechtigten Oberamtsanwältin beeinflusst worden seien, zeigt keinen Zusammenhang zwischen dem Gesetzesverstoß und der Verurteilung auf. Dasselbe gilt für die Behauptung, die negative Einstellung des Gerichts zur Glaubwürdigkeit des Angeklagten sei durch dessen Nichtbeantwortung der unberechtigten Fragen der Oberamtsanwältin mitveranlasst worden.

41. Gesetz über das Zentralregister und das Erziehungsregister (BZRG)

534 Eine zulässig bei der Beurteilung des Geisteszustands berücksichtigte **frühere (getilgte) Tat** darf – obgleich sie mit der Anhörung des Sachverständigen gerichtsbekannt geworden ist – nicht auch an anderer Stelle zum Nachteil des Angeklagten verwertet werden.[532]

[2] Die auf § 66 Abs. 3 Satz 2 StGB gestützte Anordnung der Sicherungsverwahrung hält rechtlicher Nachprüfung nicht stand.

[3] 1. Das Landgericht hat seine Beurteilung der Gefährlichkeit des Angeklagten auf ein Gutachten des Sachverständigen Prof. Dr. R. gestützt, der bei dem Angeklagten ein „unerhörtes" Risiko für erneute Gewalttätigkeiten gesehen hat. Der Sachverständige hat zur Überprüfung seiner Risikoprognose das Testverfahren HCR-20 (Historical-Clinical-Risk) angewendet und dabei im Zusammenhang mit der Bestimmung der Ausprägung der Variablen H 1 (Frühe Gewaltanwendung) und H 2 (Geringes Alter bei der ersten Gewalttat) auf einen Raubüberfall aus einer inzwischen getilgten Verurteilung zurückgegriffen. Darin liegt ein Verstoß gegen das auch bei der Anordnung von Maßregeln der Besserung und Sicherung geltende Verwertungsverbot des § 51 Abs. 1 BZRG (BGH, Beschluss vom 27. Juni 2002 – 4 StR 162/02, NStZ-RR 2002, 332; Beschluss vom 4. Oktober 2000 – 2 StR 352/00, StV 2002, 479), weil die Berücksichtigung der früheren Tat zu einer für den Angeklagten ungünstigeren Bewertung der benannten Variablen geführt hat.

[4] 2. Entgegen der Auffassung des Landgerichts kann die Verwertung des Raubüberfalls aus der getilgten Verurteilung nicht auf die Ausnahmeregelung des § 52 Abs. 1 Nr. 2 BZRG gestützt werden.

---

[532] BGH, Beschluss vom 21.8.2012 – 4 StR 247/12.

[5] Nach dieser Vorschrift darf eine frühere Tat abweichend von § 51 Abs. 1 BZRG berücksichtigt werden, wenn in einem erneuten Strafverfahren ein Gutachten über den Geisteszustand des Betroffenen zu erstatten ist und die Umstände der früheren Tat für die Beurteilung seines Geisteszustands von Bedeutung sind. Dadurch soll vermieden werden, dass ein Sachverständiger, der ein Gutachten über den Geisteszustand des Betroffenen zu erstellen hat, zu falschen oder nicht belastbaren Aussagen gelangt, weil er bei der Persönlichkeitsanamnese auf bedeutsame Erkenntnisse verzichten muss, die nur aus den früheren Taten des Betroffenen und dem anschließenden Strafverfahren gewonnen werden können (vgl. BGH, Beschluss vom 22. Februar 1973 – 2 StR 609/72, NJW 1973, 815; BT-Drucks. VI/1550, S. 23; Götz/Tolzmann, BZRG, 4. Aufl. § 52 Rn. 8). § 52 Abs. 1 Nr. 2 BZRG hebt das Verwertungsverbot des § 51 Abs. 1 Nr. 1 BZRG daher nur für Erkenntnisse (einzelne Feststellungen, Gutachten, Befunde, etc.) aus der getilgten oder tilgungsreifen Verurteilung auf, deren Verwendung für eine tragfähige Beurteilung des Geisteszustandes des Betroffenen im konkreten Einzelfall erforderlich ist (Götz/Tolzmann, aaO; Hase, BZRG, § 52 Rn. 3). Auch die Reichweite der Verwertungserlaubnis ist an den Normzweck des § 52 Abs. 1 Nr. 2 BZRG gebunden. Eine zulässig bei der Beurteilung des Geisteszustands berücksichtigte frühere Tat darf daher – obgleich sie mit der Anhörung des Sachverständigen gerichtsbekannt geworden ist – nicht auch an anderer Stelle zum Nachteil des Angeklagten verwertet werden (vgl. BGH, Beschluss vom 9. Januar 1990 – 5 StR 568/89, BGHR BZRG § 51 Verwertungsverbot 2; Beschluss vom 22. Februar 1973 – 2 StR 609/72, NJW 1973, 815).

[6] Letzteres ist hier geschehen. Im Testverfahren HCR-20 bezeichnen die Variablen H1 und H2 eigenständig zu gewichtende Prädiktoren, die sich auf die Anamnese beziehen (vgl. Nedopil, Prognosen in der Forensischen Psychiatrie, S. 110). Die ermittelten Punktwerte fließen unmittelbar in das Gesamtergebnis ein, aus dem sich die Gefährlichkeitsprognose ableitet. Die Bewertung dieser Variablen dient daher nicht dem Zweck, den Geisteszustand des Betroffenen aufzuklären. Da das Testergebnis über die Vernehmung des Sachverständigen in die Risikobeurteilung des Landgerichts eingegangen ist, kann der Senat trotz den Ausführungen auf Seite 107 des Urteils nicht mit Sicherheit ausschließen, dass die Maßregelanordnung auf diesem Rechtsfehler beruht, zumal das Schwurgewicht dem Sachverständigen die Verfahrensakten und das Bewährungsheft zu der getilgten Vorstrafe „im Hinblick auf die Regelung des § 52 Abs. 1 Nr. 2 BZRG" zur Verfügung gestellt (UA 107) und es im Urteil nicht zu erkennen gegeben hat, ob es selbst die Gefährlichkeitsprognose auch auf die getilgte Vorstrafe stützt.

Eintragungen im **Erziehungsregister** dürfen nach **Vollendung des 24. Lebensjahres** **535**
eines Angeklagten gem. §§ 63 Abs. 4 i.V.m. § 51 Abs. 1 BZRG bei der Strafzumessung nicht mehr verwertet werden.[533]

---

[533] BGH, Beschluss vom 12.6.2012 – 3 StR 141/12; zur Unverwertbarkeit von Vorverurteilungen vgl. auch BGH, Beschluss vom 25.1.2012 – 5 StR 526/11.

42. Gesetz über die Entschädigung für Strafverfolgungsmaßnahmen (StrEG)

536 Zu Recht hat das Landgericht gemäß § **4 Abs. 1 Nr. 2 StrEG** angenommen, dass es nach der hier vorzunehmenden Gesamtabwägung nicht der Billigkeit entspricht, den Angeklagten für erlittene Auslieferungs- und Untersuchungshaft zu entschädigen. Zwar ist die im Urteil ausgesprochene Sanktion einer Geldstrafe von 90 Tagessätzen erheblich geringer ausgefallen als die im Verlauf des Verfahrens bereits vollzogene Auslieferungs- und Untersuchungshaft von über sieben Monaten. Dennoch hat das Landgericht einen Entschädigungsanspruch des Angeklagten zutreffend unter Hinweis darauf versagt, dass das Zurückbleiben der Verurteilung hinter der Strafverfolgungsmaßnahme auf der maßgeblichen Berücksichtigung der erlittenen Haft im Rahmen der Strafzumessung beruht.[534]

43. Internationale Rechtshilfe, Auslieferung

537 Verfahrenshindernisse können auch noch im Revisionsverfahren beseitigt werden; dies gilt bei Verstößen gegen den **Grundsatz der Spezialität**, solange das Verfahrenshindernis nicht dauerhaft ist.[535]

[6] bb) Das Landgericht ist der Auffassung, der Spezialitätsgrundsatz stehe dessen ungeachtet einer Verurteilung nicht entgegen, da das Schreiben an die Deutsche Botschaft in Pretoria vom 28. September 2010 einzig maßgeblich sei und keine Beschränkung oder teilweise Ablehnung der Auslieferung (vgl. Art. 18 Abs. 2 EuAlÜbk) enthalte.

[7] cc) Aus dem Grundsatz der Spezialität ergibt sich für den ersuchenden Staat eine Beschränkung seiner Hoheitsrechte (vgl. Hackner in Schomburg/Lagodny/Gleß/Hackner, Internationale Rechtshilfe in Strafsachen, 5. Aufl., § 72 IRG Rn. 2). Nach Art. 14 Abs. 1 EuAlÜbk darf der Ausgelieferte „wegen einer anderen, vor der Übergabe begangenen Handlung als derjenigen, die der Auslieferung zugrunde liegt, nur ... verfolgt, abgeurteilt, zur Vollstreckung einer Strafe oder Maßregel der Sicherung oder Besserung in Haft gehalten oder einer sonstigen Beschränkung seiner persönlichen Freiheit unterworfen werden", wenn der Staat, der ihn ausgeliefert hat, zustimmt (Art. 14 Abs. 1 Buchst. a EuAlÜbk) oder wenn nach Verstreichen der Schonfrist des Art. 14 Abs. 1 Buchst. b EuAlÜbk die dort genannten Voraussetzungen erfüllt sind. Danach durfte der Angeklagte nur wegen solcher vor der Auslieferung begangener Taten bestraft werden, für die die Auslieferung bewilligt worden war (vgl. BGH, Urteil vom 20. Dezember 1968 – 1 StR 508/67, BGHSt 22, 307; BGH, Urteil vom 11. März 1999 – 4 StR 526/98, NStZ 1999, 363). Die zur Auslieferung aufgrund eines Europäischen Haftbefehls ergangene Rechtsprechung des Gerichtshofs der Europäischen Union, nach der sich aus einem Verstoß gegen den Spezialitätsgrundsatz lediglich ein Vollstreckungshindernis und ein Verbot freiheitsbeschränkender Maßnahmen ergibt (EuGH, Urteil vom 1. Dezember 2008 – Rechtssache C-388/08 [Leymann und Pustovarov], NStZ 2010, 35 mit Anm. Heine, vgl.

---

[534] BGH, Beschluss vom 9.10.2012 – 2 StR 350/12.

[535] BGH, Beschluss vom 25.10.2012 – 1 StR 165/12; vgl. hierzu auch BGH, Beschluss vom 9.2.2012 – 1 StR 148/11.

dazu BGH, Beschluss vom 27. Juli 2011 – 4 StR 303/11, NStZ 2012, 100), findet auf die hier vorliegende Auslieferung aus der Republik Südafrika keine Anwendung.

[8] Der Umfang der Spezialitätsbindung des um Auslieferung ersuchenden Staates bestimmt sich nach den Regelungen des EuAlÜbk in Verbindung mit der Auslieferungsbewilligung. Im Ansatz zutreffend geht das Landgericht dabei davon aus, dass jede vollständige oder teilweise Ablehnung einer beantragten Auslieferung vom ersuchten Staat zu begründen ist (Art. 18 Abs. 2 EuAlÜbk). Wird eine Teilablehnung vom ersuchten Staat nicht zum Ausdruck gebracht, kann daher die Auslieferung als im beantragten Umfang bewilligt angesehen werden (vgl. hierzu auch BGH, Urteil vom 26. Oktober 1999 – 1 StR 109/99, NJW 2000, 370). Unbeschadet der Frage, ob hierbei – dem Landgericht folgend – ausschließlich auf die auf eine Auslieferungsbewilligung hinweisende Mitteilung an die deutschen Behörden abgestellt werden kann (zur Maßgeblichkeit der Auslieferungsbewilligung vgl. BGH, Beschluss vom 27. November 2003 – 3 StR 221/03), bestimmt sich in diesen Fällen der Umfang der bewilligten Auslieferung nach dem Inhalt des Rechtshilfeersuchens. Der ersuchte Staat muss zweifelsfrei erkennen können, inwieweit vom ersuchenden Staat Auslieferung begehrt wird.

[9] Der Umfang der Auslieferungsbewilligung war zunächst unklar. Da der genaue Inhalt des den Behörden der Republik Südafrika letztlich übermittelten Ersuchens weder den Urteilsgründen noch dem Akteninhalt zu entnehmen war, ist der Senat dieser Frage im Freibeweisverfahren nachgegangen. Dabei hat das Ministerium für Justiz der Republik Südafrika den Umfang der Auslieferungsbewilligung nun klargestellt. Es hat über die Deutsche Botschaft in Pretoria, das Auswärtige Amt und das Bundesministerium der Justiz mitgeteilt, das Ausgangsersuchen („initial request") sei nicht in dem Sinn verstanden worden, dass auch für die im Haftbefehl vom 23. Juli 2007 genannten Taten Auslieferung begehrt werde; dementsprechend sei die Auslieferungsbewilligung nur auf die Vollstreckung der Reststrafe beschränkt gewesen. Damit kann der Auslieferungsbewilligung nicht die ihr vom Landgericht bezüglich der Tatvorwürfe aus dem Haftbefehl des Amtsgerichts Tiergarten in Berlin vom 23. Juli 2007 beigemessene Bedeutung zuerkannt werden.

[10] b) Das bestehende Verfahrenshindernis hat jedoch nicht zur Folge, dass das Strafurteil des Landgerichts nichtig wäre; vielmehr ist dieses lediglich anfechtbar (vgl. RGSt 72, 77, 78; Hackner in Schomburg/Lagodny/Gleß/Hackner, aaO, § 72 IRG Rn. 28). Auch kann der Verstoß gegen den Grundsatz der Spezialität jedenfalls derzeit nicht dazu führen, dass der Senat das Verfahren gemäß § 206a StPO wegen eines Verfahrenshindernisses einstellen müsste. Denn ein solcher Verstoß begründet lediglich ein auch noch in der Revisionsinstanz behebbares Verfahrenshindernis, zumal auch der Eröffnungsbeschluss ebenfalls nicht nichtig ist (vgl. BGH, Beschlüsse vom 9. Februar 2012 – 1 StR 148/11, BGHSt 57, 138 und 1 StR 152/11 jeweils m.w.N.).

[11] aa) Nach der ständigen Rechtsprechung des Bundesgerichtshofs können Verfahrenshindernisse auch noch im Revisionsverfahren beseitigt werden (vgl. BGH, Urteil vom 6. Dezember 1951 – 3 StR 961/51 zur Nachholung eines erforderlichen Strafantrags in der Revisionsinstanz; BGH, Urteil vom 26. Juni 1952 – 5 StR 382/52, BGHSt 3, 73; BGH, Beschluss vom 26. Mai 1961 – 2 StR 40/61, BGHSt 16, 225; BGH, Beschluss vom 12. Dezember 2000 – 4 StR 464/00, NJW 2001, 836). Die Beseitigung von behebbaren Verfahrenshindernissen kann dabei aus Gründen der Prozessökonomie (vgl. BGH, Urteil vom 15. März 2000 – 1 StR 483/99, StV 2000, 347) und im Hinblick auf die prozessuale Fürsorgepflicht gegenüber dem Beschuldigten (vgl. dazu Meyer-Goßner, StPO, 55. Aufl., § 206a

Rn. 2) sogar geboten sein, um dem Angeklagten eine erneute Anklageerhebung und eine erneute Hauptverhandlung zu ersparen. Auch das Legalitätsprinzip (§ 152 Abs. 2 StPO) kann eine Beseitigung behebbarer Verfahrenshindernisse mit den rechtlich dafür zur Verfügung stehenden Mitteln gebieten.

[12] bb) Diese Grundsätze gelten auch für Verstöße gegen den Grundsatz der Spezialität (BGH, Beschlüsse vom 9. Februar 2012 – 1 StR 148/11 und 1 StR 152/11, aaO). Es ist allgemein anerkannt, dass es bei einem Verstoß gegen den Spezialitätsgrundsatz auch dem Revisionsgericht möglich ist, ein Verfahrenshindernis zu beseitigen, indem es den ausliefernden Staat in einem Nachtragsersuchen um Zustimmung zur Strafverfolgung für die nicht von der Auslieferungsbewilligung erfassten Taten ersucht (vgl. Hackner in aaO, § 72 IRG Rn. 28b). Stimmt der ersuchte Staat der Ausdehnung der Strafverfolgung auf die weiteren Taten zu, sind seine Rechte, die mit dem Spezialitätsgrundsatz geschützt werden sollen (Hackner in Schomburg/Lagodny/Gleß/Hackner, aaO, § 72 Rn. 13), gewahrt.

[13] In gleicher Weise kann die Spezialitätsbindung aus Art. 14 EuAlÜbk entfallen, wenn der Ausgelieferte noch nachträglich auf die Einhaltung des Grundsatzes der Spezialität verzichtet und sich mit der uneingeschränkten Strafverfolgung einverstanden erklärt oder wenn – was Art. 14 Abs. 1 Buchst. b EuAlÜbk ausdrücklich zulässt – der Ausgelieferte, obwohl er die Möglichkeit hatte, das Hoheitsgebiet des Staates, dem er ausgeliefert worden ist, innerhalb von 45 Tagen nach seiner endgültigen Freilassung nicht verlassen hat oder er nach Verlassen dieses Gebiets dorthin zurückgekehrt ist und er auf die sich daraus ergebenden Rechtsfolgen bei seiner Freilassung hingewiesen worden war (vgl. dazu BGH, Beschlüsse vom 9. Februar 2012 – 1 StR 148/11 und 1 StR 152/11, aaO).

[14] c) Hiervon ausgehend ist das Verfahren in entsprechender Anwendung des § 205 StPO vorläufig einzustellen.

[15] Voraussetzung einer – vom Angeklagten begehrten – Einstellung nach § 206a Abs. 1 StPO wäre das Bestehen eines dauerhaften Verfahrenshindernisses; ein zeitiges, behebbares Hindernis berechtigt nicht, nach § 206a StPO vorzugehen (vgl. BGH, Urteil vom 14. Dezember 1995 – 5 StR 208/95; OLG Hamburg, Beschluss vom 4. März 1969 – 2 Ws 588/68, NJW 1969, 998; Ritscher in BeckOK-StPO, Ed. 14, § 206a Rn. 1; Schneider in KK-StPO, 6. Aufl., § 206a Rn. 1). Vielmehr ist bei einem – wie hier – noch behebbaren Verfahrenshindernis eine vorläufige Einstellung angezeigt, die ihre Grundlage in § 205 StPO findet, der für nicht in der Person des Angeklagten liegende Hindernisse (so diesen nicht anderweitig begegnet werden kann) entsprechend (vgl. Meyer-Goßner, StPO, 55. Aufl., § 206a Rn. 8) und auch im Revisionsverfahren anwendbar ist (vgl. Stuckenberg in LR-StPO, 26. Aufl., § 205 Rn. 10 mN).

[16] 2. Die Vorläufigkeit der Einstellung entfällt und das Verfahren ist endgültig einzustellen (§ 206a StPO), wenn sich herausstellt, dass das Verfahrenshindernis dauerhaft ist. Um hierüber innerhalb einer – auch gemessen an Art. 6 Abs. 1 EMRK – angemessenen Zeit entscheiden zu können, gibt der Senat der Staatsanwaltschaft Gelegenheit, zeitnah ein Nachtragsersuchen zu stellen, wie dies schon die südafrikanischen Behörden angeregt hatten. Wird ein solches Nachtragsersuchen nicht gestellt und ist die Spezialitätsbindung binnen gesetzter Frist nicht aus anderen Gründen entfallen, ist das Verfahren nach § 206a StPO endgültig einzustellen.

538 Die ergänzende Zulässigkeitsvoraussetzung des **§ 83 Nr. 4 IRG,** wonach bei zu erwartender lebenslanger Freiheitsstrafe eine Überprüfung der Vollstreckung der verhängten Strafe spätestens nach 20 Jahren erfolgen muss, ist durch die nach Art. 560 ff. der polnischen Strafprozessordnung vorgesehene Möglichkeit einer Begnadigung erfüllt.[536]

Art. 14 Abs. 3 des Europäischen Auslieferungsübereinkommens vom 13. Dezember 1957 (EuAlÜbk) schließt eine Verurteilung unter einem anderen rechtlichen Gesichtspunkt nicht aus, sofern ihr derselbe Sachverhalt zugrunde liegt und die Tatbestandsmerkmale der rechtlich neu gewürdigten strafbaren Handlung die Auslieferung gestatten würden. Der **Spezialitätsgrundsatz** schließt nicht aus, Umstände, die eine Straftat darstellen, auf die sich die Auslieferung nicht erstreckt, bei der Überzeugungsbildung hinsichtlich der Täterschaft der Auslieferungstat als Indiz zu berücksichtigen.[537] **539**

[12] Die Revision des Angeklagten zeigt keinen ihn belastenden Rechtsfehler auf.

[13] 1. Der Angeklagte ist für die Verfolgung der verfahrensgegenständlichen Taten, die auch dem Europäischen Auslieferungshaftbefehl zugrunde lagen, von der Russischen Föderation ausgeliefert worden. Die Revision beanstandet mit einer Verfahrensrüge, dass das Landgericht Beweiserhebungen zu dem Raubüberfall am 29. August 2007 durchgeführt hat, der nicht Gegenstand des Europäischen Haftbefehls und der Auslieferungsbewilligung war. Als Ergebnis dieser Beweiserhebungen sei das Landgericht zu der Feststellung gelangt, dass der Angeklagte den Überfall vom 30./31. Dezember 2009 als Bandenmitglied ausgeführt und so die Qualifikation des § 250 Abs. 1 Nr. 2 StGB verwirklicht habe, was sich strafschärfend ausgewirkt habe.

[14] Ob der Verurteilung des Angeklagten mit Rücksicht auf seine Auslieferung gesetzliche oder vertragliche Bestimmungen entgegenstehen, ist auch im Revisionsverfahren von Amts wegen zu prüfen. Die Nachprüfung ergibt, dass die Verurteilung nicht gegen den Grundsatz der Spezialität verstößt.

[15] a) Die Auslieferungsbewilligung der Generalstaatsanwaltschaft der Russischen Föderation vom 27. August 2010 erfasst ausdrücklich die Verfolgung des Angeklagten wegen Raubes nach § 250 StGB. Sie enthält keine Einschränkung hinsichtlich bestimmter Tatmodalitäten.

[16] Darüber hinaus schließt Art. 14 Abs. 3 des Europäischen Auslieferungsübereinkommens vom 13. Dezember 1957 (EuAlÜbk) eine Verurteilung unter einem anderen rechtlichen Gesichtspunkt nicht aus, sofern ihr derselbe Sachverhalt zugrunde liegt und die Tatbestandsmerkmale der rechtlich neu gewürdigten strafbaren Handlung die Auslieferung gestatten würden (BGH, Urteil vom 6. März 1985 – 2 StR 782/84, NStZ 1985, 318; Urteil vom 28. Mai 1986 – 3 StR 177/86, StV 1987, 6). Dies gilt auch im Verhältnis von Grundtatbestand und qualifizierenden bzw. privilegierenden Tatbeständen (vgl. BGH, Urteile vom 6. März 1985 – 2 StR 782/84, NStZ 1985, 318 und vom 11. Januar 2000 – 1 StR 505/99, NStZ-RR 2000, 333; vgl. auch Vogel/Burchard in Grützner/Pötz/Kreß, Internationaler Rechtshilfeverkehr in Strafsachen, 3. Aufl. § 11 IRG Rn. 43).

[17] Die Voraussetzungen des Art. 14 Abs. 3 EuAlÜbk sind im konkreten Fall erfüllt. Der Verurteilung liegt derselbe Sachverhalt zu Grunde. Der im Europäischen

---

[536] BGH, Beschluss vom 19.6.2012 – 4 ARs 5/12.

[537] BGH, Urteil vom 12.1.2012 – 4 StR 499/11.

Auslieferungshaftbefehl nicht explizit angeführte Bandenraub ist eine auslieferungsfähige Straftat. Das Strafgesetzbuch der Russischen Föderation kennt den Tatbestand des Raubes begangen „von einer organisierten Gruppe", der mit Freiheitsentzug von acht bis fünfzehn Jahren geahndet wird (Art. 162 Nr. 4a, siehe Schroeder, Strafgesetzbuch der Russischen Föderation nach dem Stand vom 1.1.2007).

[18] b) Das Landgericht war auch nicht gehindert, Feststellungen zur Zugehörigkeit des Angeklagten zu der Bande um M. K. zu treffen, und zu diesem Zweck Beweiserhebungen über frühere Überfälle durchzuführen. Der Spezialitätsgrundsatz schließt nicht aus, Umstände, die eine Straftat darstellen, auf die sich die Auslieferung nicht erstreckt, bei der Überzeugungsbildung hinsichtlich der Täterschaft der Auslieferungstat als Indiz zu berücksichtigen (BGH, Urteil vom 15. April 1987 – 2 StR 697/86, BGHSt 34, 352 = NStZ 1987, 417; Urteil vom 20. Dezember 1968 – 1 StR 508/67, BGHSt 22, 307, 310 f.; aA Gillmeister NStZ 2000, 344, 345). Art. 14 Abs. 1 EuAlÜbk verbietet u. a. die Aburteilung und die Verfolgung des Ausgelieferten wegen einer anderen Straftat als derjenigen, für welche die Auslieferung bewilligt worden ist. Von der „Verfolgung" einer Tat kann aber nur bei einem Verfahren gesprochen werden, das diese Tat zum Gegenstand hat und mit dem Ziel ihrer Ahndung oder der Verhängung einer wegen ihr gebotenen Maßnahme durchgeführt wird. Gegenstand eines solchen eigenständigen Verfahrens wird eine Tat nicht schon dadurch, dass die Beweisaufnahme in dem eine andere Tat betreffenden Prozess auf sie erstreckt wird, weil sie als Indiz zum Nachweis dieser anderen Tat in Betracht kommt.

[19] c) Aufgrund der festgestellten Bandenmitgliedschaft hat das Landgericht hinsichtlich der Tat vom 30./31. Dezember 2009 den Tatbestand des § 250 Abs. 1 Nr. 2 StGB neben dem des § 250 Abs. 1 Nr. 1b StGB als erfüllt angesehen und dies dem Angeklagten bei der Strafzumessung angelastet. Auch dies begegnet keinen rechtlichen Bedenken. Zwar darf ein Sachverhalt, der nicht zu der Auslieferungstat im Sinne des § 264 StPO gehört, nicht bei der Bestimmung der Strafhöhe zum Nachteil des Angeklagten Verwendung finden (BGH, Urteil vom 15. April 1987 – 2 StR 697/86 aaO; Urteil vom 19. Februar 1969 – 2 StR 612/68, BGHSt 22, 318). Danach ist nicht nur die Festsetzung selbständiger Strafen für andere Taten als die Auslieferungstat ausgeschlossen, sondern auch deren Mitbestrafung auf dem Wege der Erhöhung der für die Auslieferungstat verwirkten Strafe. Dies schließt jedoch nicht aus, den Strafrahmen eines festgestellten Qualifikationstatbestandes der Verurteilung wegen der Auslieferungstat auch dann zu Grunde zu legen, wenn diese Feststellungen mittels Beweiserhebungen zu einer verfahrensfremden Tat getroffen wurden. Ob dies auch für die Verwirklichung von Regelbeispielen gelten würde, kann der Senat hier offen lassen. Das Vorliegen eines qualifizierenden Merkmals ist jedenfalls Teil des Tatbestandes der Auslieferungstat selbst. Die dem Qualifikationsstrafrahmen entnommene Strafe ahndet allein die Auslieferungstat, sie kennzeichnet deren Gefährlichkeit. Eine „Mitbestrafung" der anderen Tat ist damit nicht verbunden. Dies gilt auch dann, wenn – wie hier – die Erfüllung mehrerer Qualifikationsmerkmale zusätzlich strafschärfend gewertet wird. Die Strafschärfung berücksichtigt allein die bei der Auslieferungstat erfüllten qualifizierenden Merkmale und damit deren erhöhte Gefährlichkeit, nicht die Begehung einer anderen Tat. Nur der nicht zum Tatbestand der Auslieferungstat gehörige Sachverhalt als solcher darf innerhalb des Strafrahmens nicht strafschärfend gewertet werden. Dies hat das Landgericht auch nicht getan; die Teilnahme an dem Überfall in M. hat es bei der Strafzumessung nicht berücksichtigt.

Zur **Nebenklageberechtigung** des Ehegatten im Falle einer in Deutschland rechtskräftig erfolgten Scheidung einer zwischen **türkischen Staatsangehörigen geschlossenen Ehe** bei Fehlen der nach dem anzuwendenden materiellen türkischen Recht erforderlichen Anerkennungsentscheidung.[538] **540**

[6] 2. Die gesetzlichen Voraussetzungen für die Bestellung eines Rechtsanwalts als Beistand für die Antragstellerin liegen nicht vor (§ 406g Abs. 1 Satz 1, Abs. 3 Satz 1 Nr. 1, § 397a Abs. 1 Nr. 2, § 395 Abs. 2 Nr. 1 StPO i.V.m. § 211 StGB).

[7] a) Gemäß § 406g Abs. 1 Satz 1 StPO können nach § 395 zum Anschluss mit der Nebenklage Befugte sich auch vor Erhebung der öffentlichen Klage und ohne Erklärung eines Anschlusses eines Rechtsanwalts als Beistand bedienen oder sich durch diesen vertreten lassen. Für die Bestellung eines solchen Beistands gilt gemäß § 406g Abs. 3 Satz 1 Nr. 1 StPO die Vorschrift des § 397a StPO entsprechend. Nach § 397a Abs. 1 Nr. 2 StPO ist dem zur Nebenklage Berechtigten auf seinen Antrag ein Rechtsanwalt als Beistand zu bestellen, wenn er Angehöriger eines durch eine rechtswidrige Tat Getöteten im Sinne des § 395 Abs. 2 Nr. 1 StPO ist. Angehöriger gemäß dieser Vorschrift ist derjenige, dessen Kinder, Eltern, Geschwister, Ehegatten oder Lebenspartner durch eine rechtswidrige Tat getötet wurden. Das Angehörigenverhältnis muss im Zeitpunkt des Verfahrens bestehen (Meyer-Goßner, StPO, 55. Aufl., § 395 Rn. 8 m.w.N.).

[8] b) Diese Voraussetzungen sind nicht erfüllt. Entgegen der von ihr vertretenen Auffassung ist die Antragstellerin nicht (mehr) Ehegatte des Getöteten A. Ö. im Sinne des § 395 Abs. 2 Nr. 1 StPO.

[9] Die Antragstellerin vertritt die Auffassung, sie sei angesichts der Anwendbarkeit des türkischen internationalen Privatrechts trotz der durch das Familiengericht N. rechtskräftig ausgesprochenen Scheidung nach wie vor als Ehegatte des Getöteten im Sinne des § 395 Abs. 2 Nr. 1 StPO anzusehen. Denn das deutsche Scheidungsurteil entfalte in der Türkei aufgrund des Fehlens der nach türkischem Recht erforderlichen Anerkennungsentscheidung durch ein türkisches Gericht keine unmittelbare familienrechtliche Wirkung. Daher sei sie zum Zeitpunkt der Ermordung des Tatopfers A. Ö. von diesem „nicht rechtmäßig geschieden und im Umkehrschluss somit rechtskräftig verheiratet“ gewesen. Zudem hätten sie und das Tatopfer sich nach der Scheidung wieder angenähert und sich zuletzt sogar eine gemeinsame größere Wohnung suchen wollen. Deshalb sei das Anerkennungsverfahren in der Türkei nicht weiterverfolgt worden.

[10] Ob hinsichtlich des rechtskräftigen Scheidungsurteils des Familiengerichts Nürnberg eine Anerkennungsentscheidung durch ein türkisches Gericht, wie die Antragstellerin vorträgt, bisher nicht ergangen ist, kann dahinstehen. Denn im vorliegenden Fall ist auch bei – hier gegebener – Anwendbarkeit materiellen türkischen Rechts bereits mit der Rechtskraft des deutschen Scheidungsurteils von einem Fehlen der Ehegatteneigenschaft der Antragstellerin im Sinne der § 395 Abs. 2 Nr. 1 StPO in Verbindung mit § 406g Abs. 3 Satz 1 Nr. 1, § 397a Abs. 1 Nr. 2 StPO auszugehen.

[11] aa) Nach einhelliger Auffassung in Rechtsprechung und Literatur sind geschiedene Ehegatten nicht nebenklageberechtigt (siehe nur BVerfG, NJW 1993, 3316, 3317; Hilger in Löwe-Rosenberg, StPO, 26. Aufl., § 395 Rn. 11; Senge in KK-StPO,

538 BGH, Beschluss vom 18.9.2012 – 3 BGs 262/12.

6. Aufl., § 395 Rn. 8; Meyer-Goßner, aaO; Weiner in BeckOK-StPO, Stand: 1. Juni 2012, § 395 Rn. 14a). Demgemäß kann ihnen auch nicht nach § 406g Abs. 3 Satz 1 Nr. 1 StPO in Verbindung mit § 397a Abs. 1 Nr. 2 StPO ein Rechtsanwalt als Beistand bestellt werden.

*[**12**] bb) In Übereinstimmung mit dem Generalbundesanwalt ist die Antragstellerin jedenfalls im Rahmen der hier maßgeblichen Vorschriften der § 406g Abs. 3 Satz 1 Nr. 1, § § 397a Abs. 1 Nr. 2, § 395 Abs. 2 Nr. 1 StPO als geschiedener Ehegatte anzusehen.*

Register der BVerfG-Entscheidungen (chronologisch)

(B = Beschluss; K = Kammerbeschluss; U = Urteil)

Art	Datum	Aktenzeichen	Fußnote
U	4.5.2011	2 BvR 2333/08	3, 105, 155
U	4.5.2011	2 BvR 2365/09	3, 105
U	4.5.2011	2 BvR 571/10	3, 105
U	4.5.2011	2 BvR 740/10	3, 105
U	4.5.2011	2 BvR 1152/10	3, 105
K	13.10.2011	2 BvR 1509/11	106
B	7.12.2011	2 BvR 2500/09	396
B	7.12.2011	2 BvR 1857/10	396
B	24.1.2012	1 BvR 1299/05	156, 351, 370
K	5.3.2012	2 BvR 1345/08	368
K	5.3.2012	2 BvR 1464/11	419
K	7.3.2012	2 BvR 988/10	381, 518
K	14.3.2012	2 BvR 2405/11	529
K	23.5.2012	2 BvR 610/12	526
K	23.5.2012	2 BvR 625/12	526
K	11.6.2012	2 BvR 720/12	374
K	11.7.2012	2 BvR 1092/12	374
K	25.9.2012	2 BvR 2819/11	521
K	27.9.2012	2 BvR 1874/12	375
K	10.10.2012	2 BvR 1218/10	501
K	17.10.2012	2 BvR 736/11	379
K	18.10.2012	2 BvR 2776/10	361
K	1.11.2012	2 BvR 1235/11	261
K	14.11.2012	2 BvR 1164/12	377

Register der BVerfG-Entscheidungen (nach Aktenzeichen)

(B = Beschluss; K = Kammerbeschluss; U = Urteil)

Art	Datum	Aktenzeichen	Fußnote
B	24.1.2012	1 BvR 1299/05	156, 351, 370
K	5.3.2012	2 BvR 1345/08	368
U	4.5.2011	2 BvR 2333/08	3, 105, 155
U	4.5.2011	2 BvR 2365/09	3, 105
B	7.12.2011	2 BvR 2500/09	396
U	4.5.2011	2 BvR 571/10	3, 105
U	4.5.2011	2 BvR 740/10	3, 105
K	7.3.2012	2 BvR 988/10	381, 518
U	4.5.2011	2 BvR 1152/10	3, 105
K	10.10.2012	2 BvR 1218/10	501
B	7.12.2011	2 BvR 1857/10	396
K	18.10.2012	2 BvR 2776/10	361
K	17.10.2012	2 BvR 736/11	379
K	1.11.2012	2 BvR 1235/11	261
K	5.3.2012	2 BvR 1464/11	419
K	13.10.2011	2 BvR 1509/11	106
K	14.3.2012	2 BvR 2405/11	529
K	25.9.2012	2 BvR 2819/11	521
K	23.5.2012	2 BvR 610/12	526
K	23.5.2012	2 BvR 625/12	526
K	11.6.2012	2 BvR 720/12	374
K	11.7.2012	2 BvR 1092/12	374
K	14.11.2012	2 BvR 1164/12	377
K	27.9.2012	2 BvR 1874/12	375

Register der BGH-Entscheidungen (chronologisch)

(B = Beschluss; U = Urteil)

Art	Datum	Aktenzeichen	Fußnote
U	1.4.2010	4 StR 637/09	2
B	8.11.2010	5 StR 478/10	513
B	25.5.2011	4 StR 27/11	96
B	8.6.2011	1 StR 126/11	483
B	20.7.2011	5 StR 172/11	103
B	13.9.2011	3 StR 231/11	159
B	13.9.2011	3 StR 262/11	157
B	27.9.2011	4 StR 362/11	109
B	12.10.2011	2 StR 362/11	432
B	13.10.2011	3 StR 239/11	165
U	19.10.2011	4 StR 354/11	108
B	20.10.2011	4 StR 344/11	272
B	25.10.2011	3 StR 315/11	406
B	26.10.2011	2 StR 287/11	273
U	2.11.2011	2 StR 251/11	104
U	2.11.2011	2 StR 375/11	40, 238
B	3.11.2011	2 StR 302/11	242
B	10.11.2011	3 StR 323/11	254
B	10.11.2011	3 StR 355/11	307, 308
U	17.11.2011	3 StR 315/10	292
B	17.11.2011	3 StR 203/11	267
B	17.11.2011	3 StR 359/11	174
B	22.11.2011	4 StR 480/11	71
B	22.11.2011	4 StR 522/11	275
U	24.11.2011	4 StR 331/11	121
U	29.11.2011	1 StR 287/11	463
B	29.11.2011	3 StR 281/11	531
B	29.11.2011	3 StR 326/11	197
B	29.11.2011	3 StR 375/11	56
B	29.11.2011	3 StR 378/11	55
B	1.12.2011	3 StR 284/11	401, 405
U	1.12.2011	3 StR 318/11	169
U	1.12.2011	3 StR 337/11	22
B	6.12.2011	3 StR 393/11	298
B	7.12.2011	4 StR 517/11	320
B	8.12.2011	4 StR 430/11	485
B	8.12.2011	4 StR 500/11	364

Art	Datum	Aktenzeichen	Fußnote
B	13.12.2011	5 StR 423/11	126
B	14.12.2011	1 StR 533/11	187
B	14.12.2011	2 StR 502/11	202
B	14.12.2011	5 StR 425/11	297
B	14.12.2011	5 StR 434/11	364
B	14.12.2011	5 StR 489/11	210
B	15.12.2011	3 StR 365/11	398
B	20.12.2011	1 StR 547/11	414
B	20.12.2011	3 StR 374/11	74
B	20.12.2011	3 StR 426/11	417
B	20.12.2011	4 StR 491/11	251
U	21.12.2011	1 StR 400/11	26, 189
B	21.12.2011	4 StR 404/11	175
B	21.12.2011	4 StR 453/11	258
B	21.12.2011	4 StR 477/11	280
B	21.12.2011	4 StR 553/11	387
B	22.12.2011	2 ARs 458/11	75, 517
B	22.12.2011	2 StR 509/10	369
B	22.12.2011	2 StR 483/11	482
B	22.12.2011	3 StR 371/11	301
B	22.12.2011	3 StR 427/11	85
B	22.12.2011	4 StR 514/11	67
B	22.12.2011	4 StR 600/11	505
B	27.12.2011	2 StR 380/11	338
B	28.12.2011	2 StR 195/11	366
U	31.12.2011	2 StR 295/11	12
B	10.1.2012	1 StR 587/11	410
B	10.1.2012	1 StR 610/11	391
B	10.1.2012	3 StR 400/11	357
B	10.1.2012	4 StR 632/11	247
B	10.1.2012	5 StR 508/11	519
B	10.1.2012	5 StR 510/11	310
B	10.1.2012	5 StR 517/11	16
B	10.1.2012	StB 20/11	367
B	11.1.2012	1 StR 386/11	265, 282
B	11.1.2012	2 StR 346/11	523
U	11.1.2012	2 StR 482/11	462, 525
B	11.1.2012	4 StR 612/11	180
B	11.1.2012	5 StR 445/11	293, 309
B	12.1.2012	1 StR 373/11	475
U	12.1.2012	4 StR 290/11	60
U	12.1.2012	4 StR 499/11	537
B	12.1.2012	4 StR 509/11	480
B	12.1.2012	5 StR 436/11	441
B	12.1.2012	5 StR 462/11	360
B	12.1.2012	StB 19/11	378

Art	Datum	Aktenzeichen	Fußnote
U	18.1.2012	2 StR 151/11	179
B	19.1.2012	2 StR 590/11	306
U	19.1.2012	3 StR 343/11	343
B	24.1.2012	1 StR 412/11	385
B	24.1.2012	4 StR 469/11	355
B	24.1.2012	4 StR 493/11	484
B	24.1.2012	4 StR 594/11	107
B	25.1.2012	1 StR 45/11	250
B	25.1.2012	4 StR 507/11	274
B	25.1.2012	4 StR 631/11	382
B	25.1.2012	5 StR 482/11	19
B	25.1.2012	5 StR 526/11	533
B	26.1.2012	5 StR 461/11	246
B	31.1.2012	2 StR 409/11	337
B	31.1.2012	3 StR 285/11	450
B	31.1.2012	3 StR 453/11	56
B	1.2.2012	2 StR 581/11	503
U	2.2.2012	3 StR 321/11	299
B	2.2.2012	3 StR 385/11	215
U	2.2.2012	3 StR 401/11	23, 395
U	7.2.2012	1 StR 525/11	330
U	7.2.2012	1 StR 542/11	448
B	7.2.2012	3 StR 335/11	455
B	7.2.2012	4 StR 552/11	470, 473
B	7.2.2012	4 StR 653/11	51
B	7.2.2012	5 StR 505/11	99
U	8.2.2012	1 StR 427/11	31
U	8.2.2012	2 StR 346/12	524
B	8.2.2012	4 StR 621/11	27
B	8.2.2012	4 StR 657/11	180
B	9.2.2012	1 StR 148/11	535
B	9.2.2012	1 StR 152/11	336
B	9.2.2012	1 StR 438/11	333, 418
B	9.2.2012	2 StR 455/11	322
B	9.2.2012	3 BGs 82/12	372
B	9.2.2012	5 AR (VS) 40/11	515
B	9.2.2012	5 StR 35/12	126
B	14.2.2012	3 StR 392/11	72
B	14.2.2012	3 StR 446/11	35, 235
B	14.2.2012	3 StR 7/12	512
U	16.2.2012	3 StR 243/11	158
U	16.2.2012	3 StR 346/11	191
B	16.2.2012	3 StR 462/11	490
B	16.2.2012	3 StR 470/11	141, 301
B	16.2.2012	3 StR 13/12	167, 182
U	22.2.2012	1 StR 378/11	223

Art	Datum	Aktenzeichen	Fußnote
B	22.2.2012	1 StR 647/11	474
B	23.2.2012	1 StR 586/11	260
B	23.2.2012	4 StR 602/11	460, 506
U	23.2.2012	4 StR 608/11	185
B	26.2.2012	3 StR 17/12	186
B	28.2.2012	3 StR 435/11	39, 259
B	28.2.2012	3 StR 14/12	325
B	28.2.2012	3 StR 15/12	323
B	29.2.2012	2 StR 426/11	129
U	29.2.2012	2 StR 426/11	309
U	1.3.2012	3 StR 425/11	193, 196
U	1.3.2012	3 StR 434/11	462
U	6.3.2012	1 StR 530/11	77
B	6.3.2012	1 StR 623/11	380
B	6.3.2012	1 StR 17/12	422
B	6.3.2012	1 StR 28/12	70
B	6.3.2012	1 StR 50/12	78
B	6.3.2012	3 StR 41/12	433
B	6.3.2012	4 StR 669/11	253
B	7.3.2012	1 StR 6/12	390
U	7.3.2012	2 StR 565/11	431
U	7.3.2012	2 StR 640/11	459
U	8.3.2012	4 StR 498/11	190
B	8.3.2012	4 StR 629/11	10
B	13.3.2012	2 StR 19/12	496
U	13.3.2012	5 StR 411/11	520
U	13.3.2012	5 StR 497/11	109
B	13.3.2012	5 StR 73/12	314
B	14.3.2012	2 StR 520/11	96
B	14.3.2012	2 StR 547/11	239
B	14.3.2012	2 StR 561/11	211
B	14.3.2012	5 StR 28/12	405
B	15.3.2012	2 StR 355/11	109
B	15.3.2012	5 StR 288/11	341
U	15.3.2012	5 StR 559/11	287
U	20.3.2012	1 StR 447/11	181, 206
B	20.3.2012	1 StR 648/11	443
B	20.3.2012	1 StR 64/12	119
B	20.3.2012	4 StR 561/11	176
B	20.3.2012	4 StR 20/12	208
B	21.3.2012	1 StR 34/12	491
U	21.3.2012	1 StR 43/12	415
B	21.3.2012	1 StR 100/12	78
B	21.3.2012	4 StR 32/12	112
B	22.3.2012	1 StR 359/11	493
B	22.3.2012	4 StR 541/11	25, 227

Art	Datum	Aktenzeichen	Fußnote
U	22.3.2012	4 StR 558/11	188, 277
B	22.3.2012	4 StR 651/11	449
B	23.3.2012	GSSt 2/11	11
B	27.3.2012	2 StR 476/11	195
B	27.3.2012	2 StR 573/11	307
B	27.3.2012	2 StR 31/12	136
B	27.3.2012	2 StR 41/12	216
B	27.3.2012	2 StR 83/12	486
B	27.3.2012	2 StR 92/12	240
B	27.3.2012	3 StR 472/11	248
B	27.3.2012	3 StR 31/12	402
B	27.3.2012	3 StR 47/12	403
B	27.3.2012	3 StR 49/12	403
B	27.3.2012	3 StR 63/12	33
B	27.3.2012	3 StR 64/12	289
B	27.3.2012	3 StR 83/12	234
B	27.3.2012	5 StR 114/12	30
U	28.3.2012	2 StR 398/11	179
U	28.3.2012	2 StR 592/11	115
B	28.3.2012	2 StR 614/11	82
B	28.3.2012	2 StR 16/12	467
U	28.3.2012	5 StR 525/11	110
B	28.3.2012	5 StR 111/12	103
B	29.3.2012	2 StR 575/11	196
U	29.3.2012	3 StR 422/11	65
B	29.3.2012	3 StR 455/11	358
B	29.3.2012	GSSt 2/11	271
B	3.4.2012	2 StR 46/12	389
B	3.4.2012	2 StR 63/12	102
B	11.4.2012	3 StR 81/12	296
B	11.4.2012	3 StR 108/12	412
B	12.4.2012	5 StR 87/12	102
B	13.4.2012	5 StR 442/11	252
B	16.4.2012	4 StR 45/12	278
U	17.4.2012	1 StR 15/12	438
B	17.4.2012	1 StR 146/12	365
B	17.4.2012	3 StR 65/12	94
B	17.4.2012	3 StR 79/12	315
B	17.4.2012	3 StR 131/12	300
B	18.4.2012	1 StR 128/12	339
U	18.4.2012	2 StR 456/11	73
B	18.4.2012	2 StR 6/12	37
U	18.4.2012	2 StR 6/12	257
B	24.4.2012	5 StR 95/12	200
B	24.4.2012	5 StR 150/12	446
B	25.4.2012	1 StR 566/11	371

Art	Datum	Aktenzeichen	Fußnote
B	25.4.2012	1 StR 80/12	468
B	25.4.2012	4 StR 667/11	274
B	25.4.2012	4 StR 30/12	442
B	25.4.2012	4 StR 74/12	168
B	25.4.2012	4 StR 81/12	84
B	25.4.2012	5 StR 444/11	434
B	25.4.2012	5 StR 451/11	123
U	26.4.2012	4 StR 599/11	428
U	26.4.2012	4 StR 665/11	222
B	26.4.2012	4 StR 51/12	209
B	26.4.2012	5 StR 82/12	461
B	2.5.2012	1 StR 152/11	497
U	2.5.2012	2 StR 395/11	183
B	2.5.2012	2 StR 110/12	54
B	2.5.2012	3 StR 146/12	212
B	3.5.2012	2 StR 446/11	264, 266
B	3.5.2012	2 StR 119/12	130
B	3.5.2012	3 StR 46/12	432, 457
B	3.5.2012	3 StR 46/12	457
B	3.5.2012	3 StR 109/12	393
B	8.5.2012	3 StR 72/12	221
B	8.5.2012	3 StR 97/12	231
B	8.5.2012	3 StR 98/12	231
U	8.5.2012	5 StR 528/11	28
B	8.5.2012	5 StR 88/12	32
B	9.5.2012	2 StR 622/11	525
B	9.5.2012	2 StR 25/12	525
B	9.5.2012	2 StR 61/12	525
B	9.5.2012	2 StR 122/12	525
B	9.5.2012	2 StR 166/12	525
B	9.5.2012	4 StR 649/11	466
B	9.5.2012	4 StR 67/12	291
B	9.5.2012	4 StR 120/12	85
B	9.5.2012	5 StR 499/11	255
B	9.5.2012	5 StR 523/11	514
B	10.5.2012	3 StR 68/12	229
B	10.5.2012	4 StR 65/12	69
B	10.5.2012	4 StR 122/12	349
B	15.5.2012	2 StR 54/12	325
B	15.5.2012	3 StR 118/11	269
B	15.5.2012	3 StR 121/12	52
B	16.5.2012	2 ARs 167/12	128
B	16.5.2012	2 StR 36/12	327
B	16.5.2012	2 StR 66/12	316
B	16.5.2012	3 StR 33/12	161
U	22.5.2012	1 StR 103/12	335

Art	Datum	Aktenzeichen	Fußnote
B	22.5.2012	4 StR 117/12	287
B	22.5.2012	5 StR 229/12	464
B	23.5.2012	1 StR 208/12	407, 416
B	23.5.2012	4 StR 76/12	131
B	23.5.2012	5 StR 12/12	294
U	23.5.2012	5 StR 54/12	64
B	23.5.2012	5 StR 145/12	523
B	23.5.2012	5 StR 153/12	472
B	23.5.2012	5 StR 174/12	427, 431
B	23.5.2012	5 StR 185/12	317
U	24.5.2012	4 StR 62/12	194
B	24.5.2012	5 StR 567/11	347
B	24.5.2012	5 StR 52/12	427
B	29.5.2012	1 StR 59/12	15
B	29.5.2012	1 StR 178/12	294
B	29.5.2012	2 StR 139/12	90
U	31.5.2012	2 StR 610/11	284
B	31.5.2012	2 StR 74/12	164
U	31.5.2012	3 StR 99/12	89
B	6.6.2012	4 StR 144/12	243, 245, 348
B	6.6.2012	5 StR 233/12	234
B	12.6.2012	3 StR 141/12	533
B	12.6.2012	3 StR 163/12	44
B	12.6.2012	3 StR 166/12	37
B	12.6.2012	3 StR 186/12	58, 233
B	13.6.2012	2 StR 112/12	411
B	13.6.2012	2 StR 121/12	113
B	19.6.2012	3 StR 124/12	226
B	19.6.2012	3 StR 190/12	495
B	19.6.2012	3 StR 194/12	362
B	19.6.2012	4 ARs 5/12	536
B	19.6.2012	4 StR 77/12	494
B	19.6.2012	4 StR 83/12	523
B	19.6.2012	4 StR 106/12	81
B	19.6.2012	4 StR 139/12	217
B	19.6.2012	5 StR 181/12	458
B	19.6.2012	5 StR 264/12	50
B	19.6.2012	5 StR 269/12	57
U	20.6.2012	5 StR 514/11	188
U	20.6.2012	5 StR 536/11	214
U	21.6.2012	4 StR 623/11	420, 530
B	21.6.2012	5 StR 286/12	220
B	26.6.2012	1 StR 158/12	122
U	26.6.2012	1 StR 163/12	88
B	26.6.2012	1 StR 289/12	334
B	26.6.2012	2 StR 137/12	225

Art	Datum	Aktenzeichen	Fußnote
U	27.6.2012	2 StR 79/12	253
U	27.6.2012	2 StR 103/12	204
B	3.7.2012	4 StR 66/12	394
B	3.7.2012	5 StR 313/12	97
B	4.7.2012	4 StR 173/12	318
B	4.7.2012	4 StR 224/12	86
B	4.7.2012	5 StR 242/12	522
U	5.7.2012	3 StR 119/12	36
B	5.7.2012	3 StR 210/12	132
B	5.7.2012	5 StR 380/11	268
B	5.7.2012	AK 19/12	160
B	10.7.2012	1 StR 293/12	392
B	10.7.2012	1 StR 301/12	360
B	10.7.2012	2 StR 85/12	303
B	11.7.2012	2 StR 546/11	452
B	11.7.2012	2 StR 60/12	205, 207
B	12.7.2012	2 StR 210/12	80
B	12.7.2012	V (ZS) ZB 106/12	125
B	17.7.2012	3 StR 158/12	213
B	17.7.2012	3 StR 204/12	139
B	17.7.2012	3 StR 219/12	325
B	17.7.2012	3 StR 238/12	325
B	17.7.2012	4 StR 223/12	93, 95
B	17.7.2012	5 StR 253/12	423
B	17.7.2012	5 StR 268/12	273
B	18.7.2012	4 StR 603/11	340
B	24.7.2012	1 StR 481/11	500
B	24.7.2012	1 StR 57/12	111
B	24.7.2012	1 StR 341/12	363
B	24.7.2012	2 StR 82/12	18
B	24.7.2012	2 StR 166/12	321
B	24.7.2012	2 StR 205/12	311
B	24.7.2012	4 StR 193/12	63
B	25.7.2012	2 StR 111/12	219
B	25.7.2012	2 StR 138/12	232
B	25.7.2012	2 StR 154/12	270
B	27.7.2012	1 StR 68/12	447
B	27.7.2012	1 StR 218/12	523
B	31.7.2012	3 StR 148/12	116
B	31.7.2012	3 StR 192/12	117
B	31.7.2012	4 StR 229/12	74
B	31.7.2012	4 StR 238/12	2, 359
B	31.7.2012	5 StR 188/12	256
B	1.8.2012	4 StR 226/12	346
B	1.8.2012	4 StR 257/12	424
U	1.8.2012	5 StR 176/12	304

Art	Datum	Aktenzeichen	Fußnote
B	2.8.2012	3 StR 132/12	454
B	2.8.2012	3 StR 209/12	323
B	2.8.2012	3 StR 216/12	46
B	2.8.2012	3 StR 276/12	61
U	7.8.2012	1 StR 98/12	124
B	7.8.2012	1 StR 212/12	352
B	7.8.2012	2 StR 218/12	20
B	7.8.2012	2 StR 313/12	323
B	8.8.2012	1 StR 88/12	456
B	8.8.2012	1 StR 296/12	386
U	8.8.2012	2 StR 526/11	59
B	8.8.2012	2 StR 290/12	203
B	9.8.2012	1 StR 323/12	479
B	14.8.2012	2 StR 629/11	355
B	14.8.2012	3 StR 274/12	305
B	14.8.2012	5 StR 318/12	324
U	14.8.2012	WpSt(R) 1/12	345
U	16.8.2012	3 StR 180/12	460
U	16.8.2012	3 StR 237/12	14, 184
B	21.8.2012	1 StR 26/12	332
B	21.8.2012	2 StR 199/12	133
B	21.8.2012	2 StR 277/12	295
B	21.8.2012	4 StR 247/12	532
B	21.8.2012	4 StR 311/12	102
B	22.8.2012	1 StR 170/12	469
B	22.8.2012	1 StR 317/12	331, 451
B	22.8.2012	1 StR 343/12	79
U	22.8.2012	2 StR 530/11	290
U	22.8.2012	2 StR 235/12	312
B	22.8.2012	4 StR 211/12	426
B	22.8.2012	4 StR 234/12	66
B	22.8.2012	4 StR 244/12	281
B	22.8.2012	4 StR 272/12	307
B	22.8.2012	4 StR 308/12	85
B	23.8.2012	1 StR 346/12	471
B	23.8.2012	1 StR 389/12	444
B	23.8.2012	2 StR 322/12	509
B	23.8.2012	4 StR 207/12	383
B	28.8.2012	3 StR 304/12	83
B	28.8.2012	3 StR 305/12	79
B	28.8.2012	3 StR 309/12	118
B	28.8.2012	3 StR 315/12	100, 103
B	28.8.2012	3 StR 341/12	135
B	28.8.2012	3 StR 360/12	508
B	28.8.2012	4 StR 155/12	170
B	28.8.2012	4 StR 278/12	142

Art	Datum	Aktenzeichen	Fußnote
B	28.8.2012	5 StR 251/12	409
U	28.8.2012	5 StR 295/12	91
B	28.8.2012	5 StR 382/12	391
B	28.8.2012	5 StR 391/12	49
B	29.8.2012	4 StR 205/12	85
B	29.8.2012	4 StR 277/12	177
B	29.8.2012	5 StR 332/12	49
U	30.8.2012	4 StR 84/12	192
U	30.8.2012	4 StR 108/12	481
B	30.8.2012	5 StR 394/12	436
U	4.9.2012	1 StR 534/11	342
B	4.9.2012	2 ARs 327/12	516
B	4.9.2012	2 StR 248/12	224
B	4.9.2012	3 StR 334/12	76
B	4.9.2012	3 StR 337/12	305
B	4.9.2012	3 StR 352/12	126
B	5.9.2012	1 StR 297/12	263
B	5.9.2012	1 StR 324/12	440
U	6.9.2012	3 StR 159/12	87
U	6.9.2012	3 StR 171/12	197
B	11.9.2012	4 StR 195/12	496
B	12.9.2012	2 StR 219/12	437
B	12.9.2012	4 StR 294/12	102
B	12.9.2012	5 StR 363/12	13
B	12.9.2012	5 StR 401/12	384
B	12.9.2012	5 StR 418/12	98
B	18.9.2012	3 BGs 262/12	538
B	18.9.2012	3 StR 302/12	399
B	18.9.2012	3 StR 348/12	492, 504
U	20.9.2012	3 StR 140/12	427
U	20.9.2012	3 StR 158/12	427, 430
B	20.9.2012	3 StR 367/12	24
B	20.9.2012	3 StR 380/12	241
B	25.9.2012	1 StR 534/11	498
U	25.9.2012	1 StR 160/12	120
B	25.9.2012	1 StR 212/12	453
B	25.9.2012	1 StR 361/12	470
B	25.9.2012	1 StR 407/12	477, 478
B	25.9.2012	2 StR 340/12	228
B	25.9.2012	4 StR 137/12	137
B	25.9.2012	5 StR 372/12	429
U	26.9.2012	2 StR 553/11	262
B	26.9.2012	2 StR 262/12	62
B	26.9.2012	4 StR 345/12	297
B	26.9.2012	4 StR 348/12	87
B	27.9.2012	2 StR 208/12	511

Art	Datum	Aktenzeichen	Fußnote
B	27.9.2012	2 StR 266/12	163
B	27.9.2012	2 StR 349/12	435
U	27.9.2012	4 StR 197/12	42
U	27.9.2012	4 StR 255/12	38
B	2.10.2012	3 StR 320/12	134
B	2.10.2012	3 StR 366/12	404
B	2.10.2012	3 StR 374/12	29, 48
B	4.10.2012	3 StR 207/12	114
B	8.10.2012	StB 9/12	376
B	9.10.2012	1 StR 456/12	101
B	9.10.2012	2 StR 297/12	17
B	9.10.2012	2 StR 350/12	534
B	9.10.2012	4 StR 350/12	510
B	9.10.2012	4 StR 381/12	173
B	9.10.2012	5 StR 453/12	439
U	10.10.2012	5 StR 316/12	460
U	11.10.2012	1 StR 213/10	344
B	11.10.2012	2 StR 291/12	138
B	16.10.2012	3 StR 385/12	178
B	16.10.2012	3 StR 406/12	140
B	22.10.2012	1 StR 534/11	499
B	23.10.2012	1 StR 137/12	413
B	23.10.2012	1 StR 261/12	400
B	23.10.2012	1 StR 377/12	432
B	23.10.2012	2 StR 285/12	465
B	23.10.2012	4 StR 292/12	523
B	24.10.2012	1 StR 485/12	489
U	24.10.2012	2 StR 253/12	430
B	24.10.2012	4 StR 325/12	507
B	24.10.2012	4 StR 374/12	174
B	24.10.2012	4 StR 392/12	302, 319
B	24.10.2012	5 StR 311/12	470
B	24.10.2012	5 StR 392/12	245
B	24.10.2012	5 StR 393/12	435
B	24.10.2012	5 StR 472/12	201
B	24.10.2012	5 StR 503/12	328
B	25.10.2012	1 StR 165/12	535
B	25.10.2012	1 StR 421/12	421
B	25.10.2012	4 StR 170/12	462
U	25.10.2012	4 StR 174/12	230
U	25.10.2012	4 StR 346/12	21, 276
B	30.10.2012	3 StR 413/12	127
B	6.11.2012	2 StR 394/12	314
B	6.11.2012	2 StR 410/12	288
B	7.11.2012	2 StR 629/11	354
U	7.11.2012	5 StR 322/12	428

Art	Datum	Aktenzeichen	Fußnote
B	13.11.2012	3 StR 364/12	244
B	13.11.2012	3 StR 370/12	172
B	13.11.2012	3 StR 393/12	508
B	13.11.2012	3 StR 411/12	171
B	14.11.2012	3 StR 335/12	528
B	14.11.2012	3 StR 368/12	43
B	14.11.2012	3 StR 403/12	256
B	14.11.2012	StB 13/12	373
U	15.11.2012	2 StR 190/12	162
B	15.11.2012	2 StR 388/12	143, 285
B	15.11.2012	3 StR 239/12	356, 502
B	15.11.2012	3 StR 378/12	311
U	20.11.2012	1 StR 428/12	329
B	20.11.2012	1 StR 504/12	92
B	20.11.2012	1 StR 530/12	45
B	20.11.2012	4 StR 443/12	476
B	21.11.2012	1 StR 391/12	388
U	21.11.2012	2 StR 309/12	199
B	21.11.2012	2 StR 311/12	41, 512
B	21.11.2012	4 StR 427/12	166
B	22.11.2012	1 StR 378/12	237
B	22.11.2012	2 StR 28/12	527
B	22.11.2012	2 StR 419/12	288
B	22.11.2012	4 StR 302/12	313
B	23.11.2012	2 StR 112/11	425
B	26.11.2012	5 StR 541/12	236
B	27.11.2012	3 StR 439/12	53, 326
B	27.11.2012	5 StR 492/12	488
U	28.11.2012	5 StR 412/12	408
B	28.11.2012	5 StR 416/12	487
B	29.11.2012	5 StR 522/12	47
U	4.12.2012	1 StR 336/12	198
B	4.12.2012	4 StR 372/12	397
B	5.12.2012	1 StR 569/12	34
B	5.12.2012	2 StR 629/11	68
B	6.12.2012	2 StR 294/12	249
U	6.12.2012	4 StR 360/12	431
U	6.12.2012	4 StR 369/12	279
B	13.12.2012	1 StR 522/12	283
B	14.12.2012	1 StR 501/11	445
B	14.12.2012	1 StR 582/11	218
U	18.12.2012	3 StR 208/12	353
B	28.12.2012	2 StR 543/11	102

Register der BGH-Entscheidungen (nach Aktenzeichen)

(B = Beschluss; U = Urteil)

Art	Datum	Aktenzeichen	Fußnote
U	11.10.2012	1 StR 213/10	344
B	25.1.2012	1 StR 45/11	250
B	8.6.2011	1 StR 126/11	483
B	9.2.2012	1 StR 148/11	535
B	9.2.2012	1 StR 152/11	336
B	2.5.2012	1 StR 152/11	497
U	29.11.2011	1 StR 287/11	463
B	22.3.2012	1 StR 359/11	493
B	12.1.2012	1 StR 373/11	475
U	22.2.2012	1 StR 378/11	223
B	11.1.2012	1 StR 386/11	265, 282
U	21.12.2011	1 StR 400/11	26, 189
B	24.1.2012	1 StR 412/11	385
U	8.2.2012	1 StR 427/11	31
B	9.2.2012	1 StR 438/11	333, 418
U	20.3.2012	1 StR 447/11	181, 206
B	24.7.2012	1 StR 481/11	500
B	14.12.2012	1 StR 501/11	445
U	7.2.2012	1 StR 525/11	330
U	6.3.2012	1 StR 530/11	77
B	14.12.2011	1 StR 533/11	187
U	4.9.2012	1 StR 534/11	342
B	25.9.2012	1 StR 534/11	498
B	22.10.2012	1 StR 534/11	499
U	7.2.2012	1 StR 542/11	448
B	20.12.2011	1 StR 547/11	414
B	25.4.2012	1 StR 566/11	371
B	14.12.2012	1 StR 582/11	218
B	23.2.2012	1 StR 586/11	260
B	10.1.2012	1 StR 587/11	410
B	10.1.2012	1 StR 610/11	391
B	6.3.2012	1 StR 623/11	380
B	22.2.2012	1 StR 647/11	474
B	20.3.2012	1 StR 648/11	443
B	7.3.2012	1 StR 6/12	390
U	17.4.2012	1 StR 15/12	438
B	6.3.2012	1 StR 17/12	422

Art	Datum	Aktenzeichen	Fußnote
B	21.8.2012	1 StR 26/12	332
B	6.3.2012	1 StR 28/12	70
B	21.3.2012	1 StR 34/12	491
U	21.3.2012	1 StR 43/12	415
B	6.3.2012	1 StR 50/12	78
B	24.7.2012	1 StR 57/12	111
B	29.5.2012	1 StR 59/12	15
B	20.3.2012	1 StR 64/12	119
B	27.7.2012	1 StR 68/12	447
B	25.4.2012	1 StR 80/12	468
B	8.8.2012	1 StR 88/12	456
U	7.8.2012	1 StR 98/12	124
B	21.3.2012	1 StR 100/12	78
U	22.5.2012	1 StR 103/12	335
B	18.4.2012	1 StR 128/12	339
B	23.10.2012	1 StR 137/12	413
B	17.4.2012	1 StR 146/12	365
B	26.6.2012	1 StR 158/12	122
U	25.9.2012	1 StR 160/12	120
U	26.6.2012	1 StR 163/12	88
B	25.10.2012	1 StR 165/12	535
B	22.8.2012	1 StR 170/12	469
B	29.5.2012	1 StR 178/12	294
B	23.5.2012	1 StR 208/12	407, 416
B	7.8.2012	1 StR 212/12	352
B	25.9.2012	1 StR 212/12	453
B	27.7.2012	1 StR 218/12	523
B	23.10.2012	1 StR 261/12	400
B	26.6.2012	1 StR 289/12	334
B	10.7.2012	1 StR 293/12	392
B	8.8.2012	1 StR 296/12	386
B	5.9.2012	1 StR 297/12	263
B	10.7.2012	1 StR 301/12	360
B	22.8.2012	1 StR 317/12	331, 451
B	9.8.2012	1 StR 323/12	479
B	5.9.2012	1 StR 324/12	440
U	4.12.2012	1 StR 336/12	198
B	24.7.2012	1 StR 341/12	363
B	22.8.2012	1 StR 343/12	79
B	23.8.2012	1 StR 346/12	471
B	25.9.2012	1 StR 361/12	470
B	23.10.2012	1 StR 377/12	432
B	22.11.2012	1 StR 378/12	237
B	23.8.2012	1 StR 389/12	444
B	21.11.2012	1 StR 391/12	388
B	25.9.2012	1 StR 407/12	477, 478

Art	Datum	Aktenzeichen	Fußnote
B	25.10.2012	1 StR 421/12	421
U	20.11.2012	1 StR 428/12	329
B	9.10.2012	1 StR 456/12	101
B	24.10.2012	1 StR 485/12	489
B	20.11.2012	1 StR 504/12	92
B	13.12.2012	1 StR 522/12	283
B	20.11.2012	1 StR 530/12	45
B	5.12.2012	1 StR 569/12	34
B	22.12.2011	2 ARs 458/11	75, 517
B	16.5.2012	2 ARs 167/12	128
B	4.9.2012	2 ARs 327/12	516
B	22.12.2011	2 StR 509/10	369
B	23.11.2012	2 StR 112/11	425
U	18.1.2012	2 StR 151/11	179
B	28.12.2011	2 StR 195/11	366
U	2.11.2011	2 StR 251/11	104
B	26.10.2011	2 StR 287/11	273
U	31.12.2011	2 StR 295/11	12
B	3.11.2011	2 StR 302/11	242
B	11.1.2012	2 StR 346/11	523
B	15.3.2012	2 StR 355/11	109
B	12.10.2011	2 StR 362/11	432
U	2.11.2011	2 StR 375/11	40, 238
B	27.12.2011	2 StR 380/11	338
U	2.5.2012	2 StR 395/11	183
U	28.3.2012	2 StR 398/11	179
B	31.1.2012	2 StR 409/11	337
B	29.2.2012	2 StR 426/11	129
U	29.2.2012	2 StR 426/11	309
B	3.5.2012	2 StR 446/11	264, 266
B	9.2.2012	2 StR 455/11	322
U	18.4.2012	2 StR 456/11	73
B	27.3.2012	2 StR 476/11	195
U	11.1.2012	2 StR 482/11	462, 525
B	22.12.2011	2 StR 483/11	482
B	14.12.2011	2 StR 502/11	202
B	14.3.2012	2 StR 520/11	96
U	8.8.2012	2 StR 526/11	59
U	22.8.2012	2 StR 530/11	290
B	28.12.2012	2 StR 543/11	102
B	11.7.2012	2 StR 546/11	452
B	14.3.2012	2 StR 547/11	239
U	26.9.2012	2 StR 553/11	262
B	14.3.2012	2 StR 561/11	211
U	7.3.2012	2 StR 565/11	431
B	27.3.2012	2 StR 573/11	307

Art	Datum	Aktenzeichen	Fußnote
B	29.3.2012	2 StR 575/11	196
B	1.2.2012	2 StR 581/11	503
B	19.1.2012	2 StR 590/11	306
U	28.3.2012	2 StR 592/11	115
U	31.5.2012	2 StR 610/11	284
B	28.3.2012	2 StR 614/11	82
B	9.5.2012	2 StR 622/11	525
B	14.8.2012	2 StR 629/11	355
B	7.11.2012	2 StR 629/11	354
B	5.12.2012	2 StR 629/11	68
U	7.3.2012	2 StR 640/11	459
B	18.4.2012	2 StR 6/12	37
U	18.4.2012	2 StR 6/12	257
B	28.3.2012	2 StR 16/12	467
B	13.3.2012	2 StR 19/12	496
B	9.5.2012	2 StR 25/12	525
B	22.11.2012	2 StR 28/12	527
B	27.3.2012	2 StR 31/12	136
B	16.5.2012	2 StR 36/12	327
B	27.3.2012	2 StR 41/12	216
B	3.4.2012	2 StR 46/12	389
B	15.5.2012	2 StR 54/12	325
B	11.7.2012	2 StR 60/12	205, 207
B	9.5.2012	2 StR 61/12	525
B	3.4.2012	2 StR 63/12	102
B	16.5.2012	2 StR 66/12	316
B	31.5.2012	2 StR 74/12	164
U	27.6.2012	2 StR 79/12	253
B	24.7.2012	2 StR 82/12	18
B	27.3.2012	2 StR 83/12	486
B	10.7.2012	2 StR 85/12	303
B	27.3.2012	2 StR 92/12	240
U	27.6.2012	2 StR 103/12	204
B	2.5.2012	2 StR 110/12	54
B	25.7.2012	2 StR 111/12	219
B	13.6.2012	2 StR 112/12	411
B	3.5.2012	2 StR 119/12	130
B	13.6.2012	2 StR 121/12	113
B	9.5.2012	2 StR 122/12	525
B	26.6.2012	2 StR 137/12	225
B	25.7.2012	2 StR 138/12	232
B	29.5.2012	2 StR 139/12	90
B	25.7.2012	2 StR 154/12	270
B	9.5.2012	2 StR 166/12	525
B	24.7.2012	2 StR 166/12	321
U	15.11.2012	2 StR 190/12	162

Art	Datum	Aktenzeichen	Fußnote
B	21.8.2012	2 StR 199/12	133
B	24.7.2012	2 StR 205/12	311
B	27.9.2012	2 StR 208/12	511
B	12.7.2012	2 StR 210/12	80
B	7.8.2012	2 StR 218/12	20
B	12.9.2012	2 StR 219/12	437
U	22.8.2012	2 StR 235/12	312
B	4.9.2012	2 StR 248/12	224
U	24.10.2012	2 StR 253/12	430
B	26.9.2012	2 StR 262/12	62
B	27.9.2012	2 StR 266/12	163
B	21.8.2012	2 StR 277/12	295
B	23.10.2012	2 StR 285/12	465
B	8.8.2012	2 StR 290/12	203
B	11.10.2012	2 StR 291/12	138
B	6.12.2012	2 StR 294/12	249
B	9.10.2012	2 StR 297/12	17
U	21.11.2012	2 StR 309/12	199
B	21.11.2012	2 StR 311/12	41, 512
B	7.8.2012	2 StR 313/12	323
B	23.8.2012	2 StR 322/12	509
B	25.9.2012	2 StR 340/12	228
U	8.2.2012	2 StR 346/12	524
B	27.9.2012	2 StR 349/12	435
B	9.10.2012	2 StR 350/12	534
B	15.11.2012	2 StR 388/12	143, 285
B	6.11.2012	2 StR 394/12	314
B	6.11.2012	2 StR 410/12	288
B	22.11.2012	2 StR 419/12	288
B	9.2.2012	3 BGs 82/12	372
B	18.9.2012	3 BGs 262/12	538
U	17.11.2011	3 StR 315/10	292
B	15.5.2012	3 StR 118/11	269
B	17.11.2011	3 StR 203/11	267
B	13.9.2011	3 StR 231/11	159
B	13.10.2011	3 StR 239/11	165
U	16.2.2012	3 StR 243/11	158
B	13.9.2011	3 StR 262/11	157
B	29.11.2011	3 StR 281/11	531
B	1.12.2011	3 StR 284/11	401, 405
B	31.1.2012	3 StR 285/11	450
B	25.10.2011	3 StR 315/11	406
U	1.12.2011	3 StR 318/11	169
U	2.2.2012	3 StR 321/11	299
B	10.11.2011	3 StR 323/11	254
B	29.11.2011	3 StR 326/11	197

Art	Datum	Aktenzeichen	Fußnote
B	7.2.2012	3 StR 335/11	455
U	1.12.2011	3 StR 337/11	22
U	19.1.2012	3 StR 343/11	343
U	16.2.2012	3 StR 346/11	191
B	10.11.2011	3 StR 355/11	307, 308
B	17.11.2011	3 StR 359/11	174
B	15.12.2011	3 StR 365/11	398
B	22.12.2011	3 StR 371/11	301
B	20.12.2011	3 StR 374/11	74
B	29.11.2011	3 StR 375/11	56
B	29.11.2011	3 StR 378/11	55
B	2.2.2012	3 StR 385/11	215
B	14.2.2012	3 StR 392/11	72
B	6.12.2011	3 StR 393/11	298
B	10.1.2012	3 StR 400/11	357
U	2.2.2012	3 StR 401/11	23, 395
U	29.3.2012	3 StR 422/11	65
U	1.3.2012	3 StR 425/11	193, 196
B	20.12.2011	3 StR 426/11	417
B	22.12.2011	3 StR 427/11	85
U	1.3.2012	3 StR 434/11	462
B	28.2.2012	3 StR 435/11	39, 259
B	14.2.2012	3 StR 446/11	35, 235
B	31.1.2012	3 StR 453/11	56
B	29.3.2012	3 StR 455/11	358
B	16.2.2012	3 StR 462/11	490
B	16.2.2012	3 StR 470/11	141, 301
B	27.3.2012	3 StR 472/11	248
B	14.2.2012	3 StR 7/12	512
B	16.2.2012	3 StR 13/12	167, 182
B	28.2.2012	3 StR 14/12	325
B	28.2.2012	3 StR 15/12	323
B	26.2.2012	3 StR 17/12	186
B	27.3.2012	3 StR 31/12	402
B	16.5.2012	3 StR 33/12	161
B	6.3.2012	3 StR 41/12	433
B	3.5.2012	3 StR 46/12	432, 457
B	27.3.2012	3 StR 47/12	403
B	27.3.2012	3 StR 49/12	403
B	27.3.2012	3 StR 63/12	33
B	27.3.2012	3 StR 64/12	289
B	17.4.2012	3 StR 65/12	94
B	10.5.2012	3 StR 68/12	229
B	8.5.2012	3 StR 72/12	221
B	17.4.2012	3 StR 79/12	315
B	11.4.2012	3 StR 81/12	296

Art	Datum	Aktenzeichen	Fußnote
B	27.3.2012	3 StR 83/12	234
B	8.5.2012	3 StR 97/12	231
B	8.5.2012	3 StR 98/12	231
U	31.5.2012	3 StR 99/12	89
B	11.4.2012	3 StR 108/12	412
B	3.5.2012	3 StR 109/12	393
U	5.7.2012	3 StR 119/12	36
B	15.5.2012	3 StR 121/12	52
B	19.6.2012	3 StR 124/12	226
B	17.4.2012	3 StR 131/12	300
B	2.8.2012	3 StR 132/12	454
U	20.9.2012	3 StR 140/12	427
B	12.6.2012	3 StR 141/12	533
B	2.5.2012	3 StR 146/12	212
B	31.7.2012	3 StR 148/12	116
B	17.7.2012	3 StR 158/12	213
U	20.9.2012	3 StR 158/12	427, 430
U	6.9.2012	3 StR 159/12	87
B	12.6.2012	3 StR 163/12	44
B	12.6.2012	3 StR 166/12	37
U	6.9.2012	3 StR 171/12	197
U	16.8.2012	3 StR 180/12	460
B	12.6.2012	3 StR 186/12	58, 233
B	19.6.2012	3 StR 190/12	495
B	31.7.2012	3 StR 192/12	117
B	19.6.2012	3 StR 194/12	362
B	17.7.2012	3 StR 204/12	139
B	4.10.2012	3 StR 207/12	114
U	18.12.2012	3 StR 208/12	353
B	2.8.2012	3 StR 209/12	323
B	5.7.2012	3 StR 210/12	132
B	2.8.2012	3 StR 216/12	46
B	17.7.2012	3 StR 219/12	325
U	16.8.2012	3 StR 237/12	14, 184
B	17.7.2012	3 StR 238/12	325
B	15.11.2012	3 StR 239/12	356, 502
B	14.8.2012	3 StR 274/12	305
B	2.8.2012	3 StR 276/12	61
B	18.9.2012	3 StR 302/12	399
B	28.8.2012	3 StR 304/12	83
B	28.8.2012	3 StR 305/12	79
B	28.8.2012	3 StR 309/12	118
B	28.8.2012	3 StR 315/12	100, 103
B	2.10.2012	3 StR 320/12	134
B	4.9.2012	3 StR 334/12	76
B	14.11.2012	3 StR 335/12	528

Art	Datum	Aktenzeichen	Fußnote
B	4.9.2012	3 StR 337/12	305
B	28.8.2012	3 StR 341/12	135
B	18.9.2012	3 StR 348/12	492, 504
B	4.9.2012	3 StR 352/12	126
B	28.8.2012	3 StR 360/12	508
B	13.11.2012	3 StR 364/12	244
B	2.10.2012	3 StR 366/12	404
B	20.9.2012	3 StR 367/12	24
B	14.11.2012	3 StR 368/12	43
B	13.11.2012	3 StR 370/12	172
B	2.10.2012	3 StR 374/12	29, 48
B	15.11.2012	3 StR 378/12	311
B	20.9.2012	3 StR 380/12	241
B	16.10.2012	3 StR 385/12	178
B	13.11.2012	3 StR 393/12	508
B	14.11.2012	3 StR 403/12	256
B	16.10.2012	3 StR 406/12	140
B	13.11.2012	3 StR 411/12	171
B	30.10.2012	3 StR 413/12	127
B	27.11.2012	3 StR 439/12	53, 326
B	19.6.2012	4 ARs 5/12	536
U	1.4.2010	4 StR 637/09	2
B	25.5.2011	4 StR 27/11	96
U	12.1.2012	4 StR 290/11	60
U	24.11.2011	4 StR 331/11	121
B	20.10.2011	4 StR 344/11	272
U	19.10.2011	4 StR 354/11	108
B	27.9.2011	4 StR 362/11	109
B	21.12.2011	4 StR 404/11	175
B	8.12.2011	4 StR 430/11	485
B	21.12.2011	4 StR 453/11	258
B	24.1.2012	4 StR 469/11	355
B	21.12.2011	4 StR 477/11	280
B	22.11.2011	4 StR 480/11	71
B	20.12.2011	4 StR 491/11	251
B	24.1.2012	4 StR 493/11	484
U	8.3.2012	4 StR 498/11	190
U	12.1.2012	4 StR 499/11	537
B	8.12.2011	4 StR 500/11	364
B	25.1.2012	4 StR 507/11	274
B	12.1.2012	4 StR 509/11	480
B	22.12.2011	4 StR 514/11	67
B	7.12.2011	4 StR 517/11	320
B	22.11.2011	4 StR 522/11	275
B	22.3.2012	4 StR 541/11	25, 227
B	7.2.2012	4 StR 552/11	470, 473

Art	Datum	Aktenzeichen	Fußnote
B	21.12.2011	4 StR 553/11	387
U	22.3.2012	4 StR 558/11	188, 277
B	20.3.2012	4 StR 561/11	176
B	24.1.2012	4 StR 594/11	107
U	26.4.2012	4 StR 599/11	428
B	22.12.2011	4 StR 600/11	505
B	23.2.2012	4 StR 602/11	460, 506
B	18.7.2012	4 StR 603/11	340
U	23.2.2012	4 StR 608/11	185
B	11.1.2012	4 StR 612/11	180
B	8.2.2012	4 StR 621/11	27
U	21.6.2012	4 StR 623/11	420, 530
B	8.3.2012	4 StR 629/11	10
B	25.1.2012	4 StR 631/11	382
B	10.1.2012	4 StR 632/11	247
B	9.5.2012	4 StR 649/11	466
B	22.3.2012	4 StR 651/11	449
B	7.2.2012	4 StR 653/11	51
B	8.2.2012	4 StR 657/11	180
U	26.4.2012	4 StR 665/11	222
B	25.4.2012	4 StR 667/11	274
B	6.3.2012	4 StR 669/11	253
B	20.3.2012	4 StR 20/12	208
B	25.4.2012	4 StR 30/12	442
B	21.3.2012	4 StR 32/12	112
B	16.4.2012	4 StR 45/12	278
B	26.4.2012	4 StR 51/12	209
U	24.5.2012	4 StR 62/12	194
B	10.5.2012	4 StR 65/12	69
B	3.7.2012	4 StR 66/12	394
B	9.5.2012	4 StR 67/12	291
B	25.4.2012	4 StR 74/12	168
B	23.5.2012	4 StR 76/12	131
B	19.6.2012	4 StR 77/12	494
B	25.4.2012	4 StR 81/12	84
B	19.6.2012	4 StR 83/12	523
U	30.8.2012	4 StR 84/12	192
B	19.6.2012	4 StR 106/12	81
U	30.8.2012	4 StR 108/12	481
B	22.5.2012	4 StR 117/12	287
B	9.5.2012	4 StR 120/12	85
B	10.5.2012	4 StR 122/12	349
B	25.9.2012	4 StR 137/12	137
B	19.6.2012	4 StR 139/12	217
B	6.6.2012	4 StR 144/12	243, 245, 348
B	28.8.2012	4 StR 155/12	170

Art	Datum	Aktenzeichen	Fußnote
B	25.10.2012	4 StR 170/12	462
B	4.7.2012	4 StR 173/12	318
U	25.10.2012	4 StR 174/12	230
B	24.7.2012	4 StR 193/12	63
B	11.9.2012	4 StR 195/12	496
U	27.9.2012	4 StR 197/12	42
B	29.8.2012	4 StR 205/12	85
B	23.8.2012	4 StR 207/12	383
B	22.8.2012	4 StR 211/12	426
B	17.7.2012	4 StR 223/12	93, 95
B	4.7.2012	4 StR 224/12	86
B	1.8.2012	4 StR 226/12	346
B	31.7.2012	4 StR 229/12	74
B	22.8.2012	4 StR 234/12	66
B	31.7.2012	4 StR 238/12	2, 359
B	22.8.2012	4 StR 244/12	281
B	21.8.2012	4 StR 247/12	532
U	27.9.2012	4 StR 255/12	38
B	1.8.2012	4 StR 257/12	424
B	22.8.2012	4 StR 272/12	307
B	29.8.2012	4 StR 277/12	177
B	28.8.2012	4 StR 278/12	142
B	23.10.2012	4 StR 292/12	523
B	12.9.2012	4 StR 294/12	102
B	22.11.2012	4 StR 302/12	313
B	22.8.2012	4 StR 308/12	85
B	21.8.2012	4 StR 311/12	102
B	24.10.2012	4 StR 325/12	507
B	26.9.2012	4 StR 345/12	297
U	25.10.2012	4 StR 346/12	21, 276
B	26.9.2012	4 StR 348/12	87
B	9.10.2012	4 StR 350/12	510
U	6.12.2012	4 StR 360/12	431
U	6.12.2012	4 StR 369/12	279
B	4.12.2012	4 StR 372/12	397
B	24.10.2012	4 StR 374/12	174
B	9.10.2012	4 StR 381/12	173
B	24.10.2012	4 StR 392/12	302, 319
B	21.11.2012	4 StR 427/12	166
B	20.11.2012	4 StR 443/12	476
B	9.2.2012	5 AR (VS) 40/11	515
B	8.11.2010	5 StR 478/10	513
B	20.7.2011	5 StR 172/11	103
B	15.3.2012	5 StR 288/11	341
B	5.7.2012	5 StR 380/11	268
U	13.3.2012	5 StR 411/11	520

Art	Datum	Aktenzeichen	Fußnote
B	13.12.2011	5 StR 423/11	126
B	14.12.2011	5 StR 425/11	297
B	14.12.2011	5 StR 434/11	364
B	12.1.2012	5 StR 436/11	441
B	13.4.2012	5 StR 442/11	252
B	25.4.2012	5 StR 444/11	434
B	11.1.2012	5 StR 445/11	293, 309
B	25.4.2012	5 StR 451/11	123
B	26.1.2012	5 StR 461/11	246
B	12.1.2012	5 StR 462/11	360
B	25.1.2012	5 StR 482/11	19
B	14.12.2011	5 StR 489/11	210
U	13.3.2012	5 StR 497/11	109
B	9.5.2012	5 StR 499/11	255
B	7.2.2012	5 StR 505/11	99
B	10.1.2012	5 StR 508/11	519
B	10.1.2012	5 StR 510/11	310
U	20.6.2012	5 StR 514/11	188
B	10.1.2012	5 StR 517/11	16
B	9.5.2012	5 StR 523/11	514
U	28.3.2012	5 StR 525/11	110
B	25.1.2012	5 StR 526/11	533
U	8.5.2012	5 StR 528/11	28
U	20.6.2012	5 StR 536/11	214
U	15.3.2012	5 StR 559/11	287
B	24.5.2012	5 StR 567/11	347
B	23.5.2012	5 StR 12/12	294
B	14.3.2012	5 StR 28/12	405
B	9.2.2012	5 StR 35/12	126
B	24.5.2012	5 StR 52/12	427
U	23.5.2012	5 StR 54/12	64
B	13.3.2012	5 StR 73/12	314
B	26.4.2012	5 StR 82/12	461
B	12.4.2012	5 StR 87/12	102
B	8.5.2012	5 StR 88/12	32
B	24.4.2012	5 StR 95/12	200
B	28.3.2012	5 StR 111/12	103
B	27.3.2012	5 StR 114/12	30
B	23.5.2012	5 StR 145/12	523
B	24.4.2012	5 StR 150/12	446
B	23.5.2012	5 StR 153/12	472
B	23.5.2012	5 StR 174/12	427, 431
U	1.8.2012	5 StR 176/12	304
B	19.6.2012	5 StR 181/12	458
B	23.5.2012	5 StR 185/12	317
B	31.7.2012	5 StR 188/12	256

Art	Datum	Aktenzeichen	Fußnote
B	22.5.2012	5 StR 229/12	464
B	6.6.2012	5 StR 233/12	234
B	4.7.2012	5 StR 242/12	522
B	28.8.2012	5 StR 251/12	409
B	17.7.2012	5 StR 253/12	423
B	19.6.2012	5 StR 264/12	50
B	17.7.2012	5 StR 268/12	273
B	19.6.2012	5 StR 269/12	57
B	21.6.2012	5 StR 286/12	220
U	28.8.2012	5 StR 295/12	91
B	24.10.2012	5 StR 311/12	470
B	3.7.2012	5 StR 313/12	97
U	10.10.2012	5 StR 316/12	460
B	14.8.2012	5 StR 318/12	324
U	7.11.2012	5 StR 322/12	428
B	29.8.2012	5 StR 332/12	49
B	12.9.2012	5 StR 363/12	13
B	25.9.2012	5 StR 372/12	429
B	28.8.2012	5 StR 382/12	391
B	28.8.2012	5 StR 391/12	49
B	24.10.2012	5 StR 392/12	245
B	24.10.2012	5 StR 393/12	435
B	30.8.2012	5 StR 394/12	436
B	12.9.2012	5 StR 401/12	384
U	28.11.2012	5 StR 412/12	408
B	28.11.2012	5 StR 416/12	487
B	12.9.2012	5 StR 418/12	98
B	9.10.2012	5 StR 453/12	439
B	24.10.2012	5 StR 472/12	201
B	27.11.2012	5 StR 492/12	488
B	24.10.2012	5 StR 503/12	328
B	29.11.2012	5 StR 522/12	47
B	26.11.2012	5 StR 541/12	236
B	12.7.2012	V (ZS) ZB 106/12	125
B	5.7.2012	AK 19/12	160
B	23.3.2012	GSSt 2/11	11, 271
B	12.1.2012	StB 19/11	378
B	10.1.2012	StB 20/11	367
B	8.10.2012	StB 9/12	376
B	14.11.2012	StB 13/12	373
U	14.8.2012	WpSt(R) 1/12	345

Sachregister

Die Zahlen beziehen sich auf Randnummern

www.ingramcontent.com/pod-product-compliance
Lightning Source LLC
LaVergne TN
LVHW010555300926
849162LV00002B/330

9783110302745